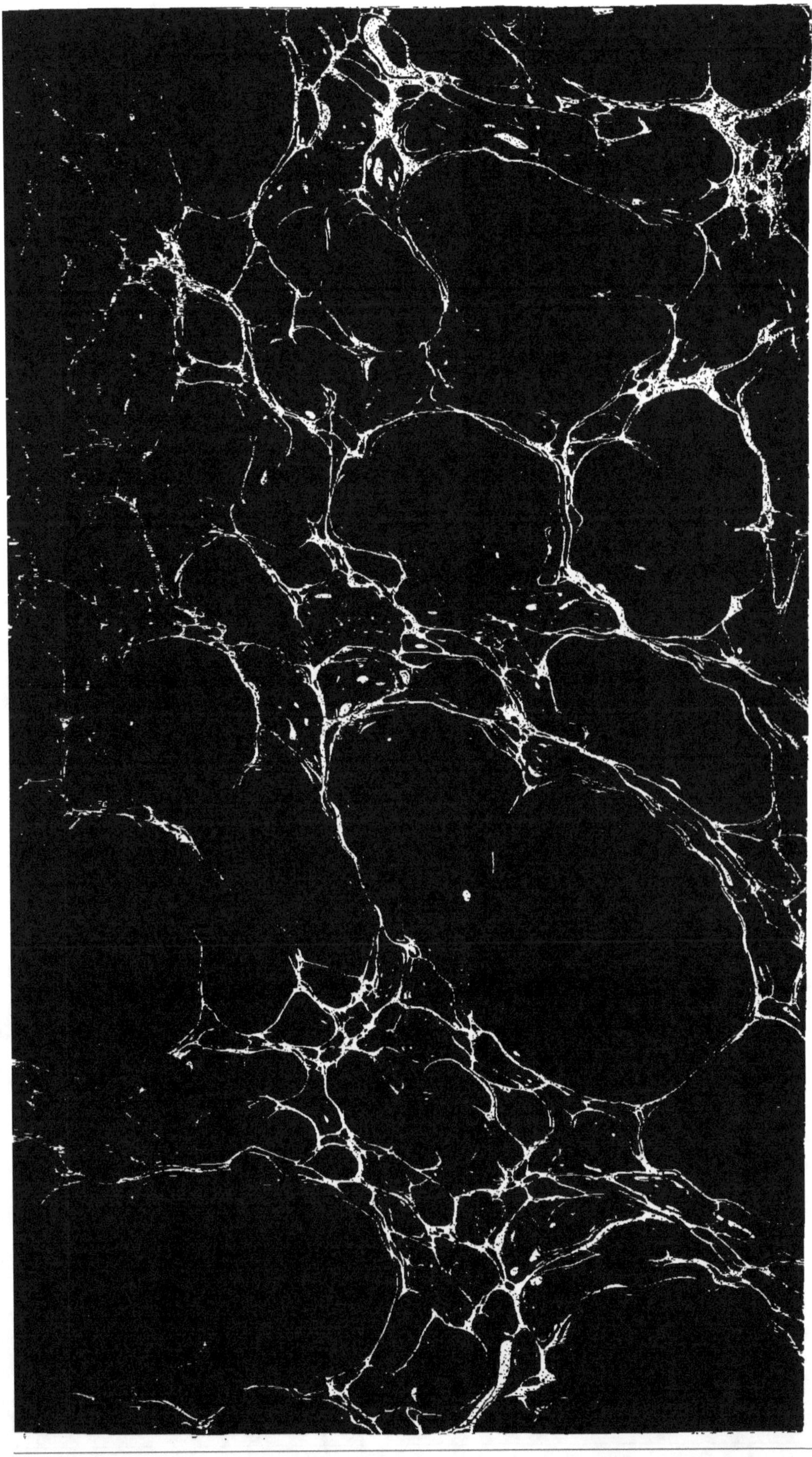

DICTIONNAIRE

DE LA PERCEPTION

PARIS, IMP. PAUL DUPONT, RUE DE GRENELLE-SAINT-HONORÉ, 45.

DICTIONNAIRE

DE LA

PERCEPTION

DES CONTRIBUTIONS DIRECTES

ET

DE LA COMPTABILITÉ DES COMMUNES,
DES ÉTABLISSEMENTS DE BIENFAISANCE ET DES ASSOCIATIONS SYNDICALES

Publié sous la direction

DE M. PAUL DUPONT,

DÉPUTÉ AU CORPS LÉGISLATIF, DIRECTEUR DU *Mémorial des percepteurs.*

PARIS
IMPRIMERIE ADMINISTRATIVE DE PAUL DUPONT
Rue de Grenelle-Saint-Honoré, 45.

1863

AVERTISSEMENT.

Cet ouvrage n'est nullement destiné à remplacer, entre les mains des percepteurs, receveurs municipaux et d'établissements de bienfaisance, l'Instruction générale du 20 juin 1859. Cette Instruction doit être en tout et toujours la règle de leurs fonctions ; on s'est proposé seulement d'en faciliter l'étude et l'application en reproduisant ses dispositions sous des titres sommaires, classés par ordre alphabétique, et en y ajoutant des extraits ou analyses substantielles des solutions, explications et développements dont elles ont été l'objet, soit dans les documents officiels, soit dans le *Mémorial des percepteurs*. On a rassemblé ainsi, sous chaque titre, toutes les règles et notions spéciales qui s'y rapportent, de sorte qu'un comptable, surpris par une difficulté dans l'exercice de ses fonctions, puisse trouver, à l'instant, la solution, le renseignement dont il a besoin.

Pour qu'un ouvrage de ce genre réponde entièrement au but qu'on a voulu atteindre, deux conditions sont indispensables : la première, c'est d'être rigoureusement exact; la seconde, d'être complet. Il ne faut pas, en effet, qu'on le consulte en vain, ni qu'en le consultant on puisse être induit en erreur. Rien n'a été négligé pour rendre, sous ce double rapport, l'ouvrage tout à fait irréprochable. Confiés d'abord, suivant leur objet, à différents rédacteurs, qui tous ont fait leurs preuves dans le *Mémorial*, les articles ont été soumis ensuite à une révision d'ensemble offrant toutes les garanties désirables. Les sources authentiques ont été, d'ailleurs, indiquées avec soin ; ainsi, après l'exposé de chaque principe, on a toujours cité la loi, le décret, l'ordonnance, l'instruction ministérielle ou la décision dont il procède, ainsi que le volume et la page du *Mémorial* où le document cité est rapporté textuellement.

Néanmoins, on a dû fréquemment reproduire les textes mêmes et entrer dans des développements étendus, afin que l'ouvrage pût tenir lieu de la collection du *Mémorial* dans les mains des comptables qui ne la possèdent pas tout entière ; c'est ce qui a été fait, par exemple, pour les articles : *Affouage*, *Biens*, *Bois et coupes de bois*, *Bureaux de bienfaisance*, *Cautionnements*, *Chemins vicinaux*, *Contributions directes*, *Emprunts*, *Enregistrement*, *Expropriation*, *Hospices et hôpitaux*, *Impositions communales*, *Poursuites*, *Remises*, *Rétribution scolaire*, *Syndicats*, *Timbre*. Tous ces articles, et beaucoup d'autres non moins étendus, sont, pour plus de clarté, subdivisés en paragraphes et forment autant de traités spéciaux de la matière. Les articles qui ont entre eux de l'analogie sont reliés au moyen de renvois qui facilitent et abrégent les recherches.

On a tâché, en un mot, de faire un répertoire complet de toutes les connaissances théoriques et pratiques relatives à la perception des contributions directes et au service financier des communes et des établissements de bienfaisance.

Bien que la part qui m'est dévolue dans ce travail se borne à en avoir conçu le plan, en avoir coordonné et mis en œuvre les matériaux, j'ai tenu à honneur d'attacher mon nom à un ouvrage qui, complétant dignement la série des publications annexes du *Mémorial*, me semble devoir particulièrement faciliter à MM. les comptables l'accomplissement des nombreux et importants devoirs que les Instructions leur imposent aujourd'hui.

PAUL DUPONT.

ABRÉVIATIONS.

I. G.	Instruction générale du 20 juin 1859.
C. N.	Code Napoléon.
C. de proc. civ.	Code de procédure civile.
C. P.	Code pénal.
C. F.	Code forestier (L. 21 mai 1827).
L.	Loi.
D.	Décret.
O.	Ordonnance.
Inst.	Instruction.
Circ.	Circulaire.
Circ. Int.	Circulaire du ministre de l'intérieur.
Circ. min. des fin.	Circulaire du ministre des finances.
Circ. comp. gén.	Circulaire du directeur de la comptabilité générale des finances.
Circ. adm. des cont. dir.	Circulaire du directeur général des contributions directes.
Décis.	Décision.
Arrêt de cass.	Arrêt de la cour de cassation
Av.	Avis.
Mém.	*Mémorial des percepteurs*

DICTIONNAIRE GÉNÉRAL

DE

LA PERCEPTION.

A

Abandon de propriété. — Les propriétaires de terres vaines et vagues, de landes et bruyères, ou de terrains habituellement inondés ou dévastés par les eaux, ne peuvent s'affranchir de la contribution à laquelle ces fonds sont soumis, qu'en renonçant à ces propriétés au profit de la commune dans laquelle elles sont situées. La déclaration détaillée de cet abandon perpétuel doit être faite par écrit au secrétariat de la mairie, par le propriétaire ou par un fondé de pouvoirs spécial. Les cotisations des objets ainsi abandonnés, dans les rôles faits antérieurement à l'abandon, restent à la charge de l'ancien propriétaire. (L. 3 frimaire an VII, art. 66.)

Il résulte de cette dernière disposition que le contribuable reste débiteur des douzièmes échus au moment de l'abandon, et de la cote de l'année tout entière pendant laquelle l'abandon aurait été fait. En d'autres termes, l'abandon qui serait fait au mois de juillet, par exemple, n'affranchirait le propriétaire du payement de sa cote, pas plus pour les six mois à échoir que pour les six mois échus. — *Mém.* 1849, p. 328.

Abandon de remises. — Il est interdit aux administrations municipales de passer, avec des receveurs en fonctions ou avec des candidats aux recettes vacantes, des traités particuliers par lesquels ceux-ci s'engagent, soit spontanément, soit en vertu des conditions qui leur sont imposées, à gérer les recettes, moyennant des remises inférieures à celles auxquelles ils auraient droit, d'après le tarif fixé par l'ordonnance royale du 23 mai 1839. Le règlement des remises, tel qu'il résulte de cette or-

1

donnance, est d'ordre public; il a un caractère légal et obligatoire, et il ne peut pas y être dérogé par des conventions particulières.

On ne saurait empêcher, sans doute, les libéralités que les receveurs, comme tous autres particuliers, veulent faire aux communes ou aux établissements de bienfaisance dont ils gèrent les revenus; mais, pour que les abandons dont il s'agit ici conservent ce caractère de libéralité, il faut qu'ils soient entièrement libres et spontanés, et ils doivent être faits, en outre, dans des formes qui ne portent aucune atteinte aux règles établies par les ordonnances royales des 17 avril et 23 mai 1839. (Circ. min. de l'int. 20 avril 1843.) — *Mém.* 1843, p. 33 et 67. — Voy. CONTRAINTE EXTÉRIEURE, REMISES.

Abattoir. — Lieu destiné à l'abatage des animaux de boucherie.

Toute demande en création d'un abattoir public doit être faite par délibération du conseil municipal, et doit être soumise aux formalités d'affiches et d'enquête *de commodo et incommodo* prescrites par le décret du 15 octobre 1810 et l'ordonnance royale du 14 janvier 1815, pour la création des établissements insalubres de première classe.

Les pièces à produire pour obtenir l'autorisation d'établir un abattoir public sont les suivantes :

1° Délibération du conseil municipal, demandant l'établissement de l'abattoir;

2° Procès-verbal d'enquête de *commodo* et *incommodo*,

3° Plan figuratif des lieux ;

4° Plan de la construction ;

5° Devis estimatif des travaux ;

6° Certificats d'affiches, délivrés par les maires des communes dans lesquelles la demande a été publiée ;

7° Cahier des charges à imposer à l'entrepreneur des travaux;

8° Délibération du conseil municipal approuvant toutes ces pièces et contenant le tarif des droits d'abatage ;

9° Etat indiquant le montant annuel des frais d'agence, d'entretien, d'assurance contre l'incendie, etc., à la charge de la commune ;

10° Tableau indiquant, d'après un relevé de la consommation dans la commune pendant les trois dernières années, le nombre moyen des animaux de chaque espèce qui seront abattus dans l'établissement, ainsi que le produit annuel de l'abattoir ;

11° Copie certifiée du tarif des droits d'octroi établis dans la commune, ou bien certificat constatant qu'il n'existe pas d'octroi ;

12° Situation de la caisse municipale, cette pièce délivrée par le receveur municipal.

La création d'un abattoir peut donner lieu, en outre, soit à un emprunt, soit à des acquisitions, aliénations ou échanges de terrains, soit à une expropriation pour cause d'utilité publique; pour chacune de ces affaires, le maire devra transmettre en même temps au sous-préfet un dossier distinct et séparé. — Voy. ACQUISITION, ALIÉNATION, ÉCHANGE, EMPRUNTS, EXPROPRIATION.

Quand il y a lieu d'autoriser une commune à établir un abattoir public, toutes les mesures relatives, tant à l'approbation de l'emplacement qu'aux voies et moyens d'exécution, doivent être soumises simultanément à l'empereur par les ministres de l'intérieur et des travaux publics, pour en être ordonné par un seul et même acte d'administration publique. (O. 15 avril 1838, art. 3; Circ. min. de l'int. 22 juin 1853.)

Les abattoirs publics ne doivent pas être établis en vue de procurer un revenu aux communes par la création de taxes d'abatage; ils ont pour unique objet de pourvoir à la sûreté et à la salubrité publiques.

Le taux des taxes d'abatage, combiné avec le tarif des droits d'octroi dans la même commune, doit être calculé de manière à ne pas restreindre la consommation et nuire à la production. Ces taxes sont généralement établies sur les bestiaux de chaque espèce, proportionnellement à l'étendue de l'emplacement qu'ils occupent dans l'abattoir.

Le droit d'abatage, d'étable et d'écurie à payer par les bouchers et charcutiers, est perçu, aux barrières de l'octroi, simultanément avec le droit d'entrée, ou bien par le préposé à la garde et à la surveillance de l'abattoir, qui en délivre quittance détachée d'un registre à souche, coté et parafé par le maire. Les recettes sont versées à la fin de chaque semaine au receveur municipal.

Le produit des droits de place perçu dans les abattoirs, d'après les tarifs dûment autorisés, est compris dans les recettes ordinaires des communes. (L. 18 juillet 1837, art. 31, § 6.)

Lorsque les communes se trouvent dans l'impossibilité de pourvoir, avec leurs propres ressources, aux frais de construction d'un abattoir public, elles ont la faculté de concéder, par voie d'adjudication, pour un temps plus ou moins long, le produit des droits d'abatage à un entrepreneur qui se charge d'exécuter tous les travaux nécessaires. Pendant la durée de la concession, le tarif de ces droits peut être assez élevé pour permettre à l'adjudicataire de rentrer dans ses déboursés et de faire un juste bénéfice, sauf aux communes, lorsqu'elles reprennent la jouissance de l'établissement, à abaisser le même tarif, de manière à ce que, conformément à la règle, les produits de l'abattoir n'excèdent pas les dépenses d'entretien. (Jurisprudence du ministère de l'intérieur.) — *Mém.* 1860, p. 241.

Abonnement. — On entend ordinairement par ce mot une convention entre l'administration et les redevables par laquelle on fixe à une somme déterminée certains droits éventuels, et au moyen de laquelle l'administration et les contribuables se trouvent affranchis des nombreuses formalités de la perception au détail.

Au nombre des abonnements de cette nature se trouvent :

L'abonnement pour le casernement et le logement des troupes. — Voy. CASERNEMENT, LOGEMENTS MILITAIRES.

L'abonnement pour la perception des octrois. — Voy. OCTROIS.

L'abonnement pour la redevance proportionnelle des mines. — Voy. MINES.

L'abonnement pour le prélèvement de la contribution personnelle et mobilière sur les produits de l'octroi. — Voy. CONTRIBUTIONS DIRECTES.

L'abonnement pour les subventions en argent ou en prestations en nature dues par les exploitations ou entreprises industrielles pour dégradations aux chemins vicinaux. — Voy. CHEMINS VICINAUX.

L'abonnement pour les droits de timbre des obligations d'emprunts. — Voy. EMPRUNTS.

On appelle aussi abonnement l'engagement pris pour un temps limité et moyennant une somme déterminée, de recevoir tel recueil, telle publication périodique. — Pour les abonnements de ce genre contractés par les communes, voy. BULLETIN DES LOIS, BULLETIN OFFICIEL DU MINISTÈRE DE L'INTÉRIEUR, JOURNAL DES INSTITUTEURS, PUBLICATIONS ADMINISTRATIVES.

Enfin, les communes et les établissements de bienfaisance peuvent être dans le cas de contracter, soit avec des ouvriers, soit avec des marchands ou industriels, des abonnements annuels ayant pour objet des travaux d'entretien ou des fournitures. Il y a lieu de remarquer que ceux qui fournissent ainsi leur travail, leur industrie ou leurs marchandises, moyennant une rémunération quelconque, encore qu'elle eût revêtu la forme de l'abonnement, ne peuvent être considérés comme des employés de la commune, jouissant pour leurs traitements de l'exemption du timbre jusqu'à 300 francs. Conséquemment, toutes les quittances qu'ils délivrent lors du payement de leurs salaires, pour une somme excédant dix francs, doivent être sur papier timbré. — *Mém.* 1851, p. 21. — Voy. DÉPENSES COMMUNALES, TIMBRE.

Absence des redevables. — L'insolvabilité ou l'absence des redevables du Trésor public est constatée par des procès-verbaux, soit de perquisition, soit de carence, dressés par les huissiers, ou par des certificats délivrés sous leur responsabilité par les maires et adjoints des communes de leur résidence ou de leur domicile ; ces certificats doivent être visés par les préfets pour l'arrondissement du chef-lieu, et par les sous-préfets pour les autres arrondissements. (Arrêté du Gouvernement du 6 messidor an X.)

Les percepteurs doivent s'assurer, lors de la délivrance des avertissements, après la publication des rôles, des causes d'absence des contribuables auxquels les avertissements n'ont pas pu être délivrés. Ils s'occupent immédiatement de faire parvenir les avertissements au nouveau domicile des contribuables, ou bien d'obtenir la décharge des cotes, en les comprenant dans les états de cotes indûment imposées, lorsque le nouveau domicile des contribuables est inconnu. — *Mém.* 1829, p. 222; 1834, p. 82. — Voy. Avertissements.

Les cotes des différentes contributions, qui peuvent, dans le cours de l'année, devenir irrecouvrables pour cause d'absence, tombent en non-valeurs et sont comprises dans les états de cotes irrecouvrables, dressés dans les deux premiers mois de la seconde année de l'exercice.

Dans l'un et l'autre cas, les percepteurs sont tenus de joindre à l'appui de leurs états des certificats d'absence, délivrés par les maires. Ils doivent justifier en outre que les contribuables, qui se sont trouvés dans le cas d'être poursuivis, l'ont été en temps utile, et que tous les degrés de poursuites ordonnées par les règlements ont été observés à leur égard. —Voy. Cotes indument imposées, Cotes irrecouvrables.

Lorsqu'il devient nécessaire d'exercer des poursuites contre un contribuable absent, il est procédé, pour le commandement, conformément à l'article 68 du Code de procédure civile, et, quant à la saisie, conformément à l'article 71 du règlement sur les poursuites. — *Mém.* 1860, p. 185. — Voy. Poursuites.

En cas d'absence des débiteurs des communes et des établissements de bienfaisance, les receveurs doivent justifier, dans leurs comptes, de l'impossibilité du recouvrement par un certificat d'absence ou un procès-verbal de carence, ainsi qu'il est réglé pour les redevables du Trésor, par l'arrêté du Gouvernement du 6 messidor an x.

S'il s'agissait d'un redevable dont l'absence eût été déclarée en justice, le receveur poursuivrait le recouvrement de la dette sur ceux qui auraient été envoyés en possession de leurs biens, conformément à l'article 134 du Code Napoléon.

Absence des comptables. — Aucun fonctionnaire ou employé appartenant au ministère des finances, ou à l'une des administrations qui en dépendent, ne peut, sauf dans une circonstance grave et urgente, s'absenter de sa résidence pour une cause étrangère au service dont il est chargé, ni interrompre l'exercice de ses fonctions, s'il n'a préalablement obtenu un congé. (I. G., art. 1252.)

Les agents qui s'absentent ou qui dépassent la durée de leur congé sans autorisation, peuvent être privés de leurs émoluments pendant un temps double de celui de leur absence irrégulière. (Id., art. 1264.) — *Mém.* 1847, p. 15 et 18; 1858, p. 106. — Voy. Congé, Résidence, Retenues.

En cas de disparition d'un agent comptable, ou d'absence prolongée sans autorisation, le maire ou le commissaire de police doit se transporter au domicile de l'absent, recevoir les déclarations des parents, amis ou voisins, dresser procès-verbal de cette visite en double expédition, l'une pour la sous-préfecture et l'autre pour le juge de paix, et provoquer sur-le-champ l'apposition des scellés. Il doit également informer de suite l'autorité qui a la surveillance immédiate du comptable, afin qu'il soit pourvu à son remplacement provisoire et pris les mesures nécessaires pour assurer les droits du Trésor, des communes ou des établissements. — Voy. PERCEPTEURS.

Acceptation. — Voy. LEGS ET DONATIONS.

Accusé de réception. — Voy. CORRESPONDANCE.

Achat d'objets mobiliers. — Aucun achat d'objets mobiliers ne peut être fait par les communes et les établissements de bienfaisance s'il n'a été préalablement pourvu au payement, soit par un article du budget, soit par un crédit supplémentaire. Lorsque la fourniture doit donner lieu à un marché, on joint à la demande d'autorisation un devis faisant connaître la nature et la quantité des objets à acquérir, et leur valeur approximative. — Voy. BUREAU DE BIENFAISANCE, HOSPICE, MEUBLES.

Les marchés de fournitures pour le compte des communes et des établissements de bienfaisance doivent, en règle générale, être l'objet d'une adjudication publique. Toutefois, dans certaines circonstances prévues par l'ordonnance du 14 novembre 1837, les administrations municipales et de bienfaisance peuvent obtenir l'autorisation de passer des marchés à l'amiable. — Voy. FOURNITURES.

Rien ne s'oppose, d'ailleurs, à ce que, pour des achats peu importants, lorsque les administrateurs n'ont à faire qu'à un fournisseur qui leur est bien connu, les achats soient faits au moyen de simples conventions verbales. Aucun inconvénient n'en peut résulter pour les communes et établissements, puisque, en tout cas, la fourniture n'est payée qu'après la livraison. — *Mém.* 1842, p. 255.

Achat de rentes sur l'État. — Voy. RENTES SUR L'ÉTAT.

A-compte. — Aux termes de l'article 1244, § 1er, du Code Napoléon, le débiteur ne peut pas forcer le créancier à recevoir en partie le payement d'une dette même divisible. Par conséquent, les débiteurs du Trésor, des communes et des établissements de bienfaisance ne seraient pas fondés à exiger que le percepteur ou receveur acceptât des à-compte successifs pour le payement des sommes exigibles. Les à-compte qu'ils offriraient n'arrêteraient pas de droit les poursuites des receveurs. L'acceptation de l'à-compte, en supposant même qu'elle fût l'occasion d'un sursis, ne devrait pas empêcher que les poursuites, s'il était nécessaire de les reprendre, ne fussent continuées en partant du point où on les avait laissées. — *Mém.* 1842, p. 26; 1854, p. 25; 1858, p. 48; 1859, p. 335.

Aucun marché, aucune convention pour travaux et fournitures ne doit stipuler d'à-compte que pour un service fait. Les à-compte ne doivent, en aucun cas, excéder les cinq sixièmes des droits constatés par pièces régulières présentant le décompte, en quantité et en deniers, du service fait. (O. 31 mai 1838, art. 42.)

Cette disposition, qui a été particulièrement prise pour la comptabilité de l'État, est applicable à celle des communes et des établissements de bienfaisance. — *Mém.* 1842, p. 28. — Voy. FOURNITURES, TRAVAUX.

Acquéreurs d'immeubles. — L'acquéreur d'une propriété doit, en conséquence du privilége attribué au Trésor public et aux percepteurs agissant en son nom, pour le recouvrement des contributions directes, s'assurer que les contributions imposées sur cette propriété ont été payées jusqu'au jour de la vente, nonobstant toutes clauses contraires des cahiers des charges. Cette obligation existe également pour tous les adjudicataires d'immeubles vendus par autorité de justice. (I. G., art. 78.)

Le privilége du Trésor s'exerce avant tout autre sur les récoltes, fruits, loyers et revenus des biens immeubles sujets à la contribution, pour la contribution foncière de l'année échue et de l'année courante. (L. 12 novembre 1808, art. 1er, § 1er.)

L'acquéreur d'un immeuble est donc responsable, dans la limite ci-dessus fixée, des termes échus de la contribution *foncière* assise sur la propriété, qui n'auraient pas été acquittés au moment de la vente. — *Mém.* 1851, p. 66; 1852, p. 282, et 1861, p. 270. — Voy. PRIVILÉGE DU TRÉSOR.

Acquisition d'immeubles. — Les délibérations des conseils municipaux et celles des commissions administratives des établissements de bienfaisance, ayant pour objet des acquisitions d'immeubles, sont exécutoires lorsqu'elles ont été revêtues de l'approbation du préfet. (D. 25 mars 1852, tableau A, § 41.)

Toutefois, l'autorisation de l'Empereur est nécessaire lorsque le prix d'acquisition doit être fait au moyen d'une imposition extraordinaire ou d'un emprunt. (Circ. int. 25 novembre 1852,) — Voy. EMPRUNTS, IMPOSITIONS COMMUNALES.

Aux termes d'un avis du comité de l'intérieur du conseil d'État, en date du 19 juillet 1833, toute commune ou établissement qui veut acquérir un immeuble est préalablement tenu de justifier qu'il a à sa disposition les ressources nécessaires pour payer la dépense en principal et accessoires. A défaut de cette justification, les demandes des conseils municipaux ou les commissions administratives ne pourraient être admises.

Les pièces à fournir pour l'instruction des demandes d'acquisition sont :

1° La délibération portant vote de la mesure, avec indication des voies et moyens pour le payement du prix d'acquisition ;

2° Un procès-verbal d'expertise de la propriété, dressé par une personne désignée par le sous-préfet, et accompagné du plan figuratif de l'immeuble ;

3° Une soumission du propriétaire, portant engagement de vendre l'immeuble au prix d'estimation porté dans le procès-verbal d'expertise ;

4° Un certificat du bureau des hypothèques, faisant connaître s'il existe des inscriptions sur l'immeuble ;

5° Un procès-verbal d'information *de commodo et incommodo* dressé par un commissaire nommé par le sous-préfet ;

6° Une nouvelle délibération sur le résultat de l'enquête, si elle a soulevé des oppositions ;

7° Le budget et un état de la situation financière de la commune ou de l'établissement.

Si l'acquisition concerne un établissement de bienfaisance, la délibération de la commission administrative doit, en outre, être accompagnée de l'avis du conseil municipal.

Toutes ces pièces sont adressées au préfet, par l'intermédiaire du sous-préfet, qui y joint son avis.

Lorsque le maire a reçu l'arrêté autorisant l'acquisition, il signe avec le vendeur, devant notaire, un acte de vente, qui est définitif après avoir été revêtu de l'approbation du préfet. — Voy. ACTES NOTARIÉS.

Lorsque les travaux projetés par une commune exigent l'acquisition de certains immeubles et qu'il y a impossibilité de traiter à l'amiable avec les propriétaires, le conseil municipal peut demander par une délibération que le projet soit déclaré d'utilité publique. Il est procédé, dans ce cas, d'après les règles établies par la loi du 3 mai 1841 ; toutefois, en ce qui concerne les chemins vicinaux, les dispositions spéciales de la loi du 21 mai 1836 (art. 15 et 16) n'ont pas été modifiées par la loi de 1841. — Voy. ALIGNEMENT, CHEMINS VICINAUX, EXPROPRIATION.

Dans tous les cas, le receveur ne peut payer le prix de l'acquisition qu'autant qu'il lui est justifié de la purge des hypothèques légales, judiciaires ou conventionnelles, à moins que la commune ou l'établissement, en raison du peu d'importance de l'acquisition, n'en eût été dispensé par l'arrêté d'autorisation. — *Mém.* 1855, p. 54 ; 1858, p. 105 ; 1860, p. 277. — Voy. PURGE DES HYPOTHÈQUES.

S'il s'agit de biens dotaux ou d'incapables, les contrats d'acquisition doivent rappeler l'autorisation donnée par le tribunal pour accepter les offres de l'administration, et indiquant les mesures de conservation ou de remploi qu'il a jugées nécessaires. Si l'aliénation est permise par le contrat de mariage, l'autorisation judiciaire n'est pas exigée ; mais alors il est d'usage que le contrat de vente rappelle les conditions fixées pour le remploi du prix. A défaut de ce renseignement, le receveur doit se faire représenter, soit le contrat de mariage, afin d'y puiser les éclaircissements nécessaires sur l'étendue des droits du mari, soit un certificat de l'autorité qui a passé le contrat de vente, attestant, sur la déclaration des époux, que ces derniers se sont mariés sans contrat de mariage. (I. G., art. 1018.) — *Mém.* 1860, p. 209.

Les comptables pourront, en ce qui concerne les acquisitions d'immeubles, consulter utilement les §§ 55 et 58 de la nomenclature qui fait suite à l'article 1542 de l'instruction générale. — Voy. Pièces justificatives.

Acte authentique. — C'est l'acte qui fait légalement foi de ce qu'il énonce.

L'autorité publique seule peut donner aux actes le caractère d'authenticité. (L. 25 ventôse an xi, art. 1.)

On peut distinguer quatre espèces d'actes authentiques : 1° les actes du pouvoir législatif, c'est-à-dire les lois, les traités, etc.; 2° les actes de l'autorité administrative; 3° les actes judiciaires, c'est-à-dire les jugements, et tous les actes de procédure faits par le ministère d'huissier, et autres officiers spécialement désignés par la loi; 4° les actes notariés.

L'acte authentique fait foi par lui-même sans aucune vérification préalable ; il suffit de le représenter (L. 25 ventôse an xi, art. 19). La preuve de vérité qu'il porte en lui-même ne peut être détruite que par l'inscription de faux.

Suivant une décision du ministre de l'intérieur, concertée avec le ministre de la justice (*Mém.* 1860, p. 293), les actes passés dans la forme administrative par les maires doivent être considérés comme authentiques. Quant à la question de savoir s'ils suffisent pour constituer valablement une hypothèque, voy. Actes notariés, Hypothèque.

Acte de notoriété. — Acte passé devant un officier public compétent (un notaire ou le juge de paix), et par lequel des témoins attestent un fait comme notoire et constant.

L'acte de notoriété constate, non pas le fait lui-même, mais l'opinion publique sur ce fait.

Un acte de notoriété est nécessaire, par exemple, lorsqu'un créancier de l'État, d'une commune ou d'un établissement public étant décédé sans avoir fait de testament, ses héritiers ont à justifier de leurs droits pour toucher les sommes qui étaient dues au défunt.

Acte récognitif et confirmatif. — L'acte récognitif contient la reconnaissance d'une obligation déjà existante; il a ordinairement pour but d'empêcher la prescription.

L'acte confirmatif est celui que souscrivent les parties contractantes pour donner au titre primordial une force qu'il n'avait pas ou pour détruire un vice qui pouvait le faire annuler.

Actes administratifs. — Un acte est réputé administratif lorsqu'il est passé par un agent de l'autorité et qu'il a pour objet un service d'utilité publique.

Il est enjoint à chaque administration de conserver une trace régulière des actes émanés d'elle. On doit trouver, en conséquence, dans chaque mairie, un registre des délibérations du conseil municipal, un registre d'ordonnancement des dépenses, ainsi que les minutes de tous les titres de propriété, baux et autres actes concernant les biens et les intérêts de la commune.

Aux termes de l'art. 37 de la loi du 7 messidor an II, tout citoyen peut demander, dans tous les dépôts, aux jours et heures qui sont fixés, communication des pièces qu'ils renferment; elle doit leur être donnée sans frais et sans déplacement, et avec les précautions convenables de surveillance. Les extraits ou expéditions sont délivrés à raison de 75 centimes du rôle (2 pages). — Voy. Expéditions.

Actes de l'état civil. — Voy. État civil, Expéditions.

Actes de poursuites. — Voy. Poursuites.

Actes et mesures conservatoires. — On entend par actes conservatoires ceux qui ont pour but d'assurer la conservation d'un droit ou la conservation et l'entretien d'une chose. Dans les cas prévus par les lois et règlements, ces actes ont lieu de plein droit et sans qu'il soit nécessaire de faire rendre un jugement.

Les actes conservatoires à faire par les percepteurs et les receveurs de communes ou d'établissements de bienfaisance varient suivant les circonstances. Ainsi, un débiteur a-t-il des droits dans une succession nouvellement ouverte, il faut former opposition aux scellés ou au partage. A-t-il une créance connue du percepteur ou du receveur, il y a lieu de pratiquer une saisie-arrêt. Un locataire ou un fermier a-t-il détourné dans un lieu connu les meubles qui garnissaient la maison ou la ferme, on doit s'empresser de faire pratiquer une saisie-revendication. S'agit-il d'une péremption ou d'une prescription à empêcher, il faut faire les actes que la loi prescrit pour l'interrompre. S'agit-il de conserver des droits hypothécaires sur les biens d'un débiteur, il faut prendre inscription sur tous les biens soumis à l'hypothèque ou au privilége, et la renouveler avant l'expiration de chaque période de dix années. — Voy. Hypothèque, Opposition, Péremption, Prescription, Saisie.

Les maires sont chargés de la conservation et de l'administration des propriétés des communes, et il leur appartient de faire, en conséquence, tous actes conservatoires de leurs droits.

Néanmoins, les receveurs municipaux sont tenus de faire, sous leur responsabilité personnelle, toutes les diligences nécessaires pour la perception des revenus, legs et donations et autres ressources; de faire faire contre les débiteurs en retard de payer, et à la requête des maires, les exploits, significations, poursuites et commandements nécessaires ; d'avertir les administrateurs de l'expiration des baux ; d'empêcher les prescriptions ; de veiller à la conservation des domaines, droits, priviléges et hypothèques; de requérir, à cet effet, l'inscription au bureau des hypothèques, de tous les titres qui en sont susceptibles ; enfin, de tenir registre de ces inscriptions et autres poursuites et diligences. (Arrêté du 19 vendémiaire an XII ; L. du 18 juillet 1837, art. 10, 16 et 62 ; I. G., art. 849.)

Les receveurs des établissements de bienfaisance doivent également veiller à la conservation des domaines, droits, priviléges et hypothèques, requérir à cet effet les inscriptions nécessaires et en tenir registre. (Arrêté du 19 vendémiaire an XII ; I. G., art. 1054.)

Pour justifier de l'accomplissement de ces obligations, les receveurs des communes et des établissements de bienfaisance doivent produire, avec leurs comptes de gestion (2e année de l'exercice), un état (modèle nº 223) des propriétés foncières productives ou non productives de revenus, ainsi que des rentes et des créances qui composent l'actif des communes ou établissements. Cet état doit indiquer la nature des titres, leurs dates et celles des inscriptions hypothécaires prises pour leur conservation ; il doit donner des renseignements concernant les baux, les titres de créances, les constitutions de rentes sur particuliers et les inscriptions de rentes sur l'État ; il doit, en outre, s'il y a des procédures entamées, faire connaître sommairement la situation où elles se trouvent ; enfin, il est accompagné d'un tableau annexe (*Modèle* nº 223 *bis*) qui présente, pour chacun des articles ci-après : loyers de maisons, fermages des terres, rentes sur l'État, rentes sur particuliers, créances diverses, et conformément aux exemples donnés par le modèle, d'abord, la comparaison du produit de l'exercice courant avec celui de l'exercice qui précède; en second lieu, la décomposition de la différence d'après les éléments de l'article, et l'explication détaillée des causes, c'est-à-dire des mutations qui l'ont fait naître. A l'appui des augmentations et des diminutions de produit, les receveurs doivent fournir les baux et résiliations de baux, les actes de ventes ou d'achats, les décomptes et certificats, et autres pièces justificatives des mutations, ou indiquer à quel compte ces pièces auraient été rattachées. Au lieu des pièces elles-mêmes, lorsqu'il y a nécessité de les conserver, les receveurs peuvent en fournir des copies ou des extraits dûment certifiés.

L'état et le tableau annexe, ainsi établis, sont certifiés conformes par le receveur, et visés par le maire ou par le président de la commission administrative, qui y joint ses observations.

Pour les communes et établissements dont les revenus s'élèvent à 30,000 francs, un double de l'état est adressé au ministère de l'intérieur par le receveur général.

Les receveurs des finances doivent s'assurer avec soin que leurs subordonnés n'omettent aucune des mesures conservatoires prescrites ci-dessus. (I. G., art. 849.) — Voy. COMPTABILITÉ, COMPTE DE GESTION.

Les notaires dépositaires des testaments qui constituent des legs au profit des communes et des établissements publics, étant tenus d'en donner avis au maire lors de l'ouverture des testaments, ce fonctionnaire communique cet avis au receveur de la commune ou de l'établissement intéressé, et celui-ci doit, en attendant l'acceptation du legs, requérir tous les actes conservatoires qui seraient jugés nécessaires. (O. 2 avril 1817, art. 3 et 5; I. G., art. 948.) — *Mém.* 1859, p. 149. — Voy. LEGS ET DONATIONS.

Actes frustratoires. — Voy. REMISES.

Actes notariés. — Les actes notariés qui intéressent les communes et les établissements publics, et qui doivent recevoir l'approbation des préfets, doivent être envoyés à ces fonctionnaires, non en minute, mais par copie sur papier libre. (Circ. du min. de l'intérieur du 6 septembre 1853.) — *Mém.* 1853, p. 243.

Le notaire a droit pour cette copie aux honoraires fixés pour le coût des expéditions par l'art. 174 du tarif du 16 février 1807. Il en serait de même pour la copie du cahier des charges et du procès-verbal d'adjudication de terrains communaux. (Avis des min. de l'intérieur et de la justice de mars 1859. — *Mém.* 1859, p. 150.)

La question de savoir si les actes passés dans la forme administrative par les maires ont la même force que les actes notariés et emportent hypothèque, étant controversée, il est prudent que les communes exigent un acte notarié, chaque fois qu'elles ont intérêt à obtenir une hypothèque. — *Mém.* 1860, p. 332. — Voy. HYPOTHÈQUE.

Actes translatifs de propriété. — Voy. MUTATIONS.

Action possessoire. — Action donnée au possesseur d'un immeuble ou d'un droit réel, à l'effet d'être maintenu ou rétabli dans sa possession en cas de trouble ou d'éviction.

L'action possessoire n'est recevable qu'autant qu'elle est formée dans l'année du trouble par ceux qui, depuis une année au moins, étaient en possession paisible par eux ou les leurs, à titre non précaire. (C. proc. civ., art. 23.)

Les juges de paix connaissent seuls des actions possessoires.

Le maire, agissant pour et au nom de sa commune, peut, sans autorisation préalable, intenter toute action possessoire. — Voy. PROCÈS.

Actions judiciaires. — Voy. POURSUITES, PROCÈS.

Adjoints des maires. — Le maire a, pour le seconder dans l'exercice de ses attributions, un ou plusieurs adjoints, suivant le chiffre de la population de la commune.

En cas d'absence ou d'empêchement, le maire est remplacé par un de ses adjoints dans l'ordre des nominations. (L. 5 mai 1855, art. 4.)

Toutefois, les adjoints ne peuvent exercer l'autorité qu'au nom du maire, et la signature qu'ils apposent à leurs actes doit toujours être précédée de ces mots : « *Pour le maire absent*, ou *Pour le maire empêché, l'adjoint de la commune de...* »

Il y a cependant des cas où les adjoints exercent concurremment avec les maires les fonctions que la loi confie à l'autorité municipale.

Ainsi, l'adjoint ou le premier adjoint, et, à défaut de ce premier adjoint, celui qui suit dans l'ordre de nomination, est, simultanément avec le maire, membre-né du conseil de répartition des contributions directes. (L. 3 frimaire an VII, art. 9.) — Voy. RÉPARTITEURS.

Un adjoint concourt de même, avec le maire, à la formation des matrices d'évaluation des redevances proportionnelles auxquelles les concessionnaires des mines sont soumis. (D. 6 mai 1811, art. 18.)—Voy. MINES.

De même encore, lorsqu'il s'agit de constater l'insolvabilité ou l'absence des redevables du Trésor public, les adjoints n'agissent pas seulement à défaut et en remplacement des maires, c'est simultanément avec eux, et sous leur responsabilité personnelle, qu'ils délivrent les certificats exigés par l'arrêté du Gouvernement du 6 messidor an X. — Voy. ABSENCE, INSOLVABILITÉ, MAIRE.

Adjudicataires. — Voy. ACQUÉREURS D'IMMEUBLES; ADJUDICATION, BOIS DES COMMUNES ET DES ÉTABLISSEMENTS DE BIENFAISANCE, CAUTIONNEMENTS.

Adjudication. — Marché avec publicité et concurrence.

Aux termes de l'article 10, § 6, de la loi du 18 juillet 1837, le maire est chargé, sous la surveillance de l'administration supérieure, de souscrire les marchés, de passer les baux des biens et les adjudications des travaux communaux dans les formes prescrites par les lois et règlements.

Lorsque le maire procède à une adjudication publique, pour le compte de la commune, il est assisté de deux membres du conseil municipal désignés d'avance par le conseil, ou, à défaut, appelés dans l'ordre du tableau.

Le receveur municipal est appelé à toutes les adjudications.

Toutes les difficultés qui peuvent s'élever sur les opérations préparatoires de l'adjudication sont résolues, séance tenante, par le maire et les deux conseillers assistants, à la majorité des voix, sauf le recours de droit. (L. 18 juillet 1837, art. 16.)

Le receveur municipal et les deux membres du conseil municipal char gés d'assister le maire doivent être prévenus, au moins huit jours à l'avance, des lieu, jour et heure fixés pour l'adjudication.

L'absence du receveur municipal, dûment constatée, n'empêche pas la validité des opérations, mais il n'en est pas de même des membres du conseil municipal dont la présence est indispensable.

Le maire ne peut procéder à aucune adjudication qu'après l'accomplissement des formalités prescrites par les règlements. Ainsi, lorsqu'il s'agit de l'aliénation d'une propriété communale, d'un bail à ferme, de fournitures, de travaux communaux, etc., le maire est tenu de soumettre préalablement à l'approbation du préfet soit les conditions réglées par le conseil municipal, soit le devis des travaux ou fournitures, ainsi que le cahier des charges à imposer à l'entrepreneur. — Voy. CAHIER DES CHARGES.

Toute adjudication, sauf les cas d'urgence, doit être annoncée au moins un mois d'avance par voie d'affiches indiquant : 1° l'objet de l'adjudication et la mise à prix; 2° le lieu où l'on pourra prendre connaissance du cahier des charges; 3° l'autorité chargée de procéder à l'adjudication; 4° le lieu, le jour et l'heure fixés pour l'opération (O. 14 novembre 1837, art. 6). Les affiches sont apposées par les soins du maire dans la localité et dans les principales communes voisines. — Voy. AFFICHES.

Les adjudications sont, en outre, annoncées dans la commune à son de trompe ou de caisse, à deux reprises et à quinzaine ou huitaine d'intervalle.

Les adjudications ont lieu, suivant leur objet, soit aux enchères, à l'extinction des feux, sur une mise à prix fixée par le cahier des charges, soit au rabais à l'extinction des feux, soit au rabais par soumissions cachetées. Il est inutile de faire observer que le rabais ne s'applique qu'aux acquisitions et aux entreprises dont l'administration supporte les charges, et que, dans la position contraire, les communes et les établissements publics ne vendent ou concèdent qu'au plus offrant. Le mode des soumissions cachetées ne convient guère qu'aux grandes entreprises; les adjudications d'intérêt communal se font ordinairement à l'extinction des feux.

Cependant aucun mode n'est exclu, pourvu qu'il y ait publicité, concurrence, affiches préalables, expertise servant de base à la mise à prix, cahier de charges régulièrement délibéré par le conseil municipal, approuvé par le préfet, et, quand il y a lieu, plans et devis dûment approuvés.

Pour les adjudications aux enchères ou au rabais et à l'extinction des feux, on procède comme il est dit ci-après :

La séance ouverte, le maire donne lecture, savoir : du devis et du cahier des charges s'il s'agit de travaux ou fournitures, de l'arrêté qui autorise la vente et du cahier des charges s'il s'agit d'aliénations, enfin des conditions réglées par le conseil municipal s'il s'agit de baux à ferme ou à loyer. Il indique la mise à prix et fixe le chiffre de l'enchère ou du rabais qui pourra avoir lieu sur cette mise à prix.

Un premier feu est ensuite allumé, pendant la durée duquel toute personne peut enchérir ou exprimer un rabais. Néanmoins, le maire peut exiger des concurrents le versement en numéraire d'un cautionnement pour être admis aux enchères.

L'adjudication ne peut être faite qu'après l'extinction de trois bougies, au moins, allumées successivement, dont deux sans enchères ou rabais survenus pendant leur durée.

Lorsque le dernier feu s'est éteint sans enchères, le maire prononce l'adjudication au profit du dernier enchérisseur, et, si c'est au rabais, au profit de celui qui a fait le rabais le plus fort.

Pour les adjudications sur soumissions cachetées, on procède de la manière suivante :

Le maire, après avoir donné lecture du devis estimatif des travaux ou fournitures et du cahier des charges, dépose sur le bureau un paquet cacheté dans lequel se trouve indiqué un maximum de prix ou un minimum de rabais.

Les soumissions, cachetées séparément, et les pièces et justifications indiquées par l'affiche, sont remises au maire, en un seul paquet, par chaque soumissionnaire.

Les paquets sont rangés sur le bureau et reçoivent un numéro dans l'ordre de leur présentation.

A l'instant fixé pour l'ouverture des paquets, le premier cachet est rompu publiquement par le maire, et il est dressé un état des pièces contenues sous ce premier cachet, telles que certificat de capacité, acte de cautionnement, etc.

Cet état dressé, les concurrents se retirent de la salle, et le maire, après avoir consulté les deux membres du conseil municipal qui l'assistent, arrête la liste des concurrents dont les justifications ont paru régulières.

Immédiatement après, la séance redevient publique, et le maire proclame le nom des concurrents agréés.

Les soumissions sont alors ouvertes et lues publiquement par le maire, qui déclare adjudicataire le soumissionnaire qui a fait l'offre la plus avantageuse.

Néanmoins, si les prix de la soumission excédaient ceux du projet approuvé, le maire surseoirait à l'adjudication et consulterait au plus tôt le conseil municipal sur la nécessité de modifier le projet.

L'adjudication ne serait pas non plus tranchée, si la soumission n'était pas conforme au maximum de prix ou au minimum de rabais dont il vient d'être parlé.

Dans le cas où plusieurs soumissionnaires auraient offert le même prix, et où ce prix serait le plus bas de ceux portés dans les soumissions, il serait procédé, séance tenante, à une réadjudication, soit sur de nouvelles soumissions, soit à l'extinction des feux, entre ces soumissionnaires seulement. (O. 14 novembre 1837, art. 8.)

Lorsque les soumissionnaires ont été assujettis à verser préalablement un cautionnement de garantie pour répondre de l'accomplissement des obligations imposées par le cahier des charges, ce dépôt de garantie est rendu le lendemain de l'adjudication à ceux dont les offres n'ont pas été acceptées ou qui se sont désistés de leur soumission.

Les résultats de chaque adjudication sont constatés par un procès-verbal relatant toutes les circonstances de l'opération. (O. 14 novembre 1837, art. 9.)

Dans les procès-verbaux d'adjudication, les sommes doivent être écrites en toutes lettres et émargées en chiffres ; les deux indications doivent concorder; les sommes en chiffres doivent être totalisées lorsque le procès-verbal comprend plusieurs articles ; les renvois, surcharges, ratures, inter lignes ont besoin d'être approuvés.

Les adjudicataires doivent signer leurs articles respectifs, ou mention doit être faite qu'ils ne savent, qu'ils ne peuvent ou qu'ils refusent de signer.

L'adjudicataire qui a agi pour le compte d'un autre doit en faire la déclaration dans les vingt-quatre heures.—Voy. Déclaration de command.

Les adjudications ne deviennent définitives qu'après l'approbation du préfet. En conséquence, les procès-verbaux d'adjudication sont transmis sans retard au sous-préfet, savoir : la minute sur papier timbré, et deux copies certifiées sur papier libre.

Ils sont enregistrés dans le délai de vingt jours après leur approbation et inscrits sur le répertoire tenu par le maire.—Voy. Répertoire

Les frais d'affiches, de criées, de timbre, d'enregistrement, de cautionnement et d'expédition sont à la charge de l'adjudicataire.

Quelques maires ont l'habitude de remettre aux receveurs municipaux les originaux des actes d'adjudication, au lieu d'expéditions certifiées; c'est une irrégularité qu'il importe d'éviter. Tous les originaux doivent rester déposés aux archives de la mairie, pour qu'on puisse y recourir au besoin. Il ne doit être délivré au receveur municipal qu'une expédition sur papier timbré de 1 franc 50 centimes. Il en est délivré une autre dans la même forme aux adjudicataires.

Lorsqu'il n'est pas fait de cautionnement en argent ou en immeubles, on ne doit pas négliger d'exiger caution des adjudicataires. Il ne peut être dérogé à la règle générale à ce sujet que dans le cas où le receveur municipal reconnaîtrait, sous sa responsabilité personnelle, la caution comme inutile, ce qui serait constaté par le procès-verbal.

Les cautionnements fournis en immeubles, soit par l'adjudicataire, soit par des tiers répondants, doivent, pour devenir valables, être consentis dans la forme authentique prescrite par l'article 2127 du Code Napoléon. —Voy. Actes notariés, Cautionnement.

Le maire ou l'adjoint qui le remplace et les administrateurs des établissements de bienfaisance ne peuvent, sous peine de nullité, se rendre adjudicataires, ni par eux-mêmes, ni par personne interposée, d'aucune location, droit, perception ou entreprise du domaine de la commune. (C. N., art. 1596.) La même défense est faite aux receveurs des communes et des établissements de bienfaisance (I. G., art. 1273).

Aux termes de l'arrêté du gouvernement du 19 vendémiaire an XII, les receveurs des communes, des hospices et des bureaux de bienfaisance, étant tenus, sous leur responsabilité personnelle, de veiller à la conservation des droits, privilèges et hypothèques de l'administration dont ils dépendent, doivent recevoir une expédition des actes d'adjudication et du cahier des charges imposées aux adjudicataires, afin de s'assurer que ces derniers remplissent exactement les obligations auxquelles ils sont soumis, et de pouvoir prévenir l'administration de toutes les contraventions qui compromettraient les intérêts ou le service de la commune ou de l'établissement. — Voy. BAUX, BOIS, BIENS COMMUNAUX, FOURNITURES, OCTROI, POURSUITES, TRAVAUX.

Il convient de faire remarquer que les procès-verbaux des adjudications passées devant les maires sans l'assistance d'un notaire n'emportent pas voie parée et exécutoire. Les procès-verbaux constatant, soit une vente d'arbres, soit une location, ne sauraient, par conséquent, servir de base à des commandements. S'il devenait nécessaire de poursuivre les débiteurs, il faudrait recourir au moyen déterminé par l'article 63 de la loi du 18 juillet 1837, c'est-à-dire réclamer du maire un état des créances à recouvrer, lequel état serait rendu exécutoire par le sous préfet. — *Mém.* 1837, p. 307 et 326; 1840-1841, p. 144; 1860, p. 293 et 332; 1861, p. 424.

Affiches. — Ce mode de publicité est également employé par l'autorité publique et par les particuliers.

L'autorité administrative fait apposer des affiches toutes les fois qu'elle le juge convenable, et notamment pour porter à la connaissance des citoyens, soit une loi, un décret, un arrêté de police, les adjudications des travaux publics, la mise en recouvrement des rôles, la tournée du contrôleur pour les mutations, les ventes de meubles ou fruits opérées en vertu de poursuites pour le recouvrement des contributions directes, etc. — Voy. ADJUDICATIONS, MUTATIONS, POURSUITES, RÔLES.

Il appartient aux maires de désigner les lieux où sont apposées les affiches des lois et les actes de l'autorité publique. (L. 18-22 mai 1791, art. 11.)

Les affiches des particuliers ne peuvent être apposées dans les lieux spécialement affectés à celles de l'autorité publique.

Afin d'éviter toute méprise, les affiches apposées par ordre de l'autorité publique sont seules imprimées sur papier blanc; celles des particuliers ne peuvent être imprimées que sur papier de couleur. (L. 22 juillet 1791 et 28 avril 1816.) La violation de cette disposition donne lieu à une amende de 20 francs contre l'imprimeur. (L. 25 mars 1815 et 17 juin 1824.)

Les affiches particulières sont soumises à un droit de timbre déterminé par leur dimension. Ce droit est de 10 centimes pour chaque feuille de 25 décimètres carrés, et de 5 centimes pour chaque demi-feuille. Ceux qui veulent apposer des affiches doivent au préalable présenter les papiers à l'administration du timbre. Ceux qui sont convaincus d'avoir apposé des affiches non timbrées sont passibles d'une amende de 100 francs. (L. 15 mai 1818.)

Les affiches de l'autorité municipale relatives aux actes d'administration d'intérêt général et à la publication des règlements de police peuvent seules être sur papier blanc non timbré. Celles qui ont rapport à des adjudications, ventes, locations de biens communaux, doivent être sur papier de couleur au timbre de dimension. — Voy. TIMBRE.

Un percepteur ne pourrait, comme moyen d'action sur les contribuables en retard, faire afficher leurs noms à la porte de la maison commune. — *Mém.* 1837, p. 114.

Affouage. — On appelle ainsi le bois distribué aux habitants, soit pour le chauffage, soit pour la construction ou la réparation des bâtiments. Le bois de chauffage est pris dans les taillis; le bois de construction parmi les futaies. Ce droit des habitants s'exerce ordinairement dans les bois des communes; mais il existe aussi quelquefois, à titre d'usage, dans les bois de l'Etat et même dans ceux des particuliers.

De la différence de destination entre les bois de chauffage et ceux de construction il résulte, pour chacune de ces natures de bois, des règles spéciales que nous allons indiquer avant de passer à l'examen des règles qui leur sont communes.

Bois de chauffage. — S'il n'y a titre ou usage contraire, le partage des bois d'affouage se fait par feu, c'est-à-dire par chef de famille ou de maison ayant domicile réel et fixe dans la commune. (C. F., art. 105.)

D'après les lois générales qui attachent à la qualité d'habitant le droit de participation à tous les bénéfices communaux, la dénomination de chef de famille se confond dans celle de chef de ménage ou de maison.

Il n'est donc pas nécessaire qu'un particulier soit père de famille, dans l'acception ordinaire de ce terme, pour avoir droit à un lot séparé d'affouage; il suffit qu'il soit chef de ménage ou d'une maison d'habitation : ainsi tout individu majeur, ayant acquis domicile dans une commune et y tenant ménage, quel que soit son sexe et malgré sa qualité de célibataire ou de veuf sans enfants, a droit à une portion affouagère, et il ne peut en réclamer deux, quel que puisse être le nombre des personnes vivant avec lui, sous sa dépendance, au même feu ou faisant partie du même ménage. (Circ. Int. 1er août 1824.)

Mais la loi exige un domicile réel et fixe; elle veut que l'affouagiste soit membre de la communauté et que ce titre résulte d'une agrégation effective et de droit. Tous ceux qui sont dans ce cas sont fondés à participer à toutes les jouissances de la communauté. (Déc. min. de l'int. 1828.) — Voy. DOMICILE.

Bois de construction. — S'il n'y a titre ou usage contraire, la valeur des arbres, pour constructions ou réparations de maison, est estimée à dire d'experts et payée à la commune. (C. F., art. 105.)

L'expertise est faite, dans le procès-verbal même de la délivrance, par le maire de la commune ou son délégué, par l'agent forestier et par un expert, au choix de la partie prenante. Le procès-verbal est remis au receveur municipal par l'agent forestier. (O. 1er août 1827, art. 143.)

Ici la règle diffère essentiellement de celle qui régit la distribution du bois taillis. Le bénéfice n'est plus attaché exclusivement à la qualité d'habitant; il est également dû au propriétaire forain qui possède des bâtiments dans la commune ou qui veut en construire sur ses propriétés.

Mais il est peu de communes où la règle de l'article 105 soit appliquée. Le plus ordinairement, le bois de futaie est délivré, en vertu d'anciens usages, d'après l'étendue des bâtiments et moyennant une taxe qui varie suivant les besoins de la commune. Par conséquent, un rôle spécial est nécessaire pour sa distribution, et les lots, au lieu d'être égaux pour toutes les parties prenantes, sont plus ou moins considérables selon que chaque copartageant possède plus ou moins de propriétés bâties.

Règlement de l'affouage. — Aux termes de l'article 17 de la loi du 18 juillet 1837, le conseil municipal est chargé de procéder au règlement de l'affouage, en se conformant aux lois forestières. Sa délibération détermine le mode de distribution de l'affouage et la somme qui sera imposée sur les ayants-droit, tant pour le taillis que pour la futaie.

Les délibérations municipales réglant d'une manière absolue les affouages, elles ne peuvent être attaquées par la voie administrative que pour inexécution des formes légales, violation de la loi ou d'un règlement d'administration publique, ou comme étant contraires, soit aux intérêts de la commune, soit aux intérêts des habitants pris collectivement.

Les réclamations qui soulèveraient des questions contentieuses d'aptitude spéciale à l'admission sur la liste d'affouage sont de la compétence exclusive des tribunaux de l'ordre judiciaire.

Des droits des sections de communes. — Les diverses sections d'une même commune peuvent posséder des droits de propriété privativement l'une à l'autre. Il est donc facile de savoir, lorsqu'il s'agit de l'affouage, si les habitants de telle ou telle section doivent être portés au rôle de distribution, puisqu'il suffit d'examiner si cette section est ou non copropriétaire par indivis du fonds boisé, ou si elle y exerce un droit d'usage comprenant l'affouage.

Délivrance des coupes affouagères. Exploitation. — Lorsque les bois de chauffage se délivrent par coupe, l'exploitation en est faite, aux frais des usagers, par un entrepreneur spécial agréé par l'administration forestière.

Aucun bois ne peut être partagé sur pied ni abattu par les usagers individuellement, et les lots ne peuvent être faits qu'après l'entière exploitation de la coupe, à peine de confiscation de la portion de bois abattu afférente à chacun des contrevenants. (C. F., art. 81.)

Les entrepreneurs de l'exploitation des coupes affouagères doivent se conformer à tout ce qui est prescrit aux adjudicataires pour l'usance et la vidange des ventes; ils sont soumis à la même responsabilité et passibles des mêmes peines en cas de délits ou contraventions. Les communes qui ont droit à l'affouage sont garantes solidaires des condamnations prononcées contre lesdits entrepreneurs. (*Id.*, art. 82.)

Les dispositions qui précèdent s'appliquent aux coupes affouagères délivrées aux communes dans les bois de l'État, de même qu'aux coupes des bois communaux destinées à être partagées en nature pour l'affouage des habitants.

Immédiatement après la délivrance de la coupe affouagère par les agents forestiers, le maire prend les dispositions nécessaires pour faire effectuer l'exploitation de la coupe, soit par voie d'adjudication publique, soit au moyen d'un traité de gré à gré avec un entrepreneur responsable.

Dans le premier cas, il dresse un cahier des charges qu'il transmet au sous-préfet, pour être soumis à l'approbation du préfet. Il procède ensuite à l'adjudication. — Voy. Adjudication.

Dans le second cas, le maire passe un traité de gré à gré avec un entrepreneur de son choix, et il soumet ce traité à l'approbation du préfet. — Voy. Traité de gré a gré.

Après l'approbation du procès-verbal d'adjudication ou du traité de gré à gré, l'administration forestière accorde le permis d'exploiter, qui est remis au maire.

Enfin, d'après les règles indiquées par le cahier des charges qui a servi de base à l'adjudication, ou par le traité de gré à gré, la formation des lots, ainsi que leur délivrance aux affouagers, sont faites par l'entrepreneur, sous la surveillance directe du maire, qui peut s'adjoindre à cet effet un ou deux membres du conseil municipal.

Répartition de l'affouage. — Lorsque la désignation de la coupe affouagère a été faite par les agents de l'administration forestière, le conseil municipal dresse la liste provisoire des chefs de famille ou de maison qui devront participer au partage du bois de chauffage.

Le maire avertit les habitants qu'ils peuvent prendre connaissance de cette liste, et que leurs réclamations, s'ils en ont à présenter, seront reçues pendant un délai déterminé à la mairie, à dater de la publication.

Un registre d'enquête est ouvert aussitôt par le maire, qui a soin de le clore à l'expiration du délai indiqué.

Dans le cas où il s'est élevé des réclamations, le procès-verbal d'enquête est communiqué au conseil municipal, qui prononce sur chaque réclamation, sauf recours au conseil de préfecture.

Après la clôture de la liste par le conseil municipal, toute réclamation doit être rejetée par le maire sans formalité, la déchéance étant encourue de droit. Il ne peut plus être fait de rectifications à la liste des affouagistes qu'en vertu d'arrêtés du conseil de préfecture, et avant l'homologation du rôle.

En cas de difficulté relative à la distribution de l'affouage, le conseil de préfecture peut, sur la demande des parties intéressées, nommer un expert pour procéder à un nouveau règlement.

Taxes affouagères. Etablissement des rôles et recouvrement. — Les bois coupés à titre d'affouage sont délivrés ordinairement sans autre rétribution, de la part des habitants que celle des frais occasionnés par les coupes elles-mêmes; ce n'est que dans le cas d'une extrême nécessité que l'administration locale peut imposer, en sus des frais, le payement d'une somme à verser à la caisse municipale pour subvenir aux dépenses de la commune. (Av. du cons. d'Etat, 8 avril 1838; Circ. Int. 10 janvier 1839.) — *Mém.* 1839, p. 9 et 10.

Le produit de cette rétribution doit toujours faire l'objet d'un article distinct dans les budgets et dans les comptes des communes, et ne jamais être confondu avec le produit des coupes de bois.

Lorsque l'affouage provient d'un bois domanial, le rôle ne doit jamais dépasser la somme strictement nécessaire à l'acquittement des frais d'exploitation ; les préfets sont tenus, le cas échéant, de réduire d'office le chiffre de la taxe assise sur chaque lot, de manière que le montant du rôle n'excède pas les frais dont il s'agit. (Av. du cons. d'Etat, 29 mai 1838 ; Circ. Int. 25 août 1840.) — *Mém.* 1840, p. 166 et 174.

La répartition de la somme à imposer est faite au moyen de rôles ou d'états de distribution dressés par les maires, rendus exécutoires par le préfet. Lorsque les taxes lui paraissent trop élevées, le préfet en opère également d'office la réduction.

De leur côté, les receveurs des finances ont à signaler au ministère les communes qui imposeraient sans nécessité des taxes sur l'affouage délivré aux habitants. (I. G., art. 870.)

Le préfet, immédiatement après avoir homologué le rôle d'affouage, l'adresse au receveur général pour être transmis au receveur municipal. Ce dernier comptable délivre à chaque ayant droit l'extrait qui le concerne, et dans lequel est indiqué le délai fixé pour le payement de la taxe. Ce délai est déterminé par l'arrêté d'homologation, de manière que tous les bois délivrés ou vendus puissent être enlevés avant l'expiration du terme des vidanges réglé par le cahier des charges.

Nul habitant ne peut enlever sa portion d'affouage qu'en présence de l'entrepreneur de la coupe, qui n'y doit consentir que sur la représentation de la quittance du receveur municipal constatant le payement de la taxe, et du permis du maire apposé au dos de cette quittance; les quittances délivrées sont soumises au timbre si elles excèdent 10 francs.

Toutefois, lorsque les affouagistes usent de la faculté qui est accordée aux parties versantes de refuser la quittance timbrée, la distribution des lots peut avoir lieu d'après un état dressé par le receveur municipal et visé par le maire. (Décis. min. des fin. 1862.)

Les rôles d'affouage sont passibles du timbre. Ils peuvent être rédigés sur des feuilles de papier timbrées à l'extraordinaire ou visées pour timbre.

A l'expiration du délai fixé, le receveur municipal transmet à l'entrepreneur de la coupe l'état, visé par le maire, tant des habitants en retard de se libérer que de ceux qui ont acquitté la taxe, et cet entrepreneur demeure personnellement responsable, envers la commune, du payement des lots qui auraient été enlevés avant le payement, à moins qu'il n'ait fait constater cet enlèvement, dans le délai de trois jours, par des procès-verbaux réguliers, et qu'il ne les ait envoyés immédiatement au receveur municipal. Celui-ci doit alors diriger les poursuites contre les débiteurs d'après les règles établies pour les contributions directes, sans préjudice des poursuites criminelles auxquelles l'enlèvement furtif pourrait donner lieu, s'il présentait des circonstances qui lui donnassent le caractère d'un délit. — *Mém.* 1837, p. 45; 1839, p. 5 et 36.

Les poursuites administratives doivent être précédées d'une sommation gratis, laquelle, en cas de non-payement intégral, est promptement suivie d'une contrainte nominative qui comprend tous les débiteurs; et, en vertu de cette contrainte, il est procédé successivement à la garnison, au commandement, à la saisie et à la vente, avec les formalités et dans les délais prescrits.

Les poursuites doivent s'étendre à la fois aux affouagistes signalés par les procès-verbaux d'enlèvement des lots et à ceux qui, portés sur l'état dressé à l'expiration du délai fixé pour le payement des taxes, comme ne s'étant pas encore libérés, se seraient néanmoins emparés de leurs lots sans que le fait eût été constaté à la diligence de l'entrepreneur, le tout sans préjudice du recours à exercer contre ce dernier. (I. G., art. 871.)

Les réclamations en décharge sont du ressort du conseil de préfecture. (I. G., art. 872.)

Délivrance des lots. Vente des portions non délivrées faute de payement de la taxe. — L'obligation imposée aux entrepreneurs des coupes, de ne délivrer les lots que sur la quittance du receveur municipal et du permis du maire, est consignée dans les procès-verbaux d'exploitation. Les receveurs municipaux doivent se faire délivrer une expédition de ces procès-verbaux, qui forment le titre en vertu duquel ils auront à diriger les poursuites contre les entrepreneurs qui auraient encouru la responsabilité stipulée dans le cahier des charges.

Les portions d'affouage non enlevées faute de payement de la taxe sont, à la diligence du receveur municipal, mises en vente par le maire dans la forme des adjudications publiques, mais seulement jusqu'à concurrence du montant des taxes non acquittées et des frais de vente. Le surplus est délivré, en nature, aux habitants auxquels ces mêmes portions auraient été attribuées. (Circ. Int. 10 janvier 1839; I. G., art. 871.)

Interdiction aux usagers de vendre ou d'échanger leurs lots d'affouage. — Lorsque l'affouage provient d'un bois domanial, il est interdit aux usagers de vendre ou d'échanger les bois qui leur sont délivrés, et de les employer à aucune autre destination que celle pour laquelle le droit d'usage a été accordé. (C. F., art. 83.)

Cette interdiction de disposer n'existe pas relativement aux portions d'affouage délivrées aux habitants dans les bois appartenant à la commune même dont ils font partie. En effet, les bois leur sont dus alors, non comme usagers, mais comme propriétaires; ils peuvent donc en disposer ainsi qu'ils le jugent à propos. C'est du moins la conséquence qu'on doit tirer de l'article 112 du Code forestier, qui, en déclarant applicables aux bois des communes certaines dispositions relatives aux bois de l'État, en excepte formellement l'article 83.

Ventes de coupes ou portions de coupes affouagères. — Aux termes du 2e paragraphe de l'article 109 du Code forestier, lorsque les coupes sont délivrées en nature pour l'affouage, et que les communes n'ont pas d'autres ressources, il doit être distrait une portion suffisante des coupes, qui est vendue aux enchères avant toute distribution, et le prix doit être employé au payement des charges inhérentes aux bois.

Les communes peuvent aussi opérer de semblables prélèvements pour les besoins des établissements municipaux, tels que les mairies, les écoles, les corps de garde et tous les locaux consacrés à un service communal, que les communes sont tenues de chauffer pendant l'hiver ou de réparer. (Décis. min. des Fin. 27 mars 1830.) — *Mém.* 1830, p. 141.

Il y a lieu aussi à la vente d'une portion des coupes affouagères, lorsque les communes possédant beaucoup de bois ne sont pas dans l'usage d'employer la totalité de leurs coupes à la consommation des habitants. (O. 1er août 1827, art. 141.)

Dans les communes dont les ressources sont insuffisantes pour le payement de leurs gardes champêtres et forestiers, ou pour l'acquit des charges et des contributions établies sur leurs bois et autres biens en jouissance commune, les coupes affouagères, au lieu d'être distribuées entre les habitants, peuvent être vendues sur l'autorisation du préfet. La vente en est faite alors par voie d'adjudication; mais, à raison de la faible importance de ces coupes, il n'est pas nécessaire que l'adjudication soit faite au chef-lieu de sous-préfecture : le préfet désigne le lieu qui lui paraît le plus convenable. Le recouvrement du prix de cette adjudication est effectué selon les règles établies pour le prix de vente des coupes ordinaires des bois communaux.

Lorsque l'évaluation excède 500 francs, la vente sur les lieux peut aussi être autorisée par le préfet, sur la proposition du conservateur, mais sous la condition que les produits seront préalablement exploités et façonnés. Ces ventes sont faites sous la présidence des maires et avec l'intervention des agents forestiers. (I. G., art. 873.) — Voy. ADJUDICATION, BOIS DES COMMUNES ET DES ÉTABLISSEMENTS PUBLICS.

Vingtième dû au Trésor. — Les communes doivent à l'Etat le vingtième de la valeur des coupes affouagères. La valeur des coupes délivrées en nature est fixée par le ministre des finances, sur les propositions des agents forestiers, les observations des conseils municipaux et des administrateurs et l'avis des préfets. Toutefois, la somme à rembourser à l'État par chaque commune ne peut dépasser un franc par hectare des bois qui lui appartiennent. (L. de finances, 25 juin 1841, art. 5; 19 juillet 1845, art. 6; 14 juillet 1856, art. 14.) — Voy. FRAIS D'ADMINISTRATION DES BOIS DES COMMUNES.

Comptabilité des coupes affouagères. — Les budgets et les comptes communaux doivent comprendre : *en recette*, le montant des cotisations imposées aux habitants ; *en dépense :* 1° les frais de façonnage des bois distribués ; 2° les frais de transport des lots au domicile des ayants droit ; 3° le payement du vingtième dû au Trésor. La justification de toutes ces opérations est faite d'après les règles établies pour la comptabilité communale. On ajoute tous les documents ayant pour objet l'assiette des taxes, et un état spécial faisant ressortir la portion de ce produit qui constituerait un bénéfice pour la commune. (Inst. min. de l'Int. 16 juillet 1855.)

Quant aux coupes affouagères délivrées gratuitement aux habitants, elles ne constituent pas un revenu communal proprement dit ; elles ne doivent pas dès lors figurer dans les budgets. Le produit estimatif de ces coupes fait l'objet, dans les écritures du receveur municipal, d'un compte d'ordre auquel le produit dont il s'agit est porté, tant en recette qu'en dépense, sur un certificat du maire; cette recette et cette dépense sont considérées comme des opérations exécutées hors budget. (I. G., art. 874 et 1103.) — Voy. SERVICES HORS BUDGET.

Affranchissement. — Action par laquelle on affranchit une lettre, un paquet, de telle sorte que le destinataire les reçoive sans avoir aucun droit, aucune taxe à acquitter.

Les premiers avertissements, les sommations sans frais et les avis officieux adressés sous bandes par les percepteurs aux contribuables de leur circonscription, et par les receveurs des communes et des établissements de bienfaisance aux débiteurs de ces communes et de ces établissements, peuvent être affranchis au taux des imprimés, malgré les indications manuscrites que leur texte comporte. (Décis. min. des finances, 31 mars 1856.)

Ces avertissements jouissent de la modération de taxe, quel que soit le lieu de résidence des contribuables auxquels ils sont adressés.

Lorsqu'ils n'ont pas été remis aux destinataires ou à leur domicile, ils doivent, au lieu d'être classés dans les rebuts, être renvoyés, sans taxe, aux comptables expéditeurs ; mais il convient que ceux-ci, pour prévenir toute erreur de la part des directeurs des postes, aient soin d'indiquer leur qualité sur la bande, à l'aide d'un timbre ou d'une mention manuscrite.

Ils doivent toutefois s'abstenir d'y apposer leur contre-seing.

L'envoi, par la poste, des avertissements, sommations et avis dont il s'agit, n'est pas obligatoire ; mais, quand leur expédition a lieu par cette voie, ils doivent toujours être affranchis : la répétition de taxe spécifiée par l'article 2 de la loi du 20 mai 1854 aurait lieu contre les percepteurs expéditeurs d'avertissements non affranchis et tombés au rebut. En outre, les dispositions relatives aux abus de contre-seing seraient applicables si les avertissements, sommations ou avis étaient expédiés, sans affranchissement préalable, sous un contre-seing quelconque, à un fonctionnaire dénommé au ***Manuel des franchises*** ; ainsi, ils ne peuvent être adressés par un percepteur au maire d'une des communes de la réunion pour être distribués par ses soins. (Circ. compt. gén., 8 mai et 18 décembre 1856, et 22 janvier 1860 ; I. G., art. 1438.) — Voy. Franchise.

On ne pourrait, non plus, en réunir plusieurs en un seul paquet qui serait adressé par la poste, à une seule personne chargée de les distribuer. — *Mém.* 1859, p. 295.

Les avertissements, sommations et avis expédiés par la poste et affranchis au taux des imprimés ne doivent contenir *à la main* rien d'étranger à ce que comporte le texte même des formules imprimées pour cet objet. (Circ. compt. gén., 17 mai 1857.) Les comptables ne pourraient, sans contravention, y ajouter un post-scriptum manuscrit, par exemple, pour prévenir le contribuable que, si l'avertissement, sommation ou avis demeurait sans réponse, il serait donné cours aux poursuites. — *Mém* 1857, p. 153 ; 1858, p. 161.

La taxe à payer pour affranchissement est d'un centime par exemplaire isolé du poids de 5 grammes et au-dessous, et d'un centime en sus par chaque 5 grammes ou fraction de 5 grammes. — Voy. Correspondance, Franchise, Poste aux Lettres.

Agent de change. — Officier public nommé par l'Empereur, et institué pour opérer, comme intermédiaire, la négociation des effets publics. — Voy. Rentes sur l'État.

Agent provisoire. — Voy. Gérant intérimaire.

Agent spécial. — Délégué du receveur des finances, et dont la mission consiste à diriger un percepteur ou un receveur municipal spécial, soit dans l'emploi des moyens propres à accélérer les rentrées, soit dans la régularisation de ses écritures.

Lorsque l'examen du livre récapitulatif et des bordereaux d'un percepteur, ou toute autre vérification faite par le receveur des finances, lui donne lieu de reconnaître des retards et des irrégularités qui rendent nécessaire de soumettre ce percepteur à une surveillance particulière, il peut placer près de lui un agent spécial.

Le percepteur est tenu de communiquer à cet agent tous les rôles, registres et pièces de la comptabilité.

Au jour de l'entrée en fonction de l'agent spécial, la situation des divers services du percepteur doit être constatée par un bordereau de situation sommaire. (*Modèle n° 308.*) L'agent spécial doit rendre compte au receveur des finances de la situation dans laquelle il a trouvé le service par l'envoi d'un état conforme au résumé (*modèle n°* 267) de procès-verbal de vérification que doivent dresser les receveurs des finances dans leurs tournées d'inspection. (I. G., art. 1297.) — Voy. BORDEREAUX DE SITUATION, VÉRIFICATIONS DE COMPTABILITÉ.

La présence de l'agent spécial ne changeant les relations des percepteurs ni avec les contribuables, ni avec les maires des communes de la perception, cet agent n'a pas besoin d'être accrédité par l'autorité locale ; il suffit que le receveur des finances donne connaissance à cette autorité de la mesure qu'il a cru devoir prendre, et qu'il rende compte immédiatement au ministère des finances (direction du personnel et direction de la comptabilité générale) des motifs qui l'ont déterminée.

En transmettant ces rapports au ministère des finances, le receveur général n'a pas à adresser une copie du procès-verbal de vérification, mais seulement l'état ou extrait de procès-verbal mentionné plus haut, et présentant la situation de la caisse, la situation des recouvrements, des indications sur la tenue des écritures et sur la comptabilité municipale; enfin des renseignements sommaires sur les faits particuliers venus à la connaissance des comptables supérieurs, ainsi que les observations de l'agent vérifié.

L'agent spécial a droit à une part plus ou moins forte des émoluments de l'emploi, selon la durée de la mission et la manière dont il l'a remplie; l'indemnité est fixée par le ministre des finances, sur la proposition du receveur de l'arrondissement. Cette proposition doit être accompagnée d'un état (*modèle n°* 263) présentant d'une manière distincte la situation des recettes sur chacun des exercices en recouvrement, tant à l'époque du placement de l'agent spécial qu'à celle de son retrait, et les remises afférentes aux opérations faites par l'agent spécial. La portion des remises qui reste disponible fait retour au Trésor; elle peut néanmoins être attribuée, en tout ou en partie, au percepteur près duquel l'agent spécial a été placé, suivant la nature des motifs qui ont nécessité l'emploi de cette mesure disciplinaire, et le plus ou moins de zèle avec lequel il a concouru à l'amélioration du service. Dans tous les cas, un quart au moins du montant brut des émoluments lui est laissé, comme représentant les frais de service, aux termes de l'article 3 de la loi du 9 juin 1853. (I. G., art. 1298.) — Voy. PERCEPTEURS, RECEVEURS DES FINANCES. — *Mém.* 1835, p. 334 ; 1839, p. 282.

Agents de poursuites. — Voy. PORTEURS DE CONTRAINTES.

Agents des prisons. — Voy. PRISONS.

Agents du gouvernement. — Les agents du gouvernement ne peuvent être poursuivis, sans une autorisation préalable (Const. du 25 frimaire an VIII, art. 75).

Sans cette autorisation, ils ne peuvent être poursuivis, ni par la voie civile, ni par la voie criminelle, correctionnelle ou de police. Cette garantie, toutefois, ne couvre que les faits relatifs aux fonctions; les faits qui leur sont étrangers peuvent être poursuivis par les voies ordinaires, sans autorisation préalable.

Les fonctionnaires préposés aux divers services publics des administrations financières, notamment les percepteurs des contributions directes, sont des agents du gouvernement dans le sens de l'article 75 de la constitution de l'an VIII. En conséquence, est nul le jugement qui, sur l'appel en garantie dirigé contre un percepteur, chargé à ce titre des fonctions de receveur municipal par une commune actionnée par un tiers, condamne ce receveur, sans que la commune ait obtenu ni même demandé l'autorisation de le mettre en cause. L'exception tirée du défaut d'autorisation est d'ordre public et peut être proposée en tout état de cause, même pour la première fois, devant la cour de cassation. (Cass. 30 novembre 1858.) — *Mém.* 1859, p. 146.

Aux termes de l'article 75 de la constitution de l'an VIII, les agents du gouvernement ne peuvent être poursuivis qu'en vertu d'une décision du conseil d'État; mais l'autorisation préalable a été simplifiée à l'égard des agents de plusieurs administrations financières. Ainsi, les préfets peuvent, en vertu d'un arrêté du 10 floréal an X, traduire devant les tribunaux, sans recourir au conseil d'État, les percepteurs des contributions directes, pour faits relatifs à leurs fonctions. La cour de cassation a même jugé, par arrêts des 12 frimaire an XI et 6 mars 1806, que l'autorisation préfectorale peut, dans tous les cas et d'une manière absolue, remplacer valablement celle du gouvernement. — *Mém.* 1844, p. 237.

Si les préfets refusaient de permettre les poursuites, leur décision pourrait être attaquée devant le conseil d'État.

Agents forestiers. — On comprend sous cette dénomination les conservateurs, inspecteurs, sous-inspecteurs et gardes généraux de l'administration forestière. (O. 1er août 1827, art. 11.)

Chacun de ces agents fait, suivant l'ordre hiérarchique, les opérations, vérifications et tournées qui lui sont prescrites, en exécution du Code forestier, surveille le service des agents et gardes qui lui sont subordonnés, et leur transmet les ordres et instructions qu'il reçoit de ses supérieurs. Il peut faire suppléer, en cas d'empêchement, les agents et gardes employés sous ses ordres, à la charge d'en rendre compte sans délai à son supérieur immédiat. (O. 1er août 1827, art. 14.) — Voy. AFFOUAGE, BOIS DES COMMUNES ET DES ÉTABLISSEMENTS PUBLICS, GARDES FORESTIERS.

Agents voyers. — Agents chargés de la direction et de la surveillance des travaux des chemins vicinaux.

Les agents voyers sont nommés par le préfet. Leur traitement est fixé par le conseil général. Ce traitement est prélevé sur les fonds affectés aux travaux. (L. 21 mai 1836, art. 11.)

Dans la plupart des départements, les règlements des préfets pour l'exécution de la loi du 21 mai 1836 ont institué, indépendamment des agents voyers chargés du service des chemins vicinaux de grande communication, des agents voyers secondaires qui ont pour mission spéciale de surveiller l'exécution des travaux sur les chemins vicinaux, et particulièrement des prestations en nature. Ces agents, qu'on désigne ordinairement sous le nom d'agents voyers cantonaux, sont dirigés dans leurs fonctions par les agents voyers d'arrondissement, auxquels ils sont adjoints.

Lorsque les conseils généraux n'allouent pas de fonds au budget départemental pour le traitement des agents voyers cantonaux, les traitements de ces agents, après avoir été fixés par le conseil général, sont prélevés, d'après les contingents déterminés par le préfet, sur les ressources communales centralisées au fonds des cotisations municipales. — Voy. CHEMINS VICINAUX, COTISATIONS MUNICIPALES. — *Mém.* 1848, p. 295.

Algérie. — Voy. OUVRIERS COLONS.

Aliénation d'immeubles. — Les communes, comme les mineurs, ne peuvent aliéner leurs immeubles qu'en cas d'urgence absolue ou pour un avantage évident. Le motif que le produit actuel des biens communaux est inférieur à l'intérêt que rapporteraient les fonds placés en rentes sur l'État n'est pas suffisant pour légitimer une aliénation, si, d'ailleurs, la commune n'a pas des besoins urgents, ou si elle peut subvenir par d'autres moyens au déficit de son budget.

Toute aliénation d'immeubles à faire par une commune doit être précédée d'une délibération du conseil municipal, et d'une enquête *de commodo et incommodo*. Le préfet statue définitivement sur l'aliénation, quelle qu'en soit la valeur. (D. 25 mars 1852, art. 1er, tableau A, nº 41.)

Les délibérations des conseils municipaux relatives à des aliénations d'immeubles doivent indiquer exactement la nature, la contenance et le revenu des propriétés à aliéner. Les plus imposés ne doivent pas être appelés à ces délibérations, leur intérêt devant les porter à voter la vente des biens communaux de préférence à une imposition extraordinaire qui pèserait principalement sur eux.

Quant au mode et aux formes de l'aliénation, c'est par la voie de l'adjudication publique qu'il doit y être procédé. Les ventes à l'amiable ne sont autorisées que dans certains cas déterminés, comme, par exemple, lorsque l'objet est de peu de valeur ou qu'il y a avantage évident pour la commune; lorsque la vente est faite à un établissement public; quand une commune cède aux propriétaires riverains d'une rue le terrain bordant leur propriété, qui se trouve retranché de la voie publique par l'arrêté qui a fixé l'alignement de la rue; ou qu'elle cède le terrain qu'elle peut délaisser, en cas de changement de direction ou d'abandon d'un chemin vicinal, en tout ou en partie; lorsque, enfin, le sol d'un chemin public non classé comme chemin vicinal cesse, en tout ou en partie, d'être affecté à la circulation et que la commune veut l'aliéner. (Cass. 19 mai 1858.) — Voy. ALIGNEMENT, CHEMINS VICINAUX.

Les pièces à produire pour obtenir l'autorisation d'aliéner les biens communaux sont les suivantes :

1° La délibération du conseil municipal portant vote de l'aliénation ;

2° Le procès-verbal d'estimation des biens à aliéner : ce procès-verbal doit être fait contradictoirement avec l'acquéreur, si l'aliénation est dispensée de la mise en adjudication publique ;

3° Un procès-verbal d'enquête *de commodo et incommodo ;*

4° Le cahier des charges de l'adjudication, ou la soumission de l'acquéreur, quand la vente n'a pas lieu aux enchères ;

5° La délibération du conseil municipal sur les résultats de l'expertise et de l'enquête ;

6° L'avis du sous-préfet.

Le cahier des charges, revêtu de l'approbation du préfet, est renvoyé au maire, qui procède à l'adjudication après apposition d'affiches. — Voy. ADJUDICATION, AFFICHES.

En général, il doit être stipulé dans le cahier des charges ou l'acte de vente à l'amiable que le payement sera fait entre les mains du receveur municipal avant la prise de possession de l'immeuble. Si un délai est accordé à l'acquéreur, le terme doit en être fixé avec stipulation d'intérêts et avec réserve de poursuivre le débiteur en payement du capital, par saisie de biens, réadjudication sur folle enchère ou rescision d'adjudication. On doit, en outre, insérer dans l'acte une clause spéciale portant que l'acquéreur, s'il veut se libérer par anticipation, ne pourra le faire valablement qu'en opérant son versement à la caisse du receveur particulier de l'arrondissement, à titre de placement au Trésor public pour le compte de la commune. (Circ. Int., 4 mai 1857.) — *Mém.* 1857, p. 117.

Si la commune est autorisée, par l'arrêté du préfet, à consentir la vente à l'amiable, le maire peut dresser l'acte dans la forme administrative, à moins que l'acquéreur à la charge de qui sont les frais n'aime mieux le passer devant notaire.

Dans tous les cas, la vente n'est définitive qu'après avoir été revêtue de l'approbation du préfet, auquel l'acte est transmis par l'intermédiaire du sous-préfet.

S'il s'agit de l'aliénation ou de l'échange d'un cimetière communal qui a cessé depuis peu d'être affecté aux inhumations, on doit interdire aux adjudicataires l'usage de ce cimetière pendant cinq ans, à partir de sa suppression, et la faculté d'y faire des fouilles ou des fondations pour construire des bâtiments avant dix ans, à partir de la même époque. (L. 15 mai 1791, art. 9 ; D. 23 prairial an XII, art. 8 et 9.)—*Mém.* 1860, p. 242.

Aux termes de l'article 1596 du Code Napoléon, il est interdit au maire de se rendre adjudicataire des biens de sa commune. Cette exclusion ne s'étend pas aux receveurs municipaux, bien que ces comptables ne puissent concourir aux adjudications pour fermes ou loyers, attendu les obligations qui leur sont imposées par l'arrêté du 19 vendémiaire an XII.

Un maire, détenteur de biens communaux usurpés, pourrait cependant être admis à faire sa soumission et s'en rendre acquéreur aux mêmes conditions que tous les autres usurpateurs. (Avis du cons. d'État, du 13 février 1833; Arrêt de cass. 11 janvier 1843.)

Les aliénations d'immeubles par les établissements de bienfaisance sont soumises aux mêmes règles et formalités que celles des communes. — Voy. BUREAUX DE BIENFAISANCE, HOSPICES ET HÔPITAUX.

Aliénés. — Chaque département est tenu d'avoir un établissement public spécialement destiné à recevoir et soigner les aliénés, ou de traiter, à cet effet, avec un établissement public ou privé, soit de ce département, soit d'un autre département. (L. 30 juin 1838, art 1er.)

Les aliénés traités dans les asiles publics ou privés forment deux catégories : l'une comprend les aliénés qui y sont placés volontairement par leurs familles et dont le prix de pension est réglé amiablement entre elles et l'administration de l'asile; l'autre catégorie se compose des aliénés dont le placement est ordonné par l'autorité publique. C'est de cette dernière catégorie et des dépenses y relatives qu'il sera exclusivement question ici, le recouvrement des pensions et autres dépenses des aliénés de la première catégorie devant être opéré directement par les receveurs des asiles, comme celui de toute autre créance des établissements. (I. G., art. 617.)

La dépense de l'entretien, du séjour et du traitement des personnes placées dans les hospices ou établissements publics d'aliénés est réglée d'après un tarif arrêté par le préfet. La dépense de l'entretien, du séjour et du traitement des personnes placées par les départements dans les établissements privés est fixée par les traités passés par le département. (L. 30 juin 1838, art. 26.)

Les dépenses relatives aux aliénés dont le placement est ordonné par l'autorité publique sont, en principe, à la charge des aliénés eux-mêmes ou des personnes qui leur doivent des aliments, d'après les articles 205 et suivants du Code Napoléon, et, à leur défaut, à la charge des départements; toutefois, la loi appelle à y concourir les communes, et, s'il y a lieu, les hospices du domicile des aliénés.

La portion des dépenses qui est supportée par les départements est mandatée sur la caisse des payeurs au profit des receveurs des asiles. Quant aux sommes qui sont mises à la charge des communes ou des hospices, et à celles qui restent à la charge des aliénés ou de leurs familles, elles sont recouvrées par les soins des receveurs des finances ou des receveurs de l'enregistrement et centralisées aux caisses des receveurs généraux à titre de cotisations, pour être ensuite mandatées par les préfets au profit des asiles. (L. 30 juin 1838, art. 27 et 28; I. G., art 617.)

Les contingents des communes et des hospices sont, dans tous les cas, recouvrés par les receveurs des finances sur des états que fait dresser le préfet, d'après des bases de répartition proposées par le conseil général. Les sommes dues par les familles donnent également lieu à la formation d'états arrêtés par le préfet, les engagements, lorsqu'il en est souscrit, devant être conservés soit dans l'asile, soit à la préfecture ; ces états sont remis au receveur général, qui en fait opérer le recouvrement, mais seulement par les moyens de persuasion. Si des poursuites deviennent nécessaires, elles doivent être exercées par les receveurs des domaines ; le receveur général renvoie alors les titres de perception au préfet, afin que cet administateur, après avoir, s'il y a lieu, fait donner un nouvel avertissement aux débiteurs en retard, adresse ces titres au directeur des domaines, avec invitation de faire commencer les poursuites. Les sommes recouvrées par les receveurs des domaines sont versées aux receveurs des finances, qui en font recette et en délivrent récépissé à titre de cotisations. Ces recouvrements donnent lieu à la perception d'un droit de 5 0/0 par les receveurs de l'enregistrement (loi du 5 mai 1855, art. 16), lequel est à la charge des redevables, et doit être ajouté, par un article distinct, à la somme principale, dans les états ou décomptes destinés aux receveurs. Ce droit étant retenu par les receveurs de l'enregistrement, il n'est versé aux receveurs des finances que la somme due à l'asile ou au département, et c'est seulement de cette dernière somme qu'il est pris charge comme pensions à recouvrer. En cas de non-recouvrement, il n'est dû à l'administration des domaines que les frais qui auraient été faits et qui n'auraient pas été remboursés par les redevables. (I. G., art. 618.)

Il est recommandé aux comptables de mettre tous leurs soins à ce que les sommes à payer, tant par les familles que par les communes et les hospices, soient acquittées pendant l'année pour laquelle elles sont dues, ou au moins avant la clôture de l'exercice.

Dans le cas où, après deux années révolues, il resterait encore des sommes à recouvrer, le préfet aurait à demander au conseil général les fonds nécessaires pour désintéresser l'asile ; ces fonds seraient mandatés au nom du receveur général, pour qu'il en pût faire recette en acquit des titres de perception pris en charge dans sa comptabilité ; la rentrée des créances serait ensuite poursuivie pour le compte du département, à titre de produits éventuels, d'après un arrêté spécial que prendrait le préfet. (Id., art. 620.) — Voy. Établissements publics d'aliénés.

Alignement. — Voy. Voirie.

Allivrement cadastral. — Ce mot désigne le revenu imposable, c'est-à-dire le revenu net calculé sur une moyenne déterminée, tant pour les contributions afférentes aux communes que pour celles qui sont à la charge des particuliers. — Voy. Cadastre.

Aménagement. — Ordre adopté pour la coupe des bois, afin de rendre uniformes les revenus annuels en assurant la reproduction régulière des arbres.

Tous les bois et forêts de l'État, ceux des communes et des établissements publics, sont assujettis à un aménagement fixé par ordonnance ou par décret impérial. — Voy. Bois DES COMMUNES ET DES ÉTABLISSEMENTS PUBLICS.

Amendes. — La loi du 18 juillet 1837, art. 31, range parmi les recettes ordinaires des communes la portion que les lois leur accordent dans le produit des amendes.

Les amendes sur lesquelles les communes ont une attribution sont :

1° Les amendes prononcées par voie de police rurale et municipale;

2° Les amendes prononcées par voie de police correctionnelle;

3° Les amendes pour contravention aux règlements de grande voirie

4° Les amendes pour contravention aux droits d'octroi. (L. 22 juillet et 6 octobre 1791; Arrêtés 25 floréal an VIII et 24 ventôse an X; D. 1er mai 1809; O. 30 décembre 1823; L. 18 juillet 1837; I. G., art. 929.)

Ces amendes, sauf celles d'octroi, sont recouvrées par les receveurs de l'enregistrement et des domaines, qui, pour celles des deux premières espèces, sont tenus de fournir, dans le courant du mois de janvier de chaque année, au directeur de leur département, des états présentant, d'une manière distincte, les sommes qu'ils ont perçues au profit des communes pendant l'année précédente; ces états sont transmis ensuite par le directeur au préfet. (I. G., art. 930.)

Les *amendes de police rurale et municipale* appartenant exclusivement aux communes dans lesquelles les contraventions ont été commises, le directeur des domaines, après avoir arrêté l'état des recouvrements, délivre, au nom de chaque receveur municipal, un mandat en vertu duquel le receveur de l'enregistrement tient compte à la commune de la somme qui lui revient. Ces mandats sont transmis aux receveurs municipaux par l'entremise des receveurs des finances. (O. 30 déc. 1823; Décis. min. de l'int. et des fin. 22 octobre 1860 et 6 février 1862; I. G., art. 931.)

Le montant des *amendes de police correctionnelle* est versé, sur les mandats du même directeur, à la caisse du receveur général de chaque département, où il forme un fonds commun dont les préfets disposent en faveur des communes qui éprouvent des besoins, jusqu'à concurrence d'un tiers du produit, auquel tiers vient s'ajouter la somme qui resterait disponible sur le tiers affecté au payement du prix d'abonnement au *Moniteur* envoyé aux maires des chefs-lieux de canton. La répartition de ces fonds entre les communes est établie par un état que le préfet dresse dès les premiers mois de l'année, c'est-à-dire aussitôt que le produit des amendes a été versé à la recette générale. Il délivre ensuite, également sans retard, sur la caisse de ce comptable, des mandats de payement au nom des receveurs des communes en faveur desquelles la répartition a été faite. (O. 30 décembre 1823, art. 6; D. 25 juin 1852.)

Ces dispositions ne s'appliquent pas aux *amendes de chasse;* la loi du 3 mai 1844 attribuant le produit de ces amendes aux communes sur le territoire desquelles les infractions ont été commises, sauf le prélèvement des gratifications accordées aux agents qui ont redigé les procès-verbaux; le payement en est fait aux communes suivant le mode réglé pour les amendes de police rurale et municipale.

Elles ne sont pas non plus applicables : 1° aux *amendes prononcées pour fraude dans la vente des marchandises* (L. 27 mars et 13 juin 1851), les deux tiers de ces amendes étant attribués aux communes dans lesquelles les délits ont été constatés, et seulement un tiers au fonds commun des amendes de police correctionnelle; 2° aux *amendes en matière de discipline de garde nationale*, qui sont aussi attribuées, par la loi du 13 juin 1851, à la commune du contrevenant; il est également procédé à l'égard de ces deux dernières attributions comme pour les amendes de police municipale. (I. G., art. 932.) — Voy. FONDS COMMUN.

Les *amendes en matière de grande voirie* résultent des procès-verbaux de contravention dressés par les agents chargés de la surveillance et de la police des routes, en ce qui concerne les anticipations sur les fossés ou canaux et les détériorations de toute espèce; elles sont provisoirement prononcées par les préfets ou sous-préfets, sauf jugement du conseil de préfecture, et le produit en est réparti de la manière suivante, savoir : un tiers aux agents qui ont constaté les délits; un tiers au trésor public pour les dépenses des ponts et chaussées; un tiers aux communes dans lesquelles les délits ont été constatés. (D. 16 décembre 1811 et 29 août 1813; I. G., art. 933.)

Les receveurs de l'enregistrement transmettent, chaque trimestre, au directeur de l'enregistrement de leur département, l'état des recettes effectuées; le directeur arrête immédiatement l'état général des recettes du département, et il provoque, auprès du ministre des finances, l'ordonnancement des sommes dont la liquidation et la répartition ont été arrêtées (D. 22 octobre 1860 et 6 février 1862; I. G., art. 934.)

Le produit des amendes dont il vient d'être parlé, étant essentiellement éventuel, est appliqué à l'exercice correspondant à l'année pendant laquelle les versements sont faits aux caisses municipales. (I. G., art. 935.)

Les *saisies et amendes pour contraventions aux droits d'octroi* appartiennent, déduction faite des frais et prélèvements autorisés, moitié aux fermiers de l'octroi ou aux employés, sauf, dans les octrois où il existe une caisse des retraites, à prélever sur les sommes revenant aux employés la part dont elle doit profiter; et moitié à la commune dans laquelle les contraventions ont été commises. (O. 9 décembre 1814; I. G., art. 936.)

Cette répartition est établie par les bordereaux arrêtés entre le maire et le préposé en chef ou l'agent chargé du contrôle administratif, et qui présentent la date des jugements ou transactions, les sommes payées par les contrevenants et leur partage entre la commune et les employés saisissants ou le fermier. Le receveur municipal doit se faire tenir compte, par le receveur du bureau central, du produit brut des amendes; il paye ensuite aux employés saisissants, sur mandats réguliers, la portion qui leur appartient et fait recette au compte de la commune de la somme lui revenant.

Les états de répartition des saisies et amendes doivent être remis au receveur municipal, le 20 de chaque mois, accompagnés d'un bordereau indiquant les sommes attribuées aux employés de l'octroi.

Ces bordereaux sont assujettis au droit de timbre quand la somme à répartir excède 10 francs, et ce droit est à la charge des parties prenantes. Toutefois, les parts dues aux employés des contributions indirectes ne donnent pas lieu au timbre.

Les recettes et les dépenses relatives aux répartitions des saisies et amendes d'octroi constituent des opérations d'ordre, qui ne doivent, dès lors, figurer ni au budget, ni au compte de la commune. Elles sont classées avec les opérations hors budget. (I. G., art. 937.) — Voy. Services hors budget.

L'article 83 de l'ordonnance du 9 décembre 1814 attribuant exclusivement à la régie des contributions indirectes le droit de transiger sur les contraventions constatées tant dans l'intérêt de la commune que dans l'intérêt du Trésor, la somme dont le payement a été stipulé dans la transaction doit être versée à la caisse du receveur principal, qui tient compte à la commune de la moitié du produit net à laquelle elle a droit, par l'intermédiaire du receveur du bureau central de l'octroi, chargé de percevoir les recettes accessoires et les consignations, et d'en compter au receveur de la commune.

On opère de la même manière dans le cas où, par l'effet de poursuites judiciaires, il y a eu recouvrement d'amendes prononcées.

Dans le cas où des saisies qui n'intéressent que la régie sont faites par des préposés d'octroi, la part dévolue aux agents de la commune est versée, par le receveur principal, entre les mains du comptable de l'octroi chargé de la recette des consignations, et celui-ci, après avoir émargé l'état de répartition, pour quittance, établit la sous-répartition d'après les bases adoptées pour le service spécial auquel il appartient. Le receveur du bureau central en tient compte au receveur municipal. (O. 9 décembre 1814 ; I. G., art. 938.) — Voy. Octroi.

Quant aux *amendes et dommages pour contravention à la police du roulage*, elles ne donnent lieu à aucune recette au compte des communes.

Quoique la loi du 30 mai 1851 attribue aux communes intéressées les amendes et frais auxquels sont condamnés ceux qui ont commis des contraventions ou des dommages sur les chemins de grande communication, le produit de ces condamnations est néanmoins porté en recette par le receveur général, à titre de produits départementaux, attendu que le service de ces chemins est rattaché au budget départemental. (I. G., art. 939.)

Indépendamment des attributions sur le produit des amendes dont il vient d'être parlé, des restitutions ou dommages-intérêts peuvent être prononcés par les tribunaux en faveur des communes pour délits commis sur leurs propriétés. Ce produit, comme celui des amendes de police, est perçu par les receveurs municipaux d'après des états de recouvrement dressés par les directeurs des domaines. — Voy. Restitutions et Dommages-Intérêts.

Amodiation. — Voy. BAUX.

Amortissement de rentes. — Voy. RENTES.

Ampliation. — On appelle ainsi la copie d'une première expédition d'un acte administratif. Exemple : un préfet prend un arrêté sur un objet quelconque d'administration ; un maire est chargé de l'exécution ou de la notification de cet arrêté, et en conséquence le préfet lui en envoie une expédition en forme. Le maire fait faire une copie de cette expédition, pour être notifiée à la partie qu'elle concerne : c'est cette copie qui prend le nom d'ampliation. — Voy. EXPÉDITIONS.

Annexe. — On appelle ainsi une église située dans la circonscription d'une cure ou d'une succursale dont elle dépend, et légalement ouverte à l'exercice du culte sur la demande de souscripteurs particuliers qui prennent l'engagement d'en payer tous les frais.

Les revenus particuliers des annexes sont administrés par la fabrique de l'église paroissiale, ou par une commission nommée par l'évêque, dans la forme prescrite pour l'administration des revenus des fabriques.

L'existence d'une annexe dans une commune ne dispense pas cette commune de concourir tant aux frais d'entretien de l'église et du presbytère qu'aux autres dépenses du culte, dans le chef-lieu de la cure ou de la succursale. (Av. Cons. d'État, 14 décembre 1810.)

Si la commune a des fonds libres, elle peut à la rigueur les affecter aux dépenses de l'annexe ; mais elle ne pourrait être autorisée à pourvoir à ces dépenses par voie d'imposition extraordinaire. (Décis. min. de l'int. 1857). — *Mém.* 1857, p. 69. — Voy. CULTE, FABRIQUE.

Annexes (Pièces). — Pièces jointes à un rapport, à un procès-verbal, à un acte, etc., pour en justifier ou en compléter les énonciations.

Annulation de crédits. — Voy. CRÉDITS.

Appel. — Recours à un tribunal supérieur pour faire réformer le jugement d'un tribunal inférieur.

Les comptables, les administrations locales (maires et commissions administratives) et les ministères de l'intérieur et des finances, peuvent se pourvoir devant une juridiction supérieure contre les arrêtés des conseils de préfecture ou les arrêts de la Cour des comptes rendus sur les comptes de gestion des receveurs des communes et établissements de bienfaisance.

Les pourvois en appel contre les arrêtés définitifs de règlement de compte pris par les conseils de préfecture sont formés devant la Cour des Comptes. Les pourvois contre les arrêts de la Cour des comptes sont formés devant le conseil d'État. Ils ne peuvent être introduits que pour violation des formes ou de la loi. (I. G., art. 1566 et 1569.)

Les pourvois contre les actes administratifs n'étant pas suspensifs (avis du cons. d'État, 9 fév. 1808), les injonctions faites aux comptables doivent être provisoirement exécutées, nonobstant appel, à moins que l'autorité saisie du pourvoi n'ait jugé convenable d'accorder un sursis.— Voy. COMPTES DE GESTION.

Appoint. — La monnaie de cuivre, même de fabrication française, ne peut être employée dans les payements, si ce n'est de gré à gré, que pour l'appoint de la pièce de cinq francs. (D. 18 août 1810.)

Le débiteur est tenu de faire l'appoint, et, par conséquent, de se procurer le numéraire nécessaire pour solder exactement la somme dont il est redevable. Les comptables ne doivent pas toutefois se prévaloir d'une manière absolue du droit qui résulte de cette disposition. Il convient, au contraire, qu'ils accordent au public toutes les facilités que comporte la situation de leur caisse, en évitant néanmoins de favoriser des échanges de monnaie. (I. G., art. 97.) — Voy. CAISSE DES COMPTABLES.—Voy. aussi *Mém.* 1834, p. 150; 1845, p. 355; 1847, p. 185; 1849, p. 23; 1859, p. 102.

Appointements. — Salaire annuel attaché à une place, à un emploi. —Voy. TRAITEMENTS.

Apurement. — Règlement final d'un compte. — Voy. COMPTES DE GESTION.

Arbres. — Il n'est question ici que des arbres pris isolément, et non des arbres réunis en massif de forêts.

Les arbres plantés sur le terrain des grandes routes et appartenant à l'État, ceux plantés sur les terres riveraines, soit par les communes, soit par les particuliers, ne peuvent être coupés et arrachés qu'avec l'autorisation du ministre des travaux publics, sur la demande du préfet, lorsque le dépérissement des arbres a été constaté par les ingénieurs, et toujours à la charge du remplacement immédiat. (D. 16 décembre 1811, art. 99.)

Les arbres plantés sur les bords des chemins vicinaux et appartenant, soit aux communes, soit aux particuliers, ne peuvent être abattus qu'avec l'autorisation du préfet, sur la proposition des agents voyers, et également à la charge du remplacement immédiat.

L'autorisation du préfet est également nécessaire pour abattre les arbres épars appartenant aux communes et aux hospices, tels que ceux qui sont plantés sur les chemins et pâtis communaux, sur les promenades et places publiques, sur les remparts et fossés des villes, dans les cimetières, sur les confins et fossés des héritages ruraux.

Le préfet prend un arrêté spécial sur chaque demande, et impose ordinairement à l'administration municipale ou aux administrations des établissements intéressés l'obligation de prélever sur le prix des arbres vendus une somme suffisante pour remplacer les arbres abattus, et de procéder à la plantation de jeunes arbres destinés à ce remplacement dans l'année même de l'autorisation. (Circ. min. de l'int., 5 novembre 1827.)

En général, les arbres abattus en vertu des autorisations des préfets et les émondes des arbres doivent être vendus, par adjudication publique, au profit des communes ou des établissements propriétaires.

Toutefois, lorsque les objets sont de peu de valeur, ils peuvent être vendus à l'amiable, d'après l'autorisation du préfet; l'estimation et la vente sont alors constatées par un procès-verbal. — Voy. CHEMINS VICINAUX, ÉLAGAGE.

Architecte. — La mission de l'architecte est de concevoir la forme et la disposition des constructions, d'en diriger l'exécution et de régler les mémoires des entrepreneurs et des ouvriers.

La loi impose aux architectes et aux entrepreneurs une sérieuse responsabilité pour les travaux qu'ils dirigent ou qu'ils exécutent. Par exemple, si l'édifice construit à prix fait périt, en tout ou en partie, par le vice de construction, même par le vice du sol, les architectes et les entrepreneurs en sont responsables pendant dix ans. (C. N., art. 1792.)

Lorsqu'une construction faite sur un plan tracé par un architecte périt, par le vice du plan, l'architecte en est également responsable, encore qu'il n'ait pas été chargé de l'exécution. (Cass. 20 novembre 1817.)

Lorsqu'un architecte ou un entrepreneur s'est chargé de la construction à forfait d'un bâtiment, d'après un plan arrêté et convenu avec le propriétaire du sol, il ne peut demander aucune augmentation de prix, ni sous le prétexte de l'augmentation de la main-d'œuvre ou des matériaux, ni sous celui de changements ou d'augmentations faites sur le plan, si ces changements ou augmentations n'ont pas été autorisés par écrit et le prix convenu avec le propriétaire. (C. N., art. 1793.)

Après dix ans, les architectes et les entrepreneurs sont déchargés de la garantie des gros ouvrages qu'ils ont faits ou dirigés. (C. N., art. 2270.)

Les architectes et les entrepreneurs ont un privilége sur les bâtiments qu'ils ont construits ou réparés, pourvu que la construction ou la réparation ait été précédée d'un état des lieux et suivie d'une expertise pour la réception des travaux. (C. N., art. 2103 et 2110.)

Les travaux quelconques de construction, de réparation ou même de simple entretien, exécutés pour le compte d'une commune, doivent toujours l'être avec le concours d'un architecte choisi par l'administration.

Quand il s'agit de travaux de construction ou de réparation d'une certaine importance, l'architecte doit rédiger :

1° Un devis explicatif ou mémoire indiquant, sans abréviations, la position et les dimensions des constructions à faire; les distributions et dimensions particulières; les espèces, les qualités et les quantités des matériaux à employer; enfin les procédés de main-d'œuvre les plus essentiels.

2° Le détail estimatif, présentant les prix courants des différentes espèces de matériaux, d'ouvrages et de main-d'œuvre, et, à la fin, le montant approximatif de la dépense;

3° Les plans et dessins figuratifs des constructions selon les règles de l'art;

4° Enfin, le cahier des charges générales et particulières et les modèles de soumission.

Toutes ces pièces, rédigées et signées par l'architecte, doivent être, en outre, visées et signées par le maire.

Pour les travaux de réparation ou de simple entretien d'une faible importance, l'administration supérieure n'exige ordinairement qu'un devis estimatif.

Les devis estimatifs doivent toujours contenir l'indication du montant des honoraires de l'architecte : cette mention est indispensable, puisque les frais dont il s'agit font partie de la dépense des travaux. (Circ. min. de l'int., 10 février 1840.)

Dans les villes de quelque importance un architecte spécial est chargé de la surveillance de tous les travaux entrepris par l'administration municipale. Dans ce cas, outre une remise sur les travaux extraordinaires, il peut recevoir un traitement annuel fixé par le conseil municipal, sur la proposition du maire.

Dans les autres communes les architectes sont rétribués au moyen d'une remise proportionnelle, ordinairement fixée à cinq pour cent de la dépense lorsque le montant des travaux est au-dessous de 100,000 francs. Ce taux est considéré, en général, comme une rémunération suffisante, mais il n'est pas imposé aux communes d'une manière absolue. Elles peuvent le modifier, et, par suite, accorder aux architectes, selon les cas, des honoraires plus ou moins élevés. (Décis. min. de l'int. 1858.)

On ne saurait considérer comme un emploi communal la mission confiée à un architecte de dresser un projet de travaux communaux. Cette mission est essentiellement temporaire; elle rentre dès lors dans la catégorie des objets sur lesquels le conseil municipal doit être appelé à délibérer, aux termes de l'article 19 de la loi du 18 juillet 1837; par conséquent, elle ne peut être confiée à un architecte sans un vote préalable de ce conseil. (Décis. min. de l'int. 1861.) — *Mém.* 1861, p. 162.

Les honoraires des architectes employés par les communes sont ordinairement acquittés par à-compte dans la proportion des payements faits aux entrepreneurs. Ils sont réglés définitivement par la décision du préfet, qui approuve le compte général des travaux.

Lorsque les plans et devis dressés sur la demande des communes n'ont été ni approuvés, ni exécutés, l'architecte a droit à des honoraires de rédaction, et ces honoraires peuvent être fixés par le conseil de préfecture. — *Mém.* 1848, p. 295; 1860, p. 309.

Les vacations des architectes employés comme experts sont tarifées par un décret du 10 février 1807; la taxe varie suivant la résidence et suivant la distance à parcourir.

L'action des architectes en payement de leurs honoraires se prescrit par six mois. — Voy. ADJUDICATIONS, DEVIS, TRAVAUX COMMUNAUX.

Archives. — Réunion de pièces et de documents que l'on garde pour les consulter au besoin. Lieu où ces documents sont gardés.

Les communes, les hospices et autres établissements de bienfaisance doivent faire dresser des inventaires de leurs archives, et en envoyer une copie à la préfecture.—Voy. INVENTAIRE.—*Mém.* 1861, p. 273.

Suivant la loi du 7 messidor an II, article 37, tout citoyen peut demander dans tous les dépôts, aux jours et aux heures qui seront fixés, communication des pièces qu'ils renferment : elle lui est donnée sans frais et sans déplacement, et avec les précautions convenables de surveillance. Les expéditions ou extraits sont délivrés à raison de 75 centimes du rôle. —Voy. EXPÉDITIONS.

Les minutes de devis, traités, cahiers des charges, procès-verbaux d'adjudications, etc., ne doivent pas être annexées par les maires, comme pièces justificatives, à leurs mandats de payement; ces minutes doivent au contraire rester déposées aux archives des mairies (Décis. min. de l'int. 1859). Des expéditions régulières de ces pièces sont annexées aux mandats. — *Mém.* 1860, p. 180.

Les frais de reliure des registres de l'état civil, des volumes du *Bulletin des lois* et du *Moniteur des communes*, doivent être considérés comme une dépense obligatoire pour les communes, et peuvent motiver une inscription d'office au budget. Cette dépense est facultative pour tous les autres documents des archives communales.

Les percepteurs receveurs municipaux doivent avoir, dans leur bureau, soit un casier, soit une armoire ou placard destiné à recevoir dans des cases ou des cartons distincts tous les éléments de leur comptabilité. Le modèle n° 312 de l'Instruction Générale fait connaître l'ordre dans lequel il convient de disposer ces éléments de comptes et les objets à renfermer dans chaque subdivision (I. G., art. 1528.) — Voy. ÉLÉMENTS DE COMPTABILITÉ, DÉPÔT DES RÔLES.

Arrérages. — On entend par ce mot ce qui est dû, ce qui est échu d'un revenu, d'une rente, d'un loyer, d'une ferme. On l'emploie aussi pour ce qui est à recevoir.

Les arrérages s'acquièrent jour par jour. (C. N., art. 586.) Ils se prescrivent par cinq ans. (Id., art. 2277.) — Voy. RENTES.

Arrêt. — Jugement rendu par une cour impériale, ou par une cour d'assises, ou par la Cour des comptes, ou par la Cours de cassation. — Voy COUR DES COMPTES; COUR DE CASSATION.

On emploie communément la dénomination d'arrêts du conseil d'État pour désigner les décisions rendues en conseil d'Etat sur les matières du contentieux de l'administration. Ces décisions sont rendues en forme de décrets. — Voy. CONSEIL D'ÉTAT.

Arrêté. — On donne ce nom aux décisions que rendent les conseils de préfecture, les préfets, les maires, et en général tous les fonctionnaires administratifs, sur les matières de leur compétence.—Voy. CONSEIL DE PRÉFECTURE, MAIRE, PRÉFET.

Arrosement de la voie publique. — Dans les villes, les maires peuvent, pendant les grosses chaleurs de l'été, prescrire l'arrosement de la voie publique. Chaque habitant est tenu de faire arroser au devant de sa maison, de sa boutique ou de son magasin.

L'arrosement au devant des bâtiments communaux et celui des quais, ponts et promenades publiques doit être fait aux frais de la commune.

Ce service peut faire l'objet d'une adjudication publique ou être concédé par traité de gré à gré, avec l'approbation du préfet. Dans ce cas, les pièces justificatives de la dépense sont, avec les quittances timbrées de la partie prenante, une copie ou extrait sur papier libre du marché, et, pour la dernière année, l'expédition en forme et timbrée de cet acte.

Si le service était fait en régie, la dépense serait justifiée par les mémoires (sur papier timbré) des ouvriers, agents ou préposés, comme pour les autres services exécutés en régie. — Voy. TRAVAUX.

Arrosage (Taxes d'). — Le préfet peut constituer en association syndicale les propriétaires intéressés à l'exécution et à l'entretien des canaux d'arrosage, lorsque ces propriétaires sont d'accord pour l'exécution desdits travaux et la répartition des dépenses. (D. 25 mars 1852, tableau D. nº 6.)

Ordinairement, ce sont les propriétaires intéressés qui se réunissent pour réclamer du préfet, par voie de pétition, la réglementation du cours d'eau; dans ce cas, le règlement qui intervient établit entre les propriétaires une association syndicale, sous le contrôle et la surveillance de l'administration; le préfet nomme les directeurs et les membres du syndicat.

Les syndics sont les véritables mandataires des arrosants. Toutes les affaires de l'association, la direction et l'exécution des travaux, la surveillance journalière, sont dans leurs attributions. Leur réunion s'appelle commission syndicale.

Les rôles de répartition des taxes à percevoir pour le payement des dépenses communes de l'association sont dressés chaque année par cette commission et rendus exécutoires par le préfet.

Les syndicats peuvent, à leur gré, charger du recouvrement et de l'emploi des fonds, soit des agents spéciaux, soit l'un des percepteurs receveurs municipaux de la localité. — Voy. SYNDICATS.

Les rôles pour la perception des taxes d'arrosage établis au profit des concessionnaires de canaux d'irrigation ainsi que les quittances de ces taxes ne sont pas sujets au timbre. (Décis. min. des fin., 30 oct. 1858.) — *Mém.* 1860, p. 156.

Asiles d'aliénés. — Voy. ALIÉNÉS.

Assistance judiciaire. — Les percepteurs doivent délivrer *gratuitement* à quiconque demande à être admis à l'assistance judiciaire un extrait du rôle de ses contributions, ou un certificat constatant qu'il n'est pas imposé. (L., 22 janv. 1851, art. 10; I. G., art. 60.) — Voy. EXTRAITS DE ROLES.

Assistance publique. — Voy. BUREAU DE BIENFAISANCE, HOSPICES ET HOPITAUX.

Associations de bienfaisance. — Les associations particulières de bienfaisance n'ont, en général, qu'une existence de fait et ne possèdent aucune propriété. Leurs ressources se composent du produit de cotisations volontaires que leurs membres s'imposent ou du produit de loteries, de concerts, bals, cavalcades, représentations théâtrales, etc., ou enfin des subventions qui peuvent leur être attribuées sur le budget communal.

Elles choisissent quelques-uns de leurs membres pour centraliser les secours et en faire la distribution conformément à leurs statuts.

Les sociétés de bienfaisance sont soumises aux règles établies pour les associations en général : lorsqu'elles comprennent plus de vingt membres, elles ne peuvent se former qu'avec l'autorisation du préfet.

Lorsque ces associations désirent être reconnues comme établissement d'utilité publique et être admises à faire tous les actes de la vie civile, il faut un décret rendu dans la forme des règlements d'administration publique, conformément à l'avis du conseil d'Etat du 17 janvier 1806.

C'est aux maires à accepter les legs faits à des établissements non légalement reconnus, lorsque ces legs portent évidemment le caractère de dispositions faites au profit, soit de la généralité des pauvres, soit d'une catégorie spéciale des indigents de la commune. (O. 2 avril 1817, art. 3; Avis du conseil d'Etat, 7 décembre 1858.) Pour que l'autorité municipale soit fondée à réclamer l'autorisation d'accepter des legs de cette nature, il est nécessaire que l'établissement non reconnu possède le caractère d'établissement communal, et que ce caractère ressorte évidemment, soit de la destination de l'œuvre, soit de l'existence de subventions communales, soit des détails de l'organisation intérieure. — *Mém.* 1860, p. 102 et 174.

Lorsqu'une société de bienfaisance reçoit une subvention annuelle de l'administration municipale, cette subvention peut être payée au trésorier de l'œuvre par un mandat unique, sans qu'il soit besoin d'y joindre aucune autre pièce justificative de la dépense, telle que facture ou mémoire. Il suffit que le crédit nécessaire soit porté au budget ou qu'il soit justifié de l'ouverture d'un crédit supplémentaire par une expédition de la délibération du conseil municipal approuvée par le préfet. C'est seulement lorsque le vote de la subvention a été subordonné à l'accomplissement de certains actes ou de certaines formalités, que l'ordonnateur et le receveur municipal doivent exiger des constatations à l'appui des mandats de payement. — *Mém.* 1861, p. 128. — Voy. SUBVENTION.

Associations syndicales. — Voy. SYNDICATS.

Assurances contre l'incendie. — La circulaire ministérielle du 5 mai 1852 sur la décentralisation administrative recommande aux préfets d'inviter les corps municipaux et les administrations charitables à assurer les bâtiments et les objets mobiliers confiés à leurs soins, et de veiller à ce qu'ils ne traitent qu'avec des compagnies d'assurances mutuelles ou à primes fixes, qui offrent, par la date de leur autorisation et l'étendue de leurs opérations, toutes les garanties désirables.

La police passée entre le maire et le représentant de la société est soumise au conseil municipal, qui l'approuve et vote les fonds nécessaires au payement de la première annuité et des frais accessoires de l'assurance. Le maire transmet au sous-préfet la police accompagnée d'une expédition de la délibération du conseil municipal. La police est ensuite renvoyée au maire, revêtue de l'approbation du sous-préfet. (D., 13 avril 1861, art. 6, nº 8.)

Les commissions administratives ne peuvent contracter aucune espèce d'assurances sans y être autorisées par le préfet. (D., 25 mai 1852.)

La dépense de la prime d'assurance ou des cotisations annuelles est une dépense ordinaire des communes ou des établissements, et elle figure à ce titre dans les budgets et les comptes. Elle est payée par le receveur sur le mandat de l'ordonnateur et sur la quittance de la partie prenante, laquelle doit être timbrée, si la prime ou cotisation annuelle excède 10 fr. Le receveur justifie cette dépense par la production d'une copie ou extrait non timbré, certifié par le maire, de la police d'assurance dûment approuvée. Les années suivantes, il suffit de rappeler la police en mentionnant l'année du compte où la pièce primitive a été annexée. A l'expiration de l'assurance, on produit l'expédition en forme de la police.

Lorsque les primes se payent annuellement sur des billets à échéance souscrits par les maires, ou sur des mandats à vue tirés par les directeurs ou agents d'assurance, ces billets ou mandats doivent être écrits sur papier frappé du timbre proportionnel.

En cas de sinistre de bâtiments communaux, l'indemnité est fixée par une expertise contradictoire, laquelle est soumise à la délibération du conseil municipal ou de la commission administrative, et à l'approbation du préfet; la somme à laquelle a été évalué le dommage est versée ensuite dans la caisse municipale. L'encaissement de cette indemnité ne donne droit au receveur à aucune remise. (Décis. min. de l'int., 16 janv 1858.) — *Mém.* 1858, p. 251.

Cette recette se justifie par la production d'une expédition, sur papier timbré, de l'acte intervenu entre le maire et la compagnie pour régler contradictoirement le sinistre.

Ateliers de charité. — On désigne plus spécialement sous le nom d'*ateliers de charité* des ateliers publics formés temporairement dans les hivers rigoureux, dans les temps de disette ou de stagnation du commerce, pour donner du travail aux indigents.

Les ateliers de charité sont formés, suivant les besoins, par les administrations locales, qui en conservent la surveillance. Chaque genre d'ouvrage est payé d'après le tarif arrêté par le conseil municipal et approuvé par le préfet.

Les dépenses des ateliers de charité sont ordonnancées comme celles des travaux en régie. Le surveillant des travaux dresse un état nominatif à la fin de chaque semaine, et cet état, émargé par les parties prenantes, est joint au mandat du maire, lequel mandat est en outre quittancé par le surveillant, lorsqu'il a été chargé du payement individuel.

Les communes peuvent recevoir, sur les fonds départementaux, en vertu du vote des conseils généraux de département, des subventions destinées à créer des ateliers de charité pour les indigents qui sont employés à l'entretien des chemins vicinaux. Les receveurs municipaux touchent ces subventions à la caisse du payeur du département, sur mandats du préfet, et ils demeurent comptables de leur emploi. Si cependant les ateliers de charité étaient dirigés par un agent spécial, les mandats seraient délivrés au nom de cet agent, et c'est lui qui fournirait les justifications au payeur du Trésor, selon les règles prescrites pour les services régis par économie. Dans ce cas, la recette des subventions ne serait pas rattachée à la comptabilité municipale. (I. G., art. 889.)

Sont exemptes du timbre les quittances de sommes payées pour réparations de chemins au moyen d'ateliers de charité lorsqu'il n'y a ni fournisseurs ni entrepreneurs, et que l'on n'emploie que des indigents (I. G., art. 1009.) — Voy. CHEMINS VICINAUX, TRAVAUX EN RÉGIE.

Atermoiements. — La division du payement des contributions directes par douzièmes est une disposition d'ordre public, motivée à la fois par l'intérêt du contribuable et par l'intérêt du Trésor. Il ne saurait appartenir au percepteur de changer ces bases en faisant connaître aux contribuables, par avis imprimés et d'une manière générale, qu'il leur est loisible de payer leur cote d'impôt en divers termes dont ils tomberont d'accord avec lui. Néanmoins, une certaine latitude est laissée au comptable pour faire concorder ses recouvrements avec les moments où il peut croire que les contribuables sont mieux en mesure de satisfaire à leurs obligations. Rien n'empêche qu'il convienne verbalement avec eux, dans ce cas, de termes de payement où l'avance viendrait compenser le retard. — *Mém.* 1862, p. 124 et 231. — Voy. CONTRIBUTIONS DIRECTES, POURSUITES.

Attributions aux communes sur le produit des patentes. — L'article 32 de la loi du 25 avril 1844 attribue aux communes 8 centimes par franc du principal de la contribution des patentes.

Le produit de ces 8 centimes est calculé, par les directeurs des contributions directes, dans les états du montant des rôles, sur le principal brut, et mis à la disposition des communes dans la proportion des recouvrements effectués sur les contributions. Le calcul des sommes à allouer est fait cumulativement pour les communes, dont un même percepteur gère les revenus, au moyen de décomptes établis dans les bureaux des recettes des finances; le nom des communes doit, toutefois, être désigné dans les décomptes, et les receveurs doivent veiller à ce que les receveurs se chargent exactement en recette, au compte de chaque commune, de la somme qui lui revient d'après la proportion des recouvrements concernant cette commune. (I. G., art. 120 et 199.)

Tout payement aux communes sur le produit de leurs attributions exige la délivrance, par le receveur municipal, d'une quittance extraite de son journal à souche. En conséquence, les percepteurs receveurs municipaux doivent apporter à la recette particulière leur livre à souche toutes les fois qu'il y a lieu d'établir la liquidation de sommes à retenir par eux, sur leurs recettes, au profit des communes; lorsque les allocations ont été déterminées, les receveurs des finances en font faire recette, en leur présence, sur le journal à souche, et ils font détacher la quittance, qui leur est immédiatement remise. Il en est de même à l'égard des receveurs municipaux spéciaux, qui doivent aussi apporter leur livre à souche lorsqu'ils viennent toucher les sommes revenant à la commune sur les contributions directes. (I. G., art. 200.)

Les quittances doivent comprendre les sommes revenant à toutes les communes qui composent un même arrondissement de perception, sauf à porter au dos la répartition des allocations par commune. (Id., art. 201.)

Les décomptes de liquidation et les allocations des sommes revenant aux communes sur la contribution des patentes doivent avoir lieu tous les mois, ou au moins tous les trois mois. (Id., art. 203.)

A l'époque du 31 mars de la deuxième année de chaque exercice, la totalité des sommes qui resteraient à allouer peut être payée aux communes intéressées, pourvu que les restes à recouvrer sur les contributions de l'exercice ne s'élèvent pas à un douzième du montant des rôles; dans le cas, au contraire, où la situation du recouvrement ou tout autre motif ne permettrait pas que la totalité des sommes revenant aux communes leur fût allouée à l'époque où doit avoir lieu la clôture de l'exercice dans la comptabilité municipale, les sommes non payées feraient alors partie des restes à recouvrer, à reporter au budget communal de l'exercice courant, et la recette qui en serait faite ultérieurement devrait être appliquée au compte de ce dernier exercice par le receveur de la commune. (I.G. art. 202.)

Attributions aux communes sur l'impôt des chevaux et voitures. — Il est attribué aux communes un dixième du produit de cet impôt, déduction faite des cotes ou portions de cotes dont le dégrèvement a été accordé. (L. 2 juillet 1862, art. 8.)

Pour éviter l'inconvénient que le retard du jugement des réclamations pourrait amener dans le règlement de la somme revenant définitivement aux communes, celles-ci doivent recevoir d'abord la totalité de leurs attributions, de la même manière que lorsqu'il s'agit de leurs attributions sur patentes, sauf à restituer ensuite sur les produits de la caisse municipale la portion de dégrèvement représentant le dixième du principal préalablement perçu. A cet effet, il est fait, sur les ordonnances de dégrèvement, une division des cotes ou portions de cotes accordées en décharge, réduction, remise ou modération, indiquant d'une manière distincte la somme imputable sur le fonds de non-valeurs et celle qui doit être restituée par la caisse municipale. (Circ. adm. gén. des cont. dir. 31 octobre 1862.) — Voy. ATTRIBUTIONS SUR PATENTES, CONTRIBUTIONS DIRECTES.

Augmentations de recette et de dépense. — Voy. COMPTE DE GESTION, RECTIFICATIONS D'ÉCRITURES.

Aumônes. — Les produits des dons, aumônes et collectes que les hospices et les bureaux de bienfaisance sont autorisés à recevoir, doivent être remis intégralement, par les personnes chargées de les recueillir, dans la caisse de l'établissement auquel ces produits appartiennent. Les receveurs sont, par exception, autorisés à les encaisser, sous la condition d'en informer immédiatement le receveur des finances et d'en faire délivrer, comme titres de recettes, des états certifiés par les maires. (Circ. compt. gén. 15 novembre 1861. — *Mém.*, p. 333.) — Voy. DONS.

Aumôniers des établissements de bienfaisance. — Les traitements des aumôniers sont une dépense ordinaire des hospices. Ils sont payés par le receveur, de mois en mois, sur un mandat spécial délivré par l'ordonnateur ou sur un état collectif d'émargement. Lorsque le traitement excède 300 francs par an, la quittance de l'aumônier doit être sur papier timbré.

Les aumôniers doivent acquitter gratuitement les fondations religieuses dont l'administration hospitalière se trouve chargée. Ils sont, pour le temporel, placés sous la direction de la commission administrative. Tout le casuel provenant de l'exercice du culte doit tourner au profit des établissements charitables et entrer dans la caisse du receveur, (Circ. int., 31 janvier 1840.) — Voy. HOSPICES ET HÔPITAUX.

Autorisations supplémentaires. — Voy. CRÉDITS.

Avances des Percepteurs. — Les receveurs des finances ne peuvent exiger que les percepteurs leur versent des sommes plus fortes que celles qui ont été recouvrées sur les contribuables. (I. G., art. 90.)

Les avances volontaires que feraient ces comptables ne peuvent pas excéder un demi-douzième du montant des rôles, ni le montant des douzièmes échus, et elles doivent être appliquées à l'exercice courant; d'un autre côté, les avances pour le service des contributions directes avec les fonds des communes sont sévèrement interdites. (I. G., art. 1374.)

Sont considérées comme avances faites avec les fonds communaux l'emploi de ces fonds aux dépenses publiques, et le versement à titre de contributions directes des sommes recouvrées sur les impositions communales, dont les percepteurs doivent faire la retenue au profit des communes. Si le produit de ces impositions n'est pas immédiatement applicable aux dépenses communales, et qu'il y ait lieu, dès lors, de le faire verser à la caisse du receveur des finances, celui-ci ne peut le recevoir qu'à titre de placement au Trésor pour le compte des communes. (Id., art. 1376.)

Si des avances faites des deniers des percepteurs et appliquées aux contributions d'un exercice subsistent encore au 1er novembre de la seconde année de cet exercice, elles doivent, dans le courant de ce même mois, être remboursées aux comptables ou transportées à l'exercice suivant, afin qu'elles ne soient pas comprises dans les recettes de l'exercice expiré au moment où les receveurs des finances sont tenus de solder, de leurs propres deniers, les restes à recouvrer. Le transport s'effectue au moyen d'un échange de récépissés délivrés aux percepteurs, sur l'ancien exercice, contre des récépissés souscrits pour l'exercice auquel les avances sont appliquées. (Id., art. 1375.)

Les percepteurs qui soldent de leurs deniers la portion des contributions et des frais de poursuites non recouvrés à l'expiration de la troisième année de l'exercice, doivent en porter le montant au débit d'un compte d'avances qu'ils ouvrent à la quatrième section de leur livre des comptes divers, sous le titre de : *Divers, L/C de restes à payer sur les contributions et sur les frais de poursuites de l'exercice* 18.., et ils enregistrent au journal à souche les recouvrements qu'ils effectuent en atténuation de leur avance. — Voy. RESTES A RECOUVRER SUR CONTRIBUTIONS DIRECTES.

Avances sur les fonds des communes et des établissements de bienfaisance. — Ces avances ont ordinairement pour objets : 1° les frais d'expertise pour le jugement des réclamations en décharge et réduction sur les contributions foncière et personnelle mobilière; 2° les frais de poursuites et de procédure ou de renouvellement de titres et d'inscriptions hypothécaires; 3° les frais de route des voyageurs indigents et condamnés libérés; 4° les feuilles de passe-port à l'intérieur; 5° les frais de timbre des registres de quittances; 6° les frais judiciaires en matière d'octroi; 7° les dépôts pour achats de rentes; 8° les dépenses journalières des économes des hospices et hôpitaux; 9° le payement des mois de nourrices d'enfants assistés; 10° les contributions dues par les fermiers des biens des communes ou des établissements de bienfaisance;

11° les frais de culture à rembourser par les fermiers. Les receveurs constatent ces avances, et les remboursements qui leur sont faits, à des comptes particuliers, et les pièces justificatives des avances sont classées comme valeurs dans leur comptabilité. — Voy. ÉCONOMES, ENFANTS ASSISTÉS, EXPERTISE, FEUILLES DE PASSEPORT, FRAIS DE ROUTE, OCTROI, etc.

Des avances peuvent aussi être faites pour les travaux exécutés en régie, et concernant, soit le service des cotisations, soit le service des communes. Ces avances sont faites d'après la marche tracée par l'article 94 du décret du 31 mai 1862, et les articles 608 et 993 de l'Instruction générale. — — Voy. RÉGIE, TRAVAUX.

Avertissements. — Aux termes d'une ordonnance du 19 novembre 1817, les directeurs chargés de la confection des rôles des contributions directes font rédiger les avertissements qui indiquent à chaque contribuable le montant de sa cotisation, tant en principal qu'en centimes additionnels.

Chaque avertissement doit énoncer la date des lois, décrets ou arrêtés en vertu desquels les contributions sont établies, et les termes dans lesquels elles doivent être acquittées (L. 15 mai 1818, art. 50). Il doit aussi indiquer le douzième de la somme totale à payer par chaque contribuable.

Dans le cas où le rôle des patentes est émis postérieurement au 1er mars, le payement des taxes n'étant exigible que par portions égales réglées d'après le nombre de mois restant à s'écouler jusqu'à la fin de l'année, l'avertissement doit contenir l'énonciation que la cote est payable par neuvième, huitième, etc., selon la date de la publication du rôle, et indiquer le chiffre de ce huitième, de ce neuvième, etc.

L'avertissement présente, en outre : 1° le centime le franc des contributions foncière et mobilière ; 2° la division du montant du rôle entre l'État, le département, la commune et le fonds de secours, non-valeurs, etc., 3° l'indication, pour chaque nature de contribution, dans deux colonnes distinctes, des sommes revenant respectivement, d'une part à l'État, d'autre part au département, à la commune et au fonds de secours et non-valeurs. (L. 22 juin 1854, art. 15 ; Circ. de la direction gén. des cont. dir. 19 juillet 1852 et 26 juin 1854.)

Les directeurs envoient aux receveurs des finances, pour être transmis aux percepteurs, en même temps que les rôles, les avertissements préparés au nom des contribuables. (O. 19 novembre 1817.)

Les percepteurs, ne concourant pas à la rédaction des avertissements, ne sont pas responsables des erreurs qu'ils contiendraient. Toutefois, comme tout ce qui touche au recouvrement et tend à prévenir les difficultés et les retards les intéresse personnellement, ils doivent, en les recevant, s'assurer de leur conformité avec les rôles, et, dans le cas où ils y reconnaîtraient des différences essentielles, en demander la rectification par l'intermédiaire de leur supérieur immédiat. — *Mém.* 1861. p. 315.

Immédiatement après la publication des rôles, le percepteur est tenu de faire parvenir aux contribuables les avertissements rédigés par le directeur des contributions directes, après y avoir indiqué : 1° la date de la publication des rôles, qui doit déterminer, aux termes de l'article 8 de la loi du 4 août 1844, l'époque à partir de laquelle commence à courir le délai de trois mois accordé aux contribuables pour la présentation de leurs réclamations ; 2° le lieu, le jour et l'heure où le bureau du comptable est ouvert aux contribuables.

Lorsque, par suite du décès ou du changement de domicile des contribuables, les avertissements ne peuvent leur être remis, les agents chargés de la distribution sont tenus de rapporter les avertissements non distribués au percepteur, qui, suivant le cas, exige le payement immédiat des héritiers, ou fait parvenir les avertissements au nouveau domicile des contribuables, ou, enfin, comprend la contribution dans ses états de cotes indûment imposées

Les percepteurs peuvent expédier les avertissements par la poste, en les affranchissant comme imprimés. (I. G., art. 71.) — Voy. AFFRANCHISSEMENT.

L'avertissement doit être remis au domicile même du contribuable, s'il réside dans la commune ; s'il n'y réside pas, l'avertissement est remis à son principal fermier, locataire ou régisseur, ou, à défaut, à la personne qui le représente. Dans le cas où le contribuable absent n'est pas représenté dans la commune ou dans le ressort de la perception, l'avertissement est remis à la mairie, ainsi qu'il a été décidé pour les sommations sans frais (voir la note de l'article 21 du nouveau règlement sur les poursuites. — *Mém.* 1861, p. 349). Il paraît toutefois préférable, dans l'intérêt du recouvrement, de l'adresser par la poste aux contribuables, en affranchissant comme il est dit ci-dessus.

En ce qui concerne particulièrement les contribuables changés de résidence avant l'émission des rôles, les percepteurs doivent apporter la plus grande diligence dans la préparation des contraintes extérieures, et ils sont autorisés à y joindre les avertissements. Les percepteurs à qui les contraintes sont adressées doivent avoir soin, de leur côté, de remettre immédiatement l'avertissement au redevable (Circ. compt. gén. 7 mai 1862 — *Mém.* 1862, p. 90). — Voy. CONTRAINTES EXTÉRIEURES.

Les avertissements qui ont pour objet les contributions dues par l'État pour la réparation des chemins vicinaux sont centralisés par département aux conservations forestières, pour être transmis à la direction générale des forêts, qui provoque le payement de ces contributions; en conséquence, les receveurs généraux se les font remettre afin de les adresser aux conservateurs.

Les avertissements relatifs à la contribution foncière assise sur les canaux et sur les rivières canalisées sont remis aux receveurs principaux des contributions indirectes, qui les font parvenir aux directeurs pour être transmis à l'administration.

Les articles de rôles et les avertissements relatifs aux contributions dues par l'État doivent toujours indiquer l'administration chargée du payement. (I. G., art. 71.)

Les frais des premiers avertissements sont imputés sur le produit d'une imposition spéciale de 5 centimes, uniforme pour tous les contribuables et ajoutée au montant de chaque article de rôle.

Sur ces 5 centimes, 3 centimes, destinés aux frais de confection des rôles et avertissements (travail fait en régie pour le compte de l'État), rentrent dans les fonds généraux pour les dépenses du budget.

Les 2 autres centimes reviennent aux percepteurs pour les frais de distribution des avertissements; ces derniers frais sont acquittés aux caisses des receveurs des finances, comme frais de perception. (I. G., art. 117.)

Le coût des avertissements étant compris dans les rôles et payable comme les contributions, le percepteur ne peut rien demander de plus aux contribuables, soit pour les avertissements, soit pour les frais de leur remise. — Voy. FRAIS DE DISTRIBUTION DES PREMIERS AVERTISSEMENTS.

Il n'est pas formé d'avertissement par le directeur des contributions directes pour les articles des rôles spéciaux d'impositions communales ou départementales qui sont inférieurs à un franc. Le percepteur adresse gratuitement aux contribuables que ces articles concernent un avis sommaire qui tient lieu de sommation sans frais. (I. G., art. 72.) — Voy. CONTRIBUTIONS DIRECTES, ROLES.

Les règles retracées ci-dessus sont applicables aux avertissements pour les redevances des mines et pour frais de bourses et de chambres de commerce.—Voy. BOURSES ET CHAMBRES DE COMMERCE, FRAIS DE MINES.

Il n'est pas adressé d'avertissements particuliers aux redevables de rétributions pour la vérification des poids et mesures; le percepteur doit leur faire remettre un avis (modèle n° 67), lequel tient lieu de sommation sans frais. (I. G., art. 264.) — Voy. POIDS ET MESURES.

Quant aux avertissements relatifs aux taxes communales assimilées pour le recouvrement aux contributions directes, voy. AFFOUAGE, CHEMINS VICINAUX, CHIENS (TAXES SUR LES), PATURAGE, RÉTRIBUTIONS SCOLAIRES.

Avis officieux. — Les avis officieux adressés sous bandes par les percepteurs aux contribuables de leurs circonscriptions, et par les receveurs des communes et des établissements de bienfaisance aux débiteurs de ces communes et de ces établissements, peuvent être affranchis au taux des imprimés, malgré les indications manuscrites que leur texte comporte — Voy. AFFRANCHISSEMENT.

Avocat. — C'est le titre que l'on donne à ceux qui, ayant pris des grades de licence dans une faculté de droit, se consacrent à défendre, de vive voix ou par écrit, les intérêts de leurs concitoyens.

La profession d'avocat est incompatible avec les fonctions d'agent comptable. (O., 20 nov. 1822, art. 42 ; D. 14 déc. 1810, art. 18 ; I. G., art. 1273.)

Les avocats ont une action pour le payement de leurs honoraires, et ces honoraires ne sont pas sujets à la prescription de deux ans introduite contre les avoués par l'article 2273 du Code Nopoléon.

Les consultations données par les avocats doivent, sans distinction, être écrites sur papier timbré. (L. 13 brumaire an VII, art. 12; Cass., 8 janv. 1822.)

Avoué. — Officier ministériel dont les fonctions sont de représenter et de défendre les parties devant le tribunal auquel il est attaché. Les communes et les établissements de bienfaisance ne peuvent, pas plus que les particuliers, se dispenser de leur ministère dans les litiges qui les intéressent.

Une commune n'aurait à poursuivre le recouvrement des frais dus à l'avoué, en même temps que du montant des condamnations prononcées en sa faveur, qu'autant qu'elle aurait elle-même fait le remboursement de ces frais et aurait été ainsi substituée aux droits de l'avoué. Hors ce cas, c'est à l'avoué qu'il appartient de poursuivre, en ce qui le concerne, la rentrée des frais et honoraires qui lui sont dus. — Voy. FRAIS JUDICIAIRES, PROCÈS.

B.

Bacs et bateaux de passage. — Tout bac aboutissant à un chemin public, route impériale, départementale ou chemin vicinal, doit appartenir à l'Etat, quel que soit le cours d'eau qu'il traverse. (L., 6 frim. an VII, art. 1 à 10, et avis du conseil d'Etat du 26 avril 1829.)

Toutefois, ce principe ne fait point obstacle à ce que des particuliers puissent établir, sans autorisation administrative, des bateaux de passage pour le service de leurs propriétés, situées sur des cours d'eau non navigables, pourvu qu'ils n'y reçoivent point de passagers moyennant rétribution, et en concurrence avec un bac public qui serait situé dans le voisinage.

Une tolérance analogue pourrait même être accordée à une commune traversée par un cours d'eau de cette dernière espèce, et qui, pour la commodité de ses habitants, aurait un bac aboutissant à un sentier ou à un chemin communal; mais, dans ce cas, la perception du droit de péage devrait être autorisée par un décret rendu dans la forme des règlements d'administration publique. (L. 14 floréal an X, art. 10; Circ. min.

6 juin 1816, 16 avril 1817 et octobre 1824; L. 25 avril 1817, art. 124 et Lois annuelles de finance.) — Voy. PÉAGE.

La loi du 6 frimaire an VII, a indiqué les fonctionnaires et magistrats qui devaient être dispensés du payement du droit de passage sur les cours d'eau; mais la faveur des franchises a été notablement étendue par des décisions ministérielles. Les employés des contributions directes, (y compris les percepteurs) sont du nombre des agents du gouvernement qui sont exceptés du payement des droits de passage.

Bail. — Voy. BAUX.

Bailleurs de fonds. — Voy. CAUTIONNEMENT.

Bains publics. — Les communes peuvent être autorisées à percevoir un droit pour l'usage des bains et lavoirs, lorsqu'ils ont été construits à leurs frais. Les receveurs municipaux recouvrent ce produit en vertu des délibérations ou des tarifs dûment approuvés. — Voy. LAVOIRS PUBLICS.

Balance. — Relevé général du solde des comptes du grand-livre.

Les receveurs spéciaux des communes et des établissements de bienfaisance doivent envoyer tous les mois au receveur des finances de leur arrondissement la balance des comptes ouverts à leur grand-livre. (I. G., art. 1318.) — Voy. ECRITURES.

Bals publics. — Voy. DROITS DES PAUVRES.

Banque de France. — Voy. BILLETS DE BANQUE.

Bâtiments des communes et des établissements publics. — Les bâtiments que possèdent les communes sont ordinairement la mairie ou maison commune, les maisons d'école, les églises et presbytères, les halles, les corps de garde, les salles de spectacle, les fontaines et lavoirs publics. Quelquefois aussi les communes ont la propriété de maisons particulières dont elles tirent un revenu et dont la possession leur est survenue par suite de legs, de donation ou d'acquisition.

Tous les bâtiments communaux sont placés sous la garde et confiés aux soins du maire. C'est également au maire, autorisé à cet effet par le conseil municipal, qu'appartient le soin de diriger ou de faire exécuter les travaux de construction, de reconstruction, de réparation et d'entretien des bâtiments communaux, en se conformant aux règles prescrites à ce sujet. Les commissions administratives des établissements de bienfaisance exercent les mêmes attributions en ce qui concerne les bâtiments appartenant à ces établissements. — Voy. RÉPARATIONS, TRAVAUX.

Les receveurs des communes et établissements de bienfaisance doivent, de leur côté, veiller à la conservation des bâtiments et prévenir les maires ou les administrateurs des réparations qu'ils reconnaîtraient nécessaires (Arrêté du 9 vendémiaire an XII). Leur surveillance a surtout pour but d'empêcher les empiétements ou les dégâts qui pourraient détériorer les propriétés. (Lettre min. 23 juin 1826. — *Mém.* 1860, p. 166.) — Voy. ACTES ET MESURES CONSERVATOIRES, BATIMENTS PUBLICS, BIENS DES COMMUNES ET DES ÉTABLISSEMENTS DE BIENFAISANCE.

Bâtiments publics. — On désigne ainsi les bâtiments qui sont affectés à un service public, tels que les églises et temples consacrés à un culte public, les cimetières, les presbytères, les maisons communes, les maisons d'école communales, les hôpitaux et hospices.

Les bâtiments affectés à un service public ne sont pas imposables à la contribution foncière, lorsqu'ils appartiennent à l'Etat, aux départements, aux communes ou aux établissements publics (L. 3 frimaire an VII, art. 105). Mais ils sont imposables lorsqu'ils appartiennent à des particuliers qui les louent pour le service public.

Les bâtiments appartenant aux communes et aux établissements publics sont imposables à la contribution foncière, comme leurs autres biens productifs, lorsqu'ils sont loués à des particuliers et que les communes ou établissements en retirent un revenu.

Les bâtiments employés à un service public, civil, militaire ou d'instruction, ou aux hospices, ne sont pas imposables à la contribution des portes et fenêtres. (L. 4 frimaire an VII, art. 5.)

Les maisons appartenant à un bureau de bienfaisance, affectées à la distribution de secours aux pauvres et à l'entretien de jeunes orphelins, doivent être considérées comme des établissements dont la destination a pour objet l'utilité générale, et, à ce titre, comme non passibles de la contribution foncière et de la contribution des portes et fenêtres. (Arrêt du cons. d'État, 11 janv. 1853. — *Mém.*, p. 39.)

Le décret du 11 août 1808 exempte de la contribution foncière les écoles appartenant aux communes. L'application de cette disposition doit être faite à un bâtiment appartenant à un bureau de bienfaisance, si ce bâtiment a été légué audit bureau à charge d'y établir une école gratuite communale et s'il a été constamment affecté au service de cette école. (Arrêt du cons. d'État, 23 novembre 1852. — *Mém.*, p. 38.)

Les maisons d'école ne sont exemptes de la contribution foncière qu'autant qu'elles sont des propriétés communales. Les maisons d'école appartenant à des particuliers sont passibles de la dite contribution, alors même qu'elles seraient affectées à un service gratuit d'instruction publique. (Arrêt du cons. d'État, 13 avril 1853.) — Voy CONTRIBUTIONS DIRECTES..

Bâtiments ruraux. — D'après l'article 85 de la loi du 3 frimaire an VII, les bâtiments servant aux exploitations rurales, tels que granges, écuries, greniers, caves, celliers, pressoirs et autres, destinés à loger les bestiaux des fermes et métairies, ou à serrer les récoltes, ainsi que les cours desdites fermes et métairies, ne doivent être soumis à la contribution foncière qu'à raison du terrain qu'ils enlèvent à la culture, évalué sur le pied des meilleures terres labourables de la commune.

La transformation d'une maison en bâtiment rural ne donne pas lieu à réduction pour l'année dans laquelle cette transformation a été opérée (Arrêt du cons. d'État, 7 juin 1855). Mais elle peut motiver une demande en remise ou modération pour cause de vacance.

Ne sont pas imposables à la contribution des portes et fenêtres les ouvertures servant à éclairer ou aérer les granges, bergeries, étables, greniers et autres locaux non destinés à l'habitation de l'homme. (L. 4 frimaire, an VII.) — Voy. CONTRIBUTIONS DIRECTES, MAISONS.

Baux administratifs. — On comprend sous cette désignation les baux des biens qui, n'appartenant pas à des particuliers, sont confiés à des administrateurs temporaires : tels sont les biens de l'État, des communes et des établissements publics.

Ces baux sont exceptés par l'article 1712 du Code Napoléon des règles générales du louage; ils sont soumis à des règlements particuliers.

Les communes peuvent: 1° donner à loyer des bâtiments ou usines, ou donner à ferme, soit des biens ruraux, soit les droits de chasse ou de pêche, soit l'exploitation de terres minérales; 2° affermer des entreprises de fournitures ou services communaux, tels que la perception des droits d'octroi, des droits de bacs et bateaux de passage, des droits de location de places dans les halles et marchés, de pesage, mesurage et jaugeage publics, l'éclairage de la commune, l'entretien du pavé, le balayage, l'arrosage, l'enlèvement des boues et immondices, etc.; 3° enfin, prendre à loyer les immeubles qui leur sont nécessaires pour les services communaux.

Les baux des établissements publics comprennent les immeubles dont ces établissements sont propriétaires, les droits de chasse sur leurs biens, l'entreprise des fournitures et services qui les concernent, et généralement tout ce qui peut être l'objet d'une location quelconque.

Baux des maisons, usines, prés et biens ruraux appartenant aux communes. — Les baux communaux à loyer se distinguent des baux communaux à ferme, en ce que les premiers concernent les maisons et bâtiments et les seconds les biens ruraux proprement dits.

La mise en ferme des biens communaux, et surtout des biens ruraux, a été recommandée de tout temps comme le moyen le plus sûr d'accroître les ressources communales, en améliorant le fonds de la propriété. Un des obstacles les plus ordinaires à la réalisation de cette mesure est la jouissance en nature par les habitants. Les préfets doivent chercher à le faire disparaître par leurs conseils et leurs exhortations, en rappelant les corps municipaux à un sentiment plus exact des intérêts qui leur sont confiés; mais ils n'ont rien à prescrire à ce sujet, les administrations ayant l'initiative de tous les actes de gestion communale. Il convient que la durée des baux ne dépasse que rarement dix-huit ans pour les biens ruraux et neuf ans pour les autres biens; à l'égard des biens ruraux, elle ne doit même jamais excéder trente années, afin que les communes ne soient pas privées trop longtemps de la libre disposition de leurs ressources et puissent ainsi réaliser des améliorations qui seraient commandées par l'intérêt public. (Circ. int. 5 mai 1852.)

Lorsqu'il s'agit d'un bail à ferme ou à loyer, dont la durée n'excède pas dix-huit années pour les biens ruraux et neuf ans pour les autres biens, tels que maisons et usines, le conseil municipal *règle* toutes les conditions du bail (L. 18 juill. 1837, art. 17). Ces conditions sont ordinairement déterminées par l'usage des lieux; elles sont transcrites en entier dans la délibération, et on indique, en outre, la situation des biens à louer, l'usage auquel ils ont été affectés jusqu'alors et, s'il y a lieu, l'emploi spécial des revenus à obtenir de leur amodiation.

Le maire doit avertir les habitants, par la voie des annonces et publications usitées dans la commune, qu'ils peuvent se présenter à la mairie pour prendre communication de la délibération du Conseil municipal. L'accomplissement de cette formalité est constaté par un certificat du maire. (O. 18 décembre 1838.)

Le maire adresse une expédition de la délibération au sous-préfet, qui en délivre ou fait délivrer récépissé. La délibération est exécutoire si, dans les trente jours qui suivent la date du récépissé, le préfet ne l'a pas annulée, soit d'office, pour une violation de la loi ou d'un règlement d'administration publique, soit sur la réclamation de toute partie intéressée. Toutefois le préfet peut suspendre l'exécution de la délibération pendant un autre délai de trente jours. (L. 18 juillet 1837, art. 18.)

Lorsqu'il s'agit d'un bail excédant dix-huit ans pour les biens ruraux, et neuf ans pour les autres biens, le conseil municipal est seulement appelé à délibérer sur les conditions, et la délibération n'est exécutoire qu'après avoir été approuvée par un arrêté du préfet. (L. 18 juillet 1837, art. 19 et 20; D. 25 mars 1852, tableau A, § 54.)

Dans ce cas, la délibération du conseil municipal est transmise au sous-préfet, qui désigne un commissaire pour procéder à une enquête *de commodo vel incommodo*. Le Conseil municipal délibère sur les résultats de l'enquête et la délibération est transmise au sous-préfet avec les autres pièces, pour être soumises à l'approbation du préfet.

La mise en ferme doit, à moins d'autorisation contraire, avoir lieu par adjudication publique, à la chaleur des enchères, sous les clauses et conditions insérées dans un cahier des charges dressé par le maire et homologué par le préfet, sur l'avis du sous-préfet. Le cahier des charges détermine le mode et les conditions du payement à faire par l'adjudicataire, ainsi que les garanties que celui-ci doit fournir. Il doit être donné communication de ce document au receveur municipal avant l'adjudication. (I. G., art. 855.)

Le cahier des charges ne peut être que la reproduction fidèle du contenu de la délibération ; il s'ensuit qu'il doit être soumis, soit au contrôle, soit à l'approbation du préfet, alors qu'il est rédigé en forme d'acte d'administration émanant du maire, et prend la place de la délibération dont il tire son origine. (Décis. min. int. 1859. — *Mém.* 1860, p. 179.)

Il doit être stipulé, conformément à la loi du 26 germinal an XI, que les fermiers ou locataires seront tenus de payer à la décharge de la commune le montant des impositions assises sur les biens.

Aux termes de la loi du 5 novembre 1790, les baux sont annoncés un mois d'avance par des publications, de dimanche en dimanche, à la porte des églises paroissiales de la situation des biens, et à celles des principales églises les plus voisines, et par des affiches, de quinzaine en quinzaine, aux lieux accoutumés; les instructions recommandent aussi les avis insérés dans les journaux, dix jours au moins avant l'adjudication. (Décis. min. int. 1859.—*Mém.* 1860, p. 130.)

Après que les publications nécessaires ont été faites, il est procédé à l'adjudication du bail par le maire, assisté de deux membres du conseil municipal, et en présence du receveur de la commune. L'adjudication n'est définitive qu'après l'approbation du préfet. (L. 18 juillet 1837, art, 10 et 16 ; I. G., art. 857.) — Voy. Adjudication.

Le maire ne peut se rendre adjudicataire, sous peine de nullité, ni par lui-même, ni par une personne interposée d'aucune location ou entreprise du domaine de la commune (C. Nap., art. 1576). Le receveur municipal ne peut non plus se rendre adjudicataire des revenus qu'il est chargé de percevoir (I. G., art. 1273).

Un décret du 12 août 1807 et une ordonnance royale du 7 octobre 1818 avaient prescrit, pour les baux des biens des communes et des établissements publics, qu'il fût passé acte de l'adjudication par-devant un notaire désigné par le préfet; le bail étant ainsi revêtu de la forme authentique, il a la force de l'exécution parée dans le cas où le fermier n'en payerait pas le prix. Le concours d'un notaire à l'adjudication n'est plus aujourd'hui nécessaire sous ce rapport: le maire, lorsqu'il y a lieu d'exercer des poursuites. pouvant, en vertu de l'article 63 de la loi du 18 juillet 1837, se procurer un titre exécutoire. Mais si une inscription hypothécaire devait être prise pour sûreté de l'adjudication, l'intervention d'un notaire serait indispensable, le droit d'hypothèque ne pouvant résulter que d'un acte notarié. (Circ. int. 19 décembre 1840. — *Mém.* 1841, p. 225.)

Le délai pour faire enregistrer l'acte d'adjudication est de vingt jours, à partir de celui où l'approbation du préfet est parvenue à la mairie. Lorsque l'acte est passé devant notaire, le délai ne commence à courir qu'à partir de la remise au notaire de l'arrêté approbatif du préfet. Cette remise est constatée par une attestation du maire, datée et signée en marge de l'arrêté.—Voy. Enregistrement.

Les receveurs municipaux sont tenus de suivre, en vertu de l'acte d'adjudication, le payement, aux échéances, du prix stipulé en faveur de la commune. — Voy. POURSUITES.

C'est à l'autorité judiciaire qu'il appartient, en cas de contestation, d'apprécier la validité et l'effet d'un bail passé par une commune dans son intérêt privé. (Arrêt du cons. d'État., 30 oct. 1834.)

Baux des biens pris à loyer. — Lorsqu'une commune est dans le cas de prendre à loyer un immeuble nécessaire à un service communal, le bail est proposé par le maire au conseil municipal. Si le conseil approuve la proposition, il délibère sur les conditions et vote le crédit nécessaire pour payer le prix de la première année du loyer.

Le maire fait souscrire une promesse de bail par le propriétaire de l'immeuble. La délibération du conseil municipal et la promesse de bail sont envoyées au sous-préfet, qui nomme, s'il le juge nécessaire, un expert chargé de donner des renseignements sur l'état et la disposition de l'immeuble, ainsi que sur sa valeur locative, et fait ouvrir une enquête *de commodo vel incommodo*, en désignant pour remplir les fonctions de commissaire-enquêteur une autre personne que le maire de la commune.

S'il s'élève des réclamations ou oppositions, le procès-verbal d'enquête est communiqué au conseil municipal, qui modifie ou maintient sa première résolution.

Le maire transmet ensuite au sous-préfet la seconde délibération du conseil municipal, le procès-verbal d'enquête, l'avis du commissaire-enquêteur et le budget de la commune. Le sous-préfet y joint son avis, et, s'il y a lieu, le préfet autorise, par un arrêté, la commune à prendre l'immeuble à loyer. L'acte du bail est fait entre le maire et le propriétaire, dans la forme des actes sous seing privé, à moins que le préfet n'ait désigné un notaire devant lequel l'acte devra être passé. Cet acte n'est exécutoire qu'après avoir été approuvé par le préfet.—Voy. MAISON COMMUNE.

Baux de biens appartenant aux établissements de bienfaisance. — Les commissions administratives des hospices et hôpitaux règlent par leurs délibérations les conditions des baux et fermes des biens des établissements hospitaliers, lorsque la durée des baux n'excède pas dix-huit ans pour les biens ruraux et neuf ans pour les autres. Ces délibérations sont exécutoires, si, trente jours après la notification officielle, le préfet ne les a pas annulées, soit d'office pour violation de la loi ou d'un règlement d'administration publique, soit sur la réclamation de toute partie intéressée. (L. 13 août 1851, art. 8.)

Les délibérations des commissions administratives concernant des baux d'une durée de plus de dix-huit ans sont approuvées par le préfet, après l'accomplissement des formalités spéciales prescrites par l'arrêté du 7 germinal an IX, notamment de l'enquête *de commodo vel incommodo*. Le préfet statue de même sur les résiliations ou modérations de prix de baux demandés d'un commun accord par les parties intéressées. (D. 25 mars 1852, tableau A, § 44; Circ. int. 5 mai 1852.)

Les administrateurs, en réglant dans les baux le mode de payement, peuvent stipuler que le prix de l'adjudication sera payable en grains ou en denrées, et se réserver la faculté de recevoir le payement en argent, d'après le taux des mercuriales du marché de la localité ou du marché le plus voisin.

Les conditions des baux que passent les bureaux de bienfaisance pour la mise en ferme de leurs propriétés sont approuvées par le sous-préfet, lorsque la durée des baux n'excède pas dix-huit ans (D., 13 avril 1861, art. 6, n° 15). Les préfets statuent sur les baux d'une durée de plus de dix-huit ans, sur les résiliations ou modérations de prix de baux et sur les baux des biens loués aux bureaux de bienfaisance. (D., 25 mars 1852, tableau A, § 44. Circ. int. 5 mai 1852.)

Le décret du 12 août 1807 dispose que les baux à ferme des hospices et bureaux de bienfaisance seront passés aux enchères, par-devant un notaire qui sera désigné par le préfet. Cet acte du Gouvernement n'ayant été rapporté par aucune autre disposition ayant la même autorité, on doit continuer à l'appliquer. Les baux qui seraient faits dans la forme administrative, c'est-à-dire devant le maire, assisté de deux membres de la commission administrative et du receveur, ne seraient valables que comme actes sous seing privé. — *Mém.* 1858, p. 108; 1859, p. 193. — Voy. BUREAUX DE BIENFAISANCE, HOSPICES ET HÔPITAUX.

Berge. — Bord escarpé d'un cours d'eau, d'un chemin, d'un fossé.

L'entretien des berges des rivières non navigables ni flottables est à la charge des propriétaires riverains. En conséquence, les communes doivent pourvoir à l'entretien de ces berges lorsqu'elles bordent leurs propriétés. L'entretien des berges des chemins vicinaux est à la charge des communes. — Voy. CHEMINS VICINAUX.

Berger. — La responsabilité des propriétaires et principaux locataires n'existe pas en ce qui concerne le recouvrement de la taxe municipale sur les chiens,

Ainsi, le propriétaire d'un troupeau, qui a, à ses gages un berger possesseur d'un chien, ne peut, à défaut du payement de la taxe par ce dernier, être déclaré responsable. — *Mém.* 1860, p. 115; 1852, p. 139. — Voy. CHIENS.

Bibliothèques. — On désigne sous ce nom le lieu où l'on conserve une certaine quantité de livres, et cette collection de livres elle-même.

Il est établi par le ministre de l'instruction publique, dans toutes les villes qui possèdent une bibliothèque, sous la présidence du maire, un comité d'inspection de la bibliothèque et d'achat de livres, chargé de déterminer l'emploi des fonds consacrés aux acquisitions, la confection des catalogues, les conditions des échanges proposés. (O. 22 février 1839, art 37.)

Toute aliénation par les villes des livres, manuscrits, chartes, diplômes, médailles contenus en leurs bibliothèques, est interdite. Les échanges ne peuvent avoir lieu qu'avec l'approbation du ministre. (O. février 1839, art. 40.)

Les receveurs municipaux, chargés par l'arrêté du 19 vendémiaire an XII de veiller, sous leur responsabilité, à la conservation des biens des communes, doivent instruire immédiatement le receveur des finances des infractions qui seraient commises à ces dernières dispositions, en ce qui concerne les bibliothèques communales. Cette obligation concerne également les receveurs d'hospices et de bureaux de bienfaisance, pour ce qui regarde la conservation des bibliothèques que ces établissements peuvent posséder. — *Mém.* 1861, p. 273.

A l'appui des mandats délivrés pour achats de livres et autres objets destinés aux bibliothèques, on doit produire les factures ou mémoires réglés des fournitures, et relatant les numéros sous lesquels les objets sont inscrits au catalogue ou à l'inventaire. (I. G., art. 1542, § 54 du tableau des pièces justificatives.) — Voy. ARCHIVES, INVENTAIRES.

Bibliothèques scolaires. — Un arrêté du ministre de l'instruction publique, en date du 1er juin 1862, a prescrit l'établissement d'une bibliothèque scolaire dans chaque école primaire publique.

Cette bibliothèque est placée sous la surveillance de l'instituteur dans une des salles de l'école dont elle est la propriété. Les livres sont rangés dans une armoire bibliothèque conforme au modèle annexé à la circulaire du 31 mai 1860.

Les ressources de la bibliothèque scolaire se composent : 1° des fonds spéciaux votés par les conseils municipaux ; 2° des sommes portées au budget communal pour fourniture de livres aux enfants indigents, et que les conseils municipaux consentiraient à appliquer à la nouvelle fondation; 3° du produit des souscriptions, dons ou legs destinés à ladite bibliothèque ; 4° du produit des remboursements faits par les familles pour pertes ou dégradations des livres prêtés ; 5° d'une cotisation volontaire fournie par les familles des élèves payants, et dont le taux est fixé chaque année par le conseil départemental, après avis du conseil municipal. (Arrêté min. de l'inst. publ., 1er juin 1862, art. 7.)

Les receveurs municipaux sont autorisés à percevoir la cotisation volontaire souscrite par les familles des élèves payants, en même temps et dans la même forme que la rétribution scolaire. (Circ. min. de l'inst. pub. aux Recteurs, 24 juin 1862.) — Voy. INSTRUCTION PRIMAIRE

Biens des Communes. — On comprend sous la dénomination de biens communaux ceux à la propriété ou au produit desquels les habitants d'une ou plusieurs communes ou sections de commune ont un droit acquis. (L. 10 juin 1793, art. 1er; C. N., art. 542.)

Les biens des communes consistent en biens mobiliers et en biens immobiliers.

Les biens mobiliers sont les rentes et créances dues aux communes, les livres et le matériel des bibliothèques et des archives, les meubles qui garnissent la maison commune, les écoles, etc. Voy. ARCHIVES, BIBLIOTHÈQUES, CAPITAUX, FOURNITURES, MOBILIER, RENTES.

Les biens immobiliers sont les biens-fonds, droits ou usages fonciers, qui forment le domaine communal. C'est de ces derniers biens, qu'on désigne spécialement sous le nom de *biens communaux*, dont il sera exclusivement question ici. Nous donnerons d'abord un aperçu des anciennes lois auxquelles le domaine communal a été soumis ; nous ferons connaître ensuite quels sont les objets qu'il embrasse et les règles qui le régissent.

Propriété communale. — Avant la révolution de 1789, les seigneurs étaient propriétaires des terres vaines et vagues en vertu du principe : nulle terre sans seigneur. Le droit de triage leur attribuait, en outre, le tiers du domaine communal en compensation des charges attribuées à la seigneurie. Non contents de ces avantages, beaucoup d'entre eux s'étaient approprié, par ruse ou par violence, la majeure partie des biens anciennement possédés par les communautés d'habitants.

Le droit de triage fut aboli par la loi du 28 mars 1790. La loi du 28 août 1792, art. 8, disposa que les communes qui justifieraient avoir anciennement possédé des biens ou droits d'usage quelconque dont elles auraient été dépouillées par leurs anciens seigneurs, pourraient se faire réintégrer dans la propriété ou possession desdits biens ou droits d'usage, nonobstant tous édits, déclarations, arrêts du conseil, lettres patentes, jugements et possessions contraires, à moins que ces seigneurs ne représentent un acte authentique constatant qu'ils ont acheté lesdits biens ; de plus, elle investit les communes de toutes les terres vaines et vagues, landes et biens vacants, situés dans l'étendue de leur territoire, alors même qu'elles ne pourraient justifier qu'elles les avaient anciennement possédés ; il devait leur suffire de les réclamer dans le délai de cinq ans pour en obtenir l'adjudication. Cette même loi avait établi une exception : elle avait maintenu les anciens seigneurs dans la propriété des terres vaines et vagues, landes marais et biens vacants, lorsqu'ils justifiaient les avoir possédés depuis quarante ans; mais la loi du 10 juin 1793 supprima cette exception en statuant que la possession de quarante ans ne pourrait, en aucun cas, suppléer le titre légitime, et en ajoutant que ce titre légitime devait être un acte authentique constatant que les ci-devant seigneurs avaient réellement et régulièrement acheté lesdits biens. Cette dernière loi confirma, en outre, au profit des communes le droit qu'un édit de 1667 avait conféré aux anciennes communautés d'habitants, de racheter sans formalité de justice les biens aliénés par elles « forcément en temps de détresse ». Le prix des aliénations devait se rembourser en dix payements égaux d'année en année.

Ces différentes mesures pouvaient avoir des résultats très-avantageux pour les communes. Mais la loi précitée du 10 juin 1793 avait autorisé le partage, « par tête d'habitant, de tout âge et de tout sexe, absent ou présent », des biens communaux autres que les bois, les choses du domaine public municipal et les terrains renfermant des productions minérales. Puis une autre loi, celle du 24 août 1793, vint transférer à la nation l'actif des communes, « excepté les biens communaux dont le partage avait été décrété, et les objets destinés pour les établissements publics », jusqu'à concurrence des dettes communales, qui furent déclarées dettes de l'État. Cette législation eut pour effet d'appauvrir les communes et l'État, presque sans profit pour les intérêts particuliers; elle subsista jusqu'au 2 prairial an v. Par une loi de ce jour, il fut interdit aux communes de faire aucune aliénation ni aucun échange de leurs biens sans une loi spéciale.

Enfin, la loi du 20 mars 1813 déclara cédés à la caisse d'amortissement, pour être vendus au profit de l'État, les biens possédés par les communes sauf les édifices affectés à un service public, les bois, les pâtis, pâturages, tourbières et autres dont les habitants jouissent en commun, ainsi que les halles, marchés, promenades et emplacements utiles pour la salubrité ou l'agrément. Les communes reçurent, en inscription cinq pour cent, une rente proportionnée au revenu net des biens cédés, d'après la fixation qui en fut faite par un décret du 6 novembre 1813. L'effet de cette loi ne fut interrompu que par la loi de finances de 1816, qui ordonna de remettre les communes en possession des biens qui n'avaient pas encore été vendus.

Le domaine communal se compose aujourd'hui des biens dont les communes ont pu rester propriétaires à travers les mesures souvent désastreuses qui viennent d'être rappelées, et de ceux qu'elles ont été autorisées à acquérir depuis, soit à titre gratuit, soit à titre onéreux. — Voy. Acquisitions, Échanges, Expropriation, Legs et Donations.

Distinction des biens. — On distingue, par rapport à leur destination, trois sortes de biens communaux : les biens qui sont affectés à un usage public ou municipal; les biens patrimoniaux, c'est-à-dire dont la commune jouit en propriétaire et dont elle tire un revenu; les biens communaux proprements dits.

Parmi les premiers, les uns sont complétement improductifs ; les autres, quoiqu'affectés à un usage public, sont susceptibles cependant de procurer un revenu à la commune. — Voy. Abattoirs, Batiments publics, Cimetières, Églises, Halles et Marchés, Maison commune, Maisons d'école, Presbytère.

Les biens patrimoniaux sont ceux que les communes exploitent ou afferment et dont le revenu est perçu au profit de la caisse municipale pour servir à l'acquittement des dépenses.

Les biens communaux proprement dits sont ceux dont les fruits sont perçus en nature par les habitants, et qui consistent en pâturages communs, bois soumis à l'affouage, terres cultivées en allotissements, tourbières, etc. On doit comprendre dans cette dernière classe les droits d'usage, en vertu desquels les habitants prennent dans les forêts, soit de l'État, soit des particuliers, le bois nécessaire à leur usage, y ramassent du gland ou de la faine et y font paître leurs bestiaux.

Administration des biens communaux. — Comme administrateur de la commune, et sous la surveillance de l'autorité supérieure, le maire est chargé de la conservation et de l'administration des propriétés de la commune, mais sans préjudice des droits attribués au conseil municipal.

Les conseils municipaux règlent par leurs délibérations : 1° le mode d'administration des biens communaux ; 2° les conditions des baux à ferme dont la durée n'excède pas dix-huit ans pour les biens ruraux, et neuf ans pour les autres biens ; 3° le mode de jouissance et la répartition des pâturages et fruits communaux, autres que les bois, ainsi que les conditions à imposer aux parties prenantes ; 4° les affouages, en se conformant aux lois forestières. (L. 18 juillet 1837, art. 17.)

Dès qu'une délibération a été prise par un conseil municipal sur le mode d'administration des biens communaux, le maire doit avertir les habitants, par la voie des annonces et publications usitées dans la commune, qu'ils peuvent se présenter à la mairie pour prendre connaissance de ladite délibération et présenter, s'il y a lieu, leurs observations. L'accomplissement de cette formalité doit être constaté par un certificat du maire. (O. 18 décembre 1838.)

Expédition de la délibération et le certificat du maire sont immédiatement adressés par le maire au sous-préfet, qui en délivre ou fait délivrer récépissé. La délibération est exécutoire si, dans les trente jours qui suivent la date du récépissé, le préfet ne l'a pas annulée, soit d'office pour violation d'une disposition de la loi ou d'un règlement d'administration publique, soit sur la réclamation de toute partie intéressée. Toutefois le préfet peut suspendre l'exécution de la délibération pendant un autre délai de trente jours. (L. 18 juillet 1837, art. 18.) — Voy. AFFOUAGE, BAUX, BOIS COMMUNAUX, PATURAGES, TOURBIÈRES.

Les conseils municipaux délibèrent sur les objets suivants : les acquisitions, aliénations, échanges de propriétés communales, leur affectation aux divers services publics, et en général sur tout ce qui intéresse leur conservation et leur amélioration ; la délimitation et le partage des biens indivis entre deux ou plusieurs communes ou sections de commune ; le parcours et la vaine pâture ; l'acceptation des dons et legs faits à la commune et aux établissements communaux. (Id. art. 19.)

Les délibérations des conseils municipaux sur ces objets sont adressées au sous-préfet, et elles sont exécutoires sur l'approbation du préfet. (Id. art. 20 ; D. 25 mars 1852.) — Voy. ACQUISITIONS, ALIÉNATIONS, ÉCHANGES, DONS ET LEGS, PARCOURS ET VAINE PATURE.

Les conseils municipaux sont encore appelés à délibérer sur la mise en valeur des marais et des terres incultes appartenant aux communes et sections de commune (L. 28 juillet 1860, art. 2), et sur le reboisement des montagnes ; mais, dans ce dernier cas, leurs délibérations doivent être prises avec l'adjonction des plus imposés (L. 28 juillet 1860, art. 5). — Voy. MARAIS ET TERRES INCULTES, REBOISEMENT.

Des biens en jouissance commune. — Les biens dont les fruits sont perçus en nature par les habitants consistent : 1° en pâturages, marais et tourbières ; 2° en terres cultivées en allotissements; 3° en varech, sart ou goëmon; 4° en bois destinés au pâturage, au panage et à l'affouage.

La loi du 18 juillet 1837 conférant au conseil municipal le pouvoir de régler le mode de jouissance et la répartition des pâturages et fruits communaux autres que les bois, ainsi que les conditions à imposer aux parties prenantes, le conseil peut réformer tous usages ou règlements antérieurs et faire participer plus également les habitants à la jouissance dont il s'agit. Toutefois, lorsque le mode de jouissance que le conseil municipal réforme ou modifie a été établi primitivement par d'anciens édits ou des ordonnances royales, la délibération n'est exécutoire qu'après avoir été approuvée par le préfet. (D. 25 mars 1852, tableau A, § 40.)

Tout changement doit tendre à améliorer l'usage préexistant ; les conseils municipaux doivent avoir soin, notamment, de stipuler des redevances au profit de la caisse municipale. C'est là un moyen légitime et naturel d'accroître les revenus des communes, qui, dans un trop grand nombre de localités, sont insuffisants pour subvenir aux dépenses les plus nécessaires. On doit veiller surtout à ce que les nouveaux modes de jouissance ne consacrent point d'injustes inégalités entre les chefs de ménage d'une même commune. En principe, chaque habitant ayant feu séparé a un droit égal à la jouissance des biens communaux. Si des usages dérogatoires ont été tolérés, les conseils municipaux doivent y mettre un terme lorsqu'ils votent des changements dans les usages anciens. (Circ. int. 5 mai 1852.)

C'est à l'autorité judiciaire qu'il appartient de connaître des questions relatives à l'aptitude personnelle d'un particulier qui réclame sa participation à la jouissance des biens commnnaux. Mais l'autorité administrative est seule compétente pour déterminer d'une manière générale les conditions desquelles résulte la qualité de chef de ménage exigée par l'usage ancien dans la commune où ledit particulier habite, pour avoir droit à la jouissance des biens communaux. Les conditions principales à remplir par un habitant pour être chef de ménage sont d'avoir une habitation séparée et de posséder dans la commune, soit comme propriétaire, soit comme exerçant une profession, des intérêts particuliers et distincts. (Arrêt cons. d'État, 14 avril 1853. — *Mém.* 1853, p. 249).

L'amodiation des biens communaux par voie d'adjudication publique aux enchères est la mesure la plus conforme aux principes et aux véritables intérêts des communes. Toutefois, lorsque les corps municipaux refusent de voter une mise en ferme, l'administration ne saurait repousser d'une manière absolue les partages de jouissance ; mais elle exige généralement que l'attribution des lots soit limitée à quinze ou dix-huit ans et qu'en outre les copartageants s'engagent à verser une redevance annuelle en argent dans la caisse municipale. (Décis. min. de l'int. 1857.)

Les communes qui amodient à leurs habitants, par voie d'allotissement, les biens dont elles sont propriétaires, ne sont pas toujours tenues de prendre pour base de cette opération le nombre des feux ou chefs de ménage, suivant la règle établie pour la répartition des fruits communaux.

Si le prix de location est exactement basé sur l'estimation des biens et qu'il s'agisse par conséquent de baux véritables, les habitants deviennent des preneurs ordinaires, et c'est en vertu des articles 17 et 19 de la loi du 18 juillet 1837 que le conseil municipal arrête les conditions de la mise en ferme sous le contrôle ou l'approbation de l'autorité préfectorale, suivant la durée de la location; rien ne s'oppose dès lors à ce que les biens amodiés soient divisés en autant de lots que la commune le juge conforme à ses intérêts. Mais si la commune n'exige des concessionnaires qu'une redevance inférieure à la valeur estimative des biens amodiés, l'opération prend le caractère d'un partage de jouissance, et, dans ce cas, la règle de la répartition par feux tracée par les décrets des 20 juin 1807 et 26 avril 1808 est la seule applicable. (Décis. min. de l'int. 1857.)

Quelle que soit la durée des partages de jouissance, plusieurs règles leur sont communes. Ainsi chaque chef de ménage ne peut posséder qu'un seul lot, et il le perd s'il quitte la commune. Si le lot devient vacant par cette cause ou par toute autre, il fait retour à la commune, qui l'attribue au plus ancien chef de ménage non encore pourvu. Celui-ci doit exercer son droit dès qu'il y est appelé, car, s'il refuse, il perd son tour d'ancienneté et ne peut plus arriver au partage qu'après tous les chefs de ménage inscrits au moment de son refus. (Arrêt. du cons. d'État, 22 nov. 1836.)

Lorsque des habitants détiennent des lots de biens communaux provenant d'un partage opéré avant 1789, en vertu d'un édit royal, ils possèdent sur ces lots des droits irrévocablement acquis sous les conditions indiquées par l'édit, et la commune ne peut pas modifier leur jouissance en les assujettissant au payement d'une redevance. (Arrêts du cons. d'État, 23 juillet 1857, 19 mai 1858 et 9 février 1860.) — *Mém.* 1859, p. 240; 1860, p. 271 et 295.— Voy. Affouage, Panage, Paturage, Tourbières, Varech.

Biens des sections de communes. — Quand il y a lieu à un changement de circonscription communale, les habitants de la commune réunie à une autre commune conservent la jouissance exclusive des biens dont les fruits étaient perçus en nature. Les édifices et autres immeubles servant à usage public deviennent propriété de la commune à laquelle est faite la réunion. (L. 18 juillet 1837, art. 5.)

La section de commune érigée en commune séparée ou réunie à une autre commune emporte la propriété des biens qui lui appartenaient exclusivement. Les édifices et autres immeubles servant à usage public et situés sur son territoire deviennent la propriété de la nouvelle commune ou de la commune à laquelle est faite la réunion. (Id. art. 6.)

Les sections, simples fractions de l'unité communale, sont representées par le conseil municipal au même titre que les communes, sauf l'exception prévue par l'article 57 de la loi du 18 juillet 1837. Dès lors ce conseil, aux termes des dispositions des articles 17, 18, 19 et 29 de ladite loi, a le droit, sous l'autorité ou la surveillance de l'administration supérieure, de voter la mise en ferme des biens sectionnaires, de régler le mode de jouissance de ces biens et de déterminer les conditions à imposer aux parties prenantes.

Toutefois, les revenus des biens sectionnaires doivent être employés en premier lieu aux besoins des sections, et ensuite concourir aux dépenses qui intéressent toute la commune pour une part proportionnelle au chiffre du principal des quatre contributions directes de la section. (Décis. min. de l'int. 1857.) — *Mém.* 1857, p. 305 ; 1859, p. 179 ; 1860, p. 268.

Biens indivis entre plusieurs communes. — Lorsque plusieurs communes possèdent des biens ou des droits par indivis, un décret impérial institue, si l'une d'elles le réclame, une commission syndicale composée de délégués des conseils municipaux des communes intéressées. A cet effet, chacun des conseils élit dans son sein, au scrutin secret et à la majorité des voix, le nombre de délégués qui a été déterminé par le décret impérial. (L. 18 juillet 1837, art. 70.)

La commission syndicale est renouvelée tous les cinq ans, après le renouvellement partiel des conseils municipaux. (Id. et avis du conseil d'État, 29 novembre 1859.)

Les délibérations prises par la commission ne sont exécutoires que sur l'approbation du préfet, et demeurent, d'ailleurs, soumises à toutes les règles établies pour les délibérations des conseils municipaux. (L. 18 juillet 1837, art. 70.)

La commission syndicale est présidée par un syndic nommé par le préfet et choisi parmi les membres qui la composent. Les attributions de la commission syndicale et du syndic, en ce qui touche les biens et les droits indivis, sont les mêmes que celles des conseils municipaux et des maires pour l'administration des propriétés communales. (Id. art. 71.) —

Les pouvoirs de la commission syndicale ne dépassent pas les actes de simple administration, à savoir le règlement du mode de jouissance, la mise en ferme et les mesures de conservation. S'il s'agit de l'aliénation, de l'échange ou du partage de propriétés indivises, ou d'un projet de transaction, ces actes ne peuvent être réalisés sans l'intervention des conseils municipaux et des maires de chacune des communes intéressées. (Décis. min. int. 1859 et 1860.) — *Mém.* 1859, p. 206, et 1860, p. 268.

Partage de biens indivis entre communes ou sections de communes. — En matière de partage de biens indivis entre communes, l'administration supérieure n'intervient par voie d'approbation que lorsque toutes les parties intéressées se trouvent d'accord sur la convenance et sur les conditions de l'opération. Lorsque, au contraire, l'une d'elles déclare s'opposer au partage, il faut avant tout que les autres s'adressent à l'autorité judiciaire pour faire prononcer, en principe, la cessation de l'indivision. C'est donc seulement après que cette question a d'abord été vidée que l'administration peut examiner utilement si les motifs invoqués par les communes sont suffisants pour justifier la mesure tout exceptionnelle qu'elles proposent. (Décis. min. de l'int. 1859.)

Lorsque les conseils municipaux des communes copropriétaires sont d'accord pour opérer le partage, ou que l'autorité judiciaire a prononcé la cessation de l'indivision, le sous-préfet prescrit une enquête *de commodo et incommodo*, et désigne le commissaire enquêteur. Les maires des communes intéressées nomment ensuite, de part et d'autre, des experts qui sont chargés de former les lots et de les tirer au sort : en cas de désaccord entre eux, le sous-préfet nomme un tiers expert.

Le partage doit se faire en raison du nombre de feux ou chefs de ménage existant dans chaque commune au moment où le partage est demandé (Av. cons. d'État, 20 juillet 1807 et 26 avril 1808) à moins qu'il n'existe des titres de propriété, des règlements conventionnels, ou une possession immémoriale qui attribuent des droits différents aux communes propriétaires (Arrêt de Cass. 13 mai 1840).

Il importe d'éviter, autant que possible, dans la composition des lots, de trop fortes compensations en argent. (Circ. int. 5 mai 1852.)

L'expertise terminée, le procès-verbal de cette opération, le procès-verbal de l'enquête et l'avis du commissaire enquêteur sont communiqués aux conseils municipaux, et transmis ensuite, avec les délibérations de ces conseils, au sous-préfet, qui y joint son avis motivé. Le partage est autorisé, s'il y a lieu, par arrêté du préfet (D. 25 mars 1852, tabl. A, § 41).

Les maires font ensuite constater le partage par un acte authentique qui devient définitif par l'homologation du préfet.

Dans le cas où les communes copropriétaires appartiennent à des départements différents, les préfets se concertent pour donner de part et d'autre aux communes de leur ressort l'autorisation nécessaire. (Circ. int. 25 juillet 1839.)

Suivant la jurisprudence constante de l'administration, le préfet est exclusivement compétent pour trancher entre les parties les difficultés relatives aux opérations purement matérielles du partage, telles que celles qui consistent, par exemple, dans la nomination des experts, la formation des parts à distribuer, et le tirage des lots au sort. Lorsqu'il s'agit, au contraire, d'une contestation sur le mode même du partage, elle ne peut être vidée que par le conseil de préfecture, sauf recours au conseil d'État, conformément aux dispositions des articles 1 et 2, section v, de la loi du 10 juin 1793. Quant aux questions de propriété, elles restent du domaine de l'autorité judiciaire. (Circ. int. 5 mai 1852.)

Les partages de biens entre les sections de communes sont soumis aux mêmes règles que les partages entre les communes. Seulement, le conseil municipal de la commune délibère seul, la loi n'accordant aux sections de représentants spéciaux que dans les deux cas suivants : lorsqu'il s'agit de distraire une section d'une commune, ou en cas de litige entre la section et la commune.

Quant aux partages des biens communaux entre les habitants, les seuls partages temporaires de jouissance pourraient être autorisés. Tout partage, qui comprendrait la propriété du fonds, à titre gratuit, est interdit. (Avis du cons. d'État, 21 février 1838.) — Voy. ALIÉNATION, PARTAGE.

Surveillance des biens. — Les receveurs municipaux sont tenus de veiller, concurremment avec les maires, à la conservation des domaines et droits fonciers des communes (Arrêté du Gouvern. 19 vendémiaire an XII.)

Cette surveillance a surtout pour but d'empêcher les empiètements ou les dégâts qui pourraient détériorer les propriétés des communes, et tous actes qui pourraient compromettre l'existence de leurs droits. (Lettre minist. 23 juin 1828.)

Pour justifier de l'accomplissement de cette obligation, les receveurs municipaux doivent produire avec leurs comptes de gestion un état complet des propriétés foncières productives et non productives de revenus. (I. G., art. 849.)

Le soin de veiller à la conservation des droits, des priviléges et des domaines des communes, est, à la fois, un des droits et des devoirs les plus essentiels des receveurs. — *Mém.* 1860, p. 166. — Voy. ACTES ET MESURES CONSERVATOIRES, COMPTES DE GESTION, USURPATIONS.

Biens des établissements de bienfaisance. — Le mot *Biens* s'applique ici aux meubles comme aux immeubles dont les établissements charitables sont propriétaires par suite d'acquisitions ou de libéralités.

Les biens des établissements de bienfaisance sont protégés par les règles du droit commun, mais ils sont soumis, comme les biens des communes, à certaines formalités de tutelle administrative qui varient suivant la nature des actes d'administration.

En principe, les commissions administratives des établissements charitables ont l'initiative de toutes les opérations relatives à l'administration de leurs biens ; mais elles ne peuvent les réaliser qu'avec l'autorisation de l'autorité supérieure. Ainsi, les baux, les acquisitions, les aliénations, les échanges sont des actes que l'autorité ne peut prescrire, mais sur lesquels elle exerce son droit d'approbation ou de refus. — Voy. ACQUISITIONS, ALIÉNATIONS, BAUX, ÉCHANGES.

Les biens des pauvres forment donc un véritable patrimoine qui est inviolable. Malheureusement, il ne fut pas toujours respecté ; le décret du 23 messidor an II prononça que les biens des hospices feraient partie des propriétés nationales et qu'ils seraient vendus comme les biens nationaux. Mais cette funeste mesure n'eut pas une longue durée. Le 9 fructidor an III, la Convention déclara qu'il serait sursis à la vente des biens des établissements de bienfaisance jusqu'à ce qu'il eût été statué sur les demandes formées pour le retrait de la loi du 23 messidor an II. Diverses dispositions réglèrent provisoirement la jouissance de ces biens jusqu'à la loi du 16 vendémiaire an V qui décida enfin : 1° que les hospices conserveraient la jouissance des biens, rentes et redevances qui leur étaient dues par le Trésor ou par des particuliers ; 2° que ceux desdits biens qui avaient été vendus en vertu de la loi du 23 messidor an II leur seraient remplacés en biens nationaux de même produit ; 3° que les administrations centrales de département désigneraient les biens nationaux qui recevraient cette affectation.

La loi du 20 ventôse an V fit participer les bureaux de bienfaisance au bénéfice de la loi du 16 vendémiaire, et autorisa les administrations centrales à désigner aux hospices et bureaux de bienfaisance des rentes foncières ou constituées, en remplacement de celles qu'ils prouveraient leur être dues par le Trésor.

D'après la jurisprudence du conseil d'État, la loi de restitution du 16 vendémiaire an V n'a pas créé aux hospices et bureaux de bienfaisance un titre nouveau. Les biens qu'elle leur a rendus leur sont remis à titre de restitution sans s'être confondus avec ceux de l'État, à qui les lois des 19 mars 1793 et 23 messidor an II n'avaient pas transféré la propriété, mais seulement donné une main-mise. Aussi, en vertu de la loi du 29 pluviôse an V, les rentes et créances qui étaient dues aux hospices eurent à satisfaire à toutes les anciennes dettes. La valeur des biens cédés en remplacement de ceux dont la vente était opérée lorsqu'intervint la loi de l'an V fut fixée par l'arrêté du 15 brumaire an IX à 4 millions de revenu. La plupart de ces biens étaient des biens d'émigrés.

La loi du 4 ventôse an IX affecta aux besoins des hospices toute rente due à l'État dont la reconnaissance aurait été celée ou le paiement interrompu par le débiteur, et tout domaine qui aurait été détenu ou usurpé par un particulier. Lorsque l'existence d'une rente ou d'un domaine de l'espèce a été découverte par les agents d'un hospice charitable ou dénoncé aux administrateurs, ceux-ci doivent adresser une requête au ministère public, qui poursuit la restitution au profit de l'hospice demandeur. Les dispositions de cette loi de l'an IX ont été étendues, par arrêté du 9 fructidor suivant, aux bureaux de bienfaisance.

Les soins qu'exigent les biens immobiliers et l'exiguïté de leurs produits, relativement au revenu que présente le placement des capitaux en rentes sur l'État, ont toujours fait donner la préférence à ce dernier mode de placement. Il prend un avantage d'autant plus marqué que le Gouvernement a su le mettre à l'abri des conséquences de la dépréciation du signe monétaire, en prescrivant que le 10e des arrérages des rentes sur l'État acquises avec le produit des aliénations d'immeubles serait capitalisé chaque année. — Voy. RENTES SUR L'ÉTAT.

Il est de règle que les administrations charitables ne doivent régir elles-mêmes aucune propriété sans y être formellement autorisées.

Lorsque des biens sont exploités par l'établissement, l'exploitation doit se faire sous la surveillance de l'économe, conformément à l'instruction du 20 novembre 1836. — Voy. ÉCONOMAT.

Les commissions administratives des hospices et bureaux de bienfaisance doivent tenir un sommier général des biens, rentes et revenus quelconques appartenant à ces établissements. Ce sommier est rectifié chaque année suivant les changements survenus dans leur dotation.

Les biens immeubles des établissements charitables, comme ceux des communes, sont assujettis par la loi du 20 février 1849 à une taxe annuelle dite des biens de mainmorte. Elle est calculée à raison de 0,62 centimes et demi par franc du montant de la contribution foncière. Elle équivaut à 5 p. 0/0 ou au 20e du revenu des biens de mainmorte. Le but de cette loi a été de compenser les droits de mutation que les biens des établissements publics paieraient au Trésor, si comme les propriétés particulières elles changeaient souvent de main par successions ou par ventes. — Voy. MAINMORTE (TAXE DES BIENS DE).

Les receveurs hospitaliers sont tenus de veiller, concurremment avec les commissions administratives, à la conservation des domaines et droits fonciers des hospices, et de justifier de l'accomplissement de cette obligation en produisant à l'appui de leurs comptes de gestion un état complet des propriétés foncières productives et non productives de revenus. (Arrêté 19 vendémiaire an XII ; I. G., art. 849.)—Voy. ACTES ET MESURES CONSERVATOIRES, BUREAUX DE BIENFAISANCE, HOSPICES ET HÔPITAUX, PIÈCES JUSTIFICATIVES.

Biens de mainmorte. — Voy. TAXE DES BIENS DE MAIN MORTE.

Billets de banque. — La banque de France exerce exclusivement le privilége d'émettre des billets en échange des valeurs que ses opérations font entrer dans ses portefeuilles. Ces billets sont, à certains égards, considérés comme monnaie, car les individus qui les falsifieraient ou qui en fabriqueraient de faux sont assimilés aux faux monnayeurs. (L. 24 germinal an II, art. 36 ; C. P. art. 139.)

Les billets de banque sont de 5,000 fr., de 1,000 fr., de 500 fr., de 200 fr. et de 100 fr.

Ces billets, établis pour la commodité du commerce, ne sont que de simple confiance. Le Trésor et ses agents se trouvent placés dans le droit commun, et ils ont, comme les particuliers, la faculté d'admettre ou de refuser les billets de banque.

L'admission de ces billets dans la caisse des comptables doit toujours rester subordonnée à leur emploi assuré, soit à l'acquit des dépenses publiques, soit en remises au Trésor. (Circ. direct. du mouv. gén des fonds, 17 août 1850. — *Mém.* 1850, p. 189.)

Il est interdit d'insérer dans les dépêches circulant en franchise, chargées ou non, des billets de banque et autres valeurs au porteur. Les infractions à ces dispositions sont punies d'une amende de 50 fr. à 500 fr. (L. 4 juin 1859, art 9; Arrêté min. des fin. 6 juillet 1859); mais il est permis d'insérer dans les lettres des billets de banque et autres valeurs-papiers, en les présentant à la formalité du chargement. — Voy. POSTE.

Billon. — Menue monnaie de cuivre.

Le billon de fabrique étrangère ne peut être admis dans les caisses publiques en payement des droits et contributions, de quelque nature qu'ils soient. (D. 11 mai 1807.)

Le billon de fabrication française ne peut être employé dans les payements, si ce n'est de gré à gré, que pour l'appoint de la pièce de 5 fr. (O. 18 août 1810, art. 2.)

Cette règle est applicable aux payements à faire par les comptables, aussi bien qu'à ceux qui leur sont faits. — Voy. Appoint, Caisse des Comptables, Monnaie.

Blanc seing. — Signature privée au-dessus de laquelle on laisse plus ou moins de papier blanc, suivant l'acte auquel on veut que la signature corresponde.

Aucune loi n'autorise positivement l'usage des blancs seings, mais aucun texte ne les condamne; d'où l'on doit conclure que, tout dangereux qu'ils soient, ils sont permis.

Le blanc seing est le mandat le plus général et le plus illimité qu'on puisse donner.

L'abus d'un blanc seing par le dépositaire du titre ne peut être prouvé par témoins, lorsque la valeur du litige excède 150 fr.

Cet abus, par tout autre que celui qui en a été dépositaire, constituant un faux, ne peut être prouvé que par la voie de l'inscription de faux. (Arrêt de la Cour d'Orléans, 7 août 1845. — *Mém.* 1846, p. 73.)

Binage. — On désigne sous le nom de *binage* le double service qu'un curé, desservant ou vicaire, à ce autorisé par l'évêque, fait, et dans la paroisse à laquelle il est attaché, et dans une autre cure ou succursale actuellement vacante. L'exercice régulier du binage donne droit à la jouissance du presbytère de la succursale vacante et de ses dépendances, et à une indemnité de 200 fr. sur les fonds de l'État.

On ne peut ranger parmi les dépenses obligatoires des communes les indemnités pour le binage exercé dans les églises sans titre. L'article 30 de la loi du 18 juillet 1837 impose en effet aux communes l'obligation d'accorder des secours, non pas à toutes les églises sans distinction, mais seulement aux fabriques des églises qui justifient de l'insuffisance de leurs revenus, et les églises sans titre n'ont pas le droit d'avoir un conseil de fabrique. (Décis. min. int. 1857. — *Mém.* 1857, p. 311.)

Le prêtre d'une paroisse voisine qui desservirait une chapelle vicariale n'a pas droit à l'indemnité de binage. Dès lors, le service de ces chapelles qui n'ont pas de titulaire résidant ne saurait être assuré qu'au moyen d'une allocation fixée à l'amiable entre le prêtre qui en serait chargé et les habitants de la localité, sous l'approbation de l'autorité diocésaine. (Décis. min. int. 1857. — *Mém.* 1857, p. 112.) — Voy. Culte, Fabriques, Presbytère.

Bois des communes et des établissements de bienfaisance. — L'administration de ces bois est régie, comme celle des bois de l'Etat, par la loi du 21 mai 1827, promulguée le 31 juillet suivant, à laquelle on a donné le titre de Code forestier, et par l'ordonnance royale du 1er août 1827, rendue pour l'exécution de cette loi.

Régime forestier. — Les bois, taillis ou futaies, appartenant aux communes ou sections de commune et aux établissements publics, qui ont été reconnus, par l'autorité administrative, susceptibles d'aménagement ou d'une exploitation régulière, sont soumis au même régime que les bois de l'État, et l'administration en est confiée aux mêmes agents. (O. de 1669; L. 29 septembre 1791; Arrêté, 19 ventôse an x; C. F., art. 90.)

La reconnaissance des bois à soumettre au régime forestier a lieu sur la proposition de l'administration forestière, et d'après l'avis des conseils municipaux ou des administrateurs des établissements publics. (C. F., art. 90; O. 1er août 1827, art. 128.)

S'il y a contestation à ce sujet de la part des communes ou établissements propriétaires, la vérification de l'état des bois est faite par les agents forestiers, contradictoirement avec les maires ou administrateurs. Le procès-verbal de cette vérification est envoyé par le conservateur au préfet qui fait délibérer les conseils municipaux des communes ou les commissions administratives des établissements, et transmet le tout, avec son avis, au ministre des finances, sur le rapport duquel il est statué par l'Empereur. (O. 1er août 1827, art. 128.)

Délimitation et bornage. — Lorsqu'il y a lieu d'opérer la délimitation et le bornage des bois des communes et des établissements publics, il est procédé de la manière prescrite par les articles 57 à 66 de l'ordonnance du 1er août 1827, pour la délimitation et le bornage des bois de l'État, sauf les modifications suivantes :

Le préfet, avant de nommer les agents forestiers chargés d'opérer comme experts dans l'intérêt des communes ou établissements propriétaires, doit prendre l'avis du conservateur des forêts et celui du maire ou des administrateurs. (O. 1er août 1827, art. 129 et 130.)

Le maire de la commune ou l'un des administrateurs de l'établissement propriétaire a droit d'assister à toutes les opérations conjointement avec l'agent forestier nommé par le préfet, et de consigner ses dires, observations et oppositions au procès-verbal. Le conseil municipal ou les administrateurs sont appelés à délibérer sur les résultats du procès-verbal avant qu'il soit soumis à l'homologation de l'Empereur. (*Id.*, art. 131.)

En cas de contestation ou d'opposition, les actions sont suivies, s'il y a lieu, par les maires ou administrateurs dans la forme ordinaire. (Id., art. 132).

Les communes et établissements publics qui ont requis des délimitations et bornages partiels ou généraux payent directement et intégralement aux ayants droit, autres que les agents forestiers, les frais de ces opérations et recouvrent ensuite, sur les propriétaires riverains, le montant des frais tombant à la charge de chacun d'eux. (O. 23 mars 1845, art. 1er.)

Lorsque les délimitations ou bornages ont été requis par les riverains, l'état des frais, dressé par le conservateur et visé par le préfet, est remis au receveur de la commune ou de l'établissement propriétaire, qui perçoit le montant des sommes mises à la charge des riverains, et, en cas de refus, en poursuit le payement par toutes les voies de droit au profit et pour le compte de ceux à qui ces frais sont dus. (O. 1er août 1827, art. 133 et 23 mars 1845, art. 2.)

Deux classes d'agents forestiers peuvent concourir aux délimitations et bornages des bois dont il s'agit : les agents du service ordinaire, qui peuvent être appelés comme experts dans l'intérêt des communes et des établissements publics, et les agents du service des travaux d'art. Les premiers sont rétribués à raison de 5 francs pour chaque journée de travail employée sur le terrain; les seconds, à raison de 6 francs pour chaque journée employée au cabinet, et de 11 francs pour chaque journée sur le terrain. Le montant de ces rétributions est versé par les receveurs des communes et des établissements publics dans les caisses des receveurs des domaines, comme produits accessoires des forêts. (O. 23 mars 1845, art. 3; Arrêté min. des fin., 24 mars 1845; Circ. direct. des domaines, 5 mars 1846.) — *Mém.* 1845, p. 142; 1846, p. 33.

Aménagement. — L'aménagement est une opération qui consiste à diviser une forêt en coupes successives, à régler l'étendue et l'âge de ces coupes annuelles, conformément à la nature du sol et des essences des arbres.

L'aménagement des bois des communes et des établissements publics est réglé, sur les propositions de l'administration forestière,par des décrets de l'Empereur qui ne peuvent être rendus qu'après que les conseils municipaux ou les administrateurs des établissements propriétaires ont été consultés et que les préfets ont émis leur avis. (O. 1er août 1827, art. 135.)

Les mêmes formalités doivent être observées lorsqu'il s'agit de faire effectuer des travaux extraordinaires, tels que recépage, repeuplement, routes, clôtures, constructions de loges pour les gardes et autres travaux d'amélioration. Si les communes ou établissements propriétaires n'élèvent point d'objections, les travaux sont autorisés par le préfet, sur la proposition du conservateur. Dans le cas contraire, il est statué par l'Empereur, sur le rapport du ministre des finances. (*Id.*, art. 136.)

Lorsqu'il s'agit de la conversion en bois et de l'aménagement de terrains en pâturages, la proposition de l'administration forestière est communiquée au conseil municipal ou à la commission administrative, qui doit en délibérer; en cas de contestation, il est statué par le conseil de préfecture, sauf recours au conseil d'État. (C. F., art. 90.)

Les aménagements sont réglés principalement dans l'intérêt des produits en matière et de l'éducation des futaies. En conséquence, l'administration recherche les forêts et parties de forêts qui peuvent être réservées pour croître en futaie, et elle en propose l'aménagement, en indiquant celles où le mode d'exploitation par éclaircies pourrait être le plus avantageusement employé. (O. 1er août 1827, art. 68.)

Un quart des bois appartenant aux communes et aux établissements publics doit toujours être mis en réserve, lorsque ces communes ou établissements possèdent au moins dix hectares de bois réunis ou divisés. Cette disposition n'est pas applicable aux bois totalement peuplés en arbres résineux. (C. F., art. 93.) — Voy. QUART EN RÉSERVE.

Dans toutes les forêts qui sont aménagées, l'âge de la coupe des taillis est fixée à vingt-cinq ans au moins, et il n'y a d'exception à cette règle que pour les forêts dont les essences dominantes sont le châtaignier et les bois blancs, ou qui sont situées sur des terrains de dernière qualité. (O. 1er août 1827, art. 69.)

Lors de l'exploitation des taillis, il est réservé cinquante baliveaux de l'âge de la coupe par hectare. Les baliveaux modernes et anciens ne peuvent être abattus qu'autant qu'ils sont dépérissants ou hors d'état de prospérer jusqu'à une nouvelle révolution. (*Id.*, art. 70.)

Quant aux forêts d'arbres résineux, où les coupes se font en jardinânt, l'aménagement détermine l'âge ou la grosseur que les arbres devront atteindre avant que la coupe puisse en être ordonnée. (*Id.*, art. 72.)

Les aménagements des bois des communes et des établissements publics peuvent être opérés, soit par les agents du service des travaux d'art, soit par les agents des commissions spéciales d'aménagement, soit par les agents forestiers du service ordinaire.

Les frais relatifs à ces opérations sont à la charge des communes ou établissements publics. Ils sont fixés à 6 francs pour chaque journée employée au cabinet, et à 11 francs pour chaque journée employée sur le terrain.

Le montant des frais attribués aux agents du service des travaux d'art et à ceux des commissions d'aménagement doit être versé intégralement au Trésor, par le motif que les agents dont il s'agit reçoivent une indemnité annuelle sur les fonds de l'administration.

Quant aux frais de coopération des agents du service ordinaire, une part est attribuée à l'État en remboursement de la portion du traitement des agents afférente au temps employé par eux au service dont il s'agit, l'autre est due aux agents eux-mêmes à titre d'indemnité et de déplacement. La portion attribuée au Trésor est de 2 fr. par journée de travail au cabinet, et de 4 fr. par journée de travail sur le terrain. L'autre portion est attribuée aux agents chargés de l'opération.

Il doit être fourni pour la part revenant à l'État et pour celle qui devra être comptée aux agents des décomptes distincts indiquant la somme à payer par chaque commune, section de commune ou établissement public.

Ces états, dressés par les conservateurs, sont rendus exécutoires par les préfets, pour être recouvrés, savoir : en ce qui concerne la restitution à l'État, par les receveurs des domaines, à titre de remboursement d'avances et comme produits accessoires des forêts; en ce qui concerne la part revenant aux agents, par les receveurs des finances, à titre de cotisations municipales, pour être ensuite mandatée par les préfets au profit des agents créanciers. (O. 2 décembre 1845; D. 25 août 1861; Arrêtés, min. des fin., 6 décembre 1845 et 28 août 1861; Cir. de l'adm. des domaines, 5 mars 1846 — *Mém.* 1846, p. 33; Cir. de la direct. gén. des forêts, 5 novembre 1861.)

Produits. — Les produits forestiers se partagent en deux classes : les produits principaux, les produits accessoires.

Les produits principaux sont tous ceux que l'on retire des coupes que réclament la culture et l'aménagement des bois. Ces coupes sont ordinaires ou extraordinaires : ordinaires, quand elles sont prévues par l'aménagement ou conformes à l'usage; extraordinaires, dans le cas contraire. Ainsi, les coupes par anticipation et celles des bois ou portions de bois mis en réserve pour croître en futaie, et dont le terme d'exploitation n'a pas été fixé par une ordonnance d'aménagement, sont extraordinaires. (O., 1er août 1827, art. 71). — Voy. AFFOUAGE, COUPES DE BOIS.

Tous les autres produits forestiers, tels que ceux qu'on retire des bois provenant de recépage, essartement ou élagage, des arbres endommagés, morts ou dépérissants, des chablis et bois de délits, des carrières et minières, de la chasse, etc., sont considérés comme produits accessoires. — Voy. CARRIÈRE, CHASSE, MINES, PRODUITS ACCESSOIRES DES BOIS.

Aliénations, échanges, partages. — Les communes et établissements publics ne peuvent aliéner ou échanger leurs bois sans une autorisation expresse du Gouvernement.

L'attribution conférée aux préfets par le décret de décentralisation du 25 mars 1852, d'autoriser les aliénations des biens communaux de toute nature, ne s'applique pas à l'aliénation des biens soumis au régime forestier et appartenant soit aux communes, soit aux établissements publics. Ces magistrats ne peuvent pas davantage autoriser des actes de concession, transaction ou autres, qui auraient pour effet de réduire l'étendue du sol forestier. (Circ. int. 8 déc. 1852.)

La propriété des bois communaux ne peut jamais donner lieu à partage entre les habitants. Mais lorsque deux ou plusieurs communes possèdent un bois par indivis, chacune d'elles conserve le droit d'en provoquer le partage. (C. F., art. 92.) — Voy. ALIÉNATIONS, BIENS COMMUNAUX, ÉCHANGES, PARTAGE.

Défrichement. — Les communes et établissements publics ne peuvent faire aucun défrichement dans leurs bois sans une autorisation spéciale du Gouvernement.

Ceux qui auraient ordonné ou effectué des défrichements sans cette autorisation sont passibles d'une amende de 500 francs au moins et de 1,500 francs au plus par hectare défriché, et tenus, en outre, de rétablir les lieux en nature de bois. (C. F., art. 91.) — Voy. DÉFRICHEMENT.

Servitudes. — Parmi les servitudes spéciales auxquelles les bois des communes et des établissements publics peuvent être soumis, se trouvent principalement les droits d'usage en bois, la glandée, le panage et le pâturage.

Les communes ou établissements peuvent affranchir leurs bois de droits d'usage quelconques par voie de cantonnement ou de rachat. — Voy. CANTONNEMENT, DROITS D'USAGE, GLANDÉE, PANAGE, PATURAGE.

Administration et surveillance. — La gestion des bois des communes et des établissements publics soumis au régime forestier est confiée à l'administration des forêts de l'État.

Il est dû à l'État, pour remboursement des frais d'administration de ces bois, cinq centimes par franc sur les produits principaux, soit que les coupes aient été vendues par adjudication publique ou délivrées en nature, mais sans que la somme remboursée puisse dépasser un franc par hectare de la contenance totale pour toutes les coupes d'un même exercice.

Au moyen de cette perception, toutes les opérations de conservation et de régie sont faites par les agents de l'administration forestière sans aucuns frais. — Voy. AGENTS FORESTIERS, FRAIS D'ADMINISTRATION DES BOIS DES COMMUNES ET DES ÉTABLISSEMENTS PUBLICS.

Toutefois les communes et les établissements publics entretiennent, pour la conservation de leurs bois, des gardes particuliers dont le salaire est à leur charge (C. F., art. 108), et qui sont nommés directement par le préfet, sur la présentation du conservateur des forêts (D. 25 mars 1852, art. 5, § 2; Circ. int. 5 mai 1852). — *Mém.* 1852, p. 165. — Voy. GARDES FORESTIERS.

Poursuites des délits et contraventions commis dans les bois soumis au régime forestier. — L'administration forestière est chargée, tant dans l'intérêt de l'État que dans celui des autres propriétaires de bois et forêts soumis au régime forestier, des poursuites en réparation de tous délits et contraventions commis dans ces bois. Elle est également chargée de la poursuite et réparation des délits et contraventions spécifiés aux articles 134, 143 et 219 du Code forestier. Les actions et poursuites sont exercées par les agents forestiers, au nom de l'administration forestière, sans préjudice du droit qui appartient au ministère public. L'administration des forêts est autorisée à transiger, avant jugement définitif, sur la poursuite des délits et des contraventions en matière forestière commis dans les bois soumis au régime forestier. Après jugement définitif, la transaction ne peut porter que sur les peines et réparations pécuniaires. (C. F., art. 159, modifié par la loi du 18 juin 1859.)

Le recouvrement de toutes les amendes forestières est confié aux receveurs de l'enregistrement et des domaines. Ces receveurs sont également chargés du recouvrement des restitutions, frais et dommages et intérêts résultant des jugements rendus pour délits et contraventions dans les bois soumis au régime forestier. L'administration forestière peut admettre les délinquants insolvables à se libérer des amendes, réparations civiles et frais, au moyen de prestations en nature consistant en travaux d'entretien et d'amélioration dans les forêts ou sur les chemins vicinaux. La prestation peut être fournie en tâches. Si les prestations ne sont pas fournies dans le délai fixé par les agents forestiers, il est passé outre à l'exécution des poursuites. (C. F. art. 210, modifié par la loi du 18 juin 1559.)

Une allocation pour frais de nourriture est attribuée aux délinquants insolvables qui en font la demande. Cette allocation ne peut être inférieure au tiers, ni supérieure à la moitié du prix de journée fixé par le conseil général ; elle est déterminée par le préfet. Il n'est tenu compte de la valeur de la journée de travail que déduction faite des frais de nourriture. (D. 21 décembre 1859, art. 6.)

Lorsque les délits ou contraventions ont été commis dans les bois des communes et établissements publics, les prestations peuvent être appliquées aux forêts domaniales et aux chemins vicinaux qui les desservent, en ce qui concerne l'amende et les frais avancés par l'État ; mais les prestations dues pour l'acquittement des réparations civiles doivent être appliquées aux bois des communes et établissements publics qui ont souffert desdits délits et contraventions, ou aux chemins vicinaux qui servent à la vidange de ces bois.

Les maires des communes et les administrateurs des établissements publics, propriétaires de bois, qui veulent profiter des prestations en nature dues par les délinquants insolvables, font connaître à l'inspecteur des forêts le montant des sommes qui peuvent être affectées par la commune ou par l'établissement public au payement des frais de nourriture des délinquants. (*Id.*, art. 10.) — Voy. Amendes, Prestations en nature, Restitutions et Dommages-Intérêts.

Bois indivis entre les communes ou les établissements publics et les particuliers. — Toutes les dispositions relatives à la conservation et à la régie des bois des communes et des établissements publics, ainsi que la poursuite des délits et contraventions commis dans ces bois, sont applicables aux bois indivis entre des communes ou des établissements publics et les particuliers. (C. F., art. 113 ; O. 1er août 1827, art. 147.)

Aucune coupe ordinaire ou extraordinaire, exploitation ou vente ne peut être faite par les possesseurs ou copropriétaires, sous peine d'une amende égale à la totalité des bois abattus ou vendus ; toutes ventes ainsi faites sont déclarées nulles. (C. F., art. 114.)

Les frais de délimitation, d'arpentage et de garde sont supportés par le domaine et les copropriétaires, chacun dans la proportion de ses droits. (*Id.*, art. 115.)

Les co-propriétaires ont, dans les restitutions et dommages-intérêts, la même part que dans le produit des ventes, chacun dans la proportion de ses droits. (*Id.*, art. 116.) — Voy. Amendes, Coupes de bois, Gardes forestiers, Produits accessoires des bois, Restitutions et Dommages.

Boni. — On appelle *boni* ce qui reste disponible sur les fonds votés, lorsqu'une dépense exécutée d'après une estimation ou un projet préalable n'a pas atteint le chiffre de l'évaluation. On appelle aussi de ce nom l'excédant des recettes résultant d'un budget ou d'un compte. — Voy. BUDGET, COMPTE DE GESTION, CRÉDITS.

Bordereau. — État ou mémoire de divers objets dont on fait un compte. Un bordereau de caisse est une note indiquant les diverses espèces contenues dans la caisse. Un bordereau de situation est l'état récapitulatif fourni par un comptable pour faire connaître, d'après les écritures, la situation de sa caisse et l'état de ses opérations pendant une certaine période de temps. Un bordereau de pièces est une note énumérant les diverses pièces composant un dossier.

Bordereaux à remettre aux receveurs des finances par les percepteurs. — Les percepteurs remettent périodiquement aux receveurs des finances des bordereaux présentant leur situation sommaire, et des bordereaux détaillés des recettes et des dépenses faites pour le service des communes et des établissements de bienfaisance.

Les *bordereaux sommaires* sont destinés à faire connaître la situation des percepteurs sur leurs différents services. Ils donnent le détail des valeurs de caisse et de portefeuille qui représentent l'excédant des recettes sur les dépenses, et l'existence de ces valeurs doit être attestée par le *visa* du maire de la résidence du percepteur. Les receveurs se font remettre ce bordereau à l'expiration de chaque mois. (I. G., art. 1294.)

Le bordereau sommaire doit présenter la situation de chaque percepteur au dernier jour de chaque mois, et être adressé sans retard au receveur des finances. En cas de retard, le receveur particulier peut envoyer un exprès chez le percepteur retardataire, aux frais de ce dernier. S'il y a contestation, les frais sont réglés par le préfet et, s'il s'agit d'un percepteur d'un arrondissement de sous-préfecture, par le sous-préfet. (*Id.*, art. 1295.)

Pour former le bordereau de situation sommaire (*Modèle* n° 308), le percepteur additionne les recettes et les dépenses enregistrées à chacun des comptes ouverts sur le livre des comptes divers, et transporte d'abord dans la première partie du bordereau les résultats des comptes de chaque commune ou établissement, puis ceux des comptes des produits recouvrés en vertu de titres de perception, etc.

Il fait ressortir, dans des colonnes spéciales, et par exercices, le total des recettes et le total des dépenses de chaque service, ainsi que les excédants qui résultent de la comparaison de ces deux totaux, et il forme les additions des diverses colonnes; les totaux relatifs aux comptes des communes et établissements publics sont formés séparément. Le compte des frais de poursuites pour le recouvrement des contributions doit être placé, sur le bordereau sommaire, le dernier des comptes de produits divers, afin qu'il se trouve rapproché des comptes des contributions directes. Les totaux réunis des divers comptes, autres que ceux des contributions directes, doivent être égaux au montant des colonnes de produits divers, sur le livre récapitulatif.

Le percepteur forme ensuite, sur ce dernier livre, les totaux des colonnes de recouvrements et de versements effectués à titre de contributions directes; il transporte chacun de ces totaux sur le bordereau, et les fai ressortir, de même que les excédants, dans les colonnes à ce destinées. (*Id.*, art. 1514.)

Lorsque tous les reports sont ainsi opérés, le percepteur termine le bordereau par l'addition entière et complète des recettes et dépenses de toute nature, ainsi que des colonnes d'excédants. Ces totaux généraux doivent être entièrement d'accord avec ceux que présente le livre récapitulatif. Les bordereaux doivent, en outre, énoncer le montant des titres de perception émis pour les divers produits, de manière à pouvoir être comparés avec les recouvrements, et à faire ressortir les restes à recouvrer. (Id., art 1515.)

L'addition de la colonne Excédants des recettes forme la somme que le percepteur est tenu de représenter, soit en valeurs de caisse ou de portefeuille, soit en récépissés de placements, soit aussi en pièces justificatives d'avances à recouvrer. Il relève à cet effet sur son livre des comptes divers et rapporte au bordereau les soldes des comptes : — Traites d'adjudicataires de coupes ordinaires de bois ; — Traites d'adjudicataires de coupes extraordinaires de bois; — Trésor public; — Caisse des dépôts et consignations, S/C de fonds de retenues pour retraites (numéraire et rentes sur l'Etat); — Avances pour frais de route des voyageurs indigents et condamnés libérés ; — Avances pour feuilles de passe-ports à l'intérieur; — Avances de frais judiciaires et de frais de poursuites concernant les communes; — Avances pour frais de timbre des registres de quittances; — Avances pour achat de rentes sur l'Etat; — Avances à l'économe de l'hospice ou aux sœurs hospitalières pour les menues dépenses ; — Avances pour payement des contributions dues par les fermiers ; — Avances aux fermiers pour frais de culture.

Il ajoute ces soldes au montant des valeurs en caisse, et le total qui résulte de cette addition doit représenter exactement le total des excédants de recettes.

Quant aux excédants de dépenses qui existeraient, soit sur les comptes de produits divers, soit sur les comptes de contributions directes, l'addition de la colonne qui leur est réservée constaterait une avance qui ne pourrait avoir été faite qu'avec les deniers personnels du comptable.

Le percepteur ne doit pas comprendre dans ce relevé le solde du compte des avances pour restes à recouvrer sur les contributions et les frais de poursuites. (Id., art. 1516.) — Voy. Avances des percepteurs, Restes a recouvrer sur contributions directes.

Les *bordereaux détaillés* des recettes et des dépenses municipales et hospitalières sont fournis tous les trois mois. Le cadre de ces bordereaux est disposé pour toute la durée de l'exercice.

Dans les premiers jours du mois d'avril, il est formé des expéditions pour chaque commune ou établissement; l'une est transmise à la recette des finances, l'autre est conservée par le comptable. A l'expiration du deuxième trimestre, cette dernière, après avoir été mise au courant, est adressée au receveur des finances, qui renvoie, en échange, l'expédition qu'il avait d'abord reçue. La même marche est suivie à l'expiration des trimestres suivants.

Ces documents font connaître aux receveurs des finances : 1° si les sommes portées en recette sont en proportion avec les sommes à recouvrer, d'après les budgets et les autres titres de perception; 2° si les payements effectués ont eu lieu en vertu de crédits régulièrement ouverts; 3° si les fonds restant en caisse excèdent la somme nécessaire pour le payement des dépenses courantes.

Lorsque des retards dans les recouvrements sont reconnus, le receveur des finances doit s'assurer si ces retards sont l'effet de la négligence du receveur, ou s'ils sont causés par des difficultés et des contestations du fait des débiteurs. Dans le premier cas, il prescrit au comptable de faire immédiatement les démarches ou les poursuites nécessaires pour mettre les rentrées au courant. Dans le second cas, le receveur des finances signale aux autorités locales les difficultés qui se sont élevées.

S'il a été effectué des dépenses en dehors des crédits ouverts, ou sans justifications suffisantes, il prescrit au receveur d'en obtenir immédiatement la régularisation.

Quant aux excédants de recettes qui se trouveraient sans emploi, le receveur des finances doit en faire opérer le placement immédiat au Trésor public. (I. G., art. 1296.) — Voy. Trésor public.

La marche à suivre pour établir les bordereaux détaillés (*Modèle* n° 309) consiste à présenter le relevé des articles de recettes et de dépenses compris dans les budgets, et à rapporter en regard de chaque article le montant des opérations faites et enregistrées sur les livres de détail.

Le percepteur, après avoir fait ces relevés, forme les totaux des diverses colonnes, puis la récapitulation qui doit faire ressortir l'excédant des recettes sur les dépenses.

A cet effet, et suivant les indications données par les modèles, le comptable rapporte en tête du cadre destiné à cette récapitulation l'excédant des recettes sur les dépenses de l'exercice clos et de chacun des trimestres précédents.

Il y ajoute les recettes faites pendant le trimestre, et il déduit ensuite, du total de ces opérations, les dépenses également effectuées pendant le trimestre.

La différence qui en résulte représente le nouvel excédant des recettes au dernier jour du trimestre, et doit être justifiée par les valeurs matérielles de caisse ou de portefeuille existant à cette époque entre les mains du receveur pour le compte de la commune ou de l'établissement au nom duquel le bordereau est dressé.

Enfin, cet excédant de recettes doit toujours être égal à l'excédant constaté par le compte général de la commune ou de l'établissement, et qui figure au bordereau de situation sommaire. (I. G., art. 1517.)

Dans la partie du bordereau détaillé relative au compte des recettes, les colonnes 4 à 8 sont destinées à faire ressortir, par chaque trimestre, le montant des produits d'après les titres et actes justificatifs; les colonnes 11 à 15, le montant des recouvrements effectués. On doit comprendre dans chacune de ces colonnes la totalité des produits connus ou des recouvrements opérés depuis le commencement de l'année jusqu'au dernier jour du trimestre, et non point seulement le montant des opérations relatives à chaque trimestre — *Mém.* 1860, p. 163.

Les colonnes 4 à 8, relatives aux sommes à recouvrer d'après les titres justificatifs, ne doivent être remplies que lorsque les titres présentent des résultats définitifs ; elles doivent rester en blanc tant qu'on n'aurait à y inscrire que des chiffres provisoires. Cependant, au cas où la somme des titres de recouvrement dépasserait le montant de l'évaluation du budget, bien que le chiffre de la recette pût encore s'acroître ultérieurement, il y aurait là néanmoins un fait définitivement acquis, celui de l'augmentation du chiffre prévu au budget, et on devrait faire figurer cette modification dans la colonne correspondante du bordereau. — *Mém.* 1861, p. 256.

Il est une troisième sorte de bordereau à produire par les percepteurs aux receveurs des finances : c'est celui qui doit accompagner chaque versement qu'ils font à la recette des finances. Ce bordereau énonce simplement la nature des espèces et la nature ainsi que le détail des pièces justificatives de dépenses. (I. G., art 89.) — Voy. VERSEMENT.

Bordereaux à remettre aux receveurs des finances par les receveurs spéciaux des communes et des établissements de bienfaisance. — Les receveurs des finances se font remettre par chacun des receveurs spéciaux : 1° tous les dix jours, dans la forme de la récapitulation du bordereau détaillé (*Modèle* n° 309) une situation sommaire des recettes et des dépenses effectuées pendant la dizaine, ainsi que le détail des valeurs de caisse, document qui leur permet de prescrire le placement au Trésor des sommes qui ne seraient pas nécessaires au payement des dépenses courantes; 2° tous les mois, la balance des comptes ouverts au grand-livre et, au moins tous les trois mois, le bordereau détaillé des recettes et des dépenses dont il vient d'être parlé. (I. G., art. 1318.) — Voy. BALANCE.

Bordereaux à fournir aux maires par les receveurs municipaux. — Les receveurs municipaux sont tenus de remettre aux maires, à la fin de chaque trimestre, comme document servant à contrôler et à suivre les diverses opérations d'ordonnancement, un bordereau de situation qui présente, par exercice, les sommes à recouvrer et à dépenser, ainsi que le montant des recouvrements et des payements effectués sur chaque article du budget, et qui fait ressortir l'encaisse à la fin du trimestre, avec la distinction du numéraire immédiatement disponible et des fonds placés en compte courant au Trésor. Ce bordereau de situation, qui doit être extrait des livres de détail à tenir pour les opérations concernant chaque commune, n'est autre que le bordereau détaillé (*Modèle* n° 309) dont la forme est indiquée plus haut.

Pour les communes rurales peu importantes, le cadre du bordereau peut être réduit aux seuls développements nécessaires pour donner aux maires une connaissance exacte de la situation des crédits ouverts à chaque article du budget. (I. G., art. 989.)

Les receveurs municipaux remettent en outre aux maires, à l'expiration de chacun des deux premiers mois de chaque trimestre, un état présentant, dans la forme de la récapitulation qui termine le bordereau précité, le résumé de leurs recettes et de leurs dépenses, le montant et la composition de leur encaisse. (*Id.*, art. 990.)

Les receveurs municipaux qui négligeraient de fournir aux maires les bordereaux ci-dessus prescrits, ou qui ne les remettraient pas en temps utile, s'exposeraient à l'application des dispositions de la loi du 25 nivôse an v, qui prononce, pour des cas semblables, la privation des remises sans préjudice de mesures plus sévères, s'il y a lieu. (*Id.*, art. 992.) — Voy. ORDONNANCEMENT DES DÉPENSES.

Bornage. — Le bornage a pour objet de marquer d'une manière apparente le point où finissent deux héritages, de prévenir l'anticipation que des voisins peuvent commettre soit avec intention, soit par méprise, et de faire restituer le terrain ainsi anticipé.

Tout propriétaire peut obliger ses voisins au bornage de leurs propriétés contiguës. Ce bornage se fait à frais communs. (C. N. art. 646.)

Les administrateurs des biens des communes et des établissements publics ne peuvent procéder à aucun bornage sans en avoir reçu l'autorisation de l'administration supérieure.

Le bornage des bois des communes et des établissements publics est soumis à des formes particulières. — V. BOIS DES COMMUNES et ÉTABLISSEMENTS PUBLICS.

Boues et immondices. — L'enlèvement des boues et immondices de la voie publique est, en général, une charge pour la caisse municipale; cependant quelques communes y trouvent un revenu. Dans l'un et l'autre cas, ce service doit, autant que possible, être l'objet d'une adjudication publique.

Lorsqu'il en résulte un revenu pour la commune, le recouvrement a lieu en vertu du procès-verbal d'adjudication, selon les règles tracées pour tous les revenus communaux qui sont l'objet d'une entreprise.

Dans le cas où il constitue une dépense, on produit, à l'appui des mandats de payement, une copie ou extrait du procès-verbal d'adjudication (sur papier libre), et, pour la dernière année, l'expédition en forme et timbrée de cet acte. — Voy. ADJUDICATIONS, BAUX, POURSUITES.

Le maire peut, lorsque le service est trop peu important pour faire l'objet d'une adjudication publique, faire exécuter l'enlèvement des boues par voie de régie. Les mandats sont appuyés, dans ce cas, des mémoires ou états de journées dûment certifiés et visés. — Voy. Régie, Travaux.

Bourses et Chambres de commerce. — Voy. Frais de bourse et Chambres de commerce.

Bourses communales dans les Lycées, Colléges et Écoles normales primaires. — On entend par *bourses* des dotations individuelles qui ont pour but de faire participer aux bienfaits de l'enseignement, soit dans les lycées ou colléges, soit dans les écoles et établissements spéciaux d'instruction publique, les jeunes gens qui ne pourraient subvenir aux frais de la pension.

Les villes qui veulent établir un pensionnat près du lycée doivent fournir le local et le mobilier nécessaires, et fonder pour dix ans, avec ou sans le concours du département, un nombre de bourses fixé de gré à gré avec le ministre. A l'expiration des dix ans, les villes et les départements sont libres de supprimer les bourses, sauf le droit acquis aux boursiers en jouissance de leur bourse. (L. 15 mars 1850, art. 73.)

Les candidats aux bourses communales doivent justifier, par un examen préalable, qu'ils sont en état de suivre la classe correspondante à leur âge. Ils reçoivent une bourse entière, trois quarts de bourse ou une demi-bourse, suivant la position de fortune de leur famille.

Le préfet confère les bourses départementales et communales, ces dernières d'après une liste dressée par les conseils municipaux. (D. 7 février 1852.)

Le prix de la pension des boursiers communaux dans les lycées est fixé uniformément ainsi qu'il suit : lycées de la 1re catégorie (Paris), 900 fr.; lycées de la 2e catégorie, 800 fr. ; lycées de la 3e catégorie, 700 fr. ; lycées de la 4e catégorie, 600 fr. ; lycées de la 5e catégorie, 500 fr. (D. 4 octobre 1859, art. 1er.)

Si un lycée passe d'une catégorie dans une autre, les bourses et fractions de bourses communales entretenues dans cet établissement doivent être acquittées d'après les prix fixés pour la nouvelle catégorie. (Id. art. 2.)

L'obligation d'acquitter le prix des bourses continue d'être imposée aux communes lors même que les bourses ne seraient pas occupées. (Id. art. 4.)

Les bourses à la charge des communes dans les lycées ou colléges sont payables par trimestre et d'avance, en vertu de mandats des maires sur les caisses municipales, et délivrés au nom des économes des établissements. Les quittances des économes sont soumises au timbre.

Quant aux bourses ou demi-bourses créées par les communes dans les écoles normales primaires, elles sont payables d'avance et par termes de deux dixièmes, en janvier, mars, juillet et octobre, à la caisse du receveur des finances de l'arrondissement, en vertu d'états arrêtés par les préfets. Les récépissés du receveur des finances sont joints aux mandats du maire. — Voy. COLLÉGES, ÉCOLES NORMALES PRIMAIRES, LYCÉES.

Brevet d'invention. — Acte de l'autorité administrative qui confère à l'inventeur, moyennant une taxe de 100 fr. par année, le droit exclusif d'exploiter pour un temps déterminé, et à ses risques et périls, sa découverte ou son invention. (L. 5 juillet 1844, art. 1er.)

Pour éviter, dans la désignation des dates, les chances d'erreurs qui pourraient résulter des versements faits aux percepteurs, il est interdit à ces comptables de recevoir des annuités de taxes lors même que le payement leur en serait offert. Ils doivent prévenir les brevetés qui voudraient se libérer entre leurs mains qu'ils doivent transmettre directement leurs fonds au receveur particulier des finances. (Circ. compt. gén. 30 mars 1846. — *Mém.* p. 99.)

Budget des communes. — On appelle *budget* l'acte par lequel sont prévues et autorisées les recettes et les dépenses annuelles de l'Etat ou des autres services que les lois assujettissent aux mêmes règles.

Les recettes et dépenses des communes ne peuvent être faites qu'en vertu du budget de chaque exercice ou d'autorisations supplémentaires. (O. 23 août 1825; I. G., art. 811.) — Voy. CRÉDITS, EXERCICE.

Division et forme du budget. — Les budgets communaux comprennent deux titres principaux, savoir: titre Ier, RECETTES; — titre II, DÉPENSES.

Chacun de ces titres est divisé en deux chapitres : le premier, pour les recettes ou dépenses ordinaires; le deuxième, pour les recettes ou dépenses extraordinaires. On y ajoute, comme on le verra plus loin, deux chapitres additionnels qui forment le 3e chapitre de l'un et de l'autre titre sous la dénomination de recettes ou dépenses supplémentaires.

Dans les budgets des grandes villes, le chapitre des dépenses ordinaires est subdivisé en sections ou paragraphes, dans l'ordre suivant : 1° frais d'administration ; 2° entretien des biens communaux, salubrité, sûreté, voirie ; 3° garde nationale ; 4° établissements de charité, secours, pensions; 5° instruction publique, beaux-arts ; 6° culte ; 7° fêtes publiques, dépenses imprévues.

Le modèle destiné aux communes d'une moindre importance (modèle no 216 de l'Instruction générale) a été simplifié autant que possible ; il n'offre pas de subdivisions de chapitre, mais les dépenses sont classées dans un ordre qui répond aux subdivisions admises dans les grands budgets.

Un espace est réservé à la suite de chaque chapitre ou subdivision de chapitre pour y inscrire à la main les articles qui, n'étant pas de nature à se présenter dans toutes les communes, n'ont pas dû être admis dans la nomenclature, mais qui peuvent intéresser certaines localités. La nomenclature du modèle n'étant pas limitative, il va sans dire que les administrations municipales ... ticles que comporte leur service. (Circ. int. ... 1838.)

Les cadres du budget doivent contenir huit colonnes destinées à recevoir les désignations suivantes : 1° le numéro d'ordre de chaque article ; 2° la nature des recettes et des dépenses ; 3° le montant des recettes ou des dépenses constatées au dernier compte ; 4° les propositions du maire ; 5° le vote du conseil municipal ; 6° l'avis du sous-préfet ; 7° la décision de l'autorité qui règle le budget ; 8° les observations.

Proposition et vote du budget. — Le budget est préparé et dressé par le maire, au mois d'avril, et voté par le conseil municipal dans sa session ordinaire du mois de mai de l'année qui précède l'exercice auquel il s'applique.

Le maire, chargé de la proposition du budget, doit dresser préalablement un cahier d'observations qui résume, en suivant l'ordre des articles du budget, la nature et les motifs de ses propositions sur chaque article, soit de recette, soit de dépense. En regard de chacun de ces articles doit être réservé un espace suffisant pour que le conseil municipal puisse y consigner ses observations et les motifs de ses votes. Les explications données sur ce cahier doivent être assez détaillées pour que l'autorité supérieure y trouve les lumières nécessaires à l'examen approfondi qu'elle doit faire de toutes les parties du budget. Lorsque les articles de recettes ou de dépenses se rapportent à une opération qui exige une autorisation spéciale, telle, par exemple, qu'une aliénation, une acquisition, la réalisation d'un emprunt, l'entreprise de travaux de construction, de réparation, etc., il est utile de faire connaître si l'autorisation a été déjà obtenue, ou si l'affaire est seulement en instance. Dans le cas où la commune est grevée de dettes pour lesquelles des remboursements partiels sont successivement portés dans les budgets, il est bon que l'administration établisse sa situation exacte sous ce rapport, afin de mettre l'autorité supérieure à même d'apprécier, dans toute sa sincérité, la véritable position de la caisse communale. Enfin, le besoin d'explications se fait naturellement sentir davantage toutes les fois qu'il s'agit d'une dépense qui, par son objet, s'écarte plus ou moins de la classe de celles que les lois ont déclarées communales en termes exprès, ou qui figure pour la première fois dans les budgets. (Circ. int. 20 avril 1834.)

Toutefois, dans les communes rurales où les recettes et les dépenses éprouvent peu de variations d'une année à l'autre et où les articles du budget sont en petit nombre, on peut se dispenser de former le cahier d'observations lorsque le tableau du budget et la délibératfon du conseil municipal paraissent suffisants pour motiver et expliquer les votes.

Après que chaque article a été discuté et voté par le conseil municipal le secrétaire du conseil inscrit le résultat des délibérations sur le tableau du budget, qui doit être soumis à l'approbation de l'autorité supérieure.

Chaque article du budget, tant en recettes qu'en dépenses, reçoit un numéro d'ordre. Les sommes portées au budget doivent être totalisées par chapitres et récapitulées par titres. Le budget se termine par une récapitulation générale, qui indique s'il y a excédant de recettes ou de dépenses. Lorsque ces dernières dépassent les recettes, le conseil municipal doit rétablir l'équilibre, soit en restreignant ou en ajournant des dépenses facultatives, soit en votant des centimes additionnels ou autres ressources. — Voy. IMPOSITIONS COMMUNALES.

Toutefois, le budget peut être réglé avec un déficit lorsqu'il est démontré que ce déficit pourra être comblé par les ressources que laissera l'exercice antérieur et qui seront ultérieurement rattachées audit budget, au moyen des chapitres additionnels. (Cir. int. 15 juin 1836.)

Sauf les dépenses annuelles obligatoires déterminées par l'article 30 de la loi du 18 juillet 1837 ou par des lois spéciales, le conseil municipal est libre d'allouer ou de ne pas allouer les crédits proposés par le maire.

Si un conseil municipal n'allouait pas les fonds exigés pour une dépense obligatoire ou n'allouait qu'une somme insuffisante, l'allocation nécessaire serait inscrite d'office au budget, par arrêté du préfet en conseil de préfecture. Dans tous les cas, le conseil municipal est préalablement appelé à en délibérer. S'il s'agit d'une dépense annuelle et variable, elle est inscrite pour sa quotité moyenne pendant les trois dernières années; s'il s'agit d'une dépense annuelle et fixe de sa nature ou d'une dépense extraordinaire, elle est inscrite pour sa quotité réelle. (L. 18 juillet 1837, art. 39.)

Dans le cas où le maire négligerait de dresser et de soumettre au conseil municipal le budget de la commune, le préfet, après l'en avoir requis, peut procéder à ces actes par lui-même ou par un délégué spécial. (Id., art. 15.)

Dans le cas où un conseil municipal rejetterait le budget de la commune dans son ensemble, il serait dressé, par le préfet, un budget d'office, dans lequel seraient comprises seulement les dépenses déclarées obligatoires par la loi. (I. G., art. 821)

Il est dressé quatre expéditions du budget. Toutes ces expéditionssont, signées par les membres du conseil municipal présents à la séance, ou il est fait mention des noms et du refus de ceux qui ne pourraient ou ne voudraient signer.

La formation des tableaux du budget ne dispense pas le conseil municipal de consigner le résultat sommaire de ses votes sur le registre de ses délibérations.

Formation des chapitres additionnels ou budget supplémentaire. — Les recettes et les dépenses relatives aux restes à recouvrer et aux restes à payer constatés lors de la clôture des exercices, ainsi que les recettes et les dépenses nouvelles autorisées dans le courant d'un exercice, donnent lieu à des chapitres additionnels au budget, chapitres qu'on désigne sous le nom de budget supplémentaire.

Le budget supplémentaire est dressé par le maire, soumis aux délibérations du conseil municipal, voté article par article dans la session de mai, mais dans l'année même de l'exercice, c'est-à-dire un an après le vote du budget primitif.

Les deux chapitres additionnels forment, comme on l'a vu plus haut, le chapitre III de chaque titre du budget, sous la dénomination de Recettes ou Dépenses supplémentaires.

Le chapitre des recettes supplémentaires est partagé en deux sections. La première section contient le report de l'excédant de l'exercice clos, et des restes à recouvrer du même exercice; la deuxième reçoit toutes les recettes, de quelque nature qu'elles soient, et qui, non prévues au budget primitif, sont autorisées supplémentairement dans le cours de l'année, telles, par exemple, qu'un legs ou une donation, un secours extraordinaire, un remboursement de capitaux, et, en un mot, tout recouvrement qui ne rentre pas, par sa nature, dans l'un des articles de recettes prévus au budget primitif.

Le chapitre des dépenses supplémentaires est partagé en trois sections : la section 1re a pour objet le report des dépenses faites mais restant à payer à la clôture de l'exercice précédent; la 2e le report des crédits réservés, c'est-à-dire des ressources auxquelles il aurait été nécessaire de conserver leur affectation à la clôture de l'exercice; la 3e comprend, indépendamment des crédits annulés au précédent budget et reproduits en vertu d'autorisations supplémentaires, tous les crédits relatifs à des dépenses nouvelles autorisées dans le cours de l'exercice. (Circ. int. 10 avril 1835 et 1er juillet 1837.)

Les augmentations sur une recette prévue ne forment pas une recette supplémentaire. Par conséquent, on ne doit pas faire figurer parmi les recettes supplémentaires les sommes représentant des excédants sur les prévisions admises au budget primitif. Ces sommes ne constituent pas une recette nouvelle, mais se rattachent, au contraire, à un article compris au budget. (Circ. int. 1er juillet 1837.)

Mais si les augmentations de recettes ne doivent pas figurer au budget supplémentaire, il n'en est pas de même pour les augmentations de dépenses. Les crédits annuels ouverts au budget primitif ne doivent jamais être dépassés sans une autorisation spéciale, et le supplément de crédit nécessaire doit être inscrit au budget supplémentaire et faire l'objet d'un article distinct.

Le budget supplémentaire ne peut se solder en déficit, à moins que ce déficit ne puisse être couvert au moyen de l'excédant des recettes du budget primitif, s'il y en a un, ou au moyen des augmentations constatées sur le produit de divers articles de recettes, ou, enfin, au moyen des économies à obtenir sur quelques crédits ou portions de crédits déjà alloués

Dans les communes où la comptabilité ne présente, au moment de la clôture de l'exercice, ni reste à payer, ni reste à recouvrer, et où il n'existe en excédant que quelque somme insignifiante, il n'est pas nécessaire de dresser un budget supplémentaire : il suffit que le conseil municipal énonce, dans la délibération relative au règlement de l'exercice clos, les causes qui rendent cette formalité inutile. (Cir. int. 15 juin 1836.)

Approbation des budgets. — Aussitôt après la clôture de la session du conseil municipal, les budgets proposés doivent être envoyés au sous-préfet, qui donne son avis et les transmet au préfet. Ce fonctionnaire est chargé de régler définitivement les budgets communaux, excepté dans le cas où il s'agit d'une des villes dont le revenu est de 100,000 fr. et au-dessus, et dont le budget présente pour la première fois une imposition extraordinaire proprement dite; quand ces deux circonstances existent, le budget est réglé par un décret. (D. 25 mars 1852; Circ. int. 5 mai 1852; I. G., art. 814.)

Le revenu d'une commune est réputé atteindre 100,000 fr. lorsque les recettes ordinaires, légalement constatées par les comptes, se sont élevées à cette somme pour les trois derniers exercices; il n'est réputé être descendu au-dessous de 100,000 fr. que lorsque, également pour les trois derniers exercices, les recettes ordinaires sont restées inférieures à cette somme. (L. 18 juillet 1837, art. 33.)

Le préfet est compétent, lors même qu'il s'agit d'une ville dont le revenu s'élève à 100,000 fr. et au-dessus, si le budget ne contient que des impositions spéciales, soit pour l'instruction primaire, les chemins vicinaux et le salaire des gardes champêtres, soit pour des dépenses obligatoires et même pour des dépenses facultatives annuelles (I. G., art. 814). De plus, le préfet peut régler définitivement tout budget qui contient même une imposition extraordinaire proprement dite, si le budget est voté après que l'imposition a été approuvée.

Les dépenses proposées au budget d'une commune peuvent être rejetées ou réduites par l'autorité qui règle ce budget; mais elles ne peuvent être augmentées par cette autorité, et il ne peut en être introduit de nouvelles qu'autant qu'elles sont obligatoires. (I. G., art. 818 et 820.)

L'approbation des budgets est une mesure d'ordre, qui n'a pas pour effet d'emporter implicitement approbation des allocations qui y sont inscrites, dans le cas où les formalités auxquelles leur vote peut être soumis n'auraient pas été accomplies. L'ouverture d'un crédit ne donne pas non plus le droit de faire la dépense à laquelle il s'applique lorsque cette dépense se rattache à une mesure qui exige une autorisation spéciale. (Cir. int. 5 mai 1852.)

L'ouverture d'un crédit ne donne aucun droit aux parties; il faut, pour recevoir, qu'elles justifient de la réalité de la dette et qu'elles produisent toutes les pièces voulues par les règlements.

Les administrations municipales peuvent obtenir, après le vote et l'approbation des budgets, les crédits qui leur seraient indispensables pour pourvoir à une dépense qu'il ne serait pas possible d'ajourner sans inconvénients. Toutefois, l'ouverture de crédits en dehors du budget, tant primitif que supplémentaire, ne peut être autorisée que dans les limites des ressources disponibles et seulement en cas d'urgence.

Ces crédits sont délibérés par le conseil municipal et approuvés par le préfet, même dans le cas où le budget est réglé par un décret. (I. G., art. 817.) — Voy. CRÉDITS.

Exécution du budget. — Une expédition de chaque budget, approuvée et rendue exécutoire, est transmise par le préfet au receveur des finances qui la fait parvenir, avant le commencement de l'exercice auquel le budget se rapporte, au receveur municipal chargé de l'exécuter (I. G., art. 815). Une seconde expédition est envoyée, à la même époque, au maire par l'intermédiaire du sous-préfet.

Le budget de chaque commune reste déposé à la mairie, où toute personne imposée aux rôles a droit d'en prendre connaissance. Les budgets sont rendus publics par la voie de l'impression dans les communes dont le revenu est de 100,000 fr. ou plus, et, dans les autres, quand le conseil municipal a voté la dépense de l'impression. (L. 18 juillet 1837, art. 69.)

S'il arrivait que le budget d'un exercice ne fût pas approuvé et remis au receveur municipal avant l'ouverture de cet exercice, les recettes et les dépenses ordinaires continueraient à être faites jusqu'à l'approbation de ce budget, conformément à celui de l'année précédente. (Id. art. 35.)

En conséquence, et sans aucune décision de l'autorité qui règle le budget, le maire peut délivrer et le receveur payer des mandats pour ces sortes de dépenses, dans les proportions des douzièmes échus, jusqu'au moment où le budget est réglé. (I. G., art. 816.) — Voy. COMPTABILITÉ, DÉPENSES COMMUNALES, EXERCICE, GESTION OCCULTE, RECETTES COMMUNALES.

Budget des établissements de bienfaisance. — Les règles qui viennent d'être exposées relativement à la formation des budgets communaux s'appliquent aux budgets des établissements de bienfaisance, sauf quelques exceptions particulières à chaque nature d'établissement.— Voy. BUREAUX DE BIENFAISANCE, HOSPICES ET HÔPITAUX.

Budget général de l'État. — Les recettes et les dépenses publiques à effectuer pour le service de chaque exercice sont autorisées par les lois annuelles de finances.

Chaque année, les différents ministres préparent le budget de leur département respectif. Le ministre des finances centralise ces budgets et y ajoute celui des recettes pour compléter le budget général de l'État.

Ce budget, après avoir été soumis aux délibérations du conseil d'État, est discuté et voté par le corps législatif.

La durée de la période pendant laquelle doivent se consommer tous les faits de recette et de dépense de chaque exercice se prolonge : — 1° jusqu'au 1er février de la seconde année, pour achever, dans la limite des crédits ouverts, les services du matériel dont l'exécution commencée n'aurait pu être terminée avant le 31 décembre précédent pour des causes de force majeure ou d'intérêt public, qui doivent être énoncées dans une déclaration de l'ordonnateur jointe à l'ordonnance ou au mandat; — 2° jusqu'au 31 juillet, pour la liquidation et l'ordonnancement des sommes dues aux créanciers; — 3° jusqu'au 31 août de cette seconde année, pour compléter les opérations relatives au recouvrement des produits et au payement des dépenses. (D. 31 mai 1862, portant règlement général sur la comptabilité publique, art. 30, 31 et 33.)

Aucun impôt ne peut être établi ni perçu s'il n'a été voté par le Corps législatif, autorisé par le Sénat et sanctionné par l'Empereur.

Les impôts de répartition sont consentis pour un an; tous les autres impôts peuvent l'être pour plusieurs années ; les lois annuelles de finances en autorisent chaque année la perception.

La perception des deniers de l'État ne peut être effectuée que par un comptable du Trésor et en vertu d'un titre légalement établi.

Le mode de liquidation, de recouvrement et de poursuites relatif à chaque nature de perception est déterminé par les lois et règlements spéciaux.

Toutes contributions directes ou indirectes autres que celles qui sont autorisées par les lois de finances, à quelque titre et sous quelque dénomination qu'elles se perçoivent, sont formellement interdites, à peine, contre les autorités qui les ordonneraient, contre les employés qui confectionneraient les rôles et tarifs et ceux qui en feraient le recouvrement, d'être poursuivis comme concussionnaires, sans préjudice de l'action en répétition, pendant trois années, contre tous receveurs, percepteurs ou individus qui auraient fait la perception, et sans que, pour exercer cette action devant les tribunaux, il soit besoin d'une autorisation préalable. (Id., art. 34, 35, 36, 37 et 38.) — Voy. CONTRIBUTIONS DIRECTES.

La loi annuelle de finances ouvre les crédits nécessaires aux dépenses présumées de chaque exercice ; il est pourvu au payement de ces dépenses par les voies et moyens compris dans le budget des recettes,

Aucune dépense ne peut être liquidée à la charge du Trésor que par l'un des ministres ou par ses délégués.

Aucune dépense faite pour le compte de l'État ne peut être acquittée si elle n'a été préalablement ordonnancée directement par un ministre ou mandatée par les ordonnateurs secondaires, en vertu de délégations ministérielles.

Les ministres des divers départements joignent aux ordonnances directes qu'ils délivrent les pièces justificatives des créances ordonnancées sur le Trésor, et les ordonnateurs secondaires les annexent aux bordereaux d'émission de mandats qu'ils adressent aux payeurs. Ces pièces sont retenues par les payeurs, qui doivent procéder immédiatement à leur vérification et en suivre, lorsqu'il y a lieu, la régularisation près des ordonnateurs.

Lorsque les mandats sont payables hors de la résidence du payeur, ces mandats doivent lui être communiqués par les ordonnateurs secondaires, avec les bordereanx d'émisssion et les pièces justificatives, pour qu'il y appose son visa.

Les ordonnateurs demeurent chargés, sous leur responsabilité, de la remise aux ayants droit des extraits d'ordonnances ou lettres d'avis en tenant lieu, et des mandats qu'ils délivrent sur les caisses du Trésor.

Tout extrait d'ordonnance de payement et tout mandat résultant d'une ordonnance de délégation doivent, pour être payés à l'une des caisses du Trésor public, être appuyés des pièces qui constatent que leur effet est d'acquitter, en tout ou en partie, une dette de l'État régulièrement justifiée. (D. 31 mai 1862, art. 53, 62, 82, 83, 85, 86 et 87.)

Le règlement définitif du budget de l'État est l'objet d'une loi particulière. Les comptes des ministres sont joints à la proposition de cette loi.

Faute par les créanciers de réclamer leur payement avant le 31 août de la deuxième année, les ordonnances et mandats délivrés à leur profit sont annulés, sans préjudice des droits de ces créanciers, et sauf réordonnancement jusqu'au terme de déchéance.

Sont prescrites et définitivement éteintes, au profit de l'État, sans préjudice des déchéances prononcées par les lois antérieures ou consenties par des marchés ou conventions, toutes les créances qui, n'ayant pas été acquittées avant la clôture des crédits de l'exercice auquel elles appartiennent, n'auraient pu, à défaut de justifications suffisantes, être liquidées, ordonnancées et payées dans un délai de cinq années, à partir de l'ouverture de l'exercice, pour les créanciers domiciliés en Europe, et de six années pour les créanciers résidant hors du territoire européen. Toutefois, ces dispositions ne sont pas applicables aux créances dont l'ordonnancement et le payement n'ont pu être effectués, dans les délais déterminés, par le fait de l'administration ou par suite de pourvois formés devant le conseil d'État. (Id., art. 107, 118, 136 et 137.)—Voy. MANDATS A ACQUITTER POUR LE COMPTE DU PAYEUR.

Bulletin annoté des lois. — Voy. BULLETIN DES LOIS.

Bulletin des lois. — Collection officielle des lois et actes du Gouvernement, établie par une loi de la Convention du 11 frimaire an II.

Le *Bulletin des lois* est envoyé d'office aux communes chefs-lieux de département, d'arrondissement ou de canton. L'abonnement est facultatif pour les autres communes. Le prix de l'abonnement est de six francs, et le payement en est effectué dans les premiers mois de chaque année par le receveur municipal entre les mains du receveur particulier des finances de l'arrondissement, pour être transmis par le receveur général au directeur de l'imprimerie impériale. Le récépissé du receveur des finances est joint au mandat de payement. (Arrêté du Gouv., 29 prairial an VIII; Circ. int. 8 messidor même année; D. 12 fév. 1852; I. G., art. 1151.)

Le prix de la table décennale n'est pas compris dans celui de l'abonnement; l'achat de cette table est facultatif (Circ. int., 31 août 1843). Les numéros détachés dont les communes peuvent avoir besoin leur sont vendus à prix réduits. La reliure forme une dépense obligatoire pour les communes auxquelles le *Bulletin des lois* est envoyé d'office. (Décis. min. de l'int., 1859. — *Mém.* p. 181.)

Les communes autres que les chefs-lieux de département, ou d'arrondissement ou de canton, reçoivent, au lieu du *Bulletin des lois*, une feuille intitulée : *Moniteur des Communes.* (D. 12 février 1852.) Le prix de l'abonnement à cette feuille est de 6 fr. par an et se recouvre de la même manière que celui du *Bulletin des lois.* — Voy. MONITEUR DES COMMUNES.

Le ministre de l'intérieur, reconnaissant l'utilité qu'il peut y avoir pour les communes non chefs-lieux de canton, à ne pas laisser interrompues leurs anciennes collections des lois, a invité les préfets à signaler aux maires, comme pouvant servir à les compléter à peu de frais, un recueil intitulé : *Bulletin annoté des lois*, publié par les ordres de son ministère, et dont le prix est de 2 fr. 50 c. par année. (Circ. int., 31 mars 1853.) Les sommes dues par les communes pour cet abonnement sont centralisées aux caisses des receveurs des finances et recouvrées sur des états arrêtés par les préfets; les recouvrements se classent parmi les cotisations, sous le titre de : Fonds destinés aux abonnements à diverses publications. — Voy. COTISATIONS MUNICIPALES.

Bulletin officiel du ministère de l'intérieur. — Ce bulletin, fondé en 1838, contient : 1° toutes les instructions générales de ce ministère ; 2° les instructions et circulaires émanées des autres ministères et qui ont un intérêt départemental ou communal; 3° les arrêts du conseil d'État et de la Cour de cassation, qui se rattachent à l'administration départementale ou communale; 4° les décisions ministérielles intervenues sur des objets d'intérêt général, et les instructions qu'ont provoquées dans ce même intérêt les actes des préfets, des sous-préfets et des maires. Le prix d'abonnement est de 4 fr. par an pour les communes, et il est recouvré, comme celui du *Bulletin annoté des lois*, par les soins des receveurs des finances. — Voy. BULLETIN DES LOIS, COTISATIONS MUNICIPALES.

Bureaux de bienfaisance. — Les bureaux de bienfaisance sont des établissements communaux qui ont pour objet la distribution des secours à domicile. Leur dénomination n'est pas ancienne, car le mot de bienfaisance ne date que du XVIIIe siècle. Les administrations des secours à domicile, qui avaient été diversement qualifiées, portèrent généralement le nom de Bureaux de charité jusqu'à la loi du 7 frimaire an V, qui réorganisa ces établissements sous le nouveau titre de Bureaux de bienfaisance.

Organisation des Commissions administratives. — A l'origine, les bureaux de bienfaisance comprenaient toutes les communes d'un même canton. C'était la conséquence de la division territoriale de la France.

La loi du 28 pluviôse an VIII ayant supprimé les administrations municipales de canton, et une administration municipale ayant été établie dans chaque commune, les bureaux placés par les lois sous la surveillance de l'autorité municipale, qui n'exerce sa juridiction que sur l'étendue de chaque commune, devaient naturellement être circonscrits dans le même ressort.

Si l'importance d'une ville est telle qu'un bureau de bienfaisance paraisse insuffisant, il peut en être créé plusieurs. Les bureaux des grandes villes peuvent aussi conserver une organisation spéciale en rapport avec leur situation exceptionnelle. Ces exceptions sont autorisées par décrets spéciaux rendus sur l'avis du conseil d'État.

Ainsi, à Paris, il existe autant de bureaux de bienfaisance que d'arrondissements; ils sont composés chacun de 12 membres nommés par le ministre de l'intérieur, sur la présentation pour chaque vacance de quatre candidats, dont deux par le directeur de l'assistance publique et deux par le bureau lui-même. Ces établissements sont réglementés par les dispositions des ordonnances des 2 et 29 avril 1831, combinées avec les dispositions de la loi du 10 janvier 1849, qui a réuni dans les mains du directeur de l'assistance publique, sous l'autorité du préfet de la Seine, les établissements hospitaliers et les secours à domicile.

Les règles générales de l'organisation des bureaux de bienfaisance, tracées dans la loi du 7 frimaire an V, se complètent par les dispositions combinées des ordonnances royales des 31 octobre 1821 et 6 juin 1830, et enfin par le décret du 23 mars 1852, relatif à la composition des commissions administratives des hospices, et qu'un décret du 17 juin de la même année a rendu applicable aux commissions administratives des bureaux de bienfaisance.

Ces commissions se composent de cinq membres nommés par le préfet et du maire de la commune. La présidence appartient à ce dernier; il a voix prépondérante en cas de partage. En cas d'absence du maire ou de l'un de ses adjoints, agissant en son lieu et place, la présidence appartient au plus ancien des membres présents, et, à défaut d'ancienneté, au plus âgé.

Les commissions administratives sont renouvelées chaque année par cinquième; le renouvellement est déterminé par le sort pendant les quatre premières années, et ensuite par l'ancienneté. Les membres sortants peuvent être nommés de nouveau.

En cas de remplacement dans le cours d'une année, les fonctions du nouveau membre expirent à l'époque où auraient cessé celles du membre qu'il a remplacé.

Les commissions administratives peuvent être dissoutes par le ministre de l'intérieur sur la proposition du préfet.

Les membres des commissions administratives peuvent être individuellement révoqués dans la même forme.

La principale modification apportée par le décret du 23 mars 1852 à la législation antérieure consiste dans la nomination directe des administrateurs attribuée aux préfets. Cette modification a fait disparaître le droit de présentation réservé aux commissions administratives, droit qui avait pour résultat de perpétuer les réélections, d'empêcher l'introduction d'éléments nouveaux dans les administrations et d'enlever à l'autorité toute indépendance dans ses choix.

La disposition qui attribue, en cas d'absence du maire, la présidence au plus ancien des membres présents, et, à défaut d'ancienneté, au plus âgé, remplace la disposition de l'instruction du 8 février 1823, aux termes de laquelle les commissions administratives élisaient tous les six mois dans leur sein un vice-président.

Receveur. Les bureaux de bienfaisance n'ont droit à avoir un receveur spécial que lorsque leurs recettes ordinaires s'élèvent au-dessus de 30,000 fr.; lorsqu'elles n'excèdent pas ce chiffre, et qu'il y a dans la même commune un hospice, la recette du bureau est réunie de droit à celle de l'établissement hospitalier, et c'est par les revenus cumulés des deux établissements que s'opère le calcul des 30,000 fr. qui constituent, aux termes de l'article 12 de l'ordonnance royale du 17 septembre 1837, la limite dans laquelle la recette des établissements de bienfaisance doit être ou non confiée au receveur municipal. (Circ. int. 15 décembre 1837.)

La gestion du receveur est soumise à la surveillance de la commission administrative et du receveur des finances de l'arrondissement.

Lorsque le receveur est en même temps percepteur des contributions directes, sa gestion est placée, en outre, sous la responsabilité du receveur des finances.

Toutes recettes et tous payements faits pour le compte des bureaux de bienfaisance, sans l'intervention de leurs receveurs, donnent lieu aux poursuites autorisées par les lois contre les personnes qui ont indûment disposé des deniers publics. (I. G., art. 1047.) — Voy. Receveur des communes et d'établissements de bienfaisance, Receveurs des finances.

Gestion des biens. — La dotation immobilière des bureaux de bienfaisance se compose : 1° des biens qui leur ont été rendus ou attribués en vertu de la loi du 16 vendémiaire an v; 2° de ceux qu'ils ont été autorisés à acquérir à titre onéreux; 3° de ceux provenant des dons et legs qu'ils ont été autorisés à accepter.

La gestion de ces biens avait été soumise à toutes les règles qui concernent les hospices jusqu'à la loi du 7 août 1851 sur les hospices et hôpitaux. Cette loi étant spéciale à ces derniers établissements, l'ancienne législation a continué à régir les bureaux de bienfaisance, sauf en ce qui concerne les règles de compétence. Ces règles, si largement modifiées par le décret du 25 mars 1852, ont reçu une plus grande extension, pour les bureaux de bienfaisance, par le décret du 13 avril 1861, qui fait passer dans les attributions des sous-préfets les autorisations que doivent obtenir les établissements pour les opérations suivantes : 1° les conditions des baux et fermes, lorsque leur durée n'excède pas dix-huit ans; 2° le placement des fonds; 3° les acquisitions, ventes et échanges d'objets mobiliers; 4° les règlements du service intérieur; 5° les acceptations de dons et legs d'objets mobiliers ou de sommes d'argent, lorsque leur valeur n'excède pas 3,000 francs et qu'il n'y a pas de réclamations d'héritiers. Il est à observer que les sous-préfets doivent rendre compte de ces autorisations aux préfets, qui peuvent les annuler ou réformer pour violation des lois et règlements.

En vertu de la circulaire du 5 mai 1852 sur l'application du décret précité du 25 mars, en cas d'aliénation d'immeubles par les bureaux de bienfaisance et autres établissements hospitaliers, le dixième des arrérages à acquérir doit être capitalisé pour obvier à la dépréciation de la valeur monétaire.

La loi du 10 juin 1853 a abrogé les dispositions du même décret qui donnaient aux préfets le droit d'autoriser, dans certaines limites, les emprunts des établissements de bienfaisance. Ces emprunts ne peuvent plus être autorisés que par décret rendu sur l'avis du conseil d'État. — Voy. Biens des établissements de bienfaisance, Emprunts.

Revenus. Les revenus des bureaux de bienfaisance sont divisés, comme ceux des communes, en revenus ordinaires et revenus extraordinaires.

Les revenus ordinaires se composent généralement des produits dont l'indication suit, savoir : 1° prix de ferme des maisons et biens ruraux, 2° produits des coupes ordinaires de bois; 3° rentes sur l'État; 4° rentes sur particuliers; 5° intérêts des fonds placés au Trésor; 6° fonds alloués sur les octrois municipaux; 7° part attribuée aux pauvres dans le prix des concessions dans les cimetières; 8° produits des droits sur les spectacles, bals, concerts, etc; 9° dons, aumônes et collectes; 10° amendes et confiscations; 11° recettes en nature; 12° prix de vente des denrées ou grains récoltés par l'établissement.

Les revenus extraordinaires se composent : du prix des coupes extraordinaires de bois; des legs et donations en argent; des remboursements de capitaux; du prix de vente des inscriptions de rentes sur l'État et des recettes accidentelles.

Les bureaux de bienfaisance possèdent, en outre, des revenus propres à chaque localité; mais la perception ne doit en être opérée qu'en vertu de titres homologués par l'autorité compétente; les recettes se rattachent, suivant ces titres, aux deux classes de produits qui viennent d'être établies. (I. G., art. 1053.)

Les receveurs délivrent quittance de toutes les sommes qu'ils recouvrent, en se conformant aux règles tracées pour les revenus communaux, et ils doivent exercer, selon le mode également prescrit pour les communes, les poursuites nécessaires contre les débiteurs en retard. (I. G., art. 1055.) — Voy. Poursuites, Revenus communaux.

On trouvera, au surplus, dans d'autres parties de cet ouvrage, des explications particulières sur l'assiette des revenus des bureaux de bienfaisance et sur les moyens de recouvrement propres à chacun d'eux. — Voy. Aumones, Baux, Coupes de bois, Droit des pauvres, Intérêts de fonds placés au Trésor, Legs et donations, Quêtes et Collectes, Rentes et créances, Revenus en nature, Subventions.

Dépenses. Les dépenses des bureaux de bienfaisance sont divisées en dépenses ordinaires et dépenses extraordinaires. Les premières consistent ordinairement dans les articles suivants : 1° traitements divers et remises du receveur; 2° réparations et entretien des bâtiments; 3° entretien et menues réparations des propriétés rurales; 4° contributions assises sur les biens ; 5° distributions de secours aux indigents ; 6° frais de bureau. On range également dans la classe des dépenses ordinaires les consommations de grains et denrées.

Les dépenses extraordinaires ont en général pour objet : les constructions et grosses réparations; les achats de terrains et bâtiments ; les achats de rentes sur l'État ; les frais de procédure. (I. G., art. 1083.) —

Les règles tracées pour le payement des dépenses des communes sont applicables au payement des dépenses des bureaux de bienfaisance. Un des membres de la commission administrative est chargé des fonctions d'ordonnateur. (I. G., art. 1085 et 1086.)

Nous nous bornerons à rappeler ci-après les règles à suivre pour les distributions de secours aux indigents, but principal de l'institution des bureaux de bienfaisance, en renvoyant, pour les renseignements relatifs aux autres natures de dépenses, aux différents articles qui les concernent. — Voy. Acquisitions, Contributions a la charge des communes et établissements publics, Dépenses, Frais de bureau, Frais de procédure, Ordonnancement, Pièces justificatives, Réparations, Traitements, Travaux.

Distribution des secours. — Suivant l'article 17 de l'ordonnance du 31 octobre 1821, les préfets prescrivent la rédaction de règlements pour les bureaux de bienfaisance partout où ils le jugent utile.

Ces règlements ont pour objet principal de déterminer : le nombre et l'ordre des séances des bureaux, le nombre et les attributions des agents ou employés, le mode d'admission aux secours, les règles à suivre pour leur répartition. Ces règlements sont soumis par les bureaux de bienfaisance à l'approbation des sous-préfets. (D. 13 avril 1861.)

Tous les malheureux ont droit aux secours lorsque la force des circonstances les oblige à recourir à la charité; mais, pour avoir le droit d'être secouru par le bureau de bienfaisance d'une commune, il faut avoir le domicile de secours d'un an prescrit par la loi du 24 vendémiaire an II; les bureaux doivent donc surtout s'attacher à constater les besoins et les droits des indigents. Ils peuvent se faire aider, pour la distribution des secours à domicile, par des adjoints et des dames de charité; ils peuvent également se faire assister par des sœurs de charité. Des traités sont passés à cet effet entre les bureaux de bienfaisance et les communautés hospitalières, sur les bases du modèle joint à la circulaire du 26 septembre 1839 et qui détermine leurs droits et leurs obligations réciproques.

Chaque bureau de bienfaisance doit avoir un livre des pauvres où l'on inscrit tous les indigents qui sont assistés. Il est divisé en deux parties: la première pour les indigents secourus temporairement, la seconde pour les indigents secourus annuellement.

Parmi les indigents secourus temporairement on comprend les malades, les blessés, les femmes en couche ou nourrices, les enfants abandonnés, les orphelins, ceux qui se trouvent dans des cas extraordinaires ou imprévus.

Parmi les indigents secourus annuellement on comprend les aveugles, les paralytiques, les cancérés, les infirmes, les vieillards, les chefs de famille surchargés d'enfants en bas âge. Les infirmités qui donnent droit aux secours annuels doivent être constatées par les médecins attachés au bureau.

Les listes dont il s'agit sont arrêtées par le bureau dans une assemblée à laquelle sont invités les adjoints et les dames de charité; on ne doit pas y comprendre un plus grand nombre d'indigents que n'en peut secourir l'établissement.

C'est, autant que possible, en nature que les secours doivent être distribués. Le pain, la soupe, les vêtements et les combustibles sont les objets qui peuvent le mieux remplir les besoins.

On s'applique surtout, autant que les localités le permettent, à procurer du travail aux indigents valides. (Circ. int. 8 février 1823.)

Les distributions de secours en nature ont lieu ordinairement au moyen de bons délivrés sur les fournisseurs au nom de la commission administrative. On joint aux mandats de payement les factures ou mémoires réglés des fournitures, la copie, dûment certifiée et timbrée, lorsqu'elle est produite avec le compte final, des soumissions, conventions et marchés, dans les cas où ces voies ont dû être employées, et les décomptes des livraisons dressés d'après les bons recueillis par les fournisseurs.

Pour les secours distribués en argent, on produit les états nominatifs arrêtés par la commission administrative, et les quittances des parties prenantes ou les certificats de payement.

Les quittances des indigents pour les secours qui leur sont accordés à ce titre sont exemptes de timbre, à quelques sommes que s'élèvent ces secours. (L. 13 brumaire an VII, art. 16.; I. G., art. 1009.)

Il en est de même des comptes d'avances et des états récapitulatifs des secours distribués aux indigents par les sœurs de charité et que celles-ci doivent remettre aux receveurs des bureaux de bienfaisance. (Décis. min. des fin., 27 avril 1840.)

Comptabilité. Les règles de la comptabilité des communes s'appliquent aux hospices et aux bureaux de bienfaisance, en ce qui concerne la durée et la division des exercices, la spécialité et la clôture des crédits, la perception des revenus, l'ordonnancement et le payement des dépenses, et, par suite, la formation des budgets, ainsi que le mode d'écritures et de comptes. (I. G., art. 1046.) — Voy. COMPTABILITÉ COMMUNALE, HOSPICES ET HOPITAUX.

Les budgets des bureaux de bienfaisance, qui avaient toujours été réglés par les préfets, sans exception, contrairement à ce qui avait lieu pour les hospices, avant le décret du 25 mars 1852, sont réglés maintenant par les sous-préfets, d'après le nouveau décret de décentralisation du 13 avril 1861.

Lorsque les crédits primitivement ouverts pour un exercice sont reconnus insuffisants, ou lorsqu'il doit être pourvu à des dépenses imprévues, les crédits supplémentaires sont également ouverts par le sous-préfet.

Il est procédé au règlement définitif du budget de chaque exercice, à la clôture de cet exercice et au report des restes à recouvrer et des restes à payer au budget de l'exercice suivant, d'après les règles tracées pour les communes. — Voy. BUDGET DES COMMUNES, EXERCICE.

Les écritures à tenir par les receveurs des bureaux de bienfaisance sont conformes à celles des receveurs municipaux, soit que le service soit réuni à la perception des contributions directes ou confié à un receveur spécial.

Les livres du receveur doivent être cotés et paraphés par le maire, président de la commission administrative.

Le 31 décembre de chaque année, les registres du receveur doivent être arrêtés par l'ordonnateur. (O. 31 octobre 1821 et 8 février 1823.) Cette opération se fait par un procès-verbal, dont ampliation est remise au comptable; une autre ampliation, accompagnée des pièces justificatives, doit être adressée au receveur des finances. — Voy. CLÔTURE DES REGISTRES, ÉCRITURES

Les receveurs des bureaux de bienfaisance doivent remettre aux receveurs des finances les bordereaux ou états de situation de leurs recettes et de leurs dépenses aux époques et d'après les règles prescrites pour les receveurs municipaux.

Ils doivent, en outre, aux termes de la circulaire du 16 mars 1836 (*Mém.* p. 82), adresser à l'ordonnateur des dépenses, à l'expiration de chaque trimestre, un bordereau détaillé, et, dans la premièredixaine de chaque mois, une situation sommaire des recettes et dépenses de l'établissement. — Voy. BORDEREAUX.

Il est rendu chaque année deux comptes des recettes et dépenses de l'établissement : un compte d'administration dressé par l'ordonnateur et le compte de gestion du receveur.

Le compte d'administration est présenté à la commission administrative dans sa session ordinaire d'avril. Il est adressé, immédiatement après l'examen fait par ce conseil, au sous-préfet de l'arrondissement qui est compétent pourl'arrêter. — Voy. Compte administratif.

Le compte du receveur est soumis à l'examen de la commission administrative et aux délibérations du conseil municipal. Après l'examen de ce conseil, le compte, accompagné des pièces justificatives, est adressé par le comptable ou au greffier en chef de la cour des comptes ou au conseil de préfecture, selon que le jugement du compte appartient à l'une ou à l'autre de ces autorités. (I. G., art. 1554.) — Voy. Compte de gestion.

Statistique. — Il était presque impossible autrefois de donner une statistique exacte des bureaux de bienfaisance. Chaque jour voyait naître ou mourir quelques-uns de ces établissements, qui étaient créés par de simples arrêtés des préfets, et qui n'avaient souvent pour toutes ressources que le produit précaire des troncs, des quêtes et des souscriptions volontaires.

La circulaire du 5 mai 1852 sur la décentralisation administrative a mis fin à cet état de choses, en faisant revivre la règle d'après laquelle les établissements de bienfaisance ne peuvent être créés qu'en vertu de décrets ; et, comme il a été reconnu, d'un autre côté, qu'il y a plus d'inconvénients que d'avantages à multiplier les établissements de bienfaisance qui sont dépourvus de dotation propre et qui n'ont que des ressources éventuelles, il a été établi qu'aucun nouveau bureau de bienfaisance ne serait autorisé dans une commune, à moins qu'il ne fût justifié que l'établissement aurait en propre, soit en capital, soit en immeubles, soit en rentes sur l'État, un revenu fixe d'au moins 50 francs.

L'autorisation du Gouvernement n'est pas nécessaire pour les bureaux de bienfaisance établis provisoirement à l'occasion de sinistres ou d'épidémies, et chargés de recueillir et répartir les ressources provenant de dons et collectes ou souscriptions volontaires.

Aux termes de la circulaire du 5 mai 1852, ces bureaux, qui cessent avec les causes qui les ont provoqués, peuvent être autorisés par les préfets.

Le recensement des bureaux de bienfaisance qui a eu lieu en 1856 peut donc être considéré comme donnant un résultat exact.

D'après ce recensement, les bureaux de bienfaisance existant en France au 1er janvier 1857 se trouvaient au nombre de 10,747.

Ils possédaient une valeur capitale mobilière et immobilière de 169,923,582 francs, et leurs revenus bruts de toute nature s'élevaient à 18,757,755 francs. Dans ce chiffre, le produit des immeubles figure pour 6,678,495 francs.

Bureaux des percepteurs et des receveurs des communes et d'établissements de bienfaisance. — On entend ici par *bureau* le local dans lequel les comptables tiennent leur caisse, leurs registres et où ils font leurs recettes et leurs dépenses.

Le percepteur doit avoir son bureau au centre même de la commune chef-lieu de la réunion, ou désignée comme résidence, c'est-à-dire dans la partie de cette commune où se trouvent d'ordinaire groupés la mairie, l'église, l'école, le siége du marché, etc. Si cependant le comptable se trouvait dans l'impossibilité absolue de se procurer un logement placé dans ces conditions, il devrait alors se pourvoir auprès du ministre des finances à l'effet d'être autorisé à résider dans une autre partie déterminée de la commune, en suivant la marche tracée à l'article 1247 de l'Instruction générale du 20 juin 1859 pour les demandes en autorisation de résidence dans une commune autre que le chef-lieu de perception. — *Mém.* 1860, p. 77.

Indépendamment du bureau qu'il doit avoir au lieu de sa résidence, le percepteur doit établir, pour ses recettes, un bureau dans chacune des autres communes de sa perception. (I. G., art. 61.)— Voy. Tournées des percepteurs.

Les instructions n'ayant rien fixé quant au local où les percepteurs doivent s'installer pour effectuer leurs recettes dans les communes de la perception autres que celle de leur résidence, les comptables ont toute liberté sur le choix de ce local. Ils peuvent établir leur domicile dans le lieu qu'ils jugent convenable, si ce lieu offre d'ailleurs toutes les conditions désirables de convenance et de commodité pour les contribuables.— *Mém.* 1859, p. 270.

Les comptables n'ont pas un droit exclusif à installer leur bureau de recette pendant leurs tournées dans le local des mairies, mais les maires ou les secrétaires de mairie doivent leur donner à cet égard toute facilité. Les percepteurs pourraient, au besoin, réclamer l'intervention du préfet ou du sous-préfet. (Lettre du min. des fin. 23 juin 1831.) — *Mém.* 1851, p. 81 ; 1855, p. 6 ; 1857, p. 108 ; 1858, p. 78 ; 1859, p. 270.

Le bureau du percepteur, au lieu de sa résidence, est le siége de la recette municipale pour toutes les communes de la réunion. C'est là que les créanciers des communes doivent se rendre pour toucher le montant des mandats qui leur ont été délivrés, et les débiteurs pour acquitter leurs cotisations, redevances, fermages, etc., aux époques fixées par les titres de perception.

Toutefois, les percepteurs étant tenus de se rendre, à des jours déterminés, dans les communes de leur perception autres que celles où ils sont obligés de résider, ils doivent profiter du séjour qu'ils y font pour encaisser les produits communaux et répondre aux porteurs de mandats, enfin pour expédier toutes les affaires communales qui se présentent, en tant que cela ne porte point préjudice au service de la perception des contributions directes. — *Mém.* 1851, p. 111.

Il est de règle que les heures auxquelles les bureaux des receveurs des finances, des payeurs et des percepteurs sont ouverts au public doivent être les mêmes que celles qui ont été adoptées par les bureaux de la préfecture ou de la sous-préfecture. D'après un usage à peu près général, ces heures sont : neuf heures du matin pour l'ouverture, et quatre heures de relevée pour la fermeture.

Ordinairement, il est vrai, la caisse est fermée à trois heures pour procéder à l'arrêté des écritures de la journée : cet usage répond à une nécessité de service et ne saurait être changé; toutefois, le bureau doit rester ouvert jusqu'à quatre heures, afin de donner plus de facilités aux contribuables comme aux porteurs de mandats qui auraient à faire des réclamations et qui pourraient quelquefois encore, et par exception, être expédiés avant la clôture définitive des opérations.

En ce qui concerne plus spécialement les percepteurs, il est de droit que leurs bureaux soient fermés pendant certains jours : c'est là une conséquence nécessaire de l'obligation où sont ces comptables de se transporter periodiquement dans les différentes communes de leur réunion pour y effectuer leurs recettes ; mais il importe de donner à ces absences légales toute la publicité nécessaire, dans le but d'éviter des déplacements inutiles, soit aux contribuables, soit aux porteurs des mandats assignés sur la caisse du percepteur. (Circ. Compt. gén., 5 mai 1862.)

Les heures d'ouverture et de fermeture des bureaux des percepteurs, telles qu'elles sont déterminées ci-dessus, s'appliquent même aux vérifications des préposés de l'enregistrement et des domaines. — *Mém.* 1861, p. 287; 1862, p. 185. — Voy. PERCEPTEURS, RÉSIDENCE.

Les bureaux des receveurs spéciaux des communes et des établissements de bienfaisance doivent nécessairement être établis dans les villes mêmes auxquelles appartiennent les administrations dont ces comptables gèrent les revenus; ils doivent être ouverts aux mêmes heures que les bureaux de ces administrations. — Voy. BUREAUX DE BIENFAISANCE, HOSPICES ET HÔPITAUX, RECEVEURS MUNICIPAUX.

C

Cachets des percepteurs. — Les percepteurs emploient ordinairement trois sortes de cachets ou timbres humides, savoir :

1° Un cachet indiquant leur qualité et le nom de la perception, destiné à être apposé sur la bande des avertissements, sommations ou avis officieux qu'ils expédient par la poste en les affranchissant au taux des imprimés ;

2° Un timbre portant les mots: *Payé par le percepteur de N...*, à apposer sur les mandats ou autres titres de dépenses acquittés pour le compte du payeur ;

3° Un timbre à apposer sur les quittances de droits de permis de chasse et portant les mots : *La présente quittance ne peut tenir lieu de permis.* (I. G., art. 592.) — *Mém.* 1860, p. 96.

Quelques percepteurs emploient en outre des timbres humides pour indiquer sur les avertissements : 1° la date de la publication des rôles ; 2° le nom du comptable, le lieu, le jour et l'heure où son bureau est ouvert aux contribuables. (I. G., art. 71.)

Aucun de ces timbres n'est obligatoire ; cependant on trouve à leur emploi des avantages qui les ont fait adopter par la presque généralité des comptables.— Voy. Affranchissement, Avertissements, Mandats a acquitter pour le compte du payeur, Permis de chasse.

Cadastre. Le cadastre a pour objet d'établir équitablement les bases de la répartition de la contribution foncière entre les diverses propriétés.

Il consiste en opérations d'art et en travaux d'expertise.

Les opérations d'art embrassent les délimitations de la commune, la division en sections, la triangulation, l'arpentage et le levé du plan.

Les opérations de l'expertise consistent à faire plusieurs classes des différentes natures de propriétés situées dans la commune, eu égard à leur importance respective, à répartir entre ces différentes classes chacune des parcelles, et à évaluer le revenu des classes, c'est-à-dire à dresser le tarif des évaluations.

Les opérations cadastrales terminées, leur résultat définitif est inscrit aux matrices cadastrales ; ces matrices sont sans cesse tenues au courant des changements de propriétaires et des translations de propriétés au moyen du travail annuel des mutations.

Lorsque, sur le rapport du directeur des contributions directes, le préfet a reconnu que les matrices cadastrales sont, par l'effet des mutations survenues, couvertes de trop d'additions, de ratures, et de surcharges, il ordonne que les matrices soient recopiées. Cette opération s'exécute simultanément pour le double qui est déposé à la direction, comme pour celui qui est dans les archives de la mairie. Les frais de cette transcription sont une dépense communale. (O. 3 octbore 1821.)

Les pièces cadastrales ne doivent pas être déplacées, sauf le cas cependant où il est donné ordre au préfet, par le ministre compétent, d'en autoriser le déplacement dans l'intérêt d'un service public. (Circ. min. 16 juin 1842.)

Dans toute commune cadastrée depuis trente ans au moins, il peut être procédé à la révision et au renouvellement du cadastre, sur la demande du conseil municipal et sur l'avis conforme du conseil général du département, à la charge par la commune de pourvoir aux frais des nouvelles opérations. La somme jugée nécessaire est versée à la caisse du receveur des finances qui la reçoit à titre de recette accidentelle. (L. 7 août 1853, art. 7 ; I. G., art. 388.)

Les délibérations des conseils municipaux relatives à cet objet doivent être prises à la session ordinaire de mai et transmises immédiatement au sous-préfet, en double expédition.

Les conseils généraux peuvent, d'après les lois annuelles de finances, établir en augmentation du principal de la contribution foncière, et jusqu'à concurrence de 5 centimes, une imposition destinée aux frais des opérations cadastrales. (I. G., art. 11.) — Voy. CONTRIBUTIONS DIRECTES, MATRICES DE RÔLES, MUTATIONS.

Cafés-Concerts. — Les cafés-concerts sont assujettis au droit établi en faveur des pauvres par les lois annuelles de finances, et qui consiste dans un prélèvement sur la recette brute des spectacles, concerts et autres lieux où l'on est admis en payant.

Pour asseoir ce droit, il est nécessaire de rechercher quelle est, dans les recettes des cafés-concerts, la portion du prix qui est demandée au public à raison du plaisir que lui procure la musique. Lorsqu'il est perçu un prix d'entrée, c'est seulement sur le montant de ce prix que doit être perçu le droit des pauvres. Dans le cas, qui est le plus fréquent, où il n'est pas perçu de prix d'entrée et où le prix des consommations est plus élevé que d'habitude, on doit asseoir le droit non pas sur le prix total des consommations, mais sur la différence qui existe entre le prix habituel des objets de consommation dans les cafés de la même catégorie et le prix perçu dans le café-concert. Dans ce dernier cas, il est sage de régler le droit des pauvres par voie d'abonnement, conformément à l'article 6 de la loi du 7 frimaire an V. — *Mém.* 1860, p. 245. — Voy. DROIT DES PAUVRES.

Cahier de caisse. — Carnet ou cahier spécial sur lequel le percepteur doit constater, chaque jour, le détail par nature des valeurs existant matériellement en caisse et en portefeuille.

L'instruction générale du 20 juin 1859 (art. 1406) qui prescrit ce cahier n'en donne pas le modèle, mais il est évident que, pour remplir son but, il doit mentionner toutes les valeurs que le percepteur a matériellement entre les mains, savoir : 1° en numéraire, avec détail des espèces monétaires (billets de banque, or, argent, billon); 2° en valeurs de portefeuille, telles que placements de fonds au Trésor, traites, avances et pièces de dépenses, avec détail, par nature, de ces valeurs. Les comptables se servent ordinairement d'un *calepin journalier de caisse* qu'ils peuvent se procurer annuellement avec les autres imprimés nécessaires à leur service. — *Mém.* 1860, p. 183.

Cahier de charges. — C'est l'acte qui contient les conditions suivant lesquelles un traité de gré à gré ou une adjudication doit avoir lieu, soit qu'il s'agisse d'une vente ou d'une location, soit qu'il s'agisse d'une fourniture ou d'une entreprise de travaux publics.

Toute adjudication au compte d'une commune ou d'un établissement de bienfaisance donne lieu à la rédaction d'un cahier de charges.

En général, le cahier des charges est basé sur la délibération du conseil municipal ou de la commission administrative sur l'objet de l'adjudication, et dans laquelle doivent être stipulées les diverses conditions ou charges à imposer à l'adjudicataire, et par conséquent à reproduire dans l'acte d'adjudication.

Ces conditions varient suivant la nature des objets à mettre en vente, en location ou en entreprise.

Lorsqu'il s'agit de biens ou fruits à aliéner ou à amodier, il ne doit être convenu dans aucun cas que le payement du prix de l'adjudication aura lieu au comptant : à l'exception du décime, lorsqu'il est stipulé, le receveur ne peut recevoir aucune somme en vertu d'un acte d'adjudication que lorsque le titre lui en est parvenu par l'intermédiaire du receveur des finances.

Lorsqu'il s'agit d'une adjudication de travaux ou fournitures, le cahier des charges doit indiquer le mode d'adjudication, les garanties exigées de l'adjudicataire soit pour être admis à l'adjudication soit pour répondre de l'exécution de ses engagements, le mode d'exécution des travaux ou la qualité des fournitures, l'époque de leur livraison et le mode de payement du prix de l'adjudication.

Il doit toujours être entendu que tous les frais de timbre, d'enregistrement et autres quelconques relatifs à l'adjudication, seront à la charge de l'adjudicataire. Cette condition, qui est également applicable dans le cas d'un traité de gré à gré, est de rigueur, et tout cahier des charges où cette stipulation ne serait pas formulée ne pourrait être approuvé.

Il doit être donné communication au receveur, avant l'adjudication, du cahier des charges arrêté; il serait même très-utile, surtout lorsqu'il s'agit d'une vente ou d'une location, que le maire ou la commission administrative se concertât préalablement avec ce comptable pour dresser les projets de cahiers des charges.

La minute de chaque cahier des charges doit être soumise à l'approbation du préfet; elle est exempte de timbre et d'enregistrement. Mais la copie qui en est faite en tête du procès-verbal d'adjudication, ou la copie annexée à ce procès-verbal, sont assujetties au timbre. — Voy. ADJUDICATIONS, ALIÉNATIONS, BAUX, COUPES DE BOIS, FOURNITURES, TRAVAUX.

Cahier de notes. — Le percepteur doit tenir, pour chaque commune de sa perception, un *cahier de notes* (*modèle* n° 1) qu'il porte avec lui dans ses tournées, afin d'y indiquer, soit d'après la demande des contribuables, soit d'après les faits parvenus à sa connaissance, les changements ou rectifications à opérer dans les rôles. Il y inscrit les divers renseignements qu'il a pu recueillir pour l'amélioration de l'assiette des contributions, notamment en ce qui concerne les constructions et les démolitions, les alluvions et les corrosions, les nouveaux patentables à imposer et ceux qui sont à supprimer des rôles.

Il rédige tous les trois mois, sur des cadres remis à cet effet par le directeur des contributions directes au receveur général, un extrait du cahier des notes ou état des rectifications et changements (*modèle* n° 2), et le fait parvenir au contrôleur par la voie hiérarchique ; lorsque le cahier de notes n'a reçu aucune inscription, il est transmis un certificat négatif.

Le percepteur n'a pas à inscrire sur le cahier de notes, non plus que sur les extraits de ce cahier, les faits relatifs aux mutations foncières dont il a déjà rédigé les feuilles.

Les notes prises postérieurement au dernier envoi qui précède le passage du contrôleur pour la tournée générale sont remises directement à celui-ci par le percepteur pendant cette tournée.

Les percepteurs qui, pour une ou plusieurs communes, seraient dispensés de la réception des déclarations de mutations foncières, devraient néanmoins consigner sur leur cahier de notes les renseignements qu'ils recueilleraient concernant ces mutations.

Après l'achèvement du travail des mutations, les extraits des cahiers de notes des percepteurs, annotés par les contrôleurs, sont renvoyés à ces comptables par l'intermédiaire du receveur général et du receveur particulier de l'arrondissement, afin qu'ils aient connaissance de la suite donnée à leurs propositions, et qu'ils puissent fournir, s'il y a lieu, le complément des renseignements nécessaires pour opérer, à la prochaine tournée, les mutations non effectuées. (I. G., art. 27.)

Le percepteur, au moment de la réunion qui a lieu dans chaque commune pour le travail des mutations, doit être muni de son cahier de notes, sur lequel le contrôleur appose un visa énonçant le nombre d'articles qui y ont été inscrits depuis la précédente tournée générale. (Id., art. 42.) — Voy. CONTRIBUTIONS DIRECTES, MUTATIONS, TOURNÉES.

Les percepteurs peuvent avoir besoin de tenir un *cahier de notes particulières* pour la réunion de toutes les sommes dues par un même contribuable. Ce cahier, qui n'est qu'un objet de convenance personnelle et qui n'a aucun caractère officiel, ne dispense pas le comptable d'émarger à chaque article du rôle le versement ou la portion de versement qui s'y rapporte. (I. G., art. 74.) — Voy. RECOUVREMENT.

Cahiers de visites dans les hospices. — Les médecins et chirurgiens qui visitent les malades dans les hospices et hôpitaux doivent inscrire sur un cahier spécial leurs prescriptions et le régime alimentaire de chaque malade. A la fin de leurs visites, ils signent ce cahier.

Pour la comptabilité en matières, les cahiers des médecins sont indispensables, puisque, sans eux, l'économe n'a plus d'éléments certains pour apprécier les consommations : tandis qu'au moyen de ces cahiers et du chiffre des employés nourris dans l'établissement, il sait parfaitement tout ce qui a dû être consommé. (Circ. int. 31 janvier 1840.) Voy. ÉCONOMAT, HOSPICES et HOPITAUX.

Caisse. — On appelle *caisse* le bureau dans lequel les comptables tiennent leurs fonds, et où s'effectuent leurs recettes et leurs dépenses. Le mot *caisse* s'entend aussi du montant des fonds et valeurs de portefeuille qui sont entre les mains d'un même comptable.

Les caisses publiques sont placées sous la protection de l'autorité publique; les sous-préfets, les maires, les commissaires de police, et, en un mot, tous les fonctionnaires qui ont le droit de requérir la force armée, sont tenus d'assurer par tous les moyens en leur pouvoir le transport des fonds et la conservation des caisses.

Chaque comptable ne doit avoir qu'une seule caisse, dans laquelle sont réunis tous les fonds appartenant aux divers services dont il est chargé. Il serait déclaré en déficit des fonds qui n'existeraient pas dans cette caisse unique. (I. G., art. 1270.)

L'encaisse des comptables se compose des sommes en numéraire, des pièces de dépenses acquittées pour le compte du receveur des finances ou du payeur et des traites d'adjudicataires de coupes de bois représentées par les récépissés ou déclarations des receveurs des finances. Les billets de banque sont compris parmi les valeurs en numéraire. — Voy. BILLETS DE BANQUE, MONNAIE, TRAITES D'ADJUDICATAIRE.

Le percepteur doit faire sa caisse chaque jour, et constater, sur un carnet ou cahier spécial, le détail, par nature, des valeurs existant matériellement en caisse et en portefeuille. (I. G., art. 1506.) — Voy. CAHIER DE CAISSE. — *Mém.* 1860, p. 183.

L'unité de caisse n'autorise pas les comptables à se mettre en avance d'un service sur l'autre ; ils ne doivent pas non plus se mettre en avance de leurs fonds personnels envers les communes ou les établissements de bienfaisance. —*Mém.* 1834, p. 188.

La spécialité des fonds par service doit être respectée. Ce serait commettre une irrégularité que d'acquitter les dépenses d'une commune avec les fonds d'une autre commune, ou les dépenses de l'État ou du département avec les fonds communaux. En général, quand un percepteur n'a pas en caisse les fonds suffisants pour subvenir à l'acquittement des dépenses, il doit ajourner le créancier jusqu'à ce qu'il ait pu retirer des fonds du Trésor, quand il s'agit d'une dépense communale, ou opérer quelques rentrées, ou demander des fonds de subvention à la recette des finances, s'il s'agit d'une dette de l'État.

Ce principe toutefois n'est pas absolu, et un percepteur pourrait faire un emprunt d'un service à l'autre s'il n'en résultait aucun inconvénient et s'il avait la certitude de rétablir *dans un très-bref délai* l'intégralité des encaisses au moyen des recouvrements ou autrement.

Ainsi, lorsqu'un mandat de remboursement de fonds placés au Trésor:

lui a été délivré pour pourvoir au payement d'une dépense communale, le comptable pourrait sans inconvénient effectuer ce payement au moyen des fonds provenant de ses recouvrements sur contributions directes, sauf à comprendre le mandat de remboursement, comme pièce de dépense, dans son premier versement à la recette des finances; de même, il pourrait acquitter des dépenses de l'État ou du département avec les fonds des communes excédant les besoins du service et destinés à être placés au Trésor, la situation du comptable devant se trouver également régularisée lors du prochain versement.

Ce qu'il importe d'éviter, c'est que les fonds disponibles des communes destinés au payement de leurs dépenses courantes soient détournés de leur destination au profit d'un autre service, de sorte que les mandats qui seraient délivrés ultérieurement ne puissent être acquittés à présentation. — *Mém.* 1860, p. 222.

La spécialité de l'emploi des ressources communales, suivant les crédits ouverts, doit aussi être observée. Le fait de n'avoir pas appliqué au traitement de l'instituteur les fonds destinés à cette affectation serait de nature à engager la responsabilité du maire (Décis. min. int. 1857); il pourrait aussi, suivant les circonstances, engager celle du receveur, si ce comptable, par exemple, avait négligé d'appeler sur ce point l'attention de l'ordonnateur. — *Mém.* 1857. p. 241.

La caisse peut être fermée une heure plus tôt que les bureaux des comptables, pour procéder à l'arrêté des écritures de la journée. — Voy. Bureaux des percepteurs.

Les comptables sont tenus de prendre toutes les précautions nécessaires pour la sûreté des deniers de leur caisse. Pour mettre, en cas de vol, leur responsabilité à couvert, ils doivent coucher, ou faire coucher un homme sûr, dans le lieu où ils tiennent leurs fonds, et, si c'est au rez-de-chaussée, avoir soin de le faire solidement griller. (I. G., art. 1271.) — Voy. Vol de deniers publics.

Caisse des dépôts et consignations. — Etablissement spécial chargé de recevoir, sous sa responsabilité et la garantie de l'État, les consignations judiciaires et administratives, les dépôts obligatoires ou volontaires qui lui sont présentés, et d'administrer les fonds appartenant à divers services publics.

Le directeur général de la caisse des dépôts et consignations emploie l'entremise des receveurs des finances pour effectuer dans les départements les recettes et les dépenses qui concernent le service de cette caisse. (I. G., art. 500.)

Les consignations judiciaires et administratives ont habituellement pour objet : — les deniers offerts réellement, conformément aux articles 1257 et suivants du Code Napoléon (O. 3 juillet 1816, art. 2, § 1er); — les sommes dont les cours et tribunaux ou les autorités administratives, quand ce droit leur appartient, auraient ordonné la consignation, faute par leurs ayants droit de les recevoir ou réclamer, ou le séquestre, en cas de prétentions opposées (O. 3 juillet 1816, art. 2, § 5) ; — les sommes saisies et arrêtées entre les mains de dépositaires ou de débiteurs, à quelque titre que ce soit ; celles qui proviendraient de ventes de biens meubles de toute espèce, par suite de toutes sortes de saisies ou même de ventes volontaires, lorsqu'il y a des oppositions, dans les cas prévus par les articles 656 et 657 du Code de procédure civile (id., art. 2, § 8); — les cautionnements en numéraire d'adjudicataires de travaux et fournitures pour le compte des communes et des établissements de bienfaisance (Circ. int. et fin. 20 et 29 juin 1856); — les cautionnements des fermiers d'octroi des villes et communes pour la garantie exigée par ces villes et communes (Décis. min. fin. 21 juin 1830); — les cautionnements relatifs aux autres services communaux; — les retenues exercées par suite de saisies-arrêts ou oppositions sur les appointements ou traitements civils ou militaires (Arrêté min. des fin. 24 octobre 1837); — les indemnités provisionnelles de dépossession de terrains en matière d'expropriation, lorsque l'urgence a été déclarée, et les prix d'immeubles cédés ou expropriés pour cause d'utilité publique lorsqu'il existe des inscriptions sur l'immeuble exproprié ou d'autres obstacles au versement des deniers entre les mains des ayants droit (L. 3 mai 1841); — les sommes à verser par les adjudicataires d'immeubles dans le cas déterminé par l'article 687 du Code de procédure civile ; — enfin, toutes les autres consignations ordonnées par des lois, ordonnances, décrets, ou décisions administratives. (O. 3 juillet 1816, art. 2, § 14).

Les receveurs des finances reçoivent les consignations suivant les formes prescrites par les instructions du directeur général de la caisse, notamment par l'instruction du 1er décembre 1851, et ils en tiennent un registre, sur lequel sont inscrites les déclarations faites et signées par le consignateur, ou la personne qui le représente.

Les sommes consignées doivent être remboursées, dans le lieu où le dépôt a été fait, à ceux qui justifient de leurs droits, dix jours après la réquisition de payement au préposé de la caisse; cette réquisition doit contenir élection de domicile dans le lieu où demeure le préposé. (I. G., art. 510 et 511.) — Voy. CAUTIONNEMENTS, EXPROPRIATION, OPPOSITIONS, PENSIONS DE RETRAITE, SAISIE-ARRÊT.

Les communes sont autorisées à déposer à la caisse des dépôts et consignations, ou à celle de ses préposés, les excédants disponibles de leurs recettes. La même faculté est accordée à tous les établissements publics autorisés par une décision ministérielle ou préfectorale. Ces dépôts se divisent en dépôts faits et remboursables à la volonté des parties versantes, et en dépôts dont le remboursement est soumis à des conditions particulières. Avant d'admettre ces derniers dépôts, les receveurs des finances doivent consulter la direction générale de la caisse. (O. 3 juillet 1816; I. G., art. 537.)

Les comptes des sommes déposées sont réglés, en capital et intérêts, au 31 décembre, sauf lorsque le remboursement intégral a lieu dans le courant de l'année; mais les intérêts ne sont pas capitalisés ; ils sont tenus à la disposition des communes ou des établissements. Dans les arrondissements de sous-préfecture, les opérations sont arrêtées le 20 décembre; néanmoins, les intérêts sont calculés jusqu'au 31 décembre. (I. G., art. 538.)

Il peut, en outre, être fait, par les communes et établissements, des dépôts à convertir en rentes sur l'État. Avis de ces dépôts est donné sans retard au directeur général de la caisse, afin qu'il puisse être procédé aux achats de rentes. (Id. art. 539.)

Les autres opérations que les receveurs des finances sont appelés à effectuer pour le compte de la caisse des dépôts et consignations concernent principalement — les placements et les remboursements des fonds des caisses d'épargne et de prévoyance, et les remboursements des fonds qui proviennent des caisses d'épargne, supprimées, des instituteurs primaires, — les placements à la caisse de retraites pour la vieillesse et les remboursements de capitaux réservés ou versés irrégulièrement; — les placements et les remboursements des fonds libres des sociétés de secours mutuels; — la recette et le payement des pensions sur fonds spéciaux des préfectures, sous-préfectures, mairies, octrois, hospices. — Voy. CAISSE DE RETRAITES POUR LA VIEILLESSE, CAISSES D'EPARGNE, PENSIONS DE RETRAITES, SOCIÉTÉS DE SECOURS MUTUELS.

Les receveurs des finances délivrent des récépissés à talon pour les sommes dont ils font recette en qualité de préposés de la caisse des dépôts et consignations.

Les payements sont justifiés au moyen des quittances fournies par les parties prenantes et des diverses pièces propres à chaque nature de dépense. Les instructions de la caisse des dépôts règlent ces justifications.

Les receveurs des finances ne doivent opérer aucun remboursement pour le compte de la caisse des dépôts et consignations sans une autorisation spéciale du directeur général de cette caisse, à moins qu'il ne s'agisse des consignations proprement dites, dont le remboursement doit être fait d'office par les comptables, des fonds des caisses d'épargne et des dépôts volontaires effectués par des établissements publics, qui ne peuvent être remboursés que sur les mandats des préfets, maires ou administrateurs compétents. (I. G., art. 501.)

Aux termes de ses statuts, la caisse des dépôts et consignations ne paye les intérêts que sur le pied de 3 0/0, et seulement à partir du 61e jour du dépôt pour les consignations judiciaires, et du 31e jour qui suit le versement pour les dépôts volontaires

Les fonds confiés à la caisse des dépôts et consignations sont employés en rentes sur l'État, partie en compte courant, soit avec le Trésor, soit avec les receveurs généraux des finances, partie en avances faites pour des travaux publics, partie en prêts aux départements, aux communes et aux établissements publics.

Les prêts demandés à la caisse des dépôts et consignations par les communes et les établissements publics sont soumis aux formalités et conditions déterminées par une instruction du directeur général de la caisse, en date du 3 février 1858. — Voy. EMPRUNTS.

Caisse de retraites pour la vieillesse. — Institution publique créée sous la garantie de l'État et qui a pour objet de constituer, à un âge déterminé, aux personnes ayant fait un ou plusieurs versements une rente viagère calculée d'après le montant de ces versements.

La caisse de retraites pour la vieillesse a été fondée par la loi du 18 juin 1850; cette loi a été modifiée par celles des 28 mai 1853, 7 juillet 1856 et 12 juin 1861.

Elle est gérée par l'administration de la caisse des dépôts et consignations. (L. 18 juin 1850, art. 12.)

Les communes peuvent assurer des pensions à leurs employés au moyen de retenues faites sur leurs traitements et versées à la caisse de retraites de la vieillesse. — Voy. PENSIONS DE RETRAITE.

Un règlement de la direction générale des forêts, en date du 26 novembre 1859, approuvé par le ministre des finances, le 26 décembre suivant, assujettit les gardes forestiers des communes et des établissements publics à des retenues sur leur traitement destinées à être placées à leur profit à la caisse de retraites de la vieillesse. Ces retenues sont opérées, par les receveurs municipaux et hospitaliers, lors du payement des mandats. Les mesures de comptabilité relatives à ces retenues ont été déterminées par les circulaires de la direction de la comptabilité générale des finances des 17 mars et 17 juin 1860. — *Mém.* 1860, p. 89 et 96. — Voy. GARDES FORESTIERS.

Une retenue annuelle de 20 fr. est effectuée sur l'indemnité de 300 ou 400 fr. allouée aux porteurs de contraintes, dans le but de leur constituer une pension sur la caisse de retraites de la vieillesse. — Voy. PORTEURS DE CONTRAINTES.

Caisses d'épargne. — Établissements d'utilité publique destinés à recevoir en dépôt les petites économies et à les rembourser à la demande des déposants, en tenant compte des intérêts cumulés.

Les caisses d'épargne sont instituées par décrets impériaux rendus dans la forme des règlements d'administration publique. (L. 5 juin 1835, art. 1er.)

L'initiative de leur création appartient exclusivement aux conseils municipaux, avec ou sans le concours de souscripteurs particuliers.

Toute demande en autorisation doit être adressée au préfet avec le projet de statuts délibéré par le conseil municipal, et dans lequel il prend l'engagement de voter chaque année une subvention au budget de la commune tant que les intérêts du fonds de dotation et les ressources de la caisse ne lui permettront pas de pourvoir intégralement à ses frais d'administration.

Les statuts déterminent : 1° le lieu où la caisse est établie ; 2° la formation et l'emploi du fonds de dotation ; 3° la composition et les fonctions du conseil des directeurs ; 4° le maximum des versements ; 5° les bases de la fixation des intérêts et de leur capitalisation ; 6° la tenue des livrets; 7° l'emploi de la dotation de la caisse en cas de dissolution ; 8° enfin la forme dans laquelle les statuts pourront être modifiés.

La délibération du conseil municipal contenant le texte des statuts est adressée en triple expédition par le préfet au ministre de l'agriculture, du commerce et des travaux publics, qui la renvoie au conseil d'État. Lorsque le conseil d'État a fait connaître son avis, l'autorisation de la caisse et l'approbation de ses statuts sont accordées, s'il y a lieu, par décret de l'Empereur.

Les caisses d'épargne ont le privilége, par le seul effet de leur autorisation, d'ouvrir des succursales partout où elles le jugent convenable; mais nulle succursale ne peut être fondée sans la volonté de la caisse au nom et sous la responsabilité de laquelle elle doit fonctionner. Toutefois, si le concours des caisses en pareille matière est indispensable, il n'est pas nécessaire de leur laisser l'initiative du projet. C'est même plutôt aux communes qu'incombe la tâche de proclamer l'utilité qu'il y aurait pour elles à posséder une succursale.

En émettant le vœu de la création d'une succursale, le conseil municipal doit s'obliger par une délibération à couvrir chaque année, au moyen d'une subvention portée au budget de la commune, l'excédant des dépenses d'administration de cet établissement sur les bonifications produites par les dépôts qui y auront été reçus, jusqu'à ce que ces bonifications suffisent à indemniser la caisse d'épargne de tous les frais auxquels donnera lieu la gestion de la succursale.

Cette délibération doit être soumise à l'approbation du préfet. (Circ. agr. et comm. 12 et 16 janvier 1861.)

Des communes ont établi des caisses d'épargne particulières pour le service des pensions destinées à leurs employés. Les fonds provenant des retenues sur les traitements, des subventions communales, etc., sont déposés à la caisse des dépôts et consignations pour être employés, au fur et à mesure des versements, en achat de rentes sur l'État. — Voy. CAISSE DES DÉPOTS ET CONSIGNATIONS, PENSIONS DE RETRAITE.

Canaux et rivières non navigables. — Voy. SYNDICATS, TAXES DE CURAGE.

Cantonnement. — Le mot *cantonnement* sert à désigner l'abandon que fait le propriétaire d'une portion déterminée de sa propriété pour affranchir le reste des droits d'usage ou des affectations qui la grèvent. Il s'applique également à la partie de terrain abandonnée, à ce titre, aux usagers.

Les communes ou établissements publics qui veulent affranchir leurs bois de droits d'usage, par voie de cantonnement, doivent en adresser la demande au préfet, qui statue sur l'opportunité, après avoir pris l'avis des agents forestiers. (D. 12 avril 1854, art. 6.)

Les études préalables pour déterminer les offres de cantonnement sont faites par deux agents forestiers, auxquels est adjoint un troisième expert, nommé par la commune ou l'établissement propriétaire. Les offres sont soumises au ministre de l'intérieur, et, en cas d'avis favorable, le ministre des finances statue sur la convenance et l'opportunité des offres.

Si l'usager déclare accepter les offres, il est passé entre le préfet et lui, en la forme administrative, un acte constatant son engagement, sous réserve de l'homologation du chef de l'État. Si l'usager propose des modifications au projet de cantonnement, ces modifications doivent être acceptées par la commune ou l'établissement propriétaire et approuvées par le ministre de l'intérieur, avant d'être soumises par le ministre des finances à l'homologation du chef de l'État. Si l'usager refuse d'adhérer aux offres, il en est également référé au ministre des finances, et l'action devant les tribunaux est intentée par le maire ou les administrateurs, suivant les formes prescrites par les lois.

Les indemnités et frais auxquels ont droit les agents forestiers et les vacations du troisième expert sont supportés en entier par les communes ou établissements propriétaires. (D. 12 avril 1854, art. 7.) — Voy. BOIS DES COMMUNES ET DES ÉTABLISSEMENTS PUBLICS, USAGE.

Cantonnier. — Ouvrier stationnaire employé aux travaux de main-d'œuvre pour l'entretien des routes et des chemins vicinaux,

Les *cantonniers employés à l'entretien des routes impériales ou départementales* sont des agents auxiliaires des ingénieurs et des conducteurs des ponts et chaussées. Leur salaire est l'objet de mandats individuels délivrés mensuellement et visés par les payeurs pour être acquittés aux caisses des percepteurs. — Voy. MANDATS A ACQUITTER POUR LE COMPTE DU PAYEUR.

Lorsque les ouvriers auxiliaires ou supplémentaires employés temporairement pour le service des ponts et chaussées sont trop nombreux pour que le payement de leur salaire puisse être effectué au moyen de mandats individuels, ce payement a lieu, comme pour les travaux en régie, par les conducteurs ou piqueurs, à l'aide d'avances qui leur sont faites conformément à l'article 94 du décret du 31 mai 1862 portant règlement général sur la comptabilité publique. Il est expédié autant de certificats de proposition de payement et autant de mandats qu'il y a d'agents chargés de la distribution des salaires ; les mandats, après avoir été visés par le payeur, sont présentés aux caisses sur lesquelles ils sont assignés, et doivent ensuite rentrer, acquittés, au receveur général, qui en fait la remise au payeur. Les agents des ponts et chaussées restent chargés de recevoir les quittances des créanciers réels et de les faire parvenir au payeur dans le mois de la délivrance des fonds. (I. G., art. 707.)

Le payement du salaire des *cantonniers employés sur les chemins de grande communication* est soumis aux règles spéciales indiquées ci-après, lorsque le préfet n'a pas adopté la marche suivie à l'égard des cantonniers attachés au service des ponts et chaussées, laquelle consiste, comme on l'a vu ci-dessus, dans la délivrance de mandats individuels. (I. G., art. 703.)

Tous les mois, sur le certificat de proposition de payement de l'agent voyer en chef, et sur la remise faite par lui des états nominatifs que les agents voyers ordinaires ont dressés et qui contiennent le décompte des sommes dues, le préfet délivre un mandat collectif au nom des créanciers ; l'agent voyer en chef, après avoir reçu ce mandat, accompagné des états nominatifs visés à la préfecture, en forme autant d'extraits ou coupons individuels sur les percepteurs qu'il y a de cantonniers inscrits sur les états ; le mandat et les coupons sont ensuite présentés par lui au payeur, qui appose sur les coupons son *vu bon à payer* par le percepteur, et y met une date qui sert de point de départ pour les délais indiqués plus loin ; les coupons individuels sont rendus à l'agent voyer en chef, qui en fait faire la distribution aux cantonniers. Lorsque ceux-ci viennent toucher le montant des mandats aux caisses des percepteurs, ils doivent y apposer leur signature, ou, s'ils ne savent pas signer, se faire assister par deux témoins. (Id., art. 704.)

Les coupons individuels doivent être présentés aux percepteurs dans les vingt-cinq jours de la date du visa par le payeur, et parvenir à la recette générale, par l'entremise des receveurs particuliers, au plus tard quinze jours après. Le receveur général les remet au payeur, qui lui délivre en échange son récépissé à talon, comme pour les autres pièces justificatives des dépenses acquittées pour son compte. (Id., art. 705.)

S'il arrive que des coupons soient périmés par le défaut de présentation dans le délai de vingt-cinq jours ci-dessus fixé, l'agent voyer en chef, prévenu par le payeur, prend les noms des cantonniers dont les coupons ne sont pas rentrés, afin de remettre en payement, sur leur réclamation, les sommes qui leur sont dues ; il provoque l'annulation du premier certificat de proposition de payement ainsi que du mandat, et il les fait remplacer par d'autres pièces de même nature contenant les sommes réellement payées ; ces nouvelles pièces sont jointes aux états nominatifs de décompte sur lesquels le payeur a dû annoter les coupons non payés dans le délai prescrit. (Id., art. 706.)

Le maire, sur l'avis favorable du conseil municipal et avec l'autorisation du préfet, peut choisir un *piqueur* ou *cantonnier*, qui est chargé, sous l'inspection d'un agent voyer, s'il est possible, de la direction matérielle des travaux de prestation en nature sur les chemins vicinaux ordinaires, et qui rend compte au fonctionnaire chargé de la surveillance de la manière dont l'emploi des journées a eu lieu ; ce compte sert de base à la délivrance des certificats de libération.

Le salaire de ces agents fait partie de la dépense des chemins vicinaux, et il est soldé sur les fonds qui sont affectés aux travaux. Le mandat est appuyé de l'état des journées, arrêté par le maire et quittancé par la partie prenante. Cet état doit être sur papier timbré lorsque la somme à payer excède 10 fr.

Sur la demande des maires et des conseils municipaux, le rapport des agents voyers et l'avis du sous-préfet, le préfet autorise, s'il y a lieu, la nomination de *cantonniers permanents pour l'entretien des chemins vicinaux ordinaires;* deux ou plusieurs communes peuvent être autorisées à se réunir pour l'entretien d'un cantonnier.

Lorsque les cantonniers appartiennent à une seule commune, ils sont nommés par le maire, sous l'approbation du sous-préfet. Lorsqu'ils appartiennent à une réunion de deux ou plusieurs communes, ils sont nommés par le sous-préfet, sur la présentation des maires.

Le traitement des cantonniers communaux est fixé par les conseils municipaux ; les délibérations prises à cet effet sont soumises à l'approbation des préfets. Une expédition de la délibération qui a fixé le traitement est jointe pour la première fois au mandat du maire.

Les quittances de traitement des cantonniers attachés aux chemins vicinaux sont exempte de timbre lorsque le traitement annuel n'excède pas 300 francs. Mais il n'en est pas de même à l'égard des cantonniers aides ou auxiliaires, attendu qu'ils sont considérés comme de simples ouvriers dont les travaux ne sont pas permanents et dont le salaire ne peut être dès lors assimilé à un traitement. Leurs quittances doivent donc être timbrées quand elles excèdent 10 francs. (Circ. compt. gén. 29 février 1856, et Circ. int. 5 novembre 1856. — *Mém.* p. 64, 65 et 284.)

Le cantonnier communal qui ne doit à la commune qu'une partie de son temps, mais qui est occupé pendant la plus grande partie de l'année, c'est-à-dire quand les travaux sont nécessaires et utiles, et qui est rémunéré au moyen d'un traitement fixe, a le caractère d'un employé communal; le payement du traitement mensuel n'exige pas, par conséquent, la production d'un mémoire des journées employées ; la quittance est en outre exempte du timbre si le traitement annuel n'excède pas 300 francs. — *Mém.* 1861, p. 182.

En cas de décès d'un cantonnier, ses héritiers, pour toucher le salaire qui lui restait dû, doivent produire, à défaut d'un acte notarié établissant leurs droits, l'acte de décès du titulaire et un certificat de propriété délivré par le juge de paix. Pour le payement des décomptes de 50 francs et au-dessous, les héritiers sont dispensés de fournir l'acte de décès sur papier timbré, de sorte que les frais de justification d'hérédité se réduisent au coût du timbre de la feuille sur laquelle est établi le certificat de propriété. (Circ. compt. gén., 30 janvier 1857. — *Mém.*, p. 29). — Voy. Chemins vicinaux, Employés communaux, Traitements.

Capitaux. — Voy. Conversion de valeurs, Remboursement de capitaux, Remises, Rentes.

Carence (procès-verbal de). — Le mot carence signifie manque, défaut, absence.

A défaut d'objets saisissables, et lorsqu'il est constant qu'il n'existe aucun moyen d'obtenir le payement de la cote d'un contribuable, il est dressé sur papier libre, par le porteur de contraintes, un procès-verbal de carence, en présence de deux témoins. Ce procès-verbal doit être certifié par le maire.

Le préfet décide, selon les cas d'insolvabilité, s'il y a lieu de mettre les frais de ce procès-verbal à la charge des percepteurs, ou s'ils sont susceptibles d'être imputés, comme la cote elle-même, sur le fonds de non-valeurs. (Règl. sur les poursuites, art. 78. — *Mém.* 1861, p. 364.)

Les procès-verbaux de carence servent à constater l'insolvabilité des contribuables qui auraient primitivement été réputés solvables, et contre lesquels une saisie, précédée de commandement, aurait été intentée. Quant aux contribuables dont l'insolvabilité serait notoire, les percepteurs doivent se borner, au moment où ils reconnaissent cette insolvabilité, à obtenir des certificats des maires attestant l'indigence desdits contribuables.

Les procès-verbaux de carence sont individuels ou collectifs, suivant le nombre des contribuables insolvables contre lesquels la saisie aurait été dirigée dans le même jour. Ils sont rédigés en double original et sur papier libre. L'un des doubles reste entre les mains des percepteurs, pour être joint, comme pièce justificative, à l'appui des états de cotes irrecouvrables ; l'autre double est mis à l'appui des états de payement du salaire des porteurs de contraintes, pour rester ensuite à la recette particulière.

Le salaire des porteurs de contraintes et des témoins pour les procès-verbaux de carence est fixé par le tarif des frais de poursuites arrêté par le préfet pour chaque département.

Dans le cas où les témoins auraient été pris hors de la commune, leur salaire serait alloué comme si la saisie avait été effectuée, et conformément à la taxe réglée par ce dernier acte. (Id., art. 78 bis.) — Voy. COTES IRRECOUVRABLES, INDIGENCE, POUSUITES.

Carnet. — Livre auxiliaire des comptes qui exigent des développements particuliers.

Les carnets à tenir par les percepteurs receveurs municipaux sont : 1° le carnet d'excédants de versements résultant des ordonnances de dégrèvements, soit sur contributions, soit sur les taxes communales; 2° le carnet des rentes et créances à recouvrer pour les hospices; 3° le carnet des titres de recette et des dépenses à payer en plusieurs années ; 4° enfin, le carnet de comptes spéciaux pour les communes et établissements qui ont des revenus importants.

Pour la forme de ces différents carnets, voy. ÉCRITURES, ORDONNANCES DE DÉGRÈVEMENT, RENTES ET CRÉANCES.

Carrières. — Les carrières renferment les ardoises, les grès, les pierres à bâtir et autres, les marbres, granits, pierres à chaux, pierres à plâtre, les pouzzolanes, le trass, les basaltes, les laves, les marnes, craies, sables, pierres à fusil, argiles, kaolin, terre à foulon, terre à poterie, les substances terreuses et les cailloux de toute nature, les terres pyriteuses, regardées comme engrais, le tout exploité à ciel ouvert ou avec des galeries souterraines

Si les extractions, dans une carrière communale, étaient entreprises et abandonnées par intervalles et ne présentaient rien de fixe et de régulier, le produit devrait figurer au budget au chapitre des recettes extraordinaires; si, au contraire, la carrière était l'objet d'une exploitation suivie et habituelle, de manière à ce que la commune en retirât un revenu annuel, ce produit devrait figurer dans la catégorie des recettes ordinaires. — *Mém.* 1861, p. 262.

L'exploitation des carrières communales peut être mise en ferme par adjudication publique. Un cahier des charges détermine, dans ce cas, les limites des terrains où l'exploitation pourra être effectuée et les conditions auxquelles l'entrepreneur sera soumis, soit dans l'intérêt de la sécurité publique, soit pour garantir à la commune le recouvrement du prix de l'adjudication. Ce cahier des charges doit être préalablement approuvé par le préfet.

L'exploitation des carrières dans les bois des communes et des établissements publics ne peut avoir lieu qu'en vertu d'une autorisation du directeur général des forêts, qui règle les conditions et le mode d'exploitation. (O. 1er août 1827, art. 169.) — Voy. ADJUDICATION, BAUX, BOIS DES COMMUNES ET DES ÉTABLISSEMENTS PUBLICS.

Casernement militaire. — Voy. FRAIS DE CASERNEMENT.

Casuel. — Les fabriques et le clergé sont autorisés à percevoir des droits casuels à l'occasion de certaines cérémonies religieuses, telles que le baptême, le mariage, les sépultures, etc.

Aucun droit casuel ne peut être perçu qu'en vertu d'un règlement de l'évêque, approuvé par le chef de l'État. (L. 18 germinal an X, art. 69.)

La fabrique peut faire au curé, et réciproquement le curé peut faire à la fabrique, la cession de tous ses droits casuels. Une pareille cession n'a rien d'illégal et doit être exécutée. (Arrêt cons. d'État, 4 mars 1830.)

D'après la jurisprudence suivie au ministère de l'intérieur, les administrations municipales peuvent valablement passer avec les curés ou desservants des traités au moyen desquels le produit des droits casuels est remplacé par une subvention annuelle portée au budget communal On ne voit rien qui s'oppose à l'homologation de semblables traités, surtout lorsque les communes ne consacrent à leur exécution que l'excédant de leurs revenus. En effet, ils ont pour objet d'affranchir les curés ou desservants de rapports d'intérêts avec leurs paroissiens qui sont toujours pénibles à l'ecclésiastique et, d'un autre côté, les allocations qui y sont stipulées peuvent être considérées comme le prix d'un service rendu. (Décis. min. de l'int. 1859.)

Le modèle de règlement pour le service intérieur des hospices et hôpitaux, joint à l'instruction du 31 janvier 1840 (*Mém.* p. 114) porte que le casuel provenant de l'exercice du culte doit tourner au profit des établissements charitables et entrer dans la caisse du receveur. Il serait irrégulier de comprendre tout ou partie de ce produit dans les avantages accordés aux aumôniers.

Toutefois, en principe, les hospices n'ont pas le droit de profiter du produit des frais d'inhumation et des services funéraires célébrés dans les chapelles de ces établissements. Le droit de percevoir le produit des droits et oblations et celui des frais d'inhumation est exclusivement attribué aux fabriques paroissiales par l'article 36, § 10, du décret du 30 décembre 1809.

Les fabriques peuvent donc, si elles le jugent à propos, exercer leur droit sur le casuel dont il s'agit, en vertu du décret précité ; mais, dans ce cas, les commissions administratives des hospices sont fondées, de leur côté, à demander que les fabriques soient chargées de pourvoir gratuitement à la sépulture des indigents décédés dans les hospices, attendu que le droit des fabriques est une conséquence de l'obligation qui pèse sur elles de donner gratuitement l'inhumation aux indigents.

Une dissidence s'étant élevée sur la question à ce double point de vue, il a été décidé entre le ministre de l'intérieur et le ministre de l'instruction publique et des cultes que rien ne serait changé en ce qui concerne la perception actuellement faite par les commissions administratives du casuel des services non gratuits qui sont célébrés dans les chapelles des hospices. (Décis. min. 1858. — *Mém.* p. 249.) — Voy. FABRIQUES, HOSPICES, POMPES FUNÈBRES.

Caution.—Celui qui se rend caution d'une obligation se soumet envers le créancier à satisfaire à cette obligation, si le débiteur n'y satisfait pas lui-même (C. N., art. 2011). Fournir caution, c'est présenter quelqu'un qui consente à répondre de l'exécution de l'engagement que l'on prend.

On peut se rendre caution non-seulement du débiteur principal, mais encore de celui qui l'a cautionné (C. N., art. 2014). Celui qui répond ainsi de la solvabilité d'une caution se nomme certificateur de caution,

La caution n'est obligée envers le créancier à le payer qu'à défaut du débiteur, qui doit être préalablement discuté dans ses biens, à moins que la caution n'ait renoncé au bénéfice de discussion, ou à moins qu'elle ne se soit obligée solidairement avec le débiteur ; auquel cas l'effet de son engagement se règle par les principes qui ont été établis pour les dettes solidaires. (C. N., art. 2021.)

L'administration exige souvent des adjudicataires la présentation d'une caution, notamment en matière de baux, de fournitures ou de travaux.

Les adjudicataires de coupes de bois, notamment, sont assujettis à fournir une caution et un certificateur de caution. — Voy. Coupes de bois.

Mais on a généralement, pour les adjudications de travaux, substitué à la garantie de la caution celle plus facile à réaliser et plus sûre du cautionnement. Seulement, lorsque l'adjudicataire ne peut se cautionner lui-même, il est tenu de présenter une caution qui s'oblige à fournir en son lieu et place les garanties exigées. — Voy. Cautionnement, Fournitures, Travaux.

Dans le cas où, un adjudicataire étant devenu insolvable, il y a lieu de recourir à la caution, la commune peut obtenir un jugement dont l'inscription lui assure une garantie sur les biens présents ou à venir de ce débiteur. Mais elle ne peut poursuivre la caution qu'avec l'autorisation du conseil de préfecture. — *Mém.* 1844, p. 277.

Lorsqu'il est stipulé au cahier des charges d'une adjudication que l'adjudicataire qui ne paraîtra pas solvable sera tenu, sur mise en demeure, de fournir caution, le receveur n'a pas besoin de l'autorisation du maire pour obliger l'adjudicataire à fournir cette garantie, puisque l'article 1026 de l'Instruction générale dispose formellement que les cautionnements des adjudicataires doivent être réalisés à la diligence des receveurs. Cependant, si le maire, jugeant, de son côté, que la solvabilité de l'adjudicataire rend cette précaution superflue, interposait son autorité pour dissuader le receveur de la réclamer, celui-ci devrait alors demander au maire un ordre écrit de ne pas exiger de caution de l'adjudicataire. Le receveur devrait, en outre, donner immédiatement connaissance de cet incident au préfet, ainsi qu'au receveur des finances. En agissant ainsi, le comptable se trouverait prémuni contre tout danger ultérieur pour sa propre responsabilité. — *Mém.* 1859, p. 131.

L'adjudicataire obligé de fournir une caution doit la présenter d'une solvabilité certaine, car il est bien entendu que c'est une garantie sérieuse que les parties ont entendu stipuler. Si donc, par une raison quelconque, la caution devient insolvable ou vient à donner de justes motifs de suspicion quant à sa solvabilité, il est certain que la commune ou l'établissement intéressé est parfaitement fondé à mettre son débiteur en demeure de fournir une nouvelle caution, c'est-à-dire de donner des sûretés nouvelles, s'il veut continuer à jouir du terme qui lui a été concédé. — *Mém.* 1860, p. 106.

Le receveur municipal à le droit de discuter la solvabilité des cautions présentées par les adjudicataires.

Les cahiers des charges et les procès-verbaux d'adjudication étant soumis à l'approbation du préfet, c'est à ce magistrat d'apprécier si les garanties nécessaires ont été stipulées et si les formalités prescrites par la loi et les règlements ont été observées. Le receveur a qualité, dans l'intérêt de sa responsabilité, pour s'adresser à ce magistrat à l'effet de faire insérer dans le cahier des charges que les adjudicataires auront à fournir caution, ou de faire consigner dans le procès-verbal, si on a refusé de le faire, ses observations et ses réserves sur le défaut de cautionnement ou de dispense motivée. — *Mém.* 1861, p. 434. — Voy. ADJUDICATIONS, BAUX, CAUTIONNEMENT DES ADJUDICATAIRES, FOURNITURES, TRAVAUX.

Cautionnement des adjudicataires de fournitures et travaux. — Les cahiers des charges doivent déterminer la nature et l'importance des garanties que les fournisseurs ou entrepreneurs ont à produire, soit pour être admis aux adjudications, soit pour répondre de l'exécution de leurs engagements. Ils règlent aussi l'action que l'administration pourra exercer sur ces garanties, en cas d'inexécution de ces engagements. (O. 14 novembre 1837, art. 4 ; I. G., art. 1023.)

Les cautionnements fournis par les entrepreneurs ont uniquement pour objet de garantir que les travaux seront exécutés dans le délai et selon le mode déterminés et ne s'étendent pas, à moins de stipulation contraire insérée dans le cahier des charges, à l'obligation qui leur est imposée par l'article 1792 du Code Napoléon de répondre pendant dix ans de la ruine que pourraient éprouver les travaux par le vice de leur construction ; ils ne subsistent pas, par conséquent, jusqu'à l'expiration de ces dix années. — *Mém.* 1839, p. 209.

Réalisation des cautionnements. — Les cautionnements à fournir par les adjudicataires doivent être réalisés à la diligence des receveurs des communes auxquels il est remis, à cet effet, une copie, et, s'il est nécessaire, une expédition en forme du procès-verbal d'adjudication et du cahier des charges. (O. 14 novembre 1837, art. 5.)

Les cautionnements peuvent être faits en numéraire, en immeubles ou en inscriptions de rentes sur l'État, suivant que le cahier des charges l'aura déterminé.

Les cautionnements en *numéraire* sont reçus, dans les départements, par les receveurs des finances, en qualité de préposés de la caisse des dépôts. Toutefois, les fonds sont remis provisoirement au receveur municipal, qui en délivre quittance à souche, les porte à un compte d'ordre spécial, et en fait le versement dans le plus court délai possible à la recette des finances. Il lui en est remis un récépissé au nom de l'adjudicataire, avec mention que ce récépissé est destiné à remplacer la quittance à souche. Une déclaration, tenant lieu de duplicata du recépissé, sert au receveur municipal de justification de son versement.

Lorsque les cautionnements sont réalisés en *immeubles*, l'inscription doit être prise au nom des communes intéressées ; il doit être stipulé que les immeubles sont libres de tous priviléges et hypothèques, et le receveur veille à ce qu'il en soit régulièrement justifié.

Quant aux cautionnements en *inscriptions de rentes sur l'État*, les actes d'affectation sont passés soit avec le directeur de l'enregistrement, soit avec l'agent judiciaire du Trésor, conformément aux règles prescrites pour les cautionnements de même nature fournis par les receveurs d'hospices. (I. G., art. 1026.)

Lorsqu'un cautionnement en numéraire a été fourni par des tiers, ceux-ci font constater leurs droits de privilége de second ordre dans les déclarations de versement à inscrire sur le livre des consignations, et ils interviennent, à cet effet, dans les déclarations qu'ils signent concurremment avec les fournisseurs et adjudicataires. Ils ne peuvent suppléer à l'accomplissement de cette formalité que par la signification extrajudiciaire aux préposés entre les mains desquels les cautionnements ont été versés, d'un acte notarié conforme au modèle annexé au décret du 22 décembre 1812. (I. G., art. 528.)

Les cautionnements en immeubles peuvent être fournis par l'adjudicataire ou par des tiers répondants, mais ils doivent toujours être consentis par un acte spécial passé devant notaire, conformément à l'article 2127 du Code Napoléon ; il doit être stipulé dans cet acte que les immeubles sont libres de tous privilèges et hypothèques, et le receveur veille à ce qu'il en soit régulièrement justifié. Il est pris, en vertu de cet acte, une inscription au bureau des hypothèques de la situation des biens grevés, par application des dispositions de l'article 2146 du même Code.

Il est interdit aux comptables de recevoir aucun cautionnement en rentes au porteur, attendu que ces sortes de rentes, par leur caractère spécial, sont loin d'offrir la sécurité d'un titre nominatif. Si un entrepreneur offrait d'affecter à son cautionnement une rente au porteur, l'autorité qui procède à l'adjudication devrait exiger qu'elle fût préalablement convertie en une inscription nominative. (Arrêté du min. des fin. 25 novembre 1832. — *Mém.* 1833, p. 63.)

Avant le jour de chaque adjudication, une expédition du cahier des charges doit être adressée par l'administration locale au receveur des finances de l'arrondissement, afin que ce comptable puisse veiller à ce que les inscriptions de rentes lui soient remises en dépôt, s'il juge cette remise utile à sa responsabilité. (I. G., art. 1029.)

Quant à la quotité des cautionnements à exiger des soumissionnaires, il est d'usage d'en fixer le taux au vingtième du prix d'adjudication, proportion admise pour les entreprises des ponts et chaussées. Cette base peut être appliquée en général, sauf les exceptions que l'espèce et l'importance des ouvrages sembleraient comporter ; une entière latitude est laissée, sur ce point, à l'autorité administrative locale. (Circ. int. 25 mars 1838.)

Dépôts de garantie. — Indépendamment des cautionnements définitifs que doivent fournir les adjudicataires, les soumissionnaires peuvent être astreints par le cahier des charges au versement d'un dépôt provisoire, qui leur est rendu après l'adjudication s'ils ne sont pas déclarés adjudicataires ; les receveurs des communes et établissements de bienfaisance reçoivent ces dépôts, les constatent au compte d'ordre dont il est parlé ci-dessus, en opèrent le remboursement, ou font convertir en cautionnements définitifs ceux qui ont été versés par les soumissionnaires devenus adjudicataires, d'après la marche indiquée ci-après. Les actes de dépôts sont passés avec les maires des communes. (I. G., art. 1027.)

Les dépôts préalables peuvent être opérés en numéraire ou en inscriptions de rentes sur l'État. Le capital des rentes déposées en garantie ou à titre de cautionnement est calculé au pair pour les rentes 4 1/2 et 4 p. 0/0, et au taux de 75 francs pour les rentes 3 p. 0/0. Le capital représentatif doit, en conséquence, figurer tant dans les quittances à délivrer aux soumissionnaires qu'au compte à ouvrir pour ces sortes d'opérations. (I. G., art. 1177 et 1178.)

Les receveurs des communes et établissements de bienfaisance enregistrent ces dépôts à leur journal à souche et ils en délivrent quittance. En remettant cette quittance aux soumissionnaires, les receveurs les préviennent qu'après l'adjudication ils devront faire constater au dos, par l'autorité qui aura présidé à l'adjudication, s'ils sont ou non adjudicataires, et s'ils ont droit, dès lors, au remboursement du dépôt ou à un récépissé pour cautionnement. Pour obtenir le remboursement de leurs dépôts, les soumissionnaires sont tenus de représenter au receveur la quittance portant la mention qu'ils n'ont pas été déclarés adjudicataires. Les remboursements sont constatés par un reçu des parties souscrit également au verso des quittances à souche qui leur ont été délivrées et qu'elles doivent rendre au receveur municipal. (Id., art. 1104, 1179 et 1180.)

Les dépôts en inscriptions de rentes exigent quelques formalités particulières, qui vont être indiquées. Tout déposant qui remet des inscriptions doit signer un acte sur papier timbré (*modèle* nº 242), fait double entre lui et le maire, par lequel il affecte le dépôt à la garantie de sa soumission, en donnant, à cet effet, au directeur de l'enregistrement, pour les rentes départementales, et à l'agent judiciaire du Trésor, pour les rentes directes, tout pouvoir de vendre, réaliser et signer le transfert des inscriptions déposées, et d'en appliquer le produit conformément au cahier des charges. Pour que cette déclaration puisse atteindre le but proposé, il est nécessaire que les cahiers des charges contiennent une clause énonçant « qu'en cas de renonciation de la part de l'adjudicataire, manifestée soit « par son refus de signer au procès-verbal, soit par le non-accomplisse- « ment de l'obligation de fournir un cautionnement dans le délai de...., « le dépôt par lui fait pour la garantie de sa soumission restera acquis à « la commune ou à l'établissement, à titre de dommages-intérêts. » Les deux doubles d'actes sont annulés lorsque les dépôts sont restitués aux soumissionnaires qui ne sont pas devenus adjudicataires. (I. G., art 1183.)

Les dépôts en numéraire faits par les soumissionnaires qui deviennent adjudicataires sont versés immédiatement, comme il est dit plus haut pour les cautionnements définitifs, au receveur des finances préposé de la caisse des dépôts et consignations.

Quant aux dépôts faits en inscriptions de rentes par les soumissionnaires devenus adjudicataires, le receveur doit, aussitôt après l'adjudication, transmettre au chef de la direction du contentieux des finances ou au directeur de l'enregistrement les inscriptions de rentes, l'acte du cautionnement provisoire et un exemplaire du procès-verbal d'adjudication; il y joint un certificat sur papier timbré, délivré par les autorités qui sont intervenues à l'adjudication et indiquant sommairement les conditions du marché, la quotité du cautionnement et la disposition qui autorise l'adjudicataire à le fournir en rentes. (I. G., art. 1026 et 1183.)

Lorsque les adjudications doivent être passées au chef-lieu d'arrondissement de sous-préfecture, le cahier des charges stipule que les dépôts de garantie et les cautionnements seront versés directement pour le compte des communes, à la caisse des receveurs des finances; dans ce cas, les receveurs des finances constatent les dépôts suivant le mode prescrit pour les dépôts des soumissionnaires de fournitures ou travaux intéressant l'État ou des départements. Ils restituent les dépôts sur l'attestation, qu'ils se font remettre par l'autorité qui a présidé à l'adjudication, que les soumissionnaires qui les avaient faits ne sont pas devenus adjudicataires, quant aux dépôts à convertir en cautionnements, s'il s'agit de dépôts en numéraire, ils en font l'application au compte de la caisse des dépôts et consignations, et, pour les inscriptions de rentes, ils les remettent aux receveurs municipaux ou hospitaliers qui leur en donnent une reconnaissance, et qui restent chargés de provoquer l'acte définitif de cautionnement, comme si les dépôts eussent été primitivement effectués entre leurs mains et conformément à ce qui est indiqué ci-dessus. (I. G., art. 1028.) — Voy. ADJUDICATIONS, FOURNITURES, TRAVAUX.

Intérêts des cautionnements. — Les administrations doivent avoir soin de ne stipuler dans leurs cahiers de charges, pour les cautionnements en numéraire, qu'un intérêt de 3 p 0/0, afin de n'avoir pas à payer aux titulaires une somme plus considérable que celle que payera elle-même la caisse des dépôts. (Circ. int. 31 mai 1838. — *Mém.* p. 161.)

Les intérêts des cautionnements sont servis, par la caisse des dépôts, à partir du 61e jour de la date du versement à titre de consignation, et réglés au 31 décembre de chaque année. (I. G., art. 1026.) — Voy. INTÉRÊTS DE CAUTIONNEMENTS.

Remboursement des cautionnements. — Le cautionnement est destiné à garantir les faits de l'adjudicataire pendant toute la durée de ses opérations.

Il ne peut être remboursé qu'après réception des travaux et liquidation des comptes de l'entreprise, et sur une autorisation spéciale du préfet. (Circ. int. 25 mars 1838.)

Le remboursement des capitaux de cautionnement est fait à la caisse du receveur des finances, préposé de la caisse des dépôts, qui a reçu le versement. Les receveurs des communes et établissements publics n'ont pas à intervenir pour ce remboursement, non plus que pour la mainlevée des hypothèques ou la remise des inscriptions de rentes, en ce qui concerne les cautionnements réalisés en immeubles ou en rentes sur l'État.

Ecritures. — Les receveurs étant chargés, comme on l'a vu plus haut, de recevoir les dépôts provisoires faits par les soumissionnaires de travaux et fournitures entrepris pour le service des communes ou établissements et de suivre la réalisation du cautionnement définitif à verser par les soumissionnaires devenus adjudicataires, doivent tenir pour ces opérations un compte intitulé : Dépôts de garantie et cautionnements pour adjudications et marchés. Ils y portent, en recette, les dépôts qui sont effectués entre leurs mains, en inscrivant, dans des colonnes distinctes, les dépôts en numéraire et les dépôts en inscriptions de rentes sur l'État. Lorsqu'ils restituent les dépôts aux soumissionnaires non adjudicataires, ils en font dépense audit compte ; ils y font aussi dépense des dépôts en rentes sur l'État convertis en cautionnements définitifs, et dont la remise est faite soit au directeur des domaines du département, soit au directeur du contentieux des finances. Quant aux dépôts en numéraire à convertir en cautionnements, le versement en est opéré par le receveur municipal au receveur des finances, comme préposé de la caisse des dépôts et consignations. (I. G., art. 1480.)

Les receveurs sont tenus de rendre compte et de produire les pièces justificatives de ces opérations. — Voy. COMPTE DE GESTION, PIÈCES JUSTIFICATIVES.

Cautionnement des fermiers des biens ruraux des communes et établissements de bienfaisance. — Le cahier des charges contenant les clauses et conditions sous lesquelles doit être faite la mise à ferme des biens ruraux des communes et des établissements de bienfaisance doit déterminer les garanties que l'adjudicataire aura à fournir pour assurer le payement du fermage. (I. G., art. 855.)

Les cautionnements à fournir doivent être faits en numéraire, en immeubles, ou en inscriptions de rentes nominatives sur l'État. On suit pour la réalisation de ces différentes sortes de cautionnements les règles rappelées ci-dessus pour les cautionnements des adjudicataires des fournitures et travaux. — Voy. CAUTIONNEMENT DES ADJUDICATAIRES.

L'arrêté du 19 vendémiaire an XII imposant aux receveurs l'obligation de veiller à la conservation des biens et des revenus des communes ou établissements de bienfaisance, de requérir l'inscription des priviléges et hypothèques, et d'en justifier dans leur compte annuel, ces comptables ne peuvent, sans engager leur responsabilité personnelle, négliger aucune des précautions nécessaires pour assurer le payement de l'intégralité des termes à échoir et l'exécution de toutes les conditions du bail.

Lorsque les cautionnements sont fournis en immeubles, les receveurs ne peuvent se dispenser de prendre inscription, même à raison de la solvabilité notoire des fermiers et de leurs cautions. La circonstance qu'ils auraient perçu tous les termes des baux échus pendant leur gestion ne saurait dégager leur responsabilité. En cas de cessation de fonctions, il est sursis au quitus et à la décharge définitive des comptables jusqu'à ce que toutes les redevances stipulées dans les baux aient été intégralement recouvrées, à moins qu'il ne soit justifié que, depuis le jour où il aurait pu être requis inscription, il n'a été pris, de la part d'autres créanciers, aucune inscription préjudiciable aux communes ou établissements intéressés sur les biens affectés à la garantie du payement des redevances. (Arrêt de la cour des comptes, 16 février 1837. — *Mém.* p. 177.)— Voy. ACTES ET MESURES CONSERVATOIRES, BAUX.

Cautionnement des préposés comptables et des fermiers d'octroi ou autres perceptions communales. — Les receveurs ou préposés comptables et fermiers des octrois sont astreints à verser au Trésor un cautionnement fixé par le ministre des finances à raison du 25e du montant brut de la recette présumée; les fermiers d'octroi ne sont tenus à ce cautionnement que si le prix du bail s'élève à 5,000 francs et au-dessus. Lorsque les receveurs ou fermiers ont été chargés de percevoir à la fois les droits d'entrée au profit du Trésor et les droits imposés au profit des communes, et qu'ils veulent obtenir le remboursement de leur cautionnement ou leur application à une autre gestion, ils doivent produire un certificat de quitus délivré par les receveurs principaux des contributions indirectes et par les receveurs des communes, qui y apposent conjointement leur signature. Les directeurs des contributions indirectes visent ce certificat. Les maires des communes doivent y apposer aussi leur visa dans ces termes : « Vu par le maire de la commune de..., qui, après « avoir comparé les recettes déclarées sur les registres du contrôle ad- « ministratif aux versements constatés dans les écritures du receveur mu- « nicipal, reconnaît le sieur..., receveur du bureau de..., quitte et libéré « de sa gestion envers la commune. » Le certificat, revêtu de ces formalités, est transmis au directeur de la comptabilité générale des finances par le directeur des contributions indirectes.

Pour les communes où les receveurs des droits d'octroi ne sont pas chargés de la perception des droits d'entrée, le certificat de quitus délivré dans la même forme que celui dont il vient d'être question est signé par le receveur municipal seulement, visé par le maire, et envoyé au directeur de la dette inscrite.

Indépendamment du cautionnement dont il est parlé ci-dessus, les fermiers d'octroi sont astreints, envers les communes, à un cautionnement égal au quart du prix annuel de l'adjudication ; ce cautionnement peut être constitué en immeubles, en rentes sur l'État, ou en numéraire. Les inscriptions de rentes sont déposées au Trésor, s'il s'agit d'inscriptions directes, et entre les mains du directeur des domaines, si le cautionnement est réalisé en inscriptions départementales, conformément à la marche indiquée pour les cautionnements de même nature fournis par les receveurs spéciaux des établissements de bienfaisance ; le numéraire est versé à la caisse des dépôts. L'autorité locale a droit de réduire le cautionnement des fermiers au-dessous du quart de la mise à prix. (I. G., art. 924.)

Les dispositions de ce dernier alinéa sont applicables aux cautionnements à fournir par les fermiers des droits de location des places dans les halles, foires, marchés, abattoirs, etc., par les fermiers des droits de péages communaux, et des droits de pesage, mesurage et jaugeage. (Id., art. 925 et 926.)

Ces derniers cautionnements sont remboursés sur la justification d'une autorisation du préfet et d'un certificat de non-opposition délivré par le greffier du tribunal de première instance dans le ressort duquel s'est effectué le service qui a donné lieu au cautionnement. — *Mém.* 1860, p. 112. — Voy. Droits de pesage, Droits de places, Octroi, Péages communaux.

Cautionnement des percepteurs et des receveurs des communes et d'établissements de bienfaisance. — Ces cautionnements sont affectés par premier privilége au payement des débets des comptables et à la garantie des condamnations prononcées contre eux pour faits relatifs à leur gestion. (L. 5 septembre 1807, art. 3.)

Ils sont affectés ensuite au remboursement des bailleurs de fonds, en tant que ceux-ci ont acquis un privilége de second ordre par l'accomplissement des formalités prescrites à cet effet; et subsidiairement au payement, dans l'ordre ordinaire de contribution, des créances particulières exigibles contre les titulaires des cautionnements.

Le cautionnement d'un comptable public peut être valablement transporté à des tiers, par les voies ordinaires, sans préjudice toutefois des priviléges dont il vient d'être question.

Il peut aussi être formé des oppositions sur les cautionnements, soit au Trésor, soit aux greffes des tribunaux. (L. 25 nivôse et 6 ventôse an XIII.)

Fixation des cautionnements Les cautionnements à fournir par les percepteurs et les receveurs de communes et d'établisements de bienfaisance sont fixés dans chaque arrêté de nomination, et doivent être réalisés avant l'installation des comptables.

Ils sont calculés d'après les bases suivantes :

Pour la perception des contributions directes, 10 fr. p. 0/0 sur les premiers 100,000 fr. du montant des rôles généraux et supplémentaires du dernier exercice; — 6 fr. 50 c. p. 0/0 sur les 400,000 fr. suivants; — 5 fr. p. 0/0 sur toute somme excédant les premiers 500,000 francs;

Pour le service des communes et des établissements de bienfaisance, 10 fr. p. 0/0 du montant des recettes ordinaires réalisées pour le dernier exercice. (L. 28 avril 1816, art. 83; 8 août 1847, art. 13; I. G., art. 1221.)

Lorsque les revenus des établissements de bienfaisance d'une même perception ne s'élèvent pas à 1,000 fr., les receveurs sont dispensés de fournir un cautionnement. (I. G., art. 1222.)

Les cautionnements sont solidairement affectés aux diverses gestions dont un même comptable se trouve chargé cumulativement. (O. 17 septembre 1837, art. 11; I. G., art. 1223.)

Dans les premiers jours du mois de mai de chaque année, au plus tard, le receveur général adresse à la direction de la comptabilité générale des finances, pour les divers arrondissements du département, et après avoir fait former, par les receveurs particuliers, celui qui concerne leur arrondissement respectif, un état contenant les renseignements nécessaires pour servir à la fixation des cautionnements et à la classification des perceptions. (I. G., art. 1224.)

Il peut être procédé à la révision des cautionnements des percepteurs en fonction lorsque, pendant trois ans consécutifs, ces cautionnements ont été reconnus inférieurs d'un cinquième au moins aux proportions ci-dessus. Toutefois, les receveurs des finances ne doivent user de cette faculté qu'avec réserve et discernement. Les demandes en révision ont lieu au moyen d'un état (*modèle* n° 253) dressé par le receveur général et remis au préfet pour être envoyé par lui au ministère (direction du personnel) avec ses observations. (Id., art. 1225.)

Sauf le cas d'insuffisance, la révision des cautionnements demeure en principe subordonnée à la mutation des comptables.—*Mém.* 1861, p. 125.

Réalisation des cautionnements. — Les cautionnements des percepteurs receveurs municipaux et d'établissements de bienfaisance, et des receveurs spéciaux de communes, doivent être faits en numéraire et versés au Trésor public.

Les cautionnements des receveurs spéciaux d'établissements de bienfaisance sont fournis en numéraire, en immeubles, en rentes sur l'État, ou partie en immeubles et partie en rentes sur l'État. Ils ne peuvent être réalisés en numéraire qu'avec l'autorisation du préfet; le versement est fait, dans ce cas, aux caisses des monts-de-piété. La portion de ces cautionnements afférente aux revenus en nature est réduite de moitié lorsque l'économe a réalisé le cautionnement auquel il est assujetti par l'article 2 de l'ordonnance royale du 29 novembre 1831. (I. G., art. 1226 et 1231.)

Les comptables assujettis à verser un *cautionnement en numéraire* doivent verser ce cautionnement au Trésor public, ou, pour son compte, dans les caisses des receveurs des finances, et il leur en est délivré des récépissés à talon; la production de ces récépissés, ou de déclarations de versement en tenant lieu, est indispensable pour l'inscription des cautionnements sur les livres du Trésor.

Les formules de récépissés pour cautionnements doivent contenir l'avis suivant: « Les intérêts de cautionnements ne peuvent être acquittés qu'au vu « du certificat constatant que la somme versée a été inscrite au Trésor. « Il importe donc, afin d'éviter tout retard de payement, que le présent

« récépissé soit transmis à la direction de la dette inscrite (section des « cautionnements), pour y être échangé contre le certificat d'inscription « dont il s'agit (Arrêté du Gouvernement, 24 germinal an VIII). »

Indépendamment du récépissé, il est délivré d'office aux parties une déclaration de versement, afin que, nanties de cette pièce, elles n'hésitent pas à faire l'envoi du récépissé.

Il ne doit être inséré dans les récépissés de cautionnement aucune mention de privilége de second ordre en faveur de tiers, ce privilége ne pouvant s'obtenir qu'au moyen d'une déclaration faite devant notaire, dans la forme indiquée par les décrets des 28 août 1808 et 22 décembre 1812. (I. G., art. 795.)

Les receveurs généraux sont chargés de la transmission à la direction de la dette inscrite des récépissés délivrés pour les cautionnements des percepteurs et des receveurs municipaux ; à cet effet, chaque receveur particulier des finances doit, au moment de l'installation d'un percepteur ou d'un receveur municipal, et après la prestation de serment, se faire remettre le récépissé constatant le versement du cautionnement du comptable installé ; il l'adresse au receveur général du département, qui en fait l'envoi au ministère des finances avec ceux qu'il a pu recueillir comme receveur particulier de l'arrondissement du chef-lieu. Dans le cas où, par un motif quelconque, le récépissé ne peut être produit, il y est suppléé par une déclaration de versement (Id.. art. 796.)

Les receveurs d'établissements de bienfaisance qui veulent fournir leur *cautionnement en immeubles* doivent présenter à la commission administrative, avec la désignation des immeubles qu'ils offrent en garantie, les pièces constatant que ces immeubles sont présentement libres de tous priviléges et hypothèques et d'une valeur qui excède d'un tiers au moins la fixation en deniers du cautionnement. Cette justification est faite aux frais du comptable. Au vu des pièces, la commission administrative délibère sur l'acceptation des immeubles offerts: s'il s'élève quelques difficultés portant sur leur valeur estimative, le comptable peut demander une expertise contradictoire à ses frais.

Lorsque les immeubles ont été acceptés pour garantie de sa gestion, le receveur, ou le tiers auquel ils appartiennent, consent, par-devant notaire et dans la forme ordinaire des actes de cautionnement, à ce qu'ils y soient affectés avec hypothèque spéciale, et il produit à l'appui de cet acte le certificat de non-inscription du conservateur des hypothèques, ainsi que les autres pièces énoncées ci-dessus. L'inscription hypothécaire est prise, au nom de l'établissement, à la diligence du receveur luimême, qui doit en justifier avant son entrée en fonction.

Les délibérations des commissions administratives relatives à l'acceptation des cautionnements en immeubles ne peuvent être exécutées sans avoir été préalablement soumises à l'approbation du préfet du département. (Id., art. 1227.)

Les receveurs des finances doivent prévenir, autant qu'il est en eux, la péremption des inscriptions hypothécaires relatives aux cautionnements en immeubles ; ils ont à porter une attention spéciale sur ce point, en vérifiant les comptes de gestion des établissements de bienfaisance, comptes où sont indiqués la nature du cautionnement du comptable, l'époque du versement de ce cautionnement et la date des inscriptions hypothécaires, s'il s'agit de cautionnements en immeubles. Ils ont, en outre, à conserver note, sur leur carnet d'échéances des produits communaux, de la date de chaque inscription, afin de pouvoir, au besoin, en requérir d'office le renouvellement en temps utile. (I. G., art. 1228.)

Les *cautionnements en rentes sur l'Etat* sont soumis aux formalités suivantes :

Les receveurs qui désirent réaliser leur cautionnement à Paris remettent, soit par eux-mêmes, soit par un mandataire spécial, leurs inscriptions de rentes sur l'État au directeur du contentieux des finances, pour être déposées à la caisse du Trésor public. L'acte de cautionnement, fait double entre ce fonctionnaire et les titulaires des inscriptions, est immédiatement dressé sur papier timbré.

Les receveurs qui veulent réaliser leur cautionnement en rentes départementales déposent leur inscription au directeur de l'enregistrement, qui remplit à cet égard les mêmes fonctions que le directeur du contentieux, et qui remet ces inscriptions au receveur de l'enregistrement chargé de les conserver. Les bordereaux d'annuel, en vertu desquels les titulaires des rentes affectées aux cautionnements en touchent les arrérages, sont envoyés aux préfets et remis par ces administrateurs aux commissions administratives, auprès desquelles les parties intéressées ont à les réclamer. (I. G., art. 1229.)

Tous les cautionnements qui sont réalisés en rentes entre les mains des agents de l'administration des finances doivent être en rentes nominatives. Il est interdit de recevoir des cautionnements en rentes au porteur.

Les cautionnements en rentes sont calculés au pair pour les rentes 4 1/2 et 4 p. 0/0, et au taux de 75 fr. pour les rentes 3 p. 0/0. (Id., art. 1230.)

Justification des cautionnements. — Les nouveaux percepteurs et receveurs de communes ou d'établissements de bienfaisance ne peuvent être installés dans leurs fonctions qu'après avoir justifié de la réalisation de leurs cautionnements. Il est fait mention expresse, dans le procès verbal d'installation, des justifications produites. (I. G., art. 1234).—Voy. INSTALLATION.

Interdiction d'exiger des garanties indépendantes des cautionnements. — Les receveurs des finances ne peuvent, sauf les mesures à prendre en cas de débet, exiger des percepteurs, des receveurs municipaux et des receveurs d'établissements de bienfaisance des cautions, hypothèques ou autres garanties particulières, indépendamment des cautionnements auxquels les comptables sont assujettis. (I. G., art. 1232.)

Toutefois, ils peuvent se concerter avec les maires pour faire prendre inscription sur les biens des comptables, en vertu de l'article 2121 du Code Napoléon, qui accorde aux communes et aux établissements publics un droit d'hypothèque légale sur les biens de leurs receveurs. En cas de débet, cette inscription profiterait, par voie de subrogation, au receveur des finances qui aurait ouvert le débet. (I. G., art. 1233.)—Voy. Débets, Hypothèques, Priviléges.

Application des cautionnements d'une gestion à une autre.— Les percepteurs qui sont nommés à d'autres perceptions sont dans l'obligation de fournir un cautionnement pour leur nouvelle perception, jusqu'à l'apurement de leur comptabilité dans la résidence qu'ils occupaient précédemment.

Mais ils peuvent être dispensés par le receveur des finances de l'arrondissement du versement d'un nouveau cautionnement sur la production : 1° du procès-verbal de remise de service, ou, à défaut, d'un certificat constatant la situation régulière de la caisse des comptables ; 2° du certificat d'inscription du cautionnement relatif à l'ancienne gestion ; 3° d'un certificat du directeur du contentieux des finances, constatant qu'il n'existe ni opposition ni privilége de second ordre sur ce cautionnement, ou, s'il en existe, le consentement du bailleur de fonds à ce que le cautionnement soit appliqué à la nouvelle gestion ; 4° un certificat de non-opposition délivré par le greffier du tribunal civil ; 5° le récépissé du supplément de cautionnement. Le comptable supérieur doit néanmoins, dans ce cas, veiller à ce que l'application du cautionnement soit faite le plus promptement possible; il prend note, à cet effet, des percepteurs qui sont dans la position indiquée ci-dessus, et il les oblige à presser l'apurement de leur ancienne comptabilité. (I. G., art. 1235.)

Les percepteurs ainsi dispensés du versement d'un nouveau cautionnement, doivent toutefois, avant d'être installés dans leurs fonctions, verser le complément de leur cautionnement, s'il avait été fixé par l'arrêté de nomination à un chiffre plus élevé que celui de l'ancienne gestion.

Privilége de second ordre attribué aux bailleurs de fonds. — Pour donner aux comptables les moyens de réaliser promptement leurs cautionnements, les lois des 25 nivôse et 6 ventôse an XIII et les décrets des 28 août 1808 et 22 décembre 1812 leur ont facilité les emprunts qu'ils auraient à faire, en concédant aux bailleurs de fonds de tout ou partie de ces cautionnements un privilége de second ordre.

Le privilége de second ordre s'acquiert au moyen d'une déclaration faite par le titulaire du cautionnement devant notaire, légalisée par le président du tribunal de l'arrondissement et portant que la somme versée appartient en capital et intérêts au bailleur de fonds. Cette déclaration doit être faite au moment du versement des fonds au Trésor, ou dans la huitaine. Si elle était faite plus de huit jours après le versement du cautionnement, elle ne pourrait être valable qu'autant qu'elle serait accompagnée d'un certificat de non-opposition délivré par le greffier du tribunal du domicile des parties et dont il serait fait mention dans ladite déclaration. (D. 22 décembre 1812, art. 2.)

Les bailleurs de fonds sont engagés pour toute la durée de la gestion du comptable.

Les déclarations du privilége de second ordre doivent être notifiées au Trésor et l'inscription en être faite sur les registres tenus au bureau des oppositions (direction du contentieux). Il est délivré aux prêteurs de fonds, et sur leur demande, un certificat qu'ils sont tenus de représenter pour exercer leur privilége de second ordre. Les intérêts ne sont également acquittés entre leurs mains que sur le vu de ce certificat, qui doit, pour former titre valable contre le Trésor, être revêtu du visa du contrôle central, conformément à l'article 5 de la loi du 24 avril 1833.

Le titulaire d'un cautionnement ne peut valablement attribuer de privilége du second ordre qu'au bailleur des fonds versés pour constituer ce cautionnement. Une fois le bailleur de fonds remboursé, il ne peut plus attribuer un pareil privilége aux tiers qui lui auraient fourni les sommes nécessaires pour effectuer le remboursement. (Arrêt de la cour de Bourges, 8 mars 1844. — *Mém.* 1846, p. 71.)

Le titulaire qui a versé son cautionnement de ses propres deniers ne peut non plus, au moyen d'une déclaration postérieure que les fonds versés appartiennent à un tiers, conférer à ce tiers le privilége de second ordre. (Arrêt de la cour de Paris, 9 décembre 1852. — *Mém.* 1853, p. 69.)

Le bailleur de fonds peut contraindre le comptable qu'il a cautionné à lui rendre la somme prêtée avant la cessation de ses fonctions, si ce dernier s'est engagé à la restituer dans un délai déterminé; mais il ne saurait prétendre retirer les fonds mêmes du cautionnement tant que dure la gestion et que le quitus définitif n'est pas délivré. — *Mém.* 1836, p. 28.

Le fait par le bailleur de fonds d'avoir versé directement les fonds du cautionnement, d'en avoir retiré un récépissé, et d'en avoir régulièrement touché les intérêts n'a d'autre effet légal que de lui assurer le privilége de second ordre; il ne prend pas le caractère d'un gage fourni par un tiers, conformément à l'article 2077 du Code Napoléon; d'où il suit que le cautionnement peut être saisi-arrêté par les créanciers du comptable. (Arrêt de la Cour de Rouen, 13 janvier 1855. — *Mém.* 1857, p. 209.)

Des intérêts des cautionnements — L'intérêt des cautionnements en numéraire versés au Trésor public est fixé à 3 p. 0/0. (L. 4 août 1844 art. 7.)

Le taux est le même pour les cautionnements versés dans les caisses des monts-de-piété. (Circ. int. 14 juin 1845. — *Mém.* p. 113.)

Le payement des intérêts de cautionnement pour chaque année écoulée doit commencer, dans tous les arrondissements, dès les premiers jours de janvier.

Des dispositions particulières doivent être observées en ce qui concerne le payement des intérêts qui sont dus sur les cautionnements versés au Trésor tant par les comptables que par les autres agents ou officiers publics. — Voy. INTÉRÊTS DE CAUTIONNEMENT.

Des oppositions sur les cautionnements. — Les créanciers des titulaires sont admis à faire des oppositions motivées sur les cautionnements, soit directement au Trésor public (bureau des oppositions), soit au greffe des tribunaux dans le ressort desquels les titulaires exercent leurs fonctions. L'original de ces oppositions reste déposé au Trésor ou au greffe pendant vingt-quatre heures pour y être visé. (L. 25 nivôse an XIII, art. 2 et 3.)

Ces oppositions, lorsqu'elles sont formées au Trésor, affectent le capital et les intérêts échus et à échoir, à moins que mention expresse ne soit faite pour les restreindre au capital seulement. Si, au contraire, elles sont faites aux greffes des tribunaux, elles ne peuvent valoir que pour le capital tant qu'elles n'ont pas été notifiées au Trésor. (Avis cons. d'État, 12 août 1807.)

Les oppositions sur les cautionnements ne sont soumises ni à la prescription quinquennale prononcée par l'article 14, ni à la péremption annale portée à l'article 15 de la loi du 9 juillet 1836. (Décis. min. des fin. 1er juillet 1849. — *Mém.* p. 94.)

Les lois spéciales qui règlent la forme des oppositions et saisies-arrêts sur le cautionnement des fonctionnaires publics n'ont d'application que vis-à-vis du Trésor, mais laissent dans le droit commun les formes de la procédure destinées à régler les droits et les rapports des citoyens entre eux. En conséquence, est nulle la saisie-arrêt formée sur le cautionnement d'un fonctionnaire par l'un de ses créanciers, si elle n'a pas été suivie d'une demande en validité (C. de proc. civ., art. 565). Peu importera que ledit cautionnement fût déjà frappé d'une première opposition. (Arrêt de cass., 6 novembre 1852.)

Remboursement des cautionnements. — Lorsqu'un percepteur receveur de communes et d'établissements de bienfaisance a cessé ses fonctions, et que ce comptable ou ses ayants cause demandent le remboursement de ses cautionnements, ou lorsque, nommé à une autre perception, il désire faire appliquer les cautionnements fournis pour son ancienne gestion à la garantie des nouveaux services qui lui sont confiés, il doit justifier de sa libération, savoir :

1° Par un certificat du préfet délivré au vu des certificats de quitus des maires, et constatant que les derniers comptes du titulaire, définitivement jugés par le conseil de préfecture ou la cour des comptes, sont apurés et soldés ; les receveurs des communes, dont les comptes sont jugés par la cour des comptes, doivent produire, en outre, l'arrêt de quitus de cette cour ;

2° Par un certificat de quitus du receveur des finances de son arrondissement, constatant que la libération du comptable, pour tous les services qui lui étaient confiés résulte tant des justifications produites par lui que des vérifications faites à la recette particulière.

Les certificats délivrés par les receveurs particuliers doivent être revêtus du *visa* du receveur général.

Les receveurs des finances ont le droit de ne délivrer leur quitus que lorsque les arrêtés ou arrêts rendus sur les comptes des receveurs municipaux ne sont plus susceptibles d'être attaqués par un pourvoi devant la cour des comptes ou le conseil d'État. (I. G., art. 1274.)

Si le comptable hors de fonctions était chargé uniquement du service de la perception des contributions, le certificat doit lui être délivré dans les quatre mois qui suivent la remise de son service, à moins que, par suite de circonstances extraordinaires, le receveur n'ait obtenu du ministre une autorisation spéciale pour prolonger ce délai. (Id., art. 1275.)

Indépendamment des certificats dont il s'agit, les demandes en remboursement doivent être appuyées :

1° Des certificats d'inscription des cautionnements au Trésor public, ou, à défaut de ces pièces, d'une déclaration de perte sur papier timbré et dûment légalisée; s'il n'y a pas eu d'inscription, des récépissés qui constatent le versement des cautionnements dans la caisse du Trésor;

2° Des certificats de privilége, s'il en existe ;

3° D'un certificat de non-opposition délivré par le greffier et visé par le président du tribunal de première instance de la résidence du titulaire, conformément à la loi du 6 ventôse an XIII ;

4° Si la demande est faite par des héritiers ou ayants droit, à quelque titre que ce soit, d'un certificat de propriété conforme au modèle annexé au décret du 18 septembre 1806 et délivré, soit par le notaire détenteur de la minute lorsqu'il y a eu inventaire ou partage par acte public, ou transmission gratuite entre-vifs ou par testament, soit par le juge de paix du domicile du décédé, sur l'attestation de deux témoins, lorsqu'il n'existe aucun desdits actes en forme authentique ;

5° Et s'il s'agit de l'application des cautionnements d'une gestion à un autre service confié au même titulaire, du consentement donné à ce transfert par le bailleur de fonds qui aurait fourni les cautionnements ce consentement doit être donné au dos des certificats de privilége, et la signature doit être légalisée.

Les demandes doivent être sur papier timbré, énoncer les pièces qui y sont jointes, et indiquer l'adresse de la personne à laquelle la lettre d'avis de payement devra être transmise.

Le remboursement est effectué dans le département où le titulaire a exercé en dernier lieu. (Id., art. 1276.)

Il est dû pour les certificats de non-opposition la somme de 5 fr. 33 c savoir : 1 fr. 25 c. pour droit de greffe revenant à l'État ; 13 centimes pour *idem* revenant au greffier à titre de remise ; 2 francs pour la rédaction du certificat ; 10 centimes pour inscription au répertoire ; 25 centimes pour la légalisation ; 1 fr. 45 c. pour l'enregistrement et le timbre ;

15 centimes pour le timbre du répertoire. (L. 21 ventôse an VII, art. 14; D. 24 mai 1854, art. 1 et 3; I. G., art. 1277.)

Les demandes et les pièces à l'appui sont transmises par le receveur général au ministère des finances (direction de la dette inscrite), pour les cautionnements versés au Trésor public par les percepteurs et receveurs des communes, et au préfet du département pour les cautionnements que les receveurs spéciaux d'établissements de bienfaisance ont versés aux caisses des monts-de piété, ainsi que pour ceux qu'ils ont fournis en immeubles ou en rentes sur l'État. (I. G., art. 1278.)

Les préfets, sur le vu des pièces constatant la libération définitive de ces derniers receveurs, et après avoir reconnu que les arrêts qui prononcent cette libération ne sont pas susceptibles d'être attaqués devant le conseil d'État, autorisent, suivant le cas, la mainlevée des inscriptions hypothécaires, la remise des inscriptions de rentes, ou la délivrance des fonds versés aux monts-de-piété. Lorsque les établissements sont situés hors du département où exerçait le comptable, le préfet transmet à son collègue dans le département duquel le mont-de-piété est placé une expédition de l'arrêté qui autorise le remboursement, afin que cet arrêté puisse être notifié aux administrateurs de l'établissement dépositaire.

Les arrêtés des préfets portant autorisation de remboursement des cautionnements de receveurs d'établissements de bienfaisance doivent mentionner les diverses pièces constatant la libération des comptables, au vu desquelles ils ont été pris, ainsi que l'avis des commissions administratives; il doit en être remis une expédition au comptable intéressé, afin que lui ou le tiers qui l'a cautionné puisse obtenir la restitution, soit des inscriptions de rentes, soit des fonds versés aux monts-de-piété, ou faire opérer la radiation des inscriptions hypothécaires. (Id., art. 1279.)

De l'application des cautionnements aux débets. En cas de déficit ou de débet de la part des comptables réunissant les fonctions de percepteur de l'impôt direct et de receveur des deniers des communes et des établissements de bienfaisance, et constaté soit par des vérifications de caisse, soit par des arrêtés d'apurement de compte, le receveur des finances de l'arrondissement est tenu d'en solder immédiatement le montant avec ses fonds personnels, et il demeure subrogé à tous les droits du Trésor, des communes et des établissements sur les cautionnements, les biens et la personne du comptable reliquataire. (I. G., art. 1285.)

Lorsqu'un déficit existe sur un ou plusieurs des services confiés aux percepteurs ou aux receveurs des communes et établissements charitables, la portion de chaque cautionnement restée disponible sur le service dont il forme la garantie spéciale est affectée aux autres services créanciers, pour leur être distribuée au marc le franc des sommes dues à chacun d'eux. Cette réversibilité des cautionnements est indiquée sur les certificats d'inscription et sur les certificats de privilége qui sont délivrés aux bailleurs de fonds. (Id., art. 1313.)

L'application des cautionnements au payement des déficits doit être demandée par le receveur général.

Cette demande est adressée au directeur de la comptabilité générale des finances, avec les pièces constatant le débet, notamment le procès-verbal de vérification ou de remise de service, et les déclarations constatant le versement qui a dû en être fait par le receveur responsable.

Les receveurs doivent s'abstenir de calculer les intérêts afférents aux débets, cette opération étant faite par l'administration.

Le directeur de la comptabilité générale soumet la demande au ministre, et aussitôt que la décision est rendue, il en est envoyé une ampliation au directeur de la dette inscrite, auquel il appartient de faire opérer les remboursements autorisés. Le montant de ces remboursements est porté au crédit du receveur général, qui en tient compte aux receveurs particuliers quand il s'agit de percepteurs qui étaient placés dans les arrondissements de sous-préfecture.

En ce qui concerne l'application aux débets des cautionnements fournis par les receveurs spéciaux d'établissements de bienfaisance, le receveur général provoque l'exécution des dispositions suivantes :

L'administration doit faire d'abord signifier au receveur ou à ses ayants cause l'arrêté de compte qui fixe le débet, avec sommation d'en verser le montant dans le délai de deux mois. Faute par le comptable ou ses ayants cause d'avoir satisfait à cette sommation, le préfet prend, en exécution de l'article 10 de l'ordonnance royale du 6 juin 1830, un arrêté qui ordonne les mesures nécessaires pour l'application du cautionnement au débet. Cet arrêté est transmis au directeur du contentieux des finances, s'il s'agit de rentes sur l'État, afin qu'il puisse faire procéder à la vente des rentes jusqu'à concurrence des débets; s'il s'agit des sommes déposées à la caisse d'un mont-de-piété, l'arrêté en prescrit le versement à la caisse du receveur des finances pour le compte de l'établissement. Quant aux cautionnements en immeubles, l'expropriation en est poursuivie conformément aux règles tracées par le Code de procédure civile, en vertu de l'inscription hypothécaire et de l'arrêté ou de l'arrêt qui a statué sur le compte et déclaré le débet. (I. G., art. 1315.)

Lorsque les cautionnements sont insuffisants pour couvrir le déficit, et qu'il peut devenir nécessaire de poursuivre le débiteur, le receveur des finances a le droit de décerner une contrainte, qui est exécutoire par toutes les voies de droit, même par corps, et qui emporte hypothèque moyennant inscription. (Id., art. 1314.) — Voy. CONTRAINTE PAR CORPS, DÉBET, DÉFICIT.

Centimes additionnels. — Indépendamment du montant, en principal, de chaque contribution directe, la loi annuelle de finances ordonne ou confirme l'imposition de centimes additionnels dont elle détermine la quotité et qui sont de deux natures différentes. Les uns, désignés sous le nom de centimes additionnels généraux, n'ont point d'affectation spéciale, et, comme le principal des contributions, font partie des fonds généraux du budget de l'État. Les autres centimes additionnels généraux sont affectés aux dépenses ci-après désignées, savoir : dépenses ordinaires de chaque département et fonds commun à répartir entre les départements pour les mêmes dépenses ; secours en cas de grêle, incendie, etc.; dégrèvements et non-valeurs ; réimpositions. (I. G., art. 10.)

En sus des centimes généraux mentionnés ci-dessus, les départements et les communes sont autorisés à établir des centimes additionnels pour subvenir à leurs dépenses. La nature et la destination de ces différentes impositions sont indiquées sommairement ci-après.

Centimes additionnels généraux sans affectation spéciale. — Ces centimes, qui portent sur les quatre contributions directes, et dont la loi annuelle de finances détermine la quotité, sont perçus au profit du Trésor, et ont été ajoutés au budget de l'Etat en exécution des lois des 18 avril 1831 et 20 juillet 1837, pour remplacer les impositions spéciales précédemment affectées aux traitements et remises des receveurs des finances et des percepteurs et aux dépenses fixes des départements.

Les centimes additionnels généraux de la contribution des patentes comprennent, en outre, trois centimes qui y ont été ajoutés, en vertu de l'article 4 de la loi du 20 juillet 1837, pour tenir lieu du droit de timbre des livres de commerce, et quatre centimes ajoutés, à partir de 1859, en remplacement du droit de timbre des formules de patente, qui a été supprimé par l'article 12 de la loi du 4 juin 1858.

Centimes pour fonds de secours et pour fonds de non-valeurs. — Les centimes pour fonds de secours portent sur les contributions foncière et personnelle-mobilière seulement. Ils sont centralisés dans les caisses du Trésor, et c'est sur leur produit que le Gouvernement accorde des secours aux plus malheureuses victimes d'événements extraordinaires, tels que grêle, incendies, inondations, etc.

Les centimes pour fonds de non-valeurs, ajoutés au principal des quatre contributions directes et au montant des impositions départementales et communales (L. 8 juillet 1852, art. 14), entrent également dans les caisses de l'Etat; leur produit forme un fonds spécial destiné à accorder aux contribuables qui ont éprouvé des pertes de revenu par suite d'événements extraordinaires des remises ou des modérations sur leurs contributions. — Voy. Remises et modérations.

Le montant des cotes irrecouvrables qui ont été allouées en non-valeurs est aussi imputé sur le même fonds. A raison de sa spécialité, les sommes non employées à la fin de l'exercice sont reportées sur les exercices suivants. — Voy. Cotes irrecouvrables.

Centimes pour dépenses départementales. — On distingue : 1° les centimes généraux imposés par la loi de finances et affectés aux dépenses ordinaires des départements : ces centimes ne portent que sur les contributions foncière et personnelle-mobilière; 2° les centimes votés par les conseils généraux pour dépenses facultatives d'utilité départementale (maximum 7 cent. 5/10, excepté pour le département de la Corse qui est autorisé à porter ces centimes au nombre de 14 6/10, et pour les départements des Alpes-Maritimes, de la Savoie et de la Haute-Savoie, qui sont également autorisés à porter les mêmes centimes au nombre de 18 5/10); pour les dépenses des chemins vicinaux, en vertu de la loi du 21 mai 1836 (maximum 5 centimes); pour les dépenses de l'instruction primaire, conformément à la loi du 15 mars 1850 (maximum 2 centimes) et en vertu de lois spéciales; pour dépenses extraordinaires (autres que celles concernant l'instruction primaire) autorisées par des lois spéciales et par le décret du 30 décembre 1860; enfin, pour les dépenses du cadastre (maximum 5 centimes), lesquels ne peuvent porter que sur la contribution foncière. (L. 2 août 1829, art. 4.)

Centimes pour dépenses communales. — Cinq centimes sont imposés, en vertu de la loi annuelle de finances, pour les dépenses ordinaires des communes. Ces centimes sont compris dans les rôles, sans qu'il soit besoin d'un vote ni d'une autorisation spéciale. Toutefois, les cinq centimes ne seraient pas imposés si les communes avaient déclaré, par l'organe de leurs conseils municipaux, que cette imposition leur était inutile. (L. 15 mai 1818, art. 31.)

Les autres centimes additionnels, destinés à pourvoir à l'insuffisance des revenus ordinaires communaux, et pour lesquels un vote et une autorisation sont nécessaires, ont pour objet : 1° les dépenses des chemins vicinaux (maximum 5 centimes); 2° les dépenses de l'instruction primaire (maximum 3 centimes); 3° les dépenses d'utilité communale, obligatoires ou facultatives, qui ne peuvent être acquittées avec les ressources ordinaires des communes. — Voy. IMPOSITIONS COMMUNALES.

Il est, en outre, ajouté aux rôles trois centimes par franc pour frais de perception des impositions communales (L. 20 juillet 1837), et le montant (à raison de trois centimes par article de rôle) des frais de confection de rôles spéciaux d'impositions extraordinaires communales. (L. 4 août 1849, art. 9.) — Voy. FRAIS DE PERCEPTION.

Enfin, dans les villes où il existe des Bourses ou Chambres de commerce, il est perçu, sur les patentables désignés par l'article 33 de la loi du 25 avril 1844, des centimes destinés à pourvoir aux dépenses de ces établissements. (L. 23 juillet 1820, art. 11.) — Voy. FRAIS DE BOURSES et CHAMBRES DE COMMERCE.

Les centimes additionnels généraux et particuliers, ajoutés au principal du contingent personnel et mobilier de chaque commune, ne sont répartis que sur les cotisations mobilières. La taxe personnelle est imposée en principal seulement. (L. 21 avril 1832, art. 19.) — Voy. CONTRIBUTIONS DIRECTES.

Centralisation de fonds. — Voy. COTISATIONS MUNICIPALES, INSTRUCTION PRIMAIRE, REMISES.

Certificat. — Attestation par écrit par laquelle certains fonctionnaires, notamment les maires ou adjoints, rendent témoignage d'un fait qui est à leur connaissance et dans la constatation duquel ils n'ont pas un intérêt personnel.

Nous indiquons ci-après les divers certificats qui peuvent intéresser le service des percepteurs et des receveurs de communes et d'établissements de bienfaisance.

Certificats d'absence, de carence, d'indigence, à joindre par les percepteurs à l'appui de leurs états de cotes irrecouvrables ou par les receveurs municipaux et d'établissements de bienfaisance à l'appui de leurs comptes annuels pour justifier de l'impossibilité du recouvrement des sommes dont ils demandent l'admission en non-valeurs. — Voy. ABSENCE DES REDEVABLES, CARENCE, INDIGENCE.

Certificat ou procès-verbal de déménagement furtif, nécessaire pour décharger le propriétaire ou principal locataire de la responsabilité des contributions dues par le locataire qui a déménagé furtivement. — Voy. DÉMÉNAGEMENT FURTIF, PROPRIÉTAIRES.

Certificat d'exercice, délivré par le maire, à produire à l'appui des mandats relatifs aux subventions de l'État ou des départements pour le traitement des instituteurs pendant le temps auquel s'applique le mandat. — Voy. INSTRUCTION PRIMAIRE.

Certificat d'avancement de travaux, à délivrer par les architectes pour le payement d'à-compte aux entrepreneurs. — Voy. TRAVAUX.

Certificat de quitus, nécessaire aux percepteurs et aux receveurs municipaux et d'établissements de bienfaisance, lors de la cessation de leurs fonctions, pour obtenir le remboursement de leurs cautionnements. — Voy. CAUTIONNEMENTS DES PERCEPTEURS, QUITUS.

Certificat de vie. — Acte constatant l'existence actuelle d'un individu.

La production d'un certificat constatant l'existence du titulaire est absolument indispensable lorsqu'il s'agit de payement de rentes ou pensions viagères, secours ou indemnités temporaires, sur le Trésor et sur des caisses dépendant de l'administration publique.

Ces certificats ne peuvent être délivrés, sauf quelques exceptions, que par les notaires.

Les rentiers viagers et pensionnaires qui, pour cause de maladie ou d'infirmités, ne peuvent se transporter au domicile du notaire, doivent lui adresser une attestation du maire de leur commune constatant leur existence, leur maladie ou infirmité. Le notaire est autorisé à délivrer sur le vu de cette attestation le certificat exigé. (D. 13 septembre 1806, art. 1er et 2.)

Les certificats de vie produits à l'appui des mandats de payement des mois de nourrice et pension des enfants assistés sont délivrés par les maires. (Décis. min. des fin. 26 janvier 1832.)

Les titulaires de pensions de retraite sur les fonds de retenue ont la faculté de faire certifier leur existence, soit par les notaires, soit par les maires des communes où ils résident. (Circ. min. des fin. 27 juin 1839).

La même faculté existe pour les invalides de la marine et les membres de la Légion d'honneur. — Voy. PENSIONS DE RETRAITE, SECOURS.

Certificat de propriété. — Il y a lieu à la production d'un certificat de propriété notamment lorsque des héritiers ou ayants droit demandent le remboursement des cautionnements de titulaires décédés ou interdits, ou d'une créance sur l'État, les départements, les communes ou les établissements de bienfaisance. (D. 18 décembre 1806, art. 1er.)

Le certificat de propriété est délivré par le notaire détenteur de la minute, lorsqu'il y a eu inventaire ou partage par acte public ou transmission gratuite, entre-vifs ou par testament. (L. 28 floréal an VII, art. 6.)

Dans le cas où il n'existe aucun acte authentique ni testament établissant les droits des héritiers, le certificat de propriété est délivré par le juge de paix du domicile du décédé, sur l'attestation de deux témoins.

Lorsque la mutation de propriété s'est opérée par jugement, c'est le greffier dépositaire de la minute qui délivre le certificat. (L. 28 floréal an VII.)

Les certificats de propriété délivrés par un notaire, qui ne sont signés que par lui, sans l'intervention de témoins et qui sont produits par les héritiers des créanciers de l'État à l'effet de justifier de leurs droits aux payeurs et autres agents chargés du payement des dépenses publiques, doivent être écrits sur papier timbré, mais ils sont dispensés de l'enregistrement. (Décis. min. des fin. 18 août 1821 et 13 novembre 1847; Circ. 16 décembre 1847.) — *Mém.* 1848, p. 28. — Voy. MANDATS A ACQUITTER POUR LE COMPTE DU PAYEUR, PENSIONS DE RETRAITE.

Certificat de quinzaine. — Attestation du conservateur des hypothèques que, pendant les quinze jours qui ont suivi la transcription d'un acte translatif de propriété, il n'est survenu aucune inscription sur l'immeuble vendu.

La loi du 3 mai 1841 donnant aux créanciers ordinaires un délai de quinze jours en matière d'expropriation pour faire inscrire leurs priviléges, les certificats d'inscription à délivrer par les conservateurs des hypothèques doivent, dans ce cas, pour être valables, n'être délivrés qu'à l'expiration de ce délai de quinzaine, nonobstant l'article 6 de la loi du 23 mars 1855, relative à la transcription, cette loi n'ayant nullement dérogé à celle de 1841. (Circ. compt. gén. 30 janvier 1857.) — *Mém.* p. 34. — Voy. HYPOTHÈQUES, TRANSCRIPTION.

Certificat de radiation. — On appelle ainsi le certificat que délivre le conservateur des hypothèques pour attester la radiation partielle ou définitive d'une inscription. — Voy. HYPOTHÈQUES, PURGE DES HYPOTHÈQUES.

Certificat négatif. — C'est en général celui par lequel est attestée la non-existence d'un fait. On donne plus particulièrement ce nom aux certificats de non-existence d'inscriptions hypothécaires ou d'oppositions à la délivrance de fonds.

Les certificats négatifs d'inscriptions hypothécaires s'obtiennent surtout après les formalités de transcription et de purge des hypothèques légales. — Voy. OPPOSITION, PURGE DES HYPOTHÈQUES, TRANSCRIPTION.

Les certificats que les percepteurs délivrent pour attester qu'une personne n'est pas imposée sur les rôles des contributions se nomment aussi certificats négatifs.

Les certificats de non imposition relatifs au mariage des indigents, à la légitimation de leurs enfants naturels et au retrait de ces enfants déposés dans les hospices sont dispensés du timbre, mais ils doivent faire mention de leur destination. Ils ne donnent lieu à aucune allocation pour leur délivrance. (L. 10 décembre 1850.) — *Mém.* 1861, p. 44. — Voy. EXTRAITS DE ROLE.

Certification de caution. — Action de cautionner la caution vis-à-vis du créancier ou prêteur ; cette caution de la caution se nomme certificateur de caution.

Les adjudicataires de coupes de bois sont tenus de donner, dans les cinq jours qui suivent celui de l'adjudication, une caution et un certificateur de caution. — Voy. COUPES DE BOIS.

Cessation d'opérations commerciales. — En cas de fermeture de magasins, boutiques et ateliers, par suite de décès ou de faillite, les droits de patente ne sont dus que pour le passé et le mois courant; sur la réclamation des parties intéressées, il est accordé décharge du surplus de la taxe. (L. 25 avril 1845, art. 23.)

Hors le cas de décès ou de faillite déclarée, la cessation d'une profession dans le courant de l'année, alors même qu'elle aurait eu lieu par suite de mesures de police, d'expropriation forcée, de démolition de maison ou d'autres causes semblables, ne donne pas lieu à réduction. (Arrêt cons. d'État, 11 janvier 1853, 27 décembre 1854, 18 avril 1855 et 3 février 1859.) — *Mém.* 1859, p. 235. — Voy. CONTRIBUTIONS DIRECTES, DÉGRÈVEMENT.

Cession de biens. — C'est la cession volontaire ou judiciaire que le débiteur fait de ses biens à ses créanciers, lorsqu'il est hors d'état de les satisfaire et pour éviter leurs poursuites.

La cession judiciaire est un bénéfice que la loi accorde au débiteur malheureux, de bonne foi, et auquel il est permis, pour avoir la liberté de sa personne, de faire en justice l'abandon de tous ses biens à ses créanciers, nonobstant toute stipulation contraire. (C. N., art. 1268.)

Ne peuvent être admis au bénéfice de cession les étrangers, les stellionataires, les banqueroutiers frauduleux, les personnes condamnées pour cause de vol ou d'escroquerie, ni les personnes comptables, tuteurs, administrateurs et dépositaires (C. de proc. civ., art 905). Il suit de là que ni un percepteur, ni un receveur municipal ou d'établissement de bienfaisance poursuivis en payement du solde de sa gestion, ni les administrateurs qui se sont ingérés dans le maniement des deniers des communes ou des établissements publics, ne peuvent être admis au bénéfice de cession et se soustraire par ce moyen à la contrainte par corps. — Voy. CONTRAINTE PAR CORPS, DÉBET.

Cession d'établissement. — Voy. TRANSFERT DE PATENTES.

Cessionnaire. — Un mandat de payement peut être présenté par un cessionnaire ; dans ce cas, le receveur doit faire joindre aux pièces ordinaires qui doivent accompagner le mandat une expédition authentique de l'acte de transport. Il peut arriver que le transport ait été signifié par acte d'huissier ; mais cette signification, bonne pour prévenir le receveur qu'il ne doit pas payer au créancier primitif, ne suffirait pas pour établir la preuve que la cession a été bien régulière. Il faut pour ce dernier objet que le transport lui-même soit produit; une expédition de cet acte sur papier timbré est donc en tout cas nécessaire. — Voy. PAYEMENT.

Chablis. — Arbres de haute futaie abattus ou brisés par le vent, ou tombés par toute autre cause que le fait de l'homme. — Voy. PRODUITS ACCESSOIRES DES BOIS.

Chaises et bancs dans les lieux publics. — On ne peut établir à demeure dans les lieux publics des chaises ou des bancs sans une permission de l'autorité municipale. Dans les villes, le droit de placer des chaises dans les promenades, jardins et autres lieux publics peut être donné en adjudication au profit de la caisse municipale.

Le conseil municipal doit, dans ce cas, arrêter le tarif de la location des chaises et déterminer le mode et les conditions de la location. Le tarif n'est exécutoire qu'après avoir été approuvé par le préfet comme lorsqu'il s'agit de droits de stationnement sur la voie publique.

Le maire dresse le cahier des charges de l'adjudication, et le soumet à l'approbation du préfet. L'adjudication a lieu aux enchères. — Voy. STATIONNEMENT.

Chambres consultatives des arts et manufactures.—Réunions de manufacturiers, fabricants ou directeurs de fabriques, établies dans les lieux où le Gouvernement le juge convenable et ayant pour mission de faire connaître les besoins et les moyens d'amélioration des manufactures, fabriques, arts et métiers. (L. 22 germinal an XI, art. 1er et 3 ; Arrêté 10 thermidor an XI, art 2 et 3 ; O. 16 juin 1832 art. 16.)

Les chambres de commerce remplissent les fonctions de chambres consultatives des arts et manufactures dans les communes où le Gouvernement n'en a pas établi. (Arrêté 10 thermidor an XI, art. 4.)

Les communes doivent fournir un local convenable pour la tenue des séances des chambres consultatives et acquitter les menus frais de bureau auxquels celles-ci peuvent donner lieu. (Arrêté 10 thermidor an XI, art. 4.) — Voy. FRAIS DE BUREAU, MAIRIE.

Chambres de commerce. — Assemblées de négociants ou anciens négociants chargées de soumettre au Gouvernement leurs avis et observations sur toutes les mesures qui peuvent intéresser l'administration des affaires commerciales.

Les chambres de commerce pourvoient à leurs dépenses au moyen d'une imposition sur les patentés de leur circonscription. — Voy. FRAIS DE BOURSES ET DE CHAMBRES DE COMMERCE.

Champ de foire communal. — Une commune peut percevoir des droits de places sur un champ de foire, en raison de la superficie des terrains occupés ou censés l'être, abstraction faite de la nature des marchandises exposées en vente ou de la qualité de l'occupant. L'établissement d'une taxe par tête d'animal est une mesure dont l'application ne convient guère que pour les bestiaux ; et, dans ce cas encore, le tarif doit être basé sur l'espace qui est censé être occupé par l'animal mis en vente. (Décis. min. int. 1859 et 1860. — *Mém.* 1860, p. 269, 270 et 296.)

On ne peut exiger des marchands qui viennent vendre à la foire que le prix de location de l'emplacement mis à leur disposition. Quant aux boutiques ou échoppes qui leur sont nécessaires, l'administration municipale ne saurait, sans porter atteinte à la liberté de l'industrie, en affermer la construction à un entrepreneur, ou du moins obliger les marchands, même d'une manière indirecte, à s'adresser à celui-ci. Les marchands ont le droit de construire eux-mêmes, s'ils le préfèrent, leurs baraques ou échoppes sous la seule condition de se conformer aux prescriptions qui pourraient leur être faites dans l'intérêt de la police et de la circulation. (Décis. min. int. 1860. — *Mém.* p. 272.) — Voy. DROITS DE PLACES.

Le receveur municipal ne peut prétendre à des remises sur le prix d'acquisition d'un terrain affecté à l'établissement d'un champ de foire sur lequel doivent être perçues des redevances. — *Mém.* 1859, p. 191; 1860, p. 55. — Voy. CONVERSIONS DE VALEURS, REMISES.

Changement de circonscription administrative. — Voy. COMMUNE, SECTION DE COMMUNE.

Changement de domicile. — Lorsque, par suite du changeme de domicile des contribuables, les avertissements relatifs à leurs contributions ne peuvent leur être remis, les agents chargés de la distribution sont tenus de rapporter les avertissements non distribués au percepteur, qui les fait parvenir au nouveau domicile des contribuables. (I. G., art. 71.) — Voy. AVERTISSEMENTS.

En cas de déménagement hors du ressort de la perception, la contribution personnelle-mobilière et la contribution des patentes sont immédiatement exigibles pour la totalité de l'année. (Id., art. 53.)

Cette dernière disposition est applicable à la taxe municipale sur les chiens. — *Mém.* 1860, p. 115. — Voy CONTRAINTE EXTÉRIEURE, DÉMÉNAGEMENT.

Le contribuable qui a changé de résidence entre l'époque du travail des mutations et le 1er janvier ne peut obtenir décharge de sa contribution personnelle-mobilière établie dans le lieu de son ancien domicile qu'en justifiant de son imposition dans le lieu de sa nouvelle résidence. (Arrêts cons. d'État, 22 mars 1854, 6 avril 1856, 3 et 5 janvier 1858.)

S'il se trouve, par suite de changement de résidence, imposé dans deux communes, il n'est pas fondé à demander la décharge de sa cotisation au lieu de sa nouvelle résidence, mais bien dans la commune qu'il a quittée, si le changement a eu lieu avant le 1er janvier de l'année de l'imposition. (Arrêts cons. d'État, 16 février 1853, et 17 septembre 1854.) — *Mém.* 1853, p. 119.

S'il a changé de résidence avant le premier janvier, et qu'il ne soit imposé que dans la commune qu'il a quittée, il n'est pas fondé à demander que sa contribution soit réglée d'après la valeur locative de sa nouvelle habitation. (Arrêts cons. d'État, 13 décembre 1854, 28 février et 18 juin 1856, 5 janvier 1858 et 9 mars 1859.)

Lorsqu'un contribuable a quitté la commune avant la fin de l'année sans y conserver de résidence, le délai de réclamation, s'il est imposé dans la nouvelle commune, court à son égard, non du jour de la publication des rôles dans cette commune, mais du jour où le percepteur lui a donné connaissance de son imposition. (Arrêt cons. d'État, 19 mai 1859.) — *Mém.* 1845, p. 77 ; 1848, p. 129; 1849, p. 45; 1853, p. 49; 1859, p 236.

Un contribuable qui a changé de résidence avant le 1er janvier n'a pas droit à la décharge de la contribution personnelle et mobilière dans la commune qu'il a quittée par le motif qu'il est venu demeurer chez son père, si d'ailleurs il jouit de ses droits et possède des moyens suffisants d'existence. (Arrêt cons. d'État, 18 juin 1859. — *Mém.* p. 315.) — Voy RÉCLAMATIONS.

Changement de nom. — La loi du 28 mai 1858, modificative de l'article 259 du Code pénal, punit d'une peine correctionnelle quiconque, sans droit, en vue de s'attribuer une distinction honorifique, aura changé, altéré ou modifié le nom que lui assignent les actes de l'état civil. Les agents de tous grades de l'administration des finances qui portent un nom autre que celui indiqué dans leur acte de naissance, ou qui écrivent leur nom autrement qu'il n'est inscrit dans ledit acte, doivent, suivant les cas, soit renoncer au nom usurpé, altéré ou modifié, soit recourir aux tribunaux s'il s'agit d'une rectification d'acte de l'état civil, ou au Gouvernement s'il s'agit d'une addition de nom. (Circ. direction gén. des cont. dir. 13 février 1860. — *Mém.* p. 64.)

Chapelle domestique, chapelle de secours. — Les chapelles domestiques et les chapelles de secours sont désignées plus communément sous le nom d'oratoires. Ces chapelles ne peuvent être établies sans une autorisation expresse du Gouvernement.

Les hospices peuvent avoir une chapelle intérieure pour l'exercice du culte et la faire desservir par un prêtre. — Voy. CULTE, HOSPICE, ORATOIRE.

Chapelle vicariale. — La chapelle est une sous-division du territoire de la cure ou succursale dans laquelle existe un édifice où le culte est célébré par un chapelain ou vicaire aux frais de la commune ou section de commune dans laquelle elle est établie.

L'érection des chapelles doit être autorisée par décret de l'Empereur (D. 30 octobre 1807). Pour obtenir cette autorisation, les pièces suivantes doivent être produites :

1° Délibération du conseil municipal indiquant les motifs de nécessité de l'établissement de la chapelle, le montant du traitement proposé pour le chapelain, celui de la dépense annuelle présumée de l'entretien de l'église et du presbytère, et contenant l'engagement de pourvoir à ces dépenses soit sur les revenus ordinaires de la commune, soit au moyen d'un rôle de répartition entre tous les contribuables, au centime le franc de leurs contributions ordinaires ; dans ce dernier cas, la délibération doit être prise par le conseil municipal et les plus imposés ;

2° Budget de la commune ;

3° Inventaire des vases sacrés, linges et ornements existant dans l'église ;

4° État de la population de la commune réclamante et de la commune chef-lieu de paroisse, certifié par le sous-préfet de l'arrondissement ;

5° Certificat du percepteur constatant le montant des contributions qui sont payées par la commune réclamante (en principal) et indiquant, s'il y a déjà une imposition extraordinaire en recouvrement, sa durée et sa quotité ;

6° Certificat de l'ingénieur en chef des ponts et chaussées sur la difficulté des communications entre la commune chef-lieu de la succursale ou de la cure et la commune réunie qui demande l'érection de la chapelle ;

7° Procès-verbal d'information *de commodo et incommodo*, dressé par le juge de paix ou par le maire d'une commune voisine, à ce délégué par le préfet ;

8° Délibération du conseil municipal de la commune chef-lieu devant enir lieu de l'information *de commodo et incommodo* dans cette commune ;

9° Projet de circonscription de la chapelle, c'est-à-dire indication des villages ou hameaux qui doivent composer son territoire ;

10° Avis motivé de l'autorité diocésaine ;

11° Pareil avis du préfet en forme d'arrêté. (Circ. min. des cultes, 21 août 1833.)

Ces pièces sont transmises par le préfet au ministre des cultes. Celui-ci, de concert avec son collègue de l'intérieur, présente un rapport à l'Empereur et l'affaire est soumise au comité de législation du conseil d'État. Si l'érection paraît devoir être autorisée, il est statué à cet égard par décret impérial ; au cas contraire, le ministre informe seulement le préfet et l'évêque que l'érection ne peut avoir lieu.

La chapelle dépend, pour le spirituel, de la cure ou succursale dans l'arrondissement de laquelle elle est placée. Elle reste sous la surveillance du curé ou desservant (D. 30 septembre 1807, art. 13). Elle est desservie, suivant les cas, soit par un chapelain particulier demeurant dans la commune, soit par un vicaire de la cure ou succursale qui réside dans la commune et dessert spécialement la chapelle, soit par un prêtre autorisé à biner, et qui vient desservir la chapelle sans résider dans la commune. (O. 25 août 1819.) — Voy. Binage.

En ce qui concerne le temporel, la chapelle est indépendante de l'église paroissiale ; elle a sa fabrique et son administration particulières.

Les dépenses de la chapelle consistent dans le traitement et le logement du chapelain ou vicaire, dans l'entretien de l'église, dans les frais du culte. Ces dépenses sont acquittées par la fabrique, et, dans le cas d'insuffisance des revenus, par la commune. Dans ce dernier cas, le dernier compte de la fabrique et son budget de l'exercice doivent être soumis préalablement au conseil municipal. L'évêque diocésain est ensuite appelé à donner son avis. (Décis. min. int. 1857.)

En principe, lorsqu'une commune a été érigée en chapelle vicariale, le prêtre chargé par l'autorité ecclésiastique de desservir cette chapelle doit résider dans la commune même et y assurer l'exercice quotidien du culte. Quand ces conditions sont remplies, le traitement que la commune a dû prendre l'engagement de payer pour obtenir l'érection de son église en chapelle vicariale est une dépense obligatoire ; s'il y a lieu de recourir à une imposition extraordinaire pour assurer le payement de ce traitement, le préfet est compétent pour l'approuver, aux termes du premier alinéa de l'article 40 de la loi du 18 juillet 1837. Mais si le chapelain ne réside pas dans la commune, la dépense n'est plus que facultative et un décret impérial serait nécessaire pour la faire acquitter au moyen d'une imposition extraordinaire, d'après le deuxième alinéa du même article.

Il arrive très-rarement, du reste, qu'une commune érigée en chapelle vicariale soit obligée de recourir à un pareil moyen pour payer le traitement du chapelain. Il serait anormal qu'une dépense permanente, comme l'est par sa nature le traitement du prêtre desservant une chapelle vicariale, ne pût être acquitté qu'à l'aide d'une ressource ayant un caractère purement temporaire. (Décis. min. de l'int. 1862.)

Du moment qu'une église est légalement ouverte à l'exercice du culte paroissial sous le titre de chapelle vicariale, comme sous celui de cure ou succursale, les réparations que cette église et le presbytère peuvent exiger constituent pour la commune, dans le cas d'insuffisance des ressources de la fabrique, une dépense obligatoire qui, en cas de nécessité, doit être acquittée à l'aide d'une imposition extraordinaire. (L. 18 juillet 1837, art. 30.)

A la différence de l'annexe, la commune ou section de commune dans laquelle est établie une chapelle vicariale et où il est pourvu aux frais du culte sur les fonds communaux est dispensée de contribuer aux frais du culte paroissial dans le chef-lieu de la cure ou succursale. (Avis. du cons. d'État, 14 décembre 1810 et 26 avril 1836.) Voy. CULTE, FABRIQUE.

Chapitres additionnels. — Voy. BUDGET.

Chasse. — La législation actuelle sur la chasse date de la loi du 3 mai 1844. Nous nous occuperons seulement ici de celles de ses dispositions qui intéressent le service des percepteurs et des receveurs de communes et d'établissements de bienfaisance.

Amodiation du droit de chasse au profit des communes et des établissements publics. — Le droit de chasse sur les propriétés communales n'appartient qu'à la commune considérée collectivement, et non pas à chaque habitant de la commune. — *Mém.* 1844, p. 110.

Les communes et les établissements publics sont autorisés à affermer le droit de chasser dans les bois qu'ils possèdent et qui sont soumis au régime forestier.

Les principes généraux qui régissent l'administration des biens appartenant aux établissements publics interdisent à ceux-ci tout acte de pure libéralité ; par conséquent. les communes et les établissements de bienfaisance ne pourraient pas être autorisés à concéder gratuitement à des particuliers le droit de chasser dans les bois dont ils sont propriétaires alors que la location de ce droit, soit à l'amiable, soit par voie d'adjudication, peut devenir pour eux une source parfois importante de revenus. (Décis. min. int. 1858. — *Mém.* 1858, p. 177.)

La location des droits de chasse a lieu comme celle de tous les biens communaux, c'est-à-dire dans la forme et avec les conditions prescrites par les lois et règlements relatifs aux baux administratifs des communes et des établissements de bienfaisance. Voy. BAUX.

L'adjudication a lieu conformément à un cahier des charges dressé d'après la délibération du conseil municipal ou de la commission administrative qui a réglé les clauses et conditions du bail.

Les baux sont ordinairement consentis pour neuf ans, du 1er juillet de la première année au 30 juin de la neuvième.

Après que le cahier des charges a été soumis à l'approbation du préfet, des affiches doivent être apposées, au moins quinze jours à l'avance, dans la commune et dans celles qui environnent les bois. Il est procédé ensuite à l'adjudication, soit aux enchères et à l'extinction des feux, soit sur soumissions cachetées.

Chaque adjudicataire est tenu de donner une caution reconnue solvable, laquelle s'oblige solidairement avec lui à toutes les clauses et conditions du bail, faute de quoi il est déchu de l'adjudication.

Le prix du fermage est payé chaque année et d'avance dans la caisse du receveur de la commune ou de l'établissement en deux termes égaux, l'un le 1er juillet et l'autre le 1er janvier.

Avant la signature du procès-verbal d'adjudication, les fermiers doivent désigner les personnes qu'ils ont l'intention de s'adjoindre dans la jouissance de leur bail, et il doit en être fait mention au procès-verbal.

L'acte d'adjudication n'est exécutoire qu'après avoir été approuvé par le préfet; il doit être enregistré dans les vingt jours qui suivent la réception de cette approbation.

Les receveurs, non plus que les maires et les administrateurs des établissements de bienfaisance, ne peuvent se rendre adjudicataires des droits de chasse dans les bois des communes et établissements dont ils gèrent les revenus. — *Mém.* 1845, p. 274.

La chasse ne peut avoir lieu dans les forêts affermées qu'aux époques et sous les réserves fixées par les arrêtés des préfets pris en exécution des articles 3 et 9 de la loi du 3 mai 1844, et avec les moyens et procédés autorisés tant par la loi que par ces arrêtés.

La gestion des bois des communes et des établissements publics appartenant à l'administration forestière, les adjudicataires des droits de chasse n'ont, pas plus que les communes et établissements, le droit d'introduire, à titre particulier, des surveillants, quels qu'ils soient, dans ces forêts. Les agents forestiers ont seuls mission d'assurer l'exécution des lois et règlements sur la chasse et celle des clauses spéciales des adjudications de ce droit.

Il importe donc, tant au point de vue forestier que dans l'intérêt même des communes et établissements, que les administrateurs adressent aux agents forestiers locaux une expédition du procès verbal d'adjudication des droitsde chasse, ainsi que des clauses qui les régissent afin de les mettre à même d'en assurer l'exécution. (Circ. int. 4 novembre 1850. — *Mém.* 1851, p. 6.)

Les communes et les établissements publics peuvent aussi affermer, dans les formes indiquées ci-dessus, le droit de chasse sur leurs propriétés autres que les bois et sur celles des propriétaires qui renoncent à ce droit au profit de la caisse municipale.

L'acte par lequel plusieurs propriétaires, en renonçant à l'exercice personnel du droit de chasse sur leurs propriétés, donnent leur consentement à ce que ce droit soit affermé dans l'intérêt de la commune, n'est assujetti qu'à un seul droit fixe de 2 francs d'enregistrement, quel que soit le nombre des propriétaires qui y concourent. (Circ. dir. gén. de l'enregistremnet, 3 mars 1844. — *Mém*. p. 118.)

Sont punis d'une amende de 16 à 100 fr. les fermiers de la chasse, soit dans les bois soumis au régime forestier, soit sur les propriétés dont la chasse est louée au profit des communes ou établissements publics, qui ont contrevenu aux clauses et conditions de leurs cahiers de charges relatives à la chasse. (L. 3 mai 1844, art. 11, § 5.)

Permis de chasse. — Nul ne peut chasser, sauf les exceptions déterminées par la loi, s'il ne lui a été délivré un permis de chasse par l'autorité compétente. (L. 3 mai 1844, art. 1er.)

Les permis de chasse sont délivrés, sur l'avis du maire et du sous-préfet, par le préfet du département, ou bien, au nom du préfet, par le sous-préfet de l'arrondissement dans lequel celui qui en fait la demande a sa résidence ou son domicile. La délivrance du permis de chasse donne lieu au payement d'un droit de 15 francs au profit de l'État et de 10 francs au profit de la commune dont le maire a donné l'avis énoncé ci-dessus. (Id. art. 5; Circ. int. 12 juillet 1860.)

Les personnes qui veulent obtenir un permis de chasse doivent payer ces droits à la caisse du percepteur de leur commune. (I. G., art. 591.)— Voy. PERMIS DE CHASSE.

Confiscation du gibier mis en vente ou transporté en temps prohibé. — Dans chaque département il est interdit de mettre en vente, de vendre, d'acheter, de transporter et de colporter du gibier pendant le temps où la chasse n'y est pas permise. En cas d'infraction à cette disposition, le gibier est saisi et immédiatement livré à l'établissement de bienfaisance le plus voisin, en vertu, soit d'une ordonnance du juge de paix, si la saisie a lieu au chef-lieu de canton, soit d'une autorisation du maire, si le juge de paix est absent ou si la saisie a été faite dans une commune autre que le chef-lieu de canton. (L. 3 mai 1844, art. 3.)

Le directeur ou l'économe de l'établissement de bienfaisance doit délivrer à l'agent saisissant un récépissé indiquant l'espèce du gibier et le nombre de pièces livrées.

Produit des amendes de chasse.—Les amendes pour délit de chasse, sauf le prélèvement des gratifications accordées aux agents qui ont rédigé les procès-verbaux, sont attribuées exclusivement aux communes, alors même que les contraventions auraient été constatées dans les bois de l'État ou des particuliers. (Décis. min. des fin. 24 mai 1847. — *Mém*. p. 92.) — Voy. AMENDES.

Le directeur des domaines, aussitôt après que l'état des recouvrements a été arrêté, délivre, au nom de chaque receveur municipal, un mandat en vertu duquel le receveur de l'enregistrement tient compte à la commune de la somme qui lui revient. Ces mandats sont transmis aux receveurs municipaux par l'entremise des receveurs des finances. (I. G., art. 931). — Voy. Amendes.

Chemins ruraux. — On donne le nom de chemins ruraux aux voies publiques communales qui n'ont point paru avoir assez d'importance pour être classées au nombre des chemins vicinaux obligatoirement entretenus aux frais de la commune, mais que le conseil municipal a cependant jugées devoir être maintenues à l'état de chemin public.

Une instruction du ministre de l'intérieur, en date du 16 novembre 1839 a prescrit la formation, dans chaque commune, d'un état général des chemins ruraux, sans excepter même les simples sentiers, et destiné à établir pour toujours les droits de la commune. Ce tableau, après avoir été déposé pendant un mois à la mairie, avec invitation à tous les propriétaires de la commune, domiciliés ou non, d'en prendre connaissance et de présenter, s'il y a lieu, leurs réclamations, est définitivement arrêté par le préfet. Il fait titre pour la commune.

Il appartient au maire de s'opposer à toute anticipation sur le sol de ces chemins. Procès-verbal des anticipations ou dégradations commises doit être redigé sur-le-champ par les fonctionnaires ou agents ayant qualité pour verbaliser sur les délits ruraux. Il serait du devoir du receveur municipal de faire constater, par procès-verbaux des mêmes fonctionnaires ou agents, les anticipations ou dégradations dont il aurait connaissance. — Voy. Actes et mesures conservatoires.

En principe, l'entretien des chemins ruraux est à la charge des communes dont ils sont la propriété, mais elles ne pourraient imputer cette dépense sur les centimes spécialement affectés à la réparation des chemins vicinaux, ni y appliquer une partie des prestations en nature qui sont destinées à ces derniers chemins; elles ne pourraient pas davantage voter une imposition extraordinaire pour y faire face.

Il n'est qu'un seul cas où l'administration municipale pourrait faire quelque dépense pour l'entretien des chemins ruraux, c'est celui où une commune peut entretenir ses chemins vicinaux sur ses seuls revenus, sans avoir recours aux prestations, ni aux centimes spéciaux, et où, toutes les dépenses obligatoires assurées, le conseil municipal voudrait affecter quelques fonds à l'entretien des chemins ruraux, sous l'approbation, bien entendu, des préfets. (Circ. int. 16 novembre 1839.)

Les travaux sur les chemins ruraux peuvent être faits par voie de régie, de marché à forfait ou d'adjudication, selon les règles établies pour tous les ouvrages exécutés au compte des communes. — Voy. Adjudication, Marchés, Régie, Travaux.

Chemins vicinaux. — On désigne sous ce nom les chemins nécessaires aux communications des communes et qui ont été reconnus tels par un arrêté du préfet, sur une délibération du conseil municipal.

La loi du 21 mai 1836 a divisé les chemins vicinaux en deux catégories : la première comprend les chemins vicinaux ordinaires ou de petite communication, et la seconde, les chemins vicinaux de grande communication. Il est en outre une troisième catégorie de chemins vicinaux, dont l'entretien est à la charge de plusieurs communes, et que l'administration supérieure a désignée sous le nom de chemins vicinaux de moyenne communication ou d'intérêt commun.

Ressources applicables à la dépense des chemins vicinaux. — Tous les ans, du 1er au 15 avril, il est fait par le maire ou par l'agent voyer une appréciation sommaire des dépenses à faire sur les chemins vicinaux de la commune.

Cette appréciation est mise, dans la session de mai, sous les yeux du conseil municipal.

Le maire fait également connaître à cette assemblée le montant des contingents qui lui sont demandés pour les chemins d'intérêt commun et les chemins de grande communication auxquels la commune a été déclarée intéressée.

Le conseil municipal délibère sur les documents qui lui ont été communiqués. En ce qui concerne les chemins vicinaux de petite communication, il détermine ceux de ces chemins qui doivent être réparés, ainsi que la nature des travaux à y faire. Il recherche ensuite les moyens de pourvoir tant à cette dépense qu'à celle résultant du contingent assigné à la commune, s'il y a lieu, dans le service des chemins vicinaux d'intérêt commun et de grande communication. Ces délibérations ne sont exécutoires que sur l'approbation du préfet.

Les ressources applicables à la réparation et à l'entretien des chemins vicinaux se composent : 1° des fonds provenant des revenus ordinaires des communes ; 2° des centimes spéciaux que les communes sont tenues de s'imposer en cas d'insuffisance des revenus ordinaires et dont le maximum est fixé à cinq ; 3° des prestations en nature imposées aussi en cas d'insuffisance des revenus ordinaires, et dont le maximum est fixé à trois journées de travail ; 4° du produit des subventions, indemnités et souscriptions volontaires, — 5° des prestations en nature que les délinquants inslovables dans les bois soumis au régime forestier peuvent être admis à exécuter sur les chemins vicinaux, en payement des amendes, réparations civiles et frais auxquels ils ont été condamnés.

Ces ressources ne peuvent, sous aucun prétexte, être appliquées soit à des travaux étrangers au service des chemins vicinaux, soit à la réparation des chemins qui n'auraient pas été légalement reconnus et classés comme chemins vicinaux. Tout emploi, soit de fonds, soit de prestation en nature, qui serait affecté contrairement à cette règle, serait rejeté des comptes et mis à la charge du comptable ou de l'ordonnateur, selon le cas. — Voy. Impositions communales, Prestations en nature, Souscriptions, Subventions.

Les ressources en argent applicables aux dépenses des chemins vicinaux, soit qu'elles proviennent d'un prélèvement sur les revenus ordinaires de la commune ou bien des centimes spéciaux, de prestations acquittées en argent, de subventions, d'indemnités ou de souscriptions volontaires, sont employées au payement des dépenses suivantes, savoir: 1° travaux exécutés par voie de régie, de marché à forfait ou, d'adjudication; 2° part contributive de la commune dans le traitement de l'agent voyer cantonal; 3° salaire des piqueurs et cantonniers communaux employés à surveiller l'exécution des travaux; 4° frais de confection des états-matrices des rôles de prestation et d'impression des avertissements; 5° indemnités relatives aux extractions de matériaux, dépôts ou enlèvements de terre, occupations temporaires de terrains; 6° indemnités pour affectation de terrains aux travaux d'élargissement, d'ouverture et de redressement des chemins vicinaux; 7° contingent de la commune dans la dépense des chemins vicinaux d'intérêt commun; 8° contingent communal dans la dépense des chemins vicinaux de grande communication.

Les règles d'après lesquelles s'opèrent ces diverses dépenses sont indiquées ci-après.

Travaux à prix d'argent. — Tous les travaux à exécuter à prix d'argent sur les chemins vicinaux doivent être l'objet de projets régulièrement dressés et de devis. Toutefois il peut, sous l'approbation du sous-préfet, être fait exception lorsqu'il s'agit de travaux de simple réparation ou d'entretien dont la dépense ne dépasse pas 300 francs.

Les travaux à exécuter à prix d'argent sur les chemins vicinaux peuvent être exécutés, d'après leur importance, par voie de régie, de marché à forfait ou d'adjudication.

Lorsque la dépense portée au devis ne s'élève pas à 300 francs, le maire peut faire exécuter les travaux par voie de marché ou par voie de régie, sans avoir besoin de recourir à une autorisation spéciale.

Entre la limite de 300 francs à 1,000 francs, les travaux peuvent encore être exécutés par voie de marché à forfait ou de régie, mais seulement avec l'autorisation du préfet.

Lorsque la dépense portée au devis excède 1,000 francs, les travaux doivent nécessairement être mis en adjudication. Après deux tentatives infructueuses d'adjudication, il en est rendu compte au préfet, qui autorise, s'il y a lieu, l'exécution des travaux par voie de marché ou de régie.

Lorsque, en raison du montant des devis ou en vertu d'autorisations spéciales, les travaux des chemins vicinaux doivent être faits en régie, ces travaux sont exécutés sous la surveillance du maire ou de son délégué, avec l'assistance, autant que faire se peut, d'un agent voyer. Le maire peut charger de la direction effective des ateliers un agent voyer, piqueur, cantonnier ou conducteur, qui excerce les fonctions de régisseur.

Le régisseur dresse l'état de la dépense en double expédition et en fait la remise au maire, qui y appose son visa et délivre sur le receveur municipal, au nom du régisseur, un mandat du montant de la dépense. Le régisseur opère le payement des ouvriers en présence du maire; les états de dépense sont émargés par les parties prenantes; lorsque celles-ci ne savent pas signer, le payement est certifié par le maire. L'un des doubles des états de dépense est remis au receveur municipal pour être annexé au mandat; l'autre est déposé à la mairie.

Lorsqu'il y a nécessité, des fonds peuvent être remis par avance au régisseur, sur mandat du maire, pour le payement des salaires journaliers. Le régisseur quittance le mandat et prend l'engagement écrit d'en rendre compte et de produire, dans le délai qui a été fixé, des états émargés des parties prenantes.

Les quittances des indigents employés aux travaux à exécuter sur les chemins, à quelque somme qu'elles s'élèvent, sont exemptes du timbre. (I. G., art. 1009.)

Lorsque, en raison du montant des devis, ou bien parce que deux tentatives d'adjudication sont restées infructueuses, il y a lieu de faire exécuter les travaux par voie de marché, les marchés sont passés par le maire assisté de deux conseillers municipaux pris dans l'ordre du tableau. Ces marchés sont soumis à l'approbation du sous-préfet pour les travaux au-dessous de 1,000 francs, et à l'approbation du préfet lorsqu'ils atteignent ce chiffre.

Les adjudications sont, autant que possible, faites à la sous-préfecture de l'arrondissement. Lorsque des circonstances particulières exigent que l'adjudication des travaux ait lieu dans la commune même où ces travaux sont faits, cette exception est autorisée par le préfet.

Lorsque l'adjudication a lieu à la sous-préfecture, le sous-préfet est assisté du maire et d'un membre du conseil municipal, du receveur municipal et de l'agent voyer de l'arrondissement.

Si l'adjudication a lieu, sur l'autorisation du préfet, dans une commune et pour les travaux de cette seule commune, il y est procédé, soit par le sous-préfet de l'arrondissement, soit par le maire de la commune, en présence de deux membres du conseil municipal et du receveur municipal,

Nul n'est admis à concourir à l'adjudication s'il n'a les qualités requises pour entreprendre les travaux et en garantir le succès. A cet effet, le concurrent est tenu de fournir un certificat constatant sa capacité, et de présenter un acte régulier ou au moins une promesse valable de cautionnement.

L'adjudication n'est définitive qu'après l'approbation du préfet. Dans les vingt jours de la date de l'approbation, la minute du procès-verbal d'adjudication doit être enregistrée; il ne peut en être délivré ni expédition ni extrait qu'après l'accomplissement de cette formalité.

Le cautionnement à fournir par les adjudicataires est réalisé à la diligence du receveur municipal.

La réception définitive des travaux est faite par le maire, assisté de l'agent voyer et en présence de l'adjudicataire ou lui dûment appelé. Le procès-verbal est signé des personnes présentes; il est soumis à l'approbation du sous-préfet pour les travaux d'une valeur de moins de 1,000 francs, et à l'approbation du préfet pour les travaux d'une valeur plus considérable.

Le procès-verbal de réception est dressé en triple original : l'un est déposé à la mairie, l'autre est annexé à la minute de l'adjudication, le troisième est remis à l'adjudicataire pour être produit à l'appui du dernier mandat qui lui sera délivré.

Les maires peuvent délivrer des mandats partiels de payement aux entrepreneurs, à raison de l'avancement des travaux ou de l'importance des approvisionnements faits. Ces mandats sont basés sur un certificat d'avancement des travaux délivré par l'agent voyer ou par le surveillant des travaux. Ce certificat est joint au mandat.

Les mandats partiels ne doivent jamais excéder les quatre cinquièmes du montant des travaux exécutés ou des approvisionnements faits, le dernier cinquième devant servir de garantie jusqu'à la réception définitive.

Le payement total n'a lieu, et la remise des cautionnements n'est faite qu'après l'achèvement, la reconnaissance et la réception définitive des travaux, et ce sans préjudice des délais de garantie que stipulerait le cahier des charges, ou qui résulteraient des dispositions du code Napoléon. — Voy. ADJUDICATION, CAUTIONNEMENT DES ADJUDICATAIRES, TRAVAUX.

Traitement des agents voyers cantonaux et salaire des piqueurs ou cantonniers communaux. — Dans les départements où les agents voyers sont chargés, sous l'autorité du maire, de la surveillance des chemins vicinaux de petite communication et de la direction des travaux sur ces chemins, tout ou partie de leur traitement peut être mis à la charge des communes; la dépense est alors répartie par le préfet entre les communes intéressées, et les contingents sont versés dans les caisses des receveurs de finances pour être centralisés à la recette générale à titre de cotisations.

Lorsque les travaux de prestation en nature ne peuvent être dirigés par un agent voyer cantonal, le maire a le droit de nommer un piqueur chargé de la direction des travaux et de rendre compte de l'emploi des journées de prestations. Le salaire de cet agent est soldé sur les fonds qui sont affectés à la réparation des chemins vicinaux.

Sur la demande des maires et des conseils municipaux, le rapport des agents voyers et l'avis du sous-préfet, le préfet autorise, s'il y a lieu, la nomination de cantonniers communaux pour l'entretien des chemins vicinaux. — Voy. AGENTS VOYERS, CANTONNIER, COTISATIONS MUNICIPALES.

Frais de confection des états matrices et des rôles de prestation. — Les communes doivent supporter la dépense des frais de confection des états-matrices et des rôles de prestation, et celle des frais d'impression des avertissements. Le contingent de chaque commune est fixé par le préfet et les receveurs municipaux en versent les fonds à la caisse du receveur des finances de l'arrondissement, à titre de cotisations municipales; ils en font dépense sur le produit des ressources affectées aux chemins vicinaux. (I. G., art. 891.)

Le recouvrement, par les receveurs des finances, des cotisations destinées à ces frais doit être opéré dans les deux mois qui suivent la remise des états de répartition sur les communes arrêtés par le préfet. (Circ. 20 juin 1838.) — Voy. COTISATIONS MUNICIPALES.

Indemnités pour élargissement de chemins vicinaux. — Conformément à l'article 15 de la loi du 21 mai 1836, l'arrêté qui fixe la largeur d'un chemin vicinal opère au profit de la commune la dépossession du propriétaire dont les terrains doivent servir à l'élargissement du chemin. Cet arrêté doit être notifié au propriétaire au moins huit jours avant l'occupation des terrains. A l'expiration de ce délai, la portion du sol nécessaire à l'élargissement est immédiatement incorporée à la voie publique.

Si le propriétaire ne consent pas à faire à la commune l'abandon gratuit de la parcelle de terrain à réunir au chemin, le maire traite avec lui du montant de l'indemnité à accorder; s'il y a accord, les conditions sont soumises à l'acceptation du conseil municipal, et elles sont, s'il y a lieu, approuvées par le préfet en conseil de préfecture, par application de l'article 10 de la loi du 28 juillet 1824.

Si l'indemnité ne peut être réglée à l'amiable, le propriétaire dépossédé doit adresser au préfet un mémoire tendant à obtenir que la commune soit autorisée à ester en jugement; il fait connaître dans ce mémoire le montant de l'indemnité par lui réclamée, afin que le conseil de préfecture examine si les prétentions sont ou non exagérées, et si, par suite, il y a lieu d'autoriser la commune à défendre à l'action intentée contre elle. Si cette autorisation est refusée, la commune doit payer au propriétaire l'indemnité par lui fixée. Dans le cas, au contraire, où l'autorisation serait accordée, le propriétaire nomme un expert et met la commune en demeure de désigner le sien; si la commune se refusait à faire cette nomination, un expert serait désigné d'office par le juge de paix. Les deux experts, après avoir prêté serment, se réunissent pour faire leur rapport sur le montant de l'indemnité due. En cas de désaccord, il est procédé à la nomination d'un tiers expert par le juge de paix, à la requête de la partie la plus diligente. L'indemnité est fixée par le juge de paix du canton sur le rapport des experts.

Les sentences rendues par le juge de paix sont susceptibles d'appel, lorsque le montant de l'indemnité dépasse le taux de la compétence du dernier ressort des juges de paix. (Arrêt de cass., 27 janvier 1847.)

L'arrêté préfectoral qui prescrit l'élargissement des chemins vicinaux opérant virtuellement la translation de la propriété, il n'y a pas lieu à la rédaction d'un contrat d'acquisition, soit que l'indemnité ait été fixée par le juge de paix, soit qu'elle ait été réglée à l'amiable. Seulement dans c dernier cas, un acte constatant l'arrangement amiable doit être signé par le propriétaire et par le maire de la commune.

L'indemnité fixée à l'amiable ou par le juge de paix est à la charge de la commune sur le territoire de laquelle est situé le chemin. Le montant de cette indemnité, dont le payement n'est pas exigible avant l'occupation du sol, doit être soldé sur les premiers fonds disponibles affectés aux dépenses des chemins vicinaux.

En cas d'insuffisance des ressources ordinaires de la commune et des 5 centimes spéciaux, le conseil municipal pourrait voter des centimes additionnels extraordinaires; toutefois, ces centimes extraordinaires ne pourraient être imposés d'office par application de l'article 39 de la loi du 18 juillet 1837. — *Mém.* 1860, p. 135.

Indemnités de terrains pour ouverture ou redressement de chemins vicinaux. — Lorsque l'administration a reconnu la nécessité d'ouvrir un nouveau chemin sur le territoire d'une ou de plusieurs communes, ou de redresser un chemin existant, il est procédé à une enquête, conformément à l'ordonnance du 23 août 1835, et les conseils municipaux sont appelés à délibérer tant sur l'utilité du chemin que sur les réclamations consignées au procès-verbal d'enquête. Les pièces de cette affaire sont ensuite transmises directement au préfet pour l'arrondissement chef-lieu, et pour les autres arrondissements par l'intermédiaire du sous-préfet qui y joint son avis. L'agent voyer en chef est également entendu.

Sur le vu des délibérations et avis ci-dessus, un arrêté rendu par le préfet, s'il y a lieu, déclare l'utilité publique et autorise l'ouverture du chemin.

Cet arrêté est publié dans la commune ou les communes sur le territoire desquelles le nouveau chemin doit être ouvert, et aussitôt après il est procédé à l'accomplissement des formalités prescrites par les articles 4, 5, 6 et 7 de la loi du 3 mai 1841 sur l'expropriation pour cause d'utilité publique.

Sur le vu des différentes pièces de l'instruction à laquelle il a été procédé, le préfet détermine, par un arrêté pris en conseil de préfecture, les propriétés qui doivent être cédées, et indique l'époque à laquelle il sera nécessaire d'en prendre possession. Cet arrêté est soumis à l'approbation du ministre de l'intérieur, conformément à l'article 11 de la loi du 3 mai 1841.

Après l'accomplissement des formalités ci-dessus, et si les propriétaires des terrains à occuper ne consentent pas à en faire l'abandon gratuit à la commune, il est procédé, autant que possible, à l'acquisition amiable de ces terrains. A cet effet le maire de la commune débat avec les propriétaires intéressés les conditions de l'acquisition; ces conditions sont soumises à la délibération du conseil municipal, et, si elles paraissent de nature à être acceptées, l'acquisition est autorisée par le préfet en conseil de préfecture.

Lorsque l'acquisition à l'amiable a été ainsi autorisée, l'acte d'acquisition est passé par le maire dans la forme des actes administratifs.

Si l'acquisition des terrains à occuper ne peut avoir lieu à l'amiable, soit parce que les propriétaires refuseraient de consentir à l'occupation, soit parce qu'il n'y aurait pas pu avoir accord sur le prix de ces terrains, il y a lieu de recourir à l'expropriation. A cet effet, et en conformité de l'article 13 de la loi du 3 mai 1841, le préfet transmet au procureur impérial de l'arrondissement toutes les pièces constatant l'accomplissement des formalités prescrites, pour qu'il soit procédé à l'expropriation. Toutefois, les propriétaires peuvent consentir à la cession, sauf règlement ultérieur de l'indemnité par le jury.

Le montant des indemnités dues est à la charge des communes sur le territoire desquelles les travaux d'ouverture ou de redressement ont été opérés. Lorsque le payement ne peut être fait au vendeur, la consignation du prix de vente est faite, à la caisse des dépôts, conformément à l'article 522 de l'Instruction générale du 20 juin 1859. — Voy. ACQUISITIONS, CAISSE DES DÉPÔTS, EXPROPRIATION, PIÈCES JUSTIFICATIVES.

Indemnités pour extraction de matériaux ou occupation temporaire de terrain. — Lorsqu'il est nécessaire d'occuper temporairement des terrains, soit pour extraction ou transport de matériaux, soit pour enlèvement ou dépôt de terre ou pour toute autre cause relative au service des chemins vicinaux, le maire de la commune demande d'abord le consentement du propriétaire à l'occupation sans indemnité.

Si le propriétaire ne consent à l'occupation que moyennant indemnité, le taux de cette indemnité est, pour les chemins vicinaux de petite communication, réglé à l'amiable, autant que possible, entre le maire et les propriétaires. Les conventions souscrites à ce sujet sont soumises à l'approbation du conseil municipal, et la délibération est homologuée par le préfet. Lorsque l'occupation doit avoir lieu pour le service des chemins vicinaux de grande communication, l'accord à l'amiable conclu par le maire et les propriétaires est approuvé par le préfet sur le rapport de l'agent voyer et du sous-préfet.

Lorsque le propriétaire d'un terrain dont l'occupation a été reconnue nécessaire a refusé, soit de consentir à cette occupation, soit d'acquiescer aux offres d'indemnités qui lui ont été faites par le maire, le préfet prend un arrêté pour autoriser l'occupation. Cet arrêté est notifié par l'intermédiaire du maire et sans frais aux parties intéressées, propriétaires, locataires ou fermiers, dix jours au moins avant l'ouverture des travaux.

Si l'indemnité ne peut être fixée à l'amiable, elle est réglée par le conseil de préfecture, sur le rapport d'experts nommés, l'un par le sous-préfet, l'autre par le propriétaire. En cas de désaccord, un tiers expert est nommé par le conseil de préfecture. Les frais d'expertise sont taxés par le conseil de préfecture, sur mémoire des experts, en double minute, dont une est écrite sur papier timbré.

Les indemnités réglées sont payées par les entrepreneurs de travaux, lorsque les cahiers des charges le déterminent ainsi. Elles le sont par les communes lorsque les travaux se font sur des chemins vicinaux de petite communication, soit par des prestataires, soit par régie ou par tâches. Elles sont acquittées sur les mandats du préfet, et sur les fonds affectés aux travaux, lorsqu'il s'agit de chemins vicinaux de grande communication.

Lorsque le payement des indemnités a été mis à la charge de l'entrepreneur des travaux, il est fait une retenue à cet entrepreneur pour garantie des sommes dues aux propriétaires et autres intéressés. Cette retenue cesse sur la justification faite par l'entrepreneur du payement des indemnités convenues et réglées. Elle cesse également par le fait de la prescription de deux ans prononcée par l'article 18 de la loi du 21 mai 1836.

Contingent de la commune dans la dépense des chemins vicinaux d'intérêt commun. — Les chemins vicinaux qui desservent plusieurs communes et qui, sortant ainsi de la catégorie de la petite vicinalité sans pouvoir cependant être classés avec les grandes lignes vicinales dont le service est compris dans les budgets départementaux, ont été qualifiés de chemins d'intérêt commun.

Lorsqu'un chemin vicinal intéresse plusieurs communes, le préfet, sur l'avis des conseils municipaux, désigne les communes qui doivent concourir à sa construction ou à son entretien, et fixe la proportion dans laquelle chacune doit y contribuer (L. 21 mai 1836, art. 6). En cas de difficulté, le conseil général est appelé à donner son avis (L. 10 mai 1838, art. 6).

La recette et l'emploi des ressources affectées aux chemins d'intérêt commun sont centralisés au compte des cotisations municipales et particulières. En conséquence, et sans que les maires soient exclus du droit de surveillance sur les travaux, le préfet en a la direction et en mandate le payement sur la caisse du receveur général. (I. G., art. 890.)

Les journées de prestation sont surveillées et exécutées, et il est justifié de leur emploi suivant les règles tracées pour les chemins vicinaux de grande communication. Les dispositions relatives aux travaux à exécuter par voie d'adjudication, de marché ou de régie sur les chemins vicinaux de grande communication, sont également applicables aux chemins vicinaux d'intérêt commun.

Contingent de la commune dans la dépense des chemins vicinaux de grande communication. — Les chemins vicinaux peuvent, selon leur importance, être déclarés chemins vicinaux de grande communication par le conseil général, sur l'avis des conseils municipaux, des conseils d'arrondissement et sur la proposition du préfet. Sur les mêmes avis et propositions, le conseil général détermine la direction de chaque chemin vicinal de grande communication, et désigne les communes qui doivent contribuer à sa construction et à son entretien. Sur le vu de la délibération prise par cette assemblée, le préfet fixe la largeur et les limites du nouveau chemin, et détermine annuellement, ainsi qu'il est dit ci-après, la proportion dans laquelle chaque commune doit concourir à la dépense des travaux.

Chaque année, avant le premier avril, le préfet se fait remettre par l'agent voyer en chef un rapport détaillé sur l'état et les besoins de chaque ligne de grande communication, ainsi que ses propositions sur la fixation du contingent à demander à chacune des communes intéressées. Des extraits de ce travail sont envoyés par le préfet aux sous-préfets, qui les examinent et les renvoient aussitôt avec leurs propositions. Sur le vu de ces documents, le préfet répartit la dépense à faire sur chaque chemin entre les communes intéressées.

Les contingents sont toujours évalués en argent, dans les limites du maximum fixé par l'article 8 de la loi du 21 mai 1836 ; mais ils peuvent, aux termes du même article, être fournis, soit en argent, soit en prestations en nature.

Un extrait de l'arrêté portant fixation du contingent est notifié au maire de chaque commune et placé, dans la session de mai, sous les yeux du conseil municipal, qui doit voter pour l'acquittement de son contingent, soit un prélèvement sur les ressources ordinaires, s'il y a possibilité, soit en cas d'insuffisance de ces revenus des prestations en nature jusqu'au maximum de deux journées et des deux tiers des centimes spéciaux applicables aux dépenses des chemins vicinaux. En cas de refus ou de négligence de la part du conseil municipal, il y est pourvu d'office par le préfet. (L. 21 mai 1836, art. 5 et 8.)

Si la loi a fixé le maximum du contingent qui peut être exigé des communes, elle n'a pas entendu limiter les offres et les sacrifices volontaires qu'elles peuvent s'imposer. Si donc des communes qui auraient un puissant intérêt à la prompte amélioration d'une ligne vicinale voulaient en hâter les travaux par des efforts extraordinaires, rien n'empêcherait les conseils municipaux, soit d'y affecter des fonds plus considérables sur les revenus communaux, soit de voter des impositions extraordinaires. — Voy. Impositions communales.

Le contingent en argent assigné à chaque commune est recouvré par le receveur des finances de l'arrondissement en vertu des états de répartition dressés par le préfet. Le montant des recouvrements est rattaché aux budgets des départements pour être employé en vertu des ordonnances du ministre de l'intérieur sur les caisses des payeurs du Trésor public. (I. G , art. 449 et 450.)

Les travaux de toute nature faits sur les chemins vicinaux de grande communication s'exécutent sous l'autorité immédiate du préfet et sous la surveillance et la direction des agents voyers.

Les travaux de prestation s'exécutent d'après les règles tracées au sujet des chemins vicinaux de petite communication. Lorsque les travaux sont terminés, l'agent voyer délivre aux prestataires leur certificat de libération; il annote, en outre, la libération des prestataires sur le relevé ou extrait de rôle qui doit être remis au receveur municipal, après avoir été revêtu du certificat du maire attestant l'exécution des travaux

Les prestations dues par une commune peuvent, avec le consentement du préfet, être converties en fournitures d'une quantité convenue de matériaux bruts ou cassés, rendus sur place ou à prendre dans un lieu déterminé, et que le maire fait livrer par les prestataires, conformément aux conventions ainsi arrêtées. — Voy. PRESTATIONS EN NATURE.

Chevaux et voitures.—Voy. CONTRIBUTIONS DIRECTES.

Chiens. — Voy. TAXE MUNICIPALE SUR LES CHIENS.

Cimetières. — Toute commune doit avoir, à la distance de 35 à 40 mètres au moins des habitations, un ou plusieurs terrains spécialement destinés à l'inhumation des morts. (D. 23 prairial an XII, art. 2; O. 6 décembre 1843, art. 1er.)

Suivant la jurisprudence du comité de l'intérieur du conseil d'État, la propriété des cimetières doit appartenir aux communes, attendu qu'ils servent à tous les habitants sans distinction de culte. Il en résulte qu'un établissement public ne pourrait être autorisé à acquérir un cimetière, ni à accepter le legs ou la donation d'un immeuble destiné par le donateur à servir de cimetière. Il en résulte, en outre, que si un cimetière avait été acquis par une fabrique ou tout autre établissement par suite d'une autorisation donnée contrairement à cette règle, la commune devrait s'entendre avec cet établissement, lui en rembourser le prix et en devenir propriétaire. (Avis du cons. d'État 22 octobre 1822, 12 janvier, 23 mars et 26 octobre 1825, 3 mai 1826, 7 septembre 1832, 15 mars et 27 septembre 1833.)

En principe, les communes doivent avoir les terrains consacrés aux inhumations sur leur propre territoire. Toutefois, lorsqu'une commune n'a pas assez d'importance pour se procurer elle-même un lieu de sépulture, ou se trouve dans l'impossibilité d'avoir sur son territoire un terrain qui remplisse les conditions exigées par le décret du 23 prairial an XII, il n'y a pas d'obstacle légal à ce qu'elle obtienne l'autorisation de faire usage du cimetière d'une autre commune, moyennant un prix de location établi d'après le chiffre de la population de chacune d'elles. (Décis. min. int. 1856 et 1857.)

Lorsque le conseil municipal reconnaît la nécessité d'établir un nouveau cimetière, il délibère sur le choix de l'emplacement et sur les frais d'établissement. La délibération est transmise au préfet, qui prescrit l'ouverture d'une enquête *de commodo et incommodo* sur le choix de l'emplacement. Le procès-verbal d'enquête et les réclamations qui ont pu se produire séparément sont communiqués au conseil municipal, afin qu'il émette son avis, puis le préfet détermine par un arrêté l'emplacement du nouveau cimetière; si le terrain n'appartient pas à la commune, l'acquisition en es faite soit à l'amiable suivant les règles ordinaires, soit par voie d'expropriation. — Voy. Acquisitions, Enquête, Expropriation.

Le préfet peut aussi prendre l'initiative d'un déplacement de cimetière, et s'il ne trouve pas l'administration municipale disposée à reconnaître l'opportunité de cette mesure, il charge des experts de constater les inconvénients que présente l'emplacement actuel; puis, le rapport des experts est communiqué au conseil municipal, et si cette assemblée n'en adopte pas les conclusions, le préfet peut prononcer par un arrêté la suppression du cimetière actuel et déterminer un nouvel emplacement. (Circ. int. 6 décembre 1843 ; Décis. min. 1857.)

En cas de translation d'un cimetière, les concessionnaires ont droit d'obtenir, dans le nouveau cimetière, un emplacement égal en superficie au terrain qui leur avait été concédé, et les restes qui y avaient été inhumés sont transportés aux frais de la commune. (O. 6 décembre 1843, art. 5.)

Lorsqu'un ancien cimetière a cessé d'être utile, il doit être fermé et rester dans l'état où il se trouve, sans que l'on puisse en faire usage, pendant cinq ans à partir de la dernière inhumation; après cinq ans, les terrains peuvent être affermés par la commune, à la condition qu'ils ne seront qu'ensemencés ou plantés, et qu'on ne pourra y faire aucune fouille ou fondation pour des constructions de bâtiments; c'est seulement à l'expiration de cette période de dix ans qu'il est permis d'y faire des fouilles ou fondations pour construire des bâtiments. Telles sont les conditions sous lesquelles les communes peuvent être autorisées à échanger ou à vendre les cimetières dont la fermeture ne remonte pas au-delà de dix ans. (L. 15 mai 1791, art. 9; D. 23 prairial an XII, art. 8 et 9; Avis du cons. d'État, 15 nivôse an XIII.)

La clôture des cimetières, les plantations, les frais de premier établissement, la translation dans les cas déterminés par les lois et règlements, sont des dépenses obligatoires à la charge des communes. Il en est de même de l'agrandissement, quand il n'a pour objet que de pourvoir à une insuffisance de terrain pour la sépulture des morts.

Quant aux frais d'entretien, cette dépense rentre dans la catégorie de celles auxquelles les fabriques sont tenues en première ligne, aux termes du décret du 30 décembre 1809, et ce n'est qu'en cas d'insuffisance constatée des ressources de ces établissements que la dépense incombe à la caisse municipale. — Voy. Fabrique.

Les frais de garde et de fossoyage sont à la charge des communes. Les gardiens et les fossoyeurs sont nommés par le maire, qui peut les révoquer ; leurs traitements sont fixés par le conseil municipal, sous l'approbation de l'autorité supérieure.

D'après l'article 36, § 4, du décret du 30 décembre 1809, le produit spontané des terrains servant aux cimetières appartient aux fabriques; on doit entendre par produits spontanés les herbages, arbustes, buissons, ainsi que les arbres qui ont crû spontanément, lorsqu'il est établi qu'ils ont pris naissance postérieurement au décret du 30 décembre 1809 (Avis du cons. d'État, 22 janvier 1841). Les fabriques n'ont, du reste, aucun droit aux produits spontanés des cimetières protestants (Décis. min. int. 1857).

Quant au produit des concessions de terrains faites dans les cimetières pour fondation de sépultures particulières, il est perçu au profit de la commune, sauf la part attribuée aux pauvres par les règlements. — Voy. CONCESSIONS DE TERRAINS DANS LES CIMETIÈRES.

Circulaire. — On appelle circulaire des lettres imprimées ou manuscrites rédigées dans les mêmes termes et adressées par les administrateurs supérieurs aux fonctionnaires sous leurs ordres, pour leur donner des instructions ou leur faire connaître leurs décisions.

Les circulaires ministérielles qui ont pour but de présenter un commentaire explicatif des dispositions d'une loi ou d'un décret, ou de donner les indications nécessaires pour l'application des prescriptions nouvelles, ont un caractère obligatoire pour les administrateurs auxquels elles s'adressent, et dont elles ont pour objet de régler les opérations; mais ces actes, quoique officiels, n'obligent pas les tiers. — Voy. ARCHIVES, BULLETIN OFFICIEL DU MINISTÈRE DE L'INTÉRIEUR, CLASSEMENT.

Classement des pièces de comptabilité dans les bureaux des percepteurs. — Les percepteurs receveurs municipaux doivent avoir dans leur bureau soit un casier, soit une armoire ou placard, destiné à recevoir, dans des cases ou des cartons distincts, tous les éléments de leur comptabilité. Le tableau ci-après (*Modèle n° 312 de l'Inst. gén.*) fait connaître l'ordre dans lequel il convient de disposer ces éléments de comptes et les objets à renfermer dans chaque subdivision. (I. G., art. 1528.)

TABLEAU DU CLASSEMENT

Dans les bureaux des percepteurs receveurs municipaux des divers éléments de leur comptabilité.

PERCEPTION.

1re chemise. Commission des percepteurs, prestation de serment et certificats d'inscription des cautionnements.
2e — Instructions et circulaires.
3e — Correspondance.
4e — Rôle des poids et mesures, des redevances des mines, de la taxe des biens e main-morte et des droits sur les pharmaciens.
5e — États de frais de poursuites (divisés par année).
6e — Recouvrement des contraintes extérieures et des rentes d'hospices.

7e chemise. Récépissés de la recette des finances applicables au service de la perception (ils doivent être classés par nature de produits).

8e — Minutes des états de cotes irrecouvrables et indûment imposées, des états de restes à recouvrer sur contributions et frais ; cahier de notes des mutations, relié.

9e — Minutes des inventaires des rôles et des états de frais de poursuites.

10e — Procès-verbaux de vérification.

11e — Papier timbré et carnet y relatif (pour les comptables chargés de ce service).

12e — Imprimés de toute espèce à l'usage de la perception.

Collection du *Mémorial des percepteurs.*

Bulletin administratif.

Journaux à souche et récapitulatif de l'année.

Rôles généraux des quatre contributions et rôles supplémentaires à ces contributions.

(Ces rôles doivent être revêtus d'un cartonnage, d'une peau ou au moins d'une feuille de papier épais.)

RECETTE MUNICIPALE.

1re chemise. Valeurs de portefeuille. (On placera dans cette chemise les récépissés des maires relatifs aux feuilles de passe-ports, les récépissés de placements et les décomptes d'intérêts de ces placements.)

2e — Budgets des deux exercices non clos.

3e — Titres de perception de revenus municipaux et toutes pièces y relatives (classés par chaque commune).

4e — Rôles de la rétribution scolaire.

5e — Pièces des dépenses communales (à classer par commune et par exercice, dans l'ordre des payements et avec toutes les pièces justificatives).

6e — Livres des comptes divers et de détail (ce sont ceux des deux années non closes).

7e — Comptes des gestions non apurées, avec les arrêts ou arrêtés sur ces gestion e les récépissés de leur dépôt.

8e — Minutes des situations trimestrielles.

9e — Imprimés à l'usage de la recette municipale.

10e — Procès-verbaux de clôture des registres au 31 décembre dernier, et récépissé du dépôt des rôles de prestation, etc., aux mairies.

Rôles de prestations, de la taxe sur les chiens, des marais, digues, etc. (recouverts comme les rôles généraux des quatre contributions).

ARCHIVES.

1re liasse. Récépissés de la recette des finances (classés pour chacune des années auxquelles ils appartiennent).

2e — Livres des comptes divers.

3e — Livre de détail des recettes et des dépenses municipales

4e — Livres de détail des chemins vicinaux.

5e — Journaux à souche (en attendant le dépôt).

6e — Livres récapitulatifs.

— Comptes des gestions apurées, avec les arrêts ou arrêtés et les récépissés de dépôt de ces comptes.

8e — Procès-verbaux de clôture au 31 décembre, et récépissés du dépôt aux mairies des anciens rôles de prestations, etc.

9e — Minutes de toutes les situations, mensuelles, trimestrielles et autres.

10e — Procès-verbal de la remise du service, états de restes à recouvrer et inventaire des livres et pièces.

Chaque chemise de classement ou fiche de liasse doit porter en tête l'indication du titre général : *Perception*, *Recette municipale* ou *Archives*, selon qu'elle appartient à une de ces divisions du classement.

Classificationdes perceptions. — Voy. PERCEPTIONS.

Cloches. — C'est au conseil de fabrique qu'il appartient de prendre les mesures relatives à l'achat et au placement des cloches des églises.

La refonte ou la réparation des cloches constitue une dépense du culte qui incombe en premier lieu à la fabrique et subsidiairement seulement à la commune.

La refonte dont il s'agit est assimilée aux grosses réparations de l'église. La fabrique ne saurait donc l'entreprendre sans que le conseil municipal ait été entendu, lors même que l'église ne serait pas une propriété communale. (Décis. min. int. 1859. — *Mém.* 1860, p. 210.)

La fabrique ne peut faire vendre une ancienne cloche que la commune aurait payée de ses deniers ; c'est au conseil municipal à prendre l'initiative de cette vente. (Décis. min. de l'int. 1861 — *Mém.* p. 253.) — Voy. FABRIQUE.

Dans les localités où il est d'usage d'annoncer par la sonnerie de la cloche de l'église communale l'arrivée du percepteur pour sa tournée de recette, le curé est sans qualité pour s'y opposer, si le maire a donné des ordres au sonneur à cet égard. — *Mém.* 1861, p. 426.

Clôture de l'exercice. — La clôture de l'exercice, en ce qui concerne les recouvrements à effectuer sur les contributions directes, est fixée au 30 novembre de l'année qui suit celle dont l'exercice prend son nom. Néanmoins, les rôles de l'exercice restent entre les mains des percepteurs, qui sont autorisés à poursuivre, au nom du Trésor, la rentrée des restes à recouvrer, jusqu'à la fin de la troisième année de l'ouverture de l'exercice (O. 8 décembre 1832 ; I. G., art. 92 et 94.) — Voy. CONTRIBUTIONS DIRECTES, EXERCICE, RECOUVREMENT, RÔLES.

En ce qui concerne la comptabilité des communes et des établissements de bienfaisance, la clôture de l'exercice est fixée au 31 mars de l'année qui suit celle qui donne son nom à l'exercice ; à cette époque, l'exercice est clos définitivement. (O. 24 janvier 1843 ; I. G., art. 812.) — Voy. COMPTE ADMINISTRATIF, EXERCICE, ÉTAT DES RESTES A PAYER, ÉTAT DES RESTES A RECOUVRER, ÉTAT DE SITUATION DE L'EXERCICE CLOS.

Clôture des registres. — Les divers registres des percepteurs, receveurs des communes et des établissements publics, doivent être arrêtés au 31 décembre de chaque année.

Cette opération exige l'intervention des maires des communes, des administrateurs des établissements publics et des receveurs des finances. (I. G., art. 1518.)

Les maires des communes où résident les percepteurs sont appelés à constater l'existence, au 31 décembre, des valeurs matérielles qui représentent l'excédant des recettes sur les dépenses de chaque commune et établissement, ainsi que de chacun des services dont ils sont chargés, et à procéder à la clôture des registres.

Ces fonctionnaires, assistés d'un membre du conseil municipal, dressent, à cet effet, un procès-verbal (*modèle* nº 311), et font établir à l'appui le bordereau de situation sommaire (*modèle* nº 308) au 31 décembre. Ils transmettent les deux pièces au sous-préfet de l'arrondissement.

Une ampliation de ce procès-verbal et du bordereau est remise au comptable pour lui servir à justifier l'excédant de recette qui résulte de son compte de gestion pour chaque commune. Une autre ampliation des mêmes pièces est envoyée par le comptable au receveur des finances.

L'ordonnateur des dépenses de chaque hospice ou bureau de bienfaisance dont le service n'est pas confié à un percepteur procède de même à la clôture des registres de l'établissement, et constate, par un procès-verbal dont l'ampliation est remise au receveur, l'existence des valeurs qui représentent l'excédant des recettes au 31 décembre.

Un cadre établi au bas de la formule de procès-verbal présente la situation des avances dont les pièces justificatives figurent comme valeurs de portefeuille, et l'indication des causes de retard qui existeraient dans la rentrée de ces avances. (I. G., art. 1519.) — Voy. AVANCES.

Lorsque, ensuite, les receveurs des finances se font représenter tous les registres des percepteurs pour procéder à l'examen préparatoire des comptes de gestion, ils s'assurent que les résultats des bordereaux dressés à la date du 31 décembre sont d'accord avec les résultats des écritures et avec les soldes matériels constatés par les procès-verbaux de clôture des registres. Les différences qui seraient reconnues entre les résultats des procès-verbaux et ceux des écritures devraient être rectifiées. (Id., art. 1520.)

Dans ce cas, le receveur des finances exprime, sur le procès-verbal même, ou au besoin sur une feuille qu'il y annexe, les motifs des rectifications opérées et de l'augmentation ou de la diminution que doit procurer par suite le solde de caisse au 31 décembre.

Il dresse un bordereau qui présente la situation du receveur municipal, rectifiée à cette même date, et le remet au comptable, pour servir avec le procès-verbal de clôture des registres à justifier, dans le compte de gestion, le solde ou excédant de recette qui en est le résultat (Id., art. 1304.) — Voy. BORDEREAU, COMPTE DE GESTION, ÉCRITURES.

Collectes. — Un arrêté du ministre de l'intérieur, du 5 prairial an XI, autorise les bureaux de bienfaisance à faire, tous les trois mois, des collectes ou quêtes à domicile. Le produit de ces collectes doit être versé à la caisse du bureau, et employé à ses besoins, conformément aux lois.

Les receveurs sont autorisés à encaisser, sans titre préexistant, le produit des collectes, mais sous la condition d'en informer immédiatement le receveur des finances, et d'en délivrer, comme titre de recettes, des états certifiés par les maires. Un double de chaque état est transmis ensuite directement par le maire au sous-préfet, qui le fait parvenir, sans aucun retard, au receveur des finances. (Circ. compt. gén. 15 novembre 1861. — *Mém.* p. 333.)

Sauf les exceptions expressément autorisées par l'administration préfectorale, dans les formes et avec les conditions prescrites par les règlements, les bureaux de bienfaisance ont seuls qualité pour faire des collectes publiques, et, par conséquent, toutes personnes qui, sans mission officielle, se seraient occupées de pareilles quêtes, pourraient être considérées comme s'étant indûment ingérées dans le maniement des deniers des pauvres, et seraient tenues d'en rendre compte et d'en verser le produit à la caisse du bureau.

Il n'appartient pas à un bureau de bienfaisance de charger une commission de faire des collectes à domicile et d'en distribuer les produits en dehors de la comptabilité de l'établissement. Les commissaires ainsi nommés doivent être considérés comme des délégués auxiliaires du bureau, et les sommes recueillies et distribuées par eux doivent être rattachées en recette et en dépense à la comptabilité du receveur, suivant les règles ordinaires. Toute autre marche constituerait une gestion occulte, qu'il est du devoir comme du droit du receveur de signaler. — *Mém.* 1862, p. 306. — Voy. Aumônes, Bureaux de bienfaisance, Gestion occulte, Quêtes.

Colléges communaux. — Les colléges sont des établissements publics d'instruction secondaire fondés et entretenus par les communes. Ils peuvent être subventionnés par l'État.

Pour être autorisée à établir un collége communal, toute ville doit : 1° fournir un local approprié à cet usage et en assurer l'entretien ; 2° placer et entretenir dans ce local le mobilier nécessaire à la tenue des cours et à celle du pensionnat, si l'établissement doit recevoir des élèves internes; 3° garantir pour cinq ans au moins le traitement fixe des fonctionnaires, lequel est considéré alors comme dépense obligatoire, en cas d'insuffisance des revenus propres du collége, de la rétribution payée par les externes et des produits du pensionnat. (L. 15 mars 1850, art. 74.)

Près de chaque collége est établi un bureau d'administration désigné par le recteur, et dont les fonctions embrassent l'administration, la discipline et la comptabilité de l'établissement. Le bureau arrête chaque année le compte de recettes et de dépenses; il dresse le budget, qui est arrêté par le conseil municipal et transmis ensuite par l'intermédiaire du recteur au ministre de l'instruction publique pour être approuvé. (D. 15 novembre 1811 ; O. 17 février 1815.)

Les colléges communaux peuvent être administrés soit en régie, c'est-à-dire au compte des villes, qui profitent des bénéfices obtenus sur la gestion du pensionnat, et perçoivent la rétribution payée par les élèves externes, soit au compte des principaux et à leurs risques et périls, moyennant une subvention fixe ou variable. (I. G., art. 880.)

Dans le premier cas, le principal ou l'économe doit tenir la comptabilité du collége, opérer les recettes et faire les dépenses; on ne peut mettre les unes et les autres au rang des services municipaux proprement dits, sauf en ce qui concerne le payement des traitements des fonctionnaires, lequel doit, aux termes de l'article 363 de l'instruction générale, être fait directement par le receveur municipal. — *Mém.* 1860, p. 168; 1861, p. 157.

Lorsque le collége reçoit une subvention fixe, on ne doit pas inscrire dans les budgets et les comptes des communes la totalité des recettes et des dépenses relatives au collége, mais seulement la subvention accordée chaque année par la ville pour sa quotité réelle.

Cette subvention est ordonnancée par douzièmes, de mois en mois, au profit du principal ou de l'économe de l'établissement, qui demeure chargé d'en justifier l'emploi; mais les allocations qui sont accordées pour acquisitions, constructions et réparations, sont ordonnancées, comme les autres dépenses extraordinaires des communes, au profit et au nom des créanciers eux-mêmes, attendu que les bâtiments et dépendances des colléges communaux font partie des propriétés communales. (I. G., art. 996.)

Dans les cas autres que celui d'une subvention fixe, il doit être remis au receveur municipal une copie dûment certifiée du compte que rend le principal au bureau placé près de chaque collége, lequel compte doit faire ressortir le bénéfice ou la perte de la gestion annuelle du collége. Cette pièce est produite par le receveur municipal à l'appui de son compte de gestion. (I. G., art. 880.) — Voy. PIÈCES JUSTIFICATIVES.

Colon partiaire. — On désigne ainsi celui qui cultive sous la condition d'un partage de fruits avec le bailleur.

Le privilége du Trésor pour le recouvrement des contributions directes s'exerce sur l'entière récolte des biens immeubles imposés, sans en distraire la part du colon partiaire. (Jug. du trib. civil de Montauban, du 23 août 1834.) — *Mém.* 1835, p. 44.

Les colons à gages ou à portions de fruits sont imposables à la taxe personnelle ; ils sont également imposables à la contribution mobilière, à moins que la valeur locative de leur logement ne soit déjà comprise dans le loyer de leur propriétaire. (Inst. de l'adm. des cont. directes, 30 septembre 1831.)

En cas de déménagement d'un colon partiaire imposé à la contribution personnelle-mobilière, le propriétaire est tenu, sous sa responsabilité personnelle, d'en donner avis dans les trois jours au percepteur. — *Mém* 1853, p. 47; 1860, p. 324. — Voy. CONTRIBUTIONS DIRECTES, PROPRIÉTAIRES.

Colporteurs. — Les colporteurs sont tenus d'acquitter le montant total de leur cote au moment où la patente leur est délivrée. (I. G., art. 62.)

Ceux qui sont assujettis à la vérification des poids et mesures sont astreints, en outre, à payer les droits avant d'être portés au rôle. Cette perception s'opère d'après des bulletins que les vérificateurs des poids et mesures remettent aux redevables et que ceux-ci présentent aux percepteurs. (Id., art. 264.) — Voy. CONTRIBUTIONS DIRECTES, POIDS ET MESURES.

Command (Déclaration de). — Dans toute vente, volontaire ou judiciaire, celui qui se rend acquéreur ou adjudicataire peut déclarer qu'il achète pour lui ou pour un autre qu'il se réserve de nommer ultérieurement ; l'acte ultérieur par lequel il fait connaître ce dernier s'appelle déclaration de command ou élection d'ami.

La personne désignée dans la déclaration de command se trouve entièrement substituée au déclarant : elle profite, en conséquence, de toutes les clauses stipulées et subit toutes les obligations contractées par celui-ci, qui ne peut modifier en rien dans cette déclaration les conditions de son acquisition ou de son adjudication.

Il a été jugé que l'acquéreur qui use de la faculté de déclarer command reste, vis-à-vis du vendeur ou de ses ayants cause, soumis à l'exécution des obligations résultant du contrat, comme garant de celui au profit duquel il a fait la déclaration de command. (Arrêt de la Cour de Paris, 10 fructidor an x.)— Voy. ADJUDICATION, COUPES DE BOIS.

Commandement. — Acte par lequel on fait sommation au redevable d'acquitter le montant de sa dette, et on lui déclare qu'à défaut par lui de se libérer dans un délai déterminé, il y sera contraint par la saisie et la vente forcée de ses biens.

Le commandement, en matière de contributions directes, forme le second degré de poursuites. Il n'est fait qu'après l'emploi de la garnison collective ou de la garnison individuelle.

Toutefois, lorsqu'un contribuable retardataire est domicilié hors du département dans lequel il est imposé, sans y être représenté par un fermier, locataire ou régisseur, il peut être procédé immédiatement contre lui par voie de commandement.

En ce qui concerne les revenus communaux soumis pour le recouvrement aux règles du droit commun et les revenus des établissements de bienfaisance, le commandement par ministère d'huissier forme le premier degré de poursuites. — Voy. CONTRAINTES EXTÉRIEURES, POURSUITES.

Commis. — Les percepteurs et les receveurs spéciaux sont tenus d'exercer personnellement leurs fonctions, et ne peuvent se faire représenter par un fondé de pouvoirs que temporairement et dans les cas d'absence autorisée, de maladie ou d'autre empêchement légitime. (I. G., art. 1268.)

Les titulaires de perceptions d'une certaine importance, qui veulent se faire aider par un ou plusieurs commis n'en doivent pas moins conserver la direction de leur service, tenir leur caisse, faire leurs tournées de recouvrement dans les communes et délivrer eux-mêmes quittance aux contribuables.

Dans les villes où le bureau du percepteur est ouvert tous les jours de la semaine sans interruption, le comptable peut déléguer des pouvoirs permanents à l'un de ses commis, mais à la condition expresse de n'en faire usage que s'il y a, de la part du titulaire, empêchement légitime ou absence autorisée. Toute infraction à ces dispositions rend le comptable passible de la peine portée contre les percepteurs absents sans congé. (I. G., art. 1269.)

Il est interdit aux percepteurs de signer en blanc et de laisser à leurs commis des quittances du journal à souche. (Id., art. 1446.)

D'après un avis du comité des finances du conseil d'État, approuvé par le ministre, un contribuable est valablement libéré du payement de ses contributions s'il est justifié par la quittance d'un commis reconnu pour être autorisé à percevoir au lieu et place du percepteur. — *Mém.* 1829, p. 13 ; 1837, p. 28.

Les commis des percepteurs, comme les percepteurs eux-mêmes, ne doivent pas être employés en qualité d'auxiliaires par les contrôleurs pour le service des mutations. (Circ. adm. des contrib. dir., 30 janvier 1847.) — *Mém.* 1847, p. 40. — Voy. FONDÉS DE POUVOIRS.

Commis d'office. — Dans le cas où un receveur remplacé serait hors d'état de former et de présenter ses comptes dans les trois mois qui suivent la cessation de ses fonctions, et n'aurait pas désigné un fondé de pouvoirs pour remplir cette obligation, le préfet ou le sous-préfet, sur la proposition du receveur des finances, nomme un commis d'office.

La rétribution qui serait due à ce commis est à la charge de l'ex-receveur ; elle est indépendante des amendes qui seraient prononcées par le conseil de préfecture ou la cour des comptes. Cette rétribution est réglée de gré à gré entre le commis d'office et l'ex-receveur ou ses représentants ; en cas de contestation, il est statué par le préfet, sur la proposition du receveur d'arrondissement. Si l'ex-receveur se refuse au payement de la somme mise à sa charge, ou s'il est insolvable, cette somme devient un débet du comptable ; le receveur des finances doit le couvrir, et il en poursuit le remboursement par les voies indiquées pour le recouvrement des débets des comptables. Le nouveau titulaire peut remplir les fonctions de commis d'office. (I. G., art. 1336.)

Le commis d'office est tenu de produire, à l'autorité chargée du jugement du compte, sa commission ou une copie de cet acte, dûment certifiée. (Id., art. 1530.)

Le payement des honoraires attribués aux commis d'office ne peut être exigé que lorsque les comptes ont été définitivement approuvés par l'autorité compétente. (Lettre min. 6 juillet 1837. — *Mém.* p. 242.) — Voy. COMPTE DE GESTION.

Commissaires de police. — Agents du pouvoir exécutif particulièrement chargés de veiller au maintien de l'ordre public.

Toute ville de cinq mille à dix mille habitants doit avoir un commissaire de police, et dans les villes dont la population excède dix mille habitants, il doit y avoir un commissaire de police par dix mille habitants (L. 28 pluviôse an VIII, art. 12). De plus, le ministre de l'intérieur est autorisé à établir un commissariat de police dans tout canton où il n'en existe pas et où il le juge nécessaire. (D. 28 mars 1852, art. 2.)

Les commissaires de police sont répartis en cinq classes, dont les traitements sont fixés ainsi qu'il suit :

	TRAITEMENT.	FRAIS DE BUREAU.	TOTAL.
1re classe.	4,000 fr.	800 fr.	4,800 fr.
2e —	3,000	600	3,600
3e —	2,000	400	2,400
4e —	1,500	300	1,800
5e —	1,200	240	1,440

La somme nécessaire pour subvenir au traitement et aux frais de bureau du commissaire de police cantonal est répartie, par le préfet en conseil de préfecture, entre les communes comprises dans la circonscription du commissariat. Seulement, la commune chef-lieu de canton ou autre, dans laquelle est fixée la résidence du commissaire cantonal, doit toujours contribuer à la dépense pour un contingent qui ne peut être moindre de 300 fr. par an pour les communes dont la population est au-dessous de 1,500 habitants; de 500 fr. pour les communes dont la population est de 1,500 à 3,000 habitants ; et de 600 fr. pour les communes dont la population est de 3,000 à 5,000 habitants (D. 28 mars 1852, art. 7). Si les contingents sont insuffisants, la somme nécessaire est complétée sur les fonds de l'État. (Id., art. 8).

Les dépenses énoncées ci-dessus sont obligatoires. Toutefois, lorsqu'il est démontré qu'une commune est dépourvue de ressources suffisantes, elle peut être affranchie de cette obligation par décision ministérielle. (Circ. int. 10 mars 1855.)

Les fonds destinés au payement des traitements et frais de bureau des commissaires de police sont centralisés à la recette générale de chaque département, au compte des cotisations, sous le titre de fonds destinés aux traitements et frais concernant le service de la police; ces traitements et frais sont payés, en conséquence, sur mandats du préfet. (Circ. int. 19 mars 1853 ; I. G., art. 623.) — Voy. COTISATIONS MUNICIPALES, POLICE.

Commissaires-priseurs. — On nomme ainsi des officiers ministériels qui ont pour attributions de procéder à l'estimation et à la vente publique, aux enchères de meubles et effets mobiliers.

Les ventes de meubles poursuivies contre les contribuables, sur la demande du percepteur, doivent être faites par les commissaires-priseurs dans les villes où ils sont établis. (L. 23 juillet 1820, art. 30.)

Les commissaires-priseurs sont tenus, sous leur responsabilité, de discontinuer la vente aussitôt que son produit est suffisant pour solder le montant des contributions dues et les frais de poursuites. (Règl. sur les poursuites, art. 81.)

Les commissaires-priseurs, dépositaires de deniers provenant du chef des redevables et affectés au privilége du Trésor, sont tenus de payer à l'acquit des contribuables, sur le montant et jusqu'à concurrence des fonds qu'ils doivent ou qui sont entre leurs mains, les contributions dues par ces derniers, lors même qu'il existerait entre leurs mains des oppositions formées par d'autres créanciers des contribuables (I. G., art. 83.) — *Mém.* 1854, p. 146.

Ils sont tenus de payer d'office les contributions dues, avant de procéder à la délivrance des deniers. Les quittances des percepteurs (pour les sommes légitimement payées) leur sont allouées en compte. (I. G., art. 84.) — *Mém.* 1859, p. 67. — Voy. Privilége du trésor.

Les frais dus aux commissaires-priseurs qui interviennent dans les ventes mobilières faites pour le recouvrement des contributions directes doivent être taxés conformément au tarif arrêté par les préfets dans chaque département. — *Mém.* 1849, p. 108. — Voy. Officiers ministériels, Poursuites.

Commissaires répartiteurs. — Voy. Contributions directes, Mutations, Répartiteurs.

Commission. — Acte de nomination à des fonctions publiques.

Les commissions des percepteurs et celles des receveurs spéciaux des communes et des établissements de bienfaisance sont sujettes au timbre de dimension; les receveurs des finances, en remettant le service aux comptables, doivent exiger que cette formalité soit immédiatement remplie et qu'il leur en soit justifié. Les commissions peuvent être visées pour timbre dans les chefs-lieux de canton. (I. G., art. 1236.) — Voy. Percepteurs, Receveurs municipaux et d'établissements de bienfaisance, Remise de service.

Commissions administratives. — L'administration des établissements communaux de bienfaisance est confiée à des commissions administratives composées de cinq membres et du maire de la commune, qui en est membre de droit.

La composition des commissions administratives des hospices et hôpitaux a été réglée par le décret du 23 mars 1852. Les dispositions de ce décret ont été rendues applicables aux commissions administratives des bureaux de bienfaisance par un décret du 17 juin suivant. — Voy. BUREAU DE BIENFAISANCE, HOSPICES ET HÔPITAUX.

Commissions de statistique. — Il existe au chef-lieu de chaque canton une commission de statistique dont les membres sont nommés par le préfet. Dans les villes qui comprennent plusieurs cantons, il ne doit y avoir qu'une seule commission ; toutefois, à Paris et à Lyon, il y a une commission par arrondissement communal. (D. 1er juillet 1852, art. 1er, 4 et 5.)

Les fonctions des membres des commissions de statistique sont gratuites; mais les dépenses de matériel que peuvent exiger leurs travaux sont à la charge de la commune chef-lieu de canton. (Id., art. 22.)

Ces dépenses consistent dans les fournitures de bureau et les frais, nécessairement très-minimes, de chauffage et d'éclairage que peuvent nécessiter les réunions.

Les percepteurs et les receveurs spéciaux peuvent être appelés par les préfets à concourir aux travaux des commissions cantonales. (Circ. comp. gén. 28 septembre 1852. — *Mém.*, p. 269.)

Commissions syndicales. — Voy. SYNDICATS.

Commodo et incommodo. — Voy. ENQUÊTE.

Communaux. — Voy. BIENS COMMUNAUX.

Commune. — On entend par ce mot toute agrégation d'habitants qui tient son existence, comme partie intégrante de l'État, en même temps que ses droits propres comme être moral et collectif, de l'institution municipale qui lui a été conférée en vertu d'une loi.

Considérée comme une agrégation de citoyens unis par des relations de voisinage, la commune forme une des divisions administratives du pays, une sorte d'individualité politique pourvue d'une administration qui lui est propre.

Considérée comme une agrégation de familles unies par des intérêts, des biens et des intérêts communs à tous ses membres, elle rentre dans la classe des personnes civiles; elle est capable de contracter, d'acquérir, de posséder, d'agir en justice, ainsi que les particuliers.

Mais, à quelque point de vue qu'on la considère, la commune tient à l'État et est soumise à son autorité. La loi la range parmi les mineurs et la confie comme telle à la tutelle de l'administration supérieure.

Réunions, divisions et formations de communes. — Le territoire des communes a été déterminé, dans le principe, par la loi du 22 décembre 1789, sur la constitution des municipalités. Les changements de circonscriptions communales s'opèrent aujourd'hui suivant les règles tracées par la loi du 18 juillet 1837. L'initiative de ces mesures est prise, soit par les conseils municipaux ou par les habitants qui les sollicitent, soit par les préfets.

Les réunions et distractions de communes qui modifient la composition d'un département, d'un arrondissement ou d'un canton, ne peuvent être prononcées que par une loi. Toutes autres réunions et distractions de communes peuvent être prononcées par décrets impériaux, en cas de consentement des conseils municipaux délibérant avec les plus imposés, et, à défaut de consentement pour les communes qui n'ont pas 300 habitants, sur l'avis affirmatif du conseil général du département. Dans tous les autres cas, il ne peut être statué que par une loi. (L. 18 juillet 1837, art. 4.)

Quand une commune est réunie à une autre, les édifices et autres immeubles servant à usage public deviennent propriété de la commune à laquelle la réunion est faite (Id., art. 5). De même, lorsqu'une section est érigée en commune séparée ou réunie à une autre commune, les édifices et autres immeubles servant à usage public et situés sur le territoire de la section deviennent propriété de la nouvelle commune ou de la commune à laquelle la réunion est faite (Id., art. 6). Si, dans l'application, cette règle cause du dommage aux habitants d'une des communes ou des sections intéressées, on garantit leurs intérêts au moyen d'indemnités ou de compensations fixées, soit à l'amiable, soit d'office par décision de l'autorité supérieure.

Lorsqu'une section détachée d'une commune et réunie à une autre lui apporte un immeuble servant à usage public et qu'il paraît juste d'indemniser la première, ce n'est pas naturellement par la section seule que l'indemnité doit être acquittée; la nouvelle commune formée par la réunion doit tout entière supporter les charges de la propriété qu'elle acquiert.

Les communes qui se réunissent conservent respectivement la propriété de leurs biens patrimoniaux, c'est-à-dire des biens qu'elles exploitent ou afferment en propriétaires; mais la jouissance en est transférée à la nouvelle commune et le produit en est versé dans la caisse municipale pour être employé en premier lieu à satisfaire aux besoins de la section propriétaire, et, en second lieu à acquitter sa part dans les charges générales de la commune proportionnellement au principal de ses quatre contributions directes. De même, la commune à laquelle une section est réunie acquiert un droit de jouissance sur les biens patrimoniaux appartenant à cette section.

En cas de division d'une commune, les biens mobiliers, tels que rentes, créances et deniers, doivent être partagés en même temps que la séparation est prononcée; mais, quant aux immeubles, les parties doivent seulement être mises en demeure de se prononcer. Si elles s'accordent pour demander le partage, ou si l'une d'elles est disposée à le faire prononcer par les tribunaux, l'administration supérieure examine si cette mesure est préférable ou non à l'indivision et statue en conséquence. Si les parties se prononcent pour l'indivision, on la laisse subsister et les revenus sont partagés entre les copropriétaires.

Quand on réunit deux communes, les dettes que peut avoir chacune d'elles demeurent respectivement à leur charge. De même, quand une section est érigée en commune distincte ou réunie à une autre commune, les dettes qu'elle peut avoir en commun avec la commune dont on la sépare sont partagées à raison des contributions directes que paye chacune d'elles (Circ. int. 29 janvier 1848). Par compensation la section réunie à une autre commune ne contribue pas à l'acquittement des dettes de cette dernière.

Quant aux biens communaux proprement dits, c'est-à-dire aux biens dont les fruits sont perçus en nature par les habitants, les communes qui se réunissent conservent respectivement la propriété et la jouissance exclusive des biens qu'elles possédaient avant la réunion (L. 18 juillet 1837, art. 5), et elles n'acquièrent l'une à l'égard de l'autre aucun droit de propriété ou d'usage relativement à ces biens.

De même, toute section érigée en commune séparée ou réunie à une autre commune, emporte avec elle la propriété et la jouissance des biens communaux qui lui appartiennent privativement (Id., art. 6), et conserve la propriété et la jouissance par indivis de ceux dont elle est copropriétaire avec la commune dont elle est séparée. Réciproquement, la commune à laquelle une section est réunie n'acquiert aucun droit sur les biens communaux de cette dernière.

On maintient ou l'on fait cesser l'indivision des biens communaux proprement dits entre les sections des communes séparées, de la même manière que lorsqu'il s'agit des biens patrimoniaux. — Voy. Biens communaux.

Organisation et administration. — Le corps municipal de chaque commune se compose du maire, des adjoints et des conseillers municipaux.

Tout ce qui concerne la composition du corps municipal et le mode de nomination de ses membres a été réglé par la loi du 5 mai 1855 sur l'organisation municipale. — Voy. Adjoints, Conseil municipal, Maire.

Quant aux attributions du maire et du conseil municipal, elles ont été déterminées par la loi du 18 juillet 1837, qui a réglé en même temps tous les principes de l'administration municipale. — Voy. Acquisitions, Adjudications, Affouage, Aliénations, Biens, Bois des communes, Budget, Chemins vicinaux, Comptabilité communale, Dépenses communales, Emprunts, Fournitures, Impositions communales, Instruction primaire, Octroi Paturage, Rentes, Responsabilité civile des communes, Revenus communaux, Travaux, etc.

Communication des rôles, registres et pièces de comptabilité. — Voy. Enregistrement.

Compensation. — C'est un mode d'extinction des obligations résultant de ce que deux personnes se trouvent respectivement créancières et débitrices l'une de l'autre.

Aux termes de l'article 1289 du code Napoléon, lorsque deux personnes se trouvent débitrices l'une envers l'autre, il s'opère entre elles une compensation qui éteint les deux dettes.

Ainsi, dans le cas où un percepteur aurait à payer à un redevable de contributions une somme due à ce dernier par l'État, il aurait le droit, comme le ferait un créancier ordinaire, d'opposer la compensation et de retenir, par conséquent, les sommes qu'il doit compter au contribuable, jusqu'à concurrence des contributions dues. Mais un percepteur ne pourrait compenser une somme due à un contribuable par une commune de sa réunion avec une somme due par ce contribuable pour contributions échues, puisque, d'un côté, c'est la commune qui doit, et que, de l'autre, c'est à l'État et non à la commune qu'il est dû. Le comptable, en qualité de receveur municipal, n'aurait, dans ce cas, que le caractère de tiers détenteur, et devrait agir, comme percepteur, envers lui-même, ainsi qu'il le ferait envers tout autre détenteur. — *Mém.* 1850, p. 20. — Voy. IMPUTATION DE PAYEMENT.

D'un autre côté, il est de principe que la compensation ne peut être invoquée par les contribuables en matière de contributions publiques, le percepteur devant procéder par les moyens de droit au recouvrement des rôles rendus exécutoires, et dont il n'a pas le pouvoir de suspendre l'effet. — *Mém.* 1860, p. 305. — Voy. POURSUITES, RECOUVREMENT.

Compétence. — Ce mot est synonyme d'attribution. On l'emploie surtout comme indication de la juridiction à laquelle ressortit une affaire et comme limite des pouvoirs afférents à un juge ou à un tribunal. — Voy. COMPTE ADMINISTRATIF, COMPTE DE GESTION, RÉCLAMATIONS.

Compromis. — C'est l'acte par lequel on nomme des arbitres pour décider une contestation sur laquelle on est divisé.

Aux termes de l'article 1003 du Code de procédure civile, « toutes personnes peuvent compromettre sur les droits dont elles ont la libre disposition. » Il résulte de là que les communes et les établissements de bienfaisance qui n'ont pas la libre administration de leurs biens ne peuvent user du compromis pour terminer leurs différends. — Voy. TRANSACTION.

Comptabilité communale. — Les règles de la comptabilité communale se trouvent exposées dans le cours de cet ouvrage avec tous les détails nécessaires pour leur application. Nous les résumons seulement ici, en renvoyant aux divers articles concernant chacun des actes dont se compose cet important service.

Budget. — Les recettes et les dépenses des communes ne peuvent être faites que conformément au budget de chaque exercice ou aux autorisations extraordinaires données par qui de droit et dans les mêmes formes. (O. 23 avril 1823, art. 1er; D. 31 mai 1862, art. 487.) — Voy. Budget communal, Crédits, Dépenses communales, Exercice, Revenus communaux.

Administration du maire, ordonnancement et acquittement des dépenses. — Le maire est chargé, sous la surveillance de l'administration supérieure, de la gestion des revenus ainsi que de la surveillance des établissements communaux et de la comptabilité municipale, de la proposition du budget et de l'ordonnancement des dépenses. (L. 18 juillet 1837, art 10 et 14.)

Aucune dépense ne peut être acquittée si elle n'a été préalablement ordonnancée par le maire sur un crédit régulièrement ouvert. Tout mandat ou ordonnance doit énoncer l'exercice et le crédit auxquels la dépense s'applique, et être accompagné, pour la constatation de la dette et la régularité du payement, des pièces indiquées par les règlements. (D. 31 mai 1862, art. 503.) — Voy. Pièces justificatives.

Au fur et à mesure de chaque opération d'ordonnancement, il doit en être tenu écriture sur des registres ouverts dans chaque mairie. — Voy. Ordonnancement.

Chaque année, le maire soumet au conseil municipal, avant la délibération sur le budget, le compte de l'exercice clos. Il joint à ce compte les développements et explications nécessaires pour éclairer le conseil municipal ainsi que l'autorité supérieure, et leur permettre d'apprécier ses actes administratifs pendant l'exercice qui vient de se terminer. (Circ. int. 10 avril 1835.)

Ce compte est définitivement approuvé par le préfet, quel que soit le revenu de la commune. (D. 25 mars 1852.) — Voy. Compte administratif.

Gestion du receveur. — Les recettes et les dépenses communales s'effectuent par un comptable chargé seul, et sous sa responsabilité, de poursuivre la rentrée de tous les revenus de la commune et de toutes les sommes qui lui seraient dues, ainsi que d'acquitter les dépenses ordonnancées par le maire, jusqu'à concurrence des crédits régulièrement accordés. (L. 18 juillet 1837, art. 62.) — Voy. Actes et mesures conservatoires, Dépenses communales, Poursuites, Revenus communaux.

Les écritures des percepteurs-receveurs municipaux sont tenues en partie simple ; ce mode consiste à n'employer, pour la description de chaque opération, qu'un seul compte où l'opération est inscrite en recette ou en dépense. Les receveurs municipaux spéciaux tiennent leurs écritures en partie double ; la méthode des écritures en partie double consiste à employer, pour la description de chaque opération, deux agents ou comptes, dont l'un est débité et l'autre crédité. (I. G., art. 1441.) — Voy. Écritures.

Les receveurs municipaux ont à rendre des comptes de gestion annuelle. Ces comptes, comme ceux des autres comptables de deniers publics, sont rendus avec la distinction des exercices et présentent : 1° la situation des comptables au commencement de la gestion ; 2° les recettes et dépenses de toute nature effectuées dans le cours de cette gestion ; 3° la situation des comptables à la fin de la gestion, avec l'indication des valeurs en caisse et en portefeuille composant leur reliquat. (D. 31 mai 1862, art. 23 et 522.)

Les comptes des receveurs municipaux doivent être vérifiés par les receveurs des finances dans les deux premiers mois de l'année pour laquelle ils sont rendus; ils sont soumis aux délibérations des conseils municipaux dans leur session ordinaire du mois de mai, et doivent être présentés à l'autorité chargée de les juger avant le 1er juillet suivant. (I. G., art. 1302; D. 31 mai 1862, art. 522 et 526.) — Voy. Compte de gestion.

Dans la première quinzaine d'avril, les receveurs municipaux dressent, en outre, d'après leurs écritures, un état de situation de l'exercice clos, qui doit présenter les recouvrements effectués et les restes à recouvrer, les dépenses faites et les restes à payer, ainsi que les crédits annulés et enfin l'excédant définitif des recettes. Cet état est remis par eux au maire pour être joint, comme pièce justificative, au compte d'administration, et pour servir au règlement définitif des recettes et des dépenses de l'exercice clos. (D. 31 mai 1862, art. 524.) — Voy. État de situation, Exercice.

Publication des budgets et des comptes. — Les budgets et les comptes des communes restent déposés à la mairie, où toute personne imposée aux rôles de la commune a le droit d'en prendre connaissance.

Ils sont rendus publics par la voie de l'impression dans les communes dont le revenu est de cent mille francs ou plus, et, dans les autres, quand le conseil municipal a voté la dépense de l'impression. (L. 18 juillet 1837, art. 69.)

Surveillance et responsabilité des receveurs des finances — Pour l'exécution des règlements administratifs qui ont déterminé la responsabilité des receveurs municipaux et les formes de la comptabilité des communes, les comptables sont assujettis à la surveillance des receveurs des finances.

Dans les communes où les fonctions de receveur municipal et de percepteur sont réunies, la gestion du comptable est, en outre, placée sous la responsabilité du receveur des finances de l'arrondissement. (L. 18 juillet 1837, art. 67.) — Voy. Receveurs des communes et établissements de bienfaisance, Receveurs des finances, Responsabilité, Surveillance.

Comptabilité matières. — Voy. ÉCONOMAT.

Comptabilité publique. — Le système de notre comptabilité publique se divise en quatre parties principales, savoir :

1° La comptabilité législative, qui comprend la formation, l'exécution et le règlement définitif du budget de l'État, les comptes des ministres, le service de la dette inscrite et de la dette flottante ;

2° La comptabilité administrative, comprenant la comptabilité des ordonnateurs, la comptabilité des préposés comptables de la recette, de la dépense et du service de trésorerie, et la comptabilité générale des finances ;

3° La comptabilité judiciaire, qui embrasse tout ce qui concerne l'organisation et la compétence de la cour des comptes, et la compétence des conseils de préfecture pour l'apurement des comptes des revenus des communes, des établissements de bienfaisance et des associations syndicales, dont le jugement n'est pas déféré à la cour des comptes ;

4° Les comptabilités spéciales, telles que la comptabilité des départements, celle des communes et des établissements de bienfaisance, la comptabilité des établissements d'instruction publique, de la caisse des dépôts et consignations, etc.

Les règles de ces diverses comptabilités sont résumées, par ordre de matières, dans le décret du 31 mai 1862 portant règlement général sur la comptabilité publique. Celles qui intéressent le service des percepteurs et des receveurs de communes et d'établissements de bienfaisance étant retracées, avec tous les détails qu'elles comportent, dans d'autres articles de cet ouvrage, nous nous bornerons à émettre ici quelques notions sur les attributions de la direction de la comptabilité générale des finances, à laquelle ressortissent tous les comptables du Trésor.

Le directeur de la comptabilité générale des finances est chargé, sous les ordres du ministre, de régler les formes de toutes les comptabilités de deniers publics, d'en réunir périodiquement les éléments et les pièces justificatives, d'en contrôler les résultats et de les constater dans des écritures centrales qui servent de base aux comptes et situations à soumettre au ministre.

Il veille à ce que les comptables constatent dans leurs écritures toutes les liquidations de droits qui établissent, soit des recouvrements à faire pour le compte de l'État, soit des dépenses à acquitter au profit de ses créanciers ; il suit la rentrée des impôts dans les délais prescrits ; il prépare et propose toutes les mesures relatives au règlement législatif des budgets et à l'apurement des exercices.

Il concourt, avec la direction du mouvement général des fonds, à la surveillance de la gestion des comptables, réclame les vérifications qui lui paraissent nécessaires et est tenu de rendre compte exactement au ministre de toutes les irrégularités qu'il reconnaît. Il lui soumet, de concert avec les directions compétentes, les mesures de sûreté ou de répression qu'il juge dans l'intérêt du service.

Il est spécialement chargé de suivre et d'assurer l'exécution des règlements et instructions sur la perception et sur les poursuites en matière de contributions directes, sauf les questions judiciaires ou administratives, qui sont du ressort de la direction du contentieux des finances et de l'administration des contributions directes.

Il concourt à la surveillance de la gestion et de la comptabilité des receveurs des communes et des établissements de bienfaisance ; il veille à la remise exacte des budgets, ainsi qu'à la reddition et à l'apurement des comptes.

Il établit la liquidation des débets des comptables, d'après les procès-verbaux de vérification, les renseignements que lui fournit la direction du mouvement des fonds, les écritures et les arrêts de la cour des comptes, et il en transmet des situations certifiées à la direction du contentieux des finances qui est chargée d'en poursuivre le recouvrement.

Enfin, il met sous les yeux du ministre les relevés et documents propres à lui faire connaître périodiquement la situation de chaque comptable, la marche des services de recette et de dépense, l'état des budgets et le bilan de l'administration des finances. (Arrêté du min. des fin. 9 octobre 1832.)

Comme on vient de le voir, une des principales obligations de la direction de la comptabilité générale des finances est de réunir périodiquement les résultats des comptabilités élémentaires de recette et de dépense. Ces résultats, après avoir été contrôlés sur pièces justificatives, sont récapitulés, par classe de comptables, dans des bordereaux mensuels qui servent de base aux écritures centrales de la comptabilité générale des finances. — Voy. Budget de l'État, Conseil de préfecture, Cour des comptes, Payeurs du trésor, Percepteurs, Receveurs des communes et des établissements de bienfaisance, Receveurs des finances.

Comptabilité occulte. — Voy. Gestion occulte.

Comptables publics. — On nomme *comptables*, en général, les agents préposés par l'autorité compétente à la manutention des deniers ou des matières et denrées appartenant aux administrations publiques. On désigne plus spécialement sous cette dénomination les receveurs des deniers publics ; les autres comptables prennent le nom d'économes ou d'agents comptables.

Les receveurs généraux des finances, les payeurs, les receveurs particuliers des finances et les percepteurs sont des comptables directs du Trésor.

Le contrôle des comptables supérieurs sur les agents de la perception qui leur sont subordonnés s'exerce par le visa des registres, la vérification de la caisse, l'appel des valeurs, des pièces justificatives et des divers éléments de leur comptabilité, et par tous les autres moyens indiqués par les règlements de chaque service.

La libération des comptables inférieurs s'opère par la représentation des récépissés du comptable supérieur, qui justifient le versement intégral des sommes qu'ils étaient tenus de recouvrer.

Chaque comptable principal est responsable des recettes et des dépenses de ses subordonnés qu'il a rattachées à sa gestion personnelle. Toutefois, cette responsabilité ne s'étend pas à la portion des recettes des comptables inférieurs dont il n'a pas dépendu du comptable principal de faire effectuer le versement ou l'emploi. (D. 31 mai 1862, art. 320 et 321.) — Voy. Receveurs des finances, Vérifications, Versements.

Tous les comptables publics sont soumis aux vérifications des inspecteurs des finances. — Voy. Inspection des finances.

La loi confère une hypothèque légale à l'État, aux communes et aux établissements publics, sur les biens des comptables pour la conservation des droits et créances à exercer contre eux. (D. 31 mai 1862, art. 29.) — Voy. Hypothèque légale, Privilége.

En cas de décès ou de disparition d'un comptable, le maire de la commune où il décède et celui de la commune où il exerçait ses fonctions, et, à leur défaut, leurs adjoints, doivent, conformément à la loi du 24 novembre 1790 et à l'article 911 du Code de procédure civile, requérir immédiatement l'apposition des scellés, et veiller à la sûreté des deniers et des pièces de comptabilité.

Leur devoir est aussi d'informer le préfet sans retard, afin que ce fonctionnaire pourvoie à la continuation du service, par le moyen d'un agent intérimaire, jusqu'à la nomination et à l'installation d'un nouveau titulaire. — Voy. Absence, Décès, Percepteurs, Receveurs.

Compte administratif. — On désigne ainsi le compte que doivent rendre, pour chaque exercice, les maires et les commissions administratives des établissements de bienfaisance.

L'obligation de rendre compte, imposée aux ordonnateurs comme aux comptables, résulte principalement des lois des 11 frimaire an VII et 28 pluviôse an VIII, de l'arrêté du Gouvernement du 4 thermidor an X, des ordonnances des 28 janvier 1815 et 1er mars 1835, et du décret du 31 mai 1862. Elle résulte aussi, pour les maires, des articles 23 et 60 de la loi du 18 juillet 1837.

Compte administratif du maire. — A l'époque de la clôture de l'exercice, c'est-à-dire au 31 mars de chaque année, le maire doit préparer le compte administratif de l'exercice clos, qui doit comprendre, en recette et en dépense, toutes les opérations faites sur cet exercice jusqu'à l'époque de la clôture. (I. G., art. 826.)

Le compte se divise en deux titres : Recettes, Dépenses. Chaque titre se subdivise en trois chapitres : recettes et dépenses ordinaires, recettes et dépenses extraordinaires, recettes et dépenses supplémentaires.

Il présente par colonnes distinctes, et en suivant l'ordre des chapitres et articles du budget :

En recette : 1° les numéros d'ordre des articles du compte : 2° les numéros des articles du budget ; 3° la désignation de la nature des recettes; 4° les sommes à recouvrer d'après le budget primitif et les autorisations supplémentaires ; 5° le montant des produits d'après les titres et les actes; 6° les réductions et décharges à déduire ; 7° la fixation définitive des sommes à recouvrer d'après les titres justificatifs ; 8° les recettes effectuées pour l'exercice; 9° les restes à recouvrer ;

En dépense : 1° les numéros d'ordre des articles du compte ; 2° les numéros des articles du budget ; 3° la désignation de la nature des dépenses ; 4° le montant des dépenses autorisées par le budget primitif ; 5° le montant des dépenses autorisées par le budget supplémentaire ; 6° les crédits ouverts par autorisation spéciale; 7° le total des dépenses ordinaires et extraordinaires ; 8° le montant des droits constatés au 31 décembre ; 9° les sommes dépensées jusqu'à la clôture de l'exercice; 10° les restes à payer à reporter à l'exercice suivant ; 11° les restes annulés faute d'emploi.

Une colonne doit être réservée, tant en recette qu'en dépense, pour recevoir les observations du maire.

Le compte doit rappeler tous les articles de recette ou de dépense admis, soit au budget primitif, soit dans les chapitres additionnels ; si quelques-uns des crédits alloués restent sans emploi, ils n'en doivent pas moins être mentionnés dans le compte et figurer dans la colonne des dépenses autorisées, sauf à entrer ensuite dans la colonne des restes annulés. (Circ. int. 1er juillet 1837.)

Le chapitre des recettes supplémentaires se divise en deux sections, dont la première comprend l'excédant des recettes de l'exercice précédent et les restes à recouvrer du même exercice ; la seconde, les recettes non prévues au budget primitif et les recettes nouvelles.

Le chapitre des dépenses supplémentaires se divise en trois sections. La première reçoit les restes à payer de l'exercice précédent ; la seconde, les crédits réservés; la troisième reçoit, indépendamment des crédits annulés au précédent budget et reproduits en vertu d'autorisations supplémentaires, les autres crédits alloués par le budget supplémentaire et par les autorisations spéciales.

Lorsque des crédits additionnels ainsi classés dans cette troisième section ont pour objet de payer une dépense déjà créditée au budget primitif pour une somme insuffisante, il n'est pas nécessaire de scinder l'ordonnancement de cette dépense de manière à ce qu'il y ait un mandat délivré sur le crédit primitif, et un second mandat sur le crédit supplémentaire. Il convient seulement qu'en divisant les dépenses dans le compte, on rappelle par une note placée dans la colonne des observations, en regard du crédit primitif, qu'il y a au chapitre III, article ., un complément de la même dépense, et que les pièces rapportées à l'appui du crédit primitif justifient la dépense totale.

Au reste, le cas prévu ci-dessus ne doit pas se présenter fréquemment, si l'on a soin d'imputer sur le fonds des dépenses imprévues les légers excédants de dépenses qui peuvent exister, afin d'éviter la multiplicité des demandes de crédits additionnels. (Circ. int. 20 avril 1834 et 15 juin 1836; Circ. compt. gén. 21 octobre 1847.)

Lorsque le compte administratif comprend des articles nombreux, il doit être totalisé par chapitres; les totaux des chapitres sont ensuite récapitulés à la suite de la recette et de la dépense, pour former des totaux généraux.

Le compte ne doit pas faire de distinction entre les recouvrements et les payements effectués dans l'année qui donne son nom à l'exercice et ceux qui se payent dans les trois mois complémentaires. (Circ. int. 18 novembre 1845.)

Le maire joint, d'ailleurs, à ce compte, les développements et explications nécessaires pour éclairer le conseil municipal ainsi que l'autorité supérieure, et leur permettre d'apprécier ses actes administratifs pendant l'exercice qui vient de se terminer. (D. 31 mai 1862, art. 510; I. G., art 826.)

Pour établir un contrôle réciproque entre le compte de l'ordonnateur et celui du receveur, le premier doit être accompagné de l'état de situation des recettes et dépenses de l'exercice clos dressé par le receveur. Le compte du maire et l'état du receveur doivent présenter les mêmes résultats tant en recette qu'en dépense; la seule différence qui existe entre eux, c'est que l'excédant de recette de l'exercice précédent, formant le premier article des recettes supplémentaires, est compris dans le compte du maire, à son ordre, comme recette effective, tandis que dans l'état du receveur il ne figure que dans la récapitulation qui termine l'état.

Le conseil municipal délibère sur les comptes présentés annuellement par le maire (L. 18 juillet 1837, art. 23). Cette délibération doit avoir lieu dans la session ordinaire de ce conseil qui suit immédiatement la clôture de l'exercice, c'est-à-dire dans la session de mai.

Le compte du maire, pour l'exercice clos, doit être présenté au conseil municipal avant la délibération du budget. (Id., art. 60.)

Dans les séances où les comptes d'administration du maire sont débattus, le conseil municipal désigne au scrutin celui de ses membres qui exerce la présidence. Le maire peut assister à la délibération; mais il doit se retirer au moment où le conseil municipal va émettre son vote, et le président adresse directement la délibération au sous-préfet. (Id., art. 25)

Conformément au décret du 25 mars 1852, § 35 du tableau A, les comptes des maires sont définitivement approuvés par les préfets, quel que soit le revenu des communes, sauf, en ce qui concerne la ville de Paris, dont le compte est approuvé par le ministre de l'intérieur

Le compte d'administration doit être transmis au préfet en double expédition, appuyé de l'état de situation de l'exercice clos, formé par le receveur ; le même envoi comprend le budget supplémentaire de l'exercice courant, en deux expéditions, l'état des restes à payer, et enfin les délibérations du conseil municipal relatives à ces divers objets. (I. G., art. 838.)

Une copie conforme du compte d'administration, tel qu'il a été vérifié par le conseil municipal et examiné par le préfet, doit être transmise par le receveur municipal à la juridiction compétente, comme élément du compte de sa gestion (O. 24 janvier 1843, art. 2; D. 31 mai 1862, art. 511.)

Les maires doivent délivrer, en conséquence, aux receveurs, sur leur demande, un ou plusieurs exemplaires du compte d'administration, afin que ces comptables puissent les joindre à leurs comptes de gestion. (Circ. int. 16 juillet 1855; Circ. compt. gén. 29 juin 1856. — *Mém.* 1856, p. 114 et 202.

Les comptes administratifs restent déposés à la mairie, où toute personne imposée au rôle de la commune a droit d'en prendre connaissance. Ils sont rendus publics par la voie de l'impression dans les communes dont le revenu est de 100,000 fr. ou plus, et dans les autres quand le conseil municipal a voté la dépense de l'impression. (L. 18 juillet 1837, art. 69.) — Voy. COMPTABILITÉ COMMUNALE; EXERCICE.

Compte d'administration des établissements de bienfaisance. — Les commissions administratives des hospices et hôpitaux et des bureaux de bienfaisance sont tenues, comme les maires, de rendre compte de leur administration.

Les comptes administratifs de chaque établissement sont dressés par l'ordonnateur à la même époque, et dans les mêmes formes que les comptes administratifs des communes. Toutefois, le compte moral doit contenir, indépendamment des explications relatives aux opérations financières, des renseignements développés sur la régie des biens et le service intérieur de l'établissement. (Inst. min. 8 février 1823.)

Les comptes sont présentés aux commissions administratives dans leur session ordinaire, qui a lieu du 1er au 15 avril de chaque année. Ils sont soumis ensuite à la délibération du conseil municipal, et adressés immédiatement au sous-préfet de l'arrondissement, accompagnés des pièces justificatives et de la délibération de ce conseil.

Le sous-préfet transmet au préfet du département, qui les arrête, les comptes des hospices avec les pièces à l'appui ; il arrête les comptes des bureaux de bienfaisance. (D. 13 avril 1861, et 31 mai 1862, art. 556 et 557.) — Voy. BUREAUX DE BIENFAISANCE, HOSPICES ET HÔPITAUX.

Compte de gestion. — Les percepteurs n'ont point de compte de gestion annuelle à rendre pour le service des contributions directes, attendu que leur libération se trouve suffisamment établie par la représentation des récépissés qui constatent le versement intégral, en numéraire ou en pièces de dépense, des sommes à recouvrer d'après les rôles, et qu'au moyen des éléments de contrôle et de surveillance fournis aux receveurs des finances, ces derniers comptables peuvent apurer successivement, et à des époques rapprochées, la gestion des percepteurs. (I.G., art. 1529.)

Les receveurs de communes et d'établissements de bienfaisance sont tenus de rendre, chaque année, un compte de gestion pour leurs opérations de l'année précédente.

Lorsqu'un compte est présenté par une personne autre que le receveur ou le préposé que l'administration aurait commis d'office à sa reddition, le signataire du compte doit justifier de la procuration spéciale à lui donnée par le receveur, et, si celui-ci est décédé ou hors d'état de donner procuration, par ses héritiers ou ayants cause, lesquels auraient eux-mêmes à justifier de leurs qualités. Le commis d'office est tenu de produire sa commission ou une copie de cet acte, dûment certifiée. (Id., art. 1530.) — Voy. Commis d'office.

Les comptes doivent être établis conformément aux règles rappelées ci-après et au *modèle* donné *sous le n°* 313 de l'Instruction générale.

Division et disposition des comptes. — Le terme de la période pendant laquelle les recettes et les dépenses de chaque exercice doivent être exécutées est fixé au 31 mars de la seconde année de l'exercice.

La première année donne son nom à l'exercice. Les trois mois de la seconde sont accordés pour en compléter les faits. — Voy. Exercice.

Il s'ensuit que les receveurs ont à faire concurremment, dans le cours de chaque année, les opérations complémentaires de l'exercice qui achève sa période, et les opérations de l'exercice qui a commencé avec l'année courante.

En conséquence, leur compte de gestion annuelle doit être divisé de manière à présenter, d'une part, le compte final de l'exercice qui a achevé sa période; de l'autre, le compte partiel de l'exercice dont les douze premiers mois sont écoulés.

Ce compte présente aussi, dans une partie distincte, les recettes et payements que les receveurs sont appelés à faire pour les divers services qui ne sont pas de nature à affecter les budgets des communes et des établissements. (Id., art 1531.)

La première page des comptes des receveurs spéciaux d'établissements de bienfaisance doit contenir une déclaration du comptable, signée par lui, et désignant la nature de son cautionnement, l'époque de sa réalisation, et, s'il s'agit d'un cautionnement en immeubles, la date des inscriptions hypothécaires prises dans l'intérêt des établissements dont le comptable gère les revenus. Cette déclaration doit être certifiée par le receveur des finances. (Id., art. 1532.) — Voy. Cautionnement.

Les budgets, formant la base des comptes de gestion, puisque ces derniers n'en sont que l'exécution, doivent y être transcrits littéralement; toutefois, lorsque des sommes sont allouées par le budget supplémentaire en augmentation des crédits ouverts par le budget primitif, elles sont placées sur la même ligne que ces crédits, auxquels on renvoie par les mots : *Voir art*... inscrits dans la colonne affectée au budget supplémentaire, à l'endroit même où serait portée chacune de ces sommes, s'il s'agissait de crédits purs et simples. Une annotation mise dans la colonne d'observations, en regard du crédit primitif, renvoie, en outre, à l'article où se trouve le crédit supplémentaire. Enfin, les légers excédants de dépense qu'on doit imputer sur le crédit des dépenses imprévues, afin d'éviter l'ouverture de crédits supplémentaires, sont indiqués dans la colonne d'observations, en regard des articles où ils se sont produits. Les receveurs peuvent consulter à ce sujet le (*modèle n°* 220) de l'état de situation, dont la première partie du compte n'est que la reproduction. (I. G., art. 1533.) — Voy. ÉTAT DE SITUATION.

Les articles des trois parties du compte reçoivent une seule série de numéros, qui commence au premier article de la recette de la première partie, et se continue jusqu'au dernier article de la dépense de la troisième partie. Une colonne spéciale y est affectée. (Id., art. 1534.)

Mode de formation des comptes. — Les comptes de gestion, ainsi divisés et disposés, ont pour point de départ le solde des valeurs restant en caisse ou en portefeuille au commencement de l'année et celui des avances à recouvrer. Ils présentent les recettes et les dépenses de l'année, dans des chapitres et articles correspondant à chacun des comptes particuliers ouverts, soit sur les livres de détail, pour les opérations relatives au budget, soit sur le livre des comptes divers, pour les opérations étrangères à ce budget; et ils ont pour résultat le montant des valeurs et pièces justificatives qui représentent l'excédant de recette au 31 décembre.

Ce résultat doit toujours être d'accord avec le solde du compte général ouvert à chaque commune ou établissement sur le livre des comptes divers, augmenté de celui des services hors budget; il est justifié par le procès-verbal, rectifié s'il y a eu lieu, qui est dressé, à la date du 31 décembre, pour clore les écritures. (Id., art. 1535.) — Voy. CLÔTURE DES REGISTRES, ÉCRITURES.

Dans la *première partie* du compte de gestion, destinée aux opérations de l'exercice terminé, le receveur doit se charger en recette de tous les revenus qui étaient à recouvrer d'après le budget ou les autorisations supplémentaires, sauf les exceptions indiquées plus loin.

Ces revenus se composent de revenus fixes et de revenus éventuels.

Les premiers sont ceux dont la perception est faite en vertu de rôles, baux et actes d'adjudication, qui rectifient les fixations provisoires du budget, et c'est du montant de ces titres définitifs que les receveurs sont tenus de se charger en recette.

Les revenus de la seconde espèce sont ceux pour lesquels il n'existe qu'une évaluation au budget, et ne peuvent être définitivement connus qu'en fin d'exercice. Les receveurs doivent réclamer de l'autorité administrative des certificats qui établissent les produits réels de chacun de ces revenus, et ces certificats devenant ainsi titres définitifs, les receveurs se chargent des sommes qui y sont portées. (I. G., art. 1536.)

Les receveurs ne sont pas dans l'obligation de faire recette, dans leurs comptes, de la portion de revenus qui, par des circonstances imprévues et exceptionnelles, dont ils justifieraient, n'aurait pu être recouvrée pendant le cours de l'exercice, et serait cependant susceptible de l'être dans l'exercice suivant; tels sont, par exemple, les produits dont le recouvrement peut dépendre d'une procédure judiciaire, d'une succession non liquidée, ou de tout autre cas de force majeure.

Les receveurs font ressortir ces articles comme restes à recouvrer; ils mentionnent, dans la colonne d'observations, les pièces justificatives des causes de retard, et, sur le vu de ces pièces, l'autorité chargée de juger le compte rappelle, dans son arrêt, l'obligation qui est imposée au receveur d'en poursuivre la rentrée comme d'un produit applicable à l'exercice suivant, et de s'en charger dans le prochain compte.

Quant aux restes à recouvrer dont les receveurs demanderaient l'allocation en non-valeurs, en justifiant, dans les formes voulues par les règlements, notamment par l'arrêté du 6 messidor an x, de l'insolvabilité des débiteurs ou de la caducité des créances, il est procédé de la manière suivante : lorsque le conseil municipal ou la commission administrative a, dans une délibération spéciale, proposé l'admission en non-valeur d'une partie ou de la totalité des restes à recouvrer dont la rentrée ne peut pas être opérée, et lorsque la délibération a été approuvée par le préfet, le receveur, en vertu de cette décision, déduit dans son prochain compte les sommes irrecouvrables du montant de celles qui sont à inscrire dans la colonne destinée à présenter le montant définitif des titres et actes justificatifs de recettes; il indique, en outre, dans une colonne spéciale, le montant des non-valeurs ainsi constatées, afin que le conseil de préfecture ou la Cour des comptes puisse, au moyen de cette indication, faire, pour chaque non-valeur, l'application des pièces produites, et inscrire avec certitude, dans son arrêté ou arrêt, la disposition nécessaire pour déduire définitivement de l'actif la somme reconnue irrecouvrable.

L'arrêté préfectoral d'annulation, approuvant la délibération du conseil municipal ou de la commission administrative qui a proposé l'admission en non-valeur, est pris au vu : 1° de toutes les pièces produites par le receveur pour établir l'insolvabilité du débiteur et l'impossibilité du recouvrement; 2° de l'avis du sous-préfet sur l'objet de la demande. Cet arrêté a, au surplus, uniquement pour but de faire provisoirement disparaître de l'actif de la commune ou de l'établissement les créances jugées absolument irrecouvrables, et non pas de dégager entièrement la responsabilité du receveur; la Cour des comptes ou le conseil de préfecture, à qui il appartient d'apurer définitivement les comptes des receveurs municipaux et d'établissements de bienfaisance, conserve le droit de forcer ces comptables en recette, quand ils n'ont pas fourni toutes les justifications nécessaires à leur décharge.

En ce qui concerne les restes à recouvrer sur les rôles de prestations pour les chemins vicinaux, de la taxe sur les chiens et de la rétribution scolaire, l'arrêté d'annulation est remplacé par des ordonnances de dégrèvement que délivre le préfet. (I. G., art. 1537.) — Voy. NON-VALEURS ET DÉGRÈVEMENTS SUR REVENUS COMMUNAUX.

La première partie du compte de gestion doit rappeler les opérations de recettes et de dépenses faites dans l'année précédente sur l'exercice clos ; de telle sorte que, ces opérations étant réunies à celles qui ont eu lieu, sur le même exercice, pendant l'année pour laquelle le compte est rendu, on puisse faire ressortir :

1° Les restes à recouvrer qui doivent être reportés à l'exercice suivant, en exécution de l'ordonnance royale du 1er mars 1835;

2° Les excédants de crédits à annuler ou à reporter, conformément à la même ordonnance ;

3° Le reliquat définitif de l'exercice terminé, qui doit être comparé avec le résultat du compte d'administration rendu pour ce même exercice. (Id., art. 1538.) — Voy. COMPTE ADMINISTRATIF, EXERCICE.

La *seconde partie* du compte de gestion, destinée aux opérations de l'exercice dont les douze premiers mois seulement sont écoulés, doit présenter :

1° Les recettes et les dépenses à effectuer d'après les budgets primitif et supplémentaire, ou les autorisations spéciales;

2° Les recettes et les dépenses faites dans l'année pour laquelle le compte est rendu. (Id., art. 1539).

Les recettes et les dépenses effectuées par les receveurs pour les divers services exécutés en dehors des budgets doivent composer la *troisième partie* de leur compte de gestion. Ces services ont ordinairement pour objet :

Les recettes et dépenses d'ordre des octrois ;

Les fonds de retraites des employés des communes et des établissements de bienfaisance;

Le produit estimatif de la coupe affouagère distribuée gratuitement ;

Les dépôts de garantie et cautionnements pour adjudications et marchés;

La rétribution scolaire recouvrée pour le compte particulier des institutrices;

Les excédants de versements sur les produits communaux;

Les retenues pour le service des pensions civiles et en vertu d'oppositions;

Les retenues sur le traitement des préposés forestiers communaux;

Les cotisations particulières (quand ces cotisations ne concernent pas une commune spécialement, elles sont comprises dans le compte de la commune chef-lieu de perception);

Les recettes faites avant l'ouverture de l'exercice;

Les fonds appartenant aux enfants assistés, ou deniers pupillaires;

La part attribuée aux pauvres ou aux établissements de bienfaisance dans le produit de concessions de terrain dans les cimetières, quand le receveur municipal n'est pas en même temps receveur hospitalier;

Les dépôts d'argent et d'objets précieux faits par les personnes admises dans les hospices et hôpitaux. (I. G., art. 1540.)— Voy. SERVICES HORS BUDGET.

Les receveurs, après avoir établi chaque partie de leur compte, en forment le *résultat général.*

A cet effet, ils rapportent dans le cadre qui termine le modèle :

1° Le total des recettes faites pendant l'année, sur chacun des exercices dont les opérations sont présentées dans les deux premières parties du compte, ainsi que les recettes effectuées sur les divers services qui font l'objet de la troisième partie du compte;

2° Le total des dépenses acquittées, également pendant l'année, sur les mêmes exercices et pour les mêmes services;

3° L'excédant des recettes de l'année précédente, qui est présenté en tête du compte comme premier article.

Les receveurs forment ensuite le total général de la recette et de la dépense, et font ressortir l'excédant des recettes au 31 décembre, en présentant, d'une manière distincte, le solde relatif aux services exécutés hors budget, et celui qui représente les fonds appartenant à la commune ou à l'établissement.

Cet excédant doit être justifié : 1° par le procès-verbal de vérification de caisse, dressé à la même époque du 31 décembre; 2° par un bordereau de situation établi également à la date du 31 décembre, et auquel est annexé un état (*modèle n° 310*) présentant, par commune et établissement, le développement des comptes relatifs aux services hors budget.

A l'égard des communes dont les receveurs sont justiciables des conseils de préfecture, il suffit de produire un seul bordereau de situation par perception et un seul état annexé à ce bordereau.

Pour les communes et établissements dont les revenus sont gérés par un receveur spécial, le bordereau de situation est remplacé par la balance du grand-livre. (Id., art. 1541.)

Les comptes doivent être dressés en double expédition. La minute destinée au comptable est soumise au droit de timbre, lequel est à la charge des communes et établissements.

Ils doivent être affirmés sincères et véritables tant en recette qu'en dépense, sous les peines de droit, et être datés et signés par le comptable ou ses ayants cause. Ils doivent, en outre, être parafés sur chaque feuillet, et ne point offrir d'interligne ; les renvois et ratures doivent être approuvés et signés par le comptable.

Après la présentation d'un compte, il ne peut y être fait aucun changement. (I. G., art. 1550.)

Justifications à produire à l'appui des comptes de gestion.—Les comptes de gestion doivent être appuyés des pièces justificatives de la recette et de la dépense qui sont déterminées par les lois et règlements ; et les pièces, classées par chapitres et articles, doivent être détaillées dans des inventaires ou bordereaux qui sont joints au compte.

Lorsqu'un article, soit de la recette, soit de la dépense, est justifié par plusieurs pièces, elles doivent être récapitulées sur une fiche, ou au moins en marge de la première de ces pièces.

Chaque pièce justificative, tant de la recette que de la dépense, doit d'ailleurs être revêtue du numéro d'ordre de l'article du compte auquel elle se rapporte. (Id., art. 1542.) — Voy. Pièces justificatives.

La seconde partie du compte, se composant uniquement des opérations partielles d'un exercice qui ne sera clos que l'année suivante, ne peut pas donner lieu à un règlement définitif.

Il suit de là :

En ce qui touche les justifications de la recette, que les receveurs doivent conserver entre leurs mains les titres de perception, et qu'ils n'ont à joindre au compte de cette première année qu'un état général conforme au *modèle n°* 318 ;

Et, quant à la dépense, que les pièces qu'il aurait été impossible d'établir pour le compte de la première année de l'exercice (telles que les procès-verbaux de réception des travaux non terminés) ne doivent être également produites qu'avec le compte final, sauf à en fournir les extraits avec le compte de la première année ;

Enfin que, quand une recette ou une dépense est échelonnée sur plusieurs années, la production du titre original ne doit avoir lieu qu'avec le compte de l'année pendant laquelle l'opération a été définitivement consommée ; jusque-là, les receveurs fournissent, avec le compte final du premier exercice, des copies ou extraits des titres, lesquels sont exempts du timbre, à la condition qu'ils portent la mention expresse que l'expédition en due forme est retenue par le receveur afin de suivre l'opération, et qu'elle sera jointe au compte de l'année pendant laquelle l'opération sera terminée ; et ils désignent, dans les comptes suivants, le compte auquel sont joints ces extraits ou copies ; en ce qui concerne la recette, ils produisent, avec le compte final de chaque exercice, un certificat du maire ou de la commission administrative indiquant la somme qui était à recouvrer pour l'exercice. Ce certificat peut être collectif lorsqu'il y a plusieurs titres de même nature.

Les titres originaux sont, pour les comptables, non les minutes des baux, procès-verbaux d'adjudication et autres contrats, lesquelles doivent rester déposées aux archives des mairies ou des établissements de bienfaisance, mais les expéditions en forme de ces actes qui sont délivrées aux receveurs. (I. G., art. 1543.) — Voy. ARCHIVES, TITRES DES RECETTES ET DES DÉPENSES.

Classification dans les comptes des recettes et des dépenses concernant les produits en nature. —Les recettes et les dépenses que les receveurs des établissements de bienfaisance ont à constater au sujet des produits recouvrés en nature doivent prendre place dans les comptes en deniers; elles y sont portées pour des sommes égales à celles qui figurent sur le livre de détail de chaque établissement. (Id., art. 1544.) — Voy. LIVRES DE DÉTAIL, PRODUITS EN NATURE.

Comptes à rendre par les receveurs remplacés et par les receveurs installés dans le cours d'une année.—Chaque receveur, n'étant comptable que des actes de sa gestion personnelle, doit, en cas de mutation, rendre compte séparément des faits qui le concernent; en conséquence, lorsque la mutation s'opère dans le cours d'une année, le compte de cette année doit être divisé suivant la durée de la gestion de chacun des titulaires. (Id., art. 1545.) — Voy. GÉRANTS INTÉRIMAIRES.

Le compte du receveur remplacé doit avoir, pour premier article, l'excédant des recettes de son compte de l'année précédente, et, pour dernier résultat, le montant des valeurs qui représentent l'excédant des recettes au jour de la cessation de ses fonctions. Il comprend toutes les opérations faites par lui, pendant ce laps de temps, sur les deux exercices ouverts. Le nouveau receveur doit rester dépositaire des divers titres nécessaires pour suivre la rentrée des restes à recouvrer; l'ex-receveur n'est tenu de produire que les expéditions des baux, procès-verbaux d'adjudication et autres contrats, sauf à fournir ultérieurement les autres justifications qui seraient exigées.

Quant aux justifications de la dépense, le receveur se conforme aux règles tracées au sujet des comptes de gestion annuelle.

Les comptes d'un receveur remplacé doivent être rendus dans les trois mois qui suivent la cessation de ses fonctions, conformément aux dispositions de l'article 1er du chapitre II de la loi du 28 pluviôse an III, et sous les peines prononcées contre les receveurs en retard de rendre leurs comptes. (Id., art. 1546.)

Le premier compte à rendre par le nouveau receveur doit avoir, pour premier article, le solde ou excédant de recette résultant de la gestion de son prédécesseur, et justifié par le procès-verbal qui a constaté la remise du service; solde qui sera reporté à la fin du compte pour faire ressortir l'excédant total de recettes au 31 décembre de l'année pour laquelle le compte sera rendu.

Le receveur n'est tenu de se charger en recette et en dépense, dans son compte, que des sommes qu'il a lui-même reçues et dépensées; mais il ne doit pas moins y rappeler toutes les opérations antérieures, afin de pouvoir présenter la situation complète des deux exercices au 31 décembre.

Les modifications à faire au modèle de compte, par les receveurs remplacés et par les receveurs installés dans le cours d'une année, sont indiquées dans le *modèle n° 314*. (I. G., art. 1547.)

Lorsqu'un comptable a été remplacé dans l'année qui donne son nom au compte qu'il présente, et qu'il désire obtenir, par l'arrêt ou l'arrêté à intervenir sur cette portion de gestion, sa décharge, et par suite, le remboursement de son cautionnement, il doit produire :

1° Une copie en forme du procès-verbal de la remise du service à son successeur, et une déclaration de ce dernier qu'il consent à demeurer chargé de la suite des recettes et dépenses, ainsi que du reliquat qui lui aurait été versé ;

2° Un certificat en bonne forme du maire de la commune ou des administrateurs de l'établissement, constatant qu'ils n'ont pas de reprise à exercer contre lui, notamment à l'égard des obligations que lui imposait l'article 1er de l'arrêté du Gouvernement, du 19 vendémiaire an XII, concernant la conservation des biens des communes ou établissements et les poursuites à exercer pour la perception des revenus.

Si le comptable n'a été remplacé que dans l'année qui suit celle dont il rend compte, et s'il allègue n'avoir fait aucune opération de recette ni de dépense entre la clôture de son compte et la date de son remplacement, il doit produire, indépendamment des pièces mentionnées ci-dessus, un certificat négatif des autorités locales, visé par le préfet, et un semblable certificat du receveur des finances de l'arrondissement, visé par le receveur général. (Id. , art. 1553.) — Voy. CAUTIONNEMENT, MUTATION DE COMPTABLES.

Fourniture des imprimés nécessaires pour la formation des comptes de gestion. —Les règles tracées pour la fourniture et la remise, aux percepteurs-receveurs de communes et d'établissements publics, des imprimés nécessaires pour leurs registres et bordereaux, sont applicables à la fourniture des formules de comptes de gestion. (I. G., art. 1548.) — Voy. IMPRIMÉS DE SERVICE.

Compétence pour le jugement des comptes. — Les comptes de gestion des receveurs des communes et établissements de bienfaisance sont jugés, savoir :

Par la Cour des comptes, pour les communes et établissements dont les revenus excèdent 30,000 francs ;

Par les conseils de préfecture, pour les communes et établissements dont les revenus n'excèdent pas 30,000 francs, sauf recours à la Cour des comptes.

Les changements de juridiction sont déterminés par le chiffre qu'ont atteint les revenus ordinaires des communes et établissements pendant trois exercices consécutifs ; à cet effet, il est justifié des arrêtés préfectoraux qui ont modifié la juridiction antérieure.

Une expédition de ces arrêtés est immédiatement transmise aux ministres des finances et de l'intérieur, ainsi qu'au procureur général près la Cour des comptes. (L. 18 juillet 1837, art. 66; I. G., art 1549.) — Voy. Conseil de préfecture, Cour des comptes.

Vérification des comptes par les receveurs des finances. — Les comptes des receveurs des communes et des établissements de bienfaisance doivent être vérifiés par les receveurs des finances avant leur présentation aux conseils municipaux et aux commissions administratives, afin que ces receveurs puissent s'assurer qu'ils sont le relevé fidèle de toutes les recettes et les dépenses qui ont dû être effectuées, et que ces recettes et ces dépenses sont appuyées des justifications prescrites.

En conséquence, les receveurs des communes et établissements charitables sont tenus de transmettre la minute, timbrée, de leurs comptes au receveur des finances de leur arrondissement dans les deux premiers mois de l'année, et, en tous cas, un mois au moins avant l'époque où ces comptes doivent être soumis aux conseils municipaux ou aux commissions administratives, et d'y joindre les pièces justificatives à l'appui, ainsi que les livres au moyen desquels les comptes ont été formés. Si ces comptes et pièces n'étaient pas parvenus dans le délai indiqué ci-dessus, le receveur des finances devrait les envoyer chercher par un exprès, aux frais du retardataire; il pourrait même le faire dès la fin du mois de février, s'il le jugeait nécessaire.

Après avoir reçu les pièces et les comptes, les receveurs des finances examinent : 1° si les comptes sont dans la forme prescrite par les règlements et par les instructions ministérielles; 2° s'ils présentent exactement le relevé des recettes et des dépenses faites, pendant l'année, sur les exercices ouverts; 3° si ces recettes et ces dépenses sont appuyées de toutes les justifications nécessaires; 4° si le comptable se charge des forcements de recette et des rejets de dépense prononcés sur les comptes précédents; 5° enfin si le solde, ou excédant de recette, est d'accord avec le solde des écritures tel qu'il est constaté au procès-verbal du maire ou de l'ordonnateur.

Les receveurs des finances peuvent, trois mois après la clôture de chaque exercice, se faire remettre la première partie des comptes de gestion avec les pièces à l'appui, afin d'en faire l'examen. (I. G., art. 1302.)

Le receveur des finances consigne à l'encre rouge, sur les minutes des comptes et en regard de chaque article, ou, au moyen d'un renvoi, sur une feuille distincte, les observations résultant de l'examen prescrit par l'article précédent. Plus tard, lorsque les receveurs municipaux apportent au chef-lieu d'arrondissement, pour en faire l'envoi, les expéditions non timbrées destinées à la Cour des comptes ou au conseil de préfecture avec les pièces justificatives à l'appui, ils présentent préalablement à la recette particulière ces expéditions, les pièces et les minutes des comptes précédemment vérifiées; à l'aide de ces documents, le receveur des finances s'assure s'il a été fait droit à ses observations; dans le cas contraire, il reproduit, sur les expéditions, celles auxquelles il n'aurait pas été satisfait, et à l'égard desquelles il ne serait pas fourni des explications admissibles.

Ces expéditions sont, en outre, revêtues du visa du receveur des finances, qui y indique sommairement le résultat de ses vérifications, et y ajoute, s'il est nécessaire, les développements qui n'auraient pas trouvé place dans les annotations consignées en regard de quelques-uns des articles du compte.

Dans le cas où l'examen du compte n'aurait donné lieu à aucune observation, le receveur en ferait la déclaration expresse. (I. G., art. 1303.)

Il peut arriver que les erreurs relevées par cette vérification préparatoire du receveur des finances donnent lieu de rectifier le solde des écritures établi au 31 décembre et constaté par le procès-verbal de clôture des registres.

Dans ce cas, le receveur exprime, sur ce procès-verbal même, ou, au besoin, sur une feuille qu'il y annexe, les motifs des rectifications opérées et de l'augmentation ou de la diminution que doit éprouver, par suite, le solde de caisse au 31 décembre.

Il dresse un bordereau qui présente la situation du receveur de la commune ou de l'établissement rectifiée à cette même date, et le remet au comptable, pour servir, avec le procès-verbal de clôture des registres, à justifier, dans le compte de gestion, le solde ou excédant de recette qui en est le résultat.

Les receveurs des finances doivent tenir un carnet où sont succinctement indiqués, en regard du nom de chaque commune ou établissement, la date du *visa* apposé sur le compte du receveur municipal et les principaux résultats de leur examen, tels que la rectification du solde en caisse, dans le cas prévu ci-dessus, la mention de dépenses irrégulières susceptibles d'être rejetées par le conseil de préfecture, etc.

Ils prennent, en outre, note du solde de chaque compte, afin de pouvoir s'assurer qu'il est exactement reporté dans les divers éléments de comptabilité. (Id., art. 1304.) — Voy. RECEVEURS DES FINANCES.

Examen des comptes par les conseils municipaux et les commissions administratives.—Les comptes doivent ensuite, avant leur présentation à l'autorité chargée de les juger, être soumis à l'examen des conseils municipaux et des commissions administratives.

A cet effet, une des expéditions du compte de chaque année, non sujette au timbre, est remise au maire, avant la fin du premier trimestre de l'année suivante, et ce fonctionnaire la soumet au conseil.

Pendant le temps de cet examen, le receveur tient ses pièces à la disposition du conseil ou de la commission, pour les lui communiquer lui-même, s'il y a lieu; et dans le cas où il devrait laisser provisoirement entre les mains du maire une partie des pièces, ce fonctionnaire lui en délivrerait un bordereau détaillé et dûment certifié.

Si, malgré des démarches réitérées, le receveur n'avait pu obtenir la remise de la délibération, il ne devrait pas moins adresser son compte à l'autorité chargée de le juger, sauf à y joindre, au sujet de cette lacune, les déclarations et attestations nécessaires. (I. G., art. 1554.)

Les comptes des établissements de bienfaisance doivent, indépendamment de l'examen des commissions administratives, être soumis à la délibération des conseils municipaux. (L. 18 juillet 1837, art. 21.) — Voy. BUREAUX DE BIENFAISANCE, CONSEIL MUNICIPAL, HOSPICES.

Présentation des comptes à l'autorité chargée de les juger.—Il ne peut être présenté aucun compte devant l'autorité chargée de le juger s'il n'est en état d'examen et appuyé de pièces justificatives.

Pour que le compte d'un receveur de communes ou d'établissements de bienfaisance soit en état d'examen, il faut qu'après avoir été revêtu des formalités qui viennent d'être prescrites, il soit accompagné d'une expédition du budget primitif et du budget supplémentaire de chacun des deux exercices, ainsi que des décrets ou arrêtés approbatifs de ces budgets ; de la délibération du conseil municipal ou de la commission administrative sur le compte présenté ; d'une copie certifiée du compte d'administration, qui doit être délivrée par le maire ; de l'état de l'actif de la commune ou de l'établissement ; du procès-verbal de situation de caisse au 31 décembre, et du bordereau de situation ou de la balance offrant la division, entre chaque service, des valeurs qui représentent l'excédant total des recettes; enfin, d'un inventaire des pièces justificatives, classées par chapitres et articles, cotées et numérotées. S'il s'agit d'un compte d'hospice ou d'établissement de bienfaisance, la délibération de la commission administrative sur ce compte doit être accompagnée de la délibération prise par le conseil municipal sur le budget et le compte. Quand la gestion a cessé dans le courant de l'année, le bordereau de situation est remplacé par une copie de la première partie du procès-verbal de remise de service, auquel est joint l'état (*modèle n°* 310) présentant le développement des comptes relatifs aux exercices hors budget. (I. G., art. 1551.)— Voy. CLÔTURE DES REGISTRES, COMPTE ADMINISTRATIF, ÉTAT DE L'ACTIF DES COMMUNES ET ÉTABLISSEMENTS, PIÈCES JUSTIFICATIVES, SERVICES HORS BUDGET.

Les receveurs justiciables de la Cour des comptes doivent, aussitôt après leur installation et sans attendre la présentation de leur premier compte, adresser au procureur général près cette Cour des copies, certifiées par le maire et visées par le préfet ou le sous-préfet, de l'arrêté ou du décret de leur nomination, du certificat d'inscription de leur cautionnement, de l'acte de prestation de leur serment et du procès-verbal de leur installation.

Lorsque le compte d'une commune ou d'un établissement est rendu pour la première fois à la Cour des comptes, le receveur doit, en outre, produire un état certifié par le maire de la commune ou par l'administration de l'établissement indiquant, d'une manière claire et distincte, le montant des recettes, tant ordinaires qu'extraordinaires, effectuées pour les trois exercices qui ont précédé l'année à laquelle le compte se rapporte. (I. G., art. 1552.) — Voy. INSTALLATION, REMISE DE SERVICE.

Aussitôt que la délibération du conseil municipal a été prise, le receveur retire une ampliation de cet acte et du compte d'administration, ainsi que les pièces dont il se serait momentanément dessaisi; il réunit ces éléments aux autres justifications qu'il doit produire, et les adresse, avec une expédition du compte, ou au greffier en chef de la Cour des comptes ou au conseil de préfecture, selon que le jugement du compte appartient à l'une ou à l'autre de ces autorités. — Voy. CONSEIL DE PRÉFECTURE, COUR DES COMPTES.

Il lui est donné décharge de cette présentation, qui doit toujours avoir lieu avant le 1er juillet de l'année qui suit celle pour laquelle le compte est rendu.

Le receveur doit donner avis au procureur général près la Cour des comptes de l'envoi qu'il fait de son compte au greffier en chef de cette Cour. (Id., art. 1554.)

Le préfet, de son côté, se fait remettre par le maire, dans le plus court délai possible, le compte d'administration et l'état de situation de l'exercice clos; après l'examen de ces pièces, et en ce qui concerne les communes justiciables de la Cour des comptes, il adresse à la Cour les observations qu'il aurait été dans le cas de faire au sujet de l'état du receveur, ou une déclaration portant qu'il n'est résulté aucune observation de son examen. (Id., art. 1555.)

En cas de retard dans la présentation de leurs comptes, les receveurs de communes et d'établissements de bienfaisance peuvent, sans préjudice des poursuites autorisées par les lois et ordonnances, être condamnés par l'autorité chargée de les juger à une amende de dix francs à cent francs, par chaque mois de retard, pour les receveurs justiciables des conseils de préfecture, et de cinquante francs à cinq cents francs, également par mois de retard, pour ceux qui sont justiciables de la Cour des comptes. Ces amendes sont attribuées aux communes ou établissements que concernent les comptes en retard; elles sont assimilées aux débets de comptables, et le recouvrement peut en être poursuivi par corps, conformément aux articles 8 et 9 de la loi du 17 avril 1832. (Id., art. 1556.) — Voy. CONTRAINTE PAR CORPS.

Jugement. — Délai dans lequel il doit avoir lieu. — Les comptes présentés dans les délais prescrits ci-dessus doivent être jugés avant l'époque fixée pour la présentation des comptes de l'année suivante.

L'autorité investie du jugement de ces comptes n'apporte aucun changement au résultat général de chaque compte, à moins d'inexactitude dans le report du reliquat fixé par un arrêt précédent.

Les modifications dont la recette et la dépense d'un compte sont susceptibles font l'objet de dispositions spéciales dans les arrêts et arrêtés. Ces dispositions consistent, savoir :

Sur la recette : 1° en augmentations provenant de forcements prononcés par l'arrêt définitif, soit pour des articles de non-valeurs dont le comptable aurait demandé la décharge, mais sans produire des justifications suffisantes, soit pour des sommes omises au préjudice de la commune ou de l'établissement ; 2° en diminutions pour des sommes portées de trop en recette par suite d'erreurs au préjudice du comptable ;

Et sur la dépense : 1° en diminutions, soit pour les dépenses rejetées comme irrégulières, soit pour des sommes portées de trop en dépense au préjudice de la commune ou de l'établissement ; 2° en augmentations pour des sommes omises par suite d'erreurs au préjudice du comptable.

Les augmentations de recettes et les diminutions de dépenses donnent lieu au versement en numéraire, dans la caisse de la commune ou de l'établissement, des sommes mises à la charge du receveur.

Les diminutions de recette et les augmentations de dépense peuvent donner lieu à des payements sur la caisse municipale ou hospitalière, et les comptables sont autorisés à se pourvoir à cet effet auprès des autorités administratives.

Au moyen de ces dispositions, l'arrêt rendu sur chaque compte rappelle le résultat général de la situation du receveur pour des sommes parfaitement conformes à celles qui sont constatées au compte rendu ; il le charge de rapporter ce résultat au compte de la gestion subséquente, pour en former le premier article, et, par cette mention nécessaire, il lie invariablement les comptes les uns aux autres.

Chaque année, dans le courant du mois de juillet, les préfets transmettent au ministre des finances un état (*modèle n°* 319) constatant la situation, au 30 juin précédent, de l'apurement des comptes des receveurs municipaux et hospitaliers justiciables des conseils de préfecture, et indiquant, pour les trois dernières années écoulées, le nombre des comptes présentés, celui des comptes jugés et celui des comptes restant à juger. (I. G., art. 1557.)

Notification des arrêts ou arrêtés. — Les arrêts ou arrêtés rendus sur les comptes des receveurs des communes et des établissements de bienfaisance sont notifiés, savoir :

Par lettres chargées du greffier en chef de la Cour des comptes aux receveurs justiciables de cette Cour ;

Par les préfets, aux receveurs justiciables des conseils de préfecture.

Pour cette dernière classe de comptables, deux expéditions des arrêtés sont adressées aux maires, qui réunissent le double caractère de présidents des commissions administratives des établissements de bienfaisance et de chefs de l'administration municipale. Les maires inscrivent sur ces deux expéditions une déclaration ainsi conçue : « Vu et notifié le présent arrêté « de compte à M...., receveur d...., par nous, maire de la commune

« d...., en exécution de l'article 2 de l'ordonnance du 28 décembre « 1830. » L'une des expéditions, accompagnée de la déclaration de notification, datée et signée par le maire, est remise par ce fonctionnaire au receveur, qui en donne, en ces termes, un récépissé daté et signé : « Je, « soussigné, receveur d...., reconnais avoir reçu des mains de M. le « maire de la commune d.... une expédition du présent arrêté de compte, « pour notification, conformément à l'article 2 de l'ordonnance du 28 « décembre 1830. » La deuxième expédition de l'arrêté de compte, également revêtue de la déclaration de notification, est déposée à la mairie avec le récépissé du comptable

La Cour, le jour même où elle notifie les arrêts qu'elle a rendus sur les comptes des receveurs municipaux et hospitaliers, en donne avis aux maires, afin que ces administrateurs puissent, s'ils le jugent convenable, demander aux comptables communication desdits arrêts. (I. G., art. 1558.)

Les arrêts de la Cour des comptes sont notifiés un mois au plus tar après qu'ils ont été rendus.

Les expéditions des arrêtés des conseils de préfecture doivent être adressées aux maires dans la quinzaine de la date des arrêtés. Les maires doivent en faire la notification aux receveurs dans le délai de huit jours, à dater de la réception des expéditions.

Si le comptable est absent et son domicile inconnu, et s'il n'a pas de fondé de pouvoir qui le représente, ou s'il est décédé et qu'il n'ait pas laissé d'héritiers connus, ou encore s'il refuse de délivrer récépissé de l'arrêté, la notification doit être faite, à ses frais, par un huissier, dans les formes tracées par l'article 68 du Code de procédure civile. L'original de l'exploit est déposé aux archives de la mairie.

Si le comptable est en fuite et a subi une condamnation par contumace, les notifications sont faites, pendant la durée du séquestre, au directeur des domaines du domicile du condamné. (Code d'instruction criminelle, art. 28 et 471 ; — Avis du conseil d'État, du 20 septembre 1809.)

Les dispositions des deux alinéas précédents sont applicables aux arrêts de la Cour des comptes.

S'il arrive que les autorités aient négligé de procéder à la notification, les parties intéressées peuvent requérir une expédition de l'arrêté de compte et le signifier par huissier. Les frais de l'exploit sont alors à la charge des administrateurs qui auraient dû faire la notification.

Ces expéditions d'arrêts et d'arrêtés signifiés administrativement sont exemptes du droit de timbre.

Des ampliations ou extraits des arrêts et arrêtés sont, en outre, transmis par les préfets aux receveurs des finances, pour qu'ils puissent surveiller l'exécution, dans les délais prescrits, des injonctions que ces actes renferment.

Lorsque le comptable à qui des arrêtés du conseil de préfecture doivent être notifiés a changé de résidence, ces arrêtés, au lieu d'être adressés au maire, sont envoyés au receveur général, pour être transmis par ses soins au receveur des finances de la nouvelle résidence du receveur municipal. Une déclaration analogue à celle qui est indiquée plus haut pour les notifications à faire par les maires est inscrite par le receveur particulier sur chacune des deux ampliations de chaque arrêté : après quoi, l'une d'elles est remise au comptable ; l'autre, revêtue de son récépissé, est renvoyée au préfet, par l'intermédiaire du receveur général pour être déposée à la mairie de la commune intéressée. Ces dispositions doivent être exécutées dans le délai de quinze jours, à partir de la date de la réception des arrêtés par le receveur général, lorsque le receveur municipal n'a pas changé de département, et dans le délai d'un mois au cas contraire.

La forme administrative qui vient d'être indiquée peut aussi être employée pour les notifications à faire aux héritiers d'un comptable hors de sa dernière résidence, lorsqu'ils sont connus. (I. G., art. 1559.)

Exécution des arrêts et arrêtés. — Arrêts et arrêtés provisoires et définitifs. — Les charges ou injonctions que les arrêts ou arrêtés imposent aux comptables doivent être exécutées dans le délai de deux mois, à partir du jour de la notification.

A l'expiration de ce délai, les pièces et les explications destinées à satisfaire aux charges ou injonctions sont adressées à l'autorité qui a jugé le compte. Cet envoi est accompagné d'un état présentant, dans des colonnes distinctes : 1° la copie textuelle des injonctions; 2° les réponses ou explications du comptable et l'indication des pièces produites.

Ces pièces et l'état, en double expédition, sont préalablement soumis au reveveur des finances, qui vise l'une des expéditions et conserve l'autre.

Les comptables n'étant admis à discuter, ni en personne ni par ministère d'avocat, les articles de leurs comptes, il en résulte qu'à défaut de débat contradictoire, le premier arrêt ou arrêté rendu sur un compte est toujours provisoire.

S'il n'a pas été exécuté ou contredit dans le délai de deux mois, l'autorité dont il émane peut rendre, à l'expiration de ce délai, un arrêt ou arrêté définitif qui met à la charge du comptable, par des forcements de recettes ou des rejets de dépenses qu'elle prononce, les sommes ou une partie des sommes qui ont fait l'objet des charges ou injonctions contenues dans le premier arrêt.

Le montant du débet ainsi constaté doit être versé en capital et intérêts immédiatement après la notification de l'arrêt définitif.

Lorsque le débet est supérieur à 300 francs, la contrainte par corps peut être prononcée par l'arrêt définitif, lequel en détermine la durée. (Id., art. 1560.) — Voy. DÉBET.

Les conseils de préfecture n'interviennent point dans la liquidation des frais résultant de la notification des arrêtés de comptes, des inscriptions d'hypothèques légales requises sur les biens des comptables, des commandements de payer, de la saisie-exécution et de la vente des biens ; l'application de ces divers moyens de poursuites doit être faite dans les formes prescrites par le Code de procédure. Dès lors, les frais qui en résultent sont taxés par le tribunal devant lequel l'action a été portée, et le recouvrement en est poursuivi contre le débiteur en vertu de l'acte qui les établit. (I. G., art. 1564.) — Voy. FORCEMENTS DE RECETTES, REJETS DE DÉPENSES.

Pourvois et révision. — Les arrêtés des conseils de préfecture et les arrêts de la Cour des comptes peuvent être attaqués : 1° par la voie du pourvoi devant la juridiction supérieure ; 2° par la voie de la révision devant les premiers juges. (I.G., art. 1565.)

Les pourvois ainsi que les demandes en révision ne sont pas suspensifs aux termes de l'avis du conseil d'État du 9 février 1808 ; les injonctions doivent donc être provisoirement exécutées, nonobstant appel, à moins que l'autorité saisie du pourvoi ou de la demande en révision n'ait jugé convenable d'accorder un sursis. (Id., art. 1305 et 1574.) — Voy. POURVOIS, RÉVISION.

Comptes à rendre par les percepteurs chargés du service financier des associations syndicales. — Les percepteurs qui sont chargés du service financier des associations syndicales ont à rendre un compte annuel de leurs opérations au conseil de préfecture, quelle que soit l'importance des recettes annuelles, sauf recours, s'il y a lieu, à la Cour des comptes. La forme de ce compte est indiquée par le *modèle n°* 320. (I. G., art. 636 et 1575.) — Voy. SYNDICATS.

Concerts publics. — Voy. CAFÉS-CONCERTS, DROITS DES PAUVRES.

Concessions dans les cimetières. — Lorsque l'étendue des lieux consacrés aux inhumations le permet, il peut y être fait des concessions de terrains aux personnes qui désirent y posséder une place distincte pour y fonder leur sépulture et celle de leurs parents ou successeurs et y construire des caveaux, monuments ou tombeaux. (D. 23 prairial an XII, art. 10.)

Les concessions sont divisées en trois classes : 1° concessions perpétuelles; 2° concessions trentenaires; 3° concessions temporaires. (O. 6 décembre 1843, art. 3.)

Aucune concession ne peut avoir lieu qu'au moyen du versement d'un capital, dont deux tiers au profit de la commune, et un tiers au profit des pauvres ou des établissements de bienfaisance.

Les concessions trentenaires sont renouvelables indéfiniment à l'expiration de chaque période de trente ans, moyennant une nouvelle redevance qui ne peut dépasser le taux de la première. A défaut de payement de cette nouvelle redevance, le terrain fait retour à la commune; mais il ne peut cependant être repris par elle que deux années révolues après l'expiration de la période pour laquelle il a été concédé, et, dans l'intervalle de ces deux années, les concessionnaires ou leurs ayants cause peuvent user de leur droit de renouvellement. Les concessions temporaires se font pour quinze années au plus et ne peuvent être renouvelées. (O. 6 décembre 1843, art. 3.)

Les concessions doivent toujours être divisées en trois catégories ; on ne peut en établir une ou deux seulement. (Décis. min. int. 1856.)

Un tarif présentant des prix gradués pour les trois classes de concession peut être proposé par le conseil municipal ; il est approuvé par le sous-préfet, d'après les conditions fixées pour le département par arrêté préfectoral. (O. 6 décembre 1843, art. 7; D. 13 avril 1861.)

Le prix des concessions doit être fixé invariablement pour chaque classe de concession, et basé exclusivement sur le nombre de mètres de terrain qu'elles comportent. (Décis. min. int. 1859.)

Une fois ce tarif dressé et approuvé, le maire peut, sans autre formalité, accorder les concessions qui lui sont demandées ; mais, dans les communes où il n'existe pas de tarif, le conseil municipal doit délibérer sur chaque demande de concession, et la délibération est soumise à l'homologation de l'autorité qui aurait statué sur le tarif s'il avait été proposé.

Le maire détermine dans un arrêté le nombre de mètres carrés concédés et les droits à acquitter. Un extrait dûment certifié de cet acte est remis au receveur municipal, qui reste chargé de suivre le recouvrement des droits par les voies ordinaires.

Si le receveur municipal est en même temps receveur hospitalier, il fait recette séparément, au compte de la commune, des deux tiers du prix de la concession, et au compte de l'hospice ou du bureau de bienfaisance du tiers attribué à cet établissement. Dans le cas contraire, il comprend parmi les opérations d'ordre ou en dehors du budget la portion revenant aux hospices, et il en verse le produit au receveur hospitalier, qui lui en délivre une quittance à souche.

S'il n'y a pas d'hospice ou de bureau de bienfaisance dans la commune, le receveur municipal doit faire figurer la part des pauvres dans les recettes générales du budget. Cette part constitue alors une ressource communale avec affectation spéciale.

Sauf dans ce dernier cas, le receveur n'a droit à aucune remise sur la part revenant aux pauvres. — *Mém.* 1860, p. 336.

Lorsque deux communes sont propriétaires du cimetière et supportent les charges y relatives en raison de leurs droits, elles doivent partager dans la même proportion le produit des concessions de terrains. (Déc. min. int. 1859. — *Mém.* 1860, p. 157.) — Voy. Cimetières, Remises.

Concession d'eaux. — Voy. Eaux.

Concierge. — Les concierges des bâtiments communaux sont nommés et peuvent être révoqués par le maire ; leurs traitements sont fixés par le conseil municipal, sauf l'approbation de l'autorité supérieure.

Les concierges des bâtiments militaires appartenant aux communes sont nommés avec l'approbation du préfet. (D. 16 septembre 1814). — Voy. TRAITEMENTS.

Concordat. — Traité qu'un commerçant en faillite fait avec la masse de ses créanciers. Il a pour but d'accorder au débiteur des termes pour sa libération, et le plus habituellement aussi la remise d'une partie de la dette.

Le concordat consenti à un failli redevable de contributions ne peut être opposé au Trésor, qui, par suite, a droit d'obtenir le montant intégral de sa créance privilégiée (Arrêt de la Cour de Paris, 29 août 1836). Ainsi le percepteur compromettrait sa responsabilité s'il consentait à se mêler aux délibérations des créanciers du failli autrement que pour réclamer le montant des cotes qui peuvent lui être dues, et s'il adhérait par sa signature aux clauses et conditions du concordat. — *Mém.* 1837, p. 143. — Voy. FAILLITE.

Concussion. — La loi répute concussionnaires tous fonctionnaires, tous officiers publics, tous percepteurs des droits, taxes, contributions, deniers, revenus publics ou communaux, et leurs commis ou préposés, qui ordonnent de percevoir ou exigent et reçoivent ce qu'ils savent n'être pas dû pour droits, taxes, contributions, deniers ou revenus, ou pour salaires ou traitements. (C. P., art. 174.)

La concussion est rangée parmi les crimes. Elle entraîne, savoir : pour les fonctionnaires ou officiers publics, la peine de la réclusion; et pour leurs commis ou préposés, un emprisonnement de deux ans au moins et de cinq ans au plus. En outre, les coupables sont condamnés à une amende dont le maximum est le quart des restitutions et des dommages-intérêts, et le minimum le douzième. (Id.)

Toutes contributions directes ou indirectes, autres que celles autorisées par la loi annuelle de finances, à quelque titre et sous quelque dénomination qu'elles se perçoivent, sont formellement interdites, à peine contre les autorités qui les ordonneraient, contre les employés qui confectionneraient les rôles et les tarifs, et ceux qui en feraient le recouvrement, d'être poursuivis comme concussionnaires, sans préjudice de l'action en répétition pendant trois années contre tous receveurs, percepteurs ou individus qui auraient fait la perception, et sans que, pour exercer cette action devant les tribunaux, il soit besoin d'une autorisation préalable. — Voy. BUDGET GÉNÉRAL, CONTRIBUTIONS DIRECTES.

Condamnation. — Se dit de l'objet auquel on a été condamné et du jugement ou de l'arrêt qui a condamné.

La partie qui a obtenu une condamnation contre une commune ou section de commune n'est pas passible des charges ou contributions imposées pour l'acquittement des frais et dommages-intérêts résultant du fait du procès (L. 18 juillet 1837, art. 58). En conséquence, lorsqu'une commune est autorisée à s'imposer extraordinairement pour acquitter une dette résultant d'un procès, la partie qui a réussi dans son action contre la commune ne doit pas être inscrite au rôle. (Décis. min. de l'int. 1860.— *Mém.* p. 293.)— Voy. DETTES, FRAIS DE PROCÉDURE, PROCÈS.

Condamnés libérés. — Voy. FRAIS DE ROUTE.

Conditions attachées aux fonctions de percepteur. — Voy. CAUTIONNEMENT, PERCEPTEURS, PENSIONS, RECEVEURS, REMISES, RÉSIDENCE, SERMENT, SURVEILLANCE.

Confection et renouvellement des matrices générales. — Voy. MATRICES DES RÔLES.

Confiscations et amendes attribuées aux établissements de bienfaisance. — Indépendamment de la part revenant au service des enfants assistés dans le produit des amendes de police correctionnelle, diverses amendes et confiscations sont attribuées aux établissements charitables, savoir : — à l'hospice le plus voisin, un tiers des amendes pour le transport illégal des lettres, la totalité des amendes pour l'exercice illégal de la médecine ; — au bureau de bienfaisance ou aux pauvres de la localité, la totalité des amendes relatives aux logements insalubres ; — à l'établissement de bienfaisance le plus voisin, le gibier confisqué pour avoir été mis en vente pendant le temps où la chasse n'est pas permise.

Les amendes sont versées dans les caisses des établissements auxquels elles reviennent, d'après des états préparés par les préposés des postes et de l'enregistrement et arrêtés par le préfet. Ces états parviennent aux receveurs hospitaliers par l'intermédiaire des receveurs des finances.

Le juge de paix, ou, à défaut, le maire, statue à l'égard du gibier saisi. (I. G., art. 1077.)

Lorsqu'il n'existe pas de bureau de bienfaisance dans une commune, les fonds provenant des amendes et autres destinés au soulagement des malheureux sont versés au receveur municipal, les pauvres étant alors représentés par l'autorité municipale, qui, dans ce cas, règle l'emploi des fonds, et cet emploi est justifié dans les comptes du receveur selon la forme prescrite pour les établissements de bienfaisance. — Voy. BUREAUX DE BIENFAISANCE, ENFANTS ASSISTÉS, HOSPICES.

Congé. — Ce mot s'entend ici de l'autorisation de s'absenter accordée aux fonctionnaires publics.

Aucun fonctionnaire ou employé appartenant au ministère des finances, ou à l'une des administrations qui en dépendent, ne peut s'absenter de sa résidence pour une cause étrangère au service dont il est chargé, ni interrompre l'exercice de ses fonctions, s'il n'a préalablement obtenu un congé. Toutefois, il peut se présenter telle circonstance grave et urgente qui oblige un agent à quitter son poste sans avoir eu le temps de solliciter un congé. Dans ce cas, il doit rendre compte immédiatement à son chef des motifs de son départ, afin que sa position soit régularisée, s'il y a lieu. (Arrêté min. des fin. 25 avril 1854 ; I. G., art. 1252.)

Le congé est à la fois un moyen d'émulation et de discipline. En conséquence, il est accordé des congés avec retenue à un taux variable, et, sur la demande des comptables, des congés sans retenue. La retenue est de la moitié au moins et des deux tiers au plus des émoluments, selon les titres et la position des agents, et selon que leurs absences ont été plus ou moins fréquentes. Elle ne porte ni sur le jour du départ ni sur celui du retour, et pour les percepteurs, comme pour tous les agents à remises, elle n'est exercée que sur les trois quarts des émoluments.

Après trois mois de congé, consécutifs ou non, dans la même année (comptée du 1er janvier au 31 décembre), l'intégralité du traitement, déduction faite du quart, est retenue, et le temps excédant les trois mois n'est pas compté comme service effectif pour la pension (L. 9 juin 1853; D. 9 novembre suiv., art. 16 ; I. G., art. 1253.)

Les congés avec retenue sont accordés par le ministre aux comptables directs du Trésor ; les demandes de ceux-ci doivent parvenir par l'intermédiaire et avec l'avis des préfets.

Ces congés sont délivrés directement par les préfets aux percepteurs et receveurs municipaux pour les absences qui ne doivent pas excéder un mois, et par le ministre pour les absences d'une plus longue durée. Les demandes de ces comptables doivent parvenir par l'intermédiaire du receveur particulier et du receveur général. (Id., art. 1260.)

Le ministre statue sur les demandes de congé sans retenue à l'égard des agents à sa nomination et à celle de l'Empereur. (Id., art. 1261.)

Lorsqu'un agent a obtenu un congé, il doit donner avis à son chef de service du jour de son départ et de celui de son retour. Le receveur général doit, de son côté, en informer le préfet. (Id., art. 1262.)

Les congés gratuits peuvent être de quinze jours par an, ou d'un mois entier après trois ans sans absence.

En cas d'absence pour cause de maladie dûment constatée, le comptable peut être autorisé à conserver l'intégralité de son traitement pendant trois mois. Pendant les trois mois suivants, il peut obtenir un congé avec la retenue de la moitié au moins et des deux tiers au plus de ses remises, déduction faite du quart non sujet à retenue.

Si la maladie a été déterminée par l'une des causes exceptionnelles prévues au premier et au deuxième paragraphe de l'article 11 de la loi du 9 juin 1853, le fonctionnaire peut conserver l'intégralité de son traitement jusqu'à son rétablissement ou jusqu'à sa mise à la retraite.

Sont affranchies de toute retenue les absences ayant pour cause l'accomplissement d'un des devoirs imposés par la loi. (Id., art. 1254.)

Les congés gratuits ne constituent point un droit ; ils sont la récompense d'une bonne gestion et un moyen d'encouragement que l'administration supérieure tient en réserve. Ils sont accordés ou refusés d'après l'appréciation des titres et de la position des postulants.

Le taux de la retenue pour les congés non gratuits est déterminé d'après les mêmes considérations ; il est tenu compte à la fois des motifs de la demande, du mérite et de la position de l'agent, de la rareté de ses demandes de congés, et de la quotité de ses émoluments.

Les préfets doivent se conformer soigneusement à ces principes soit pour les congés qu'ils ont à accorder aux percepteurs avec retenue d'émoluments, soit pour les demandes de gratuité qu'ils ont à transmettre. Ils sont tenus, dans ce dernier cas surtout, de faire connaître sans réserve leur opinion personnelle, que la gratuité soit demandée pour cause de maladie, ou pour des motifs d'intérêt particulier. (I. G., art. 1255.)

La disposition du décret du 9 novembre 1853 (art. 16, § 4), portant que les frais d'intérim sont prélevés sur le montant de la retenue, n'est applicable ni aux receveurs des finances ni aux percepteurs, attendu que ces comptables sont tenus, d'une manière générale et absolue, qu'ils soient ou ne soient pas présents à leur poste, de pourvoir personnellement, ou par des employés payés par eux et dont ils sont entièrement responsables, à toutes les exigences de leur emploi ; de plus, le quart de leurs émoluments est considéré comme étant affecté aux frais de service. En conséquence, l'agent qui les remplace, en cas d'absence ou d'autre empêchement légitime, gère comme leur fondé de pouvoirs et non comme intérimaire. (Id., art. 1256.) — Voy. Fondé de pouvoirs.

Toute demande de congé doit énoncer le motif de l'absence et le lieu où le réclamant a l'intention de se rendre. Les percepteurs y font connaître le nom et la qualité du fondé de pouvoirs qu'ils ont choisi pour les remplacer et qui doit être agréé par le receveur des finances. (Id. art. 1257.)

Les demandes de congé sans retenue pour cause de maladie doivent, en outre, être appuyées d'un certificat de médecin et accompagnées de l'avis motivé du chef de service et du préfet.

Dans le cas où la maladie est de nature à entraîner un déplacement, la nécessité doit en être constatée par un médecin désigné par l'administration et assermenté comme lorsqu'il s'agit d'une admission à la retraite pour cause d'invalidité physique. Les médecins ont surtout alors à s'expliquer très-catégoriquement et très-consciencieusement sur la nécessité de l'absence. (Id., art. 1258.)

Ces médecins sont nommés par les préfets pour tous les agents extérieurs ressortissant au ministère des finances, et leur serment est reçu soit par les préfets et sous-préfets, soit, s'il y a lieu, pour épargner un déplacement, par le juge de paix du canton de la résidence des agents. Les actes de prestation de ce serment étant faits non dans un intérêt professionnel ou particulier, mais en exécution d'une disposition d'intérêt général et d'ordre administratif, sont exempts de la formalité de l'enregistrement. Les receveurs des finances doivent, au besoin, indiquer à leurs subordonnés les médecins dont il aura été fait choix par le préfet dans chaque localité. (I. G., art. 1259.)

Au moment de l'arrivée de l'inspection des finances dans le lieu de la résidence des comptables, l'effet de tout congé obtenu, mais dont l'usage n'aurait pas encore commencé, serait momentanément suspendu. Aucun agent ne peut, dans ce cas, profiter d'une permission d'absence sans en avoir référé à l'inspecteur général ou particulier. (Id., art. 1262.)

Les comptables, quel que soit leur grade, qui viennent à Paris, doivent, en y arrivant, donner leur adresse à la direction du personnel. (Id., art. 1263.)

Les agents qui s'absentent ou qui dépassent la durée de leur congé sans autorisation peuvent être privés de leurs émoluments pendant un temps double de celui de leur absence irrégulière. (Id., art. 1264.)

Les receveurs particuliers sont tenus de constater les absences non autorisées des percepteurs et des receveurs spéciaux de leur arrondissement respectif. Ils en informent immédiatement le préfet par l'intermédiaire du receveur général ; ils indiquent la date du jour du départ du comptable et, ultérieurement, celui de son retour.

Si l'absence non autorisée des percepteurs se prolongeait un certain temps, il en serait référé à l'administration supérieure. (Id., art. 1265.)

Le receveur général adresse à la direction du personnel, dans les premiers jours de chaque mois, et à la direction de la comptabilité générale, dans les premiers jours de chaque trimestre, un état (*modèle nº* 256) indiquant, pour les percepteurs, la durée des absences et le montant des retenues auxquelles elles doivent donner lieu. (Id., art. 1266.)

Cet état fait connaître, dans des colonnes spéciales, les congés dont les comptables ont joui ou les absences qu'ils ont faites depuis le commencement de l'année, et met ainsi l'administration à portée d'assurer l'exécution de la disposition relative aux absences qui, hors le cas de maladie, dépassent la durée de trois mois. (Id., art. 1267.) — Voy. ABSENCE DES COMPTABLES, RETENUES.

Congrégations hospitalières. — V. HOSPICES ET HÔPITAUX.

Conseil académique. — Voy. INSTRUCTION PUBLIQUE.

Conseil d'arrondissement. — L'organisation et les attributions des conseils d'arrondissement est aujourd'hui réglée par les lois des 22 juin 1833 et 10 mai 1838, modifiées par le décret du 3 juillet 1848 et la loi du 7 juillet 1852.

La session ordinaire des conseils d'arrondissement se divise en deux parties : la première précède, et la seconde suit la session du conseil général. (L. 10 mai 1838, art. 39.)

Dans la première partie de sa session, le conseil d'arrondissement délibère : sur les réclamations auxquelles donnerait lieu la fixation du contingent de l'arrondissement dans les contributions directes; sur les demandes en réduction de contributions formées par les communes. (L. 10 mai 1838, art. 40.)

Il donne son avis : 1° sur les changements proposés à la circonscription du territoire de l'arrondissement, des cantons et des communes, et à la désignation de leurs chefs-lieux ; 2° sur le classement et la direction des chemins vicinaux de grande communication ; 3° sur les réclamations élevées au sujet de la part contributive des communes respectives dans les travaux intéressant à la fois plusieurs communes, ou les communes et le département, et sur tous les objets sur lesquels il est consulté par le Gouvernement. (L. 10 mai 1838, art. 41.)

Le préfet lui communique le compte de l'emploi des fonds de non-valeurs, en ce qui concerne l'arrondissement. (Id., art. 43.)

Dans la seconde partie de sa session, il répartit entre les communes de l'arrondissement les contributions directes. (Id., art. 45.)

Le conseil d'arrondissement est tenu de se conformer, dans la répartition de l'impôt, aux décisions rendues par le conseil général sur les réclamations des communes. Faute par le conseil d'arrondissement de s'y être conformé, le préfet, en conseil de préfecture, établit la répartition d'après lesdites décisions. En ce cas, la somme dont la contribution de la commune déchargée se trouve réduite est répartie au centime le franc sur toutes les autres communes de l'arrondissement. (Id., art. 46.)

Si le conseil ne se réunissait pas, ou s'il se séparait avant d'avoir arrêté cette répartition, les mandements des contingents assignés à chaque commune seraient délivrés par le préfet d'après les bases de la répartition précédente, sauf les modifications à apporter dans le contingent en exécution des lois. (Id., art. 47.) — Voy. CONTRIBUTIONS DIRECTES, CONSEIL GÉNÉRAL.

Conseil de préfecture. — Les conseils de préfecture ont été créés par la loi du 28 pluviôse an VIII, et organisés par l'arrêté du 19 fructidor an IX. Leurs fonctions sont de deux sortes : ils exercent à la fois des attributions consultatives et des attributions contentieuses.

Les attributions consultatives du conseil de préfecture embrassent toutes les affaires que le préfet est tenu de décider administrativement en conseil de préfecture. Les principales affaires d'administration communale pour lesquelles l'avis de ce conseil doit être demandé sont les suivantes :

Approbation du tarif des évaluations cadastrales (L. 15 septembre 1807, Régl. 15 mars 1827) ;

Règlement des subventions pour dégradations extraordinaires des chemins vicinaux (L. 21 mai 1836, art. 14) ;

Approbation des délibérations municipales relatives à l'aliénation des biens à céder pour exécution de travaux publics (L. 3 mai 1841, art. 13) ;

Homologation des transactions municipales (L. 18 juillet 1837, art. 37) ;

Allocation au budget communal de fonds non votés pour une dépense obligatoire (Id., art. 59) ;

Décision sur le refus du maire d'ordonnancer une dépense autorisée et liquidée (Id., art. 61);

Vente sur les lieux des produits façonnés provenant des bois des communes et des établissements publics; travaux à exécuter dans les forêts communales ou d'établissements publics, pour la recherche et la conduite des eaux, la construction des récipients et autres ouvrages analogues, lorsque ces travaux ont un but d'utilité communale (D. 25 mars 1852). — Voy. BOIS, BUDGET, CHEMINS VICINAUX, ORDONNANCEMENT, PROCÈS.

Comme tribunal administratif, le conseil de préfecture statue notamment sur les demandes des particuliers tendant à obtenir la décharge ou la réduction de leur cote de contributions directes. (L. 28 pluviôse an VIII, art. 4, § 1er; I. G., art. 143.)

Il statue sur les difficultés contentieuses relatives au recouvrement des contributions directes, lorsqu'il s'agit notamment de la validité du titre, de la quotité de la taxe et de la qualité de l'agent de perception.

Il prononce sur les contestations relatives aux prestations en nature ou en argent et aux souscriptions volontaires établies pour l'entretien des chemins vicinaux (L. 21 mai 1836, art 14; I. G., art. 888, n° 8);

Sur les difficultés qui peuvent s'élever entre les entrepreneurs de travaux publics et l'administration concernant le sens ou l'exécution des clauses de leurs marchés; sur les demandes et contestations concernant les indemnités dues aux particuliers, à raison de terrains pris ou fouillés pour la confection des chemins, canaux et autres ouvrages publics (L. 28 pluviôse an VIII, art. 4, § 2, 3, 4, 5);

Sur les contestations qui s'élèvent lorsque, les communautés d'habitants se refusant au rachat du droit de pâturage dans les forêts de l'État, sous prétexte que ce pâturage leur est d'une absolue nécessité, l'administration conteste cette nécessité (C. F., art. 64);

Sur le recours des usagers contre les décisions par lesquelles l'administration a fixé quels sont les cantons défensables où il est permis d'exercer les droits de pâturage et de panage (Id., art. 67);

Sur les contestations entre le conseil municipal ou les administrateurs des établissements publics et l'administration forestière relativement à la conversion en bois et à l'aménagement proposés par cette administration pour des terrains en pâturage appartenant à la commune ou à des établissements publics (Id., art. 90). — Voy. BOIS DES COMMUNES, CHEMINS VICINAUX, DÉCHARGES ET RÉDUCTIONS, TRAVAUX, USAGES.

Le conseil de préfecture connaît des contestations en matière de partages de biens communaux, soit antérieurs, soit postérieurs à la loi du 10 juin 1793. (L. 9 ventôse an XII, art. 6; D. 4e jour compl. an XII.)

Toutes les usurpations de biens communaux, depuis la loi du 10 juin 1793 jusqu'à celle du 9 ventôse an XII, soit qu'il y ait ou qu'il n'y ait pas eu partage exécuté, sont jugées par les conseils de préfecture, sauf le cas où, le détenteur niant l'usurpation et se prétendant propriétaire à tout autre titre qu'en vertu d'un partage, il s'élèverait des questions de propriété pour lesquelles les parties auraient à se pourvoir devant les tribunaux. (O. 23 juin 1819, art. 6.)—Voy. BIENS DES COMMUNES.

Le conseil de préfecture décide les contestations qui s'élèvent relativement au recouvrement des droits établis en faveur des pauvres et des hospices sur les divers genres de spectacles. (Arrêté 10 thermidor an XI et 8 fructidor an XIII.) — Voy. DROIT DES PAUVRES.

Il prononce sur l'indemnité à laquelle sont tenus les hospices et les communes, en cas d'insuffisance des ressources créées par la loi pour l'entretien des aliénés. (L. 30 juin 1838, art. 28.) — Voy. ALIÉNÉS.

Le conseil de préfecture est chargé de réprimer et de poursuivre les contraventions en matière de grande voirie (D. 22 janvier 1808, 16 décembre 1811, 10 avril 1812) ; et, en matière de petite voirie, les anticipations faites par plantations ou de toute autre manière sur le sol des chemins vicinaux. (L. 9 ventôse. an XIII; Arrêts cons. d'État 1er mars 1833, 6 février 1837, 25 avril 1839, 26 décembre 1840.)—Voy. CHEMINS VICINAUX, VOIRIE.

Il est appelé à accorder ou à refuser l'autorisation de plaider aux communes ou sections de commune (L. 18 juillet 1837, art. 49) ; aux hospices et bureaux de bienfaisance (Arrêté 7 messidor an IX; Circ. int., 8 février 1823). — Voy. PROCÈS.

Les conseils de préfecture sont chargés de l'apurement des comptes des receveurs des communes, des hospices et autres établissements de bienfaisance dont le revenu n'excède pas 30,000 fr., sauf recours à la Cour des comptes. (L. 18 juillet 1837, art. 66.)— Voy. COMPTE DE GESTION.

Ils apurent les comptes des percepteurs chargés du service des associations syndicales. (L. 14 floréal an XI et 16 septembre 1807.)—Voy. SYNDICATS.

Ils connaissent aussi de la comptabilité occulte des individus qui se sont ingérés sans qualité dans le maniement des deniers des communes et des établissements de bienfaisance. (L. 18 juillet 1837, art. 64.) — Voy. GESTION OCCULTE.

Les arrêtés des conseils de préfecture ont les effets des jugements ordinaires ; dès lors, ils emportent hypothèque et contrainte par corps. (Arrêt cons. d'État, 12 décembre 1818.) Ils sont exécutoires par provision.

Sauf en ce qui concerne le jugement des comptes des communes et des établissements de bienfaisance, le recours au conseil d'État est la seule voie pour les faire annuler, soit qu'on les attaque au fond pour mal jugé, ou dans leur forme intrinsèque, ou pour excès de pouvoir, ou pour cause d'incompétence. (D. 21 juin 1813 ; Avis cons. d'État, 8 mai 1822.)

Cet appel est ouvert contre tout arrêté contradictoire dans les trois mois de la signification. — Voy. POURVOI, RÉVISION.

Les audiences des conseils de préfecture, statuant sur les affaires contentieuses, sont publiques ; les parties peuvent y présenter leurs observations, soit en personne, soit par un mandataire. Toutefois, les comptes des receveurs des communes et des établissements de bienfaisance ne sont pas jugés en séance publique. (D. 30 décembre 1862.)

Conseil de prud'hommes. — Toute commune dans laquelle est établi un conseil de prud'hommes doit fournir le local nécessaire à la tenue des séances de ce tribunal et subvenir aux dépenses qu'elle entraîne, telles que frais de premier établissement, de chauffage et d'éclairage, hormis les frais de papier, de registres et d'expédition, qui sont à la charge des secrétaires, moyennant les taxes établies à leur profit. (D. 11 juin 1809, art. 63, 69, 70.)

Dans les dépenses à la charge des communes sont comprises les médailles que les prud'hommes doivent porter dans l'exercice de leurs fonctions (O. 12 novembre 1828), ainsi que les dépenses occasionnées par les élections, quelle que soit la circonscription du conseil. (L. 7 août 1850.)

Ces diverses dépenses sont obligatoires, aux termes de l'article 30 de la loi du 18 juillet 1837. Les allocations sont ordonnancées au profit et au nom des créanciers eux-mêmes (I. G., art. 997), et sont justifiées dans la comptabilité communale selon les règles indiquées pour les frais de bureau, de loyer et d'entretien de la mairie. — Voy. FRAIS DE BUREAU.

Conseil d'État. — L'organisation actuelle du conseil d'État a été réglée par un décret du 25 janvier 1852.

Le conseil d'État, sous la direction de l'Empereur, rédige les projets de loi et en soutient la discussion devant le corps législatif. Il propose des décrets sur les affaires administratives qui lui sont déférées, sur le contentieux administratif, sur les conflits entre l'autorité administrative et l'autorité judiciaire, sur les demandes de poursuites relatives aux fonctionnaires, etc. Il donne son avis sur toutes les questions qui lui sont soumises par le Gouvernement.

Le conseil est composé de conseillers, de maîtres des requêtes et d'auditeurs. Il se divise en six sections, savoir : 1° section de législation, justice et affaires étrangères ; 2° section du contentieux ; 3° section de l'intérieur, de l'instruction publique et des cultes ; 4° section des travaux publics, de l'agriculture et du commerce ; 5° section de la guerre et de la marine ; 6° section des finances.

Un règlement du 30 janvier 1852 a déterminé l'ordre intérieur des travaux du conseil d'État, la distribution des affaires entre les sections, les affaires administratives qui doivent être portées à l'assemblée générale du conseil et celles qui peuvent n'être soumises qu'aux sections.

La section du contentieux est chargée de diriger l'instruction écrite et de préparer le rapport de toutes les affaires contentieuses, ainsi que des conflits d'attributions entre l'autorité administrative et l'autorité judiciaire. Le rapport des affaires est fait au nom de la section, en séance publique de l'assemblée du conseil d'État délibérant au contentieux.

Les arrêts du conseil d'État sont formulés en décrets et soumis à la signature de l'Empereur.

Tout le contentieux des communes rentre dans la juridiction du conseil d'État. Placé sous ce rapport à l'égard des conseils de préfecture dans une position analogue à celle d'une Cour supérieure ou souveraine, il confirme ou annule les décisions de ces conseils.

En matière de comptabilité, c'est devant le conseil d'État, comité du contentieux, que sont portés les recours en cassation contre les arrêts de la Cour des comptes pour violation des formes ou de la loi. — Voy. Compte de gestion, Pourvoi.

La commune, section de commune ou le contribuable auquel l'autorisation d'introduire une action en justice a été refusée par le conseil de préfecture peut se pourvoir devant l'Empereur en conseil d'État. Le pourvoi est introduit et jugé en la forme administrative. Il doit, à peine de déchéance, avoir lieu dans le délai de trois mois, à dater de la notification de l'arrêté du conseil de préfecture. (L. 18 juillet 1837, art. 50.) — Voy. Procès.

La section des finances est chargée de reviser toutes les liquidations de pensions. — Voy. Pensions.

Elle est aussi appelée à délibérer sur les questions de responsabilité intéressant les receveurs des finances par suite de débets de percepteurs ou receveurs municipaux. (I. G., art. 1316.)—Voy. Débet.

Conseil général. — Il y a dans chaque département un conseil général, composé d'autant de membres qu'il y a de cantons dans le département, sans pouvoir toutefois excéder le nombre trente. (L. 22 juin 1833, art. 1, 2 et 3.)

Le conseil général du département répartit chaque année les contributions directes entre les arrondissements, conformément aux règles établies par les lois.

Avant d'effectuer cette répartition, il statue sur les demandes délibérées par les conseils d'arrondissement en réduction du contingent assigné à l'arrondissement. (L. 10 mai 1838, art. 1er.)

Le conseil général prononce définitivement sur les demandes en réduction de contingent formées par les communes, et préalablement soumises au conseil d'arrondissement. (Id., art. 2.)

Il vote les centimes additionnels dont la perception est autorisée par les lois. (Id., art. 3.)

Le conseil général délibère sur toutes les affaires qui intéressent la situation financière du département. Il délibère, notamment, sur les offres faites par des communes, par des associations ou des particuliers, pour concourir à la dépense des routes départementales ou d'autres travaux à la charge du département; sur la part contributive du département aux dépenses des travaux qui intéressent à la fois le département et les communes ; sur la part de la dépense des aliénés et des enfants trouvés et abandonnés qui sera mise à la charge des communes, et sur les bases de la répartition à faire entre elles. (Id., art. 4.)

Le conseil général donne son avis : sur les changements proposés à la circonscription du territoire du département, des arrondissements, des cantons et des communes; sur les difficultés élevées relativement à la répartition de la dépense des travaux qui intéressent plusieurs communes ; et généralement sur tous les objets sur lesquels il est appelé à donner son avis en vertu des lois et règlements, ou sur lesquels il est consulté par l'administration. (L. 10 mai 1838, art. 6.)

Enfin, le conseil général vote le budget du département. Il entend, débat et arrête provisoirement les comptes d'administration qui lui sont présentés par le préfet. (Id., art. 11 et 24.)

Si le conseil général ne se réunissait pas, ou s'il se séparait sans avoir arrêté la répartition des contributions directes, les mandements des contingents assignés à chaque arrondissement seraient délivrés par le préfet, d'après les bases de la répartition précédente, sauf les modifications à apporter dans le contingent en exécution des lois. (Id., art. 27.) — Voy. ALIÉNÉS, CENTIMES ADDITIONNELS, CONTRIBUTIONS DIRECTES, DÉPARTEMENT, ENFANTS ASSISTÉS, PRÉFET.

Conseil municipal. — Assemblée délibérante établie auprès du maire, administrateur de la commune.

Le conseil municipal règle par ses délibérations : 1° le mode d'administration des biens communaux, soit qu'ils appartiennent à la commune entière, soit qu'ils appartiennent privativement à des sections ; 2° les conditions des baux à ferme ou à loyer dont la durée n'excède pas dix-huit ans pour les biens ruraux, et neuf ans pour les autres biens, 3° le mode de jouissance et la répartition des pâturages et fruits communaux autres que les bois, ainsi que les conditions à imposer aux parties prenantes ; 4° les affouages, en se conformant aux lois forestières. (L. 18 juillet 1837, art. 17.)

Expédition de toute délibération sur un des objets ci-dessus énoncés est immédiatement adressée par le maire au sous-préfet qui en délivre ou fait délivrer récépissé. La délibération est exécutoire si, dans les trente jours qui suivent la date du récépissé, le préfet ne l'a pas annulée, soit d'office pour violation d'une disposition de la loi ou d'un règlement d'administration publique, soit sur la réclamation de toute partie intéressée. Toutefois le préfet peut suspendre l'exécution de la délibération pendant un autre délai de trente jours. (Id., art. 18.)

Afin que toute partie intéressée puisse exercer son droit de réclamation, toutes les fois que le conseil municipal a pris une délibération réglant un des objets énoncés dans l'article 17 de la loi du 18 juillet 1837, le maire, avant de la transmettre au sous-préfet, doit avertir les habitants, par la voie des annonces et publications usitées dans la commune, qu'ils peuvent se présenter à la mairie pour prendre connaissance de ladite délibération. L'accomplissement de cette formalité doit être constaté par un certificat du maire, qui est joint à la délibération transmise au sous-préfet. (O. 18 décembre 1838.) — Voy. AFFOUAGE, BAUX, BIENS, PATURAGES.

Le conseil municipal délibère sur les objets suivants : 1° le budget de la commune, et en général toutes les recettes et dépenses soit ordinaires, soit extraordinaires ; 2° les tarifs et règlements de perception de tous les revenus communaux ; 3° les acquisitions, aliénations et échanges de propriétés communales, leur affectation aux différents services publics, et, en général, tout ce qui concerne leur conservation et leur amélioration; 4° la délimitation ou le partage des biens indivis entre deux ou plusieurs communes ou sections de communes; 5° les conditions des baux à ferme ou à loyer dont la durée excède dix-huit ans pour les biens ruraux, et neuf ans pour les autres biens, ainsi que celles des baux des biens pris à loyer par la commune quelle qu'en soit la durée; 6° les projets de constructions, de grosses réparations et de démolitions, et, en général, tous les travaux à entreprendre; 7° l'ouverture des rues et places publiques et les projets d'alignement de voirie municipale; 8° le parcours et la vaine pâture; 9° l'acceptation des dons et legs faits à la commune et aux établissements communaux, 10° les actions judiciaires et transactions, et tous les autres objets sur lesquels les lois et les règlements appellent les conseils municipaux à délibérer. (L. 18 juillet 1837, art. 19.)

Les délibérations des conseils municipaux, sur les objets ci-dessus énoncés sont adressées au sous-préfet; elles sont exécutoires sur l'approbation du préfet, sauf le cas où l'approbation par le ministre compétent, ou par décret impérial, est prescrite par les lois ou par les règlements d'administration publique. (Id., art. 20.) — Voy. ACQUISITIONS, ALIÉNATIONS, BAUX, BIENS, BUDGET COMMUNAL, LEGS ET DONATIONS, PARCOURS ET VAINE PATURE, PROCÈS, REVENUS, TRAVAUX, VOIRIE.

Le conseil municipal est toujours appelé à donner son avis sur les objets suivants : 1° les circonscriptions relatives au culte; 2° les circonscriptions relatives à la distribution des secours publics, 3° les projets d'alignement de grande voirie dans l'intérieur des villes, bourgs et villages; 3° l'acceptation des dons et legs faits aux établissements de charité et de bienfaisance; 5° les autorisations d'emprunter, d'acquérir, d'échanger, d'aliéner, de plaider et de transiger, demandées par les mêmes établissements et par les fabriques des églises et autres administrations préposées à l'entretien des cultes dont les ministres sont salariés par l'État; 6° les budgets et comptes des fabriques et autres administrations préposées à l'entretien des cultes dont les ministres sont salariés par l'État, lorsqu'elles reçoivent des secours sur les fonds communaux; 8° enfin tous les objets sur lesquels les conseils municipaux sont appelés par les lois et règlements à donner leur avis ou sont consultés par le préfet. (Id., art. 21).

Quoique, en principe, le conseil municipal soit toujours appelé à donner son avis sur les actes indiqués par l'article 21 de la loi du 18 juillet 1837, la règle reçoit néanmoins exception lorsque la commune se trouve en opposition d'intérêts avec un établissement charitable relativement à l'acte qu'il s'agirait d'examiner; ainsi, par exemple, lorsqu'un hospice est cité en justice par la commune, le conseil municipal ne saurait être consulté sur la question de savoir si l'hospice doit se défendre; il en serait de même s'il s'agissait d'un acte passé entre l'hospice et la commune. — Voy. BUREAUX DE BIENFAISANCE, FABRIQUES, HOSPICES, VOIRIE.

Le conseil municipal réclame, s'il y a lieu, contre le contingent assigné à la commune dans l'établissement des impôts de répartition. (L. 18 juillet 1837, art. 22.)

Il désigne, chaque année, les habitants qu'il croit devoir exempter de la contribution personnelle et mobilière, et ceux qu'il juge convenable de n'assujettir qu'à la taxe personnelle. (L. 21 avril 1832, art. 18.) — Voy. CONTRIBUTIONS DIRECTES.

Il approuve la liste des enfants qui doivent être admis gratuitement dans les écoles publiques, laquelle liste est ensuite arrêtée par le Préfet. (Art. 45 de la loi du 15 mars 1850, et 13 du décret du 31 décembre 1853.)

Le conseil municipal délibère sur les comptes présentés annuellement par le maire. Il entend, débat et arrête les comptes de deniers des receveurs, sauf règlement définitif par le conseil de préfecture lorsque le revenu de la commune n'excède pas 30,000 francs, et par la cour des comptes, lorsque le revenu de la commune excède ce chiffre. (L. 18 juillet 1837, art. 23.) — Voy. COMPTE ADMINISTRATIF, COMPTE DE GESTION.

Conservateur des hypothèques. — Préposé de l'administration de l'enregistrement et des domaines, établi dans chaque chef-lieu d'arrondissement communal pour remplir les formalités hypothécaires.

La disposition de l'article 58 de la loi du 3 mai 1841, qui affranchit des droits de timbre, d'enregistrement et de transcription, les actes en matière d'expropriation pour cause d'utilité publique, ne s'applique pas aux salaires dus aux conservateurs des hypothèques pour la formalité de la transcription, lorsque les indemnités de dépossession sont à la charge soit des concessionnaires de travaux publics, soit des départements ou des communes. Toutefois, les conservateurs doivent s'abstenir de percevoir la moitié des salaires attribués au Trésor par l'ordonnance du 1er mai 1816. La seule perception à faire pour des actes de l'espèce est celle de la portion de salaires revenant personnellement au conservateur. (Décis. min. fin. 27 avril 1846.) — *Mém.* p. 117.

Le payement des salaires dus aux conservateurs, par suite de la transcription des actes de vente relatifs aux chemins vicinaux, s'opère par trimestre sur des états dressés par ces préposés, et sur mandats du maire. (Circ. compt. gén. 26 août 1843.) — *Mém.* 1843, p. 198 ; 1846, p. 244.

Les conservateurs ne peuvent opérer la radiation des inscriptions prises dans l'intérêt des communes ou des établissements de bienfaisance sans qu'un arrêté spécial du préfet en conseil de préfecture ait rendu exécutoire la délibération du conseil municipal ou de la commission administrative autorisant cette radiation. (D. 11 thermidor an XII ; O. 15 juillet 1840.) — *Mém.* 1860, p. 73. — Voy. EXPROPRIATION, HYPOTHÈQUE, TRANSCRIPTION.

Conservation des propriétés des communes et des établissements de bienfaisance. — Voy. ACTES ET MESURES CONSERVATOIRES.

Conservation des titres. — Voy. ARCHIVES, TITRES DE RECETTE.

Consignations. — Voy. Caisse des dépôts, Cautionnements, Expropriation, Saisie-arrêt, Oppositions.

Consignations sur passe-debout. — Voy. Octroi

Constitution d'avoué. — Choix d'un avoué, indiqué par le demandeur dans l'exploit d'ajournement, ou par le défendeur dans un acte d'avoué à avoué.

La dispense de constituer avoué accordée à certaines administrations ne s'applique pas au Trésor, ou au percepteur agissant en son nom, dans toutes les contestations relatives à la perception des contributions directes et qui sont portées devant les tribunaux. — *Mém.* 1838, p. 152; 1842, p. 148. — Voy. Avoué.

Constructions et grosses réparations. — Voy. Travaux.

Contestations. — Difficulté portée devant la justice ou devant l'autorité compétente pour statuer sur la matière.

Les contestations que soulèvent les poursuites exercées pour le recouvrement de l'impôt, soit qu'elles naissent au sujet de la régularité même des poursuites, soit qu'elles aient pour objet le droit de privilège attribué au Trésor, sont de la compétence des tribunaux civils. (Arrêts Cons. d'État 19 mars 1820, 18 avril 1821 et 18 juillet 1828.)— *Mém.* 1854, p. 146.

Les difficultés et contestations qui s'élèveraient entre les receveurs des finances et d'anciens percepteurs, relativement aux comptes de leur perception, doivent être portées devant le préfet du département, sauf recours au ministère des finances. (I. G., art. 1346.)

Celles relatives aux solutions données par le receveur général peuvent être directement déférées au ministère des finances par les percepteurs. (I. G., art. 1367.)

Les difficultés auxquelles peut donner l'application des dispositions sur le timbre doivent être déférées au directeur de l'enregistrement du département par l'entremise du receveur général. (I. G., art. 846.)

C'est au ministre des finances qu'il appartient de statuer sur les contestations qui s'élèvent entre les receveurs des finances, en cas de mutation, au sujet de leur responsabilité respective des débet de percepteurs. (Id., art. 1385.) — Voy. Débet, Déficit.

Les contestations qui peuvent s'élever sur l'administration ou la perception des octrois entre les communes et les régisseurs de ces établissements sont déférés au préfet, qui statue en conseil de préfecture, après avoir entendu les parties. Il en est de même des contestations qui peuvent s'élever sur le sens des baux, entre les communes et les fermiers des octrois. ou des droits de places dans les halles et marchés. (D. 17 mai 1809; Arrêt Cons. d'État, 8 avril 1852.)— *Mém.* 1854, p. 321. — Voy. Octroi.

Contingents centralisés. — Lorsque plusieurs communes sont réunies pour l'entretien d'une école, ou pour le culte, ou pour toute autre dépense, l'un des receveurs reçoit de ses collègues, en un mandat du maire, le contingent des autres communes.

Pour justifier le payement au compte de la commune qui verse, le receveur joint à l'appui du mandat du maire la quittance à souche qu'il a reçue de son collègue. Cette quittance n'est pas sujette au timbre, quelle que soit la somme versée. — *Mém.* 1862, p. 34. — Voy. Aliénés, Chemins vicinaux, Cotisations municipales, Enfants assistés, Garde nationale, Instruction primaire, Remises.

Contrainte par corps. — C'est le droit appartenant à un créancier de faire arrêter son débiteur, et de le constituer prisonnier jusqu'à ce qu'il ait acquitté son obligation.

Il ne faut pas confondre la contrainte par corps dont il est ici question avec l'emprisonnement qui peut résulter de poursuites criminelles. La contrainte par corps n'est pas une peine pour le débiteur contre lequel elle est prononcée ; c'est une poursuite civile exercée par l'autorité administrative dans l'intérêt financier de l'État, des communes ou des établissements publics. S'il y a malversation réelle, détournement véritable de deniers, une poursuite criminelle peut, en outre, être exercée, dans l'intérêt de la vindicte publique, par les magistrats chargés de la répression des crimes et délits. — *Mém.* 1833, p. 119.

Sont soumis à la contrainte par corps, pour raison de reliquat de leurs comptes, déficit ou débet constatés à leur charge, et dont ils ont été déclarés responsables : 1° les comptables de deniers publics ou d'effets mobiliers publics et leurs cautions ; 2° leurs agents ou préposés qui ont personnellement géré ou fait la recette ; 3° toutes personnes qui ont perçu des deniers publics dont elles n'ont point effectué le versement ou l'emploi, ou qui, ayant reçu des effets mobiliers appartenant à l'État, ne les représentent pas ou ne justifient pas de l'emploi qui leur avait été prescrit (L. 17 avril 1832, art. 8). Cette dernière disposition s'applique aux maires, fonctionnaires municipaux ou autres qui se seraient immiscés dans le maniement des deniers des communes ou des établissements publics. — *Mém* 1832, p. 105.

Sont considérés comme comptables de deniers publics, et par conséquent soumis à la contrainte par corps, pour raison de reliquat de leurs comptes, déficit ou débet, les comptables chargés de la perception des deniers, de la garde et de l'emploi des effets mobiliers appartenant aux communes, aux hospices et aux établissements publics, ainsi que leurs cautions et leurs agents et préposés ayant personnellement géré ou fait la recette. (L. 17 avril 1832, art. 9.)

Sont aussi soumis à la contrainte par corps : 1° tous entrepreneurs fournisseurs, soumissionnaires et traitants qui ont passé des marchés ou traités intéressant l'État, les communes, les établissements de bienfaisance et autres établissements publics, et qui sont déclarés débiteurs par suite de leurs entreprises ; 2° leurs cautions, ainsi que leurs agents et préposés qui ont personnellement géré l'entreprise, et toutes personnes déclarées responsables des mêmes services. (L. 17 avril 1832, art. 10.) Cette disposition comprend : les fermiers des octrois communaux et ceux des droits de pesage, mesurage et jaugeage publics ; des droits de location des places dans les halles, foires, marchés, abattoirs, etc. ; des droits de stationnement dans les lieux publics; des droits de voirie, ainsi que les adjudicataires de coupes de bois appartenant à l'État, aux communes et aux établissements publics. (I. G., art. 868, 921, 925 et 926.)

Sont encore soumis à la contrainte par corps tous redevables, débiteurs et cautions des droits de douanes, d'octroi et autres contributions indirectes qui ont obtenu un crédit et qui n'ont pas acquitté, à échéance, le montant de leurs soumissions et obligations. (L. 17 avril 1832, art. 11.)

La contrainte par corps peut être prononcée contre les femmes et filles (id. art. 8, 9, 10 et 11) ; mais elle ne peut l'être contre les septuagénaires (id., art. 12), ni contre les veuves ou les héritiers des personnes soumises à la contrainte par corps, s'ils n'ont fait eux-mêmes des actes qui y donnent lieu.

Dans tous les cas énoncés ci-dessus, la contrainte par corps ne peut avoir lieu que pour une somme principale excédant 300 francs. Sa durée est fixée par l'autorité qui décerne la contrainte, dans les limites de six mois à cinq ans. (Id., art. 7 et 13 ; L. 13 décembre 1848, art. 12.)

La contranite par corps ne peut être stipulée dans un acte de bail pour le payement des fermages des biens ruraux (L. 13 décembre 1848, art. 2). Néanmoins les fermiers et les colons partiaires peuvent être contraints par corps, faute par eux de représenter à la fin du bail le cheptel du bétail, les semences et les instruments aratoires qui leur ont été confiés, à moins qu'ils ne justifient que le déficit de ces objets ne procède pas de leur fait. (C. N., art. 2062.)

Les gardiens à une saisie pratiquée par un porteur de contraintes sont contraignables par corps pour la représentation des objets saisis. (C. N., art. 2060 ; Règl. sur les poursuites, art. 75.)

La somme destinée à pourvoir aux aliments des détenus pour dettes doit être consignée d'avance, et pour trente jours au moins. Les consignations pour plus de trente jours ne valent qu'autant qu'elles sont d'une seconde ou de plusieurs périodes de trente jours. (L. 17 avril 1832 art. 28.)

La somme destinée aux aliments est de 45 francs à Paris, de 40 francs dans les villes de 100,000 âmes et au-dessus, et de 35 francs dans les autres villes, pour chaque période de trente jours. (L. 2 mai 1861.)

En cas de retard dans les versements que les préposés, régisseurs ou fermiers d'octroi, des droits de péage communaux, des droits de pesage, mesurage et jaugeage, sont tenus de faire aux caisses communales, les receveurs municipaux doivent, si les moyens ordinaires de poursuites sont insuffisants, décerner contre les retardataires une contrainte qui, après avoir été visée par le maire, est rendue exécutoire par le juge de paix. Ces contraintes doivent être signifiées à la requête du maire ; elles sont exécutoires, conformément au titre XV du livre V de la première artie du Code de procédure civile, et aux dispositions de la loi du

17 avril 1832, sur la contrainte par corps. (I. G., art. 921.)—Voy. Droits de pesage, Octroi, Péage.

Lorsqu'un déficit existe sur les services confiés aux percepteurs ou aux receveurs des communes et des établissements de bienfaisance, et que les cautionnements du comptable sont insuffisants pour couvrir ce déficit, le receveur des finances a le droit de décerner une contrainte, qui est exécutoire par toutes les voies de droit, même par corps. Cette contrainte (*modèle n° 268*) est mise à exécution sur le visa du juge de paix, et par le ministère d'un huissier commis par le président du tribunal de première instance. (I. G., art. 1314.)

Lorsqu'un débet constaté par un arrêt ou arrêté définitif rendu sur les comptes des communes et des établissements de bienfaisance est supérieur à 300 francs, la contrainte par corps peut être prononcée par l'arrêt ou l'arrêté, lequel en détermine la durée. Les amendes auxquelles les comptables seraient condamnés pour retard dans la présentation de leurs comptes sont assimilées aux débet, et le recouvrement peut également en être poursuivi par corps. (I. G., art. 1556 et 1560.)

Les lois des 17 avril 1832 et 13 décembre 1848 contiennent, au reste, sur la contrainte par corps, des dispositions que les comptables doivent étudier avec soin; ils consulteront aussi utilement les commentaires dont ces lois ont été l'objet dans le *Mémorial* pour leur application aux comptables publics, et spécialement aux percepteurs et aux receveurs des communes et des établissements de bienfaisance. — *Mém.* 1833, p. 118; 1842, p. 113 et 323; 1847, p. 112; 1856, p. 265. — Voy. Compte de gestion, Coupes de bois, Débet, Déficit, Poursuites.

Contraintes pour le recouvrement des contributions directes. — Le rôle est le titre exécutoire en vertu duquel s'opère le recouvrement de l'impôt direct; mais, indépendamment du mandement fait par la formule de ce rôle à tous les contribuables en général, la loi a voulu qu'il y eût un mandement particulier, qui précédât toutes poursuites, et qui fût pour les agents du recouvrement une autorisation, ou plutôt un ordre de procéder par voie d'exécution forcée contre les retardataires: c'est l'acte que les règlements appellent contrainte, laquelle, pour être valable, doit être décernée par le receveur des finances et visée par le sous-préfet, conformément à l'article 30 de l'arrêté du Gouvernement du 16 thermidor an VIII.

Aucune poursuite donnant lieu à des frais, si ce n'est une saisie-arrêt, ne peut être entreprise sans qu'au préalable une contrainte ait été délivrée (I. G., art. 99). Si un percepteur faisait procéder soit à la garnison, soit au commandement avant cette formalité, les actes de poursuites pourraient être annulés comme faits sans titres, et les frais resteraient à la charge du comptable, sans préjudice de tous dommages-intérêts auxquels il pourrait être condamné envers la partie. (Arrêt du Cons. d'État, 19 février 1821.)

La contrainte est exécutoire par elle-même et sans mandement des tribunaux. (Avis du Cons. d'État, 16 thermidor an XII.)

Les percepteurs demandent aux receveurs d'arrondissement qu'il soit décerné des contraintes contre les contribuables en retard, toutes les fois qu'ils le jugent nécessaire pour l'exactitude du recouvrement. Néanmoins, les receveurs d'arrondissement peuvent d'office dresser ces contraintes, en se conformant à l'ordre et aux règles établis pour les degrés de poursuites. (Régl. sur les poursuites, art. 24.) — Voy. POURSUITES.

Contraintes extérieures.—Lorsque des contribuables retardataires sont domiciliés hors de l'arrondissement dans lequel ils sont imposés, sans y être représentés par un fermier, locataire ou régisseur, il peut être procédé immédiatement contre eux par voie de commandement.

Les percepteurs préparent les contraintes nécessaires, et les remettent au receveur particulier de leur arrondissement avec des extraits de rôle pour chacun de ces contribuables. Le receveur particulier décerne les contraintes, et les envoie, ainsi que les extraits de rôle, au receveur générale du département. (I. G , art. 1130.)

Si le contribuable retardataire est domicilié hors du département, la contrainte, visée par le sous-préfet, est transmise par le receveur général à son collègue du département où le contribuable a son domicile, afin qu'après l'avoir fait viser par le préfet de ce département, il en fasse suivre l'exécution par un porteur de contraintes et en fasse opérer le recouvrement par le percepteur de la résidence du débiteur. Cette contrainte est accompagnée d'un extrait du rôle comprenant les articles dus par le contribuable. (Règl. sur les poursuites, art. 59.)

Lorsque le contribuable est domicilié dans le département, mais hors de l'arrondissement de sous-préfecture où il est imposé, la contrainte, visée par le sous-préfet, est envoyée par le receveur général, avec l'extrait de rôle, au receveur particulier de l'arrondissement où réside le contribuable. (Id., art. 60.)

Les contraintes et extraits de rôles sont remis au percepteur de la résidence du contribuable, pour diriger les poursuites requises et effectuer le recouvrement des contributions exigibles. (Id. art. 61.)

En ce qui concerne les contribuables changés de résidence avant l'émission des rôles, les percepteurs doivent apporter la plus grande diligence dans la préparation des contraintes extérieures, et ils sont autorisés à y joindre les avertissements. Les percepteurs à qui les contraintes sont adressées doivent, de leur côté, en suivre le recouvrement avec la plus grande activité, et avoir soin de faire parvenir immédiatement l'avertissement au redevable. (Circ. compt. gén. 7 mai 1862.) — *Mém.*, p. 190.

Les contraintes extérieures (*modèle n° 5 bis* annexé au Règl. sur les poursuites) ne sont délivrées qu'en simple expédition, et il ne doit être porté qu'un seul contribuable sur celles de ces contraintes qui doivent être mises à exécution dans le département de la Seine, ainsi que dans les grandes villes divisées en plusieurs arrondissements de perception. Quant aux extraits de rôles (*modèle n° 5 ter*) à joindre aux contraintes extérieures, ils sont rédigés en deux expéditions, dont l'une est destinée au redevable et lui est envoyée, à titre d'avis et avec invitation de se libérer, par le percepteur chargé du recouvrement. (Notes du Régl. sur les poursuites, art. 59.) — *Mém.* 1861, p. 358.

L'avertissement tient lieu d'une de ces expéditions lorsque, dans le cas mentionné ci-dessus, il est joint à la contrainte.

Les percepteurs chargés des poursuites ne peuvent se dispenser de les faire précéder de la sommation sans frais, à moins que cette formalité n'ait déjà été remplie par le percepteur à la demande duquel la contrainte a été décernée. (I. G., art. 1130.)

Ils se trouvent par le fait substitués à toutes les obligations de leur collègue; ils doivent donc poursuivre le recouvrement de la même manière et dans les mêmes délais que le percepteur porteur des rôles aurait été obligé de le faire lui-même. — *Mém.* 1851, p. 13; 1859, p. 26.

Les percepteurs peuvent être également appelés à effectuer des recouvrements de contributions pour le compte de leurs collègues de l'arrondissement dont ils dépendent (L. 15 mai 1818, art. 51). Ces opérations se font par l'entremise du receveur particulier, d'après le mode indiqué ci-dessus. Seulement les comptables ne sont pas autorisés, dans ce cas, à commencer les poursuites par le commandement.

Quant aux perceptions contiguës, les receveurs des finances peuvent, exceptionnellement, autoriser un mode de recouvrement analogue à celui qui est indiqué à l'avant-dernier alinéa de l'article 636 de l'Instruction générale, concernant les taxes à percevoir pour le compte des associations syndicales. — Voy. CONTRIBUABLES FORAINS.

Les receveurs des finances doivent, d'ailleurs, s'assurer que les percepteurs de leur arrondissement n'usent de la faculté à eux accordée par les articles 59 et suivants du règlement sur les poursuites qu'autant qu'il y a nécessité réelle de le faire. Il leur est, en outre, recommandé de veiller à ce que le recouvrement des contraintes extérieures soit suivi avec soin et activité par leurs subordonnés. (I. G., art. 1130.)

Il est alloué aux percepteurs 1 fr. 50 cent. p. 0/0 sur les sommes qu'ils recouvrent en vertu de contraintes extérieures relatives aux contributions directes ou aux taxes qui leur sont assimilées. Ils sont autorisés à retenir cette allocation sur le produit des recettes effectuées par eux pour le compte de leurs collègues, et ils en remettent la quittance au receveur des finances avec le surplus de leurs recettes. (Id., art. 1137.)

La retenue dont il s'agit est un prélèvement qui doit s'opérer d'office et par mesure générale d'ordre de comptabilité; il n'appartiendrait, en aucun cas, aux percepteurs d'y renoncer. — *Mém.* 1861, p. 264.

Lorsque les contributions qui ont donné lieu aux contraintes sont recouvrées, les percepteurs s'en chargent en recette à titre de produits divers, et ils délivrent à la partie versante une quittance détachée de leur livre à souche. Ils versent le montant de ces recettes (sous la déduction de la remise de 1 fr. fr. 50 p. 0/0 qu'ils sont autorisés à retenir) au receveur particulier, qui leur en fournit son récépissé à talon, et ils lui remettent en même temps les contraintes et les extraits de rôles émargés. (Id., art. 1131.)

Pour les recettes qui concernent les contribuables imposés dans son arrondissement, le receveur particulier donne avis aux percepteurs des payements qu'il a à leur faire, leur prescrit d'émarger les sommes au rôle, d'en délivrer des quittances à souche, et de comprendre ces quittances dans leur plus prochain versement. Lorsque les percepteurs viennent faire ce versement, le receveur se charge en recette, à titre de contributions directes, du montant desdites quittances, et il en fait dépense comme de payements effectués. Quant aux recettes relatives à des contribuables imposés hors de son arrondissement, elles sont transmises à qui de droit, par les soins du receveur général, lorsque le receveur particulier lui a renvoyé les contraintes et extraits de rôles émargés.

Les percepteurs doivent justifier au receveur particulier, par la représentation de la quittance à souche, qu'ils ont versé de leurs fonds personnels et émargé, à l'article du contribuable, la portion de la contribution retenue, à titre de remise, par le percepteur qui a opéré le recouvrement. (I. G., art. 1132.)

Le receveur général donne avis des recouvrements effectués dans tous les arrondissements de son département, en renvoyant les contraintes et les extraits de rôles, tant aux receveurs particuliers qu'aux percepteurs de l'arrondissement du chef-lieu, et il suit, à l'égard de ces derniers, la marche indiquée plus haut au sujet des percepteurs des arrondissements de sous-préfecture. Quant aux recettes qui concernent d'autres départements, il en fait donner crédit aux receveurs généraux qu'elles concernent, et il leur en délivre récépissé, comme de remise de fonds. Ces derniers receveurs font faire ensuite l'emploi des fonds suivant le mode tracé ci-dessus. (Id., art. 1133.)

En cas de non-recouvrement des sommes énoncées dans les contraintes, ces pièces et les extraits de rôles y annexés sont renvoyés aux comptables qui les avaient transmis. Le non-recouvrement doit être justifié, soit par des procès-verbaux de perquisition ou de carence, soit par des certificats d'indigence ou d'absence délivrés par les maires et visés par le préfet ou le sous-préfet. (I. G., art. 1135.)

Si le recouvrement des contributions pour lesquelles les contraintes ont été décernées exige des poursuites, les frais sont taxés par le sous-préfet, avancés au porteur de contraintes par le receveur particulier, et remboursés par le percepteur de la résidence du contribuable. Ces frais entrent dans sa comptabilité, comme ceux des poursuites qu'il exerce pour le recouvrement des sommes imposées sur ses rôles. (Règl. sur les poursuites, art. 61.)

Toutefois, si les frais deviennent irrecouvrables, les pièces qui en constatent le payement, ou des extraits dûment certifiés, et celles qui en justifient l'irrecouvrabilité, doivent être envoyées, par l'entremise du receveur général, au receveur particulier de l'arrondissement dans lequel le contribuable est imposé. Ce dernier comptable doit en couvrir alors le receveur qui a avancé les frais ; il en fait dépense à titre de payement de frais de poursuites, et il suit, pour son propre compte, l'admission des frais en non-valeurs, en même temps que la cote du contribuable. (I. G., art. 1136.)

Le contribuable domicilié, soit hors du département, soit hors de l'arrondissement où il est imposé, et qui, s'étant mis dans le cas d'être poursuivi, vient à se libérer dans l'intervalle de l'expédition de la contrainte à la signification du commandement ou des autres poursuites dirigées contre lui, n'est pas pour cela exempt du payement des frais encourus. (Règl. sur les poursuites, art. 62.)

Contraintes concernant l'Algérie. — Les contraintes à recouvrer en Algérie sont envoyées aux chefs du service des contributions diverses, qui chargent de la mise à exécution les receveurs sous leurs ordres. Après recouvrement, les fonds sont versés au trésorier-payeur contre un récépissé au nom du receveur intéressé, à qui il est transmis avec la contrainte. En ce qui concerne les recouvrements de contraintes émises en Algérie contre les individus domiciliés en France, ils donnent lieu à la délivrance des récépissés au nom des trésoriers payeurs, et ces récépissés sont adressés aux chefs de service qui ont transmis les contraintes. Ces contraintes y sont jointes. Il existe un chef du service des contributions diverses dans chaque chef-lieu de province de l'Algérie. (I. G., art. 1130.)

Contre-seing. — Le contre-seing consiste dans la signature d'un fonctionnaire apposée au-dessous de l'indication de ses fonctions, sur l'enveloppe des lettres ou dépêches, afin d'en assurer la circulation en franchise. — Voy. CORRESPONDANCE, FRANCHISE DE CORRESPONDANCE.

Contribuable. — Le contribuable est, en général, celui qui est porté au rôle des contributions.

Lorsqu'un particulier jouit de l'usufruit d'un immeuble dont un autre a la propriété, c'est l'usufruitier qui est le contribuable. (C. N., art. 608.)

D'après la loi du 4 frimaire an VII, la contribution des portes et fenêtres est imposée au nom des propriétaires des maisons, bâtiments et usines, et, s'il y a lieu, des usufruitiers ; les fermiers et principaux locataires en sont également tenus. Cependant, ni les uns ni les autres ne sont, à proprement parler, les contribuables, car la loi leur réserve leur recours contre les locataires particuliers, à la charge de qui retombent définitivement les contributions au prorata des baux occupés par chacun d'eux. Ainsi, le véritable contribuable est, dans ce cas, le locataire; les propriétaires et les usufruitiers, comme les fermiers et les principaux locataires, sont seulement, à l'égard du Trésor, garants et débiteurs solidaires de l'impôt. (Commentaire du règlement sur les poursuites, t. 1er., p. 435.)

Lorsqu'une propriété est vendue, si les parties intéressées ne se mettent pas en mesure de faire opérer la mutation sur la matrice des rôles, et que la cote reste sous le nom de l'ancien propriétaire, celui-ci continue, lui et ses héritiers, à être tenu envers le Trésor, sauf son recours contre le nouveau propriétaire. (L. 3 frimaire an VII, art. 36.)

Dans le cas où la propriété appartient par indivis à divers propriétaires, le percepteur doit poursuivre pour la totalité de la cote celui dont le nom figure au rôle ; il n'est pas obligé de diviser la poursuite entre tous les copropriétaires au prorata de leurs droits respectifs dans la propriété. (Arrêt du Cons. d'État, 23 janvier 1820.)

Les fermiers étant, en ce qui concerne la contribution foncière de l'année courante, assimilés aux propriétaires et contraignables comme eux, ils ont à cet égard toutes les obligations des contribuables eux-mêmes. (Règl. sur les poursuites, art. 13.) — Voy. CONTRIBUTIONS DIRECTES, RECOUVREMENT, POURSUITES.

Contribuables forains. — Lorsque des cotes en grand nombre sont dues par des contribuables appartenant à des perceptions contiguës, le receveur des finances peut autoriser, exceptionnellement, le percepteur à réclamer le concours de ses collègues, en adoptant un mode de recouvrement analogue à celui qui est indiqué à l'avant-derirer alinéa de l'article 636 de l'Instruction générale, pour le recouvrement des taxes relatives aux dépenses des associations syndicales. (I. G., art. 1130.)

Dans ce cas, des contraintes extérieures sont décernées par arrondissement de perception, et les percepteurs qui les reçoivent opèrent le recouvrement pour le compte de leur collègue; ils lui ouvrent un compte particulier où ils font recette des sommes payées par les redevables, et dépense pour les versements qu'ils lui effectuent; ils sont libérés de ces versements par la quittance à souche de leur collègue.

Toutefois, on doit éviter, autant que possible, les écritures multipliées et les retards qu'entraîne ce mode exceptionnel de recouvrement; il peut suffire, pour atteindre le même résultat et procurer en même temps aux débiteurs toutes les facilités de se libérer envers le Trésor, que le percepteur fasse, à des époques convenables de l'année, des tournées dans les communes où se trouve le plus grand nombre de redevables forains : rien ne s'y oppose, car le percepteur, porteur d'un rôle exécutoire, a qualité pour effectuer partout, dans l'intérêt du Trésor, le recouvrement des sommes portées sur ce rôle. — *Mém.* 1861, p. 237. — Voy. CONTRAINTES EXTÉRIEURES

Contributions publiques. — Les contributions et revenus publics se divisent en contributions directes, en impôts et revenus indirects, et en produits divers et accidentels.

La contribution directe s'entend de toute imposition qui est assise *directement* sur les personnes et sur les propriétés, qui se perçoit en vertu de rôles nominatifs de cotisation, et qui passe immédiatement du contribuable cotisé à l'agent chargé de percevoir.

Les impôts indirects sont ainsi nommés parce que, au lieu d'être établis directement et nominativement sur les personnes, ils reposent en général sur des objets de consommation ou sur des services rendus, et ne sont dès lors qu'*indirectement* payés par celui qui veut consommer les choses ou user des services frappés de l'impôt. Tels sont : 1° les impôts assis sur les importations et les exportations, la fabrication, la vente, le transport et l'entrée des objets de consommation ; 2° le prix de la vente des tabacs et poudres ; 3° les droits d'enregistrement, d'hypothèques, de greffe, de timbre, les droits de poste, etc.

Les receveurs des finances et les percepteurs sous leurs ordres sont chargés de suivre le recouvrement des contributions directes, ainsi que celui de diverses taxes assimilées à ces contributions.

Les revenus et impôts indirects sont recouvrés par les agents des diverses administrations financières, c'est-à-dire par les receveurs de l'enregistrement et du timbre, par les receveurs des douanes et des contributions indirectes et par les directeurs des postes. (I. G., art 1er.)

Contributions directes. — On appelle contribution directe toute imposition qui est assise directement sur les personnes ou sur les propriétés, qui se perçoit en vertu de rôles nominatifs de cotisation, et qui passe immédiatement du contribuable cotisé à l'agent chargé d'en recevoir le produit. (Instruction du 8 janvier 1790.)

Les contributions directes sont au nombre de cinq principales, savoir :

La contribution *foncière*, qui frappe la propriété immobilière ;

La contribution *personnelle-mobilière*, qui frappe la fortune mobilière en la présumant d'après le loyer d'habitation ;

La contribution des *portes et fenêtres*, qui frappe le luxe probable d'habitation ;

La contribution des *patentes*, qui frappe le revenu produit par l'exercice de l'industrie.

La contribution sur les chevaux et voitures de luxe.

On appelle *taxes assimilées* aux contributions directes, soit à cause de leur objet, soit à cause seulement de leur mode de perception, les taxes suivantes : 1° les prestations pour les chemins vicinaux ; 2° les redevances sur les mines ; 3° la contribution perçue pour travaux de desséchement, et les taxes d'arrosage ; 4° celles pour l'entretien des digues, canaux et rivières non navigables ; 5° la rétribution sur les eaux minérales ; 6° celle pour l'instruction primaire ; 7° les droits pour la vérification des poids et mesures ; 8° ceux pour visites chez les pharmaciens, les droguistes, les épiciers et les herboristes ; 9° la contribution pour les dépenses des bourses et chambres de commerce ; 10° la taxe sur les biens de mainmorte ; 11° celle établie sur les chiens ; 12° enfin, les taxes particulières dues par les habitants ou propriétaires en vertu des lois et usages locaux, et réparties par délibérations du conseil municipal, telles que les taxes de pavage et les taxes d'affouage.

Indépendamment du montant en principal de chacune des quatre contributions, foncière, personnelle-mobilière, des portes et fenêtres et des patentes, il est ajouté aux rôles des centimes additionnels pour les dépenses générales de l'État, pour les dépenses des départements et pour celles des communes. — Voy. CENTIMES ADDITIONNELS.

Division de l'impôt direct. — Les contributions directes se divisent en impôts de répartition et impôts de quotité. Les impôts de répartition sont ceux dont la somme, déterminée d'avance, se répartit de degré en degré, entre les départements, les arrondissements, les communes et les contribuables. Telles sont les contributions foncière, personnelle-mobilière et des portes et fenêtres. La loi annuelle de finances fixe le contingent de chaque département dans chacune de ces contributions; les conseils généraux fixent le contingent des arrondissements; les conseils d'arrondissement déterminent ceux des communes; enfin, les commissaires répartiteurs de chaque commune arrêtent les bases de la répartition individuelle entre les contribuables.

Les impôts de quotité sont ceux dont le chiffre est déterminé, pour chaque contribuable, d'après un tarif appliqué à des éléments variables, et dont le produit ne peut être connu d'avance. La contribution des patentes, la taxe des biens de mainmorte, les redevances des mines, les rétributions pour la vérification des poids et mesures, la taxe des chiens et celle des chevaux et voitures de luxe sont des impôts de quotité. (I. G., art. 2.)

Le contingent assigné à chaque commune dans les impôts de répartition est toujours dû à l'État. En conséquence, les décharges et réductions sont réimposées, et les remises et modération imputées sur le fonds de non-valeurs. — Voy. FONDS DE NON-VALEURS.

Au contraire, les dégrèvements, en ce qui concerne les impôts de quotité, affectent le principal revenant au Trésor. Pour ces derniers impôts, il n'existe point, comme pour les impôts de répartition, de solidarité entre les contribuables.

Contribution foncière. — La contribution foncière est établie par égalité proportionnelle sur toutes les propriétés foncières bâties ou non bâties, à raison de leur revenu net imposable, sans autres exceptions que celles déterminées par la loi pour l'encouragement de l'agriculture et pour l'intérêt général de la société. (L. 3 frimaire an VII, art. 2.)

Le revenu net des terres est tout ce qui reste au propriétaire, déduction faite, sur le produit brut, des frais de culture, semence, récolte et entretien. (Id. art. 3.)

Le revenu imposable est le revenu net moyen calculé sur un nombre d'années déterminé (Id. art. 4). Pour les terres labourables, les vignes les prairies naturelles, c'est sur les quinze années antérieures à l'évaluation, déduction faite des deux plus fortes et des deux plus faibles, qu'on doit former l'année commune dont le produit brut sert de base au calcul du revenu net. (Id. art. 56, 60 et 62.)

Le revenu net imposable des maisons d'habitation est déterminé d'après leur valeur locative, calculée sur dix années, sous la déduction d'un quart pour dépérissement et pour frais d'entretien et de réparation. (L. 3 frimaire an VII, art. 82.)

Le revenu net imposable des manufactures et usines est déterminé d'après leur valeur locative calculée sur dix années, sous la déduction d'un tiers de cette valeur pour dépérissement et pour frais d'entretien et de réparation. (Id. art. 87.)

Les propriétés bâties ne sont soumises à la contribution foncière que la troisième année après leur construction (Id. art. 88). Le délai de l'exemption court à partir du complet achèvement des travaux nécessaires pour rendre les lieux habitables. (Arrêt du Cons. d'État, 8 avril 1840.)

Au reste, la répartition individuelle de la contribution foncière est faite d'après les résultats des opérations cadastrales ou de celles faites, pour les constructions nouvelles, en vertu de l'article 2 de la loi du 17 août 1835.

Contribution personnelle et mobilière. — La contribution personnelle et mobilière est due par chaque habitant français et par chaque habitant étranger de tout sexe jouissant de ses droits et non réputé indigent. Sont considérés comme jouissant de leurs droits, les veuves et les femmes séparées de leur mari, les garçons et filles majeurs ou mineurs ayant des moyens suffisants d'existence, soit par leur fortune personnelle, soit par la profession qu'ils exercent, lors même qu'ils habitent avec leurs pères, mères, tuteurs ou curateurs. (L. 21 avril 1832 art. 12.)

La taxe personnelle se compose de la valeur de trois journées de travail. Le conseil général du département, sur la proposition du préfet, détermine, pour chaque commune, le prix moyen de la journée de travail, sans pouvoir le fixer au-dessous de 50 centimes, ni au-dessus de 1 fr. 50 c. (Id., art. 10.)

Le montant de cette taxe, multiplié par le nombre des individus qui y sont soumis, est d'abord prélevé sur le contingent personnel-mobilier. Le surplus du contingent est réparti en cotes mobilières, au centime le franc des loyers d'habitation attribués aux divers contribuables. Ces cotes mobilières complètent, avec les taxes personnelles, la somme totale à payer dans la commune. (I. G., art. 5.)

La taxe personnelle est imposée en principal seulement. Les centimes additionnels, généraux et particuliers, ajoutés au principal de la contribution personnelle et mobilière de la commune ne portent que sur les cotisations mobilières. (Id. art. 19.)

La taxe personnelle n'est due que dans la commune du domicile réel ; la contribution mobilière est due pour toute habitation meublée située, soit dans la commune du domicile réel, soit dans toute autre commune. (Id. art. 13.)

Les fonctionnaires, les ecclésiastiques et les employés civils et militaires, logés gratuitement dans les bâtiments appartenant à l'État, aux départements, aux arrondissements, aux communes et aux hospices, sont imposables d'après la valeur locative des parties de ces bâtiments affectées à leur habitation personnelle. (L. 21 avril. 1832, art. 15.)

Les habitants qui occupent des appartements garnis ne sont assujettis à la contribution mobilière qu'à raison de la valeur locative de leur logement, évalué comme un logement non meublé. (Id. art. 16.)

Les commissaires répartiteurs, assistés du contrôleur des contributions directes, rédigent la matrice du rôle de la contribution personnelle et mobilière; ils portent sur cette matrice tous les habitants jouissant de leurs droits et non réputés indigents, et ils déterminent les loyers qui doivent servir de base à la répartition individuelle. Les parties de bâtiment consacrées à l'habitation personnelle doivent seules être comprises dans l'évaluation des loyers. (Id. art. 17.)

Les locaux destinés aux bureaux des fonctionnaires publics ne doivent pas être compris dans l'évaluation des loyers d'habitation. (L. 21 avril 1832, art. 14.)

Lors de la formation de la matrice de la contribution personnelle et mobilière, le travail des répartiteurs est soumis au conseil municipal, qui désigne les habitants qu'il croit devoir exempter de toute cotisation et ceux qu'il juge convenable de n'assujettir qu'à la taxe personnelle. (L. 7 frimaire an VII, art. 18.)

Dans les villes ayant un octroi, le contingent personnel et mobilier peut être payé en totalité ou en partie par les caisses municipales, sur la demande qui en est faite aux préfets par les conseils municipaux. Ces conseils déterminent la portion du contingent qui doit être prélevée sur les produits de l'octroi. La portion à percevoir au moyen d'un rôle est répartie en cotes mobilières seulement. (Id. art. 20.)

Cette répartition peut, en vertu de délibérations des conseils municipaux, être faite, après déduction des faibles loyers que ces conseils ont jugé devoir être exempts de toute cotisation, soit au centime le franc des loyers d'habitation, soit d'après un tarif gradué en raison de la progression ascendante de ces loyers. Les délibérations des conseils municipaux relatives à cet objet ne peuvent recevoir leur exécution qu'après avoir été approuvées par un décret impérial. (L. 21 avril 1832, art. 20; 3 juillet 1846, art. 5.) —Voy. OCTROI, PRÉLÈVEMENTS

Contribution des portes et fenêtres — Cette contribution est établie sur les portes et fenêtres donnant sur les rues, cours ou jardins, des bâtiments (maisons, magasins, hangars, ateliers, boutiques, salles de spectacle, etc.) et usines, sauf les exceptions prononcées par la loi. (L. 4 frimaire an VII, art. 2.)

La répartition en est faite entre les départements, les arrondissements, les communes et les contribuables, conformément au tarif ci-après, sauf les modifications proportionnelles qu'il peut être nécessaire de lui faire subir pour remplir les contingents.

POPULATION des villes et des communes.	Pour les maisons à 1 ouverture.	à 2 ouvertures.	à 3 ouvertures.	à 4 ouvertures.	à 5 ouvertures.	Pour les maisons à 6 ouvertures et au-dessus. Portes cochères, charretières et de magasins.	Portes ordinaires et fenêtres du rez-de-chaussée, de l'entre-sol, des 1er et 2e étages.	Fenêtres du 3e étage et des étages supérieurs.
	f. c.	f. c.	f. c.	f. c.	f. c.	f. c.	f. c.	f. c.
Au-dessous de 5,000 âmes	» 30	» 45	» 90	1 60	2 50	1 60	» 60	» 60
De 5,000 à 10,000 —	» 40	» 60	1 35	2 20	3 25	3 50	» 75	» 75
De 10,000 à 25,000 —	» 50	» 80	1 80	2 80	4 »	7 40	» 90	» 75
De 25,000 à 50,000 —	» 60	1 »	2 70	4 »	5 50	11 20	1 20	» 75
De 50,000 à 100.000 —	» 80	1 20	3 60	5 20	7 »	15 »	1 50	» 75
Au-dessus de 100,000 —	1 »	1 50	4 50	6 40	8 50	18 80	1 80	» 75

Dans les villes et communes au-dessus de 5,000 âmes, la taxe correspondante au chiffre de leur population ne s'applique qu'aux habitations comprises dans les limites intérieures de l'octroi; les habitations dépendantes de la banlieue sont portées dans la classe des communes rurales. (L. 21 avril 1832, art. 24.)

Ne sont pas soumises à la contribution les portes et fenêtres servant à éclairer ou à aérer les granges, bergeries, étables, greniers, caves et autres locaux non destinés à l'habitation des hommes, ainsi que toutes les ouvertures du comble ou toiture des maisons habitées (L. 4 frimaire an VII, art. 5), à moins cependant que ces dernières ouvertures n'éclairent des appartements habitables, auquel cas elles sont imposables. (L. 21 avril 1832, art. 27.)

Ne sont pas également soumises à la même contribution les portes et fenêtres des bâtiments employés à un service public civil, militaire ou d'instruction, ou aux hospices (L. 4 frimaire an VII, art. 5). Néanmoins, les fonctionnaires, les ecclésiastiques et les employés civils et militaires, logés gratuitement dans des bâtiments appartenant à l'État, aux départements, aux arrondissements, aux communes ou aux hospices, sont imposables nominativement pour les portes et fenêtres des parties de ces bâtiments servant à leur habitation personnelle. (L. 21 avril 1832, art. 27.)

Les propriétaires des manufactures ne sont taxés que pour les portes et fenêtres de leurs habitations personnelles et de celles de leurs concierges. (L. 4 germinal an XI, art. 19.)

Il n'est compté qu'une seule porte charretière pour chaque ferme, métairie ou toute autre exploitation rurale (L. 21 avril 1832, art. 27). Les autres portes charretières, s'il en existe, sont imposées comme des portes ordinaires.

Les portes charretières existant dans les maisons à une, deux, trois, quatre et cinq ouvertures, ne sont comptées et taxées que comme portes ordinaires (L. 21 avril 1832, art. 27). Cette exception ne s'applique pas toutefois aux portes charretières des bâtiments à moins de six ouvertures, situés dans les villes de 5,000 âmes et au-dessus, et employés à usage de magasin ; elles sont taxées comme les portes charretières des magasins établis dans les maisons à six ouvertures. (L. 20 juillet 1837, art. 3.)

Les ouvertures pratiquées pour l'exécution des travaux d'assainissement des logements insalubres, dans les conditions déterminées par la loi du 13 avril 1850, sont exemptes, pendant trois ans, de la contribution des portes et fenêtres. (L. 13 avril 1850, art. 8.)

Les commissaires répartiteurs, assistés du contrôleur des contributions directes, rédigent la matrice de la contribution des portes et fenêtres. (L. 21 avril 1832, art. 27.) — Voy. MUTATIONS.

Contribution des patentes. — Tout individu français ou étranger qui exerce en France un commerce, une industrie ou profession non compris dans les exceptions déterminées par la loi, est assujetti à la contribution des patentes. (L. 25 avril 1844, art. 1er.)

Cette contribution se compose, selon les cas : — d'un droit fixe et d'un droit proportionnel ; — d'un droit fixe seulement ; — d'un droit proportionnel seulement. (L. 25 avril 1844, art. 2 ; 18 mai 1850, et 4 juin 1858.)

Le *droit fixe* est établi eu égard à la population et d'après un tarif général, pour les professions énumérées dans le tableau A annexé à la loi du 25 avril 1844, dans le tableau D annexé à la loi du 18 mai 1850, et dans la première partie du paragraphe 2 de celui qui est annexé à la loi du 4 juin 1858, sous le titre : Tableau des modifications apportées aux tarifs et tableaux concernant les patentes. (Voir le tableau général des patentables, rangés par catégories et par classes dans le *Mémorial* de 1858, page 307.)

Le droit fixe est établi eu égard à la population, d'après un tarif exceptionnel, pour les professions portées dans le tableau B annexé à la loi du 25 avril 1844, dans le tableau E annexé à la loi du 18 mai 1850, et dans la partie du tableau annexé à la loi du 4 juin 1858, indiquée comme se rattachant au tableau B.

Le même droit est établi, sans égard à la population, pour les industries et professions qui font l'objet du tableau C annexé à la loi du 25 avril 1844 et du tableau F annexé à la loi du 18 mai 1850, ainsi que pour celles qui sont mentionnées comme se rattachant au tableau C, dans le tableau annexé à la loi de 1858.

Les commerces, industries et professions non dénommés dans ces tableaux n'en sont pas moins assujettis à la patente ; le droit fixe auquel ils doivent être soumis est réglé, d'après l'analogie des opérations ou des objets de commerce, par un arrêté spécial du préfet rendu sur la proposition du directeur des contributions directes, et après avoir pris l'avis du maire. (L. 25 août 1844, art. 1, 2, 3 et 4.)

Dans les communes dont la population totale est de 5,000 âmes et au-dessus, les patentables exerçant dans la banlieue des professions imposées eu égard à la population, payent le droit fixe d'après le tarif applicable à la population non agglomérée. Les patentables exerçant dans la partie agglomérée payent le même droit d'après le tarif applicable à la population totale. (L. 25 août 1844, art. 6.)

D'après l'article 7 de la loi du 25 avril 1844, le patentable exerçant plusieurs commerces, industries ou professions, même dans plusieurs communes différentes, ne pouvait être soumis qu'à un seul droit fixe, et ce droit devait toujours être le plus élevé de ceux qu'il aurait eu à payer s'il avait été assujetti à autant de droits fixes qu'il exerçait de professions. Ces dispositions ont été modifiées par les lois du 18 mai 1850 et 4 juin 1858; aujourd'hui elles ne sont applicables qu'aux patentables des tableaux A et B exerçant plusieurs professions dans un même établissement. Quant aux patentables du tableau C et à ceux, quelle que soit leur classe, qui exercent plusieurs professions dans des établissements distincts, on leur applique les dispositions qui vont être indiquées.

Les patentables exerçant dans un même établissement plusieurs des industries taxées en raison du nombre d'ouvriers, de machines ou instruments (tableau C), sont imposés d'après tous ces moyens de production, sans toutefois que le droit fixe puisse dépasser le maximum établi pour celle des industries exercées qui est passible du droit le plus élevé. (L. 18 mai 1850, art. 17.)

Le patentable ayant plusieurs établissements, boutiques ou magasins de même espèce ou d'espèce différente, est, quelle que soit sa classe ou sa catégorie comme patentable, imposable au droit fixe entier pour l'établissement, la boutique ou le magasin donnant lieu au droit fixe le plus élevé, soit en raison de la population, soit en raison de la nature du commerce, de l'industrie ou de la profession. Il est en outre imposable, pour chacun des autres établissements et boutiques ou magasins, à la moitié du droit fixe afférent au commerce, à l'industrie ou à la profession qui y sont exercés.

Les droits fixes et demi-droits fixes sont imposables dans les communes où sont situés les établissements, boutiques ou magasins qui y donnene lieu. (L. 4 juin 1858, art. 9.)

Dans les établissements à raison desquels le droit fixe de patente est réglé d'après le nombre des ouvriers, les individus au-dessous de 16 ans et au-dessus de 65 ne sont comptés dans les éléments de cotisation que pour la moitié de leur nombre. (Id. art. 10.)

Les patentes sont personnelles, et ne peuvent servir qu'à ceux à qui elles sont délivrées. En conséquence, les associés en nom collectif sont tous assujettis à la patente. Toutefois, l'associé principal paye seul le droit fixe entier. Le même droit est divisé en autant de parts égales qu'il y a d'associés en nom collectif, et une de ces parts est imposée à chaque associé secondaire. Pour ceux de ces associés habituellement employés comme simples ouvriers dans les travaux de l'association, la part à payer par chacun d'eux ne doit jamais dépasser le vingtième du droit fixe imposable au nom de l'associé principal. (L. 25 avril 1844, art. 16; 18 mai 1850, art. 23, et 26 juillet 1860, art. 19.)

Les sociétés ou compagnies anonymes ayant pour but une entreprise industrielle ou commerciale sont imposées à un seul droit fixe sous la désignation de l'objet de l'entreprise, sans préjudice du droit proportionnel. La patente assignée à ces sociétés ou compagnies ne dispense aucun des sociétaires ou actionnaires du payement des droits de patente auxquels ils pourraient personnellement être assujettis pour l'exercice d'une industrie particulière (L. 25 avril 1844, art. 17). Cette dernière disposition est applicable aux gérants et associés solidaires des sociétés en commandite. (L. 18 mai 1850, art. 24.)

Tout individu transportant des marchandises de commune en commune, lors même qu'il vend pour le compte de marchands ou de fabricants, est tenu d'avoir une patente personnelle, qui est, selon les cas, celle de colporteur avec balle, avec bêtes de somme ou avec voiture. (L. 25 avril 1844, art. 18.)

Les commis voyageurs des nations étrangères sont traités, relativement à la patente, sur le même pied que les commis voyageurs français chez ces mêmes nations. (Id. art. 19.)

Le *droit proportionnel* est établi par la valeur locative tant de la maison d'habitation que des magasins, boutiques, usines, ateliers, hangars, remises, chantiers et autres locaux servant à l'exercice des professions imposables. Il est dû lors même que les logements et les locaux sont concédés à titre gratuit.

Le droit proportionnel pour les usines et les établissements industriels est calculé sur la valeur locative de ces établissements pris dans leur ensemble et munis de tous leurs moyens matériels de production.

La valeur locative est déterminée soit au moyen de baux authentiques, soit par comparaison avec d'autres locaux dont le loyer a été régulièrement constaté ou est notoirement connu, et, à défaut de ces bases, par voie d'appréciation. (L. 25 avril 1844, art. 9.)

Le taux du droit proportionnel est fixé au vingtième de la valeur locative, sauf les exceptions énumérées au tableau D annexé à la loi du 25 avril 1844, et celle résultant du tableau C annexé à la loi du 18 mai 1850.

Le droit proportionnel doit être imposé dans toutes les communes où sont situés les magasins, boutiques, usines, ateliers, hangars, remises, chantiers et autres locaux servant à l'exercice de la profession. Il est dû, indépendamment du droit fixe, par les patentables des six premières classes du tableau A, quel que soit le lieu où ils exercent leur profession. Il n'est dû par les patentables des septième et huitième classes du même tableau que dans les communes au-dessus de 20,000 âmes; les patentables de ces deux dernières classes en sont affranchis dans les communes d'une population moindre. Il est également dû, indépendamment du droit fixe, par tous les patentables des tableaux B et C.

Le patentable, passible du droit proportionnel, le doit pour la maison où il fait sa résidence habituelle, alors même qu'elle ne sert point à l'exercice de sa profession. S'il possède, soit dans la même commune, soit dans des communes différentes, une ou plusieurs autres maisons d'habitation, il ne doit, pour ces maisons, le droit dont il s'agit qu'autant qu'elles servent à l'exercice de sa profession. Lorsque l'industrie pour laquelle le patentable est imposable ne constitue pas sa profession principale et lorsqu'il n'exerce pas cette industrie par lui-même, il ne paye le droit proportionnel afférent à l'habitation que sur la maison d'habitation de l'agent préposé à l'exploitation. (L. 25 avril 1844, art. 10.)

Le patentable qui exerce dans un même local ou dans des locaux non distincts plusieurs industries ou professions passibles d'un droit proportionnel différent, doit payer ce droit d'après le taux applicable à la profession pour laquelle il est assujetti au droit fixe. Dans le cas où les locaux sont distincts, il ne paye pour chaque local que le droit proportionnel attribué à l'industrie ou à la profession qui y est spécialement exercée. Dans ce dernier cas, le droit proportionnel n'en demeure pas moins établi sur la maison d'habitation, d'après le taux applicable à la profession pour laquelle le patentable est imposé au droit fixe. (Id. art. 11.)

Les patentables du tableau G annexé à la loi du 18 mai 1850 (avocats, avoués, médecins, notaires, huissiers, greffiers, architectes, chefs d'institution, etc.), passibles du droit proportionnel seulement, payent ce droit à raison du 15e de la valeur locative de leur habitation. Toutefois, les locaux affectés au logement et à l'instruction des élèves, dans les institutions et pensions, ne doivent pas être compris dans l'estimation de la valeur locative servant de base à l'établissement du droit de patente.

Ne sont pas assujettis à la patente :

1° Les fonctionnaires et employés salariés soit par l'État, soit par les administrations départementales ou communales, en ce qui concerne seulement l'exercice de leurs fonctions;

2° Les peintres, sculpteurs, graveurs et dessinateurs considérés comme artistes, et ne vendant que le produit de leur art; les professeurs de belles lettres, sciences et arts d'agrément ; les instituteurs primaires n'ayant que des externats; les éditeurs de feuilles périodiques; les artistes dramatiques;

3° Les sages-femmes;

4° Les laboureurs et cultivateurs, seulement pour la vente et la manipulation des récoltes et fruits provenant des terrains qui leur appartiennent ou par eux exploités, et pour le bétail qu'ils y élèvent, qu'ils y entretiennent ou qu'ils y engraissent (ne sont point considérées comme donnant lieu à l'exemption, les transformations des récoltes et fruits pratiquées au moyen d'agents chimiques, de machines ou ustensiles autres que ceux servant aux travaux habituels de l'agriculture); les concessionnaires de mines, pour le seul fait de l'extraction et de la vente des matières par eux extraites; les propriétaires ou fermiers de marais salants;

les propriétaires ou locataires louant accidentellement une partie de leur habitation personnelle; les pêcheurs, même lorsque la barque qu'ils montent leur appartient;

5° Les associés en commandite, les caisses d'épargne et de prévoyance administrées gratuitement, les assurances mutuelles régulièrement autorisées;

6° Les capitaines de navires de commerce ne naviguant pas pour leur compte; les cantiniers attachés à l'armée; les écrivains publics; les commis et toutes les personnes travaillant à gages, à façon et à la journée dans les magasins, ateliers et boutiques des personnes de leur profession, ainsi que les ouvriers travaillant seuls, c'est-à-dire sans compagnons ni apprentis, chez eux ou chez les particuliers, et soit qu'ils aient enseigne ou boutique, ou qu'ils n'en aient pas: l'exemption est due aux ouvriers travaillant dans ces conditions pour leur propre compte et avec des matières à eux appartenant, comme à ceux qui travaillent à la journée ou à façon (ne sont point considérés comme compagnons ou apprentis la femme travaillant avec son mari, ni les enfants non mariés travaillant avec leurs pères et mères, ni le simple manœuvre dont le concours est indispensable à l'exercice de la profession);

7° Les personnes qui vendent en ambulance dans les rues, dans les lieux de passage et dans les marchés, soit des fleurs, de l'amadou, des balais, des statues et figures en plâtre, soit des fruits, des légumes, des poissons, du beurre, des œufs, du fromage et autres menus comestibles;

8° Les savetiers, les chiffonniers au crochet, les porteurs d'eau à la bretelle ou avec voiture à bras, les rémouleurs ambulants, les gardes-malades. (L. 25 avril 1844, art. 13; 18 mai 1850, art. 18, tableau G; 4 juin 1858, art. 11; et 2 juillet 1862, art. 3.)

Tous ceux qui vendent en ambulance des objets non compris dans les exemptions indiquées dans les deux derniers paragraphes ci-dessus, et tous marchands sous échoppe, ou en étalage, sont passibles de la moitié des droits que payent les marchands qui vendent les mêmes objets en boutique. Toutefois cette disposition n'est pas applicable aux bouchers, épiciers et autres marchands ayant un étal permanent ou occupant des places fixes dans les halles et marchés. (L 25 avril 1844, art. 14.)

Le mari et la femme séparés de biens ne doivent qu'une patente, à moins qu'ils n'aient des établissements distincts, auquel cas chacun d'eux doit avoir sa patente et payer séparément les droits fixes et proportionnels. (Id., art. 15.)

La contribution des patentes est due pour l'année entière par tous les individus exerçant au mois de janvier une profession imposable.

En cas de cession d'établissement, la patente est, sur la demande du cédant, transférée à son successeur. La mutation de cote est réglée par un arrêté du préfet.

En cas de fermeture des magasins, boutiques et ateliers, par suite de décès ou de faillite déclarée, les droits ne sont dus que pour le passé et le mois courant. Sur la réclamation des parties intéressées, il est accordé décharge du surplus de la taxe. — Voy. Réclamations, Recouvrements.

Ceux qui entreprennent, après le mois de janvier, une profession sujette à patente, ne doivent la contribution qu'à partir du 1er du mois dans lequel ils ont commencé d'exercer, à moins que, par sa nature, la profession ne puisse être exercée pendant toute l'année. Dans ce cas, la contribution est due pour l'année entière, quelle que soit l'époque à laquelle la profession a été entreprise.

Les patentés qui, dans le cours de l'année, entreprennent une profession d'une classe supérieure à celle qu'ils exerçaient d'abord, ou qui transportent leur établissement dans une commune d'une plus forte population, sont tenus de payer au prorata un supplément de droit fixe.

Il est également dû un supplément de droit proportionnel par les patentables qui prennent des maisons ou locaux d'une valeur locative supérieure à celle des maisons ou locaux pour lesquels ils ont été primitivement imposés, et par ceux qui entreprennent une profession passible d'un droit proportionnel plus élevé.

Les suppléments sont dûs à compter du 1er du mois dans lequel les changements dont il vient d'être parlé ont été opérés. (L. 25 avril 1844, art. 23 ; I. G. art. 9.)

Les contrôleurs des contributions directes procèdent annuellement au recensement des imposables et à la formation des matrices des patentes. Le maire est prévenu de l'époque du recensement, et peut assister le contrôleur dans cette opération ou se faire représenter à cet effet par un délégué. En cas de dissentiment entre le contrôleur et le maire ou son délégué, les observations contradictoires de ce dernier sont consignées dans une colonne spéciale.

La matrice dressée par le contrôleur reste déposée pendant 10 jours au secrétariat de la mairie, afin que les intéressés puissent en prendre connaissance et remettre au maire leurs observations. A l'expiration d'un second délai de 10 jours, le maire, après avoir consigné ses observations sur la matrice, l'adresse au sous-préfet.

Le sous-préfet porte également ses observations sur la matrice, et la transmet au directeur des contributions directes, qui établit les taxes conformément à la loi, pour tous les articles non contestés. A l'égard des articles pour lesquels le maire ou le sous-préfet n'est pas d'accord avec le contrôleur, le directeur soumet les contestations au préfet avec son avis motivé. Si le préfet ne croit pas devoir adopter les propositions du directeur, il en est référé au ministre des finances.

Le préfet arrête les rôles et les rend exécutoires. (L. du 25 avril 1844, art. 20.)

Sont imposables, au moyen de rôles supplémentaires, les individus omis dans les rôles primitifs qui exerçaient, avant le 1er janvier de l'émission de ces rôles, une profession, un commerce ou une industrie sujets à patente, ou qui, antérieurement à la même époque, avaient apporté dans leur profession, commerce ou industrie, des changements donnant lieu à des augmentations de droits. Toutefois, les droits ne sont dus qu'à partir du 1er janvier de l'année pour laquelle le rôle primitif a été émis.

A l'égard des changements survenus dans le cours de ladite année, la contribution n'est perçue qu'à partir du 1er du mois dans lequel la profession a été embrassée ou le changement introduit. (L. 4 juin 1858, art. 13.)

Les agents des contributions directes, lorsque la demande leur en est faite, délivrent des patentes avant l'émission du rôle, après toutefois que les requérants ont acquitté entre les mains du percepteur les douzièmes échus, s'il s'agit d'individus domiciliés dans le ressort de la perception, ou la totalité des droits, s'il s'agit soit d'individus étrangers au ressort de la perception, soit de marchands forains, colporteurs et autres patentables dont la profession n'est pas exercée à demeure fixe. (L. 24 avril 1844, art. 30 ; I. G., art. 9.) — Voy. MARCHANDS AMBULANTS.

Contribution sur les chevaux et voitures. — Depuis le 1er janvier 1863, il est perçu une contribution annuelle, par chaque voiture attelée et pour chaque cheval affecté au service personnel du propriétaire ou au service de sa famille. (L. 2 juillet 1862, art. 4.) — *Mém.* 1862, p. 254.

Cette contribution est établie d'après le tarif suivant :

VILLES, COMMUNES OU LOCALITÉS DANS LESQUELLES LE TARIF EST APPLICABLE.	SOMME A PAYER, non compris le fonds de non-valeur, par chaque VOITURE à 4 roues.	VOITURE à 2 roues.	CHEVAL de selle ou d'attelage
Paris	60 fr.	40 fr.	25 fr.
Les communes autres que Paris ayant plus de 40,000 âmes de population	50	25	20
Les communes de 20,001 âmes	40	20	15
Les communes de 3,001 à 20,000 âmes	25	10	10
Les communes de 3,000 âmes et au-dessous	10	5	5

(Id., art. 5.)

Les voitures et les chevaux qui sont employés en partie pour le service du propriétaire ou de la famille, et en partie pour le service de l'agriculture ou d'une profession quelconque donnant lieu à l'impostion d'une patente, ne sont point passibles de la taxe. (Id., art. 6.)

Ne donnent pas lieu au payement de la taxe : 1° les chevaux et voitures possédés en conformité des règlements du service militaire ou administratif et par les ministres des différents cultes; 2° les juments et étalons exclusivement consacrés à la reproduction; 3° les chevaux et voitures exclusivement employés aux travaux de l'agriculture ou d'une profession quelconque donnant lieu à l'application de la patente. (L. 2 juillet 1862, art. 7.)

Il est attribué aux communes un dixième du produit de l'impôt, déduction faite des cotes ou portions de cotes dont le dégrèvement aura été accordé. (Id., art. 8.)

La contribution est due pour l'année entière, en ce qui concerne les faits existants au 1er janvier; dans le cas où, à raison d'une résidence nouvelle, le contribuable devient passible d'une taxe supérieure à celle à laquelle il a été assujetti au 1er janvier, il ne doit qu'un droit complémentaire égal au montant de la différence (Id., art. 9). Mais la taxe n'est pas due pour les chevaux et les voitures dont on ne commencerait à se servir que dans le courant de l'année; ces chevaux et ces voitures ne sont imposables, si la possession en est continuée, qu'à partir du 1er janvier de l'année suivante. (Inst. de l'adm. des cont. dir. 15 novembre 1862.)

Si le contribuable a plusieurs résidences, il est, pour les chevaux et les voitures qui le suivent habituellement, imposé dans la commune où il est soumis à la contribution personnelle, conformément à l'article 13 de la loi du 21 avril 1832, mais la contribution est établie suivant la taxe de la commune dont la population est la plus élevée. Pour les chevaux et les voitures qui restent habituellement attachés à l'une de ces résidences, le contribuable est imposé dans la commune de cette résidence et suivant la taxe afférente à la population de cette commune. (L. 2 juillet 1862, art. 10.)

Les contribuables sont tenus de faire la déclaration des voitures et des chevaux à raison desquels ils sont imposables, et d'indiquer les différentes communes où ils ont des habitations, en désignant celles où ils ont des éléments de cotisation en permanence.

Les déclarations sont valables pour toute la durée des faits qui y ont donné lieu; elles doivent être modifiées dans le cas de changement de résidence hors de la commune ou du ressort de la perception, et dans le cas de modifications survenues dans les bases de cotisation.

Les déclarations sont faites ou modifiées, s'il y a lieu, le 15 janvier au plus tard, de chaque année, à la mairie de l'une des communes où les contribuables ont leur résidence.

Si les déclarations ne sont pas faites dans le délai ci-dessus, ou si elles sont inexactes ou incomplètes, il y sera suppléé d'office par le contrôleur des contributions directes, qui est chargé de rédiger, de concert avec le maire et les répartiteurs, l'état matrice destiné à servir de base à la confection du rôle.

En cas de contestation entre le contrôleur et le maire et les répartiteurs, il est, sur le rapport du directeur des contributions directes, statué par le préfet, sauf référé au ministre des finances, si la décision était contraire à la proposition du directeur, et, dans tous les cas, sans préjudice pour le contribuable du droit de réclamer après la mise en recouvrement du rôle. (L. 2 juillet art. 11.)

Les taxes sont doublées pour les voitures et les chevaux qui n'ont pas été déclarés ou qui ont été déclarés dune manière inexacte. (Id., art. 12.)

Il est ajouté à l'impôt cinq centimes par franc pour couvrir les décharges, réductions, remises ou modérations, ainsi que les frais de l'assiette de l'impôt et ceux de la confection des rôles qui seront établis, arrêtés, publiés et recouvrés comme en matière de contributions directes.

En cas d'insuffisance, il est pourvu au déficit par un prélèvement sur le montant de l'impôt. (Id., art. 13.) — Voy. TAXE SUR LES CHEVAUX ET VOITURES.

Travail des mutations. — Les rôles sur lesquels le recouvrement des contributions directes est effectué sont établis d'après des matrices dont la rédaction est elle-même précédée du travail annuel des mutations. Les percepteurs étant appelés à concourir à ce travail, nous avons cru devoir entrer dans quelques détails à ce sujet, en reproduisant, à un article spécial, celles des dispositions de l'Instruction générale sur les mutations, du 18 décembre 1853, qui les concernent plus particulièrement. — Voy. MUTATIONS.

Confection, publication et mise en recouvrement des rôles. — Après l'exécution du travail des mutations, les rôles sont rédigés par le directeur des contributions directes, d'après les matrices arrêtées par les maires, les répartiteurs et le contrôleur; ils sont homologués par le préfet.

Pour la généralité des communes, il est formé deux rôles, comprenant, l'un, les contributions foncière, personnelle-mobilière et des portes et fenêtres; l'autre, la contribution des patentes. Pour quelques villes principales où il est procédé à un recensement annuel, on réunit dans le même rôle la contribution personnelle et mobilière et celle des patentes; l'autre rôle ne s'applique qu'à la contribution foncière et à celle des portes et fenêtres. La contribution sur les chevaux et voitures est l'objet d'un rôle spécial.

Les rôles et les avertissements sont transmis aux percepteurs par l'intermédiaire des receveurs des finances. Les percepteurs les communiquent aux maires pour les viser et en faire la publication dans la forme indiquée par la loi du 4 messidor an VII. L'accomplissement de cette formalité est certifié par le maire sur le rôle même où il mentionne que la publication a été faite tel jour. — Voy. AVERTISSEMENTS, POURSUITES, RÉCLAMATIONS, RECOUVREMENT, RÔLES.

Contributions à la charge de l'État, des départements, des communes et établissements publics. — Les receveurs des communes et les receveurs des hospices et autres établissements publics sont tenus d'acquitter les contributions assises sur les propriétés de ces communes ou établissements. Les quittances constatant le payement de ces contributions leur sont allouées en dépense.

• Les contributions des biens des communes constituent une dépense obligatoire ; en conséquence, lorsqu'une commune se trouve dans l'impossibilité d'acquitter ses contribntions avec ses revenus, il y a lieu, conformément à la loi du 18 juillet 1837 (art. 39 et 40), de recourir à une imposition extraordinaire portant sur toutes les contributions directes payées dans la commune. (I. G., art 65.)

Le payement des contributions à la charge de l'État, des départements ou des communes ayant lieu en vertu de mandats délivrés sur des comptables publics, les percepteurs ont à faire toucher le montant aux caisses de ces comptables, (Id., art. 66.) — *Mém.* 1859, p. 215.

Les contributions des biens des communes et des établissements publics sont payables par douzième, et les mandats relatifs à ces dépenses sont délivrés à la fin de chaque mois. (Id., art. 993.)

La dépense est justifiée par les avertissements et les quittances à souche des percepteurs. (Id., art. 1542, § 65.)

Ces dispositions s'appliquent à la taxe des biens de mainmorte établie sur les biens des communes et des établissements de bienfaisance. — Voy. TAXE DES BIENS DE MAINMORTE.

Les contributions des biens affermés doivent être mises à la charge des fermiers. Les avances faites pour le payement de ces contributions donnent lieu à l'ouverture d'un compte d'ordre, qui est débité du montant des avances et crédité des remboursements effectués par les fermiers. — Voy. AVANCES.

Quant aux contributions dues au Trésor sur des biens appartenant privativement à une section de commune, il a été réglé entre les ministères des finances et de l'intérieur que ces contributions doivent faire l'objet d'un rôle spécial dressé par le directeur des contributions directes, et dans lequel doivent, seuls, être compris les habitants et propriétaires de cette section. La contribution doit être répartie entre eux par addition au principal de toutes les contributions auxquels ils sont imposés dans le rôle général de la commune. (Circ. int. 9 mai 1855 ; I. G. art. 65.) — *Mém.* 1855, p. 106 ; 1857, p. 283.

Contrôleurs des contributions directes. — Ces agents ont pour attributions de concourir à la formation des matrices et états de changement concernant l'assiette des contributions foncière, personnelle et mobilière, portes et fenêtres, patentes et des prestations en nature. Ils vérifient les réclamations, constatent les pertes ; ils sont tenus de se transporter dans chacune des communes de leur ressort pour la tournée annuelle des mutations ; de faire, en outre, toutes les tournées, vérifications, opérations que l'administration supérieure juge nécessaires et qui leur sont prescrites par leur directeur, et de rendre compte à ce dernier de tout ce qui pourrait intéresser l'assiette des contributions directes dans leur arrondissement ; de l'instruire sans délai de tous les abus, de quelque nature qu'ils soient, qui pourraient venir à leur connaissance. Ils appliquent les mutations sur les matrices déposées dans les communes

• En règle générale, il est établi dans chaque département un contrôleur principal, plus le nombre de contrôleurs de première, de deuxième et de troisième classe, nécessaire pour les besoins du service. Il est placé, en outre, des contrôleurs hors classe dans les centres industriels où, la fabrication étant plus développée, l'assiette de l'impôt des patentes réclame des agents plus expérimentés.

Le contrôleur principal réside au chef-lieu du département; les autres contrôleurs résident dans les chefs-lieux de sous-préfecture ou dans les villes les plus importantes de leur arrondissement de contrôle, à moins d'une décision spéciale qui autorise une autre résidence.

Aux termes de l'article 1er de l'arrêté du ministre des finances du 5 août 1853, les percepteurs sont adjoints aux contrôleurs pour la réception des déclarations de mutations de propriétés et pour la rédaction des extraits de matrice indiquant les parcelles qui sont l'objet des mutations. Néanmoins, et par exception, les contrôleurs procèdent seuls dans la commune de leur résidence. — *Mém.* 1853, p. 181.

Un contrôleur, autorisé à résider dans une commune autre que le chef-lieu de son contrôle, n'est pas dispensé de faire seul, dans ce chef lieu, le travail des mutations foncières. — *Mém.* 1858, p. 188; 1861, p. 298. — Voy. CAHIER DE NOTES, MATRICES DES RÔLES, MUTATIONS.

Conversion de valeurs. — Voy. REMISES, VERSEMENTS.

Copie. — On appelle ainsi la transcription d'un acte ou d'un écrit quelconque faite sur un autre qui porte le nom d'original.

Lorsque des actes notariés, tels que ceux d'acquisition, de ventes, d'échanges doivent être soumis à l'approbation préfectorale, le notaire délivre, à titre de document destiné à l'administration, une copie sur papier libre au vu de laquelle l'approbation est donnée par un arrêté séparé, qui est annexé à la minute. (I. G., art. 822.)

Les baux, procès-verbaux d'adjudication et les autres titres de recettes, qui doivent être soumis à la formalité de l'enregistrement par les soins des maires et dans des délais déterminés, ne sont remis aux receveurs des finances qu'en copies, sur papier libre, dûment certifiées; les originaux sont envoyés directement aux maires. (I. G., art. 1288.)

Lorsque le receveur municipal a besoin d'une expédition authentique de l'acte, il la demande au maire. — *Mém.* 1862, p. 67. — Voy. EXPÉDITION, EXTRAIT, TITRES DE PERCEPTION.

Correspondance officielle. — La correspondance officielle comprend toutes les lettres, dépêches, instructions, circulaires, avis, etc., qui émanent des différents services de l'administration. Il y a échange de correspondance entre l'autorité supérieure et les fonctionnaires et agents à tous les degrés de la hiérarchie, ou entre des administrations différentes, ou, enfin, entre l'administration et des particuliers.

La spécialité est une règle d'ordre qui doit être strictement observée dans la correspondance officielle ; il y aurait confusion, si la même lettre traitait de deux ou de plusieurs sujets.

Chaque travail distinct doit être traité dans une dépêche séparée, pour que, parvenu à l'administration supérieure, il soit remis séparément à l'employé qui doit s'en occuper, qu'il puisse être classé sans difficulté, et que le dossier de chaque affaire ne contienne que les pièces qui la concernent. Chaque lettre qui se rattache à une lettre précédente, ou à une affaire déjà en cours d'exécution, doit rappeler clairement cette lettre ou cette affaire par son objet.

Enfin, si l'on envoie des pièces ou un dossier, il faut y joindre une lettre d'envoi contenant le bordereau ou l'énumération des pièces, qu'on aura soin de numéroter.

En outre, c'est un principe général que toute autorité constituée ne peut et ne doit correspondre qu'avec l'autorité qui lui est immédiatement supérieure. Ainsi, les percepteurs de l'arrondissement du chef-lieu de département correspondent seuls directement avec le receveur général et le préfet ; dans les autres arrondissements, la correspondance doit avoir lieu avec le receveur des finances et le sous-préfet.

Les fonctionnaires doivent accuser réception à l'autorité supérieure de toute lettre ou de tout ordre qu'ils en reçoivent ; ils ne sauraient se dispenser de le faire que lorsque l'ordre n'est pas d'une nature grave ou urgente, ou paraît être d'une exécution assez prompte pour qu'on puisse annoncer sous peu de jours son exécution. Autrement, il importe à l'autorité supérieure qui a transmis un ordre d'avoir la certitude qu'il est parvenu, si l'exécution doit s'en faire attendre.

Les accusés de réception doivent rappeler soigneusement la date, le numéro et l'objet des lettres ou dépêches auxquelles il est répondu.

Enfin, il faut autant d'accusés de réception que de dépêches différentes, quand bien même plusieurs de ces dépêches seraient reçues simultanément. Chaque accusé de réception a besoin d'être distinct pour pouvoir être joint à la minute de la lettre.

Certaines formes extérieures ont été adoptées pour la correspondance officielle. En tête du premier recto de la feuille est indiquée l'administration ou le service spécial d'où émane la dépêche ; en marge se trouve une courte analyse du contenu ; au bas du premier recto, on porte l'indication du titre ou de la fonction du destinataire.

La correspondance officielle n'est point la propriété des fonctionnaires, elle doit être conservée par les comptables dans leurs archives comme les autres pièces et registres de comptabilité. — Voy. CLASSEMENT

La correspondance de service des percepteurs receveurs municipaux et d'établissements de bienfaisance est exempte de taxe. Les percepteurs ont, en outre, la faculté d'affranchir au taux des imprimés les premiers avertissements, sommations sans frais et avis officieux qu'ils adressent sous bandes aux contribuables de leur circonscription. — Voy. AFFRANCHISSEMENT, FRANCHISE DE CORRESPONDANCE.

Costume. — Les règlements qui ont déterminé la forme des costumes des fonctionnaires publics n'imposent point de costume officiel aux percepteurs pour les cérémonies publiques. Ces comptables ne peuvent donc en revêtir un.

Les percepteurs de Paris ont bien un costume, c'est celui des receveurs particuliers des finances ; mais ils en portent le titre, et c'est sur ce motif qu'ils ont pu se fonder pour prendre l'uniforme indiqué pour ces comptables supérieurs. — *Mém.* 1857, p. 56.

Cote de contributions. — Voy. CONTRIBUTIONS DIRECTES, RECOUVREMENT, RÔLES.

Cotes indûment imposées. — Dans les trois mois de la publication des rôles, les percepteurs forment, s'il y a lieu, pour chacune des communes de leur perception, des états présentant, par nature de contribution, les cotes qui leur paraissent avoir été indûment imposées. Ces états sont remis aux sous-préfets et aux préfets par l'intermédiaire des receveurs des finances, qui sont tenus de veiller à ce que le délai ci-dessus indiqué ne soit pas dépassé. (L. 3 juillet 1846, art. 6.)

Toutefois, les cotes indûment imposées qui n'auraient pas été comprises dans les états présentés dans les trois premiers mois de l'exercice, et dont l'irrecouvrabilité serait d'ailleurs constatée, pourraient être portées sur les états de cotes irrecouvrables rédigés au commencement de la seconde année. (L. 22 juin 1854, art. 16.) — Voy. COTES IRRECOUVRABLES.

Mais, comme il est de principe que le contribuable indûment imposé doit réclamer lui-même, l'initiative des percepteurs ne doit s'exercer que dans les cas où elle est indispensable, par exemple, lorsqu'il s'agit de contribuables décédés ou disparus avant le 1er janvier, ou inconnus, et qu'il y a impossibilité constatée de poursuivre le recouvrement des cotes indûment assises. Les percepteurs ne seraient dès lors pas admis à inscrire, sur leurs états, des cotes indûment imposées qui concerneraient des contribuables connus et solvables; ils doivent se borner à donner à ces contribuables les indications nécessaires, afin de les mettre en mesure de réclamer eux-mêmes la décharge de leurs cotisations dans les délais prescrits. (I. G., art. 128.) — *Mém.* 1854, p. 295.

Il suit de là qu'un percepteur n'est pas fondé, par exemple, à porter sur ses états de cotes indûment imposées la cote d'un contribuable imposé à la contribution personnelle-mobilière en double emploi par suite d'une erreur évidente et reconnue. Il appartient au contribuable, s'il est en situation de réclamer, de présenter lui-même ou par fondé de pouvoir sa réclamation. (Arrêt Cons. d'État, 18 janvier 1860.) — *Mém.* 1861, p. 67.

En cas de décès d'un contribuable avant le 1er janvier, sa cote personnelle-mobilière doit être portée sur les états de cotes indûment imposées. Mais il n'en résulte pas que les intéressés soient dispensés de réclamer eux-mêmes dans les délais de la loi. Si le percepteur omet d'inscrire la cote sur son état, et les héritiers de réclamer, la cote restant inscrite au rôle, ceux-ci, s'ils sont solvables, sont tenus de l'acquitter. — *Mém.* 1859, p. 44.

Les états de cotes indûment imposées sont rédigés par nature de contribution dans l'ordre des articles du rôle; ils doivent contenir, dans la colonne à ce destinée, tous les renseignements et détails propres à établir que les cotes ont été mal imposées, ainsi que les dates précises des décès, des départs, etc. (I. G., art. 132 et 134.)

Les percepteurs forment les états de cotes indûment imposées en minute et en double expédition; ils conservent les minutes au moins pendant trois ans, et ils y annotent les admissions en dégrèvement ainsi que les rejets.

Les expéditions sont remises, comme il a été dit plus haut, au receveur des finances, qui demeure chargé de les faire parvenir dans les dix jours au sous-préfet ou au préfet, après les avoir enregistrées sur un carnet spécial et en avoir fait avec soin la vérification. Une des deux expéditions, après l'instruction des demandes formées par le percepteur, reste déposée dans les bureaux de la direction des contributions directes, et la seconde est renvoyée au contrôleur, pour être consultée lors de la formation des états annuels de mutation. (Id., art. 135 et 136.) — Voy. Cotes irrecouvrables, Dégrèvements, Réclamations.

Lorsque les conseils de préfecture refusent de prononcer la décharge de contributions portées sur les états de cotes indûment imposées, les percepteurs ne sont pas recevables à se pourvoir au conseil d'État. Mais les conclusions présentées au conseil d'État par le percepteur deviendraient recevables si le ministre des finances se les appropriait. (Arrêt Cons. d'État 22 avril 1857.) — *Mém.* 1857, p. 301; 1858, p. 143.

Les dispositions ci-dessus rappelées s'appliquent aux cotes indûment imposées sur les rôles de la taxe des biens de mainmorte. — Voy. Taxes des biens de mainmorte.

Le délai pour la présentation des états de cotes indûment imposées sur les rôles de prestation pour les chemins vicinaux est de trois mois à partir du 1er janvier, bien que les rôles doivent être publiés deux mois auparavant. (Circ. Admin. des Cont. dir., 12 décembre 1846.) — *Mém.* p. 293. — Voy. PRESTATIONS.

Cotes irrecouvrables. — Les cotes des différentes contributions qui peuvent, dans le cours de l'année, devenir irrecouvrables pour cause d'absence, décès, insolvabilité, etc., tombent en non-valeurs.

Les percepteurs sont tenus de dresser, dans les deux premiers mois de la seconde année de chaque exercice, les états (*modèle n°* 23) des cotes dont il s'agit, et de les remettre dès le 1er mars, appuyés de toutes les pièces propres à justifier de l'impossibilité du recouvrement, au receveur des finances, qui demeure chargé de les faire parvenir au sous-préfet ou au préfet.

Lorsqu'un percepteur entre en fonctions dans les deux premiers mois de l'année, l'époque de la présentation des états de cotes irrecouvrables de son arrondissement de perception peut être reculée de deux mois, à partir du jour de son installation ; dans aucun cas, elle ne doit être retardée au delà du 1er mai.

Les percepteurs ont jusqu'à cette dernière époque pour la présentation des états de cotes irrecouvrables concernant les rôles supplémentaires du 4e trimestre. (I. G., art. 129.)

Les percepteurs sont autorisés à porter sur les états de cotes irrecouvrables les cotes à la fois indûment imposées et irrecouvrables que, faute de renseignements suffisants, ils n'auraient pu inscrire sur les états de cotes indûment imposées formés dans les trois mois qui suivent l'émission des rôles. (L. 22 juin 1854, art. 16.) — *Mém.* 1854, p. 289 et 295.

Les maisons particulières louées pour un service public étant exemptes de l'impôt des portes et fenêtres (art 5 de la loi du 4 frimaire an VII), les percepteurs doivent, pour épargner aux propriétaires le soin de présenter annuellement une réclamation lorsque le bail n'a pas expressément laissé cet impôt à leur charge, porter d'office, sur les états de cotes irrecouvrables, les cotes ou portions de cotes afférentes à ces maisons. (I. G., art. 131.)

De même que les états de cotes indûment imposées, les états de cotes irrecouvrables sont rédigés par nature de contribution et dans l'ordre des articles. Ils doivent contenir, dans la colonne à ce destinée, tous les renseignements et détails propres à établir que les cotes ont été mal imposées ou sont devenues irrecouvrables (I. G., art. 132). Ils y comprennent aussi les frais de poursuites dont le payement n'a pu être obtenu.

Le percepteur joint aux états de cotes irrecouvrables les certificats d'absence, d'indigence ou de décès, les procès-verbaux de carence ou de déménagement furtif, et, en outre, des états ou autres documents propres à constater que tous ceux des contribuables qui se sont trouvés dans le cas d'être poursuivis l'ont été dans les délais et par tous les degrés prévus par les règlements.

Avant de provoquer la délivrance des certificats d'indigence auprès des maires, les percepteurs doivent avoir acquis la certitude, soit par un commencement de poursuites, soit par la notoriété publique, que cette indigence existe en effet. (I. G., art. 133.)

Les percepteurs ne doivent jamais omettre d'indiquer sur les états de cotes irrecouvrables, comme sur ceux de cotes indûment imposées, la date précise des décès, des départs et des déclarations de faillites, ainsi que les époques auxquelles remonte l'indigence. (Id., art. 134.)— Voy. ABSENCE, CARENCE, DÉMÉNAGEMENT FURTIF, FAILLITE, INDIGENCE.

Les états de cotes irrecouvrables doivent être rédigés en minute et en double expédition. Les percepteurs conservent les minutes au moins pendant trois ans, et ils y annotent les admissions en dégrèvement ainsi que les rejets (I. G. art. 133). Après l'instruction et le jugement des demandes formées par le percepteur, une des expéditions reste déposée dans les bureaux de la direction des contributions directes, et la seconde est renvoyée au contrôleur, pour être consultée lors de la formation des états annuels de mutation. (Id. art. 135.)

Les receveurs des finances enregistrent sur un carnet spécial et examinent avec soin les états des cotes irrecouvrables ; ils s'assurent notamment si l'impossibilité du recouvrement des cotes dont les percepteurs demandent l'admission en non-valeurs est suffisamment constatée, et si, avant que l'impossibilité du recouvrement fût reconnue, les comptables avaient exercé les poursuites exigées par la position de chaque contribuable.

Les receveurs constatent le résultat de leur examen sur chacun des états de cotes irrecouvrables, avant d'en faire l'envoi à l'autorité administrative.

Les états de cotes irrecouvrables sont transmis par eux à la préfecture ou à la sous préfecture avant le 1er avril de l'année qui suit celle à laquelle se rattachent ces cotes.

Il est d'ailleurs de l'intérêt des comptables de ne pas attendre les derniers jours pour effectuer ces dépôts, attendu que la remise tardive des états ne pourrait qu'éloigner l'instruction et le jugement des demandes qui en font l'objet. (I. G., art. 136.)

Il est interdit aux percepteurs de communiquer les états aux maires avant d'en effectuer le dépôt. (I. G., art. 135.)

Les états de cotes irrecouvrables doivent être instruits et jugés avant le 1er octobre de chaque année, afin que l'ordonnancement, les émargements et toutes les opérations de comptabilité relatives à cet objet puissent être terminés le 30 novembre, époque où les receveurs des finances ont à solder les rôles de l'année précédente. (Id., art. 130.) — Voy. DÉGRÈVEMENTS, NON-VALEURS, ORDONNANCES.

Les dispositions ci-dessus sont également applicables aux cotes irrecouvrables sur les redevances des mines et la taxe des biens de mainmorte. — Voy. MINES, TAXE DES BIENS DE MAINMORTE.

Le délai de présentation des états de cotes irrecouvrables sur les rôles de prestation pour chemins vicinaux et de taxes sur les chiens est celui de la clôture même de l'exercice, c'est-à-dire le 31 mars de la seconde année. (Circ. min. des fin. 17 mai 1857.) — *Mém.* 1857, p. 141 ; 1859, p. 271 — Voy. PRESTATIONS, TAXE SUR LES CHIENS.

Les états de cotes irrecouvrables sur les rôles de la rétribution scolaire doivent être présentés par les receveurs municipaux à la fin du mois de février. (I. G., art. 1037.) — Voy. RÉTRIBUTION SCOLAIRE.

En ce qui concerne la rétribution pour la vérification des poids et mesures, les demandes des percepteurs pour l'admission en non-valeurs des cotes indûment imposées et des cotes irrecouvrables font l'objet d'un seul et même état qui doit être présenté dans les trois premiers mois de l'année qui suit celle pendant laquelle les rôles ont été publiés. — Voy. POIDS ET MESURES.

Cotisations municipales. — Les receveurs généraux des finances sont chargés, en vertu des lois, ordonnances et règlements, et de décisions concertées entre les ministères de l'intérieur et des finances, de recouvrer et de centraliser à leur caisse le produit des cotisations municipales et particulières fournies par les communes, les établissements de bienfaisance et des particuliers, pour subvenir à diverses dépenses d'intérêt commun. (I. G. art. 604.)

Les cotisations municipales ont principalement pour objet :

Les frais de registres de l'état civil et de confection des tables décennales ;

Les frais de confection de matrices, rôles et avertissements à la charge des communes ou des particuliers ;

Les frais d'impressions à la charge des communes et des établissements publics (budgets, comptes, délibérations, mandats, états de population, rôles scolaires, etc.) ;

Les frais de timbre à la charge des communes et des établissements publics;

La nourriture et l'entretien des enfants assistés ;

Les dépenses des aliénés traités dans les hospices départementaux aux frais des communes, ainsi que les diverses ressources destinées à l'entretien des malades, des vieillards et des incurables indigents placés par les communes dans les hospices et hôpitaux du département, conformément à la loi du 7 août 1851 ;

Les dépenses des bataillons cantonaux des gardes nationales ;

Les travaux d'intérêt commun et le payement de divers salaires ;

Les traitements et les frais concernant le service de la police;

Les dépenses du service médical établi en faveur des indigents ;

Le prix d'abonnemen à diverses publications. (Bulletin officiel du ministère de l'intérieur, Bulletin annoté des lois, Journal des instituteurs et Journal des commissaires de police);

La répartition du fonds communs des amendes de police correctionnelle. (I. G., art. 611.)

Aucun autre produit ne peut être ajouté à la nomenclature ci-dessus sans une autorisation spéciale concertée entre les ministères de l'intérieur et des finances. (Id. art. 604.)

Les recouvrements sont effectués d'après des arrêtés du préfet de chaque département, qui sont notifiés au receveur général, et qui énoncent les lois, décrets, ordonnances ou décisions ministérielles en vertu desquelles les cotisations sont établies. Dans le cas où, par suite de circonstances imprévues, le recouvrement d'un produit devrait être suspendu, l'arrêté pris à cet égard par le préfet serait notifié au receveur général. (Id. art. 605.)

Les arrêtés pris par les préfets pour autoriser ces recouvrements sont accompagnés d'états formés par arrondissement, et qui désignent la somme à verser par chaque commune ou établisement, ou par les particuliers. Ces états sont remis au receveur général, qui en fait parvenir aux receveurs d'arrondissement des extraits pour les sommes à recouvrer par leurs soins. Les receveurs prennent charge de ces états comme titres de perception. (Id. art. 612.)

Les receveurs des finances délivrent des récépissés à talon pour les versements qui leur sont faits à titre de cotisation. Quand un receveur municipal est chargé du service de plusieurs communes, il doit lui être délivré des déclarations de versement par extrait (*modèle n°* 282), pour les communes dont les comptes sont jugés par la Cour des comptes. Les receveurs peuvent, pour les autres communes, délivrer des récépissés collectifs, sauf à présenter le détail, par commune et par nature de produit, soit dans le corps, soit au verso des récépissés, dont la date et le numéro doivent alors être mentionnés dans la pièce produite à l'appui de la dépense. (Id. art., 613; Circ. compt. gén. 30 septembre 1862.)

Les versements à faire par les receveurs municipaux pour le service des cotisations ne constituent que l'acquittement de simples contingents: la dépense effective est payée par le receveur général et se trouve justifiée dans sa comptabilité. Il en résulte que les receveurs municipaux n'ont d'autre justification à faire que celle de leur versement, lequel est suffisamment constaté par le récépissé ou l'extrait qui en tient lieu, et par un extrait, certifié par le maire, de l'arrêté préfectoral qui a fixé le contingent. Ces pièces, ne concernant que des opérations d'ordre, sont exemptes du timbre. — Voy. PIÈCES JUSTIFICATIVES.

Quant aux dépenses auxquelles les cotisations ont pour but de subvenir, elles sont acquittées au moyen de mandats que les préfets délivrent sur la caisse des receveurs généraux.

Lorsqu'il y a lieu de faire faire les payements par les percepteurs et autres comptables de l'arrondissement du chef-lieu, ou par les comptables des arrondissements de sous-préfecture, les mandats doivent être revêtus du visa du receveur général.

Les dispositions relatives aux mentions de payement à faire par les agents de la recette qui acquittent des dépenses pour le compte du payeur sont applicables aux pièces de dépenses concernant le service des cotisations. (I. G., art. 606.)—Voy. MANDATS A ACQUITTER POUR LE COMPTE DU PAYEUR.

Pour les payements à faire aux receveurs des communes ou d'établissements publics de produits dont ces receveurs sont chargés d'opérer et de justifier l'emploi, les mandats doivent être accompagnés des quittances à souche délivrées par les comptables qui ont reçu les fonds, et d'extraits de liquidation constatant la somme à toucher par chaque receveur. (Id. art 607.)

Les percepteurs qui ont à acquitter des mandats pour le compte du receveur général devront consulter l'article 631 de l'Instruction générale, en ce qui concerne l'application des lois du timbre au service des cotisations.

Les frais de timbre des quittances n'étant pas à la charge des créanciers (art. 1248 du code Napoléon), les sommes nécessaires au payement de ces frais doivent être versées par les communes au compte des cotisations. Toutefois, lorsque des circonstances particulières l'exigent, les frais de timbre peuvent être imputés sur le fonds même des cotisations auquel se rattache la dépense qui y donne lieu. (I. G., art. 631.) — Voy. FRAIS DE TIMBRE.

Outre les règles générales qui précèdent, la recette et l'emploi des divers fonds de cotisation sont soumis à des dispositions particulières qui sont indiquées à leur ordre dans cet ouvrage. — Voy ALIÉNÉS, CHEMINS VICINAUX, ENFANTS ASSISTÉS, ÉTAT CIVIL, FONDS COMMUN, GARDE NATIONALE, IMPRESSIONS, MATRICES, PUBLICATIONS, POLICE, SERVICE MÉDICAL, TRAVAUX, VIEILLARDS INDIGENTS.

Cotisations particulières. — Les percepteurs receveurs municipaux peuvent, en dehors du service communal, être chargés de recouvrer diverses taxes établies d'après des usages locaux ou en vertu de règlements particuliers, et d'acquitter les dépenses auxquelles elles sont destinées (travaux de curage, d'élagage, entretien de bêtes mâles, salaires des taupiers, etc.). Ces recouvrements et ces payements, qui sont faits, en général, pour le compte de particuliers ou dans l'intérêt d'habitants de plusieurs communes réunis pour un même objet, doivent faire partie des services exécutés en dehors des budgets.

Des remises spéciales peuvent être allouées aux receveurs municipaux pour les opérations dont il s'agit. (I. G., art. 1108.)

Les cotisations sont réparties par délibération du conseil municipal, approuvée par le préfet ; elles sont perçues suivant les formes établies pour le recouvrement des contributions publiques, c'est-à-dire par voie de contrainte et de garnison ; et, comme les receveurs municipaux sont placés sous la surveillance des receveurs des finances, ce sont ces derniers comptables qui décernent les contraintes et autorisent l'emploi des garnisaires et des porteurs de contraintes. (I. G., art. 851 et 881.) — Voy. POURSUITES.

Les percepteurs receveurs municipaux, chargés de recouvrer des taxes ou autres cotisations intéressant des particuliers, et de payer les dépenses auxquelles ces taxes sont destinées à subvenir, constatent ces opérations à un compte qu'ils ouvrent à la seconde section du livre des comptes divers, sous le titre de cotisations particulières, avec indication du service qui en fait l'objet. Ils portent en recette à ce compte les sommes recouvrées, et en dépense les payements qu'ils effectuent. Ils font également dépense des remises qui leur sont allouées pour les services dont il s'agit. (Id., art. 1476.)

Ces recettes et ces dépenses figurent dans la troisième partie du compte de gestion concernant les divers services exécutés en dehors des budgets. — Voy. CURAGE, ÉLAGAGE, ENTRETIEN DE BÊTES MALES.

Les commissions syndicales pour les travaux d'art qu'exigent le desséchement des marais, la construction et l'entretien des digues, des canaux d'irrigation, etc., sont autorisées à charger les percepteurs du recouvrement et de l'emploi des fonds destinés à ces travaux. — Voy. DESSÉCHEMENT, DIGUES, SOCIÉTÉS D'ARROSAGE, SYNDICATS.

Coupes affouagères. — Voy. AFFOUAGE.

Coupes de bois des communes et des établissements de bienfaisance. — Les bois possédés par les communes sont soumis au même régime que les bois de l'État, et l'administration en est confiée aux mêmes agents. (I. G., art. 862.) — Voy. BOIS DES COMMUNES.

Lorsqu'une commune ou un établissement public possède au moins dix hectares de bois réunis ou divisés, le quart est mis en réserve et fait l'objet de coupes extraordinaires. Les trois autres quarts sont soumis à un aménagement régulier, et les coupes qui en proviennent sont appelées coupes ordinaires.

Coupes ordinaires. — La vente de ces coupes a lieu par voie d'adjudication, à la diligence des agents forestiers, par-devant le préfet ou le sous-préfet de l'arrondissement où les coupes sont situées, en présence des agents forestiers, du maire ou d'un adjoint, et du receveur de la commune propriétaire, sans néanmoins que l'absence du maire et du receveur, dûment appelés, entraîne la nullité de l'opération.

Les coupes dont l'évaluation n'excède pas 500 francs peuvent, sur la proposition du conservateur, être adjugées sur pied dans la commune propriétaire, sous la présidence du maire et en présence des agents forestiers.

Les adjudications des coupes, tant ordinaires qu'extraordinaires, des bois communaux, sont d'ailleurs, et sauf quelques clauses particulières, soumises aux mêmes règles que les adjudications des bois de l'État; ces règles font l'objet d'un cahier des charges préparé par les soins de l'administration des forêts et approuvé par le ministre des finances. Il détermine le mode et les époques du payement à faire aux communes par les adjudicataires. Ordinairement, un dixième du prix d'adjudication est payé comptant ; le surplus, en traites aux échéances des 31 mars, 30 juin, 30 septembre et 31 décembre de l'année qui suit celle de l'adjudication. (I. G., art. 863.)

Le cahier des charges impose à chaque adjudicataire l'obligation de donner, dans les cinq jours qui suivent celui de l'adjudication, une caution et un certificateur de caution qui s'obligent, solidairement avec l'adjudicataire, à toutes les charges et conditions de l'adjudication, et aux dommages, restitutions et amendes qu'aurait encourus ce dernier, lors même, en cas d'instance, que les cautions et certificateurs de cautions n'auraient pas été mis en cause.

Le cahier des charges désigne les personnes qui ne peuvent pas être admises comme adjudicataires, cautions ou certificateurs. Le fonctionnaire chargé de présider la vente est juge de la solvabilité des personnes qui font des offres; mais les receveurs municipaux sont, à raison de leur responsabilité, appelés à accepter les individus qui se présentent comme cautions des adjudicataires et comme certificateurs de cautions; ils sont d'ailleurs tenus d'éclairer le fonctionnaire qui préside l'adjudication sur la solvabilité des personnes qui se portent comme adjudicataires, et même de faire consigner au procès-verbal leur avis, et, au besoin, leur protestation contre l'admission d'individus qu'ils auraient des raisons de croire peu solvables. Toutefois, il convient que les receveurs ne se montrent pas difficiles au point de rendre les adjudications impraticables ou d'empêcher une utile concurrence. (I. G., art. 326.)

Les ventes sont faites par adjudication au rabais. La mise à prix et le taux auquel les rabais doivent être arrêtés sont déterminés par le conservateur ou l'agent forestier qui le remplace. Le chiffre en est remis au président de la vente, après la lecture de chaque article de l'affiche. La mise en prix annoncée par le crieur est diminuée successivement, d'après un tarif réglé à l'avance et affiché dans la salle d'adjudication, jusqu'à ce qu'une personne prononce les mots : « Je prends. » L'adjudication est tranchée au taux du rabais dont le crieur a énoncé ou commencé à énoncer le chiffre, lorsque les mots « je prends » sont prononcés.

Dans le cas où plusieurs personnes se portent simultanément adjudicataires de la même coupe, elle est tirée au sort entre elles, d'après le mode qui est fixé par le président de la vente, sur la proposition de l'agent forestier, à moins que l'une d'elles ne réclame les enchères. — *Mém.* 1856, p. 254.

Les minutes des procès-verbaux d'adjudication sont signées sur-le-champ par tous les fonctionnaires présents et par les adjudicataires ou leurs fondés de pouvoir; en cas d'absence, ou s'ils ne veulent ou ne peuvent signer, il en est fait mention au procès-verbal.

Il est remis aux receveurs municipaux, daus les dix jours qui suivent celui de la vente, une expédition des procès-verbaux d'adjudication. Ces procès-verbaux formant le titre en vertu duquel les receveurs opèrent le recouvrement du prix des coupes de bois et exercent les poursuites, s'il y a lieu, il en a été donné, à l'appui de l'Instruction générale du 20 juin 1859, sous le n° 83, un modèle succinct destiné seulement à leu faire connaître les indications que ces documents contiennent. (I. G.,r art. 327.)

Les adjudicataires doivent remettre leurs traites au receveur municipal dans les dix jours de l'adjudication. Ces traites (*modèle* n° 85), tirées par la caution, sont acceptées par l'adjudicataire, passées par le certificateur de caution à l'ordre du receveur et payables à sa caisse; il y est exprimé qu'elles n'opèrent ni novation ni dérogation aux droits qui résultent du procès-verbal d'adjudication. Elles doivent être de sommes égales; seulement, pour l'ordre de la comptabilité, les traites des trois premières échéances ne doivent pas présenter de fractions de franc. Ces fractions, lorsqu'il en existe dans le montant du prix, sont reportées sur la dernière traite. (I. G., art. 329.)

Si les traites ne sont pas remises dans le délai de dix jours prescrit par le cahier des charges, les adjudicataires sont contraints par les voies de droit (voir l'art. 339 de l'Inst. gén.), et ils sont tenus, en outre, de payer à la commune, à titre de dommages-intérêts, une somme équivalente au vingtième du prix total de leur adjudication. Cette indemnité est recouvrée par le receveur municipal, comme produits accessoires des forêts, en vertu du procès-verbal d'adjudication, et conformément à la marche indiquée plus loin pour le recouvrement du prix des coupes. (Id., art. 868.)

Lorsque, faute d'offres suffisantes, des coupes ou des lots de coupes de bois communaux n'ont pas été vendus à la première lecture de l'affiche, l'adjudication en est renvoyée à l'époque de la mise en vente des coupes de l'exercice suivant. Néanmoins, le préfet peut, sur la proposition du conservateur, autoriser l'exploitation des coupes par un entrepreneur responsable, et la vente, en bloc ou par lots, des produits façonnés de ces coupes, dans une des communes voisines de la situation des bois. (Id., art. 864.)

Les adjudications de bois façonnés faites sous la présidence des maires, par délégation du préfet, sont définitives au moment même où elles ont lieu, et ne sont pas, dès lors, soumises à l'approbation de cet administrateur (Id., art. 865). Aussitôt après l'adjudication, et avant l'expiration du délai de 20 jours, le procès-verbal est, par les soins du maire, et aux frais de l'adjudicataire, soumis à la formalité de l'enregistrement. Le maire, au moyen des imprimés qui lui sont remis par l'agent forestier, et dont l'un est préalablement soumis au visa pour timbre, établit deux expéditions du procès-verbal, qu'il certifie conformes et qu'il adresse à l'agent forestier. Ce dernier conserve l'expédition sur papier libre, et fait parvenir celle timbrée à la sous-préfecture, pour servir de titre au receveur municipal.

Le prix des coupes exploitées par économie et par entreprise au rabais, dont l'estimation n'excède pas 500 francs, est recouvré par les receveurs municipaux suivant qu'il a été déterminé par le cahier des charges ; celui des coupes dont l'estimation excède 500 francs est réglé en une ou plusieurs traites à six mois ou plus d'échéance, sans toutefois que l'échéance la plus éloignée puisse dépasser celle à laquelle serait portée la dernière traite s'il s'agissait d'adjudications ordinaires. Ces traites sont payables à la caisse des receveurs des communes ou établissements propriétaires, et le recouvrement en est, dès lors, soumis aux mêmes règles que celui du prix des coupes sur pied. (I. G., art. 325 et 959.)

Le dixième à payer comptant et les droits d'enregistrement et de timbre dus par les adjudicataires en sus du prix de vente sont versés par eux, savoir : le dixième, dans la caisse de la commune ; les droits d'enregistrement et de timbre, dans la caisse du receveur des domaines. Ces droits se composent : des droits proportionnels d'enregistrement sur le montant de l'adjudication ; des droits de timbre et des droits fixes d'enregistrement des procès-verbaux et autres actes relatifs aux adjudications.

Quand il s'agit de ventes en détail de bois façonnés, les droits d'enregistrement et de timbre sont acquittés par les caisses municipales.

Le versement du dixième à faire à la commune peut être effectué à la caisse du receveur particulier des finances, qui le reçoit alors à titre de placement au Trésor public ; il en délivre à l'adjudicataire, comme de fonds reçus du receveur municipal, un récépissé à échanger contre la quittance à souche de ce dernier comptable, à qui il transmet immédiatement une déclaration de versement, avec invitation de faire recette des fonds au compte de la commune, et d'en faire dépense à titre de placement au Trésor. (Id., art. 866.)

Les cahiers des charges ou des clauses spéciales peuvent, en outre, imposer aux adjudicataires l'obligation de payer les frais accessoires des ventes ; le montant de ces frais est alors versé par les adjudicataires au receveur de la commune, qui demeure chargé de payer les frais aux ayants droit sur les mandats des maires. Si, pour la commodité des adjudicataires, le versement de la somme destinée au payement des frais est stipulé devoir être fait à la caisse du receveur des finances, cette opération s'effectue suivant les règles indiquées ci-dessus en ce qui concerne le versement du dixième. (Id., art. 867.)

Les receveurs municipaux doivent recevoir aussi les versements en numéraire que les adjudicataires auraient à effectuer par suite de folle enchère. Le fol enchérisseur étant tenu au payement de la différence qui existerait en moins entre le prix de son adjudication et celui de la vente faite au nouvel adjudicataire, le montant de cette différence est exigible, tant en vertu du premier procès-verbal constatant le produit primitif de la vente, qu'en vertu du nouveau procès-verbal qui constate que la seconde vente a été faite par suite de folle enchère. Dans ce cas, les receveurs peuvent être appelés en garantie pour le payement de la moins-value de la seconde adjudication, s'il est constaté qu'ils n'ont apporté qu'un concours insuffisant aux opérations de la vente ; que, par exemple, ils se sont abstenus de faire part au président de circonstances a eux connues, et qui eussent été de nature à faire écarter l'adjudicataire déclaré déchu. Ils demeurent, en outre, responsables de l'insolvabilité de l'adjudicataire, lorsque, celui-ci n'ayant pas fourni de cautions, et ayant, dès lors, encouru la déchéance, ils n'ont pas provoqué cette déchéance dans le délai de dix jours à partir de la date de l'adjudication. Enfin ils peuvent avoir à répondre de la moins-value à la charge du fol enchérisseur, lorsqu'ils ont négligé d'exercer contre lui, en temps utile, les poursuites nécessaires pour en assurer le recouvrement. (I. G., art. 328.)—Voy. Folle enchère.

Le prix principal des coupes doit être recouvré directement par les receveurs des communes, lesquels, à raison de leur participation à ce service, sont appelés, comme on l'a vu plus haut, à assister aux adjudications, et à reconnaître, conjointement avec les administrateurs des communes, la solvabilité des adjudicataires et de leurs cautions. Ce recouvrement est appliqué à l'exercice qui prend sa désignation de l'année pendant laquelle les ventes ont été faites. (I. G., art. 868.)

Lorsqu'il a été souscrit des traites, les receveurs des finances doivent se les faire remettre pour les conserver jusqu'à l'époque de l'échéance, et prendre, en les renvoyant aux receveurs municipaux qui doivent en encaisser le prix, telles mesures de précaution et de garantie qu'ils croiraient nécessaires à l'égard de ces comptables. (Id., art. 869.) — Voy. Traites d'adjudicataires.

En recevant les traites, le receveur municipal en porte le montant en recette au compte de la commune ou de l'établissement, et les traites sont classées dans sa comptabilité comme valeur de portefeuille. Lorsqu'il effectue le dépôt des traites à la recette particulière des finances, le récépissé du receveur particulier remplace les effets dans son portefeuille. (Id., art. 1493.)

En cas de retard dans le payement du prix des coupes aux échéances déterminées, les receveurs municipaux poursuivent le recouvrement en vertu du procès-verbal d'adjudication, ainsi qu'il est réglé pour les produits de coupes de bois de l'État. Les intérêts courent de plein droit, sur le pied de 5 p. 0/0 par an, à partir du jour de l'exigibilité des sommes dues. (Id., art. 332 et 868.)

Les receveurs ne doivent pas faire protester les traites non acquittées à leur échéance ; ils ne doivent pas non plus former de demandes en condamnation du montant de ces traites devant les tribunaux ; ils s'abstiennent également de décerner des contraintes contre les adjudicataires en retard de se libérer. Les poursuites qui deviennent nécessaires pour le recouvrement de la totalité ou d'une partie du prix des coupes doivent être exercées contre les adjudicataires, leurs associés et leurs cautions, en vertu du procès-verbal d'adjudication, sans qu'il soit besoin de le faire revêtir de la formule exécutoire, ni du visa du président du tribunal, ce procès-verbal ayant par lui-même toute la force exécutoire des grosses des jugements et des actes notariés. En conséquence, les receveurs peuvent faire signifier un commandement et saisir et vendre les meubles et immeubles des débiteurs, en vertu de ce seul titre; mais, attendu qu'il ne confère pas hypothèque, ils ne doivent pas prendre inscription hypothécaire.

Dans le petit nombre de cas où il pourrait être utile de prendre cette inscription, il devrait être formé, devant les tribunaux de commerce, une action en payement des sommes dues, et ce en vertu du seul procès-verbal d'adjudication; auquel cas, le jugement qui prononcerait la condamnation emporterait l'hypothèque judiciaire sur tous les biens présents et à venir du débiteur, à la charge de faire inscrire cette hypothèque. (I. G., art. 333.)

Les receveurs peuvent également requérir l'emprisonnement, en vertu du procès-verbal d'adjudication et de l'article 10 de la loi du 17 avril 1832 sur la contrainte par corps, pourvu que la dette excède 300 francs, et sauf, d'une part, les restrictions apportées par les articles 4 à 7 de la loi du 13 décembre 1848, et, d'autre part, la faculté pour l'emprisonné de se pourvoir devant les tribunaux afin de faire fixer, contradictoirement, la durée de la contrainte par corps.

En cas de contestation, soit en référé, soit au principal, sur la légalité de l'emprisonnement, et si la relaxation du débiteur arrêté est ordonnée, le receveur doit se pourvoir immédiatement en appel contre l'ordonnance de référé, et prendre, par l'entremise du receveur particulier et du receveur général, les instructions du ministre des finances (direction du contentieux). Des instructions spéciales seraient données ultérieurement au receveur de la commune ou de l'établissement intéressé, si les circonstances l'exigeaient, pour former devant le tribunal de commerce, contre les débiteurs, une action tendant à les faire condamner par corps au payement, comme dette commerciale, des sommes dont ils sont débiteurs d'après le procès-verbal d'adjudication, et sans faire mention des traites. (I. G , art. 334.) — Voir les observations émises au *Mém.* de 1856, p. 265, en ce qui concerne le droit des receveurs de faire exécuter la contrainte par corps sans mandement de justice et en vertu du procès-verbal d'adjudication. — Voy. aussi CONTRAINTE PAR CORPS, POURSUITES.

Coupes extraordinaires. — Aucune coupe sur le quart de réserve des bois des communes et des établissements publics ne peut être faite que pour cause de nécessité constatée, et pour subvenir à des dépenses extraordinaires des communes ou établissements.

Les propositions de coupes extraordinaires, soit par contenance, soit par pieds d'arbres, à exploiter pour l'année suivante, doivent être délibérées par les conseils municipaux dans leur session ordinaire du mois de mai, et être adressées au préfet avant le 15 juin. Elles sont adressées par le préfet aux ministres de l'intérieur et des finances, et ce dernier, s'il y a lieu, provoque le décret nécessaire pour autoriser la coupe.

L'adjudication des coupes autorisées sur le quart de réserve est faite dans les formes et selon les règles indiquées plus haut pour les coupes ordinaires; mais les receveurs municipaux n'ont point à y intervenir comme pour ces dernières, attendu que les receveurs généraux des finances sont chargés d'opérer le recouvrement du prix des coupes extraordinaires de bois des communes. Seulement, les receveurs municipaux recouvrent, à titre de produits accessoires des bois, les indemnités à payer par les adjudicataires, en cas de retard dans la remise de leurs traites. (I. G., art. 956.)

La responsabilité et les obligations des receveurs des finances à cet égard sont les mêmes que celles qu'ils encourent pour le recouvrement du produit des coupes de bois de l'État.

En conséquence, les receveurs généraux discutent, par eux-mêmes ou par un fondé de pouvoir, la solvabilité des cautions, et ils peuvent donner leur procuration soit aux receveurs particuliers des arrondissements de sous-préfecture pour les coupes de bois faites dans ces arrondissements, soit à leurs collègues des départements où seraient situés des bois appartenant aux communes de leur propre département. (Id., art. 957.)

Les droits d'enregistrement et de timbre, ainsi que les frais accessoires à la charge des adjudicataires, sont perçus suivant le mode indiqué pour les coupes ordinaires. (Id., art. 958.)

Pour le payement du prix principal des coupes, les adjudicataires souscrivent au profit des communes ou établissements propriétaires des traites qui doivent être stipulées payables au domicile des receveurs généraux, et dont les échéances, déterminées par le cahier des charges, sont ordinairement fixées au 31 mars, 30 juin, 30 septembre et 31 décembre de l'année qui suit celle de l'adjudication.

Le prix des coupes exploitées par économie ou par entreprise au rabais est réglé en une ou plusieurs traites à 6 mois, ou plus, d'échéance, sans toutefois que l'échéance la plus éloignée puisse dépasser celle à laquelle serait portée la dernière traite s'il s'agissait d'adjudications ordinaires. Toutefois, les receveurs généraux n'ont à intervenir que pour les lots dont l'estimation excède 500 francs et dont le prix ne serait pas payé comptant. Le prix des autres lots est recouvré par les receveurs municipaux. (I. G., art. 959.)

Lorsque l'adjudication a lieu en présence du receveur général lui-même, ce comptable, en recevant les traites des adjudicataires, leur délivre son récépissé à talon. Les receveurs particuliers font de même pour les ventes auxquelles ils assistent; seulement, ces derniers, n'agissant que comme fondés de pouvoir du receveur général, doivent l'exprimer dans leur récépissé, et ils envoient immédiatement les traites à ce comptable comme étant payables à sa caisse. (Id., art. 960.)

Lorsque l'adjudication est faite en présence du receveur d'un département autre que celui dont fait partie la commune ou l'établissement propriétaire des bois, ce receveur reçoit les traites et les envoie au receveur général pour le compte duquel il les a reçues; il en délivre aux adjudicataires une reconnaissance contenant l'engagement de fournir, plus tard, le récépissé à talon de son collègue, auquel il réclame, en lui adressant les traites, le prompt envoi de ce récépissé.

Si, pour les convenances des adjudicataires, ces traites sont payables chez le receveur général du département où les coupes ont été faites, elles sont renvoyées à ce comptable pour l'époque de l'échéance ; et ce dernier, aussitôt après en avoir touché le montant, en fournit récépissé à son collègue, et l'en fait créditer dans son compte courant au Trésor. Il remet les traites acquittées aux souscripteurs. (I. G., art. 961.)

Dès que les traites ont été reçues pour le compte des communes, les receveurs municipaux doivent constater cette recette dans leurs écritures. En conséquence, le receveur des finances qui a reçu les traites dont il s'agit remet immédiatement au receveur de la commune propriétaire une déclaration constatant cette réception, l'échéance des traites et le montant des sommes qui y sont stipulées payables au domicile du receveur général. Le receveur municipal fait alors recette du montant des traites au compte général de la commune, et en débite un compte intitulé : Traites d'adjudicataires de coupes extraordinaires de bois en dépôt chez le receveur général.

Les traites souscrites par les adjudicataires des bois des communes ne peuvent être négociées, à moins de besoin urgent et d'une autorisation spéciale du préfet.

A mesure de l'encaissement des traites aux échéances, le montant doit en être placé en compte courant au Trésor public, afin d'y rester à la disposition des communes, suivant le mode réglé pour tous les fonds qu'elles sont admises à placer au Trésor. Le compte de chaque commune doit être crédité à titre de placement de la somme recouvrée à son profit, et les receveurs des finances des arrondissements où sont situées les communes propriétaires en délivrent des récépissés aux receveurs municipaux, qui, de leur côté, en créditent le compte ci-dessus, et en débitent le compte Trésor public. (Id., art. 962 et 1493.)

S'il est fait des payements sur le montant des traites avant leur échéance, ils sont annotés au dos des traites par le receveur des finances, qui en donne, en même temps, crédit aux communes; mais les effets ne peuvent être rendus aux souscripteurs que lorsqu'ils sont acquittés intégralement. (Id., art. 963.)

En cas de retard dans le payement aux échéances, les receveurs généraux n'en doivent pas moins, aussitôt ces échéances arrivées, faire placer le montant des traites au Trésor, au nom des communes propriétaires. Ils ont d'ailleurs, contre les adjudicataires, leurs cautions et certificateurs de cautions, les mêmes droits que lorsqu'il s'agit des coupes de bois de l'État. (I. G., art. 964.) — Voy. TRAITES D'ADJUDICATAIRES, TRÉSOR PUBLIC.

Coupes de bois des établissements de bienfaisance. — Les bois appartenant aux établissements publics sont, comme les bois des communes, soumis au régime forestier.

Le mode d'adjudication des coupes, tant ordinaires qu'extraordinaires, qui vient d'être indiqué, leur est entièrement applicable, et le recouvrement des produits est effectué par les receveurs des établissements, ou par les receveurs des finances, selon les règles établies pour les communes. (I. G., art. 1057.)

Coupes appartenant par indivis à l'État, à des communes et à des établissements publics. — Lorsque des coupes appartenant par indivis à l'État, à des communes ou établissements publics, sont vendues, il est souscrit des obligations ou traites séparées pour la somme revenant à chaque propriétaire. Les receveurs généraux des finances, pour les ventes de coupes extraordinaires, et les receveurs municipaux ou hospitaliers, pour les ventes de coupes ordinaires, doivent veiller à ce que les traites souscrites au profit du Trésor ne comprennent pas la portion du prix de vente revenant aux autres propriétaires; ils ont même à se procurer, à cet égard, au moment des adjudications, des renseignements qui leur permettent d'établir la quote-part de chaque partie intéressée, dans le cas où les adjudicataires se présenteraient pour souscrire leurs traites avant la réception du procès-verbal. Les receveurs pourraient avoir à tenir compte aux communes ou établissements des intérêts qui seraient réclamés sur les sommes dont le payement aux ayants droit aurait été retardé par l'inobservation des dispositions qui précèdent. (I. G., art. 327.)

Exploitation, vidange, réarpentage et récolement des coupes. — L'adjudicataire est tenu de prendre le permis d'exploiter, au plus tard, dans le délai d'un mois, à dater du jour de l'adjudication; à défaut de quoi il est tenu de payer aux communes et établissements publics, à titre de dommages-intérêts, une somme équivalente au quarantième du prix principal de son adjudication. Pareille somme est due pour chaque quinzaine de retard.

Lorsque des arbres mis en réserve ont été encroués, abattus, ou endommagés par le fait de l'exploitation, l'adjudicataire est tenu, si l'agent forestier le juge nécessaire, de remplacer ces réserves par des arbres pris parmi ceux abandonnés à l'exploitation. Lorsque le remplacement n'est pas jugé nécessaire, ou lorsqu'il est opéré par des arbres d'une valeur inférieure à celle des arbres endommagés ou abattus, l'acquéreur est tenu de payer, à titre d'indemnité, la valeur de ces arbres ou la différence entre cette valeur et celle des arbres marqués en remplacement; le tout d'après l'évaluation contradictoire qui en aura été faite. Il est dressé procès-verbal de ces reconnaissances et évaluations, lequel est adressé au conservateur, qui, après l'avoir vérifié et approuvé, le transmet au préfet, pour être adressé par ce magistrat, par l'intermédiaire du receveur des finances de l'arrondissement, au receveur de la commune ou de l'établissement propriétaire. Les réserves renversées, endommagées ou abattues, sont marquées comme chablis et vendues au profit de la commune ou de l'établissement propriétaire, dans la forme ordinaire.

S'il est reconnu que les adjudicataires ne peuvent trouver une quantité suffisante de harts dans les coupes qui leur ont été vendues, il peut leur en être accordé, sur l'autorisation de l'agent forestier chef de service. Le prix de ces harts est fixé par le préfet, d'après le procès-verbal de comptage qui a été dressé.

L'adjudicataire, par le seul fait d'une demande en prorogation de délai d'exploitation ou de vidange, s'oblige à payer l'indemnité résultant du dommage causé par le retard de la coupe ou de la vidange. Il est statué sur cet objet par le conservateur des forêts.

Il est procédé au réarpentage des coupes vendues à l'hectare avant leur récolement. S'il résulte des procès-verbaux de réarpentage des coupes un excédant de mesure, les adjudicataires s'obligent à en payer le montant en proportion du prix entier de l'hectare. S'il y a un moins de mesure, ils en sont remboursés dans la même proportion après leur décharge définitive. S'il y a une surmesure à réclamer de l'adjudicataire, les frais d'expédition du procès-verbal de réarpentage sont à la charge de l'adjudicataire ; néanmoins, cette pièce n'est exigible que dans le cas où, à défaut de payement de leur part, il est nécessaire de diriger des poursuites contre eux. (Extrait du cahier des charges pour l'adjudication des coupes de bois. — *Mém.* 1856, p. 267.) — Voy. Produits accessoires des bois.

Remises et taxations allouées aux receveurs des finances sur le prix des coupes extraordinaires. — Les receveurs généraux ont droit, pour le recouvrement du prix des coupes de bois des communes et établissements publics, à des remises qui sont calculées à raison d'un tiers de centime par franc, comme pour le produit des coupes de bois de l'État.

Ces remises sont liquidées par les préfets, et leurs arrêtés déterminent la portion de remises qui doit être payée par chaque commune ou établissement. Lorsque la liquidation est faite, les remises sont ordonnancées au profit des receveurs généraux sur les crédits qui doivent être ouverts à cet effet dans les budgets des communes et des établissements propriétaires. (I. G., art. 965.)

Les quittances des receveurs généraux pour ces remises sont exemptes de timbre. (Décis. min. des fin. 8 janvier 1838.)

Voy. Affouage, Agents forestiers, Bois des communes et des établissements de bienfaisance, Frais d'administration, Gardes forestiers, Produits accessoires des bois.

Cour d'assises. — Juridiction appelée à prononcer sur les crimes. Les assises se tiennent tous les trois mois dans chaque département, et plus souvent si le besoin l'exige. (C. d'inst. crim., art. 259.)

Le magistrat qui est chargé de présider les assises dans une autre ville que celle où est établi le siége de la Cour impériale doit être logé, soit à l'hôtel de ville, soit au palais de justice, s'il s'y trouve des appartements commodes et meublés, et, sinon, dans une maison particulière et meublée qui a été désignée d'avance par le maire. (D. 27 février 1811, art. 11.)

Les frais de la location sont portés au budget communal et payés sur mandat du maire; mais le chauffage et l'éclairage ne sont point à la charge des communes. (Décis. min. 13 décembre 1842.)

Cour de cassation. — C'est une juridiction suprême établie pour maintenir l'unité de la législation et empêcher que les tribunaux n'étendent ou ne restreignent leurs attributions hors ou en deçà du cercle que la loi leur a tracé. Cette Cour est donc investie du droit d'annuler les jugements en dernier ressort et les arrêts qui, dans la forme ou sur le fond, ont violé les lois ou leur ont donné une interprétation contraire à leur vrai sens ; elle doit annuler aussi les jugements en dernier ressort et les arrêts dans lesquels il y a eu contravention aux règles de la compétence.

Les parties qui forment un pourvoi devant la Cour de cassation doivent consigner une amende de 300 fr. lorsque le jugement ou l'arrêt attaqué est contradictoire, de 150 fr. lorsqu'il est par défaut ou par forclusion, et de 75 fr. s'il s'agit de jugements rendus par les tribunaux de première instance. (C. de proc., art. 494.)

Cour des comptes. — La Cour des comptes a été créée par la loi du 16 septembre 1807. Toutes les règles relatives à son organisation et à sa procédure intérieure ont été résumées dans le décret du 31 mai 1862, dont elles forment le titre IV. Nous reproduisons ci-après les dispositions de ce décret qui peuvent intéresser spécialement les receveurs des communes et des établissements de bienfaisance justiciables de la Cour des comptes.

Organisation et compétence. — La Cour des comptes est chargée de juger toutes les comptabilités en deniers de l'État. Elle juge également les comptes annuels des receveurs des communes, hospices et établissements de bienfaisance dont le revenu excède 30,000 francs.

Elle statue, en outre, sur les appels formés contre les arrêtés rendus par les conseils de préfecture sur les comptabilités des receveurs des communes, hospices et établissements de bienfaisance.

Les membres de la Cour des comptes sont nommés à vie par l'Empereur. (D. 31 mai 1862, art. 377.)

La Cour des comptes prend rang immédiatement après la Cour de cassation, et jouit des mêmes prérogatives. (Id., art. 378.)

La Cour des comptes se compose d'un premier président, de trois présidents, de dix-huit conseillers-maîtres des comptes, de conseillers référendaires divisés en deux classes, d'un procureur général et d'un greffier en chef. (D. 31 mai 1862, art. 379.)

Il est formé trois chambres, chacune composée d'un président et de six maîtres des comptes; le premier président peut présider chaque chambre toutes les fois qu'il le juge convenable. (Id., art. 380.)

Les référendaires sont chargés de faire les rapports; ils n'ont pas voix délibérative. (Id. art. 385.)

Il y a près de la Cour vingt auditeurs divisés en deux classes. Ils sont placés sous la direction du premier président, qui les adjoint aux conseillers référendaires pour prendre part aux travaux d'instruction et de vérification dont ils sont chargés. (Id., art. 387.)

Attributions du ministère public. — Le procureur général fait dresser un état général de tous les comptables qui doivent présenter leurs comptes à la Cour. Il s'assure s'ils sont ou non exacts à les présenter dans les délais fixés par les lois et règlements, et requiert contre ceux qui sont en retard l'application des peines. (D. 31 mai 1862, art. 390.)

Il adresse au ministre des finances les expéditions des arrêts de la Cour, et suit devant elle l'instruction et le jugement des demandes à fin de révision pour cause d'erreurs, omissions, doubles ou faux emplois reconnus à la charge du Trésor public, des départements, des communes, des hospices et des établissements publics et de bienfaisance. (Id., art. 392.)

Toutes les demandes en mainlevée, réduction ou translation d'hypothèques, sont communiquées au procureur général avant d'y être statué. (Id., art. 393.)

Toutes les fois qu'une prévention de faux ou de concussion est élevée contre un comptable, le procureur général est appelé en la chambre et entendu dans ses conclusions, avant d'y être statué. (Id., art. 394.)

Le procureur général peut prendre communication de tous les comptes dans l'examen desquels il croit son ministère nécessaire, et la chambre peut même l'ordonner d'office. (Id., art. 395.)

Attributions du greffe. — Le greffier en chef est chargé de veiller à la conservation des minutes des arrêts, d'en faire faire les expéditions, de garder les pièces qui lui sont confiées et de concourir à la suppression de ces mêmes pièces aux époques et dans les formes déterminées par les règlements (D. 31 mai 1862, art. 400.)

Les comptes déposés par les comptables sont enregistrés, par ordre de date et de numéros, du jour qu'ils sont présentés. (Id., art. 401.)

Les premières expéditions des actes et arrêts de la Cour sont délivrées gratuitement aux parties; les autres sont soumises à un droit d'expédition de 75 centimes par rôle. (Id., art. 402.)

Les expéditions exécutoires des arrêts de la Cour sont signées par le premier président de la Cour et par le greffier. (Id., art. 403.)

Le greffier signe et délivre les certificats collationnés et extraits de tous les actes émanant du greffe, des archives et dépôts, et la correspondance avec les comptables. (D. 31 mai 1862, art. 404.)

Vérification et jugement des comptes. — Le premier président fait entre les référendaires la distribution des comptes, et indique la chambre à laquelle le rapport doit être fait. (D. 31 mai 1862, art. 405.)

Les référendaires rédigent sur chaque compte un rapport raisonné contenant des observations de deux natures : les premières concernant la ligne de compte seulement, c'est-à-dire les charges et souffrances dont chaque article du compte leur a paru susceptible, relativement au comptable qui le présente; les deuxièmes résultant de la comparaison de la nature des recettes avec les lois, et de la nature des dépenses avec les crédits. (Id., art. 408.)

Les référendaires peuvent entendre les comptables ou leurs fondés de pouvoirs pour l'instruction des comptes. (Id., art. 409.)

Le président de la chambre fait la distribution du rapport du référendaire à un maître des comptes, qui présente à la chambre son opinion motivée sur tout ce qui est relatif à la ligne de compte et aux autres observations du référendaire. (Id., art. 412 et 414.)

Les arrêts de la Cour sont provisoires ou définitifs. (Id., art. 417.)

La Cour règle et apure les comptes qui lui sont présentés; elle établit, par ses arrêts définitifs, si les comptables sont quittes, ou en avance ou en débet. Dans les deux premiers cas, elle prononce leur décharge définitive et, si les comptables ont cessé leurs fonctions, ordonne mainlevée et radiation des oppositions et inscriptions hypothécaires mises ou prises sur leurs biens, à raison de la gestion dont le compte est jugé. Dans le troisième cas, elle les condamne à solder leur débet dans le délai prescrit par la loi. Une expédition de ses arrêts sur les comptes des agents du Trésor est adressée au ministre des finances pour en faire suivre l'exécution. (Id., art. 419.)

La Cour, nonobstant l'arrêt qui aurait jugé définitivement un compte, peut procéder à sa révision, soit sur la demande du comptable, appuyée de pièces justificatives recouvrées depuis l'arrêt, soit d'office, soit à la réquisition du procureur général, pour erreurs, omissions, doubles ou faux emplois reconnus par la vérification d'autres comptes. Les demandes en révision sont soumises aux mêmes règles que les pourvois, en ce qui concerne la notification de la demande à la partie adverse et la reddition de deux arrêts ou arrêtés statuant, l'un sur l'admission de cette demande, l'autre sur le fond. (Id., art 420.)

La Cour prononce sur les demandes en réduction et translation d'hypothèques, formées par des comptables encore en exercice, ou par ceux hors d'exercice, dont les comptes ne sont pas définitivement apurés, en exigeant les sûretés suffisantes pour la conservation des droits du Trésor. (Id., art. 421.)

Si dans l'examen des comptes, la Cour trouve des faux ou des concussions, il en est rendu compte au ministre des finances et référé au ministre de la justice, qui fait poursuivre les auteurs devant les tribunaux ordinaires. (D. 31 mai 1862, art. 422.)

Les arrêts de la Cour contre les comptables sont exécutoires, et, dans le cas où un comptable se croit fondé à attaquer un arrêt pour violation des formes ou de la loi, il se pourvoit au Conseil d'État, dans les trois mois, pour tout délai, à compter de la notification de l'arrêt.

Le ministre des finances et tout autre ministre, pour ce qui concerne son département, peut, dans le même délai, faire son rapport à l'Empereur, et proposer le renvoi, au Conseil d'État, de sa demande en cassation des arrêts qu'il croira devoir être cassés pour violation des formes ou de la loi. (Id., art. 423.)

La Cour ne peut, en aucun cas, s'attribuer de juridiction sur les ordonnateurs, ni refuser aux payeurs l'allocation des payements par eux faits sur des ordonnances revêtues des formalités prescrites et accompagnées des pièces déterminées par les lois et règlements. (Id., art. 426.) — Voy. COMPTE DE GESTION, POURVOI.

Cours impériales. — Les Cours impériales ont pour attribution générale de connaître souverainement, en matière civile, des appels des jugements de première instance rendus par les tribunaux d'arrondissement et de commerce.

Les communes autorisées à plaider et qui succombent en première instance ne peuvent appeler du jugement qu'en vertu d'une nouvelle autorisation du conseil de préfecture. — Voy. PROCÈS.

Cours d'eau. — Voy. CURAGE, SYNDICATS.

Créances. — Voy. RENTES ET CRÉANCES, REVENUS COMMUNAUX, POURSUITES.

Créanciers. — Voy. DETTES DES COMMUNES ET DES ÉTABLISSEMENTS DE BIENFAISANCE.

Crédits. — On nomme crédit, en fait de comptabilité publique, une somme allouée par l'autorité compétente pour un usage déterminé.

Les crédits en vertu desquels les dépenses des communes et des établissements de bienfaisance doivent être acquittées sont ouverts dans les budgets. Du reste, ces crédits ne constituent que de simples prévisions; l'ouverture qui en est faite ne donne pas le droit de faire la dépense à laquelle ils s'appliquent, lorsque cette dépense exige par elle-même une autorisation spéciale (I. G., art. 981). L'ouverture d'un crédit ne donne, non plus, aucun droit aux parties; il faut, pour recevoir, qu'elles justifient de la réalité de la dette, et qu'elles produisent toutes les pièces voulues par les règlements.

Chaque crédit doit servir exclusivement à la dépense pour laquelle il a été ouvert. Les administrations locales ne peuvent en changer la destination sans une décision de l'autorité compétente. (I. G., art. 982.)

Lorsque, dans le cours d'un exercice, les crédits ouverts au budget sont reconnus insuffisants, ou lorsqu'il doit être pourvu à des dépenses non prévues lors de la formation du budget, les crédits supplémentaires doivent être ouverts par des décisions spéciales. (Id., art. 983.)

Ces crédits sont délibérés par le conseil municipal et approuvés par le préfet, même dans le cas où le budget est réglé par un décret. (L. 18 juillet 1837, art. 34; D. 25 mars 1852, tableau A, § 35.)

Quand le préfet a mandaté d'office une dépense communale, conformément à l'article 61 de la loi du 18 juillet 1837, la dépense est imputée sur le crédit ouvert, s'il y a un crédit; dans le cas contraire, le mandat vaut crédit supplémentaire.

Tous les crédits additionnels autorisés hors budget pour des dépenses effectuées depuis le 1er janvier jusqu'au 31 décembre d'une année doivent être rattachés au budget de cette année. Au moment du règlement définitif de l'exercice clos, ils sont rattachés à cet exercice et classés au chapitre des dépenses supplémentaires. (I. G., art. 834.)

Les crédits accordés pour un exercice, soit par les budgets, soit par décisions spéciales, sont affectés au payement des dépenses qui résultent de services faits dans l'année qui donne son nom à l'exercice. Ils restent ouverts jusqu'au 31 mars de l'année suivante; mais ce délai n'est accordé que pour compléter le payement des dépenses auxquelles ils ont été affectés.

Les crédits ou portions de crédits qui n'ont pas reçu leur emploi à la clôture de l'exercice sont annulés ou reportés, comme restes à payer, à l'exercice suivant. (Id., art. 984.) — Voy. BUDGET, EXERCICE, ORDONNANCEMENT, PAYEMENT.

Crédit foncier de France. — Voy. EMPRUNTS, SOCIÉTÉ DU CRÉDIT FONCIER.

Culte. — L'article 30 de la loi du 18 juillet 1837 range parmi les dépenses obligatoires des communes : l'indemnité de logement aux curés et desservants et autres ministres des cultes salariés par l'État, lorsqu'il n'existe pas de bâtiment affecté à leur logement; les secours aux fabriques des églises et autres administrations préposées aux cultes dont les ministres sont salariés par l'État, en cas d'insuffisance de leurs revenus justifiée par leurs comptes et budgets ; les grosses réparations des édifices consacrés au culte ; la clôture des cimetières, leur entretien et leur translation, dans les cas déterminés par les lois et les règlements d'administration publique.

Les communes sont, en outre, obligées de pourvoir, en cas d'insuffisance des ressources des fabriques, au traitement des vicaires légitimement établis. (D. 30 décembre 1809, art. 39 et 92.) — Voy. ANNEXE, CHAPELLE, CIMETIÈRES, CURÉS ET DESSERVANTS, ÉGLISES, FABRIQUES, INDEMNITÉ DE LOGEMENT, PRESBYTÈRE, VICAIRES.

Curage et entretien des cours d'eau. — Les riverains des cours d'eau non navigables ni flottables doivent tous contribuer aux frais de curage et aux dépenses des travaux de conservation qui sont nécessaires pour assurer le libre écoulement des eaux et leur juste répartition dans l'intérêt général.

Il est pourvu au curage des canaux et rivières non navigables et à l'entretien des digues et ouvrages d'art qui y correspondent de la manière prescrite par les anciens règlements ou d'après les usages locaux. (L. 14 floréal an XI, art. 1er.) Lorsque l'application des règlements ou l'exécution du mode consacré par l'usage éprouve des difficultés, ou lorsque des changements survenus exigent des dispositions nouvelles, il y est pourvu par un arrêté du préfet portant règlement d'administration publique. Cet arrêté est rendu d'après un projet préparé par un agent voyer ou tout autre homme de l'art et après délibération du conseil municipal ou des conseils municipaux des communes traversées par le cours d'eau. (D. 25 mars 1852, art. 1er; Circ. int. 5 mai 1852.)

Les taxes dues par les propriétaires riverains sont réparties par délibération du conseil municipal, approuvée par le préfet, et sont perçues suivant les formes établies pour le recouvrement des contributions publiques. (L. 14 floréal an XI, art. 2 et 3; 18 juillet 1837, art. 44.) — Voy. POURSUITES, RECOUVREMENT.

Les receveurs municipaux opèrent, en dehors du service communal, le recouvrement de ces taxes et le payement des dépenses auxquelles elles sont destinées. Ces recouvrements et ces payements doivent faire partie des services exécutés en dehors des budgets. Des remises spéciales peuvent être allouées aux receveurs municipaux pour les opérations dont il s'agit. (I. G., art. 1108.) — Voy. COTISATIONS PARTICULIÈRES, SERVICES HORS BUDGET.

Les rôles de taxes ainsi que les quittances qui en sont délivrées sont exempts des droits de timbre. (Circ. comp. gén. 20 février 1858. — *Mém.* p. 63.)

Toutes les contestations relatives au recouvrement des rôles, aux réclamations des individus imposés et à la confection des travaux, sont portées devant le conseil de préfecture, sauf le recours au Gouvernement. (L. 14 floréal an XI, art. 4.)

Lorsque le projet de curage comprend aussi des travaux d'élargissement au moyen de l'occupation de propriétés particulières, c'est-à-dire quand on veut augmenter la largeur naturelle du cours d'eau, le préfet doit s'assurer, avant de le rendre exécutoire, du consentement des propriétaires, ainsi que de la réalisation des ressources pour leur payer des indemnités, à moins que la cession ne soit gratuite. A cet effet, le conseil municipal doit voter les fonds nécessaires, car, en pareil cas, on ne peut mettre la dépense des terrains à la charge des propriétaires qui, par la situation de leurs héritages, sembleraient les plus intéressés à l'opération. Dans le cas où il y aurait lieu de recourir à l'expropriation, le préfet ne serait plus compétent, et il devrait adresser le dossier de l'affaire au ministre de l'intérieur pour le mettre à même de préparer le décret à intervenir. (Circ. int. 5 mai 1852. — *Mém.* p. 169.)

Lorsque les travaux de curage intéressent plusieurs communes, une commission syndicale est ordinairement nommée par le préfet pour diriger et régulariser les travaux. Dans ce cas, c'est la commission syndicale qui répartit entre les intéressés le montant des taxes reconnues nécessaires. Elle peut aussi, à son gré, charger du recouvrement et de l'emploi des fonds, soit un agent spécial, soit l'un des percepteurs receveurs municipaux de la localité. — Voy. Syndicat.

Curés et desservants. — Les communes sont tenues de fournir aux curés ou desservants un presbytère ou un logement, ou, à défaut de presbytère et de logement, une indemnité pécuniaire. (D. 30 décembre 1809, art. 92; L. 18 juillet 1837, art. 30.) — Voy. Indemnité de logement, Presbytère.

Indépendamment du traitement qui est accordé aux curés et aux desservants sur le budget de l'État, les conseils municipaux ont la faculté de voter en leur faveur un supplément de traitement lorsque les circonstances l'exigent. Le maximum de ce supplément est fixé par les instructions ministérielles pour les curés à 250 francs, et, pour les desservants, à la somme nécessaire pour leur assurer, avec celles qu'ils touchent sur le Trésor, un traitement total de 1,000 francs, s'ils sont âgés de moins de 60 ans, de 1,100 francs pour les sexagénaires, et de 1,200 francs pour les septuagénaires. — *Mém.* 1833, p. 364.

Les suppléments de traitement alloués aux curés et desservants sont ordonnancés par douzièmes, de mois en mois, ou par quart à la fin de chaque trimestre. Les quittances sont exemptes de timbre lorsque la somme allouée annuellement n'excède pas 300 francs.

Rien ne s'oppose à ce que les traités qui seraient passés entre les communes et les desservants relativement au casuel, et qui auraient pour objet d'affranchir ceux-ci de rapport d'intérêts avec leurs paroissiens, soient approuvés par l'autorité supérieure, les allocations qui y sont stipulées pouvant être considérées comme un service rendu. (Décis. min. de l'int. 1859.)

Les curés et les desservants sont imposables à la contribution personnelle et mobilière.

Ils sont également imposables pour les portes et fenêtres de la maison presbytérale. (L. 21 avril 1832, art. 27.)

En cas de changement de résidence avant l'émission des rôles, le curé ou desservant imposé nominativement à la contribution des portes et fenêtres et qui n'a pas formé, en temps utile, sa réclamation en mutation de cote, doit payer cette contribution, sauf son recours contre son successeur. — *Mém.* 1859, p. 183. — Voy. FABRIQUES.

D

Dames de charité. — Aux termes de l'article 4 de l'ordonnance du 31 octobre 1821, les bureaux de bienfaisance peuvent nommer des dames de charité dans les différents quartiers des villes pour les soins qu'ils jugent à propos de leur confier.

En général, les dames de charité visitent les pauvres, donnent avis de leur situation à l'administration, et font des quêtes pour eux. Quelquefois elles sont aussi chargées de la distribution des secours à domicile, soit en nature au moyen de bons de pain, de viande, de bois, etc., soit même en argent, à charge, dans ce dernier cas, de remettre au receveur les états de distribution, émargés des parties prenantes. — Voy. BUREAUX DE BIENFAISANCE, QUÊTES.

Date. — Indication de l'époque à laquelle un acte a été passé.

La date s'exprime par la mention du jour, du mois et de l'année. Dans les actes publics, la date doit toujours être énoncée en toutes lettres.

Les comptables qui payent des dépenses pour le compte du payeur sont tenus de veiller à ce que les acquits soient datés du jour même du payement; dans le cas où les parties prenantes seraient illettrées, ce serait à l'agent de la dépense à mettre lui-même la date. S'il arrivait qu'un mandat déjà quittancé et daté ne fût pas payé le jour de sa date, cette date devrait être rectifiée et la rectification approuvée par la partie prenante ou par le comptable qui ferait le payement. (I. G., art. 709.)

En ce qui concerne le payement des dépenses communales, les parties prenantes doivent dater elles-mêmes leurs quittances et y désigner la commune où le payement a lieu. Les receveurs municipaux sont tenus de veiller à l'accomplissement de cette formalité et de la remplir eux-mêmes si les parties prenantes sont illettrées. (Id., art. 1005.) — Voy. MANDATS, PAYEMENT.

Débet. — Le mot *débet*, comme le mot *déficit*, exprime la situation d'un comptable qui n'a pas représenté l'intégralité des sommes qu'il a dû recevoir et qui devraient exister dans sa caisse. Il y a cependant cette différence entre un *déficit* et un *débet* que le déficit est un fait présent, actuel; il consiste dans l'absence matérielle des deniers, et il est constaté par les vérifications des chefs de service; le débet est prononcé à la suite de la vérification des comptes par l'autorité chargée de les juger. Ce jugement ne peut donc porter que sur des faits accomplis depuis plus ou moins de temps. (Circ. du procureur général de la cour des comptes, du 5 septembre 1821.)

En cas de débet de la part des comptables réunissant les fonctions de percepteur de l'impôt direct et de receveur des deniers des communes et des établissements de bienfaisance, le receveur des finances de l'arrondissement est tenu d'en solder immédiatement le montant avec ses fonds personnels. Il demeure subrogé à tous les droits du Trésor, des communes et des établissements sur les cautionnements, les biens et la personne du comptable reliquataire. (I. G., art. 1285.)

Après le délai de trois ans accordé aux percepteurs pour apurer les rôles des contributions directes de chaque exercice, s'il existe encore des restes à recouvrer, ces comptables ont à en verser le montant, de leurs deniers, à la caisse du receveur des finances. Ce versement doit être fait dès le 20 décembre. L'arriéré non soldé des deniers des percepteurs, à cette époque, rentre dans la classe des débets dont les receveurs des finances ont à suivre le recouvrement pour leur propre compte. (Id., art. 1124.) — Voy. Restes a recouvrer, Rôles.

Les frais de reddition de compte par un commis d'office sont considérés comme débet de comptable. Si l'ex-receveur se refuse au payement de la somme mise à sa charge, ou s'il est insolvable, le receveur des finances doit couvrir le débet comme il est dit ci-dessus. (Id., art. 1336.) — Voy Commis d'office.

Les poursuites à exercer par les receveurs des finances contre les ex-percepteurs receveurs municipaux en débet sont indiquées aux articles 1313, 1314 et 1315 de l'Instruction générale. L'article 1385 de la même instruction règle, en cas de mutation, la responsabilité respective de l'ancien et du nouveau receveur des finanees. — Voy. Déficit, Receveur des finances.

Lorsqu'il s'agit d'exercer, au nom des communes et des établissements de bienfaisance, des poursuites contre un comptable en débet, on doit procéder suivant les règles suivies par l'agent judiciaire du Trésor à l'égard des comptables directs du ministère des finances. Alors, le receveur en exercice chargé, par l'arrêté du Gouvernement du 19 vendémaire an XII et par l'instruction du ministère de l'intérieur du 3 brumaire suivant, d'exercer, à la requête du maire, dans les limites tracées à l'article 850 de l'Instruction générale, les poursuites nécessaires pour assurer la rentrée des créances et revenus de toute nature, reçoit une expédition de l'arrêt qui fixe le débet et la remet à l'huissier désigné à cet effet. Cet arrêt est signifié au débiteur avec commandement de payer ; à défaut de payement, le maire, conformément à la loi du 29 vendémiaire an V, charge l'avoué de la commune de procéder aux poursuites judiciaires. (I. G., art. 1561.)

Dans le cas où le comptable à poursuivre n'aurait pas encore été remplacé dans ses fonctions, l'expédition de l'arrêt serait remise directement à l'huissier par le maire de la commune. (I. G., art. 1562.)

Si plusieurs communes ou établissements se trouvent intéressés dans la gestion d'un même comptable, il n'est pas nécessaire que le maire de chacune d'elles agisse séparément pour l'exercice des poursuites encourues par ce comptable ; les communes sont soumises aux règles de droit commun, et, pour éviter des frais de procédure, les maires, comme les particuliers qui ont dans une même cause un intérêt semblable, peuvent se réunir pour charger un seul avoué de suivre collectivement les poursuites judiciaires. Mais, en pareil cas, il appartient toujours aux préfets de donner aux administrations locales les directions qui, suivant les circonstances, peuvent le mieux garantir les intérêts de chaque commune ou établissement. (Id., art. 1563.)

Les conseils de préfecture n'interviennent point dans la liquidation des frais résultant de la notification des arrêtés de comptes, des inscriptions d'hypothèques légales requises sur les biens des comptables, des commandements de payer, de la saisie-exécution et de la vente des biens : l'application de ces divers moyens de poursuites doit être faite dans les formes prescrites par le Code de précédure. Dès lors, les frais qui en résultent sont taxés par le tribunal devant lequel l'action a été portée et le recouvrement en est poursuivi contre le débiteur en vertu de l'acte qui les établit. (Id., art. 1564.)

Le mode de poursuites établi pour le recouvrement des débets des comptables est commun à leurs agents ou préposés, lorsque ceux-ci ont fait personnellement la recette des deniers publics. (Avis du cons. d'État 12 janvier 1811.) — Voy. Fondé de pouvoirs.

Les comptables doivent l'intérêt des sommes dont ils ont été déclarés débiteurs. (Avis du cons. d'État, 9 juillet 1818.) — Voy. Compte de gestion, Restes a recouvrer sur contributions directes.

Décès des comptables. — Les receveurs généraux doivent informer immédiatement le ministre (direction du personnel) de toutes les vacances qui surviennent par décès ou démission dans le personnel des receveurs spéciaux, des percepteurs et des percepteurs surnuméraires de leur département. Les receveurs particuliers sont tenus, de leur côté, de donner sans retard avis des mêmes faits aux receveurs généraux. (I. G., art. 1216.)

En cas de décès d'un comptable de deniers publics, il doit être procédé à l'apposition des scellés et à l'inventaire des meubles, effets, titres et papiers de ce comptable (L. 11 août 1792). L'apposition des scellés est faite, dans ce cas, soit à la diligence du ministère public, soit sur la déclaration du maire ou adjoint de la commune, et même d'office par le juge de paix ; mais elle ne doit avoir lieu que pour raison du dépôt des deniers publics et sur les objets qui le composent. (C. de proc. civ., art. 911.)

Les actes d'apposition et de levée de scellés sont visés pour timbre et enregistrés gratis. (Circ. dir. de l'enreg. 30 novembre 1846, et Circ. compt. gén. 28 janvier 1847. — *Mém.* 1846, p. 278, et 1847, p. 34.) — Voy. COMPTABLES.

Lorsqu'il y a lieu de pourvoir au remplacement provisoire d'un percepteur receveur municipal décédé, le préfet, sur la proposition du receveur général, ou le sous-préfet, sur la proposition du receveur particulier de l'arrondissement, désigne un gérant intérimaire, à moins qu'un intérim n'ait déjà été constitué. (I. G., art. 1330.) — Voy. GÉRANT INTÉRIMAIRE.

Décès des contribuables. — En cas de décès des contribuables, la contribution personnelle-mobilière est exigible pour la totalité de l'année pendant laquelle le décès a eu lieu; la contribution des patentes est due pour le mois entier pendant lequel le décès a eu lieu, et pour les douzièmes échus antérieurement et non soldés. (L. 21 avril 1832 et 25 avril 1844, art. 23 et 25.)

La contribution mobilière inscrite au nom d'un contribuable décédé avant le 1er janvier est due par sa veuve, si cette dernière a continué d'occuper le logement qui a donné lieu à l'imposition. (Arrêt du cons. d'État 7 janvier 1857. — *Mém.* p. 300.)

Les héritiers d'un contribuable décédé avant le 1er janvier n'ont pas droit non plus à la décharge de sa cote mobilière, lorsque le logement du décédé est resté garni de meubles pour l'usage des héritiers. (Arrêts du cons. d'État, 22 décembre 1852, 22 mars 1855 et 28 février 1856.)

De même il n'y a pas lieu à décharge de la patente si la femme ou les enfants du contribuable décédé continuent son commerce ou sa profession. (Id., 15 mars 1844.)

Les demandes en dégrèvement de patente pour cause de décès sont des demandes en décharge qui doivent être présentées dans le délai de trois mois à partir du décès. (Id., 6 mai 1857.)

Les avertissements destinés à des contribuables décédés doivent être rapportés par les agents chargés de les distribuer et remis au percepteur qui, suivant le cas, exige le payement immédiat des héritiers ou comprend la contribution dans ses états de cotes indûment imposées. (I. G., art. 71.) — Voy. AVERTISSEMENTS, COTES INDUMENT IMPOSÉES, HÉRITIERS.

Décès dans les hospices et hôpitaux. — Les effets apportés dans les hospices par les malades qui y ont été traités gratuitement et qui y sont décédés appartiennent à ces établissements, à l'exclusion des héritiers et du domaine, en cas de déshérence ; si le traitement et l'entretien des personnes décédées dans les hospices ont été acquittés de quelque manière que ce soit, les héritiers et légataires peuvent exercer leurs droits sur tous les effets qu'elles y ont apportés ; mais, en cas de déshérence, ces mêmes effets appartiennent aux hospices, au préjudice du domaine.

Ne sont pas, en général, compris dans cette disposition les bijoux ou autres valeurs mobilières.

Les biens des enfants assistés, lorsqu'ils meurent sans héritiers avant leur sortie des hospices, leur émancipation ou leur majorité, appartiennent à ces établissements, qui peuvent en être envoyés en possession à la diligence des receveurs. Dans les cas de l'espèce, les hospices n'ont pas à payer de droits de succession. Lorsqu'il existe des héritiers, ceux-ci ne peuvent recueillir les biens des enfants décédés qu'à la condition d'indemniser les hospices de toutes les dépenses faites par eux pour ces enfants. (I. G., art. 1070.) — Voy. Enfants assistés, Hospices.

Décharges et réductions. — Il y a lieu à décharge ou réduction de contributions directes toutes les fois qu'un contribuable est indûment imposé ou qu'il éprouve une surtaxe. Les réclamations sont jugées par le conseil de préfecture, et le montant des décharges et réductions susceptibles de réimposition est ajouté aux rôles de l'année suivante. — Voy. Dégrèvement, Réclamations, Remises et modérations.

Déchéance. — La déchéance, qui est la perte d'un droit ou d'une fonction, est encourue quand on a négligé d'exercer ce droit ou cette fonction dans le délai fixé par la loi ou les règlements, ou d'accomplir les formalités exigées.

Tout percepteur est tenu, sous peine de déchéance, de prendre possession de son emploi dans le délai d'un mois à compter du jour où la nomination lui a été notifiée et à l'époque fixée par le receveur des finances. — Voy. Installation.

Quant à la déchéance encourue par les contribuables qui n'ont pas présenté leurs réclamations dans les délais fixés par la loi, voy. Délai de réclamation, Réclamations.

Décision. — Acte par lequel un agent de l'administration prononce sur un objet rentrant dans ses attributions.

Les conseils d'État et de préfecture, les ministres, les préfets et les maires ont le droit de prendre des décisions. Ces décisions ont force d'exécution par elles-mêmes. Mais pour être exécutées elles doivent être notifiées. — Voy. Notification.

Les décisions ministérielles sont, ou simplement des solutions adoptées par le ministre dans telles ou telles questions qui lui sont soumises, ou l'expression positive de la volonté ministérielle dans l'affaire ou dans la contestation objet de la décision.

Cette dernière classe de décisions ministérielles se subdivise elle-même en décisions purement administratives et en décisions contentieuses.

Les décisions rendues au contentieux et celles qui sont entachées d'incompétence ou d'excès de pouvoir peuvent être attaquées devant le conseil d'Etat. — Voy. CONSEIL DE PRÉFECTURE, CONSEIL D'ÉTAT, MINISTRES, PRÉFETS.

Déclaration de command. — Voy. COMMAND.

Déclarations à faire par les contribuables. — Les déclarations de mutations foncières sont reçues et les feuilles constatant ces déclarations sont rédigées, soit par le contrôleur des contributions, soit par les percepteurs. (I. G., art. 25.)

Les propriétaires ont la faculté de se faire représenter pour les déclarations de mutations, et leur délégation peut être donnée par simple lettre.

Au bas des extraits de matrices rédigés sur la déclaration d'un mandataire, on énonce que le déclarant était dûment autorisé à représenter la partie intéressée. Cette mention suffit pour les procurations par acte authentique ou enregistré, à la condition, toutefois, que la date de l'enregistrement soit rappelée sur l'extrait. Lorsque les déclarations sont faites en vertu de simples lettres, ces lettres doivent être annexées aux extraits de la matrice. Quand un déclarant ne sait pas signer, il en est fait sur l'extrait de matrice une mention que le maire signe. (Inst. sur les mutations, 18 décembre 1853, art. 43.) — Voy. MUTATIONS.

Pour les autres déclarations à faire par les contribuables, voy. CONTRIBUTIONS DIRECTES, PRESTATIONS, PROPRIÉTAIRES, TAXE SUR LES CHEVAUX ET VOITURES, TAXE MUNICIPALE SUR LES CHIENS.

Déclarations de versement. — Les receveurs des finances ne doivent jamais délivrer de récépissé par duplicata. Si, par un motif quelconque, il leur est demandé une pièce destinée à remplacer un récépissé, ils fournissent une déclaration de versement dans la forme du *modèle* nº 282.

S'il arrive que des récépissés n'aient point été soumis au visa, et que le receveur ne puisse alors se procurer le talon de ce récépissé qui doit servir à justifier la recette constatée dans sa comptabilité, il souscrit, en remplacement, une déclaration semblable à celle qui est indiquée ci-dessus; il la présente au sous-préfet de l'arrondissement pour être revêtue d'un certificat constatant que le récépissé n'a pas été présenté ni conséquemment enregistré à la sous-préfecture. (I. G., art. 1372.) — Voy. RÉCÉPISSÉ, VERSEMENT.

Décompte de remises. — Voy. REMISES.

Décret. — Ce mot a été introduit dans la langue politique par l'Assemblée nationale de 1789. Les actes votés par cette assemblée, ainsi que les actes émanés de l'Assemblée législative et de la Convention nationale, recevaient le nom de décrets.

Sous le Directoire et le Consulat le mot décret fut remplacé par celui de loi, pour les actes du pouvoir législatif, et d'arrêté, pour les actes du pouvoir exécutif.

Sous l'empire, le mot décret servit à désigner les actes du pouvoir exécutif; il fut remplacé, pour ces mêmes actes, par celui d'ordonnance sous l'empire des chartes de 1814 et de 1830.

Les actes du Gouvernement provisoire de 1848 portent le nom de décrets. L'Assemblée constituante qui lui succéda se servit de la même dénomination jusqu'au 4 novembre 1848, jour où la Constitution fut promulguée. Depuis le 2 juin 1849, les actes du chef de l'Etat portent, comme sous le premier empire, la dénomination de décret.

De même que les ordonnances mentionnées ci-dessus, les décrets impériaux ont essentiellement pour objet aujourd'hui de pourvoir à l'application des principes posés dans la loi.

Les décrets sont contre-signés par les ministres compétents et insérés au *Bulletin des lois.*

Défens, défensable. — Termes usités en matière d'administration forestière. On dit qu'un bois est en défens quand il n'est pas permis d'y entrer ou d'y laisser paître des bestiaux; il est défensable, au contraire, quand il est permis d'y entrer et d'y laisser paître les bestiaux. — Voy. PANAGE, PATURAGE.

Déficit. — Constatation matérielle de l'insuffisance des deniers trouvés dans la caisse d'un comptable, lors de la vérification qui peut en être faite.

On a vu au mot *débet* la différence qui existe entre le débet déclaré par l'arrêté de compte et le *déficit* constaté par la vérification des écritures et de la caisse. Il y a déficit du moment que le receveur ne représente pas, soit en espèces, soit en valeurs de portefeuille ou en pièces de dépenses régulières, la totalité des recettes qu'il a effectuées.

En cas de déficit de la part des comptables réunissant les fonctions de percepteur de l'impôt direct et de receveur des deniers des communes et des établissements de bienfaisance, le receveur des finances de l'arrondissement est tenu d'en solder immédiatement le montant avec ses fonds personnels. (I. G., art. 1285.)

Les receveurs des finances, en soldant, de leurs deniers personnels, le montant du déficit d'un percepteur receveur de communes et d'établissements de bienfaisance, se délivrent à eux-mêmes des récépissés à talon distincts, savoir : à titre de recouvrements sur contributions directes ou sur les autres produits, pour les débets qui proviennent du service de la perception ; et à titre de placements des communes et des établissements publics au Trésor, pour les déficits relatifs aux recettes municipales et hospitalières.

Les recouvrements qui ont lieu ensuite, à valoir sur les débets, s'opérant pour le compte particulier du receveur responsable, ce receveur en délivre aux percepteurs ou à leurs ayants cause des reconnaissances motivées, exprimant que « la somme reçue est à valoir sur celle de... montant du débet dont le receveur des finances a déjà fait recette, et s'est délivré récépissé à talon, à la date du... » (I. G., art. 1312.)

Le receveur des finances exerce, par voie de subrogation aux droits du Trésor et des communes, son recours sur les cautionnements, les biens et la personne du débiteur.

Le Trésor public a privilége sur tous les biens meubles des comptables, même à l'égard des femmes séparées de biens, pour les meubles trouvés dans les maisons d'habitation, à moins qu'elles ne justifient légalement que lesdits meubles leur sont échus de leur chef, ou que les deniers employés à l'acquisition leur appartenaient. Ce privilége ne s'exerce néanmoins qu'après les priviléges généraux et particuliers énoncés aux articles 2101 et 2102 du Code Napoléon; mais il porte à la fois sur le prix du mobilier corporel et sur tous les objets qui sont meubles par leur nature et par la détermination de la loi, conformément à la définition qu'en donne le Code précité, articles 527 et suivants.

En cas d'opposition par des tiers sur des deniers provenant de ces objets, ces deniers doivent être déposés à la Caisse des dépôts et consignations et soumis à une contribution dans la forme ordinaire. Dans ce cas, les receveurs des finances font requérir, par le ministère d'un avoué, la collocation en leur faveur comme subrogés au privilége du Trésor public.

Quand il n'y a pas d'opposition, les deniers doivent être versés entre les mains des receveurs généraux et particuliers, à valoir sur les débets des comptables. (I. G., art. 1313.)

Si, après avoir établi la situation du comptable, le receveur des finances reconnaît que ses cautionnements sont insuffisants pour couvrir le déficit, et qu'il peut devenir nécessaire de poursuivre le débiteur, il a le droit de décerner une contrainte qui est exécutoire par toutes les voies de droit, même par corps, et qui emporte hypothèque moyennant inscription. (I. G., art. 1314.)

L'inscription sur les biens du comptable est prise en vertu de l'article 2121 du Code Napoléon qui accorde aux communes et aux établissements publics un droit d'hypothèque légale sur les biens de leurs receveurs; cette inscription profite, par voie de subrogation, au receveur des finances qui a ouvert le débet. (Id., art. 1233.) — Voy. CONTRAINTE PAR CORPS, PRIVILÉGES ET HYPOTHÈQUES.

L'application des cautionnements au payement des déficits doit être demandée par le receveur général. Cette demande est adressée au directeur de la comptabilité générale des finances, avec les pièces constatant le déficit. — Voy. CAUTIONNEMENT.

Si le déficit provient de force majeure ou de circonstances indépendantes de la surveillance du receveur des finances, ce receveur peut obtenir la décharge de sa responsabilité : il a droit, alors, au remboursement, en capital et intérêts, des sommes dont il a fait l'avance.

Le ministre des finances prononce sur les demandes en décharge de responsabilité, après avoir pris l'avis du préfet et de la section des finances du Conseil d'État, et, s'il y a lieu, celui du ministre de l'intérieur et des conseils municipaux ou commissions administratives, sauf appel devant le conseil d'État, par la voie contentieuse. (O. 17 septembre 1837 ; I. G., art. 1285.)

La compétence attribuée au ministre des finances, pour statuer sur les demandes des receveurs des finances en décharge de responsabilité, doit recevoir son application, non-seulement dans les rapports et les contestations des comptables vis-à-vis les uns des autres, mais encore dans les contestations qui peuvent s'élever entre lesdits comptables et les communes ou établissements publics. (Arrêt du Cons. d'État, 3 janvier 1848.—*Mém.* 1849, p. 111.)

Lorsque les receveurs des finances se croient fondés à réclamer la décharge des déficits dont ils ne se trouvent pas couverts au moyen de leur recours sur les cautionnements et les biens des comptables, ils ont la faculté de se pourvoir auprès des préfets pour demander qu'il soit procédé à une enquête administrative, ayant pour objet de constater toutes les circonstances qui ont précédé et accompagné le déficit, et surtout d'examiner si ce déficit doit être attribué à des cas de force majeure et à des circonstances indépendantes de la surveillance du receveur responsable et des maires des communes.

Le résultat de cette enquête est transmis, par le préfet, au ministre des finances, qui, au vu de la délibération de la section des finances du conseil d'État, décide s'il y a lieu de laisser à la charge du comptable le montant du déficit, ou de lui en accorder l'allocation en tout ou en partie, soit sur le crédit des remboursements et restitutions, s'il s'agit de contributions directes, soit sur les fonds des communes et établissements de bienfaisance, si le déficit les concerne ; pour ce dernier service, la décision est concertée avec le ministre de l'intérieur. (I. G., art. 1316.)

Dans aucun cas, le Trésor n'est responsable des débets des percepteurs-receveurs envers les communes et établissements de bienfaisance. (Arrêt du cons. d'État, 14 décembre 1836.— *Mém.* 1837, p. 334.)

Les communes et établissements de bienfaisance qui ont à exercer des poursuites contre un receveur spécial en déficit doivent se conformer aux règles tracées par les articles 1561 à 1564 de l'Instruction générale concernant les débets résultant du jugement des comptes de gestion. — Voy. CAUTIONNEMENT, CONTRAINTE PAR CORPS, DÉBET, PRIVILÉGES ET HYPOTHÈQUES.

Défrichement. — On entend par ce mot, en matière forestière, l'action d'arracher les bois pour en convertir le sol en pâturage ou en terre de labour.

Les communes et établissements publics ne peuvent faire aucun défrichement de leurs bois sans une autorisation expresse et spéciale du ministre des finances ; ceux qui l'auraient ordonné ou effectué sans cette autorisation sont passibles d'une amende calculée à raison de 500 francs au moins et de 1,500 francs au plus par hectare de bois défriché, et tenus, en outre, de rétablir les lieux en nature de bois dans le délai fixé par le jugement, et qui ne peut excéder trois années. (C. F., art. 91 et 220.)

Cette disposition est applicable alors même que le délit de défrichement aurait été commis dans un bois communal non soumis au régime forestier, si le terrain est réellement en nature de bois. (Arrêt de la Cour impér de Nîmes, 20 juin 1833.) — Voy. BOIS DES COMMUNES ET DES ÉTABLISSEMENTS DE BIENFAISANCE.

Dégrèvements. — On appelle *dégrèvements*, d'une manière générale, les décharges ou réductions, remises ou modérations accordées sur les contributions directes. Les décharges et réductions sont fondées sur un droit, et le montant en est réimposé, en général, aux rôles de l'année suivante. Les remises ou modérations appartiennent à la justice gracieuse de l'administration, et elles sont imputées sur le fonds de non-valeurs.— Voy. DÉCHARGES ET RÉDUCTIONS, FONDS DE NON-VALEURS, RÉIMPOSITIONS, REMISES ET MODÉRATIONS.

L'administration accorde la remise entière ou une modération de la taxe aux contribuables qui ont éprouvé des pertes de revenu par suite de vacances de maisons destinées à la location, de grêle, d'incendie ou d'autres événements extraordinaires.

La remise leur est accordée s'ils ont été privés de la totalité des revenus qui font l'objet de la taxe, et si le fonds de non-valeurs le permet ; en cas d'insuffisance de ce fonds, les contribuables perdants ne reçoivent que des dégrèvements proportionnés aux ressources disponibles.

Ils obtiennent une simple modération s'ils n'ont perdu qu'une partie de leurs revenus. (Arrêté 24 floréal an VIII ; I. G., art. 121.)

Il est accordé décharge à tout contribuable compris aux rôles de la contribution foncière, lorsqu'il a été taxé pour un bien qui ne lui appartient pas, ou dans une commune qui n'est pas celle où son bien se trouve situé, ou enfin lorsqu'il se trouve imposé deux fois dans un même rôle pour la même propriété. (L. 2 messidor an VII, art. 5 ; Arrêté 24 floréal an VIII ; L. 13 floréal an X, art. 25 ; 15 septembre 1807, art. 37 et 38 ; 21 avril 1832.)

Dans le premier cas, il y a lieu à mutation de cote, et le propriétaire ou contribuable réel doit être mis en cause pendant l'instruction de la demande. (Arrêt du Cons. d'État, 20 décembre 1848. — *Mém.* 1849, p. 42.)

En ce qui concerne les propriétés non bâties, il n'est plus admis de demande en décharge ou réduction après l'expiration des six mois qui suivent la mise en recouvrement du premier rôle cadastral, à moins que la propriété n'ait été détruite ou n'ait notablement perdu de sa valeur par suite d'événements extraordinaires ou de causes indépendantes du propriétaire.

A l'égard des propriétés bâties, les contribuables peuvent, en dehors du délai de six mois ci-dessus indiqué, former des demandes en réduction ou en rappel à l'égalité proportionnelle, pourvu que ces demandes soient présentées dans les trois mois qui suivent la date de la publication du rôle. (I. G., art. 122.)

Les propriétaires des maisons ont droit à des décharges sur la contribution des portes et fenêtres, s'ils ont été taxés pour des ouvertures que la loi exempte de l'impôt. Ils ont droit à des réductions, s'ils ont été imposés dans une proportion trop forte ou pour un nombre d'ouvertures supérieur à celui des portes et fenêtres existant aux bâtiments qu'ils possèdent. Ils peuvent aussi obtenir des mutations de cote dans les cas prévus par l'article 5 de la loi du 2 messidor an VII et par l'article 2 de l'arrêté du 24 floréal an VIII. (Id., art. 123.)

Les vacances de maisons destinées à la location, ainsi que les chômages d'usines, d'une durée de trois mois au moins, donnent également aux propriétaires droit à des dégrèvements pour la contribution foncière et la contribution des portes et fenêtres.

Les dégrèvements fonciers accordés pour vacances totales ou partielles doivent, comme les dégrèvements relatifs aux autres natures de pertes de revenu, être imputés sur le fonds de non-valeurs, et participer à la distribution, au prorata, seulement, des sommes mises à la disposition des préfets. Mais, dans les villes de 20,000 âmes et au-dessus, les vacances de maisons peuvent, en cas d'insuffisance des sommes allouées sur le fonds de non-valeurs, et lorsque les conseils municipaux en ont fait la demande, donner lieu au dégrèvement intégral de la portion d'impôts afférente au revenu perdu. Ces dégrèvements sont prononcés par les conseils de préfecture, à titre de décharge et réduction; le montant en est réimposé au rôle foncier de l'année qui suit la décision.

Les dégrèvements relatifs aux portes et fenêtres sont imputés sur le fonds de non-valeurs.

Les demandes en dégrèvement doivent être formées dans les quinze jours qui suivent l'année ou le trimestre d'inhabitation. (L. 3 frimaire an VII, art. 84; 15 septembre 1807, art. 38; 28 juin 1833, art. 5; I. G., art. 124.)

Il est encore accordé des dégrèvements, soit sur la contribution foncière, soit sur celle des portes et fenêtres : 1° pour démolition ou destruction de maisons et d'usines par incendie, inondation ou toute autre cause; 2° pour imposition prématurée et surimposition de maisons ou d'usines nouvellement construites; 3° pour vente à l'État, aux départements ou aux communes, de propriétés, bâties ou non bâties, destinées à un service public : 4° pour conversion de maisons ou d'usines en bâtiments ruraux, à ce titre imposables seulement pour le sol.

Les faits antérieurs au 1er janvier de l'année pour laquelle les contributions sont établies donnent lieu à des décharges ou réductions qui sont prononcées par le conseil de préfecture et imputées sur le fonds spécial de dégrèvements pour pertes de matières imposables.

Pour les faits postérieurs à l'ouverture de l'exercice, il est statué par le préfet, et les dégrèvements sont accordés à titre de remises ou modérations et imputés sur le fonds ordinaire de non-valeurs. (I. G., art. 125.)

Il y a lieu à décharge sur la contribution personnelle-mobilière : 1° pour faux emploi, lorsqu'un contribuable est taxé dans une commune où il n'a pas d'habitation, ou lorsqu'il se trouve dans les exceptions déterminées par la loi; 2° pour double emploi lorsque, n'ayant qu'une seule habitation, il est imposé en même temps dans plusieurs communes ou deux fois dans la même.

Tout contribuable dont la cote, établie dans le rôle où elle devait l'être a été calculée dans une proportion trop forte a droit à une réduction. (Arrêté 24 floréal an VIII, art. 7. 8 et 11; L. 21 avril 1832, art. 13; I. G., art. 126.)

Les conseils de préfecture ne peuvent, pour le payement d'une cote mobilière, substituer au contribuable qui a quitté un logement l'individu qui l'y a remplacé (Arrêt du cons. d'État, 22 août 1844.—*Mém.* 1845, p. 75); c'est-à-dire qu'il n'y a pas lieu à mutation de cote pour la contribution mobilière, comme pour les contributions foncière et des portes et fenêtres et pour celle des patentes en cas de cession d'établissement. Toutefois, la veuve peut être, en fait, substituée à son mari pour la contribution de l'année qui suit celle du décès de ce dernier. (Arrêt du cons. d'État, 7 janvier 1857. — *Mém.* 1857, p. 300; 1859, p. 64.) — Voy. DÉCÈS.

Les individus imposés dans les rôles de la contribution des patentes obtiennent la réduction de leur taxe : 1° s'ils ont été imposés pour une profession donnant lieu à une patente plus élevée que celle de la profession qu'ils exercent; 2° s'ils ont été imposés à des droits ou demi-droits fixes supérieurs à ceux qui sont légalement dus; 3° si le loyer qui a servi de base à la fixation du droit proportionnel a été surévalué; 4° si, avant le 1er janvier de l'année pour laquelle le rôle est établi, ils ont quitté leur profession pour en prendre une nouvelle qui serait assujettie à un droit plus faible.

La décharge entière de la patente leur est due : 1° lorsqu'ils ont été imposés par double emploi dans un rôle d'un même exercice; 2° lorsque la profession pour laquelle ils ont été taxés n'est point sujette à patente; 3° lorsqe'ils ont cessé la profession ou le commerce qu'ils exerçaient avant le 1er janvier de l'annéepour laquelle le rôle est établi.

En cas de cession d'établissement ou de cessation de commerce postérieurement au 1er janvier de l'année courante, par suite de décès ou de faillite déclarée, les droits ne sont dus d'ailleurs que pour le passé et le mois courant. (Arrêté 14 floréal an VIII; I. G., art. 127.). — Voy. DÉCÈS, FAILLITE.

Les décharges et réductions sur les contributions foncière et personnelle-mobilière, telles qu'elles ont été définies plus haut, sont réimposées dans les rôles de l'année suivante, et réparties sur tous les contribuables.

La réimposition des décharges accordées sur la contribution des portes et fenêtres n'a pas lieu généralement, parce que le fonds de non-valeurs de cette contribution suffit d'ordinaire pour couvrir les dégrèvements ; mais, en cas d'insuffisance, la réimposition serait de droit. (I. G., art. 138.) — Voy. Réimposition.

Quant aux sommes allouées en dégrèvement sur la contribution des patentes, elles ne sont jamais réimposées, attendu que, d'après la nature de cet impôt, les erreurs faites dans son assiette au préjudice d'un contribuable ne peuvent avoir aucune influeuce sur la taxe des autres individus compris au rôle. Ces dégrèvements s'imputent sur un fonds spécial de non-valeur formé avec le produit de 5 centimes imposés additionnellement à la contribution des patentes ; en cas d'insuffisance des 5 centimes, le montant du déficit est prélevé sur le montant des rôles de la même contribution. (I. G., art. 142.)

Les demandes en remise, modération et non-valeurs, sont jugées par les préfets ; les demandes en décharge et réduction sont jugées par les conseils de préfecture. (L. 28 pluviose an viii ; I. G., art 143.) — Voy. Cotes indument imposées, Cotes irrecouvrables, Fonds de non-valeurs, Ordonnances, Réclamations, Réimpositions.

Dégrèvements sur revenus communaux.—Voy. Non-valeurs et dégrèvements.

Délai d'enregistrement. — Voy. Enregistrement.

Délai de réclamation. — Les réclamations des contribuables (sauf les exceptions mentionnées ci-après) ne peuvent être admises qu'autant qu'elles sont présentées dans les trois mois de la publication des rôles. (L. 21 avril 1832, art. 28, et 4 août 1844, art. 8.)

Les réclamations pour vacances de maisons destinées à la location doivent être formées dans les quinze jours qui suivent l'année ou le trimestre d'inhabitation. (Circ. adm. des cont. dir., 31 août 1844. — *Mém.* p. 321.)

Les demandes en réduction de patente pour cause de décès doivent être présentées dans les trois mois qui suivent le décès. (Arrêt du cons. d'État, 6 mai 1857.)

Les demandes en dégrèvement pour cause de faillite doivent être présentées dans les trois mois qui suivent la fermeture des magasins, boutiques ou ateliers. (Id., 6 août 1857 ; 6 et 24 mars 1859.)

Les demandes en transfert de patente doivent être présentées dans les trois mois de la cession des établissements. (Id., 13 avril 1853.)

Lorsqu'un contribuable a quitté le commerce avant le 1er janvier de l'année de l'imposition, sans y conserver ni domicile ni résidence, le délai de réclamation court à son égard, non du jour de la publication des rôles dans cette commune, mais seulement du jour où le percepteur lui a donné connaissance de son imposition, soit par la remise de l'avertissement, soit par un simple avis du percepteur. (Arrêts du cons. d'État, 10 février 1843, 30 novembre 1848, 1er juin 1853, 2 septembre 1858 et 17 mai 1859.) — *Mém.* 1843, p. 76; 1849, p. 45; 1854, p. 34; 1859, p. 226.

Un contribuable qui, au moment de la publication du rôle, habitait la commune où il a été imposé, et qui a changé plus tard de résidence, ne peut, même en cas de double emploi, exciper valablement d'une maladie, d'une absence ou de la non-réception de l'avertissement, pour obtenir qu'il ne lui soit pas fait application de la déchéance. (Arrêts du cons. d'État, 5 août, 29 novembre et 13 décembre 1854.) — *Mém.* 1856, p. 98.

Lorsque les contribuables n'ont pas formé leur réclamation en temps utile, il n'appartient ni au conseil de préfecture ni au conseil d'État de les relever de la déchéance qu'ils ont encourue, mais ceux-ci peuvent recourir, par la voie gracieuse, aux préfets pour obtenir, à titre de remise, s'il y a lieu, le dégrèvement de la contribution qu'ils prétendent être mal imposée. (Arrêt du cons. d'État, 1er juin 1853.) — *Mém.* 1854, p. 34.

Ce n'est pas la date de la demande qui doit être constatée pour l'application de la déchéance, c'est l'arrivée de cette demande à la préfecture et à la sous-préfecture. Lorsqu'une demande en décharge est parvenue à la préfecture ou à la sous-préfecture après l'expiration du délai précité, elle doit être rejetée. (Arrêt du cons. d'État, 1er février 1844.)

Le délai de réclamation ne court que du 1er janvier pour les rôles publiés avant cette époque. (Circ. adm. des cont. dir. 12 décembre 1846.)

On ne doit comprendre dans le délai de réclamation ni le jour de la publication des rôles ni le jour de la déchéance. (Arrêt du cons. d'État 9 juillet 1846 ; Circ. adm. des cont. dir., 20 septembre 1846.) — *Mém.* p. 241. — Voy. DÉGRÈVEMENTS, RÉCLAMATIONS.

Délégation de contributions. — Les propriétaires peuvent être admis à faire des délégations de contributions sur leurs fermiers, pour les cotes foncières assises sur les biens qu'ils possèdent dans une même commune.

Ceux qui veulent user de cette faculté ont à remettre au percepteur, dans le courant du mois de décembre au plus tard, des déclarations conformes au *modèle n° 17* ; celles qui parviendraient au directeur des contributions passé le 5 janvier n'auraient d'effet que pour l'année suivante. Les déclarations ne sont admises qu'autant qu'elles sont revêtues de la signature du propriétaire ou de son mandataire et de celle de ses fermiers. Elles servent tant qu'elles n'ont pas été retirées ou modifiées par de nouvelles déclarations faites dans la même forme.

Pour les déclarations qui ne contiennent pas au delà de trois divisions, le percepteur fait lui-même le partage de la contribution proportionnellement au revenu de chaque division; il continue d'émarger à l'article du propriétaire, dans le rôle général, les payements successifs qui lui sont faits, soit par le propriétaire, soit par les fermiers. L'inspecteur et les contrôleurs des contributions directes sont chargés de vérifier l'exactitude des calculs faits par les percepteurs.

Les déclarations qui comprennent quatre divisions et au-dessus sont adressées par le percepteur au directeur des contributions directes. Ce chef de service dresse ensuite un rôle auxiliaire, par commune, sur un cadre conforme au *modèle n° 18*.

Le rôle auxiliaire est transmis par la voie ordinaire au percepteur, qui y émarge les payements effectués par les fermiers, et en reporte, chaque mois, le total à l'article des propriétaires dans le rôle général.

Le percepteur a soin d'indiquer, en outre, au journal à souche, l'article du rôle auxiliaire au-dessous de l'article du rôle général.

Les frais de confection des rôles auxiliaires sont à la charge des déclarants. (L. 4 août 1844, art. 4; I. G., art. 81.)

Les rôles auxiliaires peuvent comprendre des fermiers domiciliés hors de la commune, et même hors de l'arrondissement de perception. — *Mém.* 1862, p. 177.

Nonobstant les délégations qu'ils ont faites sur leurs fermiers, les propriétaires restent les débiteurs directs des sommes pour lesquelles ils sont inscrits au rôle principal, et supportent les poursuites que des retards de payement rendraient nécessaires. (I. G., art. 82.) — Voy. Rôles auxiliaires.

Délégation de créance communale. — Tout créancier d'une commune a le droit de faire au profit d'un tiers une délégation ou cession de tout ou partie de la somme qui lui est due. Lorsque cette délégation a été régulièrement notifiée au receveur municipal, ce comptable est non-seulement autorisé à payer entre les mains du délégataire, mais tenu de le faire. Par l'effet de la délégation, les droits qui auparavant reposaient sur la tête du cédant passent sur celle du cessionnaire. Ce dernier devient donc effectivement le créancier de la commune; le mandat peut être délivré à son nom, avec l'énonciation de sa qualité de cessionnaire, et il peut valablement y apposer son acquit. — *Mém.* 1862, p. 207. — Voy. Cessionnaire, Transport-cession.

Délégués des maires. — Lorsque les contribuables dégrevés ne se présentent pas, ou s'ils sont illettrés, absents, décédés ou imposés collectivement, les ordonnances de dégrèvement, délivrées à leur profit, doivent être signées par le maire ou l'adjoint de la commune dans laquelle les contribuables ont leur domicile; dans les grandes villes, les maires peuvent se faire suppléer par un employé de la mairie spécialement délégué à cet effet. (I. G., art. 214.) — Voy. Ordonnances de dégrèvement.

Délibération. — On appelle délibération l'acte par lequel un conseil administratif, un comité ou toute autre assemblée délibérante émet une décision ou un avis sur un des objets qui rentrent dans la nature de ses attributions.

Les délibérations des conseils municipaux sont inscrites par ordre de date sur un registre coté et parafé par le sous-préfet. Elles sont signées par les membres présents à la séance, ou mention est faite de la cause qui les a empêchés de signer. Copie en est adressée au préfet ou au sous-préfet dans la huitaine.

Tout habitant contribuable de la commune a le droit de demander communication, sans déplacement, et de prendre copie des délibérations du conseil municipal de sa commune. (L. 5 mai 1855, art. 22.)

Les copies ou expéditions des délibérations sont faites sur papier libre. Il doit y avoir autant de copies ou pièces séparées qu'il y a eu dans la session d'objets soumis à la délibération du conseil municipal. Chaque expédition doit être certifiée, signée par le maire et revêtue du cachet de la mairie. — Voy. Bureaux de bienfaisance, Conseil municipal, Hospices et Hôpitaux.

Délimitation. — Voy. Bornage.

Demande d'avancement. — Les demandes d'avancement dans les perceptions sont reçues et transmises au ministre des finances par les préfets, qui y joignent leurs observations ; elles sont également accompagnées des observations des receveurs particuliers et des receveurs généraux. Ces demandes sont communiquées à la direction de la comptabilité générale, et inscrites, s'il y a lieu, sur les listes d'avancement tenues à la direction du personnel. (I. G., art. 1215.) — Voy. Perceptions.

Déménagement. — Au point de vue du recouvrement de l'impôt, on distingue trois sortes de déménagement : le déménagement ordinaire, c'est-à-dire celui qui a lieu dans la même commune ou dans une autre commune de la perception, le déménagement hors du ressort de la perception et le déménagement furtif.

Le déménagement furtif est celui qui n'est pas connu à l'avance du propriétaire.

En cas de déménagement hors du ressort de la perception, la contribution personnelle-mobilière et la contribution des patentes sont exigibles pour la totalité de l'année courante. (I. G., art. 63.)

Les propriétaires, et à leur place les principaux locataires, doivent, un mois avant l'époque du déménagement de leurs locataires, se faire représenter par ces derniers les quittances de leurs contributions personnelle-mobilière et des patentes, afin de s'assurer qu'elles comprennent toutes les sommes dues pour l'année courante.

Lorsque les locataires ne représentent point ces quittances, les propriétaires ou principaux locataires sont tenus, sous leur responsabilité, de donner, dans les trois jours, avis du déménagement au percepteur et de retirer une reconnaissance, par écrit, de cet avertissement. (L. 21 avril 1832, art. 22, et 25 avril 1844, art. 25.)

Si le percepteur refuse de recevoir la déclaration faite à l époque prescrite et d'en délivrer une reconnaissance, elle peut lui être notifiée par le ministère d'un huissier; les frais de l'acte sont alors à sa charge. (I. G., art. 86.)

Le simple déménagement dans la même commune ou dans une des communes de la perception ne rendrait point la contribution entière exigible. Dans ce cas, le propriétaire n'aurait à se faire représenter que la quittance des termes échus.

Dans le cas de déménagement furtif de la part des locataires ou sous-locataires, le propriétaire, ou à sa place le principal locataire, devient responsable des termes échus de leurs contributions jusqu'au jour du payement, si, dans les trois jours, il n'a pas fait constater ce déménagement furtif par le commissaire de police, le juge de paix ou le maire.

Pour la contribution des patentes, la responsabilité ne porte que sur le dernier douzième échu et le douzième courant.

La remise au percepteur d'une expédition du procès-verbal de déménagement furtif, dressé dans le délai voulu, dispense le propriétaire ou principal locataire de toute garantie, si la remise est prouvée par une reconnaissance du percepteur.

Le percepteur exerce son privilége sur les meubles enlevés partout où ils se trouvent.

Dans tous les cas, et nonobstant toute déclaration de leur part, les propriétaires ou principaux locataires demeurent responsables de la contribution mobilière des personnes logées par eux en garni. (I. G., art. 87.)— Voy. PROPRIÉTAIRES ET PRINCIPAUX LOCATAIRES.

Démission. — Abandon volontaire d'un mandat ou d'une fonction. La démission peut être expresse ou tacite. Elle est expresse lorsqu'un fonctionnaire la manifeste par écrit; tacite lorsqu'il s'éloigne sans congé de sa résidence obligée ou lorsqu'il accepte des fonctions incompatibles avec celles dont il est revêtu.

Toute démission n'a d'effet qu'autant qu'elle est acceptée par l'autorité qui a fait la nomination. Cette autorité peut surseoir à l'acceptation si elle est intempestive, si elle peut, par exemple, entraver un service public ou nuire à une opération commencée. Le démissionnaire doit continuer ses fonctions non-seulement jusqu'à l'acceptation de sa démission, mais même jusqu'à l'installation de son successeur, à moins qu'il n'en soit expressément dispensé.

La loi déclare coupables de forfaiture et punit de la dégradation civique les fonctionnaires publics qui ont, par délibération, arrêté de donner des démissions dont l'objet ou l'effet serait d'empêcher ou de suspendre l'accomplissement d'un service quelconque. (C. P., art. 126.)

Démolitions. — Les propriétés bâties qui ont été détruites ou démolies font l'objet d'un dégrèvement dans la contribution foncière, dans la contribution des portes et fenêtres et dans la contribution personnelle-mobilière, pour la commune, l'arrondissement et le département où elles étaient situées, jusqu'à concurrence de la part que lesdites propriétés prenaient dans leur matière imposable. (L. 17 août 1835; Circ. adm. des cont. dir., 24 février 1845.)

Cette disposition est applicable à toute usine ou maison convertie en bâtiment rural, à toute propriété particulière qui serait acquise par l'État, les départements et les communes, pour servir de caserne, de maison d'école, de presbytère, etc., et qui cesserait d'être imposable en entrant dans la catégorie des établissements publics que la loi affranchit d'impôts. (Circ. adm. des cont. dir., 2 septembre 1835.)

Dès qu'une maison a été démolie, le propriétaire doit cesser d'être imposé pour les bâtiments qui n'existent plus, et le terrain seul doit être cotisé tant que la maison n'a pas été reconstruite et pendant les deux années qui suivent la reconstruction.

Une réclamation qui a pour objet le dégrèvement de la contribution foncière et de la contribution des portes et fenêtres, assises sur une maison démolie dans le cours de l'année, constitue une demande en remise ou modération de la compétence du préfet. La réclamation formée pour la même maison, l'année suivante, constitue une demande en décharge, qui doit être présentée dans les trois mois de l'émission du rôle et soumise au conseil de préfecture. (Arrêt du cons. d'État, 10 septembre 1856.)

Le percepteur doit inscrire sur son cahier de notes les renseignements qu'il a pu recueillir concernant les démolitions.

Le contrôleur, lors de sa tournée pour les mutations, dresse, de concert avec les répartiteurs, un état des maisons et usines détruites qui doivent cesser de figurer dans les rôles de l'année suivante.

Au moyen de l'état dressé par le contrôleur, le directeur des contributions directes calcule les sommes à retrancher pour démolitions. Il porte ces sommes sur les états de sous-répartement, et en fait connaître le chiffre à l'administration centrale. (Circ, adm. des cont. dir., 24 avril 1846.) — Voy. Cahier de notes, Dégrèvements, Mutations.

Deniers publics. — Les deniers publics sont les deniers de l'État, des départements, des communes et des établissements publics ou de bienfaisance.

Les deniers appartenant au fisc, ou sommes dues à titre quelconque à l'État, et, par analogie, aux communes et aux établissements publics, sont insaisissables. (Arrêt de cass. 16 thermidor an x, et 31 mars 1819.)

Il ne peut être reçu, non plus, aucune opposition sur les deniers des communes et des établissements publics entre les mains de leurs receveurs ou placés en compte courant au Trésor. Les personnes qui prétendent être créancières des communes ou établissements doivent se pourvoir devant l'autorité administrative pour qu'il soit statué, s'il y a lieu, sur le mode de payement. (Circ. int. 2 prairial an VIII ; Arrêtés des consuls, 17 vendémiaire, 9 ventôse an x et 13 brumaire an XII; Avis du cons. d'État, 12 août 1807, 18 juillet et 12 août 1808, et 26 mai 1813; I. G., art. 1007.) — *Mém.* 1834, p. 272.

Les percepteurs ne peuvent faire aucune conversion de leurs recettes en papier de commerce, ni aucun autre échange de valeurs que sur l'autorisation expresse du receveur général et sous sa responsabilité personnelle. (I. G., art. 89.) — Voy. CAISSE, DÉTOURNEMENT.

Deniers pupillaires. — Aux termes de la loi des 15-25 pluviôse an XIII (art. 5 et 6), les receveurs des hospices remplissent, à l'égard des biens et capitaux des enfants admis dans les hospices, les mêmes fonctions que pour les biens de ces établissements; les capitaux sont placés soit au mont-de-piété, s'il en existe dans la commune, soit à la caisse des dépôts ; lorsque la somme appartenant à un enfant est inférieure à 150 fr., il en est disposé selon que le règle la commission administrative. Ces opérations, n'intéressant pas directement les hospices, sont classées parmi les opérations qui s'exécutent en dehors du budget.

Indépendamment du compte collectif auquel elles donnent lieu, les receveurs doivent tenir un carnet sur lequel ils ouvrent un compte ou un article à chaque enfant. (I. G., art. 1110.)

Quant aux revenus des biens et capitaux, ils sont perçus au profit des hospices, jusqu'à la sortie des enfants, à titre d'indemnité de leur nourriture et entretien (L. 15 pluviôse an XIII, art. 7). Toutefois, ce droit ne peut être exercé que jusqu'à concurrence des dépenses faites par les hospices en faveur des enfants. Lorsque les revenus excèdent les dépenses, l'excédant doit être restitué à l'enfant parvenu à sa majorité. Ledit excédant porte intérêt de plein droit, s'il n'a pas été employé. (Arrêt de cass., 21 mai 1849.) — *Mém.* p. 291.

Les receveurs des hospices remplissent également les fonctions indiquées ci-dessus à l'égard de la portion revenant aux enfants assistés dans le produit de leur travail, portion qui est placée pour leur compte à la caisse d'épargne. (I. G., art. 1110.)

Les biens des enfants assistés, lorsqu'ils meurent sans héritiers avant leur sortie des hospices, leur émancipation ou leur majorité, appartiennent à ces établissements, qui peuvent en être envoyés en possession la diligence des receveurs. Dans les cas de l'espèce, les hospices n'ont pas à payer des droits de succession. Lorsqu'il existe des héritiers, ceux-ci ne peuvent recueillir les biens des enfants décédés qu'à la condition d'indemniser les hospices de toutes les dépenses faites par eux pour ces enfants. (L. 15 pluviôse an XIII, art. 8 et 9; I. G., art. 1070.) — Voy. ENFANTS ASSISTÉS.

Denrées et grains récoltés sur les biens des établissements de bienfaisance. — Voy. BUREAUX DE BIENFAISANCE, ÉCONOMES, HOSPICES, REVENUS EN NATURE.

Dépenses des communes. — La loi du 18 juillet 1837, art. 30, divise les dépenses des communes en dépenses obligatoires et dépenses facultatives.

Sont obligatoires les dépenses suivantes :

1° L'entretien, s'il y a lieu, de l'hôtel de ville ou du local affecté à la mairie ;

2° Les frais de bureau et d'impression pour le service de la commune ;

3° L'abonnement au Bulletin des lois ou au Moniteur des communes ;

4° Les frais de recensement de la population ;

5° Les frais des registres de l'état civil et la portion des tables décennales à la charge des communes ;

6° Le traitement du receveur municipal, du préposé en chef de l'octroi et les frais de perception ;

7° Le traitement des gardes des bois de la commune et des gardes champêtres ;

8° Le traitement et les frais de bureau des commissaires de police, tels qu'ils sont déterminés par les lois et décrets ;

9° Les pensions des employés municipaux et des commissaires de police, régulièrement liquidées et approuvées ;

10° Les frais de loyer et de réparation du local de la justice de paix, ainsi que ceux d'achat et d'entretien de son mobilier, dans les communes chefs-lieux de canton ;

11° Les dépenses de la garde nationale, telles qu'elles sont déterminées par les lois ;

12° Les dépenses relatives à l'instruction publique, conformément aux lois ;

13° L'indemnité de logement aux curés et desservants et autres ministres des cultes salariés par l'État, lorsqu'il n'existe pas de bâtiment affecté à leur logement ;

14° Les secours aux fabriques des églises et autres administrations préposées aux cultes dont les ministres sont salariés par l'État, en cas d'insuffisance de leurs revenus, justifiée par leurs comptes et budgets.

15° Le contingent assigné à la commune, conformément aux lois, dans la dépense des enfants assistés et des aliénés ;

16° Les grosses réparations aux édifices communaux, sauf l'exécution des lois spéciales concernant les bâtiments militaires et les édifices consacrés au culte;

17° La clôture des cimetières, leur entretien et leur translation, dans les cas déterminés par les lois et règlements d'administration publique;

18° Les frais des plans d'alignement;

19° Les frais et dépenses des conseils de prud'hommes, pour les communes où ils siégent; les menus frais des chambres consultatives des arts et manufactures, pour les communes où elles existent, ainsi que des sociétés de secours mutuels;

20° Les contributions et prélèvements établis par les lois sur les biens ou revenus communaux;

21° Les secours et pensions accordés aux sapeurs-pompiers, à leurs veuves et à leurs orphelins;

22° La part contributive de la commune dans la dépense des travaux de défense contre les inondations;

23° Les frais de tenue des assemblées électorales pour l'élection des députés au corps législatif, des conseils généraux, des conseils d'arrondissement et des conseils municipaux; des membres des tribunaux de commerce et des conseils de prud'hommes; des chambres consultatives des arts et manufactures et des chambres de commerce;

24° L'acquittement des dettes exigibles;

Et généralement les dépenses mises à la charge des communes par une disposition de loi. (L. 18 juillet 1837, art. 30; 30 juin 1838, art. 28; 15 juillet 1850, art. 8; 7 août 1850, art. 1er; 5 avril 1851, art. 7; 5 mai 1855, art. 50; 28 mai 1858, art. 1er; D. 12 février, 26 mars 1852 et 31 mai 1862, art. 486; I. G., art. 980.)

Ces dépenses ne sont pas toutes générales et permanentes. Ainsi, des communes peuvent se trouver affranchies, par l'effet de circonstances locales, de l'obligation d'accorder des subventions pour le culte ou de pourvoir aux frais de la garde nationale. Il y a aussi des dépenses auxquelles les communes ne sont tenues de subvenir qu'autant qu'elles s'en sont chargées volontairement, et dont elles peuvent s'affranchir ensuite en soumettant à l'autorité supérieure les délibérations qui tendent à les supprimer. Telles sont les dépenses des conseils de prud'hommes ou des chambres consultatives des arts et manufactures.

Toutes les dépenses autres que celles qui sont énumérées ci-dessus sont facultatives. (L. 18 juillet 1837, art. 30.)

Les dépenses facultatives les plus ordinaires sont les suivantes : entretien des pavés; entretien des promenades publiques; entretien des pompes à incendie; dépense de l'éclairage; salaire du cantonnier communal; fonds accordés aux hospices et aux bureaux de bienfaisance; indemnité à la sage-femme; traitement et indemnité de logement de l'institutrice; supplément de traitement du desservant; supplément de traitement de l'instituteur; fêtes publiques; dépenses imprévues. (Circ. Int., 7 août 1846.) — *Mém.* p. 221.

La loi du 18 juillet 1837, en établissant cette distinction entre les dépenses des communes, n'a eu d'autre objet que de déterminer celles qui sont obligatoires, sans entendre rien prescrire d'ailleurs pour les formes de la comptabilité. L'administration a maintenu, dans les budgets et dans les comptes, la division ancienne des dépenses en ordinaires et extraordinaires, comme paraissant offrir le plus d'avantage. (Circ. int. 18 octobre 1838.) — *Mém.* p. 321.

Les dépenses ordinaires sont celles qui ont lieu chaque année, et qui tiennent aux services ordinaires de l'administration municipale. Elles doivent être classées dans les budgets et les comptes communaux dans un ordre qui répond aux subdivisions suivantes : 1° frais d'administration ; 2° entretien des biens communaux, salubrité, sûreté, voirie ; 3° garde nationale; 4° établissements de charité, secours, pensions; 5° instruction publique, beaux-arts ; 6° culte, fêtes publiques, dépenses imprévues.

Les dépenses extraordinaires sont celles qui ne sont pas de nature à se reproduire périodiquement, et qui sont momentanément à la charge des communes pour frais relatifs à des produits extraordinaires, pour travaux communaux de toute nature qui ne pourraient être considérés comme étant de simple entretien, pour indemnités, secours ou subventions extraordinaires, pour l'amortissement des emprunts, etc.

Aucune dépense ne peut être acquittée si elle n'a été préalablement ordonnancée par le maire, sur un crédit régulièrement ouvert. Tout mandat ou ordonnance doit énoncer l'exercice et le crédit auxquels la dépense s'applique, et être accompagné, pour la constatation de la dette et la régularité du payement, des pièces indiquées par les règlements. (O. 23 avril 1823, art. 1er.; D. 31 mai 1862, art. 503.)

L'époque de la clôture de l'exercice est fixée pour la liquidation et l'ordonnancement des dépenses communales au 15 mars de la deuxième année de l'exercice, et, pour les payements, au 31 mars. (O. 1er mars 1835 et 24 janvier 1843 ; I. G., art. 813.) — Voy. Budget communal, Crédits, Exercice, Ordonnancement, Payement, Pièces justificatives.

Dépenses départementales. — Les dépenses réglées par les budgets départementaux sont acquittées par les payeurs du Trésor, en vertu des mandats des préfets, imputables sur les ordonnances de délégation des ministres compétents. (I. G., art. 805.)

Les payeurs peuvent requérir, pour le payement de ces dépenses comme pour celles qui intéressent directement le Trésor, le concours des receveurs des finances et des percepteurs sous leurs ordres.

L'époque de la clôture de l'exercice est fixée, pour la liquidation et l'ordonnancement des dépenses départementales, au 31 mai de la deuxième année de l'exercice, et, pour les payements, au 30 juin dans l'arrondissement du chef-lieu, au 20 juin dans les arrondissements de sous-préfecture. (I. G., art. 661.)

Les dépenses départementales à acquitter dans un département autre que celui que les dépenses concernent sont mandatées, par le préfet du département débiteur, sur la caisse du payeur de ce département; les mandats ainsi délivrés contiennent la mention qu'ils seront payés sur l'acquit du receveur général, exprimant la promesse de rapporter ultérieurement les quittances des créanciers.

Les fonds reçus contre ces mandats sont transmis par le receveur général à son collègue du département où se trouvent les créanciers, en un mandat à quinze jours de date sur ce collègue, et à son ordre.

Le receveur auquel les fonds parviennent en fait, aussitôt après l'échéance du mandat, le payement aux parties intéressées, et il en retire soit des quittances individuelles pour les payements effectués à des particuliers, soit la quittance du directeur ou du trésorier de l'établissement, s'il s'agit de la dépense d'individus entretenus à la charge du département dans un établissement privé, soit les quittances à souche des receveurs de communes ou d'établissements de bienfaisance, en cas de remboursements à une commune, à une hospice ou à tout autre établissement analogue, soit, enfin, des récépissés à talon, lorsque les fonds transmis doivent être portés en recette par le receveur des finances. Le receveur général qui a recueilli ces pièces les adresse à son collègue du département débiteur, pour qu'elles soient remises au payeur, comme complément de justification, dans un délai qui ne peut pas excéder un mois.

Lorsque les fonds à transmettre dans un département concernent plusieurs créanciers, le receveur général du département débiteur doit néanmoins ne délivrer qu'un seul mandat sur son collègue du département créancier, sauf à donner dans la lettre d'avis le détail des sommes à payer individuellement. (I. G., art. 809.) — Voy. DÉPENSES PUBLIQUES, MANDATS A ACQUITTER POUR LE COMPTE DU PAYEUR.

Dépenses des établissements de bienfaisance. — Les dépenses des hospices et autres établissements de bienfaisance sont divisées en dépenses ordinaires et en dépenses extraordinaires.

Les dépenses ordinaires consistent dans les articles suivants, savoir : traitements divers et remises du receveur; gages des préposés et servants; réparation et entretien des bâtiments ; contributions assises sur ces bâtiments; entretien du mobilier et des ustensiles; dépenses du coucher; linge et habillements; achat de grains et denrées; blanchissage; chauffage; éclairage; achat de médicaments; pensions ou rentes à la charge de l'établissement; entretien et menues réparations des propriétés rurales; contributions assises sur ces propriétés; dépenses des mois de nourrice et pensions des enfants assistés; frais de layette et vêtures de ces enfants, dépenses des aliénés indigents, dans la proportion déterminée par le préfet, sur la proposition du conseil général.

On range également dans la classe des dépenses ordinaires les consommations de grains et denrées.

Les dépenses extraordinaires ont, en général, pour objet les constructions et grosses réparations, les achats de terrains et bâtiments; les frais de procédure, les achats de rentes sur l'État. (I. G., art. 1082.)

Un des membres de la commission administrative de chaque établissement est chargé des fonctions d'ordonnateur. (I. G., art. 1085.)

Les règles relatives au payement des dépenses des communes sont applicables au payement des dépenses des établissements de bienfaisance. — Voy. Bureau de bienfaisance, Crédits, Exercice, Hospices, Ordonnancement, Payement, Pièces justificatives.

Dépenses d'ordre des octrois. — Voy. Octroi

Dépenses imprévues. — Les conseils municipaux peuvent porter au budget un crédit pour dépenses imprévues. La somme inscrite pour ce crédit ne peut être réduite ou rejetée qu'autant que les revenus ordinaires, après avoir satisfait à toutes les dépenses obligatoires, ne permettraient pas d'y faire face, ou qu'elle excéderait le dixième des recettes ordinaires.

Le crédit pour dépenses imprévues est employé par le maire, avec l'approbation du préfet pour les communes de l'arrondissement chef-lieu, et des sous-préfets pour les communes des autres arrondissements.

Dans les communes autres que les chefs-lieux de département ou d'arrondissement, le maire peut employer le montant de ce crédit aux dépenses urgentes, sans approbation préalable, à la charge d'en informer immédiatement le sous-préfet, et d'en rendre compte au conseil municipal dans la première session ordinaire qui suit la dépense effectuée. (L. 18 juillet 1837, art. 37; D. 31 mai 1862, art. 495.)

Le fonds des dépenses imprévues ne peut être employé à payer des dépenses qui auraient été faites pendant un exercice autre que celui pour lequel le fonds a été alloué, non plus que des dépenses rejetées du projet de budget.

En général, aucune dépense dont l'objet sort de la classe de celles qui s'effectuent habituellement en vertu des lois et règlements généraux ne doit avoir lieu sur ce fonds, à moins d'une autorisation spéciale de l'autorité qui règle le budget. (I. G., art. 819.) — *Mém.* 1862, p. 385.

Le receveur municipal ne peut se rendre juge de l'urgence de la dépense, quant à l'emploi, sans approbation préalable, du crédit pour dépenses imprévues. Il doit payer tout mandat délivré par le maire sur ce crédit lorsque, d'ailleurs, la dépense présente un caractère communal, sauf à transmettre, s'il le juge convenable, à l'autorité supérieure des observations sur la mesure prise par le maire. — *Mém.* 1849, p. 161.

Le fonds des dépenses imprévues sert principalement au payement des portions de dépenses qui excéderaient les crédits ouverts primitivement au budget; dans ce cas, les maires ont à former deux mandats : l'un, avec imputation sur le crédit spécial, du montant de ce crédit; et l'autre, avec imputation sur le fonds de dépenses imprévues, de l'excédant de la dépense sur la somme qui avait été prévue au budget. Ils doivent rendre compte immédiatement au sous-préfet de cette disposition, s'ils n'avaient pu faire préalablement la demande de l'autorisation prescrite par la loi.

Les autorisations obtenues des sous-préfets doivent être jointes aux mandats des maires, et ces mandats être appuyés en outre des diverses justifications d'emploi ou de payement que les dépenses comportent. — Voy. Crédits, Exercice, Ordonnancement, Payement.

Dépenses intérieures. — Voy. Hospices.

Dépenses publiques. — Aucune dépense publique ne peut être acquittée si elle n'a été ordonnancée par un ministre, ou, en vertu de ses délégations, par un ordonnateur secondaire. (O. 14 septembre 1822, art. 7; D. 31 mai 1862, art. 82; I. G., art. 163.)

Le payement des ordonnances et mandats est effectué par un payeur unique dans chaque département.

Les receveurs généraux des finances sont exclusivement chargés de pourvoir aux besoins du service sur tous les points de leur département, et ils doivent, en conséquence, verser aux payeurs ou à leurs préposés les fonds nécessaires pour le payement des dépenses publiques.

Ils reçoivent à cet effet, de la direction du mouvement général des fonds, des avis qui leur font connaître les remises de fonds qui devront être faites d'après les ordonnances transmises aux payeurs.

Les versements doivent avoir lieu au fur et à mesure des besoins.

Les payeurs remettent, le 20 de chaque mois, aux receveurs généraux, un état de leurs besoins pour le mois suivant, en y indiquant les sommes partielles qui leur sont nécessaires à chacune des époques qu'ils désignent. Ils doivent ensuite, à la fin de chaque dizaine, faire connaître leurs besoins pour la dizaine suivante, d'après les modifications dont leurs premières évaluations seraient susceptibles. (I. G., art. 658.)

Lorsqu'il y a lieu de transmettre des fonds à des préposés du payeur, celui-ci en informe le receveur général, et lui désigne le lieu, l'époque et l'importance des besoins; le receveur général doit expédier immédiatement, ou donner aux receveurs particuliers l'ordre d'expédier les fonds qui sont demandés. (Id., art. 659.)

Les receveurs des finances, étant chargés d'assurer le payement des dépenses publiques exigibles dans leurs arrondissements, doivent veiller à ce que ce service soit exécuté avec les seules ressources du Trésor, et conséquemment fournir aux percepteurs, en se concertant à cet effet avec le receveur général, les fonds de subvention nécessaires dans les localités où les recettes ne seraient pas suffisantes.

Les receveurs des finances portent les sommes qui sont envoyées au débit d'un compte collectif qu'ils ouvrent aux percepteurs à qui les envois sont faits; ils créditent ce compte du montant des pièces acquittées lorsqu'elles leur sont remises, ainsi que des fonds non employés qui leur sont rendus, et ils en délivrent récépissé. (Id., art. 1128 et 1377.)

Les percepteurs qui, dans le cas prévu ci-dessus, reçoivent des fonds de subvention s'en chargent en recette au journal à souche, envoient la quittance au receveur des finances, et portent cette recette à un compte spécial qu'ils ouvrent sous ce titre : Receveur des finances, S/C de fonds de subvention. Lorsque les percepteurs remettent au receveur des finances les pièces justificatives des payements et les fonds non employés, il leur en est délivré un récépissé à talon, dont ils portent le montant en dépense au compte précité. (Id., art. 1489.) — Voy. MANDATS A ACQUITTER POUR LE COMPTE DU PAYEUR, ORDONNANCEMENT.

Dépenses relatives aux contributions directes. — Les crédits destinés aux dépenses relatives aux contributions directes sont ouverts dans la loi de finances de chaque année, et sont compris dans le budget du ministère des finances.

La période à laquelle les dépenses d'un exercice doivent se rapporter, d'après la disposition ci-dessus, est indépendante des époques de la liquidation, de l'ordonnancement et du payement de ces dépenses. (I. G., art. 145.)

Les crédits ouverts dans le budget de l'État, pour les dépenses relatives aux contributions directes, ne servent que de base provisoire pour l'ordonnancement et le payement de ces mêmes dépenses, et les fixations portées provisoirement au budget sont ramenées ensuite aux fixations déterminées par les rôles.

Les crédits ainsi réglés servent de base définitive pour les dépenses sur les contributions directes. (Id., art. 146.)

Ils ont, en général, pour objet les dépenses suivantes :

Remises des percepteurs ;

Frais de distribution des premiers avertissements ;

Indemnités aux porteurs de contraintes ;

Impositions communales et frais de bourses et chambres de commerce ;

Frais de perception des impositions communales ;

Attributions aux communes sur la contribution des patentes ;

Attributions aux communes sur la taxe des chevaux et voitures ;

Dégrèvements et non-valeurs.

Les préfets sont les seuls ordonnateurs secondaires du ministère des finances pour toutes les dépenses relatives aux contributions directes qui sont acquittées par les receveurs des finances. (I. G., art. 164.)

Il n'y a dès lors pour ce service que des ordonnances de délégation délivrées au nom des préfets, et par lesquelles le ministre autorise ces administrateurs à disposer d'une partie des crédits législatifs, au moyen de mandats de payement au profit et au nom d'un ou de plusieurs créanciers de l'État.

Ces ordonnances sont délivrées successivement à des époques déterminées. Toutefois les préfets peuvent délivrer leurs mandats à valoir sur les ordonnances de délégation à intervenir pour les remises des percepteurs, les frais de distribution des premiers avertissements, et pour les restitutions aux communes, attendu que les percepteurs-receveurs municipaux sont autorisés à retenir eux mêmes sur le produit des recouvrements les sommes qui leur reviennent ainsi qu'aux communes (I. G., art. 174). Il en est de même pour les indemnités aux porteurs de contraintes.

Le montant des ordonnances de délégation est fixé d'après les rôles, ou d'après les décomptes qui sont établis par les receveurs généraux et transmis par eux au ministère.

Il est adressé aux préfets des extraits de ces ordonnances, et il en est fourni des avis aux receveurs généraux. (I. G., art. 165.)

Pour l'emploi des crédits ministériels délégués aux préfets, ces administrateurs sont autorisés à émettre des ordonnances ou mandats de payement, qui doivent être délivrés par chapitre et par partie prenante individuelle ou collective.

Les modèles de ces ordonnances ou mandats indiquent les formalités à suivre pour leur admission dans la comptabilité des receveurs. (I. G., art. 173.)

S'il arrive qu'une partie prenante ait perdu un mandat, il lui en est délivré un duplicata, sur sa déclaration motivée, et d'après l'attestation écrite du receveur général sur lequel le mandat était tiré, que ce mandat n'a point été acquitté. (Id., art. 186.)

Les dépenses de chaque exercice peuvent être liquidées et ordonnancées jusqu'au dernier jour inclusivement du septième mois de la seconde année de l'exercice, sauf les dépenses pour remises des percepteurs, pour restitutions de centimes communaux et pour attributions aux communes sur patentes, qui peuvent être mandatées jusqu'au 31 août, date de la clôture des payements.

En conséquence, tout crédit de délégation ouvert pour servir à l'ordonnancement des dépenses d'un exercice est valable, à moins d'annulation expresse, jusques et y compris le 31 juillet de la seconde année de cet exercice. (Id., art. 187 et 189.)

Les receveurs des finances sont tenus de faciliter, par tous les moyens en leur pouvoir, l'apurement et l'ordonnancement, dans les délais voulus, des dépenses de chaque exercice.

Ils doivent veiller à ce que les percepteurs forment en temps utile leurs demandes en décharges et réductions pour les cotes indûment imposées, et leurs demandes en remises et modérations pour les cotes irrecouvrables. (Id., art. 188.)

Les dépenses relatives aux contributions directes, qui doivent être acquittées par les receveurs généraux des finances ou par les comptables sous leurs ordres, sont payables en vertu des mandats ou ordonnances des préfets, jusqu'au dernier jour du huitième mois de la seconde année de l'exercice, dans l'arrondissement où réside le receveur général, et jusqu'au 20 du même mois dans les autres arrondissements. (I. G., art. 194 et 223.)

Les receveurs des finances doivent veiller à ce que les ordonnances de dégrèvements et non-valeurs, délivrées dans les délais fixés pour l'ordonnancement, et qui leur ont été remises pour être envoyées aux percepteurs, soient rentrées à la recette générale et portées en dépense avant l'expiration du mois d'août. (I. G., art. 224.)

Pour faciliter la prompte rentrée des ordonnances de non-valeurs envoyées tardivement dans les arrondissements de perception, les percepteurs peuvent réclamer l'intervention des maires, à l'effet de constater, sans délai, l'émargement de ces ordonnances aux rôles. (Id., art 225.)

S'il arrive que les ordonnances ou mandats ne puissent être admis en dépense par le receveur général avant la clôture des payements de l'exercice, les receveurs ou percepteurs qui les présentent après l'expiration des délais ont à en suivre le remboursement pour leur propre compte. Les demandes en remboursements de cette nature doivent être adressées aux préfets par l'entremise du receveur général du département, pour qu'il y soit donné suite, s'il y a lieu, soit par une réimputation sur les crédits de l'exercice courant, s'il s'agit d'ordonnances concernant les fonds de non-valeurs des contributions foncière, personnelle-mobilière et des portes et fenêtres, soit par un ordonnancement spécial à demander au ministère des finances (administration des contributions directes) pour les ordonnances relatives aux autres natures de dépenses. (I. G., art. 226.)

Le payement de la plupart des dépenses relatives aux contributions directes exige, en outre, des explications détaillées, qui sont l'objet d'articles spéciaux dans ce dictionnaire. — Voy. ATTRIBUTIONS SUR PATENTES DÉGRÈVEMENTS, FONDS DE NON-VALEURS, FRAIS DE BOURSES ET CHAMBRES DE COMMERCE, DISTRIBUTION DES PREMIERS AVERTISSEMENTS, FRAIS DE PERCEPTION DES CENTIMES COMMUNAUX, IMPOSITIONS COMMUNALES, ORDONNANCES DE DÉGRÈVEMENT, REMISES DES PERCEPTEURS, TAXE SUR LES CHEVAUX ET VOITURES.

Département. — Nom de la principale division administrative de la France.

Les départements ont, comme les communes, le caractère de personnes civiles. Ils peuvent, à ce titre, acquérir, posséder, aliéner, faire en un mot tous les actes inhérents à la qualité de propriétaire.

Le préfet administre le département, soit seul, soit avec le concours du conseil général et du conseil de préfecture.

Le budget de chaque département est présenté par le préfet, délibéré par le conseil général et réglé définitivement par décret impérial. (L. 10 mai 1838, art. 11.)

Il est divisé en six sections. La première comprend les dépenses ordinaires ; la seconde, les dépenses facultatives ; la troisième, les dépenses extraordinaires ; la quatrième, les dépenses spéciales qui ont pour objet le concours du département dans les travaux des chemins vicinaux ; la cinquième, les dépenses de l'instruction primaire ; la sixième, les dépenses du cadastre. (Id., art. 12, 16 et 19.)

Il est pourvu à ces dépenses au moyen : 1° du produit des centimes additionnels aux contributions directes, affecté par la loi de finances aux dépenses des départements ; 2° de la part allouée au département dans le fonds commun établi par la même loi ; 3° du revenu du produit des propriétés du département non affecté à un service départemental ; 4° du revenu et du produit des autres propriétés du département tant mobilières qu'immobilières ; 5° du produit des expéditions d'anciennes pièces ou d'actes de la préfecture déposés aux archives; 6° du produit des droits de péage autorisés par le Gouvernement, ainsi que des autres droits et perceptions concédés au département par les lois. (L. 10 mai 1838, art. 10, 13, 17 et 19.)

Les contributions extraordinair. que le conseil général voterait pour subvenir aux dépenses du département ne peuvent être autorisées que par une loi. (Id., art. 33.)

En cas de désaccord sur la répartition de la dépense intéressant à la fois le département et les communes, il est statué par décret impérial, les conseils municipaux, les conseils d'arrondissement et le conseil général entendus. (Id. art. 35; D. 25 mars 1852.)

Les centimes additionnels de toute nature affectés aux dépenses départementales sont compris aux rôles généraux des contributions directes et recouvrés avec la portion de ces contributions qui est perçue au profit de l'État. Les produits éventuels, quels qu'ils soient, sont recouvrés par le receveur général du département. (L. 10 mai 1838, art. 22.)

Les dépenses sont acquittées par le payeur du département, sur les mandats délivrés par le préfet, en vertu des ordonnances de délégation du ministre de l'intérieur. Il n'y a d'exception à cette règle que pour les dépenses relatives aux routes départementales qui peuvent être ordonnancées par l'ingénieur en chef. (L. 10 mai 1838, art. 23 ; Arrêté min. 20 décembre 1849.) — Voy. CENTIMES ADDITIONNELS, CONSEIL GÉNÉRAL, DÉPENSES DÉPARTEMENTALES, PRÉFET.

Dépositaires de deniers provenant du chef des redevables de contributions directes. — Tous receveurs, agents, économes, notaires, commissaires priseurs et autres dépositaires et débiteurs de deniers provenant du chef des redevables et affectés au privilége du Trésor sont tenus, sur la demande qui leur en est faite par le percepteur, de payer à l'acquit des contribuables, sur le montant et jusqu'à concurrence des fonds qu'ils doivent ou qui sont entre leurs mains, les contibutions dues par ces derniers, lors même qu'il existerait entre leurs mains des oppositions formées par d'autres créanciers des contribuables. (D. 12 novembre 1808, art. 2; I. G., art. 83.) — *Mém.* 1854, p. 146.

Par receveurs, agents et économes, on doit entendre les agents qui sont chargés par les propriétaires de la conservation et de la gestion de leurs biens, de la perception de leurs rentes et fermages, les gérants de leurs exploitations, leurs mandataires et hommes de confiance.

Les commissaires-priseurs, huissiers, notaires, séquestres et autres dépositaires sont tenus de payer d'office les contributions dues, avant de procéder à la délivrance des deniers. Les quittances des percepteurs pour les sommes légitimement payées leur sont allouées en compte. (I. G., art. 84.)

Le privilége du Trésor sur les sommes déposées entre les mains de toutes les personnes désignées ci-dessus s'exerce avant tout autre sur la simple demande du percepteur ou sur une sommation faite par un porteur de contrainte. (I. G., art. 85.)

Il n'y a d'exception qu'à l'égard des frais de justice ou de poursuites faits dans l'intérêt commun des créanciers et du Trésor (Note de l'instruction générale). Par frais de justice, on ne doit pas entendre ceux qui ont été exposés par le créancier pour faire reconnaître et conserver son droit, mais seulement ceux qui ont été avancés pour mettre sous la main de la justice le gage commun, en réaliser et en attribuer le prix, par conséquent le coût d'un commandement, d'une saisie, etc. (Arrêt de la Cour imp. de Paris, 26 septembre 1856. — *Mém.* 1857, p. 210.)

Comme on vient de le voir, la demande n'est pas même nécessaire à l'égard des commissaires-priseurs, huissiers, etc. Elle l'est à l'égard des syndics d'une faillite; mais ceux-ci doivent y satisfaire, pour les contributions privilégiées, sur les meubles et effets mobiliers, sans obliger le percepteur à suivre les formalités relatives à la vérification et à l'affirmation des créances. — *Mém.* 1857, p. 282, et 1858, p. 273.

L'obligation de rechercher le lieu où le contribuable dont les meubles ont été vendus est imposé et de rapporter la quittance, incombe aux ayants droit du redevable, intéressés à toucher les sommes provenant du mobilier, et, à leur défaut, à l'officier ministériel qui a fait la vente. Celui-ci, pour mettre sa responsabilité à couvert, a d'ailleurs un moyen bien simple, c'est de ne pas se dessaisir des deniers jusqu'à ce que les percepteurs auxquels il peut être dû réclament, ou que les intéressés à se faire délivrer le produit de la vente viennent eux-mêmes représenter, soit la quittance des cotes dues, soit un certificat négatif attestant que l'individu propriétaire du mobilier vendu n'était pas imposé. — *Mém.* 1858, p. 103.

En cas de refus par les tiers détenteurs ou dépositaires de remettre aux percepteurs les deniers affectés au privilége du Trésor, ils peuvent y être contraints par les mêmes moyens que les contribuables eux-mêmes.

Le percepteur, avant d'exercer les poursuites, doit s'assurer que le privilége existe réellement sur les sommes déposées et qu'elles proviennent bien, savoir : pour la contribution foncière, des fruits et revenus des biens soumis à cette contribution; pour les autres contributions, des objets mobiliers affectés à leur payement. (I. G., art. 85.)

Quand un percepteur est informé qu'un tiers est dépositaire ou débiteur, à quelque titre que ce soit, de sommes provenant du chef d'un redevable de contributions directes et affectées au privilége du Trésor, il doit agir conformément à l'article 2 de la loi du 12 novembre 1808, c'est-à-dire par action directe. Il réclame d'abord officieusement au tiers détenteur le montant de l'impôt privilégié, jusqu'à concurrence des sommes que celui-ci a entre les mains. A défaut, par ce dernier, d'obtempérer à la requisition amiable, il lui fait signifier par le porteur de contraintes une sommation de payer sans délai au percepteur, à la décharge du contribuable, le montant de l'impôt privilégié sur les sommes qu'il doit ou qui sont entre ses mains; et, dans la même sommation, il lui fait défense expresse, sous toutes réserves et à peine d'en être personnellement responsable, de se dessaisir desdites sommes au préjudice du privilége du Trésor. Si, sur ce premier acte, le tiers détenteur refuse, sans motifs légitimes, de faire la délivrance des deniers, le percepteur demande au receveur des finances de décerner une contrainte nominative, afin de pouvoir poursuivre le tiers détenteur, selon le mode ordinaire, par voie de garnison, commandement, saisie et vente de ses meubles, ainsi qu'il ferait à l'égard du contribuable lui-même. — *Mém.* 1825, p. 246 et 275; 1834, p. 162, 353 et 359; 1835, p. 40.

Lorsque, au contraire, le privilége du Trésor n'existe pas, le percepteur doit agir par voie de saisie-arrêt entre les mains du dépositaire ou détenteur des deniers. (I. G., art. 85.) — Voy. POURSUITES, PRIVILÉGE DU TRÉSOR, SAISIE.

Dépôt de garantie. — Les cahiers des charges des adjudications qui concernent les communes et les établissements de bienfaisance déterminent la nature et l'importance des garanties que les fournisseurs ou entrepreneurs devront produire, soit pour être admis aux adjudications, soit pour répondre de l'exécution de leurs engagements. (I. G., art. 1023.)

Les garanties exigées pour être admis aux adjudications consistent dans le dépôt préalable d'une certaine somme qui est convertie en cautionnement définitif si le dépositaire devient adjudicataire, ou qui lui est rendue si l'adjudication n'a pas été prononcée en sa faveur.

Le dépôt de garantie n'est pas indispensable; il appartient aux administrations municipales et aux commissions administratives de juger, suivant l'importance des fournitures ou des travaux, s'il y a lieu d'en faire une condition du cahier des charges pour l'admission aux adjudications.

La disposition qui stipule un dépôt de garantie autorise suffisamment le comptable à recevoir les sommes qui lui seraient versées à ce titre par les soumissionnaires dans les termes du cahier des charges. — Voy. CAUTIONNEMENT DES ADJUDICATAIRES.

Dépôt des rôles, anciens registres et pièces de comptabilité. — A la fin de la troisième année de l'ouverture de chaque exercice, les rôles sont retirés par les receveurs des finances et déposés aux archives de la sous-préfecture. Pour justifier de ce dépôt, les percepteurs doivent dresser un relevé sommaire du montant des rôles (*modèle n° 19*); les receveurs des finances visent ces relevés et prennent note de la date du dépôt. (I. G., art. 96.)

Les percepteurs doivent aussi remettre les états de frais de poursuites de l'exercice soldé par eux, avec les rôles des exercices expirés, pour que le dépôt en soit fait aux archives de la sous-préfecture. (Id., art. 585.)

Les originaux des actes de poursuites et autres pièces produites à l'appui restent déposés à la recette particulière pour y avoir recours au besoin. (Règlement sur les poursuites, art. 106.)

Les journaux à souche des percepteurs receveurs municipaux sont, lorsqu'ils ont été remplis et qu'ils ont trois ans d'existence, déposés dans les archives des sous-préfectures, pour être réunis aux rôles dont ils constatent l'exécution. Ceux des receveurs spéciaux des communes sont déposés dans les archives des mairies, et ceux des receveurs spéciaux d'hospices et d'établissements publics dans les archives de ces établissements. (I. G., art. 1527.)

Les receveurs particuliers doivent se faire remettre par les percepteurs les livres récapitulatifs et les livres des comptes divers qui ont trois ans d'existence chez ces comptables. Après que ces registres ont été conservés sept ans dans leurs bureaux, ils les comprennent dans le dépôt qu'ils font eux-mêmes aux archives de la sous-préfecture, à l'expiration de chaque année, de ceux de leurs registres et pièces de comptabilité qui ont dix ans révolus d'existence.

Les règles suivantes sont observées pour le temps pendant lequel les pièces, rôles et registres, doivent être conservés dans les archives départementales :

Les rôles des contributions directes, auxquels les familles et l'administration elle-même ont fréquemment besoin de se reporter pour rechercher l'origine de droits de propriété contestés, ne sont supprimés que trente ans après la date de leur mise en recouvrement ;

Les registres à souche des contributions directes, dont les percepteurs font le dépôt avec les rôles, mais dont la conservation a peu d'intérêt, puisque les rôles donnent les mêmes renseignements par les émargements, en ce qui concerne le payement des contributions, peuvent être supprimés après avoir été gardés pendant cinq ans seulement dans les archives départementales ;

Les pièces de la comptabilité des communes et des établissements de bienfaisance peuvent être supprimées trente ans après le jugement des comptes, à l'exception, toutefois, des comptes des receveurs et agents comptables, des actes authentiques propres à établir l'existence d'un droit ou la preuve d'une libération, et des plans, devis, cahiers de charges de travaux neufs, procès-verbaux d'adjudication et certificats de réception, lesquelles pièces sont conservées indéfiniment. (I. G., art. 1365.)

Dépôts d'argent et d'objets précieux. — Les personnes admises dans les hôpitaux et hospices peuvent avoir à déposer, soit de l'argent, soit des objets précieux à leur entrée dans ces établissements.

Les receveurs hospitaliers ont seuls qualité pour recevoir ces dépôts.

Ils informent immédiatement la commission administrative de tous ceux qui leur sont faits, et ils en délivrent des quittances à souche; il est donné une estimation aux objets autres que les sommes d'argent, et ces objets sont enregistrés sur un carnet spécial coté et parafé par le président de la commission administrative; ils reçoivent un numéro d'ordre d'entrée et de sortie.

Les receveurs en constatent, en outre, l'entrée au crédit d'un compte qu'ils ouvrent à la deuxième subdivision du grand-livre, ou, s'ils sont en même temps chargés du service de la perception, en recette d'un même compte ouvert à la troisième section du livre des comptes divers. Ils en constatent la sortie, soit au débit, soit en dépense à ces comptes. — *Mém.* 1862, p. 96.

Les restitutions des sommes et des objets déposés doivent être justifiées dans la comptabilité des receveurs par les quittances ou décharges des ayants droit. Ces quittances ou décharges et les quittances à souche que les receveurs délivrent au moment du dépôt des objets, sont exemptes des droits de timbre, ainsi que le livre auxiliaire ou les feuillets du livre des comptes qui seraient destinés à la tenue du compte des dépôts. Les opérations dont il s'agit sont classées parmi celles qui s'exécutent hors budget. Les justifications auxquelles elles donnent lieu sont, pour les recettes, un relevé dressé à la date du 31 décembre et présentant le détail des objets existant à la fin de l'année précédente et de ceux qui ont été déposés depuis cette époque; à l'égard de la dépense, les quittances ou décharges des ayants droit pour les objets restitués, l'état des objets qui auraient été vendus au profit de l'hospice par suite du décès des propriétaires ; enfin l'état des objets qui restent en dépôt. Les états et relevés doivent être certifiés par le receveur et visés par un administrateur. (I. G., art. 1111 et 1491.)

L'estimation des objets précieux est faite par le comptable, de concert avec l'administrateur de service. Ces objets sont dès lors considérés comme numéraire; ils doivent être portés pour le chiffre représentatif de leur évaluation, à la suite du détail du numéraire, à la balance ou sur les bordereaux trimestriels et compris dans le total des valeurs qui forment l'encaise. — *Mém.* 1862, p. 96.

Il est interdit à toutes personnes, autres que le receveur, attachées au service hospitalier de recevoir, à quelque titre que ce soit, des dépôts d'argent ou d'objets précieux.

Les aumôniers, les sœurs hospitalières, les infirmiers, l'économe lui-même, malgré sa qualité d'agent comptable, compromettraient gravement leur responsabilité envers l'administration s'ils consentaient à recevoir des dépôts de la part des personnes admises dans les hospices, quand même ils leur seraient remis par suite d'une confiance personnelle et pour des œuvres secrètes de piété ou de bienfaisance. — Voy. COMPTABILITÉ OCCULTE.

Dépôts de fonds par les communes et les établissements publics. — Les communes sont autorisées à déposer à la caisse des dépôts et consignations, ou à celle de ses préposés, les excédants disponibles de leurs recettes. La même faculté est accordée à tous les établissements publics autorisés par une décision ministérielle ou préfectorale. (O. 3 juillet 1816, art. 5 et 8; I. G., art. 537.)

Les sommes déposées portent intérêt à 3 0/0, pourvu qu'elles soient restées à la caisse pendant au moins trente jours. (I. G., art. 538.) — Voy. CAISSE DES DÉPÔTS ET CONSIGNATIONS.

Dépôts de mendicité. — Dans tout département où la mendicité est interdite, il doit y avoir un dépôt de mendicité où toute personne trouvée mendiant dans le département et punie pour ce fait est conduite à l'expiration de sa peine. (D. 5 juillet 1808 ; C. P., art. 274.)

La création de ces établissements est autorisée par le Gouvernement, de même que celle des hôpitaux, hospices et bureaux de bienfaisance. Les préfets en nomment les directeurs et les agents et approuvent les règlements intérieurs. (D. 25 mars 1852, art. 5; Circ. int. 5 mai 1852. — *Mém*, p. 227.)

Les dépenses de l'établissement des dépôts de mendicité sont faites communément par le Trésor public, les départements et les villes. (D. 5 juillet 1808, art. 7.)

Les dépôts de mendicité autorisés sont aptes à posséder; ils peuvent acquérir, recevoir des libéralités et faire tous les actes de la vie civile.

Ils ont un caractère charitable qui permet de les considérer comme des établissements de bienfaisance, et qui doit, par suite, leur faire appliquer les règles d'administration et de comptabilité prescrites pour les hospices et hôpitaux. La gestion de leurs receveurs est, en conséquence, placée sous la surveillance des receveurs des finances. (I. G., art. 1326.)

Les fonds disponibles des dépôts de mendicité sont admis en compte courant au Trésor, avec intérêts, comme ceux des communes, des hospices et autres établissements de bienfaisance. (Circ. int. 10 juin 1854; Circ. compt. gén. 30 septembre 1854. —*Mém.*, p. 176 et 292.)— Voy. COMPTABILITÉ COMMUNALE, COMPTE DE GESTION, ÉCRITURES, HOSPICES, RECEVEURS DES FINANCES, TRÉSOR PUBLIC, VÉRIFICATIONS.

Déshérence. — Il y a déshérence quand une succession est abandonnée, ou quand il n'y a pas d'héritiers ou de successeur appelé par la loi pour la recueillir.

Les biens provenant de ces successions appartiennent à l'État (C. N., art. 539, 713, 768), à moins que la personne dont la succession est en déshérence ne soit décédée dans un hospice, auquel cas c'est l'hospice qui est appelé à recueillir la succession. (Avis du cons. d'État, 3 novembre 1809.) — Voy. Décès dans les hospices.

L'État n'étant pas héritier, il n'est tenu des dettes de la succession que jusqu'à concurrence de l'actif par lui touché.

Dépôts et consignations. — Voy. Caisse des dépôts.

Desséchement des marais. — Voy. Marais et terres incultes, Syndicats, Travaux d'intérêt commun.

Desservants. — Voy. Curés.

Détournement de deniers publics. — Tout percepteur, tout commis à une perception, dépositaire ou comptable public qui a détourné ou soustrait des deniers publics ou privés, ou effets actifs en tenant lieu, ou des pièces, titres, actes, effets mobiliers, qui étaient entre ses mains en vertu de ses fonctions, est puni des travaux forcés à temps, si les choses détournées ou soustraites sont d'une valeur au-dessus de 3,000 francs. (C. P., art. 169.)

La peine des travaux forcés à temps a également lieu, quelle que soit la valeur des deniers ou des effets détournés ou soustraits, si cette valeur égale ou excède, soit le tiers de la recette ou du dépôt, s'il s'agit de deniers ou effets une fois reçus ou déposés, soit le cautionnement, s'il s'agit d'une recette ou d'un dépôt attaché à une place sujette à cautionnement, soit enfin le tiers du produit commun de la recette pendant un mois, s'il s'agit d'une recette composée de rentrées successives et non sujette à cautionnement. (Id., art. 170.)

Si les valeurs détournées ou soustraites sont au-dessous de 3,000 francs, et, en outre, inférieures aux mesures exprimées en l'article précédent, la peine est un emprisonnement de deux ans au moins et de cinq ans au plus, et le condamné est de plus déclaré à jamais incapable d'exercer aucune fonction publique. (Id., art. 171.)

Dans les cas exprimés ci-dessus, il est toujours prononcé contre le condamné une amende dont le maximum est le quart des restitutions et indemnités, et le minimum le douzième. (Id., art. 172.) — Voy. Déficit.

Les percepteurs ne peuvent être poursuivis pour faits relatifs à leurs fonctions sans l'autorisation préalable du préfet qui, après avoir pris l'avis du sous-préfet, statue sans recourir au conseil d'État. (Const. du 22 frimaire an VIII, art. 75 ; Arrêté 10 floréal an X ; Arrêt du cons. d'État, 29 décembre 1860.) — *Mém.* 1844, p. 237 ; 1862, p. 40.

Les comptables destitués peuvent être poursuivis sans autorisation.

Les ex-comptables constitués purement et simplement reliquataires ou rétentionnaires de deniers publics en dehors de toute inculpation de crime ou délit ou de faits tombant sous l'action de la loi pénale, ne peuvent être mis en jugement que sur la dénonciation du Ministre des finances.

Les ex-comptables inculpés de crimes ou délits relatifs à leurs fonctions ou commis dans l'exercice de leurs fonctions peuvent être poursuivis sans cette dénonciation, dans le cas de démission volontaire comme dans le cas de destitution.

Les ex-comptables démissionnaires qui ne sont que simplement reliquataires de deniers publics peuvent être mis en jugement sur la dénonciation du Ministre des finances, lorsque l'examen ultérieur de leur comptabilité les place sous l'inculpation de faits qui tombent sous l'action de la loi pénale ; mais d'un autre côté rien ne s'oppose à ce qu'en l'absence de toute dénonciation de l'autorité administrative, le ministère public prenne l'initiative de la poursuite, lorsque, par une voie quelconque, il a eu lui-même connaissance du crime commis par le comptable. — *Mém.* 1844, p. 237. — Voy. CONTRAINTE PAR CORPS, DÉFICIT.

Dettes des communes. — Toutes les dettes des communes antérieures à la loi du 24 août 1793 sont devenues dettes nationales, et les créanciers des communes créanciers directs de l'État. Les communes sont libérées sans réserve et sans exception de ces dettes, quels qu'en soient la nature, l'origine et les priviléges. D'après un avis du conseil d'État du 10 août 1831, une commune ne doit pas être autorisée à payer une dette antérieure à 1793, quand bien même le conseil municipal consentirait à l'acquitter.

Les dettes communales actuelles, c'est-à-dire contractées postérieurement à la loi du 24 août 1793, proviennent : 1° d'emprunts dûment autorisés ; 2° d'acquisitions immobilières ou de travaux pour le payement desquels des termes ont été stipulés ; 3° de condamnations judiciaires ; 4° enfin d'engagements contractés à différents titres et constituant pour la commune une charge de quelque durée.

On ne doit pas ranger dans la catégorie des dettes les dépenses qui, bien que créditées aux budgets, n'ont pas encore été acquittées, soit parce que les fournisseurs n'ont pas produit leurs mémoires, soit parce que la liquidation n'est pas encore terminée, soit par toute autre circonstance. Ce ne sont pas là des dettes, puisque les fonds nécessaires pour solder les dépenses existent dans les caisses municipales. (Circ. int. 8 août 1833.)

Les communes peuvent acquitter leurs dettes au moyen : 1° des fonds libres de la caisse municipale ; 2° d'une imposition extraordinaire ; 3° d'une vente de biens communaux ou d'une aliénation de rentes ; 4° de taxes additionnelles à l'octroi ; 5° d'un emprunt.

Mais elles ne sauraient être autorisées à se libérer au moyen d'un droit qui atteindrait seulement les individus à qui leurs besoins ou leurs intérêts ne permettraient pas de s'en affranchir, par exemple, un droit de pacage par tête de bétail (Avis du cons. d'État, 10 mars 1807 et 20 septembre 1809), ni en aliénant des biens communaux appartenant exclusivement à une section (Décis. min. de l'int. 3 avril 1839).

La vente des biens mobiliers et immobiliers des communes, autres que ceux qui servent à un usage public, peut, sur la demande de tout créancier porteur de titres exécutoires, être autorisée par un arrêté du préfet, qui détermine les formes de la vente. (L. 18 juillet 1837, art. 46; D. 25 mars 1852, tableau A, §§ 41 et 55 ; I. G., art. 945.)

Il suit de là que les créanciers, même porteurs d'un titre exécutoire, doivent, pour obtenir payement, s'adresser à l'autorité administrative, et qu'ils ne sauraient exercer valablement des poursuites contre les communes et établissements. Cette règle est fondée sur ce que, d'une part, les communes ne peuvent faire aucune dépense sans y être autorisées par l'administration supérieure, et que, de l'autre, les communes n'ont que la disposition des fonds qui leur sont attribués par leur budget et qui tous ont une destination dont l'ordre ne peut être interverti. (Avis du cons. d'État, 12 août 1807 et 26 mai 1813.) — *Mém.* 1834, p. 272.

Lorsque le conseil municipal n'alloue pas les fonds destinés à l'acquittement d'une dette obligatoire, le préfet doit prendre un arrêté en conseil de préfecture pour inscrire d'office au budget l'allocation nécessaire, puis, en cas d'insuffisance de ressources de la commune, mettre le conseil municipal, assisté des plus imposés, en demeure de voter une contribution extraordinaire. Ce n'est que sur un nouveau refus de la part de l'assemblée ainsi composée qu'il y a lieu, conformément à l'article 39 de la loi du 18 juillet 1837, de recourir à une imposition d'office. (Décis. min. de l'int. 1858. — *Mém.* 1859, p. 151.)

Les dettes des communes n'ont le caractère obligatoire et ne peuvent être inscrites d'office au budget qu'autant qu'elles sont liquides et exigibles, c'est-à-dire qu'elles résultent, soit de jugements ou arrêts passés en force de chose jugée, soit de tous autres titres incontestables. (Décis. min. de l'int. 1858. — *Mém.* 1859, p. 241.)

Lorsqu'une commune n'a pas obtenu l'autorisation de défendre à une action qu'un particulier demande à lui intenter en payement d'une somme d'argent, la dette ne devient pas *ipso facto* exigible. La décision intervenue est purement administrative ; elle ne constitue aucun droit pour le demandeur et ne saurait le dispenser de s'adresser au tribunal compétent pour faire statuer sur l'objet du litige. (Décis. min. de l'int. 1858. — *Mém.* 1859, p. 239.)

Lorsque les créanciers se bornent à réclamer, par la voie gracieuse, les sommes qui leur sont dues sans invoquer de titres exécutoires, la dette ne peut être considérée comme liquide et exigible dans le sens de la loi du 18 juillet 1837, et l'administration supérieure ne saurait, sans commettre un véritable excès de pouvoir, employer à son égard les moyens coercitifs que fournit l'article 39 de ladite loi. Dans ce cas, le préfet ne peut inscrire d'office au budget les crédits destinés au payement de la dépense. (Décis. min. de l'int., 23 février 1857.)

Le préfet peut, tout en reconnaissant la validité du titre, refuser de contraindre, au moins immédiatement, la commune, si elle ne possède pas les ressources nécessaires. (Arrêt du cons d'État, 29 mars 1853.)

Si la dette était tellement considérable que, pour l'acquitter, il fallût imposer la commune pour des sommes excessives ou pour un temps indéfini, l'administration serait dans la nécessité de regarder la commune comme insolvable, car, d'un côté, on ne peut imposer à une commune des sacrifices qu'elle ne pourrait raisonnablement supporter; d'un autre, l'autorité supérieure ne peut autoriser l'établissement d'impositions locales dont l'effet serait d'épuiser la matière imposable, et, par suite, de nuire à la rentrée des contributions publiques. (Avis du cons. d'État, 23 août 1836.)

Pour atteindre le maximum de 20 centimes fixé par les lois de finances pour les impositions destinées à l'acquittement des dettes judiciaires communales, on ne doit faire entrer en ligne de compte ni les 5 centimes ordinaires autorisés par ces lois, ni les centimes spéciaux affectés au service de l'instruction primaire, à l'entretien des chemins vicinaux et au salaire des gardes champêtres, ni les impositions pour insuffisance de revenu. Du reste, cette limite peut toujours être dépassée en vertu d'une loi. (Décis. min. de l'int. 1859. — *Mém.*, p. 260.)

Les propriétaires forains sont tenus, comme les propriétaires domiciliés dans la commune, de contribuer, en proportion de leurs cotes de contributions, aux impositions établies pour le payement des dettes communales.

Si, par suite d'un procès engagé entre une commune et un contribuable, une imposition est établie pour l'acquittement des frais et dommages-intérêts qui en résultent, le contribuable ne doit pas être compris dans la répartition de cette imposition. De même, dans le cas où une section de commune aurait obtenu une condamnation contre la commune ou contre une autre section, elle ne serait point passible des charges ou contributions imposées pour l'acquittement de la dette. (L. 18 juillet 1837, art. 58.) — *Mém.* 1860, p. 293 et 297.

Lorsqu'un jugement commun à plusieurs communes les condamne à payer une dette, c'est à l'administration qu'il appartient de fixer la quote-part de chacune.

Lorsqu'une créance a été liquidée, soit par un arrêt ou jugement, soit par un décret ou par un arrêté du conseil de préfecture devenu définitif par acquiescement ou expiration des délais de pourvoi, le créancier doit obtenir l'ordonnancement et le payement de sa créance en produisant une expédition authentique de la décision rendue à son profit; on ne peut exiger qu'il produise, en outre, toutes les pièces sur lesquelles ces décisions sont intervenues. (Avis du cons. d'État, 31 juillet 1844.)

Le propriétaire ou habitant d'une commune qui, postérieurement à un jugement prononçant au profit d'un tiers des condamnations pécuniaires contre cette commune, vend les propriétés qui y sont situées, n'est pas tenu de garantir l'acquéreur des charges que fait peser sur lui une décision postérieure de l'autorité administrative, qui établit une contribution extraordinaire sur toutes les propriétés situées dans la commune pour parvenir à l'acquittement de la dette résultant de ces condamnations. (Arrêt de cass. 13 décembre 1843. — *Mém.* 1844, p. 114.) — Voy. Aliénation, Emprunt, Impositions communales, Responsabilité des communes.

Dettes des établissements de bienfaisance. — Les établissements de bienfaisance ne peuvent contracter aucune dette par voie d'emprunt sans y avoir été autorisés par décret impérial, lorsque les revenus ordinaires de l'établissement charitable n'atteignent pas 100,000 francs, et par une loi spéciale, lorsque les revenus s'élèvent à ce chiffre. (L. 7 août 1851, art. 10 ; D. 25 mars 1852.)

Ils ne peuvent, non plus, se créer, sans autorisation, des dettes par voie de fournitures et de travaux, puisque les fournitures et travaux ne peuvent être entrepris sans que les crédits nécessaires à la dépense aient été préalablement autorisés.

Les administrateurs qui contractent une dette sans autorisation n'engagent point l'établissement; ils peuvent être personnellement poursuivis en remboursement devant les tribunaux sur leurs biens particuliers. Quant au receveur qui acquitterait une pareille dette, il s'exposerait à la voir mettre à sa charge, sauf son recours contre les ordonnateurs.

La vente des biens mobiliers et immobiliers des établissements de bienfaisance, autres que ceux qui servent à un usage public, peut, sur la demande de tout créancier porteur de titres exécutoires, être autorisée par un arrêté du préfet qui détermine les formes de la vente. (O. 6 juillet 1846, art. 2 ; D. 25 mars 1852, §§ 41 et 55 du tableau A.)

Il suit de cette disposition que les créanciers doivent, pour obtenir payement, s'adresser à l'autorité, et qu'ils ne sauraient valablement exercer des poursuites contre les établissements. — Voy. Bureaux de bienfaisance, Dettes des communes, Emprunts, Hospices.

Devis. — État détaillé de toutes les parties d'un travail projeté, indiquant la nature des matières à employer, leur valeur, le prix de la main-d'œuvre, enfin l'évaluation totale de l'ouvrage à exécuter.

Avant d'entreprendre des travaux ou de mettre une fourniture en adjudication, il est indispensable que les communes et les établissements charitables fassent dresser préalablement un devis qui serve de base à la rédaction du cahier des charges de l'adjudication et au contrat à intervenir entre l'administration et l'entrepreneur.

Les travaux de toute nature au compte des communes et des établissements de bienfaisance ne peuvent avoir lieu qu'après que les projets ou devis ont été approuvés par le sous-préfet, s'il s'agit de réparations d'entretien n'excédant pas 1,000 francs, et par le préfet pour tous les autres travaux. (D. 10 brumaire an XIV; L. 18 juillet 1837, art. 16; D. 13 avril 1861, art. 6, § 13; I. G., art. 1020.)

En ce qui concerne les pièces justificatives de la dépense, les receveurs doivent produire le devis estimatif lorsque les travaux sont mis en adjudication ou exécutés en régie. Cette obligation existe même pour les travaux ordinaires d'entretien exécutés en régie sous les ordres du maire et dispensés de l'autorisation préalable du sous-préfet, comme n'excédant pas 300 francs.

On peut admettre, cependant, comme exception : 1° le cas où les travaux d'entretien, n'excédant pas 300 francs, sont confiés à un entrepreneur à forfait avec lequel la commune a traité; 2° le cas où il s'agit de menues réparations à faire exécuter par divers ouvriers à la journée sous les yeux du maire. — *Mém.* 1855, p. 24; 1862, p. 390. — Voy. État estimatif, Fournitures, Pièces justificatives, Travaux.

Difficultés. — Les percepteurs, receveurs municipaux et d'établissements de bienfaisance doivent s'adresser au receveur des finances de leur arrondissement pour faire lever les difficultés qu'ils peuvent rencontrer dans l'exécution ou l'interprétation des règlements et instructions. De leur côté, les receveurs d'arrondissement doivent, dans tous les cas douteux, en référer, suivant la nature de la question à résoudre, soit au préfet, soit au receveur général, sauf à ceux-ci à soumettre, s'il y a lieu, la question au ministère des finances. (I. G., art. 1319.)

Le ministère ne répondrait pas à celles de ces questions qui lui seraient adressées directement par les receveurs particuliers ou par les autres comptables subordonnés. Cependant, les comptables subordonnés conservent la faculté de déférer au ministère des finances les observations qu'ils croiraient devoir faire sur les solutions qui leur auraient été données par le receveur général. (Id., art. 1367.) — Voy. Contestations.

Lorsque, dans le cours des poursuites dirigées contre les contribuables, il s'élève des difficultés d'une nature contentieuse que les receveurs des finances n'ont pu résoudre après avoir consulté un avoué ou un avocat, le receveur général en réfère à l'agent judiciaire du Trésor, chef de la direction du contentieux. (Id., art. 1301.) — Voy. Poursuites.

Digues. — On entend par ce mot tous les ouvrages d'art qui ont pour but de protéger les propriétés riveraines contre l'invasion des eaux, soit de la mer, soit des fleuves, rivières et torrents.

Lorsqu'il s'agit de construire des digues à la mer ou contre les fleuves rivières et torrents, navigables ou non navigables, la nécessité en est constatée par le Gouvernement, et la dépense supportée par les propriétés protégées dans la proportion de leur intérêt aux travaux, sauf les cas où le Gouvernement croirait utile et juste d'accorder des secours sur les fonds publics. (L. 16 septembre 1807, art. 33.)

Lorsqu'il y a lieu de pourvoir aux dépenses d'entretien et de réparation des digues, il est fait des règlements d'administration publique qui fixent la part contributive du Gouvernement et des propriétaires. (Id., art. 34.)

Les taxes établies sur les propriétaires intéressés sont recouvrées au moyen de rôles rendus exécutoires par le préfet, et perçues comme en matière de contributions directes. (L. 16 septembre 1807 et 28 mai 1858.)

Les demandes en décharge ou réduction des taxes imposées doivent, à peine de déchéance, être formées dans les trois mois de la publication des rôles ou de l'avertissement donné aux propriétaires intéressés. Lorsque la division en douzièmes n'est pas prescrite, on ne peut exiger que ces réclamations soient accompagnées de la quittance des termes échus. (Arrêt du cons. d'État, 23 juin 1853. — *Mém.* 1854, p. 324.)

Les dépenses peuvent être aussi à la charge des départements et des communes, en même temps qu'à celle des particuliers. Les uns et les autres y concourent selon le degré d'utilité que ces travaux présentent pour chacun d'eux. (L. 14 floréal an XI et 16 septembre 1807; I G., art. 633.)

Le contingent des départements est porté dans leur budget et payé, dès lors, par les payeurs du Trésor. (I. G., art. 634.)

Lorsque les travaux à exécuter n'intéressent qu'une seule commune qui supporte toute la dépense, cette dépense est payée directement par le receveur municipal en vertu des crédits ouverts au budget; et si, en cas d'insuffisance des revenus ordinaires de la commune, il y a lieu d'établir une imposition spéciale, le produit de cette imposition, qui fait alors partie des impositions locales, est recouvré par le percepteur et mis à la disposition de la commune, selon le mode établi pour ces impositions. (Id., art. 635.)

Lorsque la dépense doit être supportée à la fois par une ou plusieurs communes et des particuliers, ou seulement par un certain nombre de propriétaires, il est formé un syndicat qui peut, à son gré, charger du recouvrement et de l'emploi des fonds, soit un agent spécial, soit l'un des percepteurs receveurs municipaux de la localité. (Id., art. 636.)

Les préfets statuent, sur l'avis ou la proposition des ingénieurs en chef et conformément aux règlements et instructions ministérielles, sur la constitution en associations syndicales des propriétaires intéressés à l'exécution et à l'entretien des travaux d'endiguement contre la mer, les fleuves, rivières et torrents navigables ou non navigables, lorsque ces propriétaires sont d'accord pour l'exécution desdits travaux et la répartition des dépenses. (D. 25 mars 1852, tableau D., § 6.)

Lorsque les propriétaires intéressés ne sont pas d'accord, les associations syndicales sont constituées par des règlements d'administration publique, c'est-à-dire par décrets rendus en conseil d'État.

Quand il n'y a pas formation d'un syndicat, les sommes destinées au payement des dépenses dont il s'agit peuvent être centralisées aux caisses des receveurs généraux des finances. (Circ. comp. gén. 6 mai 1841 ; Circ. int. 12 novembre 1847.) — *Mém.* 1848, p. 49. — Voy. COTISATIONS PARTICULIÈRES, INONDATIONS, SYNDICATS, TRAVAUX D'INTÉRÊT COMMUN.

Dimanches et fêtes. — Le repos des fonctionnaires publics est fixé au dimanche (L. 18 germinal an X, art. 57). Ils doivent également s'abstenir des actes relatifs à leurs fonctions les autres jours fériés.

Les jours fériés, sont, outre les dimanches (L. 18 germinal an X, art. 47), les quatre grandes fêtes catholiques, Noël, l'Ascension, l'Assomption la Toussaint (Arrêté du 29 germinal an X), et le premier jour de l'an (Avis du cons. d'Etat, 20 mars 1810).

Sauf quelques exceptions résultant de l'urgence, les actes judiciaires sont interdits les jours de fêtes légales. (C. de proc. civ., art 63, 781 et 1037.) — Voy. ENREGISTREMENT, POURSUITES.

Diminutions de recette et de dépense. — Voy. COMPTES DE GESTION, RECTIFICATION D'ÉCRITURES.

Dispensaire. — Les dispensaires sont des établissements médicaux organisés par les bureaux de bienfaisance ou par les associations charitables à l'effet de donner aux indigents des consultations gratuites et les médicaments nécessaires.

Les dépenses des dispensaires entretenus par les bureaux de bienfaisance font partie des dépenses de ces derniers établissements et sont mandatées et payées par le receveur sur un crédit spécial ouvert à leurs budgets. — Voy. BUREAUX DE BIENFAISANCE.

Directeur des contributions directes. — Il existe dans chaque département une direction des contributions directes composée d'un directeur, d'un inspecteur et d'un nombre de contrôleurs proportionné aux besoins du service. (L. 3 frimaire an VIII.) — Voy. CONTRÔLEURS, INSPECTEURS DES CONTRIBUTIONS DIRECTES.

Les directeurs sont chargés : de préparer les documents nécessaires à la répartition de l'impôt entre les arrondissements et les communes; d'entretenir et de renouveler les matrices des rôles servant à la répartition individuelle ; de confectionner les rôles, avertissements, formules de patentes, états du montant des rôles ; d'instruire les demandes des arrondissements et des communes en diminution du contingent, et celles des particuliers en décharge, réduction, remise ou modération; de provoquer la délégation des crédits nécessaires pour couvrir les réimpositions te non-valeurs ; d'expédier les ordonnances de dégrèvement et les lettres d'avis aux parties intéressées ; de tenir les divers registres de comptabilité.

En ce qui concerne le cadastre, les directeurs, outre qu'ils dirigent l'ensemble des opérations, sont spécialement chargés de la rédaction des états de section et des matrices cadastrales, de la liquidation des dépenses, de la formation des comptes et budgets, de l'application des mutations sur les matrices de la direction.

Ils établissent les rôles et avertissements des taxes assimilées, telles que biens de mainmorte, taxe municipale sur les chiens, prestations en nature, redevance des mines, etc.

Les directeurs sont rangés au nombre des ordonnateurs secondaires du ministère des finances, pour certaines dépenses du personnel et du service administratif des contributions directes et du cadastre. (Circ. adm. des contr. dir., 31 décembre 1845.)

Le directeur informe le receveur général du plus ou moins d'exactitude dont les percepteurs ont fait preuve dans le concours qu'ils doivent prêter au travail annuel des mutations. (I. G., art. 45.)

Dans le cas où il s'élève quelque dissentiment entre les agents chargés de coopérer au travail des mutations, le directeur et le receveur général doivent se concerter pour le faire cesser. Si ces chefs de service ne peuvent eux-mêmes s'accorder sur l'un des points qu'ils sont appelés à régler, ils doivent en référer respectivement à leur administration. (Id., art. 46.) — Voy. CADASTRE, CONTRIBUTIONS DIRECTES, MATRICES DE RÔLES, MUTATIONS, RÉCLAMATIONS, RÔLES.

Directeurs des asiles publics d'aliénés. — Voy. ÉTABLISSEMENTS PUBLICS D'ALIÉNÉS.

Direction générale des Contributions directes. — L'administration des contributions directes est dirigée par un directeur général assisté de deux administrateurs formant avec lui le conseil d'administration qu'il préside.

Le directeur général dirige et surveille, sous les ordres du ministre des finances, toutes les parties du service des contributions directes, et correspond avec les diverses autorités.

Le conseil d'administration délibère, d'après le rapport qui lui est fait par l'un de ses membres, sur le contentieux administratif et judiciaire, sur les questions douteuses relatives à l'exécution des lois et actes du Gouvernement ; sur toutes les autres affaires qui lui sont envoyées par le directeur général, ou sur lesquelles le ministre juge convenable qu'il donne son avis. — Voy. CONTRIBUTIONS DIRECTES, CONTRÔLEURS, DIRECTEURS DES CONTRIBUTIONS DIRECTES, MUTATIONS.

Directrices des salles d'asile. — Les dispositions de la loi du 9 juin 1853 sur les pensions civiles sont applicables aux directrices et sous-directrices des salles d'asile. (I. G., art. 368.) — Voy. Instruction primaire, Pensions civiles, Retenues, Salles d'asile.

Distributions auxiliaires de papier timbré. — Voy. Papiers timbrés.

Division de communes. — Voy. Communes.

Division de cotes. — Voy. Fermiers.

Dommages causés aux lignes télégraphiques. — Voy. Lignes télégraphiques.

Domicile. — On ne doit pas confondre le domicile avec la résidence.

La résidence est, dans le sens propre et rigoureux du mot, le lieu où l'on est; elle s'acquiert par l'habitation et se perd avec elle.

Le domicile de tout Français, quant à l'exercice de ses droits civils, est au lieu où il a son principal établissement. (C. N., art. 102.)

Le domicile civil établit entre les habitants d'une même commune une sorte de quasi-contrat qui rend le domicilié participant aux charges et aux avantages de la communauté : c'est ainsi qu'il donne droit au partage des bois d'affouage, à la jouissance des biens communaux dont les fruits sont perçus en nature par les habitants, et qu'il permet à l'indigent de réclamer des secours.

Le changement de domicile s'opère par le fait d'une habitation réelle dans un autre lieu, joint à l'intention d'y fixer son principal établissement. (C. N., art. 103.)

La preuve de l'intention résulte d'une déclaration expresse faite tant à la municipalité du lieu que l'on quitte qu'à celle du lieu où l'on veut transférer son domicile. A défaut de déclaration expresse, la preuve de l'intention dépend des circonstances; c'est aux juges qu'est laissée l'appréciation de ces circonstances (Id., art. 104 et 105). Le payement du droit fixe de patente dans une commune ou de la contribution personnelle, la jouissance des avantages communaux, l'exercice des droits politiques sont autant d'éléments d'après lesquels se décide la question de domicile.

Le fait et l'intention ne sont pas toujours nécessaires pour opérer le changement de domicile. Ainsi, l'acceptation de fonctions conférées à vie emporte translation immédiate du domicile du fonctionnaire dans le lieu où il doit exercer ses fonctions (C. N., art. 107). L'acceptation résulte de la prestation de serment. Quant à celui qui a accepté une fonction publique temporaire ou révocable, il conserve le domicile qu'il avait auparavant, s'il n'a pas manifesté d'intention contraire (Id., art. 106).

La femme mariée n'a point d'autre domicile que celui de son mari. Le mineur non émancipé a son domicile chez ses père et mère ou tuteur. Le majeur interdit a le sien chez son tuteur. (C. N. art. 107.)

Les majeurs et les mineurs émancipés qui servent ou travaillent habituellement chez autrui ont le même domicile que la personne qu'ils servent ou chez laquelle ils travaillent, lorsqu'ils demeurent avec elle dans la même maison. (Id., art. 109.)

La contribution personnelle n'est due que dans la commune du domicile réel (L. 21 avril 1832, art. 13). Un individu imposé à cette contribution dans une commune où il a une habitation sans y être domicilié peut en obtenir la décharge, alors même qu'il n'établit pas qu'il paye cette contribution dans le lieu de son domicile réel, si d'ailleurs, dans cette dernière commune, la contribution personnelle est remplacée par un prélèvement sur l'octroi. (Arrêt du cons. d'État, 16 juillet 1842.— *Mém.*, p. 243.)

Par exception aux principes ci-dessus exposés, un domicile spécial peut être établi pour l'exercice de certains droits spécifiés ci-après.

Lorsqu'un acte contient, de la part des parties ou de l'une d'elles, élection de domicile pour l'exécution de ce même acte dans un autre lieu que celui du domicile réel, les significations, demandes et poursuites relatives à cet acte peuvent être faites au domicile convenu et devant le juge de ce domicile. (C. N., art. 111.)

Le domicile communal, proprement dit, s'établit par une année de résidence. Pour participer à la jouissance des biens communaux, il faut être chef de famille ou de maison, ayant feu et domicile réel et fixe dans la commune. — Voy. Affouage, Biens communaux, Paturage.

Le domicile de secours est le lieu où l'homme nécessiteux peut obtenir des secours publics. Ce domicile s'acquiert par le séjour d'un an dans la commune, à partir de l'inscription à la municipalité. Jusqu'à 21 ans, le lieu de la naissance est le lieu naturel du domicile de secours. (L. 25 vendémiaire an II.) — Voy. Bureau de bienfaisance.

Dommages-intérêts. — C'est l'indemnité, les réparations civiles d'un dommage souffert par un individu dans ses biens ou sa personne.

Les communes peuvent obtenir en justice, des restitutions ou dommages intérêts en réparation de délits ou quasi-délits commis à leur préjudice. Le montant en est recouvré par les receveurs de l'enregistrement, moyennant une remise de 5 p. 0/0 (L. 5 mai 1855, art. 16), et mis, après liquidation, à la disposition des receveurs municipaux. Toutefois, les restitutions et dommages-intérêts adjugés aux communes pour délits commis dans leurs bois doivent être recouvrés gratuitement par les préposés de l'enregistrement (Inst. de l'enregist., 25 septembre 1855). — Voy. Restitutions.

Chaque commune est responsable des délits commis à force ouverte ou par violence sur son territoire par des attroupements ou rassemblements armés ou non armés, soit contre les personnes, soit contre les propriétés nationales ou privées, ainsi que des dommages-intérêts auxquels ces délits peuvent donner lieu. (L. 10 vendémiaire an IV, titre IV.) — Voy. RESPONSABILITÉ DES COMMUNES.

Les greffiers et dépositaires des registres publics doivent en délivrer, sans ordonnance de justice, expédition, copie ou extrait, à tout requérant, à la charge de leurs droits, à peine de dépens et dommages-intérêts. (C. de proc. civ., art. 853.)

Les percepteurs des contributions directes sont passibles des dommages-intérêts lorsqu'ils ont dirigé contre un contribuable des contraintes vexatoires. — Voy. POURSUITES.

Dons, aumônes et collectes. — La stricte exécution des articles 1288 et 1289 de l'Instruction générale, relatifs à la transmission des titres de recette aux receveurs municipaux et hospitaliers par l'intermédiaire des receveurs des finances, a soulevé, dans la pratique, des difficultés, en ce qui concerne notamment les dons, aumônes, collectes, quêtes et autres produits éventuels revenant soit aux communes, soit aux établissements de bienfaisance. En l'absence d'un titre qui les y autorise, les receveurs municipaux et hospitaliers ne pouvaient faire légalement l'encaissement des fonds offerts par les donateurs.

Afin de concilier, autant que possible, l'exercice du contrôle et de la surveillance des receveurs des finances avec la protection des intérêts des communes et établissements, le ministre des finances a décidé, de concert avec le département de l'intérieur, que toutes les fois qu'il s'agit de recettes accidentelles et variables, c'est-à-dire de produits qui, par leur nature même, ne peuvent résulter d'un titre préexistant, tels que dons, aumônes, quêtes, journées de malades dans les hôpitaux, etc., les receveurs municipaux ou les receveurs spéciaux des établissements sont, par exception, autorisés à les encaisser, sous la condition d'en informer immédiatement leur supérieur, et de se faire délivrer, comme titres de recette, des états certifiés par les maires.

Un double de ces états est transmis directement par le maire au préfet ou au sous-préfet, qui le fait parvenir, sans aucun retard, au receveur général ou au receveur particulier des finances. (Circ. int. 24 août 1861; Circ. compt. gén. 15 novembre 1861. — *Mém.* p. 333.) — Voy. LEGS ET DONATIONS.

Douzièmes échus. — Le contribuable qui n'a pas acquitté, le 1er du mois, le douzième échu pour le mois précédent, est dans le cas d'être poursuivi. (I. G., art. 98.)

Toutefois, les contributions étant quérables dans les communes, le contribuable n'est tenu, en général, d'acquitter le douzième échu de ses impositions que le jour où le percepteur vient dans la commune pour la première fois depuis l'échéance du douzième. Il en serait autrement si, la tournée du percepteur dans une commune se trouvant fixée à l'un des derniers jours du mois, le contribuable ne voulait point acquitter quelques jours à l'avance le douzième qui ne doit échoir que le premier du mois suivant et se mettre par là à l'abri de toute poursuite jusqu'à la nouvelle tournée. On ne saurait contester au percepteur, dans ce cas, le droit de poursuivre le payement de ce douzième aussitôt que la loi l'a déclaré exigible. — *Mém.* 1829, p. 15; 1860, p. 80.

Lorsqu'un contribuable poursuivi par voie de garnison devient débiteur de nouveaux douzièmes du même exercice, la dette exigible n'est plus de la somme comprise dans le bulletin de garnison, mais de cette somme augmentée des douzièmes nouvellement échus. Dans le cas où le contribuable offrirait de payer la somme portée au bulletin, le percepteur serait fondé à la refuser comme ne représentant qu'une partie de la somme exigible, et il peut faire suivre immédiatement son refus d'un commandement. — *Mém.* 1859, p. 335.

Un acte de poursuite qui comprend une somme plus élevée que les douzièmes échus n'est pas nul, et le percepteur ne saurait être tenu d'en supporter les frais; l'acte est valable relativement aux douzièmes échus et à échoir jusqu'au payement. — *Mém.* 1851, p. 20; 1858, p. 136.

Mais s'il résulte des règlements sur la matière que le commandement peut avoir lieu non-seulement pour les douzièmes échus jusqu'à sa date, mais pour les douzièmes échus et à échoir jusqu'au payement, et que, de même, la saisie peut être faite pour tous les termes échus et à échoir, cette extension ne peut être appliquée lorsqu'il s'agit d'exercices différents constituant des dettes nouvelles et distinctes pour chaque année, chaque rôle formant un titre nouveau. (Arrêt de la Cour de Paris, 20 janvier 1848. — *Mém.* 1849, p. 15.) — Voy. ATERMOIEMENTS, RECOUVREMENT, POURSUITES.

Drainage. — Ce mot désigne une opération qui a pour but d'assécher les terres naturellement trop humides, au moyen de tuyaux souterrains qui recueillent les eaux surabondantes et les dirigent sur un point où elles cessent d'être nuisibles.

La faculté de drainer appartient à chacun, lors même que l'exercice de cette faculté entraînerait pour les propriétés voisines la création d'une servitude, celle de recevoir les eaux du drainage ; mais l'écoulement des eaux provenant du drainage ne peut être imposé au fonds voisin que moyennant une indemnité. Les maisons, cours, jardins, parcs et enclos attenant aux habitations, sont exceptés de cette servitude. (L. 10 juin 1854, art. 1er.)

Les propriétaires des fonds voisins ou traversés ont la faculté de se servir des travaux faits pour l'écoulement des eaux de leurs fonds. Dans ce cas, ils supportent : 1° une part proportionnelle dans la valeur des fonds dont ils profitent ; 2° les dépenses résultant des modifications que l'exercice de cette faculté peut rendre nécessaires; et 3° pour l'avenir une part contributive dans l'entretien des travaux devenus communs. (L. 10 juin 1854, art. 2).

Les associations de propriétaires qui veulent, au moyen de travaux d'ensemble, assainir leurs héritages par le drainage ou tout autre moyen d'assèchement, jouissent des droits et supportent les obligations qui résultent des dispositions précédentes. Ces associations peuvent, sur leur demande, être constituées, par arrêtés préfectoraux, en syndicats auxquels sont applicables les articles 3 et 4 de la loi du 14 floréal an XI. (Id., art. 3.)

Les rôles de répartition des sommes nécessaires au payement des travaux d'entretien, réparation ou reconstruction, sont dressés sous la surveillance du préfet, rendus exécutoires par lui, et le recouvrement s'en opère de la même manière que celui des contributions publiques. Toutes les contestations relatives au recouvrement de ces rôles, aux réclamations des individus imposés et à la confection des travaux, sont jugées par le conseil de préfecture, sauf recours au conseil d'État. (L. 14 floréal an X, art. 3 et 4.) — Voy. SYNDICAT.

Un décret rendu en conseil d'État peut déclarer d'utilité publique les travaux que voudraient exécuter les associations syndicales, les communes ou les départements, pour faciliter le drainage ou tout autre mode d'assèchement.

Le règlement des indemnités dues pour expropriation est fait conformément aux §§ 2 et suivants de l'article 16 de la loi du 21 mai 1836 (L 10 juin 1854, art. 4), c'est-à-dire par un jury spécial composé de quatre membres et présidé soit par un des membres du tribunal, soit par le juge de paix du canton. — Voy. EXPROPRIATION.

Droit de chasse, Droit de pêche. — Voy. CHASSE, PÊCHE.

Droit des pauvres. — Il existe au profit des hospices et bureaux de bienfaisance un droit sur les recettes des spectacles, des concerts et autres lieux de divertissement où l'on est admis en payant.

Le droit est d'*un dixième en sus du prix des billets* pour les théâtres, opéras, spectacles quotidiens ou semi-quotidiens (L. 7 frimaire et 8 thermidor an V); pour les panoramas, théâtres pittoresques et mécaniques (Arrêté du Gouvernement du 10 thermidor an XI); pour les établissements où se jouent les pantomimes et les scènes équestres; les salles de curiosités et d'expériences physiques (Décis. du min. de l'int. du 9 mai 1809); les marionnettes (Arrêt du conseil d'État du 16 février 1832); les concerts quotidiens (L. 16 juillet 1840, art. 9), et pour tous les établissements qui ne sont pas compris dans la catégorie suivante.

Le droit est du *quart de la recette brute* pour les feux d'artifice, les bals publics donnés dans les théâtres ou ailleurs, les concerts non quotidiens, les courses et exercices de chevaux non quotidiens. (D. 9 décembre 1809.)

Le même droit est dû dans les jardins et autres lieux publics où l'on entre sans payer, mais où se trouvent des danses, des jeux et des concerts pour lesquels des rétributions sont exigées par voie de cachets ou d'abonnement, ainsi que sur les produits des billets d'entrée qui donnent droit à des objets de consommation d'une valeur égale à la totalité ou à une partie de leur prix. (Circ. int. 26 fructidor an x; I. G., art. 1066.)

Le droit établi en faveur des pauvres, à l'entrée des concerts et autres fêtes où l'on est admis en payant, est exigible dans tous les cas et quel que soit le mode usité dans l'établissement pour percevoir le prix d'entrée. En conséquence, il est dû par le cafetier qui a organisé, dans le café qu'il exploite, des concerts quotidiens dont le prix est compris dans celui des consommations. (Arrêt du cons. d'État, 9 décembre 1852. — *Mém.* 1854, p. 39.) — Voy. Cafés-concerts.

Les billets délivrés gratis ne sont pas soumis à la perception (Arrêt du cons. d'État, 5 août 1831); mais les billets d'auteur sont passibles de la taxe. Les places dont le propriétaire d'une salle de spectacle a la jouissance exclusive sont passibles du droit, si cette jouissance n'est pas une concession purement gratuite de l'entrepreneur, mais représente une partie du prix du loyer.

L'augmentation mise au prix des billets dans les représentations à bénéfice les exempte de la taxe, si ces représentations ont lieu au profit des artistes qui y ont droit par leurs engagements ou qui les obtiennent lors de leur retraite, ou encore lorsqu'elles sont données à leur profit ou à celui de leurs veuves et de leurs enfants. (D. 9 décembre 1809; Inst. min. de l'int. 19 décembre 1809.)

Le droit des pauvres ne doit pas être prélevé sur le prix des chaises lors d'une messe en musique exécutée dans une église. (Arrêt du cons. d'État, 25 novembre 1806.)

Les bals et concerts de société où l'on n'entre que par abonnement ne sont exemptés de la perception qu'autant qu'il est constant que l'abonnement n'est point public, qu'ils ne sont point la chose d'un entrepreneur et qu'il n'entre dans les réunions aucun objet de spéculation de la part des sociétaires et des abonnés. (D. 26 novembre 1808, art. 2; Arrêt du cons. d'État, 21 avril 1836. — *Mém.* 1837, p. 146.)

La répartition des produits entre les hospices et les bureaux de bienfaisance est faite par le préfet, sur l'avis du sous-préfet. (Arrêté du Gouvernement du 7 fructidor an viii.)

La perception du droit des pauvres peut être faite de trois manières différentes : par régie simple, par régie intéressée, et par bail à ferme.

La régie simple est la perception du droit faite directement par les receveurs des établissements charitables ou par un préposé spécial, sous la surveillance immédiate des administrations hospitalières.

La régie intéressée consiste à traiter avec un régisseur, à la condition d'un prix fixe et d'une remise proportionnelle dans les produits excédant le prix principal et la somme allouée pour frais au régisseur.

Enfin, la ferme est l'adjudication pure et simple, moyennant un prix convenu, sans partage de bénéfice ni allocation de frais. (L. 7 frimaire an v, art. 6; D. 9 décembre 1809.)

Les préfets autorisent, sur la demande des commissions administratives, la mise en ferme ou en régie intéressée de la perception des droits dont il s'agit.

Les contestations qui pourraient s'élever au sujet de cette perception sont jugées par les conseils de préfecture. Les décisions de ces conseils doivent être exécutées provisoirement, sauf recours au conseil d'État. (Arrêté, 10 thermidor an XI.)

Les administrations locales sont autorisées à prendre les mesures qu'elles croient convenables pour assurer le recouvrement, et les receveurs des établissements doivent, sous leur responsabilité, opérer ce recouvrement, soit aux échéances fixées par l'acte d'adjudication, si les droits sont affermés ou en régie intéressée, soit à mesure des recettes effectuées, si la régie simple a été adoptée.

Dans les deux cas de régie simple ou de régie intéressée, la perception est faite sous la responsabilité du receveur et des contrôleurs dans les établissements où ces agents existent. (I. G., art. 1066.)

Lorsque la perception est en régie simple, les commissions administratives peuvent traiter avec les redevables, quelle que soit la nature de leurs établissements; mais les traités doivent avoir pour objet de procurer aux pauvres par l'abonnement l'équivalent en moyenne de ce qui serait perçu sur le produit des recettes de chaque fête ou spectacle. L'autorisation du préfet est indispensable à cet effet.

Les prix convenus dans les traités par abonnement doivent être payé à des époques périodiques très-rapprochées; il y aurait de grands inconvénients à éloigner les payements, les administrations charitables n'ayant dans ce cas aucun privilége sur le mobilier des redevables ni sur les objets qui servent à leur exploitation. (Arrêt de la Cour de Paris, 24 décembre 1839.)

Les poursuites nécessaires pour obtenir le payement des droits sont exercées conformément au mode suivi en matière de contributions directes. Les contraintes sont décernées par la régie ou par le fermier, et rendues exécutoires par le préfet ou le sous-préfet. (D. 8 fructidor an XIII; I. G., art. 1066.)

Toutefois, cette garantie pouvant être illusoire à l'égard des entrepreneurs de fêtes, spectacles, concerts, etc., qui n'ont pas un établissement fixe et qui peuvent disparaître pendant les délais nécessaires pour obtenir l'autorisation du préfet ou du sous-préfet, le receveur ou le fermier, en cas de refus de payement, peut faire opérer par huissier une saisie provisoire de la recette elle-même, par application des dispositions autorisées par la loi du 12 novembre 1808, pour assurer l'exercice du privilége du Trésor en matière de contributions directes. (Décis. min. de l'int. 1858. — *Mém.* p. 52.)

La rétribution établie au profit des pauvres est privilégiée sur les recettes. Ce privilége s'exerce de deux manières, savoir : sur la recette du jour, par prélèvement, pour ce qui concerne la rétribution due sur le prix des billets pris au bureau ; sur toutes les recettes indistinctement, pour la rétribution due sur les abonnements et locations de loges. En cas de faillite du directeur du théâtre, le privilége du droit des pauvres peut être poursuivi et réalisé en dehors des délais et des formalités de la faillite. (Jug. du trib. de Marseille, 4 mars 1843. — *Mém.* p. 147.)

L'arrêté du préfet qui rend exécutoire la contrainte décernée contre les entrepreneurs d'un théâtre ne fait pas obstacle à ce que ceux-ci se pourvoient auprès du conseil de préfecture. (Arrêt du cons. d'État, 11 novembre 1831.)

Mais les débiteurs, quelle que soit d'ailleurs la légitimité de leurs réclamations, ne pourraient pas obtenir par une assignation en référé devant le juge civil la suspension, même provisoire, des poursuites exercées contre eux en vertu de la contrainte rendue exécutoire par le préfet ou le sous-préfet. (Arrêt de la cour de Paris, 28 janvier 1832. — *Mém.* p. 180.) — Voy. Bureaux de bienfaisance, Hospices.

Droits de permis de chasse. — Voy. Permis de chasse.

Droits de permission d'usines. — Voy. Usines

Droits de pesage, mesurage et jaugeage. — Voy. Pesage, etc.

Droits de places aux halles et marchés. — Voy. Location des places.

Droits de stationnement sur la voie publique. — Voy. Permis de stationnement.

Droits de timbre et d'enregistrement. — Voy. Enregistrement, Timbre.

Droits de visite chez les pharmaciens, épiciers, droguistes et herboristes. — Voy. Pharmaciens, etc.

Droits de voirie. — Voy. Voirie.

Droits d'usage. — Voy. Usage.

Droits d'expédition. — Voy. Expéditions.

Droits fraudés. — Voy. OCTROI.

Duplicata. — C'est le double d'une quittance, d'un écrit quelconque.

Les duplicata de quittance dont la demande serait faite, soit par les contribuables, soit par les débiteurs des communes et des établissements de bienfaisance, ne doivent pas être délivrés sur des formules détachées du journal à souche. Les percepteurs emploient pour l'expédition de ces duplicata tel autre papier qu'ils jugent convenable, à moins qu'il ne s'agisse, pour le service des communes et établissements de bienfaisance, de sommes excédant dix francs et d'une nature de recette non exempte de timbre ; dans ce cas, le duplicata est détaché du livre des quittances timbrées, et le mot *duplicata* est inscrit tant sur la souche que sur le bulletin. (I. G., art. 1446 et 1455.)

Les receveurs des finances ne doivent jamais délivrer de récépissé par duplicata. Si, par un motif quelconque, il leur est demandé une pièce destinée à remplacer un récépissé, ils fournissent une déclaration de versement dans la forme du modèle n° 282. (I. G., art. 1372.)

En cas de perte d'un extrait d'ordonnance de payement ou d'un mandat, il en est délivré un duplicata sur la déclaration motivée de la partie intéressée et d'après l'attestation écrite du comptable chargé du payement, portant que l'ordonnance ou le mandat n'a été acquitté ni par lui, ni pour son compte et sur son visa, par un comptable concourant au service des payements. (I. G., art. 186, 710, 753.) — *Mém.* 1858, p. 167. — Voy. MANDATS, QUITTANCES, RÉCÉPISSÉS.

E

Eaux (Concessions d'). — Les communes qui construisent à leurs frais des conduites d'eau, des aqueducs, des réservoirs pour alimenter le fontaines, abreuvoirs et lavoirs publics, et possèdent des eaux plus que suffisantes pour ces services, peuvent concéder le surplus de ces eaux à des particuliers, par abonnements, moyennant une redevance au profit de la caisse municipale.

Elles peuvent aussi concéder, soit moyennant une redevance, soit gratuitement, les eaux qui se perdent avant ou après avoir coulé sur la voie publique et qui peuvent être utiles aux usines, aux manufactures ou à la fertilisation des terres.

Les receveurs municipaux recouvrent le produit de ces concessions en vertu des délibérations des conseils municipaux, et d'après des tarifs régulièrement arrêtés par les préfets. (L. 18 juillet 1837, art. 31 ; I. G., art. 927.)

Une fois les besoins publics et particuliers satisfaits, la commune peut disposer, comme bon lui semble, du surplus des eaux dont elle est propriétaire, et rien ne s'oppose en principe à ce qu'elle en fasse l'objet d'une seule et unique concession. (Décis. min. de l'int. 1859. — *Mém.* 1860, p. 180.)

Les communes peuvent aussi mettre le service de distribution des eaux en régie intéressée, ou l'affermer, ou concéder à un entrepreneur la perception des produits pendant un certain temps, à la condition que le concessionnaire se charge d'établir les appareils et de faire le service de distribution.

Dans ces différents cas, la concession doit être l'objet d'une adjudication publique. Lorsque, par exception, un traité amiable est autorisé, l'acte passé entre le maire et l'entrepreneur doit être soumis à la délibération du conseil municipal et à l'approbation du préfet. Le prix stipulé en faveur de la commune est recouvré par les receveurs municipaux, en vertu du traité de gré à gré ou du procès-verbal d'adjudication. — Voy. ADJUDICATIONS, PIÈCES JUSTIFICATIVES, TRAITÉ DE GRÉ A GRÉ.

Eaux minérales et thermales. — Les eaux minérales naturelles sont celles qui proviennent des sources soit ferrugineuses, soit sulfureuses, soit imprégnées de toute autre substance minérale. Les eaux minérales chaudes sont appelées eaux thermales. Ces eaux peuvent appartenir à l'État, à des communes ou établissements publics et à des particuliers.

Les eaux minérales dont les communes, les établissements publics et les particuliers sont propriétaires ne peuvent être livrées ni administrées au public que moyennant une autorisation donnée par le ministre de l'agriculture, du commerce et des travaux publics, et après que le préfet a nommé un inspecteur chargé de veiller à la salubrité et à la conservation des eaux, d'en surveiller la distribution et de signaler à l'autorité les irrégularités qui se produiraient. (O. 18 juin 1823, art. 5; D. 25 mars 1852.)

Administration des établissements d'eaux minérales possédés par les communes et les institutions charitables. — Ces établissements sont mis en ferme, à moins que, sur la demande des autorités locales, le préfet n'en autorise la mise en régie. (O. 18 juin 1823, art. 21; I. G., art 859.)

En cas de mise en régie, le régisseur comptable et, s'il y a lieu, le receveur spécial, sont, ainsi que les autres employés ou servants, nommés par le préfet, sur la présentation du maire ou de la commission charitable. Si l'établissement appartient à plusieurs communes, les présentations sont faites par le maire de la commune où l'établissement est situé. (I. G., art. 859.)

Les mêmes formes sont observées pour la fixation du traitement de ces divers employés.

Quand un établissement doit être affermé, le maire dresse un cahier de charges qui est soumis à l'approbation du préfet, l'inspecteur préalablement entendu. Le tarif des eaux en fait nécessairement partie, et l'on stipule qu'en cas de violation des conditions imposées à l'adjudicataire, la résiliation pourra être prononcée par le conseil de préfecture. (O. 18 juin 1823, art. 22.)

Les maires, les membres des administrations propriétaires, et les inspecteurs, ne peuvent se rendre adjudicataires de la ferme ni y être intéressés. (D. 28 janvier 1860.)

Il est procédé pour les réparations, constructions, reconstructions et autres travaux, conformément aux règles prescrites pour le service communal et sur l'avis de l'inspecteur des eaux. (I. G., art. 859.)

Dans le cas où des travaux sont nécessaires, les communes et les établissements charitables peuvent concéder, pour un certain temps, la perception des droits à un entrepreneur, à la condition qu'il se charge alors de tous les frais.

Le traitement des médecins inspecteurs est fixé suivant le produit net des établissements en régie, ou le prix de location des établissements affermés. Quand le revenu atteint 10,000 fr., le traitement est de 1,000 fr.; il est de 800 francs quand le revenu est de 5,000 francs; quand il est de moins de 5,000 francs, le traitement est fixé à 600 francs. (D. 28 janvier 1860, art. 4 et 7.)

Le ministre peut, lorsque le service l'exige, nommer un ou plusieurs inspecteurs adjoints qui ne reçoivent point de traitement. Seulement, lorsqu'ils ont remplacé l'inspecteur pendant une grande partie de la saison, il leur est alloué une indemnité prise sur le traitement de l'inspecteur et fixée par le ministre. (Id., art. 2, 8.)

Les produits des établissements d'eaux minérales appartenant aux communes et aux institutions charitables ne sont pas confondus avec les autres revenus communaux ou hospitaliers; ils sont spécialement employés aux dépenses ordinaires et extraordinaires desdits établissements, sauf les excédants disponibles, après qu'il a été satisfait aux dépenses. Les budgets et les comptes sont aussi présentés et arrêtés séparément, selon les règles prescrites pour ces trois ordres de service. (I. G., art. 859.)

Taxes pour servir au traitement des inspecteurs. — La somme nécessaire pour couvrir les frais d'inspection médicale et de surveillance des établissements d'eaux minérales autorisés, est perçue sur l'ensemble de ces établissements. Le montant en est déterminé tous les ans par la loi de finances. La répartition en est faite, entre les établissements, au prorata de leurs revenus. (L. 14 juillet 1856, art. 18.)

Quand les eaux minérales sont mises en bouteilles pour être expédiées au loin et devenir l'objet d'un commerce, elles doivent être accompagnées d'un certificat d'origine délivré par l'inspecteur. Dans les villes où les dépôts sont nombreux, ils sont assujettis à la surveillance de médecins-inspecteurs, et les frais de cette inspection sont répartis entre les dépositaires. Dans les lieux où les dépôts sont trop peu considérables pour comporter l'organisation de cette surveillance, ils sont soumis, comme les pharmacies, à la visite des jurys médicaux.

Les fabriques d'eaux minérales artificielles sont, comme les établissements d'eaux minérales naturelles, soumises à la surveillance de médecins inspecteurs. La formation des dépôts et le débit de ces eaux sont également surveillés par des médecins inspecteurs ou par les jurys médicaux.

Les taxes que les receveurs et percepteurs peuvent être chargés de recouvrer pour les traitements des inspecteurs des établissements, fabriques et dépôts d'eaux minérales, sont perçues, suivant les formes établies pour le recouvrement des contributions publiques; ces taxes sont payables par quart, à la fin de chaque trimestre; les trimestres échus au moment de l'émission des rôles sont immédiatement exigibles. (L. 14 juillet 1856, art. 18 ; I. G., art. 453 et 881.) — *Mém.* 1841, p. 168 et 176.

Malades indigents reçus dans les établissements de l'État. — L'arrêté du 23 vendémiaire an VI a donné aux communes la faculté de présenter quelques malades pauvres pour aller prendre les eaux minérales dans les établissements appartenant à l'État ; mais les dépenses et frais de route des indigents qui se présentent, sont à la charge des communes qui les ont adressés, comme objet de dépense communale. Les communes doivent pourvoir à cette dépense sur les revenus de leurs établissements de secours à domicile; et, en cas d'insuffisance, sur les fonds affectés aux dépenses municipales. Ce n'est que dans des cas d'exception tout particuliers que le Gouvernement s'est réservé d'autoriser l'allocation des sommes votées par les conseils généraux sur les fonds départementaux, pour subvenir à de pareilles dépenses. (Arrêté du 29 floréal an VII, art. 6; Circ. min. 9 juin 1834.)

Échange. — L'échange est un contrat par lequel les parties se donnent respectivement une chose pour une autre. (C. N., art. 1702.)

Il participe de l'acquisition et de la vente, chacun des co-échangistes étant tout à la fois vendeur et acheteur.

La première condition exigée pour que les échanges soient autorisés, c'est qu'ils présentent une utilité incontestable pour les communes et les établissements publics, ou leur procurent un avantage évident. (Circ. int. 5 mai 1852.— *Mém.* p. 157.)

Les échanges de biens de toute nature appartenant aux communes et aux établissements charitables sont autorisés par arrêtés du préfet, quelle que soit la valeur de ces biens. (D. 25 mars 1852, tableau A, § 41.)

Il est procédé pour les échanges d'immeubles autres que les bois soumis au régime forestier, comme pour les acquisitions, sauf que l'expertise porte sur les deux immeubles. — Voy. ACQUISITIONS.

Les pièces de l'instruction sont : 1° la délibération du conseil municipal ou de la commission administrative, indiquant les avantages de l'échange et la soulte à recevoir ou à donner (dans ce dernier cas, la délibération doit être accompagnée du budget de la commune ou de l'établissement); 2° une promesse d'échange souscrite par l'échangiste, et portant engagement, s'il y a lieu, de payer la soulte convenue au profit de la commune; 3° le procès-verbal d'expertise et le plan des immeubles; 4° le procès-verbal d'enquête et l'avis du commissaire enquêteur; 5° la délibération du conseil municipal sur les résultats de l'expertise et de l'enquête; 6° un certificat du conservateur constatant que l'immeuble cédé n'est grevé d'aucune hypothèque; 7° l'avis du sous-préfet. C'est sur ces documents qu'est basé l'arrêté du préfet.

Lorsqu'il s'agit d'un échange de bois soumis au régime forestier, l'instruction comprend deux éléments de plus que pour d'autres immeubles: 1° l'administration forestière doit donner son avis; 2° l'on adjoint à l'expert désigné par le sous-préfet, ainsi qu'à celui que choisit l'échangiste, un troisième expert nommé par l'administration des forêts. Le préfet est incompétent, d'ailleurs, pour statuer; l'autorisation est accordée, s'il y a lieu, par un décret impérial, la section des finances du conseil d'État entendue. (Avis du cons. d'État, 11 novembre 1852.)

L'acte d'échange, passé devant notaire, ne devient définitif qu'après avoir été homologué par le préfet. Il est soumis à la formalité de l'enregistrement dans le délai de vingt jours.

Dans tous les cas d'échanges d'immeubles consentis par les communes et les établissements de bienfaisance, les formalités de la purge des hypothèques sur l'immeuble cédé en échange doivent être remplies comme lorsqu'il s'agit d'acquisitions.

Les receveurs doivent veiller à l'accomplissement de cette formalité et en justifier dans leurs comptes de gestion, comme en matière d'acquisition, lorsqu'il y a une soulte à payer, ou dans l'état des propriétés de la commune ou de l'établissement, lorsque l'échange est pur et simple.—*Mém.* 1862, p. 236.

Les échanges d'immeubles communaux contre des propriétés de l'État ne peuvent avoir lieu qu'en vertu d'une loi, à moins qu'il ne s'agisse de portions de terrain dépendant d'anciennes voies de communication et devenues inutiles par suite, soit d'un changement de tracé, soit de l'ouverture d'une nouvelle voie de communication impériale ou départementale. Ces portions peuvent être cédées, sur estimation contradictoire, à titre d'échange et par voie de compensation de prix, aux propriétaires des terrains sur lesquels la nouvelle voie doit être exécutée; seulement, lorsqu'il s'agit de terrains abandonnés par des routes impériales, l'acte de cession doit être soumis à l'approbation du ministre des finances. (L. 20 mai 1836, art. 4.)

De même qu'en matière d'acquisition et d'aliénation, les maires et les administrateurs des établissements de bienfaisance ne peuvent contracter par voie d'échange, soit en leur nom, soit comme tuteurs, avec les communes ou établissements qu'ils administrent. (Avis du comité de l'int. du cons. d'État, 19 novembre 1836; Circ. int. 5 mai 1852.) — Voy. Acquisitions, Aliénations, Purge des hypothèques.

Éclairage. — Bien que la loi du 18 juillet 1837 ne comprenne pas l'éclairage de la voie publique au nombre des dépenses obligatoires des communes, toutes les villes sont dans l'usage d'y pourvoir, soit au moyen d'un service spécial, soit au moyen d'un traité passé avec un entrepreneur ou une compagnie.

Le mode d'éclairage, par le gaz ou par l'huile, est déterminé par le conseil municipal qui se prononce, en même temps, sur les clauses et conditions à insérer dans le cahier des charges, lorsque l'entreprise doit être mise en adjudication publique, ou dans le traité de gré à gré qui doit être passé entre le maire et l'entrepreneur. La concession de l'entreprise est, dans tous les cas, subordonnée à l'approbation du préfet.

La dépense de l'éclairage est justifiée, dans les comptes du receveur, par les mandats de payement appuyés de quittances timbrées de la partie prenante, par une copie ou extrait (sur papier libre) du marché, et, pour la dernière année, par l'expédition en forme et timbrée de cet acte.

Dans les petites villes où l'éclairage à l'huile a lieu par économie, sous la surveillance du maire, le salaire des préposés est payé à la fin de chaque mois sur un mandat du maire appuyé d'un état émargé des parties prenantes. Cet état doit être sur papier timbré, à moins qu'il ne comprenne aucun traitement excédant 300 fr. par année.

Quant aux achats et réparations, la dépense est justifiée par les mémoires timbrés et quittancés des fournisseurs, ou les procès-verbaux d'adjudications, soumissions, conventions et marchés, dans tous les cas où ces voies ont dû être employées, aux termes de l'ordonnance du 14 novembre 1837. — Voy. Adjudications, Marchés, Traités de gré a gré.

Écoles communales. — Voy. Instruction primaire, Maisons d'école, Rétribution scolaire.

Écoles normales primaires. — Établissements destinés à former des instituteurs et des institutrices primaires.

Les ressources affectées aux dépenses des écoles normales primaires sont de plusieurs natures :

Les départements et les communes peuvent voter pour ces dépenses des centimes additionnels aux contributions directes, qui sont recouvrés cumulativement avec ces contributions; les départements et les communes peuvent aussi fournir, sur leurs revenus, des subventions destinées aux mêmes dépenses; le ministère de l'instruction publique alloue, sur les fonds à sa disposition, des secours aux départements dont les ressources sont reconnues insuffisantes; des bourses ou demi-bourses peuvent être créées par l'État, par les communes, par les départements, par des associations charitables et par des particuliers ; les familles des élèves et les élèves-maîtres ont à payer des compléments de bourses, des pensions et divers frais; enfin, des particuliers ou des associations charitables peuvent faire, aux écoles normales, des dons, legs ou donations. ((I. G., art. 458.)

Les produits affectés aux dépenses des écoles normales primaires sont recouvrés par les receveurs des finances. A l'exception des dons, legs et donations, les recouvrements sont opérés en vertu d'états arrêtés par les préfets et indiquant les sommes à percevoir pour subventions, bourses, pensions, rétributions et frais divers.

Les bourses et les demi-bourses, les pensions et les compléments de pensions, ainsi que les rétributions dues par les élèves-maîtres externes, sont payables d'avance et par termes de deux dixièmes, comme il suit : en janvier, pour les mois de janvier et février; en mars, pour les mois de mars et d'avril; en mai, pour les mois de mai et de juin; en juillet, pour les mois de juillet, d'août et de septembre; en octobre, pour les mois d'octobre, de novembre et de décembre. (I. G., art. 459.) — Voy. BOURSES, SUBVENTIONS.

La rétribution scolaire payée par les familles des élèves de l'école annexe que possèdent un certain nombre d'écoles normales primaires, et qui sert à exercer les élèves-maîtres, fait l'objet de rôles qui sont établis, comme ceux de la rétribution scolaire ordinaire, dans les premiers jours du troisième mois de chaque trimestre, et transmis par le préfet au receveur général.

Le recouvrement de ce produit est confié au percepteur du siége de l'école annexe; il est alloué à ce comptable, sur les recettes de l'espèce, une remise de 3 0/0 qui lui est payée par imputation sur le budget de l'école normale. (I. G., art. 459.) — Voy. INSTRUCTION PRIMAIRE, RÉTRIBUTION SCOLAIRE.

Écoles préparatoires de médecine et de pharmacie, et écoles préparatoires à l'enseignement supérieur des sciences et lettres. — Les écoles préparatoires de médecine et de pharmacie sont au nombre de 21, savoir : à Marseille, Besançon, Bordeaux, Caen, Rouen, Clermont, Dijon, Lille, Arras, Amiens, Grenoble, Lyon, Nancy, Reims, Poitiers, Tours, Limoges, Rennes, Nantes, Angers et Toulouse.

Aux termes du décret du 22 août 1854, les villes qui ne sont pas siéges de Facultés, et qui ont établi des cours municipaux sur quelquesparties des sciences et des lettres, peuvent obtenir que ces cours prennent le titre et le rang d'écoles préparatoires à l'enseignement supérieur des sciences et des lettres, à la charge par ces villes de fournir un local convenable, les collections nécessaires à l'enseignement, et une subvention annuelle pour le traitement des professeurs et les dépenses du matériel. Il n'existe encore que quatre écoles préparatoires a l'enseignement supérieur des lettres et des sciences, savoir : à Nantes, à Rouen, à Angers et à Mulhouse.

Les écoles préparatoires, ainsi que l'a réglé l'ordonnance royale du 13 octobre 1840, sont des établissements municipaux; par suite, comme il est indiqué ci-après, c'est au profit des villes chargées de les entretenir qu'est perçue une partie des droits à payer par les étudiants qui suivent les cours ouverts dans ces écoles ou qui y passent leurs examens. (I. G., art. 395.)

Les droits à percevoir dans les écoles préparatoires à l'enseignement des lettres et des sciences sont fixés comme suit :

DROITS REVENANT A LA CAISSE DE L'ENSEIGNEMENT SUPÉRIEUR.

Complément de 5 francs par inscription (10 inscriptions)........	50 f.
Certificat de capacité....................................	75
Visa du certificat..	25
TOTAL................	150

DROITS REVENANT A LA CAISSE MUNICIPALE.

Dix inscriptions à (taux à déterminer par le budget de chaque école)...	
Deux examens à 60 francs..................................	120
TOTAL................	120

Le droit complémentaire de 5 francs par inscription est perçu en même temps que le droit principal, et versé entre les mains du comptable désigné à cet effet, ainsi qu'il sera dit plus loin. Il en est de même des droits dus pour le certificat de capacité et pour le visa.

Quant aux sommes versées par les étudiants pour frais d'examens, elles sont appliquées d'abord au payement des droits de présence des examinateurs, des frais de déplacement du président du jury et aux menues dépenses d'impression. La somme disponible après ces prélèvements est versée dans la caisse municipale. (I. G., art. 407.)

Les droits à percevoir dans les écoles préparatoires de médecine et de pharmacie sont fixés ainsi qu'il suit :

DROITS REVENANT A LA CAISSE DE L'ENSEIGNEMENT SUPÉRIEUR.

Officier de santé.	Complément d'inscription (quatorze à 5 francs).	70 f.
	Trois certificats d'aptitude à 40 francs.........	120
	Diplôme................................	100
	TOTAL................	290

Pharmacien de 2e classe.	Complément d'inscription (six à 5 francs)	30
	Trois certificats d'aptitude à 40 francs	120
	Diplôme	100
	TOTAL	250
Herboriste de 2e classe.	Certificat d'aptitude	40
	Visa du certificat	10
	TOTAL	50
Sage-femme de 2e classe.	Certificat d'aptitude	20
	Visa du certificat	5
	TOTAL	25

DUPLICATA.

Du diplôme d'officier de santé	50 f.	» c.
— de pharmacien de 2e classe	50	»
Du visa du certificat d'herboriste de 2e classe	5	»
— de sage-femme de 2e classe	2	50

ÉQUIVALENCES DE GRADES.

Diplôme d'officier de santé	780 f.
— de pharmacien de 2e classe	660
Certificat d'herboriste de 2e classe	100
— de sage-femme de 2e classe	25

DROITS REVENANT A LA CAISSE MUNICIPALE.

Officier de santé.	Quatorze inscriptions à 25 francs (décret du 28 octobre 1854)	350 f.
	Premier examen	60
	Deuxième examen	70
	Troisième examen	70
	TOTAL	550
Pharmacien de 2e classe.	Six inscriptions à 25 francs	150 f.
	Épreuves pratiques	120
	Deux examens à 50 francs	100
	Un examen à	100
	TOTAL	470
Herboriste de 2e classe.	Examen à Paris	50 f.
	Examen dans les départements	30

L'excédant des frais d'examen, prélèvement fait des droits de présence des examinateurs, appartient au compte du service spécial de l'enseignement supérieur, pour les examens passés devant les Facultés de médecine et les écoles supérieures de pharmacie, et aux caisses municipales, pour les examens passés devant les écoles préparatoires de médecine et de pharmacie. (I. G., art. 415 et 416.)

Dans les établissements mixtes, c'est-à-dire dans les écoles préparatoires de médecine et de pharmacie et dans les écoles préparatoires à l'enseignement supérieur des sciences et des lettres, le secrétaire agent comptable désigné par le ministre de l'instruction publique n'intervient dans leur administration intérieure que pour assurer la perception des droits dont le produit appartient au service de l'enseignement supérieur. Quant aux droits à percevoir pour le compte de la caisse communale, ils sont versés au receveur municipal ou au secrétaire de l'école, qui, dans ce cas, remet chaque jour au receveur municipal les fonds qu'il a reçus; rien ne s'oppose d'ailleurs, si le recteur n'y voit pas d'inconvénient, à ce que le secrétaire agent comptable désigné par le ministre soit en même temps le secrétaire de l'école préparatoire. Il fait alors les recettes simultanément pour le compte de l'enseignement supérieur et pour le compte de la caisse municipale. (Id., art. 433.)

Les secrétaires agents comptables des établissements d'enseignement supérieur gèrent sous la surveillance et sous la responsabilité des receveurs des finances, qui ont à leur égard, en tout ce qui touche la gestion financière et la comptabilité, les mêmes droits et les mêmes devoirs qu'à l'égard des percepteurs.

Les gérants intérimaires sont nommés par les receveurs des finances, qui se concertent aussi à ce sujet avec le doyen ou le recteur.

Les agents comptables des établissements d'enseignement supérieur sont, en leur qualité d'agents de deniers publics, commissionnés par le ministre des finances, conformément à l'article 17 de l'ordonnance du 14 septembre 1822, et, lorsque les recettes annuelles excèdent 5,000 francs, ils sont astreints à fournir un cautionnement, qui est fixé par l'arrêté de nomination.

Dans le cas où le même agent perçoit les droits revenant à l'enseignement supérieur et à la caisse municipale, le montant des droits des deux natures sont réunis pour le calcul du cautionnement, lequel sert alors de garantie à l'ensemble de la gestion du comptable.

Pour mettre l'administration à portée de déterminer les cautionnements d'après ces bases, les receveurs généraux doivent indiquer, par établissement, le montant brut des recettes effectuées par les secrétaires agents comptables, tant pour le compte de l'enseignement supérieur que pour celui des villes dans les écoles mixtes. (I. G., art. 434.)

Les secrétaires agents comptables doivent tenir, pour l'enregistrement de leurs recettes et de leurs dépenses, des livres à souche et un livre journal. Dans les écoles préparatoires, soit que le service financier soit géré par un seul agent ou par deux agents, il est tenu deux livres à souche et deux livres-journaux destinés respectivement aux opérations faites pour le compte du service de l'enseignement supérieur et pour le compte de la caisse municipale. (I. G., art. 436.)

Les retenues à exercer sur les traitements des fonctionnaires des écoles préparatoires sont précomptés chaque mois ou chaque trimestre, à l'instant du payement, par le receveur municipal et par lui versées à la caisse du receveur des finances. (Id., art. 363.) — *Mém.* 1854, p. 98. — Voy. RETENUES.

Économes des établissements de bienfaisance.—L'institution de l'économat a été consacrée en principe par l'instruction du ministre de l'intérieur du 8 février 1823. L'ordonnance du 31 octobre 1821 et l'instruction ministérielle du 20 novembre 1836 en ont fixé l'organisation et réglé l'exécution.

Avant ces instructions et ordonnance, l'économat n'existait que d'une manière très-irrégulière et sans que ses attributions fussent définies. La manutention des denrées et autres objets de consommation destinés au service des hôpitaux était confiée à des agents qui portaient indifférement le titre de gardes-magasin ou d'économes.

Nomination des économes. Incompatibilités. — Les économes, d'après les dispositions combinées des ordonnauces des 29 novembre 1831 et 31 octobre 1821, étaient nommés par les préfets. La loi du 7 août 1851, par son article 4, a attribué leur nomination aux commissions administratives. D'après le même article, leur révocation ne peut avoir lieu par l'administration charitable qu'avec l'approbation du préfet.

Sous le rapport des incompatibilités, les économes sont assimilés, comme comptables, aux receveurs hospitaliers (Décis. min. 11 février 1860). Toutefois, l'administration supérieure reste juge des cas où il s'agit d'appliquer aux économes l'article 1273 de l'Instruction générale, par analogie ou par exception. — *Mém.* 1862, p. 71.

Les fonctions d'économe ne sont pas incompatibles avec un autre emploi dans les hospices, tel que celui de préposé au mouvement, de secrétaire et même de receveur. Mais ce dernier cumul ne peut guère s'appliquer qu'aux hospices peu considérables. En général, il est préférable que la caisse et l'économat soient séparés, lorsque la gestion en nature présente quelque importance.

Les sœurs hospitalières ne peuvent pas remplir les fonctions d'économe. (Circ. int. 20 novembre 1836. — *Mém.* p. 289.)

Traitement. — Le traitement des économes n'est fixé par aucune disposition réglementaire; il est ordinairement basé sur les proportions déterminées pour la fixation du traitement des receveurs (Circ. int. 20 novembre 1836). A la différence de ces comptables dont les émoluments sont réglés en remises, les économes reçoivent un traitement fixe.

Cautionnement. — Les économes des établissements où la valeur des denrées et objets de consommation s'élève annuellement à 20,000 francs et au delà sont assujettis à fournir un cautionnement qui est réglé d'après les mêmes bases que celui des receveurs (O. 29 novembre 1831, art. 2), c'est-à-dire au dixième de la valeur des denrées et autres objets de consommation dont la manutention est confiée à ces agents comptables.

Ces cautionnements doivent, conformément à l'ordonnance du 6 juin 1830, être réalisés en immeubles ou en rentes sur l'État, sauf à en élever la quotité d'un tiers lorsqu'ils sont fournis en immeubles.

Le montant des denrées et autres objets sur lequel le cautionnement doit être calculé est évalué en prenant la moyenne des consommations faites dans l'établissement pendant les trois années précédentes, soit que les objets consommés proviennent des récoltes de l'établissement, soit qu'ils aient été achetés au dehors. (Circ. int. 20 novembre 1836.) — Voy. CAUTIONNEMENT DES COMPTABLES.

Fonctions des économes. Concours et responsabilité du receveur.—Les fonctions générales des économes consistent :

1° A percevoir, à emmagasiner les denrées et autres objets mobiliers appartenant aux établissements charitables et qui proviennent soit des fermages et autres rendevances qui leur sont dus, soit des achats faits pour leur compte ;

2° A distribuer ces denrées et objets pour le service des établissements conformément aux règles prescrites ;

3° A passer écriture et à rendre compte de leurs opérations.

Le service de l'économat, même lorsque la gestion en matière est confiée à un percepteur, n'est point placé sous la surveillance du receveur des finances. (I. G., art. 1327.)

Aux termes des règlements constitutifs de la comptabilité hospitalière, et notamment de l'arrêté du Gouvernement du 19 vendémiaire an XII, la responsabilité du recouvrement de tous les revenus des établissements, quelle qu'en soit la nature, pèse sur le receveur, et ce comptable, dépositaire des titres, a seul qualité pour libérer les débiteurs. Il en résulte que c'est à ce comptable à délivrer quittance définitive des versements de denrées opérés par les fermiers et autres débiteurs; comme aussi, à défaut de payement, s'il devenait nécessaire d'exercer contre eux des poursuites, il lui appartiendrait de les suivre d'après les règles ordinaires. Ainsi, si, après avoir fait les démarches nécessaires, l'économe reconnaît que le payement ne peut être obtenu que par les voies judiciaires, il en prévient le receveur, qui fait procéder aux notifications et commandements de droit.

En ce qui concerne le recouvrement des produits manufacturés dans les établissements, c'est une recette intérieure à laquelle le receveur n'a pas à concourir. L'économe reçoit des chefs d'atelier les objets provenant du travail des pauvres ou des enfants et les conserve en magasin pour en faire l'emploi déterminé par le règlement intérieur. Il en est de même des objets délaissés par les individus qui décèdent dans l'hospice. — Voy. DÉCÈS DANS LES HOSPICES, DENIERS PUPILLAIRES, OBJETS FABRIQUÉS DANS LES ÉTABLISSEMENTS.

Dans les établissements où l'on a l'habitude de vendre au dehors une partie des produits du travail intérieur, des produits en nature reçus des fermiers et débiteurs de rentes, des objets récoltés dans les jardins attenant aux bâtiments hospitaliers, ou enfin des effets mobiliers hors de service, les ventes doivent être faites par les soins de l'économe, qui en verse ou en fait verser immédiatement le prix dans la caisse du receveur. (Circ. int. 20 novembre 1836 et 18 novembre 1841.)

C'est également l'économe qui est chargé des achats à faire pour le compte des établissements, en vertu des crédits ouverts par les budgets et d'après les ordres de la commission administrative. Le receveur n'intervient dans les achats que pour en payer le montant et pour passer les écritures qui, dans la comptabilité en deniers, doivent constater le payement.

Quant à la distribution des objets de consommation dans l'établissement, cette distribution est faite par l'économe conformément au règlement du service intérieur qui doit exister dans tous les hospices, en exécution de l'article 17 de l'ordonnance du 31 octobre 1821. (Circ. int. 20 novembre 1836.)

Avances pour menues dépenses. — Dans la plupart des établissements, le receveur fait à l'économe des avances mensuelles pour les menues dépenses qui, à raison de leur modicité, ne sont pas de nature à être acquittées directement à la caisse de l'hospice. Ces avances ne peuvent pas dépasser, pour chaque mois, le douzième des crédits auxquels doivent s'appliquer les menues dépenses qui ont nécessité les avances; elles sont faites par le receveur, en vertu d'une autorisation spéciale délivrée par l'ordonnateur des dépenses, et sur le récépissé de l'économe. L'économe doit, à la fin de chaque mois, rapporter la note exacte des dépenses faites sur les sommes avancées, et cette note est appuyée, autant que possible, des pièces justificatives. L'ordonnateur délivre alors un mandat particulier pour chaque nature de dépenses, en suivant les articles du budget. Faute par l'économe de rapporter son compte à la fin du mois, il est interdit à l'ordonnateur d'autoriser et au receveur de faire aucune nouvelle avance. (Circ. int. 25 juillet 1828 et 6 août 1839; I. G., art. 1499.)

Les bordereaux récapitulatifs de dépenses, remis par l'économe au receveur, sont exempts du timbre; mais les mémoires et factures des fournisseurs, qui y sont joints, pour des sommes excédant dix francs, doivent être sur papier timbré. — *Mém.* 1861, p. 177.

Etat des consommations présumées. — L'administration des hospices doit, en même temps qu'elle forme le budget, dresser un état des consommations de toute nature présumées devoir s'effectuer pendant l'exercice. Cet état, qu'on peut appeler le budget de l'économe, est soumis, en même temps que le budget, à l'approbation du préfet. Il contient, comme élément, le détail de la population de l'établissement, et les quantités de denrées consommées pendant l'année précédente. En regard des quantités présumées pour l'année qui va s'ouvrir, se trouve rapporté leur montant en argent. Les denrées à récolter par les établissements sont distinguées dans l'état de celles qui sont achetées au dehors, parce qu'il est important qu'on puisse se rendre compte séparément de la situation des recouvrements en nature.

Les prévisions contenues dans l'état des consommations ne peuvent être considérées comme de véritables crédits; la responsabilité de l'économe est suffisamment couverte, lorsqu'il dépasse ces prévisions avec l'approbation de la commission administrative. — *Mém.* 1859, p. 332.

Ecritures des économes. — Les écritures à passer par les économes se composent : 1° d'un journal à souche pour l'enregistrement des recettes en matières; 2° d'un journal général pour l'enregistrement journalier des entrées et des sorties; 3° d'un grand-livre pour l'établissement des comptes particuliers des diverses natures de denrées.

Ces trois registres doivent être cotés et paraphés, avant le commencement de l'année à laquelle ils se rapportent, par l'un des membres de la commission administrative

Toutes les entrées d'objets de consommation et d'objets mobiliers doivent être inscrites sur le *journal à souche* et donnent lieu à la délivrance, à la partie versante, d'un bulletin détaché de la souche, non timbré. S'il s'agit d'un recouvrement de fermages ou de rentes en nature, ce bulletin est échangé contre une quittance du receveur de l'hospice. S'il s'agit de fournitures faites par les adjudicataires, le bulletin met ces derniers à même de justifier de la fourniture, à l'ordonnateur des dépenses, qui doit leur délivrer le mandat d'après lequel sera effectué le payement.

Le *journal général* est destiné à constater les entrées et les sorties en matières, au fur et à mesure qu'elles s'effectuent par les soins de l'économe. Le premier article qui doit être porté sur le journal, à la date du 1er janvier, est celui qui constate les restes en magasins existant au 31 décembre de l'année précédente Le second article constate la somme restée, également au 31 décembre, entre les mains de l'économe sur celle dont l'avance lui a été faite par le receveur pour les menues dépenses. Ces articles, qui ouvrent le journal, sont la reproduction des articles de clôture du journal de l'année précédente.

Les divers articles de recettes et de dépenses sont ensuite distribués par nature de matière dans les comptes ouverts au *grand-livre*. Les articles rappellent le numéro d'ordre du journal général avec la date de l'opération. Celle-ci n'y est décrite que sommairement, ce qui doit suffire puisqu'au besoin on trouve de plus grands détails en se reportant au journal. On doit adopter, pour la classification des comptes, trois divisions principales : la première renferme, tant en recette qu'en dépense, toutes les denrées et tous les objets de consommation achetés pour le service des établissements, ou récoltés par eux ; la deuxième présente le mouvement des objets qui se fabriquent dans l'intérieur des hospices ; la troisième est destinée à l'enregistrement des effets délaissés par les individus décédés dans les hospices. A la suite de ces chapitres est ouvert un compte d'ordre, celui des avances en numéraire que le receveur fait à l'économe, et dont ce dernier comptable, comme on l'a vu plus haut, doit justifier l'emploi.

Un *carnet d'enregistrement des mandats* délivrés sur la caisse du receveur pour le payement des fournitures versées à l'économe est tenu par celui-ci et sert à établir un contrôle entre les écritures en matières et celles en deniers. A cet effet, tout mandat délivré par l'ordonnateur des dépenses, pour le montant d'une fourniture, ne peut être acquitté par le receveur sans qu'au préalable il ait été présenté, par la partie prenante, à l'économe qui y appose son visa. L'économe inscrit, sur son carnet, l'objet et la somme de ce mandat ; et, immédiatement après, il passe écriture au journal et au grand-livre, dans les colonnes réservées au montant en argent des quantités. Les additions de ce carnet doivent concorder, tant avec celles du compte du grand-livre, qu'avec les écritures du receveur à la fin de l'année. S'il arrivait qu'un mandat visé par l'économe et enregistré au carnet n'eût pas été payé, pour quelque cause que ce fût, ce comptable annulerait alors son enregistrement par un article de déduction, et il comprendrait le mandat déjà visé parmi ceux à payer pour l'année suivante.

Pour que la commission administrative puisse surveiller le mouvement des consommations, l'économe lui adresse, dans les cinq premiers jours de chaque mois, pour le mois précédent, ainsi qu'au sous-préfet, un *relevé des comptes de son grand-livre* présentant la situation des entrées et des sorties au dernier jour du mois. En réunissant à ces résultats le montant des quantités entrées ou sorties antérieurement au mois, on a la situation exacte et complète des magasins, au dernier jour de chaque période mensuelle. Les économes étant de véritables comptables, ils encourent, en cas de retard dans la production de ce relevé, les mêmes peines que les receveurs en retard de produire leurs bordereaux de situation, à savoir, la suppression d'une partie ou même de la totalité du traitement, sans préjudice de peines plus graves, s'il y a lieu.

La comptabilité des matières d'une année doit avoir nécessairement, pour point de départ, les restes en magasin de l'année précédente. C'est l'encaisse de l'économe qu'il est tenu de représenter et qui doit servir aux consommations de l'année qui va s'ouvrir. Il faut donc que ces excédants soient constatés. L'économe dresse à cet effet un *état des restes en magasin au* 31 *décembre*, pour la formation duquel il suffit de relever les soldes des comptes du grand-livre. L'administration n'a plus ensuite qu'à s'assurer, par l'inspection même des magasins, de la réalité des excédants constatés par les comptes. C'est le même système que celui qui est suivi pour la vérification de l'encaisse du receveur au 31 décembre.

Compte annuel. — Ce compte n'est que la reproduction des comptes du grand-livre. Ainsi, à chaque article du compte, l'économe se charge en recette, comme dans le grand-livre, 1° des restes en magasin constatés antérieurement à l'année du compte; 2° des entrées effectuées pendant cette année. En dépense, le compte présente toutes les sorties effectuées dans le cours de l'année, et dont il a été fait écriture au grand-livre.

Le compte de l'économe doit être accompagné, comme pièces justificatives : — pour les entrées, 1° d'un état de réception constatant, mois par mois, les quantités versées à l'économe, et visé par l'ordonnateur de l'établissement; 2° de l'état des restes en magasin au 31 décembre qui précède l'ouverture de l'exercice; — pour les sorties, d'un état également visé par l'ordonnateur et indiquant, par mois et par nature de denrées, les distributions faites dans l'établissement. Il y est joint, en outre, un état mensuel du mouvement de la population, une expédition des marchés de fournitures, les copies certifiées des titres de rentes ou fermages en nature, un extrait du règlement du service intérieur en ce qui concerne le régime alimentaire, et l'original du cahier de visites des médecins.

Le compte, accompagné des pièces justificatives ci-dessus énoncées, doit être remis par l'économe à la commission administrative, qui, aux termes de l'article 1er de l'ordonnance du 29 novembre 1831, est chargée de l'apurer. Cette remise doit être faite aux mêmes époques que celle du compte des receveurs. En cas de retard, les économes peuvent, comme ces comptables, être poursuivis et par les mêmes voies de droit.

Quant au jugement du compte, la commission administrative procède à cet examen comme elle le fait pour le compte du receveur. Elle délibère sur les divers articles et enfin sur l'ensemble du compte de la même manière et dans la même forme que sur toutes les autres affaires de l'hospice. La délibération prise est soumise à l'approbation du préfet, conformément à l'article 1er de l'ordonnance du 29 novembre 1831.

D'après le principe qui assimile la gestion des économes à celle des receveurs, les injonctions prononcées contre le premier de ces comptables par l'arrêté de son compte, doivent être exécutées par lui dans le délai de deux mois à dater de la notification, sous peine d'y être contraint. (Circ. int. 20 novembre 1836.) — Voy. Compte de gestion, Hospices, Revenus en nature.

Écritures. — On distingue, en matière de comptabilité, deux sortes d'écritures : les écritures *en partie simple ;* les écritures *en partie double.*

Le mode d'écritures en partie simple consiste à n'employer, pour la description de chaque opération, qu'un seul compte où l'opération est inscrite en recette ou en dépense.

La méthode des écritures en partie double consiste à employer, pour la description de chaque opération, deux agents ou comptes, dont l'un est débité et l'autre crédité. En effet, chaque opération de comptabilité est nécessairement composée et met deux intérêts en opposition; le fait qui dégage l'un oblige l'autre, et, dès lors, il existe toujours, pour une même opération, un agent débiteur et un agent créditeur; celui qui doit, reçoit ou a reçu, est débiteur; celui à qui il est dû, qui paye ou a payé, est créditeur. Les articles par lesquels les comptes sont débités ou crédités sont inscrits sur un journal dans l'ordre chronologique des opérations; toute opération, de quelque nature qu'elle soit, doit être décrite avec toutes ses circonstances au moment même où elle a lieu ou dès qu'elle est connue du comptable. Le montant des articles est rapporté, jour par jour, sur un grand-livre, où les comptes sont ouverts par nature d'opération.

Tels sont les principes généraux de la comptabilité en partie double.

Les percepteurs receveurs des communes et d'établissements de bienfaisance tiennent leurs écritures en partie simple.

Les receveurs spéciaux des communes et des établissements de bienfaisance tiennent, comme les receveurs des finances, leurs écritures en partie double.

Les deux systèmes d'écritures reposent d'ailleurs sur ce principe: « que le comptable doit décrire tout ce qui se fait, et rien que ce qui « se fait; qu'il doit constater les opérations à mesure qu'elles ont lieu, « sans lacune, surcharge ni rature; que, conséquemment, les écritures « faites ne peuvent jamais éprouver d'altération et que, si des erreurs « ont été commises, elles doivent être rectifiées par de nouvelles écri- « tures. »

En aucun cas, l'enregistrement des opérations d'une journée ne doit être remis au lendemain, et les soldes matériels de caisse et de portefeuille doivent être comparés chaque jour avec les résultats des écritures. (I. G., art. 1440.)

Des écritures des percepteurs receveurs de communes et d'établissements de bienfaisance. — Les écritures des percepteurs receveurs de communes et d'établissements de bienfaisance nécessitent l'emploi des livres ci-après désignés, savoir:

1° Un *journal à souche*, pour l'enregistrement de toutes les recettes et pour la délivrance des quittances aux parties versantes;

2° Un *registre de quittances timbrées*, pour les quittances à délivrer aux débiteurs des communes et d'établissements de bienfaisance, lorsque ces quittances exigent la formalité du timbre;

3° Des *livres de détail*, dans lesquels les recettes et les dépenses relatives au service des communes et des établissements de bienfaisance sont classées *par nature*;

4° Un *livre des comptes divers par service ;*

5° Un *livre récapitulatif.* (I. G., art. 1443.)

Les recettes sur contributions directes sont enregistrées à mesure qu'elles ont lieu sur le journal à souche, et, à la fin de chaque jour, elles sont transportées au livre récapitulatif.

Le versement du produit de ces recettes à la caisse du receveur des finances est inscrit en dépense, sur ce dernier livre, par le receveur lui-même.

Toutes les recettes qui proviennent des revenus des communes et des établissements de bienfaisance, et de produits divers, sont également enregistrées au journal à souche ; deux colonnes y sont affectées : la première, spécialement destinée aux frais de poursuites; la seconde aux divers autres produits et services.

Celles de ces recettes qui concernent des services pour lesquels il n'est pas tenu de livres de détail sont constatées immédiatement au compte ouvert à chaque service sur le livre des comptes divers.

Les payements faits pour ces mêmes services sont aussi constatés sur le livre des comptes divers, à mesure qu'ils ont lieu.

Les recettes et les dépenses qui appartiennent à des services dont les opérations exigent des livres de détail sont, d'abord, constatées sur ces livres, et ne sont reportées qu'à la fin de la journée au compte général de chaque service sur le livre des comptes divers.

Les sommes enregistrées sur ce dernier livre sont transportées, chaque jour, dans les colonnes du livre récapitulatif qui sont destinées aux produits divers. (I. G., art. 1443.)

Les percepteurs receveurs de communes et d'établissements de bienfaisance doivent en outre, pour assurer la rentrée exacte des produits et le payement régulier des dépenses, tenir un carnet (*modèle n°* 303) sur lequel ils enregistrent avec détail : 1° en ce qui concerne la recette, tous les titres de perception qui leur parviennent; 2° en ce qui concerne la dépense, les divers renseignements dont ils ont besoin, quand les payements doivent se prolonger pendant plusieurs années, pour s'assurer que les ordonnancements n'excèdent pas la somme due. (Id., art. 1503.)

On trouvera dans d'autres parties de cet ouvrage l'indication des règles qui doivent être suivies : pour la tenue de ces divers registres et leur clôture au 31 décembre de chaque année; pour la formation des bordereaux de situation sommaire et des bordereaux détaillés que les comptables sont tenus de remettre périodiquement aux receveurs des finances ainsi qu'aux administrateurs des communes et des établissements de bienfaisance; pour la constatation, en cas de mutation de percepteurs, des résultats de la gestion de chacun d'eux ; pour la remise, aux percepteurs, des imprimés nécessaires à la tenue de leurs écritures, et pour le classement, dans les bureaux de ces comptables, des divers éléments de comptabilité. — Voy. BORDEREAUX, CLASSEMENT, CLÔTURE DES REGISTRES, IMPRIMÉS, JOURNAL A SOUCHE, LIVRE DES COMPTES DIVERS,

Livre récapitulatif, Livres de détail, Mutation de comptables, Registres de quittances timbrées, Remise de service.

Ecritures des receveurs spéciaux de communes et d'établissements de bienfaisance. — Les receveurs spéciaux tiennent, pour l'enregistrement de leurs recettes et la délivrance de leurs quittances, un *journal à souche* dans la forme du *modèle n°* 321.

Le journal à souche est additionné à la fin de chaque journée, avec report des totaux des journées précédentes, de manière que le total général soit égal au total des débits et au total des crédits des comptes généraux ouverts au grand-livre. En conséquence, le total de la balance d'entrée dont il sera question ci-après doit être inscrit, comme point de départ, en tête du journal à souche, au commencement de l'année.

Les receveurs spéciaux tiennent, en outre, comme les percepteurs receveurs municipaux, pour les recettes de sommes excédant dix francs, un *registre des quittances timbrées* dont le modèle est donné sous le n° 295. (I. G., art. 1576.)

Les règles à suivre pour la tenue de ces deux livres à souche, sont les mêmes que celles qui sont tracées pour les livres de même nature à tenir par les percepteurs. — Voy. Journal a souche, Registre des quittances timbrées.

Les receveurs spéciaux tiennent aussi, pour les communes et établissements dont ils gèrent les revenus, les *livres de détail* ou de premières écritures prescrits aux percepteurs receveurs municipaux, et dont l'usage est indiqué par les articles 1457 à 1469 de l'Instruction générale. — Voy. Livres de détail.

Ils n'emploient pas le livre des comptes divers, non plus que le livre récapitulatif prescrit aux percepteurs receveurs municipaux, mais ils tiennent, comme les receveurs des finances, un *journal général* et un *grand-livre.* — Voy. Journal général, Grand-livre.

Les receveurs spéciaux ont, de plus, à tenir des *livres auxiliaires* des comptes de leur grand-livre qui exigent des développements particuliers, tels que les comptes de loyers de maisons et terrains, de fermages, de biens ruraux, de rentes sur particuliers ou sur communes, etc. Il n'a pas été jugé nécessaire de donner des modèles de ces livres auxiliaires, puisqu'il suffit d'y ouvrir un compte à chaque débiteur, pour y constater, d'une part, les sommes dont il est redevable d'après les baux, contrats, etc., et, de l'autre, les versements effectués à valoir sur ces sommes.

Enfin, les receveurs spéciaux ont, comme les percepteurs receveurs municipaux, à tenir le carnet des titres de perception et des dépenses à payer en plusieurs années, dont il est parlé plus haut. (I. G., art. 1576.)

Les receveurs forment, à l'expiration de chaque mois, une *balance des comptes de leur grand-livre*; ils établissent, par dizaine, une *situation sommaire*, et par mois, ou au moins par trimestre, *un bordereau détaillé de leurs recettes et de leurs dépenses.* Ces différentes pièces sont remises aux receveurs des finances, ainsi qu'il est prescrit à l'article 1318 de l'Instruction générale.

Le modèle de balance est donné sous le numéro 324. Le modèle de bordereau détaillé est le même que celui qui est prescrit pour les percepteurs receveurs municipaux (nº 309). La situation sommaire s'établit d'après le cadre qui termine ce dernier modèle, et qui peut être disposé de manière à présenter la situation de la commune et de chaque établissement de bienfaisance, quand il y a lieu. (I. G , art. 1577.) — Voy. BORDEREAUX.

Le journal et le grand-livre doivent être arrêtés au 31 décembre de chaque année, conformément aux règles tracées pour les percepteurs. Seulement, le bordereau de situation est remplacé par une balance des comptes du grand-livre. Les soldes de ces comptes sont reportés, comme point de départ, au journal et au grand-livre de l'année suivante. Deux articles sont, à cet effet, passés au journal, au moyen d'un compte à ouvrir au grand-livre, sous le titre de balance d'entrée.

Par l'un de ces articles, le compte balance d'entrée est crédité par le débit des comptes qui présentent des soldes débiteurs.

Par l'autre article, le compte balance d'entrée est débité au crédit des comptes où il existe des soldes créditeurs. (Id., art. 1578) — Voy. CLÔTURE DES REGISTRES.

Effets à recouvrer.—Les receveurs particuliers et les percepteurs ne sont pas tenus au recouvrement des effets sur diverses places autres que ceux qui proviennent des remises du Trésor. Les receveurs généraux ne doivent employer les receveurs particuliers, et ceux-ci ne doivent user de l'entremise des percepteurs, qu'autant qu'il n'en résulte aucun inconvénient pour le service. Dans tous les cas, les receveurs particuliers et les percepteurs qui consentent à se charger du recouvrement d'effets provenant d'opérations particulières ont droit à une rétribution, qui est réglée de gré à gré entre eux et leur commettant.

Cette rétribution leur est également acquise pour le concours qu'ils peuvent prêter à des recouvrements pour le compte de correspondants particuliers des receveurs généraux et qui procurent à ces derniers une commission. (I. G., art. 718.)

Lorsque, conformément aux règles ci-dessus, les receveurs des finances remettent aux percepteurs les effets qui sont à recouvrer dans les communes, cette remise, ainsi que les rentrées obtenues sur les effets, sont constatées dans les écritures des receveurs au moyen d'un compte collectif ouvert aux percepteurs comme correspondants de la recette générale. Ils inscrivent, en outre, les effets sur un carnet spécial, au crédit duquel ils constatent les encaissements dont le produit leur est versé par les percepteurs. (Id., art. 1116 et 1623.)

De leur côté, les percepteurs enregistrent ces effets sur le livre des comptes divers, à un compte intitulé : Effets à recouvrer pour le compte du receveur des finances. Ils font ensuite recette, à ce compte, des effets qu'ils recouvrent, et dépense du montant des versements qu'ils effectuent (I. G., art. 1484.)

Effets mobiliers. — Voy. ACHAT D'OBJETS MOBILIERS, DÉCÈS DANS LES HOSPICES, MEUBLES, VENTES.

Effets publics. — On appelle ainsi les rentes et obligations créées par l'État et introduites dans le commerce. Les principaux effets publics sont les inscriptions sur le grand-livre de la dette publique. — Voy. RENTES SUR L'ÉTAT.

Eglises. — Édifices consacrés à l'exercice public du culte catholique.

Les édifices remis par l'État, pour le service du culte, dans les cures et succursales rétablies en exécution de l'article 75 de la loi du 18 germinal an X, appartiennent aux communes. En cas de difficultés entre une fabrique et une commune sur la question de propriété de ces édifices, le litige doit être soumis au conseil de préfecture, sauf le recours au conseil d'État. (Circ. int. 23 juin 1838. — *Mém.* 1839, p. 13.)

Une église qui, avant d'être réunie au domaine de l'Etat, par la confiscation révolutionnaire, aurait appartenue à l'ancienne fabrique de la paroisse et qui aurait été affectée de nouveau au service du culte en exécution de la loi de l'an X, ne pourrait être réclamée par la fabrique actuelle ; elle est devenue propriété de la commune. (Arrêt du Cons. d'État, du 22 décembre 1859. — *Mém.* 1861, p. 68.)

Les communes sont, en outre, propriétaires des églises qui leur ont été données ou léguées depuis cette époque, et de celles qu'elles ont construites, de leurs deniers, ou à l'aide de secours accordés sur les fonds de l'État, du concours des fabriques et des oblations volontaires des fidèles.

Ce droit de propriété ne leur donne pas, du reste, la faculté de retirer ces édifices au culte catholique. Cette destination ne saurait être changée que par la suppression régulière du titre d'église catholique qui leur a été attribué.

Les frais d'entretien et les grosses réparations des églises sont des dépenses obligatoires pour les communes, en cas d'insuffisance dûment constatée des ressources de la fabrique. (D. 30 décembre 1809, art. 37, 46 et 92 ; L. 18 juillet 1837, art. 30.)

Lorsque la construction ou la reconstruction d'une église est reconnue indispensable dans une localité, cette dépense constitue également pour la commune, à défaut de ressources de la fabrique, une dépense obligatoire. (Déc. min. de l'int. — *Mém.* 1858, p. 176.)

Il résulte, en outre, sinon des termes, du moins de l'esprit général de la législation, et notamment des dispositions du décret du 30 décembre

1809 et de la loi du 18 juillet 1837, que les travaux d'agrandissement des églises, reconnus nécessaires à l'exercice du culte, sont obligatoires pour les communes, au même titre que ceux de construction et de reconstruction, quand les fabriques se trouvent dans l'impossibilité de les faire exécuter avec leurs ressources. (Décis. min. de l'int. — *Mém.* 1857, p. 68; 1860, p. 156.)

Lorsqu'il s'agit de simples travaux d'entretien, d'appropriation ou d'embellissement, il appartient dans tous les cas à la fabrique de les faire exécuter avec l'autorisation de l'évêque, en vertu des dispositions combinées de la loi du 18 germinal an x et du décret du 30 décembre 1809; au contraire, s'il s'agit de travaux plus importants pouvant modifier la disposition primitive des édifices, la fabrique, à moins qu'elle ne soit propriétaire, ne saurait se passer de l'assentiment du conseil municipal, alors même qu'elle subviendrait à la totalité de la dépense. (Décis. min. de l'int. — *Mém.* 1857, p. 36.)

Aux termes de l'article 4 de la loi du 14 février 1810, les communes réunies pour le culte sont tenues de concourir, proportionnellement à leur contribution personnelle et mobilière, aux frais de réparation de simple entretien, de l'église paroissiale, et proportionnellement à leurs contributions foncière et mobilière, aux frais de grosses réparations ou reconstruction, sans distinguer si l'édifice appartient ou non à l'une d'elles. Cette règle est applicable au cas où la paroisse se compose d'une commune et d'une fraction d'unité communale. (Décis. min. de l'int. — *Mém.* 1857, p. 71; 1858, p. 175.)

Toutefois, lorsque la commune chef-lieu fait faire des réparations à cette église sans avoir rempli, pour l'adjudication et l'exécution des travaux, les formalités prescrites par les articles 43, 94 et 95 du décret du 30 décembre 1809, et sans que le conseil municipal de la commune annexée ait été convoqué pour en délibérer, cette dernière n'est pas tenue de contribuer à la dépense. (Arrêt du cons. d'État, 24 janvier 1856.—*Mém.* 1857, p. 273.

Lorsqu'une commune réunie pour le culte refuse de contribuer aux frais de reconstruction de l'église paroissiale, le conseil d'arrondissement et le conseil général doivent, aux termes de l'article 72 de la loi du 18 juillet 1837, être consultés avant de recourir aux mesures coercitives édictées par l'article 39 de la même loi; ces conseils ont à se prononcer, non sur la question de dépense, mais sur la nécessité ou l'utilité des travaux et sur les diverses objections soulevées par la commune qui fait résistance. (Déc. min. de l'int. 1861.)

Dans le cas où il est reconnu que les habitants d'une paroisse sont dans l'impuissance de fournir aux réparations ou reconstructions de l'église même par imposition extraordinaire, la commune peut se pourvoir auprès du ministre des cultes, afin d'obtenir un secours sur le crédit spécial ouvert au budget de l'État pour cette destination. (D. 30 décembre 1809, art. 100.)

La délibération du conseil municipal portant demande de secours doit être adressée au préfet, appuyée des pièces suivantes : 1° délibération du conseil de fabrique ; 2° budget de la fabrique ; 3° devis estimatif des réparations, 4° état de la situation financière de la commune.

La commune qui a obtenu un secours ne peut en toucher le montant qu'en produisant un certificat délivré par le maire, sous sa responsabilité personnelle, constatant que les travaux sont terminés ou en plein cours d'exécution et déjà avancés, et indiquant la somme déjà payée à-compte des travaux avec les fonds de la commune ou de la fabrique. —Voy. Fabriques, Impositions communales, Subventions.

Éléments de comptabilité. — Les percepteurs receveurs municipaux doivent avoir, dans leur bureau, soit un casier, soit une armoire ou placard destiné à recevoir, dans des cases ou des cartons distincts, tous les éléments de leur comptabilité. (I. G., art. 1528.) — Voy. Classement.

Les percepteurs sortant de fonctions doivent remettre au receveur des finances, lors de la remise de service, les rôles, registres et autres pièces de comptabilité concernant les divers services dont ils étaient chargés. (I. G., art. 1332 et 1337.)

Les comptables ne sauraient se prévaloir, pour conserver les éléments de leur comptabilité, de ce qu'ils en ont payé le prix de leurs deniers personnels. Ils ne peuvent pas davantage conserver la correspondance qui se rattache aux fonctions qu'ils ont remplies. C'est ce qui résulte d'un arrêté du Gouvernement du 7 thermidor an IV. — *Mém.* 1834, p. 63. — Voy. Correspondance, Remise de service.

Élèves des écoles primaires. — Voy. Rétribution scolaire.

Émargements. — Les percepteurs sont tenus d'émarger au rôle chaque payement qui leur est fait, au moment même où il a lieu et en présence de la partie versante.

Toute contravention à cette disposition peut, sur la poursuite des contribuables intéressés, être punie correctionnellement par une amende de 10 à 25 fr.

Dans le cas où un percepteur aurait besoin de tenir un cahier de notes particulières pour la réunion de toutes les sommes dues par un même contribuable, ce cahier, qui n'est qu'un sujet de convenance personnelle et qui n'a aucun caractère officiel, ne dispenserait pas le comptable d'émarger à chaque article du rôle le versement ou la portion de versement qui s'y rapporte. (I. G., art. 74.)

Il résulte des dispositions du Code Napoléon (articles 1331 et 1332) que l'émargement opère par lui-même, et indépendamment de toute quittance, la libération du contribuable. Les percepteurs doivent donc éviter avec soin d'inscrire aux rôles, avant le payement effectif, des émargements dont pourrait abuser un contribuable de mauvaise foi ou avec lequel ils auraient une contestation. Dans le cas où un percepteur aurait fait l'émargement d'une somme qu'il n'aurait pas reçue, il ne pourrait plus poursuivre le contribuable comme débiteur du Trésor, mais seulement l'actionner en son nom personnel devant les tribunaux civils, c'est-à-dire devant le juge de paix ou le tribunal de première instance, selon que la somme à réclamer est inférieure ou supérieure à 200 francs, et lui déférer le serment décisoire sur le point de savoir s'il a ou non réellement payé le montant de l'émargement. — *Mém.* 1844, p. 67; 1845, p. 90; 1849, p. 166; 1851, p. 10.

Il résulte, en outre, des avis du conseil d'État, en date des 19 avril et 8 octobre 1816 et 4 mai 1822, que les quittances des percepteurs libèrent les contribuables à l'égard du Trésor, lors même que leur délivrance n'a pas été accompagnée d'émargement au rôle. — *Mém.* 1829, p. 13; 1835, p. 193; 1838, p. 333.

A la réception des ordonnances pour décharges et réductions, remises et modérations, les percepteurs doivent en inscrire le montant à l'article de chaque contribuable sur le rôle de l'exercice pour lequel elles ont été émises. (I. G., art. 208.) — Voy. ORDONNANCES DE DÉGRÈVEMENT.

Les percepteurs émargent sur les états de frais de poursuites, en présence des parties versantes, les payements qui leur sont faits, en y rapportant les numéros des quittances qu'ils sont tenus de délivrer pour ces recettes. Ils doivent, en outre, annoter sur les rôles, à l'article de chaque contribuable, et dans les colonnes réservées pour cet objet, le montant des frais taxés, ainsi que les recouvrements à mesure qu'ils sont effectués. A la réception des états de frais, ils doivent également émarger sur les états et sur les rôles les sommes dont le versement leur aurait été offert par les contribuables avant la taxe. (Id., art. 109 et 583.)

Les receveurs des communes et des établissements de bienfaisance doivent, indépendamment des quittances qu'ils fournissent aux parties versantes, émarger les payements sur les titres de recettes. (I. G., art. 842.) — Voy. POURSUITES, RECOUVREMENTS, RÔLES.

Emoluments des percepteurs et receveurs municipaux ou hospitaliers. — Voy. REMISES.

Employés des recettes des finances et des percepteurs. — Aux termes d'un avis du conseil d'État, du 12 janvier 1811, le mode de poursuites établi pour le recouvrement des débets des comptables est commun à leurs préposés ou agenst, lorsque ceux-ci ont fait personnellement la recette des deniers publics. Ils sont donc, comme les comptables, contraignables par corps. (L. 17 avril 1832, art. 8 à 11.) — Voy. CONTRAINTE PAR CORPS, DÉBET.

Un percepteur receveur de communes et d'établissements de bienfaisance ne peut être, en même temps, employé de recette générale ou de recette particulière des finances. (I. G., art. 1273.) — Voy. INCOMPATIBILITÉ.

Les employés des recettes des finances et des payeurs du Trésor, ainsi que ceux des préfectures et sous-préfectures, qui justifient de sept ans au moins de service dans ces administrations, sont dispensés des conditions de surnumérariat, et sont admissibles aux perceptions des diverses classes. (O. 31 octobre 1839; 23 décembre 1844 et 9 décembre 1845; I. G., art. 1209.) — Voy. COMMIS, FONDÉS DE POUVOIR, PERCEPTIONS.

Employés des mairies et des établissements de bienfaisance. — Voy. SECRÉTAIRES ET EMPLOYÉS.

Employés militaires. — Voy. OFFICIERS ET EMPLOYÉS MILITAIRES.

Emprunts. — Les emprunts que les villes et les communes peuvent être dans la nécessité de contracter sont délibérés par les conseils municipaux, dont les propositions sont transmises par les préfets au ministère de l'intérieur. (I. G., art. 967.)

Autorisation. — Aucun emprunt ne peut être autorisé que par un décret rendu dans les formes des règlements d'administration publique, pour les communes ayant moins de 100,000 fr. de revenu, et par une loi, s'il s'agit d'une commune ayant un revenu supérieur Néanmoins, en cas d'urgence et dans l'intervalle des sessions, un décret peut autoriser les communes dont le revenu est de 100,000 francs et au-dessus à contracter un emprunt jusqu'à concurrence du quart de leurs revenus. (L. 18 juillet 1837, art. 41; I. G., art. 968.)

Dans les communes dont les revenus sont inférieurs à 100,000 francs, lorsqu'il s'agit d'emprunt, les plus imposés aux rôles de la commune sont appelés à délibérer avec le conseil municipal, en nombre égal à celui des membres en exercice. (L. 18 juillet 1837, art. 42.)

Tout projet de décret tendant à autoriser une commune ayant moins de 100,000 francs de revenus ordinaires à contracter un emprunt doit être accompagné des pièces suivantes :

1° Copie de la délibération par laquelle le conseil municipal, assisté des plus imposés, a voté l'emprunt projeté : la délibération doit mentionner le mode et les époques de remboursement; mention doit aussi y être faite des noms des plus imposés convoqués, et de ceux qui ont assisté à la délibération ;

2° Certificat du maire faisant connaître le chiffre officiel de la population de la commune et le nombre des membres du conseil municipal en exercice : dans le cas où, soit le maire, soit les adjoints, auraient été pris en dehors du conseil municipal, mention en serait faite sur le certificat;

3° Liste des plus imposés, dressée par le percepteur,

4° Certificat du maire constatant que les plus imposés présents dans la commune ont été convoqués dans l'ordre du tableau, dix jours à l'avance, en nombre égal à celui des membres du conseil municipal en exercice;

5° Le budget de la commune de l'exercice courant: si le budget additionnel du même exercice a déjà été voté et régulièrement approuvé, il doit également être produit; dans le cas contraire, on produit celui de l'exercice précédent; le chiffre du principal des quatre contributions directes de la commune doit être indiqué sur le budget;

6° Certificat du maire et du receveur municipal constatant: les impositions communales de toute nature qui peuvent grever la commune, avec indication de leur durée, les emprunts non encore remboursés que la commune peut avoir été autorisée à contracter. les autres dettes communales, le montant des fonds de la commune placés au Trésor;

7° Les pièces justificatives de la dépense en vue de laquelle l'emprunt a été voté: la nature de ces pièces devant nécessairement varier suivant les espèces, leur nomenclature ne saurait être tracée d'avance et d'une manière uniforme; il importe, toutefois, de remarquer que chaque fois qu'un emprunt a été voté en vue d'une construction ou d'autres travaux d'utilité communale, il convient de produire les devis régulièrement arrêtés;

8° Les pièces justificatives, s'il y a lieu, des ressources que le conseil municipal propose d'affecter au remboursement de l'emprunt, en capital et intérêts: ainsi, par exemple, si le remboursement doit être effectué, en tout ou en partie, au moyen d'une coupe de bois extraordinaire, le dossier doit contenir l'avis affirmatif de l'administration forestière;

9° L'avis du sous-préfet et l'avis du préfet.

Tout projet tendant à autoriser une commune ayant plus de 100,000 fr. de revenus à contracter un emprunt, ou à s'imposer extraordinairement, doit être accompagné des pièces suivantes, savoir:

Toutes celles ci-dessus énumérées, en ce qui concerne les communes dont le revenu est inférieur à 100,000 fr., à l'exception de celles relatives à la convocation et au concours des plus imposés;

Et, en outre, un relevé des recettes ordinaires de la commune, constatées par les comptes de trois années consécutives, établissant, suivant les règles tracées par l'article 33 de la loi du 18 juillet 1837, que les revenus de la commune atteignent 100,000 francs; ledit relevé certifié par le préfet. (Circ. int. 28 juillet 1853. — *Mém.* p. 173.)

Réalisation et remboursement des emprunts. — Les communes sont autorisées à traiter, pour leurs emprunts, avec la caisse des dépôts et consignations, ou de gré à gré avec des particuliers; dans le premier cas, elles ont à observer les formalités prescrites par un règlement spécial de ladite caisse, en date du 3 février 1858; dans le second cas, les conditions des souscriptions à ouvrir et des traités à passer sont préalablement soumises à l'approbation du préfet. (D. 13 avril 1861 ; I. G., art. 970.)

Les communes peuvent encore être autorisées à emprunter de gré à gré avec la société du crédit foncier. (L. 6 juillet 1860 et 26 février 1862.) — *Mém.* 1860, p. 229; 1862, p. 109.

Le recouvrement des emprunts, quel que soit le mode adopté pour leur réalisation, est suivi par les receveurs municipaux, en vertu de la loi ou du décret qui les autorise, et d'après les clauses et conditions exprimées par les délibérations des conseils municipaux. (I. G., art. 969.)

La réalisation d'un emprunt, à l'époque fixée, doit être considérée comme obligatoire, à peine de péremption de l'autorisation accordée. (Circ. int. 12 août 1841. — *Mém.* p. 271.)

Toutefois, en principe, l'autorisation de faire un acte n'impose pas l'obligation de l'accomplir. Par conséquent, si un emprunt projeté est reconnu inutile par suite de quelque circonstance nouvelle qui a procuré des ressources d'abord imprévues, la commune peut y renoncer en tout ou en partie. Dans ce cas, la renonciation à l'emprunt ou la réduction du chiffre de l'emprunt doit être l'objet d'une délibération du conseil municipal, soumise, suivant la règle, à l'approbation du préfet. C'est cette pièce qui, dans le compte du receveur, sert à établir la somme à recouvrer sur l'emprunt. — *Mém.* 1862, p. 242.

Quant au remboursement des emprunts, l'administration locale doit avoir soin de faire figurer dans le budget de chaque exercice, au chapitre des dépenses extraordinaires, outre le montant des intérêts décroissants, la somme affectée à l'amortissement du capital divisé en autant d'annuités que le comportent les termes de l'emprunt. Faute de cette précaution, il pourrait arriver qu'à l'époque fixée pour le remboursement, les ressources qui y étaient destinées ayant été employées à d'autres dépenses, la commune se trouvât hors d'état de satisfaire à ses engagements (Circ. int. 12 août 1841. — *Mém.* p. 267.)

Emprunts contractés avec la caisse des dépôts et consignations. — Les prêts que la caisse des dépôts et consignations est dans l'usage de faire aux communes régulièrement autorisées à emprunter sont soumis aux conditions suivantes :

La période de l'amortissement peut être fixée, au choix des emprunteurs, dans la limite de douze années.

L'intérêt est fixé au taux de quatre et demi pour cent. (Circ. int. 21 décembre 1860.)

Toutefois, ces deux conditions peuvent varier d'après la situation générale du crédit.

Les prêts sont réalisés en un ou plusieurs payements, à la convenance des emprunteurs, dans l'espace d'une année, à partir de l'accomplissement des formalités préalables. La caisse des dépôts et consignations ne prend pas d'engagements pour des époques plus éloignées.

Les versements à effectuer ultérieurement devraient faire l'objet de nouvelles demandes. (Inst. de la caisse des dépôts et cons., 3 février 1858, art. 2.)

Les emprunteurs peuvent souscrire soit des obligations pour le remboursement du capital et des coupons semestriels d'intérêts, soit des annuités égales comprenant l'intérêt et l'amortissement du capital. (Id., art. 3.)

Dans le cas où, à défaut de ressources immédiates, l'amortissement de l'emprunt ne devrait commencer que quelques années après la réalisation, ce retard ne pourrait affecter que le remboursement du capital, le service des intérêts devant se faire régulièrement dès la première année. A cet effet, les emprunteurs pourraient souscrire des obligations ou des annuités différées, en accompagnant les premières de coupons payables de six mois en six mois, à partir du versement des fonds jusqu'à la limite de durée de l'emprunt ; les secondes, de coupons détachés pour le service des intérêts des premières années. (Id., art. 4.)

Les pièces à produire à la caisse des dépôts et consignations à l'appui de la demande d'un emprunt sont :

1° Une copie de la loi ou du décret d'autorisation, certifiée conforme par le préfet ou le sous-préfet, et revêtue du cachet de la préfecture ou de la sous-préfecture ;

2° Une copie de la délibération du conseil municipal qui a voté l'emprunt ;

3° Une copie de la délibération par laquelle le même conseil autorise le maire à traiter avec la caisse des dépôts et consignations, aux conditions de cette caisse ;

4° Un tableau d'amortissement (modèle n° 1, annexé à l'instruction du 3 février 1858) ;

5° Un tableau, en double expédition, des valeurs à souscrire (modèle n° 2), et indiquant : 1° la date de la réalisation du prêt (cette date doit être fixée au 5, 15 ou 25 de chaque mois ; en décembre, au 5 ou au 15 seulement ; si elle correspondait à un jour férié, le versement serait opéré le lendemain) ; 2° le montant et les échéances des valeurs (ces échéances doivent être fixées en fin de mois, et les intérêts calculés par semestre, l'an de 360 jours, doivent être réglés de manière que l'un des semestres corresponde toujours à la date choisie pour l'échéance de l'obligation).

Dans le calcul des intérêts, le chiffre des centimes doit être forcé ou réduit de manière à former toujours des nombres ronds, 5, 10, 15, 20, etc. (Id., art. 5.)

Pour les emprunts remboursables par annuités (capital et intérêts compris), un tableau (modèle n° 3) suffit en remplacement des tableaux d'amortissement et de valeurs à souscrire dont il vient d'être parlé. (Id., art. 6.)

Si l'emprunt ne doit pas être réalisé en un seul versement, chaque à-compte donne lieu à l'établissement d'un tableau spécial. (Id., art. 7.)

Dans le cas où l'amortissement d'un emprunt aurait lieu au moyen de ressources (telles qu'impositions extraordinaires, vente d'immeubles ou de bois communaux) établies par un acte spécial autre que celui qui autorise l'emprunt, copie de cet acte, revêtue du visa du sous-préfet ou du préfet, devrait être jointe aux pièces susénoncées. (Inst. 3 fév. 1858, art. 8.)

A défaut d'indication du point de départ ou du montant d'une imposition dans l'acte qui l'a autorisée, la production d'un certificat du percepteur devient nécessaire pour combler cette lacune. (Id., art. 9.)

Lorsque l'époque de réalisation ou la valeur présumée de la vente d'une coupe de bois ne se trouve pas énoncée dans l'acte d'autorisation, il y a lieu de produire un certificat du conservateur des forêts contenant des renseignements précis à cet égard.

La caisse des dépôts et consignations réclame, d'ailleurs, au besoin, tout autre document qu'elle juge propre à constater la situation financière des emprunteurs. (Id., art. 10.)

La confection des valeurs à souscrire en garantie des emprunts ne doit avoir lieu qu'après la réception, par les emprunteurs, de l'avis du consentement de la caisse des dépôts et consignations. (Id., art. 11.)

Les obligations et les coupons d'intérêts ou les annuités (modèles nos 4 et 5 ou no 6) doivent être extraits d'un registre à souche et timbrés, d'après les dispositions de la loi du 5 juin 1850 et du décret du 27 juillet suivant, par l'entremise du receveur du timbre extraordinaire du chef-lieu, soit, à Paris, au droit de 1 p. 0/0 payé comptant, soit au chef-lieu du département, au droit annuel d'abonnement de 5 centimes par 100 francs, payable par trimestre pendant toute la durée des titres. Le registre à souche n'est autre chose que la réunion des talons des valeurs souscrites. Il doit être conservé dans les bureaux de la mairie.

Après l'accomplissement de ces formalités seulement, les valeurs sont signées par le receveur municipal, visées par le maire et revêtues du cachet de la mairie. Elles doivent parvenir à la direction générale dix jours au moins avant la date indiquée pour le versement des fonds. (Id., art. 12.)

La réalisation des emprunts a lieu par l'entremise du receveur général, au crédit duquel les fonds sont versés au Trésor.

La direction générale adresse au maire une déclaration de versement le jour même de la déclaration de l'emprunt.

Le receveur général reçoit un avis particulier du ministère des finances (direction du mouvement général des fonds), qui lui fait connaître la destination à donner aux fonds versés.

D'après cet avis, le receveur général constate le versement au compte « Placements des communes » et délivre son récépissé au receveur communal. Si la ville ou la commune qui emprunte est située ailleurs que dans l'arrrondissement chef-lieu, les fonds sont mis à la disposition du maire par le receveur particulier de l'arrondissement, de la manière indiquée ci-dessus à l'égard du receveur général. (Id., art. 13.)

Le payement des valeurs souscrites par les emprunteurs (annuités, obligations ou coupons d'intérêts) doit être effectué à Paris, sans frais, à la charge de la caisse des dépôts et consignations, le jour même de l'échéance. (Inst. 3 février 1858, art. 14.)

Les emprunteurs peuvent se libérer, selon leur convenance, soit au moyen de mandats sur la banque de France ou sur la poste, dont ils ont à supporter les frais, ou par l'entremise d'un banquier à Paris, soit, conformément à l'usage généralemeut adopté, au moyen d'un mandat sur le Trésor, à l'ordre du caissier de la caisse des dépôts, que le receveur municipal doit se faire délivrer, en vertu de l'autorisation du maire, par la recette générale. Si la commune a des fonds placés au Trésor, le receveur général se fait remettre un mandat de remboursement quittancé par le receveur municipal; autrement, les fonds du mandat doivent lui être faits par ce dernier receveur. Si la ville ou la commune n'est pas située dans l'arrondissement chef-lieu, le receveur particulier se concerte avec le receveur général au sujet de la délivrance du mandat. (Id., art. 15.)

Ce mandat n'étant payable qu'à vingt jours de date, les receveurs municipaux doivent avoir soin de faire les démarches nécessaires pour se le procurer à une échéance coïncidant avec celles des obligations, coupons d'intérêts ou annuités qu'il a pour objet d'acquitter. Il est passible du droit de timbre fixé par l'article 1er de la loi du 5 juin 1850, et ce droit est à la charge des communes. (Id., art. 16.)

Le receveur municipal transmet le mandat dont il vient d'être parlé au caissier de la caisse des dépôts et consignations, sous le couvert du directeur général, auquel il donne en même temps avis de cet envoi par une lettre séparée. Il devrait opérer de la même manière s'il adressait de préférence un mandat sur la poste ou sur la banque de France.

Le jour même de la constatation de l'entrée en portefeuille des mandats transmis en contre-valeur des obligations et coupons d'intérêts, ou des annuités venant à échéance, le caissier renvoie aux emprunteurs les valeurs souscrites dûment acquittées. (Id., art. 17.)

Dans le cas de non-payement au jour de l'échéance, la commune est passible d'intérêts de retard, dont le taux est invariablement fixé à 5 p. 0/0. (Id., art. 18.)

Le ministre des finances ayant accordé le concours gratuit des receveurs généraux et particuliers dans les opérations relatives tant à la réalisation qu'au remboursement des emprunts contractés à la caisse des dépôts et consignations, les seuls frais à la charge des emprunteurs sont ceux que la loi exige pour le timbre des valeurs à souscrire et ceux qui concernent les mandats de remboursement. Les déboursés auxquels peuvent donner lieu ces mandats, varient selon le mode adopté par les communes pour l'acquittement de leurs engagements. (Id., art. 21.) — Voy. CAISSE DES DÉPÔTS ET CONSIGNATIONS.

Emprunts contractés par voie d'adjudication publique ou par traité de gré à gré avec les particuliers. — Lorsque le mode autorisé est l'adjudication publique, le maire doit dresser un cahier des charges énonçant le mode et les termes de payement, le maximum de l'intérêt comme mise à prix, et enfin toutes les autres conditions déterminées par la délibération du conseil municipal et le décret impérial ou la loi qui autorise l'emprunt. Le cahier des charges est soumis à l'approbation du préfet, et l'adjudication a lieu ensuite au rabais par soumission.

Lorsque les communes qui n'ont pas 100 000 francs de recettes ordinaires sont autorisées à contracter leurs emprunts par traité de gré à gré ou par voie de souscription, les conditions des souscriptions à ouvrir et des traités de gré à gré à passer pour la réalisation des emprunts doivent être préalablement soumises à l'approbation du préfet. (D. 13 avril 1861, art. 1er.)

Les communes peuvent, pour leurs emprunts, être autorisées à émettre des obligations au porteur ou transmissibles par voie d'endossement. Toutefois, cette faculté n'est accordée que dans le cas où la réalisation de l'emprunt par les voies ordinaires ne semble pas assurée. Les obligations sont souscrites au nom des communes par les receveurs municipaux; elles doivent être extraites d'un registre à souche, et elles sont soumises au droit de timbre de 1 p. 0/0, lequel peut être converti en un abonnement annuel de 5 centimes par 100 francs pour toute la durée des titres. (Circ. int. 12 janvier 1856 et 26 janvier 1859; I. G., art. 970.) — *Mém.* 1856, p. 92 et 1859, p. 63.

Les listes de souscription à ces emprunts, de même que le traité par lequel un particulier s'obligerait à verser une somme déterminée en représentation de laquelle il recevrait les obligations communales créées pour effectuer l'emprunt, ne constituent pas des actes distincts de l'emprunt lui-même et ne donnent pas lieu à un droit d'enregistrement particulier, outre le droit de timbre proportionnel auquel, comme il est dit ci-dessus, les obligations sont soumises par la loi du 5 juin 1850. (Arrêts de cass. 15 mai 1860 et 27 mai 1862.) — *Mém.* 1860, p. 206; 1862, p. 299. — Voy. ENREGISTREMENT.

Emprunts contractés avec la société du crédit foncier. — La société du crédit foncier est autorisée à prêter aux communes les sommes qu'elles auraient été autorisées à emprunter. Les prêts sont consentis avec ou sans affectation hypothécaire, et remboursables soit à long terme, par annuités, soit à court terme, avec ou sans amortissement. Ils sont réalisables en numéraire. (L. 6 juillet 1860.)

La société du crédit foncier offre aux communes deux modes d'emprunt.

L'un leur impose le payement annuel d'un intérêt de 5 p. 0/0 et d'une commission de 45 centimes p. 0/0, indépendamment de la somme nécessaire pour opérer l'amortissement. La durée des prêts peut varier de cinq à cinquante ans, et les communes ont la faculté de rembourser par anticipation. Ce mode convient uniquement aux communes qui n'empruntent que pour quelques années.

L'autre, en sus de la somme nécessaire à l'amortissement, n'impose aux communes qu'un payement annuel de 5 p. 0/0, commission comprise; mais les communes qui adoptent cette combinaison doivent renoncer à opérer aucun remboursement par anticipation. La durée des prêts est aussi plus limitée; elle ne peut varier que de dix à cinquante ans.

Pour obtenir un prêt du crédit foncier, on doit suivre la marche tracée ci-après :

La commune doit, avant tout, avoir été autorisée à emprunter. La loi ou le décret d'autorisation obtenu, la commune doit transmettre au crédit foncier : 1° copie de la délibération par laquelle l'emprunt a été voté; 2° ampliation de l'acte approbatif de l'emprunt (loi ou décret); 3° le relevé des recettes et des dépenses de la commune, d'après le compte rendu des trois derniers exercices; 4° un état certifié des dettes; 5° copie de la délibération dûment approuvée par le préfet, portant que l'emprunt sera réalisé auprès du crédit foncier.

Lorsque ces pièces sont parvenues au crédit foncier, et qu'après les avoir examinées l'administration de cet établissement consent à faire le prêt, elle en donne avis au maire, et, à dater de ce moment, les fonds sont à la disposition de la commune.

Le versement des fonds a lieu, à la volonté des communes, en une fois ou successivement par parties; il est constaté par un ou plusieurs récépissés du receveur municipal, visés par le maire. — Voy. SOCIÉTÉ DU CRÉDIT FONCIER.

Emprunts déguisés. — Un conseil municipal ne peut, sans remplir les formalités exigées en matière d'emprunt, traiter avec un entrepreneur pour la construction d'un édifice, l'ouverture d'une rue ou toute autre opération d'utilité communale, avec stipulation que cet entrepreneur ne sera payé qu'en plusieurs années, et à la charge par la commune de lui tenir compte de l'intérêt de ses avances. De semblables conventions sont considérées, en général, comme constituant de véritables emprunts.

Toutefois, dans la pratique, surtout à l'égard des petites communes, l'application rigoureuse de cette règle serait souvent une cause d'embarras préjudiciable aux intérêts de la localité. C'est aux préfets qu'il appartient d'apprécier les circonstances qui permettraient d'y déroger. (Circ. int. 12 août 1840. — *Mém.* 1841, p. 265.)

Des avances de fonds, faites sans intérêt et dans un but de charité par des particuliers, sauf remboursement par la commune sur le montant d'impositions extraordinaires, sont également assimilées aux prêts ordinaires, et le receveur municipal doit en justifier dans ses comptes, dans la forme prescrite pour les emprunts. — *Mém.* 1858, p. 295

Prorogation d'emprunts. — Quelquefois des communes demandent l'autorisation de proroger le payement des sommes dues sur des emprunts antérieurement contractés. Aux termes d'un avis du comité de l'intérieur du conseil d'État, rappelé dans la circulaire du ministre de l'intérieur du 12 août 1840, toute prorogation d'emprunt ayant pour effet d'étendre la durée d'amortissement au delà du terme fixé par l'acte d'autorisation, constitue une obligation nouvelle qui exige une autorisation spéciale rendue dans les formes usitées pour l'emprunt lui-même. — *Mém.* 1840, p. 271.

Emprunts des établissements de bienfaisance et des associations syndicales. — Les dispositions rappelées ci-dessus sont applicables aux établissements de bienfaisance régulièrement constitués et aux associations syndicales ; les présidents des commissions administratives ou directeurs sont assimilés aux maires, les trésoriers aux receveurs, et les commissions administratives ou syndicales aux conseils municipaux, pour l'accomplissement des formalités relatives à la réalisation des emprunts. — Voy. Bureaux de bienfaisance, Hospices, Syndicats.

Enchère. — Offre que l'on fait d'un prix supérieur à celui qui est proposé par un autre concurrent pour une chose qui se vend ou s'afferme au plus offrant.

Les enchères se font de vive voix. Devant les officiers publics ou les administrateurs, on peut les faire personnellement et sans mandataire ; en justice, il faut se servir des avoués.

Dans les adjudications d'objets mobiliers, l'enchère peut être faite sur la criée de l'officier public ou de l'administrateur qui procède à la vente. Dans les adjudications qui ont pour objet la propriété ou la location des immeubles ou certains droits incorporels, mobiliers ou immobiliers, les enchères sont excitées et limitées par des feux.

Ceux qui, dans les adjudications de la propriété, de l'usufruit ou de la location des choses mobilières ou immobilières, d'une entreprise, d'une fourniture, d'une exploitation ou d'un service quelconque, ont entravé ou troublé la liberté des enchères par des voies de fait, violences ou menaces, soit avant, soit pendant les enchères, sont passibles d'un emprisonnement de quinze jours à trois mois, et d'une amende de 100 francs à 500 francs. La même peine a lieu contre ceux qui, par dons ou promesses, ont écarté les enchérisseurs. (C. P., art. 412.) — Voy. Adjudications, Feux, Folle enchère.

Enfants assistés. — On désigne ainsi les enfants qui sont reçus et élevés dans les hospices.

L'organisation du service des enfants assistés est due au décret du 19 janvier 1811, dont les dispositions ont été commentées et développées par une instruction du ministre de l'intérieur du 8 février 1823.

Ce décret confie à la charité publique l'éducation : 1° des enfants trouvés ; 2° des enfants abandonnés ; 3° des orphelins pauvres.

Les enfants trouvés sont ceux qui, nés de pères et mères inconnus, ont été trouvés dans un lieu quelconque ou portés dans les hospices destinés à les recevoir. Les enfants nés dans les hospices, de femmes admises à y faire leurs couches, sont assimilés aux enfants trouvés si la mère est reconnue dans l'impossibilité de s'en charger.

Les enfants abandonnés sont ceux qui, nés de pères et mères connus et d'abord élevés par eux ou par d'autres personnes à leur décharge, en ont été délaissés sans qu'on sache ce que les pères et mères sont devenus ou sans qu'on puisse recourir à eux.

Les orphelins qui ont droit à l'assistance publique sont ceux qui, n'ayant ni père ni mère, ni ascendants, n'ont aucun moyen d'existence. — *Mém.* 1843, p. 293, 294 et 307.

Il doit y avoir dans chaque département au moins un hospice où les enfants qui se trouvent dans ces conditions peuvent être reçus.

La loi du 24 vendémiaire an II, qui détermine le domicile où les indigents ont droit aux secours publics, s'applique à l'entretien des enfants trouvés ou abandonnés et des orphelins pauvres. (Arrêt du cons. d'État, 21 juin 1855. — *Mém.* 1856, p. 18.)

Des dépenses relatives au service des enfants assistés. — Ces dépenses se divisent en deux classes qu'on désigne sous le nom de dépenses intérieures et dépenses extérieures.

Les dépenses intérieures se composent des layettes et vêtures et des frais d'entretien des enfants dans les hospices, soit avant leur départ pour la campagne ou avant leur mise en apprentissage, soit lorsque, n'ayant pu rester en nourrice ou en apprentissage, ils reviennent dans les hospices.

Les dépenses de cette nature sont à la charge des hospices appelés à recueillir les enfants (D. 19 janvier 1811, art. 11). Dans le cas où ces hospices se trouveraient dans l'impossibilité de pourvoir à la totalité de cette dépense, une allocation spéciale leur est accordée, à la demande du préfet, sur le fonds des secours généraux du budget de l'État. (Cir. int. 4 juin 1859. — *Mém.*, p. 231.)

Les dépenses extérieures sont, en principe, à la charge du budget départemental ; elles se composent des mois de nourrice et de pension, frais d'inhumation, indemnités réglées par la loi du 30 ventôse an V, abonnement pour fournitures scolaires et service médical.

Il est pourvu à ces dépenses au moyen : 1° des allocations votées par les conseils généraux sur le produit des centimes affectés aux dépenses départementales ; 2° du tiers du produit des amendes prononcées par les tribunaux de police correctionnelle ; 3° de la portion des revenus des hospices spécialement affectée à la dépense des enfants assistés ; 4° enfin, des contingents assignés sur les revenus des communes.

Pour subvenir au payement des mois de nourrice et des pensions des enfants assistés, il est formé, à la caisse du receveur général de chaque département, un fonds commun qui est tenu à la disposition des préfets. (I. G., art. 1075.)

Contingents des communes et des hospices. — La répartition des contingents à fournir par les autres hospices et par les communes du département. est réglée par le préfet, sur l'avis du conseil général. (D. 25 mars 1852, §§ 18 à 23 du tableau A ; I. G., art. 1074.)

L'article 30 de la loi du 18 juillet 1837 range parmi les dépenses obligatoires des communes le contingent qui leur est assigné, conformément aux lois, dans la dépense des enfants assistés.

Les contingents ne sont pas déterminés. Cependant ils ne doivent pas, en général, dépasser le cinquième de la dépense totale. Il est procédé à la répartition de la manière suivante : le préfet désigne, d'abord, les communes qui doivent, s'il y a lieu, être exemptées de la taxe ; il divise ensuite en catégories, suivant leur population et leurs revenus, les communes susceptibles de concourir à la dépense, et fixe la proportion du concours à exiger des communes placées dans chacune de ces catégories. (Circ. int. 21 août 1839. — *Mém.*, p. 271.)

Les contingents à payer par les communes ou les hospices pour les dépenses des enfants assistés doivent être versés, à titre de cotisations, aux receveurs des finances, mois par mois, ou au moins par trimestre. (I. G., art. 616.)

Les mandats sont, par conséquent, délivrés au nom des receveurs ; on joint, à l'appui, le récépissé ou la pièce qui en tient lieu et un extrait, certifié par le maire, de l'arrêté préfectoral qui a fixé le contingent. — Voy. COTISATIONS MUNICIPALES.

Payement des dépenses extérieures. — Les mois de nourrice, pensions et autres dépenses extérieures pour le service des enfants assistés, sont payés, au moyen des ressources qui sont affectées à ce service, d'après les dispositions rappelées ci-après.

Les receveurs des finances et les percepteurs des communes où résident les nourrices sont chargés de concourir à ces payements, lesquels ont lieu tous les trois mois. (O. 28 juin 1833 ; I. G., art. 1088.)

Dans les départements où le payement par trimestre présente des inconvénients, les préfets ont la faculté d'y substituer un payement mensuel. (Circ. compt. gén., 12 février 1861. — *Mém.*, p. 78.)

A dater de 1863, les commissions administratives des hospices dépositaires dressent trimestriellement ou mensuellement les décomptes, par communes, des frais relatifs aux enfants trouvés, abandonnés ou orphelins. Ces décomptes ou états de payements, certifiés par un des administrateurs, motivent la délivrance, par le préfet, de mandats sur la caisse du payeur, au nom du receveur général, qui en touche le montant sur son acquit, à charge de faire acquitter les pensions et frais accessoires par les percepteurs, dans les localités autres que celle où est située la maison dépositaire, et, par le receveur de cette maison, agissant, comme le font les percepteurs, à titre de simple intermédiaire, pour les dépenses effectuées au siége même de l'établissement. (Circ. compt. gén., 31 décembre 1862. — *Mém.* 1863, *p.* 73.)

Le receveur général fait payer par les percepteurs le montant des états qui concernent l'arrondissement du chef-lieu, et fait parvenir les autres états, soit aux receveurs particuliers, s'ils concernent les autres arrondissements de son département, soit aux receveurs généraux, s'ils intéressent d'autres départements. Il joint à ce dernier envoi un récépissé délivré au nom de chacun de ses collègues et il les fait créditer au Trésor du montant des sommes à payer par leurs soins (I. G., art. 1169 et 1175.)

Les receveurs particuliers, après avoir effectué les payements, en comprennent les pièces justificatives dans leurs envois au receveur général. (Id., art. 1170.)

Les receveurs généraux qui reçoivent de leurs collègues des crédits en compte courant pour des mois de nourrice et pensions à payer dans leur département en délivrent un récépissé au nom du receveur qui leur a transmis les fonds. Ils font ensuite, pour l'emploi des fonds, les opérations indiquées ci-dessus à l'égard des fonds versés aux receveurs généraux pour être employés dans leur propre département; le remboursement des sommes restées sans emploi donne lieu à la délivrance d'un récépissé au nom du receveur général qui a transmis les fonds. (I G., art. 1173.)

Lorsque le receveur général a réuni les quittances des ayants droit et autres pièces justificatives des payements, il en fait la remise au payeur dans le délai réglementaire, pour être mises au soutien des mandats.

A l'égard des enfants temporairement secourus, il est procédé de même, sauf que la préfecture dresse les décomptes trimestriels ou mensuels, et que les payements ont lieu par les percepteurs, aussi bien au siége de l'hospice dépositaire que dans les autres localités. (Circ. compt. gén., 31 décembre 1862.)

Il importe, quand des payements de mois de nourrice doivent être faits par les percepteurs, que les nourrices soient prévenues à l'avance du jour où ces comptables se rendent dans leurs communes, et qu'en général une grande célérité soit mise dans l'exécution de ce service.

Les percepteurs ne doivent faire aucune retenue sur le salaire des nourrices pour les contributions qu'elles pourraient devoir, à moins qu'elles n'offrent elles-mêmes de s'y soumettre, les pensions des enfants assistés ayant été déclarées insaisissables. (I. G., art. 1089.)—*Mém.* 1846, p. 252; 1850, p. 67.

Le payement ne doit avoir lieu que sur la représentation : 1° de la carte ou du livret donné par l'hospice à la personne chargée de l'enfant; 2° d'un certificat de vie de l'enfant ou de son acte de décès.

Le certificat de vie doit être délivré par le maire de la commune où l'enfant se trouve en pension ou en nourrice et constater que le maire a vu l'enfant dont il certifie l'existence; il est donné sur papier libre et sans frais, et le sceau de la mairie doit y être apposé.

En cas de mort de l'enfant, l'expédition de l'acte de décès doit être délivrée aussi sur papier libre et sans frais par l'officier de l'état civil, avec mention de la destination de cette pièce. (Inst. du 8 février 1823.)

Les quittances des nourrices où, lorsque les nourrices ne savent ou ne peuvent signer, les certificats de payement délivrés par les maires sont également affranchis de la formalité du timbre. (Circ. int. 30 janvier 1834. — *Mém.*, p. 84.)

Pour simplifier la comptabilité, la plupart des hospices dépositaires ont adopté, à l'instar des hospices de Paris, un modèle d'état d'ordonnancement, dressé par commune, comprenant tous les enfants qui s'y trouvent placés et sur lequel le maire est appelé à constater, dans une case à ce destinée, l'existence de l'enfant. Cet état est disposé de manière à recevoir également les quittances des nourrices et autres créanciers, ou, à défaut, les attestations de payement délivrées par les maires. Pour les hospices de Paris, l'attestation du payement sur ces états n'est pas même demandée ; il suffit que le percepteur inscrive le payement au livret qui reste entre les mains de la nourrice, et atteste, au bas de l'état, l'émargement des livrets et le total des sommes payées par lui. — *Mém.* 1837, p. 166.

La correspondance que les commissions administratives et les receveurs des hospices échangent avec les percepteurs relativement au payement des mois de nourrice et pensions des enfants assistés circule en franchise par l'intermédiaire des receveurs des finances dans le même département, et, hors du département, par l'intermédiaire des préfets. (Décis. min. des fin., 29 septembre 1858. — *Mém.* 1859, p. 174.)

Biens des enfants assistés. — La tutelle des enfants admis dans les hospices est exercée par la commission administrative qui désigne un de ses membres pour exercer, le cas advenant, les fonctions de tuteur, les autres membres formant alors le conseil de tutelle. (L. 15-25 pluviôse an XIII, art. 1er.) — *Mém.* 1861, p. 97.

Les receveurs des hospices remplissent, à l'égard des biens et des capitaux des enfants admis dans les hospices, les mêmes fonctions que pour les biens de ces établissements. (Id., art. 5; I. G., art. 1110.)

La responsabilité du receveur concernant la tutelle des enfants est garantie par son cautionnement; elle existe même dans le cas où, par négligence ou par toute autre cause provenant du fait de l'administrateur tuteur de l'enfant, les actes nécessaires, soit à la perception des revenus, soit à la conservation des droits du mineur, n'ont pas été faits ou ne l'ont pas été en temps opportun. Toutefois, la responsabilité du comptable ne commence qu'à dater du moment où il a été mis à même, par la remise des titres de propriété ou d'expéditions en forme, de remplir ses obligations. — *Mém.* 1847, p. 167. — Voy. Décès dans les hospices, Deniers pupillaires.

Enquête administrative de commodo et incommodo. — L'enquête administrative a pour but de constater les avantages ou les inconvénients d'une entreprise ou d'une mesure, en avertissant les personnes dont elle affecte particulièrement les intérêts qu'elles peuvent présenter leurs observations.

Cette formalité préalable est prescrite par la loi dans différents cas, par exemple : lorsqu'il s'agit, pour une commune, d'acquérir, d'aliéner ou d'échanger une propriété immobilière ; lorsqu'un particulier demande l'autorisation de former un établissement compris parmi ceux que la loi déclare dangereux, insalubres ou incommodes; lorsqu'il y a lieu de prononcer l'utilité publique de travaux à entreprendre.

Le commissaire enquêteur est nommé par le sous-préfet qui désigne ordinairement le juge de paix.

L'enquête doit être annoncée huit jours à l'avance (quinze jours lorsqu'il s'agit de travaux qui doivent entraîner des expropriations), à son de trompe ou de tambour et par voie d'affiches placardées au lieu principal de réunion publique, afin que les intéressés ne puissent en ignorer, et que cette publicité autorise à compter le silence des absents comme un vote affirmatif.

Aux jour, heure et lieu indiqués par les affiches et publications, le commissaire enquêteur ouvre le procès-verbal d'enquête ; le préambule, dont il est donné connaissance aux déclarants, doit contenir un exposé de la nature, des motifs et des fins du projet annoncé. Tous les habitants appelés et admis sans distinction à émettre leur vœu sur l'objet de l'enquête doivent exprimer librement ce qu'ils en pensent et déduire les motifs de leur opinion. Les déclarations sont individuelles et se font successivement; elles sont signées des déclarants ou certifiées conformes à la déposition orale, pour ceux qui ne savent pas écrire, par le commissaire enquêteur qui les reçoit et en dresse immédiatement procès-verbal. Lors même que les déclarations sont identiques, elles doivent être consignées distributivement dans le procès-verbal, indépendamment les unes des autres, avec leurs raisons respectives, et, autant qu'il est possible, dans les termes propres aux déclarants. (Circ. int. 20 août 1825. — *Mém.*, p. 242.)—Voy. Acquisitions, Aliénations, Échange.

Quelques enquêtes administratives sont soumises par les lois ou règlements à des formalités particulières : telles sont celles qui sont relatives aux concessions de mines et au dessèchement des marais. — Voy. Marais, Mines.

Lorsqu'un receveur des finances se croit fondé à décliner la responsabilité d'un débet de percepteur receveur municipal, il se pourvoit auprès du préfet pour qu'il soit procédé à une enquête administrative ayant pour objet de constater toutes les circonstances qui ont précédé et accompagné le débet. (I. G., art. 1316.) — Voy. Débet, Responsabilité.

Enregistrement. — Le droit d'enregistrement se perçoit au profit du trésor public sur les mutations de propriété et sur les actes, à raison de l'enregistrement qui se fait des uns et des autres pour assurer leur existence et constater leur date.

Ce droit est fixe ou proportionnel, suivant la nature des actes et mutations qui y sont assujettis. (L. 22 frimaire an VII, art, 2.)

Le droit fixe est le salaire de la formalité prescrite pour assurer l'existence ou la date des actes tant publics que sous signature privée. Il s'applique aux actes purement déclaratifs.

Le droit proportionnel est plus spécialement le prix de la protection et de la défense de la propriété. Il s'applique aux conventions dont les objets ont une valeur déterminée et dont il résulte immédiatement transmission ou obligation. (L. 19 décembre 1790, art. 3 ; 22 frimaire an VII, art. 3.)

L'obligation qui a pour effet de transmettre les biens (C. N. art. 711) est par excellence l'obligation civile. Cette obligation est un lien de droit, qui astreint à donner ou à faire quelque chose.

Toutes les obligations civiles ont la loi pour origine commune ; mais elles en dérivent soit immédiatement par un simple acte de la volonté du législateur, soit par le moyen de la volonté ou du fait de l'homme.

Les obligations légales reposant exclusivement sur la loi ou en dérivant ne peuvent pas être assujetties au droit proportionnel. Ces obligations, en effet, ne sont pas plus susceptibles d'enregistrement que la loi elle-même.

Quant aux obligations qui sont le résultat des conventions des parties et qui concernent des intérêts privés, elles forment la matière ordinaire de l'impôt et sont l'objet spécial de la loi du 22 frimaire an VII.

Parmi les intérêts privés, on range ceux des communes et des établissements publics. (Inst. de l'adm. de l'enreg. n°s 386, § 12, et 765.)

Les percepteurs étant appelés, par leurs fonctions, à exercer une sorte de contrôle sur les actes administratifs qui viennent à l'appui de leurs comptes de gestion, il ne sera pas sans utilité de présenter l'ensemble des obligations qui naissent, pour les maires et pour les administrateurs, ainsi que pour les comptables, des lois sur l'enregistrement.

Des actes soumis à l'enregistrement ou exempts de cette formalité. — L'enregistrement a lieu moyennant le payement des droits, en débet, gratis ou pour mémoire, ou bien les actes sont dispensés de la formalité.

Le payement s'opère en deniers. Il consiste dans le versement d'une somme d'argent représentant la quotité des droits exigibles. (L. 17 floréal an VII, art. 1er.)

L'enregistrement en débet ajourne la perception en conservant la formalité. Il est autorisé notamment pour ne pas compromettre l'exécution des lois en obligeant les magistrats, agissant d'office, ou les agents rédacteurs des actes, à faire l'avance des droits.

L'enregistrement gratis conserve la formalité et supprime la perception. Il est autorisé notamment pour les actes dont il importe de constater l'existence, et qui concernent soit le trésor public, soit les intérêts généraux de la société, soit les indigents.

L'enregistrement pour mémoire n'est qu'une formalité d'ordre ayant pour but, soit de faire acquérir date certaine à des actes jouissant par eux-mêmes du bénéfice de l'exemption, soit de constater l'existence d'actes publics affranchis, par une cause quelconque, de toute perception.

Enfin, l'exemption est l'affranchissement de la formalité et de la perception. Elle tient lieu de payement et produit les mêmes effets que le payement lui-même. Elle est autorisée notamment pour les actes qui sont plutôt relatifs aux fonctions du magistrat que personnels à l'individu qui les exerce; pour les actes de mesure d'ordre et de police administrative; enfin, pour ceux qui sont commandés par des considérations d'intérêt général étrangères aux parties.

Nous indiquons ci-après, au point de vue des fonctions des percepteurs receveurs de communes et d'établissements de bienfaisance, quelques-uns des actes qui tombent sous l'application des diverses dispositions ci-dessus rappelées.

Sont *assujettis au droit fixe d'enregistrement :* 1° les actes de poursuites (commandement, saisie-arrêt, saisie-exécution, vente, etc.) ayant pour objet le recouvrement des contributions publiques et de toutes autres sommes dues à l'État, ainsi que des contributions locales, lorsqu'il s'agit de cotes, droits ou créances excédant en total la somme de 100 francs, 1 franc fixe. (L. 22 frimaire, an VII, art. 70, § 2; 16 juin 1824, art. 160);

(Le droit est dû lorsque les contributions d'un même exercice dans une même commune s'élèvent à plus de 100 francs ; il ne l'est pas quand la somme de 100 francs n'est dépassée que par la réunion des contributions de plusieurs exercices ou de plusieurs communes. Quel que soit le nombre des exercices, il n'est dû dans le premier cas qu'un seul droit. — *Mém.* 1850, p. 121 et 198 ; 1852, p. 188; 1861, p. 369);

2° L'abandon d'un terrain à la commune de la situation pour s'affranchir de la contribution foncière, cet abandon étant le résultat d'une obligation légale, 2 francs fixe (L. 22 frimaire an VII, art. 66 et 68, § 1, n° 51, et 18 mai 1850, art. 8) ;

3° Les acquisitions de terrains ayant pour objet la construction ou le redressement des chemins vicinaux, 1 franc fixe, quel que soit le nombre des parcelles de terrain comprises dans le même contrat (L. 21 mai 1836, art. 20 ; Décis. min. 26 août 1846. — *Mém.* 1846, p. 237: 1863, p. 28 et 96) ;

4° Les marchés et adjudications de travaux ayant pour objet exclusif la construction, l'entretien et la réparation des chemins vicinaux, 1 franc fixe (L. 21 mai 1836, art. 20; Décis min. 21 mai 1852; I. G., art. 892);

5° Les devis des travaux à faire pour le compte des départements ou des communes, lorsqu'ils ont été revêtus de l'approbation de l'autorité supérieure, 2 francs fixe (L. 22 frimaire an VII, art. 68, § 1, n° 29, et 8 mai 1850, art. 8), à l'exception de ceux concernant les chemins vicinaux, pour lesquels il n'est dû que le droit fixe d'un franc (L. 21 mai 1836, art. 20),

6° Les procès verbaux et autres actes relatifs aux adjudications de coupes de bois, 2 francs fixe, indépendamment des droits proportionnels mentionnés plus loin (I. G., art. 866);

7° L'acte par lequel des propriétaires, en renonçant à l'exercice personnel du droit de chasse sur leurs propriétés, donnent leur consentement à ce que ce droit soit affermé dans l'intérêt de la commune, 2 francs fixe, quel que soit le nombre des propriétaires qui y concourent (Déc. min., 2 mai 1825; Solution administrative, 12 mars 1844. — *Mém.* 1844, p. 110 et 118);

8° Les actes de mainlevée des hypothèques inscrites au profit des communes, consentis par les maires et passés devant notaires (O. 15 juillet 1840; Décis. min. 18 mai 1813, art. 638), 2 francs fixe (L. 22 frimaire an VII, art. 68, § 1, n° 21, et 28 avril 1816, art. 43. n° 17);

9° Les actes de prestation de serment, lorsque les serments sont particuliers et professionnels, c'est-à-dire exclusivement relatifs au service confié à certaines classes de fonctionnaires, tels que ceux des percepteurs des contributions directes, 15 francs fixe (L. 22 frimaire an VII, art. 68, § 6, n° 4; Décis. min. 3 floréal an XIII); ceux des receveurs des communes, des hospices ou des bureaux de bienfaisance, 3 francs fixe, si le traitement ou les remises n'excèdent pas 500 francs (Décis. min. 22 février 1825), 15 francs fixe, si le traitement est supérieur à 500 francs; 2 francs fixe, si les fonctions sont gratuites (L. 22 frimaire an VII, art. 68); ceux des préposés des octrois, 3 francs fixe (Règl. 17 mai 1809, art 138; O. 9 décembre 1814, art. 58); ceux des gardes forestiers et des gardes champêtres, 3 francs fixe (L. 22 frimaire an VII, art. 68, § 3, n° 3; Décis. min. 2 septembre 1830);

10° Les actes de renouvellement de serment, lorsque les fonctions cessent d'être les mêmes ou qu'elles deviennent plus importantes et plus étendues, lorsque, par exemple, un receveur municipal est nommé receveur d'un hospice ou d'un bureau de bienfaisance (Décis. min. 22 février 1825): même droit que s'il s'agissait d'une première prestation de serment;

11° Les certificats de non-opposition à produire à l'appui des demandes en remboursement des cautionnements, 1 franc fixe (I. G., art. 1277.)

Sont *assujettis au droit proportionnel d'enregistrement:*

1° Les acquisitions, aliénations et échanges faits par les communes et les établissements publics, 5 fr. 50 c. p. 0/0 (L. 28 avril 1816, art. 52; 18 avril 1835, art. 32);

2° Les dons et legs faits au profit des communes et des établissements de bienfaisance, 9 fr. p. 0/0 (L. 21 avril 1832, art. 33; 18 avril 1835, art. 17);

3° Les baux des biens immeubles appartenant aux communes et aux établissements publics, ainsi que les baux des biens meubles, lesquels comprennent le droit des pauvres sur les recettes des théâtres, le droit de péage sur les champs de foire, les droits de mesurage et de jaugeage publics, les droits de chasse, les droits de places dans les halles, marchés et chantiers, les droits de stationnement sur les rivières, les ports et les promenades publiques, les droits de passage dans les bacs, les droits d'octroi, les droits de pêche, etc., 20 centimes p. 0/0, outre 10 centimes aussi par 100 francs dans le cas où il y a un cautionnement (L. 16 juin 1824, art. 1er);

(Le droit est perçu sur le prix cumulé du bail.)

4° Les adjudications de coupes de bois communaux, 2 francs p. 0/0 (L. 22 frimaire an VII, art. 69, § 5, n° 2);

5° Les marchés par voie d'adjudication au rabais ou de gré à gré pour l'exploitation des coupes affouagères délivrées aux communes, ainsi que les délibérations des conseils municipaux contenant nomination d'entrepreneurs et fixant en outre le salaire qui leur sera payé pour l'exploitation des coupes, 1 franc p. 0/0 (L. 28 avril 1816, art. 51; Décis. min. 17 avril 1843. — *Mém.*, p. 262);

(Si la nomination était pure et simple, sans fixation de salaire, l'enregistrement aurait lieu en débet.)

6° Les adjudications des produits accessoires des bois des communes et des établissements publics, 2 francs p. 0/0 (L. 22 frimaire an VII, art. 69, § 5, n° 1; Arrêté min. 16 octobre 1838, art. 1er);

7° Les concessions de terrains dans les cimetières, temporaires et renouvelables, 20 centimes p. 0/0 (L. 16 juin 1824, art. 1er); les concessions perpétuelles ou à durée illimitée, 4 p. 0/0 (L. 22 frimaire an VII, art. 69, § 7, n° 2; Décis. min. 12 mai 1846);

8° Les adjudications au rabais et marchés pour constructions, réparations, entretien, approvisionnements et fournitures, les marchés pour l'arrosement des rues et places publiques, pour l'éclairage, l'enlèvement des boues et immondices, pour l'entretien des horloges publiques, pour l'entretien des pompes à incendie, etc., 1 franc p. 0/0 (L. 28 avril 1816, art 51);

(Des suppléments de droit sont dus lorsqu'il est prouvé par des actes enregistrés, ou par des actes puisés dans les dépôts publics et dans les pièces de la comptabilité des communes et établissements de bienfaisance, que le prix des marchés a dépassé l'évaluation qui en a été faite originairement. — Décis. min. 29 mai 1850. — *Mém.* 1850, p. 221, et 1862, p. 129 et 149.)

Les cessions de marchés, 2 francs p. 0/0 sur le prix spécialement stipulé pour la cession (L. 22 frimaire an VII, art. 69, § 5, n° 1), sans qu'il y ait lieu d'ajouter à ce prix la valeur estimative des travaux ou fournitures restant à exécuter (Arrêt de cass. 3 décembre 1839);

9° Les procès-verbaux administratifs constatant la réalisation d'emprunts, 1 franc p. 0/0 (L. 22 frimaire an VII, art. 69, § 3; n° 3; Décis. min. 2 février 1857);

(Sont exceptés les emprunts contractés au moyen de souscriptions particulières et d'obligations nominatives ou au porteur délivrées à chacun des souscripteurs individuellement; les opérations d'emprunt dont il s'agit sont exemptes du droit proportionnel d'enregistrement et régies exclusivement par la loi du 5 juin 1850, qui les assujettit à un droit de timbre proportionnel de 1 0/0. — Arrêts de cass. 15 mai 1860 et 27 mai 1862. — *Mém.* 1860, p. 206, et 1862, p. 299.)

10° Les arrêtés d'alignement, quand le propriétaire acquiert une portion du terrain communal, 5 fr. 50 p. 0/0 (L. 28 avril 1816 ,art. 52; Décis. min. 5 septembre 1818) ;

11° Les acquisitions de terrains pour l'élargissement ou le redressement de la voie publique, lorsqu'elles ne résultent pas d'un plan d'alignement dûment arrêté et qu'il n'y a pas eu déclaration d'utilité publique, 5 fr. 50 c. p. 0/0 (Avis du comité de l'int. du Cons. d'État, 1er décembre 1835; Circ. int. 20 février 1836; Décis. min. 12 juillet 1844);

12° Les ventes d'objets mobiliers appartenant aux communes, 2 francs p. 0/0 (L. 22 frimaire an VII ; Décis. min. 17 octobre 1809);

13° Les cautionnements fournis en immeubles ou en rentes sur l'État par les receveurs des établissements de bienfaisance ou par les adjudicataires de travaux ou fournitures, 50 centimes p. 0/0 (L. 22 frimaire an VII, art. 69 ; Décis. min. 2 mars 1833 et 30 janvier 1834).

Sont *enregistrés en débet :* 1° les procès-verbaux constatant des bris de réserves dans les bois de l'État, des communes ou des établissements publics : le recouvrement des droits est suivi contre les adjudicataires, en cas de poursuites devant les tribunaux (Décis. min. 4 décembre 1845);

2° Les actes relatifs aux coupes et arbres délivrés en nature pour l'affouage des habitants : la perception des droits n'a lieu qu'en cas de poursuites devant les tribunaux (C. F., art. 104);

3° Les procès-verbaux constatant les délits commis dans les bois des communes et des établissements publics : le recouvrement des droits se fait sur les parties condamnées(C. F., art. 99; L. 22 frimaire an VII, art. 70, § 1, n° 5.)

Sont *enregistrés gratis :* 1° Les actes de poursuites et tous autres actes, tant en action qu'en défense, ayant pour objet le recouvrement des contributions publiques et de toutes autres sommes dues à l'Etat, ainsi que des contributions locales, le tout lorsqu'il s'agit de cotes, droits et créances non excédant en total la somme de 100 francs (L. 16 juin 1824, art 6);

(Le bénéfice de l'enregistrement gratis est attaché du reste à la quotité de la cote et non à celle des termes échus ou du reliquat : ainsi, la formalité doit avoir lieu gratis, quelle que soit la somme demandée, dès que les cotes dues par le même contribuable sont de 100 francs et au-dessous; mais toutes les fois qu'une cote s'élève à plus de 100 francs, le droit devient exigible, quelque modique que soit la somme qui motive les poursuites. — Décis. min. 3 vendémiaire, 6 frimaire, 5 germinal an XIII, et 11 mars 1850; Circ. compt. gén., 12 juillet 1853.)

2° Les acquisitions de terrains nécessaires à l'élargissement ou au redressement de la voie publique par suite d'un plan d'alignement dûment arrêté, lorsque le propriétaire fait volontairement démolir sa maison ou lorsqu'il est forcé de la démolir pour cause de vétusté, et les acquisitions faites pour le même objet en vertu d'un décret portant déclaration d'utilité publique (L. 3 mai 1841, art. 58);

3° Les plans, certificats, procès-verbaux, significations, jugements, contrats, quittances et autres actes ayant pour objet exclusif les expropriations de terrains destinés à la construction et au redressement des chemins vicinaux (L. 21 mai 1836, art. 20, et 3 mai 1841, art. 58; Décis. min. 19 septembre 1846; ; I. G., art. 892);

4° Les plans, procès-verbaux, certificats, significations, jugements, contrats, quittances et autres actes faits en vertu de la loi d'expropriation pour cause d'utilité publique (L. 3 mai 1841, art. 58);

(Cette disposition s'applique aux actes faits à la requête de l'État, des départements, des communes ou des concessionnaires, ou à la requête des propriétaires dont on poursuit l'expropriation.)

5° Les actes et contrats relatifs aux terrains acquis pour la voie publique, par application du décret du 26 mars 1852, art. 2, que les terrains soient bâtis ou non bâtis (Circ. min. de l'int. 10 juin 1852; Décis. min. 28 mai 1857);

6° Les procès-verbaux relatifs aux délivrances de bois dans les forêts de l'État, au profit des usagers et des affectataires (Décis. min. 4 juin 1838).

Sont *enregistrés pour mémoire :* Les permis d'exploiter relatifs aux ventes et aux délivrances en nature de coupes de bois de l'État, des communes et des établissements publics (Solution du 6 janvier 1843).

Sont *exempts de la formalité de l'enregistrement :* 1° L'adjudication préparatoire, lorsqu'elle doit être suivie nécessairement d'une adjudication définitive qui seule emporte transmission (L. 15 mai 1818, art. 78 et 80);

2° Les cahiers des charges rédigés administrativement (Décis. min. 30 septembre 1831);

3° Les procès-verbaux de l'autorité administrative portant remise de vente de coupes de bois (O. 1er août 1827, art. 89; Décis. min. des fin. 2 juin 1829);

4° Les quittances de contributions, droits, créances et revenus payés à la nation, celles pour charges locales et celles des fonctionnaires et employés salariés par l'État pour leurs traitements et émoluments (L. 22 frimaire an VII, art. 70, § 3, n° 5);

5° Les récépissés délivrés aux percepteurs, aux receveurs de deniers publics et de contributions locales (L. 22 frimaire an VII, art. 70, § 3, n° 7);

6° Les récépissés constatant les cautionnements en numéraire fournis par les receveurs des communes et établissements de bienfaisance et par les adjudicataires de travaux ou fournitures (L. 22 frimaire an VII, article 70, § 3, nº 7);

7º Les rescriptions, mandats et ordonnances de payement sur les caisses publiques, leurs endossements et acquits (Id., art. 70, § 3, nº 4);

8º Les comptes de recettes ou gestions publiques (Id., art. 70, § 3, nº 7);

9º Les ordonnances de décharge ou de réduction, remise ou modération d'imposition, les quittances y relatives, les rôles et extraits d'iceux (Id., art. 70 § 3, nº 6);

10º Les écrits sous seing privé destinés à constater les souscriptions volontaires en matière de chemins vicinaux (L. 22 frimaire an VII, art. 70, § 3, nº 6; Décis. min. 7 septembre 1854; Circ. compt. gén. 30 septembre 1854. — *Mém.* 1854, p. 294; 1863, p. 104);

11º Les arrêtés d'alignement, lorsque les constructions auxquelles ils sont relatifs doivent être faites sur les mêmes fondations (Décis. min. 5 septembre 1818);

12º Les arrêtés des préfets portant consentement à la radiation d'inscriptions hypothécaires prises au profit des communes ou des établissements de bienfaisance (Décis. min. 29 novembre 1827);

13º Les certificats de vie délivrés aux rentiers et pensionnaires de l'État (D. 21 août 1806, art. 10); aux pensionnaires de la liste civile (Décis. min. 17 février 1817);

14º Les certificats de propriété relatifs aux pensions et secours, produits aux payeurs, pour servir à la justification des droits des héritiers, quelles que soient la forme du certificat et la qualité de l'officier public qui l'a délivré (Décis. min. 13 novembre 1847 et 30 mars 1848; I. G., art. 702);

15º Les légalisations de signature d'officiers publics (L. 22 frimaire an VII, art. 70, § 3, nº 11);

Les actes de tutelle administrative ou de pure administration intérieure (D. 10 avril - 11 mai 1790);

16º Les arrêtés des conseils de préfecture en matière de grande voirie (Décis. min. 4 février 1825);

17º La déclaration faite par la commission administrative d'un hospice, au moyen d'un simple document d'ordre intérieur, tel qu'une délibération, pour constater la remise d'une somme d'argent donnée manuellement et en déterminer l'emploi (Décis. min. — *Mém.* 1850, p. 174).

Perception du décime. — Il faut ajouter aux droits d'enregistrement mentionnés plus haut l'impôt du décime pour franc établi, à titre de subvention extraordinaire de guerre, par la loi du 6 prairial an VII, et qui a été maintenu, d'année en année, jusqu'à ce jour par les lois de finances.

La loi du 2 juillet 1862, portant fixation du budget général ordinaire des dépenses et des recettes de l'exercice 1863, a augmenté, par son article 14, le principal des droits d'enregistrement d'un second décime, à partir du 1er juillet jusqu'à la fin de l'année 1863.

Des délais pour l'enregistrement des actes et déclarations. — Les actes des autorités administratives qui portent transmission d'usufruit ou de jouissance, les adjudications ou marchés de toute nature, au rabais ou sur soumission, et les cautionnements relatifs à ces actes, sont assujettis à l'enregistrement dans les vingt jours, à compter de l'approbation (L. 15 mai 1818, art. 78), sans distinguer entre les actes passés devant notaires et ceux passés devant l'administration (Décis. min. 4 août 1838), sauf que le délai, pour les baux à ferme notariés des biens des hospices et autres établissements publics de bienfaisance, n'est que de quinze jours (D. 12 août 1807, art. 1er).

L'approbation est constatée par un mode différent, suivant la nature des actes, savoir :

Pour les actes reçus par les maires ou les adjoints ou par les préfets, le délai pour l'enregistrement ne commence à courir que du jour où l'approbation est parvenue à la mairie ou à la préfecture (Décis. min. 27 frimaire an XIII);

Pour les actes notariés, le délai court du jour de la remise par le maire au notaire de l'arrêté du préfet, remise constatée par une attestation du maire, datée et signée en marge de l'arrêté (Décis. min. 22 janvier 1855).

Dans les délais ci-dessus fixés, le jour de la date de l'acte ou de la réception de l'approbation n'est pas compté. Si le dernier jour du délai se trouve être un dimanche, un jour férié légal ou un jour de fête nationale, ces jours-là ne sont pas comptés non plus. (L. 22 frimaire an VII, art. 25.)

Les jours fériés légaux sont, outre les dimanches et Pâques, qui tombe toujours le dimanche, la Naissance de Notre Seigneur J.-C., l'Ascension, l'Assomption de la très sainte Vierge, la fête de tous les Saints (Arrêté consulaire du 29 germinal an X) et le 1er janvier (Avis du conseil d'État, 13 - 20 mars 1810).

Des peines pour défaut d'enregistrement dans les délais. — Les maires et autres administrateurs qui négligeraient de soumettre à l'enregistrement, dans le délai fixé, les actes qu'ils doivent présenter à cette formalité, sont tenus de payer personnellement, à titre d'amende et pour chaque contravention, une somme égale au montant du droit, et d'acquitter en même temps le droit, sauf leur recours, pour ce droit seulement, contre la partie. (L. 22 frimaire, an VII, art. 36.)

Des bureaux où les actes et mutations doivent être enregistrés. — Les autorités administratives ne peuvent faire enregistrer leurs actes qu'aux bureaux dans l'arrondissement desquels elles exercent leurs fonctions. (L. 22 frimaire an VII, art. 26.)

Les bureaux de l'enregistrement et du timbre sont ouverts au public tous les jours, excepté les dimanches et les jours fériés reconnus par la loi, durant une seule séance, de huit heures du matin à quatre heures de l'après-midi. (L. 27 mai 1791, art. 11 ; Décis. du Min. des fin. 9 mars 1839.)

Toutefois, les receveurs qui ont, dans leurs attributions, la débite des papiers timbrés, doivent, sous leur responsabilité, charger des personnes de leur famille ou à leurs gages de débiter, le matin, une heure avant l'ouverture, et le soir, deux heures après la clôture du bureau, des papiers au timbre proportionnel de 25 centimes et au dessous, et au timbre de dimension de 50 centimes. Cette distribution exceptionnelle a lieu également les dimanches et les jours fériés, jusqu'à deux heures de l'après-midi. (Inst. de la dir. gén. de l'enregistrement, nº 1637.)

Du payement des droits et de ceux qui doivent les acquitter. — Les droits des actes doivent être payés avant l'enregistrement. Nul ne peut en atténuer ni différer le payement sous le prétexte de contestation sur la quotité, ni pour quelque autre motif que ce soit, sauf à se pourvoir en restitution, s'il y a lieu. (L. 22 frimaire an VII, art. 28.)

Cette obligation est absolue et s'étend aux communes et aux départements comme aux particuliers.

Les maires, les administrateurs et les secrétaires des établissements publics doivent acquitter les droits des actes d'administration qui sont soumis à la formalité de l'enregistrement (L. 22 frimaire an VII, art. 29). Mais, dans le cas où les parties n'ont pas consigné aux mains des secrétaires, dans le délai prescrit pour l'enregistrement, le montant des droits fixés par la loi, le recouvrement de ces droits est poursuivi contre les parties par les receveurs. A cet effet, les secrétaires fournissent auxdits receveurs, dans les dix jours qui suivent l'expiration du délai, des extraits par eux certifiés desdits actes, à peine d'une amende de 10 francs par chaque acte, quelle que soit la durée du retard (L. 16 juin 1824, art. 10), et d'être en outre personnellement contraints au payement des doubles droits. (L. 22 frimaire an VII, art. 37, et 15 mai 1818, art. 79.)

Des obligations des administrateurs. — Les autorités administratives ne peuvent délivrer en brevet, copie ou expédition, aucun acte soumis à l'enregistrement sur la minute ou l'original, ni faire aucun autre acte en conséquence avant qu'il ait été enregistré, à peine de dix francs d'amende outre le payement du droit. (L. 22 frimaire an VII, art. 41 ; 16 juin 1824, art. 10.)

Mais à l'égard des actes que le même officier public aurait reçus et dont le délai d'enregistrement ne serait pas encore expiré, il pourra en énoncer la date avec la mention que ledit acte sera présenté à l'enregistrement en même temps que celui qui contient ladite mention, sauf que, dans aucun cas, l'enregistrement du second acte ne pourra être requis avant celui du premier. (L. 28 avril 1816, art. 56.)

Les autorités administratives ne peuvent non plus faire ou rédiger un acte, en vertu d'un acte sous signatures privées ou passé en pays étranger, l'annexer à leurs minutes, ni le recevoir en dépôt, ni en délivrer extrait, copie ou expédition, s'il n'a été préalablement enregistré, à peine de dix francs d'amende et de répondre personnellement du droit. (L. 22 frimaire, an VII, art. 42 ; 16 juin 1824, art. 10.)

Il leur est encore défendu de prendre aucun arrêté en faveur des particuliers sur des actes non enregistrés, à peine d'être personnellement responsables des droits. (L. 22 frimaire an VII, art. 47.)

Et, dans la vue de mieux assurer l'exécution des lois sur l'enregistrement, il leur a été prescrit de tenir un répertoire à colonnes sur lequel elles doivent inscrire, jour par jour, sans blanc ni interligne, et par ordre de numéros, les actes sujets à l'enregistrement, à peine d'une amende de dix francs pour chaque omission. (L. 22 frimaire an VII, art. 49 ; 16 juin 1824, art. 10.)

Chaque article du répertoire doit contenir, indépendamment des indications ordinaires, une mention marginale énonçant que l'acte est soumis à l'approbation du préfet, l'indication soit en marge, soit dans une colonne spéciale, de la date du jour où l'approbation sera parvenue. (Décis. min. 27 frimaire an XIII.)

Ces répertoires sont présentés tous les trois mois, dans les dix premiers jours de janvier, avril, juillet et octobre, au visa du receveur de la résidence à peine d'une amende de dix francs, quelle que soit la durée du retard. (L. 22 frimaire an VII, art. 51 ; 16 juin 1824, art. 10.)

Les répertoires sont communiqués à toute réquisition aux préposés de l'enregistrement qui se présenteront pour les vérifier, à peine d'une amende de dix francs en cas de refus. (L. 22 frimaire an VII, art. 53 ; 16 juin 1824, art. 10.)

Les mêmes obligations sont imposées aux notaires, huissiers, porteurs de contraintes et greffiers. — Voy. PORTEURS DE CONTRAINTES.

Obligations des comptables. — Communication des registres, actes et pièces. — Les percepteurs, comme détenteurs des rôles des contributions directes et autres titres de perception des sommes à recouvrer par eux sur les redevables, sont soumis aux dispositions de l'article 54 de la loi du 22 frimaire an VII, portant : « les dépositaires des registres de l'état civil, ceux des rôles des contributions, et tous autres chargés des archives et dépôts de titres publics sont tenus de les communiquer, sans déplacement, aux préposés de l'enregistrement, à toute réquisition, et de leur laisser prendre, sans frais, les renseignements, extraits et copies qui leur sont nécessaires pour les intérêts de l'État. »

Les receveurs des communes et des établissements publics, sont en outre tenus, aux termes du décret du 4 messidor an XII, de communiquer à toute réquisition, mais sans déplacement, aux employés supérieurs de l'enregistrement, leurs registres et pièces de recette et de dépense de toute nature concernant l'administration des communes ou établissements, afin que ces agents puissent s'assurer de l'exécution des lois sur l'enregistrement et le timbre. Leur présence chez les receveurs municipaux et hospitaliers est constatée par un visa apposé sur le journal général ou le livre des comptes divers. (I. G., art. 1328.)

Dans le cas où les receveurs des finances croiraient devoir retenir momentanément entre leurs mains les livres d'un percepteur-receveur municipal afin de procéder à une vérification qu'ils croiraient utile dans l'intérêt de leur surveillance, ils en remettraient à ce comptable un récépissé qu'il produirait aux inspecteurs et vérificateurs de l'enregistrement pour justifier l'absence des registres, et sur lequel ceux-ci pourraient apposer le visa prescrit par l'administration. (Circ. compt. générale du 26 octobre 1844.— *Mém.* p. 359.)

Les communications ci-dessus prescrites ne peuvent être exigées les jours de repos, et les séances, dans chaque autre jour, ne peuvent durer plus de quatre heures de la part des préposés.

Tout refus de communication serait constaté par un procès-verbal dressé en présence d'un officier municipal requis à cet effet et donnerait lieu à une amende de dix francs en principal. (L. 22 frimaire an VII, art. 52 et 54; 16 juin 1824, art. 10.)

Les percepteurs et les receveurs des communes et des établissements de bienfaisance doivent eux-mêmes, après avoir adressé à qui de droit les observations nécessaires, signaler au directeur de l'enregistrement, par l'intermédiaire de leur chef immédiat, les omissions ou insuffisances de perception de droit de timbre et d'enregistrement qu'ils pourraient remarquer dans les pièces et actes qui leur sont produits. (Circ. compt. gén. 29 juin 1856; I. G., art. 1328.) —*Mém.* 1855, p. 115; 1859, p. 213.

De la prescription. — Il y a prescription pour la demande des droits après deux années à compter du jour de l'enregistrement, s'il s'agit d'un droit non perçu sur une disposition particulière dans un acte, ou d'un supplément de perception insuffisamment faite. (L. 22 frimaire an VII, art. 61.)

La même prescription est applicable aux amendes de contravention et droit en sus, à compter du jour où les préposés ont été mis à portée de constater les contraventions, au vu de chaque acte soumis à l'enregistrement, ou du jour de la présentation des répertoires au visa.

Quant à la prescription pour le recouvrement des droits simples, elle n'est acquise que par l'expiration du délai de 30 ans. (L. 16 juin 1824, art. 14.)

Cette prescription de 30 ans s'applique notamment :

Aux droits simples des marchés passés pour le compte des communes et des hospices, et non enregistrés (Arrêt de cass. 23 mai 1832 et 17 avril 1833);

Aux droits simples exigibles à l'occasion d'actes déjà enregistrés, mais sur des valeurs qui, révélées par des faits postérieurs à la première perception, constituent la matière d'une perception nouvelle.

Tels sont les compléments de droit à répéter :

1° Sur les marchés pour l'éclairage des rues et places d'une ville, moyennant un prix fixé par heure et par bec de lumière (Arrêt de cass. 27 juillet 1853);

2° Sur le marché pour le service des pompes funèbres moyennant un prix subordonné au nombre des décès et au mode des inhumations (Arrêt de cass. 28 décembre 1856);

3° Sur tous les marchés en général, lorsque des documents publics ou administratifs peuvent fournir la preuve que l'importance effective du marché est plus grande que celle déclarée pour la liquidation et la perception du droit proportionnel. (Décis. min. 29 mai 1850.) — Voy. HYPOTHÈQUES, PURGE DES HYPOTHÈQUES, TIMBRE.

Enrôlements volontaires (Indemnités pour). — Les enrôlements volontaires sont contractés devant les maires des chefs-lieux de canton. (O. 28 avril 1832.)

Il est attribué aux communes une indemnité de 3 francs sur chacun des 25 premiers enrôlements volontaires contractés dans les mairies, de 2 francs sur chacun des 75 enrôlements qui suivent, et de 1 franc sur les autres.

Le montant de ces indemnités est versé aux receveurs municipaux par les payeurs du Trésor, après liquidation ministérielle, sur les mandats des intendants militaires. (I. G., art. 941.)

Les maires doivent avoir soin d'adresser à l'intendant militaire, dans les premiers jours de janvier, un état nominatif des engagements volontaires qu'ils ont reçus pendant l'année précédente.

Enseignement supérieur. — Voy. ÉCOLES PRÉPARATOIRES.

Entrepôts. —Lieu où l'on dépose temporairement des marchandises dont la vente n'est pas immédiate.

D'après la loi du 27 février 1832, toute ville peut, moyennant certaines conditions, obtenir un entrepôt réel de douanes, c'est-à-dire le dépôt des marchandises dans un magasin unique placé sous la surveillance de la douane.

Pour obtenir l'établissement d'un entrepôt, les villes doivent préalablement y affecter un bâtiment isolé et distribué intérieurement de manière à ce qu'on puisse classer séparément les marchandises d'origines diverses. Ce bâtiment doit avoir été agréé par le Gouvernement.

Les villes pourvoient à la dépense occasionnée par la création et le service de l'entrepôt ; mais elles jouissent des droits de magasinage et de manutention dans les entrepôts, conformément aux tarifs concertés avec les chambres de commerce et approuvés par le Gouvernement. Elles peuvent faire concession temporaire de ces droits, avec concurrence et publicité, à des adjudicataires qui, se mettant à leur lieu et place, se chargent de la construction et de l'entretien des bâtiments, ainsi que de toutes les autres dépenses de l'entrepôt. (L. 27 février 1832, art. 9 et 10.)

On désigne aussi sous le nom d'entrepôt la faculté donnée à un propriétaire ou à un commerçant de recevoir et d'emmagasiner dans un lieu sujet à l'octroi, sans acquittement de droit, des marchandises qui y sont assujetties et auxquelles il réserve une destination ultérieure. — Voy. OCTROI.

Entrepreneur de travaux publics. — On désigne ainsi celui qui s'engage envers l'État, un département, une commune ou un établissement public, à faire un travail moyennant un prix déterminé.

L'entrepreneur et l'architecte répondent, pendant dix ans, des gros ouvrages qu'ils ont faits, lors même que leurs ouvrages périraient par le vice du sol (C. N., art. 1792 et 2270). Cette règle s'applique aux grosses réparations comme aux constructions nouvelles. Les dix ans ne commencent à courir que du jour de la réception définitive des travaux. (Décis. min. de l'int. — *Mém.* 1857, p. 214.)

L'administration traite avec l'entrepreneur, soit de gré à gré, soit par adjudication au rabais, soit par voie de soumissions cachetées.

L'entrepreneur est soumis aux clauses et conditions qui sont déterminées dans un cahier des charges. Parmi ces clauses et conditions se trouve l'obligation de fournir un cautionnement en numéraire, en immeubles ou en rentes sur l'État.

Ces cautionnements doivent être réalisés, en ce qui concerne les communes et les établissements de bienfaisance, à la diligence des receveurs, auxquels il est remis, à cet effet, une expédition en forme du procès-verbal d'adjudication et du cahier des charges. — Voy. ADJUDICATIONS, ARCHITECTES, CAHIER DES CHARGES, CAUTIONNEMENT DES ADJUDICATAIRES, FOURNITURES, TRAVAUX.

Entretien de bêtes mâles. — L'administration municipale peut soumettre à une redevance l'usage du taureau de la commune ou de toute autre bête mâle entretenue par la commune dans l'intérêt de ses habitants ; mais elle n'a pas le droit d'imposer indistinctement tous les propriétaires, qu'ils aient ou non fait usage des animaux dont il s'agit. — *Mém.* 1862, p. 239.

Lorsque les receveurs municipaux sont chargés, en dehors du service communal, de recouvrer des taxes établies pour cet objet et d'acquitter les dépenses auxquelles elles sont destinées, ces recouvrements et ces payements doivent faire partie des services exécutés hors budget. — Voy. COTISATIONS PARTICULIÈRES.

Entretien des bâtiments. — Voy. RÉPARATIONS, TRAVAUX.

Envois de fonds. — Les envois de fonds que les percepteurs, les receveurs municipaux et d'établissements de bienfaisance peuvent être dans le cas de faire, soit à la recette des finances, soit ailleurs, pour les services dont ils sont chargés, ont lieu sous leur responsabilité. Il leur appartient, en conséquence, de prendre, suivant les circonstances, les mesures qu'ils jugent utiles pour la sûreté des fonds.

Il est interdit d'insérer dans les dépêches circulant en franchise des billets de banque et autres valeurs au porteur, ainsi que des espèces d'or ou d'argent et tout autre objet précieux. Les infractions à cette disposition sont punies d'une amende de 50 à 500 francs. (L. 4 juin 1859, art. 9 ; I. G., art. 1429.)

Mais les comptables peuvent naturellement user, comme les particuliers, des moyens donnés par la loi du 4 juin 1859 sur les valeurs déclarées. Cette loi autorise l'insertion, dans les lettres, des billets de banque, bons, coupons de dividendes et d'intérêts payables au porteur, sous la condition que ces lettres seront présentées à la formalité du chargement. L'expéditeur qui veut s'assurer, en cas de perte, le remboursement de valeurs payables au porteur insérées dans une lettre doit, en outre, faire la déclaration des valeurs que cette lettre contient. — *Mém.* 1859, p. 222. — Voy. POSTE.

Épiciers-droguistes. — Voy. PHARMACIENS.

Erreurs (Rectification d'). — Les comptables publics doivent constater les opérations sur leurs livres à mesure qu'elles ont lieu, sans lacune, surcharge ni rature ; conséquemment, les écritures faites ne peuvent jamais éprouver d'altération, et si des erreurs ont été commises, elles doivent être rectifiées par de nouvelles écritures. (I. G., art. 1440.)

Les erreurs d'addition que les percepteurs-receveurs de communes et d'établissements de bienfaisance commettraient sur leur journal à souche ou leur livre récapitulatif, ainsi que celles qu'ils feraient en portant dans la colonne d'un exercice les recettes provenant des contributions d'un autre exercice, doivent être rectifiées par déduction et augmentation sur le livre lui-même, aux colonnes susceptibles de recevoir ces rectifications.

En cas d'erreur dans l'inscription d'une somme au journal à souche, le chiffre erroné doit être biffé par un simple trait et remplacé par le chiffre véritable, qui est alors inscrit au-dessus.

Les sommes perçues en trop, par erreur, donnent également lieu à des réductions de recette sur le livre récapitulatif dans les colonnes où elles ont été portées ; mais elles doivent être constatées au compte des excédants de versements en même temps que les réductions sont opérées. (Id., art. 1452 et 1508.) — Voy. EXCÉDANTS DE VERSEMENTS, JOURNAL A SOUCHE, LIVRE RÉCAPITULATIF.

Les erreurs matérielles qui auraient été commises dans la confection ou l'expédition des rôles des contributions directes, et même dans les cotisations des contribuables, ne doivent point être rectifiées d'office par les percepteurs. Elles font l'objet, sous forme d'état, d'une demande en rectification que le directeur soumet, avec son avis, à l'approbation du préfet. L'état, auquel sont joints de nouveaux avertissements, est ensuite renvoyé au percepteur pour être annexé au rôle. Ces erreurs doivent être signalées aussitôt après la réception et l'examen des rôles. (I. G., art. 55.)

Les percepteurs doivent, en recevant les avertissements, s'assurer de leur conformité avec les rôles, et dans le cas où ils y reconnaîtraient des différences, en demander la rectification comme il est dit ci-dessus, car il ne leur appartient pas d'opérer eux-mêmes ces rectifications. — *Mém.* 1861, p. 315. — Voy. AVERTISSEMENTS, RÔLES.

Essartement. — Action d'arracher les arbres ou broussailles qui couvrent un terrain et d'enlever du sol les souches et les racines. — Voy. PRODUITS ACCESSOIRES DES BOIS.

Essence. — En matière forestière, ce mot signifie qualité, espèce d'arbre. — Voy. BOIS DES COMMUNES ET DES ÉTABLISSEMENTS DE BIENFAISANCE.

Établissements de bienfaisance. — Les établissements publics de bienfaisance sont ceux qui sont fondés, soit par l'État, soit par les départements, soit par les communes.

Établissements appartenant à l'Etat. — On comprend sous le titre d'établissements généraux de bienfaisance sept grands établissements qui, à la différence des établissements locaux, reçoivent des malades ou des infirmes de toutes les parties de la France. Ces sept établissements appartiennent à l'État et sont entretenus à ses frais. Ce sont : 1° l'hospice impérial des Quinze-Vingts pour les aveugles de tous les âges ; 2° la maison impériale de Charenton, pour les aliénés; 3° l'institution impériale des Jeunes-Aveugles ; 4° l'institution impériale des Sourds-Muets à Paris ; 5° l'institution impériale des Sourdes-Muettes à Bordeaux ; l'asile impérial de Vincennes pour les ouvriers convalescents ; 7° l'asile impérial du Vésinet pour les ouvrières convalescentes.

Les percepteurs sont appelés à intervenir pour le payement des pensions que le premier de ces établissements accorde aux aveugles dans les départements. — Voy. QUINZE-VINGTS.

Etablissements départementaux de bienfaisance. — Les seuls établissements de cette nature à l'entretien desquels les départements sont tenus de pourvoir sont les asiles publics d'aliénés, sauf, bien entendu, leurs obligations en ce qui concerne les dépenses extérieures des enfants assistés, dépenses qui tombent de droit à leur charge, bien que les hospices chargés de ces enfants soient des établissements communaux. — Voy. ALIÉNÉS, ENFANTS ASSISTÉS, ÉTABLISSEMENTS PUBLICS D'ALIÉNÉS.

Etablissements communaux de bienfaisance. — Ce sont ceux que les communes fondent ou adoptent dans un intérêt public et dont la fondation est autorisée par le Gouvernement : tels sont les hospices et hôpitaux, les bureaux de bienfaisance et les monts-de-piété.

Ces établissements ont une administration distincte de celle de la commune à laquelle ils appartiennent ; ils ont leur budget et leur comptabilité, et peuvent accomplir, comme les communes elles-mêmes, tous les actes de la vie civile en se conformant aux règlements.

Le maire est chargé de la surveillance des établissements communaux. (L. 18 juillet 1837, art. 10.)

Il est membre-né des commissions administratives des hospices et des bureaux de bienfaisance de la commune ; il préside ces commissions ; en cas de partage dans les délibérations, sa voix est prépondérante. (D. 23 mars 1852, art. 1er. — *Mém.*, p. 98.)

Le conseil d'administration des monts-de-piété est également présidé par le maire, membre-né de ce conseil. (L. 24 juin 1851, art. 2. — *Mém.*, p. 141.)

Le conseil municipal est toujours appelé à donner son avis sur les circonscriptions relatives à la distribution des secours publics, sur les budgets et les comptes des établissements de bienfaisance, sur l'acceptation des dons et legs faits à ces établissements, et sur leurs demandes en autorisation d'emprunter, d'acquérir, d'échanger, d'aliéner, de plaider ou de transiger. (L. 18 juillet 1837, art. 21.)

Indépendamment des inspecteurs généraux attachés à l'administration centrale, il a été institué, dans chaque département, un inspecteur chargé d'exercer une surveillance continue sur les établissements de bienfaisance, et particulièrement sur le service des enfants trouvés. Le traitement de ces inspecteurs est à la charge du budget départemental. (Circ. int. 12 mars 1839.)

Il existe des associations charitables qui, bien que non légalement reconnues comme établissements d'utilité publique, se rattachent par des liens étroits à l'administration municipale, soit par l'effet de subventions fixes et annuelles qui leur sont attribuées sur le budget communal, soit même par les détails de leur organisation intérieure. Ces associations n'ont pas l'existence civile qui appartient aux établissements publics de bienfaisance. Néanmoins, lorsque des dons et legs sont faits à des établissements de cette nature, le maire peut être autorisé à les accepter en leur nom, si les libéralités portent d'ailleurs le caractère de dispositions faites au profit des pauvres de la commune. (O. 2 avril 1817, art. 3.) — *Mém.* 1860, p. 102 et 174. — Voy. Bureaux de bienfaisance, Établissements publics, Hospices, Legs et donations, Monts-de-piété.

Établissements publics. — On appelle ainsi toute association ou institution légalement organisée dans un but d'utilité matérielle ou morale.

Les établissements publics appartiennent soit à l'État, soit aux départements, soit aux communes. Tels sont : — parmi les premiers, la Caisse des dépôts et consignations, la Caisse des retraites de la vieillesse, les académies qui composent l'Institut, l'académie de médecine, les facultés, les écoles spéciales, les lycées, les établissements généraux de bienfaisance; — parmi les seconds, les asiles publics d'aliénés, les maisons de retraite, colonies agricoles, refuges et dépôts de mendicité; — enfin, parmi les établissements communaux, les hospices, hôpitaux, bureaux de bienfaisance, monts-de-piété, les fabriques des églises, les consistoires, etc.

Considérés comme des agglomérations de citoyens, unis par des intérêts communs, les départements et les communes sont eux-mêmes des établissements publics.

Les établissements publics, qui ne sont pas créés directement par l'État, ne peuvent se former sans une autorisation préalable du Gouvernement.

Chaque établissement constitue une personne civile et peut, par conséquent, être propriétaire et acquérir soit à titre onéreux, soit par dons et legs. On entend, par personne civile, un être fictif auquel la loi reconnaît une partie des droits qui appartiennent aux individus. Ainsi, les actes faits par les administrateurs d'un établissement public sont aussi valables que s'ils étaient faits par un particulier, à raison de ses propres affaires.

Toutefois, les établissements publics étant toujours réputés mineurs, sont placés à ce titre sous la tutelle du Gouvernement. Les actes de leur administration sont soumis, en conséquence, à la surveillance de l'autorité supérieure et doivent être faits, pour être valables, dans les formes et les conditions déterminées par les lois et les règlements. — Voy. BUREAUX DE BIENFAISANCE, FABRIQUES, ÉTABLISSEMENTS DE BIENFAISANCE, ÉTABLISSEMENTS PUBLICS D'ALIÉNÉS, HOSPICES ET HOPITAUX, MONTS-DE-PIÉTÉ.

On désigne sous le nom d'établissements d'utilité publique, certaines institutions, d'origine privée, qui, à raison des services qu'elles rendent, sont autorisées par le Gouvernement, et peuvent par suite, comme les établissements publics proprement dits, posséder, acquérir, faire en un mot tous les actes de la vie civile. Telles sont les caisses d'épargne, les sociétés de secours mutuels, les sociétés d'agriculture, les communautés religieuses, etc. Ces établissements sont régis d'après des statuts particuliers approuvés par l'acte de leur institution, sauf en ce qui concerne l'acceptation des dons et legs, les acquisitions, aliénations et autres actes de propriété, pour lesquels ils sont assimilés aux établissements publics. — Voy. CAISSES D'ÉPARGNE, SOCIÉTÉS DE SECOURS MUTUELS.

Établissements publics d'aliénés. — Aux termes de l'article 1er de la loi du 30 juin 1838, chaque département est tenu d'avoir un établissement public spécialement destiné à recevoir et soigner les aliénés, ou de traiter, à cet effet, avec un établissement public ou privé, soit de ce département, soit d'un autre département.

Les lois et règlements relatifs à l'administration générale des hospices et établissements de bienfaisance, notamment en ce qui concerne l'ordre de leurs services financiers, la surveillance de la gestion du receveur et les formes de la comptabilité, sont applicables aux établissements publics d'aliénés, en tout ce qui n'est pas contraire aux dispositions qui concernent d'une manière spéciale ces derniers établissements. (O. 18 décembre 1839, art. 16.) — Voy. HOSPICES.

La gestion de leur receveur est, en conséquence, placée sous la surveillance des receveurs des finances, et cette surveillance s'exerce conformément aux règles tracées aux articles 1317 à 1323 de l'Instruction générale du 20 juin 1859, en ce qui concerne la gestion des receveurs spéciaux des communes et établissements de bienfaisance. — Voy. RECEVEUR DES FINANCES, SURVEILLANCE.

Les établissements publics d'aliénés sont administrés, sous l'autorité du ministre de l'intérieur et des préfets et sous la surveillance de commissions gratuites, par un directeur responsable, nommé, ainsi que les commissions, par le préfet du département.

Le directeur est chargé de l'administration intérieure de l'établissement et de la gestion de ses biens et revenus ; toutefois, c'est aux préfets qu'il appartient de procéder aux ventes et acquisitions effectuées pour les asiles d'aliénés, comme aussi d'accepter les libéralités faites en faveur de ces établissements.

Les commissions sont appelées à donner leur avis sur le régime intérieur, sur les budgets et les comptes du directeur et du receveur, sur les actes relatifs à l'administration, tels que le mode de gestion des biens, les projets de travaux, les procès à intenter ou à soutenir, les transactions, les emplois de capitaux, les acquisitions, les emprunts, les ventes ou échanges d'immeubles, les acceptations de legs ou donations, les pensions à accorder s'il y a lieu, et les traités à conclure pour le service des malades.

Les receveurs d'asiles d'aliénés sont nommés par le préfet (D. 25 mars 1852, art. 5, § 4) ; ils reçoivent un traitement fixe dont le taux est déterminé par un arrêté du même administrateur, après avis du conseil général et sauf l'approbation du ministre de l'intérieur. Il ne peut leur être fait aucune allocation en sus de ce traitement. Leur cautionnement est fixé d'après les mêmes règles que ceux des receveurs d'établissements de bienfaisance, c'est-à-dire conformément à l'ordonnance du 6 juin 1830. Ils sont exclusivement chargés de la perception des revenus et du payement de toutes les dépenses. Il leur est expressément interdit d'effectuer le payement de mandats, même dûment acquittés, entre les mains d'intermédiaires attachés, à quelque titre que ce soit, aux établissements. Néanmoins, pour les achats relatifs à la consommation journalière et pour les menues dépenses, ils mettent à la disposition de l'économe, à titre d'avances, une somme qui est déterminée par le règlement de chaque établissement et ordonnancée par le directeur. Lorsque cette somme est dépensée, l'économe en justifie l'emploi par un état détaillé, dans lequel les dépenses sont classées conformément aux articles du budget, et il ne lui est remis de nouveaux fonds qu'après le visa et l'approbation de cet état par le directeur.

Le receveur fournit au directeur, à l'expiration de chaque trimestre, une balance des comptes de son grand-livre et un bordereau de situation détaillé des recettes et des dépenses de l'établissement. — Voy. BALANCE, BORDEREAUX.

Le directeur peut, en outre, se faire remettre à toute époque, et notamment chaque mois, pour la séance obligatoire de la commission de surveillance, la balance des comptes et la situation sommaire de la caisse.

Dans les premiers jours de l'année, le receveur remet une copie de son compte de gestion au directeur, qui le soumet, avec son avis, à la commission de surveillance, et le transmet ensuite au préfet. Il doit d'ailleurs ouvrir tous les comptes particuliers et tenir tous les livres auxiliaires que peut réclamer la comptabilité spéciale relative aux dépôts d'argent et au pécule des aliénés employés à des travaux. (I. G., art. 1326.) — Voy. ALIÉNÉS.

Étapes. — Lieu où on distribue des vivres et fourrages aux troupes en marche.

Les payements des fournitures de pain dans les gîtes d'étape s'opèrent par l'entremise des comptables des subsistances militaires, auxquels les fonds sont faits à titre de dépenses effectuées en régie, et les payeurs sont autorisés à demander, pour cet objet, aux receveurs généraux des mandats payables aux caisses des receveurs particuliers et des percepteurs. Ces mandats peuvent être stipulés payables sur les premiers fonds disponibles de la recette, conformément à l'article 1146 de l'Instruction générale. Toutefois, lorsque les receveurs des finances le jugent indispensable, les mandats peuvent être à dix jours d'échéance. (Circ. compt. gén. 4 et 30 juillet 1851. — *Mém.* p. 118 et 231.)

Etat civil (Actes de l'). — Les registres de l'état civil sont composés de papier timbré, ainsi que les tables annuelles et décennales des actes qui y sont inscrits.

Les frais des registres de l'état civil, des tables annuelles et d'une expédition des tables décennales sont au nombre des dépenses obligatoires des communes. (L. 18 juillet 1837, art. 30.)

Ces frais comprennent, outre le prix des registres, le coût du timbre, du transport (Circ. int. 18 août 1825) et de la reliure. (Décis. min. de l'int. — *Mém.* 1860, p 181.)

Pour que les registres soient uniformes, les préfectures les font généralement confectionner pour le compte des communes. C'est ce qui a déterminé l'inscription des frais de registres de l'état civil et de confection des tables décennales au nombre des cotisations municipales. (I. G., art. 611.)

Par suite, la portion de dépense afférente à chaque commune dans la ourniture des registres, le timbre, le transport, le salaire des greffiers pour les tables décennales, est fixée en vertu d'états de répartition arrêtés par le préfet. Ces contingents sont versés par les receveurs municipaux aux recettes des finances. La dépense est justifiée dans le compte du receveur municipal par les récépissés du receveur des finances, accompagnés d'un extrait de l'arrêté préfectoral qui a déterminé le chiffre du contingent afférent à la commune.

Si, par exception, les registres ou suppléments de registres avaient été achetés directement par la mairie, la dépense serait alors justifiée comme celle de toute autre fourniture de bureau. La quittance du prix du timbre délivrée par le receveur qui a perçu les droits n'est pas sujette au timbre. — *Mém.* 1861, p. 246. — Voy. COTISATIONS MUNICIPALES, DÉPENSES COMMUNALES.

État des cotes indûment imposées — Voy. COTES INDÛMENT IMPOSÉES.

État des cotes irrecouvrables — Voy. COTES IRRECOUVRABLES.

État des propriétés foncières, rentes et créances. — Les receveurs des communes et des établissements de bienfaisance doivent produire avec leur compte de gestion (2e année de l'exercice) un état (*modèle* n° 223) des propriétés foncières, productives et non productives de revenus, ainsi que des rentes et des créances qui composent l'actif des communes ou établissements.

Cet état doit indiquer la nature des titres, leurs dates et celles des inscriptions hypothécaires prises pour leur conservation; il doit donner des renseignements concernant les baux, les titres de créances, les constitutions de rentes sur particuliers et les inscriptions de rentes sur l'État; il doit en outre, s'il y a des procédures entamées, faire connaître sommairement la situation où elles se trouvent; enfin il est accompagné d'un tableau annexe (*modèle* **n° 223** ***bis***) qui présente, pour chacun des articles ci-après : loyers de maisons, fermages des terres, rentes sur l'État, rentes sur particuliers, créances diverses, et conformément aux exemples donnés par le modèle, d'abord la comparaison du produit de l'exercice courant avec celui de l'exercice qui précède; en second lieu, la décomposition de la différence d'après les éléments de l'article, et l'explication détaillée des causes, c'est-à-dire des mutations qui l'ont fait naître. A l'appui des augmentations et des diminutions de produit, les receveurs doivent fournir les baux et résiliations de baux, les actes de ventes ou d'achats, les décomptes et certificats, et autres pièces justificatives des mutations, ou indiquer à quels comptes ces pièces auraient été rattachées. Au lieu des pièces elles-mêmes, lorsqu'il y a nécessité de les conserver, les receveurs peuvent en fournir des copies ou des extraits dûment certifiés.

L'état et le tableau annexe, ainsi établis, sont certifiés conformes par le receveur, et visés par le maire ou par le président de la commission administrative, qui y joint ses observations.

Pour les communes et établissements dont les revenus ordinaires s'élèvent à 30,000 francs, un double de l'état est adressé au ministère de l'intérieur par le receveur général. (I. G., art. 849.)

L'état annexe, dont il est question ci-dessus ne semble, toutefois, devoir être produit que lorsque les développements à donner le rendent nécessaire; quand il n'y a eu que peu ou point de modifications dans le chiffre des produits ou que les modifications peuvent être facilement consignées dans la colonne du *modèle* n° 223, l'état annexe resterait, pour ce cas, sans application. — *Mém.* 1856, p. 156. — Voy. ACTES CONSERVATOIRES, COMPTE DE GESTION.

État exécutoire. — Toutes les recettes municipales pour lesquelles les lois et règlements n'ont pas prescrit un mode spécial de recouvrement s'effectuent sur des états dressés par les maires.

Les recettes des établissements hospitaliers pour lesquels il n'existe pas de mode spécial de recouvrement s'effectuent également sur des états dressés par les maires, sur la proposition de la commission administrative.

Ces états sont exécutoires après qu'ils ont été visés par le sous-préfet.

Les oppositions, lorsque la matière est de la compétence des tribunaux ordinaires, sont jugées comme affaires sommaires, et la commune peut y défendre sans autorisation du conseil de préfecture. (L. 18 juillet 1837, art. 63 et 7 août 1851, art. 13.)

Lorsque les créances à recouvrer sont déjà constatées par un titre exécutoire, tel qu'un jugement ou un acte notarié, le maire n'a pas à dresser l'état indiqué ci-dessus : la poursuite se fait alors en vertu de l'acte même. (I. G., art. 852.)

L'exercice de l'attribution que la loi confère au sous-préfet ne comporte pas le droit d'examiner le fond de la créance. En donnant son visa, le sous-préfet ne peut y mettre des conditions, ni restreindre le chiffre de la poursuite. — *Mém.* 1851, p. 59 et 97; 1858, p. 252.

D'après les termes et l'esprit de l'article 63 de la loi du 18 juillet 1837, le visa du sous-préfet est le sceau de l'autorité publique apposé à un acte pour lui donner la force exécutoire. Un huissier ne saurait donc refuser de mettre à exécution un état revêtu de cette formalité, par le motif qu'il ne contient pas le mandement prescrit par l'article 545 du Code de procédure civile.—*Mém.* 1846, p. 323 ; 1859, p. 258.

Cet état permet à la commune ou à l'établissement créancier de recourir aux diverses voies de contraintes ouvertes par le Code de procédure civile sans qu'il y ait lieu de distinguer si l'existence des créances à recouvrer est ou non constatée par titres. On peut donc, en vertu de cet état, exercer une saisie régulière pour les créances qui y sont mentionnées, quoique celles-ci ne reposent sur aucun titre, sauf au débiteur poursuivi à se pourvoir devant les tribunaux par voie d'opposition pour y constater l'existence de la dette. (Arrêt de cass. 2 juillet 1850. — *Mém.* 1851, p. 59.)

Lorsque le débiteur du produit à recouvrer est domicilié dans un département autre que celui où est situé la commune ou l'établissement, l'état ne doit pas moins être dressé par le maire et visé par le sous-préfet de l'arrondissement dans lequel la commune ou l'établissement est situé L'état est ainsi rendu exécutoire dans toute l'étendue, non-seulement du département, mais de l'Empire, sauf les règles ordinaires pour la légalisation des signatures. — *Mém.* 1849, p. 52. — Voy. LÉGALISATION, POURSUITES, RECOUVREMENT.

État d'émargement. — L'état des traitements des employés des administrations municipales et des établissements de bienfaisance, qui est annexé comme pièce justificative au mandat de l'ordonnateur, après avoir été quittancé par l'employé principal pour la somme totale, et qui doit être timbré quand un ou plusieurs des traitements sont supérieurs à 300 francs, peut, sans contravention, être revêtu des acquits des différents employés, ces acquits se rapportant alors à une seule dépense et à un seul mandat. (I. G., art. 1011.)

Cet état doit énoncer les noms des parties prenantes, leur grade ou leur emploi, le montant de leurs traitements, gages ou salaire, par année et par mois ou par trimestre, les retenues pour pensions civiles et le restant net à payer. — Voy. SECRÉTAIRES ET EMPLOYÉS, TRAITEMENTS.

État des restes à payer sur les dépenses des communes et des établissements de bienfaisance. — Lorsque l'époque de la clôture de l'exercice est arrivée, c'est-à-dire au 31 mars, le maire dresse, de concert avec le receveur municipal, conformément au *modèle* n° 217, un état des dépenses faites au 31 décembre précédent et qui n'ont pas été payées, soit parce que les entrepreneurs ou fournisseurs n'ont pas produit en temps utile les pièces nécessaires pour la liquidation de leurs créances, soit parce qu'ils n'ont pas réclamé, avant la clôture de l'exercice, le payement des mandats qui leur ont été délivrés. Il invite, au besoin, les premiers à lui présenter leurs mémoires dans le plus bref délai possible, et, après examen et règlement, ou sauf règlement, s'il y a lieu, il inscrit le montant de ces mémoires dans la colonne des droits constatés; il y porte, en outre, le montant des autres sommes dues par la commune au 31 décembre, et représentant le prix des services faits pendant l'année expirée. La colonne suivante indique le montant des payements effectués pour ces dépenses pendant toute la durée de l'exercice, et les différences entre les chiffres de ces deux colonnes sont portées dans la colonne des crédits réservés ou restes à payer à reporter à l'exercice suivant. Enfin le maire fait ressortir dans une dernière colonne le montant des crédits ou portions de crédits qui, déduction faite des parties employées, soit en payements matériellement effectués dans le délai de l'exercice, soit en sommes réservées pour restes à payer, demeurent définitivement annulés, faute par l'administration d'en avoir fait l'application dans l'année du budget.

L'état doit être certifié conforme aux écritures, tant par le receveur que par le maire, sous leur garantie et leur responsabilité respectives ; il demeure entre les mains du receveur municipal, qui est provisoirement autorisé à solder sur les fonds de sa caisse, les restes à payer constatés, sans pouvoir toutefois dépasser la limite des crédits ouverts au budget primitif pour l'article de dépense sur lequel porte le reste à payer. (I. G., art. 824.)

En ce qui concerne les établissements de bienfaisance, c'est l'ordonnateur qui, de concert avec le receveur, dresse, dans la forme indiquée ci-dessus, l'état des restes à payer à la clôture de l'exercice. — Voy. BUREAUX DE BIENFAISANCE, HOSPICES.

L'état des restes à payer est ensuite soumis au conseil municipal ou à la commission administrative en même temps que le compte de l'exercice clos et les autres pièces qui doivent servir d'éléments à la délibération par laquelle il est procédé au règlement définitif des recettes et des dépenses de l'exercice expiré, et au report des restes à recouvrer et des restes à payer au budget de l'exercice courant. (Circ. int. 10 avril 1835. — *Mém.*, p. 97.) — Voy. BUDGET, COMPTE ADMINISTRATIF, ÉTAT DES RESTES A RECOUVRER, ÉTAT DE SITUATION, EXERCICE.

État des restes à recouvrer sur les contributions. — Voy. RESTES A RECOUVRER.

Etat des restes à recouvrer sur les revenus des communes et des établissements de bienfaisance. — Au 31 mars de chaque année, le maire et le receveur dressent de concert un état des restes à recouvrer sur l'exercice expiré (*modèle* n° 218). Cet état, qui doit être mis sous les yeux du conseil municipal, et dont le receveur conserve un double, n'est que le relevé des articles de recette de l'état de situation de l'exercice clos qui offrent une différence entre la colonne intitulée Fixation définitive, etc., et celle du total des recettes effectuées. — Voy. ÉTAT DE SITUATION.

A l'état des restes à recouvrer sont joints les états de cotes considérées comme irrecouvrables sur les rôles de prestations pour chemins vicinaux et de la taxe municipale sur les chiens. — Voy. PRESTATIONS, TAXE SUR LES CHIENS.

Les états de cotes irrecouvrables sur les rôles de la rétribution scolaire devant être formés au mois de février, sont soumis à cette époque au conseil municipal. — Voy. RÉTRIBUTION SCOLAIRE.

Le devoir du receveur municipal est, au surplus, d'être à jour au 31 mars pour tous les recouvrements qu'il a dû faire dans le cours de l'exercice, et aucun retard provenant de son fait ne saurait être toléré. (I. G., art. 825.)

L'état des restes à recouvrer sert, comme l'état des restes à payer, au règlement définitif du budget de l'exercice clos. — Voy. BUDGET, EXERCICE, NON-VALEURS.

Pour les établissements de bienfaisance, le même état est dressé de concert entre l'ordonnateur des dépenses et le receveur. — Voy. BUREAUX DE BIENFAISANCE, HOSPICES.

Pour éviter que le jugement du compte d'un receveur hors de fonctions ne soit subordonné à celui de son successeur, ce dernier est tenu de s'assurer, dans le délai de trois mois, à dater de son entrée en exercice, de la réalité des restes à recouvrer laissés par l'ex-receveur et constatés par le procès-verbal de remise de service. A l'expiration de ce délai, le nouveau comptable doit remettre au conseil municipal ou à la commission administrative, après l'avoir communiqué au receveur des finances, un état de ces restes présentant, en regard de chaque article, les renseignements particuliers qu'il a dû prendre auprès des débiteurs. (I. G., art. 1335.) — Voy. MUTATIONS DE COMPTABLES.

État estimatif. — Inventaire, avec estimation, des meubles et objets mobiliers.

En matière d'adjudication, on appelle état ou détail estimatif un tableau détaillé des dépenses à faire, qui sert à éclairer l'administration en exposant le véritable prix de chaque partie de travail à exécuter.

Le détail estimatif des ouvrages fait ordinairement partie du devis ; s'il est rédigé séparément, il doit y être annexé. Il est communiqué, comme le devis et le cahier des charges, à tous les concurrents avant l'adjudication. — Voy. ADJUDICATION, CAHIER DES CHARGES, DEVIS.

État général des titres. — Cet état (*modèle* nº 318) doit être, aux termes de l'article 1543 de l'Instruction générale, fourni à l'appui de la deuxième partie du compte de gestion, comme justification de la recette.

Il présente l'extrait de chacun des titres de recette connus au 31 décembre, et en vertu desquels doivent être perçus les revenus des communes ou établissements de bienfaisance.

Sa production permet aux receveurs de conserver entre leurs mains les titres de perception concernant les opérations en cours d'exécution.

Rien ne s'oppose à ce que les titres dont le recouvrement intégral serait effectué soient joints au compte, et c'est même ce qu'a prescrit la circulaire du 12 juillet 1853 (*Mém.*, p. 190). Mais cette production ne dispense pas les comptables de faire figurer dans l'état dont il s'agit, non-seulement les titres non apurés, mais encore ceux qui sont entièrement soldés. — *Mém.* 1860, p. 164. — Voy. COMPTE DE GESTION.

États de frais. — Voy. POURSUITES.

États des rectifications et changements. — Les percepteurs rédigent tous les trois mois, sur des cadres remis à cet effet par le directeur des contributions directes au receveur général, un extrait de leur cahier des notes ou état des rectifications et changements (*modèle* n° 2) et le font parvenir au contrôleur des contributions par voie hiérarchique; lorsque le cahier des notes n'a reçu aucune inscription, il est transmis un certificat négatif. (I. G., art. 27.)

Lorsque des difficultés particulières ont empêché le percepteur d'effectuer une mutation foncière, il fait mention de cette circonstance sur le cahier de notes et sur l'extrait trimestriel, avec tous les détails propres à faire apprécier l'importance de la mutation et le temps qu'elle peut exiger. Si les difficultés se sont présentées après l'envoi du dernier extrait qui doit précéder la tournée générale, le percepteur en transmet immédiatement un avis au contrôleur, par les voies ci-dessus indiquées, afin que cet agent puisse faire, en temps utile, les dispositions nécessaires pour opérer la mutation. (Id., art. 35.)

Lors de la tournée générale des mutations, le percepteur doit remettre au contrôleur l'état des renseignements ou faits qu'il aurait pu recueillir depuis l'envoi du dernier extrait trimestriel du cahier de notes. (Id., art. 42.) — Voy. CAHIER DE NOTES, MUTATIONS.

États du montant des rôles. — Les directeurs des contributions directes soumettent à la signature des préfets, aussitôt après l'émission des rôles généraux et à chaque émission de rôles supplémentaires et spéciaux, un état présentant, par commune, le montant des rôles émis. Ils envoient ces états, dès qu'ils ont été signés, aux receveurs généraux, qui en prennent charge et en adressent un extrait aux receveurs particuliers, afin que ceux-ci puissent prendre charge des divers rôles à eux transmis par le directeur, et s'assurer de l'exactitude des renseignements qu'ils ont dû y puiser. (I. G., art. 57.)

Avant de faire usage des états du montant des rôles, les receveurs généraux en vérifient les calculs et s'assurent, d'après la loi de finances, de la régularité des impositions. S'ils reconnaissent des erreurs, ils se concertent avec les directeurs des contributions directes pour en expliquer la cause et pour en faire opérer la rectification. (Id., art. 58.) — Voy. RÔLES.

États et éléments de comptes. — Les receveurs des finances ne peuvent, à moins d'autorisation spéciale du ministre, exiger des percepteurs la tenue de registres et la remise d'états ou éléments de comptes qui ne seraient pas prévus par les règlements. (I. G., art. 1287.) — Voy. RECEVEURS DES FINANCES, RESPONSABILITÉ, SURVEILLANCE.

États matrices. — Voy. MATRICES DE RÔLES.

Excédants de payements sur les crédits ouverts. — D'après les instructions, les payements effectués par les receveurs des communes et établissements de bienfaisance ne doivent pas excéder les crédits ouverts par les budgets ou les autorisations supplémentaires, puisque, dans le cas où des mandats seraient délivrés par les ordonnateurs contrairement à cette règle, les comptables sont autorisés à en refuser le payement.

S'il arrive, cependant, que les payements faits sur un article du budget aient excédé le crédit ouvert, cet excédant doit être maintenu dans le compte de l'exercice clos; mais, comme il est à la charge du receveur qui a indûment payé, le conseil municipal ou la commission administrative, en procédant au règlement définitif du budget de cet exercice, doit faire mention dans sa délibération de l'obligation imposée à ce comptable de s'en charger en recette dans son prochain compte. (I. G., art. 835.) — Voy. Budget, Exercice, Forcement de recette

Excédants de versements sur les contributions directes. — Lorsque les dégrèvements accordés sur contributions directes, réunis aux sommes qui auraient été payées précédemment par les contribuables, excèdent le montant de l'article du rôle auquel ils sont applicables, le reste disponible est imputé en payement des autres articles que pourraient devoir les contribuables, soit sur contributions ou frais de poursuites, soit sur produits divers. (I. G., art. 209.)

Quant à la portion des ordonnances de dégrèvement dont l'emploi n'a pu être fait en payement des contributions des divers exercices ou d'autres sommes dues par les contribuables intéressés, le percepteur s'en charge en recette à titre d'excédants de versements. Lorsque les ordonnances de dégrèvement sont versées par le percepteur, le receveur des finances fait recette, au même titre, de la portion formant excédant sur les rôles, et il en délivre un récépissé distinct au percepteur. (Id., art. 210 et 213.)

Les percepteurs sont autorisés à rembourser ces excédants aux parties intéressées sur le produit de leurs recettes courantes jusqu'au 30 novembre de la seconde année de l'exercice.

Les excédants sont appliqués au compte de l'exercice correspondant à l'année pendant laquelle ils ont été constatés, de telle sorte que les ordonnances inscrites aux rôles depuis le 1er janvier jusqu'au 31 décembre de chaque année forment le compte de l'exercice correspondant à cette année, et peuvent, dès lors, être remboursées ou appliquées aux rôles jusqu'au 30 novembre de l'année suivante ; passé cette époque, aucun remboursement ne peut plus être fait sur les excédants de l'exercice expiré, et ceux de ces excédants qui n'ont point été réclamés jusqu'alors doivent être versés au Trésor par le receveur général.

Les remboursements d'excédants sont effectués par les percepteurs au même titre que les autres payements qu'ils font pour le compte du receveur des finances ; les quittances qui les justifient (*modèle* n° 47) sont comprises pour comptant dans les versements de ces comptables à la recette particulière. Toutefois, la confection de quitances individuelles pouvant occasionner quelquefois aux percepteurs un travail assez considérable, ces comptables peuvent s'en dispenser au moyen d'un état collectif, par perception, certifié par eux et revêtu de l'acquit de chaque partie prenante. (Voir le modèle de cet état au *Mém.* de 1862, p. 225.)

Indépendamment de ces quittances ou états, il est convenable que les percepteurs fassent constater, pour duplicata, le remboursement des excédants, par l'apposition de la signature des contribuables sur le carnet spécial (*modèle* n° 296) des ordonnances de dégrèvement. (I. G., art. 212; Circ. comp. gén. 31 mai 1862. — *Mém.*, p. 217.)

Les percepteurs n'ont point de remboursements à faire aux contribuables s'il s'agit de remises accordées pour des cotes d'abord jugées irrecouvrables et sur lesquelles des versements auraient été obtenus. Les ordonnances de cette nature ne sont émargées au rôle que pour la somme restant à recevoir. (Id., art. 215.)

Lorsque les percepteurs s'aperçoivent que quelque somme leur a été versée en trop, par erreur, ils doivent, si cette somme ne peut être portée en compte à la décharge de la partie intéressée, la comprendre, à titre d'excédant, dans leur plus prochain versement. Le transport qui en est fait au compte des excédants donne en outre lieu à une rectification dans les colonnes respectives du journal à souche et du livre récapitulatif. (Id., art. 217.) — Voy. ERREURS (RECTIFICATION D').

Les receveurs des finances constatent en recette les excédants de versements dont il leur est tenu compte par les percepteurs, à un compte collectif qu'ils ouvrent aux contribuables comme correspondants de la recette générale. (Id., art. 218.)

Les percepteurs font recette de la portion des ordonnances formant excédant, à un compte qu'ils ouvrent sur leur livre des comptes divers et qu'ils intitulent : Divers, leur compte d'excédants de versements sur contributions publiques, exercice 18... Ils font dépense, au même compte, du montant des récépissés que le receveur des finances leur délivre à titre de versements d'excédants, lorsqu'ils lui ont versé les ordonnances de décharge dans lesquelles les excédants sont compris.

Ils portent aussi à ce compte les sommes qui leur seraient versées en trop par erreur.

Quant aux remboursements faits aux contribuables, il n'en est point fait mention à ce compte, puisque les percepteurs effectuent ces remboursements au même titre que les autres payements sur leurs recettes courantes, et qu'il leur est délivré récépissé, à titre de versement sur le produit des contributions directes, des quittances justificatives qu'ils versent au receveur des finances. Ils les enregistrent seulement sur le carnet mentionné plus haut. (I. G., art. 1487.) — Voy. DÉGRÈVEMENTS, ORDONNANCES DE DÉCHARGE.

Les percepteurs se conforment aux prescriptions rappelées ci-dessus pour les excédants de versements qui seraient dus à des contribuables sur les rétributions des poids et mesures. (I. G., art. 269.) — Voy. POIDS ET MESURES

Excédants de versements sur produits communaux. — Voy. NON-VALEURS ET DÉGRÈVEMENTS.

Exécuteur testamentaire. — L'exécuteur testamentaire chargé de la distribution d'un legs fait aux pauvres est assujetti à l'obligation de rendre compte au bureau de bienfaisance, représentant légal de ceux au profit desquels la libéralité a eu lieu, de l'importance et de l'emploi des sommes touchées dans leur intérêt, alors même qu'il en aurait été dispensé par le testateur. (Arrêt de la cour de Douai, 23 janvier 1846.) — *Mém.* 1847, p. 173. — Voy. BUREAU DE BIENFAISANCE, LEGS ET DONATIONS.

Exécution parée. — On nomme exécution parée l'exécution d'un acte ou d'un jugement à laquelle on doit obéissance en vertu de la force même du titre. — Voy. ACTES ADMINISTRATIFS, ADJUDICATION, BAUX, ÉTAT EXÉCUTOIRE.

Exemptions d'impôt. — Certaines propriétés sont, à raison de leur nature ou de leur destination, exemptes d'impôt ou jouissent seulement d'une exemption temporaire.

Contribution foncière. — Ne sont pas imposables à la contribution foncière les bâtiments et terrains, rues, places publiques, grandes routes, chemins vicinaux et communaux, et généralement toutes les propriétés appartenant à l'État, aux départements ou aux communes, affectés à un service public et non productives de revenus. (L. 3 frimaire an VII, art. 103 à 105.)

Ainsi, jouissent de l'exemption absolue : outre les voies publiques, les rivières, ruisseaux et lacs ;

Les églises et temples consacrés à un culte public, les cimetières, les archevêchés, évêchés et séminaires, les presbytères et jardins y attenant ;

Les bâtiments occupés par les cours de justice et les tribunaux ;

Les lycées, prytanées, écoles et maisons d'éducation impériales, les bibliothèques publiques, musées, jardins de botanique des départements; leurs pépinières et celles faites au compte du Gouvernement par l'administration des forêts et des ponts et chaussées ;

Les hôtels de préfecture, sous-préfecture et jardins y attenant, les maisons communales, maisons d'école appartenant aux communes ;

Les hospices et jardins y attenant, dépôts de mendicité, prisons, maisons de détention ;

Les fortifications et glacis en dépendant, les arsenaux, magasins, casernes et autres établissements militaires ;

Les manufactures de poudre de guerre, les manufactures de tabacs et autres au compte du Gouvernement, les haras et enfin tous les bâtiments.

qui sont une propriété publique et dont la destination a pour objet le service public. (D. du 11 août 1808.)

D'après la jurisprudence du conseil d'État, jouissent également de l'exemption les presbytères (non productifs de revenus), appartenant aux fabriques comme ceux qui appartiennent aux communes, ainsi que les bâtiments appartenant aux bureaux de bienfaisance, lorsque les bâtiments sont affectés à une œuvre de charité. (Arrêt du cons. d'État 11 janvier 1853.)

Les abattoirs et les halles ne sont exempts que lorsqu'ils ne produisent aucun revenu.

Les forêts et bois de l'État ont été spécialement exemptés de la contribution foncière, par la loi du 19 ventôse an IX, art. 1er.

Les propriétés de la couronne ne sont pas non plus soumises à cet impôt; mais elles supportent toutes les charges départementales et communales. (L. 2 mars 1832, art. 13; Sénatus-consulte du 12 décembre 1852, art. 12.)

Jouissent d'une exemption temporaire: les marais desséchés, dont la cotisation ne peut être augmentée pendant les 25 premières années après le desséchement; les terres vaines et vagues depuis 15 ans, qui sont mises en culture, et dont la cotisation ne peut être augmentée pendant les 10 premières années après le défrichement; les terres en friches depuis 10 ans, qui sont plantées ou semées en bois, et dont la cotisation ne peut être augmentée pendant les trente premières années. (L. 3 frimaire an VII, art. 111 à 113.)

L'article 225 du Code forestier du 21 mai 1827 portait : « Les semis et « plantations sur le sommet et le penchant des montagnes et sur les « dunes, sont exempts de tout impôt pendant 20 ans. » La loi du 18 juin 1859 a modifié cette disposition ainsi qu'il suit : « Les semis et plantations « de bois sur le sommet et le penchant des montagnes, sur les dunes et « dans les landes, seront exempts de tout impôt pendant 30 ans. »

Enfin, l'article 114 de la loi du 3 frimaire an VII veut que la cotisation des terres vaines et vagues ou en friches depuis 15 ans, qui sont plantées en vignes ou mûriers ou autres arbres fruitiers, ne puisse être augmentée pendant les 20 premières années de la plantation.

On peut induire des dispositions du Recueil méthodique sur le cadastre et de deux arrêts du conseil d'État des 27 août 1839 et 5 avril 1844, que la déclaration prescrite pour les desséchements et les défrichements, par l'article 117 de la loi de l'an III, n'est plus nécessaire pour assurer le droit aux exemptions temporaires dont il vient d'être parlé; mais, afin de prévenir toutes difficultés, il peut être prudent de se conformer à cet article, en faisant à la sous-préfecture la déclaration détaillée des terrains que l'on veut améliorer.

Contribution personnelle et mobilière. — La loi n'exempte de la contribution personnelle et mobilière que les indigents. (L. 21 avril 1832, art. 12.)

Toutefois, et par voie de réciprocité internationale, on n'impose point les agents diplomatiques et les agents consulaires des nations étrangères. (Arrêt du cons. d'État, 19 novembre 1843.)

Contribution des portes et fenêtres. — Ne sont pas soumises à cette contribution :

Les portes et fenêtres servant à éclairer ou à aérer les granges, bergeries, étables, greniers, caves et autres locaux non destinés à l'habitation des hommes, ainsi que toutes les ouvertures du comble ou toiture des maisons habitées (L. 4 frimaire an VII, art. 5), à moins cependant que ces dernières ouvertures n'éclairent des appartements habitables, auquel cas elles sont imposables (L. 21 avril 1832, art. 27).

Les portes et fenêtres des bâtiments employés à un service public, civil, militaire ou d'instruction, ou aux hospices. (Loi du 4 frimaire an VII, art. 5.)

Néanmoins, les fonctionnaires et employés qui occupent ces bâtiments sont nominativement imposables pour les ouvertures de leur habitation. (L. 21 avril 1832, art. 27.)

Les propriétaires des manufactures ne sont taxés que pour les portes et fenêtres de leurs habitations personnelles et de celles de leurs concierges et commis. (L. 4 germinal an XI, art. 19.)

Les ouvertures pratiquées pour l'exécution des travaux d'assainissement des logements insalubres, dans les conditions déterminées par la loi du 13 avril 1850, sont exemptes pendant trois ans de la contribution des portes et fenêtres. (L. 13 avril 1850, art. 8.)

D'après une circulaire de l'administration des contributions directes, du 28 février 1844, les portes et fenêtres des maisons particulières louées pour un service public, continuaient d'être imposées dans les rôles ; mais la remise de la contribution de ces ouvertures était accordée chaque année aux propriétaires sur la demande des percepteurs qui portaient cette contribution sur leurs états de cotes irrecouvrables (I. G., art. 131). Le conseil d'État ayant décidé que les portes et fenêtres des maisons dont il s'agit cessaient de faire partie de la matière imposable, par le fait seul de leur affectation à un service public, et que les propriétaires étaient fondés à réclamer la décharge de l'impôt assis sur ces ouvertures, une nouvelle circulaire de l'administration, du 21 juin 1861, prescrit de les retrancher des matrices des rôles et de diminuer les contingents en principal de la contribution, comme dans le cas de destruction ou de démolition, sauf à les y rétablir et à accroître proportionnellement les mêmes contingents, lorsque les maisons cessent d'être affectées au service public.

Contribution des patentes. — Les exceptions et exemptions, en ce qui concerne cette contribution, sont déterminées par les lois des 25 avril 1844, art. 13 ; 18 mai 1850, art. 18 ; 4 juin 1858, art. 11, et 2 juillet 1862, art. 13. — Voy. CONTRIBUTIONS DIRECTES.

Contribution sur les chevaux et voitures. — La contribution dont il s'agit ne peut être établie sur les voitures et les chevaux exclusivement employés au service de l'agriculture ou d'une profession donnant lieu à l'application de la patente (L. 2 juillet 1862, art. 7, nº 3), ni même sur les voitures et les chevaux qui, servant à l'usage personnel du propriétaire, seraient aussi employés en partie pour le service de l'agriculture ou de la profession sujette à patente (Id., art. 6). Ainsi, le cultivateur et le propriétaire faisant valoir son bien ne sont point imposés pour les voitures et les chevaux qu'ils emploient à leur usage personnel, s'ils s'en servent aussi pour l'exploitation agricole ou seulement pour se transporter aux foires et aux marchés ou dans la ville voisine pour les affaires de l'agriculture. Il est de même du cheval et de la voiture d'un boulanger, d'un boucher, d'un meunier, d'un colporteur, etc., lorsque ce cheval et cette voiture sont employés pour le commerce et quelquefois pour le plaisir ou l'agrément du possesseur ou de sa famille; du cheval et de la voiture d'un médecin, d'un notaire, d'un huissier, lorsque le propriétaire les utilise pour l'exercice de sa profession et pour son service personnel.

Ne donnent pas lieu non plus au payement de l'impôt, les chevaux et les voitures possédés en conformité des règlements du service militaire ou administratif et par les ministres des différents cultes (L. 2 juillet 1862, art. 7, nº 1). L'exemption est absolue en ce qui concerne les ministres des différents cultes: ils ne sont imposables pour aucun des chevaux ou des voitures qu'ils peuvent employer. Quant aux fonctionnaires, ils sont imposables pour les chevaux et les voitures qu'ils auraient au-dessus des nombres réglementaires.

Sont également exempts de la taxe les juments et les étalons exclusivement consacrés à la reproduction (L. 2 juillet 1862, art. 7, nº 2). Si ces animaux étaient employés comme chevaux de selle ou d'attelage pour le service personnel du possesseur, celui ci ne pourrait jouir de l'exemption, puisqu'ils ne serviraient pas exclusivement à la reproduction, ainsi que le veut la loi; toutefois, si les mêmes animaux étaient aussi employés pour les travaux de l'agriculture ou d'une profession donnant lieu à l'imposition d'une patente, cette circonstance entraînerait l'exemption. (Inst. de l'adm. des contr. directes 31 octobre 1862.) — Voy. CONTRIBUTIONS DIRECTES, TAXES SUR LES CHEVAUX ET VOITURES.

Exercice. — L'exercice est la période d'exécution des services d'un budget. (D. 31 mai 1862, art. 4.)

Sont seuls considérés comme appartenant à un exercice les services faits et les droits acquis du 1er janvier au 31 décembre de l'année qui lui donne son nom. (Id., art. 6.)

Les délais nécessaires pour compléter le recouvrement des produits, ainsi que la liquidation, l'ordonnancement et le payement des dépenses, sont déterminés par des dispositions spéciales aux différents services financiers. (Id., art. 7.)

Service des contributions directes. — Il est compté par *exercice* des recouvrements à effectuer sur les contributions directes et les produits accessoires (redevances des mines, taxe des biens de mainmorte, rétribution des poids et mesures).

Les rôles sont imputés à l'exercice qui prend son nom de l'année pendant laquelle ont été acquis au Trésor les droits qui en font l'objet. Toutefois, les rôles supplémentaires des patentes qui ne seraient émis que postérieurement au 31 janvier de l'année qui suit celle pour laquelle le recouvrement en est ordonné doivent être, par exception, rattachés à l'exercice suivant.

Les recouvrements que les percepteurs effectuent doivent être exactement appliqués par eux à l'exercice pour lequel les fonds sont versés par les contribuables. La même règle doit être suivie par les receveurs des finances à l'égard des versements des percepteurs. (I. G., art. 92 et 1871.)

Pour compléter le recouvrement des contributions de chaque exercice, il est accordé un délai fixé au 30 novembre de l'année qui suit celle dont l'exercice prend son nom. A l'expiration de ce délai, les receveurs généraux pour l'arrondissement du chef-lieu, et les receveurs particuliers pour leur arrondissement respectif, sont obligés de tenir compte au Trésor, de leurs deniers personnels, de la partie de ces rôles qui n'aurait pas été soldée par des recouvrements réels sur les contribuables, ou par des ordonnances de dégrèvement. (Id., art. 93.)

Néanmoins, les rôles de l'exercice soldé d'office restent entre les mains des percepteurs, qui sont autorisés à poursuivre, au nom du Trésor, la rentrée des restes à recouvrer, jusqu'à la fin de la troisième année de l'ouverture de l'exercice. (Id., art. 94.)

Les percepteurs qui auraient laissé écouler ces trois années sans terminer le recouvrement sont tenus de solder, de leurs propres deniers, le montant des cotes ou portions de cotes restant alors à recouvrer. (Id., art. 95.) — Voy. Restes a recouvrer, Rôles.

L'exercice auquel les états de frais de poursuites, comme titres de perception, doivent être appliqués est déterminé, savoir : pour les poursuites par voie de garnison et de commandement, par l'année pendant laquelle les contraintes ont été rendues exécutoires ; pour la saisie-arrêt et pour les poursuites postérieures au commandement, par l'année pendant laquelle ont été dressés les états (*modèle* n° 8 du règlement sur les poursuites) présentant la situation des contribuables en retard et portant injonction au porteur de contraintes de faire les diligences nécessaires. Les receveurs des finances, avant de remettre aux percepteurs les états de frais à recouvrer par eux, indiquent, sur chacun de ces états, l'exercice auquel il appartient. (I. G., art. 583.) — Voy. Poursuites.

Service des communes et des établissements de bienfaisance.—Durée, clôture et règlement de l'exercice. — L'exercice, comme il a été dit plus haut, commence le 1er janvier et finit le 31 décembre de l'année qui lui donne son nom.

Néanmoins, il est accordé, pour compléter les opérations, un délai qui est fixé au 31 mars de l'année suivante ; à cette époque, l'exercice est clos définitivement. (O. 1er mars 1835 et 24 janvier 1843 ; I. G., art. 813.)

En conséquence, les comptes définitifs ne doivent comprendre que les recettes et les payements effectués jusqu'à ladite époque ; les crédits demeurés sans emploi sont annulés et les restes à recouvrer et à payer sont reportés de droit et sous un titre spécial au budget de l'exercice pendant lequel la clôture a lieu. Il en est de même de l'excédant final que présente le compte de l'exercice clos. (O. 1er mars 1835, art. 1er)

Au moment où arrive la clôture de l'exercice, c'est-à-dire au 31 mars, le maire dresse, de concert avec le receveur, un état (*modèle* no 217) des dépenses faites au 31 décembre précédent et qui n'ont pas été payées, et un état (*modèle* no 218) des restes à recouvrer sur l'exercice clos. Le maire prépare, en même temps, le compte de l'exercice clos (*modèle* no 219), qui doit comprendre, en recette et en dépense, toutes les opérations faites sur cet exercice, jusqu'à l'époque de la clôture. Le receveur municipal établit, de son côté, d'après ses écritures, dans les quinze jours qui suivent l'époque de la clôture de l'exercice, un état de situation de l'exercice clos (*modèle* no 220), qu'il remet au maire, pour être joint, comme pièce justificative, au compte administratif et aux autres pièces relatives au règlement de l'exercice. (I. G., art. 824 à 827.) — Voy. COMPTE ADMINISTRATIF, ÉTAT DES RESTES A PAYER, ÉTAT DES RESTES A RECOUVRER, ÉTAT DE SITUATION.

Au moyen de ces documents, réunis au budget de l'exercice et aux titres de recettes, tels que contrats de vente, baux, etc., que le receveur doit représenter, le maire prépare le procès-verbal de règlement définitif, qu'il soumet, avec toutes les pièces justificatives, à la délibération du conseil municipal, dans sa session ordinaire de mai. (I. G., art. 828.)

Le conseil municipal procède au règlement définitif, ainsi qu'il suit :

En ce qui concerne les recettes, le conseil ramène les évaluations du budget au chiffre des produits réels résultant des titres définitifs ; il rapproche ensuite les recouvrements faits de la somme des produits constatés, afin de reconnaître s'il y a balance entre eux, ou s'il reste encore des parties à recouvrer ; dans ce dernier cas, il apprécie les motifs du non-recouvrement ; il admet, s'il y a lieu, le reliquat en non-valeurs, ou il en prescrit le report à l'exercice suivant, soit que le recouvrement puisse encore en être obtenu, soit que le reliquat doive être mis à la charge du receveur. Les sommes admises en non-valeurs sont déduites du montant des produits constatés, ainsi que les sommes reportées à l'exercice suivant ; mais, à l'égard de ces dernières, il doit être fait mention de l'obligation imposée au receveur de les comprendre dans son prochain compte. Dans aucun cas, cependant, le conseil n'apporte de modifications au chiffre des comptes présentés.

En ce qui concerne les dépenses, le conseil municipal rapproche les payements du montant des crédits alloués par le budget ou par les autorisations supplémentaires; il fixe les excédants de crédits, et il détermine s'ils proviennent : de dépenses effectives restées inférieures aux crédits présumés, ou de dépenses non entreprises dans le courant de la première année de l'exercice; de dépenses faites, mais non liquidées ou mandatées à l'époque de la clôture de l'exercice; ou enfin de dépenses mandatées, mais pour lesquelles les mandats n'avaient pas été payés à la même époque. Le conseil prononce l'annulation de ces excédants de crédits. (I. G., art. 829.)

Les crédits ou portions de crédits qui sont applicables à des dépenses faites dans le courant de la première année de l'exercice, mais non soldées à la date de la clôture de cet exercice, sont reportés de plein droit, et sans nouvelle allocation, au budget de l'exercice courant, où ils font l'objet d'un chapitre spécial, sur lequel le payement des dépenses est imputé. (Id., art. 830.)

Les crédits ou portions de crédits relatifs à des dépenses non entreprises pendant la première année de l'exercice ne peuvent être reportés au budget de l'exercice suivant, qu'autant qu'ils ont été alloués de nouveau par l'autorité supérieure, sur le vote du conseil municipal. Ils sont portés à la section II du chapitre des dépenses supplémentaires, comme étant la reproduction des crédits annulés au budget précédent. (Id., art. 831.)

Les restes à payer qui n'auraient pas été régulièrement constatés à la fin de l'exercice, et dont les crédits n'auraient pas été, par conséquent, nominativement reportés au budget courant, ne peuvent, non plus, être acquittés qu'au moyen de crédits supplémentaires. (Id., art. 832.)

Les crédits reportés, de droit, pour restes à payer, de l'exercice clos à l'exercice suivant, doivent être employés dans les délais fixés pour ce dernier exercice; faute de quoi ils ne pourraient plus revivre qu'en vertu de nouveaux crédits autorisés dans les formes prescrites. (Circ. int. 10 avril 1835; I. G., art. 833.)

Tous les crédits additionnels autorisés hors budget, pour des dépenses effectuées depuis le 1er janvier jusqu'au 31 décembre d'une année, doivent être rattachés au budget de cette année. Au moment du règlement définitif de l'exercice clos, ils sont rattachés à cet exercice et classés au chapitre des dépenses supplémentaires, après la section du report des restes à payer. (Id., art. 834.)

S'il arrive que des payements faits sur un article du budget aient excédé le crédit ouvert, cet excédant doit être maintenu dans le compte de l'exercice clos; mais, comme il est à la charge du receveur qui a indûment payé, le conseil fait mention de l'obligation imposée à ce comptable de s'en charger en recette dans son prochain compte. (Id., art. 835.)

Le conseil municipal, après avoir arrêté le chiffre total des recettes et des dépenses de l'exercice clos, détermine l'excédant définitif applicable aux ressources de l'exercice suivant.

Lorsque, au lieu d'un excédant de recettes, il existe un excédant de dépenses qui ne provient pas de payements irréguliers, et n'est pas dès lors de nature à être mis à la charge du receveur, aucune opération spéciale n'est à faire à cet égard; le procès-verbal du règlement définitif de l'exercice clos doit seulement le constater. (Id., art. 836.)

Le conseil municipal consigne les résultats de son examen dans une délibération dont le modèle est donné sous le n° 221.

Lorsque, dans les communes dont le revenu est de peu d'importance, les opérations de l'exercice sont terminées aux époques de clôture, sans qu'il existe ni restes à payer ni restes à recouvrer, le conseil municipal mentionne cette circonstance dans sa délibération, et cette mention tient lieu de toute autre justification. (Circ. int. 15 juin 1836; I. G., art. 837.)

Le compte d'administration mentionné plus haut doit être soumis à l'approbation du préfet et lui être transmis en double expédition, appuyé de l'état de situation de l'exercice clos, formé par le receveur; le même envoi comprend le budget supplémentaire de l'exercice courant, en deux expéditions, l'état des restes à payer, et enfin les délibérations du conseil municipal relatives à ces divers objets.

Le procès-verbal de règlement définitif des budgets, les délibérations des conseils municipaux et les observations des maires doivent être disposés dans l'ordre des articles des budgets eux-mêmes. (Circ. int. 10 avril 1835; I. G., art. 838.)

Les recettes et les dépenses relatives aux restes à recouvrer et aux restes à payer constatés lors de la clôture des exercices, ainsi que les recettes et les dépenses nouvelles autorisées dans le courant d'un exercice, donnent lieu à des chapitres additionnels au budget. Le modèle de ces chapitres additionnels ou budgets supplémentaires est tracé sous le n° 222. (I. G., art. 839.)—Voy. Budget, Comptabilité communale, Compte administratif, Crédits, État des restes a payer, État des restes a recouvrer, État de situation, Session de mai.

Expéditions. — On appelle expédition la copie authentique de la minute d'un acte, d'un titre, d'un arrêté, d'une délibération, d'un procès-verbal, etc.

Les expéditions des arrêtés des préfets et de ceux des conseils de préfecture sont délivrées et signées par les secrétaires généraux des préfectures (L. 28 pluviôse an VIII, art. 7). Il en est de même de toutes les pièces déposées dans les archives départementales.

Les expéditions des arrêtés des sous-préfets et des autres pièces de la sous-préfecture ne peuvent être délivrées et signées que par ces fonctionnaires.

Quant aux expéditions des arrêtés des maires, des délibérations des conseils municipaux et des autres pièces déposées dans les archives des mairies, les maires ou leurs adjoints ont seuls qualité pour les délivrer.

Aucune expédition d'actes reçus par des notaires, greffiers ou autres dépositaires publics, ne peut être délivrée que sur papier au timbre de 1 fr. 50 c. (L. 13 brumaire an VII; 15 mai 1818, art. 80; 2 juillet 1862, art. 17.)

Sont, toutefois, exemptées du timbre les expéditions qui se délivrent par une administration publique ou un fonctionnaire public à une autre administration publique ou à un fonctionnaire public, lorsqu'il y est fait mention de cette destination. (L. 13 brumaire an VII, art. 13.) — Voy. TIMBRE.

Il ne peut être délivré copie ou expédition d'un acte soumis à l'enregistrement sur la minute ou l'original avant qu'il ait été enregistré. Il est fait mention, dans toutes les expéditions des actes publics qui doivent être enregistrés sur les minutes, de la quittance des droits par une transcription littérale et entière de cette quittance. (L. 22 frimaire an VII, art. 41.) — Voy. ENREGISTREMENT.

Les receveurs municipaux et des établissements charitables seraient fondés à refuser les expéditions destinées à être produites à l'appui de leurs comptes et qui ne porteraient pas la mention de l'enregistrement.

Les communes sont autorisées à percevoir un droit sur les expéditions des actes de l'état civil et des actes administratifs délivrées dans les mairies. (L. 18 juillet 1837, art. 31.)

Les établissements publics jouissent du même droit en ce qui concerne les expéditions des actes, titres, pièces ou renseignements déposés dans leurs bureaux.

Droit sur les expéditions des actes de l'état civil. — Ce droit a été établi par les lois des 20 septembre et 19 décembre 1792 et par celle du 3 ventôse an III. Le tarif en a été fixé par le décret du 12 juillet 1807 et, en ce qui concerne le mariage des indigents, par la loi du 10 décembre 1850, article 5.

Les droits d'expédition des actes de l'état civil, non compris le timbre qui est de 1 fr. 50 c. (L. du 2 juillet 1862, art. 17), sont fixés ainsi qu'il suit :

1° Dans les communes au-dessous de 50,000 âmes :

Pour chaque expédition d'un acte de naissance, de décès ou de publication de mariage.. » fr. 30 c.

Pour chaque expédition d'un acte de mariage ou d'adoption. » 60

2° Dans les communes de 50,000 âmes et au-dessus :

Pour chaque expédition d'un acte de naissance, de décès ou de publication de mariage.. » fr. 50 c.

Pour chaque expédition d'un acte de mariage ou d'adoption. 1 »

Les expéditions des actes de l'état civil dont la production est nécessaire pour le mariage des indigents, la légitimation de leurs enfants naturels et le retrait de ces enfants déposés dans les hospices, sont visés pour timbre et enregistrés gratis, lorsqu'il y a lieu à enregistrement. La taxe de ces expéditions est réduite à 30 centimes, lorsqu'il n'y a pas lieu à légalisation, à 50 centimes, lorsque cette dernière formalité doit être accomplie. (L. 10 décembre 1850, art. 4 et 5.)

Droit sur les expéditions des actes administratifs. — En vertu de la loi du 7 messidor an II et d'un avis du conseil d'État approuvé le 18 août 1807, il a été également établi un droit de 75 centimes par rôle (deux pages) sur les secondes ou ultérieures expéditions, ainsi que sur les extraits des titres, pièces ou renseignements, déposés dans les bureaux des mairies.

Ces expéditions ne doivent pas payer moins du droit taxé pour le rôle, lors même qu'elles ne contiennent pas un rôle entier. — *Mém.* 1858, p. 187.

Perception des droits. — Ces droits étant perçus par les employés des municipalités, le produit doit en être versé, à la diligence des maires, dans les caisses municipales.

Les receveurs municipaux doivent réclamer ce versement à l'expiration de chaque trimestre. (I. G., art. 928.) — *Mém.* 1850, p. 238. — Voy. REVENUS DES COMMUNES.

Expertise (Frais d'). — Lorsque l'instruction des réclamations en décharge et réduction pour surtaxe sur les contributions foncière et personnelle-mobilière exige que l'administration locale désigne, de concert avec les réclamants, des experts chargés de vérifier la valeur des revenus, objet de la taxe, les frais de cette expertise sont avancés par les receveurs municipaux sur les fonds des communes.

Si la réclamation est rejetée, cette avance est remboursée par le contribuable, en vertu d'un arrêté du préfet, entre les mains du percepteur. A défaut de payement dans le mois, le contribuable est poursuivi comme il le serait pour la cote elle-même.

Si la réclamation est admise, les frais d'expertise sont imposés, comme charge locale, dans les rôles de l'année suivante, au profit des communes qui en ont fait l'avance, et ils sont ajoutés en conséquence aux centimes ordinaires pour dépenses communales. (L. 2 messidor an VII, art. 225; arrêté 24 floréal an VIII, art. 16 à 21 ; I. G., art. 139.)

L'arrêté portant condamnation aux frais de l'expertise doit être notifié au contribuable, par les soins du directeur et du contrôleur des contributions directes, de même que les autres décisions rendues sur les réclamations. A défaut de notification, les poursuites qui auraient lieu pour obtenir le recouvrement des frais d'expertise pourraient être annulées sur l'opposition du contribuable. — *Mém.* 1861, p. 281.

Lorsque les frais d'expertise à la charge des contribuables excèdent 10 francs, la quittance du percepteur doit être timbrée. (Décis. min. des finances, 6 janvier 1859. — *Mém.* 1860, p. 123.) — Voy. RÉCLAMATIONS.

Exploit. — Acte d'un huissier.

Tout exploit doit être fait à personne ou à domicile ; mais si l'huissier ne trouve au domicile ni la partie ni aucun de ses parents ou serviteurs, il remet de suite la copie à un voisin qui signe l'original. Si le voisin ne veut ou ne peut signer, l'huissier remet la copie au maire ou adjoint de la commune, qui vise l'original sans frais. L'huissier fait mention du tout tant sur l'original que sur la copie. (C. de proc. civile, art. 62.)

Ces dispositions sont applicables à ce qui concerne les actes des porteurs de contraintes. — *Mém.* 1837, p. 53.

Les communes doivent être assignées en la personne ou au domicile de leur maire, qui doit viser l'original de l'exploit dont la copie lui est laissée. L'acte qui aurait été signifié en parlant non pas au maire, mais à un membre de sa famille, est nul. (Arrêt de la Cour de Dijon, 26 février 1847. — *Mém.*, p. 192.) — Voy. Poursuites, Procès

Exploitation des coupes. — Voy. Affouage, Bois, Coupes de bois.

Exprès envoyé chez un percepteur. — En cas de retard dans l'envoi des bordereaux et autres documents qui doivent leur être fournis par les percepteurs, les receveurs des finances peuvent envoyer des exprès chez les retardataires, aux frais de ces derniers ; s'il y a contestation, les frais sont réglés par le préfet, et, s'il s'agit d'un percepteur d'un arrondissement de sous-préfecture, par le sous-préfet. (I. G., art. 1295)

Expropriation pour cause d'utilité publique. — Tout propriétaire peut être exproprié pour cause d'utilité publique moyennant une juste et préalable indemnité. (L. 3-14 septembre 1791, titre Ier, art. 17 ; 24 juin 1793, art. 10 et 5 fructidor an III, art. 358 ; C. N., art. 545.)

Cette mesure n'est pas restreinte à l'utilité générale de l'État ; elle peut être exercée également dans l'intérêt des départements et des communes. Le même droit n'existe pas à l'égard des établissements de bienfaisance ; mais lorsqu'il s'agit d'arriver par cette voie à l'exécution de travaux concernant ces établissements, la commune intervient, et c'est en son nom que les travaux sont autorisés.

L'expropriation pour cause d'utilité publique s'opère par autorité de justice. Il y est procédé d'après les règles établies par la loi du 3 mai 1841 qui forme aujourd'hui le code de la matière. Toutefois, en ce qui concerne les chemins vicinaux, les dispositions spéciales de la loi du 21 mai 1836, articles 15 et 16, n'ont pas été modifiées par la loi de 1841.

Autorisation des travaux. Forme de la déclaration d'utilité publique. — Tous les travaux d'utilité publique entrepris par l'État, les départements, les communes ou par compagnies particulières, avec ou sans péage, avec ou sans subside du Trésor, avec ou sans aliénation du domaine public, sont ordonnées ou autorisées par décrets de l'Empereur. Ces décrets sont rendus dans les formes prescrites pour les règlements d'administration publique. Néanmoins, si les travaux ont pour condition des engagements ou des subsides du Trésor, le crédit doit être accordé ou l'engagement ratifié par une loi avant la mise à exécution. (L. 3 mai 1841, art. 3; Sénatus-Consulte 25 décembre 1852, art. 4.)

Il y a exception à la règle lorsqu'il s'agit de travaux d'ouverture ou de redressement des chemins vicinaux; ces travaux sont autorisés par arrêté du préfet, conformément à l'article 16 de la loi du 21 mai 1836.

Les tribunaux ne peuvent prononcer l'expropriation qu'autant que l'utilité en a été constatée et déclarée dans les formes prescrites par la loi. Ces formes consistent : 1° dans le décret impérial ou l'arrêté du préfet qui autorise l'exécution des travaux pour lesquels l'expropriation est requise; 2° dans l'acte du préfet qui désigne les localités ou territoires sur lesquels les travaux doivent avoir lieu, lorsque cette désignation ne résulte pas du décret impérial qui autorise les travaux; 3° dans l'arrêté ultérieur par lequel le préfet détermine les propriétés particulières auxquelles l'expropriation est applicable. Cette application ne peut être faite à aucune propriété particulière qu'après que les parties intéressées ont été mises en état d'y fournir leurs contredits. (L. 3 mai 1841, art. 2; 21 mai 1836, art. 16; D. 25 mars 1852.)

Mesures préalables. Règles spéciales aux travaux communaux. — Lorsque les travaux projetés par une commune exigent l'acquisition de certains immeubles et qu'il y a impossibilité de traiter à l'amiable avec les propriétaires, le conseil municipal prend une délibération pour demander que le projet soit déclaré d'utilité publique.

Il vote en même temps, pour faire face à la dépense, des ressources dont la réalisation puisse être immédiate, attendu que les indemnités allouées par le jury d'expropriation doivent être acquittées préalablement à la prise de possession. (Décis. min. de l'int. — *Mém.* 1856, p. 305.)

La déclaration d'utilité publique doit être précédée d'une enquête locale dont les formes sont déterminées par l'ordonnance du 23 août 1835. — Voy. Enquête.

Après que l'utilité a été déclarée, les ingénieurs ou autres gens de l'art chargés de l'exécution des travaux lèvent, pour la partie qui s'étend sur chaque commune, le plan parcellaire des terrains ou édifices dont la cession leur paraît nécessaire. (L. 3 mai 1841, art. 4.)

Le plan desdites propriétés particulières, indicatif des noms de chaque propriétaire, tels qu'ils sont inscrits sur la matrice des rôles, reste déposé pendant huit jours à la mairie de la commune où les propriétés sont situées, afin que chacun puisse en prendre connaissance. Le délai de huitaine ne court qu'à dater de l'avertissement qui est donné collectivement aux parties intéressées de prendre communication des pièces. Cet avertissement est publié à son de trompe ou de caisse dans la commune et affiché tant à la principale porte de l'église qu'à celle de la maison commune. Il est, en outre, inséré dans l'un des journaux publiés dans l'arrondissement, ou, s'il n'en existe aucun, dans le département. (L. 3 mai 1841, art. 5 et 6.)

Le maire certifie ces publications et affiches ; il mentionne sur un procès-verbal qu'il ouvre et que les parties qui comparaissent sont requises de signer, les déclarations et réclamations qui lui ont été faites verbalement et y annexe celles qui lui sont transmises par écrit. (Id., art. 7.)

A l'expiration du délai de huitaine, le procès-verbal est clos et communiqué au conseil municipal, lequel examine les déclarations et réclamations qui peuvent avoir été faites et émet son avis par une délibération motivée. Le maire transmet ensuite au sous-préfet : 1° le procès-verbal; 2° le plan parcellaire des terrains ou édifices à céder ; 3° le certificat de publication et d'affiche de l'avertissement donné aux parties intéressées; 4° le numéro du journal contenant le même avertissement ; 5° l'avis du conseil municipal. Si les propriétaires ont donné leur consentement à la cession, sans qu'il y ait eu désaccord sur le prix, le consentement est joint aux pièces.

Le préfet en conseil de préfecture, sur le vu du procès-verbal, et sauf l'approbation de l'autorité supérieure, détermine par un arrêté les propriétés qui doivent être cédées, et indique l'époque à laquelle il sera nécessaire d'en prendre possession. (Id., art. 12.)

Traités amiables. — Des conventions amiables peuvent intervenir, soit avant le jugement d'expropriation, soit après la publication et la transcription du jugement par l'acceptation des offres de l'administration.

Si des biens de mineurs, d'interdits, d'absents ou autres incapables, sont compris dans les plans parcellaires ou dans les modifications admises par l'administration supérieure, les tuteurs, ceux qui ont été envoyés en possession provisoire et tous les représentants des incapables peuvent, après autorisation du tribunal donnée sur simple requête en la chambre du conseil, le ministère public entendu, consentir amiablement à l'aliénation desdits biens. Le tribunal ordonne les mesures de conservation ou de remploi qu'il juge nécessaires. Ces dispositions sont applicables aux immeubles dotaux et aux majorats.

Les préfets peuvent, dans le même cas, aliéner les biens des départements, s'ils y sont autorisés par délibération du conseil général ; les maires ou administrateurs peuvent aliéner les biens des communes ou établissements publics, s'ils y sont autorisés par délibération du conseil municipal ou du conseil d'administration, approuvée par le préfet en conseil de préfecture.

Le ministre des finances peut consentir à l'aliénation des biens de l'État, ou de ceux qui font partie de la dotation de la couronne, sur la proposition de l'intendant de la liste civile. (L. 3 mai 1841, art. 13.)

Jugement d'expropriation. — A défaut de conventions amiables, soit avec les propriétaires des terrains ou bâtiments dont la cession est reconnue nécessaire, soit avec ceux qui les représentent, le préfet transmet au procureur impérial dans le ressort duquel les biens sont situés la loi ou le décret qui autorise l'exécution des travaux et l'arrêté du préfet qui détermine les propriétés qui doivent être cédées.

Dans les trois jours et sur la production des pièces constatant que les formalités prescrites ont été remplies, le procureur impérial requiert et le tribunal prononce l'expropriation pour cause d'utilité publique des terrains ou bâtiments indiqués dans l'arrêté du préfet Le jugement commet un des membres du tribunal pour remplir les fonctions de magistrat directeur du jury chargé de fixer l'indemnité. Dans le cas où les propriétaires à exproprier consentiraient à la cession, mais où il n'y aurait point accord sur le prix, le tribunal donne acte du consentement et désigne le magistrat directeur du jury, sans qu'il soit besoin de rendre le jugement d'expropriation, ni de s'assurer que les formalités prescrites ont été remplies. (L. 3 mai 1841, art. 13 et 14.)

Le jugement est publié et affiché, par extrait, dans la commune de la situation des biens. Il est en outre inséré dans l'un des journaux publiés dans l'arrondissement, ou, s'il n'en existe aucun, dans l'un de ceux du département.

Cet extrait, contenant les noms des propriétaires, les motifs et le dispositif du jugement, leur est notifié au domicile qu'ils ont élu dans l'arrondissement de la situation des biens, par une déclaration faite à la mairie de la commune où les biens sont situés, et, dans le cas où cette élection de domicile n'aurait pas eu lieu, la notification de l'extrait est faite en double copie au maire et au fermier, locataire, gardien ou régisseur de la propriété. Toutes les autres notifications relatives à l'expropriation sont faites dans la forme ci-dessus indiquée. (Id., art. 15.)

Le jugement est, immédiatement après l'accomplissement de ces formalités, transcrit au bureau de la conservation des hypothèques de l'arrondissement, conformément à l'article 2181 du Code Napoléon. (Id., art. 16.)

Dans la quinzaine de la transcription, les privilèges et les hypothèques conventionnelles, judiciaires ou légales, doivent être inscrits (Id., art. 17). La loi du 23 mars 1855, relative à la transcription, n'ayant point abrogé cette disposition, les certificats à délivrer par les conservateurs des hypothèques en matière d'expropriation pour cause d'utilité publique doivent, pour être valables, n'être délivrés qu'à l'expiration du délai de quinzaine. (Circ. compt. gén. 30 janvier 1857. — *Mém.*, p. 34.)

A défaut d'inscription dans ce délai, l'immeuble exproprié est affranchi de tous privilèges et hypothèques, de quelque nature qu'ils soient, sans préjudice des droits des femmes, mineurs et interdits, sur le montant de l'indemnité, tant qu'elle n'a pas été payée ou que l'ordre n'a pas été réglé définitivement entre les créanciers. Les créanciers inscrits n'ont, dans aucun cas, la faculté de surenchérir, mais ils peuvent exiger que l'indemnité soit fixée par le jury d'expropriation. (L. 3 mai 1841, art. 17.)

Les actions en résolution, en revendication et toutes autres actions réelles, ne peuvent arrêter l'expropriation ni en empêcher l'effet. Le droit des réclamants est transporté sur le prix, et l'immeuble en demeure affranchi. (L. 3 mai 1841, art. 18.)

Les règles qui viennent d'être rappelées, en ce qui concerne la publicité du jugement qui prononce l'expropriation, la transcription des priviléges, hypothèques et les autres droits réels, sont applicables dans le cas de conventions amiables passées entre l'administration et les propriétaires.

Cependant, l'administration peut, sauf les droits des tiers et sans accomplir les formalités ci-dessus tracées, payer le prix des acquisitions dont la valeur ne s'élèverait pas au-dessus de 500 francs. Le défaut d'accomplissement des formalités de la purge des hypothèques n'empêche pas l'expropriation d'avoir son cours, sauf, pour les parties intéressées, à faire valoir leurs droits ultérieurement. (Id., art. 19.)

Le jugement ne peut être attaqué que par la voie du recours en cassation et seulement pour incompétence, excès de pouvoir ou vices de forme du jugement. Le pourvoi a lieu, au plus tard, dans les trois jours, à dater de la notification du jugement, par déclaration au greffe du tribunal. Il est notifié dans la huitaine, soit à la partie, soit au préfet ou au maire, suivant la nature des travaux, le tout à peine de déchéance. Dans la quinzaine de la notification du pourvoi, les pièces sont adressées à la chambre civile de la Cour de cassation qui statue dans le mois suivant. L'arrêt, s'il est rendu par défaut à l'expiration de ce délai, n'est pas susceptible d'opposition. (Id., art. 20.)

Règlement des indemnités. — Dans la huitaine qui suit la notification du jugement, le propriétaire est tenu d'appeler et de faire connaître à l'administration les fermiers, locataires, ceux qui ont des droits d'usufruit, d'habitation ou d'usage, tels qu'ils sont réglés par le Code Napoléon, et ceux qui peuvent réclamer des servitudes résultant des titres mêmes du propriétaire ou d'autres actes dans lesquels il serait intervenu, sinon il reste seul chargé envers eux des indemnités que ces derniers peuvent réclamer. Les autres intéressés sont en demeure de faire valoir leurs droits par l'avertissement énoncé en l'article 6, et tenus de se faire connaître à l'administration dans le même délai de huitaine, à défaut de quoi ils sont déchus de tous droits à l'indemnité. (L. 3 mai 1841, art. 21.)

Les dispositions relatives aux propriétaires et à leurs créanciers sont applicables à l'usufruitier et à ses créanciers. (Id., art. 22.)

L'administration notifie aux propriétaires et à tous les autres intéressés qui ont été désignés ou qui sont intervenus dans le délai fixé, les sommes qu'elle offre pour indemnités. Ces offres sont, en outre, affichées et publiées, conformément à l'article 6 de la présente loi. (Id., art. 23.)

Dans la quinzaine suivante, les propriétaires et autres intéressés sont tenus de déclarer leur acceptation, ou, s'ils n'acceptent pas les offres qui leur sont faites, d'indiquer le montant de leurs prétentions. (Id., art. 24.)

Les femmes mariées sous le régime dotal, assistées de leurs maris, les tuteurs, ceux qui ont été envoyés en possession provisoire des biens d'un absent et autres personnes qui représentent les incapables, peuvent valablement accepter les offres de l'administration, s'ils y sont autorisés dans les formes prescrites par l'article 13 pour les conventions amiables. (L. 3 mai 1841, art. 25.)

Le ministre des finances, les préfets, maires ou administrateurs, peuvent accepter, dans le même délai, les offres d'indemnité pour expropriation des biens appartenant à l'État, à la couronne, aux départements, communes ou établissements publics, dans les formes et avec les autorisations prescrites par l'article 13. (Id., art. 26.)

Le délai de quinzaine, fixé pour les déclarations des propriétaires, est d'un mois pour les cas prévus par les articles 25 et 26. (Id., art. 27.)

Si les offres de l'administration ne sont pas acceptées dans les délais prescrits par les articles 24 et 27, l'administration cite devant le jury, qui est convoqué à cet effet, les propriétaires et tous autres intéressés qui ont été désignés ou qui sont intervenus pour qu'il soit procédé au règlement des indemnités. La citation contient l'énonciation des offres qui ont été refusées. (Id., art. 28.)

Le jury prononce des indemnités distinctes en faveur des parties qui les réclament à des titres différents, comme propriétaires, fermiers, locataires, usagers et autres intéressés. Dans le cas d'usufruit, une seule indemnité est fixée par le jury eu égard à la valeur totale de l'immeuble; le nu propriétaire et l'usufruitier exercent leurs droits sur le montant de l'indemnité, au lieu de l'exercer sur la chose. (Id., art. 39.)

L'indemnité allouée par le jury ne peut, en aucun cas, être inférieure aux offres de l'administration, ni supérieure à la demande de la partie intéressée. Si l'indemnité réglée par le jury ne dépasse pas l'offre de l'administration, les parties qui l'ont refusée sont condamnées aux dépens Si l'indemnité est à la fois supérieure à l'offre de l'administration et inférieure à la demande des parties, les dépens sont compensés de manière à être suppportés par les parties et l'administration dans les proportions de leur offre ou de leur demande avec la décision du jury. (Id., art. 39 et 40.)

Le jury est juge de la sincérité des titres et de l'effet des actes qui seraient de nature à modifier l'évaluation de l'indemnité. (Id., art. 48.)

Dans le cas où l'administration contesterait au détenteur exproprié le droit à une indemnité, le jury, sans s'arrêter à la contestation dont il renvoie le jugement devant qui de droit, fixe l'indemnité comme si elle était due, et le magistrat directeur du jury en ordonne la consignation, pour ladite indemnité rester déposée jusqu'à ce que les parties se soient entendues ou que le litige soit vidé. (Id., art. 49.)

Les bâtiments dont il est nécessaire d'acquérir une portion pour cause d'utilité publique sont achetés en entier si les propriétaires le requièrent par une déclaration formelle adressée au magistrat directeur du jury dans les délais énoncés aux articles 24 et 27. Il en est de même de toute parcelle de terrain qui, par suite du morcellement, se trouve réduit au quart de la contenance totale, si toutefois le propriétaire ne possède aucun terrain immédiatement contigu, et si la parcelle ainsi réduite est inférieure à dix ares. (L. 3 mai 1841, art. 50.)

Si l'exécution des travaux doit procurer une augmentation de valeur immédiate et spéciale au restant de la propriété, cette augmentation est prise en considération dans l'évaluation du montant de l'indemnité. (Id., art. 51.)

Les constructions, plantations et améliorations ne donnent lieu à aucune indemnité, lorsque, à raison de l'époque où elles ont été faites ou de toutes autres circonstances dont l'appréciation lui est abandonnée, le jury acquiert la conviction qu'elles ont été faites dans la vue d'obtenir une indemnité plus élevée. (Id., art. 52.)

Payement des indemnités. Obligations des receveurs municipaux et d'établissements de bienfaisance. — Les indemnités réglées par le jury sont, préalablement à la prise de possession, acquittées entre les mains des ayants droit. S'ils se refusent à les recevoir, la prise de possession a lieu après offres réelles et consignations. (L. 3 mai 1841, art. 53.)

Il n'est pas fait d'offres réelles toutes les fois qu'il existe des inscriptions sur l'immeuble exproprié ou d'autres obstacles au versement des deniers entre les mains des ayants droit; dans ce cas, il suffit que les sommes dues par l'administration soient consignées pour être ultérieurement distribuées ou remises, selon les règles du droit commun. (Id., art. 54.)

Si l'indemnité n'est ni acquittée ni consignée dans les six mois de la décision du jury, les intérêts courent de plein droit à l'expiration de ce délai. (Id., art. 55.)

Les comptables doivent notamment s'assurer que la transcription des actes translatifs de propriété a été précédée des formalités de publication prescrites par l'article 16 de la loi de 1841. Si la transcription n'avait pas eu lieu en temps utile, ils devraient ne pas hésiter à exiger une transcription nouvelle et un nouveau certificat du conservateur des hypothèques de manière que la date de la transcription fût toujours le point de départ du délai de quinzaine fixé par l'article 17 de la loi pour l'inscription des priviléges et hypothèques. (I. G., art. 1018.)

Dans le cas prévu par l'article 53 de la loi du 3 mai 1841, c'est-à-dire lorsque la partie refuse l'indemnité réglée par le jury, le receveur municipal remet à l'huissier chargé de faire les offres réelles, lequel en donne reçu, la somme à offrir et les pièces ci-après: 1° l'arrêté du maire prescrivant et motivant les offres et la consignation; 2° la sommation par huissier constatant le refus de l'indemnité réglée par le jury; 3° un mandat du maire au profit de l'ayant droit.

Si les offres réelles sont acceptées, il en est donné quittance, au bas du procès-verbal d'offres, par la partie prenante, qui doit, en outre, acquitter le mandat pour ordre et par duplicata.

Si, au contraire, les offres sont refusées, l'huissier en consigne le montant dans les vingt-quatre heures, à moins que le maire ne l'en ait dispensé par écrit, conformément à l'article 5 de l'ordonnance du 3 juillet 1816, auquel cas il rend immédiatement au receveur municipal la somme offerte. Ce comptable demeure alors chargé d'opérer la consignation dans les vingt-quatre heures. Il peut, d'ailleurs, par mesure de prudence, assister aux offres.

Les pièces à fournir à l'appui de la consignation sont : 1° une ampliation de l'arrêté du maire qui la prescrit ; 2° l'original de la sommation constatant le refus de l'indemnité ; 3° l'original du procès-verbal d'offres ; 4° l'original du procès-verbal de consignation. Le récépissé délivré par le préposé de la caisse des dépôts doit contenir le détail de ces pièces.

Quand la somme à offrir est un peu importante, il convient de charger un notaire de faire les offres. (I. G., art. 1019.) — Voy. ACQUISITIONS, CAISSE DES DÉPÔTS ET CONSIGNATIONS, PIÈCES JUSTIFICATIVES, PURGE DES HYPOTHÈQUES.

Forme et signification des actes. — Les contrats de vente, quittances et autres actes relatifs à l'acquisition des terrains, peuvent être passés dans la forme des actes administratifs ; la minute reste déposée au secrétariat de la préfecture (ou à la mairie, si l'expropriation a lieu dans un intérêt exclusivement communal); expédition en est transmise à l'administration des domaines. (L. 3 mai 1841, art. 56.)

Les significations et notifications sont faites à la diligence du préfet du département de la situation des biens, lorsque l'expropriation est poursuivie par l'État ou par un département, et à la requête du maire, si elle est poursuivie par une commune (Arrêt de cass. 12 janvier 1842). Elles peuvent être faites tant par huissier que par tout autre agent de l'administration dont les procès-verbaux font foi en justice. (L. 3 mai 1841, art. 57.)

Dispense des droits de timbre et d'enregistrement. — Les plans, procès-verbaux, certificats, significations, jugements, contrats, quittances et autres actes faits en vertu de la présente loi sont visés pour timbre et enregistrés gratis, lorsqu'il y a lieu à la formalité de l'enregistrement. Il n'est perçu aucun droit pour la transcription des actes au bureau des hypothèques. Les droits perçus sur les acquisitions amiables faites antérieurement aux arrêtés du préfet sont restitués, lorsque, dans le délai de deux ans, à partir de la perception, il est justifié que les immeubles acquis sont compris dans ces arrêtés. La restitution ne peut s'appliquer qu'à la portion des immeubles qui a été reconnue nécessaire à l'exécution des travaux. (L. 3 mai 1841, art. 58.)

Cette disposition s'applique aux actes faits à la requête de l'administration ou à la requête des propriétaires dont on poursuit l'expropriation. (Sol. de la direction gén. de l'enreg. 25 octobre 1836.)

Sous la désignation de « et autres actes », on comprend tous les actes qui, aux termes des divers articles de la loi de 1841, sont nécessaires pour parvenir à l'expropriation et pour la consommer. Tels sont notamment les formules imprimées, destinées aux copies et significations des arrêtés des préfets, qui autorisent l'occupation temporaire de parcelles de terrains pour y pratiquer des dépôts ou des extractions de matériaux, en exécution des lois des 28 pluviôse an VIII et 16 septembre 1807. (Décis. min. 11 septembre 1847.)

Mais l'exemption des droits ne s'étend pas aux actes ou conventions qui se trouvent en dehors des formalités prescrites pour l'expropriation et que commandent l'intérêt seul, la commodité ou la libre volonté des parties, tels que :

1° Les procurations données par les propriétaires et les actes servant à constater les droits de leurs héritiers (Décis. min. 20 janvier 1835);

2° Les traités passés entre un entrepreneur et le préfet d'un département à l'effet de livrer à la circulation une portion de rue, moyennant une somme payée par l'État et une autre par la ville : cette dernière somme est passible du droit de 1 p. 0/0 (Arrêt de cass., 12 novembre 1838);

3° Les traités passés entre une ville et des entrepreneurs avec subrogation aux droits de la ville pour opérer l'expropriation des terrains et bâtiments nécessaires à l'exécution des travaux (Arrêt de cass. 17 juin 1857);

4° Les procès-verbaux constatant la réalisation d'emprunts faits par les départements et les communes, bien que les sommes empruntées fussent destinées à l'exécution de travaux d'utilité publique (Décis. min. 2 février 1857. — *Mém.*, p. 169) ;

5° Les actes de notoriété constatant les droits des vendeurs à l'indemnité d'expropriation ;

6° Les certificats émanés de particuliers et servant à établir la situation hypothécaire des mêmes vendeurs.

Les actes faits en vertu de la loi du 3 mai 1841 sont ceux qui sont faits sous l'autorité immédiate et exclusive de cette loi ; la dispense des droits ne saurait être étendue en dehors des faits et des actes que son texte même assigne à son application. Ainsi, les acquisitions amiables qui sont dispensées du payement des droits ne peuvent être que celles qui portent sur des immeubles dont la prise de possession a été précédée de la déclaration d'utilité publique, sans laquelle les tribunaux eux-mêmes ne pourraient prononcer l'expropriation (Décis. min. 17 août 1838 ; Arrêts de cass. 30 janvier 1854 et 31 mars 1856). Sans ce préalable, il peut y avoir acquisition pour cause d'utilité publique ; mais s'il n'y a pas expropriation pour cause d'utilité publique, les droits ordinaires de timbre et d'enregistrement sont exigibles. (Décis. min. 29 juin 1837 ; Arrêts de cass. 23 août 1845 et 30 janvier 1854.)

D'un autre côté, à défaut d'un arrêté du préfet, indicatif des propriétés particulières auxquelles l'expropriation est applicable, les préposés ne sont pas mis régulièrement à même de reconnaître que les actes d'acquisitions amiables doivent jouir du bénéfice de l'exemption de l'impôt.

Mais quand il est justifié par les parties demanderesses que les immeubles acquis sont compris dans les arrêtés, la restitution des droits perçus est effectuée, dans les deux ans, sans qu'il y ait de distinction à faire entre les acquisitions antérieures ou postérieures aux décrets qui ordonnent les travaux d'utilité publique. (Arrêts de cass. 4 mai et 7 décembre 1858.) — Voy. ENREGISTREMENT, TIMBRE.

La loi du 3 mai 1841 étant reconnue, sauf les articles 8, 9 et 10, applicable aux chemins vicinaux, il en résulte que les plans, procès-verbaux, certificats, significations, jugements, contrats, quittances, qui ont pour objet les expropriations de terrains destinés à la construction et au redressement de ces chemins, sont visés pour timbre et enregistrés gratis. (I. G., art. 892.) — Voy. CHEMINS VICINAUX, ENREGISTREMENT, TIMBRE.

Droit de péremption. Rétrocession de terrains. — Si les terrains acquis pour des travaux d'utilité publique ne reçoivent pas cette destination, les anciens propriétaires ou leurs ayants droit peuvent en demander la remise. Le prix des terrains rétrocédés est fixé à l'amiable, et, s'il n'y a pas accord, par le jury. La fixation par le jury ne peut, en aucun cas, excéder la somme moyennant laquelle les terrains ont été acquis. (L. 3 mai 1841, art. 60.)

Un avis fait connaître les terrains que l'administration est dans le cas de revendre. Dans les trois mois de cette publication, les anciens propriétaires qui veulent réacquérir la propriété desdits terrains sont tenus de le déclarer; et, dans le mois de la fixation du prix, soit amiable, soit judiciaire, ils doivent passer le contrat de rachat et payer le prix : le tout à peine de déchéance du privilége. (Id., art. 61.)

Ces dispositions ne sont pas applicables, toutefois, aux terrains qui ont été acquis sur la réquisition du propriétaire et qui resteraient disponibles après l'exécution des travaux. (Id., art. 62.)

De l'expropriation en cas d'urgence. — Lorsqu'il y a urgence de prendre possession des terrains non bâtis qui sont soumis à l'expropriation, l'urgence est spécialement déclarée par un décret impérial. (L. 3 mai 1841, art. 65.)

En ce cas, après le jugement d'expropriation, le décret qui déclare l'urgence et le jugement sont notifiés aux propriétaires et aux détenteurs, avec assignation devant le tribunal civil. L'assignation est donnée à trois ours au moins; elle énonce la somme offerte par l'administration. (Id., art. 66.)

Au jour fixé, le propriétaire et les détenteurs sont tenus de déclarer la somme dont ils demandent la consignation avant l'envoi en possession. (Id., art. 67.)

Le tribunal fixe la somme à consigner. (Id., art. 68.)

La consignation doit comprendre, outre le principal, la somme nécessaire pour assurer, pendant deux ans, le payement des intérêts à 5 p. 0/0. (Id., art. 69.)

Sur le vu du procès-verbal de consignation, et sur une nouvelle assignation à deux jours de délai au moins, le président ordonne la prise de possession. (L. 3 mai 1841, art. 70.)

Le président taxe les dépens, qui sont supportés par l'administration. (Id., art. 72.)

Après la prise de possession, il est procédé, comme il est dit plus haut, à la fixation définitive de l'indemnité. (Id., art. 73.) — Voy. Acquisitions, Chemins vicinaux, Drainage, Marais, Purge des hypothèques, Voirie.

Extraits de rôles. — Les percepteurs sont tenus de délivrer, sur papier libre et sans retard, à toute personne portée au rôle, qui en fait la demande, l'extrait relatif à ses contributions et tout autre extrait de rôle ou certificat négatif. Ils ont droit à une rétribution de 25 centimes par extrait de rôle concernant le même contribuable. La même rétribution de 25 centimes leur est due lorsque la délivrance de l'extrait de rôle a pour objet une réclamation en dégrèvement; mais, dans ce cas, ils sont tenus de remettre, pour ladite somme, sur la demande du contribuable ou de son représentant légal, autant d'extraits qu'il y a de natures de contributions donnant lieu à la réclamation.

La date de la publication du rôle doit être inscrite sur ces extraits comme sur les avertissements.

Les percepteurs sont tenus de délivrer sans rétribution les extraits de rôles dont les préfets, les sous-préfets et les maires peuvent avoir besoin pour les affaires de service.

Ils ont aussi à délivrer gratuitement les extraits de rôles qui leur seraient demandés pour servir à constater l'insolvabilité des redevables de l'administration de l'enregistrement. Les formules d'extrait sont fournies aux redevables par les receveurs de cette administration.

Enfin les percepteurs sont appelés à délivrer gratuitement aussi des extraits de rôles dans les cas prévus par la loi du 10 décembre 1850, relative au mariage des indigents (art. 6 et 8), et par la loi du 22 janvier 1851, sur l'assistance judiciaire (art. 10). Les modèles des extraits de rôles sont donnés sous les nos 14 et 15. (L. 2 juillet 1828, art. 26, et 9 avril 1831, art. 36; I. G., art. 60.)

Les extraits de rôles que les percepteurs sont tenus de joindre aux contraintes extérieures doivent être conformes au *modèle* n° 5 *ter* annexé au règlement sur les poursuites. Ces extraits sont rédigés en deux expéditions dont l'une est destinée au redevable et lui est envoyée, à titre d'avis et avec invitation de se libérer, par le percepteur chargé du recouvrement. — *Mém.* 1861, p. 358 et 389.

Les percepteurs n'ont droit à aucune rétribution pour la délivrance de ces derniers extraits. — *Mém.* 1850, p. 76. — Voy. Contraintes extérieures, Poursuites.

Les receveurs municipaux ont à fournir aux maires deux extraits du rôle des prestations pour les chemins vicinaux : le premier comprend, pour chaque contribuable, les journées qu'il a déclaré vouloir acquitter en nature; le second, les cotes payables en argent. — Voy. Prestations.

F

Fabrique d'église. — Établissement public dont les biens et les revenus sont affectés à l'entretien du culte paroissial et des édifices religieux. On désigne aussi sous le nom de fabrique le corps ou la réunion des personnes chargées de l'administration de cet établissement.

Les fabriques sont chargées de veiller à l'entretien et à la conservation des temples, d'administrer les aumônes et les biens, rentes et perceptions autorisées par les lois et règlements, les sommes supplémentaires fournies par les communes, et généralement tous les fonds qui sont affectés à l'exercice du culte ; enfin d'assurer cet exercice et le maintien de sa dignité dans les églises auxquelles elles sont attachées, soit en réglant les dépenses qui y sont nécessaires, soit en assurant les moyens d'y pourvoir. (D. 30 décembre 1809, art. 1er.)

Chaque fabrique se compose d'un conseil et d'un bureau des marguilliers. (Id., art. 2.)

Le bureau des marguilliers a l'administration journalière du temporel de la paroisse. (Id., art. 24.)

Tous les marchés sont arrêtés par le bureau et signés par le président, ainsi que les mandats. (Id., art. 28.)

Un trésorier, élu par le bureau et pris parmi ses membres, est chargé de procurer la rentrée de toutes les sommes dues à la fabrique et d'acquitter les dépenses, après qu'elles ont été mandatées par le président du bureau. (Id., art. 25 et 28.)

Il n'y a pas incompatibilité entre les fonctions de percepteur receveur municipal et celles de trésorier de fabrique. Cependant, ce premier comptable ne pourrait se charger de la comptabilité de la fabrique qu'avec l'assentiment du receveur des finances, aux termes de l'article 1273 de l'Instruction générale. — *Mém.* 1842, p. 74.

Comme établissement public reconnu par la loi, les fabriques constituent des personnes civiles, habiles à posséder, à acquérir, à recevoir après avoir obtenu l'autorisation du Gouvernement, mais seulement dans l'intérêt de la célébration du culte et dans la limite des services qui leur sont confiés par la loi. Une fabrique ne peut être autorisée, par exemple, à acquérir une maison destinée à être affectée à une école de garçons ou de filles. Toutefois, si le conseil municipal prenait l'engagement de payer à la fabrique un loyer représentant les intérêts du capital engagé par elle, une acquisition de cette nature pourrait être autorisée à titre de placement de fonds. (Décis. min. — *Mém.* 1861, p. 85.)

Une fabrique ne serait pas autorisée, non plus, à acquérir un cimetière, ni à accepter le legs ou la donation d'un immeuble destiné par le donateur à servir de cimetière, attendu que la propriété des cimetières doit appartenir aux communes. — Voy. CIMETIÈRES.

En cas d'insuffisance des revenus de la fabrique pour fournir aux frais indispensables du culte, aux dépenses nécessaires pour le maintien de sa dignité, à l'entretien de l'église, du presbytère et du cimetière et aux grosses réparations des édifices consacrés au culte, aux indemnités de logement dues aux curés ou desservants, au traitement des vicaires légitimement établis, les communes sont tenues d'y pourvoir. (D. 30 décembre 1809, art. 37, 39 et 92; L. 18 juillet 1837, art. 30.)

Le recours de la fabrique à la commune est soumis à des formalités différentes, suivant qu'il s'agit de subvenir aux dépenses ordinaires du culte ou bien aux grosses réparations des édifices.

Dans le premier cas, le budget de la fabrique, après avoir été arrêté par l'évêque, et le compte de l'année précédente, doivent être remis au conseil municipal. La délibération de ce conseil est adressée au préfet, qui la communique à l'évêque diocésain pour avoir son avis. Dans le cas où l'évêque et le préfet seraient d'avis différents, il peut en être référé, soit par l'un, soit par l'autre, au ministre des cultes. (D. 30 décembre 1809, art. 93.)

Lorsque la quotité de la subvention nécessaire annuellement à la fabrique a été déterminée, s'il s'agit de dépenses ordinaires ou relatives au logement, la portion de dépense que ne peut supporter la fabrique est inscrite au budget de la commune, chapitre des dépenses ordinaires.

Cette subvention étant obligatoire pour la commune, le préfet peut l'inscrire d'office au budget communal, si le conseil municipal refusait de la voter ou le refusait sans motifs légitimes. (L. 18 juillet 1837, art. 39.)

Le montant de la subvention est versé par douzième à la fin de chaque mois, ou par quart à la fin de chaque trimestre, et sur mandat du maire entre les mains du trésorier de la fabrique, qui est chargé d'en justifier l'emploi. La quittance du trésorier doit être sur papier timbré. (I. G., art. 996 et 1008.)

Lorsqu'il s'agit de pourvoir aux grosses réparations ou à la reconstruction des édifices du culte et que la dépense ordinaire arrêtée par le budget de la fabrique ne laisse pas de fonds disponibles ou n'en laisse pas de suffisants pour ces travaux, le conseil de fabrique prend une délibération tendant à ce qu'il y soit pourvu par la commune. Cette délibération est envoyée au préfet. (D. 30 décembre 1809, art. 94.)

Le préfet nomme les gens de l'art par lesquels, en présence de l'un des membres du conseil municipal et de l'un des marguilliers, il est dressé un devis estimatif des réparations. Le préfet soumet ce devis au conseil municipal et, sur son avis, ordonne, s'il y a lieu, que ces réparations soient faites aux frais de la commune, et, en conséquence, qu'il soit procédé par le conseil municipal, en la forme accoutumée, à l'adjudication au rabais. (Id., art. 95.)

La commune est, toutefois, toujours libre de prendre l'initiative des réparations à faire en remplissant les formalités prescrites pour tous les travaux communaux.

Le crédit voté pour grosses réparations doit être inscrit au budget communal au chapitre des dépenses extraordinaires.

Les allocations qui sont accordées aux fabriques d'églises pour acquisitions, constructions et grosses réparations, sont ordonnancées, comme les autres dépenses extraordinaires des communes, au profit et au nom des créanciers eux-mêmes, à moins, toutefois, que les fabriques ne supportent la plus forte partie de la dépense, auquel cas les fonds de subvention sont centralisés, avec les autres ressources destinées à la dépense, dans la caisse du trésorier. (I. G., art. 996. — *Mém.* 1848, p. 134, et 1858, p. 149.)

Quand une commune a été autorisée à faire à son église des travaux auxquels la fabrique doit concourir, et que, la part de celle-ci dans les dépense étant la plus faible, son contingent a dû être versé dans la caisse municipale, le receveur qui a réalisé le contingent de la fabrique n'a pas droit à des remises sur la recette de ce contingent.

En principe, les communes ou sections de communes réunies pour le culte sont tenues, à défaut des ressources de la fabrique, de concourir, soit aux subventions nécessaires pour couvrir les dépenses ordinaires du culte, soit aux charges extraordinaires relatives aux édifices paroissiaux, sans distinguer si ces édifices appartiennent exclusivement ou non à l'une d'elles. Aux termes de la loi du 14 février 1810, la répartition de ces dépenses entre les communes doit avoir lieu au marc le franc de la contribution mobilière et personnelle payée par chacune d'elles, s'il s'agit des frais de célébration du culte ou de réparations d'entretien, et au marc le franc des contributions foncière et mobilière, s'il s'agit de grosses réparations ou reconstructions. — *Mém.* 1858, p. 175; 1860, p. 211.

Quand une commune se compose de plusieurs sections formant autant de paroisses distinctes ou réunies pour le culte à d'autres communes, elle est tenue, en cas d'insuffisance des ressources des fabriques, de pourvoir aux frais du culte dans chacune des paroisses. — *Mém.* 1862, p. 304.

Si les ressources de la commune sont insuffisantes pour subvenir aux dépenses de réparations ou reconstructions dûment constatées, il y est pourvu par une imposition extraordinaire établie dans les formes et les limites déterminées par la loi. — Voy. Impositions communales.

L'imposition qui peut être nécessaire pour acquitter le contingent d'une section coparoissiale doit porter sur l'ensemble de la commune. — *Mém.* 1860, p. 298.

Quant à la distribution des contingents communaux entre les contribuables, il est procédé suivant le mode usité pour la perception des centimes additionnels affectés aux dépenses communales, c'est-à-dire que le montant des contingents doit être payé par les redevables proportionnellement au principal des quatre contributions directes. — *Mém.* 1860, p. 298.

Les propriétaires forains doivent, comme les propriétaires résidants, être compris aux rôles des impositions extraordinaires destinées à couvrir les dépenses du culte. (Arrêt du cons. d'État, 27 janvier 1859. — *Mém.*, p. 203.)

Enfin, dans le cas où il est reconnu que les habitants d'une paroisse sont dans l'impuissance de fournir aux réparations ou reconstructions des édifices du culte, même par contribution extraordinaire, la commune peut se pourvoir auprès du ministre des cultes, afin d'obtenir un secours sur le crédit spécial ouvert au budget de l'État pour cette destination. (D. 30 décembre 1809, art. 100.) — Voy. SUBVENTIONS.

Le conseil municipal est toujours appelé à donner son avis sur les autorisations d'emprunter, d'acquérir, d'échanger, d'aliéner, de plaider ou de transiger, demandées par les fabriques, ainsi que sur les budgets et les comptes desdites fabriques, lorsqu'elles reçoivent des secours sur les fonds communaux. (L. 18 juillet 1837, art. 21.) — Voy. ANNEXE, CHAPELLE, CIMETIÈRE, CURÉS ET DESSERVANTS, ÉGLISES, INDEMNITÉ DE LOGEMENT, PRESBYTÈRES, SUCCURSALES, VICAIRES.

Factures. — Voy. MÉMOIRES ET FACTURES.

Faillite. — En principe, la patente est due pour l'année entière par tous les individus exerçant au mois de janvier une profession imposable; mais il y a exception à cette règle en cas de fermeture des magasins, boutiques et ateliers par suite de décès ou de faillite déclarée; les droits de patente ne sont dus, dans ce cas, que pour le passé et le mois courant. (L. 25 avril 1844, art. 23; I. G., art. 9.)

Le percepteur doit, néanmoins, exiger le payement de la totalité de la cote, sauf aux parties intéressées à réclamer la décharge des douzièmes afférents aux mois qui ont suivi celui de la déclaration de la faillite. — *Mém.* 1857, p. 282; 1861, p. 214.

Pour obtenir le payement de l'impôt, le percepteur n'est pas tenu de suivre les formalités prescrites aux créanciers ordinaires pour la vérification et l'affirmation des créances; il a le droit, en vertu du privilége du Trésor, d'exiger le payement de la contribution par préférence sur les premiers fonds réalisés. — *Mém.* 1857, p. 283; 1858, p. 273.

Toutefois, le privilége du Trésor ne pourrait être exercé contre les syndics d'une faillite pour une cote de patente postérieure à l'année de la déclaration de la faillite et dont le failli et les syndics auraient omis de réclamer la décharge dans les trois mois de l'émission des rôles. — *Mém.* 1856, p. 236 et 309.

Lorsqu'un immeuble tombé dans l'actif d'une faillite est improductif et que la faillite ne possède aucune somme provenant des fruits ou récoltes de l'immeuble, le percepteur ne peut invoquer le privilége du Trésor à l'appui de sa demande en payement de l'impôt foncier. N'ayant, dans cette situation, que la qualité de créancier ordinaire, il n'a d'autre marche à suivre que celle tracée par les articles 491 et suivants du Code de commerce; il doit déclarer et affirmer, dans les délais prescrits, la créance du Trésor, afin d'être compris ultérieurement dans la répartition de l'actif au marc le franc des créances vérifiées et sauf à solliciter ensuite l'allocation en non-valeur du reliquat de la cote dont il serait resté à découvert. — *Mém.* 1861, p. 89. — Voy. DEGRÈVEMENTS, PRIVILÉGE DU TRÉSOR.

Faits graves. — Voy. DÉFICIT, DÉTOURNEMENT, SUSPENSION.

Fausse monnaie. — Voy. MONNAIE.

Femme dotale. Femme séparée de corps ou de biens. — Lorsqu'un immeuble cédé pour cause d'utilité publique appartient en propre à une femme mariée et que le contrat de cession ne s'explique pas d'une manière précise à l'égard des conventions matrimoniales qui régissent les intérêts des époux, le devoir du comptable chargé du payement est de se faire représenter le contrat qui règle ces conventions, afin de savoir s'il n'y aurait pas lieu d'exiger le remploi des deniers, ou un certificat de l'autorité qui a passé le contrat de vente attestant, sur la déclaration des époux, que ces derniers se sont mariés sans contrat de mariage. (Circ. compt. gén., 25 mai 1852. — *Mém.* 1852, p. 137; 1854, p. 153.)

Toutefois, pour les sommes au-dessous de 150 francs, on doit s'abstenir de demander la production du contrat de mariage, et, lors même que les femmes sont mariées sous le régime dotal, le payement peut être fait sans justification de remploi. (Circ. compt. gén., 31 décembre 1862. — *Mém.* 1863, p. 74.) — Voy. ACQUISITION, EXPROPRIATION

La femme séparée de son mari est considérée comme jouissant de ses droits et doit être imposée en son nom à la contribution personnelle et mobilière. (L. 21 avril 1832, art. 12.)

Lorsque les époux sont seulement séparés de biens et continuent à vivre ensemble, l'imposition personnelle et mobilière doit être inscrite au nom du mari, même alors que le mobilier appartiendrait à la femme, soit qu'elle l'eût acheté de ses deniers, soit qu'elle l'eût repris en vertu de son contrat de mariage. Néanmoins, la femme séparée de biens par justice, de même que celle qui a été mariée sous le régime de la séparation de biens, est obligée de contribuer aux charges du ménage (art. 1448 du Code Napoléon), au nombre desquelles doit certainement être rangée la contribution personnelle et mobilière; elle ne saurait donc, en cas de non-payement des douzièmes échus, soustraire son mobilier à l'action du percepteur sous prétexte qu'elle en est seule propriétaire. — *Mém.* 1862, p. 330. — Voy. CONTRIBUTIONS DIRECTES, PRIVILÉGE DU TRÉSOR.

Fermages et loyers. — Voy. BAUX, REVENUS EN NATURE.

Fermiers des biens communaux et hospitaliers. — Il est d'usage dans un grand nombre de communes et d'établissements de bienfaisance propriétaires d'immeubles affermés de mettre, par les baux, les contributions foncières à la charge des fermiers. Mais il arrive souvent que les receveurs acquittent directement l'impôt, soit parce qu'ils n'exercent pas la faculté accordée par l'article 81 de l'Instruction générale de faire des délégations de contributions sur les fermiers, soit parce que le nombre des substitutions de cette nature dépasserait celui de 3 ou 4 fixé comme maximum audit article. Les receveurs se font alors rembourser par les fermiers la portion d'impôts qui a été acquittée en leur nom.

Cette double opération, qui concerne des recettes et des dépenses en quelque sorte fictives, constitue, par ce motif, une opération hors budget. Elle doit être constatée au livre des comptes divers des percepteurs receveurs ou au grand-livre des receveurs spéciaux à un compte intitulé : « Avances à divers, » et comprise dans la troisième partie du compte de gestion. (Circ. int., 16 juillet 1855 ; I. G., art. 1497. — *Mém.* 1856, p. 118.)

L'insertion dans les baux de la clause ci-dessus a souvent pour effet de dissimuler dans les comptes de la commune et de soustraire au contrôle de l'autorité compétente la recette de la portion du fermage que représente le montant des contributions et la dépense relative au payement de ces contributions, ce qui est contraire aux principes de la comptabilité et prive indûment le receveur de ses remises sur cette double opération. Pour obvier à ces inconvénients, sans interdire cependant une stipulation de droit commun, il convient que le receveur fasse d'abord recette au compte de la commune de la portion du fermage correspondant au total des contributions, et s'en charge ensuite en recette, à titre de contributions, au moyen d'un mandat délivré comme pour toute autre dépense communale. Voy. Avances, Baux, Contributions a la charge des communes, Remises.

Fermiers de services communaux. — Voy. Droits des pauvres, Location de places, Octroi, Péage, Pesage, etc.

Fermiers et locataires. — Les fermiers et locataires sont tenus, sur la demande qui leur en est faite par le percepteur, de payer à l'acquit des propriétaires ou usufruitiers la contribution des biens qu'ils tiennent à ferme ou à loyer, et, en cas de retard ou de refus de payement, ils peuvent être poursuivis comme les propriétaires eux-mêmes.

Les propriétaires ou usufruitiers sont tenus, de leur côté, de recevoir les quittances du montant de ces contributions à valoir sur le prix des fermages et loyers, à moins que les fermiers ou locataires n'en soient chargés par leur bail. (L. 3 frimaire an vii, art. 147 ; 12 novembre 1808, art. 2 ; I. G., art. 80.)

Le fermier qui a payé par anticipation le prix de son bail reste néanmoins soumis au payement de la contribution. — *Mém.* 1843, p. 216.

Les propriétaires peuvent être admis à faire des délégations de contributions sur leurs fermiers pour les cotes foncières assises sur les biens qu'ils possèdent dans une même commune. (I. G., art. 81.)

Toutefois, soit que le percepteur s'adresse aux fermiers ou locataires pour le recouvrement de l'impôt, soit que les propriétaires aient fait des délégations de contributions sur leurs fermiers, le Trésor conserve ses droits contre les propriétaires, et, en cas de poursuites, c'est contre ces derniers qu'elles doivent être de préférence exercées. — *Mém.* 1834, p. 131; 1838, p. 50; 1839, p. 212; 1855, p. 77. — Voy. Délégation de contributions, Poursuites, Recouvrement, Rôles auxiliaires.

Fêtes publiques. — Lorsque les budgets communaux comprennent un crédit spécial destiné aux dépenses occasionnées par les fêtes publiques, les maires peuvent disposer de ce crédit sans autre autorisation.

Les dépenses relatives aux réjouissances publiques sont payées sur les mandats du maire, appuyés des traités passés entre l'administration et les entrepreneurs, des mémoires ou factures des fournitures, réglés et arrêtés par le maire, des états de journées arrêtés par le maire et émargés par les parties prenantes, enfin de toutes autres pièces nécessaires pour justifier de l'emploi des fonds.

Les distributions de secours en argent ont lieu d'après des états arrêtés par le conseil municipal et désignant nominativement les indigents qui doivent y prendre part. Ces états sont émargés par les parties prenantes; lorsqu'elles ne savent ou ne peuvent signer, deux témoins certifient que les secours accordés à tels et tels ont été payés en leur présence. L'état de distribution ainsi émargé est joint au mandat du maire.

Les quittances des indigents pour les secours qui leur sont accordés à ce titre sont exemptes du timbre. (I. G., art. 1009.) — Voy. Payement des dépenses communales, Secours.

Feu. — En matière d'affouage, on entend par *feu* un ménage séparé, l'état d'un chef de famille ou de maison ayant domicile réel et feu dans une commune. (C. F., art. 105.) — Voy. Affouage.

En matière d'adjudication publique, on appelle feux des bougies dont on se sert pour les enchères et qui sont préparées de manière à ce que chacune d'elles, étant allumée, ait une durée d'environ une minute. — Voy. Adjudication, Enchère.

Feuilles de passe-port à l'intérieur (Délivrance de). — Les receveurs municipaux sont chargés de prendre, au comptant, chez les receveurs de l'enregistrement, sous la déduction d'une remise de 3 p. 0/0, le nombre de formules de passe-port à l'intérieur qui leur est demandé par les maires.

Ils font cette avance sur les fonds provenant des recettes des communes, et en sont remboursés par les maires, qui leur tiennent compte du prix des formules à mesure de la délivrance des passe-ports.

Pour justifier le prélèvement des fonds momentanément affectés au service dont il s'agit, les receveurs municipaux doivent retirer des maires une reconnaissance constatant le nombre de feuilles de passe-port remises à ces fonctionnaires et la somme payée pour leur achat.

Ces reconnaissances sont classées dans la comptabilité des receveurs municipaux, à titre de valeurs, comme les pièces justificatives des avances pour frais de route des voyageurs indigents.

Il est recommandé aux percepteurs receveurs municipaux de se pourvoir exactement de formules de passe-port, et il leur est interdit de les remettre aux voyageurs sur leur simple demande.

Le montant des avances est porté au débit d'un compte ayant pour titre « Feuilles de passe-port à l'intérieur », et qui est ensuite crédité des remboursements faits par les maires. (I. G., art. 1496.)

En cas de remplacement du maire qui a reçu les feuilles de passe-port, sans qu'il en eût remboursé le prix, c'est au maire en exercice que le comptable doit s'adresser pour obtenir ce remboursement; en cas de refus de la part du maire, il devrait réclamer auprès du préfet, par l'intermédiaire du receveur des finances. — *Mém.* 1844, p. 350.

Dans les communes chefs-lieux de département ayant 40,000 habitants, où le préfet, aux termes de l'article 50 de la loi du 5 mai 1855, remplit les fonctions de préfet de police, les formules de passe-port à l'intérieur sont remises directement à cet administrateur par le receveur du timbre extraordinaire. (Note de l'article 1496 de l'Instruction générale.) — Voy. Avances.

Feuilles de signalement. — Les receveurs des finances fournissent annuellement, dans la forme du *modèle n°* 276, des feuilles de signalement de percepteurs.

Ces feuilles doivent présenter l'expression entière et complète de l'opinion des chefs de service sur leurs subordonnés, et cette opinion doit être dictée par une appréciation consciencieuse de la gestion de ceux-ci et des titres qu'ils peuvent avoir à la bienveillance de l'administration par leur zèle, leur intelligence et leur instruction. Leurs torts ou leur insuffisance doivent être signalés non moins fidèlement. Il doit aussi être fait soigneusement mention des changements survenus d'une année à l'autre dans la manière dont ils remplissent leurs fonctions. Enfin il est essentiel d'indiquer très-exactement la date de leur naissance, leur situation de fortune et leurs charges de famille.

Les receveurs particuliers adressent au receveur général, dans les premiers jours du mois de janvier, les feuilles qui concernent les percepteurs de leur arrondissement respectif; le receveur général, après les avoir contrôlées et visées, y réunit les feuilles relatives aux percepteurs de l'arrondissement du chef-lieu, et il en fait l'envoi au ministre (direction du personnel).

Des feuilles de signalement distinctes doivent être établies pour les receveurs municipaux spéciaux (*modèle n°* 277); elles sont formées à la date du 30 juin de chaque année, et transmises à la direction du personnel dans la première quinzaine du mois de juillet. (I. G., art. 1352.)

D'après les renseignements fournis, tous les trimestres, par les receveurs particuliers sur les opérations auxquelles les percepteurs surnuméraires ont été employés pendant le trimestre expiré, sur la manière dont ils s'en sont acquittés, sur leur conduite, leur application et leurs progrès, il est dressé, à la recette générale, une feuille de signalement conforme au *modèle n°* 251, qui doit être adressée au ministère des finances dans les premiers jours de chaque semestre, en deux expéditions : l'une à la direction du personnel, l'autre à la direction de la comptabilité générale. (I. G., art. 1216.) — Voy. PERCEPTEURS, PERCEPTEURS SURNUMÉRAIRES.

Finances. — Voy. MINISTÈRE DES FINANCES.

Foires et marchés. — Voy. LOCATION DE PLACES.

Folle enchère. — C'est l'enchère qui a été faite par un adjudicataire obligé de renoncer à son adjudication ou qui en est déchu.

Dans les adjudications de coupes de bois, par exemple, le fol enchérisseur étant tenu au payement de la différence qui existerait en moins entre le prix de son adjudication et celui de la vente faite au nouvel adjudicataire, le montant de cette différence est exigible, tant en vertu du premier procès-verbal constatant le produit primitif de la vente qu'en vertu du nouveau procès-verbal qui constate que la seconde vente a été faite par suite de folle enchère.

Les extraits des deux procès-verbaux réunis servent donc de titres de perception pour la somme à exiger du fol enchérisseur, et ils doivent être produits l'un et l'autre à l'appui du compte du receveur qui fait l'encaissement. (I. G., art. 328.) — Voy. ADJUDICATION, COUPES DE BOIS, ENCHÈRES.

Foncière. — Voy. CONTRIBUTIONS DIRECTES.

Fonctionnaires publics. — Aux termes des articles 21 et 22 de la loi du 21 avril 1832, rappelés par l'article 63 de l'Instruction générale, la contribution personnelle et mobilière étant établie pour l'année entière est exigible en totalité du contribuable dont le nom est inscrit sur les rôles, lorsqu'il abandonne dans le courant de l'année le local qui a servi de base à l'établissement de la cote.

Il a été reconnu qu'un assez grand nombre de fonctionnaires figuraient sur les contraintes extérieures délivrées chaque année contre des contribuables de cette catégorie qui, appelés à un autre poste, sont partis sans avoir acquitté leurs impôts. Pour éviter, autant que possible, les formalités qu'entraîne ce mode de recouvrement en ce qui concerne les fonctionnaires publics, le ministre des finances, par une circulaire en date du 3 mai 1861 (*Mém.*, p. 115), a invité les préfets à adresser aux différents chefs de service de leur département la recommandation de rappeler, s'il y a lieu, à leurs subordonnés l'obligation qui leur est imposée par l'article 22 de la loi du 21 avril 1832 d'acquitter, en cas de déménagement hors du ressort de la perception, la totalité de leur contribution personnelle et mobilière de l'année.

L'administration a pensé, toutefois, qu'il y avait lieu de tempérer la rigueur de cette règle en ce qui concerne les hauts fonctionnaires logés dans les bâtiments appartenant à l'Etat. Il a été décidé par exception, à l'égard de ces fonctionnaires, qu'en cas de mutation dans le courant de l'année, rien ne s'opposerait à ce que le payement de l'impôt fût divisé de manière à ne laisser à la charge du fonctionnaire sortant qu'une part proportionnelle à son temps d'exercice, le reste devant être acquitté par son successeur. Mais la responsabilité du payement n'est pas pour cela déplacée ni partagée. Le fonctionnaire inscrit au rôle reste seul responsable de la totalité de la contribution, et c'est à lui que le percepteur aurait à s'adresser en cas de non-payement par le successeur. Les percepteurs doivent donc s'abstenir, dans le cas dont il s'agit, de soulever, par une application trop rigoureuse et trop absolue de la loi de 1832, des réclamations qu'il importe de prévénir. (Circ. compt. gén., 15 novembre 1861. — *Mém.*, p. 329) — Voy. Agents du Gouvernement, Contraintes extérieures, Contributions directes, Déménagements, Recouvrement.

Fondation. — On entend par ce mot une libéralité entre-vifs ou testamentaire en faveur d'un établissement public, à charge de services civils ou religieux.

Les fondations peuvent avoir pour objet, par exemple, la création d'un hospice ou seulement de lits nouveaux dans un établissement existant, la distribution d'aumônes aux habitants pauvres, la création de bourses dans un établissement d'instruction, etc.

L'acceptation des fondations est autorisée suivant les règles déterminées pour l'acceptation des dons et legs.

Aux termes des lois, décrets et arrêtés des 18 août 1792, 1er mai 1793, 27 prairial an IX et 12 juillet 1807, tous les biens affectés à l'acquit des fondations relatives à des services de bienfaisance et de charité qui ont apppartenu à des congrégations supprimées en 1792, même ceux affectés à la nourriture et au logement des sœurs hospitalières ou filles de charité, doivent être remis aux hospices ou aux bureaux de bienfaisance. L'administration n'en peut être retenue par les établissements religieux, même légalement rétablis. (Arrêt du cons. d'État, 20 mai 1843. — *Mém.*, p. 179.)

La volonté du fondateur doit être respectée quant à la destination qu'il a assignée à sa fondation, et ses héritiers ont le droit de veiller à ce qu'elle s'accomplisse. Cependant lorsque le cours des temps a rendu absolument sans objet la destination spéciale d'une fondation charitable, les héritiers ne sauraient vouloir que les revenus restent inactifs et stériles ; le Gouvernement peut, dans ce cas, assigner à ces revenus un autre emploi profitable à la classe pauvre. (Arrêt du cons. d'État, 15 décembre 1849. — *Mém.* 1850, p. 222.)

La perte du capital affecté par le donateur ou le testateur à une fondation charitable ne dispense pas de l'exécution de cette fondation (Décis. min. — *Mém.* 1858, p. 91.)

Il arrive souvent que des cures ou des fabriques sont instituées légataires directes de rentes dont les arrérages ont une destination d'intérêt charitable ou communal. Dans ce cas, conformément à l'avis du conseil d'État du 4 mars 1841, l'établissement institué et l'établissement bénéficiaire doivent intervenir dans l'acte d'acceptation. Quant à l'administration du legs, elle appartient, en droit strict, à l'établissement directement institué; c'est à lui qu'il appartient de percevoir les arrérages de la rente, à charge de les reverser dans la caisse de l'établissement bénéficiaire. Mais, d'un autre côté, les deux établissements ont évidemment un égal intérêt à éviter cette double opération de comptabilité, et il est à désirer, dès lors, qu'ils s'entendent à l'amiable pour que le revenu du legs arrive le plus directement possible à sa destination. (Décis. min. de l'int. 1857. — *Mém.* 1858, p. 206.) — Voy. Legs et donations.

Fondés de pouvoir. — On appelle fondé de pouvoir celui qui a reçu un mandat ou procuration lui donnant le pouvoir de faire quelque chose pour le mandant et en son nom. (C. N., art. 1984.)

Fondés de pouvoir des receveurs des finances. — Les receveurs généraux sont autorisés à avoir des fondés de pouvoir permanents qui doivent être agréés par le préfet. Ils accréditent, par une circulaire, la signature de ces fondés de pouvoir auprès de la Cour des comptes et des différentes administrations avec lesquelles ils sont en relation.

Un receveur général peut avoir simultanément deux fondés de pouvoir, sous la condition que, s'ils sont autorisés à signer séparément, ils soient investis de pouvoirs parfaitement égaux, et qu'ils engagent le comptable uniformément, sans distinction d'attributions ou de circonstances éventuelles. Le nombre des mandataires peut être exceptionnellement porté à trois. Mais, alors, deux de ces mandataires doivent toujours signer ensemble et non séparément, et avoir des attributions entièrement égales à celles de l'autre fondé de pouvoir. (I. G., art. 1393.)

Dans le cas d'absence dûment autorisée, comme en cas d'empêchement légitime, les receveurs particuliers peuvent se faire représenter par un fondé de pouvoir agréé par le receveur général et par le sous-préfet. Ils doivent faire connaître au ministère le nom de ce fondé de pouvoir. (Id., art. 1360.)

En cas d'empêchement, les receveurs particuliers peuvent se faire remplacer par leur fondé de pouvoir pour les vérifications au domicile des comptables placés sous leur surveillance; mais ils doivent, chaque fois qu'ils sont obligés d'user de cette faculté, en rendre compte au ministre, qui apprécie leurs motifs d'empêchement. (I. G., art. 1306.) — Voy. Vérifications.

Fondés de pouvoir des percepteurs et des receveurs spéciaux. — Les percepteurs et les receveurs spéciaux sont tenus d'exercer personnellement leurs fonctions, et ne peuvent se faire représenter par un fondé de pouvoir que temporairement et dans le cas d'absence autorisée, de maladie ou d'autre empêchement légitime ; le fondé de pouvoir doit être agréé par le receveur des finances et accrédité auprès des maires par le sous-préfet (I. G., art. 1268.)

Toute demande de congé doit, en conséquence, énoncer le nom et la qualité du fondé de pouvoir que le comptable a choisi. (Id., art. 1257.)

Dans les villes où le bureau du percepteur est ouvert tous les jours de la semaine sans interruption, le comptable peut déléguer des pouvoirs permanents à l'un de ses commis, mais à la condition expresse de n'en faire usage que s'il y a, de la part du titulaire, empêchement légitime ou absence autorisée. Toute infraction à cette règle rend le comptable passible de la peine portée contre les percepteurs absents sans congé. (Id., art. 1269.)

Le percepteur appelé à une autre résidence, ou le percepteur surnuméraire nommé percepteur qui se trouverait empêché de se rendre à son poste avant l'expiration du délai d'un mois à compter du jour où sa nomination lui a été notifiée, devrait constituer un fondé de pouvoir auquel le service serait remis sur la production des justifications indiquées aux articles 1234 et 1235 de l'Instruction générale; le fondé de pouvoir gère pour le compte et sous la responsabilité du titulaire. L'installation une fois opérée, celui-ci doit solliciter un congé.

Le percepteur qui, dans le cas spécifié, est embarrassé pour le choix d'un fondé de pouvoir, peut transmettre au receveur de l'arrondissement une procuration en blanc avec prière de la remplir du nom d'un percepteur surnuméraire ou d'un employé de la recette particulière.

La faculté de constituer un fondé de pouvoir ne s'applique pas aux titulaires de perceptions récemment nommés ; s'ils ne se présentent pas personnellement au jour indiqué pour l'installation, le service est confié à un gérant intérimaire. (I. G., art. 1237.)

Les percepteurs surnuméraires ne peuvent être choisis comme fondés de pouvoir permanent des percepteurs ; mais il n'y a aucun empêchement à ce qu'ils acceptent, avec l'assentiment du receveur des finances, les fonctions de fondé de pouvoir temporaire. — *Mém.* 1847, p. 190.

La femme d'un percepteur ne pourrait être agréée comme fondée de pouvoir de son mari. — *Mém.* 1862, p. 55.

Un comptable public peut donner sa procuration à un mineur émancipé, sauf l'assentiment prescrit par l'Instruction générale pour les fondés de pouvoir. — *Mém.* 1862, p. 215.

En cas de contestation entre un percepteur qui s'est absenté en vertu d'un congé et son fondé de pouvoir, et relative à la fixation du chiffre des émoluments de ce dernier, c'est aux tribunaux ordinaires seuls qu'il appartiendrait de prononcer. — *Mém.* 1838, p. 318. — Voy. ABSENCE, COMMIS, CONGÉ, INSTALLATION, PERCEPTEURS SURNUMÉRAIRES.

Fonds (Garde des). — Voy. CAISSE, DENIERS PUBLICS, ENVOI DE FONDS, VOL DE FONDS.

Fonds commun des amendes de police correctionnelle. — Les amendes de police correctionnelle sont recouvrées par les receveurs de l'enregistrement et des domaines; mais le produit en est centralisé aux caisses des receveurs généraux, pour former un fonds commun dont les préfets disposent :

1° Pour le remboursement des frais de poursuites tombés en non-valeurs, soit en matière de police correctionnelle, soit en matière de simple police;

2° Pour le payement des droits dus aux greffiers des tribunaux pour les relevés des jugements portant condamnation d'amendes;

3° Pour le service des enfants assistés, jusqu'à concurrence du tiers du produit excédant lesdits frais;

4° Et jusqu'à concurrence d'un autre tiers, pour les dépenses des communes qui éprouvent le plus de besoins.

Le troisième tiers est réservé pour le payement du prix d'abonnement du *Moniteur* envoyé aux maires des communes chefs-lieux de canton.

En conséquence, le montant des amendes recouvrées pendant chaque année est versé, au commencement de l'année suivante, dans la caisse de la recette générale de chaque département, d'après les ordonnances de délégation du ministre des finances, et en vertu de mandats du directeur des domaines, délivrés au nom du receveur général sur la caisse du receveur de l'enregistrement du chef-lieu du département. (O. 30 décembre 1853; I. G., art. 627.) — Voy. AMENDES, ENFANTS ASSISTÉS, MONITEUR.

Fonds de non-valeurs. — Le fonds de non-valeurs mis à la disposition du ministre des finances pour remises et modérations sur contributions directes se compose de centimes ajoutés au principal des quatre contributions directes et au montant des impositions départementales et communales, au nombre de : 8 dixièmes de cent. par fr. sur la contribution foncière et sur la contribution personnelle-mobilière; 2 cent. 4 dixièmes sur la contribution des portes et fenêtres; 5 cent. sur la contribution des patentes; 5 cent. sur le principal de la contribution sur les chevaux et voitures de luxe.

Sont imputables sur le fonds de non-valeurs :

1° Les remises et modérations accordées sur les contributions foncière, personnelle-mobilière et des portes et fenêtres, pour pertes extraordinaires de revenus ou de facultés provenant de grêle, incendies, inondations et autres sinistres, ou pour cause d'insolvabilité dûment constatée des contribuables, soit sur la demande formée par les intéressés eux-mêmes, soit sur états collectifs de pertes dressés par des commissaires nommés *ad hoc* et par les contrôleurs des contributions directes, soit, enfin, sur états de cotes irrecouvrables présentés par les percepteurs;

2° Les remises et modérations accordées sur les contributions foncière et des portes et fenêtres, pour vacances de maisons destinées à la location et pour chômage prolongé d'usines, lorsque ces faits sont indépendants de la volonté des propriétaires;

3° Les décharges et réductions, remises et modérations dues pour imposition prématurée ou surévaluation de propriétés nouvellement imposées, pour démolition ou destruction de propriétés bâties, et, en général, pour perte de matière imposable;

(Le fonds spécial qui avait été créé, à partir de 1846, pour couvrir les dégrèvements accordés pour propriétés démolies et pour constructions nouvelles surévaluées ou imposées avant le temps, a été supprimé à partir de 1863.)

4° Les décharges et réductions, remises et modérations accordées sur la contribution des patentes;

5° Les décharges et réductions, frais d'assiette et frais de confection des rôles et avertissements concernant la contribution sur les chevaux et voitures;

6° Enfin, les dégrèvements accordés d'une manière spéciale sur les impositions départementales et communales, lorsque, n'ayant pu être comprises dans les rôles généraux, elles ont fait l'objet de rôles particuliers.

Un tiers du produit des centimes imposés pour fonds de non-valeurs sur les contributions foncière, personnelle-mobilière et des portes et fenêtres est mis, au commencement de chaque année, à la disposition des préfets. Le ministre des finances y ajoute sur les deux tiers restant, successivement et au fur et à mesure des besoins constatés, les sommes nécessaires à chaque département. Les crédits demandés sont ordonnancés mensuellement, afin de prévenir tout retard dans l'expédition des ordonnances de dégrèvement. (Arrêté du Gouvernement, 24 floréal an VIII; L. 25 avril 1844, art. 32, et 8 juillet 1852, art. 14; Circ. admin. des cont. dir., 12 août 1862.) — Voy. ORDONNANCES DE DÉGRÈVEMENT, RÉCLAMATIONS.

Fonds déposés au Trésor sans intérêts. — Les communes, les hospices, les monts-de-piété, les fabriques d'églises, les sociétés de charité maternelle et les établissements publics, ainsi que les associations syndicales, dont le service et la comptabilité sont placés sous la surveillance des receveurs des finances, sont seuls admis à placer leurs fonds au Trésor *avec intérêts*. (I. G., art. 756.)

Les divers établissements autres que ceux qui sont spécifies ci-dessus ne peuvent placer leurs fonds au Trésor qu'à titre de fonds déposés *sans intérêts*.

Aucun établissement ne peut jouir de cette faculté de dépôt s'il n'y a été autorisé par une décision spéciale du ministre des finances ; les demandes d'autorisation doivent parvenir au ministère par l'entremise du préfet du département, qui y joint son avis. (I. G., art. 775.)

Les fonds sont versés aux caisses des receveurs particuliers des finances qui en tiennent le compte par établissement.

Il est interdit à ces comptables de recevoir des versements de la part d'établissements qui n'auraient pas été autorisés à déposer leurs fonds au Trésor. (Id., art. 776.)

Les remboursements de fonds déposés sont soumis aux règles tracées pour les remboursements effectués sur les placements de fonds avec intérêts. Le *modèle* de mandat de remboursement est donné *sous le n°* 211. (Id., art. 777.)

Les établissements publics ont, au reste, la faculté de déposer à la caisse des dépôts et consignations leurs excédants de recette disponibles. (Id., art. 778.) — Voy. CAISSE DES DÉPÔTS, PLACEMENTS AU TRÉSOR.

Fonds de retraites. — Voy. CAISSE DES DÉPÔTS, PENSIONS, RETENUES POUR PENSIONS.

Fonds de secours. — Voy. SECOURS.

Fonds de subvention. — On désigne ainsi les fonds que certains comptables sont appelés à verser à d'autres comptables pour satisfaire au payement des dépenses publiques.

Fonds de subvention à fournir par les percepteurs aux receveurs des revenus indirects. — Lorsque les receveurs des revenus indirects se trouvent hors d'état de satisfaire à des payements avec le produit de leurs recettes, ils sont autorisés à demander aux receveurs des finances des fonds de subvention.

Toutefois, ces fonds ne peuvent être fournis aux receveurs des douanes et des contributions indirectes que jusqu'à concurrence des crédits ouverts à chaque service, d'après les lettres d'avis que le directeur du mouvement général des fonds adresse aux receveurs généraux.

Les fonds de subvention à réclamer par les receveurs de l'enregistrement, ne pouvant avoir généralement pour objet que les frais à payer d'urgence en matière de police correctionnelle ou criminelle, et, accidentellement, des restitutions de droits indûment perçus, peuvent être fournis par les receveurs des finances, sans crédit préalable, lorsque les recettes de l'enregistrement sont insuffisantes pour y subvenir; mais les receveurs doivent exiger que la demande écrite et motivée leur en soit faite spécialement par le directeur de l'enregistrement.

Les subventions à fournir aux directeurs des postes n'exigent de crédits préalables que quand il s'agit de dépenses autres que les payements de mandats dits d'articles d'argent. (I. G., art. 652.)

Lorsque des receveurs de revenus indirects autres que les directeurs des postes ont besoin de fonds de subvention, le directeur départemental en fait la demande sur un imprimé (*modèle n°* 167) qui comprend la formule de cette demande avec celle d'un récépissé et de son talon. La demande est présentée par le comptable qui doit toucher les fonds à celui qui doit les lui remettre, quand ils sont tous deux dans la même résidence; s'il en est autrement, elle est détachée de la formule et adressée au comptable chargé de fournir les fonds, lesquels doivent être expédiés sans retard. Dès qu'ils sont parvenus à destination, le comptable qui les a reçus en souscrit et en envoie son récépissé. Cette pièce et la demande de fonds sont produites par le receveur général à l'appui de sa comptabilité. (Id., art. 653.)

Les demandes de fonds de subvention des préposés des postes sont faites directement par les comptables qui ont besoin des fonds. Ils emploient à cet effet une formule (*modèle n°* 169) qui comprend également le récépissé.

Ces demandes exigent, en outre, des formalités particulières qui sont indiquées ci-après :

Le directeur des postes qui a besoin de fonds de subvention pour le payement de mandats d'articles d'argent établit un bordereau détaillé et justificatif des dépenses pour le payement desquelles ces fonds sont nécessaires. Il présente ce bordereau, avec sa demande de fonds, au receveur des finances ou au percepteur, qui, après avoir constaté au pied du bordereau le versement qu'il a effectué, rend cette dernière pièce au directeur des postes, qui la conserve pour la représenter au besoin.

Aucune demande de fonds de subvention ayant pour objet des dépenses autres que les payements de mandats d'articles d'argent ne peut être faite sans une autorisation spéciale de l'administration. En conséquence, le directeur des postes est tenu de joindre aux demandes de l'espèce, outre l'état détaillé dont il vient d'être parlé, la lettre d'avis qui lui a été délivrée. Afin de prévenir tout double emploi, les receveurs des finances doivent revêtir ces lettres d'avis d'un visa et y indiquer les sommes remises.

Le comptable qui a fourni des fonds de subvention à un directeur des postes détache lui-même le talon du récépissé (*modèle n°* 169) et l'adresse immédiatement à l'inspecteur des postes du département, à qui les pièces de l'espèce sont nécessaires pour l'exercice de sa surveillance ; ce chef de service demeure chargé de les transmettre à la direction de la comptabilité générale. (I. G., art. 654.)

Les receveurs des douanes et des contributions indirectes et les directeurs des postes qui ont besoin de fonds de subvention doivent, de préférence, les demander, les premiers, à leurs collègues de l'une ou l'autre administration, pourvu qu'il n'en doive pas résulter un accroissement de frais pour le Trésor, et les directeurs des postes, aux receveurs des administrations financières de leur résidence ; ils n'ont recours aux percepteurs ou aux receveurs des finances que lorsque les autres comptables ont constaté, par un certificat qu'ils sont tenus de leur remettre, l'impossibilité où ils sont de satisfaire à leurs demandes. Les directeurs des postes des chefs-lieux d'arrondissement doivent, en outre, prélever les fonds dont ils ont besoin sur ceux qui leur sont envoyés par leurs collègues de l'arrondissement pour être versés à la recette des finances. (I.G., art. 655.)

Dans le cas où les directeurs des postes ne peuvent se procurer des fonds de subvention dans les caisses des comptables de leur résidence, ils doivent s'adresser à leur collègue du bureau situé au chef-lieu de canton ou au chef-lieu d'arrondissement. Ce dernier leur sert d'intermédiaire pour réclamer ces fonds d'abord aux receveurs des administrations financières de sa localité, et, à défaut de ceux-ci, au percepteur du chef-lieu de canton ou au receveur des finances du chef-lieu d'arrondissement. (Décis. min. des fin. — *Mém.* 1862, p. 113.)

Les receveurs des administrations financières qui ont fourni des fonds de subvention en conservent les récépissés à l'appui de leur comptabilité, et n'ont pas, dès lors, à les comprendre dans leurs versements aux receveurs des finances. (I. G., art. 656.)

D'après les productions exigées pour la justification des versements de fonds de subvention aux receveurs des contributions indirectes, ces derniers receveurs n'ont point à fournir, en ce qui concerne ce service, les quittances à souche dont l'emploi leur est prescrit pour les autres recettes qu'ils effectuent. (Id., art. 657.)

Fonds de subvention à envoyer aux percepteurs. — Les receveurs généraux et les receveurs particuliers peuvent avoir, pour assurer le service de la dépense, à faire parvenir des fonds de subvention aux percepteurs dont les recettes sont insuffisantes. Ces envois donnent lieu aux opérations suivantes de la part des receveurs des finances.

Les receveurs particuliers portent les sommes qui sont envoyées au débit d'un compte collectif qu'ils ouvrent aux percepteurs à qui les envois sont faits ; ils créditent ce compte du montant des pièces acquittées lorsqu'elles leur sont remises, ainsi que les fonds non employés qui leur sont rendus, et ils en délivrent récépissé.

Les receveurs généraux font usage du même compte pour l'arrondissement du chef-lieu, et, en outre, afin de centraliser dans leurs écritures les opérations des arrondissements, ils le débitent des envois constatés par les receveurs particuliers, au crédit d'un compte collectif qu'ils leur ouvrent pour cet objet. Ce dernier compte est débité au crédit du premier pour la rentrée des pièces justificatives de l'emploi des fonds dans les arrondissements de sous-préfecture. (I. G., art. 1128.)

Les percepteurs qui, dans le cas prévu ci-dessus, reçoivent des fonds de subvention, s'en chargent en recette au journal à souche, envoient la quittance au receveur des finances et portent cette recette à un compte spécial qu'ils ouvrent sous le titre de : « Receveur des finances, S/C de fonds de subvention. » Lorsque les percepteurs remettent au receveur des finances les pièces justificatives des payements et les fonds non employés, il leur est délivré un récépissé à talon dont ils portent le montant en dépense au compte précité. (Id., art. 1489.) — Voy. Dépenses publiques, Payement pour le compte du payeur.

Fonds libres. — Voy. Placements au trésor.

Fonds particuliers. — Voy. Avances des percepteurs.

Fonds placés au Trésor. — Voy. Placements au trésor.

Fontaines publiques. — Les conseils municipaux allouent ordinairement un crédit au budget de la commune pour le salaire des personnes qui sont chargées du nettoiement et de la réparation des fontaines publiques, du curage des aqueducs, de l'entretien des tuyaux de conduite, etc. Ce service peut faire l'objet d'une adjudication publique ou être concédé par traité de gré à gré, sur l'autorisation du préfet. Dans ce cas, l'adjudicataire ou concessionnaire est chargé de faire toutes les réparations de simple entretien nécessaires. Les grosses réparations et les travaux extraordinaires restent seuls à la charge de la commune.

Ces travaux sont entrepris et réalisés conformément aux règles qui doivent être suivies pour tous les travaux communaux. Lorsque le projet en a été régulièrement approuvé, il est procédé à son exécution par voie d'adjudication publique. — Voy. Travaux.

Les communes qui possèdent des eaux plus que suffisantes pour le service public peuvent concéder à des particuliers le superflu de ces eaux, soit au moyen d'abonnements annuels, soit pour une durée de plusieurs années, à charge de redevance au profit de la caisse municipale. Le prix de l'abonnement est fixé par un tarif délibéré par le conseil municipal et approuvé par le préfet. — Voy. Eaux (Concession d').

Forçats libérés. — Voy. Frais de route.

Forcements de recette. — Les arrêts ou arrêtés définitifs rendus sur les comptes de gestion des receveurs des communes et établissements de bienfaisance par la Cour des comptes ou par les conseils de préfecture, selon que le jugement des comptes appartient à l'une ou à l'autre de ces autorités, peuvent prononcer des forcements de recette, soit pour des articles de non-valeurs dont le comptable aurait demandé la décharge, mais sans produire des justifications suffisantes, soit pour des sommes omises ou erreurs commises au préjudice de la commune ou de l'établissement, soit, enfin, pour les dépenses rejetées comme irrégulières.

Quand un receveur a été forcé en recette par suite du rejet d'une dépense non appuyée des justifications suffisantes, il peut exercer son recours contre le maire ordonnateur. — *Mém.* 1858, p. 196.

En ce qui concerne les restes à recouvrer à la clôture de l'exercice, les receveurs des finances n'ont pas le droit d'en forcer en recette les receveurs. Ces comptables supérieurs doivent attendre, à cet égard, la décision de l'autorité qui juge les comptes.

Les forcements de recette donnent lieu au versement en numéraire, dans la caisse de la commune ou de l'établissement, des sommes mises à la charge du receveur. Ces versements sont classés dans sa comptabilité à titre de recettes accidentelles, sauf ceux qui se rapporteraient à des articles de recette non soldés et qui en compléteraient le recouvrement. (I. G., art. 971, 1082 et 1557.) — Voy. COMPTE DE GESTION, RECETTES ACCIDENTELLES.

Forêts. — Voy. BOIS.

Formules de passe-port. — Voy. FEUILLES DE PASSE-PORT.

Formules de patente. — Certificat du directeur des contributions directes, attestant que tel contribuable est imposé dans le rôle des patentes de telle année, pour telle profession.

Le directeur envoie aux receveurs des finances les formules de patentes (*modèle* n° 10), pour être transmises aux percepteurs, en même temps que les rôles et les avertissements. (I. G., art. 56.)

Les formules de patentes sont visées par le maire, à la diligence des patentés, et revêtues du sceau de la mairie.

L'article 12 de la loi du 4 juin 1858 a supprimé le timbre des formules de patentes, en remplacement duquel il est ajouté 4 centimes additionnels au principal de la contribution. L'article 22 de la loi du 18 mai 1850 a, d'ailleurs, affranchi les patentés et les officiers ministériels de l'obligation de mentionner leurs patentes dans les actes.

Tout patenté est tenu d'exhiber sa patente lorsqu'il en est requis par les maires, adjoints, juges de paix et tous autres officiers ou agents de police judiciaire. (L. 25 avril 1844, art. 27.)

Les marchandises mises en vente par des individus non munis de patentes et vendant hors de leur domicile sont saisies ou séquestrées aux frais du vendeur, à moins qu'il ne donne caution suffisante jusqu'à la représentation de la patente ou la production de la preuve que la patente a été délivrée. Si l'individu non muni de patente exerce au lieu de son domicile, il est dressé un procès-verbal qui est transmis immédiatement aux agents des contributions directes chargés d'établir l'impôt. (I. G., art. 28.)

La production de la patente est encore exigée dans quelques autres circonstances que la loi ne mentionne pas : dans le cas, par exemple, où un patentable veut prendre part à quelque adjudication publique.

Le patenté qui a égaré sa patente ou qui est dans le cas d'en justifier hors de son domicile peut se faire délivrer un certificat par le directeur ou par le contrôleur des contributions directes. Ce certificat fait mention des motifs qui obligent le patenté à le réclamer, et doit être sur papier timbré. (L. 25 avril 1844, art. 31.)

Lorsqu'une demande de l'espèce est faite, le directeur ou le contrôleur, après s'être assuré que le requérant est inscrit dans la matrice des patentes, délivre gratuitement le certificat sur une feuille de papier timbré de 50 centimes, qui est fournie par le requérant.

Les formules de patentes peuvent être délivrées, sur la réquisition des patentables, avant l'émission du rôle. — Voy. Contributions directes.

Formule exécutoire. — Voy. État exécutoire.

Fournitures. — On entend par ce mot les approvisionnements d'objets mobiliers, de consommation, de vêture, etc., qui sont nécessaires aux divers services publics.

Toutes les entreprises pour fournitures au nom des communes doivent être faites avec concurrence et publicité, c'est-à-dire par adjudication publique, sauf les exceptions ci-après. (O. 14 novembre 1837, art. 1er, I. G., art. 1021.)

Il peut être traité de gré à gré, sauf approbation par le préfet, pour les fournitures dont la valeur n'excède pas 3,000 francs.

Il peut également être traité de gré à gré, à quelque somme que s'élèvent les fournitures, moyennant l'approbation du préfet : 1° pour les objets dont la fabrication est exclusivement attribuée à des porteurs de brevets d'invention ou d'importation ; 2° pour les objets qui n'ont qu'un possesseur unique ; 3° pour les ouvrages et les objets d'art et de précision dont l'exécution ne peut être confiée qu'à des artistes éprouvés ; 4° pour les exploitations, fabrications et fournitures qui ne seraient faites qu'à titre d'essai ; 5° pour les matières et denrées qui, en raison de leur nature particulière et de la spécialité de l'emploi auquel elles sont destinées, doivent être achetées et choisies aux lieux de production ou livrées sans intermédiaire par les producteurs eux-mêmes ; 6° pour les fournitures qui n'auraient été l'objet d'aucune offre aux adjudications, ou à l'égard desquelles il n'aurait été proposé que des prix inacceptables, sans toutefois que l'administration locale puisse jamais dépasser le maximum de prix arrêté préalablement à la mise en adjudication ; 7° pour les fournitures qui, dans les cas imprévus et d'une urgence absolue et dûment constatée, ne pourraient pas subir les délais de l'adjudication sans qu'il en résultât un préjudice réel pour la commune. (O. 14 novembre 1837, art. 2; D. 25 mars 1852, tableau A, n° 48 ; I. G., art. 1022.)

Les dispositions qui précèdent s'appliquent aux bureaux de bienfaisance, lesquels sont soumis sous ce rapport aux mêmes règles que les communes. (Circ. int., 6 mai 1852 ; I. G., art. 1093.)

Quant aux hospices et hôpitaux, les commissions administratives règlent par leurs délibérations le mode et les conditions des marchés pour fournitures dont la durée n'excède pas une année. Il est, toutefois, recommandé aux commissions d'employer la voie de l'adjudication publique. Les délibérations sont exécutoires si, trente jours après la notification officielle, le préfet ne les a pas annulées, soit d'office pour violation de la loi ou d'un règlement d'administration publique, soit sur la réclamation de toute partie intéressée. (L. 7 août 1851, art. 8; I. G., art. 1091.)

Les délibérations des administrations hospitalières concernant les conditions ou cahiers des charges des adjudications ou marchés pour fournitures dont la durée excède une année, sont soumises à l'avis des conseils municipaux et suivent, quant aux autorisations, les mêmes règles que les délibérations de ces conseils. (L. 7 août 1851, art. 9 et 10 ; I. G., art. 1092).

Les commissions administratives des hospices et hôpitaux peuvent, d'accord avec le conseil municipal, et sous l'approbation du préfet, traiter de gré à gré, ou par voie d'abonnement, de la fourniture des aliments et des objets de consommation nécessaires aux établissements hospitaliers. (L. 7 août 1851, art. 15; I. G., art. 1094.)

Les adjudications publiques relatives à des fournitures, à des exploitations ou à des fabrications qui ne pourraient être, sans inconvénient, livrées à une concurrence illimitée, peuvent être soumises à des restrictions qui n'admettent à concourir que des personnes préalablement reconnues capables par l'administration, et produisant les titres justificatifs exigés par les cahiers des charges. (O. 14 novembre 1837, art. 3; I. G., art. 1022.)

Les cahiers des charges déterminent la nature et l'importance des garanties que les fournisseurs ont à produire, soit pour être admis aux adjudications, soit pour répondre de l'exécution de leurs engagements. Ils déterminent aussi l'action que l'administration exercera sur ces garanties en cas d'inexécution de ces engagements. (O. 14 novembre 1837, art. 4; I. G., art. 1023).

Les communes et les établissements de bienfaisance peuvent faire exécuter, sans adjudication ni marché préalable, les fournitures qui ne dépassent pas 300 francs pour tout l'exercice ; mais ils ne peuvent fractionner ces fournitures soit par trimestre, soit en s'adressant à plusieurs fournisseurs, de manière à éluder la règle générale, qui est l'adjudication ou le marché de gré à gré. — *Mém.* 1854, p. 50. — Voy. ADJUDICATIONS, BUREAUX DE BIENFAISANCE, CAUTIONNEMENTS, HOSPICES ET HÔPITAUX, MARCHÉ.

Fournitures scolaires. — Pour faciliter aux enfants assistés l'accès des écoles primaires, les départements doivent prendre à leur charge les frais d'acquisition des fournitures d'école nécessaires à ces enfants.

Ces fournitures comprennent les règles, les crayons, les plumes, l'encre, le papier et les livres élémentaires. La distribution en est confiée aux instituteurs des deux sexes, moyennant un abonnement de 50 centimes par mois d'école pour les enfants de 6 à 8 ans révolus et de 75 centimes pour ceux de 8 à 12 ans. Les instituteurs sont remboursés de leurs avances, à l'expiration de chaque trimestre, d'après le mode adopté pour le payement des mois de nourrice et sur la présentation d'un état des journées de présence, certifié par eux et visé par le maire. L'abonnement mensuel n'est intégralement dû qu'à la condition que l'enfant a assisté aux classes quinze jours au moins de chaque mois, non compris les jours de congé ; au-dessous de ce nombre il est réduit de moitié.

Le prix d'abonnement est payable à la caisse du percepteur, sur la présentation d'un mémoire revêtu de la signature de la partie prenante et du visa du maire. (Circ. int., 12 février 1856. — *Mém.* p. 54.) — Voy. Enfants assistés.

Fours et cheminées. — Voy. Frais de visite.

Frais d'adjudication. — Voy. Adjudications, Coupes de bois.

Frais d'administration des communes. — Ces frais comprennent principalement : 1° l'entretien de la maison commune ; 2° les frais de bureau et traitement des employés de la mairie ; 3° les frais d'impression ; 4° l'abonnement au *Bulletin des lois* ou au *Moniteur des communes;* 5° les frais de recensement de la population ; 6° les frais des registres de l'état civil et de la portion des tables décennales à la charge des communes.

Un arrêté consulaire du 17 germinal an XI a fixé à 50 centimes par habitant la quotité des frais d'administration dans les communes dont la population est de cent mille âmes et au-dessous, et dont le revenu s'élève à 20,000 francs et au-dessus.

Ce chiffre peut toutefois être dépassé lorsque les besoins l'exigent; mais pour ne pas s'écarter des dispositions légales, on doit ne faire figurer au budget, chapitre des dépenses ordinaires, que le crédit rigoureusement calculé d'après le chiffre de la population, et reporter au chapitre des dépenses extraordinaires le supplément d'allocation qui peut sembler indispensable et qui devra disparaître si les dépenses peuvent être ramenées ultérieurement dans la limite de la loi. (Circ. int., 15 juin 1836. — *Mém.* p. 177.)— Voy. Bulletin des lois, État civil, Impressions, Frais de bureau, Moniteur des communes, Recensement de la population, Secrétaires et employés des mairies.

Frais d'administration des bois des communes et des établissements de bienfaisance. — Il est dû à l'État pour remboursement des frais d'administration des bois des communes et des établissements de bienfaisance 5 centimes par franc sur les produits principaux de ces bois, sans, toutefois, que, pour toutes les coupes d'un même exercice, la somme remboursée puisse dépasser un franc par hectare de la contenance totale. Cette taxe est versée à la caisse des receveurs des domaines par les receveurs des communes et établissements propriétaires. (L. 25 juin 1841, art. 5; 19 juillet 1845, art 6, et 14 juillet 1856, art. 14.)

Dans le cas où plusieurs coupes appartenant à différents exercices sont vendues en une seule année, le maximum d'un franc par hectare doit être appliqué au prix de la coupe de chaque exercice; mais les coupes désignées comme biennales, triennales, etc., ne donnent lieu qu'à la perception d'une seule taxe, lorsque les ventes en sont faites dans l'ordre d'aménagement. Cette disposition concerne aussi bien les coupes délivrées en nature que celles qui sont l'objet d'adjudications.

Pour les coupes vendues, la somme à payer est déterminée au moyen d'états transmis par les conservateurs des forêts aux directeurs des domaines, et indiquant les noms des communes, la contenance des bois, le prix principal de chaque coupe et l'exercice ou les exercices auxquels elle appartient.

Quant aux produits principaux délivrés en nature, la valeur en est fixée définitivement par le ministre des finances sur les propositions des agents forestiers, les observations des conseils municipaux ou des administrateurs et l'avis des préfets.

Les produits accessoires sont exempts de ce droit. (I. G., art. 878.)

Les mandats délivrés pour le payement des frais d'administration dont il s'agit doivent être appuyés de la quittance du receveur des domaines qui a perçu la taxe et d'un extrait de l'état dans lequel elle a été déterminée.

Au moyen de cette perception toutes les opérations de conservation et de régie sont faites par les agents de l'administration forestière sans aucuns frais. Il en est de même des poursuites pour délits ou contraventions, de la perception des restitutions, dommages-intérêts, etc. Toutefois, les frais de délimitation et d'aménagement constituent des dépenses extraordinaires qui restent à la charge des communes et établissements intéressés. — Voy. Affouage, Bois, Coupes de bois, Dommages-intérets, Restitutions.

Frais des bourses et chambres de commerce. — Il est pourvu aux dépenses des bourses et chambres de commerce au moyen d'une contribution qui est répartie sur les patentables des trois premières classes du tableau A annexé à la loi du 25 avril 1844, et sur ceux désignés dans les tableaux B et C comme passibles d'un droit fixe égal ou supérieur à celui desdites classes, y compris les associés des mêmes patentables. (L. 28 ventôse an IX, art. 4, et 25 avril 1844, art. 33; Circ. adm. des cont. dir., 14 août 1844. — *Mém.* 1844, p. 318.)

Un décret détermine chaque année les sommes à imposer, dont la fixation a lieu, savoir : sur la proposition des chambres de commerce, pour leurs frais, et sur la proposition desdites chambres, ou, à défaut, sur la proposition des conseils municipaux, pour les frais des bourses de commerce,

Dans les départements où il n'y a qu'une chambre de commerce, le rôle comprend les patentables de tout le département appartenant aux catégories ci-dessus désignées.

S'il y a, dans le même département, plusieurs chambres de commerce, le rôle de chacune d'elles comprend les patentables des mêmes catégories qui font partie de l'arrondissement dans lequel elle est située.

Le rôle relatif aux frais d'une bourse de commerce ne comprend que les patentables de la ville où elle est située, toujours appartenant aux mêmes catégories. (L. 23 juillet 1820.)

La taxe pour le payement des frais des bourses et chambres de commerce porte sur le principal de la cote de patente, consistant dans le droit fixe et le droit proportionnel. Il y est ajouté 5 centimes par franc du principal pour subvenir aux dégrèvements et non-valeurs (Id., art. 15) et 3 centimes pour frais de perception (L. 14 juillet 1838, art. 4).

Il n'est point ajouté de centimes pour frais de confection de matrices et de rôles à celles des impositions locales qui ont pour objet les dépenses des bourses et chambres de commerce, attendu que ces frais sont mandatés, à raison de 5 centimes par article de rôle, sur le produit des centimes destinés aux dégrèvements et non-valeurs des mêmes impositions, si ce produit est suffisant, ou, dans le cas contraire, sur les caisses mêmes des bourses et chambres de commerce. (I. G., art. 151.)

Les rôles sont rédigés par le directeur des contributions directes et homologués par le préfet. Le recouvrement en est opéré comme celui des contributions directes.

L'imposition pour frais de bourses et chambres de commerce ne concernant qu'un petit nombre d'individus par commune, il est formé par arrondissement de perception un seul rôle sur lequel sont portés, par ordre de commune, les patentables passibles de cette imposition.

Lorsque les fonds affectés aux non-valeurs se trouvent excédés par les dégrèvements, le surplus est imputé sur le principal de l'imposition au moyen de mandats que le préfet délivre sur la caisse de la bourse ou de la chambre de commerce. (Circ. adm. des cont. dir., 15 janvier 1830.)

Les percepteurs versent au receveur des finances le produit des impositions établies pour les bourses et chambres de commerce, afin que les trésoriers de ces établissements puissent en toucher le montant, sur les mandats du préfet, à la caisse de ce comptable. (I. G., art. 119.)

Les mandats délivrés au nom des trésoriers des bourses et chambres de commerce, pour le versement du produit des impositions destinées à ces établissements, sont payables sur le seul acquit des trésoriers.

Mais lorsqu'il s'agit de remises qui sont dues aux percepteurs pour le recouvrement desdites impositions, et qui sont payables comme dépenses à la charge des établissements, les receveurs des finances doivent concourir aux payements à faire aux percepteurs, et ils se conforment à la marche indiquée ci-après.

Le receveur général fait préparer, dans la forme des décomptes placés à la suite des mandats de remises des percepteurs sur les contributions directes, un état, par arrondissement de sous-préfecture, contenant la désignation des percepteurs et des communes chefs-lieux de perception, le montant des centimes imposés pour remises et une colonne réservée pour la signature des parties prenantes. L'ordonnateur des dépenses de l'établissement souscrit, à la suite de cet état de liquidation, son mandat sur la caisse du trésorier de la bourse ou chambre de commerce. Le receveur général revêt les mandats ainsi préparés de son *vu bon à payer pour le compte du trésorier*, et il les transmet aux receveurs particuliers pour que ceux-ci en fassent faire le payement aux percepteurs et fassent émarger par ces comptables les états de liquidation; le receveur général opère de la même manière pour l'arrondissement du chef-lieu. A mesure que les mandats acquittés rentrent à la recette générale, il en est fait dépense comme de restitutions de centimes communaux pour frais de perception des impositions destinées aux bourses et chambres de commerce, et le receveur général les remet immédiatement au trésorier, qui lui fournit, en contre-valeur, après les avoir quittancés, les mandats que le préfet a dû délivrer sur sa demande, au moment de l'arrêté des états de liquidation mentionnés ci-dessus. Le trésorier fait recette du montant des mandats, à titre de versement, par le receveur des finances, du produit des impositions destinées aux frais de perception, et il en fait dépense à titre de payements aux percepteurs.

Lorsqu'une bourse ou chambre de commerce est située dans un arrondissement de sous-préfecture, le receveur général, après avoir préparé les états de liquidation, les envoie au receveur particulier pour les faire revêtir du mandat de l'ordonnateur, et le receveur particulier les renvoie ensuite au receveur général pour que celui-ci y appose son *vu bon à payer*. De même, les mandats quittancés par les percepteurs, qui rentrent au receveur général, sont transmis au receveur particulier de la résidence du trésorier de l'établissement pour être échangés contre les mandats du préfet au profit de ce trésorier, et ces derniers mandats sont adressés immédiatement à la recette générale pour lui servir de justification de dépense. (I. G., art. 168 et 206.) — Voy. Recouvrement, Poursuites.

Frais de bureau de la mairie. — Ces frais consistent dans les achats de papier, registres, imprimés, dans les frais de reliure, de correspondance, d'éclairage, de chauffage, d'entretien des bureaux et du mobilier.

Le crédit ouvert au budget communal pour frais de bureau ne comprend pas ordinairement le traitement du secrétaire et des employés de la mairie, ni le prix des imprimés fournis par la préfecture et payés sur le fonds de cotisations municipales. Ces dépenses, bien que n'étant autres en réalité que des frais de bureau, sont l'objet dans les budgets et dans les comptes d'articles spéciaux. — Voy. Impressions, Secrétaires et Employés.

Les frais de bureau sont payés sur mandats du maire appuyés des factures ou mémoires (sur papier timbré) réglés par le maire et quittancés par les ouvriers ou fournisseurs, à moins que, la dépense n'excédant pas 10 francs, le maire n'ait dispensé les créanciers de produire une facture ou un mémoire timbré, en énonçant dans le corps du mandat le détail des fournitures.

Le maire doit justifier des menues dépenses par lui faites pour le compte de la commune par un état détaillé de ses avances, et y joindre, autant que possible, les mémoires des marchands. Cet état, bien que quittancé par le maire, est exempt du timbre, mais les mémoires des ouvriers ou fournisseurs, s'il en est produit, doivent être sur papier timbré.

Lorsque la somme inscrite au budget pour frais de bureau est allouée, par abonnement, au maire, qui reste chargé de la fourniture de tous les objets nécessaires au bureau, ainsi que de l'entretien du local de la mairie, la dépense est ordonnancée par douzième à la fin de chaque mois, ou par quart à la fin de chaque trimestre ; dans ce cas, la quittance délivrée par le maire au receveur municipal est exempte de timbre. Mais s'il s'agissait d'une indemnité fixe et annuelle payée au secrétaire de la mairie ou à toute autre personne que le maire, la quittance serait sujette au timbre. (Sol. de la direct. gén. de l'enreg., 12 mars 1859.)

Les principes qui viennent d'être rappelés s'appliquent par analogie au payement des frais de bureau des administrations charitables. — Voy. Bureaux de bienfaisance, Économe, Hospices.

Frais de bureau des comptables. — Un quart des émoluments des percepteurs est considéré comme indemnité de loyer et de frais de bureau. Par suite, les retenues opérées pour le service des pensions civiles ne portent, comme pour les autres agents du ministère des finances rétribués par des salaires ou des remises variables, que sur les trois quarts de leurs traitements. La même base est suivie pour la liquidation de leur pension de retraite. — Voy. Pensions civiles, Retenues.

Les frais de bureau des percepteurs ne cessent pas d'être à la charge de ces comptables durant la mission des agents spéciaux. (Circ. compt. gén., 20 décembre 1849. — *Mém.* p. 315.) — Voy. Agent spécial.

Les receveurs des établissements de bienfaisance n'ont pas le droit d'exiger qu'il leur soit fourni des subventions spéciales à titre de frais de bureau. Mais l'administration supérieure autorise les commissions administratives à comprendre dans leurs budgets un article pour cet objet, lorsqu'il est justifié que les remises du comptable ne lui donnent pas une rémunération suffisante. — *Mém.* 1843, p. 192.

Frais de casernement et d'occupation des lits militaires. — L'entretien d'une garnison dans les villes qui perçoivent un droit d'octroi, procurant à ces villes une augmentation de recettes, tandis que les droits perçus pour la consommation des troupes occasionnent à l'État un surcroît proportionnel de dépense, ces villes, doivent, à titre de compensation, contribuer aux dépenses des frais de casernement.

Cette contribution, dont le maximum est de 7 francs par homme et de 3 francs par cheval, peut être convertie par décret impérial, sur la demande des conseils municipaux, en un abonnement fixe et d'une fraction constante du produit de l'octroi. (L. 15 mai 1818, art. 46; O. 5 août 1818, art. 10.)

Lorsqu'il n'existe pas d'abonnement fixe les fonds nécessaires au payement des frais de casernement et d'occupation des lits militaires sont compris, chaque année, au budget des communes, sur le pied des fonds alloués pour cet objet dans le budget de l'exercice précédent. Si la dépense réelle de l'abonnement excède le crédit alloué, il y est pourvu par voie de rappel de cet excédant dans le budget de l'année suivante. (O. 5 août 1818, art. 1er.)

La régie des contributions indirectes est chargée d'opérer le prélèvement des sommes dues par les communes. Ce prélèvement ne se fait qu'à raison d'un quinzième par mois de la somme allouée au budget. (Id., art. 2.)

Au commencement de chaque trimestre, l'intendant militaire fait dresser le décompte du nombre effectif des journées d'occupation des hommes et des chevaux qui, pendant le trimestre précédent, ont été logés dans les bâtiments ou établissements militaires. Sont compris dans l'état de décompte, pour le nombre effectif de leurs journées d'occupation: 1° tous les officiers et agents militaires de tout grade, qui, en vertu des règlements, ont droit au logement en nature, comme les officiers de garnison, soit qu'ils logent ou non dans les bâtiments militaires; 2° les chevaux des officiers des troupes de cavalerie, ainsi que ceux du train d'artillerie, du train du génie et des équipages et autres ayants droit à la ration de fourrages en nature. (Id., art. 3.)

L'intendant dresse, à la suite du décompte des journées d'occupation, le décompte trimestriel de l'abonnement. Il transmet le décompte arrêté par lui au préfet, lequel le communique au maire de la commune débitrice pour être admis ou contesté. Dans le premier cas, la feuille de décompte, dûment visée par le préfet, est remise, par ses soins, au directeur des contributions indirectes, pour servir aux mêmes fins qu'un rôle exécutoire. (Id., art. 4.)

Dans le cas de contestation par le maire, celui-ci s'adresse au préfet, qui transmet la réclamation au ministre de la guerre, pour être statué sur ladite réclamation, s'il s'agit du nombre des journées d'occupation. Quand la contestation porte sur le payement même des décomptes, il y est statué par le ministre des finances. Dans l'un et l'autre cas, le recours au conseil d'État est de droit. (Id., art. 6.)

Si, par le résultat du décompte, le quinzième du fonds alloué par le budget et prélevé, par la régie, sur chaque mois du trimestre précédent auquel le décompte appartient, est inférieur à la dépense effective du même trimestre, la somme qui reste due est prélevée par la régie à raison d'un tiers, à la fin de chacun des mois du trimestre suivant. Lorsque le montant total des décomptes des trois premiers trimestres démontre l'insuffisance du fonds alloué pour l'abonnement, la somme qui reste disponible sur ce même fonds est prélevée par tiers sur chaque mois du dernier trimestre de l'année. (O. 5 août 1818, art. 7.)

Les villes peuvent obtenir des dégrèvements fondés sur des exceptions qui résulteraient, soit d'événements de force majeure légalement constatés, soit de l'excédant du montant annuel des décomptes sur les charges que les communes sont en état de supporter sans lésion, d'après leurs revenus ou leurs ressources (Id., art. 10). Il est statué, dans ce cas, par décret impérial, rendu sur le rapport du ministre de l'intérieur.

En cas d'abonnement fixe et d'une fraction constante du produit de l'octroi, cet abonnement forme entre l'État et les communes un contrat aléatoire dont les chances favorables ou contraires doivent être également supportées par les parties. Une commune ne pourrait obtenir un dégrèvement en invoquant des circonstances accidentelles qui auraient réduit momentanément la garnison, de même que l'État ne serait point fondé à réclamer une augmentation dans le taux de l'abonnement, si la garnison était augmentée. (Avis du Com. de l'int. du Cons. d'État, 19 juin 1835.)

Les pièces à produire à l'appui des mandats des maires pour le payement des frais de casernement sont : 1° les extraits des décomptes dressés par les intendants militaires et les maires, lesquels doivent être certifiés par le chef du service des contributions indirectes dans l'arrondissement, ou l'ampliation du décret impérial qui peut avoir réglé un abonnement fixe, conformément à l'article 10 de l'ordonnance du 5 août 1818 ; 2° les quittances des receveurs des contributions indirectes, lesquelles sont assujetties au timbre de dimension.

Au moyen du prélèvement effectué, comme il est dit ci-dessus, sur le produit de l'octroi, toutes les dépenses relatives au service principal et accessoire du casernement sont à la charge et sous l'administration exclusive du ministère de la guerre. (O. 5 août 1818, art. 8.)

Lorsque les troupes ne sont pas casernées dans les bâtiments militaires, la commune est dégagée de l'obligation de supporter le prélèvement pour frais de casernement. — *Mém.* 1833, p. 207. — Voy. Octroi.

Frais de confection de matrices, rôles et avertissements à la charge des communes. — Les matrices, rôles et avertissements à la charge des communes sont : 1° les matrices des rôles généraux, qui sont déposées dans les mairies ; 2° les matrices, rôles et avertissements pour le service des prestations concernant les chemins vicinaux, la taxe sur les chiens et d'autres services communaux.

Les fonds destinés à ces dépenses se perçoivent en vertu d'états de répartitions arrêtés par le préfet; le recouvrement doit en être opéré dans les deux mois qui suivent la remise de ces états de répartition. (I. G., art. 615.)

Le contingent assigné à chaque commune est versé par le receveur municipal à la caisse du receveur des finances de l'arrondissement, à titre de cotisation municipale; cette dépense est justifiée dans les comptes par le mandat du maire, appuyé du récépissé du receveur des finances ou de la pièce qui en tient lieu, et d'un extrait de l'arrêté du préfet qui a fixé le contingent. — Voy. COTISATIONS MUNICIPALES.

Frais de confection des rôles spéciaux d'impositions locales. — Toutes les impositions communales doivent être comprises dans les rôles primitifs. Lorsqu'une imposition n'a pu être autorisée avant la confection des rôles primitifs de l'année pour laquelle cette imposition a été votée, l'imposition est ajournée à l'année suivante, à moins d'une nécessité absolue, auquel cas ces impositions font l'objet de rôles spéciaux. (I. G., art. 51.)

Il convient, toutefois, afin de réduire, autant que possible, la dépense de ces rôles, de n'en former qu'un seul par commune pour toutes les impositions qui n'auraient pu être comprises dans le rôle général. Le modèle de la feuille de tête du rôle spécial indique distinctement l'objet, le montant et l'autorisation des diverses impositions extraordinaires contenues dans ce rôle, ainsi que la part que prend dans ces impositions chacune des contributions directes.

Le directeur des contributions directes comprend dans les rôles spéciaux (ainsi qu'il est indiqué dans le *modèle* n° 6) 3 centimes par article pour frais de confection. Le montant des sommes imposées pour cet objet sur lesdits rôles lui est payé à la recette générale au moyen d'un mandat du préfet. (Circ. min. des finances, 7 février 1838. — *Mém.* p. 67.) — Voy. CENTIMES ADDITIONNELS, IMPOSITIONS COMMUNALES.

Frais de distribution des premiers avertissements. — Les frais des premiers avertissements qui sont délivrés aux contribuables pour leur faire connaître le montant de leurs contributions et les époques de payement sont imputés sur le produit d'une imposition spéciale de 5 centimes, uniforme pour tous les contribuables et ajoutée au montant de chaque article de rôle.

Sur ces 5 centimes, 3 centimes, destinés aux frais de confection des rôles et avertissements (travail fait en régie pour le compte de l'État), rentrent dans les fonds généraux pour les dépenses du budget.

Les deux autres centimes reviennent aux percepteurs pour les frais de distribution des avertissements; ces derniers frais sont acquittés aux caisses des receveurs des finances, comme frais de perception. (I. G., art. 117.)

Le payement des frais de distribution des premiers avertissements doit être fait aux percepteurs dès le commencement de l'année, et après la remise de ces avertissements aux contribuables.

Cette dépense est liquidée au moyen de décomptes, qui sont préparés dans les bureaux des receveurs des finances. Le calcul des sommes revenant à chaque comptable est fait cumulativement pour toutes les communes d'une même perception. Le nom de la perception est seul désigné dans les décomptes. (I. G., art. 196 et 203.)

Tout mandat pour frais de distribution des premiers avertissements doit être revêtu de la signature des comptables. Cette signature est apposée sur le décompte qui accompagne le mandat et en regard de la somme allouée à chaque percepteur. (Id., art. 197.)

L'allocation dont il s'agit n'est que la restitution aux percepteurs des frais que leur a occasionnés la distribution des avertissements ; elle ne constitue pas un émolument personnel et n'est pas, dès lors, soumise à la retenue pour le service des pensions civiles. — *Mém.* 1859, p. 181.

Il n'est pas alloué d'indemnité spéciale aux receveurs municipaux pour la distribution des avertissements concernant les prestations pour l'entretien des chemins vicinaux et la taxe municipale sur les chiens. — Voy. AVERTISSEMENTS, CHEMINS VICINAUX, FRAIS DE PERCEPTION, TAXE MUNICIPALE SUR LES CHIENS.

Frais de justice. — Voy. PRIVILÉGE DU TRÉSOR.

Frais de perception des contributions directes. — Ces frais se composent : des remises allouées aux percepteurs, et des frais de distribution des premiers avertissements aux contribuables.

Il est alloué aussi aux receveurs des finances des taxations et des bonifications sur les contributions directes ; mais ces émoluments, n'étant accordés que pour la centralisation et la garde des fonds ou pour l'accélération et la responsabilité des rentrées, ne sont pas classés avec les frais de perception. (I. G., art. 112.) — Voy. FRAIS DE DISTRIBUTION DES PREMIERS AVERTISSEMENTS, REMISES DES PERCEPTEURS.

Frais de perception des impositions locales. — Les frais de perception de tous les centimes additionnels à recouvrer pour le compte des communes sont ajoutés, à raison de 3 centimes par franc, au montant de ces impositions, pour être recouvrés avec elles et versés dans les caisses des communes, à la charge, par ces dernières, d'en tenir compte aux percepteurs comme dépenses municipales. (L. 20 juillet 1837, art. 5; I. G., art. 18.)

Le produit de ces 3 centimes est mis à la disposition des communes aux époques et de la manière déterminées pour le versement du produit des impositions communales elles-mêmes. — Voy. IMPOSITIONS COMMUNALES.

Ce produit est alloué ensuite au percepteur sur mandat du maire, ainsi qu'il est réglé pour toutes les dépenses communales.

D'après une solution de l'administration de l'enregistrement, du 1er mars 1862, les quittances des percepteurs relatives aux sommes qui leur sont payées par les communes pour frais de perception des centimes communaux sont affranchies du timbre, même lorsque le payement excède 10 francs. Mais cette solution, qui n'a pas été notifiée aux agents de la régie pour avoir force de décision générale, paraît être en opposition avec la jurisprudence suivie par la Cour des comptes. En attendant qu'une décision formelle fasse cesser l'incertitude qui règne encore sur cette question, les comptables feront bien de ne pas s'exposer à des rejets de dépenses, pour éviter des frais de timbre qui, en principe, ne sont pas à leur charge, mais à celle des communes. — *Mém.* 1860, p. 244; 1862, p. 197 et 404; 1863, p. 121.

Frais de perception des octrois. — Voy. OCTROI.

Frais de poursuites pour le recouvrement des contributions directes. — Voy. POURSUITES.

Frais de poursuites et de procédure concernant le service municipal et des établissements de bienfaisance. — En ce qui concerne les produits communaux assimilés, pour le recouvrement, aux contributions directes, les frais de poursuites sont déterminés par le tarif en usage dans le département, et les états en sont soumis à l'autorité administrative qui taxe les frais faits pour le recouvrement des contributions directes. Les frais ainsi déterminés sont payés par les receveurs des finances avec leurs fonds personnels; mais ces receveurs sont autorisés à s'en faire couvrir immédiatement par les receveurs municipaux, qui les prélèvent, à titre d'avances, sur les fonds libres des communes, sauf remboursement par les redevables.

Quant aux poursuites qu'exige la généralité des produits municipaux et hospitaliers, les frais en sont également payés par les receveurs des communes et établissements, à titre d'avances. (I. G., art. 851.)

Les frais de poursuites que les receveurs municipaux et d'établissements de bienfaisance sont tenus de rembourser aux receveurs des finances font, avec les frais de poursuites et de procédures, de renouvellement de titres et d'inscriptions hypothécaires payés directement par eux, l'objet de deux comptes qu'ils ouvrent, l'un à la 4e section du livre des comptes divers affectée aux avances à recouvrer et aux valeurs de portefeuille; l'autre, à la 2e section, sous le titre de « Recouvrements de frais de poursuites et de « procédure concernant le service municipal et hospitalier. » Les receveurs constatent au premier compte les payements de frais, et au second les recouvrements opérés ainsi que les sommes reconnues irrecouvrables, et qui doivent, dès lors, être portées en dépense à la charge des communes ou établissements. A la fin de chaque mois, ils soldent ce dernier compte en y inscrivant en dépense le montant des recouvrements du mois et en le transportant au premier compte en atténuation des avances.

Les titres de perception sont enregistrés au compte ouvert à la 2e section du livre des comptes, et de même qu'au compte des frais de poursuites concernant les contributions, une colonne spéciale est affectée à chacun des exercices en cours d'exécution. (I. G., art. 1475.)

L'ouverture de ce compte d'ordre à la 2e section du livre des comptes divers a été prescrite afin de donner aux comptables le moyen de fournir quittance du montant des frais de poursuites et de procédure, au moment du payement par les débiteurs.— *Mém.* 1859, p. 287 ; 1860, p 184 et 276.

Les états de frais régulièrement liquidés et les quittances des sommes versées à ce titre, forment les pièces justificatives des avances faites sur les fonds des communes et établissements et à recouvrer sur les débiteurs.

Les quittances des sommes versées pour remboursement de frais de poursuites concernant le service municipal et des établissements de bienfaisance sont assujetties au timbre, lorsque le montant des frais dont elles constatent le payement dépasse la limite de 10 francs ; toutefois, les frais étant habituellement payés avec le principal de la dette qui a occasionné les poursuites, tout est alors compris dans une seule et même quittance. — *Mém.* 1847, p. 161.

Lorsque des ordonnances de décharge délivrées pour une taxe communale comprennent également la décharge des frais qui avaient été exposés pour arriver au recouvrement de la taxe, il n'y a pas lieu de suivre pour les frais, comme pour la taxe elle-même, le mode de réduction de titre. En effet, comme on l'a vu ci-dessus, les sommes reconnues irrecouvrables doivent être portées en dépense à la charge des communes et constatées en recette au compte ouvert à la 2e partie du livre des comptes divers sous le titre : Recouvrements de frais de poursuites. — *Mém.* 1860, p. 131.— Voy. Avances, Poursuites, Procès.

Frais de procès. — Voy. Procès.

Frais de route des voyageurs indigents et condamnés libérés. — Les indemnités de route accordées aux voyageurs indigents, aux vagabonds, déclarés tels par jugement, aux condamnés libérés et aux ouvriers colons qui se rendent en Algérie, peuvent être acquittées, à titre d'*avance*, par les receveurs municipaux sur leurs recettes courantes, mais à charge d'en suivre le remboursement, par l'entremise des maires et des sous-préfets, auprès de la préfecture, qui le fait effectuer, à l'expiration de chaque trimestre, au moyen de mandats délivrés sur les crédits ouverts dans le budget des dépenses variables des départements, pour les indemnités payées aux indigents ; sur le budget du ministère de l'intérieur, pour les indemnités payées aux condamnés libérés et aux vagabonds; sur le budget du ministère de la guerre, pour les indemnités payées aux ouvriers et colons qui se rendent en Algérie.

Afin d'obtenir ce remboursement, les receveurs municipaux doivent produire, pour chaque catégorie d'indemnité, un état indiquant le nom des individus secourus, le lieu de départ, celui de passage et celui de destination, le motif du voyage et les sommes payées. Cet état, dressé et certifié par le receveur municipal qui a fait l'avance, ainsi que par l'autorité locale, doit être visé par le préfet.

Les secours de route aux indigents ne peuvent être accordés que sur des passe-ports délivrés par les préfets et qu'à trois personnes par famille. Il importe que les comptables ne perdent pas de vue ces dispositions, dont l'inobservation pourrait être une cause de rejet de la dépense. Du reste, les payements sont faits par eux sur des bons ou mandats émis par les maires. Ces payements doivent être relatés au verso des passe-ports.

Les sommes ainsi avancées sont portées dans le livre des comptes divers, au débit d'un compte intitulé : « Avances pour frais de route des voyageurs indigents et condamnés libérés », et les pièces justificatives de ces avances sont classées comme valeurs dans la comptabilité des receveurs.

Ce compte est crédité des payements que la préfecture fait faire en remboursement des avances. (I. G., art. 1495.) — Voy. Avances.

Frais de timbre à la charge des communes et des établissements de bienfaisance. — Les percepteurs-receveurs municipaux tiennent un livre des comptes divers dans lequel il est ouvert un compte distinct pour les recettes et les dépenses propres à chacun des services dont ces comptables sont concurremment chargés. Les receveurs spéciaux des communes et établissements de bienfaisance tiennent, au lieu de ce livre, un journal général sur lequel ils enregistrent, jour par jour, les recouvrements et les payements qu'ils ont effectués.

Les feuilles du livre des comptes divers, qui sont employées pour le service des communes et des établissements, ainsi que les feuilles du journal général, doivent être timbrées.

La minute du compte de gestion que les receveurs sont tenus de rendre, chaque année, pour leurs opérations de l'année précédente, est également soumise au timbre.

Le droit de timbre de ces registres et comptes est à la charge des communes et établissements. (I. G., art. 1470 et 1550.)

Cette charge leur incombe même pour les doubles registres et comptes qu'il peut être nécessaire d'établir en cas de mutation de receveurs dans le cours d'une année. (Circ. min. des fin., 28 janvier 1820 ; Décis. min. de l'int.. 4 août 1837. — *Mém.* 1837, p. 252.)

Toutefois, en cas de gestion intérimaire par suite de suspension ou révocation, les frais de timbre occasionnés par la formation du compte du gérant intérimaire peuvent être mis à la charge du comptable suspendu ou révoqué. — *Mém.* 1847, p. 195. — Voy. COMPTE DE GESTION, JOURNAL GÉNÉRAL, LIVRE DES COMPTES DIVERS.

Lorsque les communes et établissements de bienfaisance n'ont pas pris les mesures convenables pour faire payer, par qui de droit, les frais de timbre des mandats de payement ou des quittances des parties prenantes, ces frais doivent être portés dans les budgets comme les autres frais d'administration, l'article 1248 du Code Napoléon mettant les frais du payement à la charge du débiteur. (I. G., art. 1017.)

Les communes peuvent avoir aussi à supporter des frais de timbre pour la confection des rôles de taxes d'affouage, de pâturage, etc.

Les mandats de payement relatifs à ces diverses dépenses sont délivrés, soit au nom du préposé de l'enregistrement qui a fourni le papier timbré ou visé pour timbre les registres et comptes, soit au nom du receveur, du secrétaire ou de toute autre personne qui aurait fait l'avance du droit de timbre. On joint à la quittance de la partie prenante, s'il y a lieu, un état détaillé indiquant le nombre de feuilles employées et les droits payés pour chaque objet.

Les quittances qui sont données par les receveurs de l'enregistrement pour le prix du papier timbré sont exemptes du timbre. — Voy. PAYEMENT, TIMBRE..

Les frais de timbre des registres de l'état civil et des tables annuelles et décennales de ces registres sont, en outre, au nombre des dépenses obligatoires des communes. Ces frais, ainsi que ceux de confection et de transport de ces registres et tables, font partie des cotisations municipales. La portion de dépense afférente à chaque commune est fixée, en conséquence, en vertu d'états de répartition arrêtés par le préfet et versée à la caisse du receveur des finances de l'arrondissement. — Voy. COTISATIONS MUNICIPALES, ÉTAT CIVIL.

Quant aux dépenses qui sont payées, en vertu de mandats des préfets, sur les divers fonds de cotisations, les frais de timbre des quittances n'étant pas à la charge des créanciers, les sommes nécessaires au payement de ces frais doivent être versées par les communes au compte des cotisations. Elles sont centralisées à la subdivision de ce compte relative aux frais de timbre à la charge des communes et établissements publics. Toutefois, lorsque des circonstances particulières l'exigent, les frais de timbre peuvent être imputés sur le fonds même des cotisations auquel se rattache la dépense qui y donne lieu. (I. G., art. 631.) — Voy. COTISATIONS MUNICIPALES.

Frais de visite des fours et cheminées. — La loi du 28 septembre 1791 sur la police rurale, prescrit (titre II, art. 9) aux officiers municipaux de faire, au moins une fois par an, la visite des fours et cheminées des maisons et bâtiments éloignés de moins de 200 mètres des autres habitations, afin de reconnaître les fours et cheminées qui, pour prévénir les incendies, doivent être réparés ou démolis.

Le maire ou l'adjoint délégué à cet effet se fait accompagner par un maître ramoneur, ou un maître maçon ou tout autre ouvrier apte à seconder l'autorité dans cette visite, et qui reçoit une indemnité préalablement fixée. La dépense doit être inscrite annuellement au budget. Un mémoire du salaire convenu, arrêté par le maire et quittancé par la partie prenante, est joint au mandat de payement; ce mémoire doit être fait sur papier timbré lorsque l'indemnité à payer excède 10 francs.

Frais d'expertise concernant les contributions directes. — Voy. EXPERTISE.

Frais d'exploitation. — Voy. AFFOUAGE, COUPE DE BOIS.

Frais judiciaires en matière d'octroi. — Les receveurs municipaux font dépense, mais à titre d'avance seulement, sur la remise qui leur est faite des pièces justificatives par les préposés de l'octroi, des frais judiciaires que ces derniers ont eu à payer ; ils font ensuite recette du remboursement de ces avances; si quelques parties des frais tombent à la charge de la commune, ils en font dépense définitive au compte de celle-ci. (I. G., art. 923.)

Le montant de ces avances est porté au débit d'un compte ayant pour titre : « Avances de frais judiciaires en matière d'octroi », et qui est ensuite crédité des remboursements. (Id., art. 1497.)

Les receveurs municipaux doivent avoir des colonnes spéciales sur le livre de détail de l'octroi, pour suivre le payement et le remboursement, par les préposés de l'octroi, des avances de frais judiciaires, dont les pièces leur sont versées pour comptant et représentent, pour eux, des valeurs de portefeuille; les enregistrements faits dans ces colonnes spéciales doivent présenter des résultats conformes à ceux du carnet à tenir par les préposés de l'octroi eux-mêmes, et dont le *modèle* est tracé *sous le n°* 299, pour que les receveurs municipaux puissent en prendre connaissance. (Id., art. 1465.) — Voy. AVANCES, LIVRES DE DÉTAIL, LIVRE DES COMPTES DIVERS, OCTROI.

Franchise de correspondance. — La correspondance de service des fonctionnaires publics est exempte de taxe. L'exemption de taxe s'appelle *franchise*.

On distingue trois espèces de franchises : 1° celle qui est déterminée par la qualité seule du fonctionnaire auquel on écrit, sans égard à la qualité de celui qui écrit; 2° celle qui est déterminée par la qualité seule du fonctionnaire qui écrit, sans égard à la qualité du fonctionnaire auquel on écrit; 3° celle qui est déterminée à la fois par la qualité des deux correspondants.

Pour que la première de ces trois espèces de franchises reçoive son application, il suffit que la qualité du destinataire soit exactement indiquée sur l'adresse des lettres qui lui sont envoyées. En conséquence, les ministres recevant en franchise toute leur correspondance, il est inutile de contre-signer les lettres et paquets à leur adresse.

L'application de la seconde et de la troisième espèce de franchise ne peut avoir lieu que sous la condition que l'auteur de la correspondance de service est connu; l'auteur se fait connaître en apposant son contre-seing sur l'adresse des lettres.

On entend par *contre-seing* la désignation des fonctions de l'envoyeur, suivie de sa signature; la désignation des fonctions peut être imprimée ou indiquée par un timbre, mais la signature doit être mise à la main.

Les agents du Trésor peuvent, pour le cas d'empêchement, déléguer leur contre-seing à des fondés de pouvoir; ces fondés de pouvoir doivent contre-signer ainsi :

Pour le receveur général (*ou* pour le receveur particulier, *ou* pour le percepteur) empêché: Le fondé de pouvoir. (O. 17 novembre 1844, art. 13 et 17; I. G., art 1419.)

Le fonctionnaire qui remplit un emploi par intérim jouit des mêmes franchises que le titulaire même de l'emploi, à la seule condition qu'en contre-signant chaque dépêche, il énonce qu'il remplit par intérim les fonctions auxquelles le contre-seing est attribué. (Circ. comp. gén., 25 janvier 1850. — *Mém.* p. 32.) — Voy. GÉRANT INTÉRIMAIRE.

Les lettres et paquets relatifs au service de l'État s'expédient de deux manières : 1° par lettres fermées ; 2° sous bandes.

Les lettres fermées peuvent être pliées et cachetées selon la forme ordinaire ou être mises sous enveloppe.

La correspondance de service des agents du Trésor n'est admise à circuler en franchise que sous bandes, sauf ce qui est dit plus loin au sujet de la correspondance avec les divisions du ministère.

Toutefois, les comptes et pièces à l'appui, que les receveurs généraux ont à expédier, sous leur contre-seing, au greffier en chef de la Cour des comptes, peuvent être placés sous enveloppe.

Les lettres ou papiers relatifs au service, expédiés sous bandes, ne doivent être ni cachetés ni fermés par des fils ou attaches quelconques, sous les bandes qui les couvrent. L'expéditeur peut toutefois, si cette précaution est nécessaire à la conservation d'un paquet contre-signé, lier ce paquet au dehors par une ficelle, à la condition expresse que cette ficelle, placée extérieurement, soit nouée par une simple boucle, et puisse être facilement détachée si les besoins de la vérification l'exigent. La largeur des bandes ne doit pas excéder le tiers de la surface de la lettre ou du paquet. (O. 17 novembre 1844, art. 21 et 26 ; I. G., art. 1420.)

Chargement des dépêches. — Les lettres et paquets circulant en franchise peuvent être chargés à la poste. Mais cette formalité du chargement exige une réquisition écrite et signée du fonctionnaire qui fait l'envoi.

Les lettres et paquets circulant en franchise, qui sont présentés au chargement, ne peuvent être adressés qu'à un fonctionnaire à l'égard duquel l'envoyeur a droit de contre-seing. Ces lettres et paquets doivent être placés sous bandes, à moins qu'ils ne soient adressés au ministre, ou contre-signés par les receveurs généraux à l'adresse du greffier en chef de la Cour des comptes.

Dans les cas de chargement, les bandes ou l'enveloppe doivent être fermées au moins de deux cachets en cire, avec empreinte. Lorsqu'il s'agit de paquets sous bandes, les cachets ne doivent porter que sur les bandes.

La perte d'une lettre ou d'un paquet chargé circulant en franchise ne donne droit à aucune indemnité. (O. 17 novembre 1844, art. 47; I. G., art. 1421.)

Registres reliés ou cartonnés. Paquets sous forme de rouleau. — Les registres reliés ou cartonnés, lorsqu'ils sont remplis en totalité ou en partie, peuvent circuler en franchise comme pièces de comptabilité; il en est de même des paquets, sous forme de rouleau, qui renferment des pièces jouissant de l'exemption de taxe, pourvu qu'ils n'excèdent ni le poids de 3 kilogrammes ni la dimension de 45 centimètres en hauteur, largeur ou longueur, et qu'ils soient revêtus d'un contre-seing régulier. (I. G., art. 1422.)

Approvisionnements d'imprimés. — Sont exclues du bénéfice de la franchise attribuée à la correspondance de service, les formules imprimées à l'usage des fonctionnaires et établissements publics et dont ils sont tenus de se pourvoir à leurs frais. Quant aux formules fournies par l'administration, elles en jouissent sous les conditions suivantes :

1° Que le poids du paquet n'excède pas 500 grammes;

2° Qu'il ne soit pas envoyé dans la même journée plus d'un paquet de l'espèce par le même expéditeur au même destinataire.

Les formules d'actes de poursuites, quoique non fournies par l'administration, sont admises au bénéfice de la disposition qui précède.

Les formules de quittances de rentes sur l'État que les receveurs généraux adressent aux receveurs particuliers, et les volumes du livre des quittances timbrées échangés entre ces comptables, sont admis à circuler en franchise au-dessus du poids de 500 grammes.

Les timbres-estampilles servant à constater le payement des rentes sur l'État sont également admis à circuler en franchise.

Les journaux à souche en blanc à l'usage des percepteurs-receveurs municipaux sont, d'après la règle qui précède, exclus de la franchise; mais les journaux à souche, ainsi que les livres récapitulatifs, remplis en totalité ou en partie, y sont admis. Toutefois, le format des journaux à souche rendant difficile leur introduction dans les dépêches, les comptables doivent n'user que dans les cas d'urgence de la voie de la poste pour la transmission de ces documents. (I. G., art. 1423.)

Il est interdit aux receveurs des finances, à leurs employés et aux percepteurs, de servir d'intermédiaires pour l'envoi et la circulation des offres et demandes d'imprimés. (Id., art. 1424.)

Les formules imprimées nécessaires pour le service des mutations, et expédiées sous le contre-seing des directeurs et des contrôleurs des contributions directes et des receveurs des finances, jouissent du bénéfice de la franchise, à la condition que les envois n'aient lieu que jusqu'à concurrence de 25 exemplaires pour les formules les plus volumineuses, et de 120 exemplaires pour les modèles les plus minces, sans dépasser la limite de 500 grammes, y compris le poids des bandes formant l'enveloppe. (Décis. min. des fin., 19 septembre 1856. — *Mém.*, p. 280.)

Voici la nomenclature de ces formules : 1° matrices primitives et supplémentaires des patentes; 2° baux et ventes de coupes de bois ; 3° ventes, donations, partages et autres ; 4° état des changements à opérer au relevé sommaire; 5° état des propriétés bâties; 6° liste des individus non compris à la matrice; 7° état des changements des portes et fenêtres ; 8° état des changements à opérer sur la matrice générale, 9° état des rectifications et changements que le percepteur propose, etc.; 10° mutations pour 186...

Ces diverses formules peuvent être adressées indistinctement par les directeurs des contributions directes aux percepteurs. Les contrôleurs ne sont autorisés à transmettre directement aux percepteurs que les formules mentionnées sous le n° 10, et intitulées : Mutations pour 186..

Les directeurs des contributions directes remettent les formules mentionnées au n° 9 « Changements que le percepteur propose, etc., » aux receveurs généraux des finances, qui peuvent les faire parvenir en franchise, sous contre-seing, aux percepteurs directement ou par l'intermédiaire des receveurs particuliers. (Circ. de l'adm. des postes, avril 1861. — *Mém.*, p. 152.)

Quant aux formules non officielles que les percepteurs font imprimer à leurs frais, elles ne peuvent, sous aucun prétexte, être expédiées en franchise; si on les transmet aux comptables par la poste, elles doivent être préalablement affranchies. — Voy. AFFRANCHISSEMENT, POSTE.

Maximum de poids des paquets circulant en franchise. — Le maximum du poids des paquets expédiés en franchise est fixé ainsi qu'il suit :

A cinq kilogrammes, lorsque le transport doit être opéré jusqu'à destination, soit par un service en malle-poste ou en bateau à vapeur, soit sur un chemin de fer ou par un service d'entreprise en voiture ;

A deux kilogrammes, lorsque les paquets sont dirigés sur une route desservie, sur quelque point, par un service d'entreprise à cheval ;

A un kilogramme, lorsque les paquets doivent entrer, sur quelque point que ce soit, dans un service d'entreprise à pied.

Sont admis à circuler en franchise, sans limitation de poids, lorsqu'ils sont valablement contre-signés, les rôles des contributions directes. Toutefois, les receveurs des finances doivent, à cause du volume et du poids de ces documents, s'abstenir, autant que possible, de les expédier par la poste.

Les directeurs des postes sont autorisés, en cas d'insuffisance des services établis, à refuser, à présentation, tout paquet contre-signé dont le poids dépasserait les maximums fixés ci-dessus.

Si plusieurs paquets à l'adresse d'un même destinataire, revêtus d'un même contre-seing, et pesant ensemble plus que le maximum déterminé, leur sont présentés en même temps, les directeurs peuvent en répartir l'expédition entre plusieurs courriers, et ils demandent, à cet effet, au contre-signataire, de leur faire connaître l'ordre dans lequel ces paquets doivent être expédiés. (O. 17 novembre 1844, art. 60 à 63; I. G., art. 1425.)

Dépôt des paquets contre-signés. — Les lettres et paquets contre-signés doivent être remis au guichet du bureau. Ceux qui seraient jetés à la boîte seraient soumis à la taxe.

Toutefois, les fonctionnaires qui résident dans des communes dépourvues d'établissement de poste peuvent faire déposer dans les boîtes rurales de ces communes leur correspondance valablement contre-signée. (O. 17 novembre 1844, art. 28; I. G., art. 1426.)

Paquets non régulièrement contre-signés.—Lorsque l'expéditeur d'une lettre ou d'un paquet contre-signé ne s'est pas conformé à toutes les conditions de la franchise, il lui en est donné avis par le directeur des postes, et les rectifications nécessaires sont opérées immédiatement. Dans le cas où, faute de temps ou par une cause quelconque, elles n'ont pu avoir lieu avant le départ du courrier, la lettre ou le paquet est soumis à la taxe. (O. 17 novembre 1844, art. 29 et 30; I. G., art. 1427.)

Paquets qui doivent être distribués au guichet. — Tout paquet contre-signé, dont la forme, le poids ou le volume rendrait impossible son introduction dans la boîte ou dans le portefeuille des facteurs de ville ou des facteurs ruraux, ou son transport par le moyen de ces agents, est conservé au bureau de destination pour y être distribué au guichet

Sont également réservés, pour être distribués au guichet du bureau, les paquets contre-signés qui, bien qu'ils puissent être introduits isolément dans les boîtes ou portefeuilles des facteurs, ne pourraient cependant pas y trouver place, soit à raison de leur nombre, soit à raison du volume des correspondances ordinaires.

Dans les cas prévus par les deux alinéas précédents, les directeurs sont tenus de donner immédiatement avis aux fonctionnaires destinataires de l'arrivée des paquets que leur nombre ou leur forme, leur poids ou leur volume, empêchent de faire porter à domicile par les facteurs, en invitant ces fonctionnaires à les envoyer prendre au bureau. (O. 17 novem. 1844, art. 64, 65 et 66; I. G., art. 1428.)

Interdiction de comprendre dans les paquets circulant en franchise des

pièces étrangères au service. — Il est interdit de comprendre dans les dépêches expédiées en franchise des lettres, papiers et objets étrangers au service de l'État. Dans le cas de suspicion de fraude ou d'omission d'une seule des formalités prescrites par l'ordonnance royale du 17 novembre 1844, les dépêches revêtues d'un contre-seing quelconque sont taxées, et la vérification de leur contenu devient obligatoire, si le fonctionnaire destinataire refuse d'en acquitter le port. (O. 17 novembre 1844, art. 3 et 4.)

Les directeurs des postes adressent, à vingt-quatre heures d'intervalle, deux avertissements aux destinataires des dépêches refusées, à l'effet d'en provoquer l'ouverture et la vérification au bureau de poste. La durée des délais accordés pour cette vérification est portée au double en faveur des fonctionnaires résidant dans les communes rurales. Les fonctionnaires auxquels les avertissements sont adressés peuvent se faire suppléer par un fondé de pouvoir pour la vérification.

Les pièces qui sont reconnues être uniquement relatives au service sont remises sur-le-champ franches de port au fonctionnaire destinataire ou à son fondé de pouvoir. Les autres sont saisies et transmises avec procès-verbal à l'administration des postes, pour être déférées aux tribunaux, en exécution de l'article 6 du décret du 24 août 1848, qui assimile les abus de contre-seing au transport des lettres en fraude.

Si les destinataires des dépêches taxées comme il est dit ci-dessus refusent d'assister à l'ouverture, ces dépêches sont adressées à l'administration pour y être ouvertes et vérifiées. Les faits résultant de cette vérification sont constatés d'office, et il y est donné suite par l'administration.

Les fonctionnaires qui reçoivent en franchise, sous leur couvert, des lettres ou paquets étrangers au service, doivent les renvoyer au directeur des postes de leur résidence, en lui faisant connaître le lieu d'origine de ces lettres et paquets, et le contre-seing sous lequel ils leur sont parvenus. (O. 17 novembre 1844, art. 6.)

Il est interdit d'insérer dans les dépêches circulant en franchise des billets de banque et autres valeurs au porteur, ainsi que des espèces d'or ou d'argent et tout autre objet précieux. Les infractions à cette disposition sont punies d'une amende de 50 à 500 francs. (L. 5 nivôse an v, et 4 juin 1859, art. 9 ; — I. G., art. 1429. — *Mém.* 1859, p. 199.)

Mais les comptables peuvent naturellement, comme les particuliers, user des dispositions de la loi du 4 juin 1859 sur les valeurs déclarées. — *Mém.* 1859, p. 222. — Voy. Envois de fonds.

Dépêches non contre-signées adressées à des fonctionnaires. — Toute dépêche non contre-signée, adressée à un fonctionnaire dénommé dans les tableaux du *Manuel des franchises*, et qui aura été refusée à cause de la taxe, peut être ouverte et vérifiée au bureau de poste de destination, lorsque le fonctionnaire à qui elle est adressée requiert l'ouverture par une déclaration signée de lui, et motivée sur la présomption que le contenu de cette dépêche est relatif au service de l'État. Quand il en est ainsi, en effet, la dépêche est immédiatement remise au destinataire. Dans le cas contraire, et si le destinataire refuse d'acquitter la taxe, la dépêche est classée dans les rebuts. Si elle contient à la fois des pièces relatives au service et d'autres qui y soient étrangères, les premières sont seules délivrées en franchise; les autres sont comprises dans les rebuts, à moins que le destinataire ne consente à en acquitter le port. Ces dernières pièces ne sont passibles que de la taxe ordinaire.

Si le fonctionnaire ne requiert pas l'ouverture de la dépêche non contresignée et refusée par lui à cause de la taxe, elle est renvoyée, vingt-quatre heures après sa présentation, à l'administration des postes pour y être ouverte. Les pièces relatives au service sont immédiatement renvoyées en franchise, les autres pièces sont transmises à l'expéditeur, sous charge de la taxe ordinaire. (O. 17 novembre 1844, art. 77, et 27 novembre 1845; D. 11 novembre 1850; I. G., art. 1430.)

Étude à faire de l'ordonnance de 1844. — Au surplus, l'ordonnance royale du 17 novembre 1844 fait connaître avec détail les franchises accordées, les conditions de ces franchises et les formalités à observer. Les comptables doivent étudier avec soin cette ordonnance, ainsi que celle du 27 novembre 1845 et les décrets des 11 novembre 1850 et 24 août 1848, qui concernent également la correspondance des fonctionnaires relative au service de l'État. (I. G., art. 1431.)

Le tableau ci-après est extrait du *Manuel des franchises*, publié en 1856, avec l'Instruction générale sur le service des postes.

TABLEAU DES FRANCHISES

EN CE QUI CONCERNE LE SERVICE DE LA PERCEPTION, DES COMMUNES ET DES ÉTABLISSEMENTS DE BIENFAISANCE.

Nota. Pour tous les fonctionnaires désignés à l'extrait ci-après, le contre-seing est réciproque, et la correspondance doit être *sous-bandes*. Toutefois les fonctionnaires désignés au n° 3 ont la faculté de fermer, c'est-à-dire de mettre leur correspondance sous enveloppe ou sous pli, mais seulement en cas de nécessité.

DÉSIGNATION DES FONCTIONNAIRES ET DES PERSONNES		ARRONDISSEMENT, CIRCONSCRIPTION ou ressort dans l'étendue duquel la correspondance, valablement contre-signée, circule en franchise.
AUTORISÉS à contre signer leur correspondance de service.	AUXQUELS la correspondance de service des fonctionnaires et des personnes désignés dans la colonne ci-contre doit être remise en franchise.	
1°...		
2° Agents spéciaux placés auprès des percepteurs.	Receveurs ..... généraux des finances	Département.
	Receveurs ..... particuliers	Arrondiss. sous-préfect.
3° Comptables des deniers publics.	Adjoints à l'inspection des finances	Tout l'Empire.
	Greffier en chef de la Cour des comptes	»
	Inspecteurs .... des finances	Tout l'Empire.
	Inspecteurs .... généraux des finances	Idem.
	(Voir la nota ci-dessus).	
4°...		

DÉSIGNATION DES FONCTIONNAIRES ET DES PERSONNES		ARRONDISSEMENT, CIRCONSCRIPTION ou ressort dans l'étendue duquel la correspondance, valablement contre-signée, circule en franchise.
AUTORISÉS à contre-signer leur correspondance de service.	AUXQUELS la correspondance de service des fonctionnaires et des personnes désignés dans la colonne ci-contre doit être remise en franchise.	
5° Percepteurs (2).	Agents voyers.. d'arrondissement et de canton	Arrondiss. sous-préfect.
	Agents voyers.. en chef	Département.
	Conservateurs des hypothèques	Arrondiss. sous-préfect.
	Contrôleurs des contributions directes	Idem (1).
	Directeurs des contributions directes	Département.
	Gardes généraux des forêts	Idem.
	Inspecteurs.... des contributions directes	Idem.
	Inspecteurs.... des écoles primaires	Idem.
	Inspecteurs.... de l'enregistrement et des domaines	Idem.
	Inspecteurs.... des forêts	Idem.
	Inspecteurs.... des postes	Idem.
	Maires	Arrond. de perception.
	Préfets	Département.
	Receveurs de l'enregistrement et des domaines	Arrondiss. sous-préfect.
	Receveurs généraux des finances	Département.
	Receveurs particuliers des finances	Arrondiss. sous-préfect.
	Sous-inspecteurs des forêts	Département.
	Sous-préfets	Arrondiss. sous-préfect.
	Vérificateurs de l'enregistrement et des domaines	Département.
6°...		
7° Receveurs des hospices et autres établissements de bienfaisance.	Gardes généraux des forêts	Idem.
	Inspecteurs départementaux des enfants assistés et des établissements de bienfaisance	Idem.
	Inspecteurs des forêts	Idem.
	Préfets	Idem.
	Receveurs généraux des finances	Idem.
	Receveurs particuliers des finances	Arrondiss. sous-préfect.
	Sous-inspecteurs des forêts	Département.
	Sous-préfets	Arrondiss. sous-préfect.
8°...		
9°...		
10° Receveurs municipaux.	Gardes généraux des forêts	Idem.
	Greffier en chef de la Cour des comptes (3)	»
	Inspecteurs des forêts	Département.
	Préfets	Idem.
	Receveurs généraux des finances	Idem.
	Receveurs particuliers des finances	Arrondiss. sous-préfect.
	Sous-inspecteurs des forêts	Département.
	Sous-préfets	Arrondiss. sous-préfect.
11°...		

(1) Dans chacun des arrondissements sur lesquels s'étend le contrôle.

(2) La transmission des effets de commerce sous le contre-seing des receveurs des finances et des percepteurs est une opération qui se rattache directement au service du Trésor. — Les inscriptions de rentes sur l'État dont les arrérages sont exigibles, ou qui ont été achetées pour le compte des particuliers, peuvent circuler en franchise par la poste, sous le contre-seing des receveurs généraux et particuliers des finances et des percepteurs. Les titres de rente au porteur sont toutefois exceptés de cette immunité. (Décis. min. des fin. 14 janvier 1862. — *Mém.* p. 15.) — Les documents concernant le crédit foncier de France ne sont pas assimilés à la correspondance officielle, sauf toutefois les *avis de débit* et *de crédit* adressés par les receveurs particuliers aux receveurs généraux.

(3) Pour l'envoi des comptes et pièces à l'appui.

(I. G., art. 1432.)

Correspondance expédiée sous le couvert et le contre-seing de fonctionnaires intermédiaires.— Les correspondances indiquées ci-après sont également admises à circuler en franchise, mais sous le couvert et le contre-seing de fonctionnaires intermédiaires, savoir :

La correspondance des percepteurs-receveurs municipaux avec les instituteurs de leur réunion, sous le contre-seing et le couvert du maire de leur résidence pour les communes du canton, et du sous-préfet ou du préfet pour les autres communes (Décis. minist., 20 avril 1855);

La correspondance des agents comptables des Caisses d'épargne, dans les résidences autres que les chefs-lieux d'arrondissement, avec le receveur des finances, sous le couvert et le contre-seing du percepteur de leur ressort (Décis. 14 décembre 1853; Circ., 12 juin 1854);

La correspondance des payeurs avec les receveurs particuliers des finances et les percepteurs, sous le contre-seing et le couvert des receveurs généraux (Décis., 9 novembre 1853 et 6 mai 1856);

La correspondance que les commissions administratives des établissements de bienfaisance échangent avec les percepteurs pour le service des enfants assistés et pour le recouvrement des rentes et créances appartenant auxdits établissements, par l'intermédiaire des receveurs des finances dans l'intérieur du même département, et par l'intermédiaire du préfet hors du département (O. 28 juin 1833; Décis., 29 septembre 1858);

La correspondance qui doit exister entre les maires et les receveurs des finances pour l'exercice de la surveillance de ces comptables sur la gestion des receveurs municipaux, sous le couvert et le contre-seing des préfets et sous-préfets, pourvu que les papiers ainsi envoyés ne soient ni fermés par des cachets ou attaches quelconques, ni revêtus de seconde adresse sous les bandes. (I. G., art. 1433.)

Les percepteurs et les receveurs des finances doivent prêter leur concours aux rentiers viagers et aux pensionnaires de l'État, pour leurs relations, par correspondance, avec le payeur du département. (Id., art. 1434.)

Mais ils n'ont pas à intervenir dans la transmission des certificats de vie, des brevets ou mandats des pensionnaires de la liste civile et de la Caisse des invalides de la marine, ces pièces étant admises à circuler en franchise sous bande et sous le contre-seing des maires d'une part, des préfets et des receveurs généraux d'autre part. Ils n'interviennent pas non plus dans la circulation en franchise des certificats de vie et des mandats de secours aux anciens militaires de la République et de l'Empire, le contre-seing étant réservé, quant à ces pièces, aux maires et aux payeurs du Trésor. (Décis. min. des fin., 14 septembre 1860. — *Mém.* p. 257.)

Les maires et les percepteurs ne sont pas autorisés à transmettre, sous leur contre-seing, aux préfets ou sous-préfets, les réclamations des particuliers en matière de contributions directes. — *Mém.* 1849, p. 99. — Voy. RÉCLAMATIONS.

Correspondance des comptables avec le ministère. — Les lettres et paquets, chargés ou non chargés, qui sont destinés au caissier payeur central du Trésor public, au directeur du mouvement général des fonds, au directeur général de la comptabilité publique, au directeur de la dette inscrite et au directenr du contentieux, doivent être adressés au ministre secrétaire d'État des finances, avec ces mots sur l'enveloppe : Caisse du Trésor public; direction du mouvement général des fonds, direction générale de la comptabilité publique, etc., suivant leur destination.

Les lettres et paquets destinés au trésorier général des invalides de la marine sont expédiés sous le couvert du ministre de la marine. (I G., art. 1436.)

Correspondance entre les fonctionnaires ayant leur résidence dans la même ville. — En principe, les fonctionnaires ayant leur résidence dans la même ville, Paris excepté, ne sont pas admis à correspondre en franchise (Décis. min., 13 juin 1851). Toutefois, les dépêches officielles de la ville pour la ville, dûment contre-signées, c'est-à-dire envoyées sous son contre-seing par un fonctionnaire à un autre fonctionnaire avec lequel il jouit de la franchise, peuvent être distribuées par les facteurs lorsque le poids ne dépasse pas 100 grammes. Au delà de ce poids, les dépêches sont conservées dans les bureaux de poste, et il est donné avis aux destinataires, conformément à l'article 66 de l'ordonnance du 17 novembre 1844. (I. G., art. 1437. — *Mém.* 1856, p. 215.)

Voy. Affranchissement, Correspondance, Poste.

Fruits ruraux. — Voy. Privilége du Trésor.

Futaie. — Bois de grands arbres, aménagés à longs termes, par opposition au taillis, qui est destiné à être coupé à des époques rapprochées. — Voy. Bois des communes et des établissements de bienfaisance, Coupes de bois, Quart en réserve.

Fuite et disparition des comptables. — Voy. Absence.

G.

Gages. — Prix d'un travail ou d'un service. Ce mot s'entend surtout du salaire alloué aux domestiques.

Les gages d'un domestique ou même d'un ouvrier payé à l'année, au mois ou à la semaine, peuvent être saisis-arrêtés pour le recouvrement de la contribution personnelle et mobilière et des prestations, auxquelles cet ouvrier et domestique avait été imposé antérieurement. Le maître ou patron doit, en qualité de tiers détenteur de sommes affectées au privilége du

Trésor et de la commune, être considéré comme débiteur direct de l'impôt, à partir de la sommation qui lui est adressée. S'il refuse de payer sur cet acte, il peut être poursuivi comme pourrait l'être le contribuable lui-même par les voies ordinaires de recouvrement, c'est-à-dire par voie de contrainte, de garnison, de commandement, etc. Quand les ouvriers sont payés *à la journée*, leur salaire est par cela même insaisissable, lors même qu'ils auraient à toucher le montant de plusieurs journées, parce qu'il est censé être une rétribution alimentaire. — *Mém.* 1851, p. 17. — Voy. POURSUITES, SAISIE.

Garantie. — Voy. CAUTIONNEMENTS, DÉPÔT DE GARANTIE.

Garde des fonds. — Outre les précautions ordinaires, tout comptable public doit avoir soin de coucher ou de faire coucher un homme sûr dans le lieu où il tient ses fonds; si c'est au rez-de-chaussée, il doit avoir soin de le faire solidement griller.

Il est, en outre, tenu d'informer immédiatement l'autorité supérieure des tentatives qui auraient été faites pour enlever les fonds, quand bien même ces tentatives n'auraient pas été suivies d'effet. (I. G., art. 1271.) — Voy. CAISSE, VOL DE FONDS.

Garde nationale. — Les dépenses de la garde nationale sont à la charge des communes. Elles sont votées, réglées et surveillées comme toutes les autres dépenses municipales. (D. 11 janvier 1852, art. 14.)

Les dépenses de la garde nationale sont obligatoires ou facultatives. Les dépenses obligatoires sont : 1° les frais d'achat de drapeaux, tambours et trompettes; 2° les réparations, l'entretien et le prix des armes, sauf recours contre les gardes nationaux ; 3° le loyer, l'entretien, le chauffage, l'éclairage et le mobilier des corps de garde ; 4° les frais de registres, papiers, contrôle, billets de garde et tous les frais de bureau qu'exige le service de la garde nationale ; 5° la solde et l'habillement des tambours. Toutes autres dépenses sont facultatives. (Id., art. 17.)

Si les conseils municipaux n'allouaient pas les fonds exigés pour les dépenses obligatoires ou n'allouaient qu'une somme insuffisante, l'allocation nécessaire serait inscrite au budget par arrêté du préfet en conseil de préfecture. (L. 18 juillet 1837, art. 39.)

Dépenses des légions, bataillons, compagnies ou subdivisions de compagnie, formés des gardes nationaux d'une même commune. — Il doit y avoir dans chaque légion ou chaque bataillon formé par les gardes nationaux d'une même commune un conseil d'administration chargé de présenter annuellement au maire l'état des dépenses nécessaires pour le service de la garde nationale, et de viser les pièces justificatives de l'emploi des fonds. (D. 11 janvier 1852, art. 17, § 1er.)

Dans les communes où la garde nationale n'existe qu'à l'état de compagnies ou même de subdivisions isolées, c'est-à-dire non réunies en bataillon, l'état des dépenses doit être soumis au maire par le commandant de la garde nationale.

A l'égard des corps spéciaux, sous quelque forme qu'ils soient organisés, le droit de présentation appartient également au commandant de la garde nationale; mais ce dernier doit avoir pris préalablement l'avis des commandants des corps spéciaux.

Lorsque la garde nationale de la commune consiste uniquement dans l'organisation d'un corps spécial, le commandant de ce corps remet directement au maire l'état des dépenses dressé par lui. (Circ. int., 9 novembre 1852.)

L'état des dépenses, dressé comme il est dit ci-dessus, sert de base au vote du conseil municipal.

Les dépenses sont payées directement par le receveur municipal, sur mandats du maire délivrés au nom des parties prenantes. Ces mandats doivent être appuyés des pièces exigées pour les autres dépenses communales de même nature. Seulement, les conseils d'administration ou les commandants de compagnie ou subdivisions de compagnie, suivant les cas ci-dessus déterminés, doivent viser les pièces justificatives de l'emploi fait des fonds, c'est-à-dire apposer sur les pièces de dépenses un *visa* constatant la livraison et la bonne qualité des fournitures que le maire fait solder, ou la présence des officiers et employés de la garde nationale qui doivent toucher un traitement.

Dépenses des bataillons cantonaux. — Les dépenses occasionnées par la formation et l'existence des bataillons cantonaux sont réparties par un arrêté du préfet, en conseil de préfecture, entre toutes les communes qui doivent y concourir, et après que les conseils municipaux de ces communes ont été appelés à émettre leur avis. Les contingents assignés aux communes, en vertu des états formés par les sous-préfets et arrêtés par les préfets, doivent être versés à la caisse du receveur des finances de l'arrondissement, à titre de cotisation municipale et en un seul payement, si les ressources de la commune le permettent, ou au moins par quart, de trimestre en trimestre. (D. 11 janvier 1852, art. 15 et 16; I. G., art. 611 et 622.)

Les receveurs municipaux doivent réclamer l'ordonnancement, aux époques prescrites, du montant des contingents mis à la charge des communes. Si des difficultés se présentaient à cet égard, ils les signaleraient au receveur des finances, afin que le receveur général pût se concerter avec la préfecture pour les faire cesser.

Un extrait de l'arrêté du préfet qui fixe le contingent et le récépissé du receveur des finances, ou le certificat qui en tient lieu, sont joints au mandat du maire.

Les dépenses des bataillons sont acquittées au moyen de mandats que le préfet délivre sur la caisse du receveur général. Lorsqu'il y a lieu de faire faire les payements par les percepteurs, les mandats doivent être revêtus du visa du receveur général, et mentionner les pièces qui doivent y être jointes. (I. G., art. 606 et 607.) — Voy. COTISATIONS MUNICIPALES.

Achat de pièces d'armes nécessaires à l'entretien des armes des gardes nationaux. — Les contingents que les communes ont à verser pour subvenir à ces achats sont rattachés au fonds de cotisations relatives aux dépenses pour le service de la garde nationale. Lorsque des achats de cette nature doivent avoir lieu, les communes sont tenues d'en consigner le prix avant que les pièces d'armes aient été tirées des manufactures impériales; les contingents sont versés à la caisse du receveur des finances de l'arrondissement, et ce receveur s'en charge en recette en vertu d'états dressés par les autorités locales et indiquant les communes débitrices. Le préfet délivre ensuite, sur la caisse du receveur général, le mandat nécessaire pour solder les mémoires des fournitures. (I. G., art. 622.) — Voy. COTISATIONS MUNICIPALES.

Salaire des armuriers. — Les communes sont aussi chargées de payer les salaires des armuriers employés à la réparation des armes, mais cette dépense se fait directement par les communes intéressées. Les receveurs municipaux effectuent les payements sur des mandats des maires, en vertu de crédits prévus aux budgets des communes, et poursuivent, d'après un rôle dressé par les soins des mêmes administrateurs, le remboursement des frais qui sont mis à la charge des gardes nationaux. (I. G., art. 622.)

Les poursuites doivent, le cas échéant, être faites d'après les règles du droit commun et conformément à l'article 63 de la loi du 18 juillet 1837. — *Mém.* 1842, p. 219. — Voy. POURSUITES.

Armes perdues ou mises hors de service. — Aux termes de l'ordonnance royale du 24 octobre 1833, les communes sont tenues de verser dans les caisses de l'administration des domaines : 1° le prix des armes qui, confiées aux gardes nationaux, ont été perdues ou mises hors de service ; 2° la valeur des réparations à faire aux armes réintégrées dans les arsenaux

Les communes, se subrogeant par ce payement aux droits de l'État, se couvrent de leurs avances en poursuivant par les voies ordinaires les gardes nationaux en payement tant de la valeur des armes qu'ils n'ont pu représenter que du prix des dégradations qui leur auraient été imputées.

Un décret du 7 juillet 1858 a accordé la remise aux communes des sommes dont elles étaient alors débitrices envers l'État, pour frais de réparation des armes provenant des gardes nationales et qui avaient été réintégrées dans les arsenaux. Il a été, du reste, entendu que la remise accordée par ce décret n'implique nullement l'abandon, pour l'avenir, du principe de la responsabilité communale en matière d'armement. — *Mém.* 1859, p. 62.

Service. — Les percepteurs-receveurs municipaux et d'établissements de bienfaisance font partie de la garde nationale (Arrêt de cass., 9 février 1837); leur service n'étant pas classé par la loi parmi ceux qui donnent lieu à l'exemption du service, ils ne sont pas en droit de demander au conseil de recensement une dispense temporaire. Cependant, il peut se rencontrer des jours où il soit convenable de passer leur tour de service dans la garde nationale. Pendant la tournée des mutations, par exemple, ou bien quand une adjudication communale réclame leur présence, c'est le cas de demander l'ajournement de leur jour de garde. — *Mém.* 1851, p. 136.

Gardes champêtres. — Les gardes champêtres sont établis dans les communes pour veiller sur les propriétés et conserver les récoltes. La police des campagnes est spécialement sous leur surveillance.

Ils sont nommés par les préfets, sur la présentation des maires. (D. 25 mars 1852, art. 5, § 21.)

Leur traitement est au nombre des dépenses obligatoires des communes. (L. 18 juillet 1837, art. 19.)

Le traitement des gardes champêtres est voté par le conseil municipal et porté annuellement au budget; en cas d'insuffisance de leurs revenus, les communes doivent y pourvoir au moyen d'une imposition extraordinaire en addition à la contribution foncière.

A défaut par le conseil municipal de voter cette dépense, soit sur les ressources ordinaires, soit au moyen de centimes additionnels, le préfet peut l'inscrire d'office au budget. (L. 18 juillet 1837, art. 39.) — Voy. Budget, Impositions communales.

Gardes forestiers. — Gardes préposés à la conservation et à la surveillance des bois soumis au régime forestier.

On divise les gardes forestiers en trois classes, savoir : les gardes domaniaux, dont les triages sont composés en entier de bois appartenant à l'État; les gardes mixtes, ainsi appelés parce qu'ils surveillent en même temps des bois domaniaux et des bois communaux; les gardes communaux, qui n'exercent leur surveillance que sur des bois appartenant à des communes ou à des établissements publics.

Les gardes domaniaux et les gardes mixtes sont à la nomination du directeur général de l'administration des forêts; les gardes communaux sont nommés par le préfet, sur une liste de trois candidats dressée par le conservateur des forêts. (D. 25 mars 1852, art. 5; Arrêté du min. des fin., 3 mai 1852, art. 3.)

Les gardes des bois des communes et des établissements publics sont en tout assimilés aux gardes des bois de l'État et soumis à l'autorité des mêmes agents. (C. F., art. 99.)

Le préfet peut, suivant les circonstances locales et l'avis du conservateur, placer sous la surveillance du même garde des bois appartenant à plusieurs communes et établissements publics. (Arrêté du 3 mai 1852, art. 6.)

Le salaire des gardes forestiers des communes et des établissements de bienfaisance est réglé par le préfet, sur la proposition du conseil municipal ou de la commission administrative et l'avis du conservateur. (Id., art. 5.)

Le produit des coupes ordinaires et extraordinaires est principalement affecté au payement des frais de garde et des autres charges des bois. Lorsque les coupes sont délivrées en nature pour l'affouage, et lorsque les communes n'ont pas d'autres ressources, il doit être distrait une portion suffisante des coupes pour être vendue aux enchères avant toute distribution et le prix en être employé au payement desdites charges. Dans ce cas, le préfet, sur les propositions de l'agent forestier local et du maire, détermine la portion de coupe affouagère qui doit être vendue. (C. F., art. 109 ; O. 1er août 1827, art. 144.)

Les fonds nécessaires au salaire des gardes forestiers communaux sont centralisés à la recette générale et mandatés par la préfecture au profit des gardes, au verso d'un état de liquidation préparé pour chacun d'eux par les soins des agents supérieurs des forêts. Ainsi que le règle l'article 624 de l'Instruction générale, le service dont il s'agit doit être rattaché à la subdivision du compte des cotisations affectées aux travaux d'intérêt commun et à divers salaires. (Circ. min. des finances, 28 février 1863.)

Il est fait sur le traitement des gardes des bois des communes et des établissements publics soumis au régime forestier des retenues destinées à être placées à la caisse des retraites pour la vieillesse.

Sont exceptés de cette disposition : 1° les gardes mixtes; 2° les gardes auxquels les communes ou les établissements publics auraient assuré une pension de retraite; 3° les gardes dont le traitement est inférieur à 300 francs; 4° les gardes qui, au 1er janvier 1860, avaient dépassé l'âge de quarante-cinq ans. (Règl. de la dir. gén. des forêts, 19 novembre 1859, art. 1er.)

Les retenues à effectuer sont les suivantes :

1° Une somme annuelle de 20 francs pour les traitements de 300 à 499 francs ; — de 30 francs pour les traitements de 500 à 599 francs ; — de 40 francs pour les traitements de 600 francs et au-dessus ;

2° Lors de l'entrée en fonctions des préposés nouvellement nommés : une somme de 20 francs pour les traitements de 300 à 499 francs; — de 30 francs pour les traitements de 500 à 599 francs; — de 40 francs pour les traitements de 600 francs et au-dessus ;

3° Lors d'une augmentation de traitement par avancement : une somme de 10 francs pour une augmentation de 50 à 100 francs; — de 20 francs pour les augmentations de 101 francs et au-dessus.

Le coût du livret (25 centimes) est prélevé en augmentation de la première retenue qui est effectuée.

Il est loisible aux préposés d'augmenter le taux des versements ci-dessus déterminés. (Règl., 19 novembre 1859, art. 2.)

Les versements sont faits sous les conditions de liquidation suivantes: 1° aliénation du capital, quel que soit l'état civil du préposé; 2° entrée en jouissance à soixante ans, sauf le cas prévu par le § 2 de l'article 6 de la loi du 18 juin 1850.

Si le préposé est maintenu en fonctions après l'âge de soixante ans, le préfet peut, sur l'avis du conservateur, reculer d'année en année, jusqu'à 65 ans, l'époque de la liquidation de la pension. (Id., art. 3.)

Quant aux gardes forestiers mixtes, leur traitement est soumis, comme celui des agents domaniaux, à la retenue pour le service des pensions civiles.

Par suite du nouveau mode, établi par la circulaire du 28 février 1863, pour le payement du salaire des gardes forestiers communaux, les receveurs municipaux n'ont plus à intervenir pour opérer les retenues sur ce salaire, et les receveurs particuliers restent étrangers à leur encaissement. Les receveurs généraux, seuls chargés du service, peuvent constater en une seule fois au compte des cotisations la dépense de chacune des deux natures de retenues, et cette dépense est justifiée par les mandats des préfets. (Circ. compt. gén., 15 mai 1863.)

Les contingents que les communes et établissements publics intéressés ont à fournir pour le payement du salaire des gardes forestiers sont versés, pour chaque trimestre, dans les caisses des receveurs des finances à titre de cotisations. Les receveurs municipaux n'ont d'autre justification à faire que celle de leur versement, lequel est constaté par le récépissé ou la pièce qui en tient lieu, et par un extrait certifié par le maire de l'arrêté préfectoral qui a fixé le contingent. — Voy. COTISATIONS.

Gardiens aux saisies.— Préposés à la garde des meubles et effets, ou des fruits pendants par racines, saisis par les huissiers ou porteurs de contraintes.

Dans les saisies qui ont pour objet le recouvrement des contributions directes, le porteur de contraintes doit faire réquisition au saisi de présenter un gardien volontaire et faire mention de cette réquisition dans le procès-verbal de saisie. Il est tenu d'admettre ce gardien sur l'attestation de solvabilité donnée par le maire de la commune. (Règl. sur les poursuites, art. 72. — *Mém.* 1861, p. 362.)

Le débiteur peut être constitué gardien de ses propres meubles, s'il le demande pour s'éviter les frais de garde. Toutefois le porteur de contraintes n'est pas tenu de l'accepter, à moins que les objets saisis ne soient de peu de valeur et que les frais de saisie et d'établissement d'un gardien salarié ne dussent en excéder la valeur.

Le porteur de contraintes peut refuser pour gardiens : 1° les individus dont la solvabilité n'est pas constatée par le maire : 2° ceux qui ne sont pas capables de s'obliger, tels que les mineurs, les interdits, les femmes mariées ; 3° ceux qui ne peuvent pas s'obliger par corps, tels que les septuagénaires, les femmes et les filles.

Si le saisi ne présente pas de gardien, le porteur de contraintes en établit un d'office, en observant les prohibitions portées par l'article 598 du Code de procédure civile. (Règl. sur les pours., art. 73.)

Ces prohibitions comprennent le saisissant, c'est-à-dire le percepteur, ses parents et alliés jusqu'au degré de cousin issu de germain inclusivement, et ses domestiques. Mais le saisi, son conjoint, ses parents, alliés et domestiques peuvent être établis gardiens, de leur consentement et de celui du saisissant. (C. de proc. civ., art. 598.)

Il ne peut être établi qu'un seul gardien. Dans le cas où la nature des objets saisis en exigerait un plus grand nombre, il y serait pourvu sur l'avis du maire de la commune. (Règl. sur les pours., art. 74.)

Les gardiens à la saisie sont contraignables par corps pour la représentation des objets saisis. (Id., art. 75.)

Si le gardien d'objets mobiliers saisis ne les représente pas, le percepteur se pourvoit auprès du sous-préfet en autorisation de poursuivre ce gardien devant le tribunal civil, à l'effet de le faire condamner par corps au payement des contributions dues et des frais de poursuites, conformément aux articles 2060, 2065 et 2067 du Code civil, et à la loi du 17 avril 1832 sur la contrainte par corps. (Id., art. 76.) — Voy. CONTRAINTES PAR CORPS.

En cas de soustraction frauduleuse, les gardiens d'objets saisis, autres que le saisi lui-même, peuvent être poursuivis par la voie criminelle.

Le contribuable qui a détruit, détourné ou tenté de détourner les objets saisis sur lui et confiés à sa garde est passible des peines portées à l'article 406 du Code pénal. Il est passible des peines portées à l'article 401, si la garde des objets saisis et par lui détruits ou détournés avait été confiée à un tiers. (Id., art. 76 *bis*.)

Dans le cas où le contribuable, constitué gardien de ses effets saisis, refuse de les représenter, le porteur de contraintes doit, avant tout, faire les actes nécessaires pour constater si ce refus ne provient pas de ce que les objets auraient été détruits ou détournés. Il procède, à cet effet, au récolement des objets saisis, dans les formes établies par l'article 587 du Code de procédure civile, et porte plainte au procureur impérial après que la destruction ou l'enlèvement est constaté par procès-verbal de récolement. (Lettre du min. des fin., 30 septembre 1839 — *Mém.*, p. 281.)

S'il s'agit de l'enlèvement des objets saisis par d'autres personnes que le gardien dont on aurait trompé la vigilance, celui-ci doit adresser sa plainte au ministère public, et faire, en outre, dans son intérêt, la recherche des auteurs de l'enlèvement et du lieu où les objets auraient été recélés. Il a trois ans pour revendiquer les objets où ils se trouvent, suivant l'article 2279 du Code civil. Il doit, à cet effet, présenter requête en revendication au président du tribunal de première instance, conformément à l'article 826 du Code de procédure civile. — *Commentaire sur les poursuites*, tome II, p. 130.

Aux termes de l'article 605 du Code de procédure civile, le gardien peut demander la décharge de ses obligations et de sa responsabilité si, par le fait du saisissant, la vente n'a pas été faite au jour indiqué par le procès-verbal de saisie. — *Mém.* 1838, p. 179. — Voy. Poursuites, Saisie.

Garnisaires. — Agents de poursuites employés pour la garnison collective ou individuelle.

Ils n'agissent pas, comme les porteurs de contraintes, dans les autres degrés de poursuites.

Les garnisaires à employer dans un arrondissement sont désignés par le sous-préfet, sur la proposition du receveur particulier. (Règl. sur les poursuites, art. 30.)

Aucun des individus attachés au service des autorités administratives et à celui des receveurs des finances et des percepteurs ne peut remplir les fonctions de garnisaire. (Id., art. 31.)

Les garnisaires, comme les porteurs de contraintes, sont à la disposition du receveur particulier des finances dans chaque arrondissement, et ne peuvent être employés par les percepteurs que d'après son ordre. Ils doivent résider dans la commune chef-lieu de l'arrondissement, sauf les exceptions autorisées par le préfet. (Règl. sur les pours., art. 32.) — Voy. Poursuites.

Garnison collective ou individuelle. — Premier degré de poursuites en matière de contributions directes.

Les poursuites par voie de garnison collective ou individuelle sont employées contre les contribuables retardataires qui ne se sont pas libérés huit jours après la sommation gratis. — Voy. Poursuites.

Gérant intérimaire. — Lorsqu'il y a lieu de pourvoir au remplacement provisoire d'un percepteur-receveur municipal qui serait démissionnaire, décédé, suspendu de ses fonctions, révoqué ou appelé à un autre emploi, ou qui ne se présenterait pas au jour indiqué pour son installation, le préfet, sur la proposition du receveur général, ou le sous-préfet, sur la proposition du receveur particulier de l'arrondissement, désigne un gérant intérimaire, à moins qu'un intérim n'ait déjà été constitué.

Si le remplacement est motivé par les résultats d'une vérification de caisse, le receveur des finances nomme lui-même le gérant intérimaire, sauf à donner immédiatement avis de cette nomination au préfet ou au sous-préfet, en l'invitant à faire accréditer ce gérant dans les communes.

Dans tous les cas, la situation du percepteur à remplacer et la remise de son service au gérant intérimaire doivent être constatées conformément aux règles prescrites pour le cas de remplacement définitif.

Le procès-verbal de remise de service doit être rédigé en trois expéditions, dont l'une est délivrée au gérant intérimaire ; la seconde est remise au comptable remplacé ou à ses ayants cause, et la troisième reste entre les mains du receveur particulier, qui en envoie au receveur général un extrait conforme au *modèle n°* 271, pour être transmis à la direction générale de la comptabilité publique, sauf à remplacer cet extrait par une copie du procès-verbal, dans le cas où la remise du service aurait fait découvrir un déficit ou des irrégularités graves.

Le gérant intérimaire succède à toutes les attributions du titulaire ; il a droit, pour le temps de sa gestion, à une indemnité qui est prélevée sur les bénéfices de l'emploi, et qui est réglée par le ministre des finances. A cet effet, le receveur des finances, en rendant compte à la direction générale de la comptabilité publique de la cessation des fonctions du gérant, fournit, d'après le *modèle n°* 263, un état des remises afférentes au temps de l'intérim, et il y joint un rapport qui fait connaître : si l'agent a porté également ses soins sur les diverses parties du service de la perception et des communes; s'il a établi son domicile au chef-lieu de la perception, ou s'il s'est borné à se transporter dans les communes les jours de recette ; à quelle distance les communes se trouvent du lieu de la résidence de l'agent et du chef-lieu de l'arrondissement; enfin quels sont les frais de service que le gérant a eu à supporter. Le receveur général veille à ce que ces renseignements et tous ceux qui pourraient être utiles pour la fixation des remises soient exactement fournis. Le restant libre des bénéfices, après la fixation des remises du gérant intérimaire, fait retour au Trésor, et les receveurs des finances en font recette à titre de recette accidentelle.

Le gérant intérimaire exerce sous sa responsabilité personnelle et sous celle du receveur des finances. En conséquence, il rend un compte spécial de ses opérations, à moins que, par exception et pour une gestion de très-courte durée, l'administration centrale n'ait décidé, avec l'assentiment des parties intéressées, qu'elles seront rattachées à celles de l'ancien ou du nouveau titulaire. (I. G., art. 1310 et 1330.)

Le gérant intérimaire, qui se trouve en fonctions à l'époque fixée pour la formation des comptes de gestion , n'est pas tenu de préparer ceux de l'ex-titulaire. Il ne peut être tenu de le faire qu'autant que l'ancien comptable ou ses héritiers s'entendent avec lui et l'indemnisent, ou bien qu'autant qu'il est nommé d'office pour remplir cette obligation.—*Mém.* 1843, p. 187. — Voy. COMMIS D'OFFICE.

Les gérants intérimaires sont soumis, pour les restes à recouvrer sur contributions directes, à la même responsabilité que les percepteurs titulaires. Ainsi, le gérant intérimaire qui se trouverait en fonctions au 1er mars, époque fixée pour la présentation des états de cotes irrecouvrables, est responsable, sous les réserves énoncées dans les articles 1340 à 1344 de l'Instruction générale, des restes à recouvrer sur les contributions de l'année expirée, et, s'il est entré en fonctions en janvier ou février, il lui est accordé un délai de deux mois, à partir du jour de son installation, pour discuter les articles à recouvrer, en établir le relevé, et exercer les poursuites qu'il jugerait nécessaires.

Dans le cas où le nouveau titulaire serait mis en possession du service avant l'expiration de ce délai, il demeurerait chargé de la présentation des états de cotes irrecouvrables et de la responsabilité attachée à cette opération, et il en serait fait mention au procès-verbal. (I. G., art. 1345. — *Mém.* 1839, p. 217.) — Voy. Cotes irrecouvrables, Restes a recouvrer.

Lorsque les receveurs des finances ont constaté des irrégularités graves dans la gestion d'un receveur spécial de commune ou d'établissement de bienfaisance, ils peuvent provoquer auprès du maire sa suspension et son remplacement par un gérant provisoire, ou, en cas d'urgence, y pourvoir d'office sous leur responsabilité, sauf à rendre compte immédiatement de ces mesures au préfet du département, et à transmettre, en outre, au ministère des finances, des rapports spéciaux et détaillés sur les faits constatés.

Les inspecteurs spéciaux préposés par le ministère de l'intérieur à la surveillance des établissements charitables peuvent aussi, en cas de déficit, suspendre le comptable et requérir la remise du service à un gérant intérimaire; mais ils doivent informer des faits le receveur des finances de l'arrondissement. (I. G., art. 1321.) Voy. Inspection des établissements de bienfaisance.

L'installation du gérant intérimaire d'une recette spéciale est faite par le maire; mais le receveur des finances doit concourir à la prise du service, pour prescrire ou provoquer toutes les mesures que l'ordre de la comptabilité rendrait nécessaires. Le gérant intérimaire succède à toutes les attributions du titulaire, et ses émoluments sont déterminés par le ministre des finances, d'après la règle établie pour les percepteurs-receveurs municipaux, sauf, bien entendu, que le restant libre des bénéfices après la fixation des remises du gérant intérimaire est versé dans la caisse de la commune à titre de recette accidentelle. Il gère sous sa responsabilité personnelle, et il rend un compte spécial de ses opérations. (I. G., art. 1347.) — Voy. Frais de timbre, Mutation de comptables, Remise de service.

Gestion. — Ce mot est généralement employé pour désigner l'ensemble des opérations effectuées par un comptable public. Ainsi, on dit: l'administration du maire ; la gestion du percepteur, du receveur municipal.

La gestion embrasse l'ensemble des actes d'un comptable, soit pendant l'année, soit pendant la durée de ses fonctions.

La gestion des percepteurs des contributions directes, pour tous les services dont ils peuvent se trouver cumulativement chargés, est placée sous la surveillance et la responsabilité des receveurs des finances. (I. G., art. 1285.)

Les receveurs des finances sont aussi chargés de surveiller la gestion des receveurs spéciaux des communes et des établissements de bienfaisance situés dans leur arrondissement ; mais cette gestion n'est pas placée sous leur responsabilité. (I. G., art. 1317.)

Les receveurs de communes et d'établissements de bienfaisance sont tenus de rendre, chaque année, un compte de gestion pour leurs opérations de l'année précédente. Les comptes sont présentés et jugés par gestion, avec la distinction des exercices auxquels les opérations budgétaires se rapportent. Ces comptes doivent présenter : 1° la situation des comptables au commencement de la gestion ; 2° les recettes et dépenses de toute nature effectuées dans le cours de cette gestion ; 3° la situation des comptables à la fin de la gestion, avec l'indication des valeurs en caisse et en portefeuille composant leur reliquat. — Voy. COMPTE DE GESTION, RECEVEURS DES FINANCES, RESPONSABILITÉ, SURVEILLANCE.

Gestion occulte. — On entend par ces mots, en matière de comptabilité publique, tout maniement de deniers en dehors de la caisse à laquelle ils appartiennent.

Toute personne, autre que le receveur municipal, qui, sans autorisation légale, se serait ingérée dans le maniement des deniers de la commune, est, par ce seul fait, constituée comptable, et se trouve soumise à l'obligation de rendre compte de ses opérations dans le délai qui lui est prescrit et devant l'autorité chargée de juger le compte de la commune; elle peut, en outre, être poursuivie, en vertu de l'article 258 du Code pénal, comme s'étant immiscée sans titre dans des fonctions publiques. (L. 18 juillet 1837, art. 64.)

Les dépenses portées dans le compte de la gestion occulte doivent, avant la présentation de ce compte, avoir été admises, par un arrêté du préfet, sur l'avis du conseil municipal, comme ayant été faites dans un véritable intérêt communal. (Arrêt du cons. d'État, 18 avril 1842. — *Mém.* p. 54.)

Il peut être pris inscription sur les biens du comptable occulte. (I. G., art. 812.)

Le comptable occulte est, en outre, soumis à la contrainte par corps. (L. 17 avril 1832, art. 8 à 11.)

Ces dispositions s'appliquent également aux établissements de bienfaisance. Toutes recettes et tous payements faits pour le compte de ces établissements, sans l'intervention de leurs receveurs, donnent lieu aux poursuites autorisées par les lois contre les personnes qui ont indûment disposé des deniers publics. (I. G., art. 1047.)

L'hypothèque légale qui peut être prise sur les biens des personnes qui se sont illégalement ingérées dans le maniement des deniers publics, comme sur les biens des comptables eux-mêmes, en vertu de l'article 2121 du Code Napoléon, doit être inscrite à la diligence du receveur de la commune ou de l'établissement intéressé.

L'arrêté du 19 vendémiaire an XII impose aux receveurs l'obligation de faire toutes les diligences nécessaires pour le versement dans leurs caisses de tous les fonds des communes et établissements, et les charge de veiller à la conservation des biens. Les comptables méconnaîtraient donc gravement leurs devoirs, et s'exposeraient à des mesures de rigueur, et même à la perte de leur emploi, s'ils se rendaient directement ou indirectement complices de faits qui constitueraient une gestion occulte, ou s'ils négligeaient de les faire connaître immédiatement à leurs supérieurs. — *Mém.* 1860, p. 129.

Dans le cas où le receveur aurait pris lui-même part à la gestion occulte, les comptes précédemment rendus par lui et apurés sont, de plein droit, susceptibles d'être revisés.

Les maires et les ordonnateurs des établissements de bienfaisance ont qualité pour ordonnancer, c'est-à-dire pour délivrer les mandats de payement, mais ils ne l'ont point pour percevoir, ni pour faire percevoir et payer par d'autres que les receveurs; rien, au contraire, ne leur est plus formellement interdit. Les règles rappelées ci-dessus, concernant les comptabilités occultes, sont donc de tout point applicables aux maires et aux administrateurs des établissements charitables qui, au lieu de se borner à ordonnancer les dépenses et à surveiller la comptabilité, s'immisceraient dans le maniement des deniers. (Arrêts du cons. d'État, 28 décembre 1825, 7 mai et 26 novembre 1828, 6 janvier 1830, 5 mai 1831, 27 février et 21 mai 1840, 21 février 1843; Arrêts de la Cour des comptes, 25 juillet 1835 et 20 juin 1836. — *Mém.* 1828, p. 88; 1831, p. 105; 1833, p. 147; 1835, p. 262; 1836, p. 46; 1839, p. 283; 1842, p. 329; 1843, p. 106; 1844, p. 128; 1859, p. 291.)

Ces règles s'appliquent également :

1° A toutes personnes (administrateurs ou simples particuliers) qui se chargeraient du recouvrement et de l'emploi de souscriptions volontaires destinées à subvenir à une dépense communale, en laissant le receveur municipal complétement étranger à ces opérations; — *Mém.* 1839, p. 283; 1844, p. 53; 1858, p. 79;

2° A la commission administrative d'un hospice qui, dans un bail à ferme, mettrait à la charge du fermier entrant des constructions importantes sur une propriété rurale appartenant audit hospice, moyennant une réduction proportionnelle du prix du bail; — *Mém.* 1861, p. 116;

3° Au curé ou desservant qui se chargerait volontairement, et pour le compte de la commune, de la direction des travaux de construction ou de reconstruction d'une église, et qui ferait emploi, pour la confection desdits travaux, de deniers communaux par lui touchés du receveur municipal (Arrêt du cons. d'État, 20 juillet 1836. — *Mém.* 1838, p. 72), ou du produit de souscriptions volontaires qu'il aurait lui-même provoquées et recueillies (Arrêt du cons. d'État, 15 avril 1857. — *Mém.* p. 110);

4° A toutes personnes qui, même avec l'assentiment du bureau de bienfaisance, auraient entrepris des quêtes et loteries dans le but de pourvoir à l'insuffisance des ressources dudit bureau et auraient distribué aux pauvres le produit de ces quêtes et loteries. — *Mém.* 1862, p. 306.

On ne saurait, toutefois, considérer comme une gestion occulte la recette et l'emploi de fonds de souscriptions volontaires effectués annuellement par une association particulière de bienfaisance ayant pour but, par exemple, l'extinction de la mendicité, lorsque surtout le bureau de bienfaisance, d'accord avec l'autorité supérieure, tolère ou favorise cette association, en raison des résultats obtenus. — *Mém.* 1857, p. 245 ; 1859, p. 261.

La compétence, en ce qui concerne le jugement des comptes d'une gestion occulte, se détermine, non d'après le chiffre présumé des deniers gérés, mais suivant que la comptabilité de la commune ou de l'établissement relève actuellement de la Cour des comptes ou du conseil de préfecture.

Le ministre de l'intérieur ou le préfet peuvent non-seulement saisir la Cour des comptes ou le conseil de préfecture de l'examen des comptabilités occultes, mais ils ont toujours le droit d'intervenir au jugement et de prendre des conclusions. (O. 23 avril 1823, art. 13; Lettre du min. de l'int. 25 mars 1835; Arrêt de la Cour des comptes, 25 juillet 1835. — *Mém.* 1825, p. 66 et 68 ; 1835, p. 265.)

Aux termes de l'article 2227 du Code Napoléon, combiné avec l'article 10 de la loi du 5 septembre 1807, l'obligation de rendre compte ne se prescrit que par trente ans, à partir de la cessation des fonctions.

D'après les lois et les règlements sur la comptabilité des deniers publics, les comptables doivent les intérêts des sommes par eux reçues à partir du jour où ils étaient tenus de les verser dans les caisses auxquelles elles étaient destinées. Cette règle est applicable aux comptabilités occultes.

Lorsque les fonds provenant d'une caisse occulte rentrent dans la caisse communale, le receveur a le droit de prélever des remises sur cette recette. Mais, quant aux sommes indûment recouvrées et employées par le comptable occulte, les opérations se trouvant définitivement consommées, on ne saurait revenir sur le passé pour attribuer au receveur des remises sur la recette et la dépense ainsi effectuées. — *Mém.* 1845, p. 61 ; 1847, p. 237; 1854, p. 191 ; 1856, p. 137 ; 1860, p. 110.

Toutefois, le receveur qui a été privé de ses remises sur les sommes encaissées et employées en dehors de sa comptabilité peut exercer son recours devant le tribunal civil, en assignant en dommages-intérêts le maire ou tout autre comptable occulte. — *Mém.* 1860, p. 308. — Voy. Compte de gestion, Contrainte par corps, Hypothèques.

Glandée, panage, paisson. — La glandée consiste dans la récolte ou l'usage des glands qui sont tombés sur le sol des forêts. Dans son acception légale, ce mot signifie spécialement la faculté d'introduire des porcs dans une forêt, pour leur faire consommer les glands tombés naturellement sur le sol.

Le panage consiste dans le parcours des forêts par les porcs pour s'y nourrir de glands et de faînes.

Quant au mot paisson, il a le même sens à peu près que les deux autres réunis ; cependant, le droit de paisson ne comporte pas la faculté de ramasser les glands pour les emporter.

Dans les années où il y a abondance de glands et de faînes, le conservateur des forêts fait reconnaître, par les agents forestiers locaux, les cantons où des adjudications de glandée, panage et paisson peuvent avoir lieu sans nuire au repeuplement et à la conservation des forêts. Il autorise, en conséquence, ces adjudications. (O. 1er août 1827, art. 100.)

Les formalités prescrites pour les adjudications de coupes de bois sont observées pour les adjudications de glandée, panage et paisson. (C. F., art. 53.)

Lorsque les adjudications concernent les bois des communes ou d'établissements de bienfaisance, les conseils municipaux ou les commissions administratives doivent être préalablement consultés. — Voy. Bois, Coupes de bois, Produits accessoires des bois.

Grains ou denrées récoltés dans les hospices. — Lorsque les grains ou denrées provenant des domaines exploités ou affermés, ou d'achats, excèdent les besoins de l'établissement, il peut y avoir lieu de vendre cet excédant, qui sort ainsi de la comptabilité en matière pour entrer dans la comptabilité en deniers.

L'acte d'adjudication détermine les époques de payement. En cas de retard, le recouvrement doit être poursuivi par voie de commandement, de saisie et de vente, ainsi qu'il est réglé par les articles 850 et 852 de l'Instruction générale. (I. G., art. 1080.) — Voy. Économe, Hospice, Poursuites, Revenus en nature.

Grand-livre des receveurs spéciaux des communes et établissements de bienfaisance. — Le grand-livre est destiné à ouvrir un compte général à la commune et à chacun des établissements dont un même receveur spécial gère les revenus.

Il contient, en outre, des comptes spéciaux pour constater la situation des valeurs de caisse et de portefeuille, des avances à recouvrer, des retenues pour le service des pensions civiles, etc.

Ainsi, les comptes à ouvrir sur le grand-livre sont ceux qui vont être indiqués, et qui doivent y être portés dans l'ordre suivant :

COMPTES DE VALEURS.

Caisse.

Traites d'adjudicataires des coupes ordinaires de bois.

Receveur général, S/C de traites d'adjudicataires de coupes extraordinaires de bois.

COMPTES DE FONDS PLACÉS OU AVANCÉS.

Placements au Trésor public.
— à la Caisse des dépôts (fonds de retraites).
— à la Caisse d'épargne.
— au Mont-de-piété.
Avances pour frais de route des voyageurs indigents et condamnés libérés.
Avances pour feuilles de passe-ports à l'intérieur.
Avances pour timbre de quittances du livre à souche timbré.
Avances pour frais de poursuites et de procédures diverses.
Avances de renouvellement des inscriptions hypothécaires.
Avances de contributions foncières à la charge des fermiers.
Économe, S/C d'avances.

COMPTES GÉNÉRAUX.

Commune d.....
Hospice d.....
Bureau de bienfaisance d.....
Opérations d'ordre relatives à l'octroi (consignations pour saisies et amendes, consignations sur passe-debout, etc.).
Fonds de retenues pour retraites des employés.
Retenues pour le service des pensions civiles.
Retenues en vertu d'oppositions.
Recouvrements de frais de poursuites et de procédure.
Dépôts de garantie et cautionnements pour adjudications et marchés.
Excédants de versements sur les produits communaux.
Produits en nature provenant de rentes et fermages, et livrés à l'économe.
Fonds particuliers du comptable.

Les comptes ouverts au grand-livre ne doivent pas être considérés isolément et indépendamment les uns des autres. Ils sont, au contraire, dans une corrélation continuelle, et se contrôlent réciproquement, de telle manière que ce qui est porté en recette dans un compte figure nécessairement en dépense dans un autre. C'est une conséquence du mode d'écritures en partie double que doivent suivre les receveurs spéciaux.

La recette prend le nom de *débit* et la dépense celui de *crédit*. Au débit, sont portées toutes les sommes reçues pour le compte; au crédit, toutes les sommes payées pour le même compte.

Les diverses opérations doivent être décrites préalablement au journal général, et les numéros d'ordre des articles de ce journal sont inscrits au grand-livre, en regard de chaque article.

Compte Caisse. — D'après les règles qui viennent d'être exposées, le compte Caisse reçoit à son débit toutes les sommes en numéraire qui entrent dans la caisse du receveur, à quelque établissement qu'elles appartiennent; et, à son crédit, toutes les sommes qui sortent de la caisse pour quelque service que ce soit. D'où il suit que toutes les fois qu'une opération occasionne une entrée ou une sortie de fonds, elle doit, indépendamment du compte particulier auquel elle se rapporte, être mentionnée au compte Caisse.

Par exemple, lorsqu'une somme est recouvrée au nom de la commune ou de l'hospice, elle doit figurer à la fois au débit du compte Caisse et au crédit du compte Commune (ou Hospice) de.... Lorsque cette somme est dépensée, elle figure, au contraire, au débit du compte Commune (ou Hospice) de....., et au crédit du compte Caisse.

De même, lorsqu'une somme est extraite de la caisse pour être placée au Trésor, le compte Trésor public la reçoit à son débit, tandis qu'elle figure au crédit du compte Caisse. Au contraire, le receveur porte au crédit du compte Trésor public, et au débit du compte Caisse les remboursements qui lui sont faits sur ces placements.

De même encore, les comptes d'Avances à divers titres sont débités par le crédit du compte Caisse des sommes versées par le receveur ; et ils sont ensuite crédités par le débit du compte Caisse des sommes qui lui sont successivement remboursées.

Ces exemples suffiront pour faire comprendre la manière dont doivent être tenus les autres comptes de valeurs et de fonds placés ou avancés, sauf en ce qui concerne les dépôts d'argent et d'objets précieux dont il est question ci-après. — Voy. ÉCONOMES, FERMIERS, FEUILLES DE PASSEPORTS, FRAIS DE PROCÉDURE, FRAIS DE ROUTE, PLACEMENTS AU TRÉSOR, QUITTANCES TIMBRÉES, TRAITES D'ADJUDICATAIRES.

Comptes relatifs aux dépôts d'argent et d'objets précieux. — Quand les receveurs d'établissements de bienfaisance reçoivent en dépôt des objets précieux conformément aux dispositions des articles 1111 et 1491 de l'Instruction générale, la description de cette opération exige l'ouverture de deux comptes au grand-livre. L'un, classé parmi les comptes des valeurs sous le titre « Évaluation en argent des dépôts faits par divers, » est débité au moment du dépôt ; l'autre, classé parmi les comptes généraux sous le titre de « Divers L/C de dépôts d'objets précieux, » est crédité en même temps. Lorsque la restitution du dépôt a lieu, le premier compte est crédité par le débit du second.

Si le dépôt consiste en argent, c'est le compte Caisse qui est débité, au moment du dépôt, par le crédit du compte « Divers L/C de dépôts. » — Voy. DÉPÔTS D'ARGENT ET D'OBJETS PRÉCIEUX.

Compte Commune (ou *Hospice* ou *Bureau de bienfaisance*) *de.....* — Le compte ouvert sur le grand-livre à la commune et à chacun des établissements dont le receveur gère les revenus doit présenter la situation générale de la commune ou de l'établissement, en recette et en dépense.

Il doit recevoir, au crédit, toutes les sommes perçues, et, au débit, toutes les sommes payées pour la commune ou l'établissement, soit en espèces, soit en valeurs de portefeuille.

En conséquence, le receveur fait, à la fin de chaque jour, le relevé de toutes les recettes inscrites sur les livres de détail, et, après en avoir passé écriture au journal, les reporte, article par article, au crédit du compte ouvert à la commune ou à l'établissement sur le grand-livre, en ayant soin de distinguer l'exercice auquel les sommes recouvrées appartiennent et de les réunir ensuite pour en faire ressortir le total général.

Le receveur fait ensuite, de la même manière, le relevé des articles de dépense, et les transporte au débit du compte de la commune ou de l'établissement.

Ce compte se combine, suivant la nature de l'opération, avec les comptes Caisse, Traites d'adjudicataires, Produits en nature.

Lorsqu'il existe, dans la même ville, plusieurs hospices placés sous la même administration, et dont les revenus sont confondus suivant la règle, tandis que les dépenses sont présentées séparément par établissement, le débit du compte « Hospices réunis » doit être divisé en autant de colonnes qu'il y a d'établissements particuliers. Les sommes dépensées pour chacun d'eux y sont portées dans la colonne qui lui est affectée, et totalisées ensuite par mois dans une colonne particulière pour établir la balance.

Si le grand nombre des établissements réunis ne permettait pas d'établir sur le grand-livre la division dont il vient d'être parlé, le comptable ouvrirait aux hospices réunis un compte général des recettes, et à chaque hospice particulier, un compte distinct et spécial de dépenses. Ainsi, il porterait, au crédit du compte Hospices réunis, toutes les recettes effectuées pour le compte des établissements, et, au débit de chaque hospice, en particulier, les sommes dépensées pour son compte.

Quant aux autres comptes généraux mentionnés dans la nomenclature qui précède, ils sont tenus dans la forme des mêmes comptes à ouvrir par les percepteurs-receveurs sur leur livre des comptes divers, sauf leur corrélation nécessaire avec les autres comptes, d'après les principes qui régissent les écritures en partie double. — Voy. CAUTIONNEMENTS, FONDS PARTICULIERS, FRAIS DE PROCÉDURE, OCTROI, PENSIONS CIVILES, PENSIONS DE RETRAITE, RETENUES EN VERTU D'OPPOSITIONS, REVENUS EN NATURE.

Balance des comptes du grand-livre. — Les comptes du grand-livre sont additionnés chaque fois qu'il s'agit de connaître la situation des services; les totaux en sont portés sur un relevé appelé *balance*, où tous les comptes se trouvent indiqués et classés; les opérations constatées au débit d'un ou de plusieurs comptes étant portées simultanément et pour une pareille somme au crédit d'autres comptes, il doit toujours exister une équation parfaite entre les totaux des débits des divers comptes réunis et les totaux des crédits; cette équation prouve l'exactitude de la balance.

Les totaux des débits et des crédits des comptes doivent, en outre, être conformes au total de la quatrième colonne du journal général.

Les soldes débiteurs et créditeurs, ou, en d'autres termes, les excédants des débits sur les crédits, ou des crédits sur les débits, que les comptes peuvent présenter, sont portés dans des colonnes spéciales de la balance: ces soldes, qui doivent également se balancer entre eux, font connaître la situation de l'actif et du passif du comptable. (I. G., art. 1440 et 1577.)

Les receveurs forment, à l'expiration de chaque mois la balance des comptes de leur grand-livre. (I. G. art. 1577.)

Pour établir cette balance, le comptable, après avoir arrêté son journal et reconnu l'existence du solde en caisse, fait, comme il vient d'être dit, l'addition des sommes enregistrées au débit et au crédit de chaque compte, et en transporte le montant dans les colonnes correspondantes de la balance.

Il forme les totaux généraux et présente ensuite, dans les cadres à ce destinés, le développement des valeurs de caisse et de portefeuille, ainsi que des fonds placés, qui représentent, entre ses mains, l'excédant des recettes sur les dépenses de chaque établissement. (Inst. min. de l'int., 30 novembre 1823 et 30 mai 1827.) — Voy. Écritures, Journal général, Receveurs.

Greffe (Droits de). — Il est dû pour les certificats de non-opposition au remboursement des cautionnements la somme de 5 fr. 53 c., savoir : 1 fr. 25 c. pour droit de greffe revenant à l'État ; 13 centimes pour *idem* revenant au greffier à titre de remise ; 2 francs pour la rédaction du certificat ; 10 centimes pour inscription au répertoire ; 25 centimes pour la légalisation ; 1 fr. 45 c. pour l'enregistrement et le timbre ; 15 centimes pour le timbre du répertoire. (I. G., art. 1277.) — Voy. Cautionnements.

Il est interdit aux greffiers de percevoir aucun émolument pour les formalités relatives à la prestation de serment des employés qui relèvent du département des finances. (I. G., art. 1234.) — Voy. Serment.

Grêle. — Voy. Dégrèvements, Secours.

Guerre (Payement pour le service de la). — Les mandats pour frais de route, ou pour avances, délivrés au profit des militaires isolés, ne peuvent être payés que par les payeurs, receveurs ou percepteurs désignés sur les mandats ; les parties prenantes doivent y mettre leur acquit ; néanmoins les sous-officiers et soldats n'ont à quittancer que les mandats qui leur sont délivrés pour avances. Si le titulaire ne sait pas signer, il en fait la déclaration au sous-intendant militaire, qui la mentionne sur le mandat ; cette déclaration tient lieu de quittance.

Les mandats doivent être présentés au payement dans le jour même, ou au plus tard le lendemain du jour de leur délivrance aux parties prenantes ; toutefois, le délai de présentation est de dix jours pour les mandats d'indemnité de route, dont les titulaires se trouvent rendus au lieu de leur destination.

Lorsque les agents du ministère de la guerre, chargés de la distribution d'effets aux militaires en route, sont payés du prix de ces effets, les mandats qui leur sont fournis doivent être présentés à l'acquittement, au plus tard l'avant-dernier jour du mois pendant lequel ils ont été délivrés. (I.G., art. 690.)

Les mandats présentés après les délais ci-dessus rappelés ne peuvent être payés par les agents du Trésor qu'à la réquisition de l'intendant militaire. Les payeurs et les receveurs, ou les percepteurs agissant en leur nom, doivent refuser l'acquittement de tout mandat dont la délivrance n'est pas mentionnée sur la feuille de route de la partie prenante. (Id., art. 691.)

Les receveurs et percepteurs sont tenus, sous leur responsabilité, d'inscrire les payements de toute nature qu'ils font à des militaires, à des comptables de la guerre et à des corps ou détachements, sur les livrets et feuilles de route dont les militaires, les comptables et les officiers sont porteurs. Ils doivent s'assurer si la délivrance du mandat est mentionnée sur la feuille de route, et, dans le cas de la négative, refuser le payement.

Il leur est interdit de remettre par avance des fonds aux commis ou plantons de sous-intendants militaires pour le payement des indemnités de route. (Id., art. 692.)

Les payements relatifs aux fournitures de pain dans les gîtes d'étape s'opèrent par l'entremise des comptables des subsistances militaires, auxquels les fonds sont faits à titre de dépenses effectuées en régie. Les payeurs sont, pour cet objet, autorisés à demander aux receveurs généraux des mandats payables aux caisses des receveurs particuliers et des percepteurs sur les premiers fonds disponibles de la recette, ou à dix jours de date, si les receveurs des finances le jugent indispensable. (Id., art. 693.) — Voy. PAYEMENTS POUR LE COMPTE DU PAYEUR.

HA

Habitants. — Personnes qui résident habituellement dans la même commune.

En matière de contributions directes, cette expression s'entend des propriétaires et des locataires des maisons, et non de leurs domestiques.

Le domicile constitue l'habitant. Celui qui est domicilié concourt à toutes les charges et jouit de tous les avantages communs. — Voy. BIENS, CONTRIBUTIONS DIRECTES, DOMICILE, POPULATION.

Halles et marchés. — Lieux où se réunissent les vendeurs et les acheteurs.

Les édifices affectés aux halles et marchés, et appartenant aux communes, sont passibles de la contribution foncière, lorsqu'ils sont productifs de revenus. (Arrêts du Cons. d'État, 3 mai 1851 et 11 février 1857.)

On ne peut demander qu'une halle soit exemptée de la contribution foncière en se fondant sur l'article 103 de la loi du 3 frimaire an VII, attendu que cet article ne s'applique qu'aux foires et marchés établis sur les rues et places publiques, ni sur l'article 105, qui ne s'applique qu'aux édifices non productifs de revenus affectés à un service public. (Arrêt du cons. d'État, 26 octobre 1836.)

Les halles et marchés appartenant aux communes ne sont pas imposables à la contribution des portes et fenêtres (Arrêt du cons. d'État, 26 avril 1844), mais les individus qui occupent des locaux dépendant des bâtiments dont il s'agit doivent être imposés nominativement pour les portes et fenêtres de ces locaux. (Circ. adm. des cont. dir., 15 juillet 1844.)

Les communes sont autorisées à percevoir des droits de places dans les halles et marchés, lorsque ces droits ont été établis d'après un tarif réglé par arrêté du préfet. (L. 18 juillet 1837, art. 43; D. 25 mars 1852, art. 1er, tableau A, § 34.) — Voy. LOCATION DE PLACES.

Le fermier ou adjudicataire des droits de places sur les halles et marchés est imposable au droit fixe de patente de 5 francs, plus 2 francs par 1,000 francs du prix de ferme, jusqu'au maximum de 300 francs. (L. 25 avril 1844, tableau C.)

Celui qui s'engage à construire à ses frais, sur un terrain communal, un marché couvert, moyennant la concession à son profit du droit de places pendant un certain nombre d'années, est également imposable au droit fixe de patente de 5 francs, plus 2 francs par 1,000 francs de la somme qui représente l'annuité nécessaire pour assurer le remboursement du capital engagé dans l'entreprise. (Arrêt du cons. d'État, 20 mars 1861.)

Mais on ne doit, d'après la loi, imposer que les fermiers ou adjudicataires des droits de places sur les halles, marchés et places publiques. Celui qui afferme un local appartenant à un particulier, et sous-loue des places ou boutiques à des marchands, ne doit être considéré que comme un principal locataire, et n'est point passible des droits de patente. (Circ. adm. des cont. dir., 26 juillet 1845.)

Les frais d'entretien des halles et marchés ne doivent pas être prélevés sur le produit des droits de places. Le produit brut de ces droits doit être versé dans la caisse municipale, et les dépenses sont faites, comme toutes celles qui ont rapport aux édifices communaux, sur un crédit ouvert au budget ou par décision spéciale dans les formes ordinaires — Voy. CONTRIBUTIONS DIRECTES, LOCATION DE PLACES, RÉPARATIONS, TRAVAUX.

Héritiers et légataires. — Les héritiers ou légataires peuvent être poursuivis solidairement, et chacun pour tous, à raison des contributions de ceux dont ils ont hérité, ou auxquels ils ont succédé, tant que la mutation n'a pas été opérée sur le rôle, à moins qu'ils n'aient fait un acte de renonciation en forme et qu'ils n'en justifient. (L. 3 frimaire an VII, art. 36; I. G., art. 64.)

Les héritiers d'un contribuable décédé et resté imposé à la contribution mobilière pour l'année qui a suivi le décès ne sont pas fondés à demander la décharge de cette contribution, lorsque le logement qu'occupait le défunt est resté, ne fût-ce que pendant une partie de l'année, garni de meubles pour le compte des héritiers. (Arrêt du cons. d'État, 22 décembre 1852.)

Lorsque les héritiers d'un patentable continuent son commerce ou sa profession, il n'y a lieu ni à décharge, ni à réduction du droit de patente. (Arrêt du cons. d'État, 15 mars 1844.) — Voy. Dégrèvements, Décès des contribuables.

Les arrérages des pensions et des rentes viagères sur l'État dus au moment du décès des titulaires ne peuvent être payés qu'aux ayants droit ou à leurs représentants; seulement, lorsque la somme n'excède pas 50 francs, l'acquit peut être donné par un seul des ayants droit, à la condition qu'il se porte fort pour ses cohéritiers. (I. G., art. 701.)

Les certificats de propriété délivrés par les notaires ou autres officiers publics, pour servir à la justification des droits des héritiers, sont affranchis de la formalité de l'enregistrement. (Id., art. 702.)

En cas de décès du titulaire d'une créance sur une commune ou un établissement de bienfaisance, la somme due est payée aux héritiers sur la production soit d'un certificat de propriété, soit des pièces d'hérédité, d'après les règles du droit commun. Pour les sommes de 50 francs et au-dessous, il suffit d'un certificat du maire. Chaque ayant droit peut toucher séparément la somme qui lui revient. (Note de l'Inst. gén., art. 1542.) — Voy. Certificat de propriété.

Lorsque les comptables ont à poursuivre contre des héritiers le recouvrement d'une créance en vertu d'un titre exécutoire, ils ne doivent pas omettre, préalablement à toute poursuite, de faire faire, huit jours à l'avance, notification de ce titre à la personne ou au domicile des héritiers, conformément à l'article 877 du Code Napoléon. L'omission de cette formalité entraînerait la nullité des poursuites, dont les frais pourraient être rejetés, le cas échéant, à la charge des receveurs. — *Mém.* 1862, p. 384.

Lorsqu'un legs est fait à une commune ou à un établissement de bienfaisance, les héritiers naturels doivent être mis en demeure de consentir à la délivrance du legs. La demande en délivrance doit être formée dans l'ordre établi par l'article 1011 du Code Napoléon. — Voy. Legs et donations.

Heures d'ouverture des bureaux. — Voy. Bureaux des percepteurs, Caisse.

Horloges publiques. — Le crédit alloué dans les budgets communaux pour l'entretien des horloges publiques comprend, outre la somme présumée nécessaire aux réparations, la rétribution de l'agent qui est chargé de monter et de régler les horloges.

Les mandats de payement sont appuyés, pour les ouvrages, des mémoires timbrés des réparations, certifiés par les parties prenantes, vérifiés et réglés par le maire.

Dans les communes rurales, le soin de monter et de régler les horloges est ordinairement confié à l'instituteur ou à un employé de la mairie. Dans ce cas, la rétribution doit être considérée comme un traitement, et les quittances de la partie prenante sont exemptes du timbre si la somme allouée n'excède pas 300 francs.

Mais lorsque ce soin est confié à un horloger de profession, lors même qu'il y aurait un abonnement annuel entre lui et la commune, le service prend le caractère d'un ouvrage d'entrepreneur ou d'ouvrier, et la quittance est soumise au timbre, si la dépense excède 10 francs. — *Mém.* 1851, p. 21. — Voy. Timbre.

Hospices et hôpitaux. — On appelle hôpitaux les établissements destinés à recevoir les malades, et hospices ceux destinés à recevoir les vieillards, les orphelins et enfants trouvés, et les incurables.

Création. — Les hospices et hôpitaux ne peuvent être créés qu'en vertu de l'autorisation du Gouvernement. Ce principe est formellement consacré par le décret du 25 mars 1852, et par la circulaire du 5 mai suivant. S'il y avait lieu de supprimer un hospice, cette suppression devrait être également prononcée par décret.

L'existence de fait établit suffisamment l'existence légale des hospices et hôpitaux; d'après la jurisprudence du conseil d'État, il n'y a pas lieu à faire statuer sur l'existence d'un ancien hospice ou hôpital, lors même qu'on ne peut justifier de sa création régulière.

Destination. — Les hôpitaux sont ouverts aux malades indigents de toute catégorie : lorsqu'une commune possède un hôpital, tout indigent qui tombe malade dans cette commune a le droit d'être admis dans cet hôpital. (L. 7 août 1851, art. 1er.)

Lorsqu'une commune n'avait pas d'hôpital, le malade indigent, avant la loi du 7 août 1851, avait le droit, en vertu de l'article 18 du titre V de la loi du 24 vendémiaire an II, d'être admis dans l'hôpital le plus voisin. Mais ce droit a été implicitement abrogé par la loi de 1851, et a été remplacé (art. 4) par la faculté donnée aux communes privées d'hospices de faire admettre leurs malades et incurables indigents dans un hospice d'une des autres communes du département, moyennant un prix de journée fixé par le préfet, d'accord avec la commission administrative intéressée. Les communes qui ne sont pas assez riches pour payer le prix de journée peuvent recevoir à cet effet une subvention départementale dans les cas et proportions déterminés par le conseil général. — Voy. Malades indigents.

Les administrations hospitalières, bien que non tenues de recevoir un indigent tombé malade dans une autre commune privée d'hospice, ont toujours la liberté de le faire quand il y a des lits vacants et que leurs revenus le leur permettent.

Il est d'usage que les frais de traitement des filles publiques vénériennes soient considérés comme dépenses de police sanitaire, et, à ce titre, payés par les villes; mais lorsque les conseils municipaux se refusent à voter des fonds pour cette dépense, elle incombe forcément à l'administration hospitalière, parce que les syphilitiques sont assimilés aux malades ordinaires.

Les hôpitaux, en vertu de l'arrêté du 24 thermidor an VIII, ont l'obligation de recevoir dans les communes où il n'y a pas d'hôpitaux militaires, et moyennant un prix de journée, les militaires et marins; ceux-ci y entrent sur l'ordre de l'autorité compétente, et leurs journées de maladie sont remboursées sur des états dressés par les commissions administratives. (Arrêté du 24 thermidor an VIII.) — Voy. JOURNÉES DES MILITAIRES TRAITÉS DANS LES HOSPICES.

Les hospices ne sont ouverts qu'à certaines catégories de pauvres, qui sont : 1° les incurables; 2° les orphelins; 3° les enfants trouvés et abandonnés; 4° les vieillards valides. Les conditions d'âge et de domicile exigées des candidats à l'admission dépendent de chaque commission administrative, à qui il appartient de les déterminer, sous l'approbation du préfet, dans son règlement de service intérieur. (L. 7 août 1851, art. 8.)

Les hospices sont autorisés (art. 7 de la même loi) à convertir en secours à domicile un cinquième de leurs revenus en faveur des vieillards et des incurables que leurs familles s'engagent à garder.

Lorsque l'indigent traité dans un établissement hospitalier a droit aux secours alimentaires prévus par les articles 205 et 206 du Code Napoléon, l'établissement ou les communes engagées, aux termes de l'article 4 de la loi du 7 août 1851, vis-à-vis de cet établissement, ont une action en répétition contre les descendants de l'indigent pour le payement de ces secours.

L'admission des malades et leur sortie sont prononcées par l'administrateur de service, sur l'avis du médecin. L'admission et la sortie des infirmes et des vieillards sont prononcées par délibération de la commission administrative. Les enfants assistés sont admis de la même manière. Ils ne peuvent rester dans l'hospice, à moins qu'ils ne soient infirmes, après l'âge de 21 ans.

Les hôpitaux et hospices peuvent admettre des pensionnaires payants. — Voy. PENSIONNAIRES.

Dotation. — La dotation des hospices se compose : 1° des biens qui leur ont été rendus et de ceux qui leur ont été attribués par la loi du 16 vendémiaire an V; 2° des biens qui leur ont été attribués par la loi du 4 ventôse an IX; 3° des biens acquis par les établissements à titre gratuit ou à titre onéreux; 4° des journées des militaires et marins malades, lorsque l'établissement doit les recevoir; 5° des journées des pensionnaires payants; 6° des allocations départementales et communales pour les enfants trouvés et abandonnés, et les aliénés; 7° du produit des droits sur les spectacles; 8° d'une part des produits des concessions de terrains dans les cimetières; 9° du tiers du produit des amendes de police correctionnelle; 10° du tiers du travail des vieillards et enfants de l'établissement; 11° des subventions librement accordées par les communes, les départements ou l'État; 12° de la moitié de ceux des biens d'une congrégation religieuse de femmes qui, en cas d'extinction ou de suppression légale, ne font pas retour au donateur ou testateur ou à leurs parents au degré successible ou qui auraient été acquis à titre onéreux (L. 24 mai 1825, art. 7); 13° des effets mobiliers des malades décédés dans l'établissement; 14° des revenus des biens appartenant aux enfants admis dans les hospices et perçus jusqu'à leur sortie, et de la propriété de ces biens si l'enfant décède avant sa sortie de l'hospice, son émancipation ou sa majorité, et qu'aucun héritier ne se présente (L. 15 pluviôse an XIII); 15° des revenus des biens des anciennes maladreries et léproseries dont la gestion a été attribuée à certains hospices par édits de Louis XIV; 16° des excédants des recettes du Mont-de-piété, lorsque la dotation suffit pour couvrir les frais généraux et abaisser l'intérêt à 5 p. 0/0 (L. 24 juin 1851); 17° des quêtes et aumônes; 18° des dons et legs. — Voy. BIENS, DÉCÈS DANS LES HOSPICES, LEGS ET DONATIONS, MALADRERIES, MONTS-DE-PIÉTÉ, etc.

Surveillance. — La loi du 10 vendémiaire an IV, sur l'organisation des ministères, a mis dans les attributions du ministre de l'intérieur les hôpitaux et hospices civils, les établissements et ateliers de charité, la répression de la mendicité et du vagabondage, les secours civils, les établissements destinés aux sourds-muets et aveugles.

Les hôpitaux et hospices sont placés sous la surveillance directe des sous-préfets et préfets.

Les administrations hospitalières sont en outre soumises au contrôle exercé par l'inspection générale des établissements de bienfaisance et à celui des inspecteurs particuliers institués dans chaque département. — Voy. INSPECTION DES ÉTABLISSEMENTS DE BIENFAISANCE.

Commissions administratives. — La loi du 16 vendémiaire an V, en rendant aux hospices leur personnalité et leurs biens, prescrivit qu'ils seraient administrés par une commission de cinq membres nommée par les administrations municipales, que la loi du 28 pluviôse an VIII remplaça par les sous-préfets.

Par arrêté du Gouvernement, du 7 germinal an XIII, la nomination des membres des commissions administratives fut réservée au ministre de l'intérieur. Elle passa ensuite en partie dans les attributions des préfets, qui furent chargés d'abord de nommer les commissions administratives dans les villes dont ils nommaient les maires (O. 6 février 1818), puis de nommer les commissions de tous les établissements dont ils réglaient les budgets, c'est-à-dire dont les budgets ne dépassaient pas 100,000 fr. (O. 6 juin 1830.) Ces nominations, ainsi que celles qui étaient réservées au ministre de l'intérieur, avaient lieu sur une liste de trois candidats présentée, pour chaque membre sortant, par la commission administrative. (Circ. int. 13 février 1818 et 16 septembre 1830.) Le décret du 23 mars 1852, rendu en exécution de l'article 6 de la loi du 7 août 1851, forme le dernier état de la législation.

Aujourd'hui, les commissions administratives des hospices et hôpitaux sont composées de cinq membres nommés directement par le préfet, et en outre du maire de la commune.

La présidence appartient au maire; il a voix prépondérante en cas de partage. En cas d'absence du maire, la présidence appartient au plus ancien des membres présents et, à défaut d'ancienneté, au plus âgé.

Les fonctions des commissions administratives sont gratuites. (D. 23 mars 1852, art. 1er.)

Les commissions administratives sont renouvelées, chaque année, par cinquième. Le renouvellement est déterminé par le sort pendant les quatre premières années, et ensuite par l'ancienneté. Les membres sortants sont rééligibles. En cas de remplacement dans le cours d'une année, les fonctions du nouveau membre expirent à l'époque où auraient cessé celles du membre qu'il a remplacé. (Id., art. 2.)

Les commissions administratives peuvent être dissoutes par le ministre de l'intérieur, sur la proposition ou l'avis du préfet. Les membres de ces commissions peuvent être individuellement révoqués dans la même forme. (Id., art. 3.)

Le nombre des membres des commissions administratives peut, en raison de l'importance des établissements ou des circonstances locales, être porté à plus de cinq par un décret spécial rendu sur l'avis du conseil d'État.

Pour être membre des administrations hospitalières, il faut être citoyen français, avoir son domicile réel dans la commune que dessert l'hospice, et prêter le serment politique constitutionnel. Ces fonctions sont incompatibles avec celles de conseiller de préfecture, avec celles d'adjoint au maire et celles d'agents salariés de l'établissement.

Une commission ne peut renfermer des parents ou alliés à un degré trop rapproché, ni des membres qui soient parents ou alliés du receveur jusqu'au degré de cousin germain inclusivement. (Circ. int. 8 février 1823.)

Les mêmes personnes peuvent faire partie de l'administration de l'hospice et de celle du bureau de bienfaisance. (O. 13 octobre 1821, art. 50.)

Les divers établissements hospitaliers d'une même commune sont régis par une seule commission, sauf exception motivée par la différence des destinations ou des intérêts.

En vertu de l'article 8 de la loi du 7 août 1851, c'est la commission administrative qui rédige le règlement de service intérieur; mais ce document doit être revêtu de l'approbation du préfet. Avant cette loi, les projets de règlements des hospices dont le ministre de l'intérieur réglait les budgets (ceux qui avaient plus de 100,000 francs de revenus) étaient soumis à son approbation.

La circulaire du 31 janvier 1840 a fourni à tous les hospices un modèle de règlement contenant les principes invariables qui doivent servir de base à toutes les commissions relativement à l'admission et au renvoi des malades indigents, au nombre de lits affectés à chaque catégorie, à la tenue des livres et registres, au nombre, classification, et attributions des employés et agents de service, aux services médical, hospitalier et religieux, aux ateliers de travail, au régime alimentaire, à la police intérieure. — *Mém.* 1841, p. 86.

La commission doit s'assembler au moins une fois par mois, à jour fixe; les réunions doivent avoir lieu dans l'établissement même.

Chaque membre exerce à tour de rôle une surveillance quotidienne sur toutes les parties du service; un des membres, désigné par la commission, remplit les fonctions d'ordonnateur et est chargé de la signature de tous les mandats à délivrer pour l'acquittement des dépenses.

La commission peut être convoquée extraordinairement par le maire, président-né, et par l'administrateur de service.

Dans le cas extraordinaire où le maire ou son adjoint ne pourraient ou se refuseraient à transmettre à l'autorité supérieure le résultat des délibérations et à entretenir avec elle la correspondance qui s'y rapporte, ce soin appartient de droit à la commission administrative représentée par le membre qui a rempli les fonctions de président en l'absence du maire, aux termes de l'article 23 du décret du 23 mars 1852.

Les commissions administratives sont chargées de diriger et de surveiller le service intérieur et extérieur des établissements hospitaliers.

La loi du 7 août 1851 a appliqué à ces établissements les principes de la loi communale du 18 juillet 1837. D'après l'article 8, la commission administrative, qui antérieurement avait besoin de l'approbation de l'autorité supérieure, règle elle-même et sans autorisation : 1° le mode d'administration des biens et revenus de l'établissement; 2° les conditions des baux et fermes de ces biens lorsque la durée n'excède pas 18 ans pour les biens ruraux, et 9 ans pour les autres; 3° le mode et les conditions des marchés pour fournitures et entretien dont la durée n'excède pas une année, et les travaux de toute nature dont la dépense ne dépasse pas 3,000 francs. Toutefois les décisions de la commission sur ces objets peuvent être annulées dans les 30 jours par le préfet, mais seulement sur les réclamations d'une partie intéressée ou pour violation d'une loi ou d'un règlement d'administration publique.

Il n'est pas permis à la commission d'éluder la compétence préfectorale en divisant les travaux qu'elle ordonne de manière que chaque portion de ces travaux ne coûte pas plus de 3,000 francs, quoique leur ensemble nécessite une dépense supérieure.

D'après les articles 9 et 10 de la même loi, la commission délibère sur les objets suivants : 1° les budgets, comptes et en général toutes les recettes et dépenses des établissements hospitaliers; 2° les acquisitions, échanges, aliénations des propriétés de ces établissements et les mesures relatives à l'affectation, conservation et amélioration des propriétés ; 3° les projets de travaux pour constructions, grosses réparations et démolitions dont la valeur excède 3,000 francs; 4° les conditions ou cahiers des charges des adjudications de travaux et marchés pour fournitures ou entretien dont la durée excède une année ; 5° les actions judiciaires et transactions ; 6° les placements de fonds et emprunts ; 7° les acceptations de dons et legs. Les délibérations prises par elle sur ces objets sont soumises à l'avis du conseil municipal et subordonnées à l'autorisation du préfet en vertu du décret du 25 mars 1852.

La communication au ministre des projets de travaux dépassant 20,000 francs n'est plus exigée.

Agents de l'administration hospitalière, employés et gens de service. —Les agents de l'administration hospitalière, sont : 1° le secrétaire ; 2° le receveur; 3° l'économe; 4° les médecins et pharmaciens; 5° les sœurs; 6° l'aumônier. Chaque administration a, en outre, sous ses ordres, des employés de bureau, des infirmiers et servants, en nombre proportionné aux besoins du service.

Le secrétaire est nommé par la commission, mais il ne peut être révoqué par elle qu'avec l'approbation du préfet. Il prépare la correspondance, tient le registre des délibérations et tous les autres registres du service administratif, prépare l'expédition des ordonnances de dépenses, dirige et surveille les travaux des bureaux ; il a, de plus, la garde des archives, dont il est responsable. Les employés sous ses ordres sont à la nomination de la commission administrative et révocables par elle.

Le receveur est nommé par le préfet (D. 25 mars 1852) sur la proposition de la commission administrative. Lorsque le revenu des établissements hospitaliers n'excède pas 30,000 francs, les fonctions de receveur sont toujours exercées par le receveur de la commune. Dans tous les cas, la commission administrative exerce, à l'égard du receveur de l'établissement, les droits attribués au conseil municipal à l'égard du receveur des communes. (L. 7 août 1851, art. 14.)

Le receveur est placé sous la surveillance directe de la commission administrative, du maire, du sous-préfet et du préfet, et, en outre, sous celle du receveur des finances de l'arrondissement.

Il doit gérer en personne et tenir sa caisse ouverte, tous les jours non fériés, pendant le temps déterminé par le règlement de service. La perception de tous les revenus en deniers et le payement de toutes les dépenses s'effectuent exclusivement par son entremise.

Il y a incompabtilité entre les fonctions de receveur et celles de secrétaire de la commission administrative. — Voy. Receveurs des communes et établissements de bienfaisance, Receveurs des finances.

L'économe est nommé par la commission administrative, qui peut aussi le révoquer, mais seulement avec l'approbation du préfet (L. 7 août 1851, art. 14). Il est chargé de l'emmagasinage et de la distribution des denrées et des autres objets de consommation. Chaque mois, il remet à la commission administrative un état de ses magasins. — Voy. Économes.

Les médecins et chirurgiens sont également nommés par la commission administrative, qui ne peut les révoquer qu'avec l'approbation du préfet. Ils doivent faire leur visite à heure fixe et tenir un cahier de visites sur lequel ils inscrivent les prescriptions et le régime alimentaire de chaque malade. — Voy. Cahier de visite des médecins, Médecins.

Le pharmacien est soumis à la surveillance spéciale des médecins; il exécute les prescriptions qu'ils ont ordonnées, et il tient la comptabilité des matières de son officine. — Voy. Pharmaciens.

Les sœurs hospitalières sont chargées du service intérieur sous l'autorité de la commission administrative. Mais elles ne peuvent gérer aucun des biens, ni percevoir aucune partie des revenus de l'administration hospitalière. Les infirmiers et servants sont placés sous la direction de la sœur supérieure. — Voy. Infirmiers, Sœurs hospitalières.

L'aumônier est chargé du service religieux. Il est nommé par l'évêque, sur la présentation de trois candidats faite par la commission administrative. Il est placé, pour le temporel, sous la direction de cette commission. Tout le casuel provenant de l'exercice du culte doit tourner au profit de l'établissement et entrer dans la caisse du receveur. — Voy. Aumoniers.

A part les traitements des receveurs, qui consistent en remises proportionnelles, les traitements des agents et employés sont fixés par les délibérations de la commission administrative, sauf l'approbation de l'autorité qui règle le budget.

Les traitements sont payables par mois, à l'échéance. Ils ne peuvent être saisis-arrêtés par les créanciers que dans les proportions déterminées par la loi du 21 ventôse an IX. — Voy. Oppositions, Traitements.

Administration des biens et revenus. — Les hôpitaux et hospices, dès que leur création a été autorisée par décret, sont des personnes civiles ayant capacité d'acquérir, de posséder, de gérer et d'aliéner au même titre que les particuliers.

Les maisons et les biens ruraux possédés par les établissements hospitaliers sont, à moins d'autorisation contraire, affermés par voie d'adjudication, suivant les règles tracées pour les biens des communes. La mise en fermage des biens ruraux est le mode d'administration le plus généralement adopté par les commissions; l'exploitation directe n'est que l'exception.

Les administrateurs, en réglant dans les baux le mode de payement, peuvent stipuler que le prix de l'adjudication est payable en grains ou denrées, et se réserver la faculté de recevoir le payement en argent, d'après le taux des mercuriales des marchés.

En cas de retard dans le payement aux échéances, ce payement est poursuivi selon les règles prescrites pour le prix de ferme des maisons et biens ruraux appartenant aux communes. (L. 16 messidor an VII; arrêté 7 germinal an IX; L. 7 août 1851, art. 7; I. G., art. 1056.)

Les baux à ferme, d'après le décret du 12 août 1807, ne peuvent être faits qu'aux enchères et devant un notaire désigné par le préfet. — *Mém.* 1859, p. 193; 1862, p. 66.

Dans tous les autres cas où le ministère d'un notaire peut être nécessaire à l'hospice, le choix de cet officier public appartient à la commission administrative.—Voy. BAUX, BIENS DES ÉTABLISSEMENTS DE BIENFAISANCE.

Les bois appartenant aux établissements publics sont, comme les bois des communes, soumis au régime forestier. (C. F., art. 1er.)

Aucune vente de coupe ordinaire ou extraordinaire ne peut être faite que par voie d'adjudication publique. Ces ventes ont lieu à la diligence des agents forestiers, devant le préfet ou devant le sous-préfet de l'arrondissement où les coupes sont situées, et en présence d'un membre de la commission administrative et du receveur de l'établisssment.

Le mode d'adjudication des coupes, tant ordinaires qu'extraordinaires, réglé pour les communes, est entièrement applicable aux établissements publics; le recouvrement des produits est aussi effectué par les receveurs des établissements, ou par les receveurs des finances, selon les règles établies pour les communes. (I. G., art. 1057.)

Les administrations des hospices doivent donner, chaque année, un état des quantités de bois dont ces établissements ont besoin. Cet état est visé par le sous-préfet et transmis par lui à l'agent forestier. Les quantités de bois ainsi déterminées sont mises en charge lors de la vente des coupes et délivrées à l'établissement par l'adjudicataire aux époques fixées par le cahier des charges. (O. 1er août 1827, art. 142.)

Le droit de chasse dans les bois des établissements doit être affermé par la commission administrative; les administrateurs et le receveur ne peuvent se rendre adjudicataires de ce droit. (Circ. int., 18 mai 1818; Décis. min., 25 janvier 1830.) — Voy. Bois, CHASSE, COUPES DE BOIS, PRODUITS ACCESSOIRES DES BOIS.

Les aliénations, acquisitions et échanges d'immeubles par les établissements de bienfaisance ne peuvent avoir lieu qu'en vertu de l'autorisation du préfet. (D. 25 mars 1852, tableau A, § 41.)

Les pièces à produire, pour l'instruction de ces diverses affaires sont celles ci-après, savoir: 1° la délibération portant vote de la mesure; 2° un procès-verbal d'expertise dressé par une personne désignée par le sous-préfet; 3° un procès-verbal d'information *de commodo et incommodo;*

4° une nouvelle délibération sur le résultat de l'enquête, si elle a soulevé des oppositions; 6° l'avis du sous-préfet. On ajoute à ces documents, selon le cas, soit une promesse de vente, soit la soumission de l'échangiste. (Circ. int., 5 mai 1852.)

Les bois des hospices étant soumis au régime forestier, l'autorisation d'aliéner cette sorte de propriété ne peut être accordée que par décret impérial rendu sur la proposition du ministre de l'intérieur, les avis du ministre des finances et du conseil d'État.

L'article 10 de la loi du 7 août 1851 a imposé aux hospices qui veulent aliéner des immeubles une condition nouvelle : celle de l'assentiment du conseil municipal. Les ventes d'immeubles ne peuvent avoir lieu que par voie d'adjudication publique et aux enchères, à moins que le préfet, dont la compétence a remplacé celle du chef de l'État depuis le décret du 25 mars 1852, ne prononce par l'arrêté d'autorisation une exception à cette règle. Le dixième des arrérages des rentes acquises avec le produit de l'aliénation doit être capitalisé et replacé de la même manière, afin d'obvier à la dépréciation monétaire.

La jurisprudence administrative accorde aux hospices la faculté de recourir à la voie de l'expropriation pour cause d'utilité publique, quoique ces établissements ne soient pas mentionnés dans la loi du 3 mai 1841. Le décret de déclaration d'utilité publique autorise la poursuite d'expropriation par le maire agissant au nom de la commune et pour le compte des établissements charitables. Mais, d'après la jurisprudence du conseil d'État et du ministère de l'intérieur, cette déclaration d'utilité publique ne peut avoir lieu que si les propriétaires dont l'expropriation est reconnue nécessaire refusent d'y consentir, ou si leurs offres sont exagérées. La déclaration ne peut être poursuivie dans le seul but de soustraire, en vertu de l'article 58 de la loi de 1841, les établissements charitables au payement des droits d'enregistrement, de timbre et d'hypothèque.

Dans les cas d'acquisition et d'échange, les receveurs doivent veiller à l'accomplissement des formalités de la purge des hypothèques sur les immeubles acquis ou reçus en échange, et en justifier dans leur compte de gestion. — Voy. Acquisitions, Aliénations, Échanges, Expropriation, Purge des hypothèques.

Les membres des commissions administratives ne peuvent contracter par voie d'acquisition, d'aliénation ou d'échange avec les établissements dont l'administration leur est confiée. (Circ. int. 5 mai 1852.) Il leur est interdit, en outre, ainsi qu'aux receveurs, de se rendre directement ou indirectement adjudicataires de coupes de bois, de locations ou d'entreprises du domaine des établissements. — Voy. Adjudications.

Le président de la commission administrative peut toujours, à titre conservatoire, accepter, en vertu de la délibération de la commission, les dons et legs faits aux établissements charitables. Le décret impérial ou l'arrêté qui intervient ensuite a son effet du jour de cette acceptation. (L. 7 août 1851, art. 11.)

Le préfet est compétent pour statuer sur les dons et legs de toutes sortes de biens faits aux établissements charitables, et à quelque somme qu'ils s'élèvent, lorsqu'il n'y a pas réclamation des familles. (D. 25 mars 1852, tableau A, § 42.)

Les délibérations des commissions administratives ayant pour objet l'acceptation des dons et legs sont soumises à l'avis du conseil municipal, et suivent, quant aux autorisations, les mêmes règles que les délibérations de ce conseil. (L. 7 août 1851, art. 10.) — Voy. LEGS ET DONATIONS.

Les commissions administratives peuvent employer en rentes sur l'État, sans autorisation préalable, leurs capitaux disponibles, quels qu'en soient l'origine et le montant. Le placement s'opère en vertu d'une simple délibération de la commission administrative. Les arrérages de ces rentes sont payés, chaque trimestre, par le receveur de l'arrondissement.

Quant à l'aliénation des inscriptions de rentes sur l'État, elle doit être autorisée par le préfet, sur l'avis conforme du conseil municipal et celui du sous-préfet.

Les achats et ventes de rentes sur l'État s'opèrent par l'entremise du receveur général. — Voy. RENTES SUR L'ÉTAT.

Le revenu qui résulte, pour les hospices, des rentes foncières dues par des particuliers, est établi par les titres constitutifs qui engagent les particuliers envers les établissements.

Le recouvrement des rentes dues aux hospices est fait par le receveur, lorsque le domicile des débiteurs est dans l'arrondissement où est situé l'établissement; hors de cet arrondissement, le recouvrement est confié aux percepteurs des contributions directes, et ceux-ci sont responsables des non-valeurs, des prescriptions qui résulteraient de leur négligence, lorsque le receveur des hospices intéressés les aura avertis et requis par l'intermédiaire du receveur des finances (O. 28 juin 1833. — *Mém.* 1860, p. 283.) — Voy. RENTES SUR PARTICULIERS, RENTES ET CRÉANCES A RECOUVRER HORS DE L'ARRONDISSEMENT.

Les hospices sont exempts de l'impôt foncier et de l'impôt des portes et fenêtres pour leurs bâtiments et jardins y attenant. Leurs autres biens immeubles, qui sont déjà passibles de ces contributions, sont en outre assujettis, en vertu de la loi du 20 février 1849, à une taxe annuelle dite impôt de biens de mainmorte, qui s'applique en même temps aux bureaux de bienfaisance, aux fabriques, aux congrégations religieuses, aux communes, aux départements, aux sociétés anonymes et à tous les établissements publics. Cet impôt est destiné à remplacer pour le Trésor les droits de mutations par décès, que les établissements publics n'acquittent jamais.

Les bois des hospices sont assujettis, de plus, à une taxe particulière du vingtième de leur produit, qui a pour objet d'indemniser l'État des frais d'administration de ces bois, sans toutefois que ces frais puissent excéder le maximum d'un franc par hectare. — Voy. Bois, Contributions a la charge des communes et établissements publics.

Dettes des hospices. Emprunts. — Un hospice ne peut contracter de dettes sans qu'un crédit ait été régulièrement ouvert à son budget pour la dépense qui fait l'objet de la dette. Lorsque la dette existe dans ces conditions, le créancier, même l'État, muni d'un titre exécutoire, doit se pourvoir administrativement pour obtenir son payement. (Circ. 2 prairial, an VIII.) Cette dérogation au droit commun est motivée sur ce que le service des hospices est un service public qui, serait désorganisé s'il était permis de suivre pour le payement de leurs dettes une autre marche que celle prescrite pour le payement de celles de l'État.

Les lois des 3-10 décembre 1790, 11 février 1791 et 5-10 août 1791 firent interdiction aux communes et aux corps administratifs de contracter aucun emprunt sans l'autorisation législative. Aux termes de l'article 41 de la loi du 18 juillet 1837, les communes jouissant de moins de 100,000 francs de revenus peuvent être autorisées par décret rendu dans la forme des règlements d'administration publique à contracter des emprunts ; celles qui ont un revenu supérieur n'y peuvent être autorisées que par une loi. Néanmoins, et en cas d'urgence, un décret impérial rendu dans les mêmes formes peut autoriser les communes jouissant d'un revenu de 100,000 francs et au-dessus à emprunter jusqu'à concurrence du quart de leurs revenus. Ces dispositions sont applicables aux établissements de bienfaisance.

Le décret du 25 mars 1852 avait rendu les préfets compétents pour l'autorisation des emprunts des établissements de bienfaisance. Mais la loi du 10 juin 1853 a abrogé cette disposition, et la législation est ramenée sur ce point à son état antérieur.

Les établissements de bienfaisance ont la faculté de traiter, pour leurs emprunts, avec la caisse des dépôts et consignations, ou par voie d'adjudication publique, ou de gré à gré avec des particuliers. Ils peuvent aussi être autorisés à traiter de gré à gré avec la Société du Crédit foncier. — Voy. Emprunts.

Travaux et fournitures. — Les réparations de simple entretien dont la dépense ne dépasse pas 300 francs peuvent être exécutées par économie sur les crédits ouverts au budget et sans autorisation préalable du préfet. (D. 10 brumaire an XIV.)

Il ne peut être procédé aux travaux dont la dépense excède 3,000 francs et aux fournitures dont la durée dépasse une année que par adjudication publique, conformément à l'ordonnance du 14 novembre 1837, laquelle n'a été abrogée par l'article 8 de la loi du 7 août 1851 qu'en ce qui concerne les travaux de moins de 3,000 francs et les fournitures dont la durée n'excède pas un an. Aux termes de cet article, ces travaux et fournitures peuvent être autorisés par de simples délibérations des commissions administratives.

L'article 15 de la loi du 7 août 1851 fait encore exception à la règle générale des adjudications édictée par l'ordonnance du 14 novembre 1837, en ce qui concerne les fournitures des aliments et objets de consommation. Cet article permet, pour ces fournitures, aux commissions administratives, d'accord avec le conseil municipal et sous l'approbation du préfet, de traiter, de gré à gré ou par voie d'abonnement, pour plusieurs années.

Les dispositions combinées de ces deux articles de la loi du 7 août 1851 ont donné lieu à diverses interprétations, qui toutes amenaient à des solutions contradictoires. La jurisprudence du ministère de l'intérieur, consacrée par plusieurs décisions, a établi en principe que les articles 8 et 15 n'ont aucune corrélation entre eux. L'article 8 s'applique à toutes les fournitures, de quelque nature qu'elles soient, qui ne dépassent pas la durée d'une année. L'article 15 réglemente spécialement les fournitures des aliments et objets de consommation faites pour plus d'un an.

Aux termes de l'article 78 de la loi du 15 mai 1818, les adjudications ou marchés de toute nature passés par des établissements publics sont assujettis au timbre et à l'enregistrement sur la minute dans le délai de vingt jours. D'après une décision du ministre des finances du 29 décembre 1859, les marchés de gré à gré sous seings privés ne sont exempts de cette formalité en aucun cas.

Les travaux de toute nature au compte des établissements de bienfaisance ne peuvent avoir lieu qu'après que les projets et devis ont été approuvés par le préfet. (D. 25 mars 1852, tableau A, § 49.)

Les adjudications de travaux et fournitures doivent être, en général, passées devant le maire, comme président de la commission administrative. Il peut être réservé, néanmoins, par l'acte d'autorisation, que l'adjudication aura lieu au chef-lieu d'arrondissement en présence du sous-préfet. Dans tous les cas, l'autorité qui procède à l'adjudication doit être assistée de deux membres de la commission administrative, et le receveur doit être présent. Les moyens de publicité et la forme des opérations ne diffèrent pas de ceux qui sont en usage dans les adjudications et marchés au compte des communes. — Voy. Adjudications, Cahier des charges, Devis, Fournitures, Traités de gré a gré, Travaux.

Comptabilité. — Les règles de la comptabilité des communes s'appliquent aux établissements de bienfaisance en ce qui concerne la durée et la division des exercices, la spécialité et la clôture des crédits, la perception des revenus, l'ordonnancement et le payement des dépenses, et, par suite, la formation des budgets ainsi que le mode d'écritures et de comptes. (L. 7 août 1851, art. 12 ; I. G., art. 1046.)

Les recettes et les dépenses des hospices et hôpitaux ne peuvent être faites qu'en vertu du budget de chaque exercice, ou des autorisations supplémentaires données par la même autorité qui règle le budget.

Toutes recettes et tous payements faits pour le compte des établissements sans l'intervention de leurs receveurs donnent lieu aux poursuites autorisées par les lois contre les personnes qui ont indûment disposé des deniers publics. (I. G., art. 1047.)

Le budget des recettes et des dépenses à effectuer pour chaque exercice est délibéré par les commissions administratives dans leur session annuelle du mois d'avril, afin que les budgets des établissements auxquels les communes fournissent des subventions sur leurs octrois ou sur toute autre branche de leurs revenus puissent être soumis aux conseils municipaux, dont la session a lieu du 1er au 15 mai, et que ces conseils puissent délibérer sur les subventions à accorder par les communes. Le conseil municipal est toujours appelé à donner son avis sur les budgets et les comptes des établissements de bienfaisance, même lorsque la commune ne leur fournit aucune subvention. (Id., art. 1048.)

Dans les villes où il y a plusieurs hospices, le budget doit être rédigé de manière que les dépenses, tant ordinaires qu'extraordinaires, de chaque établissement, soient présentées séparément et additionnées ensuite pour ne former qu'un seul total. Quant aux recettes, elles doivent être portées en masse, sans distinction des établissements, à moins toutefois que l'un d'eux ne possède en propre des revenus provenant d'une dotation qui leur ait assigné un emploi spécial ; alors ces revenus seraient distingués dans le budget au moyen d'une annotation particulière. (Id., art. 1049.)

Les circulaires des 11 novembre 1826 et 25 septembre 1841 ont successivement formulé des modèles de budgets. — *Mém.* 1841, p. 289 et 295.

Le budget délibéré par la commission administrative et accompagné du compte administratif de l'exercice clos et d'un cahier d'observations relatives aux dépenses et recettes présumées est soumis à l'examen du conseil municipal et transmis par le sous-préfet, avec avis, au préfet.

En vertu du décret du 25 mars 1852, les préfets règlent les budgets de tous les hospices. La circulaire du 5 mai 1852 a prescrit aux préfets d'envoyer au ministre, après qu'ils les auraient approuvés et pour être examinés, la copie de tous les budgets excédant 100,000 francs.

Les budgets sont remis à l'autorité, qui doit les approuver assez tôt pour qu'ils puissent être renvoyés, avant l'ouverture de l'exercice, aux receveurs chargés de les mettre à exécution. En cas de retard, les recettes et les dépenses ordinaires continuent, jusqu'à l'approbation de ce budget, à être faites conformément à celui de l'année précédente.

Lorsque les crédits primitivement ouverts pour un exercice sont reconnus insuffisants, ou lorsqu'il doit être pourvu à des dépenses imprévues, les crédits supplémentaires doivent être ouverts par le préfet. Les conseils municipaux sont appelés à donner leur avis sur ces crédits supplémentaires. (I. G., art. 1050.)

Tous les crédits sont spéciaux et limités à l'exercice courant.

La commission administrative peut inscrire au budget un crédit pour dépenses imprévues, à condition que ce crédit n'excède pas le dixième des recettes ordinaires. Mais ce crédit ne peut être employé, sauf en cas d'urgence, sans approbation préalable. — Voy. Dépenses imprévues.

Il est procédé au règlement définitif du budget de chaque exercice, à la clôture de cet exercice, et au report des restes à recouvrer et des restes à payer au budget de l'exercice suivant, d'après les règles tracées pour les communes. — Voy. Budget communal, Crédits, Exercice.

Les revenus des hospices sont divisés, comme les revenus des communes, en revenus ordinaires et revenus extraordinaires, ainsi que l'indique le modèle de budget donné sous le nº 241. — Voy. Revenus des établissements de bienfaisance.

Les receveurs hospitaliers doivent recevoir, comme il est réglé pour les receveurs des communes, une expédition en forme de tous les baux, contrats, jugements, déclarations, titres nouvels et autres actes concernant les revenus dont la perception leur est confiée; et ils sont autorisés à demander, au besoin, que les originaux de ces divers actes leur soient remis sur leur récépissé. (I. G., art. 1051.)

Les receveurs recouvrent les divers produits aux échéances déterminées par les titres de perception et par les règlements administratifs; et, attendu que les hospices sont, sauf quelques exceptions créées par la loi, sous l'empire du droit commun pour la perception de leurs revenus, leurs receveurs doivent, comme ceux des communes, veiller à la conservation des domaines, droits, priviléges et hypothèques, requérir à cet effet les inscriptions nécessaires et en tenir registre. — Voy. Actes et mesures conservatoires.

L'article 13 de la loi du 7 août 1851 prescrit pour les recettes des hospices un mode de recouvrement identique à celui qui est autorisé pour les communes par l'article 63 de la loi du 18 juillet 1837. Les recettes des hospices pour lesquelles les lois et règlements n'ont pas prescrit un mode spécial de recouvrement s'effectuent sur des états dressés par le maire, sur la proposition de la commission administrative. Ces états sont exécutoires après qu'ils ont été visés par le sous-préfet. Les oppositions, lorsque la matière est de la compétence des tribunaux ordinaires, sont jugées comme affaires sommaires, et la commission administrative peut y défendre sans autorisation du conseil de préfecture. (I. G., art. 1054.) — Voy. États exécutoires.

Les receveurs hospitaliers sont responsables de la rentrée des revenus en nature, comme du recouvrement des revenus en argent, et ils ne peuvent dégager leur responsabilité qu'en justifiant de la remise qu'ils ont fait faire entre les mains des économes des grains et denrées versés par les fermiers ou achetés pour le service des établissements. Ils doivent, en conséquence, suivre la rentrée de ces produits aux échéances, et employer, au besoin, contre les fermiers et autres débiteurs, les mêmes moyens de poursuites que pour le recouvrement des revenus en argent. (I. G., art. 1079.)

Les receveurs ne peuvent donner mainlevée des oppositions formées pour la conservation des droits des hospices, ni consentir des radiations, changements ou limitations d'inscriptions hypothécaires, qui n'auraient pas été ordonnés par les tribunaux ou autorisés par les conseils de préfecture. — Voy. HYPOTHÈQUES, OPPOSITIONS.

Enfin, les receveurs délivrent quittance de toutes les sommes qu'ils recouvrent, en se conformant aux règles tracées pour le recouvrement des revenus communaux, et ils doivent exercer, selon le mode également prescrit pour les communes, les poursuites nécessaires contre les débiteurs en retard. (I. G., art. 1055.)

On trouvera, au surplus, dans divers articles de cet ouvrage, des explications particulières sur l'assiette des revenus des hospices, et sur les moyens de recouvrement propres à chacun d'eux. — Voy. BAUX, BOIS, CONCESSIONS DANS LES CIMETIÈRES, CONFISCATIONS ET AMENDES, COUPES DE BOIS, DONS, AUMÔNES ET COLLECTES, DROIT DES PAUVRES, ENFANTS ASSISTÉS, INTÉRÊTS DE FONDS PLACÉS AU TRÉSOR, JOURNÉES DE MILITAIRES, LEGS ET DONATIONS, MALADES ET INCURABLES INDIGENTS, OBJETS FABRIQUÉS DANS LES HOSPICES, OCTROI, PENSIONNAIRES, REMBOURSEMENT DE CAPITAUX, RENTES, REVENUS EN NATURE, SUBVENTIONS.

Les dépenses des hospices sont divisées en dépenses ordinaires et dépenses extraordinaires. Celles de la première espèce prennent rang comme il est indiqué dans le *modèle* de budget donné sous le nº 241. — Voy. DÉPENSES DES ÉTABLISSEMENTS DE BIENFAISANCE.

On range dans la classe des dépenses ordinaires les consommations de grains et denrées.

Les dépenses extraordinaires ont, en général, pour objet : les constructions et grosses réparations ; les achats de terrains et bâtiments; les frais de procédure ; les achats de rentes sur l'État. (I. G., art. 1083.)

Les crédits en vertu desquels les dépenses des hospices doivent être acquittées sont ouverts dans les budgets dont la formation a été indiquée plus haut.

Chaque crédit doit servir à la dépense pour laquelle il est ouvert; les administrateurs ne peuvent en changer la destination sans une décision du préfet. (Id., art. 1084.)

Aucune dépense ne peut être acquittée par les receveurs des hospices, si elle n'a été préalablement ordonnancée sur un crédit régulièrement ouvert.

Les mandats doivent être délivrés au profit et au nom des créanciers directs de l'établissement. (Id., art. 1085.)

L'exercice étant clos au 31 mars de l'année suivante, les mandats ne peuvent être ordonnancés passé le 15 de ce mois, ni payés passé le 31 ; mais, faute de payement dans ce délai, la dépense peut ensuite être imputée sur les reliquats de l'exercice clos. — Voy. ÉTAT DES RESTES A PAYER.

Pour justifier de la réalité de la dette et valider le payement, les mandats doivent être appuyés de toutes les pièces justificatives prescrites par les règlements. — Voy. PIÈCES JUSTIFICATIVES.

Les règles tracées pour le payement des dépenses des communes sont applicables au payement des dépenses des hospices. Celles de ces dernières dépenses qui sont soumises, en outre, à des formalités particulières, sont l'objet d'articles spéciaux dans cet ouvrage. — Voy. ACQUISITIONS, ALIÉNATIONS, CONTRIBUTIONS, ENFANTS ASSISTÉS, FRAIS DE PROCÉDURE, FOURNITURES, ORDONNANCEMENT, PAYEMENT, PENSIONS, RENTES, TRAITEMENTS, TRAVAUX.

Indépendamment des recettes et dépenses à effectuer en exécution des budgets, les receveurs hospitaliers sont chargés de diverses opérations qui ont généralement pour objet : 1° les fonds de retraites ou de pensions des employés ; 2° les dépôts de garantie et cautionnements pour adjudications et marchés ; 3° les retenues à opérer en vertu d'oppositions ; 4° les recettes faites avant l'ouverture de l'exercice ; 5° les fonds appartenant aux enfants assistés et deniers pupillaires ; 6° les dépôts d'argent et d'objets précieux faits par les personnes admises dans les hôpitaux et hospices. (I. G., art. 1095.)

Ces opérations n'influant point sur les ressources des établissements, ne sont pas portées à leur compte ; elles font l'objet de comptes d'ordre spéciaux dans la comptabilité du receveur. — Voy. CAUTIONNEMENTS D'ADJUDICATAIRES, DENIERS PUPILLAIRES, DÉPÔTS D'ARGENT ET D'OBJETS PRÉCIEUX, OPPOSITIONS, PENSIONS, RECETTES FAITES AVANT L'OUVERTURE DE L'EXERCICE.

Les écritures des ordonnateurs des hospices doivent être tenues dans la même forme que celles des maires ordonnateurs des communes. Les livres à tenir au secrétariat des hospices sont : le journal, le grand-livre et les livres auxiliaires. — Voy. ORDONNANCEMENT.

La commission administrative est tenue de fournir chaque année un compte moral et administratif de sa gestion (L. 16 messidor an VII, art. 9 ; D. 31 mai 1862, art. 556). Le compte présente toutes les explications et justifications relatives à la régie des biens, à l'augmentation ou diminution des revenus de l'établissement, au mouvement de la population, à l'état sanitaire et au service médical, à l'état des bâtiments, au régime alimentaire et au prix des consommations et fournitures; c'est la partie dite *morale*. Il présente en outre pour l'exercice clos, suivant l'ordre des chapitres et articles du budget, tous les développements relatifs à la nature des recettes et dépenses, aux augmentations et diminutions de chaque article de dépenses et de recettes, aux restes à recouvrer et à payer; c'est la partie dite *administrative*, qui doit être délibérée par la commission du 1er au 15 avril. Le tout est soumis au conseil municipal, avec les pièces justificatives, dans la session de mai de ce conseil, puis transmis par le sous-préfet avec son avis au préfet qui donne son approbation. — Voy. COMPTE ADMINISTRATIF

Le receveur ne doit avoir qu'une caisse unique, même lorsqu'il gère les recettes de plusieurs établissements; il doit déposer à la recette des finances les sommes qui dépassent les besoins du service.

Les écritures à tenir par les receveurs hospitaliers sont conformes à celles des receveurs munipaux, soit que le service se trouve réuni à la perception des contributions directes, ou confié à un receveur spécial. Dans ce dernier cas, le comptable est tenu d'employer les livres suivants : 1° un journal à souche pour l'enregistrement de toutes les recettes et la délivrance des quittances aux parties versantes; 2° des livres de détail des dépenses et recettes de chaque établissement; 3° un journal général, qui est soumis au timbre, constatant toutes les dépenses et recettes jour par jour; 4° un grand-livre de comptes généraux par service, comprenant, en outre, les comptes de valeurs et de fonds placés ou avancés.

Tous ces registres doivent être cotés et paraphés sur chaque feuillet par le maire. Ils sont clos par l'ordonnateur et suivant procès-verbal le 31 décembre de chaque année. En outre, le comptable doit adresser, à des époques périodiques, aux receveurs des finances la balance des comptes du grand-livre et le bordereau de situation des recettes et des dépenses. — Voy. BALANCE, BORDEREAU, CLOTURE DES REGISTRES, ÉCRITURES, JOURNAL GÉNÉRAL, GRAND-LIVRE.

Un compte de gestion est rendu chaque année par le receveur. C'est le décret du 7 floréal an XIII qui rendit annuels les comptes que les receveurs devaient rendre auparavant tous les trois mois. Chaque compte de gestion a pour point de départ le solde des valeurs restant en caisse ou en portefeuille au 31 décembre de l'année qui précède le compte, solde constaté par le procès-verbal de clôture des registres, et comprend ensuite tous les recouvrements et payements opérés pendant le cours de l'année. Le compte doit être présenté à la vérification du receveur des finances dans les deux premiers mois de l'année suivante, être soumis à la commission administrative du 1er au 15 avril, et à la délibération du conseil municipal dans sa session de mai.

Le receveur retire des ampliations des délibérations de la commission et du conseil municipal, et du compte administratif, réunit ces éléments aux autres justifications qu'il doit produire, et adresse le tout avec une expédition du compte, ou au greffier en chef de la Cour des comptes ou au conseil de préfecture, selon que le jugement du compte appartient à l'une ou à l'autre de ces autorités.

Le jugement des comptes des hospices appartient à la Cour des comptes, lorsque l'établissement a plus de 30,000 francs de revenus; au conseil de préfecture, lorsque les revenus sont inférieurs à 30,000 francs, sauf appel à la Cour des comptes. La compétence est déterminée par le chiffre des revenus de trois années consécutives, et elle est déclarée par arrêté préfectoral. — Voy. COMPTE DE GESTION.

Par suite de l'établissement d'une comptabilité-matières spéciale, le nombre et l'importance des écritures que les receveurs devaient tenir relativement aux objets de consommation ont été diminués par la circulaire du 18 novembre 1841. Ces comptables n'encourent aucune responsabilité pour les produits des domaines exploités directement ; les revenus de l'espèce n'entrent que pour ordre dans leurs comptes; ils y sont justifiés par un état, dûment certifié, des produits et de leur valeur, mais les receveurs ne dégagent leur responsabilité relativement aux autres revenus en nature qu'en justifiant de la remise faite entre les mains des économes. (I. G., art. 1079.)

La comptabilité en matière des hospices, dont les bases avaient été fixées par une ordonnance royale du 29 novembre 1831, a été organisée d'une manière complète par l'instruction ministérielle du 20 novembre 1836.

Cette comptabilité a pour agents les économes, qui doivent passer écritures et rendre compte de l'entrée et de la sortie de tous les objets confiés à leur administration. Leurs écritures se composent : 1° d'un journal à souche pour l'enregistrement des recettes en matières; 2° d'un journal général pour l'enregistrement journalier des entrées et des sorties ; 3° d'un grand-livre pour l'établissement du compte particulier des diverses natures de denrées. Ces trois registres doivent être cotés et paraphés avant le commencement de l'année à laquelle ils se rapportent par l'un des membres de la commission administrative.

Le compte de l'économe doit être remis, à la même époque que celui du receveur, à la commission administrative qui, aux termes de l'article 1er de l'ordonnance du 29 novembre 1831, est chargée de l'apurer. — Voy. ÉCONOMES.

Contentieux. — Les hospices jouissent de la vie civile ; ils peuvent donc ester en justice comme demandeurs ou défendeurs : c'est au maire, en qualité de président de la commission administrative, qu'il appartient de suivre les actions judiciaires. Avant d'agir en justice, les établissements charitables doivent être pourvus de l'autorisation administrative, qui leur est donnée par le conseil de préfecture après avis du conseil municipal (L. 18 juillet 1837, art. 21). L'arrêté du 7 messidor an IX constitua pour chaque arrondissement communal un comité consultatif composé de trois membres choisis par le sous-préfet parmi les jurisconsultes les plus éclairés de l'arrondissement. Les actions juridiques intentées par les administrations hospitalières pour l'exécution de cette loi devaient être soumises à l'examen de ce comité. Les attributions de ce comité ont été étendues à toutes les affaires contentieuses hospitalières : son avis, qui doit toujours être produit, est provoqué par une communication directe de la commission administrative.

L'établissement qui sollicite l'autorisation de plaider peut se pourvoir au conseil d'État contre une décision du conseil de préfecture portant refus; les pourvois de l'espèce sont actuellement déférés à la section de législation. L'autorisation n'est pas nécessaire à un hospice pour poursuivre la rentrée des revenus annuels, à moins qu'il n'y ait contestation sur le fond, ni pour poursuivre les saisies résultant d'actes authentiques, ou l'expropriation forcée des biens hypothéqués à l'établissement. D'après l'article 13 de la loi du 7 août 1851, les oppositions formées au recouvrement des recettes hospitalières sont jugées comme affaires sommaires, lorsque la matière est de la compétence des tribunaux ordinaires, et la commission peut y défendre sans autorisation du conseil de préfecture.

Les arrêtés des 7 messidor an IX et 14 fructidor an X ont établi deux règles spéciales de compétence. Le préfet statue sur l'attribution des biens celés ou usurpés, lorsque plusieurs commissions administratives prétendent concurremment à leur propriété; en matière de contestations relatives au remboursement fait dans les caisses de l'État, pendant la période du séquestre, des créances et rentes dues aux hôpitaux, la décision appartient également à l'autorité administrative.

D'après l'article 2045 du Code Napoléon, les communes et établissements publics ne pouvaient transiger qu'en vertu d'une autorisation expresse du chef de l'État; le décret du 25 mars 1852 a attribué aux préfets l'autorisation des projets de transaction portant sur toutes sortes de biens, quelle qu'en soit la valeur. Mais ce nouveau droit accordé aux préfets ne les a pas dispensés de se conformer aux formalités antérieurement prescrites. L'instruction du 8 février 1823 exige pour les transactions hospitalières les avis du comité consultatif, du conseil municipal et du sous-préfet. L'arrêté du 21 frimaire an XII et l'article 39 de la loi du 18 juillet 1835 relatifs aux transactions des communes exigent, outre la consultation des trois avocats désignés par le sous-préfet, l'avis du conseil de préfecture. Cette dernière formalité a été étendue par la jurisprudence administrative aux établissements de bienfaisance. — Voy. PROCÈS ET TRANSACTIONS.

Assistance publique à Paris. — La loi du 10 janvier 1849 a créé pour Paris une administration générale de l'assistance publique comprenant le service des secours à domicile et le service des hôpitaux et hospices civils. Cette administration est confiée à un directeur, assisté d'un conseil de surveillance placé sous les ordres du préfet de la Seine et nommé par le ministre de l'intérieur sur la proposition de ce fonctionnaire. Chaque établissement hospitalier est administré par un directeur et un économe. Le décret de décentralisation du 25 mars 1852 ne s'appliquant pas à la ville de Paris, l'administration de l'assistance publique est restée sous l'autorité supérieure et spéciale du ministre de l'intérieur. — Voy. ÉTABLISSEMENTS DE BIENFAISANCE.

Huissiers. — Officiers ministériels chargés de faire toutes citations et significations requises pour l'instruction des affaires, et assigner toutes personnes devant les Cours et tribunaux.

Dans les arrondissements où il ne se trouve pas de porteur de contraintes ayant les qualités et les connaissances nécessaires, les sous-préfets autorisent les receveurs des finances à se servir des huissiers pour l'exécution des actes réservés aux porteurs de contraintes, en se conformant, pour les frais, aux fixations arrêtées par le préfet, (Règl. sur les poursuites, art. 35. — *Mém.* 1861, p. 352.)

Les huissiers doivent, dans ce cas, être commissionnés porteurs de contraintes. (Id., art. 35 *bis*.)

Les huissiers ne sauraient être forcés d'accepter une commission de porteur de contraintes, mais ils peuvent être requis d'exercer contre les redevables les actes de leur ministère, et, dans ce cas, ils ont droit de demander que leurs émoluments soient fixés par le tarif judiciaire. (Id., art. 35 *ter*.)

En ce qui concerne le recouvrement des contributions directes, les seuls actes auxquels les huissiers peuvent procéder concurremment avec les porteurs de contraintes sont les actes conservatoires, tels que, par exemple, la saisie-arrêt et la saisie-exécution dans les cas prévus par les articles 89 et 91 du règlement sur les poursuites. — *Mém.* 1861, p. 367.

Dans les lieux où il n'existe pas de commissaire-priseur, les huissiers ont le droit, concurremment avec les notaires et les greffiers, de procéder aux prisées et ventes publiques de meubles et effets mobiliers.

Tout huissier dépositaire de deniers provenant du chef des redevables, et affectés au privilége du Trésor, est tenu, sur la demande qui lui en est faite par le percepteur, de payer, à l'acquit des contribuables, sur le montant et jusqu'à concurrence des fonds qui sont entre ses mains, les contributions dues par ces derniers, lors même qu'il existerait des oppositions formées par d'autres créanciers des contribuables. (L. 12 novembre 1808, art 2 ; I. G., art. 83.)

Les huissiers sont tenus de payer d'office les contributions dues avant de procéder à la délivrance des deniers. Les quittances des percepteurs (pour les sommes légitimement payées) leur sont allouées en compte. (L. 5-8 août 1791 et 18 juin 1843; I. G., art. 84.)

Comme on le voit, l'huissier qui a procédé à une vente de meubles appartenant à un contribuable débiteur du Trésor est tenu d'acquitter les sommes dues par ce contribuable, alors même que le percepteur ne lui en a pas fait la demande.

Il ne peut se refuser à acquitter le montant des contributions sur le produit de la vente sous le prétexte que les contributions sont dues dans une commune autre que celle où la vente a eu lieu. — *Mém.* 1850, p. 229. — Voy. Dépositaires, Officiers ministériels, Privilége du Trésor.

Les poursuites dont sont passibles les débiteurs des communes et des établissements de bienfaisance sont exercées par ministère d'huissier, à l'exception de celles qui doivent être opérées suivant les règles établies pour le recouvrement des contributions directes. — *Mém.* 1855, p. 24.

Un huissier qui a retardé l'exécution d'une saisie, en se fondant sur l'exiguïté de la somme due, est responsable du montant des causes de la saisie et des frais, lorsque, par suite de ce retard, le débiteur saisi est devenu insolvable. — *Mém*, 1850, p. 187.

Les huissiers porteurs de titres exécutoires ont qualité pour toucher des débiteurs qu'ils poursuivent le montant des sommes pour lesquelles la poursuite a lieu, en capital, intérêts et frais. Lorsque le débiteur d'une commune ou d'un établissement de bienfaisance est soumis à des actes d'exécution, il peut donc payer régulièrement à l'huissier porteur du titre. — *Mém.* 1862, p. 295. — Voy. POURSUITES.

Hypothèques. — Les biens du débiteur sont le gage commun de ses créanciers; et le prix s'en distribue entre eux par contribution, à moins qu'il n'y ait entre les créanciers des causes légitimes de préférence. (C. N., art. 2093.)

Les causes légitimes de préférence sont les priviléges et hypothèques. (Id., art. 2094.)

Le privilége est un droit que la qualité de la créance donne à un créancier d'être préféré aux autres créanciers, même hypothécaires. (Id., art. 2095.) — Voy. PRIVILÉGES, PRIVILÉGE DU TRÉSOR.

L'hypothèque est un droit réel sur les immeubles affectés à l'acquittement d'une obligation. Elle est, de sa nature, indivisible, et subsiste en entier sur tous les immeubles affectés, sur chacun et sur chaque portion de ces immeubles. Elle les suit dans quelques mains qu'ils passent. (C. N., art. 2114.)

Sont seuls susceptibles d'hypothèques : 1° les biens immobiliers qui sont dans le commerce, et leurs accessoires réputés immeubles; 2° l'usufruit des mêmes biens et accessoires pendant le temps de sa durée. (Id., art. 2118.)

L'hypothèque est ou légale, ou judiciaire, ou conventionnelle. (Id., art. 2116.)

Hypothèque légale. — Les droits et créances auxquels l'hypothèque légale est attribuée sont : ceux des femmes mariées, sur les biens de leurs maris, pour raison de leurs dots et conventions matrimoniales; ceux des mineurs et interdits, sur les biens de leurs tuteurs; ceux de l'État, des communes et des établissements publics, sur les biens des receveurs et administrateurs comptables. (C. N., art. 2121.)

On peut, en outre, considérer comme une véritable hypothèque légale l'hypothèque que les articles 1009, 1012 et 1017 du Code Napoléon ont eu pour effet d'établir au profit du légataire particulier sur les immeubles de la succession pour le payement de ses legs, puisque cette hypothèque est valablement acquise, sans qu'il soit besoin de jugement, même quand le testament n'est pas dans la forme authentique. — *Mém.* 1861, p. 161.

Les percepteurs ne sont pas, en cette qualité, soumis à l'hypothèque légale prévue par l'article 2121 du Code Napoléon et par la loi du 5 septembre 1807. — *Mém.* 1843, p. 50.

Les receveurs des communes et des établissements de bienfaisance sont soumis à cette hypothèque; mais elle n'existe, d'après la loi du 5 septembre 1807, qu'à la charge d'inscription.

L'inscription peut être prise, à toute époque, par les administrateurs des communes ou établissements. — *Mém.* 1843, p. 57 et 59.

En cas de débet de la part des comptables réunissant les fonctions de percepteur de l'impôt direct et de receveur des deniers des communes et des établissements de bienfaisance, le receveur des finances responsable est subrogé par l'inscription à tous les droits des communes et établissements sur les biens du comptable reliquataire. (I. G., art 1285.)

Toutefois, d'après l'article 2146 du Code Napoléon, l'inscription ne peut être valablement prise après le décès du comptable, lorsque sa succession a été acceptée sous bénéfice d'inventaire. Les auteurs s'accordent, en outre, à reconnaître que l'inscription prise sur une succession vacante n'a pas plus de valeur que celle qui serait prise sur une succession bénéficiaire. — *Mém.* 1843, p. 57.

L'hypothèque légale existe, indépendamment de toute inscription : au profit des mineurs et interdits sur les immeubles appartenant à leur tuteur, à raison de sa gestion, du jour de l'acceptation de la tutelle ; au profit des femmes, pour raison de leurs dots et conventions matrimoniales, sur les immeubles de leurs maris, et à compter du jour du mariage. (C. N., art. 2135.)

Sont toutefois les maris et les tuteurs tenus de rendre publiques les hypothèques dont leurs biens sont grevés, et, à cet effet, de requérir eux-mêmes, sans aucun délai, inscription au bureau à ce établi sur les immeubles à eux appartenant et sur ceux qui pourront leur appartenir par la suite. Les maris et les tuteurs qui, ayant manqué de requérir ou de faire faire cette inscription, auraient consenti ou laissé prendre des priviléges ou des hypothèques sur leurs immeubles, sans déclarer expressément que lesdits immeubles étaient affectés à l'hypothèque légale des femmes et des mineurs, sont réputés stellionataires, et, comme tels, contraignables par corps. (Id., art. 2136.)

Si la veuve, le mineur devenu majeur, l'interdit relevé de l'interdiction, leurs héritiers ou ayants cause, n'ont pas pris inscription dans l'année qui suit la dissolution du mariage ou la cessation de la tutelle, leur hypothèque ne date, à l'égard des tiers, que du jour des inscriptions prises ultérieurement. (L. 23 mars 1855, art. 8.)

Dans ce cas, l'hypothèque n'est plus en réalité une hypothèque légale; elle revêt le caractère d'une hypothèque conventionnelle ou judiciaire et doit en suivre le sort. — *Mém.* 1861, p. 86.

Dans le cas où les femmes peuvent céder leur hypothèque légale ou y renoncer, cette cession ou cette renonciation doit être faite par acte authentique, et les cessionnaires n'en sont saisis, à l'égard des tiers, que par l'inscription de cette hypothèque prise à leur profit, ou par la mention de la subrogation en marge de l'inscription préexistante. Les dates des inscriptions ou mentions déterminent l'ordre dans lequel ceux qui ont obtenu des cessions ou renonciations exercent les droits hypothécaires de la femme. (L. 23 mars 1855, art. 9.)

Le créancier qui a une hypothèque légale peut exercer son droit sur tous les immeubles appartenant à son débiteur, et sur ceux qui pourront lui appartenir dans la suite, sous les modifications ci-après exprimées (C. N., art. 2122). Lorsque, dans le contrat de mariage, les parties majeures sont convenues qu'il ne sera pris d'inscription que sur un ou certains immeubles du mari, les immeubles qui ne sont pas indiqués pour l'inscription restent libres et affranchis de l'hypothèque pour la dot de la femme et pour ses reprises et conventions matrimoniales (Id., art. 2140). Toutes les fois que les inscriptions prises par un créancier qui, d'après la loi, a droit d'en prendre sur les biens présents ou sur les biens à venir d'un débiteur, sans limitation convenue, sont portées sur plus de domaines différents qu'il n'est nécessaire à la sûreté des créances, l'action en réduction des inscriptions, ou en radiation d'une partie en ce qui excède la proportion convenable, est ouverte au débiteur. (Id., art. 2161.)

La Cour des comptes prononce sur les demandes en réduction ou translation d'hypothèques formées par des comptables encore en exercice, ou par ceux hors d'exercice dont les comptes ne sont pas définitivement apurés. (D. 16-26 septembre 1807, art. 15.)

Toutefois, la compétence de la Cour des comptes étant restreinte aux receveurs des communes et établissements dont les revenus excèdent 30,000 francs, les demandes en translation ou réduction d'hypothèques doivent, pour les autres receveurs, être portées devant les conseils de préfecture, sauf appel à la Cour des comptes.

Hypothèque judiciaire. — L'hypothèque judiciaire résulte des jugements, soit contradictoires, soit par défaut, définitifs ou provisoires, en faveur de celui qui les a obtenus. Elle résulte aussi des reconnaissances ou vérifications, faites en jugement, des signatures apposées à un acte obligatoire sous seing privé. (C. N., art. 2123.)

Les percepteurs, comme on l'a vu plus haut, ne sont pas, en cette qualité, soumis à l'hypothèque légale. Mais, lorsqu'il y a déficit constaté et contrainte décernée, l'hypothèque peut être prise en vertu de cette contrainte, parce que les contraintes, en ce cas, doivent produire les mêmes effets et obtenir la même exécution que les jugements des tribunaux, c'est-à-dire emporter l'hypothèque judiciaire.

Le même principe s'applique aux arrêts de la Cour des comptes et arrêtés des conseils de préfecture par lesquels sont fixés les débets des comptables des communes et établissements de bienfaisance. (Avis du cons. d'État, 25 thermidor an XII, 29 octobre 1811 et 24 mars 1812.) — *Mém.* 1843, p. 56.

L'hypothèque judiciaire peut s'exercer sur les immeubles actuels du débiteur et sur ceux qu'il pourra acquérir, sauf les modifications résultant des articles 2140 et 2161 du Code Napoléon. Mais elle n'a d'effet que par l'inscription.

Hypothèque conventionnelle. — L'hypothèque conventionnelle est celle qui dépend des conventions et de la forme extérieure des actes. (C. N., art. 2117.)

Elle ne peut être consentie que par ceux qui ont la capacité d'aliéner les immeubles qu'ils y soumettent (Id., art. 2124) et par acte passé en forme authentique devant deux notaires ou devant un notaire et deux témoins (Id., art. 2127).

Il n'y a d'hypothèque conventionnelle valable que celle qui, soit dans le titre authentique constitutif de la créance, soit dans un acte authentique postérieur, déclare spécialement la nature et la situation de chacun des immeubles actuellement appartenant au débiteur, sur lesquels il consent l'hypothèque de la créance. Chacun de tous ses biens présents peut être nominativement soumis à l'hypothèque. Les biens à venir ne peuvent pas être hypothéqués. (Id., art. 2129.)

Néanmoins, si les biens présents et libres du débiteur sont insuffisants pour la sûreté de la créance, il peut, en exprimant cette insuffisance, consentir que chacun des biens qu'il acquerra par la suite y demeure affecté, à mesure des acquisitions. (Id., art. 2130.)

Pareillement, si l'immeuble ou les immeubles présents, assujettis à l'hypothèque, ont péri ou éprouvé des dégradations, de manière qu'ils soient devenus insuffisants pour la sûreté du créancier, celui-ci peut ou poursuivre dès à présent son remboursement, ou obtenir un supplément d'hypothèque. (Id., art. 2131.)

D'après une décision du ministre de l'intérieur, concertée avec le ministre de la justice, les actes passés dans la forme administrative par les maires doivent être considérés comme authentiques. On ne doit pas en conclure cependant que les adjudications passées par ces fonctionnaires ont la même force que les actes notariés et peuvent constituer valablement une hypothèque stipulée, par exemple, à titre de cautionnement. — *Mém.* 1860, p. 293.

Il faut donc, pour qu'une hypothèque puisse être stipulée à titre de cautionnement dans les baux des biens des communes et des établissements de bienfaisance, et dans les marchés pour entreprises de fournitures ou de travaux, que les actes soient passés devant notaire. S'ils sont passés administrativement, l'hypothèque doit être stipulée par un acte séparé en forme notariée. Dans ce dernier cas, il convient que le cahier des charges porte l'engagement du preneur ou entrepreneur de remplir ultérieurement la condition du cautionnement. — *Mém.* 1860, p. 246.

L'inscription est prise au nom de la commune ou de l'établissement intéressé; il doit être stipulé, dans l'acte de cautionnement, que les immeubles sont libres de tous priviléges et hypothèques, et le receveur veille à ce qu'il en soit régulièrement justifié. (I. G., art. 1026.) — Voy. CAUTIONNEMENT.

Inscriptions hypothécaires. — Entre les créanciers, l'hypothèque, soit légale, soit judiciaire, soit conventionnelle, n'a de rang que du jour de l'inscription prise par le créancier sur les registres du conservateur, sauf les exceptions mentionnées plus haut en ce qui concerne l'hypothèque légale au profit des mineurs et interdits et des femmes mariées. (C. N., art. 2134.)

Les inscriptions se font au bureau de conservation des hypothèques dans l'arrondissement duquel sont situés les biens soumis au privilége ou à l'hypothèque. (Id., art. 2146.)

Pour opérer l'inscription, le créancier représente, soit par lui-même, soit par un tiers, au conservateur des hypothèques l'original en brevet, ou une expédition authentique du jugement ou de l'acte qui donne naissance au privilége ou à l'hypothèque.

Il y joint deux bordereaux écrits sur papier timbré, dont l'un peut être porté sur l'expédition du titre ; ils contiennent : 1° les nom, prénoms, domicile du créancier, sa profession, s'il en a une, et l'élection d'un domicile pour lui dans un lieu quelconque de l'arrondissement du bureau ; 2° les nom, prénoms, domicile du débiteur, sa profession, s'il en a une connue, ou une désignation individuelle et spéciale, telle que le conservateur puisse reconnaître et distinguer dans tous les cas l'individu grevé d'hypothèques ; 3° la date et la durée du titre ; 4° le montant du capital des créances exprimées dans le titre, ou évaluées par l'inscrivant, pour les rentes et prestations, ou pour les droits éventuels, conditionnels ou indéterminés, dans le cas où cette évaluation est ordonnée ; comme aussi le montant des accessoires de ces capitaux et l'époque d'exigibilité ; 5° l'indication de l'espèce et de la situation des biens sur lesquels il entend conserver son privilége ou hypothèque.

Cette dernière disposition n'est pas nécessaire dans le cas des hypothèques légales ou judiciaires : à défaut de convention, une seule inscription, pour ces hypothèques, frappe tous les immeubles compris dans l'arrondissement du bureau. (C. N., art. 2148.)

Le conservateur fait mention sur son registre du contenu aux bordereaux et remet au requérant, tant le titre ou l'expédition du titre que l'un des bordereaux, au pied duquel il certifie avoir fait l'inscription. (Id., art. 2150.)

Le créancier inscrit pour un capital produisant intérêt ou arrérages a droit d'être colloqué pour deux années seulement et pour l'année courante au même rang d'hypothèque que pour son capital, sans préjudice des inscriptions particulières à prendre, portant hypothèque à compter de leur date, pour les arrérages autres que ceux conservés par la première inscription. (Id., art. 2151.)

Les inscriptions au profit des communes et des établissements de bienfaisance sont prises à la diligence des receveurs ; les comptables doivent avoir soin de présenter en temps utile au bureau du conservateur les bordereaux nécessaires pour l'inscription. Aux termes de l'arrêté du Gouvernement du 19 vendémiaire an XII, ils sont responsables des non-valeurs qui résulteraient du défaut d'inscription. — *Mém* 1852, p. 37 ; 1858, p. 50 ; 1859, p. 275 ; 1861, p. 126.

Les droits d'hypothèque purement légale de l'État, des communes et des établissements publics sur les biens des comptables, ceux des mineurs et interdits sur les tuteurs, des femmes mariées sur leurs époux, sont inscrits sur la représentation de deux bordereaux portant seulement : 1° les nom, prénoms, profession et domicile réel du créancier, et le domicile qui est par lui, ou pour lui, élu dans l'arrondissement; 2° les nom, prénoms, profession, domicile ou désignation précise du débiteur ; 3° la nature des droits à conserver et le montant de leur valeur quant aux objets déterminés, sans être tenu de le fixer quant à ceux qui sont conditionnels, éventuels ou indéterminés. (C. N., art. 2153.)

L'hypothèque que la loi accorde aux légataires sur les biens de la succession pour la garantie du payement de leurs legs peut être valablement inscrite, en ce qui concerne les communes et les établissements de bienfaisance, avant que l'acceptation des libéralités ait été autorisée. Elle peut, de même, être prise, pour les legs conditionnels ou à terme, avant l'événement de la condition ou l'échéance du terme. Les receveurs n'ont besoin d'aucune autorisation spéciale pour requérir ces inscriptions, puisque c'est là un droit que l'article 1017 du Code Napoléon assure aux légataires particuliers. — *Mém.* 1849, p. 277 ; 1861, p. 161. — Voy. LEGS ET DONATIONS.

Avance des frais d'inscription. — Les frais des inscriptions sont à la charge du débiteur, s'il n'y a stipulation contraire; l'avance en est faite par l'inscrivant, si ce n'est quant aux hypothèques légales, pour l'inscription desquelles le conservateur a son recours contre le débiteur. (C. N., art. 2155.)

Les receveurs des communes et des établissements de bienfaisance sont donc obligés, pour obtenir l'inscription des hypothèques qu'ils requièrent en vertu de titres authentiques, de faire l'avance des frais d'inscription, sauf à poursuivre le recouvrement des frais contre les débiteurs. — *Mém.* 1843, p. 58. — Voy. AVANCES A RECOUVRER, FRAIS JUDICIAIRES.

Le receveur qui fait lui-même les bordereaux d'inscription ou de renouvellement d'inscriptions hypothécaires n'a droit à aucune rémunération, pour la rédaction de ces bordereaux, de la part de la commune ou de l'établissement. — *Mém.* 1847, p. 273.

Effet des privilèges et hypothèques contre les tiers détenteurs. — Les créanciers ayant privilège ou hypothèque inscrite sur un immeuble le suivent, en quelques mains qu'il passe, pour être colloqués et payés suivant l'ordre de leurs créances ou inscriptions. (C. N., art. 2166.)

Le privilége ou l'hypothèque produit donc un double effet : droit de suite contre le tiers détenteur de l'immeuble affecté; droit de préférence entre les créanciers sur le prix de vente.

Si le tiers détenteur ne remplit pas les formalités établies pour purger sa propriété, il demeure, par le fait seul des inscriptions, obligé comme détenteur à toutes les dettes hypothécaires, et jouit des termes et délais accordés au débiteur originaire. (C. N., art. 2167.)

Le tiers détenteur est tenu, dans le même cas, ou de payer tous les intérêts et capitaux exigibles, à quelque somme qu'ils puissent monter, ou de délaisser l'immeuble hypothéqué sans aucune réserve. (Id., art. 2168.)

Faute par le tiers détenteur de satisfaire pleinement à l'une de ces obligations, chaque créancier hypothécaire a droit de faire vendre sur lui l'immeuble hypothéqué, trente jours après commandement fait au débiteur originaire, et sommation faite au tiers détenteur de payer la dette exigible ou de délaisser l'héritage. (Id., art. 2169.)

Néanmoins le tiers détenteur, qui n'est pas personnellement obligé à la dette, peut s'opposer à la vente de l'héritage hypothéqué qui lui a été transmis, s'il est demeuré d'autres immeubles hypothéqués à la même dette, dans la possession du principal ou des principaux obligés, et en requérir la discussion préalable; pendant cette discussion, il est sursis à la vente de l'héritage hypothéqué. (Id., art. 2170.)

L'exception de discussion ne peut être opposée au créancier privilégié ou ayant hypothèque spéciale sur l'immeuble. (Id., art. 2171.)

Radiation et mainlevée des inscriptions. — Les inscriptions sont rayées du consentement des parties intéressées, et ayant capacité à cet effet, ou en vertu d'un jugement en dernier ressort ou passé en force de chose jugée. (C. N., art. 2157.)

Dans l'un et l'autre cas, ceux qui requièrent la radiation déposent au bureau du conservateur l'expédition de l'acte authentique portant consentement, ou celle du jugement. (Id., art. 2158.)

La radiation non consentie est demandée au tribunal dans le ressort duquel l'inscription a été faite, si ce n'est lorsque cette inscription a eu lieu pour sûreté d'une condamnation éventuelle ou indéterminée sur l'exécution ou liquidation de laquelle le débiteur et le créancier prétendu sont en instance ou doivent être jugés dans un autre tribunal; auquel cas, la demande en radiation doit y être portée ou renvoyée. Cependant la convention faite par le créancier et le débiteur de porter, en cas de contestation, la demande à un tribunal qu'ils auraient désigné reçoit son exécution entre eux. (Id., art. 2159.)

La radiation doit être ordonnée par les tribunaux, lorsque l'inscription a été faite sans être fondée ni sur la loi, ni sur un titre, ou lorsqu'elle l'a été en vertu d'un titre, soit irrégulier, soit éteint ou soldé, ou lorsque les droits de privilége ou d'hypothèque sont effacés par les voies légales. (Id., art. 2160.)

Les délibérations des conseils municipaux et des commissions administratives des établissements de bienfaisance ayant pour objet d'autoriser la mainlevée des hypothèques inscrites au profit des communes ou établissements sont exécutoires sur arrêté du préfet en conseil de préecture. (D. 11 thermidor an XII; O. 15 juillet 1840. — *Mém.* 1860, p 73; 1861, p. 425.)

Les conservateurs engageraient leur responsabilité en opérant la radiation des inscriptions de cette nature sans qu'il leur eût été justifié de cette autorisation. — *Mém.* 1860, p. 71.

En principe, les frais de l'acte authentique donnant mainlevée d'hypothèque sont à la charge de ceux au profit desquels cet acte fait titre. En conséquence, lorsqu'une commune ou un établissement de bienfaisance a fait une acquisition et exige la mainlevée des inscriptions hypothécaires qui peuvent exister sur l'immeuble, c'est à la commune ou à l'établissement à en supporter les frais. Toutefois, s'il était stipulé dans l'acte d'acquisition que les vendeurs s'engagent à supporter la mainlevée des inscriptions existantes, cette obligation, considérée comme une des conditions de la vente, devrait être exécutée à leur diligence et à leurs frais. — *Mém.* 1857, p. 105.

Dans le cas où la commune ou l'établissement qui a fait une acquisition se libère par à-compte, le receveur n'est pas fondé à exiger, à chaque payement, une mainlevée partielle de l'inscription qui grève l'immeuble; il suffit de justifier de la mainlevée totale de cette inscription lors du payement pour solde de l'acquisition. — *Mém.* 1860, p. 160.

Lorsqu'un conseil municipal, usant de la faculté qui lui est accordée par la loi du 3 mai 1841 et l'ordonnance royale du 18 avril 1842, dispense le maire de procéder à la purge des hypothèques, le receveur municipal doit néanmoins exiger une mainlevée, quand, au moment du payement, il résulte du certificat ou de l'annotation du conservateur des hypothèques que la parcelle de terrain cédée à la commune est grevée d'hypothèque. — *Mém.* 1858, p. 233. — Voy. PURGE DES HYPOTHÈQUES.

Extinction des priviléges et hypothèques. — Les priviléges et hypothèques s'éteignent :

1° Par l'extinction de l'obligation principale;

2° Par la renonciation du créancier à l'hypothèque;

3° Par l'accomplissement des formalités et conditions prescrites aux tiers détenteurs pour purger les biens par eux acquis;

4° Par la prescription.

La prescription est acquise au débiteur, quant aux biens qui sont dans ses mains, par le temps fixé pour la prescription des actions qui donnent l'hypothèque ou le privilége.

Quant aux biens qui sont dans la main d'un tiers détenteur, elle lui est acquise par le temps réglé pour la prescription de la propriété à son profit; dans le cas où la prescription suppose un titre, elle ne commence à courir que du jour où il a été transcrit sur les registres du conservateur.

Les inscriptions prises par le créancier n'interrompent pas le cours de la prescription établie par la loi en faveur du débiteur ou du tiers détenteur. (C. N., art. 2180.)

Conservation des droits hypothécaires. — Les inscriptions conservent l'hypothèque et le privilége pendant dix années, à compter du jour de leur date; leur effet cesse, si ces inscriptions n'ont été renouvelées avant l'expiration de ce délai. (C. N., art. 2154.)

Cette disposition s'applique aux hypothèques légales inscrites comme à toutes autres. Toute inscription doit être renouvelée avant l'expiration du laps de dix années. Lorsque l'hypothèque existe indépendamment de l'inscription, et que celle-ci n'est ordonnée que sous des peines particulières, ceux qui ont dû la faire doivent la renouveler sous les mêmes peines. Lorsque l'inscription a dû être faite d'office par le conservateur, elle doit être renouvelée par le créancier qui y a intérêt.

Les receveurs des communes et des établissements de bienfaisance sont tenus, sous leur responsabilité personnelle, de veiller, concurremment avec les administrateurs, à la conservation des droits, priviléges et hypothèques; de requérir, à cet effet, l'inscription au bureau des hypothèques de tous les titres qui en sont susceptibles; de tenir registre de ces inscriptions, et de justifier de l'accomplissement de ces obligations à l'autorité chargée du jugement de leurs comptes de gestion annuelle. (I. G. art. 849.)

Pour assurer la conservation des hypothèques consenties au profit des communes et établissements de bienfaisance, il ne suffit pas de prendre exactement inscription sur les biens affectés et de renouveler ces inscriptions tous les dix ans. Comme on l'a vu plus haut, l'insprition n'a pour objet que de conserver aux créances leur rang hypothécaire; elle n'a pas pour effet d'interrompre le cours de la prescription établie par la loi en faveur du débiteur ou du tiers détenteur quant à la créance elle-même. Pour opérer cette interruption, il est nécessaire de recourir aux formalités spéciales indiquées ci-après.

Lorsque l'immeuble est entre les mains du débiteur et que la créance est exigible, le receveur interrompra la prescription, soit en obtenant du débiteur une reconnaissance écrite du droit de la commune ou de l'établissement, soit par une citation en justice, un commandement de payer ou une saisie.

Lorsque l'immeuble est passé dans les mains d'un tiers, le comptable peut interrompre la prescription en assignant le tiers détenteur en reconnaissance d'hypothèque devant le tribunal civil de la situation de l'immeuble. Si la créance est exigible, la loi met à la disposition du comptable un second moyen d'interruption : c'est la saisie de l'immeuble sur le possesseur, comme conséquence du droit de suite de l'hypothèque, ou, au moins, une sommation adressée au tiers détenteur, aux termes de l'article 2169 du Code Napoléon, de payer la dette exigible ou de délaisser l'immeuble hypothéqué. — *Mém.* 1848, p. 263.

Voy. Conservateur des hypothèques, Prescription, Priviléges, Purge des hypothèques, Transcription.

Identité des parties prenantes. — Les percepteurs qui ont à effectuer des payements, sur les fonds de leurs recettes, pour le service des payeurs, doivent prendre toutes les précautions nécessaires pour n'acquitter les mandats qu'entre les mains des créanciers véritables ou de leurs ayants cause, soit en faisant signer en leur présence, soit en exigeant la justification des signatures qui ne leur seraient pas suffisamment connues. (I. G., art. 661.)

Les comptables doivent prendre les mêmes précautions, pour s'assurer de l'identité des parties prenantes, en ce qui concerne le payement des dépenses des communes et établissements de bienfaisance. (Id., art. 1006.) — Voy. PAYEMENT DES DÉPENSES COMMUNALES, PAYEMENTS POUR LE COMPTE DU PAYEUR.

Illettrés. — Voy. PARTIES PRENANTES, PAYEMENT, QUITTANCES.

Immeubles. — Les biens sont immeubles ou par leur nature, ou par leur destination, ou par l'objet auquel ils s'appliquent. (C. N., art. 517.)

Les fonds de terre et les bâtiments sont immeubles par leur nature. (Id., art. 518.)

Les récoltes pendantes par les racines et les fruits des arbres non encore recueillis sont pareillement immeubles. Dès que les grains sont coupés et les fruits désséchés, quoique non enlevés, ils sont meubles. Si une partie seulement de la récolte est coupée, cette partie seule est meuble. (Id., art. 520.)

Les objets que le propriétaire d'un fonds y a placés, pour le service et l'exploitation de ce fonds, sont immeubles par destination. Ainsi, sont immeubles par destination, quand ils ont été placés par le propriétaire pour le service et l'exploitation du fonds : les animaux attachés à la culture; les ustensiles aratoires; les semences données aux fermiers ou colons partiaires ; les pigeons des colombiers; les lapins des garennes ; les ruches à miel; les poissons des étangs; les pressoirs, chaudières, alambics, cuves et tonnes ; les ustensiles nécessaires à l'exploitation des forges, papeteries et autres usines; les pailles et engrais. Sont aussi immeubles par destination tous effets mobiliers que le propriétaire a attachés au fonds à perpétuelle demeure. (Id., art. 524.)

Le propriétaire est censé avoir attaché à son fonds des effets mobiliers à perpétuelle demeure, quand ils y sont scellés en plâtre ou à chaux ou à ciment, ou lorsqu'ils ne peuvent être détachés sans être fracturés et détériorés, ou sans briser ou détériorer la partie du fonds à laquelle ils sont attachés. (C. N., art. 525.)

Sont immeubles par l'objet auquel ils s'appliquent : l'usufruit des choses immobilières ; les servitudes ou services fonciers ; les actions qui tendent à revendiquer un immeuble. (Id., art. 526.)

Nous avons indiqué dans d'autres parties de cet ouvrage quelles sont les différentes sortes de biens immeubles que les communes et les établissements de bienfaisance peuvent posséder, ainsi que les règles de l'administration de ces biens; nous ne pouvons que nous y référer. — Voy. Acquisitions, Affouage, Aliénations, Batiments, Baux, Biens, Bois, Coupes de bois, Échanges, Marais et terres incultes, Partage, Paturages, Procès, Reboisement, etc.

Immondices. — Voy. Boues et immondices.

Imposés (Plus). — Voy. Liste des plus imposés.

Impôts. — On nomme ainsi les droits qui frappent, soit directement, soit indirectement, la jouissance des propriétés mobilières et immobilières, et la consommation des produits industriels. Ils sont annuellement votés dans la loi de finances qui prend le nom de budget. — Voy. Budget de l'État, Centimes additionnels, Contributions publiques, Contributions directes, Enregistrement, Impositions communales, Timbre

Impositions communales. — On comprend sous cette désignation les centimes que les communes sont autorisées à s'imposer, en addition au principal des contributions directes, pour pourvoir à leurs dépenses.

Les communes sont autorisées par les lois annuelles de finances à s'imposer des centimes additionnels ordinaires.

A ces centimes s'ajoutent ceux que les communes sont tenues de s'imposer, en cas d'insuffisance de leurs ressources, pour subvenir aux dépenses de l'instruction primaire, aux dépenses des chemins vicinaux et au traitement des gardes champêtres.

Les communes doivent, en outre, s'imposer extraordinairement les centimes nécessaires pour subvenir aux dépenses annuelles obligatoires ou facultatives, au payement desquelles les centimes additionnels ordinaires et les autres revenus communaux ne peuvent suffire.

Enfin, la loi leur accorde la faculté de s'imposer des centimes additionnels extraordinaires destinés à pourvoir à des dépenses éventuelles d'une utilité reconnue.

Mais, sauf des cas très-rares et tout à fait exceptionnels, ces impositions ne doivent pas, aux termes des instructions du ministère de l'intérieur, excéder 20 centimes du principal des contributions, non compris les centimes additionnels spéciaux ajoutés, en vertu de l'article 19 de la loi du

21 avril 1832, aux rôles de la contribution foncière pour le traitement des gardes champêtres, non plus que les centimes qui se rapportent, soit aux dépenses obligatoires, soit aux dépenses annuelles facultatives. (I. G., art. 13.)

Les règles applicables aux différentes sortes de centimes communaux sont exposées ci-après.

Centimes additionnels ordinaires. — Il est imposé chaque année dans toutes les communes, à l'exception de celles qui ont déclaré que cette imposition leur est inutile, 5 centimes additionnels affectés aux dépenses communales ordinaires. (L. 15 mai 1818 et lois annuelles de finances; I. G., art. 13.)

Ces 5 centimes additionnels portent sur le principal des contributions foncière et personnelle-mobilière. (I. G., art. 15.)

L'imposition de ces centimes se fait par la loi de finances elle-même et sans l'intervention des communes; il suffit qu'elles n'aient pas fait la déclaration ci-dessus indiquée.

Centimes additionnels spéciaux pour les dépenses de l'instruction primaire. — Le maximum de cette imposition est fixé à 3 centimes par la loi du 15 mars 1850; elle n'est pas comprise dans le maximum déterminé ci-dessus pour les centimes facultatifs affectés aux autres dépenses communales. (I. G., art. 14.)

L'imposition relative à l'instruction primaire est établie additionnellement aux quatre contributions directes. Elle doit être votée chaque année, dans la session de février, pour l'année suivante, sans le concours des plus imposés.

Elle peut, à défaut du vote des conseils municipaux, être établie d'office par décret impérial. (L. 15 mars 1850, art. 40.)

La délibération prise sur le budget, dans la session de mai des conseils municipaux, doit comprendre le produit de l'imposition parmi les recettes ordinaires.

Ce produit ne peut être détourné, même momentanément, de l'affectation spéciale déterminée par la loi. Si, faute d'instituteur, le montant en était placé au Trésor avec les autres fonds de la commune, le receveur municipal devrait veiller à ce que, sous aucun prétexte, il ne pût être appliqué à d'autres dépenses qu'à celles de l'instruction primaire. — Voy. INSTITUTEURS PRIMAIRES.

Centimes spéciaux pour les dépenses des chemins vicinaux. — Cette imposition, dont le maximum est fixé à 5 centimes par la loi du 21 mai 1836, est établie additionnellement au principal des quatre contributions directes. (I. G., art. 14 et 15.)

Elle n'est pas comprise dans le maximum déterminé pour les centimes facultatifs affectés aux autres dépenses communales. (Id., art. 14.)

La délibération du conseil municipal relative à cette imposition doit être prise dans la session de mai, pour l'exercice suivant, afin que les centimes spéciaux puissent être imposés dans les rôles généraux de cet exercice. Le préfet, après l'avoir approuvée, l'adresse au directeur des contributions directes, qui fait comprendre le montant de l'imposition dans le rôle de la commune.

Si le conseil municipal, mis en demeure, n'a pas voté, dans la session désignée à cet effet, les centimes nécessaires aux dépenses des chemins vicinaux, le préfet peut, d'office, imposer la commune dans la limite du maximum. (L. 21 mai 1836, art. 5; 18 juillet 1837, art. 39.)

Cette limite, toutefois, ne peut être dépassée : on ne peut demander aux communes que 5 centimes spéciaux pour les dépenses des chemins vicinaux, quel que soit le montant des travaux exécutés ou à exécuter, quel que soit le prix des terrains achetés ou à acheter. La circonstance qu'un jugement passé en force de chose jugée a condamné une commune à payer les terrains incorporés à un chemin vicinal ne peut changer la position de cette commune et augmenter les charges dont la loi a fixé le maximum. — *Mém.* 1860, p. 135.

Les propriétés de l'État et de la couronne doivent, lorsqu'il est établi des centimes additionnels pour les dépenses des chemins vicinaux, y être comprises pour leur part contributive. La valeur des propriétés est évaluée dans une matrice particulière, comme si elles devaient être cotisées à la contribution foncière, et les bases des cotisations ainsi déterminées servent tous les ans à comprendre ces propriétés dans les impositions portées aux rôles ordinaires pour les dépenses des chemins vicinaux. (I. G., art. 886.) — Voy. CHEMINS VICINAUX.

Centimes additionnels pour le traitement des gardes champêtres. — Les communes sont autorisées à s'imposer extraordinairement pour le salaire des gardes champêtres. Cette imposition est comprise dans les rôles généraux à titre de centimes additionnels au principal de la contribution foncière, et porte sur toutes les natures de propriété, proportionnellement à leur revenu imposable. (L. 21 avril 1832, art. 19.)

Les propriétaires de bois ne sont pas exempts de l'imposition (Circ. min. des fin., 21 mai 1832), non plus que ceux qui ont, pour leurs domaines, des gardes particuliers (Arrêt du cons. d'État, 22 juillet 1829. — *Mém.* 1830, p. 174; 1832, p. 187).

Lorsqu'il y a lieu de recourir à une imposition pour pourvoir au traitement des gardes champêtres, les conseils municipaux doivent fixer, chaque année, dans leur session ordinaire du mois de mai, la somme qu'il y a lieu d'imposer dans les rôles généraux de l'année suivante pour ce traitement. La délibération prise à cet effet, avec l'assistance des plus imposés, est approuvée par le préfet.

Le produit des centimes spéciaux pour le traitement des gardes champêtres doit figurer parmi les recettes ordinaires du budget, lorsque la commune en fait usage tous les ans. — Voy. GARDES CHAMPÊTRES.

Imposition destinée à faire face à l'insuffisance des revenus ordinaires. — Comme on l'a vu ci-dessus, les communes peuvent, si les centimes additionnels ordinaires, les centimes spéciaux, dont il vient d'être parlé, et les autres revenus sont insuffisants pour faire face aux dépenses annuelles obligatoires ou facultatives, s'imposer un nombre de centimes additionnels proportionné à leurs besoins.

Les conseils municipaux, en votant cette imposition, ne doivent pas énoncer qu'elle s'applique à telle ou telle dépense en particulier; ils doivent se borner au vote d'une imposition égale au chiffre du déficit résultant de la comparaison des ressources et des besoins. (Circ. int., 7 août 1846. — *Mém.* p. 217.)

Les délibérations des conseils municipaux concernant les contributions extraordinaires destinées à subvenir aux dépenses obligatoires sont exécutoires en vertu d'un arrêté du préfet, s'il s'agit d'une commune ayant moins de 100,000 francs de revenu, et d'un décret impérial, s'il s'agit d'une commune ayant un revenu supérieur.

Dans le cas où une contribution extraordinaire est destinée à d'autres dépenses que les dépenses obligatoires, elle ne peut être autorisée que par un décret impérial, pour les communes dont le revenu est inférieur à 100,000 francs, et par une loi pour les communes dont le revenu dépasse cette somme. (L. 18 juillet 1837, art. 39 et 40; I. G., art. 16 et 943.)

Si les conseils municipaux n'allouaient pas de fonds pour une dépense déclarée obligatoire par la loi et inscrite d'office au budget, il serait pourvu à la dépense au moyen d'une contribution extraordinaire établie par un décret, si cette contribution ne devait pas excéder le maximum fixé annuellement par la loi de finances, et par une loi spéciale, si la contribution devait excéder le maximum. (L. 18 juillet 1837, art. 39.)

Le nombre de centimes additionnels à imposer d'office, dans ce cas, par décret impérial, ne peut excéder le maximum de dix, à moins qu'il ne s'agisse de l'acquit de dettes résultant de condamnations judiciaires, auquel cas il peut être élevé jusqu'à vingt. (L. 10 juin 1853, art. 4, et lois annuelles de finances.)

L'imposition pour insuffisance de revenus porte sur le principal des quatre contributions directes. Elle doit être égale au déficit que présentent les recettes ordinaires sur les dépenses de même nature, après que toutes les dépenses dont l'utilité et l'urgence ne sont pas suffisamment démontrées ont été ajournées.

Dans les communes dont les revenus sont inférieurs à 100,000 francs, les impositions pour insuffisance des revenus ordinaires, comme les contributions extraordinaires proprement dites, doivent être votées par le conseil municipal, avec le concours des plus imposés en nombre égal à celui des membres du conseil en exercice. (L. 18 juillet 1837, art. 42.)

Impositions extraordinaires destinées à pourvoir à des dépenses éventuelles. — Les impositions communales extraordinaires, destinées à pourvoir à des dépenses éventuelles d'une utilité reconnue, sont autorisées par un décret impérial, pour les communes dont le revenu est inférieur à 100,000 francs, et par une loi, s'il s'agit d'une commune ayant un revenu supérieur. (L. 18 juillet 1837, art. 40.)

Dans les communes dont les revenus sont inférieurs à 100,000 francs, le conseil municipal, lorsqu'il est appelé à délibérer sur une contribution extraordinaire de cette nature, doit être assisté des plus imposés aux rôles de la commune, en nombre égal à celui des membres du conseil en exercice. (L. 18 juillet 1837, art. 42.) — Voy. LISTE DES PLUS IMPOSÉS.

Il convient que les votes d'impositions extraordinaires aient lieu dans la session de mai, afin que les maires puissent adresser les délibérations au sous-préfet, avec les pièces à l'appui, avant le 30 juin, ainsi que le prescrivent les instructions ministérielles.

Les pièces à produire par les communes qui ont moins de 100,000 francs de revenus, pour être autorisées à s'imposer extraordinairement, sont les suivantes :

1° Copie de la délibération par laquelle le conseil municipal, assisté des plus imposés, a voté l'imposition;

(Mention doit être faite dans cette délibération des noms des plus imposés convoqués et de ceux qui ont assisté à la séance.)

2° Certificat du maire faisant connaître le chiffre officiel de la population de la commune et le nombre des membres du conseil en exercice;

(Dans le cas où, soit le maire, soit les adjoints, ont été pris en dehors du conseil municipal, mention en est faite sur ce certificat.)

3° Liste des plus imposés dressée par le percepteur;

4° Certificat du maire constatant que les plus imposés ont été convoqués dans l'ordre du tableau, dix jours à l'avance, en nombre égal à celui des membres du conseil municipal en exercice ;

5° Le budget de l'exercice courant ;

6° Certificat du maire et du receveur municipal constatant les impositions communales de toute nature qui peuvent grever la commune, avec l'indication de leur durée, les emprunts non encore remboursés que la commune peut avoir été autorisée à contracter, les autres dettes communales et le montant des fonds de la commune placés au Trésor;

7° Les pièces justificatives de la dépense en vue de laquelle l'imposition a été votée, c'est-à-dire les procès-verbaux d'expertise et d'enquête et la promesse de vente, s'il s'agit d'une acquisition, et les devis regulièrement arrêtés, s'il s'agit d'une construction ou d'autres travaux d'utilité communale.

Pour les communes ayant un revenu de 100,000 francs et au-dessus, les pièces à produire sont: toutes celles qui sont ci-dessus énumérées, en ce qui concerne les communes dont le revenu est inférieur à 100,000 francs, à l'exception des pièces relatives à la convocation et au concours des plus imposés; et, en outre, un relevé des recettes ordinaires de la commune, constatées par les comptes des trois dernières années, établissant que les revenus de la commune atteignent 100,000 francs, ledit relevé certifié par le préfet.

Le conseil d'État ayant jugé que la production de toutes ces pièces était indispensable, le ministère de l'intérieur renverrait sans solution à la préfecture les dosiers qui seraient incomplets. (Circ. int., 28 juillet 1853. — *Mém.* p. 173.)

Une commune a la faculté d'user ou de ne pas user de l'autorisation qui lui a été donnée de s'imposer extraordinairement. Si on reconnaît qu'une partie ou même la totalité de l'imposition lui est inutile, elle peut y renoncer: une délibération du conseil municipal suffit pour en empêcher l'inscription dans le rôle. Mais on ne peut, de la même manière, prolonger la durée d'une imposition. Lorsqu'une imposition communale n'a pu être recouvrée dans le délai fixé par l'autorisation, il y a nécessité d'obtenir une nouvelle autorisation pour les annuités restant à recouvrer. — *Mém.* 1860, p. 273.

Toute imposition extraordinaire à établir sur une commune ou section de commune doit être supportée par tous les contribuables inscrits au rôle, soit qu'ils résident ou non dans la localité. Cette règle ne souffre d'exception que dans les cas particuliers prévus par la loi du 10 vendémaire an IV et l'article 58 de la loi du 18 juillet 1837. D'après cette dernière loi, la partie qui a obtenu une condamnation contre une commune ou section de commune n'est pas passible des charges ou contributions imposées pour l'acquittement des frais du procès. Ainsi, lorsqu'une commune est autorisée à s'imposer extraordinairement pour acquitter une dette résultant d'un procès qu'elle a perdu contre divers propriétaires, ceux-ci ne doivent pas être inscrits au rôle. (Décis. min. de l'int. 1860. — *Mém.* p. 293.)

Dans les rôles des impositions extraordinaires destinées au payement des dettes des communes ou sections de communes on doit comprendre même les individus qui ne sont devenus propriétaires et habitants de la commune que postérieurement à l'époque où la dette a été contractée. — *Mém.* 1843, p. 231.

Lorsqu'une imposition extraordinaire excède les besoins pour lesquels elle a été votée, l'emploi de cet excédant au payement d'autres dépenses ne peut avoir lieu que du consentement de l'assemblée qui a voté l'imposition, c'est-à-dire du conseil municipal, assisté des plus imposés, et avec l'approbation de l'autorité qui a statué sur l'imposition. — *Mém.* 1859, p. 265.

Établissement des rôles. — Toutes les impositions communales doivent être comprises dans les rôles primitifs. Lorsqu'une imposition n'a pu être autorisée avant la confection des rôles primitifs de l'année pour laquelle cette imposition a été votée, l'imposition est ajournée à l'année suivante, à moins d'une nécessité absolue, auquel cas ces impositions font l'objet de rôles spéciaux. (I. G., art. 51.) — Voy. **Frais de confection des rôles spéciaux.**

Les frais de perception de tous les centimes additionnels à recouvrer pour le compte des communes sont ajoutés à raison de 3 centimes par franc au montant de ces impositions, pour être recouvrés avec elles et versés dans les caisses des communes, à la charge par ces dernières d'en tenir compte aux percepteurs comme dépenses municipales.

Il est encore ajouté, pour dégrèvements et non-valeurs, au produit des centimes additionnels communaux ordinaires et extraordinaires, savoir : 1 centime par franc de ce produit sur les centimes afférents aux contributions foncière et personnelle-mobilière, 3 centimes par franc sur les centimes afférents à la contribution des portes et fenêtres et 5 centimes par franc sur les centimes afférents à la contribution des patentes. (I. G., art. 18.) — Voy. Fonds de non-valeurs, Frais de perception.

Recouvrement des impositions communales. — Le produit des impositions communales et celui des 3 centimes par franc du montant de ces impositions destinés à subvenir aux frais de perception sont recouvrés par les percepteurs à titre de contributions directes.

Ces produits sont mis, tous les mois, ou au moins tous les trois mois, à la disposition des communes, dans la proportion des recouvrements effectués sur les contributions.

A cet effet, chaque percepteur, après en avoir fait le calcul approximatif, et sauf liquidation définitive à la recette des finances, en retient le montant sur ses recettes pour l'appliquer lui-même aux dépenses des communes, s'il réunit à ses fonctions celles de receveur municipal. (I. G., art. 119.)

Le calcul des sommes à allouer est fait cumulativement pour les communes dont un même percepteur gère les revenus, au moyen de décomptes établis dans les bureaux des receveurs des finances ; le nom des communes est, toutefois, désigné dans les décomptes, et les receveurs des finances veillent à ce que les percepteurs se chargent exactement en recette, au compte de chaque commune, de la somme qui lui revient d'après la proportion des recouvrements concernant cette commune. (Id., art. 199.)

Tout payement aux communes sur le produit de leurs impositions locales exige la délivrance, par le receveur municipal, d'une quittance extraite de son journal à souche. En conséquence, les percepteurs receveurs municipaux doivent apporter à la recette particulière leur livre à souche toutes les fois qu'il y a lieu d'établir la liquidation de sommes à retenir par eux, sur leurs recettes, au profit des communes ; lorsque les allocations ont été déterminées, les receveurs des finances en font faire recette, en leur présence, sur le journal à souche, et ils font détacher la quittance, qui leur est immédiatement remise. (Id., art. 200.)

Les quittances délivrées par les receveurs municipaux doivent comprendre les sommes revenant à toutes les communes qui composent un même arrondissement de perception, sauf à présenter au dos la répartition des allocations par commune. (I. G., art. 201.)

Lorsque le percepteur ne réunit pas à ses fonctions celles de receveur municipal, il donne avis au receveur spécial de la commune des époques auxquelles il fait ses versements à la recette des finances, afin que ce receveur puisse s'y transporter pour toucher le produit de la liquidation et en délivrer une quittance à souche. Le receveur municipal doit, en conséquence, apporter son livre à souche à la recette des finances, lorsqu'il vient toucher les sommes revenant à la commune sur les contributions directes. (Id., art. 119 et 200.)

A l'époque du 31 mars de la deuxième année de chaque exercice, la totalité des sommes qui resteraient à allouer peut, par exception, être payée aux communes intéressées, pourvu que les restes à recouvrer sur les contributions de l'exercice ne s'élèvent pas à un douzième du montant des rôles. En conséquence, si la situation du recouvrement le permet, le receveur des finances établit, dans le courant du mois de mars, la situation des fonds restant à allouer aux communes sur les impositions communales de l'exercice expiré.

Dans le cas, au contraire, où la situation du recouvrement, ou tout autre motif, ne permettrait pas que la totalité des sommes revenant aux communes leur fût allouée à l'époque où doit avoir lieu la clôture de l'exercice dans la comptabilité municipale, les sommes non payées feraient alors partie des restes à recouvrer à reporter au budget communal de l'exercice courant, et la recette qui en serait faite ultérieurement devrait être appliquée au compte de ce dernier exercice par le receveur de la commune. (I. G., art. 202.)

Sauf l'exception mentionnée plus haut, il est expressément interdit aux receveurs des finances d'allouer aux communes au delà des sommes qui leur sont dues d'après la proportion des recouvrements. (Id., art. 203.)— Voy. CENTIMES ADDITIONNELS.

Impositions destinées aux dépenses départementales. — Voy. CENTIMES ADDITIONNELS, DÉPARTEMENT.

Imprescriptibilité. — Aux termes de l'article 2226 du Code Napoléon, la prescription ne peut pas être invoquée à l'égard des choses qui ne sont pas dans le commerce, telles qu'une église, un cimetière, etc.

Ainsi, quelle que soit l'époque à laquelle des habitants d'une commune auraient commencé à traverser le cimetière pour se rendre soit à l'église, soit ailleurs, le cimetière ne saurait, en l'absence de titre, être considéré comme grevé à leur profit d'une servitude de passage. (Décis. min. de l'int., 1861. — *Mém.* p. 252.) — Voy. PRESCRIPTION.

Impressions à la charge des communes. — L'article 30 de

la loi du 18 juillet 1837 range parmi les dépenses obligatoires les frais d'impression nécessaires pour le service de la commune.

Les impressions dont il s'agit ici sont celles qui servent ordinairement aux opérations administratives ou comptables et qui sont fournies par les préfets, au fur et à mesure des besoins.

Les pièces que les communes sont le plus habituellement dans le cas de se procurer ainsi, à leurs frais, sont les suivantes : — liste des électeurs communaux, procès-verbaux d'élection, liste de scrutin ; — mouvement de la population, feuilles de recensement de la population ; — tableaux statistiques de toute nature sur les cultures, les bestiaux, les consommations, etc., mercuriales ; — avis des journées à fournir pour les chemins vicinaux, liste de souscription pour les chemins de grande communication ; — règlement pour les écoles primaires, rôles de la rétribution scolaire et autres imprimés relatifs au recouvrement de cette contribution, liste des élèves exempts de la rétribution ; — compte administratif de l'exercice clos, règlement de l'exercice clos, état des restes à payer, chapitres additionnels au budget de l'exercice courant, budget de l'exercice à régler, mandats de payement, mandats de retrait de fonds du Trésor, procès-verbaux de clôture des caisses municipales au 31 décembre ; — répartition de la coupe affouagère, rôle de la taxe sur le bétail. (Circ. int., 17 janvier 1837. — *Mém.* p. 41.)

Cette nomenclature n'est pas limitative ; elle contient seulement des indications générales pour les imprimés que, par analogie, les préfets doivent considérer comme pouvant être mis à la charge des communes.

Le contingent de chaque commune dans le payement des frais d'impression est fixé proportionnellement à la quantité des imprimés qui lui sont fournis ; cette quantité étant à peu près la même pour toutes les communes, il en résulte que les frais d'impression sont d'ordinaire répartis également entre toutes les communes d'un même département. Le contingent assigné à chaque commune est versé à la recette des finances de l'arrondissement, à titre de cotisation municipale.

Lorsque les préfets jugent le mode de fourniture ci-dessus nécessaire pour les hospices et établissements de bienfaisance, les contingents de ces établissements, réglés comme ceux des communes, sont versés au même fonds de cotisations. (Circ. int., 17 janvier 1837.)

La dépense est justifiée dans les comptes des communes et établissements par le mandat de payement appuyé du récépissé du receveur des finances ou de la pièce qui en tient lieu, et d'un extrait de l'arrêté du préfet qui a fixé le contingent. — Voy. COTISATIONS MUNICIPALES.

Outre les imprimés qui leur sont fournis par la préfecture, les maires et les administrateurs des établissements de bienfaisance en emploient ordinairement d'autres qu'ils se procurent directement chez les imprimeurs. Le prix de ces imprimés doit être payé sur le crédit ouvert au budget pour frais de bureau ; et non sur le crédit relatif aux frais obligatoires d'impression dont il vient d'être question. — Voy. Frais de bureau.

Imprimerie impériale. — Les receveurs généraux des finances sont les seuls intermédiaires de l'imprimerie impériale pour les fournitures qu'elle fait dans les départements.

Ces receveurs effectuent le payement à l'imprimerie impériale du prix de ses fournitures ; ils le mettent à la charge des communes et des comptables ou autres fonctionnaires auxquels les fournitures sont expédiées, soit pour leur usage personnel, soit pour les distribuer dans leur arrondissement, et ils leur ouvrent un compte collectif comme correspondants de la recette générale.

Les payements à l'imprimerie impériale et le remboursement des avances des receveurs généraux se font d'après le mode indiqué ci-après. (I. G., art. 1150.)

Dans les premiers mois de l'année, l'imprimerie transmet à chaque receveur général :

1° L'état des recouvrements à opérer pour les abonnements au *Bulletin des lois* et au *Moniteur des communes* ;

2° Le compte des impressions expédiées aux divers comptables pour les besoins présumés du service de l'année.

Les receveurs généraux payent le montant de ces états en un mandat sur le caissier du Trésor, à l'ordre de l'agent comptable de l'imprimerie impériale, et valeur au 30 septembre suivant. (Id. art. 1151.)

Il est opéré de la même manière pour les impressions supplémentaires qui sont expédiées aux receveurs, sur leur demande, pendant le cours de l'année.

Le compte en est dressé par l'imprimerie impériale dans les premiers mois de l'année suivante, et il est soldé par des mandats à l'échéance du 31 mars de cette dernière année. (Id., art. 1152.)

Les receveurs des finances délivrent des récépissés à talon pour tous les versements qui leur sont faits en remboursement du prix d'abonnement et de fournitures faites par l'imprimerie impériale. (Id., art. 1155.)

Le journal à souche ordinaire et le journal à souche des quittances timbrées ne peuvent être imprimés qu'à l'imprimerie impériale.

Les fournitures de l'imprimerie impériale sont envoyées *franco* dans chaque chef-lieu d'arrondissement. Les renvois que les receveurs des finances seraient dans le cas de faire au directeur de cet établissement doivent avoir lieu, ainsi que toute la correspondance relative au service du journal à souche, par l'intermédiaire de la direction générale de la comptabilité publique. Mais ces renvois doivent, à raison du poids des objets, être évités autant que possible ; d'ailleurs, les registres et imprimés qui feraient double emploi une année peuvent, en général, être employés l'année suivante. (I. G., art. 1526.) — Voy. Bulletin des lois, Journal a souche, Moniteur des communes, Registre des quittances timbrées.

Imprimés de formules d'actes de poursuites. — Les receveurs particuliers des finances font imprimer et fournissent aux porteurs de contraintes et garnisaires, dans leurs arrondissements respectifs, les formules de bulletin de garnison collective, ceux de garnison individuelle et de commandement, les états de frais de poursuites, et généralement tous les modèles d'actes et de procès-verbaux relatifs aux poursuites.

Les actes de tous les degrés, sans exception, à distribuer aux contribuables, doivent être imprimés sur un papier de couleur différente pour chaque degré de poursuite. — Voy. POURSUITES.

Imprimés relatifs au service des percepteurs. — Tous les imprimés des registres et cadres en blanc qui sont nécessaires aux percepteurs receveurs de communes et d'établissements publics, soit pour la tenue des écritures, soit pour la formation des comptes de gestion, leur sont fournis par l'entremise des receveurs des finances ; ils doivent, dans le mois de juillet de chaque année, leur remettre la note de l'approvisionnement dont ils ont besoin pour le service de l'année suivante. (I. G., art. 1524.)

Les percepteurs sont libres de choisir l'imprimeur à qui ils désirent confier la fourniture de leurs imprimés, l'entremise obligatoire des receveurs des finances n'ayant pas pour objet de constituer entre leurs mains une sorte de monopole, mais simplement d'assurer l'exercice de leur contrôle en ce qui concerne la conformité des imprimés avec les modèles règlementaires. — *Mém.* 1863, p. 136.

Les receveurs des finances payent le prix de ces fournitures sur leurs fonds personnels, et s'en font rembourser immédiatement par les percepteurs receveurs municipaux. (I. G., art. 1525.)

Le journal à souche dont la tenue est prescrite aux percepteurs et aux receveurs spéciaux ne peut être imprimé qu'à l'imprimerie impériale ; il exige, en outre, des précautions spéciales. — Voy. JOURNAL A SOUCHE.

Les formules non officielles imprimées aux frais des comptables ne peuvent être expédiées en franchise par la poste. Ces formules doivent être réclamées par eux, par lettres non contre-signées, et leur être transmises, si on emploie la voie de la poste, après affranchissement préalable. — *Mém.* 1859, p. 143.

Il est interdit aux receveurs des finances, à leurs employés et aux percepteurs, de servir d'intermédiaires pour l'envoi et la circulation des offres et demandes d'imprimés. (I. G., art. 1424.) — Voy. FRANCHISE.

Imputation de payement. — Voy. RECOUVREMENT.

Imputation d'exercice. — Voy. EXERCICE.

Incendies. — Voy. DÉGRÈVEMENTS, REMISES ET MODÉRATIONS, SECOURS.

Incompatibilité, cumul. — Il y a incompatibilité entre deux emplois lorsque le titulaire de l'un d'eux est tenu d'exercer ou de concourir à exercer une surveillance médiate ou immédiate sur la gestion du titulaire de l'autre emploi.

En conséquence, les percepteurs receveurs des communes et d'établissements de bienfaisance ne peuvent cumuler avec leurs fonctions celles de maire ou d'adjoint, ni de membre des conseils de préfecture, des conseils municipaux ou des commissions administratives des établissements de bienfaisance.

Il y a également incompatibilité entre l'emploi de percepteur receveur de communes et d'établissements de bienfaisance et les fonctions de juge et de greffier des tribunaux et des justices de paix, de suppléant de juge, de notaire, d'avocat, d'avoué, d'huissier, de commissaire-priseur, d'agent de change, de courtier, de secrétaire de mairie et de commission administrative, de commis de préfecture, de sous-préfecture, de recette générale ou de recette particulière des finances, de receveur buraliste des contributions indirectes et de débitant de tabac. (L. 24 vendémiaire an III, 25 ventôse an XI, 14 décembre 1810 et 5 mai 1855; I. G., art. 1273.)

D'après les articles 50 et 51 de l'instruction générale des postes, il y a incompatibilité entre les fonctions d'employé des postes et celles de préposé à la perception des contributions directes et de deniers communaux; ces incompatibilités s'étendent aux maris des directrices.

Le receveur spécial d'un bureau de bienfaisance, n'étant ni comptable de deniers communaux, ni salarié de la commune, peut être élu en qualité de conseiller municipal. (Arrêt du cons. d'État, 8 janvier 1836.)

Le percepteur des contributions directes d'une ville où il existe un receveur municipal spécial, n'étant chargé que du recouvrement des centimes additionnels aux contributions, ne doit pas être considéré comme comptable de deniers communaux ou agent salarié de la commune; il peut aussi, par conséquent, faire partie du conseil municipal. (Arrêt du conseil d'État, 17 septembre 1838. — *Mém.* 1840, p. 138.)

Les dispositions de l'article 1273 de l'Instruction générale rapportées ci-dessus ne dérogent pas à celles de l'instruction ministérielle du 20 novembre 1836, qui donne aux commissions administratives des hospices et hôpitaux la faculté de confier la recette et l'économat, ou le secrétariat et l'économat, au même agent. — *Mém.* 1836, p. 292; 1838, p. 260; 1862, p. 71.

Les parents ou alliés, jusqu'au degré de cousin germain inclusivement, ne peuvent être chargés de fonctions dans lesquelles ils exerceraient ou concourraient à exercer l'un sur l'autre une surveillance médiate ou immédiate. (L. 17 frimaire an III; I. G., art. 1273.)

Ainsi, l'oncle et le neveu ne peuvent remplir, dans le même arrondissement, l'un les fonctions de receveur particulier, l'autre celles de percepteur ou de receveur spécial. — *Mém.* 1862, p. 292.

De même, le gendre, le frère ou le beau-frère de l'un des membres de la commission administrative d'un hospice ne peut être nommé receveur de cet établissement. — *Mém.* 1862, p. 70 ; 1863, p. 70.

Il n'y a pas, toutefois, incompatibilité entre deux cousins au degré de germains dont l'un serait receveur, l'autre secrétaire de l'hospice. — *Mém.* 1863, p. 71.

Il n'y a pas, non plus, d'empêchement à ce qu'un notaire instrumente pour un acte d'adjudication concernant une commune ou un hospice, dont le receveur, assistant à ladite adjudication, serait son parent ou allié en ligne directe ou collatérale jusqu'au degré d'oncle ou de neveu inclusivement. — *Mém.* 1858, p. 150.

Les commissions syndicales pour les travaux d'art qu'exigent le desséchement des marais, la construction et l'entretien des digues, etc., sont autorisées à charger les percepteurs du recouvrement et de l'emploi des fonds destinés à ces travaux ; les comptables sont alors soumis aux dispositions des règlements qui régissent la comptabilité des communes et établissements de bienfaisance. (I. G., art. 1273.) — Voy. Syndicats.

Les percepteurs ne peuvent être chargés d'aucune autre gestion comptable que les lois et règlements n'auraient pas rendue obligatoire pour eux, à moins que le receveur des finances n'y ait donné son consentement, après en avoir référé à la direction de la comptabilité générale. Dans ce cas, le receveur des finances prescrit au percepteur le mode de comptabilité qu'il doit suivre, et prend toutes les mesures propres à mettre sa responsabilité à l'abri.

Les percepteurs ne peuvent non plus, sans qu'il en ait été référé au ministre, être appelés à prêter leur concours à des travaux qui ne leur seraient pas prescrits par les instructions.

Il est interdit aux percepteurs de cumuler avec leur emploi une profession, un commerce ou une industrie quelconque. Les receveurs municipaux spéciaux sont soumis à la même règle.

Enfin les receveurs des communes et des établissements de bienfaisance ne peuvent se rendre adjudicataires des revenus qu'ils sont chargés de percevoir.

Les questions relatives aux incompatibilités doivent être déférées au ministre des finances (direction du personnel). (I. G., art. 1273.) — Voy. Percepteurs, Receveurs municipaux.

Incurables. — Voy. Malades et incurables indigents.

Indemnité de logement aux curés et desservants et autres ministres du culte. — Les communes doivent fournir au curé ou desservant un presbytère, ou, à défaut de presbytère, un logement, ou, a défaut de presbytère et de logement, une indemnité pécuniaire (D. 30 decembre 1809, art. 92.)

La loi du 18 juillet 1837, article 30, range parmi les dépenses obligatoires des communes l'indemnité de logement aux curés et desservants, lorsqu'il n'existe pas de bâtiment affecté à leur usage.

D'après un avis du conseil d'État, du 21 août 1839, et la jurisprudence constante des ministères de l'intérieur et des cultes depuis cette époque, l'indemnité dont il s'agit n'est à la charge des communes que dans le cas où l'insuffisance des revenus de la fabrique ne lui permet pas d'y pourvoir sur ses propres ressources.

Cette jurisprudence doit être la règle des administrateurs des communes et des fabriques, bien qu'elle soit sérieusement contestée, et qu'un arrêt de la Cour de cassation, en date du 7 janvier 1839, ait décidé que l'indemnité de logement aux curés et desservants est due, dans tous les cas, par les communes, c'est-à-dire alors même que les fabriques auraient des ressources suffisantes pour les payer. — *Mém.* 1846, p. 222.

L'indemnité à la charge de la commune est réglée par le préfet sur la proposition du conseil municipal, et, à défaut de la délibération de ce conseil, portée d'office au budget communal, comme toutes les dépenses déclarées obligatoires par la loi.

Lorsque plusieurs communes sont réunies pour le culte, elles doivent contribuer toutes à l'indemnité de logement, dans la proportion du montant de la contribution personnelle-mobilière acquittée par chacune des communes intéressées. (Décis. min. de l'int., 1859. — *Mém.* p. 319.)

Une indemnité de logement est également due aux ministres du culte protestant et du culte israélite, lorsqu'il n'existe pas de bâtiment affecté à leur usage (L. 18 juillet 1837, art. 30). Le préfet, après avoir pris l'avis des conseils municipaux et des consistoires, fixe le montant de l'indemnité et détermine, si le service du pasteur embrasse plusieurs communes, la part contributive de chacune d'elles.

Le payement des indemnités est ordonnancé par quart à la fin de chaque trimestre, au nom des curés, desservants ou ministres. —Voy. Curés et desservants, Fabrique, Presbytère.

Indemnité de plus-value. — Lorsque, par suite de travaux de desséchement, par la construction d'un pont, par l'ouverture de nouvelles rues, par la formation de places nouvelles, par la construction de quais, ou par tous autres travaux publics généraux, départementaux ou communaux, dûment approuvés, des propriétés privées ont acquis une notable augmentation de valeur, ces propriétés peuvent être chargées de payer une indemnité qui peut s'élever jusqu'à la valeur de la moitié des avantages qu'elles ont acquis; le tout est réglé par estimation dans les formes déterminées par la loi, jugé et homologué par une commission spéciale qui est nommée à cet effet. (L. 16 septembre 1807, art. 30.)

Les indemnités pour payement de plus-value sont acquittées, au choix des débiteurs, en argent ou en rentes constituées à 4 p. 0/0 net, ou en délaissement d'une partie de la propriété, si elle est divisible; ils peuvent aussi délaisser en entier les fonds, terrains ou bâtiments dont la plus-value donne lieu à l'indemnité, et ce, sur l'estimation réglée d'après la valeur qu'avait l'objet avant l'exécution des travaux desquels la plus-value a résulté. (Id., art. 31.)

Ces dispositions n'ont été ni abrogées ni modifiées par les lois des 7 juillet 1833 et 3 mai 1841 sur l'expropriation pour cause d'utilité publique. En conséquence, ce n'est pas au jury institué par ces lois, mais à une commission spéciale, telle qu'elle est établie par la loi du 16 septembre 1807, qu'il appartient de statuer sur les indemnités de plus-value. Les décisions de cette commission spéciale ont la même autorité, et doivent recevoir la même exécution que celles des conseils de préfecture. (Arrêt du cons. d'État, 23 avril 1843. — *Mém.* p. 340.)

Les dispositions ci-dessus s'appliquent, non-seulement à l'ouverture de nouvelles rues, mais même aux travaux de simple élargissement d'une rue. (Arrêt du cons. d'État, 17 février 1853. — *Mém.* p. 44.) — Voy. Marais, Voirie.

Indemnités allouées aux sapeurs-pompiers. — Voy. Sapeurs-pompiers.

Indemnités de logement de militaires. — Le logement chez l'habitant des troupes autres que celles de passage, le prêt des lits dans les casernes ou le prêt des bâtiments civils à défaut de fourniture ou de bâtiments militaires, sont des prestations individuelles donnant droit à l'indemnité, conformément à la loi du 23 mai 1792.

Le maire de chaque commune doit remettre, dans le courant du premier mois qui suit le trimestre pendant lequel ont eu lieu les prestations, l'état nominatif des habitants ayant droit aux indemnités, et y joindre les états de journées d'occupation fournis par les chefs de corps et de détachement.

Les pièces justificatives du droit à l'indemnité de logement doivent être produites dans un délai de six mois, sous peine de déchéance.

Les mandats des intendants militaires, pour le payement des indemnités, sont délivrés au nom des habitants collectivement, et transmis au percepteur de la commune par l'intermédiaire du receveur des finances; seulement, les états de répartition sont adressés aux maires chargés d'en faire opérer préalablement la publication. Le percepteur fait l'avance des indemnités avec les deniers de sa caisse, et verse ensuite les mandats, ainsi que les états émargés, au receveur des finances, comme pièces justificatives d'une dépense acquittée pour le compte du payeur.

Lorsque des mandats délivrés collectivement n'ont point été employés pour leur intégralité dans le délai d'un mois, ces mandats sont versés par les percepteurs aux receveurs particuliers pour la somme réellement payée.

Il arrive quelquefois que des personnes ayant droit à des indemnités de logement font abandon à la commune de la somme qui leur est allouée; dans ce cas, le percepteur, s'il est en même temps receveur municipal, fait recette de cette somme au profit de la commune; il s'en délivre à lui-même une quittance extraite de son journal à souche, et il rapporte cette pièce avec la déclaration d'abandon faite par l'habitant, comme justification de la dépense effectuée pour le compte du Trésor. Si la commune a un receveur spécial, le percepteur verse la somme à ce receveur, qui lui en délivre une quittance à souche.

Dans certaines circonstances, ce n'est plus l'habitant, mais la commune, qui est le créancier réel de l'État; quelquefois, en effet, l'administration municipale pourvoit elle-même aux frais de logement des troupes. Les habitants, considérés individuellement, n'ayant alors aucun droit à l'indemnité dont il s'agit, le mandat, pour être acquitté, doit être appuyé de l'état nominatif non émargé dressé par le maire, et de la quittance à souche et timbrée du receveur municipal.

Il peut aussi arriver que l'administration municipale ait passé un marché avec un entrepreneur pour loger la troupe, en lui faisant l'abandon de l'indemnité que l'État pourra devoir ; dans ce cas, le mandat doit être appuyé d'un extrait dudit marché, de l'état non émargé, et, enfin, de la quittance timbrée de l'entrepreneur.

Si l'administration municipale avait traité à forfait, si elle payait annuellement une somme fixe à l'entrepreneur, en prenant pour elle les chances aléatoires du service, l'état nominatif non émargé et la quittance à souche timbrée du receveur municipal, qui appuieraient le mandat, devraient être accompagnés d'un extrait du marché, à titre de renseignements, pour expliquer l'absence de l'acquit des habitants.

Afin de constater l'exécution de ces dispositions, les maires doivent déclarer, au bas de chacun des états nominatifs, si l'indemnité est due personnellement aux habitants y dénommés, ou si elle revient à la commune, ou, enfin, si elle a été cédée par elle à un entrepreneur en vertu d'un marché. (Circ. min. de la guerre, 21 mai 1840, et 11 août 1842; Circ. min. des fin., 31 juillet 1840 Circ. compt. gén., 23 janvier 1844 ; et 7 août 1850. — *Mém.* 1840, p. 170 et 171; 1842, p. 257; 1844, p. 19; 1850, p. 199.)

Indemnités pour enrôlements volontaires. — Voy. Enrôlements volontaires.

Indemnités pour occupation de terrains. — Voy. Chemins vicinaux, Location de places, Permis de stationnement.

Indigence (Certificat d'). — Certificat qui a pour objet de constater qu'une personne est en état d'indigence, de sorte qu'il lui est impossible de faire telle consignation, de payer tel impôt, telle amende, etc.

On ne doit pas confondre le certificat d'indigence avec le procès-verbal de carence, bien que l'un et l'autre serve à constater l'insolvabilité des contribuables.

Lorsque l'insolvabilité des contribuables est notoire, les percepteurs doivent se borner, au moment où ils reconnaissent cette insolvabilité, à obtenir (en exécution de l'arrêté du Gouvernement du 6 messidor an x) des certificats des maires attestant l'indigence desdits contribuables.

Ces comptables conservent les certificats pour justifier du non-recouvrement des cotes, et pour former, en fin d'exercice, leurs états de cotes irrecouvrables.

Il est fait usage des procès-verbaux de carence pour constater l'indigence des contribuables qui auraient primitivement été réputés solvables, et contre lesquels une saisie, précédée de commandement, aurait été intentée. (Règl. sur les poursuites, art. 78 *bis*. — *Mém*. 1861, p. 364.)

Avant de provoquer la délivrance des certificats d'indigence auprès des maires, les percepteurs doivent avoir acquis la certitude, soit par un commencement de poursuites, soit par la notoriété publique, que cette indigence existe en effet. (I. G., art. 133.) — Voy. CARENCE, COTES IRRECOUVRABLES, POURSUITES.

Les receveurs des communes et des établissements de bienfaisance peuvent aussi demander l'allocation en non-valeurs des restes à recouvrer sur revenus communaux ou hospitaliers jugés absolument irrecouvrables, en justifiant dans les formes voulues par l'arrêté du 6 messidor an x, c'est-à-dire par un certificat d'indigence, de l'insolvabilité des débiteurs. (Id., art. 1537.) — Voy. COMPTE DE GESTION, NON-VALEURS, RESTES A RECOUVRER.

Indigents. — Les indigents ne sont pas imposables à la contribution personnelle et mobilière. (L. 21 avril 1832, art. 12.)

Lors de la formation de la matrice du rôle de la contribution personnelle et mobilière, le travail des répartiteurs est soumis au conseil municipal, qui désigne les habitants qu'il croit devoir exempter de toute cotisation, et ceux qu'il juge convenable de n'assujettir qu'à la taxe personnelle. (Id., art. 18.)

Un particulier qui, lors de la formation de la matrice, n'a pas été désigné par le conseil municipal pour être exempt de la contribution personnelle et mobilière, ne peut alléguer son état d'indigence pour se faire décharger de la cotisation. (Arrêts du cons. d'État, 18 juillet 1834, 19 janvier 1835, et 23 avril 1836.)

La demande en décharge formée par le percepteur et concernant des contribuables qui seraient tombés dans l'indigence avant le 1er janvier, mais qui n'avaient pas été présentés comme tels par le conseil municipal, ne peut non plus être admise. (Arrêt du cons. d'État, 27 avril 1854. — *Mém.* p. 299.)

Les patentables qui se trouvent dans un état d'indigence notoire ne sont pas inscrits dans le corps de la matrice des patentes, bien qu'ils soient recensés comme les autres contribuables. Ils sont inscrits sur une liste nominative qui est jointe à la matrice.

L'indigence des contribuables est constatée, selon le cas, par des procès-verbaux de carence et des certificats d'indigence. — Voy. CARENCE, INDIGENCE.

Sont exemptes de timbre les quittances des indigents pour les secours qui leur sont accordés à ce titre, ainsi que celles des indigents employés aux travaux à exécuter sur les chemins vicinaux, à quelques sommes qu'elles puissent s'élever. (I. G. art. 1009.) — Voy. QUITTANCES, TIMBRE.

Indivis (Biens). — Voy. BIENS

Information de commodo et incommodo. — Voy. ENQUÊTE ADMINISTRATIVE.

Infirmiers et servants. — Agents de service placés sous la direction de la sœur supérieure dans les hospices et hôpitaux.

La sœur supérieure ne peut, toutefois, prendre ou renvoyer les infirmiers et servants qu'avec l'approbation de la commission administrative. — Voy. HOSPICES ET HÔPITAUX, TRAITEMENTS.

Ingénieurs des ponts et chaussées. — Ingénieurs des mines. — Des honoraires et frais de déplacement sont dus aux ingénieurs des ponts et chaussées et aux ingénieurs des mines pour les travaux dont ils sont chargés, soit pour le compte des départements, des communes ou d'associations territoriales, soit pour l'instruction des affaires où leur intervention est à la fois requise dans un intérêt général et dans un intérêt particulier. (D. 13 octobre et 24 décembre 1851, et 10 mai 1854.)

Le préfet arrête l'état des frais ou honoraires dus aux ingénieurs. Cet état est notifié aux parties accompagné d'une expédition des pièces justificatives. (D. 10 mai 1854.)

Les recouvrements des frais et honoraires de toute nature auxquels donnent lieu les travaux d'intérêt public exécutés d'office ou de gré à gré, à la charge des particuliers, sont opérés par les percepteurs en vertu de mandats exécutoires délivrés par les préfets et selon les règles suivies en matière de contributions directes. (D. 7 fructidor an XII, art. 75; D.

27 mai 1854; Circ. compt. gén. 30 septembre 1854. — *Mém.* 1854, p. 291.)

Les mandats exécutoires doivent être envoyés aux percepteurs chargés du recouvrement, afin que ces comptables soient en mesure d'exercer les poursuites qui pourraient devenir nécessaires. Lorsque ces mandats sont rédigés sur une feuille spéciale, c'est-à-dire lorsqu'ils ne se trouvent pas au bas des états de frais présentés par les parties intéressées pour obtenir payement, ils sont exempts de timbre comme constituant des actes de l'autorité administrative. (L. 15 mai 1818, art. 80.)

Les comptables chargés du recouvrement doivent, pour empêcher que les individus qui seraient réellement solvables ne puissent se soustraire abusivement au payement de leur dette, faire de promptes et actives diligences quand ils reçoivent les arrêtés exécutoires, et ne se désister des poursuites que lorsque leur inutilité est évidente. Les préfets ont à exiger à cet égard toutes les justifications nécessaires avant de décharger les comptables de l'obligation de faire recette des sommes dues.

Les frais de poursuites qu'il deviendrait nécessaire de faire seraient provisoirement avancés par le receveur général avec ses fonds personnels, et, s'il était régulièrement justifié de leur irrecouvrabilité, le remboursement en serait alloué sur les fonds du ministère des travaux publics. (I. G., art. 454.)

Les percepteurs doivent ouvrir à la deuxième section du livre des comptes divers un compte particulier intitulé : Frais et honoraires dus pour travaux d'intérêt public. Les recettes y relatives sont enregistrées, par journée, dans la colonne de l'exercice auquel elles appartiennent, et il est successivement fait dépense des versements que les percepteurs effectuent aux caisses des receveurs des finances. (Id., art. 1473.)

Lorsque les percepteurs ont concouru à des recouvrements de cette nature, les receveurs des finances doivent partager avec eux la remise du tiers de centime qui leur est allouée pour le recouvrement des produits éventuels départementaux. (Id., art. 457 et 489.)

Toutefois comme le recouvrement des frais et honoraires est incontestablement de nature à imposer aux comptables les mêmes soins et la même responsabilité que celui des souscriptions volontaires et taxes contributives mentionnées à l'article 624 de l'instruction générale, il semblerait de toute justice de leur allouer également, dans ce cas, la remise indiquée audit article, c'est-à-dire 3 p. 0/0. — *Mém.* 1860 page 88 et 1863, p. 246. — Voy. COTISATIONS, MANDEMENTS EXÉCUTOIRES.

Inhumations. — Voy. CIMETIÈRE, CONCESSIONS.

Injonctions — On appelle injonctions, en matière de comptabilité publique, les commandements faits aux comptables par l'autorité chargée du jugement des comptes.

Les préfets transmettent aux receveurs des finances des copies ou extraits des arrêts de la Cour des comptes et des arrêtés des conseils de préfecture intervenus sur les comptes des receveurs municipaux et d'établissements publics, pour qu'ils puissent surveiller l'exécution, dans les délais prescrits, des injonctions que ces actes renferment. (I. G., art. 1305.)

Les charges et injonctions que les arrêts ou arrêtés imposent aux comptables doivent être exécutées dans le délai de deux mois à partir du jour de la notification. (Id., art. 1560.)

Les pourvois contre les actes administratifs n'étant pas suspensifs, les injonctions doivent être provisoirement exécutées nonobstant appel, à moins que l'autorité saisie du pourvoi n'ait jugé convenable d'accorder un sursis. (Id., art. 1305.) — Voy. Compte de gestion, Pourvois.

Inondations. — Il est procédé par l'État à l'exécution des travaux destinés à mettre les villes à l'abri des inondations. Les départements, les communes et les propriétaires concourent aux dépenses de ces travaux dans la proportion de leur intérêt respectif. (L. 28 mai 1858, art. 1er.)

Les travaux sont autorisés par décrets rendus dans la forme des règlements d'administration publique.

Ces décrets déterminent, pour chaque entreprise, la répartition des dépenses entre l'État, les départements, les communes et les propriétaires intéressés. (Id., art. 2.)

Chaque décret est précédé d'une enquête dans laquelle les intéressés sont appelés à présenter leurs observations sur le projet de répartition des dépenses. (Id., art. 3.)

La part de dépense mise à la charge des départements ou des communes est inscrite au budget départemental ou communal comme dépense obligatoire. (Id., art. 4.)

La répartition entre les propriétaires intéressés de la part de dépense mise à leur charge est faite conformément aux dispositions de la loi du 16 septembre 1807. Les taxes sont recouvrées au moyen de rôles rendus exécutoires par le préfet, et perçus comme en matière de contributions directes. (Id., art. 5.)

Le recouvrement des taxes se poursuit, par conséquent, par voie de contrainte, comme celui de l'impôt direct; il jouit du même privilége; les quittances du percepteur sont exemptes du timbre. — *Mém.* 1859, p. 6. — Voy. Poursuites.

Le Gouvernement vient en aide aux particuliers qui ont souffert des inondations, en les dégrevant des impôts et en leur accordant des secours.

Lorsque, sur l'initiative du Gouvernement, des souscriptions sont ouvertes pour secours aux inondés, les fonds de souscription peuvent être versés, dans les départements, aux caisses des receveurs des finances et des percepteurs.

Les percepteurs qui reçoivent des souscriptions forment des états indicatifs des souscripteurs, et, pour les versements qui leur sont faits par des intermédiaires, ils réclament les listes que ces derniers ont dû établir.

Les listes formées ou reçues par les percepteurs sont remises, avec les fonds de souscription, au receveur particulier de l'arrondissement. (Circ. 9 juin 1856. — *Mém.*, p. 161.)

Lorsque les percepteurs concourent au payement des secours aux inondés, il ne suffit pas de faire certifier les dépenses par les quittances des fonctionnaires chargés de la distribution des secours ; on doit exiger qu'à l'appui de ces quittances soit rapportée la preuve du payement individuel, au moyen d'états revêtus de l'émargement des parties prenantes. Préalablement à la distribution des secours, les pertes éprouvées doivent, en outre, être constatées par des procès-verbaux de pertes dont les extraits, dûment certifiés, sont fournis à l'appui des états d'émargement. (Circ. min. des fin., 28 juillet 1856. — *Mém.*, p. 225.) — Voy. Dégrèvements, Secours.

Inondés. — Voy. Dégrèvements, Inondations, Secours.

Inscription hypothécaire. — L'inscription hypothécaire est la déclaration faite par le créancier sur un registre public, tenu par le conservateur, de l'hypothèque ou du privilége dont il jouit sur les biens de son débiteur.

Cette déclaration doit être faite suivant les formalités prescrites par l'article 2148 du Code Napoléon. — Voy. Conservateur des hypothèques, Hypothèques, Priviléges.

Insolvabilité. — L'insolvabilité des redevables du Trésor, des communes et des établissements publics doit être constatée suivant les formes déterminées par l'arrêté du Gouvernement du 6 messidor an x, savoir : par des procès-verbaux, soit de perquisition, soit de carence, dressés par les huissiers ou porteurs de contraintes, ou par des certificats d'indigence délivrés, sous leur responsabilité, par les maires et adjoints des communes de la résidence des débiteurs. — Voy. Carence, Indigence, Non-valeurs, Poursuites.

Inspecteurs des contributions directes. — Ces fonctionnaires sont chargés principalement de la surveillance et de la vérification des travaux extérieurs exécutés par les divers agents de la direction des contributions directes.

L'inspecteur, en cas d'absence ou de vacance, remplit les fonctions de directeur par intérim. Il supplée aussi momentanément les contrôleurs absents ou malades.

En cas de vacance de l'inspection ou d'empêchement de l'inspecteur, le contrôleur principal en remplit les fonctions.

L'inspecteur surveille les divers agents employés au levé des plans et aux expertises cadastrales, et il instruit les réclamations auxquelles la formation des tarifs des évaluations et le classement des propriétés ont pu donner lieu.

Il vérifie le travail des mutations d'un certain nombre de communes de chaque contrôle, ainsi que l'application des changements sur les matrices cadastrales des communes. Ses vérifications portent également sur le recensement des patentables et sur la formation des matrices de patentes.

Les résultats de la surveillance des inspecteurs sur les diverses parties du service des contrôleurs et autres agents de la direction sont constatés par eux dans des rapports où, après avoir exposé les faits, ils émettent leur opinion sur la manière dont l'agent vérifié s'acquitte de chacune de ses obligations. Ces rapports sont adressés au directeur des contributions directes. — Voy. CONTRÔLEURS, DIRECTEURS, MUTATIONS.

Inspecteurs primaires. — Ces inspecteurs sont chargés spécialement de la surveillance des écoles primaires. Ils donnent leur avis à l'inspecteur d'académie sur les secours et encouragements de tous genres relatifs à l'instruction primaire ; ils s'assurent que les allocations accordées sont employées selon leur destination. Ils donnent leur avis sur les rôles de la rétribution scolaire. — Voy. RÉTRIBUTION SCOLAIRE.

Les percepteurs et les inspecteurs des écoles primaires peuvent correspondre entre eux en franchise, sous bandes contresignées, dans toute l'étendue du département. — Voy. FRANCHISE.

Inspection des finances. — Les inspecteurs des finances sont chargés de surveiller dans toute l'étendue de l'Empire la marche des services financiers. Ils vérifient la gestion et les caisses des agents et comptables qui ressortissent directement ou indirectement au ministère des finances ; celles des trésoriers invalides de la marine, des receveurs des villes et communes, des hospices, bureaux de bienfaisance, monts-de-piété, dépôts de mendicité, maisons de détention, haras et de tous autres établissements publics. Ils surveillent l'exécution des lois concernant l'administration des finances et spécialement l'observation des règlements qui ont rapport à la perception des droits de toute nature, à la direction et au mouvement des fonds et à leur application aux dépenses publiques. Leurs investigations ont à la fois pour objet d'éclairer le ministre sur la manière dont ses délégués répondent à la confiance du Gouvernement et sur les améliorations dont peuvent être susceptibles les diverses dispositions réglementaires.

Le contrôle de l'inspection s'exerce, soit au moyen de vérifications périodiques, soit de missions spéciales dont les résultats sont consignés dans des rapports adressés au ministère. A l'arrivée des inspecteurs dans le lieu de la résidence des comptables, l'effet de tout congé dont l'usage n'aurait pas commencé demeure suspendu.

Les rapports, centralisés à la direction du personnel et de l'inspection générale, sont ensuite renvoyés par ses soins à chacune des directions et administrations auxquelles appartiennent les agents vérifiés. Ces directions et administrations y donnent suite en mentionnant au dossier de chaque agent un résumé sommaire des résultats de la vérification et en adressant aux chefs de service les instructions relatives aux divers points qui ont fait l'objet des critiques de l'inspecteur vérificateur. Les rapports sont conçus de manière à établir une sorte de débat contradictoire, ce qui assure aux observations de l'inspection une incontestable autorité Ainsi, l'agent vérifié fournit ses explications sur les faits relevés dans son service ou constatés à sa charge; l'inspecteur vérificateur réplique; le chef de service formule son avis et est à même de justifier, s'il y a lieu, son subordonné; enfin l'inspecteur général résume dans une dernière colonne l'appréciation définitive qui résulte de la vérification.

Les inspecteurs des finances ont le droit de suspendre les percepteurs ainsi que les receveurs spéciaux en cas de déficit, sauf à donner avis immédiatement de cette mesure au receveur des finances et à l'autorité compétente.

Le décret du 15 avril 1852 a aussi soumis le service et la comptabilité des caisses d'épargne aux vérifications des inspecteurs des finances, soit pendant leurs tournées annuelles, soit en vertu de missions spéciales.

L'ordonnance royale du 28 mars 1842, qui a réglé l'organisation du corps de l'inspection des finances, a reçu depuis quelques modifications. Le grade de sous-inspecteur a été supprimé et remplacé par celui d'inspecteur de 4e classe; ensuite, la disposition de ladite ordonnance qui admettait au grade d'inspecteur de 3e classe, pour la moitié des vacances et en tant qu'ils ne seraient pas âgés de plus de trente-cinq ans, les employés de certaines classes appartenant, soit à l'administration centrale des finances, soit aux administrations financières, a cessé d'être appliquée. Elle a été remplacée par une autre disposition qui accorde aux employés des mêmes administrations la faculté de concourir pour l'emploi d'inspecteur de 4e classe, en subissant l'examen qu'on exige, pour le même grade, des adjoints à l'inspection après deux tournées au moins.

Quant aux adjoints, l'ordonnance du 28 mars 1842, article 3, décide qu'ils seront exclusivement choisis, soit parmi les employés de l'administration des finances comptant au moins deux ans de service et âgés de vingt-deux ans au moins et de trente ans au plus, soit parmi les élèves de l'École polytechnique reconnus admissibles dans les services du Gouvernement et ayant au moins une année de stage dans l'administration des finances. Les candidats de ces deux catégories doivent, en outre, justifier d'un revenu de 2,000 francs et, aux termes de l'arrêté ministériel du 27 septembre 1847, subir un examen d'aptitude devant un comité spécial. — Voy. Comptables publics, Vérification de caisse.

Inspection des établissements de bienfaisance. — Indépendamment de la surveillance exercée sur les administrations hospitalières par les sous-préfets et préfets et par le ministre de l'intérieur, ces administrations sont soumises au contrôle d'inspecteurs spéciaux établis par le ministère de l'intérieur. Ces inspecteurs, créés par arrêté du 28 juin 1828, supprimés à la révolution de 1830, ont été rétablis par arrêté du 25 décembre 1833 sous le nom d'inspecteurs des services de bienfaisance. L'arrêté du 24 août 1838 leur a donné le titre d'inspecteurs généraux des établissements de bienfaisance; celui du 14 juin 1839 a déterminé leurs attributions; ils doivent porter leurs investigations sur toutes les parties de l'administration des établissements publics de bienfaisance et prendre des informations sur les associations charitables privées. Ils font connaître aux préfets les abus qu'ils ont découverts, et adressent au ministre de l'intérieur un rapport spécial sur chaque établissement inspecté. Un décret du 15 janvier 1852 a fixé les conditions hiérarchiques de nomination et d'avancement des inspecteurs généraux, qui sont, pour la section des établissements de bienfaisance, au nombre de 8, à savoir : 2 de 1re classe; 4 de 2e et 2 inspecteurs généraux adjoints.

Il a été institué en outre, dans chaque département, un inspecteur particulier chargé d'exercer une surveillance continue sur les établissements de bienfaisance et notamment sur le service des enfants assistés. Une circulaire ministérielle du 12 mars 1839 a déterminé les attributions de ces inspecteurs et mis la dépense de leur traitement à la charge du budget départemental. — *Mém.* 1839, p. 97.

La première opération des inspecteurs, tant généraux que particuliers, à leur arrivée dans les établissements de bienfaisance, doit être de vérifier la caisse et les écritures du receveur. A cet effet, ils doivent immédiatement se faire représenter les espèces en caisse et les valeurs de portefeuille, ainsi que les budgets, les registres et toutes les pièces qu'ils jugent nécessaires à l'accomplissement de leur mission. Après la vérification qu'ils en ont faite, ils dressent le procès-verbal de la situation du comptable. Cette opération se fait en présence du maire qui a été invité par l'inspecteur à y assister. Ce magistrat ou le délégué qu'il a désigné signe, avec l'inspecteur et le comptable, le procès-verbal dont ampliation est laissée à ce dernier. Dans le cas où le maire, ni personne à sa place, ne se serait rendu à l'invitation qui lui en aurait été faite, l'inspecteur n'en procède pas moins à la vérification, en mentionnant toutefois cette absence au procès-verbal. (Arrêté du min. de l'int., 14 juin 1839, art. 12. — *Mém.*, p. 170.)

Lorsque les inspecteurs reconnaissent un déficit en vérifiant la comptabilité d'un hospice dont le receveur serait en même temps percepteur receveur municipal, ils doivent, lors même que le déficit porterait sur un service étranger à celui de ces établissements, le dénoncer à l'attention de l'autorité locale supérieure et au receveur des finances responsable;

ils n'ont pas d'ailleurs de direction à donner aux percepteurs en ce qui concerne la tenue de leurs écritures, ce soin appartenant aux receveurs des finances. (I. G., art. 1309.)

Les inspecteurs généraux peuvent aussi, en cas de déficit, suspendre le comptable et requérir la remise du service à un gérant intérimaire. En cas d'absence constatée du comptable, ils peuvent, en présence du maire, faire ouvrir la caisse et procéder à la vérification ; mais ils doivent informer des faits le receveur des finances de l'arrondissement. (Id., art. 1321).

Le receveur des finances doit être appelé, si la vérification est faite par un inspecteur général des établissements de bienfaisance. (I. G., art. 1309 ; Circ. compt. gén., 15 novembre 1861. — *Mém.* 1861, p. 334.) — Voy. Bureaux de bienfaisance, Établissements de bienfaisance, Hospices, Suspension.

Installation des percepteurs receveurs de communes et d'établissements de bienfaisance. — Pour être installés dans leurs fonctions, les nouveaux percepteurs receveurs de communes ou d'établissements de bienfaisance doivent justifier de la réalisation de leurs cautionnements et prêter serment devant le préfet ou le sous-préfet. Il est fait mention expresse dans le procès-verbal d'installation des justifications produites pour la réalisation des cautionnements. (I. G., art. 1234.)

Les percepteurs qui sont nommés à d'autres perceptions ne sont pas tenus de prêter un nouveau serment ; ils doivent seulement justifier qu'ils ont rempli précédemment cette formalité, et faire enregistrer leur acte de prestation de serment, soit au greffe du tribunal civil, soit au greffe de la justice de paix de leur nouvelle résidence. Ils peuvent aussi être dispensés, par le receveur des finances de l'arrondissement, du versement d'un nouveau cautionnement. (Id., art. 1235.) — Voy. Cautionnement, Serment.

Après avoir rempli ces formalités, les nouveaux titulaires reçoivent leur commission, et se présentent immédiatement devant le receveur des finances de l'arrondissement dans lequel ils doivent exercer leurs fonctions. Il est procédé alors à la remise du service et à l'installation. (Id., art. 1236.)

Tout percepteur est tenu, sous peine de déchéance, de prendre possession de son emploi dans le délai d'un mois à compter du jour où sa nomination lui a été notifiée, et à l'époque fixée par le receveur des finances. Le comptable qui se trouverait empêché de se rendre à son poste avant l'expiration de ce délai devrait constituer un fondé de pouvoir auquel le service serait remis sur la production du récépissé constatant le versement du cautionnement et des autres justifications indiquées ci-dessus. Le fondé de pouvoir gère pour le compte et sous la responsabilité du titulaire. L'installation une fois opérée, celui-ci doit solliciter un congé. Si, dans le mois de la nomination, le nouveau titulaire, ou son fondé de pouvoir, ne s'est pas présenté pour se faire installer, muni des pièces exigées, le service est remis, s'il ne l'a déjà été, à un gérant intérimaire, et il est immédiatement rendu compte de cette circonstance au ministre.

Le percepteur qui, dans le cas spécifié, est embarrassé pour le choix d'un fondé de pouvoir, peut transmettre au receveur de l'arrondissement une procuration en blanc avec prière de la remplir du nom d'un percepteur surnuméraire ou d'un employé de la recette particulière. Quant à la prestation de serment, il suffit que le comptable fournisse la preuve que cette formalité a été précédemment remplie.

Ces dispositions ne s'appliquent qu'aux percepteurs déjà en fonctions et aux percepteurs surnuméraires. Quant aux titulaires de perceptions récemment nommés, s'ils ne se présentent pas personnellement au jour indiqué pour l'installation, le service est confié à un gérant intérimaire. (I. G., art, 1237.) — Voy. CONGÉ, FONDÉ DE POUVOIR.

Aussitôt après l'installation d'un percepteur dans ses nouvelles fonctions, le receveur des finances lui fait remplir de sa main, en deux expéditions, une feuille d'installation conforme au *modèle n°* 250. L'une de ces expéditions est envoyée à la direction du personnel, l'autre à la direction générale de la comptabilité publique, avec l'extrait du procès-verbal de remise de service. (I. G., art. 1213.)

Le receveur particulier enjoint au nouveau percepteur receveur municipal, par la dernière clause de son procès-verbal, de se transporter auprès des maires pour leur donner connaissance de son installation par la représentation du procès-verbal de remise de service. (Id., art. 1338.)

Les maires procèdent alors à l'examen de la situation des services placés sous leur surveillance, constatent, par un procès-verbal d'installation, l'entrée du percepteur receveur municipal dans l'exercice de ses fonctions, et le font reconnaître par les contribuables. (Id., art. 1338.)

Les comptables justiciables de la Cour des comptes doivent en outre, après leur installation, adresser au procureur général près cette Cour des copies, certifiées par le maire et visées par le préfet ou le sous-préfet de l'arrêté ou du décret de leur nomination, du certificat d'inscription de leur cautionnement, de l'acte de prestation de leur serment et du procès-verbal de leur installation. Le receveur des finances doit veiller à ce que cet envoi soit fait exactement. (Id., art. 1337.)

En ce qui concerne les mutations de receveurs spéciaux de communes et d'établissements de bienfaisance, l'installation est faite par le maire ; mais le receveur des finances doit concourir à la prise du service, pour prescrire ou provoquer toutes les mesures que l'ordre de la comptabilité rendrait nécessaires.

S'il est nommé un gérant intérimaire, l'installation a lieu de la même manière. (Id., art. 1347.) — Voy. GÉRANTS INTÉRIMAIRES, MUTATIONS DE COMPTABLES, REMISE DE SERVICE, SERMENT.

Instituteurs primaires publics. — Les instituteurs publics ou communaux sont nommés par le préfet, sur le rapport de l'inspecteur d'académie. Le conseil municipal n'intervient que dans la question de savoir, au moment où une vacance se produit, s'il convient de faire choix d'un laïque, ou s'il est opportun de nommer un membre d'une congrégation religieuse. (Circ. min. de l'inst. publ., 31 octobre 1854.)

Le préfet peut, suivant le cas, suspendre avec ou sans privation totale ou partielle de traitement pour un temps qui n'excède pas six mois, ou révoquer l'instituteur communal. En cas d'urgence, le maire peut suspendre provisoirement l'instituteur, à charge d'en informer immédiatement l'inspecteur primaire, sans préjudice du compte qu'il doit rendre, dans les deux jours, au préfet. (L. 15 mars 1850, art. 33 ; D. 7 octobre 1850, art. 17.)

Toute commune doit entretenir une ou plusieurs écoles de garçons ; toutefois, le conseil départemental de l'instruction publique peut autoriser une commune à se réunir à une ou plusieurs communes voisines pour l'entretien d'une école.

Toute commune a la faculté d'entretenir une ou plusieurs écoles entièrement gratuites, à la condition d'y subvenir sur ses propres ressources.

Le conseil départemental peut dispenser une commune d'entretenir une école publique, à condition qu'elle pourvoira à l'enseignement primaire gratuit, dans une école libre, de tous les enfants dont les familles sont hors d'état d'y subvenir. Cette dispense peut toujours être retirée. (L. 15 mars 1850, art. 56.)

Toute commune doit fournir à l'instituteur un local convenable tant pour son habitation que pour la tenue de son école, le mobilier de classe et un traitement. (Id., art. 37.) — Voy. MAISON D'ÉCOLE.

Le minimum du traitement des instituteurs primaires publics est de 600 francs. Il est de 700 francs pour les instituteurs comptant cinq ans de services. (L. 15 mars 1850, art. 38 ; D. 19 avril 1862, art 1er.)

Ces allocations se composent : d'un traitement fixe qui ne peut être inférieur à 200 francs, du produit de la rétribution scolaire et d'un supplément accordé à ceux dont le traitement fixe, joint au produit de la rétribution scolaire, n'atteint pas le minimum ci-dessus indiqué.

Un traitement supplémentaire, calculé de manière à élever, après dix ans de services, le revenu scolaire du vingtième des instituteurs de chaque département au minimum de 800 francs, est accordé par le ministre de l'instruction publique à ceux des maîtres qui se distinguent par leurs bons services. Le ministre peut, en outre, élever au minimum de 900 francs le revenu scolaire d'un vingtième des instituteurs du département qui comptent quinze ans d'exercice et qui se distinguent par leurs bons services. Ces allocations peuvent être renouvelées annuellement, si les instituteurs continuent à s'en montrer dignes. (D. 19 avril 1862, art. 2 et 3 ; Circ. min. de l'inst. publ., 18 août 1862.)

A défaut de fondations, dons ou legs, le conseil municipal délibère sur les moyens de pourvoir aux dépenses de l'enseignement primaire dans la commune. En cas d'insuffisance des revenus ordinaires, il est pourvu à ces dépenses au moyen d'une imposition spéciale votée par le conseil municipal, ou, à défaut du vote de ce conseil, établie par un décret. Cette imposition ne peut excéder 3 centimes additionnels au principal des quatre contributions directes.

Le receveur municipal remet au maire, trois jours au plus tard avant la session de février du conseil municipal, comme document utile à la délibération de ce conseil, les rôles trimestriels de la rétribution scolaire de l'année précédente appuyés d'un résumé de ces rôles, faisant connaître : 1° le montant des rôles; 2° les non-valeurs résultant des cotes indûment imposées ; 3° les sommes recouvrées ; 4° celles dont la rentrée est réalisable ; 5° celles qui sont à porter sur l'état des cotes irrecouvrables et dont la commune est responsable envers l'instituteur. (D. 7 octobre 1850, art. 18 et 29.)

Le conseil municipal délibère chaque année, dans la session de février, pour l'année suivante, sur le taux de la rétribution scolaire, sur le traitement de l'instituteur, sur les centimes spéciaux qu'il y aura à voter lors du règlement définitif du budget communal, à défaut de revenus ordinaires : 1° pour assurer la partie fixe du traitement de l'instituteur au minimum de 200 francs ; 2° pour élever au minimum de 600 francs ou 700 francs, suivant le cas, le revenu de l'instituteur, quand son traitement fixe, joint au produit de la rétribution scolaire, n'atteint pas ce minimum. (Inst. régl., 31 janvier 1854, art. 3 ; D. 19 avril 1862, art. 1er.)

Lorsque des communes, soit par elles-mêmes, soit en se réunissant à d'autres communes, n'ont pu subvenir, de la manière qui vient d'être indiquée aux dépenses de l'école communale, il y est pourvu sur les ressources ordinaires du département.

Si les ressources communales et départementales ne suffisent pas, le ministre de l'instruction publique accorde une subvention sur le crédit qui est porté annuellement pour l'enseignement primaire au budget de l'État. (L. 15 mars 1850, art. 40.)

Ainsi, une commune pauvre peut avoir recours à deux reprises différentes aux fonds de subventions : 1° pour compléter à 200 francs le traitement fixe, à défaut de fondations, de revenus et de centimes additionnels suffisants ; 2° pour porter le traitement à 600 francs ou 700 francs, si la rétribution n'atteint pas 400 francs ou 500 francs.

La même marche est suivie pour le vingtième des instituteurs qui ont obtenu l'allocation supplémentaire destinée à porter leur revenu scolaire à 800 francs et à 900 francs.

Toutefois, les communes doivent faire emploi de toutes les ressources prévues par la loi (fondations, revenus, centimes spéciaux, rétribution scolaire) avant de recourir aux fonds de l'État. (Circ. min. de l'inst. publ., 18 août 1862. — *Mém.* 1863, p. 9.)

La délibération du conseil municipal relative aux dépenses de l'instruction primaire est envoyée avant le 1er mai, pour l'arrondissement chef-lieu, au préfet, et, pour les autres arrondissements, au sous-préfet, qui la transmet dans les dix jours au préfet avec son propre avis, celui des délégués cantonaux et celui de l'inspecteur primaire. (Inst. régl. 31 janvier 1854, art. 3.)

Les diverses ressources dont se compose le traitement de l'instituteur primaire sont centralisées à la caisse municipale et portées au budget de la commune, savoir · — en recette, aux trois articles suivants : 1° rétribution scolaire ; 2° centimes spéciaux ; 3° subvention pour complément du département et de l'État ; — et en dépense, à un article unique intitulé : traitement de l'instituteur primaire. (Id., art. 17.)

Les recettes relatives à l'instruction primaire ne constituent pas une ressource communale proprement dite, puisque, sauf les communes qui allouent pour le traitement de l'instituteur une somme supérieure au minimum fixé par la loi du 15 mars 1850 et le décret du 19 avril 1862, et font, pour leur propre compte, le recouvrement de la rétribution scolaire, ce recouvrement est opéré exclusivement dans l'intérêt particulier de l'instituteur, ou en atténuation de la subvention nécessaire pour compléter le minimum de traitement qui doit lui être payé. (I. G., art. 978.)

Si les communes réunies pour l'entretien d'une même école (art. 25 du décret du 7 octobre 1850) font partie de divers arrondissements de perception, le receveur municipal de la commune où l'école est établie reçoit de ses collègues, au commencement de chaque mois ou de chaque trimestre, en un mandat du maire, soit le douzième, soit le quart du contingent des autres communes. (Id., art. 1036.)

Dans ce cas, c'est le maire de la commune où est située l'école qui mandate intégralement le traitement. Mais lorsque les communes réunies font partie du même arrondissement de perception, chacune d'elles mandate directement au profit de l'instituteur les dépenses qui lui sont propres. — *Mém.* 1861, p. 154.

Lorsque le traitement fixe et la rétribution scolaire ne doivent pas dépasser le minimum fixé, il est payé à l'instituteur, par mois ou par trimestre, un douzième ou un quart du minimum auquel il a droit. Lorsque ce minimum est dépassé, et qu'il n'y a pas lieu, par conséquent, d'allouer un supplément de traitement à l'instituteur, il lui est payé, par mois ou par trimestre, une somme égale : 1° au douzième ou au quart de son traitement fixe ; 2° au douzième ou au quart du montant de la rétribution scolaire perçue pour son compte dans l'année précédente. (I. G., art. 1039.)

Lorsque la commune est obligée de prélever sur ses revenus ordinaires une somme supérieure au minimum de 200 francs fixé par la loi, et que le produit de la rétribution scolaire excède la somme prévue au budget, le maire, en mandatant le dernier terme du traitement, est en droit de réduire l'allocation supplémentaire jusqu'à concurrence de l'excédant constaté en fin d'année. — *Mém.* 1862, p. 65.

Lorsque l'instituteur perçoit lui-même la rétribution scolaire, le traitement fixe seulement lui est payé, par parties égales, comme il est dit ci-dessus. Quant au complément de traitement, il lui est payé par semestre, savoir : la première partie égale à la moitié de la subvention allouée l'année précédente, et la seconde partie suivant le résultat du décompte dressé en fin d'année à l'effet de constater si l'instituteur a reçu le minimum de traitement auquel il a droit. (Inst. régl., 31 janvier 1854, art. 14.)

Les quittances des instituteurs primaires ne sont sujettes au timbre que si le traitement fixe et le supplément de traitement payés par la commune excèdent 300 francs. Les sommes provenant de la rétribution scolaire et de la subvention fournie par le département ou par l'État en sont exemptes, quelle qu'en soit la quotité.

Pour faciliter les vérifications des préposés de l'enregistrement en ce qui concerne l'application de cette règle, les mandats délivrés aux instituteurs pour leur traitement doivent indiquer dans quelle proportion les fonds communaux contribuent à sa formation. S'il y a doute sur la part de la commune dans la dépense de l'année courante, la somme payée pour l'année précédente sert de base. (I. G., art. 1010.) — Voy. INSTRUCTION PRIMAIRE, RÉTRIBUTION SCOLAIRE.

Les instituteurs, titulaires, adjoints ou provisoires, lorsqu'ils sont pourvus d'un brevet de capacité, et à l'exception de ceux qui appartiennent à des corporations religieuses, sont soumis, quel que soit leur âge, pour les différentes allocations qu'ils touchent, aux retenues pour le service des pensions civiles. Ces retenues sont celles de 5 p. 0/0 et du premier douzième de traitement et d'augmentation ; elles s'exercent sur le montant du traitement, quelle que soit l'origine des rétributions dont il se compose. Elles sont prélevées par le receveur municipal, lors du payement, lequel a lieu sur la production de mandats délivrés par le maire, et indiquant le montant brut des rétributions, les retenues à exercer et le net à payer. (I. G., art. 367.)

Le supplément à 700 francs étant un émolument fixe est soumis à la retenue et compte comme tel pour la pension. Mais les compléments à 800 francs et à 900 francs, ayant un caractère d'impermanence, ne donnent pas lieu à la retenue. (Circ. du min. de l'inst. publ. 18 août 1862. — *Mém.* 1863, p. 9.)

Il est expressément recommandé aux receveurs municipaux de s'assurer de l'exactitude des décomptes de retenues établis dans les mandats, et, en cas d'erreur, de s'entendre avec les maires pour en obtenir la rectification. (I. G., art. 370.) — Voy. RETENUES POUR LE SERVICE DES PENSIONS CIVILES.

Institutrices communales. — Toute commune de huit cents âmes de population et au-dessus est tenue, si ses propres ressources lui en fournissent les moyens, d'avoir au moins une école de filles. Toutefois, le conseil départemental de l'instruction publique détermine les cas où les communes peuvent, à raison des circonstances et provisoirement, établir ou conserver des écoles primaires dans lesquelles sont admis des enfants de l'un et de l'autre sexe.

Le conseil départemental peut, en outre, obliger les communes d'une population inférieure à entretenir, si leurs ressources ordinaires le leur permettent, une école de filles; et, en cas de réunion de plusieurs communes pour l'enseignement primaire, il peut, selon les circonstances, décider que l'école de garçons et l'école de filles seront dans deux communes différentes. Il prend l'avis du conseil municipal. (L. 15 mars 1850, art. 51.)

Ainsi, dans les cas ci-dessus déterminés, l'entretien d'une école de filles prend place parmi les dépenses obligatoires, et l'allocation nécessaire pour la dépense de cette école doit être votée par le conseil municipal; elle peut, au besoin, être inscrite d'office au budget de la commune. (Circ. min. de l'inst. publ., 31 octobre 1854.)

Toutefois, on ne pourrait établir d'office sur une commune l'imposition des 3 centimes spéciaux de l'instruction primaire pour les dépenses de son école de filles. Ces centimes sont exclusivement réservés pour le service de l'école des garçons. (Décis. min. — *Mém.* 1859, p. 206.)

Le minimum du traitement des institutrices chargées, en vertu du décret du 31 décembre 1853, des écoles mixtes, qui ne reçoivent pas annuellement plus de quarante enfants des deux sexes, est de 500 francs ou de 400 francs, suivant la classe à laquelle l'institutrice appartient. Cette allocation se compose : d'un traitement fixe qui ne peut être inférieur à 200 francs, du produit de la rétribution scolaire et d'un supplément accordé à celles dont le traitement, joint au produit de la rétribution scolaire, n'atteint pas le minimum ci-dessus indiqué. Les dispositions relatives au traitement des instituteurs et aux retenues à exercer sur ce traitement sont applicables dans toutes leurs parties aux institutrices appelées à diriger des écoles publiques mixtes. — Voy. INSTITUTEURS PRIMAIRES.

Quant aux autres institutrices communales, la loi ne leur a pas garanti un minimum de traitement. Leurs émoluments se composent du traitement fixe qui leur est alloué sur les ressources ordinaires de la commune, et de la rétribution scolaire.

La rétribution scolaire, dans les écoles de filles, est perçue par le receveur municipal de la même manière que celle qui concerne les écoles de garçons. Comme les instituteurs, les institutrices peuvent être autorisées par le conseil départemental de l'instruction publique, sur l'avis conforme du conseil municipal, à percevoir elles-mêmes le montant de la rétribution scolaire. (L. 14 juin 1859. — *Mém.*, p. 197.)

Le traitement fixe des institutrices est seul porté au budget communal. Les opérations de recette et de dépense relatives à la rétribution scolaire sont classées au nombre des services hors budget.

Lorsque la commune convertit la rétribution scolaire en recette communale et attribue à l'institutrice un traitement fixe unique, ce traitement figure en un seul chiffre en dépense au budget de la commune, et le produit des rôles de la rétribution scolaire est porté en recette à ce budget. (Inst. régl., 18 juin 1859, art. 11. — *Mém.* 1860, p. 10.)

Les seules justifications à produire à l'appui des mandats délivrés pour le traitement fixe des institutrices sont les quittances des parties prenantes. Ces quittances sont sujettes au timbre lorsque le traitement excède 300 francs.

Les institutrices communales sont, comme les instituteurs, appelées au bénéfice de la pension, et leurs émoluments sont de même soumis à la retenue.

Aux termes de l'article 3 de la loi du 9 juin 1853 sur les pensions civiles, les retenues que les institutrices ont à supporter sont exercées à la fois sur le traitement fixe et sur la rétribution scolaire, soit que l'institutrice ait été autorisée à recouvrer elle-même cette rétribution, soit que le recouvrement en ait été confié au receveur municipal.

Dans le premier cas, le receveur municipal ne fait recette et dépense de la rétribution scolaire que pour ordre dans ses écritures, d'après un certificat du maire constatant la somme recouvrée par l'institutrice; le mandat délivré par le maire pour le payement du traitement fixe mentionne, à la suite des autres retenues, celle qui doit être prélevée sur la rétribution.

Dans le second cas, c'est-à-dire lorsque le recouvrement de la rétribution scolaire est opéré par le receveur municipal, le maire, à l'expiration de chaque trimestre, délivre à l'institutrice, indépendamment du mandat applicable au traitement fixe, un mandat spécial pour le montant brut de la rétribution scolaire perçue pendant le cours du trimestre et faisant ressortir, après la déduction de la remise revenant au receveur municipal et de la retenue à opérer en vertu de la loi sur les pensions civiles, le reste net à payer à l'institutrice.

Les receveurs municipaux font dépense du montant intégral des mandats, et portent en recette le produit des retenues au compte spécial intitulé : Retenues pour le service des pensions civiles. Ces comptables doivent s'assurer de l'exactitude des décomptes de retenues établis sur les mandats. (I. G., art. 369 et 370.) — Voy. INSTRUCTION PRIMAIRE, RETENUES, RÉTRIBUTION SCOLAIRE.

Instruction des réclamations. — Voy. RÉCLAMATIONS

Instruction primaire. — Les établissements qui font partie de l'instruction primaire sont : les écoles normales primaires, les écoles élémentaires de garçons, toutes les écoles de filles, les écoles d'adultes ou d'apprentis, les écoles professionnelles, les salles d'asile.

C'est au préfet qu'appartient le recrutement, la nomination et la révocation des instituteurs, des institutrices et des directrices des salles d'asile, le régime disciplinaire de ce personnel, la création des écoles, la mesure de leur propagation, de leur division en écoles mixtes, en écoles de garçons, en écoles de filles, et la gestion financière de l'instruction primaire. (Circ. min. de l'inst. publ., 31 octobre 1854.) — Voy. ÉCOLES NORMALES, INSTITUTEURS PRIMAIRES, INSTITUTRICES COMMUNALES, MAISONS D'ÉCOLE, RÉTRIBUTION SCOLAIRE, SALLES D'ASILE.

Instructions et circulaires. — Les instructions et les règlements transmis aux percepteurs-receveurs de communes et d'établissements de bienfaisance, ainsi que la correspondance suivie par ces comptables pendant leur gestion, font partie du matériel attaché à l'emploi. Les comptables ne peuvent s'approprier aucun de ces documents ; ils doivent en faire fidèlement la remise à leurs successeurs, pour que ceux-ci puissent s'en éclairer. — *Mém.* 1846, p. 23. — Voy. CLASSEMENT, CORRESPONDANCE.

Intérêt de l'argent. — L'intérêt conventionnel, ainsi que l'intérêt légal, ne doit pas excéder, en matière civile, cinq pour cent, ni en matière commerciale, six pour cent, le tout sans retenue. (L. 3 septembre 1807, art. 1 et 2.)

Il est permis de stipuler des intérêts pour simple prêt, soit d'argent soit de denrées, ou autres choses mobilières. (C. N., art. 1905.)

On peut stipuler un intérêt moyennant un capital que le prêteur s'interdit d'exiger. Dans ce cas, le prêt prend le nom de constitution de rente. (Id., art. 1909.) — Voy. RENTES.

La quittance du capital, donnée sans réserve des intérêts, en fait présumer le payement et en opère la libération. (Id., art. 1908.)

Le débiteur d'une dette qui porte intérêt ou produit des arrérages ne peut point, sans le consentement du créancier, imputer le payement qu'il fait sur le capital par préférence aux arrérages ou intérêts : le payement fait sur le capital et intérêts, mais qui n'est point intégral, s'impute d'abord sur les intérêts. (Id., art. 1254.)

Les intérêts échus des capitaux peuvent produire des intérêts, ou par demande judiciaire, ou par une convention spéciale, pourvu que, soit dans la demande, soit dans la convention, il s'agisse d'intérêts dus au moins pour une année entière. (Id., art. 1154.)

Ainsi, on doit dresser par intérêts simples, et non par intérêts composés, les décomptes des intérêts dus aux entrepreneurs de travaux communaux dont les payements, après réception définitive, sont faits en plusieurs années, et alors que les cahiers des charges stipulent seulement qu'après réception définitive, le prix des travaux restant dû rapportera au profit des entrepreneurs des intérêts à 5 p. 0/0. — *Mém.* 1862, p. 212. — Voy. TRAVAUX.

L'acheteur doit l'intérêt du prix de la vente jusqu'au payement du capital dans les trois cas suivants : s'il a été ainsi convenu lors de la vente ; si la chose vendue et livrée produit des fruits ou autres revenus ; si l'acheteur a été sommé de payer. Dans ce dernier cas, l'intérêt ne court que depuis la sommation. (C. N., art. 1652.)

Les communes et les hospices, légataires particuliers, ont droit aux fruits ou intérêts des legs du jour de leur demande en délivrance ou du jour où cette délivrance leur a été volontairement consentie (id., art. 1014), mais seulement après l'acceptation provisoire du legs par le maire ou la commission administrative, conformément à l'article 48 de la loi du 18 juillet 1837, et 11 de la loi du 7 août 1851. — *Mém.* 1859, p. 219. — Voy. LEGS ET DONATIONS.

Les intérêts des sommes prêtées se prescrivent par cinq ans. (C. N., art. 2277.)

Les comptables doivent l'intérêt des sommes dont ils ont été déclarés débiteurs. (Av. du cons. d'État, 9 juillet 1818.)

Un receveur municipal ou hospitalier qui a été forcé en recette par suite de rejet d'une dépense faite sans crédit régulier, et qui a dû placer au Trésor le montant de la dépense jusqu'à sa régularisation, n'est pas fondé à réclamer les intérêts de ce placement, ces intérêts appartiennent à la commune. — *Mém.* 1846, p. 85. —Voy. COMPTE DE GESTION, DÉBET.

Le receveur à qui un mandat est présenté pour payement d'intérêts a le droit et le devoir de vérifier, avant payement, le décompte dressé par le maire, et même de remonter à la source de ces intérêts pour s'assurer qu'il en est dû et quelle en doit être la quotité suivant les conventions. Il peut, par suite, renvoyer les pièces à l'ordonnateur pour que cet administrateur complète la liquidation ou la rectifie, s'il y a lieu.—*Mém.* 1859, p. 48. — Voy. INTÉRÊTS DE CAUTIONNEMENTS, PLACEMENTS AU TRÉSOR.

Intérêts de cautionnements. — Les dispositions suivantes doivent être observées en ce qui concerne le payement des intérêts qui sont dus sur les cautionnements versés au Trésor par les comptables ou autres agents ou officiers publics.

Les payeurs du Trésor reçoivent de la direction de la dette inscrite, dans le mois de décembre de chaque année, des états qui indiquent les titulaires de cautionnements auxquels sont dus les intérêts annuels échus au 1er janvier suivant. Ils préparent les quittances, les visent payables par les receveurs ou percepteurs de la résidence des parties intéressées, et les remettent au receveur général du département avant la fin du mois de décembre, afin que ce dernier en fasse l'envoi dans les arrondissements et que le payement des intérêts de cautionnements y puisse commencer dans les premiers jours de janvier.

Les titulaires ou bailleurs de fonds doivent énoncer en toutes lettres la somme dont ils donnent quittance, ainsi que la date du payement. (I. G., art. 695.)

Les payeurs, ou les agents de la recette qui payent pour leur compte, doivent, lors du payement, exiger des titulaires de cautionnements et des bailleurs de fonds la représentation de leur certificat d'inscription ou de privilége, afin de pouvoir relater sur chaque quittance le numéro de l'inscription, et s'assurer en même temps de l'identité des parties qui se présentent. Ils mentionnent le payement des intérêts sur le certificat d'inscription ou de privilége, et constatent, sur les quittances, qu'ils ont fait cette mention, laquelle est essentielle; les comptables qui l'omettraient s'exposeraient à une peine disciplinaire. (I. G., art. 696.)

Une exception à cette règle a été faite en faveur des employés des administrations financières qui ont changé de résidence, ou qui, par quelque circonstance, auraient été dans la nécessité d'envoyer à Paris leur certificat d'inscription. Dans ce dernier cas, les intérêts peuvent être payés sur le vu d'un certificat délivré par le chef de service dont dépend le titulaire, et attestant la situation exceptionnelle dans laquelle il se trouve. Dans l'autre cas, les employés qui craindraient de ne plus se trouver dans le département qu'ils quittent, à l'époque du payement des intérêts, pourraient, avant leur départ, laisser un pouvoir à l'effet de toucher pour eux la somme ordonnancée, ou demander au payeur une formule de quittance pour la signer à l'avance, et la laisser entre les mains du chef de service départemental ou de tel autre agent désigné à cet effet, pour être produite au moment de la réception de l'état de payement. (Id., art. 697.)

Le modèle des quittances à souscrire par les parties prenantes, et des annotations à y apposer, est donné sous le n° 186. Les frais de ces quittances sont à la charge du Trésor. (Id., art. 698.)

Le payement des intérêts dus aux titulaires sortis de fonctions n'a lieu qu'avec le remboursement du capital. (Id., art. 699.) Il en est de même à l'égard des héritiers.

Les receveurs des finances qui sont appelés à acquitter, pour le compte du payeur, des intérêts de cautionnements, sont tenus, sous leur responsabilité, de veiller à l'accomplissement des formalités indiquées ci-dessus.

Le receveur général doit se faire rendre par les receveurs particuliers et percepteurs, les quittances préparées au nom des parties qui ne se seraient pas présentées pour toucher dans les deux premiers mois de l'année, et il remet ces quittances au payeur pour servir à la formation du relevé des intérêts restant à payer au 1er mars. (I. G., art. 700.)

Les capitaux et les intérêts de cautionnements qui n'auraient pas été payés aux ayants droit à l'époque de la clôture de l'exercice, ou à la fin du mois de décembre de chaque année pour les dépenses applicables à des exercices clos, sont versés par les payeurs du Trésor à la caisse des dépôts et consignations, qu'ils soient ou non grevés d'oppositions, et les receveurs généraux en font recette en qualité de préposés de cet établissement. Toutefois, le versement à la caisse des dépôts n'a lieu que pour les capitaux et pour les intérêts ordonnancés cumulativement avec les capitaux ; quant aux intérêts ordonnancés avant que le remboursement du capital eût été autorisé, ils sont compris, s'ils n'ont pas été acquittés, avec les portions de crédit dont l'annulation a lieu dans la comptabilité des payeurs. (I. G., art. 521.)

Les cautionnements, en numéraire, des receveurs spéciaux des établissements de bienfaisance sont versés dans les caisses des monts-de-piété.

Le payement des intérêts dus aux titulaires sur ces cautionnements s'effectue, par l'entremise des receveurs des finances, d'après le mode indiqué ci-après. (I. G., art. 1168.)

Les administrations des monts-de-piété dépositaires des cautionnements font, chaque année, dresser un état des receveurs à qui les intérêts sont dus, et en ordonnancent le montant au profit des ayants droit. Le caissier du mont-de-piété fait, de cet état, des extraits séparés pour chacun des receveurs résidant hors l'arrondissement où est situé le mont-de-piété, et les remet au receveur des finances de sa résidence, à qui il verse en même temps la somme nécessaire au payement des intérêts. Ce receveur porte les fonds versés au crédit du compte qu'il ouvre aux receveurs d'hospices et d'établissements de bienfaisance, comme correspondants de la recette générale. Si le versement est fait à un receveur particulier, celui-ci constate la recette, et adresse les décomptes au receveur général sous les ordres duquel il est placé. Ce dernier paye ceux des décomptes qui concernent l'arrondissement du chef-lieu, et fait parvenir les autres décomptes, soit aux receveurs particuliers, s'ils concernent les autres arrondissements de son département, soit aux receveurs généraux, s'ils intéressent d'autres départements. (Id., art. 1169.

Les receveurs particuliers, après avoir effectué les payements d'intérêts, en comprennent les pièces justificatives dans leurs envois au receveur général, qui débite les receveurs d'établissements de bienfaisance des payements faits dans les divers arrondissements. (Id., art. 1170.)

Lorsque le receveur général a réuni les pièces justificatives des payements faits dans le département pour le compte du même mont-de-piété, il les transmet au caissier de cet établissement, et il en retire une reconnaissance qui sert à justifier la dépense portée au débit des receveurs d'établissements de bienfaisance. (Id., art. 1171.)

Si, par suite de décès ou de toute autre cause, la totalité des sommes portées dans les décomptes d'intérêts n'a pas été payée, le receveur général joint aux pièces constatant les payements, pour la portion non employée des fonds qui avaient été versés, un mandat à l'ordre du caissier du mont-de-piété sur le receveur des finances de sa résidence ; il porte le montant de ce mandat au compte courant des receveurs d'hospices, et il le fait comprendre dans la reconnaissance ci-dessus mentionnée. (Id., art. 1172.)

Les receveurs généraux qui reçoivent de leurs collègues des crédits en compte courant, pour des intérêts de cautionnements à payer dans leur département, en portent le montant au crédit des receveurs d'hospices et d'établissements de bienfaisance, et ils en délivrent, au nom du receveur qui leur a transmis les fonds, un récépissé qu'ils souscrivent à titre de recette pour le compte des correspondants de la recette générale. Ils font ensuite, pour l'emploi des fonds qui leur ont été ainsi transmis, pour le renvoi des pièces justificatives des payements aux caissiers des monts-de-piété, toutes les opérations qui sont indiquées ci-dessus à l'égard des fonds versés aux receveurs généraux pour être employés dans leur propre département, si ce n'est que le remboursement des sommes restées sans emploi donne lieu à la délivrance, non d'un mandat, mais d'un récépissé au nom du receveur général qui a transmis les fonds. (I. G., art. 1173.)

Les envois de pièces, récépissés et mandats que les receveurs généraux ont à faire passer, d'après les dispositions qui précèdent, dans un département autre que le leur, doivent être effectués par l'entremise des préfets. Les pièces que les receveurs généraux ont ensuite à renvoyer au mont-de-piété sont également transmises sous le couvert de la préfecture, et le préfet du département où cet établissement est situé les lui fait parvenir directement, en même temps qu'il réclame, pour les annuler, les récépissés délivrés par les receveurs des finances lors du versement des fonds. (Id., art. 1174.)

Quant aux cautionnements des adjudicataires, les intérêts sont servis par la caisse des dépôts, à raison de 3 p. 0/0, à partir du 61e jour de la date du versement à titre de consignation, et réglés au 31 décembre de chaque année. (I. G., art. 1026.)

Les intérêts ne sont payés, toutefois, aux titulaires que lors du remboursement du capital. — Voy. CAISSE DES DÉPÔTS, CAUTIONNEMENTS DES PERCEPTEURS ET RECEVEURS, CAUTIONNEMENT D'ADJUDICATAIRES, MONTS-DE-PIÉTÉ.

Intérêts de fonds placés au Trésor. — Voy. PLACEMENTS AU TRÉSOR.

Intérim, Intérimaires. — Voy. GÉRANTS INTÉRIMAIRES.

Inventaire des archives et des objets mobiliers des communes. — Un inventaire des archives et des objets mobiliers existant dans chaque mairie doit être fait par les soins du maire assisté de deux conseillers municipaux. Cet inventaire est récolé à chaque mutation du maire. On doit avoir soin d'y noter toutes les augmentations du mobilier au fur et à mesure qu'elles ont lieu; au moment du récolement, les dégradations sont constatées, et les objets hors de service sont indiqués.

Un semblable inventaire doit être dressé, en ce qui la concerne, par chaque administration hospitalière.

Le § 54 du tableau des pièces justificatives, annexé à l'article 1542 de l'Instruction générale, porte que, en cas d'achats d'objets mobiliers, les factures ou mémoires produits à l'appui des mandats doivent relater les numéros sous lesquels les livres ou autres objets mobiliers sont inscrits au catalogue ou à l'inventaire. Les receveurs doivent se conformer exactemant à cette disposition. S'il n'existait pas d'inventaire, les receveurs, chargés par l'arrêté du 19 vendémaire an XII de veiller à la conservation des biens des communes, devraient en instruire le receveur des finances, et produire à l'appui de leur compte de gestion un certificat constatant l'absence d'inventaire. — *Mém.* 1861, p. 273. — Voy. Actes et mesures conservatoires, Bibliothèques.

Irrégularités dans la gestion des percepteurs et des receveurs spéciaux. — Lorsque la vérification de la comptabilité d'un percepteur constate des irrégularités qui exigent un examen approfondi, tel que l'appel des contribuables, le receveur peut placer auprès du percepteur un agent spécial. (I. G., art. 1309.)

Si les irrégularités reconnues sont de nature à motiver la suspension du percepteur, le receveur des finances peut lui retirer immédiatement les valeurs dont il serait dépositaire, ainsi que les rôles, registres et pièces concernant les divers services réunis entre ses mains. Ce receveur nomme alors un gérant intérimaire. (Id., art. 1310.

Lorsque les receveurs des finances ont constaté des irrégularités graves dans la gestion d'un receveur spécial, ils peuvent placer près de lui un agent spécial; ils peuvent même provoquer auprès du maire sa suspension et son remplacement par un gérant provisoire, ou, en cas d'urgence, y pourvoir d'office sous leur responsabilité. (Id., art. 1321.) — Voy. Agent spécial, Gérant intérimaire.

S'il est reconnu des irrégularités dans le service administratif des communes et des établissements de bienfaisance, les receveurs des finances ne peuvent en faire l'objet d'injonctions directes; mais ils doivent adresser au préfet ou au sous-préfet un rapport contenant toutes les observations que leur paraît exiger le bien du service. (Id., art. 1309.) — Voy Vérifications.

Itinéraire des contrôleurs pour la tournée des mutations. — Voy. Mutations.

Itinéraire des percepteurs pour leurs tournées de recette. — Voy. Tournées de recette

J

Jardins publics. — Les grandes villes ont presque toutes un jardin public qui sert à la promenade et à l'agrément des habitants.

La vente des herbes, fruits, semences, l'émondage des arbres, les pépinières de ces jardins, la location des chaises qui y sont placées pour la commodité du public, procurent un revenu qui doit entrer dans la caisse municipale. On ne pourrait abandonner ces produits aux gardiens et jardiniers à titre d'indemnité ou de supplément de salaire.

Quant aux traitements des employés et aux frais d'entretien, ils sont payés sur le crédit ouvert à cet effet au budget communal, d'après les règles déterminées pour toutes les dépenses de même nature à la charge des communes. — Voy. ARBRES, CHAISES, TRAVAUX, TRAITEMENTS.

Jouissance des biens communaux. — Voy. BIENS DES COMMUNES.

Journal à souche. — Les percepteurs tiennent un journal à souche des recettes, dont ils détachent les quittances à délivrer pour tous les versements faits à leur caisse.

Le journal à souche doit être tenu par année et conformément au *modèle n° 294*.

Avant d'en faire usage, les percepteurs doivent le présenter au maire de la commune chef-lieu de perception, pour qu'il soit coté et parafé suivant la formule qui est imprimée en tête du modèle.

A partir du 1er janvier, les percepteurs y enregistrent, successivement et avec détail, chacune des sommes versées à leur caisse sur les contributions directes et sur les produits divers.

Cet enregistrement doit toujours être fait en présence des parties versantes, et de telle sorte que la souche ou le corps du livre constate distinctement : le numéro d'ordre de l'enregistrement; le nom des communes ou des établissements; la date de la recette; le nom du redevable; l'article du rôle ou du budget auquel la recette se rapporte; enfin la désignation du produit et de l'exercice sur lequel il est recouvré. (I. G., art. 1445.)

Le journal à souche contient une colonne pour les contributions directes de chaque exercice, et deux colonnes pour les produits et services divers, dont la première est spécialement destinée aux recouvrements de frais de poursuites, et la deuxième aux autres services et produits.

Il contient, en outre, une colonne où doit être porté le montant total de chaque versement. La somme versée est d'abord inscrite dans cette colonne, et le percepteur fait ressortir ensuite, dans les colonnes de contributions ou de produits divers, le montant des recouvrements par imputation. Les recettes sur les frais de poursuites relatifs aux produits des communes sont portées dans la même colonne que les recettes sur les produits mêmes.

Le percepteur remplit immédiatement la quittance attachée à la souche en regard de chaque article de recette, laquelle doit porter le même numéro d'enregistrement, les mêmes noms, les mêmes désignations et la même somme. Il détache cette quittance et la remet à la partie payante.

Il est interdit aux percepteurs de délivrer d'autres quittances que celles qui sont détachées du journal à souche.

Lorsqu'une recette sur revenus des communes et des établissements de bienfaisance excède dix francs, la quittance est, sauf les exceptions indiquées à l'article 844 de l'Instruction générale, soumise au droit de timbre, et doit être revêtue du timbre mobile créé par l'article 24 de la loi du 2 juillet 1862. En cas de refus de la quittance timbrée, le payement est constaté sur le journal à souche sans qu'aucune quittance ou aucun reçu puisse être délivré à la partie versante, et il est fait mention du refus sur le bulletin attenant à la souche. Le receveur doit, en conséquence, ne remplir et ne détacher la quittance, lorsqu'il s'agit d'une somme excédant 10 francs et d'une nature de recette non exempte de timbre, qu'après s'être assuré que la partie versante consent à payer le coût du timbre. (I. G., art. 1446; arrêté du min. des fin., 20 juillet 1863; circ. compt. publ., 27 septembre 1863. — *Mém.* p. 361.

Les duplicata de quittance dont la demande serait faite, soit par les contribuables, soit par les débiteurs des communes et des établissements de bienfaisance, ne doivent pas être délivrés sur des formules détachées du journal à souche. Voy. DUPLICATA.

Il est interdit aux percepteurs de signer à l'avance les quittances attenantes à leur livre à souche. (I. G., art. 1446.)

Le journal à souche doit comprendre, dans les colonnes destinées aux recettes sur contributions directes, les sommes recouvrées sur les rôles primitifs des quatre contributions directes et sur tous les autres rôles d'impositions ordinaires ou extraordinaires à percevoir au même titre.

Ces recouvrements se composent du numéraire versé par les contribuables, et des ordonnances de décharge et réduction, remise et modération qu'ils auraient obtenues. — Voy. ORDONNANCES DE DÉCHARGE.

Les percepteurs enregistrent en recette, dans la colonne des frais de poursuites, qui est ouverte dans la partie du journal à souche destinée aux produits divers, les payements qui leur sont faits par les contribuables en remboursement des frais portés aux états rendus exécutoires par le sous-préfet, et dont une ampliation leur a été remise par le receveur particulier.

En faisant leur enregistrement sur la souche du journal, les percepteurs doivent avoir soin de relater, en regard des mots « frais de poursuites», le numéro de l'état des frais auquel se rapporte la recette faite en remboursement de ces frais.

Les états de frais de poursuites reçoivent, à cet effet, une série de numéros par année, pour l'ensemble des communes composant la perception. (Id., art. 1448.)

Dans la colonne du journal à souche intitulée « autres produits et services divers», sont enregistrés les produits de toute nature dont le recouvrement peut être confié aux percepteurs, soit pour le service des communes et établissements de bienfaisance, soit pour d'autres services particuliers.

Elle comprend, en conséquence :

1° Les produits des redevances des mines, de la taxe des biens de mainmorte, des rétributions pour la vérification des poids et mesures, des retenues pour le service des pensions civiles, etc. ;

2° Les produits des impositions et taxes municipales ou locales, perçues d'après les rôles spéciaux qui ne font point partie des rôles de contributions directes, tels que ceux qui sont relatifs aux distributions de bois d'affouage, aux prestations en nature ou en argent pour la réparation des chemins communaux, à la taxe municipale sur les chiens, à la rétribution scolaire, aux droits de visite chez les pharmaciens, épiciers-droguistes et herboristes, et aux cotisations particulières;

3° Les sommes touchées aux caisses des payeurs à titre de secours accordés sur les fonds départementaux ou sur les fonds généraux, soit pour la confection ou l'entretien des chemins vicinaux, soit pour le service de l'instruction primaire, soit à d'autres titres ;

4° Les sommes provenant des divers services exécutés hors budget ;

5° Les excédants de versements sur contributions directes ;

6° Les recouvrements en vertu de contraintes sur des contribuables imposés dans un autre arrondissement de perception ;

7° Les droits de permis de chasse et de passe-ports à l'étranger ;

8° Les restitutions au Trésor ;

9° Les fonds de subvention envoyés par le receveur des finances ;

10° Les sommes que les percepteurs-receveurs de communes et d'établissements de bienfaisance sont dans le cas de se verser à eux-mêmes, soit pour les produits de centimes additionnels ou d'impositions qu'ils recouvrent comme percepteurs, mais qui reviennent aux communes, et pour lesquels ils ne remettent aux receveurs des finances que des déclarations de retenues, soit pour les secours accordés sur les revenus des communes aux établissements dont le service leur est confié ;

11° Les sommes versées par les redevables des communes et des établissements en remboursement de frais de poursuites ;

12° Les recouvrements divers pour le compte du receveur des finances ;

13° Les intérêts des fonds placés au Trésor par les communes et établissements publics ;

14° Enfin les recettes accessoires ou accidentelles qui peuvent avoir rapport au service municipal ou au service de la perception.

Les ordonnances de dégrèvement sur les produits communaux (prestation pour les chemins vicinaux, taxe municipale sur les chiens, rétribution scolaire) ne sont pas inscrites en recette au journal à souche, attendu qu'il en est fait emploi par voie de réduction de rôles ; elles doivent seulement être enregistrées sur un carnet spécial. (I. G., art. 1449.) — **Voy. Non-valeurs et dégrèvements.**

Les quittances détachées des livres à souche, que les receveurs municipaux ont à délivrer pour les arrérages de rentes sur l'État appartenant aux communes et établissements dont ils gèrent les revenus, sont indépendantes de celles que les mêmes receveurs ont à souscrire, comme porteurs des titres, dans la forme réglée pour le service de la dette inscrite. Seulement, les comptables peuvent constater, sur l'une des deux quittances, qu'elle est souscrite par duplicata. Ils peuvent aussi faire un seul article de recette et délivrer une seule quittance à souche, lorsqu'ils reçoivent à la fois des arrérages sur plusieurs inscriptions d'une même série, sauf à détailler la recette par commune et établissement. (I. G., art. 1450.)

Ne doivent pas donner lieu à des quittances détachées du livre à souche, ni conséquemment à un enregistrement sur ce livre, les recettes provenant des remboursements de fonds placés au Trésor par les communes et établissements publics, non plus que celles qui résultent du remboursement des avances que les receveurs municipaux ont à faire pour plusieurs services, telles que les indemnités de route aux voyageurs indigents et condamnés libérés, le prix des feuilles de passe-ports à l'intérieur, etc., attendu que les titres justificatifs de ces placements et avances sont classés dans la comptabilité avec les valeurs de caisse et de portefeuille, et que leur réalisation n'est qu'une simple conversion de valeurs.

Les percepteurs n'ont pas non plus à délivrer de quittances à souche, lorsqu'ils touchent à la caisse du payeur le montant des mandats ayant pour objet des secours collectifs, à la charge d'en distribuer les fonds aux parties intéressées. Comme ils interviennent, dans ce cas, en qualité de simples agents de distribution, ils n'ont pas à faire recette des fonds dans leur comptabilité ; ils sont seulement tenus de rapporter au payeur les quittances des créanciers réels, et de quittancer, pour ordre, les mandats qui, auraient été délivrés à leur nom. (Id., art. 1451.)

Les sommes portées dans les diverses colonnes du journal à souche doivent être additionnées par journée, et les totaux des journées antérieures être reportés au-dessus de ceux de chaque journée, de manière à reproduire des totaux conformes aux résultats du livre récapitulatif. En conséquence, les résultats du report fait, au commencement de chaque année, en tête de ce dernier livre, doivent être inscrits comme point de départ en tête du journal à souche.

Les erreurs d'addition que le percepteur commettrait sur le journal à souche, ainsi que celles qu'il ferait en portant dans la colonne d'un exercice des recettes provenant des contributions d'un autre exercice, doivent être rectifiées par déduction et augmentation. Toute surcharge ou rature est interdite. En cas d'erreur dans l'inscription d'une somme, le chiffre erroné doit être biffé par un simple trait et remplacé par le chiffre véritable, qui est alors inscrit au-dessus. (Id., art. 1452.) — Voy. Erreurs.

Le journal à souche exige les précautions spéciales qui vont être indiquées.

Chaque volume contient 700 quittances qui sont numérotées par la voie de l'impression.

Les quittances non employées à la fin du dernier volume de l'année doivent être annulées par le receveur des finances.

Il n'est remis aux percepteurs qu'un volume à la fois, sans, toutefois, que les comptables doivent attendre, pour demander un nouveau volume, l'entier épuisement du volume précédent. Ils doivent, au contraire, s'en pourvoir assez à l'avance pour que les recouvrements ne puissent jamais être interrompus faute de formules de quittances.

Les receveurs des finances prennent note de la remise des journaux à souche sur un carnet spécial.

Il n'y a qu'une seule série de numéros pour toute l'année, même en cas d'interruption de gestion ; cette série commence au 1er janvier.

Le journal à souche ne peut être imprimé qu'à l'imprimerie impériale. (I. G., art. 1526.) — Voy. IMPRIMERIE IMPÉRIALE.

Les journaux à souche des percepteurs-receveurs municipaux sont, lorsqu'ils ont été remplis et qu'ils ont trois ans d'existence, déposés dans les archives des sous-préfectures, pour être réunis aux rôles dont ils constatent l'exécution. Ceux des receveurs spéciaux des communes sont déposés dans les archives des mairies, et ceux des receveurs spéciaux d'hospices et établissements publics dans les archives de ces établissements. (Id., art. 1527.) — Voy. DÉPÔT DES RÔLES, etc.

Les receveurs spéciaux des communes et des établissements de bienfaisance tiennent, pour l'enregistrement de leurs recettes et la délivrance de leurs quittances, un journal à souche dans la forme du *modèle n°* 321.

Ce journal à souche est additionné à la fin de chaque journée, avec report des totaux des journées précédentes, de manière que le total général soit égal au total des crédits des comptes généraux ouverts au grand-livre. En conséquence, le total de la balance d'entrée doit être inscrit, comme point de départ, en tête du journal à souche, au commencement de l'année. — *Mém.* 1860, p. 266. — Voy. GRAND-LIVRE.

Les règles rappelées plus haut concernant la tenue du journal à souche des percepteurs receveurs municipaux et la délivrance des quittances timbrées sont applicables aux receveurs spéciaux. (I. G., art. 1576.)

Les journaux à souche des receveurs spéciaux des communes sont, lorsqu'ils ont été remplis et qu'ils ont trois ans d'existence, déposés dans les archives des mairies ; ceux des receveurs spéciaux d'hospices et d'établissements publics sont déposés, après le même laps, dans les archives de ces établissements. (Id., art. 1527.) — Voy. DÉPÔT DES ANCIENS REGISTRES ET PIÈCES DE COMPTABILITÉ.

Journal des commissaires de police. — Les sommes dues, soit par les commissaires de police, soit par les communes, pour abonnement à ce journal, sont centralisées, à titre de cotisations, aux caisses des receveurs des finances.

Les recouvrements sont opérés sur des états arrêtés par les préfets. (I. G., art. 626.) — Voy. COTISATIONS MUNICIPALES, PUBLICATIONS.

Journal des instituteurs. — Pour donner une direction uniforme à l'enseignement des écoles primaires et mettre les instituteurs en relations habituelles avec l'administration centrale, le ministre de l'instruction publique a fondé un recueil périodique, sous le titre de *Journal des instituteurs*. Le prix en est recouvré par les soins des receveurs des finances; le prélèvement en est fait sur le traitement des instituteurs et de leur consentement.

Cette recette se classe, parmi les cotisations, sous le titre de « fonds destinés aux frais d'abonnement à diverses publications ». Les recouvrements sont opérés sur des états arrêtés par les préfets. (I. G., art. 626.) — Voy. COTISATIONS MUNICIPALES, PUBLICATIONS.

Journal général. — Le journal général des receveurs spéciaux des communes et des établissements de bienfaisance (*modèle n°* 322) est tenu en partie double, c'est-à-dire qu'on emploie, pour la description de chaque opération, deux agents ou comptes, dont l'un est débité et l'autre crédité. — Voy. ÉCRITURES.

Les feuilles de ce livre doivent être timbrées. Le droit de timbre est à la charge des communes et établissements. — Voy. FRAIS DE TIMBRE.

Le journal général est tenu par année. Les receveurs doivent, avant de s'en servir, le faire viser et parafer sur chaque feuillet par le maire, ainsi qu'il est indiqué sur le modèle.

Ce journal, qui sert en même temps de livre de caisse, est destiné à résumer, jour par jour, dans des articles passés à cet effet, lesquels reçoivent une série de numéros d'ordre du 1er janvier au 31 décembre, les recouvrements et les payements constatés sur les livres de détail, ainsi que les opérations qui, par leur nature, ne doivent pas figurer aux livres de détail, comme concernant des services exécutés en dehors des budgets ou constituant de simples mouvements de valeurs.

Les recettes et les dépenses provenant de l'entrée des produits en nature et de leur remise à l'économe sont constatées sur ce journal dans la même forme que les autres opérations; mais le montant des évaluations n'est pas porté dans les colonnes relatives aux recettes et aux dépenses en numéraire : il est seulement inscrit dans la colonne du montant des opérations. — Voy. REVENUS EN NATURE.

Il en est de même à l'égard des opérations qui ne donnent pas lieu à mouvement de numéraire, telles que celles qui ont pour objet les intérêts des fonds placés au Trésor et à la caisse des dépôts, la réception des traites de bois et l'encaissement de ces traites par le receveur des finances, constatés par des récépissés de placements de fonds.

Ladite colonne comprenant ainsi toutes les opérations du comptable, son total sert de contrôle aux totaux de la balance des comptes du grand-livre. Elle doit donc être additionnée sans interruption depuis le 1er janvier jusqu'au 31 décembre. (I. G., art. 1576.) — *Mém.* 1866, p. 126. — Voy. Balance, Grand-Livre.

Le montant des articles du journal général est rapporté, jour par jour, au grand-livre, où les comptes sont ouverts par nature d'opération.

Le journal général doit être arrêté au 31 décembre de chaque année par le maire, s'il s'agit d'une recette spéciale communale, ou par l'ordonnateur des dépenses, s'il s'agit d'un hospice ou d'un bureau de bienfaisance. Cette opération consiste à fermer le journal par un article de sortie destiné à porter les soldes des comptes du grand-livre au journal et au grand-livre de l'année suivante.

Deux articles sont, à cet effet, passés au journal, au moyen d'un compte à ouvrir au grand-livre, sous le titre de Balance d'entrée.

Par l'un de ces articles, le compte Balance d'entrée est crédité par le débit des comptes qui présentent des soldes débiteurs.

Par l'autre article, le compte Balance d'entrée est débité au crédit des comptes où il existe des soldes créditeurs. (I. G., art. 1578.)

L'arrêté du maire ou de l'ordonnateur est écrit et signé immédiatement après ce dernier article. — Voy. Clôture des registres, Écritures, Grand-Livre.

Journée de travail.—Le législateur a reconnu la nécessité de fixer la valeur de la journée de travail, cette fixation pouvant être utile en différents cas, notamment en ce qui concerne l'établissement des rôles de prestations en nature pour les réparations des chemins vicinaux.

Le prix moyen de la journée de travail est arrêté, chaque année, par le conseil général, sur la proposition du préfet, pour toutes les communes du département. Cette valeur est déterminée en raison de l'importance des communes; elle ne peut être fixée au-dessous de 50 centimes ni au-dessus de 1 fr. 50 c. (L. 23 juillet 1820, art. 28, et 21 avril 1832, art. 18; Circ. int., 24 juin 1836.) — Voy. Chemins vicinaux, Prestations en nature.

Journées de militaires traités dans les hospices. — Les dépenses auxquelles donne lieu le traitement des marins et militaires reçus dans les hospices civils sont fixées par journées, et le remboursement en est fait aux hospices sur des états des commissions administratives, dressés à l'expiration de chaque trimestre, arrêtés par le sous-intendant militaire ou son suppléant légal, et dont le montant est ordonnancé par les ministères de la guerre et de la marine, au nom des receveurs des hospices. Ces receveurs doivent, au besoin, demander que les états dont la production est nécessaire pour obtenir les ordonnances de payement soient dressés aux époques prescrites.

Les relevés numériques à produire par les hospices pour obtenir le remboursement du prix des journées de militaires sont soumis au timbre, et le droit n'est que de 50 centimes, quelle que soit la dimension du papier. Il en est de même des mandats délivrés au profit des établissements sans production de relevés numériques. Par suite, la quittance à souche à fournir au payeur est exempte de timbre, à la condition, toutefois, que les mandats et les relevés numériques soient quittancés pour ordre et par duplicata. (I. G., art. 1067.) — Voy. HOSPICES.

Jours de recette. — Voy. BUREAUX, TOURNÉES DES PERCEPTEURS.

Jours fériés. — Voy. DIMANCHES ET FÊTES.

Jugement des comptes. — Voy. COMPTE DE GESTION.

Jurisconsultes. — Voy. PROCÈS ET TRANSACTIONS

Jury. — La loi du 4 juin 1853 charge les préfets de dresser les listes des jurés d'après le travail préparatoire de commissions nommées à cet effet et dans la limite du nombre fixé par la loi.

Les fonctions de juré n'étant pas incompatibles avec celles de percepteur des contributions directes, non plus qu'avec celles de receveur de commune ou d'établissement de bienfaisance, ces comptables doivent, lorsqu'ils y sont appelés, remplir les fonctions de juré, quelque préjudice qu'il en résulte pour leurs fonctions ordinaires. — *Mém.* 1862, p. 417.

Jury d'expropriation. — Voy. EXPROPRIATION.

Justices de paix. — Les menues dépenses des justices de paix, telles que le chauffage et l'éclairage, les frais d'impression et les fournitures de bureau sont à la charge des départements. (L. 10 mai 1838.)

Mais le loyer et l'entretien des prétoires, ainsi que les frais d'achat et d'entretien de leur mobilier, sont au nombre des dépenses obligatoires des communes chefs-lieux de canton. (L. 18 juillet 1837, art. 30.)

On suit, pour ces dépenses, les règles relatives aux dépenses analogues des mairies. — Voy. ACHAT D'OBJETS MOBILIERS, BAUX, MAISON COMMUNE, RÉPARATIONS, TRAVAUX.

Justification des recettes et dépenses. — Voy. PIÈCES JUSTIFICATIVES.

L

Lavoirs publics. — Les communes peuvent être autorisées à percevoir un droit pour l'usage des lavoirs publics, lorsque ces lavoirs ont été construits à leurs frais ; mais on doit toujours y réserver des places gratuites pour les indigents. Les receveurs municipaux recouvrent ce produit en vertu des délibérations des conseils municipaux et des tarifs approuvés par le préfet.

Les communes ont d'ailleurs le droit de concéder, pour un temps plus ou moins long, à une compagnie particulière formée, soit dans un but industriel, soit dans un but de bienfaisance, la création d'établissements de bains et lavoirs publics, comme elles pourraient le faire pour l'établissement d'une halle ou d'un abattoir. Dans ce cas, les communes peuvent seconder de plusieurs manières l'action de l'industrie privée ou des associations charitables, tantôt par des concessions d'eau gratuites, tantôt en fournissant les terrains sur lesquels les bains et lavoirs seraient construits, ou en ajoutant une subvention à celle qui serait accordée par l'Etat. (Circ. min. des trav. publ., 26 février 1851.)

Quant à l'entretien des lavoirs qui sont la propriété des communes, ce service est fait ordinairement par les personnes qui sont chargées du nettoiement et de la réparation des fontaines et les frais en sont payés sur le même crédit. Ce service peut faire l'objet d'une adjudication publique ou d'un traité de gré à gré, sauf l'approbation du préfet. — Voy. FONTAINES PUBLIQUES.

Légalisation.—Acte par lequel un fonctionnaire public d'un ordre supérieur atteste la vérité des signatures apposées à un autre acte et la qualité de celui qui l'a fait ou expédié, afin qu'il soit ajouté foi à ces signatures.

Tout acte de légalisation doit être revêtu du sceau de l'autorité qui le délivre.

En général, la légalisation doit avoir lieu toutes les fois que l'acte doit être exécuté hors du ressort de l'officier public qui l'a signé.

Les maires sont chargés de légaliser les actes d'administration, d'ordre, de police, délivrés par des personnes de la commune ayant un caractère public, telles que commissaires et agents de police, médecins, chirurgiens, membres des bureaux de charité, instituteurs et maîtres de pension, receveurs, percepteurs et autres agents des contributions. (L. 6-27 mars 1791, art. 11.)

La signature des percepteurs peut, en outre, être légalisée par le receveur particulier des finances ou le sous-préfet. — *Mém.* 1859, p. 37.

Les signatures des maires sont légalisées par le sous-préfet, sauf celles qu'ils apposent aux expéditions des actes de l'état civil, lesquelles sont légalisées par le président du tribunal de première instance ou par le juge de paix du canton.

Les légalisations administratives ont lieu gratuitement. Il est attribué aux greffiers 25 centimes par chaque légalisation judiciaire. (L. 21 ventôse an VII, art. 14.)

Le défaut de légalisation n'entraîne pas de droit la nullité des actes faits en conséquence ; ainsi un certificat de vie n'est pas essentiellement invalidé pour défaut de légalisation (Arrêt de cass., 22 octobre 1822) ; cependant un comptable a droit de refuser le payement d'une pension viagère jusqu'à la production de l'acte légalisé. — *Mém.* 1859, p. 35.—Voy. CERTIFICAT.

Une décision du ministre des finances assimile à la correspondance de service les pétitions transmises par les maires, avec leur avis motivé ou leur légalisation, aux fonctionnaires à l'égard desquels leur contre-seing opère la franchise. Toutefois, l'attribution de la franchise n'a pas lieu à l'égard des demandes en dégrèvement ou en réduction d'impôt, visées ou légalisées par les maires et transmises sous leur contre-seing. (Circ. min. de l'int., 21 avril 1859. — *Mém.*, p. 144.)—Voy. RÉCLAMATIONS.

Légataires. Voy. HÉRITIERS ET LÉGATAIRES.

Légitimation. — Voy. MARIAGE DES INDIGENTS.

Legs et donations. — La donation est un acte par lequel le donateur se dépouille actuellement et irrévocablement d'une chose en faveur du donataire qui l'accepte.

Le legs est une donation faite par testament pour le temps où le testateur n'existera plus. — Voy. TESTAMENT.

Autorisation et acceptation des dons et legs faits aux communes et aux établissements de bienfaisance. — Aux termes de l'article 19 de la loi du 18 juillet 1837, le conseil municipal est appelé à délibérer sur l'acceptation des dons et legs faits à la commune et aux établissements communaux.

Les délibérations des conseils municipaux ayant pour objet l'acceptation des dons et legs de biens mobiliers et immobiliers de toute nature faits aux communes sont exécutoires en vertu d'un arrêté du préfet, lorsqu'il n'y a pas de réclamation de la part des familles ; dans le cas contraire, il est statué par décret impérial. (D. 25 mars 1852, tableau A, § 42; I. G., art. 946.)

Les délibérations des commissions administratives des hospices et hôpitaux ayant pour objet l'acceptation des dons et legs faits à ces établissements sont soumises à l'avis du conseil municipal, et suivent, quant aux autorisations, les mêmes règles que les délibérations de ce conseil. (L. 7 août 1851, art. 10 ; D. 25 mars 1852, tableau A, § 42; I. G., art. 1072.)

Les sous-préfets sont compétents pour autoriser l'acceptation des dons et legs d'objets mobiliers ou de sommes d'argent faits aux bureaux de bienfaisance, lorsque la valeur de ces objets n'excède pas 3,000 francs, et qu'il n'y a pas réclamation des héritiers. (D. 13 avril 1861, art. 6, § 19.)

Lorsque les libéralités faites aux bureaux de bienfaisance consistent en objets mobiliers ou sommes d'argent excédant 1,000 francs, ou en immeubles, l'acceptation est autorisée par le préfet. S'il y a réclamation des familles, il est statué par décret impérial. (D. 25 mars 1852, tableau A, § 42.)

Lorsque les legs ou donations sont mixtes ou complexes, c'est-à-dire faits à la fois à une commune ou à un établissement de bienfaisance et à un autre établissement à l'égard duquel le préfet n'a pas pouvoir de statuer, la décision sur l'ensemble de l'affaire appartient à l'autorité supérieure, alors même qu'il n'y aurait pas de connexité réelle entre les deux dispositions, comme dans le cas où un testateur aurait légué une maison à une commune pour servir d'école, et une somme d'argent à une fabrique d'église pour les besoins du culte. Le préfet doit alors s'abstenir de statuer, même sur la disposition qui serait de sa compétence, et envoyer le dossier de l'affaire au ministre des cultes, afin qu'il soit statué par un seul décret.

Si une libéralité faite à une église contient une disposition en faveur d'un établissement de bienfaisance, elle doit être acceptée à la fois par cet établissement et par la fabrique de l'église. (I. G., art. 947.)

Lorsqu'il n'existe ni hospice ni bureau de bienfaisance, les dons et legs faits en faveur des pauvres de la commune, sont acceptés par le maire, sauf l'autorisation supérieure. (Id., art. 1072.)

C'est également au maire à accepter les libéralités faites à un hospice ou à un bureau de bienfaisance qui n'a pas encore été reconnu comme établissement public, et c'est également à l'autorité municipale qu'il appartient d'administrer les biens donnés ou légués, jusqu'à ce que l'établissement ait une existence légale. — *Mém.* 1859, p. 217; 1860, p. 102 et 174; 1861, p. 102.

Les libéralités faites à une paroisse doivent être acceptées par la fabrique, lorsqu'elles sont grevées de services religieux ou qu'elles ont pour objet les intérêts du culte, et par la commune, dans le cas contraire. Elles doivent être acceptées, en outre, concurremment avec la fabrique ou la commune, par le bureau de bienfaisance, lorsque les libéralités présentent un intérêt charitable. — *Mém.* 1859, p. 89.

Tout notaire dépositaire d'un testament contenant un legs au profit d'une commune ou d'un établissement de bienfaisance est tenu d'en donner avis, lors de l'ouverture ou publication du testament, au maire ou aux administrateurs de l'établissement intéressé. (O. 2 avril 1817, art. 5.)

Indépendamment de cet avis, le notaire doit transmettre, sans délai, au préfet du département compétent pour l'autorisation, un état sommaire de l'ensemble des libéralités contenues dans le même acte en faveur des communes et établissements publics, afin que ce fonctionnaire puisse statuer en parfaite connaissance de l'ensemble des dispositions du même testateur, ou transmettre toutes les pièces de l'affaire au ministre compétent, dans le cas où un ou plusieurs des legs exigeraient une décision souveraine. (D. 30 juillet 1863, art. 1er; Circ. int., 8 août 1863.)

Acceptation provisoire. — Le maire et le président de la commission des hospices et hôpitaux peuvent toujours, à titre conservatoire, accepter les dons et legs en vertu de la délibération du conseil municipal ou de la commission administrative; l'arrêté ou le décret qui intervient ensuite a effet du jour de cette acceptation. (L. 18 juillet 1837, art. 48, et 7 août 1851, art. 11.)

L'acceptation doit avoir lieu sans retard, par acte notarié, et pour les donations, si c'est possible, dans l'acte même qui les constitue; sinon, l'acte d'acceptation doit être notifié au donateur, conformément à l'article 932 du Code Napoléon. (I. G., art. 946.)

En attendant que l'autorité supérieure ait autorisé définitivement l'acceptation, le receveur de la commune ou de l'établissement intéressé doit faire tous les actes conservatoires jugés nécessaires en vertu de l'acceptation provisoire. — *Mém.* 1859, p. 149.

Les dons et legs faits aux bureaux de bienfaisance ne peuvent être acceptés provisoirement; l'acceptation ne doit pas précéder l'autorisation. Les donations entre vifs n'étant irrévocables qu'après l'acceptation, elles seraient nulles si le donateur mourait avant qu'elles fussent acceptées. Il est donc important que les bureaux de bienfaisance fassent sans retard les diligences nécessaires pour obtenir le plus promptement possible l'autorisation qui doit précéder l'acceptation.

Règles particulières aux donations. — Les actes portant donations entre vifs sont passés devant notaire dans la forme ordinaire des contrats (C. N., art. 931). Le maire en demande une expédition, et le conseil municipal ou la commission administrative est appelé à délibérer sur l'acceptation de la donation.

Si l'acceptation provisoire du maire ou du président de la commission administrative n'a pas été insérée dans l'acte public de la donation, le maire ou le président remplit cette formalité dans la forme indiquée plus haut. Il fait ensuite, s'il y a lieu, procéder par un expert à l'estimation des immeubles ou objets mobiliers compris dans la donation.

Puis il transmet au sous-préfet les pièces de l'instruction, savoir: 1° l'acte de donation; 2° le budget et un état de la situation financière de la commune ou de l'établissement; 3° l'estimation, s'il y a lieu, des objets donnés; 4° le certificat de vie du donateur; 5° un certificat du maire contenant des renseignements aussi exacts que possible sur la position de fortune du donateur; 6° la délibération du conseil municipal ou de la commission administrative sur l'acceptation de la libéralité. (Circ. int., 5 mai 1852.)

On joint à ces pièces l'avis du conseil municipal, lorsqu'il s'agit d'une donation au profit d'un établissement de bienfaisance.

L'avis du sous-préfet, en forme d'arrêté, doit accompagner l'envoi au préfet des pièces ci-dessus énumérées.

Comme, aux termes de l'article 2279 du Code Napoléon, en fait de meubles, la possession vaut titre, il en résulte que les dons de sommes d'argent faits aux communes et établissements publics par des personnes qui veulent rester inconnues peuvent s'opérer par la simple tradition, et que leur validité ne saurait dépendre ni d'un acte de donation en forme, ni d'une autorisation du Gouvernement. Une autorisation régulière d'accepter ces dons n'est donc pas nécessaire ; il suffit de faire délibérer le conseil municipal ou la commission administrative, sauf à l'autorité compétente à approuver la délibération. Cette formalité n'est même pas indispensable, puisque le don manuel est parfait par la simple tradition des objets donnés ; mais elle est désirable afin de constater administrativement la recette de ces objets et de couvrir ainsi la responsabilité des administrateurs, ainsi que celle des receveurs des communes ou établissements donataires. — *Mém.* 1859, p. 126.

La délibération prise dans ce cas étant un simple document d'ordre intérieur ne donne pas lieu au droit d'enregistrement auquel sont assujettis les actes renfermant la déclaration d'un don manuel par le donataire ou ses représentants. (Décis. min. des fin. — *Mém.* 1859, p. 174.)

Règles particulières aux legs. — Les notaires dépositaires des testaments qui constituent des legs au profit des communes et des établissements publics étant tenus, comme on l'a vu plus haut, d'en donner avis au maire de la commune ou aux administrateurs des établissements intéressés, lors de l'ouverture ou publication des testaments, le maire ou le président de la commission administrative communique cet avis au receveur municipal ou hospitalier et celui-ci doit, en attendant l'acceptation du legs, requérir, dans l'intérêt des droits de la commune ou de l'établissement, tous les actes conservatoires qui seraient jugés nécessaires. (O. 2 avril 1817, art. 3 et 5 ; I. G., art. 948.)

Le maire ou le président de la commission administrative fait ensuite, s'il y a lieu, procéder par un expert à l'estimation des immeubles ou des objets mobiliers mentionnés dans le testament.

Puis, il met les héritiers naturels en demeure de consentir à la délivrance du legs. Cette mise en demeure n'est autre ordinairement qu'une lettre par laquelle le maire invite chacun des héritiers à se présenter à la mairie pour donner son consentement, ou à lui adresser ce consentement sur papier timbré. S'ils ne répondent point à l'invitation, il est nécessaire de leur faire notifier, par ministère d'huissier, un acte extrajudiciaire les mettant en demeure de donner leur consentement à l'exécution du testament ou de produire leurs moyens d'opposition. S'il n'y a pas d'héritiers connus, l'extrait du testament est affiché de huitaine en huitaine, et à trois reprises consécutives, au chef-lieu de la mairie du domicile du testateur, et inséré dans le journal judiciaire du département, avec invitation aux héritiers d'adresser au préfet, dans le même délai, les réclamations qu'ils auraient à présenter.

L'adhésion des héritiers naturels ne suffit point lorsqu'il y a un légataire universel institué ; il est indispensable que l'héritier institué soit aussi appelé à donner son consentement ou à présenter ses observations.

Les pièces nécessaires pour l'instruction de l'affaire et qui doivent être transmises à la préfecture sont les suivantes : 1° une expédition du testament ; 2° l'acte de décès du testateur ; 3° la délibération du conseil municipal ou de la commission administrative sur l'acceptation de l'objet légué ; 4° le rapport de l'expert chargé, s'il y a lieu, de l'estimation des immeubles ou objets mobiliers légués ; 5° le budget et un état de la situation financière de la commune ou de l'établissement ; 6° l'adhésion des héritiers ou leur opposition à la délivrance du legs, ou du moins la preuve de leur mise en demeure ; 7° un état des biens laissés par le testateur, et des renseignements sur la position de fortune des héritiers ; 8° si l'objet légué est un immeuble, un certificat du bureau des hypothèques constatant s'il est libre ou s'il est grevé. (Circ. int., 5 mai 1852.)

S'il s'agit d'une libéralité au profit d'un établissement de bienfaisance, on produit, en outre, la délibération par laquelle le conseil municipal a émis son avis sur l'acceptation.

Dans tous les cas, l'avis du sous-préfet, en forme d'arrêté, doit accompagner l'envoi au préfet des pièces ci-dessus énumérées.

S'il s'élève des réclamations sur tout ou partie des dispositions faites au profit des communes et des établissements de bienfaisance, l'affaire échappe à la compétence du préfet. Toutes les pièces sont transmises par le préfet, avec ses propositions, au ministre de l'intérieur, et il est statué par décret impérial, quand bien même la réclamation ne porterait que sur une partie des legs. (Circ. int., 5 mai 1852.)

Refus d'accéptation de legs et donations. — Les communes et les établissements de bienfaisance ont besoin, pour renoncer aux legs et donations faits en leur faveur, de la même autorisation que pour les accepter. Lors donc qu'un conseil municipal ou une commission administrative a pris une délibération portant refus d'accepter une disposition testamentaire, l'instruction a lieu dans la forme ordinaire. Il appartiendrait au préfet d'apprécier, dans ce cas, les motifs particuliers qui pourraient dispenser de l'accomplissement de quelques-unes des formalités plus ou moins dispendieuses prescrites par les règlements. Ainsi, par exemple, si le refus d'accepter, qui doit toujours être motivé, était fondé sur l'insuffisance de la succession et sur l'indigence des héritiers, l'extrait du testament et l'acte de décès pourraient être produits sur papier libre. Il serait inutile, en outre, de faire signifier aux héritiers des actes extrajudiciaires d'interpellation.

L'administration supérieure est seule juge des avantages et des inconvénients que présentent les dons et legs faits aux communes et aux établissements de bienfaisance, et elle peut toujours les contraindre à accepter ou à répudier ces libéralités. (Décis. min. de l'int. — *Mém.* 1858, p. 151 et 180.)

Les sous-préfets, compétents pour autoriser l'acceptation, par les bureaux de bienfaisance, de dons et legs d'objets mobiliers ou de sommes d'argent, lorsque leur valeur n'excède pas 3,000 francs et qu'il n'y a pas réclamation des héritiers, ne le sont pas pour accorder l'autorisation de refuser les dons et legs de l'espèce. Cette autorisation appartient aux préfets, suivant l'ordonnance du 6 juillet 1846 et le décret du 25 mars 1852. (Circ. int., 18 mai 1861. — *Mém.*, p. 200.)

Conditions inadmissibles ou illicites. — Aux termes de l'article 900 du Code Napoléon, dans toutes dispositions entre vifs ou testamentaires, les conditions impossibles, celles qui sont contraires à la loi ou aux bonnes mœurs, sont réputées non écrites. Ainsi, la clause relative à l'inaliénabilité d'un immeuble donné ou légué ne saurait être approuvée. Il en est de même de la défense d'aliéner l'immeuble donné ou légué si ce n'est à un prix exorbitant, de la prohibition de vendre le même immeuble avant une époque déterminée, de la condition insérée dans l'acte de donation d'une rente que le remboursement n'en pourra jamais être effectué.

Lorsqu'une libéralité est faite sous des conditions de cette nature, l'acceptation que la commune ou l'établissement donataire ou légataire en ferait avec l'approbation de l'autorité supérieure ne saurait avoir pour effet de rendre obligatoires des clauses que la loi déclare d'avance frappées de nullité. Toutefois, comme une pareille libéralité pourrait devenir ultérieurement l'objet de contestations ou de difficultés, il n'est statué ordinairement, lorsqu'il s'agit d'une donation, qu'après la suppression des clauses inadmissibles et la constatation, dans de nouveaux actes notariés, des intentions des donateurs à cet égard. Quant aux legs, ils sont, dans ce cas, autorisés aux charges, clauses et conditions imposées, « en tant qu'elles ne sont pas contraires aux lois. » Cette locution dans les arrêtés ou décrets d'autorisation signifie que l'autorité supérieure n'a pas entendu se soumettre aux conditions réputées nulles par la législation.

La clause portant qu'une donation serait révoquée de plein droit, à partir de l'époque où les conditions stipulées cesseraient d'être exécutées, doit être rejetée comme contraire à l'article 956 du Code Napoléon, portant que la révocation d'une donation n'aura jamais lieu de plein droit.

Il convient aussi de considérer comme contraire aux lois, et par conséquent de réputer non écrites, aux termes de l'article 900 du Code Napoléon, toute clause qui, en conférant l'exécution d'une libéralité à une tierce personne, lui conférerait en même temps le droit d'administrer les biens, car il n'appartient qu'aux administrations légalement constituées d'administrer la fortune des établissements publics. — *Mém.* 1858, p. 115

Exécution des conditions imposées par le donateur ou le testateur. — L'autorité supérieure, en statuant sur des libéralités faites à des établissements publics, ne saurait dispenser ces établissements d'acquitter les charges imposées par le donateur ou le testateur, à moins qu'elles ne fussent contraires aux bonnes mœurs ou aux lois. Si ces charges lui paraissent trop onéreuses, elle peut seulement s'en prévaloir pour refuser son approbation aux libéralités qui les comprennent.

Aux termes des articles 935, 945 et 956 du Code Napoléon, les donateurs et leurs représentants ont toujours la faculté de poursuivre la révocation de leurs libéralités pour cause d'inexécution des conditions. Dans le cas où la révocation est prononcée par la justice, les biens restent libres de toutes charges dans leurs mains. — *Mém.* 1858, p. 289.

Les sommes données ou léguées ne peuvent, en principe, recevoir une destination autre que celle qui est donnée dans les actes de libéralité; mais, en l'absence de toute désignation d'emploi par les bienfaiteurs, les communes et établissements gratifiés ont la faculté de déterminer l'affectation à donner, dans la limite de leurs attributions, à ces capitaux; à défaut d'indication d'emploi, les arrêtés ou décrets d'autorisation prescrivent l'achat de rentes sur l'État.

Délivrance des donations et legs. — La donation dûment acceptée est parfaite par le seul consentement des parties, et la propriété des objets donnés est transférée au donataire sans qu'il soit besoin d'autre tradition. (C. N., art. 938.)

Seulement, lorsqu'il y a donation de biens susceptibles d'hypothèques, la transcription des actes contenant la donation et l'acceptation, ainsi que la notification de l'acceptation qui aurait eu lieu par acte séparé, doit être faite aux bureaux des hypothèques dans l'arrondissement desquels les biens sont situés. (Id., art. 939.)

Quant aux dispositions testamentaires, elles produisent leur effet suivant les règles établies par le Code Napoléon pour les legs universels, pour les legs à titre universel et pour les legs particuliers. Nous rappelons ci-après ces règles, qui s'appliquent aux établissements publics de même qu'aux particuliers, soit que, légataires universels, ils aient à délivrer des legs à titre universel ou à titre particulier, soit qu'ils aient eux-mêmes à réclamer aux héritiers naturels ou aux légataires universels la délivrance des legs qui ont été faits à leur profit.

Lorsqu'au décès du testateur il y a des héritiers auxquels une quotité de ses biens est réservée par la loi, ces héritiers sont saisis de plein droit, par sa mort, de tous les biens de la succession, et le légataire universel est tenu de leur demander la délivrance des biens compris dans le testament. (C. N., art. 1004.)

Néanmoins, dans les mêmes cas, le légataire universel a la jouissance des biens compris dans le testament, à compter du jour du décès, si la demande en délivrance a été faite dans l'année, depuis cette époque; sinon, cette jouissance ne commence que du jour de la demande formée en justice, ou du jour que la délivrance aurait été volontairement consentie. (C. N., art. 1005.)

Lorsqu'au décès du testateur il n'y a pas d'héritiers auxquels une quotité de ses biens soit réservée par la loi, le légataire universel est saisi de plein droit, par la mort du testateur, sans être tenu de demander la délivrance. (Id., art. 1006.)

Tout testament olographe est, avant d'être mis à exécution, présenté au président du tribunal de première instance de l'arrondissement dans lequel la succession est ouverte. Ce testament est ouvert s'il est cacheté. Le président dresse procès-verbal de la présentation, de l'ouverture et de l'état du testament, dont il ordonne le dépôt entre les mains du notaire par lui commis. Si le testament est dans la forme mystique, sa présentation, son ouverture, sa description et son dépôt sont faits de la même manière; mais l'ouverture ne peut se faire qu'en présence de ceux des notaires et des témoins, signataires de l'acte de suscription, qui se trouvent sur les lieux ou eux appelés. (Id., art. 1007.)

Lorsqu'au décès du testateur il n'y a pas d'héritiers auxquels une quotité de ses biens est réservée par la loi, le légataire universel est tenu, si le testament est olographe ou mystique, de se faire envoyer en possession par une ordonnance du président, mise au bas d'une requête à laquelle est joint l'acte de dépôt. (Id., art. 1008.)

Le légataire universel, qui est en concours avec un héritier auquel la loi réserve une quotité des biens, est tenu des dettes et charges de la succession du testateur, personnellement pour sa part et portion et hypothécairement pour le tout; et il est tenu d'acquitter tous les legs, sauf le cas de réduction. (Id., art. 1009.)

L'arrêté du préfet ou le décret impérial qui n'autorise que jusqu'à concurrence d'une quotité déterminée l'acceptation par un établissement public, notamment par un hospice, d'un legs universel fait en sa faveur n'a pas pour effet de modifier le caractère de ce legs et de le transformer en legs à titre universel ou particulier. En conséquence, s'il n'y a pas d'héritiers réservataires, l'établissement légataire universel est saisi de plein droit des biens légués, sans être tenu d'en demander la délivrance, et les fruits de ces biens lui sont acquis dès le jour du décès du testateur. (Arrêt de la cour d'Amiens, 8 mars 1860. — *Mém.*, p. 237.)

Mais si l'établissement n'est pas légataire universel, il n'a pas le droit, même en vertu de l'acceptation provisoire, de prendre de suite possession des biens légués, de les administrer et d'en percevoir les fruits; il est nécessaire de former, comme il est dit ci-après, une demande en délivrance et d'attendre l'autorisation d'accepter. — *Mém.* 1862, p. 120.

Les légataires à titre universel sont tenus de demander la délivrance aux héritiers auxquels une quotité des biens est réservée par la loi; à leur défaut, aux légataires universels; et, à défaut de ceux-ci, aux héritiers appelés dans l'ordre de succession réglé par la loi. (C. N., art. 1011.)

Le légataire à titre universel est tenu, comme le légataire universel, des dettes et charges de la succession du testateur, personnellement pour sa part et portion, et hypothécairement pour le tout. (C. N., art. 1012.)

Lorsque le testateur n'a disposé que d'une quotité de la portion disponible, et qu'il l'a fait à titre universel, ce légataire est tenu d'acquitter les legs particuliers par contribution avec les héritiers naturels. (Id., art. 1013.)

Tout legs pur et simple donne au légataire, du jour du décès du testateur, un droit à la chose léguée, droit transmissible à ses héritiers ou ayants cause. Néanmoins, le légataire particulier ne peut se mettre en possession de la chose léguée, ni en prétendre les fruits ou intérêts qu'à compter du jour de sa demande en délivrance, ou du jour auquel cette délivrance lui aurait été volontairement consentie. (Id., art. 1014.)

Le légataire à titre particulier n'est point tenu des dettes de la succession, sauf la réduction du legs dans les cas prévus par les articles 920, 926 et 927 du Code Napoléon, et sauf l'action hypothécaire des créanciers. (Id., art. 1024.)

Mesures conservatoires. — Les héritiers du testateur, ou autres débiteurs d'un legs, sont personnellement tenus de l'acquitter, chacun au prorata de la part et portion dont ils profitent dans la succession. Ils en sont tenus hypothécairement pour le tout jusqu'à concurrence de la valeur des immeubles de la succession dont ils sont détenteurs. (C. N., art. 1017.)

Les communes et établissements publics légataires n'ont besoin d'aucune autorisation spéciale pour requérir les inscriptions hypothécaires. — *Mém.* 1861, p. 161.

Pour assurer le payement aux échéances des legs payables à terme, les receveurs doivent, au besoin, demander la séparation du patrimoine du défunt d'avec le patrimoine de l'héritier, conformément aux articles 878 et 2111 du Code Napoléon. Les communes et établissements légataires conservent alors, à l'égard des héritiers ou représentants du défunt, leur privilége sur les immeubles de la succession au moyen des inscriptions faites sur les biens dans les six mois à compter de l'ouverture de la succession. Avant l'expiration de ce délai, aucune hypothèque ne peut être établie avec effet sur ces biens par les héritiers ou représentants, au préjudice des légataires. Quant aux meubles, il est indispensable, pour assurer le droit résultant de la séparation des patrimoines, que les receveurs fassent dresser sans retard un inventaire et demandent une caution : à défaut de cette caution, ils doivent exiger que les meubles soient vendus et que leur prix, ainsi que l'argent trouvé dans la succession, soit déposé à la caisse des dépôts et consignations.

Toutefois, pour pouvoir exercer le privilége de la séparation des patrimoines, il faut :

A l'égard des meubles, que les légataires n'aient pas accepté l'héritier pour débiteur personnel ; qu'il n'y ait pas eu confusion de fait des meubles héréditaires avec les meubles de l'héritier ; que les meubles héréditaires ne soient pas encore aliénés, ou que le prix en soit encore dû, ou qu' i existe quelque action en nullité de l'aliénation ; enfin, qu'il ne se soit pas écoulé plus de trois ans depuis l'ouverture de la succession ;

Pour les immeubles, que les légataires n'aient pas accepté l'héritier pour débiteur personnel ; que les biens ne soient pas aliénés, ou que le prix en soit encore dû, ou qu'il existe une action en reprise ; que les légataires prennent inscription dans les six mois de l'ouverture de la succession, s'il n'y a pas aliénation, ou, dans le cas contraire, dans la quinzaine de la transcription faite par l'acquéreur. — *Mém.* 1850, p. 88.

Recouvrement des legs et donations. — Le montant des legs et donations en argent, légalement autorisés, en faveur des communes et des établissements de bienfaisance, doit être versé dans les caisses municipales ou hospitalières, à moins que le décret ou l'arrêté d'autorisation n'en prescrive le versement dans une autre caisse. — *Mém.* 1837, p. 100; 1858, p. 43 et 115.

Mais, dans ce dernier cas, les receveurs doivent se faire remettre une déclaration de versement par le comptable qui a reçu les fonds, et classer cette déclaration dans leur comptabilité, comme placements de fonds, après en avoir fait recette comme produit de legs et donations. (I. G., art. 949.)

Les receveurs doivent, dans tous les cas, requérir le versement, par les héritiers du donateur ou autres détenteurs, du montant des legs ou donations, les articles 62 et 64 de la loi du 18 juillet 1837 attribuant à ces comptables seuls le droit et le devoir de poursuivre le recouvrement des créances des communes.

En cas de refus ou de retard de la part de ceux-ci, les receveurs doivent procéder contre eux par voie de commandement et de saisie, et si, malgré ces poursuites, les héritiers ou autres détenteurs se refusaient à la remise des fonds, les maires, avec l'autorisation du conseil de préfecture, en poursuivraient judiciairement la rentrée. (I. G., art. 950.) — Voy. POURSUITES.

Une formalité essentielle doit être accomplie avant tout, c'est la demande en délivrance du legs, dans les cas où elle est prescrite par la loi Cette demande, alors même qu'elle aurait été l'objet d'une sommation préliminaire à laquelle l'héritier n'aurait pas obtempéré, ne pourrait être introduite par un simple état exécutoire dressé en vertu de l'article 63 de la loi du 18 juillet 1837 ou de l'article 13 de la loi du 13 août 1851 ; on doit suivre la procédure ordinaire de la demande en délivrance, car le testament, même en forme authentique, n'en dispense pas. Lorsque la commune ou l'établissement légataire y a été autorisé par le conseil de préfecture, la demande est portée devant le tribunal de première instance du lieu où la succession est ouverte, après toutefois le préliminaire de la conciliation devant la justice de paix. — *Mém.* 1861, p. 70.

Quant aux dons et legs consistant en immeubles ou en effets mobiliers, c'est aux maires qu'est délégué le soin d'en poursuivre la délivrance, sans préjudice des obligations imposées aux receveurs par les articles 849 et 948 de l'Instruction générale, pour le recouvrement des créances communales de toute nature. (I. G., art. 951.) — Voy. Actes et mesures conservatoires.

Lorsque le legs ou la donation consiste en un titre de rentes, ou en actions ou obligations industrielles, le receveur n'a pas à faire recette dans ses écritures du montant de la libéralité ; il doit se borner à constater sur son état des propriétés et rentes la remise des titres dont il s'agit, en expliquant leur origine. — *Mém.* 1859, p. 110 et 331 ; 1861, p. 271.

Les produits des dons, aumônes et collectes que les hospices et les bureaux de bienfaisance sont autorisés à recevoir doivent être remis intégralement par les personnes chargées de les recueillir dans la caisse de l'établissement auquel ces produits appartiennent.

Les receveurs doivent veiller à ce que les différents produits dont il s'agit leur soient exactement versés, et rendre compte à leur administration des difficultés qui pourraient s'élever à ce sujet. (I. G., art. 1071.) — Voy. Aumônes, Collectes, Dons, Quêtes.

Frais de la demande en délivrance, d'enregistrement, etc. — Les frais de la demande en délivrance sont à la charge de la succession, sans cependant qu'il puisse en résulter de réduction de la réserve légale. Les droits d'enregistrement sont dus par le légataire. Le tout s'il n'en a été autrement ordonné par le testament. Chaque legs peut être enregistré séparément, sans que cet enregistrement puisse profiter à aucun autre qu'au légataire ou à ses ayants cause. (C. N., art. 1016.)

Ainsi, en ce qui concerne les legs faits au profit des établissements publics, les droits d'enregistrement, c'est-à-dire de mutation de la propriété, sont toujours à la charge de l'établissement institué légataire particulier. Quant aux autres frais, notamment ceux de rédaction et de conservation du testament, il importe de distinguer le cas où l'établissement institué légataire particulier se trouve en présence d'un légataire universel, et celui où, étant légataire universel ou particulier, il aurait à demander la délivrance aux héritiers naturels. Dans la première hypothèse, l'établissement légataire particulier est seulement passible des droits d'enregistrement, et tous les autres frais incombent au légataire universel ; dans la seconde, les frais de rédaction et de dépôt du testament doivent être supportés par l'établissement. — *Mém.* 1860, p. 274.

L'établissement légataire ne peut exiger, en aucun cas, que les héritiers supportent les frais de l'extrait du testament et de l'acte d'acceptation. Ces frais doivent rester à la charge de la caisse municipale ou hospitalière. — *Mém.* 1850, p. 174.

Le délai de payement des droits de mutation ne court que du jour de l'arrivée dans la commune de l'arrêté ou du décret qui autorise l'acceptation. (I. G., art. 952.)

Les donations aux communes et aux établissements publics, acceptées à titre conservatoire avant l'autorisation, ne donnent pas lieu immédiatement au droit proportionnel ; ce droit ne peut être exigé qu'après que les donations ont été autorisées. (Décis. min. des fin., 9 avril 1860. — *Mém.*, p. 291.) — Voy. ENREGISTREMENT.

Surveillance des legs et donations en faveur des pauvres et dont l'exécution est confiée à des tiers. — Les personnes tierces à qui des dons et legs sont faits pour que le montant en soit distribué aux pauvres doivent, à moins d'une dispense formellement exprimée, rendre compte de l'emploi des fonds au bureau de bienfaisance, ou, à son défaut, au maire de la commune.

Dans tous les cas, les administrateurs et les receveurs doivent, autant que possible, surveiller cet emploi et faire les actes conservatoires nécessaires. (Id., art. 1073.) — Voy. ACTES CONSERVATOIRES.

La dispense de rendre compte n'affranchit pas les administrations charitables de ce devoir de surveillance. — *Mém.* 1846, p. 343 ; 1847, p. 171 et 177 ; 1849, p. 79, et 1855, p. 216.

Si le concours du bureau de bienfaisance n'était pas accueilli par la personne chargée de la distribution des sommes aux pauvres, les administrateurs du bureau devraient du moins chercher à connaître la manière dont la distribution est faite, et adresser, s'il y a lieu, au mandataire les observations et réclamations qu'ils jugeraient convenables. (Lettre min., 23 juin 1828.) — Voy. BUREAUX DE BIENFAISANCE.

Lettres missives. — En principe, les lettres missives ne sont assujetties ni au timbre, ni à l'enregistrement, même quand elles portent quittance, en ce sens du moins qu'à la différence des quittances proprement dites, elles ne pourraient donner lieu à un procès-verbal de contravention.

Lorsqu'on veut les produire en justice ou à l'appui d'autres actes, la loi les admet au timbre extraordinaire, moyennant le droit simple et sans amende. Si elles contenaient obligation, quittance ou convention quelconque donnant lieu au droit proportionnel, ce droit est perçu comme il le serait pour des actes en forme.

Une lettre missive portant quittance, produite à l'appui du compte de gestion d'un receveur de commune ou d'établissement de bienfaisance doit, avant d'être jointe au compte comme pièce justificative de payement, être revêtue du timbre. — *Mém.* 1862, p. 167. — Voy. PIÈCES JUSTIFICATIVES, TIMBRE.

Lignes télégraphiques. — Voy. TÉLÉGRAPHIE.

Liste civile impériale. — On comprend sous cette dénomination les allocations annuelles attribuées au souverain et à sa famille, et les affectations en propriétés mobilières ou immobilières qui prennent le nom de dotation de la couronne.

Les receveurs généraux sont appelés à faire ou à faire faire par les comptables sous leurs ordres divers payements pour le compte de la liste civile impériale, lesquels ont principalement pour objet des pensions et subventions annuelles, des secours et le prix de travaux et fournitures. Les pensions et subventions sont acquittées d'après des états souches envoyés chaque année aux receveurs généraux, et sur la présentation des brevets et certificats de vie ; les autres payements sont effectués en vertu de mandats dont il est donné avis aux receveurs, chaque dizaine, par l'envoi d'états indiquant les noms des ayants droit, leur domicile et les sommes à payer. Ces avis sont confirmés par la direction du mouvement général des fonds.

Des bordereaux de suspension de payements sont, quand il y a lieu, adressés aux comptables. (I. G., art. 1163.)

Les percepteurs qui sont appelés à prêter leur concours au service des payements de la liste civile doivent avoir soin d'exiger à l'appui des payements les justifications indiquées ci-après.

Pensions et subventions annuelles. — Les arrérages des pensions et subventions annuelles sont payables par trimestre sur la présentation par le titulaire d'un brevet, et sur la production d'un certificat de vie et d'une quittance. Ces deux dernières pièces ont été réunies sur un seul imprimé.

Les payements sont consignés au verso du brevet par les comptables, et leur signature doit y être apposée.

Les certificats de vie peuvent être délivrés sur papier libre par les maires, juges de paix ou notaires de la commune où réside le titulaire. Des formules sont déposées à la caisse des receveurs généraux, à la disposition des receveurs particuliers et des percepteurs, ainsi que des titulaires de pensions.

Si le titulaire est illettré ou ne peut pas signer sa quittance, le payement, quel qu'en soit le montant, est fait en présence de deux témoins qui certifient avec le comptable et signent pour l'acquit. Cette formalité n'est exigible que si le titulaire se présente lui-même pour toucher ses arrérages, attendu que le payement est valable quand il est effectué entre les mains d'un tiers porteur du brevet et du certificat de vie.

En cas de changement de domicile, le titulaire doit, pour ne pas éprouver de retard dans le payement des arrérages, faire connaître au ministre de la Maison de l'Empereur le lieu de sa nouvelle résidence, au moins un mois avant l'échéance de chaque trimestre, en indiquant le numéro et le montant de sa pension. Passé ce délai, ledit changement ne serait notifié aux comptables chargés du payement que pour le trimestre suivant.

En cas de décès d'un titulaire, les arrérages dus, y compris le jour du décès, sont payés directement et sans nouvel ordonnancement par les comptables à ses héritiers, sur la production du brevet du titulaire, accompagné : 1° de l'acte de décès dûment légalisé ; 2° de l'acte de notoriété dressé par le juge de paix du domicile du défunt, ou par un notaire, et constatant le droit des héritiers. S'il a été fait un inventaire, on produit, au lieu de l'acte de notoriété, un extrait de l'intitulé constatant le droit des parties.

Les arrérages qui n'ont pas été payés dans les cinq mois qui suivent l'échéance du quatrième et dernier trimestre de l'année sont annulés, et ne peuvent être acquittés qu'après un nouvel ordonnancement, et sur la demande des titulaires.

Payement des mandats délivrés pour secours et pour prix de travaux et fournitures. — Les titulaires des mandats doivent être tenus de mettre leur adresse après leur acquit.

Si le titulaire est illettré ou ne peut signer, le payement des mandats relatifs à un secours, une gratification ou une allocation de munificence, quel qu'en soit le montant, est fait en présence de deux témoins, qui certifient avec le comptable et signent pour l'acquit. On suit la même règle si le mandat s'applique à des fournitures et travaux, pourvu qu'il n'excède pas 150 francs. Dans le cas où le mandat serait supérieur à 150 francs, on doit exiger du fournisseur ou de l'entrepreneur une quittance notariée.

Si le payement est fait à un fondé de pouvoir, celui-ci doit produire, pour les sommes inférieures à 1,000 francs, la procuration du titulaire sous signature privée et légalisée, et pour les sommes de 1,000 francs et au-dessus, une procuration notariée en brevet.

En cas de décès du titulaire d'un mandat, le payement est fait sur la production de l'acte de décès dûment légalisé, et d'un acte de notoriété, s'il n'a pas été fait d'inventaire. En cas d'inventaire, cette dernière pièce est remplacée par l'extrait de l'intitulé constatant le droit des parties. Cette règle est applicable si le mandat est délivré, soit au profit du titulaire décédé, soit de ses héritiers non dénommés.

Si le mandat est délivré au profit d'une société commerciale, on doit exiger la signature de la raison de commerce. Dans le cas où l'un des associés seul se présenterait pour toucher, il devrait produire l'extrait dûment certifié, soit par un notaire, soit par le greffier du tribunal de commerce, de l'acte de société, et contenant la disposition relative à la signature sociale et au droit que les parties peuvent avoir à faire usage de cette signature.

En cas de faillite, le mandat est payé au syndic, sur la production d'un extrait du jugement de nomination.

Les oppositions, cession ou transport de créances doivent être signifiées au trésorier général de la couronne. Les mandats délivrés doivent être revêtus avant le payement du visa des oppositions. En cas d'opposition, le décompte à payer est porté sur le mandat.

Le terme de la clôture de l'exercice est fixé au 31 mai de la deuxième année. Les mandats non payés en clôture d'exercice sont renvoyés par les intéressés au ministre, pour être réordonnancés. (Inst. du min. de la Maison de l'Empereur, 25 mai 1858.) — *Mém.* 1860, p. 119.

Liste des plus imposés. — Les plus imposés aux rôles de la commune sont appelés à délibérer avec le conseil municipal en nombre égal à celui des membres de ce conseil en exercice, toutes les fois qu'il s'agit de contributions directes ou d'emprunts, dans les communes dont les revenus sont inférieurs à 100,000 francs, ou de réunir plusieurs communes en une seule, ou de distraire une section d'une commune, soit pour la réunir à une autre, soit pour l'ériger en commune séparée. (L. 18 juillet 1837, art. 2 et 42.)

Les plus imposés délibèrent, en outre, avec le conseil municipal en nombre égal à celui des membres de ce conseil en exercice, lorsque, pour l'exécution des opérations cadastrales, il s'agit de nommer les propriétaires classificateurs et d'établir le tarif des évaluations des différentes natures de propriétés. (Règl. 15 mars 1827, art. 57.)

Les percepteurs sont chargés d'établir les listes des contribuables les plus imposés, soit aux quatre contributions directes, lorsqu'il s'agit du vote d'impositions extraordinaires ou d'emprunt, soit à la contribution foncière seulement, lorsqu'il s'agit d'opérations cadastrales. Dans le premier cas, ces listes sont rédigées sur la demande des maires, et, dans le second cas, sur la demande de l'inspecteur des contributions directes. Elles sont remises au maire quinze jours au moins avant l'époque de la réunion du conseil municipal dans laquelle les plus imposés sont appelés à délibérer. Quand il s'agit d'opérations cadastrales, une expédition de la liste est adressée à l'inspecteur des contributions directes.

Ces listes contiennent, dans l'ordre des cotisations, mais à l'exclusion des membres du conseil municipal, les contribuables les plus imposés, en nombre double de celui des membres de ce conseil. (I. G., art. 60.)

Pour que le percepteur puisse dresser régulièrement les listes des plus imposés, il est indispensable que les maires des communes de sa perception lui fassent connaître par écrit les noms et le nombre des membres composant les conseils municipaux de ces communes. — *Mém.* 1844, p. 85.

L'inscription au rôle est une condition indispensable pour être porté sur la liste des plus imposés. Il ne suffit pas d'être un des plus forts propriétaires de la commune; il faut, en outre, être contribuable, c'est-à-dire imposé aux rôles. Il suit de là que c'est à l'usufruitier, à l'exclusion du propriétaire, qu'appartient le droit de siéger comme plus imposé au sein du conseil municipal, lorsque, suivant la règle, c'est le nom de l'usufruitier et non celui du propriétaire qui figure aux rôles. D'après le même principe, l'héritier légitime ou institué ne doit pas être compris sur la liste des plus imposés, s'il n'est pas encore inscrit nominativement aux rôles de la commune. — *Mém.* 1857, p. 178.

Les fermiers, même quand ils sont chargés par leur bail d'acquitter l'impôt et qu'ils figurent nominativement dans les rôles auxiliaires de division ou de délégation de cotes, n'ont pas droit, de ce chef, d'être inscrits sur la liste des plus imposés. — *Mém.* 1862, p. 410.

Les plus imposés en état d'incapacité légale, tels que les mineurs et les interdits, les femmes mariées séparées de biens, les veuves, enfin les personnes morales, telles que les établissements publics, les sociétés anonymes, etc., ne sont pas admis à se faire représenter au conseil municipal; en conséquence, ils ne doivent pas être inscrits sur les listes. (Circ. int., 14 février 1843. — *Mém.* 1857, p. 188.)

Les plus imposés sont convoqués individuellement par le maire, au moins dix jours avant celui de la réunion du conseil municipal. Lorsque les plus imposés appelés sont absents, ils sont remplacés en nombre égal par les plus imposés portés après eux sur le rôle. (L. 18 juillet 1837, art. 42.)

C'est l'absence au moment de la réunion qui donne lieu à un nouvel appel; mais cette absence ne saurait se présumer, et les plus imposés doivent toujours, alors même qu'ils seraient absents de la commune, ou empêchés par une cause quelconque, être convoqués individuellement. Le maire peut, dans la prévision de l'absence de quelques-uns d'entre eux, convoquer, en même temps, pour les remplacer, un nombre égal des plus imposés suppléants. Mais si, nonobstant les prévisions du maire, les premiers se présentaient avant l'ouverture de la séance, ils devraient être admis à siéger de préférence. Si, malgré ces précautions, les uns ou les autres faisaient défaut, on n'en devrait pas moins passer outre à la délibération, du moment que les membres du conseil municipal et les plus imposés réunis forment la majorité nécessaire pour pouvoir délibérer. (Circ. int., 14 février 1843. — *Mém.* 1857, p. 135 et 182.) — Voy. EMPRUNTS, IMPOSITIONS COMMUNALES.

Livre à souche. — Voy. JOURNAL A SOUCHE.

Livre des comptes divers par service. — Ce livre doit être tenu par les percepteurs-receveurs municipaux et d'établissements de bienfaisance.

Après avoir été enregistrées au journal à souche, les recettes qui proviennent des revenus des communes et des établissements de bienfaisance et qui concernent des services pour lesquels il n'est pas tenu de livre de détail, sont constatées immédiatement au compte ouvert à chaque service sur le livre des comptes divers. Les payements faits pour ces mêmes services sont aussi constatés sur le livre des comptes divers à mesure qu'ils ont lieu.

Les recettes et les dépenses qui appartiennent à des services dont les opérations exigent des livres de détail sont d'abord constatées sur ces livres, et ne sont reportées qu'à la fin de la journée au compte général de chaque service sur le livre des comptes divers. (I. G., art. 1443.)

Le livre des comptes divers par service, dont le *modèle* est joint à l'Instruction générale *sous le n°* 301, est tenu par année.

Il y est ouvert un compte distinct pour les recettes et dépenses propres à chacun des services dont les percepteurs sont chargés concurremment.

Les feuilles de ce livre qui sont employées pour le service des communes et des établissements de bienfaisance doivent être timbrées. Le droit de timbre est à la charge des communes et établissements. Les feuilles relatives aux autres services, y compris celui des syndicats, ainsi que la feuille de tête qui sert d'enveloppe, sont exemptes des droits de timbre

Le compte des rentes et créances appartenant à des établissements de bienfaisance étrangers à la résidence du percepteur, n'étant qu'un compte d'ordre intérieur, n'est pas, non plus, assujetti au droit de timbre. (I. G., art. 1470.) — Voy. Frais de timbre.

Les percepteurs doivent, avant de se servir du livre des comptes divers, le faire viser et parafer par le maire de la commune de leur résidence. (Id., art. 1471.)

Le livre des comptes divers est divisé en quatre sections.

La *première section*, relative aux services communaux et hospitaliers, comprend les comptes de chaque commune, hospice ou bureau de bienfaisance, dont le comptable gère les revenus. C'est aussi dans cette section que doivent être ouverts les comptes des associations syndicales dont les percepteurs peuvent être trésoriers.

Les comptes de la première section contiennent une colonne affectée aux numéros des articles du budget, et une colonne de numéros d'ordre qui doivent, quant à la dépense, être inscrits sur chaque pièce justificative.

Comme il a été dit plus haut, le percepteur relève, à la fin de chaque jour, sur les livres de détail ouverts au nom de chaque commune et établissement de bienfaisance, ou de chaque association syndicale pour laquelle un livre de détail aurait été jugé nécessaire, les recettes enregistrées à chacun des articles de ces livres et les porte en recette au compte de la commune, de l'hospice, du syndical ou de tout autre établissement auquel les opérations appartiennent, en ayant soin de distinguer, dans les colonnes respectives, les sommes reçues sur chacun des deux exercices qui sont en cours d'exécution pendant les trois premiers mois de chaque année.

Le percepteur fait ensuite le relevé des articles de dépense constatés sur les livres de détail, et les reporte, de la même manière, en dépense au compte spécial qu'ils concernent.

Les sommes enregistrées sur les livres de détail des recettes et des dépenses relatives aux chemins vicinaux sont constatées, d'après les mêmes règles, au compte de la commune que les opérations concernent. A cet effet, le percepteur forme, sur ses livres, l'addition, par journée, des sommes enregistrées dans les diverses colonnes de la recette et de la dépense, et obtient, par leur réunion, dans la colonne des totaux, les sommes à transporter à ce compte.

Il opère de même à l'égard des recettes et des dépenses de l'octroi, si ce n'est qu'il ne porte en recette, au compte de la commune, que les recettes ordinaires et accessoires, et en dépense, que les sommes payées pour frais de perception. Les recettes et les dépenses d'ordre font l'objet de comptes ouverts à la 2e section du livre des comptes divers. (I. G., art. 1471 et 1472.) — Voy. OCTROI.

La *deuxième section*, relative aux recouvrements effectués en vertu de titre de perception, comprend : — le compte des redevances des mines ; — le compte de la taxe des biens de mainmorte ; — le compte des rétributions pour la vérification des poids et mesures ; — le compte des retenues pour le service des pensions civiles ; — le compte des taxes de la télégraphie privée ; — les comptes des produits départementaux (droits de visite chez les pharmaciens, souscriptions pour les chemins de grande communication, frais et honoraires pour travaux d'intérêt public, etc.) ; — les comptes de cotisations municipales et de souscriptions qui s'y rattachent ; — les comptes de cotisations particulières (travaux d'élagage, de curage, entretien de bêtes mâles, etc.); — le compte des frais de poursuites pour le recouvrement des contributions;—le compte des frais de poursuites pour le recouvrement des produits communaux; — le compte des recouvrements de contraintes décernées par divers comptables ; — le compte des recettes et des dépenses d'ordre concernant l'octroi; — le compte de la rétribution scolaire à recouvrer pour le compte particulier des institutrices; — le compte des dépôts de garantie et cautionnements pour adjudications et marchés; — le compte des recouvrements de rentes et créances appartenant à des hospices situés hors de l'arrondissement de perception ; — le compte, lorsqu'il y a lieu, des restes à recouvrer pour le compte du prédécesseur du comptable ; — enfin le compte des effets à recouvrer pour le compte du receveur des finances.

Chacun des comptes de la deuxième section doit présenter trois divisions principales, savoir : titre de perception, recettes, dépenses; et ces subdivisions sont elles-mêmes divisées en autant de colonnes que le service l'exige.

A l'égard des retenues pour le service des pensions civiles, les titres de perception, lesquels doivent être remis aux receveurs des finances par les receveurs municipaux, sont différents suivant la catégorie des agents sur le traitement desquels ces retenues sont opérées. — Voy. RETENUES.

Les enregistrements doivent désigner la date de la remise des titres au comptable, la nature de ces titres et le montant des sommes à recouvrer.

En ce qui concerne les contraintes à recouvrer pour le compte de divers comptables sur des contribuables imposés hors de l'arrondissement de perception, les titres de perception sont les contraintes et extraits des rôles, lesquels doivent, en conséquence, être enregistrés avec détail. (I. G., art. 1471.) — Voy. CONTRAINTES EXTÉRIEURES, POURSUITES.

Pour les rentes et créances dues à des établissements de bienfaisance, il n'est besoin que d'un enregistrement indiquant la date de la remise des titres des créances et leur montant, attendu que ces titres doivent être détaillés sur un carnet spécial. (I. G., art. 1471.) — Voy. RENTES ET CRÉANCES.

La *troisième section*, destinée aux divers services pour lesquels il n'existe pas de titres de perception, comprend : — les comptes de fonds de retenues pour retraites; — les comptes de droits de permis de chasse et de passe-ports à l'étranger ; — les comptes d'excédants de versements sur les contributions publiques et sur les produits communaux ; — le compte du receveur des finances, pour les fonds de subvention; — le compte de restitutions au Trésor ; — le compte de dépôts d'argent et d'objets précieux; — le compte de recettes faites avant l'ouverture de l'exercice. (I. G., art. 1471 et 1492.)

La *quatrième section*, concernant les valeurs de portefeuille, les fonds placés au Trésor et les avances à recouvrer, contient les comptes nécessaires pour constater :

L'existence en portefeuille, ou le dépôt chez les receveurs des finances, des traites d'adjudicataires de coupes ordinaires de bois ;

Le dépôt, chez les receveurs des finances, des traites d'adjudicataires de coupes extraordinaires de bois;

Les placements en compte courant au Trésor public;

Le dépôt, à la caisse des dépôts et consignations, des fonds de retenues pour retraites ;

Enfin les avances à recouvrer, qui ont ordinairement pour objets : — les frais de route des voyageurs indigents et condamnés libérés ; — les feuilles de passe-port à l'intérieur ; — les frais judiciaires en matière d'octroi ; — les frais de poursuites et de procédure ou de renouvellement d'inscriptions hypothécaires ; — les dépôts pour achats de rentes ; — les dépenses journalières des économes ; — les contributions dues par les fermiers des biens des communes ou des établissements de bienfaisance ; — les frais de culture à rembourser par les fermiers. (I. G., art. 1471.)

Les opérations sont constatées à chacun des comptes compris dans les 2e, 3e et 4e sections du livre des comptes divers, suivant les règles retracées dans les articles de cet ouvrage qui s'y rapportent par leur objet. — Voy. AVANCES, CAUTIONNEMENTS, CHEMINS VICINAUX, COTISATIONS, DÉPÔTS D'ARGENT, EFFETS A RECOUVRER, EXCÉDANTS, FONDS DE SUBVENTION, INGÉNIEURS, OCTROI, PASSE-PORTS, PENSIONS CIVILES, PERMIS DE CHASSE, PHARMACIENS, PLACEMENTS AU TRÉSOR, POIDS ET MESURES, POURSUITES, RENTES ET CRÉANCES, RESTES A RECOUVRER, RESTITUTIONS, TÉLÉGRAPHIE, TRAITES, TRAVAUX, etc.

Les sommes enregistrées dans les colonnes de recettes et de dépenses des comptes ouverts dans les trois premières sections du livre des comptes divers doivent être réunies, à la fin de chaque jour, dans la colonne des totaux, au moyen d'une accolade qui fait ressortir le montant des recettes et le montant des dépenses à porter au livre récapitulatif. Les diverses colonnes de chaque compte sont additionnées toutes les fois que le percepteur doit former le bordereau de situation sommaire. (I. G., art. 1501.)

Au 31 décembre, tous les comptes sont clos et arrêtés.

Les comptes qui ont pour objet les recettes et les dépenses des communes et des établissements de bienfaisance, ou de services qui ne reçoivent pas d'imputation d'exercice, ainsi que les comptes des valeurs en portefeuille, des fonds placés et des avances à recouvrer, font ressortir des excédants de recette ou de dépense, qui doivent seuls être reportés sur le livre des comptes divers de l'année suivante.

Quant aux comptes de redevances des mines, de la taxe des biens de mainmorte, de rétributions pour la vérification des poids et mesures, de retenues pour le service des pensions civiles, de frais de poursuites, ainsi qu'aux divers autres comptes qui constatent des opérations dont la situation est suivie par exercice, le total des recouvrements et le total des versements faits sur les exercices en cours d'exécution sont transportés sur le livre de la nouvelle année. (Id., art. 1502.) — Voy. CLÔTURE DES REGISTRES.

Les livres des comptes divers qui ont trois ans d'existence doivent être remis par les percepteurs aux receveurs particuliers qui, après les avoir conservés sept ans dans leurs bureaux, les déposent, avec leurs propres registres, aux archives de la sous préfecture. — Voy. DÉPÔT DES RÔLES, etc.

Livre récapitulatif des percepteurs. — Le livre récapitulatif est destiné à présenter la situation complète de chaque percepteur sur tous les services qui lui sont confiés. Ce livre est tenu par année, conformément au *modèle* donné sous le n° 305, et d'après les règles suivantes :

Il doit être visé et parafé par le maire de la commune chef-lieu de l'arrondissement de perception.

Lorsqu'à la fin de chaque jour, le percepteur a additionné les diverses colonnes du journal à souche, contenant tous les versements qui ont été faits, tant par les contribuables que par les débiteurs des communes et des établissements de bienfaisance, il en fait immédiatement le transport au livre récapitulatif, en inscrivant, savoir :

1° Dans les colonnes de contributions directes, le montant par exercice des recouvrements effectués, soit en numéraire, soit en ordonnances de dégrèvements et non-valeurs ;

2° Dans la colonne des frais de poursuites, le montant des sommes qu'il a recouvrées à ce titre sur les contribuables ;

3° Dans la colonne des autres produits divers, la somme totale des recettes portées sous cette désignation au journal à souche, après avoir, pour ces dernières recettes, formé, sur le livre des comptes divers, le relevé des inscriptions qui y ont été faites pendant la journée, afin d'en donner le détail, par commune ou établissement et par nature de produit, dans la colonne à ce destinée du livre récapitulatif, ainsi que l'indique le modèle. Ce relevé devant présenter un total égal à celui du journal à souche, le percepteur obtient ainsi l'assurance que le rapport des recettes au livre des comptes divers a été fait avec exactitude.

Les recettes sur contributions directes étant portées au livre récapitulatif pour l'ensemble de l'arrondissement de perception, les receveurs des finances peuvent, lorsqu'ils le jugent indispensable, prescrire exceptionnellement aux percepteurs d'enregistrer sommairement ces recettes, par commune, sur un carnet spécial, afin d'établir la situation du recouvrement dans chaque commune. Les recettes d'une même journée n'y sont, pour toutes les communes, l'objet que d'une ligne.

Le transport des dépenses au livre récapitulatif s'opère de la même manière que celui des recettes, si ce n'est que le moyen de contrôle dont il vient d'être parlé n'existe pas, et que les dépenses qui résultent de versements au receveur des finances sont enregistrées par ce receveur lui-même au moment où il délivre ses récépissés. (I. G., art. 1504.)

Les sommes portées tant au débit qu'au crédit des comptes du Trésor public, de la Caisse des dépôts et consignations, des valeurs de portefeuille et des avances à recouvrer, ne doivent pas être comprises dans les recettes et les dépenses à transporter au livre récapitulatif, attendu que ces comptes n'ont pour objet que la constatation de simples conversions de valeurs, et non des opérations de recettes et de dépenses proprement dites, et que les sommes qui les concernent sont représentées entre les mains des receveurs municipaux par des récépissés de placement, des valeurs à terme ou des pièces justificatives d'avances à recouvrer. Seulement, il est ouvert, dans la partie du livre affectée à la dépense, une dernière colonne dans laquelle sont portés, par addition et soustraction, toutes ces conversions de valeurs, c'est-à-dire les placements de fonds au Trésor, les remboursements de ces fonds, l'entrée et la sortie des traites d'adjudicataires de bois et des diverses pièces justificatives d'avances à recouvrer. Cette colonne sert ainsi à faire connaître, chaque fois qu'il est nécessaire, quel doit être l'encaisse du comptable, y compris les pièces de dépense acquittées pour le compte du receveur des finances et du payeur; il suffit, à cet effet, d'en ajouter le montant au montant des dépenses, et de comparer le total qui en résulte au total général des recettes : l'encaisse doit être égal à la différence entre les deux totaux (Id., art. 1505.)

Le percepteur doit faire sa caisse chaque jour, et constater, sur un carnet ou cahier spécial, le détail, par nature, des valeurs existant matériellement en caisse et en portefeuille. (Id., art. 1506.)

Les remboursements faits successivement sur les fonds placés au Trésor sont inscrits par le receveur des finances lui-même sur le livre récapitulatif, et, pour que cette inscription, ainsi que celle des versements, puisse être faite comme il est prescrit, les percepteurs doivent présenter le livre chaque fois qu'ils versent le produit de leurs recettes, ou qu'ils ont à faire un retrait de fonds. Si, par oubli ou par une circonstance exceptionnelle, un percepteur ne s'en trouve pas muni, le receveur des finances doit néanmoins admettre le versement contre un récépissé à talon, sauf à exiger que le livre récapitulatif lui soit apporté ou envoyé dans un délai d'un ou deux jours, au plus tard, pour l'inscription du versement après les vérifications nécessaires. (I. G., art. 1507.) — Voy. PLACEMENTS AU TRÉSOR.

Les colonnes du livre récapitulatif doivent être additionnées à la fin de chaque mois, et toutes les fois que le percepteur fait un versement à la recette particulière.

Les erreurs qui seraient commises, soit dans les additions du livre, soit dans l'application à la colonne d'un exercice de recettes appartenant à un autre exercice, doivent être rectifiées par déduction et augmentation, sur le livre lui-même, aux colonnes susceptibles de recevoir ces rectifications.

Les sommes perçues en trop, par erreur, donnent également lieu à des réductions de recette dans les colonnes où elles ont été portées; mais, comme le règlent les articles 217 et 1487 de l'Instruction générale, elles doivent être constatées au compte des excédants de versements, en même temps que les réductions sont opérées. (I. G., art. 1508.) — Voy. ERREURS, EXCÉDANTS DE VERSEMENTS.

Le livre récapitulatif est clos au 31 décembre de chaque année, et les résultats en sont transportés sur le livre de l'année suivante.

Le percepteur reporte, en première ligne, dans les colonnes affectées aux contributions directes, le total des recouvrements ainsi que le total des versements faits au receveur particulier, d'après l'ancien livre.

Le total des versements sur contributions directes doit offrir, pour chaque exercice, une somme égale au crédit des comptes ouverts au percepteur dans les écritures du receveur particulier. (I. G., art. 1509.)

En ce qui concerne les recouvrements, le receveur des finances, pour avoir l'assurance de leur exactitude, doit faire dresser, dans la forme du *modèle n° 306*, des états des restes à recouvrer d'après les émargements portés au rôle de chaque exercice.

Cet état ne doit toutefois être dressé qu'à l'époque fixée pour la formation des états de cotes irrecouvrables. Ces cotes font, dans les états des restes à recouvrer, l'objet d'une colonne spéciale.

Le receveur particulier rapproche alors le montant des restes à recouvrer du montant des rôles de l'exercice, et la différence doit offrir une somme égale au total de la colonne du livre récapitulatif qui a reçu les recouvrements du même exercice.

En cas de désaccord, le percepteur verse de ses deniers l'insuffisance de recette; s'il y a un excédant, il en fait provisoirememt l'application aux comptes des excédants de versements. (Id., art. 1510.) — Voy. RESTES A RECOUVRER.

La même marche est suivie pour le transport, au livre récapitulat des recouvrements et des versements constatés sur le livre des compes divers, à titre de redevances des mines, taxe des biens de mainmorte, rétributions pour vérification des poids et mesures, frais de poursuites et autres produits dont la situation est suivie par exercice. Il est formé, pour les frais de poursuites, un état spécial de restes à recouvrer, comme il est prescrit pour les contributions directes. Le *modèle* de cet état est donné *sous le n°* 307.

Quant aux comptes des communes et établissements de bienfaisance et aux divers comptes qui ne présentent pas de désignation d'exercice, il n'est pas nécessaire de transporter à nouveau la masse des recettes et des dépenses qu'ils présentent. Le livre des comptes divers, dans lequel ces comptes sont ouverts, fait ressortir les excédants des recettes sur les dépenses de chaque service; il suffit, dès lors, pour l'ordre de la comptabilité, que tous les excédants de recette constatés par les divers comptes soient réunis par une addition, et transportés au livre récapitulatif, dans la colonne des produits divers (cadre de la recette).

Les soldes des comptes ouverts sur le livre des comptes divers, pour constater les valeurs en portefeuille, les fonds placés et les avances à recouvrer, sont reportés dans la colonne qui leur est propre. (I. G., art. 1511.)

Le livre récapitulatif doit présenter, sur des feuilles spéciales, l'enregistrement sommaire des rôles des contributions directes remis au comptable, ainsi que des rôles de la rétribution scolaire et le développement des centimes communaux. Il y est fait déduction du montant des ordonnances délivrées par voie de réduction de rôle. (Id., art. 1512.) — Voy. Écritures.

Livre récapitulatif général.—Les receveurs des finances doivent, pour avoir constamment sous les yeux les principaux résultats du service des percepteurs, ouvrir un carnet sur lequel ils inscrivent successivement les totaux de recette et de dépense que présentent les diverses colonnes du livre récapitulatif qui leur est produit par les percepteurs lors de leurs versements à la recette particulière. Il suffit, pour établir ce carnet, de rassembler en un seul volume autant de feuilles du livre récapitulatif qu'il y a de percepteurs dans l'arrondissement. (I. G., art. 1236.) — Voy. Livre récapitulatif, Versements.

Livres auxiliaires. — Les receveurs spéciaux des communes et des établissements de bienfaisance ont à tenir des livres auxiliaires des comptes de leur grand-livre qui exigent des développements particuliers, tels que les comptes de loyers de maisons et terrains, de fermages, de biens ruraux, de rentes sur particuliers ou sur communes, etc. Il n'a pas été jugé nécessaire de donner des modèles de ces livres auxiliaires, puisqu'il suffit d'y ouvrir un compte à chaque débiteur, pour y constater, d'une part, les sommes dont il est redevable d'après les baux, contrats, etc., et, de l'autre, les versements effectués à valoir sur ces sommes. (I., G., art. 1576.)

Ces livres auxiliaires ne dispensent pas les receveurs spéciaux de tenir, comme les percepteurs-receveurs municipaux, le carnet des titres de perception et des dépenses à payer en plusieurs années prescrit par l'article 1503 de l'Instruction générale. — Voy. ÉCRITURES, GRAND-LIVRE, LIVRES DE DÉTAIL.

Livres de détail.— Livres dans lesquels les recettes et les dépenses relatives au service des communes et des établissements de bienfaisance sont classées par nature.

Les livres de détail prescrits aux percepteurs-receveurs de communes et d'établissements de bienfaisance sont :

1° Les livres de détail des recettes et des dépenses effectuées en exécution du budget de chaque commune et établissement ;

2° Le livre de détail spécial des recettes et des dépenses de l'octroi ;

3° Le livre de détail spécial des recettes et des dépenses pour construction et réparation des chemins vicinaux.

Ces livres, dont les *modèles* se trouvent *sous les nos* 297 à 300, sont tenus d'après les règles suivantes :

Livres de détail des recettes et des dépenses pour le service des communes et des établissements de bienfaisance. — Les livres de détail (*modèle n°* 297) destinés à la constatation, par nature de recette et de dépense, des opérations qui sont effectuées en exécution des budgets des communes et des établissements de bienfaisance, sont tenus par exercice, c'est-à-dire qu'ils servent à l'enregistrement des recettes et des dépenses propres à chaque exercice, non-seulement pendant l'année qui donne son nom à cet exercice, mais encore pendant la partie de l'année suivante, qui est accordée pour en compléter les opérations.

Il s'ensuit que les receveurs ayant à opérer, dans le cours de chaque année, les recettes et les dépenses de l'exercice qui commence, et celles de l'exercice qui achève sa période. doivent tenir concurremment ouverts, au nom de chaque commune ou établissement, les livres de détail de ces deux exercices.

Pour les communes et les établissements dont le budget ne se compose que d'un petit nombre d'articles de recette et de dépense, les receveurs peuvent être dispensés de la tenue du livre de détail. Dans ce cas, ils doivent énoncer, au livre des comptes divers, le nom des parties versantes et des parties prenantes, ainsi que l'objet de chaque opération de recette et de dépense. Cette exception ne s'étend pas, d'ailleurs, aux livres de détail concernant l'octroi et les chemins vicinaux.

Pour les communes et établissements dont les revenus sont importants et nécessitent des mesures spéciales de surveillance, les receveurs peuvent être assujettis à la tenue de carnets destinés à l'ouverture de comptes spéciaux pour les divers débiteurs de rentes, fermages et autres produits. (I. G., art. 1458.) — Voy. LIVRES AUXILIAIRES.

A mesure que le receveur a effectué une recette, soit en numéraire, soit en récépissés de placements faits, sans son concours, au Trésor public, soit en décomptes d'intérêts alloués sur les placements, soit aussi en déclarations de retenues, admises par le receveur des finances, sur le produit des centimes additionnels ou impositions revenant aux communes, et qu'il a délivré à la partie versante une quittance détachée du journal à souche, il constate immédiatement cette recette à l'article du livre de détail auquel elle se rapporte.

De même, chaque payement que le receveur opère entre les mains des créanciers des communes ou établissements est constaté en dépense à l'article correspondant du livre de détail de l'exercice auquel la dépense appartient. (Id., art. 1459.)

Pour les produits en nature appartenant aux établissements de bienfaisance, le receveur doit ouvrir, sur le livre de détail, un compte de recette correspondant à l'article du budget, et intitulé, comme cet article : « Rentes et fermages en nature évalués en argent; » il y inscrit, à mesure des versements, les quantités versées à l'économe, et dont il délivre, sur le vu du récépissé de ce dernier, une quittance où il exprime l'évaluation en argent; le montant de cette évaluation est porté dans la colonne des recettes. En même temps, le receveur, pour constater la livraison à l'économe, ouvre un compte de dépense correspondant à l'article du budget : « Grains, denrées et autres produits en nature livrés à l'économe »; il y porte le montant, par quantités et par évaluation en argent, des produits dont il s'était chargé en recette. Les recettes et les dépenses, ainsi constatées, sont portées au compte de l'établissement.

Lorsqu'une partie des produits récoltés en nature est vendue et que le prix de vente est versé au receveur, ce versement donne lieu aux mêmes écritures que toute autre recette en argent; le montant en est inscrit au crédit de l'établissement, et, sur le livre de détail, au compte des produits de la vente des denrées ou grains excédant les besoins de l'établissement.

Quant aux denrées achetées, le receveur n'a d'autres écritures à passer que celles qui résultent de la dépense en deniers. (Id., art. 1460.) — Voy. ÉCONOMES, REVENUS EN NATURE.

Livre de détail spécial des recettes et des dépenses de l'octroi. — Les receveurs municipaux des communes dont l'octroi est en régie simple ou perçu par voie d'abonnement avec l'administration des contributions indirectes, étant chargés de centraliser à leur caisse le produit brut des droits perçus par les receveurs aux portes et barrières, et de payer les frais de perception et les autres dépenses ordinaires et accessoires, doivent enregistrer ces recettes et ces dépenses sur un livre de détail spécial (*modèle n°* 298).

Ce livre, tenu par exercice, contient dans des colonnes distinctes :

En recette, les versements qui sont faits à la caisse municipale sur les produits ordinaires de l'octroi, sur les recettes accessoires, sur les recettes d'ordre, et pour remboursement des frais avancés ;

En dépense, les divers frais de perception, les dépenses d'ordre, les avances pour frais judiciaires, et le versement au Trésor de la portion des produits de l'octroi qui, dans plusieurs villes, remplace la contribution mobilière. (I. G., art. 1461.)

Le livre de détail de l'octroi sert aussi aux receveurs municipaux des communes dont l'octroi est en régie intéressée, pour constater les versements du régisseur et le payement de la portion des frais de perception qui, suivant le cahier des charges, doit être payée par la caisse municipale.

Les receveurs des communes où l'octroi est affermé, ayant seulement à recevoir le prix de ferme stipulé par le bail, en font l'enregistrement, sur leur livre de détail ordinaire, à un compte ouvert comme pour les autres recettes portées au budget. (Id., art. 1466.) — Voy. Octroi.

Livre de détail spécial des recettes et dépenses pour les chemins vicinaux. — Le livre de détail des recettes et des dépenses pour les chemins vicinaux (*modèle n°* 300) est destiné à présenter, d'une manière distincte, suivant le vœu de la loi et des instructions, les opérations relatives à chacun des produits qui sont affectés à ce service.

Il contient, à cet effet, une colonne spéciale pour chaque nature de recette et pour chaque nature de dépense. (I. G., art. 1467.)

Ce livre est tenu par exercice, comme les autres livres de détail dont il est parlé ci-dessus, et les opérations y sont enregistrées suivant le même mode.

En conséquence, lorsque les percepteurs, en leur qualité de receveurs municipaux, ont effectué une recette en numéraire, en extraits de rôles constatant les travaux exécutés, ou en déclarations de retenues pour centimes additionnels, ils portent cette recette dans la colonne du livre de détail à laquelle elle s'applique. Les ordonnances de dégrèvement et les excédants de versement y sont mentionnés, savoir : les ordonnances par voie de réduction de rôle, et les excédants de versement par voie de réduction de recette, sauf le cas prévu à l'article 888 de l'Instruction générale (avant-dernier alinéa du § 8).

Les extraits de rôles pour travaux exécutés constatent non-seulement la recette faite à la décharge du contribuable, mais encore le service fait pour la réparation des chemins ; ils sont, par ce dernier motif, portés immédiatement en dépense, dans la colonne du livre de détail à ce destinée.

Les payements que le receveur municipal effectue en numéraire pour la réparation des chemins, en vertu des mandats du maire, délivrés avec désignation spéciale, sont également constatés par le comptable dans les diverses colonnes de la dépense.

Il en est de même des cotisations versées au receveur des finances.

Les recettes et les dépenses résultant des secours accordés sur les fonds des départements ou de l'État, soit pour la construction ou l'entretien des chemins vicinaux, soit pour l'établissement d'ateliers de charité en faveur des indigents, sont aussi rattachées à la comptabilité de ces chemins, et, conséquemment, portées sur le livre de détail dont il s'agit. (I. G., art. 1468.) — Voy. CHEMINS VICINAUX, PRESTATIONS.

Additions à faire aux livres de détail. — Les sommes enregistrées sur chacun des livres de détail doivent être additionnées toutes les fois que les percepteurs ont à établir les bordereaux détaillés.

Ces additions sont indépendantes de celles qui sont faites lors de la vérification des écritures. (I. G., art. 1469.) — Voy. BORDEREAUX, ÉCRITURES, VÉRIFICATIONS.

Livres des receveurs spéciaux. — Voy. ÉCRITURES, JOURNAL GÉNÉRAL, GRAND-LIVRE.

Local. — Voy. MAISON COMMUNE, TOURNÉES DE RECETTE.

Locataires. — Nous avons rappelé, au mot FERMIERS, les principales obligations des locataires et des fermiers en ce qui concerne le payement de l'impôt des biens qu'ils tiennent à ferme ou à loyer. Il nous reste à indiquer quelques solutions applicables à des cas particuliers.

En principe, la contribution des portes et fenêtres étant imposée au nom du propriétaire, quoique, à moins de conventions contraires, elle puisse être répétée par lui contre ses locataires (L. 4 frimaire an VII, art. 12), le recouvrement de cette contribution doit être poursuivi contre le propriétaire. Cependant, lorsque le percepteur a été informé qu'en vertu de conventions arrêtées entre le propriétaire et ses locataires, ceux-ci doivent payer directement l'impôt des portes et fenêtres, le comptable doit s'adresser d'abord à eux, et ce ne serait que sur leur refus de payer qu'il aurait à agir directement contre le propriétaire porté au rôle. — *Mém.* 1849, p. 249.

Le percepteur peut exercer contre les sous-locataires les mêmes droits et priviléges que contre le locataire principal lui-même, pour les contraindre à payer la contribution due par le propriétaire, lorsqu'il n'a pu en obtenir le payement de ce dernier. — *Mém.* 1849, p. 319; 1853, p. 195.

Le contribuable qui occupe un appartement meublé dans une maison appartenant à un tiers ne peut demander la décharge de l'impôt mobilier afférent à cet appartement, par le motif que le propriétaire est déjà imposé à la contribution mobilière pour la totalité de la maison ; c'est le propriétaire seulement qui peut, dans ce cas, se faire exonérer de la taxe mobilière mise indûment à sa charge. (Arrêt du cons. d'État, 8 juillet 1852. — *Mém.* 1854, p. 186.)

Les fermiers sont tenus de faire l'avance des contributions pour leurs propriétaires, alors même qu'ils ont acquitté les termes de leur fermage. Le percepteur peut exercer contre eux plusieurs actions : lorsqu'il s'agit de contributions dues par le propriétaire pour d'autres biens que ceux qui sont tenus par le fermier, il emploie la voie de la saisie-arrêt. Lorsqu'il s'agit de la contribution des biens mêmes exploités par le fermier, il emploie directement contre le fermier soit la saisie-brandon, pour faire vendre les fruits et récoltes pendants par racines, soit la saisie mobilière sur les meubles personnels du fermier. — *Mém.* 1833, p. 162 ; 1855, p. 79.

Lorsqu'un propriétaire a payé, à la décharge de son locataire, la contribution personnelle et mobilière et celle des portes et fenêtres dues par ce dernier, s'il y a contestation entre eux pour le remboursement, le débat est purement judiciaire, et l'agent du Trésor n'a point à y intervenir. — *Mém.* 1857, p. 221.

Le droit de réclamer la réduction d'une cote foncière appartient au contribuable sous le nom duquel la cote est inscrite au rôle et non pas au locataire de l'immeuble, alors même qu'il a acquitté la contribution assise sur cette propriété. (Arrêt du cons. d'État, 23 avril 1862.) — Voy CONTRIBUTIONS DIRECTES, FERMIERS, PROPRIÉTAIRES ET PRINCIPAUX LOCATAIRES, POURSUITES.

Location d'un bâtiment pour un service communal. — Voy. BAUX DES BIENS PRIS A LOYER, LOCATIONS VERBALES

Location des places dans les halles, foires et marchés (Droits de). — Les droits de location de places dans les halles, foires, marchés, etc., sont établis par un tarif voté par le conseil municipal et homologué par le sous-préfet, d'après les conditions arrêtées pour chaque département par arrêté préfectoral. (L. 18 juillet 1837, art. 31, § 6; D. 13 avril 1861, art. 6, § 10.)

Le conseil municipal doit exposer dans sa délibération les motifs qui obligent la commune à recourir à l'établissement de ces droits et en faire connaître le produit annuel présumé. Il peut comprendre dans le tarif des droits de resserre et de magasinage des objets qui n'ont pas été vendus les jours de marché.

L'expédition de cette délibération est adressée au sous-préfet accompagnée des pièces suivantes : 1° plan de la commune, indiquant l'emplacement du marché ; 2° état constatant les impositions, les emprunts et les autres dettes qui grèvent la commune ; 3° relevé des recettes et des dépenses ordinaires d'après les trois derniers comptes ; 4° budget de l'exercice.

Les droits de location de places aux halles, foires et marchés représentent le prix de la location d'un emplacement communal ; ils doivent être calculés en raison de la superficie occupée par les marchandises exposées en vente ; on ne saurait les fixer d'après la nature, la valeur ou la quotité de ces marchandises, sans les confondre avec les taxes d'octroi, qui ne peuvent être établies qu'avec le concours du Gouvernement et après l'accomplissement de formalités spéciales. — Voy. OCTROI.

Le conseil municipal, en délibérant sur le tarif de ces droits, doit prendre pour base uniforme le mètre carré ; par exemple, si un individu occupant ou étant censé occuper un mètre est taxé à 50 centimes, celui qui est taxé à 1 franc est censé occuper deux mètres ; celui qui est taxé à 25 centimes n'est censé occuper qu'un demi-mètre, et ainsi de suite dans la proportion croissante ou décroissante du tarif.

Si des bancs et tables destinés à l'étalage des marchandises sont établis par la commune, il doit être entendu que l'usage en est purement facultatif pour les marchands, et que ceux-ci restent les maîtres de disposer de leur emplacement et d'étaler leurs marchandises comme bon leur semble. (Décis. min. — *Mém.* 1860, p. 270.)

Les droits sont perçus par voie de régie simple, de régie intéressée ou de ferme.

La régie simple est la perception effectuée par des préposés nommés par le maire et placés sous sa direction. L'administration locale n'a, dans ce cas, d'autre disposition à faire que celle qui doit garantir le recouvrement exact des produits. Le versement des produits est fait, jour par jour, entre les mains du receveur municipal par les préposés chargés du service de la perception.

La régie intéressée consiste à traiter avec un régisseur, à la condition d'un prix fixe et d'une portion déterminée dans les produits excédant le prix principal et la somme abonnée pour les frais.

La ferme est l'adjudication pure et simple, moyennant un prix convenu, sans partage de bénéfices et sans allocation de frais.

Si la mise en ferme ou en régie intéressée a été adoptée, le maire, après l'avoir fait publier par voie d'affiche, procède à l'adjudication, assisté de deux membres du conseil municipal et en présence du receveur municipal. Les conditions de l'adjudication sont déterminées par un cahier de charges.

Au nombre des conditions à remplir par les adjudicataires se trouve particulièrement celle de fournir, avant d'entrer en jouissance du bail, un cautionnement en immeubles, en numéraire ou en rentes sur l'État.

Ce cautionnement, qui doit être égal au quart du prix annuel de l'adjudication, peut être constitué en immeubles, en rentes sur l'État ou en numéraire. — Voy. CAUTIONNEMENTS DES FERMIERS.

Le cahier des charges stipule, en outre, que l'adjudication ne sera définitive, et que l'adjudicataire ne doit être mis en possession qu'après l'approbation du bail par le préfet.

L'adjudication ne doit pas excéder le terme de trois ans, excepté lorsqu'il y a lieu d'y comprendre le restant de l'année commencée, et, dans tous les cas, elle doit avoir pour terme le 31 décembre.

Les époques du versement des produits aux caisses municipales sont déterminées par l'acte d'adjudication. (I. G., art. 925.)

En cas de retard dans les versements que les préposés, régisseurs ou fermiers sont tenus de faire à la caisse de la commune, les receveurs municipaux doivent poursuivre la rentrée des produits par les moyens indiqués aux articles 850 et 852 de l'Instruction générale — Voy. Poursuites.

Les livres à souche sur lesquels est enregistrée la recette des droits de places par des préposés spéciaux sont exempts de la formalité du timbre; la même exception est applicable aux registres sur lesquels un préposé ou receveur intermédiaire mentionne les sommes qui lui sont versées provisoirement par les préposés avant d'être versées définitivement à la caisse du receveur municipal où elles sont inscrites sur un registre timbré. Les récépissés de ces versements sont également dispensés du timbre comme pièces d'ordre intérieur. Mais les quittances délivrées aux parties pour constater leur libération, et détachées des livres à souche tenus par les préposés à la recette ne peuvent, sans contravention, être écrites sur papier non timbré, lorsqu'elles ont pour objet le payement de droits excédant 10 francs. (Décis. min. des fin., 20 février 1860. — *Mém.*, p. 202.)

En cas de contestations entre les communes et les adjudicataires de droits de places, c'est au préfet qu'il appartient d'interpréter, en conseil de préfecture, les clauses du cahier des charges qui a servi de base à l'adjudication. (Décis. min. de l'int. — *Mém.* 1860, p. 269.)

Les fermiers des droits de places sont, pour le payement de leurs baux, assujettis à la contrainte par corps. Mais ils ne peuvent être contraints par corps sans l'intervention de la justice. — *Mém.* 1847, p. 112. — Voy. Contrainte par corps.

Locations verbales. — D'après la nomenclature donnée par l'article 1542 de l'Instruction générale, §§ 4 et 83, la recette du prix de location des biens des communes et des établissements de bienfaisance doit se justifier dans les comptes par la production d'une expédition du bail. Il en doit être de même pour la dépense des locations à la charge des communes ou établissements.

Les receveurs doivent donc exiger, dans l'un et l'autre cas, la production de l'expédition du bail. Si la commune ou l'établissement est hors d'état de produire ce bail, la location étant verbale, un certificat du maire ou du président de la commission administrative, constatant que la location a été verbale, équivaudrait; mais la régie serait fondée à demander pour ce certificat, aussi bien que pour le bail même, le timbre et l'enregistrement, parce que ce certificat serait la preuve de l'existence d'une location passible du droit. — *Mém.* 1861, p. 180. — Voy. Baux.

Logement en garni. — L'article 16 de la loi du 21 avril 1832 porte : « Les habitants qui n'occupent que des appartements garnis ne sont assujettis à la contribution mobilière qu'à raison de la valeur locative de leur logement. » Après avoir déterminé, dans son article 22 et le § 1er de son article 23, les obligations et la responsabilité imposées aux propriétaires et principaux locataires à l'égard des contributions dues par leurs locataires ou sous-locataires qui déménagent, la même loi ajoute (2e alinéa de l'article 23) : « Dans tous les cas, et nonobstant toutes déclarations de leur part, les propriétaires ou principaux locataires demeurent responsables de la contribution des personnes logées par eux en garni. »

Ainsi la responsabilité du logeur en garni est absolue ; elle n'est subordonnée à aucune condition, et ne serait dégagée ni par la déclaration au percepteur du déménagement ordinaire, ni par la constatation par le maire du déménagement furtif. Il suffit que le fait du logement en garni soit établi, et lors même qu'il n'y aurait pas de déménagement, pour que la responsabilité fût encourue.

La circonstance que les meubles ont été pris en location par le propriétaire ou principal locataire pour garnir l'appartement loué ne dégage pas sa responsabilité. Mais il en serait autrement si le mobilier avait été pris en location par le locataire, même au su du propriétaire de la maison et avec son assentiment tacite.—*Mém.* 1849, p. 244.—Voy. PROPRIÉTAIRES.

Logements insalubres. — Les amendes prononcées en vertu de la loi du 13 avril 1850, relative à l'assainissement des logements insalubres, sont attribuées en entier au bureau ou établissement de bienfaisance de la localité où sont situées les habitations à raison desquelles ces amendes ont été encourues.

Ces amendes sont versées dans les caisses des établissements auxquels elles reviennent, d'après des états arrêtés par les directeurs de l'enregistrement. Ces états parviennent aux receveurs hospitaliers par l'intermédiaire des receveurs des finances. (I. G., art. 1077.)

Lorsqu'il n'existe pas d'établissement de bienfaisance dans la commune, les fonds provenant des amendes sont versés au receveur municipal. — Voy. CONFISCATIONS ET AMENDES.

Logements militaires. — Voy. INDEMNITÉ DE LOGEMENT.

Logements occupés à titre gratuit dans les bâtiments publics. — Les fonctionnaires, les ecclésiastiques et les employés civils et militaires, logés gratuitement dans des bâtiments appartenant à l'État, aux départements, aux communes ou aux hospices, sont imposables à la contribution mobilière d'après la valeur locative des parties de ces bâtiments affectées à leur habitation personnelle. Ils doivent, en outre, être imposés nominativement pour les portes et fenêtres de ces mêmes parties de bâtiments. (L. 21 avril 1832, art. 15 et art. 27.)

Les fonctionnaires publics ne doivent pas oublier que l'article 22 de la loi du 21 avril 1832 leur impose l'obligation d'acquitter, en cas de déménagement hors du ressort de la perception, la totalité de leur contribution personnelle et mobilière de l'année.

Le droit proportionel de patente est dû également sur la valeur locative des logements ou autres locaux de cette nature occupés à titre gratuit, lorsque les occupants sont patentables. (Circ. adm. des cont. dir., 4 août 1844.) — Voy. BATIMENTS PUBLICS, CONTRIBUTIONS DIRECTES, FONCTIONNAIRES.

Loi. — La loi émane du pouvoir législatif, c'est-à-dire de l'Empereur, du Sénat et du Corps législatif.

Pour que la loi soit obligatoire et souveraine, il ne suffit pas qu'elle soit décrétée, il faut encore qu'elle soit connue.

La promulgation des lois résulte de l'insertion au *Bulletin des lois*. La loi est réputée connue dans le département où la promulgation a eu lieu vingt-quatre heures après que le ministre de la justice a reçu le *Bulletin des lois* de l'imprimerie impériale. Les lois sont exécutoires dans chacun des autres départements après l'expiration du même délai, augmenté d'autant de jours qu'il y a de fois dix myriamètres entre la ville où la promulgation a été faite et le chef-lieu du département. En cas d'urgence, ces délais peuvent être abrégés par l'envoi extraordinaire d'une loi au préfet, qui la fait imprimer et afficher. Elle devient alors immédiatement exécutoire. (O. 27 novembre 1816 et 18 janvier 1817.)

Moyennant l'accomplissement de ces conditions, nul n'est censé ignorer la loi.

Les lois cessent d'être obligatoires du moment qu'elles sont abrogées. L'abrogation des lois est expresse ou tacite : elle est expresse lorsqu'une loi nouvelle déclare formellement abolir, en totalité ou en partie, une loi précédente ; elle est tacite lorsqu'une loi nouvelle, sans abolir textuellement les lois précédentes, contient des dispositions incompatibles avec ces dernières, ou lorsqu'une loi est tombée en désuétude et n'est plus exécutée. — Voy. BULLETIN DES LOIS, MONITEUR DES COMMUNES.

Loteries. — Les loteries de toute espèce sont prohibées.

Sont réputées loteries et interdites comme telles les ventes d'immeubles, de meubles ou de marchandises effectuées par la voie du sort, ou auxquelles seraient réunies des primes ou autres bénéfices dus au hasard, et généralement toutes opérations offertes au public pour faire naître l'espérance d'un gain qui serait acquis par la voie du sort. (L. 21 mai 1836, art. 2.)

La loi n'excepte de ces prohibitions que les loteries d'objets mobiliers exclusivement destinées à des actes de bienfaisance ou à l'encouragement des arts, à la condition qu'elles seront autorisées dans les formes prescrites par l'autorité supérieure. (L. 21 mai 1836, art. 5.)

Les autorisations sont délivrées par les sous-préfets jusqu'à concurrence de 2,000 francs, sur la proposition des maires; au-dessus de cette somme, elles sont délivrées par le préfet. (O. 29 mai 1844, art. 1er; D. 13 avril 1861, art. 6.)

Les autorisations énoncent les conditions auxquelles elles ont été accordées. Entre autres conditions, il doit y être stipulé que tout lot gagné et non réclamé dans le délai d'un an après le tirage sera irrévocablement acquis à la loterie. (Circ. int., 16 juin 1857.)

Les tirages de ces loteries doivent se faire sous l'inspection de l'autorité municipale, aux jours et heures qu'elle détermine. (O. 29 mai 1844, art. 2.)

Le produit net des loteries est entièrement et exclusivement appliqué à la destination pour laquelle elles ont été établies et autorisées, et il doit en être valablement justifié. (Id., art. 3.)

Le produit des loteries destinées à secourir les indigents et faites par les soins des membres des bureaux de bienfaisance doit être versé dans la caisse de l'établissement.

Lorsque les loteries sont faites par des personnes étrangères à l'administration charitable, le produit doit également en être versé dans la caisse de l'établissement, si ce versement est prescrit par l'arrêté d'autorisation.

Si, au contraire, l'autorisation n'assujettit pas les directeurs de la loterie à l'obligation d'en verser le montant dans la caisse de l'établissement charitable, pour que celui-ci en fasse la distribution, le receveur ne saurait en exiger le versement entre ses mains. Le bureau de bienfaisance n'intervient, dans ce cas, que pour surveiller indirectement l'emploi du produit net et prendre, comme représentant naturel des pauvres, les mesures nécessaires si le produit était détourné de la destination charitable qui a motivé l'autorisation. — *Mém.* 1849, p. 79; 1862, p. 306. — Voy. Associations de bienfaisance, Bureaux de bienfaisance.

Loyer de la maison commune. — Voy. Maison commune.

Loyer d'habitation. — Voy. Valeur locative.

Loyers. — Voy. Baux, Privilége du trésor.

Lycées. — Les fonds alloués par les villes pour frais d'acquisition, d'entretien et de réparation des bâtiments affectés au service des lycées, sont ordonnancés, comme les autres dépenses extraordinaires des communes, au profit et au nom des créanciers eux-mêmes. (I. G., art. 997.) Voy. Bourses communales.

MI

Mainlevée. — Acte par lequel est levée une opposition, une saisie, une hypothèque.

Les délibérations des conseils municipaux et des commissions administratives des établissements de bienfaisance, ayant pour objet d'autoriser la mainlevée des hypothèques inscrites au profit des communes ou établissements, sont exécutoires sur arrêté du préfet en conseil de préfecture. (D. 11 thermidor an XII; O. 15 juillet 1840.)

Ainsi, quand le débiteur d'une commune a opéré sa libération, l'hypothèque qu'il aurait consentie ne peut, nonobstant cette libération, être rayée qu'en vertu d'une décision spéciale du conseil de préfecture. — *Mém.* 1861, p. 425.

Lorsqu'une commune a acquis un immeuble et que, au moment du payement, il résulte du certificat de transcription ou de l'annotation du conservateur, que l'immeuble acquis est grevé d'hypothèque, le receveur municipal doit refuser le payement du prix d'acquisition entre les mains du vendeur tant que celui-ci ne rapporte pas la mainlevée de cette hypothèque. — *Mém.* 1858, p. 233.

Les frais de la mainlevée sont à la charge de l'acquéreur, sauf le cas où, d'après les clauses du contrat, le vendeur s'est engagé à rapporter la mainlevée des inscriptions existantes — *Mém.* 1857, p. 107.

Lorsqu'une commune qui a fait l'acquisition d'un immeuble ne se libère que par à-compte, le receveur n'est pas tenu de produire à l'appui du payement de chaque à-compte un certificat de mainlevée partielle de l'inscription prise en vertu du privilége du vendeur; il suffit de justifier de la mainlevée totale de cette inscription lors du payement pour solde de l'acquisition. — *Mém.* 1860, p. 160.

Les mainlevées d'opposition, à moins qu'elles ne résultent d'un jugement, doivent être données par un acte passé devant notaire, en minute ou en brevet. Toutefois, la caisse des dépôts et consignations admet les mainlevées consenties par actes sous signatures privées, dûment enregistrées et légalisées. Si la mainlevée est donnée par acte notarié en brevet, ou par acte sous signature privée, l'original de l'opposition doit y être joint. Dans aucun cas, la mainlevée ne doit être donnée au bas de l'original de l'opposition, la loi défendant de mettre deux actes sur la même feuille de papier timbré. — *Mém.* 1859, p. 263.

Le contribuable dont les meubles ont été saisis à la requête du percepteur est en droit, lorsqu'il se présente pour se libérer, d'exiger, indépendamment d'une quittance extraite du registre à souche, une mainlevée de la saisie, ou du moins qu'il soit fait une déclaration de mainlevée à la suite de la quittance. En cas de refus du percepteur d'accéder à la demande du redevable, les offres réelles faites par celui-ci seraient valables, et les frais qu'elles auraient occasionnés tomberaient à la charge du percepteur. — *Mém.* 1849. p. 240. — Voy. Hypothèque, Oppositions, Poursuites, Saisies.

Mainmorte. — Voy. TAXE DES BIENS DE MAINMORTE.

Maintenue de taxes. — Les percepteurs doivent être informés des décisions prises par les préfets et les conseils de préfecture pour la maintenue des taxes et pour les divisions ou mutations de cotes, afin que les poursuites puissent être dirigées en conséquence. A cet effet, les receveurs généraux reçoivent des directeurs des contributions directes et font passer aux percepteurs des états conformes aux *modèles* n°s 24 et 25 annexés à l'Instruction générale, et qui indiquent les noms des contribuables intéressés, les articles du rôle et le montant des cotes maintenues ou de celles divisées par suite de mutations. (I.G., art. 143.)— Voy. CONTRIBUTIONS DIRECTES, RECOUVREMENT, RÉCLAMATIONS.

Maire. — Fonctionnaire public placé à la tête de chaque commune.

Le maire exerce deux ordres de fonctions : il agit à la fois comme délégué du Gouvernement et comme administrateur particulier de la commune.

Comme agent du Gouvernement, le maire est chargé, sous l'autorité de l'administration supérieure, de la publication et de l'exécution des lois et règlements, et des fonctions spéciales qui lui sont attribuées par les lois. (L. 18 juillet 1837, art. 9.)

C'est à ce titre notamment qu'il concourt, avec le contrôleur et les répartiteurs, à l'assiette des contributions directes, qu'il public les rôles et les contraintes relatifs au recouvrement de ces contributions, qu'il émet son avis sur les réclamations et signe les ordonnances de dégrèvement au nom des contribuables illettrés, absents, décédés ou imposés collectivement.

C'est également comme représentant de l'autorité gouvernementale que le maire est chargé de constater, par un procès-verbal d'installation, l'entrée du percepteur-receveur municipal dans l'exercice de ses fonctions, et de le faire reconnaître aux contribuables; que le maire de la commune où réside le percepteur exerce sur sa gestion un droit de surveillance, qu'il est appelé à coter et parafer tous les livres à l'usage du comptable, à viser les bordereaux trimestriels destinés au receveur des finances; enfin à constater l'existence, au 31 décembre, des valeurs matérielles qui représentent l'excédant des recettes sur les dépenses de chacun des services dont le comptable est chargé, et à procéder à la clôture des registres. — Voy. CLÔTURE DES REGISTRES, CONTRIBUTIONS DIRECTES, INSTALLATION, MUTATIONS, ORDONNANCES DE DÉGRÈVEMENT, POURSUITES, PUBLICATION DES ROLES, VISA, COTE ET PARAGRAPHE DES LIVRES.

Comme administrateur de la commune, le maire est chargé, sous la surveillance de l'administration supérieure, de la conservation et de l'administration des propriétés de la commune, et de faire en conséquence tous actes conservatoires de ses droits ; de la gestion des revenus, de la surveillance des établissements communaux et de la comptabilité communale ; de la proposition du budget et de l'ordonnancement des dépenses ; de la direction des travaux communaux ; de souscrire les marchés ; de passer les baux des biens et les adjudications des travaux communaux dans les formes établies par les lois et règlements ; de souscrire, dans les mêmes formes, les actes de vente, échange, partage, acceptation de dons ou legs, acquisition, transaction, lorsque ces actes ont été autorisés conformément à la loi ; de représenter la commune en justice, soit en demandant, soit en défendant. (L. 18 juillet 1837, art. 10.)

Nous avons exposé, dans les divers articles de cet ouvrage consacrés à l'administration municipale, et avec tous les développements utiles, les règles qui s'appliquent à ces diverses attributions du maire, en même temps que celles qui se rapportent à la gestion du receveur municipal. Nous nous bornerons à rappeler ici que le maire doit, comme administrateur des biens et revenus, et ordonnateur des dépenses, tenir écriture et rendre compte de ses actes ; qu'il doit se renfermer strictement dans la limite de ses attributions, qui lui donnent qualité pour administrer et ordonnancer, mais non pour percevoir et pour payer, ni pour faire percevoir et payer par d'autres que le receveur municipal. — Voy. ACTES CONSERVATOIRES, ACQUISITIONS, ADJUDICATIONS, ALIÉNATIONS, BAUX, BIENS, BOIS, BUDGET, COMPTABILITÉ COMMUNALE, ÉCHANGES, GESTION OCCULTE, LEGS ET DONATIONS, MAIRIE, MARCHÉS, ORDONNANCEMENT, PROCÈS, TRAVAUX, etc.

Mairie. — Charge et dignité du maire. On emploie aussi ce mot pour désigner l'édifice ou siége l'administration municipale, et plus spécialement les bureaux de cette administration. C'est dans ce dernier sens que nous l'entendrons ici.

Dans la plupart des communes, il n'y a qu'un seul bureau de mairie, et le secrétaire du maire suffit à toutes les écritures de l'administration. Dans d'autres communes, plus populeuses, le secrétaire est aidé d'un ou plusieurs employés entre lesquels il répartit le travail. Mais, dans les villes d'une certaine importance, où les services municipaux sont naturellement plus nombreux et plus développés, la distribution du travail par bureaux est indispensable. Le personnel des bureaux se compose alors d'un secrétaire général ou secrétaire en chef, de chefs de bureau et d'expéditionnaires. On forme ordinairement, dans ce cas, quatre divisions, savoir : 1° le bureau du secrétariat, auquel se rattachent le service des contributions et la comptabilité ; 2° le bureau de l'état civil ; 3° le bureau militaire ; 4° le bureau de police. Les secrétaires et employés des mairies sont nommés par le maire. — Voy. SECRÉTAIRES ET EMPLOYÉS DES MAIRIES.

Le nombre des registres de l'administration municipale varie nécessairement suivant l'organisation des bureaux et l'importance des services ;

nous mentionnerons seulement, comme devant se trouver dans toutes les mairies : 1° les registres de l'état civil ; 2° le registre des délibérations du conseil municipal ; 3° le journal des mandats et les autres livres de comptabilité ; 4° le répertoire des actes soumis à l'enregistrement. — Voy. Délibérations, État civil, Ordonnancement, Répertoire.

Chaque bureau de mairie, indépendamment du mobilier indispensable à l'action du maire et des employés, aux réunions du conseil municipal, aux assemblées électorales, etc., doit être muni d'armoires, placards, rayons ou étagères, en suffisante quantité pour qu'on puisse classer tous les dossiers, cartons et papiers de l'administration.

Une circulaire ministérielle du 16 juin 1842, relative aux archives communales, indique les mesures de conservation que doivent prendre à cet égard les autorités municipales. Dans les communes qui ont un hôtel de ville ou maison commune, on doit affecter aux archives une salle ou un cabinet fermant à clef. Quand le local de la mairie ne se compose que d'une salle consacrée à la fois au greffe et aux séances du conseil municipal, il peut être établi une armoire suffisamment profonde, garnie de rayons et pourvue de cartons. Lorsque, à défaut d'un local spécial pour la mairie, c'est l'habitation personnelle du maire qui doit recevoir le dépôt des archives : un coffre paraît être alors plus convenable qu'une armoire, comme pouvant être transporté plus facilement, dans les cas de mutation des officiers municipaux, sans déranger les archives qui y sont déposées.

La même circulaire contient, en outre, des instructions pour la mise en ordre et le classement des archives, ainsi que pour la rédaction des inventaires. — Voy. Archives, Inventaires.

Un crédit doit être ouvert au budget de chaque commune pour pourvoir au payement des frais de bureau de la mairie, lesquels consistent principalement dans les achats de registres, papiers et autres menues fournitures nécessaires au secrétariat, dans les frais de reliure, de correspondance, d'éclairage, de chauffage, d'entretien des bureaux et du mobilier. Ces frais sont au nombre des dépenses obligatoires des communes. (L. 18 juillet 1837, art. 30.) — Voy. Frais de bureau.

Maison commune. — Édifice où siége l'administration municipale, et qui prend aussi le nom soit d'hôtel de ville, soit de mairie.

Lorsqu'une commune ne possède pas de maison propre à l'établissement des bureaux de la mairie et des archives, on doit tâcher d'y suppléer en réservant à cet effet une ou plusieurs pièces dans la maison d'école. A défaut, il est nécessaire de louer un local convenable.

Lorsque le maire affecte une partie de sa propre habitation au service de l'administration communale, le bail est souscrit au nom de la commune par un adjoint, le maire, qui signe comme bailleur, se trouvant légitimement empêché. Toutefois, lorsque le loyer est de peu d'importance, un bail n'est pas indispensable ; il suffit que le budget communal comprenne un crédit pour le payement de l'indemnité allouée au maire pour cet objet et que le mandat énonce l'existence et le chiffre de ce crédit.

La quittance de la somme allouée pour loyer de la mairie, lorsque cette somme excède 10 fr., est assujettie au timbre, même lorsque la mairie est établie dans la maison du maire. (Décis. min. des fin., 31 mars 1824. — *Mém.* 1825, p. 100; 1846, p. 230.) — Voy. Baux, Locations verbales.

Les frais d'entretien de la maison commune ou du local de la mairie sont une charge obligatoire de la commune, aux termes de l'article 30, n° 1, de la loi du 18 juillet 1837. Ces frais d'entretien s'entendent des travaux et fournitures nécessaires, que le bâtiment appartienne à la commune ou soit loué par elle. Dans ce dernier cas, la commune n'est tenue que des simples réparations locatives.

Le maire peut faire exécuter sur le crédit ouvert au budget, et sans autorisation spéciale, les travaux ordinaires et de simple entretien dont la dépense n'excède pas 300 fr. (Décis. min., 10 brumaire an XIV.)

Lorsque la dépense excède 300 francs, mais ne dépasse pas 1,000 francs, les réparations ordinaires et de simple entretien aux bâtiments communaux peuvent être exécutées, dans les limites des crédits ouverts au budget, sur l'approbation du sous-préfet. (D. 13 avril 1861, art. 6, § 13.)

Au-dessus de cette dernière somme, le devis estimatif des travaux à faire doit être soumis à l'approbation du préfet. (D. 25 mars 1852.)

Les quittances données par le maire au receveur municipal du montant des sommes allouées annuellement pour l'entretien de la maison commune, quand il n'y a pas de mémoire d'ouvriers et fournisseurs, et que les réparations ont été faites à une propriété communale, sont exemptes de la formalité du timbre. (Décis. min. des fin., 31 mars 1824; I. G., art. 1009.) — Voy. Travaux.

Les percepteurs n'ont pas un droit positif à s'établir dans la maison commune lorsqu'ils se rendent dans les communes de leur réunion pour recouvrer les contributions; ils peuvent néanmoins obtenir officieusement des maires d'y déposer leurs registres et d'y recevoir les contribuables. Les préfets et sous-préfets doivent s'interposer au besoin pour que les percepteurs obtiennent des maires toute l'assistance et les facilités qui leur sont nécessaires dans l'exercice de leurs fonctions. (Lettre du min. des fin., 23 juin 1831. — *Mém.* 1834, p. 109.) — Voy. Tournées de recette.

Maison d'école. — Aux termes des articles 36 et 37 de la loi du 15 mars 1850, toute commune est obligée d'entretenir au moins une école primaire de garçons et de fournir à l'instituteur un local convenable, tant pour son habitation que pour la tenue de l'école; toutefois, le conseil départemental de l'instruction publique peut autoriser une commune à se réunir à une ou plusieurs communes voisines pour l'entretien d'une école; il peut même la dispenser d'entretenir une école publique, à la condition qu'elle pourvoira à l'enseignement primaire gratuit, dans une école libre, de tous les enfants dont les familles sont hors d'état d'y subvenir.

Lorsqu'une commune, qui n'a pas de maison d'école, est dans l'impossibilité de louer un local convenable pour satisfaire au service de l'instruction primaire, et qu'elle ne peut être autorisée à se réunir à une autre pour l'entretien d'une école, ou à pourvoir à l'enseignement primaire gratuit dans une école libre, elle est tenue d'acquérir ou de construire une maison d'école.

Si des travaux d'appropriation sont reconnus indispensables dans le local fourni par voie de location ou autrement, la commune peut également être assujettie à y pourvoir, conformément aux dispositions de l'article 9 du décret du 7 octobre 1850.

Ces dépenses doivent être considérées comme obligatoires. Une commune ne pourrait cependant être imposée d'office pour une dépense de cette nature au delà des 3 centimes spéciaux de l'instruction primaire. En effet, aux termes de l'article 40 de la loi du 15 mars 1850, à défaut de fondations, dons ou legs, les communes ne sont obligées de pourvoir aux dépenses de l'instruction primaire que jusqu'à concurrence de leurs revenus, et du produit desdits centimes spéciaux. Si ces ressources sont insuffisantes, il doit y être suppléé par le département et subsidiairement par l'État. (Décis. min. de l'int. — *Mém.* 1857, p. 310; 1859, p. 205.)

Lorsqu'une commune est obligée, par application de l'article 51 de la loi du 15 mars 1850, d'entretenir une école de filles, et qu'elle ne peut se procurer un local convenable par voie de location ou de concession gratuite, l'acquisition ou la construction d'une maison d'école doit être considérée également comme obligatoire dans les limites fixées par l'article 40 de la loi du 15 mars 1850. Les travaux d'appropriation ont le même caractère quand il s'agit d'appliquer l'article 9 du décret du 7 novembre 1850. — *Mém.* 1856, p. 307.

Les formalités suivantes doivent être observées toutes les fois qu'une commune est dans le cas de prendre à loyer un immeuble pour servir de maison d'école : le maire doit faire souscrire une promesse de bail par le propriétaire ; le local est visité par le délégué cantonal, qui fait connaître au conseil départemental de l'instruction publique, conformément à l'article 7 du décret du 7 octobre 1850, si le local convient pour l'usage auquel il est destiné ; acte de bail est ensuite passé entre le maire et le propriétaire, et soumis à la délibération du conseil municipal et à l'approbation du préfet ; cet acte est enregistré dans le délai de vingt jours à partir de la réception de l'approbation du préfet. — Voy. Baux.

On suit, pour les travaux d'entretien à faire aux maisons d'école, les règles déterminées pour les travaux de même nature à faire à la maison commune et aux autres bâtiments communaux. — Voy. Maison commune, Travaux.

Lorsque plusieurs communes sont réunies pour l'entretien d'une école, les dépenses sont, à défaut de conventions contraires, réparties entre ces communes, proportionnellement au montant des quatre contributions directes. Cette répartition est faite par le préfet. (D. 7 octobre 1850, article 8.)

Les conseils municipaux qui demandent des secours à l'État pour la construction, l'appropriation ou la réparation des locaux destinés à des écoles primaires ou à des salles d'asile, doivent présenter à l'appui de leur demande, indépendamment des pièces prescrites par les instructions, un plan en double expédition des travaux à effectuer. (Arrêté du min. de l'inst. publ., 14 juillet 1858, art. 1er.)

Lorsqu'il a été statué sur la demande de secours, les deux exemplaires des plans présentés sont envoyés au préfet, avec mention de l'approbation ministérielle. Un exemplaire est remis au maire pour l'exécution des travaux. Le second exemplaire est déposé entre les mains de l'inspecteur d'académie. (Id., art. 2.)

Lorsque les travaux sont terminés et lorsqu'il y a lieu de payer, soit la totalité, soit une partie du secours promis, le préfet en prévient l'inspecteur d'académie, lequel remet à l'inspecteur primaire de l'arrondissement le plan déposé entre ses mains, et lui donne ordre de se transporter dans la commune pour y vérifier si les dispositions approuvées par le ministre, tant pour la dimension que pour la disposition des locaux, ont été exactement observées. L'inspecteur d'académie délivre, sur le vu du rapport de l'inspecteur primaire, un certificat constatant, s'il y a lieu, que les plans ont été scrupuleusement exécutés, et le préfet joint ce certificat à l'appui de sa proposition d'ordonnancement. (Id., art. 3.)

Dans le cas où les plans approuvés par le ministre n'auraient pas été scrupuleusement suivis dans l'exécution des travaux, le concours de l'État ne peut être requis, et la promesse de secours faite est considérée comme nulle et non avenue. (Id., art. 4.)

Le mobilier de classe doit être fourni par la commune à l'instituteur. (L. 15 mars 1850, art. 37.)

Ce mobilier se compose principalement de tables, bancs, tableaux noirs, registres, instructions, cartes, etc.

Le maire doit dresser, contradictoirement avec l'instituteur, un inventaire exact et descriptif de tous les objets mobiliers qui garnissent l'école. Cet inventaire doit être fait en double ; chaque original doit être revêtu des signatures du maire et de l'instituteur. Un des doubles doit être déposé à la mairie, et l'autre est remis à l'instituteur qui devient responsable des objets y mentionnés.

Lorsque l'instituteur est appelé dans une autre commune, il est procédé à la reconnaissance de ces objets par simple récolement. L'instituteur est tenu de les conserver en bon état, et de faire constater sur l'inventaire ceux qui, par vétusté ou toute autre cause, disparaîtraient successivement. Il est responsable de tous ces objets, mais il n'est obligé de les remettre à sa sortie que dans l'état où ils se trouvent. Le dernier mandat de traitement ne doit être délivré à l'instituteur qu'après la remise régulièrement faite par lui du mobilier de l'école décrit dans l'inventaire. (Circ. min. de l'inst. publ., 7 mars 1854.) — Voy. INSTITUTEURS PRIMAIRES, PIÈCES JUSTIFICATIVES.

Maisons d'habitation. — Le revenu net imposable des maisons d'habitation, en quelque lieu qu'elles soient situées, soit que le propriétaire les occupe ou qu'il les fasse occuper par d'autres, à titre gratuit ou onéreux, est déterminé d'après leur valeur locative, calculée sur dix années, sous la déduction d'un quart de cette valeur locative, en considération du dépérissement et des frais d'entretien et de réparation.

Aucune maison d'habitation, occupée comme il est dit ci-dessus, ne peut être cotisée, quelle que soit l'évaluation de son revenu, au-dessous de ce qu'elle le serait à raison du terrain qu'elle enlève à la culture, évalué sur le pied du double des meilleures terres labourables de la commune, si la maison n'a qu'un rez-de-chaussée; du triple, si elle a un étage au-dessus du rez-de-chaussée; et du quadruple, si elle en a plusieurs. Le comble ou toiture, de quelque manière qu'il soit disposé, ne compte point pour un étage. (L. 3 frimaire an VII.)

Lorsqu'une maison appartient à deux propriétaires, dont l'un a le rez-de-chaussée et l'autre l'étage supérieur, le rez-de-chaussée est évalué pour la superficie et à raison de la valeur locative du rez-de-chaussée; l'étage supérieur est évalué à raison de sa valeur locative, sans égard à la superficie.

Une maison qui a été employée à serrer les récoltes, faute d'avoir pu être mise en location, et qui, du reste, n'a pas cessé d'être habitable, ne peut être considérée comme un bâtiment rural exempt de la contribution foncière. (Arrêt du cons. d'État, 21 février 1855.) — Voy. BATIMENTS RURAUX.

Le revenu imposable des propriétés bâties, lorsqu'elles n'ont subi aucun changement dans leur construction, ne peut être modifié d'office par les répartiteurs que dans le cas d'une révision générale. (Arrêt du cons. d'État, 7 septembre 1848.)

Les maisons démolies ne doivent plus être imposées que pour le sol.

Les maisons nouvellement construites ou reconstruites ne sont imposables que la troisième année après leur construction ou leur reconstruction. La superficie continue d'être imposée comme elle l'était auparavant. (L. 3 frimaire an VII, art. 88.)

Les maisons nouvellement construites doivent être évaluées par les répartiteurs, assistés du contrôleur des contributions directes.

Le contingent des départements, des arrondissements et des commune est diminué de la contribution afférente aux maisons démolies, et augmenté de la contribution assignée aux maisons nouvellement construites.

Les maisons nouvellement construites doivent être cotisées eu égard à l'ensemble des autres propriétés bâties de la commune, et non eu égard aux maisons voisines prises pour seuls termes de comparaison. (Arrêt du cons. d'État, 29 juin 1853.)

L'exemption de la contribution foncière accordée aux maisons nouvellement construites ne s'étend pas aux portes et fenêtres. — Voy. Démolitions, Exemptions d'impôts.

L'évaluation du revenu imposable des maisons et usines peut être revisée et renouvelée tous les dix ans. (L. 3 frimaire an VII.)

La révision, une fois autorisée par le préfet, est opérée par les répartiteurs assistés du contrôleur, qui rédige un état destiné à faire connaître l'ancien et le nouveau revenu de chaque propriété.

Le travail de révision est soumis au conseil municipal, composé et réuni comme pour l'expertise cadastrale, afin qu'il puisse s'assurer que la nouvelle évaluation des propriétés est en harmonie avec celle des autres natures de propriété. (Décis. min. 17 septembre 1830.) — Voy. Liste des plus imposés.

Si un expert était employé à la révision, il devrait être indemnisé par la commune. (Décis. min. 24 juin 1830.) — Voy. Contributions directes, Dégrèvements, Vacances de maisons, Valeur locative.

Maisons, usines et biens ruraux appartenant aux communes et aux établissements de bienfaisance. — Voy. Biens, Baux, Locations verbales.

Maîtres-valets. — Les maîtres-valets logés à leurs propres frais, ou ayant une habitation particulière chez les propriétaires et recevant pour leur nourriture, indépendamment de leurs gages, une quantité déterminée de denrées, sont imposables à la contribution personnelle. Ils peuvent également être assujettis à la contribution mobilière, à moins que la valeur locative de leur logement ne soit déjà comprise dans la cote du propriétaire ou principal locataire. (Circ adm. des cont. dir., 30 septembre 1831.)

Les propriétaires qui logent chez eux les maîtres-valets sont responsables de leur contribution personnelle et mobilière, dans les cas prévus par les articles 22 et 23 de la loi du 21 avril 1832. — *Mém.* 1860, p. 324. — Voy. Déménagement, Propriétaires et principaux locataires.

Malades militaires ou marins. — Voy. Journées de militaires reçus dans les hospices.

Malades, vieillards et incurables indigents. — Les communes privées d'établissements hospitaliers peuvent faire admettre leurs malades et incurables indigents aux hospices et hôpitaux du département désignés par le conseil général, sur la proposition du préfet, suivant un prix de journée fixé par cet administrateur, d'accord avec la commission des hospices et hôpitaux. Les communes qui veulent profiter de cette faculté supportent la dépense nécessaire pour le traitement de leurs malades et incurables; mais elles peuvent toujours, de même que l'administration hospitalière, exercer leur recours, s'il y a lieu, contre les membres de la famille du malade, du vieillard ou de l'incurable, désignés par les articles 205 et 206 du Code Napoléon; elles peuvent aussi recevoir pour cet objet des subventions sur le crédit voté à cet effet par le conseil général au budget du département. (L. 7 août 1851, art. 3, 4 et 5; I. G., art. 977 et 1068.)

En cas de dissidence entre le préfet et les hospices, relativement au prix de journée à payer par les communes, il appartient au préfet de statuer, même contrairement à l'avis des administrations charitables.

Dans le cas où les revenus d'un hospice ou hôpital le permettraient, les commissions administratives sont autorisées à admettre dans les lits vacants les malades ou incurables des communes, sans exiger de ces communes le prix de journée fixé comme il est dit plus haut. (I. G., art. 1068.)

Lorsqu'une commune ne possède pas d'hospices ou d'hôpitaux, ou que ceux qu'elle possède sont insuffisants, le conseil municipal peut traiter avec un établissement privé pour l'entretien des malades et des vieillards, après avoir consulté la commission des hospices et hôpitaux, laquelle est chargée de veiller à l'exécution du contrat passé avec l'établissement privé. Les traités de cette nature doivent être soumis à l'approbation du préfet.

Enfin, la commission des hospices et hôpitaux peut, avec les mêmes approbations, convertir une partie des revenus attribués aux hospices, mais seulement jusqu'à concurrence d'un cinquième, en secours annuels en faveur des vieillards ou infirmes qui sont demeurés dans leurs familles. (Id., art. 1094.)

Des dons peuvent aussi être faits et des engagements être contractés par des particuliers en faveur des malades et incurables indigents. (Circ. min. des fin. 7 juillet 1856. — *Mém.*, p. 206.)

Les sommes dues pour les dépenses des malades, vieillards et incurables indigents que les communes sont autorisées à placer dans les hospices et hopitaux du département ou dans des établissements privés sont, ainsi que celles dont il serait fait don pour cet objet, centralisées au même compte que les fonds destinés aux dépenses des aliénés. Elles font l'objet d'états de recouvrement arrêtés et remis aux receveurs généraux par les préfets, qui mandatent sur la caisse de ces comptables les sommes revenant aux établissements hospitaliers. (I. G., art. 621.)—Voy. Cotisations municipales, Hospices et hôpitaux.

Maladie. — En cas de maladie, les percepteurs doivent être suppléés par un fondé de pouvoirs, et non remplacés par un gérant intérimaire. Les émoluments de ce mandataire sont alors réglés de gré à gré entre lui et le percepteur, sans que l'administration ait à intervenir ; le comptable, dont la responsabilité demeure engagée, ne se trouve pas privé de la totalité de ses remises pendant la durée de son interruption de service. (Circ. compt. gén., 20 décembre 1849. — *Mém.*, p. 312.)

Dans le cas où la maladie est de nature à entraîner un déplacement, la nécessité doit en être constatée par un médecin désigné par le préfet et assermenté. (I. G., art. 1258.)

En cas d'absence pour cause de maladie dûment constatée, le comptable peut être autorisé à conserver l'intégralité de son traitement pendant trois mois. Pendant les trois mois suivants, il peut obtenir un congé avec la retenue de la moitié au moins et des deux tiers au plus de ses remises, déduction faite du quart non sujet à retenue. Si la maladie a été déterminée par l'une des causes exceptionnelles prévues au premier et au deuxième paragraphe de l'article 11 de la loi du 9 juin 1853, le fonctionnaire peut conserver l'intégralité de son traitement jusqu'à son rétablissement ou jusqu'à sa mise à la retraite. (Id., art. 1254.) — Voy. CONGÉ, FONDÉS DE POUVOIRS, RETENUES, PENSIONS CIVILES.

Maladreries supprimées. — Vers le milieu du XVIIe siècle, la disparition de la lèpre ayant enlevé aux léproseries et maladreries leur utilité, ces établissements furent supprimés. Par une déclaration du Roi du 24 août 1693, il a été ordonné que les biens et revenus des maladreries et léproseries qui, faute de réclamations, n'auraient pas été remis à leurs fondateurs ou possesseurs, seraient réservés aux pauvres et malades des lieux où existaient lesdites maladreries et léproseries, pour ces biens et revenus, s'ils étaient suffisants, servir au rétablissement de maisons hospitalières, et, en cas d'insuffisance, être unis à d'autres hôpitaux, à la charge par eux de recevoir les pauvres et les malades desdits lieux.

Le Gouvernement peut, par un règlement d'administration publique, changer la destination qui avait été primitivement donnée aux biens et revenus provenant des maladreries supprimées, et déterminer de quelle manière devront être exécutées à l'avenir, en ce qui concerne ces biens et revenus, les dispositions de la déclaration du Roi de 1693. (Arrêt du cons. d'État, 15 décembre 1849. — *Mém.* 1850, p. 222.) — Voy. HOSPICES ET HÔPITAUX.

Mandat de payement. — On appelle mandat de payement, en matière de comptabilité publique, l'ordre ou autorisation donnée à un comptable de payer à un tiers une somme déterminée.

Les mandats de payement ne peuvent être délivrés que par les ordonnateurs ; ils doivent être appuyés des pièces justificatives prescrites par les règlements.

Les maires et adjoints qui les remplacent sont les seuls ordonnateurs des dépenses communales.

Quant aux dépenses des établissements de bienfaisance, un des membres de la commission administrative de chaque établissement est chargé des fonctions d'ordonnateur.

Les ordonnances ou mandats de payement doivent énoncer l'exercice et le crédit auxquels ils s'appliquent. Ils sont délivrés au nom des créanciers directs des communes ou établissements, et doivent être appuyés des pièces justificatives prescrites par les règlements. — Voy. ORDONNANCEMENT, PAYEMENT DES DÉPENSES COMMUNALES, PIÈCES JUSTIFICATIVES.

Mandats à acquitter pour le compte du payeur. — Voy, DÉPENSES DÉPARTEMENTALES, DÉPENSES PUBLIQUES, PAYEMENTS POUR LE COMPTE DU PAYEUR.

Mandats à payer pour le compte du receveur général. — Voy. COTISATIONS MUNICIPALES, PAYEMENT DE MANDATS.

Mandats des receveurs des finances. — Les receveurs généraux, seuls, sont admis à tirer des mandats sur le caissier du Trésor; les règles qu'ils ont à suivre pour l'émission de ces mandats sont tracées par les instructions de la direction du mouvement général des fonds.

Toute disposition faite par le receveur général d'un département sur le receveur général d'un autre département doit avoir le service public pour objet. Il en est de même des virements de fonds que les receveurs généraux opèrent entre eux au moyen de récépissés comptables.

Quand la demande leur en est faite, les receveurs généraux doivent, pour acquitter les mandats concernant le service des subsistances militaires, remettre des mandats sur les receveurs particuliers et les percepteurs, payables sur les premiers fonds de la recette. (I. G., art. 737.) — Voy. GUERRE.

Les mandats tirés par le caissier central du Trésor et par les receveurs généraux sur la caisse centrale, à la demande des particuliers, c'est-à-dire qui n'ont pas un service public pour objet, ne peuvent être au-dessous de cinquante francs. (Id., art. 740.)

Les receveurs généraux émettent des mandats sur les receveurs particuliers, les percepteurs des contributions directes et les receveurs des revenus indirects, pour faciliter sur les divers points du département l'acquittement de l'impôt et le payement des dépenses, ainsi que la réalisation des fonds. Ces mandats sont extraits d'un livre à souche. (I. G., art. 1144.)

Les receveurs particuliers peuvent, mais avec l'autorisation du receveur général, tirer des mandats, soit sur la caisse de la recette générale, soit sur celles des percepteurs et des receveurs des administrations financières de leur arrondissement.

Ils doivent alors tenir, pour la délivrance de leurs mandats, un livre à souche, et adresser, tous les jours, à la recette générale, un bordereau détaillé des mandats émis. La souche doit indiquer, comme le mandat lui-même, le numéro d'ordre, la date du mandat, la somme, le comptable sur lequel le mandat est tiré, l'individu à l'ordre duquel il est émis, et celui dont les fonds ont été reçus. Le receveur doit, en outre, annoter sur cette souche, lorsqu'il y a lieu, la date à laquelle chaque mandat rentre, acquitté, à la recette particulière. (Id., art. 1145 et 1624.)

Les mandats des receveurs généraux, pour les payements à faire par les percepteurs des contributions directes ou par les receveurs des autres revenus publics placés dans les arrondissements de sous-préfecture, sont tirés sur le receveur particulier des finances de chaque arrondissement, et doivent porter, au bas, qu'ils seront acquittés par le percepteur ou l'un des receveurs des administrations financières, pour le compte du receveur particulier, qui demeure chargé d'en assurer le payement.

Les mandats que les receveurs généraux délivrent sur les caisses des receveurs particuliers, des percepteurs et des receveurs des administrations financières, peuvent être stipulés payables sur les premiers fonds disponibles de la recette. (Id., art. 1146.)

Les mandats acquittés par les percepteurs ou par les receveurs des revenus indirects ne sont libératoires, pour ces comptables, qu'à la charge par eux de les comprendre, comme pièces de dépenses, dans leur plus prochain versement à la recette particulière, pour qu'ils soient échangés sans retard contre des récépissés à talon; les receveurs particuliers les comprennent dans leurs envois à la recette générale avec ceux qu'ils auraient eux-mêmes acquittés. (Id., art. 1147.)

L'émission et le payement de tous ces mandats font l'objet, à la recette générale, d'un compte collectif ouvert aux divers comptables du département, comme correspondants de la recette générale. (Id., art. 1148.)

Les mandats tirés par le caissier central du Trésor sur les receveurs généraux, de même que les mandats délivrés, soit par ces receveurs sur leurs collègues et sur les divers comptables du département, soit par les receveurs particuliers sur les receveurs généraux et sur les comptables de leur arrondissement, sont payables pendant cinq ans, à partir de la date d'échéance ou de la date d'émission, si les mandats sont à vue. Passé ce délai, il est interdit de les acquitter sans une autorisation de la direction du mouvement général des fonds. (Id., art. 751.)

Lorsqu'un receveur général rembourse un mandat émis par lui, il doit en exiger la remise, et y faire constater, par la partie prenante, la restitution qu'il effectue. Il doit, en outre, inviter le comptable sur lequel le mandat était tiré à donner, au bas de l'avis de retrait qu'il lui envoie, son consentement à l'annulation du crédit précédemment demandé.

Si le mandat ne peut être représenté, le receveur général n'en restitue le montant qu'après l'échéance et sur une déclaration souscrite par le comptable sur lequel il était émis, à l'effet de constater que le mandat ne lui a pas été présenté, et qu'il ne sera pas acquitté s'il est présenté ultérieurement. Le receveur délivre alors, sur une formule extraite de la dernière feuille du registre à souche des mandats, un duplicata qui doit être écrit à l'encre rouge, et il le fait quittancer de la même manière qu'eût été quittancé le primata. (I. G., art. 752.)

Si, par suite de la perte d'un mandat, le duplicata en est simplement réclamé par la partie intéressée, le receveur qui l'a émis se conforme, pour la délivrance du duplicata, aux règles qui viennent d'être indiquées. (Id., art. 753.)

Dans le cas de perte de mandats, le receveur général reste maître d'exiger une caution, conformément à l'article 152 du Code de commerce. (Id., art. 754.) — Voy. Duplicata.

Mandement exécutoire. — On appelle ainsi la formule exécutoire des jugements et des grosses d'actes notariés, commençant par ces mots : Mandons et ordonnons, etc.

Ce mandement n'est pas nécessaire pour l'exécution des actes administratifs, notamment lorsqu'il s'agit d'exercer des poursuites contre les débiteurs des communes et des hospices.

Ainsi, d'après l'article 44 de la loi du 18 juillet 1837, les taxes particulières dues par les habitants ou propriétaires, en vertu des lois et des usages locaux, telles que les taxes de pavage, d'affouage, de pâturage, sont réparties par délibération du conseil municipal, approuvée par le préfet, et sont perçues suivant les formes établies pour le recouvrement des contributions publiques, c'est-à-dire par voie de contrainte, de garnison, etc.

Sont aussi perçues suivant les mêmes formes : les prestations pour les chemins vicinaux, la rétribution scolaire et la taxe sur les chiens. (L. 28 juillet 1824, art. 5 ; 2 mai 1855, art. 6 ; 15 mars 1850, art. 50.)

Quant aux recettes municipales et hospitalières, pour lesquelles la loi n'a pas prescrit un mode spécial de recouvrement, elles s'effectuent sur des états dressés par le maire, et qui sont exécutoires après qu'ils ont été visés par le sous-préfet, bien qu'ils ne portent pas le mandement ci-dessus mentionné. (L. 18 juillet 1837, art. 63, et 7 août 1851, art. 13. — *Mém.* 1842, p. 61.) — Voy. États exécutoires, Poursuites.

Les mandements exécutoires délivrés par les préfets pour frais et honoraires de toute nature auxquels donnent lieu les travaux d'intérêt public exécutés d'office ou de gré à gré, à la charge des particuliers, sont recouvrés par les percepteurs selon les règles suivies en matière de contributions directes. (D. 27 mai 1854.) — Voy. INGÉNIEURS.

Marais et terres incultes. — Au nombre des améliorations agricoles dont l'initiative appartient au Gouvernement, se trouvent le dessèchement et la mise en valeur des marais et des terres incultes appartenant aux communes. La loi du 16 septembre 1807, la loi du 28 juillet 1860 et le décret du 6 février 1861 portant règlement d'administration publique pour l'exécution de cette dernière loi forment la législation en cette matière.

La loi de 1807 s'applique à tous les marais, quels qu'en soient les propriétaires; elle donne au Gouvernement le droit d'ordonner les dessèchements qu'il juge utiles et nécessaires, que les marais appartiennent à des communes ou à des particuliers. La loi du 28 juillet 1860 est relative exclusivement à la mise en valeur des marais et terres incultes appartenant aux communes. Il convient de retracer ici les principales dispositions applicables dans l'un et l'autre cas.

Dessèchement des marais d'après les dispositions de la loi du 16 septembre 1807. — Les dessèchements sont opérés par des concessionnaires ou par l'État.

Lorsqu'un marais appartient à un seul propriétaire, ou lorsque tous les propriétaires sont réunis, la concession du dessèchement leur est toujours accordée, s'ils se soumettent à l'exécuter dans les délais fixés, et conformément aux plans adoptés par le Gouvernement. (L. 16 septembre 1807, art. 3.)

Lorsqu'un marais appartient à un propriétaire ou à une réunion de propriétaires qui ne se soumettent pas à dessécher dans les délais et selon les plans adoptés, ou qui n'exécutent pas les conditions auxquelles ils se sont soumis; lorsque les propriétaires ne sont pas tous réunis; lorsque, parmi lesdits propriétaires, il y a une ou plusieurs communes, la concession du dessèchement a lieu en faveur des concessionnaires dont la soumission est jugée la plus avantageuse par le Gouvernement: celles qui seraient faites par des communes propriétaires, ou par un certain nombre de propriétaires réunis, sont préférées, à conditions égales. (Id., art. 4.)

Les concessions sont faites par des décrets rendus en conseil d'État, sur des plans levés ou sur des plans vérifiés et approuvés par les ingénieurs des ponts et chaussées, aux conditions prescrites par les lois et règlements généraux, et aux charges qui sont fixées à raison des circonstances locales. (Id., art. 5.)

Soit que le Gouvernement exécute lui-même le dessèchement, soit qu'il en ait accordé la concession, il est formé entre les propriétaires un syndicat à l'effet de nommer les experts qui doivent procéder à l'estimation des terrains à dessécher. Il est procédé à cette estimation conformément aux dispositions des articles 7 à 14 de la loi du 16 septembre 1807.

L'estimation des marais avant le dessèchement étant définitivement arrêtée, les travaux de desséchement sont exécutés dans les délais fixés par l'acte de concession, sous les peines portées audit acte.

Lorsque les travaux sont terminés, il est procédé à leur vérification et réception. Après l'approbation de la reconnaissance des travaux, les experts et le tiers expert procèdent, de concert avec les ingénieurs, à une classification des fonds desséchés, suivant leur valeur nouvelle et l'espèce de culture dont ils sont devenus susceptibles. Cette classification est suivie d'une estimation, conformément aux prescriptions établies pour la classification et l'estimation des marais avant le desséchement. (L. 16 septembre 1807, art. 17 et 18.)

Lorsque l'estimation des fonds desséchés a été arrêtée, les entreprenenrs présentent à la commission spéciale, instituée conformément au titre x de la loi du 16 septembre 1807, un rôle contenant : 1º le nom des propriétaires ; 2º l'étendue de leurs propriétés ; 3º les classes dans lesquelles elles se trouvent placées ; 4º la première estimation calculée à raison de l'étendue et des classes ; 5º la valeur nouvelle depuis le desséchement, réglée par la seconde estimation et le second classement ; 6º la différence entre les deux estimations. (Id., art. 19.)

Le montant de la plus-value obtenue par le desséchement est divisé entre le propriétaire et le concessionnaire, dans les proportions qui ont été fixées par l'acte de concession.

Lorsqu'un desséchement est fait par l'État, sa portion dans la plus-value est fixée de manière à le rembourser de toutes ses dépenses.

Le rôle des indemnités sur la plus-value est arrêté par la commission spéciale et rendu exécutoire par le préfet. (Id., art. 20.)

Les réclamations sont jugées par le conseil de préfecture. L'article 28 de la loi du 21 avril 1832, portant que les réclamations en matière de contributions directes doivent être formées dans les trois mois à partir de l'émission des rôles, n'est pas applicable au recouvrement des plus-values dues par les propriétaires des terrains desséchés. (Arrêt du cons. d'État, 24 février 1843. — *Mém.*, p. 112.)

Les propriétaires ont la faculté de se libérer de l'indemnité par eux due en délaissant une portion de fonds calculée sur le pied de la dernière estimation. L'acte de mutation de propriété est, dans ce cas, enregistré au droit fixe de 1 franc. (L. 16 septembre, 1807, art. 21.)

Si les propriétaires ne veulent pas délaisser des fonds en nature, ils constituent une rente, sur le pied de 4 p. 0/0, au profit des dessécheurs. Le capital de cette rente est toujours remboursable, même par portions, qui cependant ne peuvent être moindres d'un dixième. Le taux du remboursement est de vingt-cinq fois la rente. (Id., art. 22.)

A partir de la réception des travaux, l'entretien et la garde sont à la charge des propriétaires tant anciens que nouveaux. Les syndics déjà nommés, auxquels le préfet peut en adjoindre deux ou quatre pris parmi les nouveaux propriétaires, proposent au préfet des règlements d'administration publique qui fixent le genre et l'étendue des contributions nécessaires pour subvenir aux dépenses. (Id., art. 26.)

Le recouvrement des taxes relatives au dessèchement des marais, qu'elles soient perçues au profit de l'État, de concessionnaires, ou au profit d'associations de propriétaires intéressés, est poursuivi d'après le même mode que celui des contributions directes ; les rôles de ces taxes, les registres tenus pour leur perception, ainsi que les quittances qui en sont délivrées, sont exempts des droits de timbre. (I. G., art. 638.)

Les percepteurs peuvent, dans tous les cas, être chargés du recouvrement.

Lorsque la dépense doit être supportée à la fois par une ou plusieurs communes et des particuliers, ou seulement par un certain nombre de propriétaires réunis en association syndicale, les syndicats peuvent, à leur gré, charger du recouvrement et de l'emploi des fonds, soit des agents spéciaux, soit l'un des percepteurs receveurs municipaux de la localité. (Id., art. 686.)

Le recouvrement des taxes de plus-value n'est pas assujetti à la prescription triennale établie pour les contributions directes. — *Mém.* 1840, p. 287. — Voy. INDEMNITÉ DE PLUS-VALUE, SYNDICATS.

Mise en valeur des marais et terres incultes appartenant aux communes par application de la loi du 28 *juillet* 1860. — L'article 1er de cette loi porte : « Seront desséchés, assainis, rendus propres à la culture ou plantés en bois, les marais et les terres incultes appartenant aux communes ou sections de commune dont la mise en valeur aura été reconnue utile. »

Lorsque le préfet estime qu'il y a lieu d'appliquer cette disposition aux marais ou terres incultes appartenant à une commune ou section de commune, il prend un arrêté par lequel le conseil municipal est mis en demeure de délibérer : 1° sur la partie des biens à laisser à l'état de jouissance commune ; 2° sur le mode de mise en valeur du surplus; 3° sur la question de savoir si la commune entend pourvoir par elle-même à cette mise en valeur. S'il s'agit de biens appartenant à une section de commune, le préfet, par le même arrêté, fixe le nombre des membres qui doivent composer une commission syndicale chargée de représenter ladite section. (L. 28 juillet 1860, art. 2 ; D. 6 février 1861, art. 1er.)

Dans le cas où les terrains à mettre en valeur appartiennent à une commune, la délibération du conseil municipal doit être prise dans le mois de la notification de l'arrêté de mise en demeure. Dans le cas où les terrains appartiennent à une section de commune, la commission syndicale donne son avis préalable dans le délai d'un mois, à dater de la formation de ladite commission, et, à défaut par elle de le faire, il est passé outre par le conseil municipal. Faute par le conseil municipal d'avoir délibéré dans le délai d'un mois à dater de la réception soit de l'arrêté de mise en demeure, soit de la délibération de la commission syndicale instituée comme il est dit ci-dessus, ou de l'expiration du délai imparti à ladite commission syndicale pour émettre son avis, le conseil municipal est réputé avoir refusé de se charger de l'exécution des travaux d'amélioration. (D. 6 février 1861, art. 2.)

Si les terrains appartiennent à plusieurs communes et que leur mise en valeur exige des travaux d'ensemble, lorsque tous les conseils municipaux déclarent se charger de l'opération, il est créé, conformément à la loi du 18 juillet 1837, une commission syndicale à l'effet d'en poursuivre l'exécution. (Id., art. 3.)

Lorsque le conseil municipal déclare qu'il entend pourvoir à la mise en valeur des parties de marais et terres incultes qui doivent être distraites de la jouissance commune, il fait connaître les mesures qu'il compte prendre à cet effet, et est tenu de justifier des voies et moyens d'exécution. La délibération du conseil municipal est soumise à l'approbation du préfet, et il est ensuite pourvu aux voies et moyens conformément aux lois. (Id., art. 4.)

Dans ce cas, les projets des travaux qui peuvent être nécessaires pour l'assainissement et la mise en culture des terrains sont dressés, et les travaux sont exécutés à la diligence du maire de la commune, ou du président de la commission syndicale des communes intéressées, dans les formes admises pour les travaux publics communaux. (Id., art. 5.)

Chaque projet est soumis à une enquête ouverte dans les communes intéressées et suivant les formes prescrites par l'ordonnance du 23 août 1835, ou conformément à l'ordonnance du 18 février 1834, s'il s'agit de travaux intéressant plusieurs communes. (Id., art. 6.)

Le préfet approuve les projets et fixe le délai dans lequel les travaux doivent être commencés et terminés. (Id., art. 7.)

L'autorité municipale est chargée de la conservation des travaux d'assainissement, de dessèchement et de mise en valeur des terrains communaux, sous le contrôle et la vérification de l'administration. Dans le cas où le conseil municipal n'allouerait pas les fonds nécessaires à l'entretien annuel, il y serait pourvu par le préfet, par l'inscription d'office, au budget de la commune, du crédit nécessaire, conformément à l'article 39 de la loi du 18 juillet 1837. (Id., art. 8.)

En cas de refus ou d'abstention du conseil municipal, ou d'un ou plusieurs des conseils municipaux des communes intéressées, comme en cas d'inexécution des délibérations par eux prises ou d'abandon des travaux commencés, les projets de travaux de dessèchement des marais et d'assainissement des terres incultes dont le dessèchement ou la mise en culture ont été reconnus nécessaires par le préfet, sont dressés ou vérifiés par les soins du ministre de l'agriculture, du commerce et des travaux publics. Chaque projet est soumis à une enquête ouverte dans les communes intéressées. Le conseil municipal est appelé à en délibérer avec l'adjonction des plus imposés. (Id., art. 9.)

Un décret impérial rendu en conseil d'État, après avis du conseil général du département, déclare, s'il y a lieu, l'utilité des travaux, et prescrit, soit leur exécution par l'État, soit la location, à charge de mise en valeur. (Id., art. 10.)

Lorsque des marais communaux ne peuvent être desséchés qu'au moyen d'une opération d'ensemble comprenant des marais particuliers, en même temps que les mises en demeure sont adressées aux communes, les propriétaires desdits marais sont invités à déclarer s'ils consentent au dessèchement, en se soumettant aux dispositions de la loi du 28 juillet 1860. S'ils donnent ce consentement, le décret portant déclaration de l'utilité des travaux statue sur l'ensemble de l'opération. (D. 6 février 1861, art. 11.)

Dans le cas où l'assainissement et la mise en valeur doivent être exécutés par voie de mise en ferme, l'adjudication a lieu en présence des receveurs municipaux des communes intéressées, et conformément aux règles applicables aux biens communaux. La durée du bail ne peut excéder vingt-sept ans. Le soumissionnaire s'oblige à exécuter les projets approuvés pour la mise en valeur des terrains, conformément aux conditions déterminées par le cahier des charges dressé par le préfet, sur l'avis des ingénieurs. (L. 28 juillet 1860, art. 7; D. 6 février 1861, art. 12.)

Lorsque les travaux sont exécutés par l'État, on suit les formes usitées en matière de travaux publics. Les états de dépenses sont dressés conformément aux règles de la comptabilité des travaux publics. Il en est de même des états annuels d'entretien. Si les travaux intéressent plusieurs communes, la répartition de la dépense est faite dans la forme réglée par l'article 72 de la loi du 18 juillet 1837. (D. 6 février 1861, art. 13.)

Chaque année, il est délivré aux communes et sections intéressées une expédition des comptes établissant la situation des dépenses mises à la charge de chacune d'elles. Après l'achèvement des travaux, un compte général des dépenses est arrêté par le ministre de l'agriculture, du commerce et des travaux publics. Il en est délivré copie au ministre de l'intérieur et aux communes ou sections de communes intéressées. Les sommes principales formant le montant de ce compte portent, de plein droit, intérêt simple à 5 p. 0/0, à partir de l'achèvement des travaux. (Id., art. 14.)

Les travaux effectués par l'État sont entretenus par les soins de l'administration. Les avances faites pour cet objet, arrêtées chaque année par le ministre de l'agriculture, du commerce et des travaux publics, portent également intérêt simple à 5 p. 0/0 par an Copie de ce compte est délivrée au ministre de l'intérieur, aux communes et sections de communes intéressées, avec l'état des dépenses antérieures. (Id., art. 15.)

Si, dans les six mois de la notification à elle faite des comptes annuels des dépenses d'établissement ou d'entretien des travaux, la commune ou section de commune ne s'est pas pourvue devant le conseil de préfecture, les comptes ne peuvent plus être attaqués. (Id., art. 16.)

Après l'achèvement des travaux, remise des terrains est faite aux communes. Chaque commune est mise en demeure d'avoir à déclarer si elle entend user de la faculté à elle réservée par l'article 5 de la loi du 28 juillet 1860, de se libérer de toute répétition de la part de l'État en lui faisant l'abandon de moitié des terrains mis en valeur, ou si elle entend payer en argent les avances de l'État. (D. 6 février 1861, art. 17.)

Lorsque la commune a opté pour l'abandon de moitié des terrains mis en valeur, un expert choisi par le maire, avec le concours d'un délégué de l'administration des domaines, dresse un projet de partage en deux lots égaux en valeur, pour être tirés au sort dans l'année qui suit l'achèvement des travaux. Il est procédé à cette opération devant le sous-préfet de l'arrondissement. Si une partie des travaux a été exécutée par la commune, il lui en est tenu compte, dans ce partage, par une réduction proportionnelle dans le lot de terrains auquel l'État a droit. (Id., art. 18)

Si la commune déclare vouloir rembourser à l'État le montant de ses avances, elle doit justifier de ses ressources et faire à l'État telle délégation que de droit. (Id., art. 19.)

Si la commune veut rembourser l'État en argent, à défaut de ressources disponibles, elle peut avoir recours à la société du Crédit foncier pour se procurer les fonds nécessaires à sa libération. (Circ. min. de l'agr., 24 mai 1861.)

Faute par la commune d'avoir réalisé l'abandon prévu par l'article 5 de la loi du 28 juillet 1860 dans l'année qui suit l'achèvement des travaux, ou d'avoir, dans le même délai, remboursé à l'État le montant de ses avances, l'administration provoque la mise en vente de la portion de terrains améliorés nécessaire pour couvrir l'État, en principal et intérêts, des dépenses par lui faites. A cet effet, un expert nommé par le préfet est chargé de préparer le lotissement et le cahier des charges de la mise en vente des lots à aliéner. Le projet de l'expert est communiqué au conseil municipal pour avoir ses observations.

Dès que le projet de lotissement est approuvé par le préfet, il est procédé à la vente publique des terrains par les soins de l'administration des domaines, en présence des receveurs municipaux des communes intéressées, et jusqu'à concurrence de la créance de l'État.

Les prix de vente sont recouvrés par l'administration des domaines; toutefois, lorsque la vente excède les avances de l'État, cet excédant est perçu par les receveurs municipaux. (D. 6 février 1861, art. 20.) — *Mém.* 1860, p. 230 ; 1861, p. 217.)

Contributions dues pour les marais desséchés. — La contribution foncière des marais desséchés ne peut être augmentée pendant les vingt-cinq premières années après le desséchement. (L. 3 frimaire an VII, art. 111.)

Pour jouir de cet avantage et à peine d'en être privé, le propriétaire est tenu de faire à la sous-préfecture, avant de commencer le desséchement, une déclaration détaillée des marais qu'il veut ainsi améliorer. (Id. art. 117.)

La contribution des marais desséchés doit être établie d'après la valeur de ces marais avant l'époque du desséchement, bien qu'à cette époque ils ne fussent pas imposés (Arrêt du cons. d'État, 12 mars 1847. — *Mém.*, p. 90.)

Après les vingt-cinq premières années, le revenu imposable ne peut être augmenté, tant qu'il n'est pas procédé à un nouveau cadastre. — *Mém.* 1862, p. 422.

Ces règles s'appliquent aux marais communaux comme aux propriétés particulières de même nature.

Le propriétaire qui a converti des marais ou lais de mer en marais salants a droit, pour cette amélioration, au bénéfice de l'article 111 de la loi du 3 frimaire an VII, comme pour le desséchement ordinaire des marais, si toutefois il a fait les déclarations prescrites par l'article 117 de ladite loi. (Arrêt du cons. d'État, 3 mai 1851.) — Voy. EXEMPTIONS D'IMPOT.

Marchand forain. — Tout individu transportant des marchandises de commune en commune, lors même qu'il vend pour le compte de marchands ou fabricants, est tenu d'avoir une patente personnelle, qui est, selon le cas, celle de colporteur avec balle, avec bêtes de somme ou avec voiture. (L. 25 avril 1844, art. 18.)

Pour assurer l'exécution de la loi en ce qui concerne cette classe de patentables, il importe que les maires, adjoints et autres officiers ou agents de police judiciaire exigent l'exhibition de la patente de tout individu, non domicilié dans la commune, qui vient y vendre des marchandises.

En cas de non-exhibition de la patente, les marchandises mises en vente doivent être saisies et séquestrées aux frais du vendeur, à moins qu'il ne donne caution suffisante jusqu'à la représentation de la patente ou la production de la preuve que la patente a été délivrée. (Id., art. 27 et 28.)

Le marchand forain est imposable à la patente dans le lieu de sa résidence habituelle, alors même qu'il n'y exerce aucune profession. (Arrêts du cons. d'État, 10 novembre 1853 et 13 février 1862. — *Mém.* 1855, p. 100; 1862, p. 399.)

Les marchands forains, les colporteurs et tous autres patentables dont la profession n'est pas exercée à demeure fixe, sont tenus d'acquitter le montant de leur cote au moment où la patente leur est délivrée. (L. 25 avril 1844, art. 24; I. G., art. 62.)

Les agents des contributions directes peuvent, sur la demande qui leur en est faite et avant l'émission du rôle, délivrer des patentes aux marchands forains et colporteurs, après toutefois que les requérants ont acquitté entre les mains du percepteur la totalité des droits. (L. 25 avril 1844, art. 30.)

Les marchands ambulants sont également astreints à acquitter les rétributions pour la vérification des poids et mesures avant d'être portés aux rôles. La perception de ces droits s'opère d'après des bulletins que les vérificateurs des poids et mesures remettent aux redevables et que ceux-ci présentent aux percepteurs. Les percepteurs s'en chargent en recette et ils conservent avec soin les bulletins, afin de s'en servir pour l'émargement du rôle à intervenir. Si, à raison de l'époque probable de l'émission de ce rôle, les droits devaient appartenir à un exercice non encore ouvert, il en serait provisoirement fait recette à un compte spécial. (I. G., art. 264.)— Voy. RECETTES FAITES AVANT L'OUVERTURE DE L'EXERCICE.

En cas de déménagement d'un marchand forain hors du ressort de la perception, le propriétaire ou principal locataire, à défaut de la déclaration prescrite par l'article 25 de la loi du 25 avril 1844, deviendrait responsable, non de la totalité de la patente, mais seulement du dernier douzième échu et du douzième courant dus par le patentable. — *Mém.* 1863, p. 197.

Les petits aubergistes ou marchands de vin qui s'établissent ordinairement près des chantiers, dans des baraques en planches, lors de la construction des chemins de fer ou à l'occasion d'autres grands travaux publics, et qui disparaissent souvent sans qu'il soit possible de découvrir leur nouvelle résidence, peuvent être assimilés aux marchands forains et autres patentables qui n'exercent pas leur profession à demeure fixe, et être contraints au payement de l'intégralité de leur patente au moment de la publication du rôle. — *Mém.* 1862, p. 322.

Un marchand ambulant ne peut refuser d'acquitter la contribution personnelle et mobilière, ainsi que les prestations en nature auxquelles il est imposé dans la commune où il paye sa patente, en alléguant qu'ayant été exclu des avantages accordés aux autres habitants de la commune, par exemple du droit à l'affouage, il ne saurait être soumis aux charges qui impliquent la jouissance de ces avantages. Le percepteur doit poursuivre le recouvrement de l'impôt par toutes les voies de droit. En cas d'absence du redevable, la copie du commandement est remise au maire, qui vise en outre l'original, et lorsque, au moment de la saisie, le porteur de contraintes trouve les portes fermées, il agit conformément à l'article 71 du règlement sur les poursuites. — *Mém.* 1860, p. 185. — Voy. CONTRIBUTIONS DIRECTES, DÉMÉNAGEMENT, POURSUITES, RECOUVREMENT.

Marché administratif. — On entend par ce mot la convention par laquelle l'administration stipule qu'une personne lui fera une fourniture, un ouvrage, un service, moyennant un prix déterminé.

Les entreprises pour travaux et fournitures au nom des communes sont faites avec concurrence et publicité, sauf les exceptions ci-après :

Les administrations locales peuvent faire exécuter par économie sur les crédits ouverts à leur budget, et sans autorisation préalable, les travaux de réparation ordinaire et de simple entretien dont la dépense n'excède pas 300 francs. (D. 10 brumaire an XIV.)

Il peut être traité de gré à gré, sauf approbation par le préfet, pour les autres travaux et fournitures dont la valeur n'excède pas 3,000 francs.

Il peut également, et sous la même condition, être traité de gré à gré, à quelque somme que s'élèvent les travaux et fournitures : 1° pour les objets dont la fabrication est exclusivement attribuée à des porteurs de brevets d'invention ou d'importation ; 2° pour les objets qui n'ont qu'un possesseur unique ; 3° pour les ouvrages et les objets d'art et de précision dont l'exécution ne peut être confiée qu'à des artistes éprouvés ; 4° pour les exploitations, fabrications et fournitures qui ne seraient faites qu'à titre d'essai ; 5° pour les matières et denrées qui, à raison de leur nature particulière et de la spécialité de l'emploi auquel elles sont destinées, doivent être achetées et choisies sur les lieux de production, ou livrées, sans intermédiaire, par les producteurs eux-mêmes ; 6° pour les fournitures ou travaux qui n'auraient été l'objet d'aucune offre aux adjudications, ou à l'égard desquels il n'aurait été proposé que des prix inacceptables, sans toutefois que l'administration puisse jamais dépasser le maximum arrêté d'avance par l'autorité qui procède à l'adjudication ; 7° pour les fournitures et travaux qui, dans les cas imprévus et d'une urgence absolue et dûment constatée, ne pourraient pas subir les délais de l'adjudication sans qu'il en résultât un préjudice réel pour la commune. (O. 14 novembre 1837, art. 1 et 2 ; D. 25 mars 1852, tableau A, § 48 ; I. G., art. 1021 et 1022.)

Les dispositions qui viennent d'être rappelées s'appliquent aux bureaux de bienfaisance, lesquels sont soumis sous ce rapport aux mêmes règles que les communes. (I. G., art. 1093.)

Quant aux hospices et hôpitaux, les commissions administratives peuvent, sans l'intervention préfectorale, consentir, par leurs délibérations, des marchés de gré à gré pour fournitures et entretien dont la durée n'excède pas une année, et pour les travaux de toute nature dont la dépense ne dépasse pas 3,000 francs. Lorsqu'il s'agit de marchés pour fournitures et entretien dont la durée excède une année, ou de travaux dont la valeur excède 3,000 francs, les délibérations des commissions administratives sont soumises à l'avis des conseils municipaux et suivent, quant aux autorisations, les mêmes règles que les délibérations de ces conseils. (L. 7 août 1851, art. 8, 9 et 10 ; I. G., art. 1091 et 1092.) — *Mém.* 1859, p. 242.

Les adjudications publiques relatives à des fournitures, à des travaux, à des exploitations ou à des fabrications qui ne pourraient être, sans inconvénient, livrés à la concurrence illimitée, peuvent être soumises à des restrictions qui n'admettent à concourir que des personnes préalablement reconnues capables par l'administration, et produisant les titres justificatifs exigés par les cahiers des charges. (O. 14 novembre 1837, art. 3 ; I. G., art. 1022.)

Les cahiers des charges déterminent la nature et l'importance des garanties que les fournisseurs ou entrepreneurs ont à produire, soit pour être admis aux adjudications, soit pour répondre de l'exécution de leurs engagements. Ils règlent aussi l'action que l'administration pourra exercer sur ces garanties, en cas d'inexécution de ces engagements.

Il est toujours et nécessairement stipulé que tous les ouvrages exécutés par les entrepreneurs en dehors des autorisations régulières demeurent à la charge personnelle de ces derniers, sans répétition contre les communes. Les receveurs municipaux seraient responsables des payements qu'ils effectueraient pour des travaux non autorisés. (I. G., art. 1023.)

L'avis des adjudications à passer est publié, sauf les cas d'urgence, un mois à l'avance, par la voie des affiches et par tous les moyens ordinaires de publicité. Cet avis fait connaître : le lieu où l'on peut prendre connaissance du cahier des charges ; les autorités chargées de procéder à l'adjudication ; le lieu, le jour et l'heure fixés pour l'adjudication.

Les adjudications et marchés à faire pour le compte des communes doivent être passés par les maires, assistés de deux membres du conseil municipal, et le receveur de la commune doit y assister ; les adjudications peuvent avoir lieu au chef-lieu de préfecture ou de sous-préfecture, à la charge par le maire de s'y transporter pour procéder à l'opération, accompagné des deux conseillers municipaux et du receveur. (Id., art. 1024.)

Les soumissions doivent toujours être remises cachetées en séance publique. Un maximum de prix, ou un minimum de rabais, arrêté d'avance par l'autorité qui procède à l'adjudication, doit être déposé cacheté, sur le bureau, à l'ouverture de la séance.

Dans le cas où plusieurs soumissionnaires ont offert le même prix, il est procédé, séance tenante, à une adjudication entre ces soumissionnaires seulement, soit sur de nouvelles soumissions, soit à extinction des feux.

Les résultats de chaque adjudication sont constatés par un procès-verbal relatant toutes les circonstances de l'opération.

Les adjudications sont toujours subordonnées à l'approbation du préfet, et ne sont valables et définitives à l'égard des communes qu'après cette approbation. (Id., art. 1025.) — Voy. ADJUDICATIONS, ENREGISTREMENT, FOURNITURES, TRAITÉ DE GRÉ A GRÉ, TRAVAUX.

Marchés. — Voy. HALLES ET MARCHÉS, LOCATION DE PLACES.

Mariage des indigents. — Les pièces nécessaires au mariage des indigents, à la légitimation de leurs enfants naturels et au retrait de ces enfants déposés dans les hospices, sont visées pour timbre et enregistrées gratis, lorsqu'il y a lieu à enregistrement. (L. 10 décembre 1850, art. 1 et 4. — *Mém.* 1851, p. 44.)

La taxe des expéditions des actes de l'état civil, requises pour le mariage des indigents, est réduite, quels que soient les détenteurs de ces pièces, à 30 centimes lorsqu'il n'y a pas lieu à légalisation, à 50 centimes lorsque cette dernière formalité doit être accomplie. (L. 10 décembre 1850, art. 5.)

Sont admises au bénéfice de ces dispositions les personnes qui justifient d'un certificat d'indigence, à elles délivré par le commissaire de police, ou par le maire dans les communes où il n'existe pas de commissaire de police, sur le vu d'un extrait du rôle des contributions constatant que les parties intéressées payent moins de dix francs, ou d'un certificat du percepteur de leur commune portant qu'elles ne sont pas imposées. Le certificat d'indigence est visé et approuvé par le juge de paix du canton. Il est fait mention, dans le visa, de l'extrait des rôles ou du certificat négatif du percepteur. (Id., art. 6.)

Ces extraits de rôle et certificats négatifs sont délivrés gratuitement par les percepteurs, dans les cas prévus ci-dessus. (I. G., art. 60.)—Voy. EXTRAITS DE ROLE.

Marins (Contributions dues par des). — L'écoreur ou facteur, détenteur de sommes provenant de parts de pêche appartenant à des marins redevables de contributions directes, est tenu d'acquitter ces contributions, sur la simple demande du percepteur, jusqu'à concurrence des sommes qui sont entre ses mains. — *Mém.* 1861, p. 183 ; 1862, p. 114. — Voy. DÉPOSITAIRES.

Maronage. — C'est un droit d'usage qui consiste, pour les habitants qui en jouissent, à se faire délivrer dans les bois soumis au régime forestier les arbres nécessaires à la construction et aux réparations des bâtiments.

Aucune délivrance de bois pour constructions ou réparations n'est faite aux usagers que sur la présentation de devis dressés par les gens de l'art et constatant les besoins. (O. 1er août 1827, art. 123.)

Il est interdit aux usagers de vendre ou d'échanger les bois qui leur sont délivrés et de les employer à aucune autre destination que celle pour laquelle le droit d'usage a été accordé. (C. F., art. 83.)

L'emploi des bois de construction doit être fait dans le délai de deux ans, lequel néanmoins peut être prolongé par l'administration forestière; mais, ce délai expiré, l'administration forestière peut disposer des arbres non employés. (Id., art. 84.) — Voy. AFFOUAGE, BOIS, USAGES.

Marteau, Martelage. — Termes forestiers. Le marteau sert à marquer les arbres d'une empreinte dans certaines opérations forestières et lors de la reconnaissance des bois de délit et des chablis. Le martelage est l'application de l'empreinte d'un ou plusieurs marteaux aux arbres désignés comme pieds corniers, arbres de lisière, baliveaux et autres, pour les reconnaître et les réserver dans les triages destinés à être exploités ou vendus.

Le marteau impérial, uniforme, destiné aux opérations de balivage et de martelage, a pour empreinte un aigle, avec le numéro de la conservation forestière. Il est déposé chez l'agent chef de service de chaque inspection. (O. 1er août 1827, art. 36.)

Les agents forestiers, les arpenteurs et les gardes sont pourvus chacun d'un marteau particulier, dont la direction générale des forêts détermine, sous l'approbation du ministre des finances, la forme, l'empreinte et l'emploi. (Id., art. 37.)

L'empreinte de tous les marteaux dont les agents et les gardes forestiers font usage, tant pour la marque des bois de délit et des chablis, que pour les opérations de balivage et de martelage, est déposée aux greffes des tribunaux, savoir : celle des marteaux particuliers dont les agents et gardes sont pourvus, aux greffes des tribunaux de première instance dans le ressort desquels ils exercent leurs fonctions ; celle du marteau impérial, uniforme, aux greffes des tribunaux de première instance et des Cours impériales. (C. F., art. 7.)

Tout adjudicataire de coupes dans lesquelles il y a des arbres de futaie à abattre est tenu d'avoir un marteau dont la forme est déterminée par l'administration, et d'en marquer les arbres et bois de charpente qui sortent de la vente.

Le dépôt de l'empreinte de ce marteau au greffe du tribunal et chez l'agent forestier local doit être effectué dans le délai de dix jours, à dater de la délivrance du permis d'exploiter. (O. 1er août 1827, art. 95.)—Voy. Affouage, Bois, Coupes de bois.

Matrices de rôles. — La répartition des contributions directes sur les contribuables a lieu au moyen de matrices qui présentent les noms et prénoms, la demeure et la profession des contribuables, et les éléments de chaque impôt.

Matrice cadastrale. — Cette matrice contient, par ordre alphabétique de cantons ou lieux dits, la désignation des propriétés bâties et non bâties. Pour les propriétés non bâties, elle présente, outre les noms et demeure du propriétaire, l'indication des sections, le numéro du plan, la désignation de chaque parcelle de fonds, sa contenance, la classe à laquelle elle appartient et son revenu imposable. Quant aux propriétés bâties indépendamment des indications relatives à leur superficie, la matrice fait connaître, pour la bâtisse, la classe et le revenu imposables.

Une copie de la matrice cadastrale est envoyée à la mairie de chaque commune; l'original reste déposé à la direction des contributions directes du département.

Le propriétaire qui désire se procurer un extrait certifié de la matrice, en ce qui concerne ses propriétés, doit s'adresser au directeur des contributions ; ces extraits sont payés d'après un tarif arrêté par le préfet.

La matrice cadastrale peut être recopiée quand elle présente trop d'additions, de ratures et de surcharges. On retranscrit simultanément la minute et la copie. La dépense de ces retranscriptions est à la charge des communes. Aucune matrice cadastrale ne peut être renouvelée que sur la demande de l'administration municipale et l'autorisation du ministre des finances. (L. 3 frimaire an VII; Circ. adm. des cont. dir., 20 octobre 1827.)

Il est expressément défendu aux maires de rien ajouter ni retrancher aux pièces cadastrales, le soin d'y faire des rectifications ou changements étant dévolu à la direction des contributions directes seule.

Les recherches que les particuliers ont à faire sur les pièces cadastrales doivent toujours avoir lieu, sans déplacement, en présence du maire ou du secrétaire de la mairie. Aucune copie ni extrait du plan ou de la matrice ne peut être levé par les parties elles-mêmes. (Circ. min. des fin., 11 mai 1837.)

Il n'y a d'exception à cet égard qu'en faveur des agents des ponts et chaussées et des agents voyers, qui peuvent avoir communication sur place des plans et en lever des calques.

Matrice générale des contributions foncière, personnelle-mobilière, des portes et fenêtres et des patentes. — La matrice générale des contributions foncière, personnelle-mobilière et des portes et fenêtres, doit présenter, pour chaque contribuable, les nom, prénoms, surnom, demeure et profession; le revenu imposable pour la contribution foncière et la cotisation; le nombre des ouvertures passibles de l'impôt pour la contribution des portes et fenêtres; l'indication, s'il y a lieu, de la contribution personnelle et la cotisation; l'évaluation du loyer d'habitation, pour la contribution mobilière et la cotisation.

Chacune des cotisations relatives aux trois contributions dont il s'agit doit se compose du principal et des centimes additionnels. On a ainsi réuni tous les éléments de l'impôt et l'impôt lui-même, la matrice des trois contributions et la minute du rôle. Une colonne est destinée à indiquer le folio de la matrice cadastrale.

La durée de la matrice générale est fixée à quatre ans.

Pour la contribution des patentes, il est procédé annuellement au recensement des imposables et à la formation d'une nouvelle matrice. Lorsque le contrôleur a rédigé la matrice des patentes dans la commune même, il la dépose au secrétariat de la mairie, afin que, pendant dix jours, les intéressés puissent en prendre connaissance et remettre au maire leurs observations. A l'expiration d'un second délai de dix jours, le maire, après y avoir consigné ses observations, l'adresse au sous-préfet qui, s'il y a lieu, y porte également ses observations et la transmet au directeur des contributions directes. (L. 25 avril 1844, art. 20; I. G., art. 48.)

Les patentables qui se trouvent dans un état d'indigence notoire, et dont les cotisations devraient nécessairement être portées sur les états des cotes irrecouvrables, ne sont points inscrits dans le corps de la matrice. Il en est dressé une liste nominative, que le contrôleur adresse au directeur aussitôt après que le recensement est terminé dans la commune. Le directeur joint cette pièce à la matrice.

Tous les trois mois, le contrôleur rédige, s'il y a lieu, des matrices supplémentaires des patentes dans la même forme que la matrice primitive. Pour la rédaction de ces matrices, il doit, à la fin de chaque trimestre, se transporter dans les principales communes de son contrôle, et au moins dans les chefs-lieux de perception, pour y recueillir des renseignements et relever les notes que le percepteur pourrait avoir à lui fournir.

Dans les grandes villes, il est formé deux matrices séparées : l'une, pour les contributions foncière et des portes et fenêtres ; l'autre, pour les contributions personnelle-mobilière et des patentes. Cette division de matrices peut être également adoptée dans les villes d'un ordre inférieur, sur la demande des autorités locales. Dans ce cas, la matrice des contributions foncière et des portes et fenêtres dure quatre ans ; celle des contributions personnelle-mobilière et des patentes est renouvelée tous les ans.

Quant à la contribution sur les chevaux et voitures, les contribuables étant tenus de faire la déclaration des voitures et des chevaux en raison desquels ils sont imposables, l'accomplissement de cette obligation donne à l'administration le moyen de connaître la matière imposable et d'établir avec exactitude les états-matrices destinés à servir de base à la confection des rôles.

Une copie de la matrice générale doit être déposée à la mairie de chaque commune. Elle comprend seulement les nom, prénoms, profession et demeure des contribuables, avec les bases de cotisation et le centime le franc des différentes contributions ; elle indique le folio de la matrice cadastrale.

Aussitôt que les changements ont été appliqués sur les matrices de la direction, les états doivent être renvoyés aux contrôleurs pour en faire l'application sur les matrices des communes.

Les frais des copies de matrices sont remboursés aux directeurs dès qu'ils produisent les récépissés des maires constatant la remise de ces pièces aux communes. — Voy. Frais de confection des matrices.

Retrait des matrices par le contrôleur. — Le contrôleur est autorisé à faire venir dans son bureau les matrices cadastrales et les matrices générales déposées au secrétariat des mairies, pour appliquer sur ces pièces les mutations annuelles. Les frais de transport des matrices sont à la charge du contrôleur, et il est responsable des détériorations que le déplacement pourrait leur faire éprouver.

La réintégration des matrices aux mairies doit avoir lieu dans le délai de quinze jours, et les contrôleurs en justifient au directeur des contributions par des certificats des maires énonçant la date du retrait et celle de la restitution des matrices aux mairies. — Voy. CADASTRE, CONTRIBUTIONS DIRECTES, MUTATIONS.

Médecins assermentés. — Les demandes de congés formées par les percepteurs pour cause de maladie doivent être appuyées d'un certificat de médecin, indépendamment de l'avis motivé du chef de service et du préfet.

Dans le cas où la maladie est de nature à entraîner un déplacement, la nécessité doit en être constatée par un médecin désigné par l'administration et assermenté, comme lorsqu'il s'agit d'une admission à la retraite pour cause d'invalidité physique. Les médecins ont surtout alors à s'expliquer très-catégoriquement et très-consciencieusement sur la nécessité de l'absence. (I. G., art. 1258.)

Ces médecins sont nommés par les préfets pour tous les agents extérieurs ressortissant au ministère des finances, et leur serment est reçu soit par les préfets et sous-préfets, soit, s'il y a lieu, pour épargner un déplacement, par le juge de paix du canton de la résidence des agents. Les actes de prestation de ce serment étant faits, non dans un intérêt professionnel, mais en exécution d'une disposition d'intérêt général et d'ordre administratif, sont exempts de la formalité de l'enregistrement Les receveurs des finances doivent, au besoin, indiquer à leurs subordonnés les médecins dont il aura été fait choix par le préfet dans chaque localité. (Id., art. 1259.) — Voy. CONGÉS, PENSIONS CIVILES.

Médecins, officiers de santé, sages-femmes. — Les médecins et chirurgiens des hospices civils sont nommés par les commissions administratives, mais ils ne peuvent être révoqués par elles qu'avec l'approbation du préfet. (L. 7 août 1851, art. 14.)

Ces médecins et chirurgiens doivent être considérés comme fonctionnaires publics, et en conséquence le traitement qui leur est alloué en cette qualité ne peut être saisi par leurs créanciers que jusqu'à concurrence du cinquième, par application de la loi du 29 ventôse an IX. (Arrêt de la Cour d'Orléans, 14 décembre 1856. — *Mém.* 1858, p. 172.) — Voy. HOSPICES, OPPOSITION.

Les communes et les bureaux de bienfaisance rétribuent aussi quelquefois des médecins, officiers de santé, sages-femmes, pour les soins qu'ils donnent gratuitement aux indigents. Les quittances délivrées pour ces traitements, de même que celles des médecins des hospices civils, ne sont assujetties au timbre que lorsque le traitement annuel excède 300 francs.

Les mémoires ou états produits par les médecins qui ne reçoivent pas un traitement fixe pour soins donnés à des indigents, et par les pharmaciens pour fournitures de médicaments à ces mêmes indigents, doivent être rédigés sur papier timbré, l'article 16 de la loi du 13 brumaire an VII qui a affranchi du timbre les quittances de secours payés aux indigents n'étant pas applicable à ces mémoires. (Décis. min. des fin., 24 mai et 11 juillet 1859. — *Mém.* p. 255.)

Mais les quittances des sommes payées pour le service médical gratuit sont exemptes des droits de timbre. — Voy. SERVICE MÉDICAL.

Mémoires et factures. — Les mandats pour le payement du prix des fournitures ou de travaux au compte des communes et des établissements de bienfaisance doivent être appuyés des factures ou mémoires des fournisseurs ou entrepreneurs.

Ces mémoires et factures doivent être certifiés et signés par les créanciers directs des communes ou établissements.

Tout mémoire de travaux doit mentionner la nature des réparations ou l'objet des travaux exécutés, la date de l'exécution, la quantité et le prix, par unité et en somme, des ouvrages effectués et des matières fournies ou employées.

Les factures doivent également indiquer la nature, la quantité, le prix par unité et en somme, et la date de la livraison des marchandises ou objets fournis.

Les mémoires et factures joints à l'appui des mandats doivent toujours être timbrés; toutefois, les maires et les ordonnateurs des établissements de bienfaisance peuvent, pour les dépenses non excédant 10 francs, dispenser les créanciers de produire une facture ou un mémoire timbré; mais alors le détail des fournitures doit être énoncé dans le corps des mandats; à défaut de cette énonciation, le receveur est tenu d'exiger la facture timbrée. (I. G., art. 1013.)

Lorsqu'il s'agit de travaux en régie, le détail des fournitures ou travaux ne pouvant être donné dans les mandats délivrés au nom des régisseurs, rien ne s'oppose à ce qu'il soit suppléé aux mémoires des objets fournis ou des travaux exécutés, quand il s'agit de sommes non excédant 10 francs, par des quittances, sur papier libre, des fournisseurs et ouvriers contenant ce détail. (Id., art. 1014.)

Lorsque les factures ou mémoires sont fournis sur papier timbré et quittancés par les parties prenantes, les mandats de payement sont exempts du timbre, bien que l'acquit doive toujours être donné pour ordre au bas de ces mandats. Dans ce cas, il n'est dû qu'un seul droit de timbre, pour la facture ou mémoire et le mandat. (Id., art. 1012 et 1013.)

Les mémoires de travaux et fournitures dont le montant excède 10 francs peuvent, sans contravention aux lois du timbre, être portés sur la même feuille de papier timbré que le mandat de payement. — *Mém.* 1860, p. 81 ; 1862, p. 62 et 413.

Lorsqu'un mémoire de fournitures ou de travaux, établi sur papier timbré, ne peut être acquitté en entier à défaut de fonds et qu'il n'est délivré au créancier qu'un mandat d'à-compte, le mémoire annexé à ce mandat ne doit pas être quittancé en totalité, mais seulement pour l'à-compte payé. Rien n'empêche ensuite que, successivement et au fur et à mesure des payements ultérieurs jusqu'au solde, les quittances soient inscrites sur le mémoire primitif, à la suite de celle du premier à-compte. — *Mém.* 1862, p. 327. — Voy. PAYEMENT DES DÉPENSES COMMUNALES, PIÈCES JUSTIFICATIVES, TIMBRE.

Mendicité. — Voy. DÉPÔTS DE MENDICITÉ.

Menues dépenses des hospices. — Voy. AVANCES, ÉCONOMES, HOSPICES, SŒURS HOSPITALIÈRES.

Mesurage. — Voy. PESAGE.

Mesures disciplinaires. — Voy. ABSENCE DES COMPTABLES, AGENT SPÉCIAL, COMPTE DE GESTION, EXPRÈS, RÉSIDENCE, RETENUE, SUSPENSION.

Meubles. — Les biens sont meubles par leur nature, ou par la détermination de la loi. (C. N., art. 527.)

Sont meubles par leur nature les corps qui peuvent se transporter d'un lieu à un autre, soit qu'ils se meuvent par eux-mêmes, comme les animaux, soit qu'ils ne puissent changer de place que par l'effet d'une force étrangère, comme les choses inanimées. (Id., art. 528.)

Sont meubles par la détermination de la loi les obligations et actions qui ont pour objet des sommes exigibles ou des effets mobiliers, les actions ou intérêts dans les compagnies de finance, de commerce ou d'industrie, encore que les immeubles dépendant de ces entreprises appartiennent aux compagnies.

Sont aussi meubles par la détermination de la loi les rentes perpétuelles ou viagères, soit sur l'Etat, soit sur des particuliers. (Id., art. 529.)

Les bateaux, bacs, navires, moulins et bains sur bateaux, et généralement toutes usines non fixées par des piliers, et ne faisant point partie de la maison, sont meubles ; la saisie de quelques-uns de ces objets peut cependant, à cause de leur importance, être soumise à des formes particulières, ainsi qu'il est expliqué à l'article 620 du Code de procédure civile. (Id., art. 531.)

Les matériaux provenant de la démolition d'un édifice, ceux assemblés pour en construire un nouveau, sont meubles jusqu'à ce qu'ils soient employés par l'ouvrier dans une construction. (Id., art. 532.)

Le mot *meuble*, employé seul dans les dispositions de la loi ou de l'homme, sans autre addition ni désignation, ne comprend pas l'argent comptant, les pierreries, les dettes actives, les livres, les médailles, les instruments des sciences, des arts et métiers, le linge de corps, les chevaux, équipages, armes, grains, vins, foins et autres denrées ; il ne comprend pas aussi ce qui fait l'objet d'un commerce. (C. N., art. 533.)

Les mots *meubles meublants* ne comprennent que les meubles destinés à l'usage et à l'ornement des appartements. (Id., art. 534.)

L'expression *biens-meubles*, celle de *mobilier* ou *d'effets mobiliers*, comprennent généralement tout ce qui est censé meuble d'après les règles ci-dessus établies.

La vente ou le don d'une maison meublée ne comprend que les meubles meublants. (Id., art. 535.)

La vente ou le don d'une maison, avec tout ce qui s'y trouve, ne comprend pas l'argent comptant, ni les dettes actives et autres droits dont les titres peuvent être déposés dans la maison ; tous les autres effets mobiliers y sont compris. (Id., art. 536.)

Le privilége attribué au Trésor public et aux percepteurs agissant en son nom, pour le recouvrement des contributions directes générales et spéciales autres que la contribution foncière, est réglé, pour l'année échue et l'année courante, sur tous les meubles et effets mobiliers appartenant aux redevables, en quelque lieu qu'ils se trouvent. (L. 12 novembre 1808; I. G., art. 77.) — Voy. POURSUITES, PRIVILÉGE DU TRÉSOR, RECOUVREMENT.

Lorsque des meubles appartenant aux communes ou aux établissements de bienfaisance sont dans le cas d'être vendus, la vente en est proposée par les conseils municipaux ou les commissions administratives, dont les délibérations à ce sujet sont approuvées par les préfets. Les ventes autorisées sont faites aux enchères, et le versement du prix dans la caisse municipale ou hospitalière est effectué suivant les conditions portées dans l'acte de vente. (I. G., art. 944.)

La vente des biens mobiliers des communes et établissements de bienfaisance autres que ceux qui servent à un usage public peut, sur la demande de tout créancier porteur de titres exécutoires, être autorisée par un arrêté du préfet, qui détermine les formes de la vente. (L. 18 juillet 1837, art. 46 et 51 ; O. 6 juillet 1846, art. 3 ; I. G., art. 945.) — Voy. DETTES.

Les achats de meubles pour compte des communes et des établissements de bienfaisance doivent, en règle générale, être l'objet d'une adjudication publique; toutefois, dans certaines circonstances prévues par l'ordonnance du 14 novembre 1837, les administrations municipales et de bienfaisance peuvent obtenir l'autorisation de passer des marchés à l'amiable.

Une expédition du procès-verbal d'adjudication ou du traité de gré à gré est produite par le comptable pour la justification de la dépense. Lorsque la dispense d'adjudication a été régulièrement accordée par le préfet et que la nature de l'achat ne comporte pas par lui-même la nécessité d'un marché, comme dans le cas de l'acquisition d'un meuble tout confectionné, le payement peut être fait sur simple facture, jointe au mandat de l'ordonnateur, avec le certificat du maire constatant que l'objet a été livré et, s'il y a lieu, inscrit au catalogue ou à l'inventaire. — *Mém.* 1863, p. 240. — Voy. Achat d'objets mobiliers, Adjudication, Fournitures, Inventaire, Marché, Pièces justificatives, Traité de gré a gré.

Militaires blessés ou infirmes. — Aux termes d'une décision impériale du 3 janvier 1837, les sous-officiers, caporaux, brigadiers et soldats réformés pour blessures ou infirmités contractées au service reçoivent, lorsqu'ils n'ont pas droit à la pension de retraite, une gratification de réforme renouvelable annuellement tant que dure pour eux l'impossibilité de se livrer au travail à cause des blessures ou infirmités qui ont motivé leur réforme.

Les militaires admis à la gratification de réforme renouvelable reçoivent un titre ministériel, et sont payés d'avance, au commencement de chaque semestre, sur mandats individuels des sous-intendants militaires. Les justifications à fournir à l'appui de la dépense consistent dans la quittance des parties prenantes, appuyée d'un certificat de vie dont la formule se trouve au dos des mandats. De plus, les mandats doivent indiquer la date de la décision ministérielle portant concession de la gratification. (Circ. compt. gén., 15 juin 1859. — *Mém.* p. 171.)

Les percepteurs qui ont à acquitter des mandats de cette sorte pour le compte des payeurs doivent avoir soin d'exiger les justifications ci-dessus mentionnées. — Voy. Payement pour le compte du payeur.

Mines (Redevances des). — Une contribution spéciale est assise sur les mines, indépendamment de la contribution foncière du terrain occupé pour leur exploitation.

Cette contribution se divise en redevance fixe et en redevance proportionnelle.

La redevance fixe est de 10 francs par kilomètre carré de la superficie comprise dans le périmètre de la concession.

La redevance proportionnelle est ordinairement du vingtième du produit net de l'exploitation calculé d'après la totalité des produits extraits ; elle ne peut l'excéder, et les concessionnaires ont la faculté de demander qu'elle soit convertie en un abonnement. (L. 21 avril 1810 ; D. 6 mai 1811 ; I. G., art. 228.)

L'abonnement, lorsqu'il est demandé, doit être réglé en prenant pour base le produit net moyen des deux dernières années, et son taux est fixé pour une durée de cinq ans. (D. 30 juin 1860.)

Les tableaux des mines indiquant les sommes à imposer pour la redevance fixe sont arrêtés par les préfets et transmis aux directeurs des contributions directes, qui reçoivent en outre, pour l'assiette de la redevance proportionnelle, une matrice des rôles arrêtée d'après les états d'exploitation par les membres du comité d'évaluation et les états certifiés des abonnements admis. (D. 6 mai 1811, art. 10, 14, 23, 34 et 35 ; I. G., art. 229.)

D'après ces éléments, les directeurs des contributions directes dressent des rôles spéciaux qui comprennent les sommes à payer par les concessionnaires de mines de chaque département, avec désignation des communes où ces mines sont situées. Les directeurs ajoutent, au principal des redevances ou abonnements, les centimes additionnels dont l'imposition est autorisée par la loi annuelle du budget, pour remises des receveurs des finances, frais de perception et pour non-valeurs. (I. G., art. 230.)

Ces rôles sont remis aux percepteurs, avec les avertissements, et publiés d'après les règles établies pour ceux des contributions directes. (Id., art. 230 et 231.)

Les rôles qui n'auraient pu être formés qu'après l'expiration de l'année pour laquelle le recouvrement en est ordonné doivent être constatés aux comptes de l'exercice qui prend son nom de cette année. Toutefois, les rôles qui ne seraient émis que postérieurement au 31 janvier seraient rattachés à l'exercice suivant. (Id., art. 1871.) — *Mém.* 1860, p. 63.

Le recouvrement des redevances des mines et les poursuites auxquelles il donnerait lieu sont soumis au mode établi pour les contributions directes. Seulement, lorsque le terrain occupé par une mine embrasse plusieurs communes, le percepteur de la commune où sont situés les bâtiments, usines et maisons de direction, est seul chargé du recouvrement. (I. G., art. 232.) — *Mém.* 1860, p. 189.

Le privilége du Trésor, pour le recouvrement des redevances des mines, s'exerce, comme pour la contribution foncière, sur les fruits, loyers et revenus des biens sujets à la contribution (L. 21 avril 1810, art. 37; Avis du cons. d'État, 5 janvier 1831). Le Trésor, ou le percepteur agissant en son nom, n'exerce pas de privilége sur une mine non exploitée, puisqu'il n'y a pas de fruits. En cas de vente de l'immeuble et de la concession, le percepteur ne peut que se présenter comme créancier ordinaire sur le prix des biens vendus et demander sa collocation dans l'ordre, sauf à proposer l'admission de partie de la cote en non-valeurs, si la distribution du prix de vente entre les créanciers ne couvre pas les droits du Trésor. — *Mém.* 1863, p. 274.

Le produit des redevances des mines est enregistré dans la colonne du journal à souche intitulée : Autres produits et services divers. Un compte particulier est ouvert à ce produit dans la deuxième section du livre des comptes divers. Les recettes y relatives y sont enregistrées, par journée dans la colonne de l'exercice auquel elles appartiennent, et il est successivement fait dépense des versements que les percepteurs effectuent aux caisses des receveurs particuliers. (I. G., art. 1449, 1471 et 1473.) — Voy. Avertissement, Contributions directes, Poursuites, Recouvrement, Rôles.

Les dépenses relatives aux redevances des mines sont : 1° les frais de perception ; 2° les frais de confection des rôles et d'expertises ; 3° les remises et modérations, décharges et réductions. (I. G., art. 233.)

Les frais de perception se composent : des remises allouées aux percepteurs ; des frais de distribution des premiers avertissements. (Id., art. 234.)

La rétribution allouée au directeur des contributions directes pour les frais de confection des rôles des redevances des mines, ainsi que les frais occasionnés par les expertises auxquelles a donné lieu la vérification des demandes en dégrèvement, sont payés sur le produit des centimes additionnels imposés pour fonds de non-valeurs. (Id., art. 235.)

Lorsque le concessionnaire d'une mine a éprouvé des pertes par suite d'événements extraordinaires, il peut obtenir, soit la remise entière de sa redevance fixe et de sa redevance proportionnelle, soit une simple modération.

Si un contribuable porté au rôle des redevances des mines a cessé d'être imposable, il lui est accordé décharge de ces redevances.

S'il a été seulement trop imposé, il a droit à une réduction de cote.

Ces remises et modérations, décharges et réductions sont allouées aux contribuables sur le produit des centimes additionnels pour non-valeurs ajoutés dans les rôles au principal des redevances. (D. 6 mai 1811, art. 54 ; I. G., art. 236.)

Les règles établies pour les contributions directes sont également applicables aux crédits, à l'ordonnancement et au payement des dépenses sur les redevances des mines, sauf les dispositions spéciales qui suivent. (Id. art. 237.)

Le crédit pour les remises des percepteurs, lesquelles sont fixées à 3 p. 0/0, se forme d'après un décompte que les receveurs généraux font établir lorsque les rôles de l'exercice leur sont entièrement connus et qu'ils adressent à la direction de la comptabilité générale en même temps que le décompte définitif des remises sur les contributions directes. Le premier de ces décomptes, qui doit comprendre également les remises des percepteurs sur la taxe des biens de mainmorte et sur les rétributions pour la vérification des poids et mesures, sert à l'ouverture des crédits de délégation par le ministère des finances : les receveurs généraux doivent en fournir des extraits aux receveurs particuliers en ce qui concerne leur arrondissement respectif. Ces remises sont allouées aux percepteurs au fur et à mesure de leurs versements, en vertu de mandats des préfets contenant décompte de liquidation et sans qu'il soit nécessaire d'attendre l'avis des ordonnances de délégation. (Id., art. 238.)

Il est alloué aux receveurs généraux et aux receveurs particuliers des finances des taxations sur les redevances des mines ; elles sont fixées conformément aux articles 488 à 490 de l'Instruction générale.

Le crédit pour frais de distribution des premiers avertissements à délivrer aux contribuables est formé du produit de 2 centimes sur les

5 centimes ajoutés pour cet objet à chaque cote individuelle. (I. G., art. 240.)

Les frais de confection des rôles sont prélevés sur le fonds commun des 10 centimes additionnels, sur lequel sont également imputés les dégrèvements de toute nature après l'ouverture des crédits de délégation nécessaires. Les frais d'expertises occasionnés par la vérification des demandes en dégrèvements sont payés de la même manière. (Id., art. 241 et 242.)

L'annulation des crédits non employés à l'expiration de chaque exercice s'opère en même temps que les annulations relatives aux dépenses du service des contributions directes. (Id., art. 244.) — Voy. AVERTISSEMENTS, CONTRIBUTIONS DIRECTES, DÉGRÈVEMENTS, DÉPENSES RELATIVES AUX CONTRIBUTIONS DIRECTES.

Minimum de prix. — Disposition par laquelle l'administration, avant de procéder à une adjudication, déclare, dans un pli déposé cacheté sur le bureau, qu'elle ne traitera pas si le rabais proposé par la soumission la plus favorable n'est pas au moins de tant pour 100 sur l'évaluation des devis. (O. 14 novembre 1837, art. 7.) — Voy. ADJUDICATIONS.

Ministère des finances. — Le département des finances est chargé de l'administration des revenus publics et de la comptabilité des finances de l'État.

Ses attributions comprennent : l'établissement et le règlement du budget général de chaque exercice ; l'assiette, répartition et perception des impôts directs et indirects ; l'enregistrement ; l'exploitation des domaines et des bois, des postes, des tabacs, du timbre et des autres régies et entreprises qui donnent un produit au Trésor ; le mouvement des fonds ; l'inscription des rentes et pensions sur l'État, et des cautionnements ; l'acquittement de toutes les dépenses publiques ; la surveillance des caisses publiques et des préposés comptables ; la vérification de la fabrication et du titre des monnaies, etc.

L'administration centrale du ministère comprend sept divisions principales, savoir : la direction du personnel et de l'inspection générale ; le secrétariat général ; la direction du contentieux des finances ; la direction du mouvement général des fonds ; la direction de la dette inscrite ; la direction générale de la comptabilité publique ; la direction des caisses centrales du Trésor public ; la division du contrôle central.

Six grandes administrations dépendent, en outre, du ministère des finances, savoir : la direction générale des contributions directes ; la direction générale de l'enregistrement et des domaines ; la direction générale des douanes et des contributions indirectes ; la direction générale des tabacs ; la direction générale des postes ; l'administration des forêts.

Le bureau de la perception des contributions directes et de la comptabilité des communes et établissements de bienfaisance fait partie de la direction générale de la comptabilité publique. Il a dans ses attributions : le service de la perception et des poursuites en matière de contributions directes ; l'établissement des situations périodiques des recouvrements ; la surveillance de la gestion et de la comptabilité des receveurs des communes et établissements de bienfaisance ; la liquidation des débet sur ces divers services et l'examen des questions spéciales qui s'y rattachent ; la liquidation des remises des percepteurs et le règlement des tarifs ; la fixation des indemnités à allouer aux gérants intérimaires et aux agents spéciaux. — Voy. BUDGET GÉNÉRAL, COMPTABILITÉ PUBLIQUE, DIRECTION GÉNÉRALE DES CONTRIBUTIONS DIRECTES, PAYEURS, PERCEPTEURS, RECEVEURS.

Minute du compte de gestion. — La minute des comptes de gestion des receveurs de communes et d'établissements de bienfaisance, laquelle, aux termes de l'article 1550 de l'Instruction générale, doit être timbrée, est la propriété particulière des comptables, dont elle sert à prouver la décharge personnelle. Elle doit, en conséquence, rester entre leurs mains, et non demeurer dans les archives de la perception, pour être ensuite remise aux comptables entrant en fonction. — *Mém.* 1860, p. 79.

Les receveurs doivent, indépendamment de la minute du compte, en dresser deux expéditions non timbrées : l'une destinée à l'autorité chargée du jugement du compte ; l'autre qui doit être soumise au conseil municipal ou à la commission administrative et être ensuite conservée dans les archives de la commune ou de l'établissement auquel le compte appartient. — Voy. COMPTE DE GESTION.

Mise à la réforme ou à la retraite. — Voy. PENSIONS CIVILES, PERCEPTEURS.

Mise en jugement des percepteurs. — Voy. POURSUITES JUDICIAIRES CONTRE LES PERCEPTEURS.

Mobilier de classe. — Voy. MAISON D'ÉCOLE.

Moins de mesure. — Voy. COUPES DE BOIS.

Mois de nourrices. — Voy. ENFANTS ASSISTÉS.

Moniteur des communes. — Depuis le mois de février 1852, les communes autres que les chefs-lieux de canton ont cessé de recevoir d'office le *Bulletin des lois*. Elles reçoivent, en échange, une feuille rédigée par les soins et sous la surveillance du ministre de l'intérieur et contenant les lois, les décrets et les instructions du Gouvernement, ou une analyse sommaire de ces divers actes. (D. 12 février 1852, art. 1 et 2.)

Cette publication officielle, intitulée *Moniteur des communes*, est divisée en deux parties dont l'une reste déposée aux archives de la mairie et dont l'autre est placardée dans la commune, au lieu le plus apparent. (Id., art. 3.)

La dépense de l'abonnement à cette publication est obligatoire pour les communes non chefs-lieux de canton. Le prix d'abonnement, fixé à 6 francs par an, est versé, dans les premiers mois de chaque année, à la caisse du receveur des finances de l'arrondissement, pour être transmis par le receveur général à l'imprimerie impériale. Le récépissé du receveur des finances est joint au mandat de payement. — Voy. IMPRIMERIE IMPÉRIALE.

Moniteur universel. — Un décret du 25 juin 1852 a ordonné que le *Moniteur*, journal officiel de l'Empire français, serait envoyé aux maires des communes chefs-lieux de canton, et que le prix des abonnements ainsi réalisés d'office serait imputé sur le produit des amendes de police correctionnelle. Un tiers de ce produit, après prélèvement des frais de poursuites tombés en non-valeurs et des droits dus aux greffiers, est réservé pour cette dépense.

L'emploi de la portion des amendes de police correctionnelle affectée aux frais d'abonnement du *Moniteur* donne lieu aux dispositions ci-après :

Les fonds sont centralisés à la caisse des dépôts et consignations à Paris, et ordonnancés par le ministre de l'intérieur au profit de l'administration du *Moniteur*. A cet effet, les préfets délivrent, pour le contingent de leur département respectif, un mandat sur la caisse du receveur général et à son nom, comme préposé de la caisse des dépôts. Il en est fait conséquemment recette dans les écritures de ce comptable, au crédit de la caisse des dépôts, à titre de dépôts de divers établissements publics, et il en fait en même temps dépense au compte des cotisations, fonds des amendes de police correctionnelle. (I. G., art. 628.)

Il peut arriver que les frais de l'abonnement au *Moniteur* n'absorbent pas entièrement les fonds centralisés. Dans ce cas, la somme disponible est, lorsqu'elle atteint un minimum de 50,000 francs, restituée aux départements dans la proportion des contingents versés par chacun d'eux. Ces restitutions s'effectuent sur un état dressé par les soins du ministère de l'intérieur et envoyé à la caisse des dépôts et consignations, qui autorise les receveurs généraux à en faire dépense à son compte, à la charge de rétablir les fonds au crédit du compte des amendes de police correctionnelle. (Id., art. 629.) — Voy. AMENDES, FONDS COMMUN DES AMENDES DE POLICE CORRECTIONNELLE.

Monnaies. — L'unité monétaire de la France est le franc. Les dixièmes et centièmes de franc s'appellent décimes et centimes.

Les monnaies nationales ayant cours en France sont d'or, d'argent ou de bronze. Il y a des pièces de bronze de 1 centime, de 2 centimes, de 5 centimes et de 1 décime ou 10 centimes ; — des pièces d'argent de 20 centimes, de 50 centimes, de 1 franc, de 2 francs et de 5 francs ; — des pièces d'or de 5 francs, de 10 francs, de 20 francs, de 40 francs, de 50 francs et de 100 francs.

Le poids des monnaies de bronze est de 1 gramme par centime. Ainsi, le poids de la pièce de 2 centimes est de 2 grammes ; celui de la pièce de 5 centimes, de 5 grammes, etc.

Le poids de la pièce de 1 franc est de 5 grammes, et toutes les autres pièces d'argent ont un poids proportionné.

Le poids de la pièce d'or de 20 francs est du 155e d'un kilogramme ou de 6 grammes 45161, et les autres pièces ont également un poids proportionné. Toutefois, pour les pièces d'or, la loi a fixé les limites entre lesquelles le poids peut varier : la tolérance est fixée à 2 millièmes en plus ou en moins pour les pièces d'or de 10 francs et au-dessus, et à 3 millièmes pour les pièces d'or de 5 francs.

Le Code pénal (article 475, n° 11) punit d'amende, depuis 6 francs jusqu'à 15 francs inclusivement, ceux qui auraient refusé de recevoir les monnaies nationales, non fausses ni altérées, selon la valeur pour laquelle elles ont cours.

L'introduction en France des monnaies de cuivre et de billon de fabrique étrangère est prohibée. Il n'existe aucune prohibition de cette nature pour les monnaies d'or et d'argent ; mais elles ne peuvent avoir cours forcé en France : il n'est admis d'exception qu'à l'égard des monnaies de l'ancien royaume d'Italie.

Les pièces de monnaie, même nationales, ne peuvent avoir cours qu'autant qu'elles conservent fidèlement les signes extérieurs qui en attestent l'authenticité. Les pièces rognées, usées, altérées, sont reçues aux hôtels des monnaies pour leur poids et peuvent rester dans le commerce comme simples matières. Mais les comptables publics, comme les simples particuliers, ne peuvent être tenus de les recevoir, même pour leur poids.

Il est expressément défendu aux receveurs, percepteurs, payeurs et autres comptables publics, de recevoir ni faire entrer dans leurs payements des pièces de fausse monnaie.

Les pièces fausses qui leur seraient offertes en payement doivent être cisaillées et rendues en cet état au porteur. (Arrêté du min. des fin, 1er juin 1818.)

La monnaie de bronze ne peut être employée dans les payements, si ce n'est de gré à gré, que pour l'appoint de la pièce de 5 francs. (D. 18 août 1810.)

Le débiteur est tenu de faire l'appoint, et, par conséquent, de se procurer le numéraire nécessaire pour solder exactement la somme dont il est redevable.

Toutefois, les comptables ne doivent pas se prévaloir, d'une manière absolue, du droit qui résulte de cette dernière disposition. Il convient, au contraire, qu'ils accordent au public toutes les facilités que comporte la situation de leur caisse, en évitant néanmoins de faciliter les échanges de monnaie. (I. G., art. 97.)

Les versements qui se font de caisse à caisse, de comptable à comptable, constituent de véritables payements dans le sens du décret du 18 août 1810. Ainsi, le receveur d'octroi d'une ville ne pourrait pas, quand il verse ses fonds à la caisse communale, exiger que le receveur municipal prît toute sa monnaie de cuivre, sous prétexte qu'il a reçu lui-même cette monnaie. — *Mém.* 1845, p. 356; 1849, p. 23.

Les dispositions du décret précité s'appliquent également aux versements que les percepteurs et autres comptables ont à faire aux recettes des finances. — *Mém.* 1859, p. 102. — Voy. Caisse, Versements.

Monts-de-piété. — Les monts-de-piété ont pour destination de faciliter aux personnes dans le besoin le moyen de se procurer de l'argent contre des objets mobiliers qu'elles affectent, pour un temps déterminé, à la garantie de la somme prêtée.

Un décret impérial du 24 messidor an XII, en organisant le mont-de-piété de Paris, décida en principe, articles 14 et 15, la création de monts-de-piété au profit des pauvres dans les lieux où il serait utile d'en former. Pour l'exécution de ce décret, le ministre de l'intérieur adressa aux préfets, le 18 fructidor de la même année, un modèle de règlement qui est resté, jusqu'à la loi du 24 juin 1851 dont il sera parlé ci-après, l'unique base de l'organisation administrative des monts-de-piété.

Cette organisation plaça les monts-de-piété sous la surveillance de l'autorité municipale et du préfet, avec des administrations gratuites composées, suivant l'importance de l'établissement, de cinq ou sept membres, dont le maire est président-né. La gestion immédiate de l'administration fut confiée à un directeur, ayant sous ses ordres tous les employés et préposés. Un caissier fut chargé de faire les recettes et d'acquitter les dépenses, et un garde-magasin de la manutention des magasins et de la garde des effets qui y sont déposés; enfin, des appréciateurs responsables firent l'estimation de tous les objets présentés en nantissement. Les commissaires-priseurs, dans les villes où il en existe, furent chargés exclusivement de toutes les opérations de prisée et de vente.

Par une conséquence de leur origine, les monts-de-piété ont, presque partout, des intérêts communs avec les hospices, et sont même encore aujourd'hui dans plusieurs localités régis par les administrations hospitalières.

Dans cette situation dépendante, les monts-de-piété ne possédant pour la plupart aucune propriété, n'ont d'autres ressources pour alimenter leurs services que les capitaux qui leur sont fournis par les caisses municipales ou par les hospices, et ceux qu'ils empruntent; d'où ils son tdans la nécessité de faire supporter à leurs emprunteurs un intéré qui dépasse le taux légal, puisqu'il se compose de celui qu'ils payent à leurs prêteurs et en outre, des frais généraux de leur administration. En effet, sur quarante-trois monts de-piété, environ, existant en France aujourd'hui, il en est à peine quinze ou seize qui puissent suffire aux frais de leur administration et prêter, soit gratuitement, soit à un intérêt de 6 p. 0/0. Tous les autres, et ce sont généralement les plus considérables, prêtent à 8, 12, 13 et 15 p. 0/0. A Paris, l'intérêt est de 9 1/2 p. 0/0.

Il en sera ainsi jusqu'à ce que ces monts-de-piété puissent se créer une dotation qui les dispense de recourir à l'emprunt pour pouvoir prêter à leur tour. Or, la disposition du décret du 24 messidor an XII, portant que les monts-de-piété sont créés au profit des pauvres, a été longtemps un obstacle à la formation de leur dotation, car cette disposition a toujours été interprétée par le conseil d'État comme donnant aux hospices un droit réel à la propriété provenant des opérations des monts-de piété. (Avis du cons. d'État, 12 juillet 1807, et du comité de l'int., 13 février 1833.)

C'est ce point important que la loi nouvelle du 24 juin 1851 a eu pour objet de changer, en édictant, par son article 3, qu'à l'avenir les monts-de-piété pourront capitaliser à leur profit leurs excédants de recettes.

Il y a lieu de remarquer, toutefois, que cette disposition ne modifie point le principe constitutif des monts-de-piété existants : elle leur donne seulement le moyen de diminuer, dans un temps plus ou moins long, le taux de l'intérêt qu'ils sont actuellement forcés d'exiger de leurs emprunteurs. Sur ce point, comme dans son ensemble, la loi n'a pu changer ce qui constituait des conventions avec les administrations hospitalières, et qui ne peut être délié que par suite d'un commun accord entre les parties intéressées.

Nous reproduisons ci-après les dispositions de la loi du 24 juin 1851, avec quelques modifications résultant du décret du 25 mars 1852 sur la décentralisation administrative.

Les monts-de-piété sont institués comme établissements d'utilité publique, et avec l'assentiment des conseils municipaux, par des décrets de l'Empereur, selon les formes prescrites pour ces établissements. (L. 24 juin 1851, art. 1er.)

Les conseils d'administration des monts-de-piété sont présidés par le maire de la commune.

Les membres des conseils d'administration sont nommés, dans les départements, par le préfet ; leurs fonctions sont gratuites. Ils doivent être choisis : un tiers dans le conseil municipal, un tiers parmi les administrateurs des établissements charitables, un tiers parmi les autres citoyens domiciliés dans la commune.

Les conseils d'administration sont renouvelés par tiers chaque année.

Le décret d'institution de chaque mont-de-piété détermine l'organisation du conseil d'administration et les conditions particulières de sa gestion.

Le directeur, dans les monts-de-piété où cet emploi existe, ou agent responsable, est nommé par le préfet, sur la présentation du conseil d'administration. En cas de refus motivé par le préfet, le conseil d'administration est tenu de présenter un autre candidat. Le directeur peut être révoqué par le préfet. (L. 24 juin 1851, art. 2; D. 25 mars 1852.)

Le receveur ou caissier est nommé par le préfet, sur la proposition du conseil d'administration. (D. 25 mars 1852, art. 5, § 9; Circ. int. 5 mai 1852.)

Les monts-de-piété sont, quant aux règles de comptabilité, assimilés aux établissements de bienfaisance (L. 24 juin 1851, art. 2). Toutefois le service des receveurs n'est pas placé sous la surveillance des receveurs des finances. (I. G., art. 1327.)

La dotation de chaque mont-de-piété se compose : 1° des biens meubles et immeubles affectés à sa fondation et de ceux dont il est ou deviendra propriétaire, notamment par dons et legs; 2° des bénéfices et bonis constatés par les inventaires; 3° des subventions qui peuvent leur être attribuées sur les fonds de la commune, du département ou de l'État. (L. 24 juin 1851, art. 3.)

Il est pourvu aux opérations des monts-de-piété au moyen : 1° des fonds disponibles sur leur dotation; 2° de ceux qu'ils se procurent par voie d'emprunt, ou qui sont versés à intérêt dans leur caisse. Les conditions des emprunts sont réglées annuellement par l'administration, sous l'approbation du préfet. (Id., art. 4.)

Les monts de-piété conservent en tout ou partie, et dans les limites déterminées par le décret d'institution, leur excédant de recette pour former ou accroître leur dotation. Lorsque la dotation suffit tant à couvrir les frais généraux qu'à abaisser l'intérêt au taux légal de 5 pour cent, les excédants de recettes sont attribués aux hospices ou autres établissements de bienfaisance par arrêté du préfet, sur l'avis du conseil municipal. (Id., art. 5.)

Tout dépositaire, après un délai de trois mois à partir du jour du dépôt, peut requérir, aux époques de ventes fixées par les règlements des monts-de-piété, la vente de son nantissement, avant même le terme fixé sur sa reconnaissance. Le prix de cet objet est remis, sans délai, au propriétaire emprunteur, déduction faite des intérêts échus et du montant des frais fixés par les règlements. Les marchandises neuves données en nantissement ne peuvent néanmoins être vendues qu'après l'expiration d'une année. (Id., art. 7.)

Les obligations, reconnaissances et tous actes concernant l'administration des monts-de-piété sont exempts des droits de timbre et d'enregistrement. (Id., art. 8.)

A l'exception de cette faveur, qui est commune à tous les établissements, les dispositions de la loi du 24 juin 1851, aux termes de son article 10, ne s'appliquent pas aux monts-de-piété établis à titre purement charitable, et qui, au moyen de dons ou fondations spéciales, prêtent gratuitement ou à un taux inférieur au taux légal : ces monts-de-piété sont régis par les conditions de leurs actes constitutifs.

Mais l'article 9 les rend immédiatement applicables « à ceux des monts-de-piété existants qui ont été fondés comme établissements distincts de tous autres. »

Cette dernière disposition doit s'entendre dans ce sens que la loi nouvelle n'a pas entendu changer ce qui constituait des conventions avec les administrations hospitalières, et qui ne peut être délié que par suite d'un commun accord entre les parties intéressées. Elle dispose principalement pour l'avenir, c'est-à-dire pour les monts-de-piété qui seront ultérieurement formés, et aussi à l'égard de ceux qui, existant déjà, ne sont pas liés par des conventions antérieures, ou qui parviendront à modifier leur constitution de manière à devenir indépendants ou distincts de tous autres établissements.

Les dispositions de l'article 2, en ce qui concerne l'organisation administrative des monts-de-piété et la comptabilité, s'appliquent généralement aux monts-de-piété, bien que le texte de l'article 9 paraisse indiquer le contraire; au reste, elles consacrent presque entièrement les règles qui étaient précédemment suivies.

L'article 6 de la loi du 24 juin 1851 porte qu'il sera pourvu par un règlement d'administration publique à tout ce qui concerne l'institution et la surveillance des agents intermédiaires accrédités près des monts-de-piété. Il s'agit des commissionnaires aux monts-de-piété, dont la suppression avait été fortement agitée à l'assemblée législative lors du vote de la loi. Le règlement d'administration publique dont il est question dans cet article n'a pas encore paru.

Lorsque les receveurs spéciaux des établissements de bienfaisance ont été autorisés à réaliser leur cautionnement en numéraire, le versement en est fait aux caisses des monts-de-piété. (O. 6 juin 1830; I. G., art. 1231.)

L'intérêt des cautionnements versés aux monts-de-piété a été fixé à 3 p. 0/0, comme l'intérêt des cautionnements versés au Trésor. (Circ. int., 14 juin 1845. — *Mém.*, p. 113.) — Voy. Cautionnements des percepteurs et receveurs, Hospices.

Mutation de cotes. — La mutation de cote a pour objet de rayer du rôle un contribuable indûment imposé et d'y inscrire à sa place celui sur lequel la contribution doit porter.

Lorsqu'une propriété a été imposée sous un autre nom que celui du propriétaire, il y a lieu à mutation de cote, laquelle est prononcée par le conseil de préfecture, sur la réclamation, soit du véritable propriétaire, soit de la personne sous le nom de laquelle la propriété a été mal à propos cotisée. (L. 2 messidor an VII, art. 5; Arrêté 24 floréal an VIII, art. 2.)

Le propriétaire ou contribuable réel doit être mis en cause pendant l'instruction de la demande. (I. G., art. 122.)

Une mutation de cote ne peut être valablement demandée si l'on ne justifie pas que le changement de propriétaire avait eu lieu avant le 1er janvier de l'année à laquelle se rapporte la cote. (Arrêt du cons. d'État, 29 juillet 1857.)

Tant que la mutation d'une propriété foncière n'a pas été régulièrement déclarée aux agents des contributions directes, l'ancien propriétaire continue à être imposé, sauf son recours contre le nouveau propriétaire. La mutation de cote ne peut être prononcée, à la demande de l'ancien propriétaire, que sur la désignation faite par lui du nouveau propriétaire, et après la mise en cause de ce dernier. (Arrêts du cons. d'État, 20 décembre 1848, et 7 janvier 1859. — *Mém.* 1849, p. 42.)

Les conseils de préfecture ne peuvent accorder la décharge de la contribution foncière afférente à des propriétés indûment imposées au nom d'un réclamant sans mettre en même temps, par voie de mutation de cote, cette contribution à la charge du véritable propriétaire, préalablement appelé à fournir ses observations (Arrêt du cons. d'État, 16 mars 1859). Ils ne peuvent non plus, dans le cas où la propriété serait contestée, statuer sur une mutation de cote avant que les tribunaux aient prononcé sur les droits des parties. (Arrêt du cons. d'État, 9 mai 1860.)

L'acquéreur d'une propriété restée imposée sous le nom du vendeur a qualité pour demander la mutation de cote. (Arrêts du cons. d'État, 31 janvier 1856 et 22 avril 1857.)

Le privilége attribué au Trésor public pour l'année échue et l'année courante de la contribution foncière affecte les récoltes, fruits, loyers et revenus, abstraction faite de toute mutation, ou de tout changement de propriétaire. (Arrêt de cass., 6 juillet 1852. — *Mém.* p. 284.)

L'impôt foncier étant dû par le propriétaire inscrit au rôle, celui-ci ne peut, en se fondant sur les clauses d'un bail, faire mettre cet impôt à la charge du fermier par voie de mutation de cote. (Arrêt du cons. d'État, 3 juin 1852. — *Mém.* 1854, p. 12.)

La loi n'autorise pas les mutations de cote en matière de contribution personnelle et mobilière; seulement les conseils de préfecture peuvent ordonner la rectification d'une erreur survenue dans la désignation d'un contribuable sur le rôle. (Arrêt du cons. d'État, 15 août 1839.)

On ne peut par conséquent, pour le payement d'une cote mobilière, substituer au contribuable qui a quitté un logement l'individu qui l'y a remplacé. (Arrêt du cons. d'État, 22 août 1844. — *Mém.* 1845, p. 75.)

Toutefois, la veuve peut être, en fait, substituée à son mari pour la contribution mobilière de l'année qui suit celle du décès de ce dernier, si elle continue d'habiter la maison. (Arrêt du cons. d'État, 7 janvier 1857. — *Mém.* 1859, p. 64.)

Les réclamations ayant pour objet des mutations de cotes concernant la contribution des portes et fenêtres sont présentées, instruites et jugées dans les mêmes forme et délai que les demandes en mutation de cotes foncières. (L. 8 juillet 1852, art. 13; I. G., art. 123. — *Mém.* 1852, p. 251; 1853, p. 59.)

Les mutations de cotes en matière de patentes sont prononcées par le préfet. — Voy. TRANSFERT DE PATENTE.

En cas de mutation de cote, si le contribuable primitivement imposé a payé une somme supérieure à celle qui est laissée à sa charge, le percepteur doit lui rembourser l'excédant ou la différence, l'arrêté qui a ordonné la mutation devant produire, à cet égard, les effets d'une ordonnance de décharge. — *Mém.* 1860, p. 329. — Voy. CONTRIBUTIONS DIRECTES, EXCÉDANTS DE VERSEMENTS, RÉCLAMATIONS.

Mutations. — On désigne ainsi les travaux préparatoires pour l'établissement des rôles.

Le travail des mutations comprend : 1° la réception des déclarations de mutation des propriétés foncières et la rédaction des extraits de matrice ou feuilles de mutation indiquant les parcelles qui font l'objet des changements; 2° la recherche des propriétés non bâties devenues imposables ou ayant cessé de l'être; celle des constructions et des démolitions totales ou partielles, ainsi que des changements de destination susceptibles d'affecter le revenu imposable des propriétés bâties; 3° la formation du relevé des mutations foncières donnant lieu à des changements sur la matrice des biens de mainmorte; 4° la formation des états de changements concernant la contribution des portes et fenêtres et la contribution personnelle-mobilière, et le redressement des erreurs commises antérieurement dans la désignation des noms, prénoms, professions et domiciles des contribuables; 5° l'établissement de la matrice des patentes; 6° la rédaction ou la rectification de l'état-matrice des prestations pour l'entretien et la réparation des chemins vicinaux; 7° l'application des mutations sur les matrices de la direction et sur celles des communes.

Mais, en ce qui concerne les percepteurs, ce travail consiste seulement : 1° à recevoir les déclarations des mutations foncières et à rédiger les extraits de matrice ou feuilles de mutation, hors les cas exceptionnels où les contrôleurs sont eux-mêmes chargés de ces opérations; 2° à faire des tournées dans les communes de leur perception, soit seuls, soit avec les contrôleurs, suivant ce qui sera indiqué ci-après; 3° à fournir tous les renseignements qu'ils peuvent recueillir pour l'amélioration de l'assiette de l'impôt et pour celle de la confection des rôles. (I. G., art. 24.)

Afin d'être en mesure de fournir ces renseignements, le percepteur doit tenir, pour chaque commune de sa perception, un cahier de notes qu'il porte avec lui dans ses tournées et sur lequel il indique, soit d'après la demande des contribuables, soit d'après les faits parvenus à sa connaissance, les changements ou rectifications à opérer dans les rôles Il y inscrit les divers renseignements qu'il a pu recueillir pour l'amélioration de l'assiette des contributions. notamment en ce qui con cerne les constructions et les démolitions, les alluvions et les corrosions, les patentables à imposer et ceux qui sont à supprimer des rôles.

Il rédige, tous les trois mois, sur des cadres remis à cet effet par le directeur des contributions directes au receveur général, un extrait du cahier des notes ou état des rectifications et changements, et le fait parvenir au contrôleur par la voie hiérarchique; lorsque le cahier de notes n'a reçu aucune inscription, il est transmis un certificat négatif.

Le percepteur n'a à inscrire ni sur le cahier de notes, ni sur les extraits de ce cahier, les faits relatifs aux mutations foncières dont il a rédigé les feuilles.

Les notes prises postérieurement au dernier envoi qui précède le passage du contrôleur, pour la tournée générale, sont remises directement à celui-ci par le percepteur pendant cette tournée.

Les percepteurs qui, pour une ou plusieurs communes, seraient dispensés de la réception des déclarations de mutations foncières devraient néanmoins consigner sur leur cahier de notes les renseignements qu'ils recueilleraient concernant ces mutations. (I. G., art. 27.)—Voy. CAHIER DE NOTES.

Le travail des mutations dans les communes est fait par le contrôleur des contributions ou par le percepteur dans les cas et les conditions ci-après déterminés.

Tournées des mutations. — Des tournées spéciales et une tournée générale ont lieu chaque année pour l'exécution du travail des mutations.

Il est donné avis au maire du jour et de l'heure où l'agent qui en est chargé doit se rendre dans la commune.

Pour les tournées spéciales, l'avis est donné par l'agent lui même.

Pour la tournée générale, l'avis est donné par le directeur des contributions directes.

Le maire porte les avis qu'il a reçus à la connaissance des habitants par les voies ordinaires de publication, et il convoque les répartiteurs pour prendre part au travail dans les cas où leur concours est nécessaire. (I. G., art. 28.)

Tournées spéciales. — Les tournées spéciales ont pour objet les mutations foncières et l'établissement des matrices des patentes. Les époques de ces tournées sont fixées par le directeur des contributions, sur la proposition du contrôleur, lorsqu'il s'agit d'un travail que ce dernier doit faire personnellement ; elles sont réglées de concert par le receveur général des finances et le directeur des contributions directes pour les communes où les percepteurs doivent opérer. Les contrôleurs et les percepteurs reçoivent de leurs chefs directs l'avis des jours et des heures fixés pour les tournées spéciales auxquelles ils doivent concourir. (I. G., art. 29.)

Les tournées spéciales relatives aux mutations foncières sont faites, soit par le contrôleur, soit par le percepteur, suivant ce qui est réglé ci-après.

Le contrôleur procède à la réception des déclarations de mutations foncières et à la rédaction des extraits de matrice indiquant les parcelles objet des mutations : 1° dans la commune de sa résidence ; 2° dans les communes où il aurait été reconnu par le directeur et le receveur général que, pour une cause quelconque, le travail ne peut être exécuté par le percepteur ; 3° dans les communes où, en raison du grand nombre de mutations arriérées, le directeur jugerait nécessaire de confier le travail au contrôleur.

Le percepteur procède à la réception des déclarations de mutation et à la rédaction des extraits de matrice dans toutes les communes où le contrôleur ne doit pas opérer par lui-même. (I. G., art. 25 et 26.)

Les tournées spéciales relatives aux patentes sont faites par le contrôleur, soit qu'il y procède seul, soit qu'il agisse avec le concours du percepteur.

En ce qui concerne l'établissement des matrices primitives de patentes, ces tournées sont obligatoires pour les communes ayant plus de cent patentés ou un principal de patentes de 1,000 francs et au-dessus ; elles commencent après la tournée générale, sans pouvoir toutefois être entreprises avant le 1er octobre, à moins d'une autorisation spéciale de l'administration.

En ce qui concerne les matrices supplémentaires, les tournées doivent avoir lieu tous les trois mois dans les principales communes, et au moins dans les chefs-lieux de perception.

La tournée spéciale pour l'établissement des mutations primitives des patentes a lieu d'après un itinéraire arrêté par le directeur, et dont une copie est transmise au receveur général, pour qu'il soit notifié aux percepteurs. Le percepteur doit se trouver dans la commune aux jours et heures fixés pour le travail, afin de fournir les renseignements qui lui seraient demandés, mais il n'est pas tenu d'accompagner le contrôleur dans le parcours de la commune. (Id., art. 30.)

Les tournées spéciales du percepteur ont pour objet, comme on l'a vu plus haut, la réception des déclarations de mutations foncières et la rédaction des extraits de la matrice cadastrale ou feuilles de mutation. Le percepteur est tenu de faire deux tournées spéciales par année. La première a lieu immédiatement après que les mutations de l'année précédente ont été appliquées sur les matrices des communes, ce dont il est donné avis par le directeur au receveur général, à mesure de la réintégration de ces matrices dans les mairies. La seconde tournée est fixée de manière à précéder, en s'en rapprochant autant que possible, l'époque où le contrôleur doit se rendre, pour la tournée générale, dans les mêmes communes.

Les contrôleurs sont chargés de tenir les percepteurs approvisionnés des cadres imprimés nécessaires pour la rédaction des feuilles de mutation.

Il est alloué au percepteur ou au contrôleur, pour la rédaction de ces feuilles, 2 centimes 1/2 par parcelle transcrite et par nom substitué. (I. G., art. 31.)

Cette allocation n'est pas sujette à la retenue pour le service des pensions civiles. — *Mém.* 1859, p. 181.

Avant d'entreprendre les tournées spéciales, le percepteur adresse aux propriétaires intéressés dans des mutations qui auraient été précédemment ajournées, faute de renseignements suffisants, des lettres individuelles pour les inviter à se rendre dans la commune, au jour fixé pour la tournée spéciale, afin de lui fournir les renseignements nécessaires pour opérer leurs mutations. Si, à son arrivée dans la commune, ils n'avaient pas répondu à son appel, il prierait le maire de les faire avertir de nouveau, et ne négligerait aucun moyen pour obtenir leur présence et leur concours. (I. G., art. 32.)

Comme receveur municipal, le percepteur doit opérer d'office les mutations qui concernent les communes de sa perception ; il pourrait être rendu responsable du préjudice que les communes auraient éprouvé par suite de sa négligence à effectuer les mutations en temps utile. — *Mém.* 1860, p. 186.

Indépendamment des tournées dont il vient d'être parlé, le percepteur peut se livrer au travail des mutations toutes les fois qu'étant dans une commune il se trouve, soit à l'aide des déclarations des propriétaires, soit à l'aide de documents officiels ou authentiques, à portée de constater les changements survenus dans les propriétés. (I. C., art. 33.)

Au nombre de ces documents sont, notamment, les extraits de partages, de ventes et autres actes translatifs de propriété dont le contrôleur doit faire le relevé dans les bureaux de l'enregistrement. Ces extraits parviennent aux percepteurs par l'intermédiaire du directeur des contributions directes et des receveurs des finances. (Id., art. 34.)

Lorsque des difficultés particulières ont empêché le percepteur d'effectuer une mutation foncière, il fait mention de cette circonstance sur le cahier de notes et sur l'extrait trimestriel, avec tous les détails propres à faire apprécier l'importance de la mutation et le temps qu'elle peut exiger. Si les difficultés se sont présentées après l'envoi du dernier extrait qui doit précéder la tournée générale, le percepteur en transmet immédiatement un avis spécial au contrôleur, par les voies ci-dessus indiquées, afin que cet agent puisse faire, en temps utile, les dispositions nécessaires pour opérer la mutation.

Au cas d'ajournement de l'espèce, le percepteur fait savoir aux contribuables intéressés que le contrôleur devra opérer lui-même les mutations; il les invite à se rendre auprès de ce dernier au moment de la tournée générale, et, à cet effet, il leur donne connaissance, aussitôt que l'itinéraire lui est notifié, du jour et de l'heure où le contrôleur se trouvera dans la commune. (Id., art. 35).

De son côté, le contrôleur est tenu de faire, avant la tournée générale, au moins une tournée spéciale dans toutes les communes pour lesquelles il est chargé de la réception des déclarations de mutation. (I. G., art. 36.)

Nous donnons plus loin un extrait de l'instruction du 18 décembre 1853, indiquant les procédés à suivre pour la réception des déclarations de mutations foncières dans les communes. Les percepteurs y trouveront tous les renseignements nécessaires pour opérer avec régularité et précision.

Tournée générale. — A moins d'ordre contraire, la tournée générale s'ouvre le 1er mai de chaque année. Toutefois, si le directeur jugeait qu'il fût utile d'avancer ou de reculer cette ouverture, il soumettrait ses propositions à l'administration.

La tournée est réglée par un itinéraire dont le projet est soumis par le contrôleur au directeur, en double expédition, avant le 1er avril. (I. G., art. 37.)

En établissant le projet d'itinéraire de la tournée générale, le contrôleur a soin de ne pas affecter au travail des mutations des jours de foire ou de marché qui rendraient plus difficile la réunion des propriétaires et des répartiteurs. Il tient aussi compte des époques des grands travaux agricoles, tels que la fenaison, la moisson, les vendanges, etc., de manière à consacrer aux mutations de chaque commune le moment où les habitants peuvent être le plus libres de s'en occuper ; il s'efforce, en outre, de ne pas faire coïncider le travail des mutations avec les jours consacrés au recouvrement, et, à cet effet, il peut scinder une perception de telle sorte que, en y opérant à plusieurs reprises, le comptable soit distrait de ses autres obligations pendant un moins grand nombre de jours consécutifs.

Il ne peut consacrer moins d'un jour à une commune dont la matrice générale renferme plus de cent articles ou dans laquelle il existe plus de trente patentables, ni, dans aucun cas, opérer dans trois communes le même jour.

L'itinéraire indique l'heure à laquelle le contrôleur arrivera dans chaque commune.

La tournée est divisée en plusieurs parties, entre chacune desquelles sont ménagés quelques jours d'intervalle pour la mise au courant des affaires urgentes, et notamment pour la constatation des pertes.

Le directeur communique le projet d'itinéraire au receveur général, qui, à son tour, l'adresse aux receveurs particuliers, et il l'arrête, aussitôt qu'il lui est renvoyé, en tenant compte, autant que possible, des observations qui auraient été faites. (Id., art. 38.)

Aussitôt que l'itinéraire est arrêté, une copie en est transmise au receveur général, qui le fait notifier aux percepteurs avec recommandation de se rendre dans les communes aux jours et heures indiqués, et d'être présents, pendant toute la durée du travail, à la réunion des répartiteurs et du contrôleur, afin d'y donner les renseignements qui lui seront demandés. (I. G., art. 39.)

La communication de l'itinéraire au maire de chaque commune doit être faite, par le directeur, dix jours au moins à l'avance. Le directeur joint à sa lettre les affiches qui indiquent les jours et heures où le contrôleur se rendra dans la commune ainsi que dans chacune des communes limitrophes, et qui contiennent l'invitation aux propriétaires dont les mutations foncières n'auraient pas encore été constatées de se présenter munis des titres relatifs à ces mutations, ou, à défaut, d'un certificat du receveur de l'enregistrement, ou d'une note du notaire, qui rappelle la date et l'objet des titres. Ces affiches doivent être en nombre suffisant pour qu'il en soit apposé non-seulement au chef-lieu, mais encore dans les principales sections de la commune. (Id., art. 40.)

Le contrôleur est tenu de suivre exactement l'itinéraire arrêté; le directeur seul peut y apporter des modifications, et il ne doit le faire que pour des motifs graves.

Dans le cas où la tournée se trouve forcément interrompue, soit par la maladie du contrôleur, soit par une autre cause imprévue, le travail des communes dans lesquelles on devait opérer pendant l'interruption est renvoyé à la fin de l'itinéraire, ou à l'un des intervalles réservés entre ses diverses parties, de sorte que l'ordre établi pour les autres localités ne soit pas dérangé.

La même marche est suivie à l'égard des communes où le temps fixé par l'itinéraire n'aurait pas suffi pour l'exécution régulière de tout le travail des mutations.

Lorsqu'un itinéraire a été modifié, il en est donné avis par le directeur au receveur général; cet avis est transmis sans retard aux receveurs particuliers et aux percepteurs. (Id., art. 41.)

Le percepteur, au moment de la réunion, remet au contrôleur les extraits d'actes translatifs de propriété qui, n'ayant pu être utilisés, lui ont été laissés lors de la précédente tournée générale ou qui lui ont été transmis depuis cette tournée; il lui remet également les extraits de matrice ou feuilles de mutation qu'il a rédigés, la feuille ou le cahier de calculs et notes relatifs à son travail, et l'état des renseignements ou faits qu'il a pu recueillir depuis l'envoi du dernier état trimestriel du cahier des notes.

Le percepteur doit d'ailleurs être muni des rôles, du cahier de notes et des documents de toute nature qui peuvent faciliter ou rendre plus fructueux son concours au travail des mutations.

Le contrôleur appose sur le cahier de notes un visa énonçant le nombre d'articles qui y ont été inscrits depuis la précédente tournée générale.

Si, par une cause de force majeure, le percepteur se trouvait dans l'impossibilité de se rendre dans la commune au jour et à l'heure fixés par l'itinéraire, il devrait y envoyer les pièces à remettre au contrôleur afin que le travail des mutations n'éprouvât aucun retard. Les pièces dont il s'agit pourraient même, dans tous les cas, être déposées quelques jours à l'avance entre les mains du maire, à qui il serait recommandé de les joindre aux pièces communales qui doivent être tenues prêtes pour l'arrivée du contrôleur. (I. G., art. 42.)

Avant de quitter la commune, le contrôleur met le percepteur à portée de relever les noms des individus qui seront imposés, pour la première fois, dans le rôle de l'année suivante, aux contributions personnelle-mobilière et des patentes, afin que ce comptable ait le temps de se procurer, sur les nouveaux contribuables, les renseignements nécessaires pour bien apprécier leur position avant le terme fixé pour la présentation des états des cotes indûment imposées. (Id., art. 43.)

Après l'achèvement du travail des mutations, les extraits des cahiers de notes des percepteurs, annotés par les contrôleurs, sont renvoyés à ces comptables, par l'intermédiaire du receveur général et du receveur particulier de l'arrondissement, afin qu'ils aient connaissance de la suite donnée à leurs propositions, et qu'ils puissent fournir, s'il y a lieu, le complément des renseignements nécessaires pour opérer, à la prochaine tournée, les mutations non effectuées. (Id., art. 27.)

Dans la quinzaine qui suit l'achèvement de la tournée, le contrôleur adresse au directeur un rapport dans lequel il rend spécialement compte du concours prêté par les percepteurs pendant le cours de l'année et pendant la tournée générale, du nombre des extraits d'actes translatifs de propriété utilisés par eux et de ceux dont ils n'ont pas fait usage, ainsi que des renseignements qu'il a pu recueillir au sujet de la distribution des avertissements et de la mention qui doit y être faite de la date de la publication des rôles. (Id., art. 44.)

Le directeur informe lui-même le receveur général du plus ou moins d'exactitude dont les percepteurs ont fait preuve. Il a soin de préciser les faits et les noms des comptables. De son côté, le receveur général transmet ces renseignements aux receveurs particuliers en ce qui concerne les percepteurs de leur arrondissement respectif. (Id., art. 45.)

Dans le cas où il s'élèverait quelque dissentiment entre les agents chargés de coopérer au travail des mutations, le directeur et le receveur général se concerteraient pour le faire cesser; si ces chefs de service ne pouvaient eux-mêmes s'accorder sur l'un des points qu'ils sont appelés à régler, ils en référeraient respectivement à leur administration. (Id., art. 46.)

Règles générales à suivre pour le travail des mutations foncières dans les communes. — L'agent chargé d'opérer dans les communes doit être muni des extraits relevés dans les bureaux de l'enregistrement et des divers renseignements qui lui ont été fournis ou qu'il a recueillis concernant les mutations.

Il se fait remettre : 1° l'atlas du plan parcellaire ; 2° les états de section des propriétés non bâties et bâties ; 3° la matrice cadastrale des propriétés foncières ; 4° la matrice générale.

Au besoin, il invite le maire à faire publier de nouveau l'avis de son arrivée, et même à faire appeler individuellement les propriétaires qui ne se présenteraient point sur l'invitation qu'ils ont reçue.

Il procède à la réception des déclarations de mutation et à la rédaction des extraits de matrice ou feuilles de mutation, conformément aux règles ci-après. (Inst. sur les mutations, 18 décembre 1853, art. 27.)

La mutation peut avoir pour objet : 1° l'article entier d'un propriétaire ; 2° des parcelles entières ; 3° des portions de parcelles d'une seule classe ; 4° des portions de parcelles de classes différentes.

Dans le premier cas, si l'article entier passe à un acquéreur non inscrit dans la matrice cadastrale de la commune, on indique qu'il y a lieu de substituer le nom de l'acquéreur à celui du vendeur, en se bornant à inscrire, sur l'extrait de matrice, le total de la contenance et du revenu. Si l'article renferme quelques objets devenus non imposables, tels que : une maison convertie en bâtiment rural ou démolie, une ou plusieurs parcelles ou parties de parcelles corrodées par les eaux, cédées pour un chemin ou affectées à un service qui les affranchisse de l'impôt, on ne porte sur l'extrait que les totaux de la contenance et du revenu qui doivent rester imposés, et l'on rédige un extrait détaillé pour les parcelles à retrancher. Si l'article entier passe à un acquéreur déjà inscrit à la matrice, on porte sur l'extrait le détail de toutes les parcelles acquises. Cependant, si l'article de l'ancien propriétaire comprenait plusieurs pages à la suite desquelles il resterait un ou plusieurs folios en blanc, et si l'article de l'acquéreur ne comprenait que quelques parcelles non suivies de l'espace en blanc nécessaire pour la retranscription de la totalité de l'article acquis, on opérerait comme s'il s'agissait d'un nouveau propriétaire, en substituant le nom de l'acquéreur à celui du vendeur, et l'on rédigerait un second extrait de matrice pour faire retranscrire en détail, à la suite de l'article de l'ancien propriétaire, les parcelles que l'acquéreur possédait déjà.

Dans le second cas, on copie sur l'extrait la ligne que chaque parcelle occupe dans la matrice.

Dans le troisième cas, on porte sur l'extrait de la section le numéro du plan, le lieu dit, la nature de propriété, la portion de contenance, la classe et la portion de revenu y afférente. Le revenu se détermine en multipliant la contenance par le prix attribué à la classe de la parcelle dans le tarif placé en tête de la matrice.

Dans le quatrième cas, le revenu de chaque fraction est déterminé proportionnellement à la contenance, à moins que les parties intéressées ne conviennent de la portion de revenu à attribuer à chacune d'elles ; on fait alors mention de la convention des parties dans la colonne de l'extrait intitulée : Motifs des changements ; et, de plus, on indique, dans la colonne du classement, la contenance ou la proportion de la contenance afférente à chaque classe, si la portion de parcelle, objet de la mutation, appartient à plusieurs classes. Dans aucun cas, le revenu attribué à chacune des portions de la parcelle ne peut être supérieur à celui qui résulterait du tarif de la classe la plus élevée, ni inférieur à celui du tarif de la classe la moins élevée de la parcelle.

On place la lettre P (partie) sous le numéro du plan des parcelles divisées. Ce signe suit la fraction de parcelle qui en a été affectée, dans les mutations ultérieures, alors même que cette fraction ne subirait plus de nouvelle division. On indique, en outre, dans la colonne 9 de l'extrait, toutes les fois qu'il y a possibilité de le faire, le chiffre exprimant la fraction de parcelle à porter de l'ancien au nouveau propriétaire. Cette indication, qui est utile sur l'extrait parce qu'elle sert à vérifier l'exactitude des divisions, ne doit, en aucun cas, être reproduite sur la matrice. (Inst. 18 décembre 1853, art. 28.)

Chaque extrait de matrice ne doit comprendre que des parcelles transférées d'un même article à un seul propriétaire. Il faut, par conséquent, rédiger deux extraits pour faire passer des parcelles inscrites sous le nom d'un même propriétaire à deux propriétaires différents, de même qu'il faut en rédiger deux également pour porter à un même acquéreur des parcelles tirées de deux articles de la matrice. (Id., art. 29.)

Lorsqu'un propriétaire nouveau a acquis en entier plusieurs articles, on opère sommairement, c'est-à-dire par voie de substitution, sur l'article renfermant le plus grand nombre de parcelles, et on transcrit en détail, sur d'autres extraits, les parcelles provenant des autres articles.

Si l'acquéreur prenait un article entier de matrice et seulement des parcelles ou portions de parcelles tirées d'un ou de plusieurs autres articles, on porterait le total de la contenance et du revenu de l'article entier sur un extrait, et l'on transcrirait en détail, sur d'autres extraits, les parcelles ou portions de parcelles tirées des autres articles, à moins que les parcelles ne fussent, pour l'un de ces articles, plus nombreuses que celles de l'article entier, et qu'il n'y eût lieu, selon le cas prévu ci-après, d'en faire la mutation par voie de substitution. (Id., art. 30.)

Lorsque la totalité d'un article de matrice passe à plusieurs acquéreurs, et que l'un d'eux, nouveau propriétaire, prend une partie notable des parcelles, on opère sommairement, en ce qui concerne cet acquéreur, sauf le cas où cette manière de procéder devrait occasionner quelque confusion, eu égard à l'état actuel de la matrice, c'est-à-dire à l'ordre d'inscription des parcelles (consécutives ou plus ou moins éparses) qui doivent former l'article du nouveau propriétaire, aux radiations résultant des mutations antérieures, etc. La clarté des matrices est, dans les cas de l'espèce, le point que l'agent des mutations doit surtout avoir en vue; c'est pourquoi il lui est laissé, à cet égard, une certaine liberté d'action : toutefois, lorsqu'il ne juge pas à propos d'employer le mot de substitution, il doit expliquer, sur l'extrait, les motifs qui l'en ont empêché. (Id., art. 31.)

Lorsque la mutation n'affecte qu'une portion de parcelle, il est rédigé un extrait de matrice pour constater quelle est la partie de cette parcelle qui reste à l'ancien propriétaire. (Id., art. 32.)

Pour les mutations relatives aux propriétés bâties, on porte sur l'extrait de matrice la nature et le nombre des ouvertures, à moins qu'il ne s'agisse d'une propriété exempte de la contribution des portes et fenêtres, auquel cas on indique la destination qui a motivé l'exemption.

Si la propriété se trouvait déjà imposée pour les portes et fenêtres au nom du nouveau propriétaire, comme il arrive quelquefois au cas de constructions nouvelles, il serait fait mention de cette circonstance, et l'on rappellerait, pour mémoire, dans la colonne 11 de l'extrait, le nombre des ouvertures déjà imposées. (Inst. 18 décembre 1853, art. 33.)

On ne doit pas procéder à la division d'un domaine, ou même d'une simple parcelle, entre plusieurs copropriétaires, lorsqu'il n'y a pas eu de partage effectif. Tant que les propriétés sont possédées en commun, elles sont imposables sous la désignation collective : N... (héritiers de), ou N... et consorts. Il ne peut y avoir d'exception à cette règle que pour certaines espèces de propriétés qui, par leur nature, restent habituellement dans l'état d'indivision, telles que des pâturages, des prés, des bois, des cours ou aires; ces propriétés, lorsqu'elles appartiennent à des particuliers, peuvent être portées aux articles des copropriétaires, d'après les droits de chacun : si elles appartiennent à des communes, hameaux ou sections de commune, elles doivent être imposées au nom des communautés. (Id., art. 34.)

Toute mutation doit être circonscrite, tant en contenance qu'en revenu, dans les quantités constatées par le cadastre. Par conséquent, la réunion des diverses parties d'une parcelle divisée doit reproduire la contenance et le revenu de la parcelle entière, de même que la somme des totaux partiels des différents extraits qui ont pu être rédigés pour la mutation d'un article entier doit être égale au total de cet article. Tous les rapprochements nécessaires pour vérifier ces concordances doivent être établis avec le plus grand soin. (Id., art. 35.)

L'agent qui opère les mutations inscrit sur une feuille ou sur un cahier particulier, par chaque commune, tous les calculs et toutes les notes relatives à son travail. Cette pièce, très-utile pour les vérifications ultérieures, doit être annexée au dossier du travail des mutations. (Id., art. 36.)

On ne doit pas, toutefois, attacher une importance exagérée à cette recommandation. Son exécution ne doit entraîner aucun surcroît de travail pour l'agent chargé des mutations, qui est seulement invité à annexer au dossier la feuille sur laquelle il a fait ses calculs pendant le cours de l'opération. (Circ. adm. des cont. dir., 31 mars 1856.)

Aucune mutation ne doit être opérée qu'après que l'identité des parcelles qui en sont l'objet a été constatée au vu du plan, des états de section et même du terrain, s'il est nécessaire. (Inst. 18 décembre 1853, art 37.

Les feuilles de mutation indiquent les noms, prénoms, professions et demeures du vendeur et de l'acquéreur, les folios où ils sont inscrits à la matrice cadastrale, leur article à la matrice générale, et le total du revenu foncier pour lequel ils sont imposés au dernier rôle.

L'indication complète et l'écriture très-lisible des noms, prénoms, qualités ou professions et demeures, sont surtout nécessaires à l'égard des contribuables qu'il s'agit d'inscrire pour la première fois aux matrices.

Lorsque l'article auquel se rapporte la mutation occupe plusieurs folios sur la matrice, on n'indique, en tête de l'extrait, que le folio où l'article commence; mais les folios où les parcelles sont inscrites sont, en outre, rappelés dans le corps de l'extrait, colonne 1, sur chaque ligne de mutation.

Les parcelles sont, autant que possible, inscrites sur les feuilles dans l'ordre des sections et des numéros du plan. (Inst. 18 décembre 1853, art. 38.)

En règle générale, les mutations foncières doivent être effectuées sur la déclaration des parties intéressées, dont la présence, d'ailleurs, est souvent indispensable pour la constatation de l'identité des parcelles.

Toutefois, les mutations à faire en vertu d'actes enregistrés peuvent être opérées d'office, et en l'absence des parties, s'il n'existe aucune incertitude sur la désignation des propriétés qui en sont l'objet. Il suffit, dans ce cas, que les feuilles mentionnent la date des actes et qu'elles soient signées par l'agent qui les a rédigées. (Id., art. 39.)

Si les mutations de propriétés ne sont point constatées par des actes enregistrés dont il soit justifié, les extraits de matrice doivent être signés par l'ancien et par le nouveau propriétaire. (Id., art. 40.)

S'il ne s'agit que de rectifier une erreur d'attribution ou de transporter le sol d'une propriété bâtie à l'article du propriétaire imposé pour l'élévation, la mutation peut être opérée sur la signature des répartiteurs.

Avant de transmettre les extraits de matrice au directeur, le contrôleur donne avis des mutations de l'espèce au propriétaire à qui la parcelle est nouvellement attribuée, si d'ailleurs ce propriétaire n'est pas intervenu. Il est fait, sur l'extrait, mention de l'accomplissement de cette formalité ou du motif qui l'aurait rendue inutile. (Id., art. 41.)

Les causes des mutations et, autant que possible, la date des décès, des mariages, ainsi que la nature et la date des actes translatifs de propriété, sont énoncées dans la colonne des extraits de matrice intitulée : *Motifs des changements*. Lorsque l'acte qui donne lieu à la mutation figure sur un des extraits de l'enregistrement, le numéro d'ordre de cet extrait doit aussi être mentionné dans ladite colonne. (Id., art. 42.)

Les propriétaires ont la faculté de se faire représenter pour les déclarations de mutation, et leur délégation peut être donnée par simple lettre.

Au bas des extraits de matrice rédigés sur la déclaration d'un mandataire, on énonce que le déclarant était dûment autorisé à représenter la partie intéressée. Cette mention suffit pour les procurations par acte authentique ou enregistré, à la condition, toutefois, que la date de l'enregistrement soit rappelée sur l'extrait. Lorsque les déclarations sont faites en vertu de simples lettres, ces lettres doivent être annexées aux extraits de matrice.

Quand un déclarant ne sait pas signer, il en est fait, sur l'extrait de matrice, une déclaration que le maire signe. (Inst. 18 décembre 1853, art. 43.)

Explications sur la marche à suivre dans divers cas particuliers du travail des mutations foncières. — Lorsqu'un grand nombre de contribuables se présente en même temps pour faire opérer des mutations, l'agent chargé du travail reçoit de préférence les déclarations des propriétaires forains et ensuite celles des propriétaires domiciliés dont les mutations comprennent le moins de parcelles. Il peut assigner des heures particulières aux déclarants dont les articles étendus exigeraient un long travail. (Inst. 18 décembre 1853, art. 44.)

Lorsque la totalité ou une grande partie des parcelles d'un article de matrice doit être changée, soit par suite de vente en détail, soit par suite de partage, la méthode la plus expéditive et la plus sûre consiste à réunir quelques-uns des intéressés, connaissant bien la propriété et les nouveaux propriétaires de chaque parcelle, et à faire la mutation en appelant et en changeant successivement toutes les parcelles dans l'ordre de leur inscription sur la matrice.

Avant de rédiger les extraits de matrice, on doit s'assurer s'il n'y a pas lieu, pour l'un ou l'autre des acquéreurs, d'opérer sommairement, c'est-à-dire d'inscrire en une seule ligne la contenance et le revenu des parcelles qui le concerneraient. Pour éviter toute méprise à ce sujet et ne point s'exposer à faire des transcriptions inutiles, l'agent, avant de commencer la mutation, établit, sur la feuille ou le cahier destiné à recevoir ses calculs et ses notes, une liste numérotée des copartageants ou des acquéreurs; il recherche à qui les parcelles doivent être attribuées; il inscrit au crayon sur la matrice, à la ligne de chacune d'elles, le numéro d'ordre de l'acquéreur à qui elle appartient, et ce n'est qu'après ces opérations préliminaires qu'il transcrit les parcelles sur les extraits; il s'abstient d'y porter le détail des parcelles entières appartenant au nouveau propriétaire, qui prendrait une partie notable de l'article. Les totaux seuls de la contenance et du revenu des parcelles dont il s'agit sont inscrits sur l'extrait.

Ces totaux se déterminent au moyen de deux opérations qui se contrôlent réciproquement, savoir : 1° en retranchant des totaux de l'article, objet de la mutation, la contenance et le revenu résultant de l'addition des extraits détaillés; 2° en relevant sur la matrice et en additionnant la contenance et le revenu de chacune des parcelles susceptibles d'être inscrites en bloc.

Si, indépendamment de ces parcelles, le nouveau propriétaire prenait encore, dans le même article de matrice, des parties de parcelles divisées, ces parties donneraient lieu à la rédaction d'une feuille particulière sur laquelle elles seraient inscrites en détail et avec toutes leurs désignations cadastrales. (Id., art. 45.)

L'agent chargé du travail des mutations appelle chaque parcelle sous ses diverses désignations cadastrales; il en fait reconnaître la contenance aux déclarants; il leur en explique la configuration, leur indique les propriétés y attenantes, et a soin de s'informer s'il n'a pas été réuni à cette parcelle, depuis le cadastre, quelque parcelle contiguë qui se trouverait inscrite plus loin dans le même article de la matrice, ou dont la mutation ne serait pas encore faite. Si des réunions de l'espèce ont eu lieu, il inscrit, à la suite les uns des autres, sur l'extrait, les différents numéros réunis, quelle que soit la place qu'ils occupent sur la matrice, et il indique par une accolade et les lettres M. P. (même parcelle) que ces divers numéros ne forment plus maintenant qu'une parcelle.

Si l'un des numéros ainsi réunis postérieurement au cadastre n'a pas encore été changé, on en opère immédiatement la mutation, en le portant directement, du nom de l'ancien propriétaire, au nom du propriétaire actuel. On indique, sur chacun des extraits, que les portions de propriétés qu'ils concernent, bien que séparées, ne forment qu'une même parcelle. (Inst. 18 décembre 1853, art. 46.)

Lorsqu'une mutation a pour objet la totalité d'une parcelle qui se trouve inscrite sur plusieurs lignes dans un même article de matrice, soit parce que cette parcelle a été acquise en plusieurs fois d'un même individu, soit parce qu'elle a été acquise de plusieurs individus entre lesquels elle aurait été antérieurement partagée, on réduit en une seule ligne, sur l'extrait, les différentes fractions du même numéro du plan dont elle se compose, en indiquant seulement le nombre de lignes qu'elles occupent sur la matrice. (Id., art. 47.)

Lorsqu'un acquéreur possède déjà une parcelle contiguë à celle qu'il acquiert pour y être réunie, on doit, autant que possible, mentionner cette circonstance sur la feuille de mutation (colonne 4). La même mention est faite sur la matrice au moment de l'application des mutations. (Id., art. 48.)

Lorsque la mutation n'affecte qu'une portion de parcelle, ou que la parcelle est partagée entre plusieurs acquéreurs, on procède à la division en se conformant aux règles générales rappelées plus haut.

Si la division peut être exprimée en parties aliquotes, comme 1/2, 1/3, 1/4, etc., on divise les quantités portées sur la matrice par 1/2, 1/3, 1/4, etc.

Si les copartageants peuvent seulement énoncer leurs parts ou droits respectifs par des quantités ou nombres déterminés, comme, par exemple, 40, 45, 60, 73, 75, etc., perches, verges, cordes, coups de faux, etc., on forme des parties aliquotes en faisant la somme de tous les nombres et en exprimant les parts par les fractions qui ont cette somme pour dénominateur et chacun des nombres pour numérateur : $\frac{40}{293}$ $\frac{45}{293}$ $\frac{60}{293}$ etc. On opère ensuite comme dans le premier cas.

Si, ne sachant exprimer leurs parts ou droits par des nombres, les copartageants pouvaient indiquer, sur le plan, les limites de leurs portions respectives, l'agent des mutations établirait les bases de la division en calculant la contenance de chaque part au moyen d'une échelle et d'un compas, ou d'un double décimètre à biseau, dont il doit toujours être porteur dans les tournées de mutation. Au besoin, s'il s'agissait d'une propriété qui fût divisée d'une manière apparente, le contrôleur, auquel peuvent toujours être renvoyées les mutations de l'espèce, serait tenu de se transporter sur le terrain et de faire les opérations de mesurage nécessaires pour opérer le changement.

Dans tous les cas, la division des contenances entre les copartageants doit être réglée de telle sorte qu'ils soient portés à la matrice pour les contenances effectives de leur terrain, ou au moins pour des quantités proportionnelles à ces contenances, dans le cas où elles ne seraient pas d'accord avec le cadastre. On ne peut se dispenser de se conformer à cette règle sous le prétexte que les inégalités de contenance seraient compensées par un partage de revenu proportionnel à la valeur réelle de chacun des copartageants. (Inst. 18 décembre 1853, art. 49.)

Pour procéder à la division d'une propriété composée de plusieurs numéros du plan contigus, il ne faut point, si la division du territoire ne l'exige pas effectivement, donner à chaque copartageant une partie de tous les numéros du plan proportionnelle à son droit dans l'ensemble de la propriété; on doit lui attribuer seulement les numéros ou portions de numéros qui se rapportent à son terrain.

Dans le cas où les parties ne peuvent fournir qu'une déclaration de leurs droits, en indiquant toutefois l'ordre dans lequel se trouvent placées leurs parts respectives sur le terrain, l'attribution peut être faite approximativement.

Si elles présentent un plan qu'il soit possible de comparer au plan cadastral, le calcul des surfaces doit être fait avec précision, en se renfermant toutefois dans la contenance cadastrale. (Id., art. 50.)

Lorsque, dans une parcelle divisée, le même acquéreur prend plusieurs portions séparées et formant actuellement des parcelles différentes, elles doivent être inscrites distinctement sur l'extrait de matrice avec la désignation particulière propre à les faire reconnaître. Cette désignation sera transcrite sur les matrices au moment de l'application des mutations et ajoutée à celle du lieu dit. (Id., art. 51.)

Les mutations comportant division de parcelles exigent une attention particulière lorsqu'elles ont pour objet des propriétés bâties.

Quelquefois il y a lieu de diviser le sol, ainsi que le revenu y afférent, et de laisser entier le revenu de la propriété bâtie, ou bien de diviser ce revenu dans des proportions différentes de celles de la division du sol. Ce cas se présente plus particulièrement dans les partages par suite de décès, où il n'est pas rare que l'un des héritiers prenne, par exemple, une portion de cour ou de jardin comprise dans la contenance totale du numéro de la propriété bâtie, sans avoir part aux bâtiments, ou qu'il prenne seulement des bâtiments qui ne sont imposables que pour le sol, tels que granges, écuries, bergeries, etc.; tandis que la maison proprement dite est échue tout entière à un autre héritier. Il faut alors porter à chacun des copartageants la portion de contenance qui lui appartient avec le revenu y afférent, et attribuer tout le revenu de l'élévation à celui qui possède la propriété bâtie. (Inst. 18 décembre 1853, art. 52.)

Les mutations s'opèrent directement du propriétaire imposé au propriétaire actuel. Les mutations intermédiaires ne donnent pas lieu à la rédaction d'extraits de matrices. Il convient, toutefois, d'en faire mention, à titre de renseignements, dans la colonne intitulée : Motifs des changements. (Id., art. 53.)

Si, dans l'intervalle des opérations faites dans une même année pour la constatation des changements fonciers, les éléments d'une mutation déjà recueillie venaient à être modifiés par des faits nouveaux, l'extrait rédigé serait annulé et remplacé par un autre extrait présentant le dernier état des choses. (Id., art. 54.)

Pour chaque parcelle dont la mutation est opérée, on compare les désignations de section, numéro du plan, canton, triage ou lieu dit, contenance, classe, revenu, etc., portés sur la matrice, avec les désignations portées sur le plan et les états de section. Les indications exactes sont seules transcrites dans les colonnes *ad hoc* des extraits; mais, pour faciliter les vérifications de la direction, les désignations défectueuses sont rappelées dans la colonne 2 des extraits. (Id., art. 55.)

Les parcelles pour lesquelles il a été reçu des déclarations de mutation et rédigé des extraits sont immédiatement marquées sur la matrice par un petit trait placé en avant du numéro du plan. Cette indication avertit que la mutation est faite, et prévient la rédaction d'un second extrait, dans le cas où un déclarant autre que celui qui s'est présenté viendrait, à son tour, demander le changement. Au moment de l'application des mutations sur la matrice de la commune, ce trait facilite d'ailleurs la reconnaissance des parcelles qui doivent être rayées. (Id., art. 57.)

Les changements relatifs aux accroissements et pertes de matière imposable, et, en général, ceux qui sont de nature à nécessiter une reconnaissance du terrain, peuvent être réservés au contrôleur ; le percepteur est tenu alors de lui donner avis des déclarations ou des faits qu'il aurait recueillis concernant les changements de l'espèce, et des circonstances qui l'ont empêché de les opérer. D'après cet avis, le contrôleur fait les dispositions nécessaires pour opérer la mutation à son prochain passage dans la commune. (Id., art. 65.)

L'instruction du 18 décembre 1853 sur les mutations contient des exemples fictifs pour les divers cas particuliers du travail des mutations foncières, exemples que les percepteurs feront bien de consulter. Nous ne pouvons que renvoyer à cet égard à cette instruction, que les abonnés du *Mémorial* ont reçue comme annexe au volume de 1855. — Voy. Contributions directes, Contrôleur, Directeur, Inspecteur des contributions directes, Matrices des rôles, Répartement, Répartiteurs, Rôles.

Mutations de percepteurs et de receveurs de communes et d'établissements de bienfaisance. — Les receveurs des finances doivent, dans tous les cas de mutation, se faire faire personnellement la remise du service dont était chargé le percepteur suspendu, révoqué, démissionnaire, décédé ou appelé à d'autres fonctions, en sorte que l'intérimaire ou le titulaire qui le remplace commence une gestion nouvelle, dont il ne doit compte qu'au receveur des finances, sans avoir aucun intérêt à débattre avec son prédécesseur.

La remise de service faite par l'ancien titulaire ou ses ayants cause et l'installation du nouveau percepteur ou d'un gérant intérimaire sont constatées par un procès-verbal en deux parties, dont le modèle est donné sous le nº 270. (I. G., art. 1329.)

Remplacement provisoire. — Lorsqu'il y a lieu de pourvoir au remplacement provisoire d'un percepteur-receveur municipal qui serait démissionnaire, décédé, suspendu de ses fonctions, révoqué ou appelé à un autre emploi, ou qui ne se présenterait pas au jour indiqué pour son installation, le préfet, sur la proposition du receveur général, ou le sous-préfet, sur la proposition du receveur particulier de l'arrondissement, désigne un gérant intérimaire, à moins qu'un intérim n'ait déjà été constitué.

Si le remplacement est motivé par les résultats d'une vérification de caisse, le receveur des finances nomme lui-même le gérant intérimaire, sauf à donner immédiatement avis de cette nomination au préfet ou au sous-préfet, en l'invitant à faire accréditer ce gérant dans les communes; il se conforme en outre aux dispositions de l'article 1310 de l'Instruction générale. — Voy. SUSPENSION.

Dans tous les cas, la situation du percepteur à remplacer et la remise de son service au gérant intérimaire doivent être constatées conformément aux règles prescrites pour le cas de remplacement définitif.

Le procès-verbal de remise de service doit être rédigé en trois expéditions, dont l'une est délivrée au gérant intérimaire ; la seconde est remise au comptable remplacé ou à ses ayants cause, et la troisième reste entre les mains du receveur particulier, qui en envoie au receveur général un extrait pour être transmis à la comptabilité générale, sauf à remplacer cet extrait par une copie du procès-verbal, dans le cas où la remise du service aurait fait découvrir un déficit ou des irrégularités graves. (I. G., art. 1330.) — Voy. DÉFICIT, GÉRANT INTÉRIMAIRE.

Remplacement définitif. — Lorsqu'un percepteur est définitivement remplacé, le receveur des finances reçoit du préfet ou du sous-préfet l'avis de la nomination du nouveau titulaire, et celui-ci doit, après avoir versé ses cautionnements, prêter serment suivant les dispositions contenues aux articles 1234 et 1235 de l'Instruction générale. (I. G., art. 1331.) — Voy. CAUTIONNEMENT, INSTALLATION, SERMENT.

Établissement de la situation du comptable sortant de fonctions. — Ces formalités étant remplies, le receveur de l'arrondissement convoque à son bureau le gérant intérimaire, ou l'ex-percepteur qui serait encore en fonctions; ou, s'il est nécessaire, il se transporte au domicile de ce comptable, pour établir sa situation sur tous les services dont il était chargé, et se faire remettre les rôles, les registres de comptabilité, ainsi que les valeurs de caisse et de portefeuille relatifs à ces divers services.

Il procède à cette opération dans la forme et selon les règles tracées par la première partie du modèle de procès-verbal (*modèle n°* 270) mentionné plus haut. (I. G., art. 1332.)

Pour le service des contributions directes, il fait préalablement dresser, conformément aux modèles (*n°s* 306 et 307) donnés à l'appui des articles 1510 et 1511 de l'Instruction générale, des états de restes à recouvrer, tant sur ces contributions que sur les produits accessoires et divers qui se rattachent au service de la perception, afin d'en comparer les résultats avec ceux que présentent les divers documents de comptabilité.

Le service des contributions directes peut offrir trois résultats différents : un reste à verser sur les recouvrements effectués ; un déficit ; ou une avance des deniers du percepteur.

Si les fonds en caisse comprennent un excédant de recouvrement qui n'ait pas encore été versé au receveur particulier, celui-ci s'en fait tenir compte et en délivre son récépissé à talon.

S'il existe un déficit que le percepteur ne puisse combler immédiatement, il doit être soldé par le receveur des finances de l'arrondissement, avec ses fonds personnels. — Voy. Déficit.

S'il arrive que les versements effectués par le percepteur dépassent le montant de ses recouvrements, le receveur particulier lui fait, de ses fonds personnels, le remboursement de cette avance, sauf à s'en couvrir ultérieurement, de la manière indiquée par le modèle de procès-verbal, sur les premiers recouvrements qui seront effectués par le nouveau percepteur.

Ainsi, et dans tous les cas, le compte du percepteur sortant de fonctions se trouve balancé, sauf la responsabilité qui pèse sur lui pour l'apurement des contributions, et dont les règles sont tracées plus loin. (I. G., art. 1333.)

Quant au service des communes et des établissements de bienfaisance, le receveur des finances doit, pour établir la situation de l'ex-percepteur, faire dresser, au nom de chaque commune et établissement, des bordereaux détaillés des recettes et des dépenses (*modèle n°* 309), et en examinant toutes les pièces justificatives des recouvrements et des payements.

S'il en résulte un excédant de recette représenté par des valeurs de caisse et de portefeuille, ces valeurs sont retenues par le receveur particulier, qui en donne décharge au comptable, pour les remettre au nouveau titulaire, ainsi qu'on le voit ci-après.

Si, au contraire, il est reconnu qu'il existe un déficit matériel, le payement doit en être fait conformément à ce que prescrit l'article 1333 de l'Instruction générale en ce qui concerne le service des contributions directes. (I. G., art. 1334.)

La situation du service des communes et des établissements publics, établie de cette manière, n'est pas définitive pour l'ex-receveur, puisqu'il reste dans l'obligation de rendre, devant l'autorité compétente, les comptes des recettes et des dépenses qu'il a affectuées jusqu'au jour de la cessation de son service. (Id., art. 1335.)

Remise du service au nouveau titulaire. — Aussitôt que le receveur particulier s'est fait remettre les valeurs, registres et pièces comptables, concernant les divers services confiés à l'ex-percepteur-receveur municipal, il convoque à son bureau le nouveau titulaire pour lui remettre ces services.

Il dresse, à cet effet, le procès-verbal qui forme la seconde partie du modèle indiqué ci-dessus. Il en envoie à la direction générale de la comptabilité publique un extrait conforme au *modèle n°* 271, et il y joint la feuille de renseignements (*modèle n°* 250) qui fait l'objet de l'article 1213 de l'Instruction générale. — Voy. Installation.

Si le nouveau titulaire ne prenait pas son service dans le délai fixé par le receveur des finances, il serait pourvu à son remplacement provisoire (comme il est dit plus haut), et il en serait rendu compte à l'administration locale ainsi qu'au ministère des finances.

Le receveur particulier enjoint au nouveau percepteur-receveur municipal, par la dernière clause de son procès-verbal, de se transporter auprès des maires pour leur donner connaissance de son installation par la représentation du procès-verbal de remise de service.

Les comptables justiciables de la Cour des comptes doivent en outre, après leur installation, adresser au procureur général près cette Cour des copies, certifiées par le maire et visées par le préfet ou le sous-préfet, de l'arrêté ou du décret de leur nomination, du certificat d'inscription de leur cautionnement, de l'acte de prestation de leur serment et du procès-verbal de leur installation. Le receveur des finances doit veiller à ce que cet envoi soit fait exactement. (I. G., art. 1337 et 1552.)

Les maires procèdent alors à l'examen de la situation des services placés sous leur surveillance, constatent, par un procès-verbal d'installation, l'entrée du percepteur-receveur municipal dans l'exercice de ses fonctions, et le font reconnaître par les contribuables. (Id., art. 1338.)

Des écritures à passer lors des mutations dans le personnel des percepteurs. — D'après les dispositions rappelées ci-dessus, les percepteurs qui sortent de fonctions doivent se libérer, entre les mains du receveur des finances, de tous les recouvrements qu'ils ont effectués pour le service des contributions directes, des rétributions pour la vérification des poids et mesures et autres produits publics, des frais de poursuites, etc.

Les nouveaux percepteurs n'ont en conséquence à prendre charge, sous ce rapport, d'aucun fait antérieur à leur gestion. Seulement, leur livre récapitulatif doit présenter, à titre de renseignements et comme point de départ, le montant des recouvrements et des versements faits sur les exercices non apurés.

Ce transport est fait dans les colonnes de contributions directes pour toutes les sommes recouvrées et versées à ce titre, et dans les colonnes de produits divers pour les opérations relatives aux autres services ci-dessus désignés.

Ces dernières opérations sont également constatées, en recette et en dépense, aux comptes qui leur sont ouverts sur le livre des comptes divers.

Il convient, au surplus, de se reporter, à cet égard, aux dispositions prescrites par les articles 1452, 1502 et 1509 à 1511 de l'Instruction générale, pour l'ouverture, au commencement de l'année, des deux livres dont il s'agit. (I. G., art. 1521.) — Voy Livre des comptes divers, Livre récapitulatif.

En ce qui touche le service des communes et des établissements de bienfaisance, les percepteurs-receveurs municipaux qui entrent en fonctions reçoivent, des receveurs des finances, les valeurs de caisse ou de portefeuille qui représentent les excédants des recettes sur les dépenses effectuées jusqu'au jour de la remise du service.

Ils portent ces valeurs au débit des comptes qui leur sont ouverts, puis ils constatent au crédit du compte de chaque service l'excédant de recette qui lui appartient.

Cet excédant doit toujours être représenté par les valeurs de caisse ou de portefeuille, puisque, dans le cas même où l'ex-percepteur se serait trouvé en déficit sur l'un de ces services, ce déficit aurait été soldé par le receveur des finances. (I. G., art. 1522.)

Les percepteurs-receveurs municipaux qui entrent en fonctions doivent se munir d'un nouveau livre récapitulatif.

En cas d'urgence, ou lorsqu'il s'agit d'un intérim, l'ancien livre récapitulatif peut être conservé ; il convient seulement de laisser alors, entre les écritures de la nouvelle gestion et celles de l'ancienne, un espace suffisant pour les rectifications dont ces dernières seraient susceptibles.

La même précaution est à prendre au livre des comptes divers, sur lequel les comptes de l'ancienne gestion doivent d'ailleurs être séparés de ceux de la nouvelle par un trait à l'encre.

Les reports dont il est question ci-dessus doivent être faits en présence et sous la direction des receveurs des finances, au moment même où ils effectuent les remises de ce service. (Id., art. 1523.)

Responsabilité des percepteurs, en cas de mutations de comptables, pour l'apurement des contributions directes de chaque exercice. — Aux termes des articles 95 et 1124 de l'Instruction générale, les percepteurs doivent solder, de leurs deniers, les rôles des contributions directes, à l'expiration de la troisième année de l'exercice. La part de responsabilité que cette obligation impose aux anciens et aux nouveaux titulaires, en cas de mutation de percepteurs, et les droits ainsi que les devoirs respectifs de ces comptables sont réglés comme il suit :

Le percepteur qui a été chargé de former les états de cotes irrecouvrables d'un exercice étant personnellement responsable de la partie des rôles qui n'a pas été recouvrée ou allouée en non-valeurs à l'expiration de la troisième année de cet exercice, la responsabilité, en cas de mutation de comptables, pour le solde des rôles de l'année expirée, porte :

Sur l'ancien percepteur, lorsque la remise du service a été faite le 1er mars ou postérieurement à cette époque, qui est celle à laquelle doivent être formés les états de cotes irrecouvrables ;

Sur le nouveau percepteur, lorsque la remise du service a été faite, à lui-même ou à un gérant pour son compte, avant le 1er mars. (I. G., art. 1339 et 1340.)

Toutefois, le nouveau percepteur doit, dans ce dernier cas, avoir un délai suffisant pour examiner la situation de chaque contribuable et la réalité des restes à recouvrer, exercer les poursuites qui lui paraîtraient nécessaires, et réunir les pièces propres à justifier, lorsqu'il y a lieu, l'irrecouvrabilité des cotes que, malgré ses démarches, il ne parviendrait pas à faire payer. Si donc il est entré en fonctions dans les deux premiers mois de l'année, l'époque de la présentation des états de cotes irrecouvrables de son arrondissement de perception est reculée de deux mois, à partir du jour de son installation, sans qu'il soit besoin d'une autorisation spéciale. Dans aucun cas, le dépôt de ces états à la préfecture ou sous-préfecture ne doit être retardé au delà du 1er mai.

Si un percepteur, sorti de fonctions après l'époque fixée pour la présentation des états de cotes irrecouvrables, a négligé de les établir, son successeur peut les présenter, en se renfermant dans les délais ci-dessus prescrits; mais il les forme alors d'office et pour le compte de son prédécesseur, qui demeure chargé de toute la responsabilité qui s'y rattache.

Indépendamment des dispositions qui précèdent, il est accordé au percepteur entrant en fonctions un délai de deux mois pour vérifier l'exactitude des états de restes à recouvrer, et pour examiner si, dans les rôles dont il doit poursuivre le recouvrement sous sa responsabilité, il n'existe pas des cotes arriérées dont le recouvrement, possible à l'époque où le payement en était exigible, serait devenu impraticable par la faute de son prédécesseur. Lorsque, dans les deux mois qui suivent son installation, un percepteur a signalé des cotes de l'espèce, et demandé qu'elles soient laissées à la charge du comptable sorti de fonctions, le receveur des finances, après s'être assuré qu'effectivement la réclamation du nouveau comptable est fondée, se fait remettre le relevé des cotes dont il s'agit, pour l'annexer au procès-verbal de remise de service, et le recouvrement en est suivi pour le compte de l'ex-percepteur, à qui il est donné connaissance de cette nouvelle charge. (I. G., art. 1341.)

D'après les règles établies aux articles 1340 et 1341 de l'Instruction générale et rappelées ci-dessus, les procès-verbaux de remise de service doivent contenir au paragraphe 2 de la deuxième partie, qui charge le nouveau percepteur de suivre la rentrée des restes à recouvrer, une réserve ainsi conçue :

« Il est néanmoins entendu que, pour les restes à recouvrer des exercices 18.. et 18.., comme pour les articles arriérés sur l'exercice 18.., « dont l'absence totale de garantie viendrait à être constatée dans le délai « de deux mois de l'installation, la responsabilité de M........, ancien « percepteur, reste engagée dans la limite et selon les règles déterminées « par l'arrêté ministériel du 15 janvier 1836 (art. 1340 et 1341 de « l'Instruction générale), sauf l'obligation qui est imposée au nouveau « comptable de justifier de l'exercice de toutes les poursuites et diligences « prescrites par les règlements. » (Id., art. 1342.)

La responsabilité d'un percepteur hors de fonctions reste conséquemment engagée jusqu'après le solde complet des rôles des exercices et des cotes arriérés dont il aura été déclaré responsable, et le receveur des finances doit prendre, dans son propre intérêt, les mesures qui lui paraîtront les plus convenables pour se couvrir du montant de ces cotes. (Id., art. 1343.)

Le recouvrement de l'arriéré dont l'ex-percepteur aura été reconnu responsable devant, aux termes des articles qui précèdent, être suivi par l'intermédiaire et sous la direction spéciale du receveur de l'arrondissement, celui-ci est tenu, le cas échéant, de veiller à ce que les recettes de cette origine soient constatées dans la comptabilité du nouveau titulaire, suivant les règles ordinaires, c'est-à-dire qu'elles soient inscrites au livre à souche et au livre récapitulatif, et qu'il en soit délivré quittance. Il doit aussi se faire justifier, par ce dernier comptable, que toutes les poursuites ordonnées par les règlements ont été régulièrement exercées contre les retardataires; il doit enfin lui recommander d'appliquer aux cotes arriérées, jusqu'à leur entier payement, les premiers versements qu'il obtiendra des contribuables débiteurs, et le prévenir qu'il deviendrait responsable, envers son prédécesseur, des cotes à l'égard desquelles ces diverses obligations n'auraient pas été remplies. La justification de leur accomplissement doit être donnée à l'ancien percepteur, lorsque le receveur particulier lui fait connaître le montant de l'arriéré resté définitivement à sa charge. (Id., art. 1344.)

Les dispositions qui précèdent sont applicables au gérant intérimaire qui se trouverait en fonctions au 1er mars, époque fixée pour la présentation des états de cotes irrecouvrables : ainsi, il est responsable, sous les réserves énoncées dans ces articles, des restes à recouvrer sur les contributions de l'année expirée, et, s'il est entré en fonctions en janvier ou février, il lui est accordé un délai de deux mois, à partir du jour de son installation, pour discuter les articles à recouvrer, en établir le relevé, et exercer les poursuites qu'il jugerait nécessaires. Dans le cas où le nouveau titulaire serait mis en possession du service avant l'expiration de ce délai, il demeurerait chargé de la présentation des états de cotes irrecouvrables et de la responsabilité attachée à cette opération, et il en serait fait mention au procès-verbal. (I. G., art. 1345.)

Obligations et responsabilité du comptable entrant en ce qui concerne les revenus communaux et hospitaliers. — En principe, le titulaire entrant doit être considéré comme le mandataire de son prédécesseur. Cette qualité résulte pour lui des articles de l'Instruction générale que nous venons de rappeler relativement au service des contributions directes. Il est donc tenu de poursuivre en son lieu et place la rentrée des revenus communaux et hospitaliers arriérés, de prendre les mesures conservatoires des intérêts de l'établissement, en un mot, de prévenir par tous les moyens dont le prédécesseur aurait pu user, s'il fût resté en fonctions, les conséquences facheuses d'une négligence antérieure. Ainsi, en supposant qu'un receveur ait négligé de renouveler en temps utile une inscription hypothécaire garantissant un titre de rente, il aura recours contre son successeur si ce dernier n'a fait aucune poursuite pour le renouvellement du titre, laissant ainsi les débiteurs devenir insolvables; car il est évident que, dans ce cas, le nouveau titulaire a, par sa faute, compromis les intérêts de son prédécesseur, alors qu'il lui était possible encore de les sauvegarder en même temps que ceux de l'établissement charitable. — *Mém.* 1858, p. 51.

D'après un arrêt de la Cour des comptes, en date du 16 février 1839, la responsabilité d'un comptable qui a négligé de prendre ou de faire renouveler une inscription hypothécaire pendant sa gestion se trouve dégagée s'il est établi qu'au moment de la cessation de ses fonctions, les biens soumis à l'hypothèque au profit de l'établissement dont il était le receveur n'étaient grevés d'aucune inscription préjudiciable à cet établissement. Dans ce cas, l'inscription pouvait encore être renouvelée utilement, c'est-à-dire de manière à primer toute autre, quand le nouveau receveur est entré en fonctions. S'il s'est abstenu ou a omis de le faire, c'est à ses risques et périls (Arrêté du 19 vendémiaire an XII, art. 1er), et le préjudice qui résulterait actuellement du défaut de renouvellement devrait donc être supporté par lui seul. — *Mém.* 1861, p. 128.

Mutations des receveurs spéciaux de communes et établissements de bienfaisance. — En ce qui concerne les mutations de receveurs spéciaux de communes et d'établissements de bienfaisance, l'installation est faite par le maire; mais le receveur des finances doit concourir à la prise du service, pour prescrire ou provoquer toutes les mesures que l'ordre de la comptabilité rendrait nécessaires.

S'il est nommé un gérant intérimaire, l'installation a lieu de la même manière. Ce gérant succède à toutes les attributions du titulaire, et ses émoluments sont déterminés d'après la règle établie, pour les percepteurs receveurs municipaux, à l'article 1330 de l'Instruction générale. Il gère sous sa responsabilité personnelle, et il rend compte de ses opérations conformément aux règles tracées au même article.

Les nouveaux receveurs doivent, aussitôt après leur installation, adresser au procureur général près de la Cour des comptes des copies, certifiées par le maire et visées par le préfet ou le sous-préfet, de l'arrêté ou du décret de leur nomination, du certificat d'inscription de leur cautionnement, de l'acte de prestation de leur serment et du procès-verbal de leur installation. (I. G., art. 1347.) — Voy Gérants intérimaires, Installation, Receveurs spéciaux.

Comptes à rendre par les receveurs remplacés et par les receveurs installés dans le cours d'une année. — Chaque receveur, n'étant comptable que des actes de sa gestion personnelle, doit, en cas de mutation, rendre compte séparément des faits qui le concernent; en conséquence, lorsque la mutation s'opère dans le cours d'une année, le compte de cette année doit être divisé suivant la durée de la gestion de chacun des titulaires. (I. G., art. 1545.)

A cet effet, et s'il n'y a pas de motif qui s'y oppose, le receveur particulier laisse entre les mains de l'ancien titulaire les pièces justificatives de ses dépenses, et lui fait remettre, pour justifier ses recettes, des extraits des baux, actes d'adjudication et autres titres, dont les originaux doivent passer dans les mains du nouveau titulaire. Toutefois, la délivrance de ces extraits ne serait pas nécessaire, si le dernier compte de la gestion de l'ex-receveur et le premier compte du nouveau titulaire étaient présentés dans la même session du conseil municipal ou de la commission administrative, parce qu'alors les titres de recette produits par le titulaire serviraient de justification aux deux comptes.

Pour éviter, dans tous les cas, que le jugement du compte d'un receveur hors de fonctions soit subordonné à celui de son successeur, ce dernier est tenu de s'assurer, dans le délai de trois mois à dater de son entrée en exercice, de la réalité des restes à recouvrer laissés par l'ex-receveur et constatés par le procès-verbal de remise de service. A l'expiration de ce délai, le nouveau comptable doit remettre au conseil municipal ou à la commission administrative, après l'avoir communiqué au receveur des finances, un état de ces restes présentant, en regard de chaque article, les renseignements particuliers qu'il a dû prendre auprès des débiteurs. Cet état, certifié par lui et sous sa responsabilité personnelle, est l'objet d'un examen spécial de la part du receveur des finances et de l'administration locale, qui y joignent, s'il y a lieu, leurs observations sur les causes du non-recouvrement. Il est ensuite adressé au préfet par le maire avec un bordereau sommaire de la situation du compte administratif formé d'après le relevé des écritures journalières de la commune ou de l'établissement.

Le préfet transmet ces pièces, avec son avis, à l'autorité chargée de juger le compte de l'ex-receveur, sur lequel cette autorité peut alors statuer sans attendre l'arrêté d'apurement du compte du successeur. (I. G., art. 1335.)

Le gérant intérimaire rend un compte spécial de ses opérations, à moins que par exception, et pour une gestion de très-courte durée, l'Administration centrale n'ait décidé, avec l'assentiment des parties intéressées, qu'elles seront rattachées à celles de l'ancien ou du nouveau titulaire. (Id., art. 1330.)

Dans le cas où l'ex-receveur serait hors d'état de former et de présenter ses comptes dans les trois mois qui suivent la cessation de ses fonctions, et n'aurait pas désigné un fondé de pouvoir pour remplir cette obligation, le préfet ou le sous-préfet, sur la proposition du receveur des finances, nomme un commis d'office, et la rétribution qui serait due à ce commis est à la charge de l'ex-receveur. (Id., art. 1335.) — Voy. COMMIS D'OFFICE.

Les modifications à faire au modèle de compte de gestion, par les receveurs remplacés et par les receveurs installés dans le cours d'une année, sont indiquées dans le *modèle n°* 314. — Voy. COMPTE DE GESTION.

N

Nomination de comptables. — L'Empereur nomme les receveurs généraux et les receveurs particuliers des finances, sur la présentation du ministre des finances. (I. G., art. 1353 et 1390.)

Le ministre des finances nomme d'office aux perceptions des quatre premières classes, à moins que les préfets n'aient été autorisés à présenter des candidats.

Il nomme en outre, sur la proposition des préfets et sur une liste de trois candidats, aux deux tiers des perceptions de la 5e classe.

L'autre tiers des perceptions de la dernière classe, c'est-à-dire une perception sur trois vacances, est dans chaque département à la nomination du préfet. Pour chacune de ces nominations, le receveur général soumet au préfet une liste de trois candidats, sur laquelle le préfet doit choisir exclusivement. (O. 31 octobre 1839, art. 7; D. 13 avril 1861, art. 5.)

Les percepteurs surnuméraires sont nommés par le préfet, sur une liste de trois candidats que lui présente le receveur général. (D. 25 mars 1852 art. 5, § 12; I. G., art. 1202.)

Les receveurs spéciaux des communes dont le revenu ne dépasse pas 300,000 francs sont nommés par le préfet, sur une liste de trois candidats présentée par le receveur général ; ils sont nommés par décret impérial si le chiffre du revenu est supérieur à 300,000 francs. Dans ce dernier cas, la liste de présentation est transmise au ministre des finances par le préfet, avec son avis et celui du sous-préfet. (L. 18 juillet 1837, art 65 ; D. 25 mars 1852, art. 5, § 13 ; I. G., art. 1217.)

Les receveurs spéciaux des établissements de bienfaisance sont nommés par le préfet, sur la proposition des commissions administratives. (L. 7 août 1851, art. 14; D. 25 mars 1852, art. 5, § 9; I. G., art. 1220.) — Voy. PERCEPTEURS, RECEVEURS DES FINANCES, RECEVEURS MUNICIPAUX.

Non-valeurs et dégrèvements sur contributions directes. — Voy. COTES IRRECOUVRABLES, DÉGRÈVEMENTS, FONDS DE NON-VALEURS, ORDONNANCES DE DÉCHARGE.

Non-valeurs et dégrèvements sur produits communaux et des établissements de bienfaisance. — Les administrations municipales et hospitalières peuvent demander l'admission en non-valeurs des parties de leurs revenus qui, par suite de l'insolvabilité des débiteurs et nonobstant les diligences du receveur, ne présentent plus aucun espoir de recouvrement. Cette mesure a un double but: en même temps qu'elle décharge le comptable de la responsabilité d'une perception qui ne peut plus être opérée, elle fait disparaître du budget un produit purement fictif, dont l'allocation en recette peut donner lieu à des erreurs dans le règlement des dépenses et occasionner des déficit.

L'état des restes à recouvrer, formé à l'époque de la clôture de l'exercice de concert entre le maire et le receveur municipal, fournit le moyen de statuer sur les articles de non-valeurs par la décision même qui règle les chapitres additionnels et de faire disparaître, dans le compte de l'exercice qui suit immédiatement l'exercice clos, les produits appartenant à ce dernier, dont la perception est démontrée impossible.

Pour obtenir l'allocation de ces produits en non-valeurs, les receveurs doivent justifier, dans les formes voulues par les règlements, notamment par l'arrêté du 6 messidor an X, de l'insolvabilité des débiteurs, ou de la caducité des créances.

Il est procédé de la manière suivante : lorsque le conseil municipal ou la commission administrative a, dans sa délibération relative au vote des chapitres additionnels ou dans une délibération spéciale, proposé l'admission en non-valeur d'une partie ou de la totalité des restes à recouvrer dont la rentrée ne peut pas être opérée, et lorsque la délibération a été approuvée par le préfet, le receveur, en vertu de cette décision, déduit, dans son prochain compte, les sommes irrecouvrables du montant de celles qui sont à inscrire dans la colonne destinée à présenter le montant définitif des titres et actes justificatifs de recettes; il indique, en outre, dans une colonne spéciale, le montant des non-valeurs ainsi constatées, afin que le conseil de préfecture ou la Cour des comptes puisse, au moyen de cette indication, faire, pour chaque non-valeur, l'application des pièces produites, et inscrire avec certitude, dans son arrêté ou arrêt; la disposition nécessaire pour déduire définitivement de l'actif la somme reconnue irrecouvrable.

L'arrêté préfectoral d'annulation, approuvant la délibération du conseil municipal ou de la commission administrative qui a proposé l'admission en non-valeur, est pris au vu : 1° de toutes les pièces produites par le receveur pour établir l'insolvabilité du débiteur et l'impossibilité du recouvrement ; 2° de l'avis du sous-préfet sur l'objet de la demande. Cet arrêté a, au surplus, uniquement pour but de faire provisoirement disparaître de l'actif de la commune ou de l'établissement les créances jugées absolument irrecouvrables, et non pas de dégager entièrement la responsabilité du receveur; la Cour des comptes ou le conseil de préfecture, à qui il appartient d'apurer définitivement les comptes des receveurs municipaux et d'établissements de bienfaisance, conserve le droit de forcer les comptables en recette, quand ils n'ont pas fourni toutes les justifications nécessaires à leur décharge. (Circ. int. 31 août 1842, 18 novembre 1845 et 16 juillet 1855; Circ. compt. gén. 29 décembre 1845; I. G., art. 1537. — *Mém.* 1842, p. 193; 1845, p. 294; 1846, p. 15; 1852, p. 101 et 258; 1856, p. 113; et 1857, p. 280.) — Voy. ABSENCE, COMPTE DE GESTION, ÉTAT DES RESTES A RECOUVRER, EXERCICE, INDIGENCE, INSOLVABILITÉ.

En ce qui concerne les restes à recouvrer sur les rôles de prestations pour les chemins vicinaux, de la taxe sur les chiens et de la rétribution scolaire, l'arrêté d'annulation est remplacé par des ordonnances de dégrèvement que délivre le préfet. (Circ. min. des fin., 17 mai 1857, I. G., art. 1537.)

Ces ordonnances ne sont portées ni en recette ni en dépense ; leur montant est simplement déduit de celui des rôles, après qu'elles ont été inscrites aux articles des contribuables dégrevés et sur un carnet spécial (*modèle n° 296, 2e partie*).

L'inscription au rôle n'ayant pas, dans ce cas, le caractère d'un émargement ordinaire, il convient de substituer à la formule adoptée pour les contributions la mention suivante : « Accordé décharge de la somme de... par une ordonnance n°... »

Quant aux ordonnances, elles restent entre les mains des comptables pour être jointes ultérieurement à l'appui de leurs comptes de gestion, comme pièces justificatives de la réduction des titres de recettes.

Lorsque le montant du dégrèvement, réuni aux à-compte déjà versés, est supérieur au montant de la cote, il y a lieu, suivant la nature du dégrèvement accordé, soit d'annuler le surplus de l'ordonnance, soit de rembourser au contribuable l'excédant de versement qui ressort à son profit.

Il n'est pas constaté d'excédant de versement, et il n'y a pas lieu à remboursement s'il s'agit de dégrèvements alloués pour des cotes jugées d'abord irrecouvrables, et sur lesquelles des versements auraient été ensuite obtenus. Les receveurs municipaux se bornent alors à mentionner au rôle les dégrèvements, non pour leur chiffre intégral, mais seulement pour les sommes nécessaires au solde des cotes. Ces mêmes sommes doivent ressortir dans la colonne 18 du modèle des ordonnances dont il s'agit ; elles forment le chiffre vrai de l'ordonnance, et c'est de leur montant seulement que le titre de perception doit être réduit dans les écritures des comptables.

Mais il n'en est pas de même lorsque les dégrèvements alloués pour cotes indûment imposées ou pour remise et modération par suite de pertes ou événements imprévus, ajoutés aux sommes déjà payées en argent, dépassent le montant des cotes. Ici, l'inscription au rôle, de même que la réduction du titre de recette, doit, quelle que soit la somme déjà reçue en numéraire, avoir lieu pour le montant intégral du dégrèvement accordé. Il en résulte alors un excédant de versement que le receveur doit régulariser immédiatement ; il opère à cet effet une réduction de recette, au compte de la commune, d'une somme égale à ces excédants, et il se charge en recette de ladite somme au journal à souche, à titre d'excédants de versement. La quittance est souscrite au nom du contribuable et lui est remise, ou, à son défaut, au maire de la commune. Les remboursements sont effectués sur mandats du maire, appuyés des quittances des parties intéressées.

Toutefois, le mode de réduction au compte de la commune indiqué ci-dessus ne peut être employé, après la clôture de la première année de l'exercice, que s'il existe des recouvrements réalisés depuis le 1er janvier de l'année suivante, ou des restes à recouvrer prochainement réalisables, qui puissent supporter la déduction des remboursements d'excédants auxquels auraient droit les contribuables dégrevés. Dans le cas contraire, les remboursements devraient être imputés soit sur le crédit des dépenses des chemins vicinaux s'il s'agit de prestations, soit sur celui des dépenses imprévues, ou faire l'objet d'un crédit spécial.

Si, à la fin de la deuxième année de l'exercice, quelques sommes n'ont pas été remboursées, elles sont portées au compte de la commune à titre de recette accidentelle. Cette recette est justifiée par un état nominatif des ayants droit certifié par le maire, qui reste chargé d'en informer l'autorité préfectorale. Si des remboursements sont ensuite réclamés, ils sont effectués selon les règles suivies pour les dépenses communales. (Circ. min. des fin. et Circ. compt. gén. 17 mai 1857 ; I. G., art. 888 8°, 910 et 1038.)

A l'exception des remboursements imputés au compte même de la commune, les opérations mentionnées ci-dessus font partie de celles qui s'exécutent en dehors des budgets ; elles sont constatées à un compte spécial ouvert à la troisième section du livre des comptes divers des percepteurs-receveurs, ou au grand-livre des receveurs spéciaux, sous le titre de : Divers L/C d'excédants de versements sur les produits communaux. Le compte présente, en recette, les sommes portées dans la colonne 16 du carnet des ordonnances (*modèle n° 296*), et, en dépense, les remboursements faits aux ayants-droit, ainsi que l'application au compte de la commune des sommes non réclamées à la fin de la seconde année de l'exervice. Des colonnes distinctes doivent indiquer, tant en recette qu'en dépense, la date et le montant des opérations, les noms des contribuables, les communes où ils sont imposés, les numéros des articles des rôles et la nature des taxes. (I. G., art. 1105 et 1488.)

Les opérations afférentes au compte dont il s'agit sont portées dans la troisième partie des comptes de gestion (services hors budget); elles sont justifiées, savoir : la recette, par les relevés des excédants; la dépense, par les quitances des parties prenantes et par les quittances à souche des receveurs municipaux constatant l'application aux comptes des communes des sommes non réclamées. (I. G., art. 1105. — *Mém.* 1857, p. 159.) — Voy. Chemins vicinaux, Ordonnances de dégrèvement, Prestations en nature, Rétribution scolaire, Taxe municipale sur les chiens.

Notaires. — Les notaires sont tenus, sur la demande qui leur en est faite par le percepteur, de payer à l'acquit des contribuables, sur le montant et jusqu'à concurrence des fonds qu'ils doivent ou qui sont entre leurs mains, les contributions dues par ces derniers, lors même qu'il existerait entre leurs mains des oppositions formées par d'autres créanciers des contribuables. (L. 12 novembre 1808, art. 2 ; I. G., art. 83.)

Ils sont tenus de payer d'office les contributions dues, avant de procéder à la délivrance des deniers. Les quittances des percepteurs (pour les sommes légitimement payées) leur sont allouées en compte. (L. 5-18 août 1791 ; I. G., art. 84.) — Voy. Dépositaires.

Cette disposition, toutefois, n'est pas applicable aux ventes amiables qui se font chez les notaires, et dans lesquelles ces officiers ministériels n'interviennent que pour constater les conventions des parties, le payement se faisant de l'acquéreur au vendeur. — *Mém.* 1842, p. 178 ; 1862, p. 102.

Le choix d'un notaire appartient au maire pour les communes, et aux membres des commissions administratives pour les établissements de bienfaisance. Il est d'une bonne et sage administration d'avoir un notaire attitré, en l'étude duquel se centralisent les actes concernant la commune ou l'établissement. — *Mém.* 1850, p. 213.

Les notaires dépositaires des testaments qui constituent des legs au profit des communes et des établissements publics sont tenus d'en donner avis au maire lors de l'ouverture des testaments. (O. 2 avril 1817, art. 3; I. G., art. 943.)

Ils doivent, en outre, transmettre sans délai au préfet du département, compétent pour l'autorisation, un état sommaire de l'ensemble des libéralités contenues dans le même acte en faveur des communes et des établissements publics. (D. 30 juillet 1863.) — Voy. Legs et donations.

Le notaire qui est en même temps maire de sa commune peut, en sa qualité de notaire, recevoir un acte de donation ou tout autre acte intéressant la commune, si, comme maire, il a délégué un adjoint pour signer l'acte en son lieu et place. (Arrêt de la Cour de Montpellier, 4 juin 1855. — *Mém.* 1859, p. 91.)

La loi ne s'oppose pas, non plus, à ce qu'un notaire, membre de la commission administrative d'un établissement de bienfaisance, reçoive les actes de propriété qui peuvent concerner cet établissement, à la condition cependant que le notaire chargé de recevoir l'acte n'y figurera pas comme stipulant au nom de l'établissement qu'il concourt à administrer. — *Mém.* 1844, p. 122.

Aux termes de l'article 16 de la loi du 18 juillet 1837, les maires sont autorisés à procéder aux adjudications intéressant les communes. Il en résulte que les communes ont la faculté de recourir, pour ces adjudications, au ministère d'un notaire ou de s'en abstenir, soit qu'elles concernent des biens mobiliers ou des biens immobiliers.

La même faculté existe en ce qui concerne les établissements de bienfaisance. Mais il est à remarquer que les actes administratifs n'emportent pas hypothèque et que, dès lors, les préfets appelés à approuver les cahiers des charges peuvent exiger, notamment pour les baux, l'intervention des notaires toutes les fois qu'elle paraît utile, afin d'assurer d'avance les intérêts communaux ou charitables au moyen de l'hypothèque conventiontionnelle. — *Mém.* 1858, p. 108; 1860, p. 296.

Le notaire qui a procédé à une adjudication communale n'est pas tenu de délivrer sans frais la copie non timbrée du procès-verbal d'adjudication, qui, aux termes de la circulaire du ministre de l'intérieur du 6 septembre 1853, doit être transmise au préfet pour le mettre à même d'approuver l'opération. Le coût de cette expédition doit être fixé d'après l'article 174 du tarif du 16 février 1807. (Décis. des min. de la justice et de l'int. — *Mém.* 1859, p. 150.)

Il n'y a rien que de légal dans la stipulation aux termes de laquelle le prix de vente d'immeubles appartenant à la commune devra être payé au receveur devant le notaire et dans son étude, au lieu de l'être au bureau du receveur. — *Mém.* 1850, p. 211.

Les administrations des communes rurales doivent mettre à la disposition des notaires la mairie ou la maison d'école pour y passer les adjudications publiques. — *Mém.* 1855, p. 5. — Voy. ACTES NOTARIÉS, ADJUDICATIONS, BAUX.

Notification. — Acte par lequel on donne connaissance à quelqu'un, dans les formes légales, d'un fait, d'une mesure ou d'une décision qui le concerne.

Les notifications administratives se font, en général, par l'intermédiaire d'agents administratifs.

Les arrêts ou arrêtés rendus sur les comptes de gestion des receveurs des communes et des établissements de bienfaisance sont notifiés, savoir : par lettres chargées du greffier en chef de la Cour des comptes, aux receveurs justiciables de cette Cour; par les préfets, aux receveurs justiciables des conseils de préfecture. (I. G., art. 1558.) — Voy. COMPTE DE GESTION.

Notoriété. — Voy. ACTE DE NOTORIÉTÉ.

Nourrices des enfants assistés (Mois de). — Les percepteurs sont chargés de concourir au payement des mois de nourrice et pensions des enfants assistés.

Ces payements ont lieu tous les mois, au plus tard tous les trois mois, sur des décomptes ou états dressés par les commissions administratives des hospices dépositaires, et qui sont envoyés aux percepteurs par l'entremise des receveurs des finances.

Il est recommandé aux percepteurs d'éviter que les nourriciers illettrés soient obligés de payer une rétribution aux personnes qui leur servent de témoins pour constater les payements à leur faire. Les comptables doivent faire en sorte de procurer des témoins gratuits à ces nourriciers. (Circ. compt. gén. 21 juin 1863. — *Mém.*, p. 266). — Voy. ENFANTS ASSISTÉS.

O

Objets fabriqués dans les hospices. — Les objets fabriqués ou confectionnés dans les hospices sont vendus, et le produit est versé dans la caisse de l'établissement.

Ce produit appartient pour un tiers aux indigents, et leur est remis tous les dix jours ou à la sortie de l'hospice, selon les règlements particuliers de chaque établissement. Le tiers revenant aux enfants est placé pour leur compte à la caisse d'épargne. Le livret leur est remis lorsqu'ils ont accompli leur vingt et unième année. Les deux autres tiers sont attribués à l'établissement même. Les sommes à répartir de cette manière sont déterminées par des états de distribution que le président de la commission administrative certifie. (L. 16 messidor an VII ; I. G., art. 1070.) — Voy. ÉCONOMES, HOSPICES.

Objets précieux. — Voy. DÉPOTS D'ARGENT ET D'OBJETS PRÉCIEUX.

Obligations d'emprunt. — Voy. EMPRUNTS.

Obligations et actions de chemins de fer. — Un legs ou une donation consistant en actions ou obligations de chemins de fer ne donne pas lieu à la délivrance d'une quittance à souche lors de la remise des titres au receveur de la commune ou de l'établissement bénéficiaire. Les titres sont seulement inscrits au sommier des biens. Mais il est fait recette des intérêts et dividendes produits par ces valeurs, et c'est sur cette recette que le receveur a droit à des remises. — *Mém.* 1859, p. 109 ; 1861, p. 271. — Voy. LEGS ET DONATIONS.

Octrois communaux. — Les octrois, ainsi nommés de la formule d'approbation qui en autorisait l'approbation antérieurement à leur suppression par l'assemblée constituante en 1791, sont des taxes indirectes et locales établies sur certains objets de consommation dans le but de subvenir aux dépenses des communes. (L. 11 frimaire an VII, art. 51.)

Le pouvoir de faire les règlements généraux et locaux pour la perception des droits d'octroi appartient au Gouvernement. (L. 27 frimaire an VIII, art. 3; 5 ventôse an VIII, art. 2.)

Le décret qui autorise cette perception est rendu dans la forme des règlements d'administration publique, c'est-à-dire le conseil d'Etat entendu. (L. 11 juin 1842, art. 8.)

La surveillance générale de l'administration des octrois est exercée par la régie des contributions indirectes sous l'autorité du ministre des finances. (O. 9 décembre 1814, art. 88.)

ORGANISATION DES OCTROIS. — *Établissement.* — Lorsque les revenus d'une commune sont insuffisants pour les dépenses, il peut être établi, sur la demande du conseil municipal, un droit d'octroi sur les consommations. (L. 28 avril 1816, art. 147.)

Les préfets peuvent provoquer d'office la délibération des conseils municipaux sur les octrois à établir dans les communes où cette ressource paraît nécessaire. (O. 9 décembre 1814, art. 5.)

Les délibérations des conseils municipaux concernant l'établissement d'un octroi sont adressées par le maire au sous préfet, et renvoyées par celui-ci avec ses observations au préfet, qui les transmet, avec son avis en forme d'arrêté, au ministre de l'intérieur, après avoir consulté le directeur des contributions indirectes du département. (Id., art. 6; Circ. int. 23 mars 1853.)

Les pièces à produire à l'appui de la demande sont :

1° Les projets de règlement et de tarif délibérés par le conseil municipal;

2° Le budget de la commune pour l'exercice courant, le budget supplémentaire du même exercice et toutes les autres pièces propres à justifier de l'insuffisance des revenus de la commune, y compris le produit des prestations et des centimes spéciaux auxquels la loi permet de recourir pour assurer le service des chemins vicinaux, celui de l'instruction primaire et le payement du salaire des gardes champêtres;

3° Un tableau de l'état financier de la commune, établissant le chiffre exact et complet des recettes ordinaires et extraordinaires, tant pour l'année courante que pour les trois dernières années, d'après les comptes administratifs et le chiffre des centimes extraordinaires et des emprunts avec leur durée et leur objet;

4° Un résumé des propositions municipales faisant connaître la consommation présumée d'après une moyenne de trois années, le produit brut et le produit net supposés de l'octroi et la comparaison des taxes à établir avec la valeur commerciale des objets sur lesquels elles doivent porter.

Le dossier, après avoir été examiné dans les bureaux du ministère de l'intérieur et par la section de l'intérieur du conseil d'État, est adressé, s'il y a lieu, au ministre des finances, qui fait statuer définitivement sur les taxes et les règlements proposés. (Circ. int., 23 mars 1853 et 24 juin 1856. — *Mém.* 1853, p. 30, et 1856, p. 223.)

Lorsqu'une commune veut supprimer son octroi ou le remplacer par une autre perception, la délibération du conseil municipal, accompagnée de l'avis du maire et du sous-préfet, est adressée au préfet, avec un état des recettes et des besoins de la commune. Le préfet la transmet, avec ses observations, au ministre de l'intérieur, qui statue provisoirement, et fait connaître aussitôt sa décision au ministre des finances, qui doit provoquer la décision définitive de l'autorité souveraine. (O. 9 décembre 1814, art. 85 et 86.)

Les droits continuent à être perçus jusqu'à ce que la suppression de l'octroi soit prononcée. (Id., art. 87.)

Tarifs et règlements locaux. — La désignation des objets à imposer appartient, comme on l'a vu plus haut, au conseil municipal. Elle est subordonnée aux conditions suivantes :

La perception ne doit atteindre que des objets qui sont destinés à la consommation locale. Il ne pourrait être fait d'exception à cette règle que dans des cas extraordinaires et en vertu d'une loi spéciale. (L. 28 avril 1816, art. 148.)

Les objets fabriqués ou récoltés dans l'intérieur d'une commune doivent être soumis à la même taxe que les objets venant du dehors (O. 9 décembre 1814, art. 24). Toutefois, une exception est permise à l'égard de la bière dans les pays où elle est considérée comme boisson habituelle (Id., art. 14).

Il faut que la matière imposable soit prise, autant que possible, dans les cinq divisions suivantes : boissons, comestibles, combustibles, fourrages, matériaux. (Id., art. 11 à 16.)

A moins d'une exception spéciale justifiée par des besoins urgents et autorisée par décret impérial, les taxes d'octroi sur les boissons ne peuvent pas excéder celles qui sont perçues pour le Trésor aux entrées des villes. (L. 28 avril 1816, art. 149.)

Les énonciations d'objets soumis aux droits doivent être clairement définies, toute extension de tarif par analogie étant expressément interdite.

Les règlements d'octroi doivent déterminer avec précision les limites du territoire soumis à l'impôt, les chemins à suivre en certains temps ou durant toute l'année, le placement des bureaux de déclaration ou de perception, les obligations principales des préposés et des contribuables, et enfin les dispositions particulières que commandent les localités. (O. 9 décembre 1814, art. 25.)

Les droits d'octroi sont toujours perçus dans les faubourgs des lieux sujets. (O. 9 décembre 1814, art. 26.)

Les perceptions peuvent être étendues dans les banlieues autour des grandes villes, afin de restreindre la fraude ; mais les recettes qui y sont opérées appartiennent aux communes dont le territoire se trouve ainsi totalement ou partiellement englobé dans la circonférence de l'octroi. (L. 28 avril 1816, art. 152.)

Les modèles des règlements à suivre pour l'établissement des octrois ont été transmis aux préfets par des instructions ministérielles des 9 mai 1823 16 septembre 1834, 14 août 1837 et 29 octobre 1852.

Les changements proposés aux tarifs et règlements en vigueur ne peuvent être exécutés qu'après avoir été délibérés et approuvés de la manière prescrite pour l'établissement des octrois. (O. 9 décembre 1814, art. 8.)

La délibération du conseil municipal ayant ces changements pour objet doit être accompagnée de toutes les pièces ci-dessus indiquées pour l'établissement; le résumé des propositions municipales doit porter, en regard l'un de l'autre, le tarif en vigueur et le tarif projeté, avec l'indication, en plus ou en moins, de la recette sur chaque article de perception, d'après la moyenne de la consommation pendant les trois dernières années.

S'il s'agit de pourvoir à des dépenses accidentelles et transitoires au moyen de taxes additionnelles, lesquelles se distinguent essentiellement des taxes principales en ce qu'elles ne doivent pas excéder une durée de cinq ou six ans, le tableau de l'état financier de la commune doit comprendre, en outre, l'état des dépenses urgentes et des travaux dûment autorisés auxquels l'augmentation des taxes a pour but de subvenir. (Circ. int., 23 mars 1853 et 24 juin 1856. — *Mém.* 1857, p. 308.)

Personnel.— Dans les communes où le produit annuel de l'octroi s'élève à 20,000 francs au moins, il peut être établi un préposé en chef remplissant la double fonction d'agent de la commune et de commissaire du Gouvernement. (L. 28 avril 1816, art. 155.)

Le préposé en chef est nommé par le préfet, sur une liste de trois candidats formée par le maire. (D. 25 mars 1852, art. 5.)

Quoique payé sur les deniers communaux, le préposé en chef prend rang dans l'administration des contributions indirectes, à laquelle il rend compte de sa gestion. Son traitement est déterminé par le directeur général de cette administration, et il est soumis à la retenue pour le service des pensions civiles. (Avis du cons. d'État, 24 janvier 1861. — *Mém.*, p. 248.) — Voy. Pensions civiles.

Les fonctions de préposé en chef, surtout dans les villes de peu d'importance, peuvent être remplies par un employé des contributions indirectes, moyennant nomination dans la forme ci-dessus indiquée. Mais l'indemnité qui, dans ce cas, est accordée à l'employé faisant fonction de préposé en chef n'est pas sujette à retenue.

Les simples préposés d'octroi sont nommés par le sous-préfet (D. 13

avril 1861, art. 6), sur la présentation du maire, pour les octrois en régie simple ; sur la présentation de l'adjudicataire, s'il y a ferme ou régie intéressée ; ou sur celle du directeur des contributions indirectes, si la commune a traité avec lui de la gestion de l'octroi. (L. 28 avril 1816, art. 56 ; O. 9 décembre 1814, art. 56 et 95.)

Tous les préposés employés à un service actif doivent être âgés de vingt et un ans au moins, et ils sont tenus de prêter serment devant le tribunal civil de la ville où ils exercent, et, dans les lieux où il n'y a pas de tribunal, devant le juge de paix. (O. 9 décembre 1814, art. 58.)

Il est facultatif aux administrations municipales d'instituer des caisses de retraites et de secours en faveur des simples préposés. (D. 17 mai 1809, art. 147.) — Voy. PENSIONS DE RETRAITE.

Tous les préposés comptables sont tenus, sans exception, de fournir un cautionnement en numéraire, qui est fixé par le ministre des finances à raison du vingt-cinquième brut de la recette présumée ; toutefois, le minimum de la fixation est de 200 francs. Ce cautionnement est versé au Trésor, qui en paye les intérêts au taux de 3 p. 0/0. (L. 28 avril 1816, art. 159 ; 4 août 1844, art. 7.) — Voy. CAUTIONNEMENTS DES PRÉPOSÉS COMPTABLES DES OCTROIS.

Modes divers d'administration. — Il appartient au conseil municipal de choisir entre les quatre modes de recouvrement ou d'administration ci-après :

La régie simple ;

La régie intéressée ;

Le bail à ferme ;

L'abonnement avec l'administration des contributions indirectes. (L. 28 avril 1816, art. 47 ; I. G., art. 915.)

La *régie simple* est la perception de l'octroi sous la direction immédiate du maire, lequel arrête à cet effet un ordre de service, en surveille l'exécution, résout les difficultés, transige sur les procès-verbaux avec les délinquants, et ordonne la suite des instances judiciaires.

La *régie intéressée*, système propre aux grandes villes exclusivement, consiste à traiter avec un régisseur, à la condition d'un prix fixe et d'une portion déterminée dans les produits excédant le prix principal et la somme abonnée pour les frais. La mise en régie intéressée a lieu par voie d'adjudication dans la forme indiquée ci-après pour la mise en ferme.

La *ferme* est l'adjudication pure et simple des produits de l'octroi moyennant un prix convenu, sans partage de bénéfice et sans allocation de frais.

Si la mise en ferme ou en régie intéressée a été adoptée, le maire, après l'avoir fait publier par voie d'affiche, procède à l'adjudication. Cette adjudication est faite, en présence d'un agent des contributions indirectes et du receveur municipal, par le maire, dans les villes d'une population de cinq mille âmes et au-dessus, et, dans celles d'une population moindre, par le sous-préfet. Les conditions de l'adjudication sont déterminées par un cahier des charges dont le modèle a été donné par le ministre des finances avec son instruction du 20 octobre 1852. Au nombre des conditions à remplir par les adjudicataires se trouve particulièrement celle de fournir, avant d'entrer en jouissance du bail, un cautionnement en immeubles, en numéraire ou en rentes sur l'État. Le cahier des charges stipule, en outre, que l'adjudication ne sera définitive, et que l'adjudicataire ne doit être mis en possession, qu'après l'approbation du bail par le ministre des finances.

Aucune adjudication ne peut excéder le terme de trois ans, excepté lorsqu'il y a lieu d'y comprendre le restant de l'année commencée, et, dans tous les cas, elle doit avoir pour terme le 31 décembre. (I. G., art. 918.)

Les contestations qui s'élèvent entre les communes et les fermiers des octrois, au sujet de l'exécution des baux, sont de la compétence des préfets, en conseil de préfecture. (Arrêt du cons. d'État, 8 avril 1852.—*Mém.* 1854, p. 321.)

L'*abonnement avec l'administration des contributions indirectes* a pour effet de mettre la perception sous la direction de cette administration, moyennant une remise proportionnelle ou une somme fixe pour le traitement des employés, tous les autres frais restant à la charge de la commune.

Néanmoins, dans les villes où il est nécessaire de conserver des préposés affectés spécialement au service de l'octroi, ces préposés continuent d'être nommés par le préfet, sur la proposition du maire et l'avis du directeur des contributions indirectes. Le maire conserve le droit de surveillance sur les préposés et celui de transiger sur les contraventions. (O. 9 décembre 1814, art. 94 et 95.)

Les traités provisoirement conclus entre les maires et les directeurs des contributions indirectes, pour un temps limité ou indéfini, sont soumis à l'approbation du ministre des finances. (L. 28 avril 1816, art. 158; O. 9 décembre 1844, art. 94.)

Recettes des octrois — Les recettes des octrois en régie ou perçus par voie d'abonnement avec l'administration des contributions indirectes se divisent, dans la comptabilité des receveurs municipaux, de la manière suivante : 1° Recettes ordinaires, ou produit des droits sur les objets tarifés; 2° Recettes accessoires, qui se composent principalement de la portion revenant à la commune sur le produit des saisies et amendes, des frais d'emmagasinage et des frais d'escorte.

On distingue aussi les recettes d'ordre ; mais ces recettes ne constituent pas des ressources dont la commune puisse disposer, et ne sont pas comprises en recette dans les budgets communaux. Nous en parlerons séparément.

Les receveurs municipaux étant chargés, conformément à l'ordonnance royale du 23 juillet 1826, de centraliser à leur caisse le produit brut de l'octroi et de payer les dépenses relatives à ce service, nous croyons devoir exposer sommairement les principes d'après lesquels s'opère la perception des droits sur les redevables. Cet exposé rendra plus facile l'intelligence des règles de comptabilité qui concernent particulièrement le service de ces receveurs.

Perception des droits. — La déclaration et le recouvrement des droits s'effectuent principalement aux portes ou abords des villes, lorsque leur importance ou la nature des lieux permet d'établir plusieurs bureaux ; dans le cas contraire, la déclaration et la recette des droits sont faites à un bureau placé, autant que possible, au centre de la commune.

Tout porteur ou conducteur d'objets assujettis aux droits d'octroi est tenu, avant de les introduire, d'en faire la déclaration au bureau, de produire les congés, acquits-à-caution, passavants, ainsi que les lettres de voiture, connaissements, chartes-parties ou toutes expéditions qui les accompagnent, et d'acquitter les droits si les objets sont destinés à la consommation du lieu. (O. 9 décembre 1814, art. 28.)

Tout objet soumis à l'octroi qui, nonobstant l'interpellation faite par les préposés, serait introduit sans avoir été déclaré ou sur une déclaration fausse, est saisi (Id., art. 29); les voitures, chevaux et autres moyens de transport sont également saisis, à défaut par les contrevenants de consigner le maximum de l'amende ou de fournir caution valable. (L. 28 avril 1816, art. 27, et 24 mai 1834, art. 9.)

Toute personne qui récolte, prépare ou fabrique dans l'intérieur du rayon de l'octroi des objets compris au tarif est tenue d'en faire la déclaration et d'acquitter immédiatement les droits, si elle ne réclame la faculté de l'entrepôt. Tout propriétaire d'objets récoltés, préparés ou fabriqués dans le rayon de l'octroi, est soumis aux visites et exercices des préposés.

Les propriétaires des bestiaux imposés qui sont entretenus dans le rayon de l'octroi sont tenus d'en faire la déclaration au bureau, et de souffrir les visites et exercices des préposés dans leurs étables et bergeries. Ils sont aussi tenus de déclarer d'avance le nombre et l'espèce des animaux qu'ils livrent aux bouchers et aux charcutiers, ceux qu'ils font venir du dehors pour les remplacer, et ceux qu'ils abattent pour leur consommation personnelle. A défaut de payement des droits, il est décerné contre les redevables des contraintes qui sont exécutoires nonobstant opposition et sans y préjudicier. (O. 9 décembre 1814, art. 36.)

S'il s'élève une contestation sur l'application du tarif ou sur la quotité du droit réclamé, le porteur ou conducteur est tenu de consigner, avant tout, le droit exigé entre les mains du receveur : faute de quoi, il ne peut passer outre ni introduire l'objet qui a donné lieu à la contestation, sauf à lui à se pourvoir devant le juge de paix du canton. Il ne peut être entendu qu'en représentant la quittance de ladite consignation au juge de paix, lequel prononce sommairement et sans frais, soit en dernier ressort, lorsque la somme demandée ne s'élève pas au dessus de 100 francs, soit à la charge d'appel pour les autres affaires.

Les contraintes pour les recouvrements des droits d'octroi sont décernées par le receveur, visées par le maire, et rendues exécutoires par le juge de paix. Les oppositions auxdites contraintes sont instruites et jugées par le juge de paix; et la partie opposante est tenue de justifier, avant d'être entendue, de la consignation entre les mains du receveur du montant de la somme contestée. (O. 9 décembre 1814, art. 81.)

Passe-debout, transit et entrepôt. — Tout conducteur d'objets compris au tarif, qui veut s'éjourner dans le rayon de l'octroi moins de vingt-quatre heures, est tenu d'en faire la déclaration et de se munir d'un bulletin de passe-debout, qui lui est délivré sur la consignation ou le cautionnement des droits. Ces droits sont rendus ou la caution déchargée, lorsqu'il a été justifié de la sortie des objets.

Lorsque les conducteurs ne peuvent cautionner ni consigner les droits, il leur est accordé une escorte dont les frais sont à leur charge et sont déterminés conformément au règlement de l'octroi. (O. 9 décembre 1814, art. 37.)

Si le séjour doit excéder vingt-quatre heures, mais sans excéder trois jours, le conducteur doit se munir d'un bulletin de transit. La consignation ou le cautionnement du droit subsistent pendant toute la durée du séjour. (Id., art. 38.)

Vingt-quatre heures après le délai fixé pour le passe-debout ou le transit, les droits consignés sont définitivement acquis à l'octroi, s'il n'a pas été justifié de la sortie des objets.

L'entrepôt est la faculté donnée à un propriétaire ou à un commerçant de recevoir et d'emmagasiner dans un lieu sujet à l'octroi, sans acquittement du droit, des marchandises qui y sont assujetties, et auxquelles il réserve une destination ultérieure. L'entrepôt peut être réel ou fictif (c'est-à-dire à domicile); il est toujours illimité. Les conditions pour l'entrepôt sont : de faire une déclaration par écrit au bureau de l'octroi avant l'entrée des objets entreposés ; de permettre les visites et exercices des préposés ; de leur ouvrir, à toute réquisition, les caves, magasins et autres lieux de dépôt ; enfin de faire de la manière et dans les formes voulues les déclarations d'expédition pour le dehors et pour l'intérieur. (Id., art. 41, 42 et 43.)

Les propriétaires d'objets déposés à l'entrepôt réel sont tenus d'acquitter, tous les mois, les frais de magasinage, lesquels doivent être déterminés par le règlement général de l'octroi ou par un règlement particulier approuvé du ministre des finances. (Id., art. 54.)

Le droit de magasinage fait nécessairement partie des recettes de l'octroi. Il doit toujours être payé comptant et d'avance, mois par mois, le mois commencé comptant pour le mois entier. Cependant, lorsque le douzième donnerait lieu à une comptabilité trop minutieuse, il peut être stipulé par le règlement que le payement n'aura lieu que par tr mestre, mais toujours d'avance, et sans restitution en cas de moindre séjour. (Circ. du min. des fin., 25 septembre 1809.)

Si, par suite de dépérissement d'objets en entrepôt réel ou pour toute autre cause, leur valeur, au dire d'experts appelés d'office par l'administration de l'octroi, n'excède pas moitié en sus des sommes qui peuvent être dues pour frais d'entretien, frais de transport ou magasinage, il est fait sommation au propriétaire ou à son représentant de retirer lesdits objets, et, à défaut, ils sont vendus publiquement par ministère d'huissier. Le produit net de la vente, déduction faite des sommes dues, avec intérêt à raison de 5 p. 0/0 par an, est déposé à la caisse municipale, et tenu à la disposition du propriétaire. (O. 9 décembre 1814, art. 55.) — Voy. ENTREPÔT.

Abonnements de corporations. — Des abonnements peuvent être consentis avec certaines classes de contribuables réunis en corporations, qui s'affranchissent ainsi de l'exercice en payant annuellement à l'octroi une somme déterminée. Chaque contrat d'abonnement doit comprendre une corporation tout entière, par exemple celle des bouchers, des charcutiers, des brasseurs, etc.

Ces abonnements sont annuels. Ils peuvent être admis quel que soit le mode d'administration de l'octroi, à charge d'être soumis, comme les baux à ferme, à la sanction du ministre des finances. (Circ. min. des fin., 10 septembre 1818.)

Les contractants payent à la commune, entre les mains du receveur municipal, ou à l'adjudicataire, par douzième, de mois en mois et d'avance, la somme annuelle fixée à titre d'abonnement, laquelle est répartie entre eux par le contrat. Ils demeurent solidairement responsables les uns pour les autres, et un seul pour le tout, de la somme due, en cas de non-payement d'un ou de plusieurs d'entre eux. Ils nomment un syndic chargé de représenter la corporation auprès de l'autorité locale, d'opérer les versements entre les mains du receveur municipal et entirer quittance.

Saisies et amendes. — Les contraventions en matière d'octroi sont constatées par des procès-verbaux, lesquels sont dressés à la requête du maire, et sont affirmés devant le juge de paix ou son suppléant dans les vingt-quatre heures de leur date, sous peine de nullité. Ils peuvent être rédigés par un seul préposé, et font foi en justice jusqu'à inscription de faux. (L. 27 frimaire an VIII, art. 8; O. 9 décembre 1814, art. 75.)

Toute contravention est punie, indépendamment de la confiscation des objets saisis, d'une amende de 100 à 200 francs. (L. 24 mai 1834, art. 9.)

Les objets saisis sont déposés au bureau le plus voisin. Ils peuvent néanmoins, s'il y a lieu, être mis en fourrière.

Si la partie saisie ne s'est pas présentée dans les dix jours, à l'effet de payer ou consigner l'amende encourue, ou si elle n'a pas formé dans le même délai opposition à la vente, cette vente est faite par le receveur, cinq jours après l'apposition, à la porte de la mairie et autres lieux accoutumés, d'une affiche signée de lui, et sans aucune autre formalité. (O. 9 décembre 1814, art. 79.)

Dans le cas où les objets saisis seraient sujets à dépérissement, la vente peut être autorisée, avant l'échéance des délais ci-dessus fixés, par une simple ordonnance du juge de paix, sur requête. (Id., art. 82.)

L'action résultant des procès-verbaux en matière d'octroi et les questions qui peuvent naître de la défense du prévenu sont de la compétence exclusive du tribunal correctionnel. (L. 24 mai 1834, art. 9; O. 9 décembre 1814, art. 78.)

Lorsque l'octroi est en régie simple ou géré par l'administration des contributions indirectes, le maire est autorisé, sauf l'approbation du préfet, à faire remise, par voie de transaction, de la totalité ou de partie des condamnations encourues, même après le jugement rendu.

Lorsque l'octroi est en ferme ou en régie intéressée, le droit de transiger est dévolu à l'adjudicataire, mais seulement avec l'autorisation du maire et avec l'avis du préposé en chef.

Toutes les fois que la saisie a été opérée dans l'intérêt commun des droits d'octroi et des droits imposés au profit du Trésor, le procès-verbal doit être rédigé à la requête du directeur des contributions indirectes. A cet employé supérieur appartient aussi, dans ce cas, le droit d'intenter les poursuites et de transiger d'après les règles propres à son administration. (O. 9 décembre 1814, art. 83.)

Le produit des amendes et confiscations pour contraventions au règlement de l'octroi, déduction faite des frais et prélèvements autorisés, est attribué, moitié aux employés de l'octroi, et moitié à la commune. (Id., art. 84.)

Le mode d'après lequel cette répartition doit être faite est indiqué plus loin.

Si la perception est en ferme, la portion revenant aux préposés d'octroi saisissants appartient à l'adjudicataire, pour être par lui répartie entre les préposés ; il verse l'autre moitié dans la caisse municipale, à la fin de chaque mois, et même plus tôt s'il en est requis par le maire.

Registres de perception. — Tous les registres employés à la perception ou au service de l'octroi sont à souche. Les perceptions ou déclarations y sont inscrites sans interruption ni lacune. Les quittances ou expéditions qui en sont détachées sont marquées du timbre de la régie des contributions indirectes.

Le prix de ce timbre, fixé à 10 centimes, est acquitté par les redevables, et son produit est versé intégralement dans les caisses de la régie. (O. 9 décembre 1814, art. 66; L. 28 avril 1816, art. 243.)

La régie détermine le mode de comptabilité, ainsi que la forme et le modèle des registres, expéditions, bordereaux, comptes et autres écritures relatives au service des octrois : elle fait faire la fourniture des impressions nécessaires, sur la demande des maires. (O 9 décembre 1814, art. 68.)

Le tarif de ces impressions a été réglé par une circulaire de l'administration des contributions indirectes du 17 août 1837. La série des impressions spéciales aux octrois se compose de trente-quatre modèles, qui sont distingués par différentes lettres de l'alphabet.

Tous les registres servant à la perception des droits d'entrée, dans les villes qui y sont assujetties, aux déclarations de passe-debout, de transit, d'entrepôt et de sortie pour les boissons; ceux employés pour recevoir les déclarations de mise de feu de la part des brasseurs et distillateurs; enfin les registres portatifs tenus pour l'exercice des redevables soumis en même temps aux droits d'octroi et à ceux dus au Trésor, sont communs aux deux services. (O. 9 décembre 1814, art. 69.)

Ces registres doivent, dans l'intérieur des villes, être confiés aux receveurs des contributions indirectes.

Pour les objets atteints par le droit d'octroi seulement, on fait usage d'un registre à souche (*modèle* A) divisé en deux parties), et d'un registre moins compliqué (*modèle* T), dit de petit comptant, où s'inscrivent les articles de peu de valeur pour lesquels il y a autorisation spéciale de délivrer des quittances non timbrées. (Circ. 4 septembre 1819.)

Les registres, autres que ceux dont l'usage est commun aux octrois et aux droits d'entrée sont cotés et parafés par le maire ; ils sont arrêtés par lui le dernier jour de chaque année, déposés à l'administration municipale, et renouvelés tous les ans. A l'égard des autres registres, les maires peuvent en prendre communication sans déplacement, et en faire faire des extraits pour ce qui concerne les recettes des octrois. (O. 9 décembre 1814, art. 70.)

Des bordereaux de recettes et de dépenses des octrois sont dressés chaque mois au nombre de quatre exemplaires, dont un pour minute, un pour la mairie, et les autres, signés du maire et visés par le sous-préfet, pour être envoyés au directeur des contributions indirectes. Il est formé, en outre, à la fin des mois de mars, juin, septembre et décembre, une expédition en plus pour être transmise à l'administration centrale des contributions indirectes, par l'entremise du directeur.

La tenue des registres du contrôle administratif des recettes et dépenses, et toutes les opérations qui s'y rattachent, sont dévolues de droit aux préposés en chef ou, à défaut d'agents de ce grade, à tout autre préposé que désigne l'autorité locale, de concert avec le directeur des contributions indirectes. (Arrêté du min. des fin., 1er janvier 1827, art. 7 et 8.)

Versements des produits à la caisse municipale. — Lorsque l'octroi est en régie simple, ou lorsqu'il est perçu par voie d'abonnement avec l'administration des contributions indirectes, le versement des produits est fait, tous les cinq jours au moins, entre les mains du receveur municipal par les agents préposés aux portes et barrières et par ceux du bureau central. (O. 9 décembre 1814, art. 67; I. G., art. 919.)

Un bulletin (*modèle G bis*), dressé pour chaque versement tant par le buraliste central que par les buralistes ordinaires, est échangé par le receveur municipal contre un reçu détaché de son registre à souche. (Circ. adm. des contr. ind., 25 janvier 1827.)

Le produit des octrois en ferme ou en régie intéressée doit être versé au receveur municipal par l'adjudicataire, à dater de son entrée en jouissance, par douzième, de mois en mois, et d'avance. (I. G., art. 920.)

Quant au partage des bénéfices, en ce qui concerne les octrois en régie intéressée, il est fait provisoirement à la fin de chaque année, et la portion qui revient à la commune dans ce partage est versée aussitôt dans la caisse municipale. A l'expiration du bail, il est procédé à un règlement de compte de la totalité des bénéfices pour établir une année commune, d'après laquelle la répartition est définitivement arrêtée, conformément aux proportions déterminées par le cahier des charges.

En cas de retard dans les versements que les préposés, régisseurs ou fermiers de l'octroi sont tenus de faire aux caisses des communes, les receveurs municipaux doivent poursuivre la rentrée des produits suivant les règles ordinaires, et, si ces moyens sont insuffisants, décerner contre les retardataires une contrainte qui, après avoir été visée par le maire, est rendue exécutoire par le juge de paix.

Ces contraintes doivent être signifiées à la requête du maire ; elles sont exécutées conformément au titre XV du livre V de la première partie du Code de procédure civile, et aux dispositions de la loi du 17 avril 1832 sur la contrainte par corps.

Indépendamment de ces poursuites, le maire peut, avec l'autorisation du préfet, fermer provisoirement les mains de l'adjudicataire, et faire verser directement à la caisse municipale, par les receveurs de l'octroi, les fonds provenant de leurs recettes, jour par jour, sous leur responsabilité personnelle. (I. G., art. 921.)

Dépenses des octrois. — Ces dépenses consistent principalement dans les frais de perception, lesquels comprennent les frais de premier établissement, les dépenses du personnel et du matériel d'exploitation, l'indemnité allouée à la régie des contributions indirectes pour les exercices faits en commun chez les contribuables soumis à la fois aux droits du Trésor et aux taxes municipales, les frais de gestion en cas de traité avec la régie pour l'administration directe de l'octroi, enfin les prix des fournitures d'impressions et d'instruments.

On doit ranger aussi parmi les dépenses de l'octroi les prélèvements effectués sur ses produits, tels que : l'indemnité payée à l'État pour frais de casernement et d'occupation de lits militaires ; le versement au Trésor d'une portion de l'octroi, qui remplace, dans plusieurs villes, la contribution personnelle et mobilière ; les allocations aux établissements de bienfaisance.

Ces diverses dépenses sont effectuées conformément aux règles indiquées ci-après.

Frais de premier établissement, de régie et de perception. — Les frais de premier établissement concernent l'achat des bureaux, la construction de portes et barrières, la mise en état des lieux, et généralement toutes les fournitures, une fois faites, pour la mise en activité de l'octroi. Les règlements locaux doivent indiquer le mode de conservation de tous ces objets, qui sont confiés à la charge et garde des employés, prescrire la formalité des inventaires au bas desquels ils s'en chargent, et prévenir les dilapidations, quelle que soit d'ailleurs la forme d'administration de l'octroi.

Les frais de perception proprement dits, ou frais d'exploitation, se composent, non-seulement des appointements fixes ou éventuels des employés, mais encore des frais de loyer et entretien des bâtiments, meubles et ustensiles, des frais d'impression et de bureau, de versement (s'il y a lieu d'en allouer), de procédure, des dépenses imprévues, etc.

Aux termes de l'article 10 de l'ordonnance royale du 9 décembre 1814, les frais d'établissement et de perception des octrois en régie, dans les villes assujetties au droit d'entrée, sont proposés par le conseil municipal et fixés définitivement par le ministre des finances; dans les autres communes, ils sont réglés par les préfets. Dans aucun cas, et sous aucun prétexte, les maires ne peuvent excéder les frais alloués, sous peine d'en répondre personnellement. (I. G., art. 985. — *Mém.* 1861, p. 248.)

La responsabilité encourue par le maire, dans le cas où il excéderait le crédit alloué pour frais de perception, ne dégage pas celle du receveur pour les payements qu'il aurait faits sur mandats du maire en excédant de ce crédit. (Arrêt de la Cour des comptes, 20 juillet 1837. — *Mém.* 1839, p. 101.)

Une approbation nouvelle n'est pas obligatoire tant que les autorités locales jugent à propos de maintenir au budget le crédit régulièrement fixé pour les frais de perception.

Lorsque l'octroi est en régie simple, le receveur municipal reçoit en fin de mois un tableau sur papier timbré (*modèle* Z), d'après lequel il paye, sur l'émargement des employés, les appointements, remises ou gratifications. Ce tableau indique le montant des appointements, remises et gratifications, les retenues pour pensions de retraites et le restant net à payer. — Voy. PENSIONS DE RETRAITES, TRAITEMENTS.

Pour les préposés en chef, le receveur municipal reçoit une déclaration sommaire du maire, indiquant le montant et la nature des retenues effectuées pour le service des pensions civiles, laquelle déclaration est remise au receveur des finances, lors du versement des retenues, comme titre de perception provisoire. — Voy. PENSIONS CIVILES.

Les dépenses du matériel sont payées d'après les règles établies pour les autres dépenses de même nature faites par les communes. — Voy. ORDONNANCEMENT, PIÈCES JUSTIFICATIVES.

Il en est de même pour le matériel, lorsque la gestion de l'octroi est confiée à l'administration des contributions indirectes; mais, quant au traitement des préposés, le receveur municipal verse la somme convenue par l'acte d'abonnement pour ce traitement entre les mains du receveur principal de la régie, qui demeure exclusivement chargé de tout payement à faire aux employés.

Lorsque l'octroi est affermé, ou en régie intéressée, tous les frais de perception sont à la charge de l'adjudicataire.

Indemnités pour frais d'exercices. — Les employés de la régie étant exclusivement chargés, à l'intérieur du lieu sujet au droit d'entrée, des exercices chez les entrepositaires de boissons, les brasseurs et les distillateurs, il doit être tenu compte par l'octroi, à la régie, de partie des dépenses qu'occasionnent ces exercices. (O. 9 décembre 1814, art. 91.)

L'indemnité dont il s'agit est fixée à 5 p. 0/0 des produits constatés au profit de l'octroi. (Décis. min. des fin., 20 décembre 1816.)

Cette indemnité ne peut être convertie en une somme fixe et annuelle ou abonnement. Elle ne peut non plus être compensée avec les remises que paye le Trésor pour la perception du droit d'entrée par les employés de l'octroi. (Décis. min., 30 juillet 1817.)

Le payement en est fait au receveur principal de la régie, à l'expiration de chaque trimestre, sur mandat du maire appuyé d'un décompte établissant la quotité de la portion de frais à la charge de la commune. La quittance à souche du receveur de la régie est jointe au mandat, qui doit être, en outre, quittancé par duplicata. — *Mém.* 1860, p. 218.

Prix des impressions et instruments fournis par la régie. — Comme on l'a vu plus haut, la régie des contributions indirectes détermine le mode de comptabilité des octrois, et fait faire la fourniture de toutes les impressions nécessaires, sur la demande des maires. (O. 9 décembre 1814, art. 68.)

Il en est de même des instruments de vérification, tels que sondes, jauges, aréomètres, etc.

La moitié des frais d'achat et d'impression des registres communs au double service des droits du Trésor et des droits d'octroi est, en outre, à la charge de la commune. (O. 9 décembre 1814, art. 69.)

Le payement de ces fournitures et frais est effectué par le receveur municipal, sur la production de mémoires dressés par la régie et approuvés par le ministre des finances, lesquels sont joints au mandat du maire avec la quittance du receveur de la régie. — Voy. Pièces justificatives.

Prélèvement du contingent personnel-mobilier sur le produit de l'octroi.—Dans les villes ayant un octroi, le contingent personnel-mobilier peut être payé, en totalité ou en partie, par les caisses municipales, sur la demande qui en est faite aux préfets par les conseils municipaux

Les délibérations prises par les conseils municipaux ne reçoivent leur exécution qu'après avoir été approuvées par un décret impérial. (L. 3 juillet 1846, art. 5.)

Le receveur municipal verse par douzième, le premier jour de chaque mois, dans la caisse du receveur des finances de l'arrondissement, la partie de l'octroi représentative de la contribution personnelle-mobilière. (I. G., art. 6.) — Voy. Contributions directes.

Prélèvement pour frais de casernement et d'occupation de lits militaires. — Ce prélèvement a pour but d'indemniser l'État des droits d'octroi perçus par les villes de garnison sur la consommation des troupes. Le payement de l'indemnité est effectué par quinzième entre les mains des receveurs des contributions indirectes; les quittances de ces receveurs sont assujetties au timbre de dimension. (D. 7 août 1810; L. 15 mai et O. 5 août 1818.) — Voy. FRAIS DE CASERNEMENT.

Prélèvement en faveur des établissements de bienfaisance. — La quotité des fonds que les communes peuvent prélever sur les produits de leur octroi, pour les verser dans les caisses des établissements de charité, est déterminée chaque année par l'autorité qui règle les budgets, d'après les demandes des commissions administratives et les délibérations prises sur ces demandes par les conseils municipaux. Les subventions ainsi réglées sont versées entre les mains des receveurs des établissements, par les receveurs des communes, dans la proportion d'un douzième par mois. En conséquence, les receveurs des établissements doivent, le 1er de chaque mois, demander au maire de leur commune le mandat nécessaire pour toucher les fonds chez le receveur municipal. Si la délivrance de ces mandats, ou le payement, éprouvait des difficultés ou des retards, les receveurs des établissements en informeraient les commissions administratives, pour que celles-ci puissent provoquer auprès de l'autorité supérieure les mesures qui seraient reconnues nécessaires. (I. G., art. 1065.)

RECETTES ET DÉPENSES D'ORDRE DES OCTROIS. — Indépendamment des recettes et dépenses ordinaires et accessoires des octrois dont il vient d'être parlé, les receveurs municipaux ont encore à constater dans leurs écritures diverses recettes et dépenses qui, n'intéressant pas directement la commune, constituent des opérations d'ordre, et sont classées parmi les services exécutés hors budget,

Ces opérations ont ordinairement pour objet: les consignations pour saisies et amendes; les consignations pour passe-debout; les recettes applicables au fonds de retraites; les versements de remises dues aux préposés de l'octroi pour la perception des droits d'entrée intéressant le Trésor; le produit net des ventes faites dans les entrepôts.

Les recettes et dépenses d'ordre ne sont pas constatées au compte de la commune, mais seulement au livre de détail spécial de l'octroi, dont il sera parlé plus loin, et à un compte collectif ouvert aux diverses opérations ci-dessus mentionnées, à la deuxième section du livre des comptes divers des percepteurs receveurs, ou au grand-livre des receveurs spéciaux.

Les opérations d'ordre sont régularisées par la production, à l'appui des comptes des receveurs municipaux, des extraits dûment certifiés du règlement de l'octroi et des actes qui ont fixé les recettes et les dépenses dont il s'agit.

Les règles auxquelles ces opérations sont soumises sont indiquées ci-après.

Consignations pour saisies et amendes. — Les saisies et amendes pour contraventions aux droits d'octroi, déduction faite des remboursements autorisés, des frais de procès-verbaux et autres, et du montant des droits fraudés attribués à la commune, appartiennent :

Moitié aux fermiers de l'octroi ou aux employés, sauf, dans les octrois où il existe une caisse des retraites, à prélever sur les sommes revenant aux employés la part dont elle doit profiter ;

Et moitié à la commune dans laquelle les contraventions ont été commises. (I. G., art. 936.)

Cette répartition est établie par les bordereaux qui sont arrêtés entre le maire et le préposé en chef ou l'agent chargé du contrôle administratif, et qui présentent la date des jugements ou transactions, les sommes payées par les contrevenants et leur partage entre la commune et les employés saisissants ou le fermier.

Le receveur municipal doit se faire tenir compte, par le receveur du bureau central, du produit brut des amendes ; il paye ensuite aux employés saisissants, sur mandats réguliers, la portion qui leur appartient, et fait recette au compte de la commune de la somme lui revenant.

Les états de répartition des saisies et amendes doivent être remis au receveur municipal, le 20 de chaque mois, accompagnés d'un bordereau indiquant les sommes attribuées aux employés de l'octroi.

Ces bordereaux sont assujettis au droit de timbre quand la somme à répartir excède 10 francs, et ce droit est à la charge des parties prenantes. Toutefois, les parts dues aux employés des contributions indirectes ne donnent pas lieu au timbre. (Id., art. 937.)

Le receveur municipal peut avoir à payer, d'après l'état de répartition, des parts de saisies et amendes revenant aux employés des contributions indirectes. Le receveur de la régie, lorsque la somme revenant aux employés n'excède pas 10 francs, délivre au receveur municipal une simple quittance à souche non timbrée ; mais, quand la somme reçue dépasse 10 francs, il doit délivrer au receveur municipal une quittance au timbre de dimension (Circ. compt. gén., 7 juillet 1854). Le receveur de la régie doit, en outre, quittancer par duplicata le mandat du maire et signer dans la colonne d'émargement de l'état de répartition. — *Mém.* 1860, p. 218.

L'article 83 de l'ordonnance royale du 9 décembre 1814 attribuant exclusivement à la régie des contributions indirectes le droit de transiger sur les contraventions constatées, tant dans l'intérêt de la commune que dans l'intérêt du Trésor, la somme dont le payement a été stipulé par la transaction doit être versée à la caisse du receveur principal, qui tient compte à la commune de la moitié du produit net à laquelle elle a droit, par l'intermédiaire du receveur du bureau central de l'octroi, chargé de percevoir les recettes accessoires et les consignations, et d'en compter au receveur de la commune.

On opère de la même manière dans le cas où, par l'effet de poursuites judiciaires, il y a eu recouvrement d'amendes prononcées.

Dans le cas où des saisies qui n'intéressent que la régie sont faites par des préposés d'octroi, la part dévolue aux agents de la commune est versée, par le receveur principal, entre les mains du comptable de l'octro chargé de la recette des consignations, et celui-ci, après avoir émargé l'état de répartition, pour quittance, établit la sous-répartition d'après les bases adoptées pour le service spécial auquel il appartient. Le receveur du bureau central en tient compte au receveur municipal. (I. G., art. 938.)

Après avoir constaté dans ses écritures une recette d'ordre du montant brut des saisies et amendes, le receveur municipal porte en dépense au même titre, d'après les règles qui viennent d'être indiquées, la portion du produit net des saisies et amendes payée aux employés de l'octroi, et celle qui a été appliquée au compte de la commune.

Il constate en outre, au vu de l'état de répartition et du bordereau ci-dessus mentionnés, les dépenses d'ordre concernant les remboursements autorisés et les frais divers, dont les pièces justificatives lui sont remises pour comptant par le receveur du bureau central.

Quant aux droits fraudés, et à l'application au fonds de retraites de la portion des saisies qui lui est affectée, ces deux dépenses sont constatées d'après des règles particulières.

Les droits fraudés étant payables au receveur du bureau central de l'octroi, ce receveur, auquel est communiqué, comme il est dit plus haut, l'état de répartition, approuvé par le maire, doit donner, sur ses registres de perception, l'imputation convenable, suivant la nature des droits fraudés, aux sommes qui sont retenues à ce titre sur le produit des saisies et amendes. Il se charge en recette du montant des droits sur lesdits registres, mais il ne détache pas les quittances correspondantes; il se borne à les biffer. Il appose ensuite, sur l'état de répartition où doivent être mentionnés les frais payés en déduction du produit brut des saisies et amendes, un certificat ainsi conçu : « Le receveur du bureau « central soussigné certifie, sous sa responsabilité personnelle : 1° que « les frais ordinaires et extraordinaires portés ci-dessus sont justifiés par « les quittances des parties prenantes et autres pièces à l'appui, les- « quelles ont été remises au receveur municipal ; 2° que les droits frau- « dés, y compris les 10 centimes pour timbre, ont été portés en recette « sous les nos... du registre de perception, et que les quittances de ces « droits sont restées à la souche et ont été biffées; 3° que les signa- « tures apposées ci-dessus, par les employés saisissants, sont véri- « tables. »

Dans les saisies communes, les droits fraudés revenant à l'octroi sont versés, par le receveur principal des contributions indirectes, au receveur du bureau central de l'octroi, qui les inscrit sur le registre de perception (*modèle* A) ; il en donne quittance, sans percevoir le droit de timbre, et détache la quittance en laissant le timbre annexé à la souche.

L'état de répartition ainsi certifié par le receveur du bureau central de l'octroi, et, en outre, par le préposé du contrôle administratif, est remis pour comptant au receveur municipal, auquel il sert de justification pour le payement des droits fraudés.

Le receveur municipal fait, en outre, recette sur le livre de détail de l'octroi, à titre de produit accessoire, de la portion des saisies et amendes qui est attribuée à la commune, et il constate, en même temps, une dépense d'ordre correspondante.

Quant à la portion des saisies et amendes qui est affectée au fonds des retraites, le receveur municipal, après en avoir fait dépense sur son livre de détail, en fait recette au compte « Fonds de retenues pour retraites » ouvert sur son livre des comptes divers. (I. G., art. 1462.) — Voy. PENSIONS DE RETRAITE.

Les justifications des diverses opérations d'ordre relatives aux consignations pour saisies et amendes sont produites par le receveur du bureau central, à l'appui de l'état de répartition et du bordereau qu'il doit fournir au receveur municipal le 20 de chaque mois, comme il est dit ci-dessus. — Voy. PIÈCES JUSTIFICATIVES.

Consignations sur passe-debout. — La recette et le remboursement des consignations sur passe-debout doivent être constatés dans la comptabilité du receveur municipal, comme opérations d'ordre, de la manière suivante :

A la fin de chaque mois, le préposé chargé du contrôle administratif s'assure de l'exactitude des sommes inscrites sur ses registres à titre de consignations sur passe-debout ; il forme le relevé des opérations constatées dans chaque bureau de perception, et il le remet au receveur municipal avec un bordereau détaillé des consignations qui, n'ayant pas été réclamées par les consignateurs aux receveurs d'octroi dans les délais prescrits, doivent être versées à la caisse de la commune. Pour donner, en outre, au receveur municipal le moyen de se charger, dans sa comptabilité, de toutes les recettes et de toutes les dépenses relatives aux consignations, chaque receveur d'octroi les comprend dans ses bulletins de versement sur une ligne distincte. Il y exprime le total des sommes perçues et le montant des versements ; la différence qui existe entre ces deux résultats doit représenter les consignations conservées par l'agent de l'octroi comme susceptibles d'être incessamment remboursées. Le receveur municipal fait recette du montant brut des consignations sur passe-debout et dépense, tant des consignations remboursées que de celles qui ont été converties en perceptions définitives.

Les relevés qui énoncent, comme il est dit ci-dessus, outre les recettes et les dépenses faites par les préposés aux recettes, les fonds qui leur ont été laissés pour subvenir aux remboursements, sont produits par les receveurs municipaux à l'appui de leurs comptes annuels ; mais ces comptables conservent et classent avec soin les bordereaux détaillés des consignations qui leur sont versées en numéraire, attendu que ces bordereaux doivent être consultés par eux lorsque les consignateurs viennent réclamer des remboursements. Ces derniers remboursements sont justifiés, dans les comptes des receveurs municipaux, par les certificats de sortie et par es quittances des parties prenantes.

Les consignations sur passe-debout, comme les consignations pour saisies et amendes, n'étant pas de sressources dont les communes puissent disposer, ne sont comprises ni en recette, ni en dépense, dans les budgets municipaux. (I. G., art. 1463.)

Remises allouées par la régie aux préposés de l'octroi. — Il en est de même à l'égard des remises que la régie des contributions indirectes alloue aux préposés de l'octroi sur les droits d'entrée qu'ils sont chargés de percevoir au profit du Trésor.

Les receveurs des contributions indirectes, auxquels doit être versé le produit brut des droits d'entrée, forment le décompte des remises revenant aux préposés de l'octroi, et ils en versent le montant au receveur du bureau central de l'octroi de la ville ou à l'agent remplissant les mêmes fonctions, pour qu'il en soit tenu compte au receveur de la commune. Celui-ci constate ce recouvrement à titre de recette d'ordre, et il en délivre une quittance détachée de son livre à souche timbré. Le produit des remises est ensuite réparti entre les préposés de l'octroi dans la proportion qui est déterminée par le maire, et le receveur municipal en acquitte le montant aux parties intéressées, en vertu des mandats du maire, appuyés des quittances et des décomptes réguliers. Il en fait dépense dans sa comptabilité, comme des autres dépenses d'ordre qu'il est appelé à effectuer sur le service de l'octroi.

Pour les octrois en ferme, l'indemnité allouée par la régie des contributions indirectes n'est point versée au receveur de la commune; les préposés des contributions indirectes en comptent directement au fermier. (I. G., art. 1464.)

Produit net des ventes faites dans les entrepôts. — Au nombre des recettes d'ordre de l'octroi se trouve aussi le produit des ventes faites dans les entrepôts. Les receveurs municipaux doivent enregistrer ces recettes dans une colonne spéciale du livre de l'octroi, et les constater avec tous les détails propres à bien faire connaître la nature du produit, ainsi que le nom de l'entrepositaire à la disposition duquel il est tenu. (I. G., art. 1465.)

Ils versent ensuite ce produit, en vertu des mandats des maires, entre les mains des ayants droit et sur leurs quittances timbrées.

Avances de frais judiciaires. — Les préposés de l'octroi peuvent avoir à faire des avances de frais judiciaires pour le recouvrement des amendes imposées aux contrevenants.

Les receveurs municipaux font dépense, mais à titre d'avances seulement, sur la remise qui leur est faite des pièces justificatives par les préposés de l'octroi, des frais judiciaires que ces derniers ont eu à payer; ils font ensuite recette du remboursement de ces avances; si quelques parties des frais tombent à la charge de la commune, ils en font dépense définitive au compte de celle-ci. (I. G., art. 923.)

Les receveurs municipaux doivent avoir des colonnes spéciales sur le livre de détail de l'octroi, pour suivre le payement et le remboursement, par les préposés, des avances de frais judiciaires, dont les pièces leur sont versées pour comptant, et représentent, pour eux, des valeurs de portefeuille ; les enregistrements faits dans ces colonnes spéciales doivent présenter des résultats conformes à ceux du carnet à tenir par les préposés de l'octroi eux-mêmes, et dont le *modèle* est retracé *sous le n°* 299, pour que les receveurs municipaux puissent en prendre connaissance. (I., G., art. 1465.)

Les opérations dont il s'agit ne sont pas classées parmi les recettes et dépenses d'ordre des octrois; elles constituent des conversions de valeurs, et le receveur municipal les inscrit à un compte spécial ouvert à la 4e section du livre des comptes divers, s'il est en même temps percepteur, ou au grand livre, parmi les comptes de valeurs, s'il est receveur spécial. — Voy. AVANCES A RECOUVRER, GRAND-LIVRE, LIVRE DES COMPTES DIVERS.

ÉCRITURES ET COMPTABILITÉ DU RECEVEUR MUNICIPAL. — On a vu que la perception des droits d'octroi ainsi que les recettes accessoires et les recettes d'ordre sont faites directement par des préposés spéciaux qui, lorsque l'octroi est en régie simple ou perçu par voie d'abonnement avec l'administration des contributions indirectes, en versent le montant au receveur municipal. Celui-ci, en se conformant d'ailleurs à ce qui est spécialement réglé pour quelques-unes de ces recettes, applique au compte de la commune les recettes ordinaires et les recettes accessoires, et porte à un compte spécial les recettes d'ordre qui ne constituent pas des ressources pour la commune.

Ce comptable est seul chargé du payement des frais de perception et des dépenses accessoires de l'octroi, et il constate, dans sa comptabilité, les dépenses d'ordre. (I. G. art. 923.)

Les écritures relatives aux recettes et aux dépenses de l'octroi sont passées dans l'ordre qui va être indiqué.

Les receveurs municipaux des communes dont l'octroi n'est pas affermé doivent inscrire d'abord toutes les recettes (sauf enregistrement préalable au journal à souche) et toutes les dépenses de l'octroi sur un livre de détail spécial (*modèle n°* 298).

Ce livre, tenu par exercice, contient dans des colonnes distinctes :

En recette, les versements qui sont faits à la caisse municipale sur les produits de l'octroi concernant les objets tarifés, sur les recettes accessoires (portion revenant à la commune sur les saisies et amendes, frais d'emmagasinage, frais d'escorte), sur les recettes d'ordre (consignations pour saisies et amendes, consignations sur passe-debout, recettes applicables au fonds de retraites, remises pour la perception des droits d'entrée, produit net des ventes faites dans les entrepôts), et les remboursements d'avances pour frais judiciaires;

En dépense, les divers frais de perception (frais de premier établissement, loyers, réparations locatives, frais d'impression, traitements, indemnités pour frais d'exercice), les dépenses d'ordre (emploi des consignations pour saisies et amendes, emploi des consignations sur passe-debout, remboursement du produit net des ventes faites dans les entrepôts), les avances pour frais judiciaires et frais tombés à la charge de la commune, enfin les versements au Trésor en remplacement de la contribution personnelle et mobilière. (I. G., art. 1461.) — Voy. LIVRE DE DÉTAIL.

A la fin de chaque jour, le receveur municipal relève sur le livre de détail les recettes et les dépenses de l'octroi; il porte en recette au compte de la commune, ouvert à la 1re section de son livre des comptes divers, les recettes ordinaires et accessoires, et en dépense, au même compte, les sommes payées pour frais de perception, ainsi que celle qu'il aurait versée au Trésor en remplacement de la contribution personnelle et mobilière.

Les opérations d'ordre font l'objet d'un compte collectif ouvert à la 2e section du livre des comptes divers, auquel le receveur municipal reporte chaque jour les recettes et les dépenses de cette nature relevées sur le livre de détail. (I. G., art. 1102, 1472 et 1479.)

Quant aux avances pour frais judiciaires, elles sont reportées au débit d'un compte spécial ouvert à la 4e section du livre des comptes divers, et ce compte est crédité des remboursements effectués et des frais tombés à la charge de la commune. (Id., art. 1497.)

Quelle que soit l'autorité chargée de juger les comptes des receveurs municipaux, ces receveurs, dans toutes les communes où l'octroi est en régie simple ou perçu par voie d'abonnement, ont à faire les mêmes opérations et doivent les décrire de la même manière, avec cette différence que les receveurs spéciaux, au lieu de reporter, chaque jour, les résultats de leur livre de détail de l'octroi aux comptes ouverts, comme il est dit ci-dessus, sur un livre des comptes divers, effectuent ces reports aux comptes qu'ils ouvrent sous les mêmes titres à leur grand-livre, et sauf pour ces derniers receveurs les modifications d'écritures qui résultent des parties doubles. — Voy. ÉCRITURES, GRAND-LIVRE, LIVRE DES COMPTES DIVERS.

Les receveurs des communes dont l'octroi est en régie intéressée doivent aussi tenir le livre de détail de l'octroi, pour constater les versements du régisseur et le payement de la portion des frais de perception qui, suivant le cahier des charges, doit être payée par la caisse municipale.

Les receveurs des communes où l'octroi est affermé, ayant seulement à recevoir le prix de ferme stipulé par le bail, en font l'enregistrement sur leur livre de détail ordinaire, à un compte ouvert comme pour les autres recettes portées au budget. (I. G., art. 1466.)

Les receveurs municipaux sont seuls comptables de la totalité des recettes et des dépenses des octrois. Ces recettes et dépenses figurent à leur compte de gestion annuelle, à des articles correspondant aux articles du budget.

Les opérations d'ordre, lorsque l'octroi est en régie ou perçu par voie d'abonnement, sont portées à la 3e partie du compte de gestion, destinée aux divers services exécutés en dehors des budgets.

Les receveurs municipaux doivent produire, à l'appui de leur compte de gestion, les justifications indiquées aux paragraphes 9, 39, 62, 63, 66 et 73 du tableau annexé à l'article 1542 de l'Instruction générale. — Voy. COMPTES DE GESTION, PIÈCES JUSTIFICATIVES.

Officiers et employés militaires. — Les officiers de terre et de mer ayant des habitations particulières, soit pour eux, soit pour leurs familles, les officiers sans troupe, les employés de la guerre et de la marine dans les garnisons et dans les ports, sont imposables à la contribution personnelle et mobilière, d'après le même mode et dans la même proportion que les autres contribuables. (L. 21 avril 1832, art. 14.)

Un décret du 12 juillet 1807 avait décidé que la contribution personnelle et mobilière de ces officiers et employés serait perçue par voie de retenue sur leurs appointements, au vu d'états remis au payeur par le directeur des contributions directes. Mais il a été reconnu que ce moyen de recouvrement présentait des inconvénients, en ce que les payeurs exerçaient quelquefois des retenues pour des contributions déjà soldées entre les mains des percepteurs. On a dû, en conséquence, y renoncer.

Aujourd'hui, les officiers et employés militaires doivent acquitter directement à la caisse des percepteurs les contributions pour lesquelles ils sont imposés aux rôles. Le payeur n'a plus à exercer les retenues sur leurs appointements, pour ces contributions, que sur la demande du receveur général et sur la remise d'un état présentant le chiffre des douzièmes échus dont le payement n'aurait point été effectué entre les mains du percepteur. (Circ. compt. gén., 30 juin 1862. — *Mém.* 1863, p. 116.)

Le produit des retenues opérées par le payeur est versé à la recette générale pour être transmis ensuite au comptable intéressé, d'après la marche tracée pour les recouvrements effectués sur contraintes. (I. G., art. 1138 et 1140.)

Le payeur est tenu de donner avis au receveur général du décès des officiers et employés militaires, qui serait survenu avant l'acquittement complet des contributions pour le recouvrement desquelles son concours aurait été requis, et sans qu'il reste dû sur les appointements des décédés une somme suffisante pour compléter la payement de leur cote.

Le receveur général fait transmettre, sans retard, cet avis au percepteur de la commune dans le rôle de laquelle le contribuable est porté, afin que ce comptable poursuive le recouvrement par d'autres voies, ou qu'il demande l'allocation en non-valeurs des sommes qui resteraient dues au Trésor. (I. G., art. 1141.)

Les percepteurs doivent, sous leur responsabilité, signaler au receveur particulier de leur arrondissement les officiers et employés militaires portés aux rôles qui n'auraient pas acquitté leurs contributions, soit directement, soit au moyen de retenues faites par le payeur, comme il est dit ci-dessus. (Id., art. 1142.)

Officiers ministériels.— Voy. COMMISSAIRES-PRISEURS, HUISSIERS, NOTAIRES.

Offres réelles. — Lorsque le créancier refuse de recevoir son payement, le débiteur peut lui faire des offres réelles, et, au refus du créancier de les accepter, consigner la somme ou la chose offerte. Les offres réelles suivies d'une consignation libèrent le débiteur ; elles tiennent lieu à son égard de payement, lorsqu'elles sont valablement faites, et la chose ainsi consignée demeure aux risques du créancier. (C. N., art. 1257.)

Les offres réelles doivent être faites par un officier ministériel ayant caractère pour ces sortes d'actes. (Id., art. 1258.)

Les frais des offres réelles et de la consignation sont à la charge du créancier si elles sont valables. (Id., art. 1260.)

D'après l'article 584 du code de procédure civile, toute saisie-exécution est précédée d'un commandement qui doit contenir élection de domicile dans la commune où doit se faire l'exécution, si le créancier n'y demeure pas, et le débiteur peut faire à ce domicile élu toutes significations, même d'offres réelles et d'appel.

Ces dispositions sont applicables aux poursuites en matière de contributions directes. Le percepteur doit donc, dans les commandements signifiés à sa requête, faire indiquer son domicile élu dans la commune, et qui peut être ou à la mairie ou à la maison dans laquelle il séjourne lorsqu'il vient faire la perception dans la commune.

Les offres réelles qui seraient faites ensuite par les contribuables en vue d'arrêter les poursuites peuvent être valablement signifiées au domicile élu. Mais il ne s'ensuit pas que le défaut de présence du percepteur à ce domicile doive être considéré comme un refus de recevoir le payement, et que le débiteur soit dès lors autorisé à faire des offres réelles, suivies immédiatement de la consignation des deniers, le tout aux frais du comptable. Les offres réelles ne peuvent être réalisées qu'au lieu où doit se faire le payement de l'impôt, c'est-à-dire au bureau de recette du percepteur établi au chef-lieu de la perception, à moins que les offres n'aient lieu le jour de tournée du percepteur dans la commune de la résidence du redevable, auquel cas elles auraient lieu naturellement entre les mains de ce dernier. — *Mém.* 1835, p. 65.

Un percepteur ne peut être tenu de supporter les frais d'un procès-verbal d'offres réelles, si les offres ne sont pas de la totalité de la somme exigible. — *Mém.* 1854, p. 25. — Voy. RECOUVREMENT, TOURNÉES DES PERCEPTEURS.

Opposition. — Acte ayant pour but d'empêcher un tiers d'exécuter un autre acte ou de faire telle ou telle chose en l'absence ou au préjudice de l'opposant.

On distingue plusieurs sortes d'oppositions. Nous parlerons seulement ici des oppositions aux poursuites administratives ou judiciaires, et des oppositions à payement, qui seules rentrent dans la spécialité de cet ouvrage.

Opposition aux poursuites. — L'opposition avec l'assignation devant l'autorité compétente est la seule voie que les redevables du Trésor, des communes et des établissements publics puissent prendre pour arrêter l'exécution des poursuites exercées contre eux.

L'opposition aux contraintes décernées contre les débiteurs des contributions directes ou de produits communaux assimilés pour le recouvrement à ces contributions doit être portée devant les conseils de préfecture.

En cas de revendication des meubles et effets saisis sur les redevables de contributions directes, l'opposition n'est portée devant les tribunaux qu'après avoir été, conformément aux lois des 5 novembre 1790 et 12 novembre 1808, déférée à l'autorité administrative. En conséquence, le percepteur se pourvoit auprès du sous-préfet, par l'intermédiaire du receveur particulier, pour qu'il y soit statué par le préfet, sous le plus bref délai. (Régl. sur lespoursuites, art. 69.)

Le percepteur agit de même en cas de contestation sur la légalité de la vente des meubles et effets saisis et d'opposition sur les fonds en provenant. (Id., art. 86.)

Les oppositions aux poursuites exercées contre les débiteurs des communes et des hospices, en vertu d'états dressés par les maires et rendus exécutoires par les sous-préfets, sont portées, suivant la nature de la créance, devant les tribunaux civils ou devant l'autorité administrative. Lorsque la matière est de la compétence des tribunaux ordinaires, les oppositions sont jugées comme affaires sommaires, et la commune ou l'hospice peuvent y défendre sans autorisation du conseil de préfecture. (L. 18 juillet 1837, art. 63; 7 août 1851, art. 13.)

Lorsqu'il s'agit d'une contrainte décernée par le comptable supérieur d'une administration contre un comptable inférieur, l'opposition de ce dernier doit être portée préalablement devant le ministre des finances. (Arrêt du cons. d'État, 22 mai 1813.) — Voy. POURSUITES.

Opposition à payement. — L'opposition à payement ou saisie-arrêt est un acte par lequel un créancier fait arrêter, dans les mains d'un tiers, les sommes et effets appartenant à son débiteur, et au moyen duquel il peut obtenir la délivrance de ces sommes ou effets jusqu'à concurrence de ce que lui doit le saisi. Les formes à suivre sont énumérées aux articles 557 à 582 du code de procédure civile. Les percepteurs-receveurs de communes et d'établissements de bienfaisance doivent en étudier avec soin les dispositions dont ils ont à suivre fréquemment l'application, soit que des oppositions aient été formées entre leurs mains, soit qu'ils aient eux-mêmes à faire pratiquer des saisies-arrêts ou oppositions pour la conservation des droits du Trésor, des communes ou des établissements. — Voy. SAISIE-ARRÊT.

Oratoire public ou chapelle de secours. — Lorsque, dans un quartier ou un hameau éloigné de l'église paroissiale, il existe un édifice disponible appartenant à la fabrique ou à la commune, la célébration du culte peut y être autorisée. On appelle cet édifice oratoire public ou chapelle de secours.

Les chapelles de secours ne se distinguent, sous aucun rapport, des églises paroissiales ou succursales dont elles dépendent et dont elles forment une sorte de démembrement, puisqu'elles sont administrées par la même fabrique, desservies par le même clergé, et qu'enfin elles n'ont pas de circonscription particulière. Il suit de là que les règles établies par le décret du 30 décembre 1809, à l'égard des frais de réparation, de reconstruction ou d'agrandissement des églises paroissiales ou succursales sont également applicables aux chapelles de secours, et que les travaux intéressant ces dernières constituent pour les communes une dépense obligatoire lorsque les fabriques se trouvent dans l'impossibilité d'y pourvoir. (Décis. min. de l'int., 1859. — *Mém.* p. 320.) — Voy. CULTE, ÉGLISES, FABRIQUES.

Ordonnancement des dépenses des communes et des établissements de bienfaisance. — On nomme ordonnancement l'ordre de payer une dépense, délivré par l'ordonnateur compétent sur le caissier ou le receveur des deniers affectés à cette dépense.

Les maires ou les adjoints qui les remplacent sont les seuls ordonnateurs des dépenses municipales. Si les maires refusaient d'ordonnancer une dépense régulièrement autorisée et liquidée, il serait prononcé par le préfet en conseil de préfecture. L'arrêté du préfet tiendrait lieu du mandat du maire. (L. 18 juillet 1837, art. 61 ; I. G., art. 98.)

Les commissions administratives des établissements de bienfaisance désignent un de leurs membres, lequel, sous le titre d'ordonnateur, est exclusivement chargé de la délivrance des mandats aux créanciers de l'établissement pour les dépenses régulièrement autorisées. (D.t 31 mai 1862, art. 535.)

Le maire, dans le cas où il est créancier de la commune, doit laisser à l'adjoint le soin d'ordonnancer le payement que la caisse municipale doit lui faire. Sa qualité de créancier crée dans ce cas un empêchement, aux termes de l'article 4 de la loi du 5 mai 1855. — *Mém.* 1859, p. 110. — Voy. ADJOINTS.

De même, si l'ordonnateur d'un établissement de bienfaisance était lui-même créancier de l'établissement, les mandats à son profit devraient être délivrés par un autre membre de la commission administrative, désigné par elle.

Aucune dépense ne peut être acquittée par les receveurs des communes, des hospices et autres établissements de bienfaisance, si elle n'a été ordonnancée sur un crédit régulièrement ouvert. (D. 31 mai 1862, art. 503 ; I. G., art. 986 et 1085.)

Les ordonnances ou mandats doivent énoncer l'exercice et le crédit auxquels la dépense s'applique, et être accompagnés, pour la constatation de la dette et la régularité du payement, de toutes les pièces prescrites par les règlements. Ils sont délivrés au nom des créanciers directs des communes ou établissements. (D. 31 mai 1862, art. 503; I. G., art. 987.)

Quand deux crédits ouverts, l'un au budget primitif, l'autre dans les chapitres additionnels, se rapportent à la même dépense et peuvent être rattachés l'un à l'autre, il n'est délivré qu'un mandat, de même qu'il n'y a qu'une dépense; seulement, le mandat rappelle pour ordre le numéro de l'article et du chapitre de chacun des crédits auxquels il emprunte les fonds du payement. — *Mém.* 1862, p. 90.

Les maires et les ordonnateurs des établissements de bienfaisance demeurent chargés, sous leur responsabilité, de la remise aux ayants droit des mandats qu'ils délivrent. (D. 31 mai 1862, art. 504.)

Aucune dépense ne peut être ordonnancée passé le 15 du mois de la clôture de l'exercice, et les mandats non payés dans les quinze jours suivants sont annulés, sauf réordonnancement, s'il y a lieu, avec imputation sur les reliquats de l'exercice clos, reportés de plein droit et sans nouvelle allocation au budget de l'exercice courant, selon les règles établies aux articles 830 à 834 de l'Instruction générale. (I. G., art. 988.)— Voy. BUDGET, EXERCICE.

Bordereaux de situation à remettre aux ordonnateurs. — Les receveurs des communes et des établissements de bienfaisance sont tenus de remettre aux maires ou aux ordonnateurs des établissements, comme documents servant à contrôler et à suivre les diverses opérations d'ordonnancement : 1° à la fin de chaque trimestre, un bordereau de situation qui présente, par exercice, les sommes à recouvrer et à dépenser, ainsi que le montant des recouvrements et des payements effectués sur chaque article du budget, et qui fait ressortir l'encaisse à la fin du trimestre, avec la distinction du numéraire immédiatement disponible et des fonds placés en compte courant au Trésor; 2° à l'expiration de chacun des deux premiers mois de chaque trimestre, un état présentant, dans la forme de la récapitulation qui termine le bordereau précité, le résumé de leurs recettes et de leurs dépenses, avec le montant et la composition de leur encaisse. (I. G., art. 989 et 990.)

Au moyen de ces documents, les ordonnateurs peuvent suivre la situation des crédits du budget, connaître les encaisses disponibles pour l'acquittement de leurs mandats, et apprécier l'importance des sommes dont il pourrait y avoir lieu d'opérer le retrait sur les fonds placés par la commune au Trésor. (I. G., art. 991.)

Les receveurs qui négligeraient de fournir aux ordonnateurs les bordereaux ci-dessus prescrits, ou qui ne les remettraient pas en temps utile, s'exposeraient à l'application des dispositions de la loi du 25 nivôse an v, qui prononce, pour des cas semblables, la privation des remises, sans préjudice de mesures plus sévères, s'il y a lieu. (Id., art. 992.) — Voy. Bordereaux.

Règles spéciales pour l'ordonnancement de quelques dépenses. — Les frais d'administration, les traitements et prélèvements divers, les contributions des biens communaux, la taxe des biens de mainmorte, les secours publics et les dépenses du culte, étant payables par douzièmes, les mandats relatifs à ces dépenses sont délivrés à la fin de chaque mois. Le payement des frais de casernement est effectué par quinzièmes, conformément aux dispositions de l'ordonnance royale du 5 août 1818.

Les travaux d'entretien des propriétés communales et des lycées, les frais de la garde nationale, ainsi que les dépenses extraordinaires de construction, d'entretien ou de réparation, ne pouvant être payés qu'après que les services ont été faits, le montant n'en est ordonnancé qu'à mesure de l'exécution de ces services.

Toutefois, pour les travaux exécutés en régie, notamment en ce qui concerne les chemins vicinaux, des avances peuvent être faites d'après la marche tracée par l'article 94 de l'ordonnance du 31 mai 1862 et l'article 608 de l'Instruction générale. Dans ce cas, des fonds sont, avant l'exécution des travaux, remis, sur un mandat du maire, à un agent principal chargé de les répartir. Cet agent quittance le mandat et prend l'engagement écrit de rapporter, dans le délai qui a été fixé, les quittances des créanciers réels, ainsi que toutes les autres pièces justificatives exigées par les règlements. C'est au préfet qu'il appartient d'apprécier les circonstances dans lesquelles la mesure peut être utilement appliquée, et de déterminer, suivant le chiffre des revenus de la commune et l'importance des travaux, le maximum des avances à faire et le délai dans lequel la justification de l'emploi des sommes devra être produite. En aucun cas, le maximum ne doit excéder 20,000 francs, ni le délai dépasser un mois, limites assignées aux opérations de ce genre concernant les services généraux de l'État.

L'ordonnancement de quelques-unes des dépenses comprises dans les deux catégories ci-dessus est soumis, en outre, à des règles particulières qui vont être indiquées. (I.G., art. 993.)

Les fonds alloués dans les budgets des communes au profit des hospices et des bureaux de bienfaisance sont ordonnancés par douzièmes, de mois en mois, au nom des trésoriers de ces établissements, qui en deviennent comptables.

C'est également au nom de ces trésoriers que sont ordonnancés les autres fonds de subvention que les communes fournissent aux établissements de bienfaisance pour acquisitions, reconstructions et réparations extraordinaires; mais les mandats ne sont délivrés que par à-compte proportionnés aux besoins. (I. G., art. 994.) — Voy. SECOURS, SUBVENTIONS.

Les fonds à fournir par les communes pour leurs contingents dans la dépense des mois de nourrice et pensions des enfants assistés et dans la dépense des aliénés étant centralisés chez les receveurs généraux des finances avec les autres fonds affectés aux mêmes services, les mandats doivent être délivrés au nom de ces receveurs.

Les fonds affectés par les communes, en vertu de la loi du 7 août 1851, au traitement ou à l'entretien de leurs malades, vieillards et incurables indigents dans les hospices et hôpitaux ou dans les établissements privés, sont centralisés et mandatés de la même manière. (Id., art. 995.) — Voy. ALIÉNÉS, ENFANTS ASSISTÉS, MALADES ET INCURABLES INDIGENS..

Les fonds que les communes ont à verser pour subvenir aux dépenses ordinaires des fabriques d'églises et des colléges communaux sont ordonnancés par douzièmes, de mois en mois, au profit de leurs trésoriers, qui demeurent chargés d'en justifier l'emploi ; mais les allocations qui leur sont accordées pour acquisitions, constructions et réparations sont ordonnancées, comme les autres dépenses extraordinaires des communes, au profit et au nom des créanciers eux-mêmes, à moins, toutefois, en ce qui concerne les fabriques d'églises, que ces établissements ne supportent la plus forte partie de la dépense, auquel cas les fonds de subvention sont centralisés, avec les autres ressources destinées à la dépense, dans la caisse du trésorier. (Id., art. 996.)

Ces dernières règles s'appliquent à l'ordonnancement : 1° des fonds alloués pour frais d'acquisition, d'entretien et de réparation des bâtiments affectés par les communes au service des lycées et des académies ; et 2° des sommes que les communes ont à payer, en exécution du décret du 11 juin 1809, pour les dépenses des conseils de prud'hommes. (Id., art. 997.) — Voy. COLLÉGES, FABRIQUES, LYCÉES, PRUD'HOMMES.

Écritures des ordonnateurs. — Au fur et à mesure de chaque opération d'ordonnancement, il doit en être tenu écriture dans chaque mairie, ainsi que dans chaque établissement charitable.

Dans les grandes administrations municipales ou hospitalières, on doit tenir un journal et un grand-livre pour y consigner sommairement toutes les opérations financières concernant la fixation des crédits, la liquidation, l'ordonnancement et le payement des dépenses, et ces mêmes opérations doivent être décrites avec détail dans des livres ou registres auxiliaires, au nombre et dans la forme déterminés par les préfets, suivant la nature et l'importance des diverses parties du service. (Inst. min. de l'int., septembre 1824 ; D. 31 mai 1862, art. 509.)

Dans les autres administrations, il suffit, à la rigueur, d'un seul registre, ur lequel on inscrit, jour par jour, les mandats délivrés. Toutefois, il est toujours préférable de tenir deux registres : un journal et un grand-livre ou registre des comptes ouverts par natures de dépenses. Ces livres sont tenus par exercice, dans la forme indiquée ci-après.

Le journal d'ordonnancement reçoit dans des colonnes distinctes, pour chaque mandat délivré, les indications suivantes : 1° le numéro d'ordre d'inscription ; 2° l'exercice auquel la dépense appartient ; 3° le crédit sur lequel elle est imputée (article du budget ou autorisation supplémentaire) ; 4° la date du mandat ; 5° les nom et prénoms, profession et demeure de la partie prenante ; 6° l'objet de la dépense ; 7° la somme à payer ; 8° les pièces justificatives jointes au mandat ou à y joindre avant l'acquittement. La série des numéros d'ordre ne doit pas être interrompue depuis le premier janvier jusqu'à la clôture de l'exercice. Le numéro d'inscription est reproduit sur chaque mandat.

Dans le grand-livre, on suit exactement, pour l'ouverture des comptes, l'ordre tracé par le budget. Chaque article du titre des dépenses du budget devient un compte dans le livre, et ce compte doit porter le numéro correspondant de l'article.

Le budget étant divisé en trois chapitres, le livre des comptes doit présenter trois divisions correspondantes : la première, pour les dépenses ordinaires ; la deuxième, pour les dépenses extraordinaires ; la troisième, pour les dépenses supplémentaires. Les deux premières divisions ne comprennent que des dépenses prévues au budget primitif. Les dépenses portées au chapitre additionnel, ainsi que celles qui sont autorisées supplémentairement après sa formation, donnent lieu à l'ouverture d'autant de comptes dans la troisième division.

Chaque mandat délivré par l'ordonnateur, après avoir été inscrit au journal, est de nouveau enregistré, mais plus sommairement, au grand-livre. Pour faciliter les recherches, il convient que l'écriture passée à ce dernier livre rappelle le numéro sous lequel le mandat a été inscrit au journal.

Aucun ordonnancement ne pouvant plus avoir lieu passé le 15 mars de la deuxième année de l'exercice, on additionne alors les sommes inscrites à chaque compte, et on constate, avec le montant des sommes ordonnancées sur chaque crédit ouvert pour l'exercice, les restes à payer à reporter à l'exercice suivant, et les restes annulés faute d'emploi. On trouve ainsi, sur ce registre, en ce qui concerne les dépenses, les éléments de l'état des restes à payer et du compte d'administration qui doivent être établis en fin d'exercice. — Voy. COMPTE ADMINISTRATIF, ÉTAT DES RESTES A PAYER, PAYEMENT DES DÉPENSES COMMUNALES.

Ordonnancement des dépenses publiques. — Voy. DÉPENSES PUBLIQUES, DÉPENSES RELATIVES AUX CONTRIBUTIONS DIRECTES, ORDONNATEURS.

Ordonnances de dégrèvements. — On distingue, en matière de contributions directes, plusieurs sortes d'ordonnances de dégrèvement, savoir : les ordonnances de décharge et de réduction imputables sur le fonds de réimposition des contributions foncière, personnelle-mobilière et des portes et fenêtres ; les ordonnances pour décharges, réductions, remises et modérations accordées sur la contribution des patentes ; les ordonnances de décharges et réductions (pour imposition prématurée ou surévaluation de propriétés nouvellement imposées et pour perte de matière imposable) non susceptibles de réimposition et imputables sur le fonds de non-valeurs ; les ordonnances de remise et modération pour pertes résultant d'événements de force majeure ; les ordonnances de remise ou modération pour cotes irrecouvrables.

Toutes les ordonnances pour décharges et réductions, remises et modérations sont collectives (*modèles nos* 37, 38, 39 et 40).

Elles doivent comprendre les réductions de cotes qui ont été prononcées pendant chaque quinzaine au profit des contribuables d'une même commune.

Il est délivré une ordonnance spéciale par nature de contribution et par nature de crédit. (I. G., art. 177.)

Les ordonnances de dégrèvement ne comprennent pas les frais de poursuites reconnus irrecouvrables. Les préfets délivrent pour ces frais, au profit des percepteurs, des mandats imputables sur les fonds de non-valeurs. (Id., art. 144 et 184.)

Préparation des ordonnances. Leur transmission aux percepteurs.— Les ordonnances de dégrèvements de toute nature sont préparées par le directeur des contributions directes d'après les décisions rendues par les conseils de préfecture pour les décharges et réductions susceptibles de réimposition, et par les préfets pour les dégrèvements imputables sur le fonds de non-valeurs. Revêtues du visa du directeur, elles sont signées par le préfet, comme ordonnateur secondaire, et imputables sur les crédits que le ministre des finances a mis à sa disposition. (I. G., art. 178.)

Les ordonnances de décharge et réduction portant réimposition doivent être préparées lors même qu'il n'aurait pas encore été ouvert de crédit pour ce service. Elles ne peuvent toutefois être datées et être signées par le préfet qu'après la promulgation de la loi de finances d'après laquelle les crédits sont ouverts ; mais, pour mettre les contribuables à portée de profiter promptement des décisions rendues en leur faveur, le directeur des contributions doit, tous les quinze jours, adresser au receveur général un état certifié par le préfet, énonçant les décisions pour lesquelles il lui sera transmis ultérieurement des ordonnances. Le receveur général en donne avis aux receveurs particuliers, qui, de leur côté, en informent les percepteurs, afin que ceux-ci s'abstiennent de toutes poursuites envers les contribuables dégrevés. (I .G., art. 183.)

Au commencement de chaque mois, les directeurs des contributions directes adressent à l'administration centrale un état indiquant, par exercice et par nature de contribution, les crédits nécessaires pour le service des dégrèvements. Cet état est conforme au modèle annexé à la circulaire de l'administration du 12 août 1862.

Les 1er et 15 de chaque mois, lorsque les ordonnances expédiées pour la quinzaine précédente ont été signées par les préfets, elles sont remises par les directeurs des contributions directes aux receveurs généraux, avec un état énonciatif sur lequel ceux-ci apposent leur reçu. Les receveurs généraux conservent note des ordonnances, dans leur comptabilité, au moyen d'un carnet, et ils les adressent, soit aux percepteurs de l'arrondissement du chef-lieu, soit aux receveurs particuliers, pour que ceux-ci les transmettent aux percepteurs de leur arrondissement respectif. (I. G., art. 179.)

Le directeur des contributions directes, de son côté, prévient les parties intéressées de la décision prise en leur faveur et de la remise qu'il fait des ordonnances au receveur général.

Il adresse ces lettres d'avis au maire de chaque commune, chargé de les transmettre aux réclamants. (Id., art. 181.)

Le receveur général, avant de donner cours aux ordonnances qu'il reçoit du directeur des contributions directes, doit examiner si elles sont conformes aux modèles.

En cas d'irrégularité, il se concerte avec le directeur des contributions et avec le préfet, pour faire opérer promptement les rectifications nécessaires. (Id., art. 182.)

Les ordonnances sont envoyées aux percepteurs par les receveurs des finances avec un bordereau dont le *modèle* est donné *sous le n°* 45. (Id., art. 207.)

Les percepteurs sont chargés d'en constater l'imputation sur les rôles des contributions directes, suivant les règles tracées aux articles 208 à 216 de l'Instruction générale (rapportés ci-après), et ils doivent dans le délai d'un mois, à partir de la réception des ordonnances, les remettre au receveur de leur arrondissement, après que toutes les formalités indiquées sur chaque ordonnance ont été exactement remplies. (Id., art. 180.)

Emploi des ordonnances; constatation des dégrèvements en recette sur les rôles; carnet à tenir par les percepteurs. — A la réception des ordonnances, les percepteurs doivent en inscrire le montant à l'article de chaque contribuable sur le rôle de l'exercice pour lequel elles ont été émises, ainsi que sur un carnet (*modèle n°* 296) où ils constatent, avec la réception des ordonnances, l'emploi, par contribuable, des dégrèvements accordés, les excédants à rembourser, ainsi que les remboursements effectués. (I. G., art. 208 et 1447.)

Lorsque les dégrèvements réunis aux sommes qui auraient été précédemment payées par les contribuables excèdent le montant de l'article du rôle auquel ils sont applicables, le reste disponible est imputé en payement des autres articles que pourraient devoir les contribuables, soit sur contributions ou frais de poursuites, soit sur produits divers (Id., art. 209). Toutefois, les excédants de payement sur les sommes dues ne pourraient être appliqués au payement des contributions non encore échues sans le consentement des contribuables intéressés. — *Mém.* 1862, p. 214.

Les percepteurs totalisent ensuite, pour chaque envoi d'ordonnances de dégrèvement, les diverses colonnes du carnet, et se chargent en recette, par un seul article au journal à souche, du montant intégral de ces ordonnances ; ils font ressortir, dans les colonnes respectives, l'emploi qui en a été fait, soit, comme il vient d'être dit, en payement des contributions des divers exercices ou d'autres sommes dues par les contribuables intéressés, soit à titre d'excédants de versements à rembourser aux contribuables.

La quittance doit contenir les mêmes renseignements que le carnet; elle est souscrite au nom du receveur des finances, à qui elle est remise comme justification de la prise en charge du montant des ordonnances et qui la conserve à titre de renseignement. Il est, en outre, dressé pour ce comptable, au verso du bordereau d'envoi des ordonnances, un état des sommes formant excédant, lequel lui sert à en prendre charge dans sa comptabilité.

Les ordonnances délivrées, en certain cas, par voie de réduction de rôles sont émargées à l'article de chaque contribuable, sans enregistrement au journal à souche. Néanmoins, les excédants que ces ordonnances produiraient seraient constatés en recette, et il serait procédé à leur égard comme pour ceux qui résultent des autres ordonnances. (I. G., art. 210.)

Afin de justifier de l'exécution des dispositions ci-dessus rappelées, les percepteurs doivent apporter à la recette particulière le carnet des ordonnances de dégrèvement toutes les fois que des pièces de cette nature sont comprises dans leurs versements. La vérification en est constatée par un visa.

Dans le même but, les receveurs des finances doivent se faire représenter ce carnet lors de leurs vérifications au domicile de leurs subordonnés, afin de s'assurer qu'il a été fait un emploi fidèle des excédants de versements résultant de l'application des ordonnances aux articles des rôles. Ils demeurent responsables du préjudice qui pourrait être causé à cet égard aux contribuables dégrevés. (Id., art. 216.)

Il n'est pas délivré de quittances à souche au nom des contribuables dégrevés; pour en tenir lieu, le percepteur souscrit, au nom de chacun d'eux, une déclaration faisant connaître avec détail l'emploi qui a été fait de la somme allouée en dégrèvement. Cette déclaration doit être dans la forme et de la dimension du *modèle* n° 46. (Id., art. 211.)

Pour que l'inscription au rôle des ordonnances de décharges et réductions, remises et modérations, soit valablement constatée, les ordonnances doivent être revêtues de la signature des contribuables.

Lorsque les contribuables dégrevés ne se présentent pas dans le délai d'un mois fixé pour la rentrée des ordonnances, ou s'ils sont illettrés, absents, décédés ou imposés collectivement, cette formalité est remplie par le maire ou l'adjoint de la commune dans laquelle les contribuables ont leur domicile ; dans les grandes villes, les maires peuvent se faire suppléer par un employé de la mairie spécialement délégué à cet effet.

Les maires, adjoints ou délégués se font remettre les déclarations souscrites au nom des contribuables pour lesquels ils sont intervenus, et ils se chargent de les leur faire parvenir. Ils donnent, au bas de l'ordonnance, une reconnaissance de cette remise. (I. G., art. 214.)

Remboursement des excédants. — Les percepteurs sont autorisés à rembourser les excédants aux parties intéressées sur le produit de leurs recettes courantes jusqu'au 30 novembre de la seconde année de l'exercice.

Les excédants sont appliqués au compte de l'exercice correspondant à l'année pendant laquelle ils ont été constatés, de telle sorte que les ordonnances inscrites aux rôles, depuis le 1er janvier jusqu'au 31 décembre de chaque année, forment le compte de l'exercice correspondant à cette année, et peuvent, dès lors, être remboursées ou appliquées aux rôles jusqu'au 30 novembre de l'année suivante. Passé cette époque, aucun remboursement ne peut plus être fait sur les excédants de l'exercice expiré, et ceux de ces excédants qui n'ont point été réclamés jusqu'alors doivent être versés au Trésor par le receveur général.

Les remboursements d'excédants sont effectués par les percepteurs au même titre que les autres payements qu'ils font pour le compte du receveur des finances; les quittances qui les justifient (*modèle n° 147*) sont comprises pour comptant dans les versements de ces comptables à la recette particulière.

Indépendamment de ces quittances, il est convenable que les percepteurs fassent constater, pour duplicata, le remboursement des excédants sur le carnet des ordonnances dont il a été parlé ci-dessus, par l'apposition de la signature des contribuables. (I. G., art. 212. — *Mém.* 1856, p. 145.)

Lorsque, par suite de mutation de propriété ou d'établissement industriel, une cote a été acquittée par un contribuable autre que celui qui se trouve inscrit au rôle, et que cette cote est plus tard allouée en décharge ou non-valeur, si le percepteur a été informé de la mutation de cote, le remboursement doit être fait, non à la personne inscrite au rôle, alors même qu'elle serait seule désignée dans l'ordonnance de dégrèvement, mais à celle qui a réellement payé, et qui a droit au bénéfice du dégrèvement. — *Mém.* 1862, p. 46.

Les percepteurs n'ont point de remboursements à faire aux contribuables s'il s'agit de remises accordées pour des cotes d'abord jugées irrecouvrables, et sur lesquelles des versements auraient été obtenus. Les ordonnances de cette nature ne sont émargées au rôle que pour la somme restant à recevoir. Cet émargement est certifié, cumulativement pour tous les contribuables dégrevés, par le maire de la commune ou par son adjoint, et, dans les grandes villes, par les délégués des maires ; les percepteurs leur remettent les déclarations souscrites au nom des contribuables. (I. G., art. 215.) — Voy. EXCÉDANTS DE VERSEMENTS SUR CONTRIBUTIONS DIRECTES.

Versement des ordonnances ; obligations des receveurs des finances. — Lorsque les ordonnances de dégrèvement sont versées par les percepteurs, le receveur des finances les porte en dépense pour le montant intégral, et il fait recette, savoir : à titre de contributions directes ou de frais de poursuites, de la portion des ordonnances appliquée au payement des contributions ou des frais, et, à titre d'excédants de versements, de la portion formant excédant sur les rôles : il en est délivré, à ces divers titres, des récépissés distincts au percepteur.

Les quittances de remboursement remises par les percepteurs sont portées en dépense sur les livres du receveur comme remboursement d'excédants de versements effectués sur le produit des recettes courantes, et il en est délivré récépissé aux percepteurs, à titre de produits de contributions, comme pour les autres pièces de dépense comprises dans leurs versements.

Quant aux ordonnances de dégrèvement par voie de réduction des rôles, les receveurs des finances n'ont point à en faire recette. Le montant en est déduit, tant par eux que par les percepteurs, du produit des rôles, et le receveur général les conserve pour les joindre à l'état du montant des rôles et en justifier la réduction. (I. G., art. 213.)

Les receveurs des finances constatent en recette les excédants de versements, dont il leur est tenu compte par les percepteurs à un compte collectif qu'ils ouvrent aux contribuables, comme correspondants de la recette générale. (Id., art. 218.)

Si, à l'époque du 30 novembre de la seconde année de l'exercice, il reste des excédants dont le remboursement n'ait pas été réclamé, le receveur général en fait le versement au Trésor le 31 décembre, à titre de recette accidentelle, sauf aux contribuables à en obtenir le payement en vertu d'ordonnances ministérielles imputables sur le crédit général des remboursements et restitutions. (Id., art. 219.)

Les receveurs généraux doivent adresser, tous les trois mois, à la direction générale de la comptabilité publique, suivant le *modèle n° 48*, un relevé du carnet qu'ils tiennent pour constater l'émission et la rentrée des diverses ordonnances de dégrèvement. (Id., art. 220.)

Les receveurs des finances doivent veiller à ce que les ordonnances de dégrèvement et non-valeurs soient rentrées à la recette générale et portées en dépense au plus tard dans le courant du mois d'août de la seconde année de l'exercice. (Id., art. 224.)

Pour faciliter la prompte rentrée des ordonnances qui leur auraient été envoyées tardivement, les percepteurs peuvent réclamer l'intervention des maires, à l'effet de constater, sans délai, l'émargement de ces ordonnance aux rôles, conformément à ce qui a été dit ci-dessus. (Id., art. 225.)

S'il arrive que les ordonnances ne puissent être admises en dépense par le receveur général avant la clôture des payements de l'exercice, les receveurs ou percepteurs qui les présentent après l'expiration des délais ont à en suivre le remboursement pour leur propre compte. Les demandes en remboursement de cette nature doivent être adressées aux préfets par l'entremise du receveur général du département, pour qu'il y soit donné suite, s'il y a lieu, soit par une imputation sur les crédits de l'exercice courant, s'il s'agit d'ordonnances concernant les fonds de non-valeurs des contributions foncière, personnelle-mobilière et des portes et fenêtres, soit par un ordonnancement spécial à demander au ministère des finances (administration des contributions directes) pour les ordonnances relatives aux autres natures de dépenses. (I. G., art. 226.) — Voy. CONTRIBUTIONS DIRECTES, COTES INDUMENT IMPOSÉES, COTES IRRECOUVRABLES, DÉGRÈVEMENTS, EXCÉDANTS, FONDS DE NON-VALEURS, RÉCLAMATIONS.

Annulation d'une décision portant décharge ou réduction de taxe. — Quand un arrêt du conseil d'État a annulé une décision portant décharge ou réduction de taxe, le préfet, en exécution de cet arrêt, prend un arrêté par lequel il est enjoint au contribuable dégrevé mal à propos d'acquitter le montant de sa cote. Cet arrêté est adressé au receveur général, qui le transmet au percepteur pour lui servir de titre de perception.

S'il s'agit de contribution foncière ou personnelle-mobilière, comme il y a eu réimposition de la cote primitive, la somme à percevoir doit être restituée aux contribuables qui ont supporté la réimposition. Cette somme est, en conséquence, déduite du montant, en principal et en centimes additionnels, de l'impôt à répartir l'année suivante; elle fait l'objet d'un dernier article au rôle, ouvert sous la désignation de : « Le percepteur, pour somme perçue en double emploi. » Cet article, qui forme le complément du rôle, est soldé au moyen d'une ordonnance de restitution délivrée par le ministre, sur la demande qu'en fait le receveur général, et à laquelle il doit joindre le premier avertissement ou un extrait du rôle et une déclaration constatant le versement au Trésor de la somme dont il s'agit.

Si le contribuable indûment dégrevé ne pouvait payer la somme remise à sa charge par l'arrêté du préfet, l'article serait soldé au moyen d'une ordonnance délivrée sur le fonds de non-valeurs.

Une marche analogue à celle qui est indiquée au deuxième alinéa ci-dessus est suivie lorsque, par suite de demandes formulées à la fois par des contribuables et les percepteurs, il a été délivré, par double emploi, des ordonnances de décharge dont le montant a été réimposé.

Si la double perception concerne une taxe de portes et fenêtres indûment imputée sur le fonds de non-valeurs, la somme perçue en double emploi est restituée à ce fonds au moyen d'une ordonnance de virement, également provoquée par le receveur général.

Enfin, s'il s'agit de patentes, le rétablissement des taxes dont le montant avait été indûment prélevé sur le fonds de non-valeurs ou sur le principal des rôles n'est que la compensation du préjudice que le Trésor avait éprouvé, et la double perception doit, par conséquent, être maintenue.

Les recouvrements de cotes ainsi rétablies sont constatées par les percepteurs à un compte spécial, ouvert à la 2e section du livre des comptes divers sous le titre de : « Recouvrement de cotes rétablies par le conseil d'État ; » les receveurs des finances les constatent à titre de recettes accidentelles. (I. G., art. 140.)

Ordonnances de dégrèvements sur les taxes assimilées aux contributions directes. — Indépendamment des ordonnances de dégrèvements sur contributions directes, il en est délivré sur les taxes assimilées, telles que les redevances des mines, la taxe des biens de mainmorte, les rétributions pour la vérification des poids et mesures, la prestation en nature pour les chemins vicinaux, la rétribution scolaire, la taxe sur les chiens, etc., suivant des règles semblables ou analogues à celles que l'on vient d'indiquer.

Nous nous bornerons à mentionner ici quelques dispositions spéciales concernant les ordonnances de dégrèvements sur prestations en nature, la rétribution scolaire et la taxe sur les chiens. Ces ordonnances, délivrées par le préfet, et conformes aux *modèles nos* 231, 233, 234 et 235, ne sont portées ni en recette ni en dépense ; leur montant est simplement déduit de celui des rôles, après qu'elles ont été inscrites aux articles des contribuables dégrevés et sur le carnet spécial (*modèle n°* 296) prescrit par l'article 1449 de l'Instruction générale. Si quelques-uns des individus dégrevés ont payé une partie ou la totalité des sommes allouées en dégrèvement, il en résulte des excédants que le receveur doit régulariser immédiatement. Il opère, à cet effet, une réduction de recette, au compte de la commune, d'une somme égale à ces excédants, et il la transporte au compte des excédants de versements, avec désignation des parties intéressées. (I. G., art. 888, § 8.)

La même marche doit être suivie, soit que la cote sur laquelle porte le dégrèvement ait été acquittée en nature, soit qu'elle ait été payée en argent. — *Mém.* 1858, p. 118 ; 1860, p. 134.

Le mode de réduction de recette ne peut être employé, après la clôture de la première année de l'exercice, que s'il existe des recouvrements réalisés depuis le 1er janvier de l'année suivante, ou des restes à recouvrer prochainement réalisables qui puissent supporter la déduction des remboursements d'excédants auxquels auraient droit les contribuables dégrevés. Dans le cas contraire, les remboursements devraient être imputés soit sur le crédit des dépenses des chemins vicinaux, s'il s'agit de prestations, soit sur celui des dépenses imprévues, ou faire l'objet d'un crédit spécial.

Il n'est pas constaté d'excédant de versement lorsqu'il s'agit de dégrèvements alloués pour des cotes d'abord jugées irrecouvrables et sur lesquelles des versements auraient ensuite été obtenus. Dans ce cas, l'ordonnance n'est employée que pour la somme restant à recouvrer, ainsi que cela a lieu pour les ordonnances concernant les contributions directes, et comme l'indique, d'ailleurs, le modèle d'ordonnance, colonne 18. (I. G., art. 888, § 8.)

Lorsque les ordonnances de dégrèvement délivrées pour une taxe communale comprennent également la décharge de frais de poursuites, il n'y a pas lieu de suivre pour ces frais, comme pour la taxe elle-même, le mode de réduction de titre. Les sommes reconnues irrecouvrables sur frais de poursuites doivent, conformément à l'article 1475 de l'Instruction générale, être portées en recette au compte « Frais de poursuites concernant le service municipal, » et en dépense au compte général de la commune. — *Mém.* 1860, p. 131. — Voy. Non-valeurs et dégrèvements sur produits communaux, Prestations en nature, Rétribution scolaire, Taxe sur les chiens.

Ordonnateurs. — L'ordonnateur est celui qui a qualité pour déclarer payable une dépense publique et pour signer le mandat de payement.

Les fonctions d'ordonnateur sont incompatibles avec celles de comptable. (D. 31 mai 1862, art. 17.)

Les ministres sont les principaux ordonnateurs des dépenses de l'État. Leurs ordonnances se divisent en ordonnances de payement et en ordonnances de délégation. Les ordonnances de payement sont celles qui sont délivrées par les ministres directement au profit ou au nom d'un ou plusieurs créanciers de l'État. Les ordonnances de délégation sont celles par lesquelles les ministres autorisent les ordonnateurs secondaires à disposer d'une partie de leur crédit par des mandats de payement au profit ou au nom d'un ou de plusieurs créanciers. (D. 31 mai 1862, art. 84.)

Les ordonnateurs secondaires dans les départements sont : les préfets en France et en Algérie; les intendants militaires; les directeurs de l'artillerie et des fortifications; les commandants des écoles régimentaires et d'application; les commissaires généraux de la marine; les directeurs des forges et fonderies; les commissaires de marine remplissant les fonctions d'ordonnateurs dans les colonies; le commissaire de marine chef du service administratif à Alger; le président de la commission des monnaies; les commissaires du Gouvernement près les établissements monétaires; les directeurs des administrations financières; les inspecteurs des postes; le directeur de l'École impériale forestière; les conservateurs des forêts; l'un des membres du comité de direction du service des paquebots-poste de la Méditerranée; les ingénieurs en chef des ponts et chaussées et les sous-intendants militaires.

Les ordonnateurs secondaires font parvenir chaque soir au payeur du département des bordereaux, formés par exercice et par ministère, des mandats qu'ils ont délivrés sur leur caisse dans la journée. Ils y joignent les pièces justificatives des créances dont ils ont ordonnancé le payement. Ces pièces sont retenues par les payeurs, qui doivent procéder immédiatement à leur vérification et en suivre, lorsqu'il y a lieu, la régularisation près des ordonnateurs. Lorsque les mandats sont payables hors de la résidence du payeur, ces mandats doivent lui être communiqués par les ordonnateurs secondaires, avec les bordereaux d'émission et les pièces justificatives, pour qu'il y appose son visa, (D. 31 mai 1862, art. 85.)

Les ordonnateurs demeurent chargés, sous leur responsabilité, de la remise aux ayants droit des extraits d'ordonnance ou lettres d'avis en tenant lieu, et des mandats qu'ils délivrent sur les caisses du Trésor. (D. 31 mai 1862, art. 86.) — Voy. DÉPENSES PUBLIQUES, PAYEMENT POUR LE COMPTE DU PAYEUR.

Les préfets ordonnancent les dépenses départementales en vertu des ordonnances de délégation du ministre de l'intérieur. Il n'y a d'exception à cette règle que pour les dépenses relatives aux routes départementales qui peuvent être ordonnancées par l'ingénieur en chef. (L. 10 mai 1838, art. 33; Arrêté min., 20 décembre 1849.) — Voy. DÉPENSES DÉPARTEMENTALES.

Les maires sont seuls ordonnateurs des dépenses communales. (L. 18 juillet 1837, art. 61.)

Un des membres de la commission administrative de chaque établissement de bienfaisance remplit les fonctions d'ordonnateur. (D. 31 mai 1862, art. 555; I. G., art. 1085.) — Voy. MANDATS DE PAYEMENT, ORDONNANCEMENT.

Organisation des perceptions. — Voy. PERCEPTEURS.

Orphelins pauvres. — Voy. ENFANTS ASSISTÉS.

Outrages. — L'article 6 de la loi du 25 mars 1822 prononce des peines contre ceux qui outrageraient les fonctionnaires publics dans l'exercice et à l'occasion de leurs fonctions.

Un percepteur doit être considéré comme étant dans ses fonctions, non-seulement lorsqu'il fait la perception de l'impôt sur les contribuables, mais toutes les fois qu'il accomplit un acte quelconque se rattachant aux devoirs de son emploi. — *Mém.* 1838, p. 61.

Le percepteur insulté dans l'exercice de ses fonctions doit dresser un procès-verbal des faits en désignant les témoins, et remettre ce procès-verbal au procureur impérial, qui exerce contre le délinquant telle poursuite que de droit devant le tribunal de police correctionnelle. — *Mém.* 1829, p. 78 et 276.

La plainte du percepteur pourrait aussi être portée devant le maire, ou le commissaire de police.

En cas d'injure ou de rébellion contre les agents de poursuites, ils se retirent auprès du maire pour en dresser procès-verbal. Ce procès-verbal, visé par le maire, est enregistré et envoyé au sous-préfet, lequel dénonce le fait aux tribunaux, s'il y a lieu. (Règl. sur les poursuites, art. 46.)

Ouverture des bureaux et de la caisse. — Voy. BUREAUX DES PERCEPTEURS.

Ouverture des portes. — Lorsque le porteur de contraintes, se présentant pour saisir les meubles et effets d'un contribuable retardataire, ne peut exécuter sa commission parce que les portes sont fermées ou que l'ouverture en est refusée, il a le droit d'établir un gardien aux portes pour empêcher le divertissement. Il se retire sur-le-champ devant le maire ou l'adjoint, lequel autorise l'ouverture des portes, y assiste et reste présent à la saisie des meubles et effets. L'ouverture des portes et la saisie sont constatées par un seul procès-verbal dressé par le porteur de contraintes et signé en outre par le maire ou son adjoint. (Règl. sur les poursuites, art. 71.)

La même marche doit être suivie lorsque l'ouverture des portes est refusée au porteur de contraintes qui se présente pour procéder au récolement et à l'enlèvement des objets saisis. — *Mém.* 1850, p. 184. — Voy. POURSUITES.

Lorsque les inspecteurs des finances, les receveurs des finances ou les inspecteurs spéciaux préposés par le ministère de l'intérieur à la surveillance des établissements charitables ne trouvent pas à son domicile le percepteur-receveur municipal ou le receveur d'établissement de bienfaisance dont ils sont appelés à vérifier la comptabilité, ils peuvent apposer leur cachet sur la caisse jusqu'au moment où ils opéreront la vérification du service. En cas d'absence constatée du comptable, ils peuvent, en présence du maire, faire ouvrir la caisse et procéder à la vérification. (I. G., art. 1309 et 1321.) — Voy. VÉRIFICATIONS.

Ouvriers. — Voy. CONTRIBUTIONS DIRECTES (*Patentes*).

P

Pacage. — Lieu où l'on mène paître des bestiaux; droit de faire paître des bestiaux en certains lieux.

Les habitants d'une commune en possession d'un droit de pacage doivent user personnellement de leur droit : ils ne peuvent ni le louer ni le céder. Le conseil municipal ne saurait donc tirer parti, par voie d'amodiation, d'une servitude de pacage que les habitants ne jugeraient pas à propos d'exercer. La concession de cette servitude est fondée sur le besoin ; du moment que le besoin n'existe pas, c'est le propriétaire qui doit profiter de l'abstention de l'usager. (Décis. min. de l'int. 1863. — *Mém.* p. 154.) — Voy. GLANDÉE, PARCOURS ET VAINE PATURE, USAGE.

Pain dans les gîtes d'étape (Fourniture de). — Voy. ÉTAPE.

Papier timbré (Vente de). — L'administration de l'enregistrement et des domaines peut, sur la proposition du préfet du département, et lorsqu'elle le juge utile, charger les percepteurs des contributions directes résidant dans les communes où il n'existe pas de bureau d'enregistrement de la vente, au prix du tarif, des papiers timbrés ci-après :

Papiers au timbre proportionnel de toutes les espèces.	A 5 centimes pour les effets de 100 fr. et au-dessous ;		
	A 10 centimes pour les effets au-dessus de	100f à	200f
	A 15 centimes...................... de	200 à	300
	A 20 centimes...................... de	300 à	400
	A 25 centimes...................... de	400 à	500
	A 50 centimes...................... de	500 à	1,000
	A 1 franc.......................... de	1,000 à	2,000
	A 1 fr. 50 cent.................... de	2,000 à	3,000
	A 2 francs......................... de	3,000 à	4,000
	Et ainsi de suite en suivant la même progression et sans fraction.		
Papiers au timbre de dimension.	A 50 centimes la demi-feuille.		
	A 1 franc la feuille.		

Les percepteurs ne peuvent pas vendre d'autres papiers que ceux qui sont désignés ci-dessus. Le concours des comptables est obligatoire du moment qu'il a été réclamé par le préfet.

Le receveur général, sur la proposition des receveurs d'arrondissement désigne au préfet les percepteurs auxquels il convient de confier la vente du papier timbré. Cet administrateur, après avoir apprécié les propositions, réclame, s'il y a lieu, de l'administration de l'enregistrement les commissions à délivrer aux percepteurs. Ces commissions ne sont pas individuelles pour le percepteur en fonction ; en cas de vacance, la débite du papier timbré continue d'être faite par le successeur, tant qu'un nouvel arrêté ministériel ne l'a pas supprimée ou rattachée à une autre circonscription.

Les percepteurs sont tenus de prendre des papiers timbrés au bureau de l'enregistrement duquel dépend la commune de leur résidence. Ils ne peuvent, sous aucun prétexte, en rester dépourvus. Pendant leurs absences, ils doivent remettre la débite à une personne de confiance de la maison où se trouve leur bureau.

Ils doivent, en outre, placer : 1° dans leur bureau et à la portée du public, une affiche indiquant les espèces et le prix des papiers timbrés qu'ils sont chargés de débiter ; 2° à l'extérieur de la maison, une enseigne ou un écriteau portant ces mots : Débit auxiliaire de papiers timbrés.

L'absence de l'une ou de l'autre de ces indications donne lieu à une retenue de cinq francs au profit du Trésor. La retenue est de dix francs si la contravention est constatée une seconde fois dans le courant de la même année.

Les percepteurs doivent aussi tenir un carnet (*modèle n° 246*) pour leurs opérations d'achat et de débite de papier timbré. (Arrêtés du min. des fin., 8 avril 1836 et 27 septembre 1850 ; I. G., art. 1193.)

Il est alloué aux percepteurs, sur le prix des papiers timbrés qu'ils prennent au bureau de l'enregistrement en le payant comptant, de leurs fonds personnels, une remise uniforme de 2 1/2 p. 0/0; ils la retiennent sur le prix du papier, et ils en donnent quittance, par émargement, sur un état énonçant les espèces, quantités et prix des papiers délivrés. (I. G., art. 1194.)

Tout concert entre un receveur de l'enregistrement et un percepteur des contributions directes tendant à faire supporter au Trésor public une double remise, par l'accroissement factice ou simulé des quantités de papier timbré vendues par le percepteur, est puni par la destitution des deux préposés.

Le percepteur qui vendrait du papier timbré au-dessus du prix fixé par le tarif serait destitué et poursuivi comme concussionnaire; il encourrait également la peine de destitution, s'il en vendait au-dessous de ce prix.

Les préposés de l'administration de l'enregistrement et des domaines surveillent la vente des papiers timbrés par les percepteurs; ceux-ci sont tenus, toutes les fois qu'ils en sont requis, de leur présenter les papiers qu'ils ont entre les mains.

Les receveurs des finances doivent aussi exercer une surveillance spéciale sur ce service. (Id., art. 1195.) — Voy. TIMBRE.

Papiers anciens. — Voy. DÉPÔT DES RÔLES.

Parafe. — Marque faite d'un ou plusieurs traits de plume, et qui accompagne habituellement la signature.

On doit parafer, dans tous les actes, les renvois, apostilles et même les mots rayés.

Le parafe sert aussi à reconnaître les feuilles d'un registre, répertoire ou acte, et à en constater le nombre. — Voy. VISA, COTE ET PARAFE DES LIVRES.

Parcelle. — En matière de cadastre, on appelle parcelle une portion de terrain plus ou moins grande située dans un même canton, triage ou lieu dit, présentant une même nature de culture et appartenant à un même propriétaire. — Voy. CADASTRE, MUTATIONS.

Parcours et vaine pâture. — On entend par vaine pâture la faculté qu'ont les habitants d'une commune d'envoyer les bestiaux en dépaissance sur les héritages non ensemencés ou dépouillés de leurs récoltes. Le droit de parcours, qui comprend le droit de vaine pâture, est la faculté qu'ont les habitants d'une ou plusieurs communes d'envoyer leurs troupeaux sur le territoire d'une ou plusieurs communes limitrophes, dont les habitants usent à leur tour de réciprocité.

Le parcours et la vaine pâture sont compris parmi les objets sur les quels les conseils municipaux sont appelés à délibérer. (L. 18 juillet 1837, art. 9.)

Le droit de parcours et de vaine pâture est de sa nature improductif pour la caisse municipale ; cependant, le droit de parcours peut devenir une source de revenus, notamment lorsqu'un arrangement en restreint l'exercice entre deux communes, à la condition que celle qui profite exclusivement de la restriction payera à l'autre une redevance annuelle. — *Mém.* 1861, p. 294.

Le rachat du droit de vaine pâture n'est permis que de particuliers à particuliers, et non de particuliers à communes; mais le droit de cantonnement existe tant pour les particuliers que pour les communes. (Arrêt de cass., 27 janvier 1829.) — Voy. CANTONNEMENT, PACAGE, PATURAGE.

Paroisse. — Sous l'ancien régime, les mots paroisse et communauté d'habitants étaient synonymes, ainsi que le constate l'article 1er du décret du 14 décembre 1789, qui a supprimé les municipalités existant alors en chaque « ville, bourg, paroisse ou communauté. » Aujourd'hui, on donne le nom de paroisse au territoire formant la circonscription d'une cure, succursale ou chapelle vicariale. Le mot paroisse est employé, en outre, pour désigner une église érigée en cure.

Le territoire de la paroisse correspond assez ordinairement à celui de la commune. Cependant, il y a des communes qui forment plusieurs paroisses, comme il y a des paroisses qui comprennent plusieurs communes.

Les libéralités faites à une *paroisse* peuvent concerner soit la fabrique, soit la commune, et être acceptées par l'une ou par l'autre, et, concurremment avec la fabrique ou la commune, par le bureau de bienfaisance, lorsque ces libéralités présentent un intérêt charitable. — Voy. ÉGLISES, FABRIQUES, LEGS ET DONATIONS, PRESBYTÈRES.

Partage de biens communaux. — L'Administration supérieure tend à favoriser plutôt qu'à empêcher les partages de biens indivis entre communes ou sections de communes. L'indivision, en effet, est une source d'embarras et de difficultés ; elle encourage les usurpations, et peut, dès lors, compromettre gravement les intérêts des copropriétaires.

Aux termes de l'article 19, n° 4, de la loi du 18 juillet 1837, les conseils municipaux délibèrent sur le partage des biens indivis entre deux ou plusieurs communes ou sections de communes.

Lorsqu'il s'agit d'effectuer un partage de cette nature, le sous-préfet prescrit une enquête *de commodo et incommodo*; les maires des communes intéressées nomment ensuite, de part et d'autre, des experts qui sont chargés de former les lots et de les tirer au sort. Les procès-verbaux d'enquête et d'expertise sont communiqués aux conseils municipaux. Le partage est autorisé ensuite, s'il y a lieu, par arrêté du préfet. (D. 25 mars 1852, tableau A, § 41.)

Les partages de biens communaux entre habitants, à titre gratuit et définitif, tels que la loi du 10 juin 1793 les avait autorisés, sont aujourd'hui interdits. (L. 21 prairial an IV et 9 ventôse an XII; D. 4 complémentaire an XIII; Avis du conseil d'État, 21 février 1838.)

Toutefois, les différents actes législatifs qui ont interdit ces partages ne font pas obstacle à ce que des demandes en concession des biens communaux, à titre onéreux, soient accueillies par l'autorité supérieure, le prix de concession représentant, dans ce cas, la valeur des immeubles. (Décis. min. de l'int., 1857.)

Pour les conditions d'admissibilité à ces partages, on suit les règles établies pour le partage des bois d'affouage, c'est-à-dire que, pour participer aux allotissements, il faut avoir domicile réel et fixe dans la commune, l'attribution se faisant par feu entre les chefs de famille. — *Mém.* 1863, p. 205. — Voy. AFFOUAGE.

Le privilége de vendeur appartient de droit à la commune sur les lots concédés, lorsque le payement de la redevance se fait par annuités. — *Mém.* 1863, p. 50.

Quant aux amodiations de communaux par voie d'allotissement entre les habitants, il y a lieu de distinguer entre les partages de jouissance et les baux.

Si la commune n'exige des concessionnaires aucune redevance ou qu'une redevance inférieure à la valeur estimative des biens amodiés, l'opération a le caractère d'un partage de jouissance, et, dans ce cas, on doit prendre pour base de la répartition le nombre des feux ou chefs de ménage, ainsi qu'il est réglé par les décrets des 20 juin 1807 et 26 avril 1808 pour la répartition des fruits communaux.

Si, au contraire, le prix de location est exactement basé sur l'estimation des biens et qu'il s'agisse par conséquent de baux véritables, les habitants devenant des preneurs ordinaires, c'est en vertu des articles 17 et 19 de la loi du 18 juillet 1837 que le conseil municipal arrête les conditions de la mise en ferme sous le contrôle ou l'approbation de l'autorité préfectorale, suivant la durée de la location, et rien ne s'oppose dès lors à ce que les biens amodiés soient divisés en autant de lots que la commune le juge conforme à ses intérêts. (Décis. min. de l'int. 1857.)

Dans aucun cas, on ne saurait contraindre les habitants à accepter les lots qui leur sont assignés et à subir les conditions du partage, tant qu'ils n'ont pas pris d'engagement à cet égard. Mais, quand les lots ont été acceptés formellement ou tacitement, et que ceux qui les détiennent refusent d'acquitter les charges qui leur incombent à ce titre, toutes les voies de poursuites légales sont ouvertes contre eux. — *Mém.* 1862, p. 415. — Voy. BAUX, BIENS DES COMMUNES, POURSUITES.

Partie prenante. Partie qui reçoit dans un payement. En matière de comptabilité publique, on désigne spécialement ainsi le créancier au profit duquel un mandat de payement a été délivré.

Pour tous les payements effectués par les percepteurs-receveurs municipaux et d'établissements de bienfaisance, les parties prenantes doivent dater elles-mêmes leurs quittances et y désigner la commune où le payement a lieu. Les comptables doivent remplir eux-mêmes cette formalité pour les parties prenantes illettrées. (I. G., art. 1005.)

Lorsque le porteur d'un mandat n'excédant pas 150 francs ne sait pas signer, le payement peut être effectué en présence de deux témoins, qui signent avec le comptable, sur le mandat, la déclaration faite par la partie prenante. Si le mandat excède 150 francs, la quittance doit être donnée devant notaire, à moins qu'il ne s'agisse de prix de terrains cédés pour cause d'utilité publique. (Id., art. 1006.)

Si la quittance notariée est l'objet d'un acte en brevet, le comptable ne peut être tenu de se dessaisir des fonds jusqu'à ce que l'acte enregistré lui ait été remis. Si l'acte a été passé en minute, il peut effectuer le payement en l'étude du notaire et sans attendre que l'expédition lui en soit remise. — *Mém.* 1861, p. 433 ; 1862, p. 205.

Les honoraires du notaire et les frais d'enregistrement sont à la charge de la partie prenante illettrée. — *Mém.* 1859, p. 250.

Les comptables doivent prendre toutes les précautions nécessaires pour s'assurer de l'identité des parties prenantes ou de leurs ayants cause, soit en les faisant signer en leur présence, soit en exigeant la justification des signatures qui ne leur seraient pas suffisamment connues. (I.G., art. 661.) — Voy. IDENTITÉ DES PARTIES PRENANTES, PAYEMENT DES DÉPENSES COMMUNALES, PAYEMENTS POUR LE COMPTE DU PAYEUR.

Parties doubles. — Voy. ÉCRITURES.

Passe-debout. — Voy. OCTROI.

Passe de sacs. — On appelle ainsi le prélèvement que le débiteur est autorisé à faire pour la valeur des sacs qu'il fournit dans les payements en pièces d'argent de sommes de 500 francs et au-dessus.

Un décret du 26 novembre 1852 a réduit à 10 centimes par sac ce prélèvement, qui était auparavant de 15 centimes.

Les comptables, dans leurs payements en pièces d'argent, ont toujours le droit, comme les particuliers, d'exiger de la partie prenante le prix du sac, alors même que celle-ci refuserait de le prendre. Nous ajouterons, toutefois, que ce droit est généralement tombé en désuétude depuis que l'or entre, pour la presque totalité, dans les payements qui ont lieu en numéraire. — Voy. MONNAIES.

Passe-ports à l'intérieur. — Voy. FEUILLES DE PASSE-PORT.

Passe-ports à l'étranger (Droits de). — Les individus qui demandent un passe-port pour l'étranger doivent payer au Trésor un droit fixe de 10 francs. Les préfets, les sous-préfets, autres que ceux des départements de la Seine et du Rhône, et le maire de Calais, sont autorisés à délivrer des passe-ports à l'étranger. Ces fonctionnaires font l'avance du prix des formules de passe-ports sur les fonds à leur disposition. Ils font prendre ces formules au bureau du timbre extraordinaire ou chez le receveur de l'enregistrement de leur résidence, et ils sont remboursés de leur avance suivant le mode indiqué ci-après (I. G., art. 1117.)

Les percepteurs reçoivent le prix des passe-ports à l'étranger; ils en délivrent des quittances à souche, et ils en comprennent le montant dans leur plus prochain versement. Ces quittances et les autres pièces exigées pour l'obtention des passe-ports sont déposées par les parties versantes entre les mains des maires, pour être adressées par eux à la préfecture ou sous-préfecture. Les passe-ports sont ensuite envoyés sans frais à ceux qui les ont demandés.

Le prix des passe-ports est remboursé aux préfets et aux sous-prefets par le receveur général et par les receveurs particuliers, sur la présentation des quittances à souche. Ces quittances peuvent aussi être remises aux préposés de l'enregistrement en payement des formules. Elles sont alors comprises pour comptant dans les versements de ces comptables. Les receveurs particuliers les envoient au receveur général comme pièces acquittées pour son compte. (Id., art. 1118.)

Les receveurs des finances ont, pour ces opérations, un compte collectif ouvert aux percepteurs comme correspondants de la recette générale. Ce compte est crédité des versements qu'effectuent les percepteurs, et dont il est fourni des récépissés à talon; il est débité par le receveur général du montant des quittances qui lui sont remises tant par les percepteurs de l'arrondissement du chef-lieu que par les receveurs particuliers. Il est tenu par exercice. L'imputation des recouvrements à chaque exercice se règle d'après la date des recettes opérées par les percepteurs, et, à cet effet, ces derniers comptables sont tenus de remettre aux receveurs des finances, en faisant leurs versements, un bordereau spécial qui indique, avec la date, le montant de chaque recette, le nom et le domicile des individus qui ont payé les droits. (Id., art. 1119.)

Les percepteurs ouvrent à la troisième section de leur livre des comptes divers un compte intitulé : Droits de passe-ports à l'étranger. Ils portent en recette à ce compte les payements qui leur sont faits par les individus qui veulent obtenir les passe-ports, et ils y enregistrent, en dépense, les versements qu'ils font au receveur particulier de leur arrondissement. (Id., art. 1486.)

Le 30 novembre de chaque année, les receveurs généraux examinent quels sont les versements de l'exercice précédent qui n'ont point été réclamés; ils s'entendent avec les préfectures ou les sous-préfectures pour reconnaître si elles n'auraient point omis de réclamer le remboursement du prix de quelques passe-ports délivrés ; ils tiennent compte immédiatement des sommes qui se trouveraient dans ce cas. Pour le surplus des versements, ils en forment un état qu'ils soumettent au préfet du département, en lui demandant de prendre un arrêté à l'effet d'autoriser l'application au Trésor des recettes restant ainsi sans emploi, sauf le remboursement qui en serait fait ultérieurement, en vertu d'ordonnances sur la caisse du payeur, aux parties qui justifieraient de leurs droits. (I. G., art. 1120.)

Patentes. — Les individus français ou étrangers qui exercent en France un commerce, une industrie ou une profession non compris dans les exceptions déterminées par la loi, doivent être patentés et sont assujettis au payement de taxes qui constituent la contribution des patentes.

La contribution des patentes est un impôt de quotité, c'est-à-dire résultant de l'application, à des éléments variables, de tarifs ou de quotités déterminés. Elle se compose de deux droits : le droit fixe et le droit proportionnel.

La loi du 25 avril 1844, qui régit principalement aujourd'hui l'assiette de l'impôt des patentes, attribue (article 32) aux communes 8 centimes par franc du principal de la contribution des patentes. — Voy. Attributions sur le produit des patentes, Contributions directes, Dégrèvements, Exemptions, Formules de patentes, Mutations, Ordonnances de dégrèvement, Réclamations.

Pâtre commun. — Le maire nomme les pâtres communs, sauf l'approbation du conseil municipal. Il peut prononcer leur révocation. (L. 18 juillet 1837, art. 13.)

D'après l'article 6 de la loi du 11 frimaire an VII, les dépenses relatives au salaire des pâtres et à l'entretien des bêtes mâles des troupeaux communs doivent être supportées proportionnellement par les habitants qui en profitent.

Les taxes particulières dues par les habitants pour cet objet sont réparties par délibération du conseil municipal, approuvée par le préfet. Ces taxes sont perçues suivant les formes établies pour le recouvrement des contributions directes. (L. 18 juillet 1837, art. 44.)

Le recouvrement des taxes et le payement des dépenses auxquelles elles sont destinées, étant fait dans l'intérêt particulier des habitants, doivent, en général, faire partie des services exécutés en dehors des budgets. — Voy. Cotisations particulières.

Cependant rien ne s'oppose à ce que les sommes auxquelles les habitants ou propriétaires auraient été taxés fussent versées dans la caisse municipale, pour servir au payement des dépenses dont il s'agit. Ces taxes figurent, dans ce cas, en recette et en dépense dans les budgets communaux. — *Mém.* 1838, p. 143.

Le conseil municipal, étant appelé à régler le mode de jouissance et la répartition des pâturages et fruits communaux, ainsi que les conditions à imposer aux parties prenantes, a le droit d'imposer aux propriétaires qui veulent jouir du pâturage sur les biens communaux l'obligation de contribuer au salaire du pâtre commun, soit qu'ils mettent leurs bestiaux sous la garde de ce pâtre, soit qu'ils les fassent garder séparément par un garde particulier. Mais il n'en est pas de même lorsqu'il s'agit de l'exercice du droit de parcours ou de vaine pâture soumis à l'usage du troupeau en commun ; tout propriétaire ou fermier peut, en ce cas, faire garder par troupeau séparé un nombre de têtes de bétail proportionné à l'étendue des terres qu'il exploite, sans être tenu de contribuer en tout ou en partie au salaire du pâtre commun. — *Mém.* 1849, p. 331. — Voy. BIENS DES COMMUNES, PARCOURS ET VAINE PATURE, PATURAGE.

Pâturage (Taxes de) — Le droit de pâturage est celui qu'ont les habitants d'une commune de faire paître leurs bestiaux dans les bois de l'État ou des communes, dans les landes, marais, pâtis et autres biens communaux affectés à cet usage.

Ce droit appartient à tous les habitants de la commune, qui sont libres d'en user individuellement ou en commun. Toutefois, le pâturage ne peut être exercé individuellement dans les bois soumis au régime forestier ; les bestiaux doivent être réunis, dans ce cas, sous la conduite d'un pâtre commun.

Les conseils municipaux règlent par leurs délibérations le mode de jouissance et la répartition des pâturages communaux autres que les bois, ainsi que les conditions à imposer aux parties prenantes. (L. 18 juillet 1837, art. 17.)

Chaque année, avant le 1er mars, les agents forestiers font connaître aux communes jouissant des droits de pâturage dans les forêts de l'État et des communes les cantons déclarés défensables, et le nombre des bestiaux qui seront admis au pâturage et au panage. Les maires sont tenus d'en faire la publication dans les communes usagères. (C. F., art. 69.)

Les taxes particulières dues par les habitants ou propriétaires qui envoient leurs bestiaux aux pâturages communaux sont réparties par délibération du conseil municipal, approuvée par le préfet (L. 18 juillet 1837, art. 14). La taxe est fixée pour chaque tête de bétail, et elle peut être graduée selon l'espèce et le nombre des animaux.

Les commissions syndicales, instituées en vertu de l'article 70 de la loi du 18 juillet 1837 pour l'administration des biens indivis entre plusieurs communes, peuvent voter l'établissement d'une taxe de pâturage à percevoir sur les troupeaux qui y sont conduits, et ont à cet égard les mêmes attributions que les conseils municipaux. (Décis. min. de l'int., 1861. — *Mém.* p. 277.)

Les taxes de pâturage sont perçues suivant les formes établies pour le recouvrement des contributions publiques. (L. 18 juillet 1837, art. 44.)

Le rôle des taxes, établi sur papier timbré, est envoyé au sous-préfet pour être soumis à l'approbation du préfet. Il parvient ensuite au receveur municipal par l'entremise des receveurs des finances.

Les réclamations que les taxes soulèvent (demandes en décharge ou réduction) sont du ressort des conseils de préfecture, sauf recours au conseil d'État, statuant au contentieux. (Circ. int., 15 avril 1860. — *Mém.*, p. 151.) — Voy. POURVOI.

L'usager ne peut céder son droit à un tiers. Si une pareille cession avait eu lieu, le receveur municipal ne pourrait exercer aucun moyen de poursuites contre le cessionnaire; il devrait se concerter avec le maire pour faire refuser l'entrée des bestiaux que celui-ci voudrait introduire à ce titre dans les pâturages communaux. — *Mém.* 1837, p. 179. — Voy. BIENS DES COMMUNES, COTISATIONS PARTICULIÈRES, PACAGE, POURSUITES, USAGE.

Pauvres. — Les dons et legs faits en faveur des pauvres d'une commune, dans laquelle il n'existe ni hospice, ni bureau de bienfaisance, sont acceptés par le maire, sauf l'autorisation supérieure. (I. G., art. 1072.) — Voy. BUREAUX DE BIENFAISANCE, HOSPICES, INDIGENTS, LEGS ET DONATIONS.

Pavage (Taxes de). — Les frais de pavage des rues non grandes routes, dans les villes qui n'ont pas de revenus suffisants pour y faire face, peuvent être mis en tout ou en partie, conformément aux anciens usages locaux, à la charge des propriétaires riverains. (Avis du cons. d'État, approuvé le 25 mars 1807. — *Mém.* 1834, p. 57.)

Lorsque les propriétaires riverains contestent l'existence de l'usage en vertu duquel le pavage est mis à leur charge, ou l'insuffisance des revenus de la commune, c'est au conseil de préfecture qu'il appartient de prononcer. (Arrêt du Cons d'État, 16 novembre 1852. — *Mém.* 1854, p. 14.)

L'obligation des propriétaires riverains, en ce qui concerne les frais de premier établissement ou d'entretien du pavé, peut, en vertu d'une délibération du conseil municipal, et sur un tarif approuvé, être convertie en une taxe payable en numéraire, et recouvrable par le receveur municipal. (L. 25 juin 1841, art. 28.)

Pour que cette conversion puisse être opérée, il est nécessaire qu'elle ait été demandée ou consentie par le conseil municipal. Les formalités à remplir sont peu compliquées; elles consistent dans les actes suivants : 1° une délibération du conseil municipal, contenant le tarif de conversion en triple expédition ; 2° une enquête administrative *de commodo et incommodo*, conformément à l'ordonnance du 23 août 1835; 3° une nouvelle délibération du conseil municipal discutant les réclamations consignées ou annexées au procès-verbal de l'enquête ; 4° l'avis des ingénieurs des ponts et chaussées ; 5° l'avis du sous-préfet. Le tarif de la conversion des frais de pavage en taxe fixe est approuvé par le préfet. (D. 25 mars 1852 ; Circ. int., 5 mai 1852.—*Mém.* p. 171.)

La perception de cette taxe s'effectue par le receveur municipal, dans les formes établies pour le recouvrement des contributions directes, et en vertu de rôles dressés par le maire et rendus exécutoires par le préfet. (L. 18 juillet 1837, art. 44 ; 25 juin 1841, art. 28.)

Les taxes de pavage, étant autorisées par les lois de finances, jouissent du privilége des contributions directes. — *Mém.* 1842, p. 121.

Les non-valeurs qui résulteraient des décharges ou dégrèvements résultant d'erreurs dans la confection des rôles font l'objet d'une nouvelle répartition, dans un rôle supplémentaire, entre tous les propriétaires. — *Mém.* 1842, p. 124.

Lorsque l'usage local n'autorise une commune à faire exécuter les travaux de pavage, dont les frais doivent être à la charge des propriétaires, que faute par ceux-ci de les faire exécuter eux-mêmes, les propriétaires doivent être mis en demeure de les exécuter. A défaut de cette mise en demeure, la commune ne serait pas fondée à leur réclamer une taxe en numéraire pour acquitter la dépense du pavage qu'elle aurait fait exécuter directement. (Arrêt du cons. d'État, 16 novembre 1852. — *Mém.* 1854, p. 14.)

Les taxes de pavage ne doivent pas être recouvrées pour le compte de l'entrepreneur du pavage ; elles sont établies et perçues au nom et au profit de la commune, et doivent figurer dans sa comptabilité, ainsi que les dépenses du pavage.— *Mém.* 1859, p. 51.— Voy. COTISATIONS PARTICULIÈRES, POURSUITES.

Payement anticipé. — Voy. ALIÉNATIONS.

Payement de mandats délivrés sur la recette générale pour le service des cotisations. — Les diverses dépenses d'intérêt commun qui font l'objet des cotisations municipales et particulières sont acquittées au moyen de mandats que les préfets délivrent sur la caisse des receveurs généraux, et dont ils doivent adresser à ces comptables des bordereaux d'émission.

Lorsqu'il y a lieu de faire faire les payements par les percepteurs et autres comptables de l'arrondissement du chef-lieu, ou par les comptables des arrondissements de sous-préfecture, les mandats doivent être revêtus du visa du receveur général.

Les dispositions des articles 661 et 709 de l'Instruction générale relatives aux mentions de payement sont applicables aux pièces de dépenses concernant le service des cotisations. En conséquence, les percepteurs sont tenus de faire connaître, par une déclaration signée ou par l'apposition d'un timbre, que le payement a été fait par eux. Ils doivent, en outre, veiller à ce que les acquits soient datés du jour même du payement, et mettre eux-mêmes la date, dans le cas où les parties prenantes seraient illettrées. (I. G., art. 606.) — Voy. PAYEMENTS POUR LE COMPTE DU PAYEUR.

Les mandats relatifs aux fonds de cotisations mentionnent les pièces justificatives qui doivent y être jointes et ne peuvent être admis s'ils n'en sont accompagnés. Les receveurs généraux sont chargés, sous leur responsabilité, de la production de ces pièces à l'appui des mandats. Les percepteurs qui effectuent des payements pour leur compte n'ont d'autres justifications à faire que celles du payement ; ils doivent se conformer à cet égard aux règles rappelées ci-dessus, ainsi qu'aux indications de l'article 631 de l'Instruction générale, en ce qui concerne la formalité du timbre, dans les cas où elle serait requise. — Voy. COTISATIONS MUNICIPALES.

Payement des dépenses des communes et des établissements de bienfaisance. — Les receveurs municipaux et les receveurs d'établissements de bienfaisance ne peuvent acquitter aucune dépense, si elle n'a été préalablement ordonnancée sur un crédit régulièrement ouvert ; les mandats des ordonnateurs doivent, pour justifier de la réalité de la dette et valider le payement, être appuyés de toutes les pièces voulues par les règlements, et dont le tableau est donné à l'article 1542 de l'Instruction générale.

Tout payement qui serait effectué sans l'accomplissement de ces formalités resterait à la charge du comptable. (I. G., art. 998.) — Voy. ORDONNANCEMENT, PIÈCES JUSTIFICATIVES.

En conséquence, les receveurs sont autorisés à refuser le payement des mandats qui ne seraient point accompagnés des justifications prescrites.

Le refus de payement est d'ailleurs soumis aux règles suivantes. (Id., art. 999.)

Les receveurs municipaux et d'établissements charitables ne peuvent refuser ou retarder le payement des mandats que dans les seuls cas :

Où la somme ordonnancée ne porterait pas sur un crédit ouvert, ou excéderait ce crédit ;

Où les pièces produites seraient insuffisantes ou irrégulières ;

Où il y aurait opposition, dûment signifiée entre les mains du comptable, contre le payement réclamé ;

Enfin où, par suite de retards dans le recouvrement des revenus, il y aurait insuffisance de fonds dans la caisse communale. (Id., art. 1000.)

Le comptable doit vérifier, s'il y a lieu, les calculs qui ont servi de base à l'ordonnateur pour faire le décompte de la somme due ; il serait responsable de tout ce qui aurait été payé en excédant de cette somme. (Arrêt de la Cour des comptes, 20 juillet 1837. — *Mém.* 1839, p. 101 ; 1859, p. 48.)

Il peut refuser d'acquitter un mandat délivré par anticipation pour un trimestre ou une année de traitement, et qui lui serait présenté avant l'expiration de ce trimestre ou de cette année. — *Mém.* 1843, p. 314.

Tout refus ou retard de payement doit être motivé dans une déclaration écrite, immédiatement délivrée par le receveur municipal au porteur du mandat, lequel se retire devant le maire pour que ce dernier avise aux mesures à prendre ou à provoquer (I. G., art. 1001.)

Le receveur qui aurait indûment refusé ou retardé un payement, ou qui n'aurait pas délivré au porteur du mandat la déclaration motivée de son refus, serait responsable des dommages qui pourraient en résulter, et encourrait en outre, selon la gravité des cas, la perte de son emploi. (Id., art. 1002.)

Les comptables n'ont point qualité pour apprécier le mérite des faits auxquels se rapportent les pièces à l'appui de chaque mandat. Il suffit, pour garantir leur responsabilité, qu'elles soient visées et par conséquent attestées par l'ordonnateur.

Si cependant un comptable s'apercevait ou avait de suffisantes raisons de croire que l'ordonnateur a été trompé, il devrait, nonobstant l'apparente régularité des pièces, suspendre le payement et avertir l'ordonnateur sans aucun retard ; mais, si ce dernier lui donne alors l'ordre de payer, il doit s'y conformer immédiatement. (Id., art. 1003.)

Les ordonnateurs des dépenses des communes et des établissements de bienfaisance n'ont pas, comme les ordonnateurs des dépenses de l'État, le droit de requérir sous leur responsabilité, après le refus des comptables, qu'il soit passé outre au payement. — *Mém.* 1838, p. 202 ; 1862, p. 336.

D'après la règle établie aux articles 984 et 988 de l'Instruction générale, les receveurs doivent refuser le payement des mandats qui leur seraient présentés après l'époque fixée pour la clôture de l'exercice ; ces mandats sont annulés, sauf réordonnancement ultérieur. (I. G., art. 1004.) — Voy. Exercice.

Quittances des parties prenantes. — Les parties prenantes doivent dater elles-mêmes leurs quittances et y désigner la commune où le payement a lieu. Les receveurs municipaux sont tenus de veiller à l'accomplissement de cette formalité, et de la remplir eux-mêmes si les parties prenantes sont illettrées.

Lorsque le porteur d'un mandat n'excédant pas 150 francs ne sait pas signer, le receveur municipal peut effectuer le payement en présence de deux témoins, qui signent avec lui, sur le mandat, la déclaration faite par la partie prenante. Si le mandat excède 150 francs, la quittance doit être donnée devant notaire, à moins qu'il ne s'agisse de prix de terrains cédés pour cause d'utilité publique, auquel cas les quittances, même excédant 150 francs, peuvent être données dans la forme des actes administratifs. (I. G., art. 1005.)

Un mandat délivré au nom d'un adjudicataire illettré ne pourrait être signé pour acquit par la caution solidaire. — *Mém.* 1859, p. 250.

Le titulaire d'un mandat a le droit de faire recevoir par un mandataire la somme qui lui est due. Le receveur doit se faire remettre, dans ce cas, une expédition en forme de la procuration notariée, si elle a été passée en minute, ou l'original en brevet, si c'est ce dernier mode qui a été adopté, et joindre cette pièce à l'appui de la quittance. — *Mém.* 1863, p. 157.

Lorsqu'un mandat est délivré au nom de plusieurs individus collectivement, il n'appartient pas au comptable de l'acquitter partiellement à chaque partie prenante. Ce mandat collectif est la propriété indivise des porteurs; il faut donc qu'ils quittancent ensemble. Si un des titulaires est illettré, la quittance collective doit être donnée par-devant notaire.

Pour s'assurer de l'identité des parties prenantes, les receveurs doivent faire signer les quittances en leur présence, ou exiger la justification des signatures qui ne leur seraient pas suffisamment connues. (I. G., art. 661 et 1006.) — Voy. PARTIES PRENANTES.

Mandats passibles de retenues pour pensions et en vertu d'oppositions. — Les traitements passibles des retenues pour le service des pensions civiles sont portés en dépense pour le brut, et il est fait recette du montant de ces retenues. Il en est de même à l'égard des retenues pour fonds de retraites et en vertu d'oppositions. Ces diverses retenues doivent être versées au receveur des finances : celles de la première espèce, pour le compte du Trésor; les autres, pour le compte de la caisse des dépôts. Il convient d'enregistrer les oppositions sur un carnet spécial. (I. G., art. 1007.) — Voy. PENSIONS CIVILES, PENSIONS DE RETRAITE, RETENUES, SAISIES-ARRÊTS OU OPPOSITIONS.

Timbre des quittances et autres actes. — Les quittances des parties prenantes, pour les payements effectués par les receveurs des communes et des établissements de bienfaisance, doivent être timbrées, sauf toutefois les exceptions qui vont être spécifiées. (I. G., art. 1008.)

Les quittances des sommes de 10 francs et au-dessous sont affranchies du timbre, lorsqu'elles n'ont pas pour objet un à-compte ou un payement final sur une plus forte somme.

Sont également exemptes du timbre : 1° les quittances de tous les employés communaux, des desservants, des instituteurs, des gardes champêtres, des gardes forestiers, délivrées pour le payement de leur traitement, lorsque ce traitement n'excède pas 300 francs par année; 2° les quittances des indigents pour les secours qui leur sont accordés à ce titre, ainsi que celles des indigents employés aux travaux à exécuter sur les chemins vicinaux, à quelques sommes qu'elles puissent s'élever; 3° les quittances des indemnités accordées pour incendie, inondation, épizootie et autres cas fortuits; 4° les quittances comme tous les autres actes concernant les gens de guerre et la garde nationale pour ses dépenses obligatoires (art. 81 de la loi du 22 mars 1831); 5° les récépissés des sommes versées aux receveurs des finances pour le compte des communes; 6° les quittances des maires au receveur municipal du montant des sommes llouées annuellement pour l'entretien de la maison commune, quand il l'y a pas de mémoires d'ouvriers ou de fournisseurs; 7° les quittances les sommes allouées pour réparations de chemins par des ateliers de harité, lorsqu'il n'y a ni fournisseurs ni entrepreneurs, et que l'on n'emloie que des indigents; 8° les quittances des gratifications payées aux apeurs pompiers, et certificats à l'appui; 9° les quittances de sommes ayées par suite d'expropriation pour cause d'utilité publique; 10° celles ui sont données par les receveurs de l'enregistrement pour le prix du apier timbré; 11° les quittances et décomptes pour les pensions d'aliéés indigents à la charge des communes; 12° les quittances des sommes ayées pour le service des enfants assistés et pour le service médical ratuit; 13° enfin les quittances des sommes allouées à titre de subvenion aux bureaux de charité et aux sociétés de secours mutuels. (I. G., rt. 1009.)

Les quittances des instituteurs primaires ne sont sujettes au timbre que i le traitement fixe et le supplément de traitement payés par la commune xcèdent 300 francs. Les sommes provenant de la rétribution scolaire et le la subvention fournie par le département ou par l'État en sont exemptes, u'elle qu'en soit la quotité.

Pour faciliter les vérifications des préposés de l'enregistrement en ce ui concerne l'application de cette règle, les mandats délivrés aux insituteurs pour leur traitement doivent indiquer dans quelle proportion les onds communaux contribuent à sa formation. S'il y a doute sur la part le la commune dans la dépense de l'année courante, la somme payée our l'année précédente sert de base. (Id., art. 1010.)

Plusieurs dispositions sur le timbre, indiquées à l'article 631 de l'Instruction générale relatif au service des cotisations, sont en outre applicables aux pièces justificatives des dépenses payées directement par les receveurs des communes et des établissements de bienfaisance. Nous les reproduisons ci-après.

Les quittances de traitement des cantonniers attachés aux chemins vicinaux sont exemptes de timbre lorsque le traitement annuel n'excède pas 300 francs; mais les cantonniers aides ou auxiliaires étant considérés comme de simples ouvriers, dont les travaux ne sont pas permanents et dont le salaire ne peut dès lors être assimilé à un traitement, leurs quittances doivent être timbrées quand elles excèdent 10 francs (Décis. 31 décembre 1853). D'après la même règle, les états de journées d'ouvriers sont sujets au timbre quand ils comprennent une ou plusieurs sommes excédant 10 francs, à moins qu'il ne s'agisse d'ateliers de charité. Il n'est dû qu'un droit de timbre pour chaque état, d'après la dimension du papier, quel que soit le nombre des sommes excédant 10 francs qui y sont comprises. (Décis. 31 décembre 1827 et 26 décembre 1833.)

Les certificats pour payement d'à-compte ou de solde, ou certificats d'avancement de travaux, et les procès-verbaux de réception définitive délivrés aux entrepreneurs, ont, par diverses décisions ministérielles, été déclarés passibles du timbre; mais ils peuvent, comme formant le titre de la créance, être revêtus de la quittance des parties, et, dans ce cas, le mandat peut être fait sur une feuille non timbrée, conformément aux décisions des 30 septembre 1829 et 18 décembre 1854, qui ont déclaré exempte de timbre la quittance mise au bas d'un mandat, lorsque la partie a revêtu de son acquit la facture ou le mémoire timbré produit par elle. Les formules de ces certificats peuvent être visées pour timbre ou revêtues du timbre mobile de dimension créé par l'article 24 de la loi du 2 juillet 1862.

Quant aux certificats pour payement concernant les travaux en régie, ils sont exempts du timbre, comme les quittances données par les régisseurs; mais les états ou mémoires de travaux ou de fournitures qui accompagnent ces certificats, ou les mandats délivrés au nom des régisseurs, doivent être timbrés d'après la règle générale. Lorsque le montant des fournitures ou travaux n'excède pas 10 francs, le payement peut être fait aux régisseurs sur la production, non d'une facture ou d'un mémoire, mais d'une quittance du fournisseur faite sur papier libre et comprenant le détail des fournitures ou travaux.

Sont soumis au timbre : les quittances des sommes payées pour indemnité, gratification, supplément de traitement aux employés de la mairie, agents voyers, gardes champêtres, etc. ; les quittances de subventions ou secours à d'anciens employés ou à leurs familles, lorsqu'il n'est pas fait mention d'indigence; les mémoires ou pièces analogues qui seraient fournis pour les dépenses relatives aux enfants assistés et au service médical; les quittances pour payements ou remboursements faits à des comices agricoles ou sociétés d'agriculture.

Mais les pièces désignées ci-après sont exemptes des droits de timbre: les quittances des sommes payées pour frais d'entretien des malades et incurables indigents (Décis. 11 décembre 1857) ; les quittances pour secours à d'anciens employés ou agents communaux et du service de la police, ou à leurs familles, lorsqu'il est fait mention de l'indigence; les états et quittances des salaires dus aux conservateurs des hypothèques pour la transcription des actes de vente concernant les chemins vicinaux.

Pour motiver l'exemption du timbre en faveur des indigents, il n'est pas nécessaire que les secours leur soient remis directement, cette exemption s'applique aussi aux quittances constatant les payements faits à des tiers pour secourir des indigents, lorsque l'indigence est constatée. (I. G., art. 631.)

Il est interdit de mettre sur la même feuille plusieurs quittances sujettes au timbre.

Toutefois, l'état des traitements des employés des administrations municipales, qui est annexé comme pièce justificative au mandat du maire, après avoir été quittancé par l'employé principal pour la somme totale, et qui doit être timbré quand un ou plusieurs des traitements sont supéneurs à 300 francs, peut, sans contravention, être revêtu des acquits des différents employés, ces acquits se rapportant alors à une seule dépense et à un seul mandat. (Id., art. 1011.)

Mais on ne pourrait inscrire sur la même feuille de papier timbré les diverses quittances successives données par un employé pour chaque terme mensuel ou trimestriel de son traitement. — *Mém.* 1845, p. 351.

Lorsque plusieurs dépenses non excédant 10 francs, imputables sur le même crédit, sont réunies en un seul mandat comprenant une somme supérieure à 10 francs, ce mandat, s'il porte l'acquit de la partie prenante, doit être timbré. — *Mém.* 1859, p. 332.

Les mandats de payement ne sont assujettis au timbre, quand il s'agit d'une dépense excédant dix francs, qu'à raison de l'acquit qui est mis au bas; en conséquence, ils cessent de l'être si, indépendamment de cet acquit, lequel, du reste, doit toujours être donné pour ordre, les factures ou mémoires sont quittancés par les parties prenantes, ou si la quittance est fournie sur une feuille timbrée distincte. (I. G., art. 1012.)

Si le porteur du mandat refusait de donner son acquit pour ordre sur le mandat, le receveur pourrait refuser le payement, sauf à délivrer une déclaration motivée de ce refus. — *Mém.* 1863, p. 60.

Le droit de timbre exigible sur les formules de mandats ne peut être que celui de 50 centimes, quelle que soit la dimension de la feuille sur laquelle elle est imprimée. — *Mém.* 1833, p. 349.

Les mandats pour le payement du prix de fournitures ou de travaux doivent être appuyés de la facture du fournisseur, et cette facture doit être timbrée; toutefois, les maires peuvent, pour les dépenses non excédant 10 francs, dispenser les créanciers de produire une facture ou un mémoire timbré; mais alors le détail des fournitures doit être énoncé dans le corps des mandats; à défaut de cette énonciation, le receveur est tenu d'exiger la facture timbrée. Si la quittance est apposée sur la facture, il n'est dû qu'un seul droit de timbre pour la facture et le mandat. (I. G., art. 1013. — *Mém.* 1839, p. 215; 1860, p. 81; 1862, p. 62 et 413.)

Lorsqu'il s'agit de travaux en régie, le détail des fournitures ou travaux ne pouvant être donné dans les mandats délivrés au nom des régisseurs, rien ne s'oppose à ce qu'il soit suppléé aux mémoires des objets fournis ou des travaux exécutés, quand il s'agit de sommes non excédant 10 fr., par des quittances, sur papier libre, des fournisseurs et ouvriers contenant ce détail. (I. G., art. 1014.)

Lorsque les communes n'ont pas pris les mesures convenables pour faire payer les frais du timbre par qui de droit, elles doivent faire porter ces frais dans leurs budgets, comme les autres frais d'administration, l'article 1248 du Code Napoléon mettant les frais de payement à la charge du débiteur. (Id., art. 1017.)

Si un mandat a été indûment timbré aux frais de la commune, le prix du timbre peut être mis à la charge du receveur. — *Mém.* 1859, p. 308

Les receveurs des communes et des établissements de bienfaisance sont autorisés à faire usage, pour les quittances et les acquits qui leur sont donnés par les parties prenantes, des timbres mobiles de dimension créés par l'article 24 de la loi du 2 juillet 1862. (Arrêté du min. des fin., 20 juillet 1863.) — Voy. TIMBRE.

Payement des dépenses publiques. — Voy. DÉPENSES PUBLIQUES, PAYEMENTS POUR LE COMPTE DU PAYEUR.

Payements pour le compte du payeur. — Les receveurs des finances, les percepteurs sous leurs ordres et les autres receveurs de revenus publics doivent faire, sur les fonds de leurs recettes, pour le service du payeur, tous les payements pour lesquels leur concours est jugé nécessaire; mais les receveurs des administrations financières ne doivent intervenir qu'à défaut des percepteurs.

Ces payements sont valablement effectués sur la présentation soit des lettres d'avis ou des mandats délivrés au nom des créanciers, soit de toute autre pièce en tenant lieu, et revêtus du *vu bon à payer* apposé par le payeur. Ce visa ne doit jamais être conditionnel, sauf, s'il y a lieu, l'obligation de faire timbrer les mandats. Il est conçu en ces termes :

Vu bon à payer {
par le receveur particulier à.....
par le percepteur de la commune de.....
A défaut de celui-ci,
par le percepteur ayant la même résidence ou par l'un des receveurs des revenus indirects de la même localité.

Ceux de ces receveurs qui ne résideraient pas dans la même commune que le percepteur devraient néanmoins le suppléer en cas de besoin. D'un autre côté, le receveur particulier doit, quand la demande lui en est faite, acquitter toutes les dépenses dont le payement est assigné sur les comptables de son arrondissement. Enfin les receveurs particuliers et les percepteurs doivent offrir leur entremise aux parties intéressées pour faire parvenir au payeur les mandats dont elles désirent le changement d'assignation.

Si des oppositions étaient formées après le visa des mandats, le payeur et le receveur général se concerteraient pour que l'avis en fût immédiatement transmis aux comptables appelés à faire le payement, ainsi qu'au receveur particulier. (I. G., art. 661.)

Dans le cas où une opposition postérieure au visa serait signifiée non au payeur, mais au receveur particulier ou au percepteur appelé à faire le payement, ce dernier comptable devrait déférer à l'opposition et refuser le payement. — Voy. OPPOSITIONS.

Les agents de la recette qui acquittent une dépense pour le compte du payeur sont tenus de faire connaître, par une déclaration signée et dont la formule est imprimée sur les mandats, que le payement a été fait par eux. Cette déclaration peut être remplacée par l'apposition d'un timbre portant les mots : PAYÉ PAR LE PERCEPTEUR OU RECEVEUR D..... (I. G., art. 661.)

L'apposition du timbre dispense les comptables de signer. — *Mém.* 1859, p. 298 ; 1860, p. 61.

Le payeur retient par-devers lui les pièces annexées aux mandats, attendu qu'il est seul chargé de les examiner. Il renvoie, dès lors, les mandats, sans aucune pièce à l'appui et après les avoir visés, à l'ordonnateur local, qui en fait opérer la remise aux ayants droit.

Lorsqu'il s'agit de subsides à payer à des étrangers réfugiés en France, le payement doit être refusé si le réfugié ne se présente pas en personne et muni de l'extrait du bulletin individuel qui est destiné à constater son identité. Il doit être donné avis au préfet, par l'entremise du receveur général, de la cause du refus de payement.

Les payements relatifs aux dépenses de chaque exercice doivent cesser le 31 août de la seconde année de cet exercice dans l'arrondissement du chef-lieu, et le 20 du même mois dans les autres arrondissements.

Toutefois, pour les services de la guerre et pour les dépenses du service départemental, les mandats des ordonnateurs secondaires ne sont payables que jusqu'au 30 juin dans les chefs-lieux, et jusqu'au 20 juin dans les arrondissements de sous-préfecture.

Les dépenses imputables au chapitre des exercices clos sont payables jusqu'au 31 décembre de l'année dans l'arrondissement du chef-lieu, et jusqu'au 20 du même mois dans les autres arrondissements

L'observation de ces règles et la quittance régulière et datée de chaque partie prenante suffisent pour dégager la responsabilité du comptable qui a effectué les payements. Les comptables doivent, d'ailleurs, prendre toutes les précautions nécessaires pour n'acquitter les mandats qu'entre les mains des créanciers véritables ou de leurs ayants cause, soit en faisant signer en leur présence, soit en exigeant la justification des signatures qui ne leur seraient pas suffisamment connues. (I. G., art. 661.) — Voy. IDENTITÉ DES PARTIES PRENANTES.

Les comptables doivent aussi, en cas de rature ou de surcharge dans la partie manuscrite des lettres d'avis ou mandats, exiger la régularisation par le signataire.

La formalité du visa n'est pas exigée : 1° pour le payement de la solde des militaires en route, ni pour les payements nécessités par le passage des troupes, lesquels s'effectuent sur la seule présentation des mandats délivrés par les intendants et sous-intendants militaires, ou par les sous-préfets lorsqu'ils remplacent ces fonctionnaires ; 2° pour le payement des arrérages de rente. (I. G., art. 662.)

Cette dernière nature de payements, ainsi que les payements pour le service de la guerre et pour quelques autres services, sont soumis à des dispositions spéciales. — Voy. CANTONNIERS, ÉTAPES, FRAIS DE ROUTE.

GUERRE, INTÉRÊTS DE CAUTIONNEMENTS, RENTES SUR L'ÉTAT, RENTES VIAGÈRES.

Lorsque les parties prenantes sont illettrées et que la somme à payer ne dépasse pas 150 francs, les comptables qui font le payement pour le compte du payeur sont tenus de faire certifier par deux témoins la déclaration du porteur du mandat et le fait du payement, et d'apposer, à côté de ce certificat, leur propre signature, afin d'attester que la formalité s'est accomplie en leur présence. Ils sont responsables de l'exécution de ces dispositions.

Si la somme excède 150 francs, la quittance doit être donnée en présence d'un notaire; cette quittance est admise à l'enregistrement gratis; elle est seulement assujettie au timbre. (I. G., art 709.)

Les honoraires du notaire sont à la charge de la partie prenante illettrée. — *Mém.* 1851, p. 250.

Les quittances relatives à des indemnités de dépossession de terrains sont données, même lorsque la somme excède 150 francs, dans la forme des actes administratifs, en exécution de l'article 56 de la loi du 3 mai 1841; elles sont enregistrées et timbrées gratis, conformément à l'article 58 de la même loi. (I. G., art. 709.)

La quittance administrative est donnée devant le préfet ou, moyennant délégation, devant le sous-préfet, sans qu'il y ait nécessité à ce que le payement soit fait en présence de ce fonctionnaire; l'acte doit seulement énoncer qu'il est destiné à donner quittance à M....., payeur à....., pour tel objet, et que sa remise entre les mains de ce comptable vaudra libération. (Circ. aux payeurs, 30 décembre 1839.)

La preuve testimoniale est autorisée pour des sommes supérieures à 150 francs, lorsqu'il s'agit de payements de secours accordés à titre gratuit, de payements de prix d'achat de chevaux pour le service de la remonte, et de payements faits à des condamnés libérés; mais l'exemption ne s'étend pas aux héritiers de ces derniers.

Si les quittances à donner pour le payement des ordonnances et mandats sont produites séparément, comme il arrive lorsqu'elles doivent être extraites d'un registre à souche ou qu'elles sont remplacées par des récépissés à talon, et si les quittances se trouvent au bas des factures, mémoires ou contrats, l'ordonnance ou le mandat de payement ne doit pas moins être quittancé pour ordre et par duplicata. Lorsque les titres, factures ou mémoires portant quittance sont timbrés, ou que la quittance est fournie séparément sur papier timbré, l'acquit donné pour ordre au bas des ordonnances ou mandats n'entraîne pas la nécessité du timbre de ces pièces.

Les comptables qui payent les dépenses sont tenus de veiller à ce que les acquits soient datés du jour même du payement; dans le cas où les parties prenantes seraient illettrées, ce serait à l'agent de la dépense à mettre lui-même la date. S'il arrivait qu'un mandat déjà quittancé et daté ne fût pas payé le jour de sa date, cette date devrait être rectifiée, et la rectification approuvée par la partie prenante, ou par le comptable qui ferait le payement.

Indépendamment de la mention de payement prescrite par l'article 661 de l'Instruction générale (voir ci-dessus), les receveurs particuliers doivent, au moment même où des pièces de dépenses leur sont versées pour comptant, y apposer le cachet de la recette particulière, afin d'empêcher qu'il ne puisse être fait un double emploi frauduleux de ces pièces. La même mesure doit être prise par les receveurs généraux pour les pièces acquittées dans l'arrondissement du chef-lieu. (I. G., art. 709.)

En cas de perte d'un mandat ou d'un extrait d'ordonnance de payement, le créancier ne peut en obtenir un duplicata que sur sa déclaration de perte et sur le certificat du payeur constatant le non-payement du mandat ou de l'extrait d'ordonnance primitif. Si le mandat ou l'extrait d'ordonnance a été visé payable à la caisse d'un comptable du département, le payeur indique au receveur général la localité où le payement devait être fait, et lui demande en même temps une attestation énonçant que la pièce dont le duplicata est réclamé ne figure pas au nombre des pièces dont le versement reste à faire, et qu'il a été pris note de l'invitation de ne pas payer le primata; le receveur général délivre l'attestation après avoir demandé les renseignements nécessaires aux comptables qui étaient chargés de faire le payement. (Id., art. 710.) — Voy. DUPLICATA.

Les acquits constatant les payements faits par les percepteurs pour le service des payeurs doivent être compris dans le plus prochain versement qu'ils effectuent à la recette particulière. Les receveurs particuliers les transmettent au receveur général, avec les acquits payés par eux, et le receveur général reste chargé d'effectuer le versement au payeur de toutes les pièces de dépenses réunies entre ses mains. Ces versements en pièces de dépenses sont reçus par les payeurs à titre de remises de fonds. (I. G., art. 711.)

En général, la spécialité des fonds par service doit être respectée. Ainsi, un percepteur peut refuser d'acquitter un mandat sur le payeur pour dépenses de l'État ou du département, lorsque la somme recouvrée sur l'impôt est insuffisante et que le reste de l'encaisse appartient aux communes. Cependant, le comptable pourrait acquitter ces dépenses avec les fonds communaux excédant les besoins du service et destinés à être placés au Trésor, la situation du comptable devant se trouver régularisée lors de son prochain versement à la recette des finances. — *Mém.* 1860, p. 222. — Voy. DÉPENSES PUBLIQUES, DÉPENSES DÉPARTEMENTALES, PAYEURS.

Payeurs du Trésor. — Comptables chargés du payement des dépenses de l'État et des départements.

Les fonds nécessaires au payement des ordonnances et mandats délivrés sur les caisses des payeurs sont remis à ces comptables au fur et à mesure des besoins du service, soit par les receveurs généraux, soi par le directeur comptable des caisses centrales du Trésor. (D. 31 mai 1862, art. 353.)

Avant de procéder au payement des ordonnances et mandats, ou de les viser pour être payés par d'autres comptables, les payeurs doivent s'assurer, sous leur responsabilité, que toutes les formalités et justifications déterminées par les règlements ont été observées ou produites.

Les payeurs ne peuvent suspendre un payement assigné sur leur caisse que dans les cas suivants : s'ils reconnaissent qu'il y a omission ou irrégularité matérielle dans les pièces produites ; s'il n'y a pas disponibilité de crédit ou justification du service fait; s'il y a des motifs touchant à la validité de la quittance.

Il y a irrégularité matérielle toutes les fois que les indications de noms, de service ou de sommes portées dans l'ordonnance ou le mandat ne sont pas d'accord avec celles qui résultent des pièces justificatives y annexées, ou lorsque ces pièces ne sont pas conformes aux règlements.

En cas de refus de payement, le payeur est tenu d'en remettre immédiatement la déclaration écrite et motivée au porteur de l'ordonnance ou du mandat, et il en adresse copie le jour même au ministère des finances. Si, malgré cette déclaration, l'ordonnateur requiert par écrit, et sous sa responsabilité, qu'il soit passé outre au payement, le payeur y procède sans autre délai, et il annexe à l'ordonnance ou au mandat, avec une copie de sa déclaration, l'original de l'acte de réquisition qu'il a reçu. Il est tenu d'en rendre compte immédiatement au ministère des finances. (D. 31 mai 1862, art. 91.) — Voy. BUDGET GÉNÉRAL DE L'ÉTAT, DÉPENSES DÉPARTEMENTALES, DÉPENSES PUBLIQUES, ORDONNATEURS, PAYEMENTS POUR LE COMPTE DU PAYEUR.

Péage (Droits de). — Droits établis pour un passage

Lorsque la réparation ou la construction d'un pont destiné au service d'une voie communale entraîne des dépenses considérables, la commune peut être autorisée, soit à établir un péage pour un temps déterminé et à se rembourser par ce moyen des frais de construction ou de réparation, soit à concéder l'entreprise moyennant un péage au profit de l'entrepreneur. (L. 29 floréal an x; Lois annuelles de finances.)

Le conseil municipal dresse le règlement de perception et le tarif des droits de péage, en désignant les personnes et les objets qui, en vertu d'exceptions consacrées par les lois ou par l'usage, doivent jouir de la franchise. (Circ. int., 6 juin 1816.)

Les percepteurs sont du nombre des agents du Gouvernement qui sont exceptés du payement des droits de péage.

Les projets de tarifs et règlements sont adressés aux sous-préfets pour être remis aux préfets, qui les soumettent, avec leur avis, au ministre de l'intérieur. Les droits de péage sont autorisés, s'il y a lieu, par un décret impérial rendu dans la forme des règlements d'administration publique. (L. 25 mars 1817, art. 124.)

Les communes peuvent percevoir les droits de péage par voie de régie simple ou de bail à ferme.

Lorsque la perception du droit de péage a lieu par régie simple pour le compte de la commune, le conseil municipal règle le nombre, le service et le traitement des préposés, par une délibération qui est soumise à l'approbation du préfet. Le versement des produits est fait au plus tard tous les trois jours, par les préposés, entre les mains du receveur municipal. Les traitements des préposés sont payés à l'expiration de chaque mois, sur mandats du maire, comme ceux des autres employés communaux. — Voy. TRAITEMENTS.

Si la mise en ferme est préférée, les conditions de l'adjudication du bail sont déterminées par un cahier des charges qui est soumis à l'approbation du préfet. Au nombre des conditions à imposer à l'adjudicataire doit se trouver l'obligation de fournir un cautionnement en immeubles, en numéraire ou en rentes sur l'État, et celle de payer le prix de ferme entre les mains du receveur municipal, par douzième ou par trimestre, et d'avance, pendant toute la durée du bail. Après les publications et affiches, le maire procède à l'adjudication, en présence de deux membres du conseil municipal et du receveur de la commune. L'adjudication n'est définitive qu'après avoir été approuvée par le préfet. — Voy. ADJUDICATIONS, BAUX, CAUTIONNEMENT DES FERMIERS.

Pêche (Droits de). — Dans les rivières et canaux non navigables ni flottables, les propriétaires riverains ont, chacun de son côté, le droit de pêche jusqu'au milieu du cours d'eau. (L. 15 avril 1829, art. 2.)

Les communes ont, ainsi que les particuliers, le droit de pêcher sur les rives dont elles sont propriétaires ; mais elles doivent affermer ce droit au plus offrant et dernier enchérisseur. Si elles négligeaient de l'affermer, il ne s'ensuivrait pas que les habitants pussent l'exercer individuellement, parce que nul ne peut faire son profit de la chose qui appartient à plusieurs.

On suit, pour la mise en ferme du droit de pêche, les mêmes règles que lorsqu'il s'agit de la location du droit de chasse sur les propriétés communales. — Voy. CHASSE.

La loi du 4 juin 1858, tableau C, impose textuellement à la patente les adjudicataires ou fermiers de pêche ; mais cette disposition ne doit s'entendre que des adjudicataires qui font du droit de pêche l'objet d'un commerce. Celui qui se rend adjudicataire d'un lot de pêche, non par spéculation, mais pour son agrément, n'est pas assujetti à la patente. (Arrêt du cons. d'État, 17 juillet 1861. — *Mém.*, p. 226.)

Pensionnaires de l'État. — Voy. PENSIONS CIVILES, PENSIONS ET RENTES VIAGÈRES.

Pensionnaires payants admis dans les hospices. — Les

administrations hospitalières peuvent admettre dans les établissements des pensionnaires payants. Le prix de la pension fait, dans ce cas, l'objet d'un traité passé entre l'administration et le pensionnaire, et approuvé par le préfet.

C'est également sous forme de traité, et non sous forme de donation, qu'il convient de constater la cession à l'hospice d'un capital moyennant l'admission du cédant à titre de pensionnaire. (I. G., art. 1069.)

Lorsque, pour assurer le payement de sa redevance, le pensionnaire remet à la commission administrative des titres de rentes viagères ou autres, avec délégation des arrérages, le receveur de l'hospice est tenu de faire, sous sa responsabilité, toutes les diligences nécessaires pour la perception de ces arrérages, et pour la conservation des droits, priviléges ou hypothèques garantissant les créances. Il doit, en outre, faire signifier aux débiteurs, à la requête de la commission administrative, le traité conclu entre elle et son pensionnaire, afin d'établir le privilége de l'hospice sur les rentes ou revenus affectés au payement de la pension. — *Mém.* 1860, p. 220.

On ne peut considérer comme productive de revenus, et, à ce titre, imposer à la contribution foncière la portion des bâtiments d'un hospice dans lequel sont admis, moyennant rétribution, des vieillards infirmes en qualité de pensionnaires. (Arrêt du cons. d'État, 10 février 1858. — *Mém.* 1859, p. 31.) — Voy. Hospices.

Pensions civiles. — Rémunérations annuelles et viagères accordées à titre de retraite aux fonctionnaires et employés des administrations publiques, après la cessation de l'activité, ou à leurs veuves et orphelins.

La loi du 9 juin 1853 et le décret du 9 novembre suivant portant règlement d'administration publique pour l'exécution de ladite loi ont modifié profondément l'assiette et la perception des retenues pour pensions afférentes aux traitements des fonctionnaires, ainsi que les bases de liquidation de ces pensions.

Les retenues alimentaient précédemment des caisses particulières de retraites ; ces caisses ont été supprimées à partir du 1er janvier 1854 et leur actif acquis à l'État. (L. 9 juin 1853, art. 1er.)

En même temps l'État a pris à sa charge le passif des caisses supprimées, lequel se composait : 1° des pensions existantes ou en cours de liquidation pour les services terminés avant le 1er janvier 1854 ; 2° des pensions et indemnités concédées pour cause de réforme, en vertu de l'article 4 de la loi du 1er mai 1822 et du décret du 22 mai 1848 ; 3° des pensions et secours annuels à concéder à titre de réversibilité aux veuves et aux orphelins des pensionnaires inscrits en vertu des deux paragraphes précédents. (Id., art. 2.)

La loi de 1853 ne régit, d'ailleurs, que les services postérieurs au 1er janvier 1854, la liquidation des pensions pour les services antérieurs devant toujours être faite conformément aux règlements spéciaux qui étaient alors en vigueur. (Arrêt du cons. d'État, 17 janvier 1861. — *Mém.* 1862, p. 348.)

Les percepteurs qui précédemment n'avaient pas droit à la pension de retraite sont admis à participer au bénéfice de la loi du 9 juin 1853. Nous reproduisons ci-après les dispositions de cette loi et du règlement d'administration publique du 9 novembre suivant qui les intéressent principalement.

Fonctionnaires et employés qui ont droit à pension. Retenues exercées sur leurs traitements. — Les fonctionnaires et employés directement rétribués par l'État ont droit à pension et supportent indistinctement, sans pouvoir les répéter dans aucun cas, les retenues ci-après : 1° une retenue de 5 p. 0/0 sur les sommes payées à titre de traitement fixe ou éventuel, de préciput, de supplément de traitement, de remises proportionnelles, de salaires, ou constituant à tout autre titre un émolument personnel; 2° une retenue du douzième des mêmes rétributions lors de la première nomination ou dans le cas de réintégration, et du douzième de toute augmentation ultérieure ; 3° les retenues pour cause de congés et d'absences ou par mesure disciplinaire.

Les receveurs des finances et les percepteurs des contributions directes, ainsi que les agents ressortissant au ministère des finances qui sont rétribués par des salaires ou remises variables supportent ces retenues sur les trois quarts seulement de leurs émoluments de toute nature, le dernier quart étant considéré comme indemnité de loyer et de frais de bureau. (L. 9 juin 1853, art. 3.)

La règle générale d'après laquelle le droit à pension n'appartient qu'aux fonctionnaires et employés directement rétribués par l'État souffre quelques exceptions

Ainsi, les fonctionnaires de l'enseignement rétribués, en tout ou en partie, sur les fonds départementaux et communaux, ont droit à pension et supportent, sur leur traitement et leurs différentes rétributions, la retenue déterminée par la loi. Il en est de même des fonctionnaires et employés qui, sans cesser d'appartenir au cadre permanent d'une administration publique, et en conservant leurs droits à l'avancement hiérarchique, sont rétribués, en tout ou en partie, sur les fonds départementaux ou communaux. (Id., art. 3.)

La même disposition est applicable aussi aux préposés en chef des octrois, bien qu'ils soient rétribués sur les fonds communaux. (Circ. int., 20 avril 1854.)

Les percepteurs des contributions directes qui sont en même temps receveurs municipaux et receveurs d'établissements de bienfaisance sont appelés au bénéfice de la loi du 9 juin 1853 pour l'ensemble de leur gestion et soumis aux retenues prescrites par l'article 3 de ladite loi pour la totalité de leurs émoluments personnels payés, soit sur les fonds de l'État, soit sur ceux des communes. (D. 9 novembre 1853, art. 20.) — Voy. Retenues pour le service des pensions civiles.

Du droit à la pension de retraite. — Le droit à la pension de retraite est acquis par ancienneté à soixante ans d'âge et après trente ans accomplis de services.

Il suffit de cinquante-cinq ans d'âge et de vingt-cinq ans de services pour les fonctionnaires qui ont passé quinze ans dans la partie active.

La partie active comprend les emplois et grades indiqués au tableau annexé, sous le nº 2, à la loi du 9 juin 1853 (les emplois et grades dont il s'agit appartiennent aux services des douanes, des contributions indirectes, des tabacs, des forêts et des postes).

Le titulaire qui est reconnu par le ministre hors d'état de continuer ses fonctions est dispensé de la condition d'âge. (L. 9 juin 1853, art. 5.)

La pension des fonctionnaires qui sont entrés en exercice depuis le 1er janvier 1854 est réglée, pour chaque année de services civils, à un soixantième du traitement moyen, sans que, en aucun cas, elle puisse excéder ni les trois-quarts du traitement moyen, ni les maximum déterminés. (Id., art. 7.)

Les percepteurs-receveurs des communes et d'établissements de bienfaisance sont, depuis le 1er janvier 1854, soumis au régime des pensions civiles. Ceux des comptables qui étaient en fonction à cette époque peuvent faire valoir la totalité de leurs services admissibles pour constituer le droit à pension. Toutefois, cette pension n'est liquidée que pour le temps pendant lequel ces comptables ont subi la retenue, et n'est réglée qu'à raison d'un cent-vingtième du traitement moyen pour chaque année des services civils; mais le montant de la pension ainsi fixée est alors augmenté d'un trentième pour chacune des années liquidées. (Id., art. 18; I. G., art. 1280.)

Par services admissibles pour la pension il faut entendre, outre les services militaires, ceux qui ont donné lieu à des retenues. Ainsi le temps d'exercice qu'aurait un percepteur comme maire ne peut lui être compté pour établir son droit à la pension. — *Mém.* 1863, p. 71.

Le traitement moyen des percepteurs, et des autres agents ressortissant au ministère des finances qui sont rétribués par des remises variables sujettes à liquidation, est établi sur les six années antérieures à celle dans le cours de laquelle cesse l'activité, et sauf déduction du quart des remises considéré comme indemnité de loyer et de frais de bureau. (L. 9 juin 1853, art. 3 et 6; D. 9 novembre 1853, art. 28.)

Les anciens services des percepteurs dans les armées de terre et de mer concourent avec leurs services civils pour établir le droit à pension et sont comptés pour leur durée effective, pourvu toutefois que la durée des services civils soit au moins de douze ans. Si les services militaires ont déjà été rémunérés par une pension, ils n'entrent pas dans le calcul de la liquidation. S'ils n'ont pas été rémunérés par une pension, la liquidation est opérée d'après le minimum attribué au grade par les tarifs annexés aux lois des 11 et 18 avril 1831. (L. 9 juin 1853, art. 8.)

Les services des percepteurs comme anciens employés de préfecture ou de sous-préfecture rémunérés sur les fonds d'abonnement comptent, quelle que soit leur durée, pour l'établissement du droit à pension et pour la liquidation, pourvu que la durée des services comme percepteurs soit au moins de douze ans. (L. 9 juin 1853, art. 9.) — *Mém.* 1860, p. 171.

Les services civils rendus hors d'Europe par les fonctionnaires envoyés d'Europe par le Gouvernement sont comptés pour moitié en sus de leur durée effective, sans toutefois que cette bonification puisse réduire de plus d'un cinquième le temps de service effectif exigé pour constituer le droit à pension. Après quinze années de services rendus hors d'Europe, la pension peut être liquidée à cinquante-cinq ans d'âge. (L., 9 juin 1853, art. 10.)

Ces dispositions sont applicables aux percepteurs qui, avant leur nomination, auraient exercé des fonctions civiles en Algérie ou dans les autres colonies.

Enfin les percepteurs qui, antérieurement au 1er janvier 1854, ont exercé des fonctions donnant droit à pension sur les caisses de retraites supprimées ou sur fonds généraux, sont liquidés pour ces services, conformément, soit aux règlements spéciaux, soit aux loi et décret des 22 août 1790 et 13 septembre 1806 qui régissaient respectivement leur situation, et, pour les services postérieurs au 1er janvier 1854, suivant les proportions et conditions ci-dessus déterminées. (L. 9 juin 1853, art. 18.) — *Mém.* 1862, p. 350.

Quant au mode de liquidation des pensions de retraite des percepteurs qui comptent trente années de services utiles pour constituer le droit, soit à une pension entière, soit seulement à une pension proportionnelle, nous ne pouvons que nous référer à ce qui a été dit à cet égard dans le *Mémorial*, années 1853, p. 454 ; 1859, p. 70, 95, 152; 1860, p. 55, 87 et 171 ; 1862, p. 344; 1863, p. 203.

Pensions exceptionnelles pour cause de blessures ou d'infirmités. — Les fonctionnaires qui ont été mis hors d'état de continuer leur service, soit par suite d'un acte de dévouement dans un intérêt public ou en exposant leurs jours pour sauver la vie d'un de leurs concitoyens, soit par suite de lutte ou combat soutenu dans l'exercice de leurs fonctions, peuvent exceptionnellement obtenir pension, quels que soient leur âge et la durée de leur activité. La pension est de la moitié de leur dernier traitement, sans pouvoir excéder les maximum déterminés au tableau annexé, sous le n° 3, à la loi du 9 juin 1853.

Ceux qu'un accident grave, résultant notoirement de l'exercice de leurs fonctions, met dans l'impossibilité de les continuer, peuvent aussi obtenir pension, quels que soient leur âge et la durée de leur activité. Dans ce cas, la pension est liquidée lorsque l'ayant droit appartient à la partie sédentaire, à raison d'un soixantième du dernier traitement pour chaque année de service civil ; elle ne peut être inférieure au sixième dudit traitement.

Peuvent également obtenir pension, s'ils comptent cinquante ans d'âge et vingt ans de service dans la partie sédentaire, ceux que des infirmités graves, résultant de l'exercice de leurs fonctions, mettent dans l'impossibilité de les continuer, ou dont l'emploi a été supprimé. La pension est alors liquidée à raison d'un soixantième du traitement moyen pour chaque année de service civil. (L. 9 juin 1853, art. 11 et 12.)

Dans les deux premiers cas spécifiés ci-dessus, l'événement donnant ouverture au droit à pension doit être constaté par un procès-verbal en due forme dressé sur les lieux et au moment où il est survenu. A défaut de procès-verbal, cette constatation peut s'établir par un acte de notoriété rédigé sur la déclaration des témoins de l'événement ou des personnes qui ont été à même d'en connaître et d'en apprécier les conséquences. Cet acte doit être corroboré par les attestations conformes de l'autorité municipale et des supérieurs immédiats du fonctionnaire.

Dans le cas d'infirmités graves, prévu par l'article 11 de la loi du 9 juin, ces infirmités et leurs causes sont constatées par les médecins qui ont donné leurs soins au fonctionnaire et par un médecin désigné par l'administration et assermenté. Ces certificats doivent être également corroborés par l'attestation de l'autorité municipale et celle des supérieurs immédiats du fonctionnaire. (D. 9 novembre 1853, art. 35.) — Voy. Médecins assermentés.

Dans tous les cas exceptionnels mentionnés ci-dessus, il est tenu compte à l'employé de ses services militaires de terre et de mer, suivant le mode spécial de rémunération réglé par l'article 8 de la loi, indépendamment de la liquidation déterminée pour les services civils.

La liquidation s'établit, dans les mêmes cas, sur le traitement moyen, lorsqu'il est plus favorable à l'employé que le traitement d'activité. (Id., art. 36.)

Les dispositions qui précèdent sont applicables aux pensions liquidées avant 60 ans d'âge et 30 ans de service soumis à la retenue, soit qu'il s'agisse de percepteurs nommés depuis le 1er janvier 1854, soit que leur nomination soit antérieure. — *Mém.* 1859, p. 98.

Pensions des veuves et secours aux orphelins. — La veuve du fonctionnaire qui a obtenu une pension de retraite ou qui a accompli la durée des services exigés pour l'obtenir, a droit à pension, pourvu que le mariage ait été contracté six ans avant la cessation des fonctions du mari. La pension de la veuve est du tiers de celle que le mari avait obtenue ou à laquelle il aurait eu droit. (L. 9 juin 1853, art. 13.)

Ont droit à pension : 1° la veuve du fonctionnaire qui, dans l'exercice ou à l'occasion de ses fonctions, ou par suite d'un acte de dévouement dans un intérêt public ou en cherchant à sauver la vie d'un de ses concitoyens, a perdu la vie, soit immédiatement, soit par suite de l'événement; 2° la veuve dont le mari a perdu la vie par un accident résultant notoirement de l'exercice de ses fonctions ou par suite de cet accident. Dans ces deux cas, il suffit que le mariage ait été contracté antérieurement à l'événement qui a amené la mort ou la mise à la retraite de son mari. (L. 9 juin 1853, art. 14.)

L'orphelin ou les orphelins mineurs d'un fonctionnaire ayant obtenu sa pension, ou ayant accompli la durée des services nécessaires pour l'obtenir, ou ayant perdu la vie dans un des cas prévus ci-dessus, ont droit à un secours annuel lorsque la mère est ou décédée, ou inhabile à recueillir la pension, ou déchue de ses droits.

Ce secours est, quel que soit le nombre des enfants, égal à la pension que la mère aurait obtenue ou pu obtenir. Il est partagé entre eux par égales portions, et payé jusqu'à ce que le plus jeune des enfants ait atteint l'âge de vingt et un ans accomplis, la part de ceux qui décéderaient ou celle des majeurs faisant retour aux mineurs. (Id., art. 16.)

Les enfants orphelins des fonctionnaires décédés pensionnaires ne peuvent obtenir des secours à titre de réversion qu'autant que le mariage dont ils sont issus a précédé la mise à la retraite de leur père. (D. 9 novembre 1853, art. 34.)

Toutes les pensions concédées sous le régime de la loi du 9 juin 1853 sont réversibles du moment où les conditions imposées par cette loi aux veuves et enfants sont remplies; la même règle est applicable aux veuves et enfants des agents morts en activité depuis le 1er janvier 1854, lors même que ces agents auraient accompli, à cette dernière époque, la durée d'exercice nécessaire pour être retraités personnellement. (Avis du cons. d'État, 7 août 1856. — *Mém.*, p. 289.)

Justification du droit à pension. Mode de liquidation. — Aucune pension n'est liquidée qu'autant que le fonctionnaire a été préalablement admis à faire valoir ses droits à la retraite. (L. 9 juin 1853, art. 19.)

L'admission des percepteurs à faire valoir leurs droits à la retraite est prononcée par le ministre des finances.

Les demandes de pension formées par les percepteurs ou par leurs veuves doivent, à peine de déchéance, être adressées au ministre des finances avec les pièces à l'appui, à partir, savoir : pour les titulaires, du jour où ils ont été admis à faire valoir leurs droits à la retraite, ou du jour de la cessation de leurs fonctions, s'ils ont été autorisés à les continuer après cette admission, et, pour les veuves, du jour du décès du titulaire.

Les demandes de secours annuels pour les orphelins doivent être présentées dans le même délai, à partir du jour du décès de leur père ou de celui de leur mère. (L. 9 juin 1853, art. 20.)

Le percepteur admis à la retraite doit produire, indépendamment de son acte de naissance et d'une déclaration de domicile :

1° Pour la justification des services civils, un extrait dûment certifié des registres et sommiers du ministère des finances (et de chacune des autres administrations dans lesquelles il aurait exercé des fonctions donnant droit à pension), énonçant ses nom et prénoms, sa qualité, la date et le lieu de sa naissance, la date de son entrée dans l'emploi avec traitement, la série de ses grades et services, l'époque et les motifs de leur cessation, et le montant du traitement dont il a joui pendant chacune des six dernières années de son activité;

2° Pour la justification des services militaires de terre ou de mer, un certificat directement émané du ministère de la guerre ou de celui de la marine.

Les actes de notoriété, les congés de réforme et les actes de licenciement ne sont pas admis pour la justification des services militaires. Lorsque des actes de cette nature sont produits, ils sont renvoyés au ministère de la guerre ou à celui de la marine, qui les remplace, s'il y a lieu, par un certificat authentique.

Les services civils rendus hors d'Europe sont constatés par un certificat distinct délivré par le ministre compétent, et énonçant, pour chaque mutation d'emploi, le traitement normal du grade et le supplément accordé à titre de traitement colonial.

Les services des employés de préfectures et de sous-préfectures sont justifiés par un certificat du préfet ou du sous-préfet constatant que le titulaire a été rétribué sur des fonds d'abonnement, et ce certificat doit être visé par le ministre de l'intérieur. (D. 9 novembre 1853, art. 31.)

Les veuves prétendant à pension fournissent, indépendamment des pièces que leur mari aurait été obligé de produire: 1° leur acte de naissance; 2° l'acte de décès de l'employé ou du pensionnaire; 3° l'acte de célébration de mariage; 4° un certificat de non-séparation de corps; 5° dans le cas où il y aurait eu séparation de corps, la veuve doit justifier que cette séparation a été prononcée sur sa demande.

Les orphelins prétendant à la pension fournissent, indépendamment des pièces que leur père aurait été obligé de produire : 1° leur acte de naissance ; 2° l'acte de décès de leur père ; 3° l'acte de célébration de mariage de leurs père et mère ; 4° une expédition ou un extrait de l'acte de tutelle ; 5° en cas de prédécès de la mère, son acte de décès ; 6° en cas de séparation de corps, expédition du jugement qui a prononcé la séparation ou un certificat du greffier du tribunal qui a rendu le jugement ; en cas de second mariage, acte de célébration.

Les veuves ou orphelins prétendant à pension produisent le brevet délivré à leur mari ou père, lorsqu'il est décédé en jouissance de pension, ou une déclaration constatant la perte de ce titre. (Id., art. 32.)

Si le comptable a été justiciable direct de la Cour des comptes, soit en deniers, soit en matières, il doit produire un certificat de la comptabilité générale des finances constatant, sauf justification ultérieure du quitus de la Cour des comptes, que la vérification provisoire de sa gestion ne révèle aucun débet à sa charge. Si le prétendant à pension n'est pas justiciable direct de la Cour des comptes, sa situation en fin de gestion est constatée par un certificat du comptable supérieur duquel il relève. (Id., art. 33.)

La liquidation des pensions des percepteurs, de leurs veuves et orphelins, est faite par le ministre des finances, qui la soumet au conseil d'État. Le décret de concession est rendu sur la proposition du même ministre et contresigné par lui. (L. 9 juin 1853, art. 24.)

Les pensions et secours annuels sont inscrits au grand-livre de la dette publique. (Id., art. 17.)

Perte du droit à pension. — Tout fonctionnaire ou employé démissionnaire, destitué, révoqué d'emploi, perd ses droits à la pension. S'il est remis en activité, son premier service lui est compté.

Celui qui est constitué en déficit pour détournement de deniers ou de matières, ou convaincu de malversation, perd ses droits à la pension, lors même qu'elle aurait été liquidée ou inscrite. La même disposition est applicable au fonctionnaire convaincu de s'être démis de son emploi à prix d'argent, et à celui qui aurait été condamné à une peine afflictive ou infamante. Dans ce dernier cas, s'il y a réhabilitation, les droits à la pension sont rétablis. (L. 9 juin 1853, art. 27.)

Lorsqu'un pensionnaire est remis en activité dans le même service, le payement de sa pension est suspendu. Lorsqu'il est remis en activité dans un service différent, il ne peut cumuler sa pension et son traitement que jusqu'à concurrence de 1,500 francs. Après la cessation de ses fonctions, il peut rentrer en jouissance de son ancienne pension, ou obtenir, s'il y a lieu, une nouvelle liquidation basée sur la généralité de ses services. (Id., art. 28.)

Le droit à l'obtention ou à la jouissance d'une pension est suspendu par les circonstances qui font perdre la qualité de Français durant la privation de cette qualité. La liquidation ou le rétablissement de la pension ne peut donner lieu à aucun rappel pour les arrérages antérieurs. (Id., art. 29.)

Jouissance de la pension. Payement des arrérages. — La jouissance de la pension commence le jour de la cessation du traitement, ou le lendemain du décès du fonctionnaire ou du décès de la veuve. Il ne peut, en aucun cas, y avoir lieu au rappel de plus de trois années d'arrérages antérieurs à la date de l'insertion au Bulletin des lois du décret de concession. (L. 9 juin 1853, art. 25.)

Les pensions sont incessibles. Aucune saisie ou retenue ne peut être opérée du vivant du pensionnaire que jusqu'à concurrence d'un cinquième pour débet envers l'État, ou pour des créances privilégiées, aux termes de l'article 2101 du Code Napoléon, et d'un tiers dans les circonstances prévues par les articles 203, 205, 206, 207 et 214 du même Code. (Id., art. 26.)

Les pensions et secours annuels sont payés par trimestre; ils sont rayés des livres du Trésor après trois ans de non-réclamation, sans que leur rétablissement donne lieu à aucun rappel d'arrérages antérieurs à la réclamation. La même déchéance est applicable aux héritiers ou ayants cause des pensionnaires qui n'ont pas produit la justification de leurs droits dans les trois ans qui suivent la date du décès de leur auteur. (L. 9 juin 1853, art. 30.)

Tout titulaire d'une pension inscrite au Trésor doit produire, pour le payement, un certificat de vie délivré par un notaire, conformément à l'ordonnance du 6 juin 1839, lequel certificat contient, en exécution des articles 14 et 15 de la loi du 15 mai 1818, la déclaration relative au cumul.

La rétribution des notaires pour la délivrance des certificats de vie est fixée ainsi qu'il suit :

Pour chaque trimestre à percevoir	de 600 francs et au-dessus.	50 cent.
	de 600 à 301 francs.......	35
	de 300 à 101 francs.......	25
	de 100 à 50 francs........	20
	au-dessous de 50 francs...	»

(D. 9 novembre 1853, art. 46.)

Les certificats de vie concernant toutes les pensions payées par l'État sont soumis au timbre, à l'exception de ceux délivrés aux pensionnaires militaires et à leurs veuves, aux donataires dépossédés, aux agents des douanes et de l'administration des ponts-et chaussées. (O. 20 juin 1817 et 6 juin 1839; Circ. 30 avril 1849; Règl. de 1846 sur les dépenses du ministère des finances, page 219.) — Voy. PENSIONS ET RENTES VIAGÈRES DUES PAR L'ÉTAT.

Pensions de retraite des employés des mairies, des octrois et des établissements de bienfaisance. — Dans la plupart des grandes villes, des caisses de retraites ont été instituées au profit des employés communaux et hospitaliers.

Les règlements particuliers de ces caisses sont délibérés par les conseils municipaux, et soumis à la sanction du Gouvernement. (Circ. int., 5 mai 1852.)

Ces règlements, en ce qui concerne les employés des mairies, reposent en général sur les principes du décret du 4 juillet 1806 et de l'ordonnance du 27 avril 1832, qui ont régi, jusqu'à la loi du 9 juin 1853, la caisse spéciale de retraite des employés du ministère de l'intérieur.

Quelques communes seulement ont adopté un mode de rémunération qui constitue une sorte de caisse d'épargne et de prévoyance; mais ce système, bien que recommandé par une circulaire du ministre de l'intérieur du 15 juillet 1835, ne paraît pas avoir présenté jusqu'à présent des avantages suffisants pour le faire préférer à celui qui résulte du décret du 4 juillet 1806.

Une ordonnance royale du 4 septembre 1840 dispose que les règlements des caisses de retraite au profit des employés des octrois municipaux doivent être basés sur les dispositions des titres II, III et IV de l'ordonnance du 12 janvier 1825, relative aux retraites des employés du ministère des finances et des administrations qui en dépendent. — *Mém.* 1840, p. 209.

Quant aux établissements de bienfaisance, lorsqu'ils jugent à propos de créer des caisses de retraites au profit de leurs employés, ils doivent se conformer au décret du 7 février 1809, qui règle les pensions des employés des hospices de Paris.

Perception des retenues pour pensions. Versement du produit à la caisse des dépôts et consignations. — Les recettes des caisses spéciales de retraite des employés des mairies et des établissements de bienfaisance se composent ordinairement : 1° d'une retenue de 5 centimes par franc sur les traitements et gratifications; 2° de la retenue du premier mois d'appointements de tout employé nouvellement nommé; 3° de la retenue, pendant le premier mois, de la portion de traitement qui est accordée à titre d'augmentation ; 4° des retenues sur les appointements des employés en congé. (D. 4 juillet 1806 et 17 février 1809.)

Les caisses de retraites des octrois profitent, en outre, d'un prélèvement sur la part revenant aux employés dans les saisies et amendes.

Les retenues destinées aux retraites des employés des mairies, des octrois, des hospices, sont faites lors du payement des traitements par les receveurs des communes et des établissements ; ces comptables retiennent aussi les produits accidentels affectés au fonds de retraites. Les traitements sont portés en dépense pour le brut, et il est fait recette du montant des retenues à un compte spécial, comme il est dit plus loin. (I. G., art. 531 et 1007.)

Les sommes provenant des retenues doivent être versées au receveur des finances, pour le compte de la caisse des dépôts et consignations, par les receveurs des communes et établissements.

Les receveurs sont tenus de faire ce versement aussitôt après que les retenues ont été exercées, ou au moins tous les mois, et ils en sont libérés par un récépissé du receveur des finances.

Il en est de même des produits accidentels que les receveurs seraient autorisés à retenir ou à recevoir pour former un premier fonds de retraite ou le compléter.

Les bordereaux qui sont remis aux préposés de la caisse des dépôts, lors de chaque versement, doivent faire connaître l'origine, la nature et la quotité de chacun des produits versés.

La caisse des dépôts ouvre à chaque commune ou établissement un compte de fonds de retraites, qu'elle crédite des sommes qui lui appartiennent, et celles de ces sommes qui restent au crédit du compte à la fin de chaque trimestre, après la mise en payement des pensions, sont employées en achats d'inscriptions de rentes sur l'État, dont les arrérages sont perçus par la même caisse au nom de l'établissement, et accroissent d'autant le fonds destiné aux pensions dont il est chargé (I. G., art. 1096.)

Cette caisse tient à la disposition des communes ou établissements les fonds non employés, ainsi que les inscriptions de rentes acquises, et, lorsque les sommes restant en caisse sont insuffisantes pour subvenir au payement des pensions, la caisse, sur la demande des administrations, fait procéder à la vente des rentes jusqu'à concurrence de la somme nécessaire. (I. G., art. 1097.)

Dès que la caisse des dépôts a employé les fonds de retenues à l'acquisition de rentes sur l'État au nom de chaque commune ou établissement propriétaire, ou qu'en cas d'insuffisance de fonds elle a fait vendre des rentes, elle en donne avis au maire, qui le communique au receveur, afin qu'il constate ces opérations sur ses livres.

Ce comptable constate de même, mais sans avis préalable de la caisse des dépôts, le recouvrement des arrérages de rentes que cette caisse perçoit chaque semestre. (Id., art. 1098.)

Liquidation et payement des pensions. — Aux termes du décret du 25 mars 1852 sur la décentralisation administrative, le préfet est compétent pour approuver les délibérations des conseils municipaux et des commissions administratives des hospices, portant liquidation de pensions sur les caisses spéciales de retraites au profit des employés communaux et hospitaliers.

Si la caisse des retraites est, non une tontine, mais une caisse obligatoire de retenue et de prévoyance, le préfet adresse directement à la caisse des dépôts et consignations, en les approuvant, la délibération fixant la somme qui revient à l'ayant-droit, et qui doit être détachée de l'inscription de rentes commune à tous les employés. (Circ. int. 5 mai 1852. — *Mém.*, p. 154.)

Une ordonnance du 6 septembre 1820 dispose que les administrations des hospices n'ayant pas de caisse de retraites peuvent être autorisées à accorder des pensions à leurs employés, d'après les bases fixées par le décret du 7 février 1809, relatif aux hospices de Paris; les administrateurs ont, toutefois, la faculté de ne pas atteindre le chiffre réglementaire. (Décis. min. de l'int. 1859. — *Mém.*, p. 176.)

Le payement des pensions ou retraites a lieu tous les trois mois, et s'effectue, pour les pensionnaires domiciliés dans la commune de la résidence du receveur municipal, sur des mandats payables par ce comptable et dont l'envoi doit être fait par le maire à la caisse des dépôts et consignations, qui autorise le receveur des finances à en verser le montant au receveur municipal, non pas contre une quittance à souche, mais contre de simples reçus dont il appartient à la caisse des dépôts de déterminer la forme. (Circ. compt. gén., 15 mai 1863. — *Mém.* p. 186.)

Lorsque des pensions doivent être payées ailleurs que dans la commune, le maire envoie à la caisse des dépôts, au lieu de mandats, des états indiquant les noms, prénoms et résidences des pensionnaires, la somme à payer à chacun d'eux et les justifications à produire. La caisse des dépôts adresse aussitôt aux receveurs généraux des départements où résident les ayants droit l'autorisation d'acquitter les pensions, et, dès que les quittances des pensionnaires ont été envoyées, elle les fait parvenir au receveur municipal qui fait, à la fois, recette et dépense de leur montant. La quittance à souche est immédiatement envoyée à la caisse des dépôts.

Le mode d'après lequel ces opérations doivent être décrites par les receveurs est indiqué à l'article 1485 de l'Instruction générale, rapporté plus loin. (I. G., art. 1099.)

Dans le courant du mois de février de chaque année, la caisse des dépôts adresse une copie de son compte courant à chaque administration communale. Ce compte est communiqué au receveur, qui le vérifie en le rapprochant de celui qu'il tient lui-même, et en fait une copie pour le produire à l'appui de son compte de gestion, conformément au § 38 de la nomenclature annexée à l'article 1542 de l'Instruction générale. (Id., art. 1100.)

Quoique cette nomenclature n'indique (§ 72), comme pièce justificative à l'appui du payement des pensions, que la quittance des parties prenantes (timbrée quand la pension excède 300 francs), les titulaires ne sont pas dispensés, pour recevoir payement, de produire un certificat de vie, aux termes de l'article 1983 du Code Napoléon. — *Mém.* 1862, p. 421.

Les certificats de vie à produire par les pensionnaires peuvent être délivrés par le maire de leur résidence ou par un notaire. Dans le premier cas, il ne doit être fait usage, pour les certificats et pour les quittances à souscrire au bas par les pensionnaires, que de formules conformes au *modèle* donné *sous le n°* 130 ; il est tenu un approvisionnement de ces formules à la recette générale, afin qu'au besoin il en puisse être fourni aux pensionnaires contre le remboursement du coût de l'imprimé. (I. G., art. 532.)

Les pensions de retraites sont incessibles et insaisissables, sur quelque caisse qu'elles soient payées, si ce n'est jusqu'à concurrence d'un cinquième pour des créances privilégiées, aux termes de l'article 2101 du Code Napoléon, et d'un tiers dans les cas prévus par les articles 203, 205, 206, 207 et 214 du même Code. (I. G., art. 1101.)

Ecritures. — Les receveurs qui se trouvent chargés du service des fonds de retraites ou pensions des employés de la mairie, de l'octroi et des administrations locales, doivent ouvrir sur leur livre des comptes divers (ou à leur grand-livre, s'ils sont receveurs spéciaux) les trois comptes désignés ci-après :

Fonds de retraites ou pensions des employés de.....

Caisse des dépôts et consignations, S/C de fonds de retraites des employés de..... déposés en numéraire.

Caisse des dépôts et consignations, S/C de fonds de retraites convertis en rentes sur l'État.

Le premier de ces comptes fait partie de la 3e section du livre des comptes divers; les deux derniers font partie de la 4e section, affectée aux comptes de valeurs et de fonds placés.

Les trois comptes sont employés de la manière suivante :

En payant chaque mois les traitements dus aux employés, les receveurs portent d'abord en dépense, sur leur livre de détail, le montant des traitements, sans déduction des retenues ; puis, en opérant ces retenues, ils s'en chargent immédiatement en recette au compte : Fonds de retraites ou pensions des employés de.....

Les receveurs portent également en recette, à ce compte, les autres produits qui seraient affectés, par l'autorité compétente, à l'accroissement du fonds de retraites.

Lorsque, ensuite, ils font le versement des produits au receveur des finances préposé de la Caisse des dépôts et consignations, ils constatent ce versement en dépense au compte : Caisse des dépôts et consignations, S/C de fonds de retraites déposés en numéraire.

Quand les fonds déposés ont été employés en achats de rentes sur l'État, le receveur, sur l'avis qu'il en reçoit, porte le capital employé au crédit du compte : Caisse des dépôts et consignations, S/C de fonds de retraites déposés en numéraire, et au débit du compte : Caisse des dépôts et consignations, S/C de fonds de retraites convertis en rentes sur l'État. L'opération en sens inverse a lieu en cas de vente de rentes.

A l'expiration de chaque semestre, le receveur porte le montant des arrérages exigibles en dépense au débit du compte de la Caisse des dépôts et consignations, S/C de fonds de retraites déposés en numéraire ; et en recette au compte : Fonds de retraites, etc.

Tous les trois mois, le comptable reçoit du receveur des finances la somme nécessaire pour payer aux employés retraités domiciliés dans la commune les termes échus de leur pension. Il constate cette double opération en portant le montant de la somme reçue au crédit du compte : Caisse des dépôts, etc., et le payement des pensions de retraites en dépense au compte : Fonds de retraites, etc. Il passe les mêmes écritures à l'égard du montant des quittances des employés en résidence ailleurs que dans la commune, lesquelles lui sont transmises par la caisse des dépôts. (I. G., art. 1485.)

Quant à la portion des saisies et amendes qui est affectée au fonds de retraites des employés des octrois, le receveur municipal, après en avoir fait dépense sur son livre de détail de l'octroi, en fait recette au compte : Fonds de retenues pour retraites, ainsi qu'il est dit ci-dessus. (Id., art. 1462.) — Voy. Octroi.

Pensions et rentes viagères dues par l'État et par la Caisse des retraites pour la vieillesse (Payement des). — Les receveurs des finances et les percepteurs interviennent pour le service des rentes viagères et des pensions dues par l'État. Ils sont tenus de prêter leur ministère pour la transmission au payeur et le renvoi, sans frais, des certificats de vie et autres pièces ayant pour objet le recouvrement, par les titulaires, des arrérages de ces pensions et secours. Les envois aux payeurs sont faits par l'intermédiaire des receveurs généraux, et sont accompagnés d'un bordereau des pièces dont ils se composent. Il est recommandé aux comptables de mettre beaucoup de célérité dans ces envois. Lors du retour des pièces, ils en donnent avis aux parties intéressées, par la voie de la poste, si elles consentent à payer le port de lettre.

Les arrérages des pensions et des rentes viagères sont payés au porteur du titre et du certificat de vie du titulaire, visé par le payeur. Mais les arrérages dus au moment du décès des titulaires ne peuvent être payés qu'aux ayants droit ou à leurs représentants; seulement, lorsque la somme n'excède pas 50 francs, l'acquit peut être donné par un seul des ayants droit, à la condition qu'il se porte fort pour ses cohéritiers.

Les dispositions qui précèdent sont applicables aux pensions ou rentes viagères de la caisse de la vieillesse. Les certificats de vie des pensionnaires de cette caisse sont exempts de timbre. (I. G., art. 701.) — Voy. PAYEMENTS POUR LE COMPTE DU PAYEUR.

Percepteurs. — Agents du Trésor chargés du recouvrement des contributions directes.

Les percepteurs ont seuls titre pour effectuer et poursuivre le recouvrement des contributions directes appartenant soit à l'État, soit aux départements, soit aux communes. (I. G., art. 69.)

Ils sont chargés, en outre, de recouvrer, suivant les règles prescrites pour les contributions directes, les taxes de biens de mainmorte, les redevances des mines, les rétributions pour la vérification des poids et mesures, celles qui sont dues par les pharmaciens, épiciers-droguistes et herboristes pour les visites auxquelles ceux-ci sont assujettis, les taxes pour les traitements des inspecteurs des établissements, fabriques et dépôts d'eaux minérales, etc. Ils recouvrent de plus, suivant les formes déterminées par les règlements, les droits de permis de chasse et le prix des passe-ports à l'étranger.

Les percepteurs sont de droit receveurs des communes et des établissements de bienfaisance de leur circonscription, sauf la faculté que la loi réserve aux communes et établissements dont le revenu excède 30,000 francs de demander que ces fonctions soient confiées à un receveur spécial. (L. 18 juillet 1837, art. 33 et 65.)

Ils peuvent être chargés, sur la demande des commissions syndicales pour les travaux d'art qu'exigent le dessèchement des marais, la construction et l'entretien des digues, des canaux d'irrigation, etc., du recouvrement et de l'emploi des fonds destinés à ces travaux. (I. G., art. 1273.)

Ils concourent au travail des mutations pour l'assiette des contributions directes; à l'établissement de la matrice des rôles de la taxe municipale sur les chiens; au service des voyageurs indigents et forçats libérés, pour le payement de leurs indemnités de frais de route; au service des enfants assistés, pour le payement des mois de nourrice; au service de la distribution des papiers timbrés, lorsqu'ils en sont chargés par la régie; enfin au service des receveurs des finances et des payeurs, soit pour les recettes, soit pour les payements à effectuer au compte du Trésor.

Les règles relatives aux fonctions des percepteurs-receveurs des communes et d'établissements de bienfaisance sont exposées dans le cours de cet ouvrage ; nous nous bornerons à reproduire ici celles qui président à l'organisation des perceptions, à la nomination et à la mise à la retraite ou à la réforme des comptables.

Classification des perceptions. — Les perceptions des contributions directes sont divisées en cinq classes :

La 1re comprend les emplois d'un produit supérieur à 8,000 francs;
La 2e comprend les emplois d'un produit de 5,001 à 8,000 francs;
La 3e comprend les emplois d'un produit de 3,601 à 5,000 francs;
La 4e comprend les emplois d'un produit de 2,401 à 3,600 francs;
La 5e comprend les emplois d'un produit de 2,400 francs et au-dessous.

Pour les perceptions où la recette des communes et des établissements de bienfaisance est réunie, de droit, à celle des contributions directes, la classe est déterminée à raison du produit total des émoluments résultant de ces différents services.

Les perceptions qui deviennent vacantes sont classées à raison du dernier produit constaté. La classification est faite au moyen des renseignements que contient l'état (*modèle n°* 252) mentionné à l'article 1224 de l'Instruction générale. (O. 31 octobre 1839; D. 19 novembre 1857 ; Arrêté min. 3 novembre 1839; I. G., art. 1197.)

Les remises allouées aux percepteurs comme trésoriers d'une association syndicale n'entrent pas comme éléments dans la fixation des classes des perceptions. — *Mém.* 1857, p. 74.

Sauf les exceptions nécessitées par les circonstances locales, les perceptions sont formées de communes dépendant d'un même canton. En général, les cantons sont divisés en deux ou trois perceptions. (I. G., art. 1198.)

Nomination et avancement des percepteurs. — Nul ne peut être nommé percepteur s'il n'a exercé pendant deux ans comme percepteur surnuméraire, ou s'il ne remplit les conditions indiquées aux articles 1208 et 1209 de l'Instruction générale (rapportés ci-après). Les percepteurs surnuméraires ne sont admissibles qu'aux perceptions de 5e classe.

Dans les départements où les perceptions de 5e classe ne forment pas le quart du nombre total des perceptions, cette proportion des emplois accessibles aux surnuméraires est complétée par les perceptions du produit le moins élevé dans la classe immédiatement supérieure. Les percepteurs ainsi promus n'ont néanmoins, pour l'avancement ultérieur, d'autres titres que ceux qui sont inhérents à l'emploi de percepteur de 5e classe. (O. 31 octobre 1839 ; D. 19 novembre 1857 ; I. G., art. 1204.)

Lorsqu'un percepteur, nommé de 5e classe, s'est trouvé attaché exceptionnellement à une perception qui, par le chiffre de son produit, appartient à la 4e classe, ce percepteur peut, après trois ans de service comme percepteur de 5e classe, être promu à la 4e dans la perception même qu'il occupe. — *Mém.* 1862, p. 177.

Indépendamment de la condition de deux ans d'exercice mentionnée ci-dessus, aucun percepteur surnuméraire ne peut être proposé pour une perception de 5e classe, s'il n'est justifié, par la déclaration du receveur particulier, confirmée par celle du receveur général du département :

1° Qu'il a travaillé avec zèle et intelligence pendant le temps de son surnumérariat, soit chez les receveurs des finances près desquels il a été placé, soit dans les fonctions d'agent spécial et de gérant intérimaire qui lui auraient été confiées ;

2° qu'il possède une connaissance suffisante des règlements qui régissent le service et la comptabilité de la perception des contributions directes et des communes. (Arrêté min. 3 novembre 1839, art. 5; I. G., art. 1205.)— Voy. PERCEPTEURS SURNUMÉRAIRES.

Aucun percepteur ne peut obtenir une perception d'une classe supérieure, s'il ne compte trois années d'exercice, au moins, dans la classe immédiatement inférieure : cette condition de trois années d'exercice n'est pas exigée pour les mutations qui peuvent avoir lieu dans une même classe.

Lorsque le produit d'une perception a dépassé le maximum de la classe à laquelle appartient le titulaire, celui-ci peut être promu, sans déplacement, à la classe immédiatement supérieure, sur la proposition des chefs hiérarchiques, pourvu qu'il remplisse la condition réglementaire de trois années au moins d'exercice dans sa classe. Si, au contraire, il survient, dans le produit d'une perception, une diminution qui la fasse descendre dans une classe inférieure, le percepteur n'est pas déclassé; il conserve les droits à l'avancement que lui donnait le classement existant à l'époque de sa nomination. (I. G., art. 1206, modifié par l'arrêté min. du 27 décembre 1861.)

Un percepteur ne peut invoquer des services antérieurs à sa nomination, lesquels donneraient accès aux perceptions des diverses classes, pour prétendre à une perception d'une classe plus élevée que celle à laquelle lui donne droit son temps d'exercice. — *Mém.* 1862, p. 56.

Les percepteurs sont placés sous les ordres des receveurs généraux et particuliers.

Le ministre des finances nomme d'office aux perceptions des quatre premières classes, à moins que les préfets n'aient été spécialement autorisés à présenter des candidats.

Il nomme en outre, sur la proposition des préfets, et sur une liste de trois candidats contenant les indications propres à faire apprécier l'aptitude et les titres de chacun d'eux, aux deux tiers des perceptions de la 5e classe. Les propositions à faire à l'administration sont préparées par le receveur général ; celui-ci soumet son travail au préfet, qui l'adresse au ministre avec ses observations.

L'autre tiers des perceptions de dernière classe, c'est-à-dire une perception sur trois vacances, est, dans chaque département, à la nominatio du préfet.

Dans les départements où les perceptions de 5e classe ne forment pas le quart du nombre total des perceptions, cette proportion est complétée, au point de vue du droit de nomination des préfets, par les perceptions du produit le moins élevé de la 4e classe. Toutefois, les percepteurs qui débutent ainsi par une perception supérieure à 2,400 francs n'ont que le titre de percepteurs de 5e classe.

Pour chacune de ces nominations, le receveur général soumet au préfe. une liste de trois candidats établie comme il est dit ci-dessus, et sur laquelle le préfet doit choisir exclusivement. (O. 31 octobre 1839, art. 7; I. G., art. 1207; D. 13 avril 1861, art. 5; Circ. min. 9 avril 1861.)

Sont dispensés des conditions de surnumérariat indiquées ci-dessus et sont admissibles aux perceptions de diverses classes : 1° les individus qui justifieraient de sept ans, au moins, de services administratifs rétribués directement par l'État ou de services militaires; 2° les individus que des blessures, reçues dans un service commandé auraient mis hors d'état de continuer leur carrière; 3° les employés des administrations publiques dont les fonctions auraient cessé ou cesseraient par suite de suppression d'emploi.

Toutefois, ces admissions ne peuvent excéder la proportion du tiers des vacances dans les diverses classes.

Pour les agents des services financiers de l'Algérie, la durée des services exigée n'est que de cinq ans. (O. 31 octobre 1839, art. 7; Arrêté 20 juin 1849; I. G., art. 1208.)

Sont admissibles les services des maires et ceux des employés des préfectures, des sous-préfectures, des recettes des finances et des payeurs du Trésor, bien que non rétribués directement par l'État. A l'égard de ces employés, les services ne sont comptés qu'autant qu'ils ont été rétribués et rendus après l'âge de vingt et un ans accomplis. (O. 23 décembre 1844 et 9 décembre 1845; I. G., art. 1209.) Les services des receveurs spéciaux de communes ou d'établissements de bienfaisance, et ceux des instituteurs, ne sont pas considérés comme admissibles.

Afin de faciliter aux préfets les moyens soit de rédiger ou de contrôler les certificats à produire à l'appui de ces demandes, soit de fournir à l'administration supérieure les renseignements qu'elle réclamerait en ce qui concerne les deux dernières catégories de candidats ci-dessus désignés, les receveurs généraux, les payeurs et les receveurs d'arrondissement (ceux-ci par l'intermédiaire de la recette générale) doivent, au commencement de chaque année, déposer à la préfecture un état de situation du personnel de leurs employés (*modèle n° 249*), et donner immédiatement avis à la préfecture de la date et des motifs des changements qui surviendraient dans ce personnel pendant le cours de l'année.

De leur côté, les préfets font tenir au courant un sommier nominatif sur lequel sont dépouillés, à mesure de leur réception, les divers renseignements susmentionnés.

Enfin les inspecteurs des finances doivent, lors de leurs tournées annuelles, s'assurer de la régularité et de l'exactitude des communications ci-dessus prescrites. (I. G., art. 1210.)

Les candidats qui, d'après les dispositions précédentes, ont à faire valoir, soit auprès du ministre, soit auprès des préfets, des services militaires ou administratifs, comme titres à l'obtention d'une perception, doivent produire : 1° un extrait de leur acte de naissance; 2° des états de service militaire, dûment justifiés, ou des certificats de leurs chefs respectifs, constatant la nature et la durée de leurs services.

Les employés réformés des administrations publiques ont à produire, avec l'extrait de leur acte de naissance, un certificat du chef de leur administration, énonçant la nature et la durée de leurs services, les appointements dont ils jouissaient et la cause de leur mise à la réforme. (Arrêté du 3 novembre 1839, art. 7; I. G., art. 1211.)

La limite d'âge d'admission pour les postulants dispensés des conditions de surnumérariat est fixée à cinquante ans. Toutefois, les anciens militaires qui jouissent de pensions de retraites peuvent être admis jusqu'à l'âge de cinquante-cinq ans. (D. 30 avril 1850; I. G., art. 1212.)

Aussitôt après l'installation d'un percepteur dans ses nouvelles fonctions, le receveur des finances lui fait remplir de sa main, en deux expéditions, une feuille d'installation conforme au *modèle n° 250*. L'une de ces expéditions est envoyée à la direction du personnel, l'autre à la direction générale de la comptabilité publique avec l'extrait du procès-verbal de remise du service. (I. G., art. 1213.)

Les receveurs généraux doivent informer immédiatement le ministre (direction du personnel) de toutes les vacances qui surviennent par décès ou démission dans le personnel des percepteurs et des percepteurs surnuméraires de leur département. Les receveurs particuliers sont tenus, de leur côté, de donner sans retard avis des mêmes faits aux receveurs généraux. (Id., art. 1214.)

Les demandes d'avancement dans les perceptions sont reçues et transmises au ministre des finances par les préfets, qui y joignent leurs observations; elles sont également accompagnées des observations des receveurs particuliers et des receveurs généraux. Ces demandes sont communiquées à la direction générale de la comptabilité publique, et inscrites, s'il y a lieu, sur les listes d'avancement tenues à la direction du personnel. (Id., art. 1215.)

Les demandes d'avancement formées par les percepteurs, et qui parviennent au ministère sans avoir passé par la voie hiérarchique, sont considérées comme nulles et non avenues. (Circ. min. des fin., 27 décembre 1861. — *Mém.* 1862, p. 38.)

Admission des percepteurs au droit à pension. Leur mise à la retraite. Allocation de secours. — Les percepteurs ont été admis, par la loi du 9 juin 1853 sur les pensions civiles, au droit à pension, et ils supportent à cet effet sur leurs émoluments, depuis le 1er janvier 1854, les retenues prescrites par l'article 3 de ladite loi.

Un fonds de secours existe en outre au budget pour les agents de la perception, leurs veuves et leurs orphelins. (I. G., art. 1281.)

Les règlements ne fixent aucune limite d'âge pour la durée des fonctions des percepteurs. — *Mém.* 1862, p. 352.

Chaque année, au mois de janvier, les receveurs des finances doivent former et le préfet doit transmettre au ministre un état (*modèle n°* 260) des percepteurs qui, par une cause quelconque, seraient reconnus notoirement incapables de remplir personnellement leurs fonctions, et, tant que l'incapacité n'a pas cessé, les comptables qui n'auraient pas été remplacés doivent être portés sur l'état dont il s'agit. Le ministre, sur les observations du directeur général de la comptabilité publique et les propositions du directeur du personnel, décide quels sont les percepteurs qui peuvent être provisoirement maintenus en activité; ceux qui, à raison de leur insuffisance, doivent être mis à la réforme ou à la retraite; enfin ceux auxquels des secours paraissent devoir être accordés. (I. G., art. 1281.)

Les propositions de mise à la réforme ou à la retraite, ou, le cas échéant, les déclarations négatives, sont adressées par les préfets au ministre dans la première quinzaine de février. (Id., art. 1283.) — Voy. PENSIONS CIVILES, SECOURS A D'ANCIENS PERCEPTEURS.

Quant aux autres conditions attachées aux fonctions de percepteur et de receveur de communes et d'établissements de bienfaisance, à la surveillance et responsabilité des receveurs des finances à leur égard, aux mesures disciplinaires et aux poursuites qui peuvent être exercées contre eux à l'occasion de leurs fonctions, voy. AGENT SPÉCIAL, CAISSE, CAUTIONNEMENTS, CONGÉS, FONDÉS DE POUVOIR, GARDE DES FONDS, INCOMPATIBILITÉS, INSTALLATION, POURSUITES, RECEVEURS DES FINANCES, REMISES, RÉSIDENCE, RÉVOCATION, SUSPENSION, VOL DE FONDS.

Percepteurs surnuméraires. — Des percepteurs surnuméraires sont placés dans chaque département, celui de la Seine excepté. Leur nombre a été fixé par une décision ministérielle à 386, soit un sur environ 14 perceptions. Chaque préfet a reçu notification du nombre attribué à son département. (O. 31 octobre 1839; I. G., art. 1199.)

Nul ne peut être nommé percepteur surnuméraire s'il a moins de vingt et un ans ou plus de trente ans, s'il ne justifie de moyens d'existence assurés pour toute la durée de son surnumérariat, et s'il n'a été reconnu admissible à la suite d'un examen d'aptitude qui doit être passé devant une commission désignée par le préfet. (O. 31 octobre 1839, art. 3; Arrêtés min. 3 mai 1852 et 24 novembre 1857; I. G., art. 1200.)

Dans les départements où les préfets ont ouvert un concours pour l'admission au surnumérariat, les aspirants peuvent se présenter à ce concours avant l'âge de 21 ans, si le programme arrêté par le préfet ne s'y oppose pas. L'âge de 21 ans n'en serait pas moins exigé pour l'admission au surnumérariat. — *Mém.* 1862, p. 104.

Tout aspirant au surnumérariat doit adresser au receveur général du département dans lequel il désire être placé : 1° un extrait authentique de son acte de naissance ; 2° une pétition rédigée et écrite par lui. (I. G., art. 1201.)

Les percepteurs surnuméraires sont nommés par le préfet, sur une liste de trois candidats que lui présente le receveur général (D. 25 mars 1852). Chaque nomination est portée immédiatement à la connaissance du ministre par une lettre indiquant : 1° la date de cette nomination ; 2° les noms et prénoms du surnuméraire ; 3° la date et le lieu de sa naissance ; 4° les fonctions publiques qu'il aurait précédemment remplies, ou la profession qu'il aurait exercée ; 5° sa position de fortune.

Les percepteurs surnuméraires sont tenus de prêter serment avant d'entrer en fonction ; l'acte de prestation de serment est soumis au droit fixe d'enregistrement de 1 franc, en conformité du n° 51 du § 1er de la loi du 22 frimaire an VII. Lorsque les surnuméraires sont ensuite nommés percepteurs, ils restent soumis, quant à la prestation de serment, aux conditions de l'article 1234 de l'Instruction générale. (Arrêté min. 3 novembre 1839 et 3 mai 1852 ; I. G., art 1202.) — Voy. SERMENT.

Aussitôt après l'entrée en fonction d'un percepteur surnuméraire, le receveur des finances près duquel il est placé lui fait remplir, en deux expéditions, une feuille conforme au *modèle n°* 247 ; une des expéditions est adressée, par le receveur général, à la direction du personnel, l'autre à la direction générale de la comptabilité publique. (Id., art. 1203.)

Les percepteurs surnuméraires sont placés sous les ordres du receveur général du département dans lequel ils sont nommés ; ils sont employés, sous la direction des receveurs d'arrondissement, aux travaux relatifs aux services confiés aux percepteurs titulaires. Ils peuvent aussi être appelés, sous la responsabilité des receveurs des finances, aux fonctions d'agents spéciaux et de gérants intérimaires. Leurs occupations doivent être dirigées de la manière la plus utile à leur instruction et la plus profitable au service. Il est bien qu'ils se familiarisent avec le mode d'écritures et de comptabilité prescrit par les règlements, et qu'ils concourent à l'établissement et à la vérification des comptes communaux, ainsi qu'aux autres travaux de surveillance imposés aux receveurs des finances ; mais ils doivent, principalement, accompagner le receveur ou son représentant dans ses tournées de vérification au domicile des percepteurs, et étudier le service des contributions directes, des communes et des hospices, près des comptables mêmes réputés les plus capables et les plus éclairés, afin de pouvoir ainsi acquérir les connaissances pour les fonctions d'agent spécial et de gérant intérimaire qu'ils peuvent être appelés à remplir.

Il est interdit aux receveurs des finances d'employer dans leurs bureaux, à titre de commis rétribués, les percepteurs surnuméraires placés dans leur arrondissement.

Les receveurs particuliers sont tenus de rendre compte, tous les trimestres, au receveur général, par un rapport spécial, des opérations auxquelles les surnuméraires ont été employés pendant le trimestre expiré, et de la manière dont ils s'en sont acquittés; ils s'expliquent, en même temps, sur leur conduite, leur application et leurs progrès. Ces renseignements sont résumés à la recette générale, dans une feuille de signalement conforme au *modèle n°* 251, qui doit être adressée au ministère dans les premiers jours de chaque semestre, en deux expéditions : l'une à la direction du personnel, l'autre à la direction générale de la comptabilité publique. Indépendamment de cette communication les receveurs généraux doivent rendre compte, tant à la direction du personnel qu'à la direction générale de la comptabilité publique, dans leur correspondance journalière, de tous les faits qui seraient de nature à modifier les renseignements précédemment fournis sur les surnuméraires.

Les receveurs des finances doivent signaler au ministère, par l'entremise du receveur général, les surnuméraires qui ne se présenteraient pas dans le délai d'un mois, à dater de leur nomination.

Les surnuméraires ne peuvent s'absenter sans congé ; ils sont soumis, pour les congés, aux mêmes règles que les percepteurs. (I. G., art. 1216.) — Voy. CONGÉS, PERCEPTEURS.

Perceptions (Organisation des). — Voy. PERCEPTEURS.

Péremption d'instance. — Extinction d'une instance par la discontinuation des poursuites.

Toute instance, encore qu'il n'y ait pas eu constitution d'avoué, est éteinte par la discontinuation des poursuites pendant trois ans. Ce délai doit être augmenté de six mois dans tous les cas où il y a lieu à demande en reprise d'instance ou en constitution de nouvel avoué. (C. de proc., civ., art. 397.)

La péremption court même contre l'État, les communes et les établissements publics. (Id., art. 398.)

La péremption est demandée par requête d'avoué à avoué, à moins que l'avoué ne soit décédé ou interdit, ou suspendu, depuis le moment où elle a été acquise. (Id., art. 400.)

La péremption d'instance n'éteint pas l'action même, elle emporte seulement extinction de la procédure, sans qu'on puisse, dans aucun cas, opposer aucun des actes de la procédure éteinte, ni s'en prévaloir. (Id., art. 401.) — Voy. PROCÈS.

Les instances devant le conseil d'État ne sont pas frappées de péremption. (Arrêt du conseil d'État 9 janvier 1832.) — Voy. CONSEIL D'ÉTAT.

Permis de chasse (Droits de). — Les permis de chasse accordés en vertu de la loi du 3 mai 1844 donnent lieu : 1° au payement d'un droit de 15 francs revenant au Trésor en acquit du prix de la formule du permis; 2° au payement d'un droit de 10 francs au profit de la commune dans laquelle le demandeur du permis a son domicile ou sa résidence, et dont le maire a donné l'avis exigé par l'article 5 de la loi précitée.

Les personnes qui veulent obtenir un permis de chasse doivent payer ces droits à la caisse du percepteur de leur commune ; aucune demande n'est admise si elle n'est accompagnée de la quittance de ce comptable. Les permis sont délivrés par le préfet, sur l'avis du maire et du sous-préfet, ou par le sous-préfet, sur l'avis du maire. Dans ce dernier cas, les permis sont signés : Pour le préfet et par autorisation.

En cas de rejet d'une demande de permis, la décision est notifiée au maire et au receveur général, pour que le remboursement des droits soit immédiatement opéré, à moins que le demandeur ne soit débiteur envers le Trésor, auquel cas la somme versée par lui est retenue pour être appliquée, jusqu'à due concurrence, à l'extinction de la dette.

Le receveur général se concerte, s'il y a lieu, avec le préfet pour le retrait de la somme portée au compte de la commune. (I. G., art. 591, Circ. int., 12 juillet 1860.)

Chaque quittance de droits de permis de chasse doit porter, en caractères très-ostensibles, ces mots : LA PRÉSENTE QUITTANCE NE PEUT TENIR LIEU DE PERMIS.

Les receveurs généraux ont à veiller à ce que les percepteurs n'omettent pas cette mention ; ils s'en assureront facilement au moyen des quittances versées par le receveur du timbre (I. G., art. 592.)

Les percepteurs doivent, en outre, inscrire sur chaque quittance de permis de chasse, avec la désignation de la commune, celle de la perception. (Id., art. 600.)

Les quittances de permis de chasse demeurant valables pour l'obtention des permis, quelle que soit leur date, le remboursement des droits versés dans la caisse du percepteur ne peut avoir lieu que dans le cas où le permis a été refusé par le préfet, aux termes de la loi du 3 mai 1844. (Circ. int., 1er février 1860. — *Mém.* p. 95.)

La quittance du percepteur est remise au maire avec la demande de permis, laquelle doit être faite sur papier timbré. (Décis. min., 28 août 1849. — *Mém.* p. 237.)

Aux termes de l'article 5 de la loi du 3 mai 1844, le permis de chasse peut être délivré dans la commune du domicile du demandeur ou dans celle où il a temporairement sa résidence. La perception du droit dans toute autre commune serait illégale, et un arrêté du préfet pourrait en ordonner le reversement dans la caisse de la commune qui en aurait été indûment privée. — *Mém.* 1859, p. 272 ; 1863, p. 29.

Au surplus, le percepteur n'a à s'occuper ni du domicile, ni de la résidence de l'impétrant, encore moins des réclamations élevées par les maires qui revendiquent pour leur commune l'allocation des 10 francs. Son devoir est de recevoir 25 francs de toute personne qui se présente à sa caisse pour obtenir une quittance destinée à être jointe à une demande de permis de chasse. — *Mém.* 1854, p. 27.

Le percepteur ne peut imputer d'office au payement de l'impôt ou d'une créance communale la somme qui lui est versée, par un débiteur, pour obtenir un permis de chasse. C'est seulement en cas de refus du permis par le préfet que le comptable est autorisé à exercer la retenue de la somme versée, soit au nom du Trésor pour la dette de contribution, soit au nom de la commune créancière. — *Mém.* 1860, p. 326.

Les titres de perception des droits de permis de chasse sont formés, chaque mois, de la manière suivante : les percepteurs fournissent, à l'appui du versement de la portion des droits revenant au Trésor, des bordereaux dans la forme du *modèle nº* 160 ; ces bordereaux, en ce qui concerne les arrondissements de sous-préfecture, sont transmis chaque dizaine au receveur général, qui, après y avoir joint ceux des percepteurs de l'arrondissement chef-lieu, en récapitule le montant sur un état conforme au *modèle nº* 161, qui est soumis au visa du préfet.

Il est pris note, dans les recettes des finances, des versements faits par les percepteurs à titre de droits de permis de chasse. Ce renseignement est nécessaire comme élément de vérification des bordereaux de situation de ces comptables. (I. G., art. 597.)

La comptabilité des droits de permis de chasse doit présenter la distinction des exercices ; l'exercice est déterminé par la date des quittances des percepteurs.

En conséquence, les versements de ces comptables qui comprennent des droits afférents à chacun des deux exercices en cours d'exécution doivent donner lieu à des bordereaux distincts. (Id., art. 598.)

Les remboursements qui doivent avoir lieu par suite de rejet de demande de permis sont justifiés dans la comptabilité du receveur général par une ampliation des décisions qui les autorisent, par les quittances des parties prenantes et par celles des percepteurs qui doivent être rendues. (Id., art. 599.)

Comme on l'a vu ci-dessus, les individus auxquels des permis de chasse sont accordés doivent payer, indépendamment du droit de 15 francs revenant au Trésor, un droit de 10 francs au profit de la commune dans laquelle ils ont leur résidence ou leur domicile, et dont le maire a donné l'avis exigé par l'article 5 de la loi du 3 mai 1844. Ce droit de 10 francs est recouvré par le percepteur des contributions directes en même temps que le droit dû au Trésor.

Les percepteurs qui sont en même temps receveurs municipaux font recette directement, au compte de la commune, des droits de permis de chasse perçus à son profit. Ceux qui ne sont pas receveurs municipaux, après s'être chargés en recette des droits perçus, en versent, au moins tous les dix jours, le montant au receveur spécial de la commune, qui leur en fournit sa quittance à souche.

Pour surveiller la perception du droit communal, les receveurs des finances doivent, au moyen des bordereaux des percepteurs, prendre note, sur le carnet prescrit par l'article 1290 de l'Instruction générale, des sommes versées à ces comptables. (I. G., art. 913 et 914.)

Les percepteurs portent en recette, au compte des droits de permis de chasse ouvert à la 3e section du livre des comptes divers, les payements qui leur sont faits par les individus qui veulent obtenir les permis. Ils y enregistrent, en dépense, les versements qu'ils font au receveur particulier de leur arrondissement.

Si le percepteur n'est pas receveur municipal, la portion des droits revenant à la commune fait l'objet d'un compte spécial, sous le titre de droits de permis de chasse recouvrés au profit de la commune d..... auquel le comptable porte, en recette, les sommes perçues à ce titre, et en dépense, les versements qu'il en fait au receveur municipal. (I. G., art. 1486.)

Le service des permis de chasse n'exigeant, de la part des receveurs des finances et des percepteurs, ni déplacements, ni poursuites, ne donne lieu à aucune remise en faveur des comptables sur la portion des droits revenant au Trésor. Les receveurs municipaux jouissent de leurs remises ordinaires sur la portion attribuée aux communes. (I. G., art. 601.)— Voy. REMISES.

Permis de stationnement (Droits de).—Voy. STATIONNEMENT SUR LA VOIE PUBLIQUE.

Personnelle et mobilière (Contribution). — Voy. CONTRIBUTIONS DIRECTES.

Perte de mandats de payement. — Lorsque le créancier d'une commune ou d'un établissement de bienfaisance a perdu le mandat qui lui avait été délivré sur la caisse du receveur, il en est délivré un duplicata sur la déclaration circonstanciée de la partie intéressée et d'après l'attestation écrite du receveur, portant que le mandat n'a pas été acquitté.

Telle est la marche indiquée par l'article 710 de l'Instruction générale, en cas de perte des mandats délivrés sur la caisse du payeur. La même règle est évidemment applicable aux mandats délivrés sur les caisses municipales et hospitalières.

Mais si les pièces qui, aux termes des instructions, doivent accompagner les mandats avaient été également perdues, le duplicata de mandat ne suffirait pas pour que la dépense pût être régulièrement payée : il faudrait que le créancier produisît de nouvelles pièces justificatives. — *Mém.* 1842, p. 223. — Voy. DUPLICATA, PAYEMENT DES DÉPENSES COMMUNALES.

Perte de matière imposable. — Lorsque des propriétés appartenant à des particuliers sont acquises pour être affectées à un service public, ou que, pour une cause quelconque, elles cessent d'être imposables, les communes, les arrondissements et les départements où elles sont situées, sont dégrevés de la contribution que supportaient ces propriétés. (L. 17 juillet 1819, art. 13.; Circ. adm. des contr. dir., 23 mai 1845.)

Il en en est de même à l'égard des terrains perdus par suite de corrosion, de déplacement d'un torrent, du mouvement de la mer, etc. Mais les simples détériorations causées par les inondations ne constituent pas une perte définitive de la nature de celles pour lesquelles la loi prescrit de diminuer le contingent du département. Ces détériorations peuvent donner lieu, en faveur des propriétaires lésés, à des remises ou modérations d'impôts imputables sur le fonds de non-valeurs; elles peuvent même être prises en considération pour la cotisation des propriétés, et, s'il y a lieu, pour la fixation des contingents communaux; mais elles ne font pas dégrever le département, attendu qu'il n'est point augmenté pour l'accroissement de revenu que lui procurent les améliorations. En principe, la réduction du contingent départemental n'est acquise que dans le cas où les terrains dégradés ont cessé de faire partie de la matière imposable.

Les modifications de revenus rendues nécessaires pour les causes qu'on vient d'indiquer sont réglées par les maires et les répartiteurs, avec le concours du contrôleur des contributions directes. Le directeur présente au préfet le tableau des résultats de ces modifications, afin que ce magistrat soit à portée d'indiquer à l'administration les changements à opérer dans le contingent du département. (Règl. et Circ. 15 mars 1827 et 6 mars 1847; I. G., art. 20, 24, 125, 157 et 169.) — Voy. Contributions directes, Dégrèvements, Démolitions, Mutations.

Pesage, mesurage et jaugeage (Droits de). — Dans toutes les villes où le besoin du commerce l'exige, il est établi des bureaux de pesage, mesurage et jaugeage publics, où tous les citoyens peuvent faire peser, mesurer et jauger leurs marchandises, moyennant une retribution juste et modérée. (Arrêté du Gouv. 7 brumaire an XI, art. 1er.)

Les tarifs des droits à percevoir dans ces bureaux et les règlements y relatifs sont dressés par le conseil municipal et approuvés par le sous-préfet, d'après les conditions arrêtées pour chaque département par arrêté préfectoral. (D. 13 avril 1861, art. 6, § 11.)

Les tarifs peuvent être calculés de manière, non seulement à couvrir les frais de régie, mais encore à produire un excédant de recette applicable aux dépenses communales (Circ. int., 15 prairial an X). Mais on doit veiller à ce que les tarifs soient modérés, afin de faciliter les transactions commerciales et d'en assurer la sincérité. (Circ. int., 18 mai 1861.)

L'autorité municipale a le droit d'interdire, par un arrêté, à toutes personnes autres que les préposés à ce établis d'exercer les fonctions de peseur et mesureur dans l'enceinte des marchés, halles et ports (Arrêt de cass. 7 novembre 1851). Mais nul n'est contraint à se servir du ministère des peseurs jurés, si ce n'est en cas de contestation. (L. 29 floréal an x; Circ. int., 18 mai 1861.)

Les préposés du poids public prêtent serment devant le président du tribunal de commerce, devant le juge de paix ou devant le maire, suivant les lieux où les bureaux sont établis; leur commission fait mention de ce serment. Les préposés de l'octroi peuvent être chargés du poids public.

Les livres de recette des droits de pesage, mesurage et jaugeage sont exempts de la formalité du timbre; mais les quittances délivrées aux parties pour constater leur libération ne peuvent être écrites sur papier non timbré, lorsqu'elles ont pour objet le payement de droits excédant 10 francs. (Décis. min. des fin., 20 février 1860. — *Mém.* p. 202.)

Les droits de pesage, mesurage et jaugeage peuvent, suivant les convenances locales, être perçus par voie de régie simple, de régie intéressée, ou de bail à ferme.

La régie simple est la perception des droits par les préposés, sous la direction immédiate du maire.

La régie intéressée consiste à traiter avec un régisseur, à la condition d'un prix fixe et d'une portion déterminée dans les produits excédant le prix principal et la somme abonnée pour les frais.

La ferme est l'adjudication pure et simple, moyennant un prix convenu, sans partage de bénéfices et sans allocation de frais.

Si la mise en ferme ou en régie intéressée a été adoptée, le maire, après l'avoir fait publier par voie d'affiche, procède à l'adjudication. Au nombre des conditions à remplir par l'adjudicataire se trouve particulièrement celle de fournir, avant d'entrer en jouissance du bail, un cautionnement en immeubles, en numéraire ou en rentes sur l'État. — Voy. CAUTIONNEMENT DES FERMIERS.

En cas de retard dans les versements que les préposés, régisseurs ou fermiers sont tenus de faire à la caisse de la commune, le receveur municipal doit poursuivre la rentrée des produits suivant les règles ordinaires, et, si ces moyens sont insuffisants, décerner contre les retardataires une contrainte qui, après avoir été visée par le maire, est rendue exécutoire par le juge de paix. — Voy. CONTRAINTE PAR CORPS.

Indépendamment de ces poursuites, le maire peut, avec l'autorisation du préfet, fermer provisoirement les mains de l'adjudicataire, et faire verser directement à la caisse municipale, par les préposés, les fonds provenant de leurs recettes, jour par jour, sous leur responsabilité personnelle. (I. G., art. 921 et 926.)

Le produit des droits de pesage, mesurage et jaugeage doit figurer intégralement en recette dans les budgets et dans les comptes; on ne saurait l'abandonner, à titre de salaire, aux agents préposés à la perception. Ce salaire doit être porté en dépense comme celui des autres agents communaux. — Voy. TRAITEMENTS.

Pharmaciens des hospices. — Les pharmaciens dans les hôpitaux et hospices sont nommés par les commissions administratives. Ils doivent être pourvus du diplôme.

Les sœurs hospitalières ne peuvent être chargées du service de la pharmacie, à moins que ce service ne soit placé dans les attributions et sous la responsabilité d'un des médecins de l'établissement.

La vente commerciale au dehors des médicaments composés, même dans des conditions pleinement licites, ne rentre pas dans les attributions ordinaires des commissions administratives; de tels actes n'ont cependant rien d'incompatible avec ces attributions, pourvu que cette partie du service ait été approuvée par le préfet et que la pharmacie soit réellement gérée par un pharmacien muni du diplôme et préposé à cet effet. (Arrêt de la Cour de Lyon, 23 juin 1847; Arrêt de cass., 31 mai 1862. — *Mém.* 1848, p. 188; 1863, p. 234.) — Voy. Hospices.

Pharmaciens, épiciers-droguistes et herboristes (Droits de visite chez les). — Les officines et magasins des pharmaciens, épiciers-droguistes et herboristes sont assujettis aux visites périodiques des professeurs des écoles de pharmacie ou des membres des jurys médicaux désignés à cet effet. (L. 21 germinal an XI, art. 30.)

Les frais de ces visites annuelles, qui étaient autrefois réglés par le ministre de l'agriculture, du commerce et des travaux publics, le sont actuellement par les préfets. (D. 13 avril 1861, art. 2, § 6.)

La dépense est couverte par les rétributions exigées des pharmaciens, épiciers-droguistes et herboristes assujettis à la visite, et, en cas d'insuffisance, par une subvention départementale. (Arrêté du 25 thermidor an XI, art. 42; Lois annuelles de finances.)

Les rétributions font l'objet de rôles spéciaux qui sont rendus exécutoires par les préfets et dont le recouvrement est opéré par les percepteurs dans chaque commune, suivant les règles prescrites pour les contributions directes.

Néanmoins, ces rétributions sont exigibles en un seul payement, aussitôt après l'émission du rôle. (I. G., art. 453.)

Les rôles sont rédigés par les directeurs des contributions directes et comprennent 3 centimes par article pour frais de confection. (Circ. adm. des cont. dir., 20 juin 1862. — *Mém.* 1863, p. 117.)

Les demandes en décharge ou réduction doivent, comme lorsqu'il s'agit de contributions directes, être portées devant le conseil de préfecture. (Arrêt du Cons. d'État, 24 mars 1849.)

Le recouvrement des rétributions est rattaché pour ordre au service départemental.

Les percepteurs doivent ouvrir, à la 2e section de leur livre des comptes divers, un compte particulier intitulé : Produit des droits de visite chez les pharmaciens, épiciers-droguistes et herboristes. Les recettes y relatives sont enregistrées, par journée, dans la colonne de l'exervice auquel elles appartiennent, et il est fait successivement dépense des versements que les percepteurs effectuent aux caisses des receveurs particuliers. (I. G., art. 1473.)

Pièces de dépenses. — On désigne ordinairement ainsi les mandats et autres pièces constatant les payements faits par les percepteurs pour le compte du receveur général ou du payeur. Ces pièces comptent comme numéraire dans l'encaisse.

Les comptables doivent les comprendre dans leur plus prochain versement à la recette des finances, et en énoncer la nature, ainsi que le détail, dans le bordereau qui accompagne chaque versement. Toutes ces pièces doivent être revêtues de la mention de payement prescrite par l'article 661 de l'instruction générale. (I. G., art. 89.)— Voy. PAYEMENTS POUR LE COMPTE DU PAYEUR, PAYEMENTS POUR LE SERVICE DES COTISATIONS.

Pièces de monnaie fausses. — Voy. MONNAIE.

Pièces justificatives à produire à l'appui des comptes de gestion. — Les comptes de gestion des receveurs des communes et des établissements de bienfaisance doivent être appuyés des pièces justificatives de la recette et de la dépense qui sont déterminées par les lois et règlements, et les pièces, classées par chapitres et articles, doivent être détaillées dans des inventaires ou bordereaux qui sont joints au compte.

Lorsqu'un article, soit de la recette, soit de la dépense, est justifié par plusieurs pièces, elles doivent être récapitulées sur une fiche ou au moins en marge de la première de ces pièces.

Chaque pièce justificative, tant de la recette que de la dépense, doit d'ailleurs être revêtue du numéro d'ordre de l'article du compte auquel elle se rapporte. (I. G., art. 1542.)

Ces justifications sont indiquées dans les tableaux annexés à l'article 1542 de l'Instruction générale, et dont nous reproduisons ci-après les dispositions.

Nous n'avons apporté à ces tableaux que les modifications en très-petit nombre qui résultent d'instructions postérieures à la dernière édition de l'Instruction générale. Seulement, nous avons cru devoir, pour la commodité des comptables, ajouter à la nomenclature officielle des recettes et des dépenses plusieurs opérations qui n'y sont pas prévues ou qui s'y trouvent désignées collectivement.

Pour qu'on puisse se reporter facilement, au besoin, aux tableaux de l'article 1542 de l'Instruction générale, nous avons indiqué avec soin, pour les divers articles, les paragraphes de ces tableaux auxquels ils se rapportent, indépendamment des numéros d'ordre de notre nomenclature.

On a suivi, autant que possible, dans la désignation des recettes et des dépenses, l'ordre dans lequel elles sont généralement classées dans les budgets et dans les comptes.

Il y a lieu d'appeler, en outre, l'attention des comptables sur les points suivants, qui sont signalés en note au commencement des tableaux de l'article 1542 de l'Instruction générale.

1° Les pièces qui doivent être timbrées sont indiquées à la nomenclature par l'initiale (T); celles qui n'ont pas cette indication ne sont pas soumises au timbre. — Voir, en outre, les articles 631, 843 à 847 et 1008 à 1016 de l'Instruction générale.

2° Les copies ou extraits d'actes produits par les receveurs de communes et d'établissements publics, pour la justification des recettes ou des dépenses, sont soumis à la formalité du timbre, à moins qu'il ne s'agisse de justifier une opération de recette ou de dépense avant que le titre puisse être produit, auquel cas les copies ou extraits sont exempts du timbre, mais à la condition qu'ils portent la mention expresse que l'expédition en forme est retenue par le receveur, afin de suivre l'opération, et qu'elle sera jointe au compte de l'année pendant laquelle l'opération sera terminée. (Décis. minist., 5 octobre 1843 et 18 avril 1846; Inst. adm. de l'enreg., 30 avril 1846; Circ. compt. gén., 24 juillet 1846 et 12 juillet 1853. — Voir aussi l'article 1543 de l'Instruction générale.)

3° En cas de décès du titulaire d'une créance, la somme due est payée aux héritiers sur la production, soit d'un certificat de propriété (L. 28 floréal an VII; D. 18 septembre 1806), soit des pièces d'hérédité, d'après les règles du droit commun. Pour les sommes de 50 francs et au-dessous, il suffit d'un certificat du maire. (Voir les instructions de la caisse des dépôts du 1er décembre 1851, notamment l'instruction sur les pensions de retraite, art. 50). Chaque ayant droit peut toucher séparément la somme qui lui revient. (Circ. aux payeurs, 30 décembre 1854.)

4° Les ratures et surcharges sur les pièces justificatives doivent être approuvées et exigent toujours une seconde signature. (Circ. aux payeurs, 30 juillet 1852.)

5° L'usage des griffes pour les signatures est interdit. (Circ. min. de l'int., 6 juillet et 1er août 1843.)

6° Les opérations non prévues dans la nomenclature ci-après doivent être justifiées d'après les mêmes règles que celles avec lesquelles elles ont le plus d'analogie.

Nomenclature des recettes et des dépenses des communes et des établissements de bienfaisance, et indication des justifications à produire pour chacune d'elles par les receveurs à l'appui de leurs comptes de gestion annuelle.

1° SERVICE DES COMMUNES.

RECETTES ORDINAIRES.

1. *Centimes additionnels ordinaires ajoutés aux contributions directes* (*I. G., art.* 43; *tableau de l'art.* 1542, § 1er). — Un extrait des rôles, certifié par le receveur des finances ou par le percepteur, quand il n'est pas receveur municipal, et visé par le maire.

2. *Attributions sur la contribution des patentes* (*I. G., art.* 120, *tabl. de l'art.* 1542, § 1er.) — Même justification qu'à l'article précédent.

3. *Attributions sur l'impôt des chevaux et voitures* (*L.* 2 *juillet* 1862, *art.* 8; *Circ. adm des cont. dir.*, 31 *octobre* 1862). — Même justification qu'au n° 1.

4. *Portion revenant à la commune sur les droits de permis de chasse* (*I. G., art.* 591, 913, 914; *tabl. de l'art.* 1542, § 2). — Un état détaillé des droits perçus, certifié par le percepteur et visé par le maire.

5. *Amendes de police rurale et municipale* (*I. G., art.* 627, 629, 929, 930, 932; *tabl. de l'art.* 1542, § 3). — Un état, certifié par le préfet, des amendes dont le produit a dû être versé au receveur municipal par le receveur de l'enregistrement, ou la copie, certifiée par le maire, du mandat délivré au nom du receveur municipal, ou, enfin, l'avis indiquant le montant des amendes à percevoir.

6. *Amendes de police correctionnelle, amendes pour délits forestiers et de police de la chasse* (*I. G., art.* 627, 629, 929, 930, 932; *tabl. de l'art.* 1542, § 3). — Extrait de l'état de distribution, certifié par le préfet, ou copie, certifiée par le maire, du mandat délivré au receveur municipal.

7. *Amendes de grande voirie* (*I. G. art.* 933; *tabl. de l'art.* 1542. § 3). — Même justification qu'à l'article précédent.

8. *Amendes et confiscations relatives à l'octroi* (*I. G., art.* 936, 937, 938, 1102, 1462; *tabl. de l'art.* 1542, § 3). — Bulletins de versement à la caisse municipale; procès-verbaux constatant les contraventions, les transactions ou les jugements intervenus; actes de vente, s'il y a lieu.

9. *Amendes relatives au service de la garde nationale* (*I. G., art.* 932; *tabl. de l'art.* 1542, § 3). — Etat, certifié par le maire, des amendes prononcées en exécution des articles 12, 72 et 73 de la loi du 13 juin 1851.

10. *Amendes encourues par les receveurs municipaux pour retard dans la présentation des comptes de gestion* (*I. G., art.* 556). — Ampliation de l'arrêté du conseil de préfecture.

11. *Restitutions et dommages-intérêts prononcés en faveur des communes pour délits commis dans leurs bois.* — Etat, certifié par le préfet, des sommes recouvrées à ce titre chez le receveur de l'enregistrement, ou copie, certifiée par le maire, du mandat délivré au receveur municipal.

12. *Prix de ferme des maisons, usines, biens ruraux* (*I. G., art.* 854 à 858; *tabl. de l'art.* 1542, § 4). — Des copies ou extraits, non timbrés, des baux, pour les prix de ferme dont il est compté pour la première fois, et des baux renouvelés pendant l'année, et, s'il y a lieu, la justification de la réalisation des cautionnements prévus par le cahier des charges; pour les comptes suivants, certificat du maire indiquant la somme qui était à recouvrer pour l'exercice. A l'expiration des baux, les expéditions elles-mêmes (T).

Pour les propriétés indivises entre plusieurs communes, les pièces justificatives doivent être produites par le comptable centralisateur. Quant à chacune des autres communes, il doit être produit un certificat du maire indiquant la date du titre, la somme totale à recouvrer et la part revenant à la commune.

Pour un bail verbal, certificat du maire indiquant la somme dont le receveur doit se charger en recette dans son compte. — *Mém.* 1859, p. 296.

13. *Prix de ferme des droits de chasse et de pêche* (*I. G., art.* 858 *et* 1056). — Mêmes justifications qu'au numéro précédent.

14. *Produits de l'établissement d'eaux minérales* (*I. G., art.* 859; *tabl. de l'art.* 1542, § 5). — Si l'établissement est affermé, mêmes justifications qu'à l'article précédent.

Si l'établissement est en régie simple, arrêté du préfet qui autorise la régie; copie du compte du régisseur comptable faisant ressortir le produit net revenant à la commune.

15. *Produit des redevances pour communaux loués par voie d'allotissement entre les habitants.* — Rôle rendu exécutoire par le préfet (T).

Si le rôle ne peut être joint au compte, certificat du maire constatant la date de l'exécutoire du préfet, le montant du rôle, la somme recouvrée, celle restant à recouvrer et le motif de non-recouvrement.

16. *Taxes de pâturages* (*I. G., art.* 851 *et* 881; *tabl. de l'art.* 1542, § 23). — Pour la première fois, l'arrêté du préfet qui a réglé les droits de pâturage.

Le rôle arrêté par le préfet (T).

17. *Concessions d'eaux et autres dûment autorisées* (*I. G., art.* 927; *tabl. de l'art.* 1542, § 15). — Lorsque le produit paraît pour la première fois au compte, copie certifiée du tarif des droits; pour le concessions faites dans l'année, copie certifiée des actes; pour les concessions faites pendant les années précédentes, état certifié par le maire.

18. *Concessions de terrains dans les cimetières* (*I. G., art.* 927; *tabl. de l'art.* 1542, § 16; *D.* 13 *avril* 1861, *art.* 6). — Lorsque le produit paraît pour la première fois au compte, copie certifiée de l'arrêté du sous-préfet qui autorise les concessions et en a fixé le tarif.

Expédition (T) des actes de concessions. (Ces actes de concessions peuvent être remplacés par un état collectif de recouvrement rendu exécutoire par le préfet. Les actes de concessions ou l'état collectif ne sont joints, du reste, qu'au compte du receveur municipal qui reçoit tout le produit. La part revenant aux hospices est justifiée par un relevé conforme de ces mêmes actes. (Voy. nº 94.)

19. *Coupes ordinaires de bois* (*I. G., art.* 862 à 868; *tabl. de l'art.* 1542, § 18). — Le procès-verbal d'adjudication (T) et bordereau récapitulatif.

20. *Coupes de bois d'affouage* (*I. G., art.* 870 à 873; *tabl. de l'art* 1542, § 19). — Le rôle de taxes, arrêté par le préfet (T), si la coupe a été distribuée en nature entre les habitants.

Le procès-verbal d'adjudication (T), si la coupe ou portion de la coupe a été vendue pour faire face aux charges inhérentes aux bois.

21. *Produits accessoires des bois* (*I. G., art.* 875 *à* 878; *tabl. de l'art.* 1542, § 20). — Pour les objets vendus sur estimation ou expertise, procès-verbaux de délivrance signés par l'agent forestier qui opère la délivrance, par le garde du triage, et par la partie prenante (T).

Pour tous les objets vendus par adjudication, les procès-verbaux d'adjudication (T).

Pous les objets concédés temporairement par bail ou par tout autre acte en forme authentique, copies ou extraits non timbrés des baux ou autres titres, pour les prix de concessions dont il est compté pour la première fois; pour les années suivantes, certificat du maire indiquant la somme qui était à recouvrer pour l'exercice; à l'expiration des baux et concessions, expéditions (T) des procès-verbaux d'adjudication et autres titres.

Pour les indemnités de prolongation de délai d'exploitation ou de vidange, engagement pris par l'adjudicataire (T) de payer lesdites indemnités, et copie, certifiée par le conservateur, de la lettre de l'administration des forêts donnant avis de la décision.

Pour les indemnités relatives aux réserves abattues ou endommagées, procès-verbal d'estimation (T), dressé contradictoirement avec l'adjudicataire et approuvé par le conservateur.

Pour la valeur des excédants de mesure : 1° expédition (T) des procès-verbaux d'arpentage et de réarpentage ; 2° extrait du procès-verbal d'adjudication (T); 3° décompte dressé par le conservateur des forêts.

22. *Rentes foncières dues par des particuliers* (*I. G., art.* 860 ; *tabl. de l'art.* 1542, § 6). — Des copies ou extraits des titres de rentes dont il est compté pour la première fois; avec les comptes suivants, extrait du titre indiquant le montant de la rente et la date de l'échéance.

33. *Rentes sur l'État* (*I. G., art.* 861 ; *tabl. de l'art.* 1542, § 7). — Certificat du maire indiquant la date et le montant des inscriptions nouvelles.

Nota. L'état des propriétés, créances et rentes, mentionné à l'article 849 de l'Instruction générale, et dont le *modèle* est donné *sous le n°* 223, doit être produit, avec le compte de la deuxième année de l'exercice, à l'appui des quatre dernières recettes désignées ci-dessus. (*I. G.*, tabl. de l'art. 1542, § 8.)

24. *Intérêts des fonds placés au Trésor public* (*I. G., art.* 766, 774 *et* 940; *tabl. de l'art.* 1542, § 27). — Ampliation des décomptes annuels, certifiée par le receveur des finances.

25. *Droits d'octroi, produit brut* (*I. G., art.* 915 *à* 920, *et* 936 *à* 938 ; *tabl. de l'art.* 1542, § 9). — Si le receveur compte pour la première fois des droits d'octroi, il doit produire le décret impérial qui autorise l'octroi et qui fixe le tarif. Il produit ensuite, chaque année, les pièces indiquées ci-après, savoir :

1° Pour l'octroi en régie simple : 1° le bordereau récapitulatif (*modèle Q*), arrêté à la fin de l'année par le directeur des contributions indirectes, et accompagné d'un relevé sommaire par bureau de perception, que l'agent chargé du contrôle administratif doit former et remettre au receveur municipal pour les recettes constatées par les états que cet agent reçoit chaque mois des receveurs d'octroi ; 2° un bordereau formé par le receveur municipal, certifié par le maire, et présentant le montant, par bureau de perception, des bulletins des versements faits à la caisse du comptable. (Circ., 31 janvier 1828.)

Pour l'octroi en régie intéressée, les mêmes pièces, auxquelles sont ajoutés : 1° avec le premier compte, la copie, non timbrée, du bail ou traité ; 2° à la fin de chaque année, le compte provisoire des bénéfices partagés avec le régisseur ; 3° en fin de bail, le compte définitif de ces bénéfices et l'expédition (T) du bail.

Pour l'octroi en ferme, avec le premier compte, une copie, non timbrée, du bail, et, en fin de bail, l'expédition (T).

Pour l'octroi perçu par abonnement avec la régie des contributions indirectes : 1° avec le premier compte, l'acte d'abonnement et la convention faite avec la régie pour les traitements fixes ou éventuels des préposés ; 2° les bordereaux constatant les versements effectués à la caisse municipale, et le bordereau récapitulatif arrêté, à la fin de l'année, par le directeur des contributions indirectes ou le chef de service de l'arrondissement, contradictoirement avec le maire.

Pour les recettes accessoires, les extraits, dûment certifiés, des règlements de l'octroi, et les actes qui ont fixé les recettes accidentelles. (Circ., 12 décembre 1828.)

(Pour les recettes d'ordre, voir plus loin, n° 57.)

26. *Droits de pesage, mesurage et jaugeage, produit brut* (*I. G., art.* 926; *tabl. de l'art.* 1542, § 10; *D.* 13 *avril* 1861, *art.* 6). — Pour les produits dont il est compté pour la première fois, l'arrêté du sous-préfet autorisant la perception des droits.

Pour les droits perçus en vertu d'un bail à ferme, une expédition de ce bail, non timbrée pour la première année, et (T) lorsqu'elle est jointe au compte final. Pour les autres années, certificat du maire indiquant la somme qui était à recouvrer pour l'exercice.

Pour les droits perçus en régie simple, un état des produits bruts, divisé par mois, et présentant les bases et le décompte de la perception : cet état, certifié par l'agent de la recette et arrêté par le maire.

Pour les droits perçus en régie intéressée : 1° le bail ou traité, non timbré, avec le premier compte, (T) quand il est joint au compte final ; 2° les bordereaux constatant les versements effectués à la caisse municipale : 3° le compte des bénéfices partagés avec le régisseur.

27. *Droits de location des places dans les halles, foires, marchés et abattoirs* (*I. G., art.* 25 ; *tabl. de l'art.* 1542, § 11). — Mêmes justifications qu'à l'article précédent.

28. *Droits de stationnement sur la voie publique et sur les ports et rivières* (*I. G., art.* 925; *tabl. de l'art.* 1542, § 12. — Pour la première fois, copie certifiée de l'arrêté du préfet qui a établi les droits. Du reste, mêmes justifications que pour les droits de pesage, etc. (Voir n° 26.)

29. *Droits de voirie* (*I. G., art.* 925; *tabl. de l'art.* 1542, § 13). — Pour la première fois, copie certifiée de l'arrêté du préfet qui a déterminé les droits à percevoir.
États détaillés et certifiés des permissions accordées par le maire, et des droits qui en sont résultés.

30. *Taxes de pavage* (*I. G., art.* 851 *et* 881; *tabl. de l'art.* 1542, § 23). — Pour la première fois, l'arrêté du préfet qui a réglé les droits de pavage.
Le rôle arrêté par le préfet.

31. *Taxes pour travaux d'art, de salubrité, etc.* (*I. G., tabl. de l'art.* 1542, § 14). — Pour la première fois, copie certifiée de l'arrêté du préfet qui a établi les taxes.
Du reste, mêmes justifications que pour le droit de pesage. (Voir n° 26.)

32. *Produits des expéditions des actes de l'état civil et des actes administratifs* (*I. G., art.* 928; *tabl. de l'art.* 1542, § 17). — État certifié par le maire, indiquant la nature et le nombre d'actes dont il a été délivré des expéditions, ainsi que le produit des droits, ou certificat négatif.

33. *Indemnités pour enrôlements volontaires* (*I. G., art.* 941; *tabl. de l'art.* 1542. § 82). — Copie, certifiée, des mandats délivrés par les intendants militaires.

34. *Taxe municipale sur les chiens* (*I. G., art.* 893 *à* 912; *tabl. de l'art.* 1542, § 26).—Ampliation ou extrait certifié du décret qui a fixé le tarif de la taxe; copie, certifiée par le maire, de l'exécutoire du rôle de la taxe; ordonnances de dégrèvement qui justifient la réduction du rôle.

35. *Centimes additionnels spéciaux pour le salaire des gardes champêtres* (*I. G., art.* 13 *et* 15; *tabl. de l'art.* 1542, § 29). — Ampliation, certifiée par le maire, de l'arrêté du préfet qui a autorisé l'imposition.
Extrait des rôles, certifié par le receveur des finances et visé par le maire.

36. *Droits perçus dans les écoles préparatoires à l'enseignement des lettres et des sciences et dans les écoles préparatoires de médecine et de pharmacie* (*I. G., art.* 879; *tabl. de l'art.* 1542, § 21). — État des droits perçus conforme au *modèle* n° 102.

37. *Produits du collège communal* (*I. G., art.* 880; *tabl. de l'art.* 1542, § 22). — Copie, dûment certifiée, du compte rendu par le principal et faisant ressortir le bénéfice de la gestion annuelle du collège, et, lorsque la rétribution payée par les élèves est perçue au profit de la commune, états nominatifs trimestriels portant décompte de cette rétribution.

38. *Centimes additionnels spéciaux pour les dépenses de l'instruction primaire* (*I. G., art.* 14). — Extrait des rôles, certifié par le receveur des finances ou par le percepteur, quand il n'est pas receveur municipal, et visé par le maire.

39. *Produit de la rétribution scolaire des instituteurs communaux et des institutrices chargées d'écoles mixtes* (*I. G., art.* 978, 1033 *à* 1035, 1038 *à* 1040, 1042 *et* 1043; *tabl. de l'art.* 1542, § 36).— Les rôles trimestriels certifiés par les instituteurs, visés par le maire et rendus exécutoires par le sous-préfet; les ordonnances de dégrèvement qui en justifient la réduction.

40. *Subventions pour l'instruction primaire* (*I. G., art.* 976). — Copie, certifiée par le maire, du mandat délivré au nom du receveur municipal.

41. *Centimes additionnels spéciaux pour les dépenses des chemins vicinaux* (*I. G., art.* 14; *tabl. de l'art.* 1542, § 1). — Mêmes justifications qu'au n° 38.

42. *Prestations pour les chemins vicinaux* (*I. G., art.* 833 *à* 838; *tabl. de l'art.* 1542, § 24). — Copie, certifiée par le maire, de l'exécutoire du rôle des prestations; ordonnances de dégrèvement qui justifient la réduction de ce rôle.

43. *Subventions, abonnements et souscriptions volontaires pour le même service* (*I. G., art.* 886 *à* 889; *tabl. de l'art.* 1542, § 25). — Les ampliations (T), certifiées par le maire, des actes qui ont réglé ou accepté les subventions, abonnements ou souscriptions.

44. *Remboursement de frais de recépage et d'élagage d'office d'arbres bordant les chemins vicinaux* (*Règl.* 25 *août* 1854 *sur les ch. vic.*). — Décision du juge de paix portant règlement des frais.

45. *Imposition extraordinaire destinée à faire face à l'insuffisance des revenus pour les dépenses annuelles obligatoires ou facultatives* (*I. G., art.* 16 *et* 943; *tabl. de l'art.* 1542, § 29). — Mêmes justifications qu'au n° 47 ci-après.

46. *Frais de perception des centimes communaux* (*I. G., art.* 18; *tabl. de l'art.* 1542, § 1er). — Extrait des rôles, certifié par le receveur des finances ou par le percepteur, quand il n'est pas receveur municipal, et visé par le maire.

RECETTES EXTRAORDINAIRES.

47. *Impositions locales extraordinaires de toutes natures* (*I. G., art.* 16, 17, 942, 943; *tabl. de l'art.* 1542, § 29). Les ampliations ou extraits, certifiés par le maire, des lois, décrets ou arrêtés préfectoraux qui autorisent les impositions.
L'extrait des rôles, certifié par le receveur des finances et visé par le maire.

48. *Produit des ventes d'immeubles* (*I. G.*, *art.* 944 *et* 945; *tabl. de l'art.* 1542, § 30). — Ampliation de l'arrêté du préfet qui a autorisé la vente, en vertu du décret du 25 mars 1852 (§ 41 du tableau A).

Copie des procès-verbaux d'adjudication ou autres qui ont déterminé le prix et les conditions des ventes, (T) quand elle est produite avec le compte final, et non timbrée lorsqu'il s'agit d'une justification provisoire. S'il s'agit d'un prix productif d'intérêts, décompte de la recette en capital et intérêts (*modèle* n° 345).

49. *Produit des ventes de meubles* (*I. G.*, *art.* 944 et 945, *tabl. de l'art.* 1542, § 30.) — Mêmes justifications qu'à l'article précédent.

50. *Legs et donations* (*I. G.*, *art.* 946 *à* 952; *tabl. de l'art.* 1542, § 31) — Ampliation des décrets ou des arrêtés du préfet qui ont autorisé l'acceptation des dons et legs, en vertu de la loi du 18 juillet 1837.

Pour les dons manuels, délibération du conseil municipal, approuvée par le préfet. — *Mém.* 1859, p. 126.

51. *Produit de l'amortissement des rentes sur particuliers* (*I. G.*, *art.* 953; *tabl. de l'article* 1542, § 32). — Décompte, dûment arrêté, indiquant la rente annuelle, le taux, l'échéance, le capital et la date de l'amortissement (T).

Ampliation de l'arrêté préfectoral d'autorisation, lorsque les remboursements ont été faits sous la déduction d'un cinquième du capital, en vertu de l'instruction du ministère de l'intérieur, du 24 septembre 1825.

52. *Produit de la vente d'inscriptions de rentes sur l'État* (*I. G.*, *art.* 972 et 973; *tabl. de l'art.* 1542, § 35). — Ampliation des arrêtés du préfet qui ont autorisé les ventes; bordereau de l'agent de change qui en établit le prix (T).

53. *Coupes extraordinaires de bois* (*I. G.*, *art.* 954 à 965; *tabl. de l'art.* 1542, § 33). — Copie ou date des décrets qui ont autorisé les ventes; procès-verbaux d'adjudication (T) récapitulés dans un bordereau.

54. *Emprunts* (*I. G.*, *art.* 967 à 970; *tabl. de l'art.* 1542, § 34). — Date de la loi ou ampliation du décret d'autorisation, en vertu de l'article 45 de la loi du 18 juillet 1837 et du décret du 25 mars 1852 (§§ 37 et *t* du tableau A); copie, certifiée par le maire, des actes qui ont réglé les conditions de l'emprunt, (T) si c'est la copie qui a été délivrée à la commune pour lui servir de titre.

55. *Recettes accidentelles et imprévues* (*I. G.*, *art.* 971; *tabl. de l'art.* 1542, § 37). — Titres (timbrés ou non timbrés, suivant le cas) qui constituent les produits, et états, dûment arrêtés, qui en déterminent le montant.

Pour les forcements en recette sur remises perçues en trop, quittance à souche du comptable délivrée à lui-même.

SERVICES HORS BUDGET.

(Recette.)

56. *Fonds de retraites* (*I. G.*, *tabl. de l'art.* 1542, § 38):

1° Retenues sur traitements et part dans les saisies et amendes d'octroi (I. G., art. 1007, 1096, 1097, 1100, 1462 et 1485). — Pour la première fois, ampliation ou extrait des décisions qui déterminent les retenues; état nominatif annuel, arrêté par le maire, des employés qui ont subi les retenues et indiquant, avec le chiffre des traitements, le montant et la nature de ces retenues. Pour la part revenant au fonds de retraites dans le produit des saisies et amendes d'octroi, les états de répartition mentionnés au n° 143.

2° Semestres de rentes (I. G., art. 1099 et 1485). — État, certifié par le maire, indiquant les numéros et le montant des inscriptions.

3° Recettes accidentelles (I. G., art. 1096 et 1485). — Titres qui constituent les produits, timbrés ou non timbrés, suivant le cas (voir le n° 50 quand il s'agit de legs et donations); et états, dûment arrêtés, qui en déterminent le montant.

Copie du compte remis par la caisse des dépôts.

57. *Recettes d'ordre de l'octroi* (*I. G.*, *tabl. de l'art.* 1542, § 39):

1° Consignations pour saisies et amendes (I. G., art. 1102, 1462 et 1540).—Bulletins de versements à la caisse municipale; procès-verbaux constatant les contraventions, les transactions ou les jugements intervenus; actes de ventes s'il y a lieu.

2° Consignations sur passe-debout (I. G., art. 1102 et 1463) — Bulletins de versements déjà cités, et relevés mensuels des recettes et des dépenses sur passe-debout.

3° Remises allouées aux employés par l'administration des contributions indirectes (I. G., art. 1102 et 1464). — Bulletins de versements, déjà cités, appuyés des décomptes de remises revenant aux employés.

4° Produit net des ventes faites dans les entrepôts (I. G., art. 1102 et 1465). — Procès-verbaux constatant le produit des ventes, et pièces justificatives des déductions à opérer sur ce produit.

58. *Coupe affouagère distribuée en nature* (I. G., art. 874 et 1103; *tabl. de l'art.* 1542, § 40). — Certificat du maire constatant l'estimation de la coupe, détaillée par quantité, par nature de produits et par contenance.

59. *Dépôts de garantie et cautionnements pour adjudications et marchés* (*I. G.*, *art.* 1026 à 1028, 1104 *et* 1480; *tabl. de l'art.* 1542, § 41). — État, certifié par le maire, des dépôts et des

cautionnements qui ont dû être reçus, et présentant, dans des colonnes distinctes, les dépôts et les cautionnements en numéraire et en rentes sur l'Etat.

60. *Excédants de versements sur les produits communaux* (*I. G., art.* 888, 940, 1038 *et* 1105 ; *tabl. de l'art.* 1542, § 42). — Relevé, dressé par le receveur et certifié par le maire, des excédants par nature de produits.

61. *Retenues pour le service des pensions civiles et en vertu d'oppositions* (*I. G., art.* 346, 360, 363, 364, 367, 369, 371, 1007, 1106 et 1473 ; *tabl. de l'art.* 1342, § 43). — Etat, certifié par le maire, des retenues opérées.

62. *Rétribution scolaire à recouvrer pour le compte particulier de l'institutrice* (*I. G., art.* 979, 1107 *et* 1482; *tabl. de l'art.* 1542, § 44). — Etat, certifié par le maire, des rôles émis et ordonnances de dégrèvements qui réduisent le montant de ces rôles.

63. *Cotisations particulières* (*I. G., art.* 1108 *et* 1476 ; *tabl. de l'art.* 1542, § 45). — Rôles et états établissant les taxes, dûment approuvés.

64. — *Part allouée aux pauvres ou aux hospices dans le produit des concessions de terrain dans les cimetières, quand le receveur municipal n'est pas en même temps receveur hospitalier* (*I. G., art.* 927 ; *tabl. de l'art.* 1542, § 46). — Relevé, certifié par le maire, des actes de concessions indiquées au n° 18.

65. *Recettes faites avant l'ouverture de l'exercice* (*I. G., art.* 1109 *et* 1492 ; *tabl. de l'article* 1542, § 47). — Etat détaillé des recettes.

DÉPENSES ORDINAIRES.

(Justifications à l'appui du mandat de l'ordonnateur.)

66. *Traitement du secrétaire et des employés de la mairie* (*I. G., art.* 993 *et* 1011 ; *tabl. de l'art.* 1542, § 50). — La quittance ou l'état émargé des parties prenantes énonçant leurs noms, leur grade ou leur emploi ; le montant de leurs traitements, gages ou salaire, par année et par mois ou par trimestre ; les retenues pour pensions de retraites ou pensions civiles et le restant net à payer.

(Les quittances pour traitements des employés ou agents attachés au service de la commune avec un traitement annuel doivent être timbrées, si ce traitement excède 300 francs ; toutes autres quittances pour salaires doivent être timbrées, s'il s'agit de sommes excédant 10 francs : les états d'émargements doivent être timbrés, à moins qu'ils ne comprennent aucun traitement excédant 300 francs.)

67. *Frais de bureau de la mairie* (*I. G., tabl. de l'art.* 1542, § 54). — Factures ou mémoires des fournitures (T) réglés par le maire, quittancés par les fournisseurs et relatant, lorsqu'il y a lieu, les numéros sous lesquels les objets sont inscrits à l'inventaire ; copie (T), dûment certifiée, des procès-verbaux d'adjudications, soumissions, conventions et marchés, dans tous les cas où ces voies ont dû être employées ; certificats de réception, décompte des livraisons (T).

Pour les menues dépenses faites par le maire, état détaillé de ses avances.

Lorsque la somme inscrite au budget est allouée à forfait au maire, quittance (T), si la somme allouée annuellement excède 10 francs.

68. *Abonnement au* Bulletin des lois *et au* Moniteur des communes (*I. G., art.* 1151 *et* 1155). — Récépissé à talon du receveur des finances.

69. *Abonnement au* Bulletin annoté des lois, *au* Bulletin officiel du ministère de l'intérieur, *au* Journal des instituteurs *et au* Journal des commissaires de police (*I. G., art.* 611, 613 *et* 626 ; *tabl. de l'art.* 1542, § 71). — Récépissé du receveur des finances, ou extrait de ce récépissé, certifié par le maire.

70. *Abonnement à diverses publications périodiques* — Quittance de l'éditeur (T), si le prix d'abonnement excède 10 francs.

71. *Frais des registres de l'état civil et de la portion des tables décennales à la charge des communes* (*I. G., art.* 611 *et* 613 ; *tabl. de l'art.* 1542, § 71). — Extrait, certifié par le maire, de l'arrêté du préfet qui a fixé le montant de la cotisation à la charge de la commune ; récépissé du receveur des finances constatant le versement de la cotisation, ou extrait de ce récépissé, certifié par le maire.

Pour les registres ou feuilles supplémentaires achetés directement par le maire, mémoire réglé par le maire et quittancé par le fournisseur, (T) à moins que la fourniture n'ait été faite par le receveur de l'enregistrement.

Pour les frais de reliure, mémoire (T) réglé par le maire et quittancé par la partie prenante, ou simple acquit sur le mandat si, la somme n'excédant pas 10 francs, la partie prenante a été dispensée de produire un mémoire.

72. *Frais des impressions fournies par la préfecture ; cotisation à la charge de la commune* (*I. G., art.* 611 *et* 613 ; *tabl. de l'art.* 1542, § 71). — Extrait, certifié par le maire, de l'arrêté du préfet qui a fixé le montant de la cotisation ; récépissé du receveur des finances ou extrait de ce récépissé.

73. *Frais de confection des matrices, rôles et avertissements à la charge de la commune* (*I. G., art.* 611 *et* 613 ; *tabl. de l'art.* 1542, § 71). — Mêmes justifications qu'à l'article précédent.

74. *Timbre des comptes et registres de la comptabilité communale* (*I. G. art.* 1302 *et* 1470). — Mêmes justifications qu'au n° 72, lorsque les formules de comptes et registres sont fournis timbrés par la préfecture, et que le prix en est recouvré à titre de cotisation au compte des frais d'impression à la charge des communes.

Quittance du receveur de l'enregistrement, lorsque les registres et comptes ont été visés pour timbre par les soins du receveur municipal.

75. *Frais de timbre des rôles de taxes communales, et autres à la charge des communes* (*I. G., art.* 1017). Quittance du receveur de l'enregistrement, ou état quittancé par le receveur municipal, s'il a fait personnellement l'avance du timbre, lequel état arrêté par le maire, indiquant le nombre de feuilles, le prix de chacune d'elles et la date de la fourniture.

76. *Remises du receveur municipal* (*I. G., art.* 1041 *et* 1239 *à* 1245; *tabl. de l'art.* 1542, § 48). — Pour la première fois, copie dûment certifiée de la décision qui a fixé le taux des remises, et relatant la délibération préalable du conseil municipal.

Décompte défini if des remises prélevées sur les recettes et dépenses qui en sont passibles, suivant les articles 1240 et 1241 de l'Instruction générale et suivant le *modèle* n° 254; quittance du receveur municipal (T) si le traitement annuel excède 300 francs.

77. *Frais de perception des centimes communaux* (*I. G., art.* 18). — Acquit ou quittance du percepteur (T) si la somme excède 10 francs.

78. *Rétribution du percepteur pour la formation de l'état matrice de la taxe sur les chiens* (*I. G., art.* 912). — État indiquant : 1° le nombre d'articles du [illegible]; 2° la rétribution de 12 centimes par article; 3° le montant total de l'indemnité; ledit état dressé par le percepteur et visé par le maire.

79. *Traitements et frais de bureau des commissaires de police* (*I. G., art.* 611, 613 *et* 623; *tabl. de l'art.* 1542, § 71). — Extrait, certifié par le maire, de l'arrêté du préfet qui fixe le montant de la cotisation à la charge de la commune; récépissé du receveur des finances, ou extrait certifié par le maire.

80. *Dépenses de police dans les villes chefs-lieux de département ayant plus de 40,000 habitants* (*I. G., art.* 611, 613 *et* 623; *tabl. de l'art.* 1542, § 71). — Mêmes justifications qu'à l'article précédent.

81. *Traitement des appariteurs ou agents de police, du tambour-afficheur et du concierge de la mairie* (*I. G., art.* 993 *et* 1011; *tabl. de l'art.* 1542, § 50). — Mêmes justifications qu'au n° 66.

82. *Traitement des gardes champêtres* (*I. G., art.* 993 *et* 1011; *tabl. de l'art.* 1542, § 50). — Mêmes justifications qu'au n° 66.

83. *Traitement des gardes forestiers* (*I. G., art.* 611, 613 *et* 624; *tabl. de l'art.* 1542, § 71; *Circ. min. des fin.*, 28 *février* 1863). — Mêmes justifications que ci-dessus, n° 79.

84. *Dépenses des octrois.* (*Circ.* 30 *septembre et* 12 *décembre* 1828; *I. G., art.* 915, 916 *et* 923; *tabl. de l'art.* 1542, § 62) :

1° Pour les dépenses du personnel, mêmes justifications qu'à l'article 66;

2° Pour les dépenses du matériel, factures ou mémoires réglés des fournitures (T) et relatant, lorsqu'il y a lieu, les numéros sous lesquels les objets sont inscrits à l'inventaire; copie, dûment certifiée et (T) lorsqu'elle est produite avec le compte final, des procès-verbaux d'adjudications, soumissions, conventions et marchés, dans tous les cas où ces voies ont dû être employées, aux termes de l'ordonnance royale du 14 novembre 1837, du décret du 25 mars 1852 (§ 48 du tableau A), et des instructions du ministère de l'intérieur des 9 juin 1838 et 5 mai 1852; certificats de réception, décompte des livraisons (T), quittances des parties prenantes (T lorsque la dépense excède 10 francs);

3° Pour les dépenses imprévues, les mémoires, factures, conventions et marchés, dans les cas où ces voies sont employées (T); les décomptes de livraisons et les quittances des parties prenantes (T lorsque la dépense est supérieure à 10 francs);

4° Pour l'indemnité d'exercice due à l'administration des contributions indirectes, le décompte dûment arrêté de l'indemnité; les quittances du receveur des contributions indirectes (T);

5° Pour l'ensemble des frais de perception, la copie, dûment certifiée, de la décision du ministre des finances, ou du préfet du département, qui a fixé ces frais, en vertu de l'article 10 de l'ordonnance royale du 9 décembre 1814, ou la mention de cette décision sur le bordereau de décembre.

(Pour les dépenses d'ordre, voir plus loin n° 143.)

Nota. — Les quittances délivrées aux receveurs municipaux par les receveurs principaux des contributions indirectes pour le remboursement des traitements des préposés des octrois sont assujetties au timbre de dimension.

85. *Prélèvements sur les produits de l'octroi pour frais de casernement et d'occupation des lits militaires* (*I. G., art.* 993; *tabl. de l'art.* 1542, § 63). — Les extraits des décomptes dressés par les intendants militaires et les administrations locales, lesquels doivent être certifiés par le directeur des contributions indirectes ou le chef de service dans l'arrondissement; 2° les quittances des receveurs des contributions indirectes (voir le *nota* à la suite du § précédent);

3° ampliation du décret impérial qui peut avoir réglé un abonnement fixe, conformément à l'article 10 de l'ordonnance du 5 août 1818.

86. *Remplacement de la contribution mobilière au moyen d'un prélèvement sur le produit de l'octroi* (*I. G., art.* 6 *et* 993; *tabl. de l'art.* 1542, § 66). — Décret qui autorise le remplacement, extrait de l'état de répartition des contributions, et récépissé du receveur des finances.

87. *Frais d'exploitation des coupes affouagères* (*I. G.*, *art.* 1030; *tabl. de l'art.* 1542, § 69). — Copie dûment certifiée, non timbrée, lorsqu'elle est produite à l'appui d'un payement d'à-compte, et (T) lorsqu'elle est produite avec le compte final, du procès-verbal d'adjudication, et, en outre, à l'appui du mandat du dernier payement, certificat de récolement de la coupe (T), délivré par l'agent forestier local et constatant que l'entrepreneur a rempli ses obligations; quittances (T) de la partie prenante.

88. *Frais d'administration des bois communaux* (*I. G., art.* 878). — Quittance (T) du receveur des domaines qui a perçu la taxe, et extrait, dûment certifié, de l'état dans lequel elle a été déterminée.

89. *Contributions directes; taxe des biens de mainmorte* (*I. G., art.* 993; *tabl. de l'art.* 1542, § 65). — Avertissements et quittances à souche des percepteurs.

90. *Loyer de la maison commune.* — Avec chacun des comptes autres que le compte final, copie ou extrait, non timbré, certifié par le maire, du bail approuvé par le préfet et enregistré · avec le compte final, l'expédition (T) du bail; quittance (T) de la partie prenante.

La quittance du maire (T) suffit lorsqu'il affecte à la mairie une partie de sa propre habitation et qu'il n'existe pas de bail.

91. *Frais d'entretien de la maison commune* (*I. G., art.* 1021 *à* 1024; *tabl. de l'art.* 1542, §§ 59 à 61.) — Pour les réparations de simple entretien n'excédant pas 300 fr., soumission de l'entrepreneur acceptée par le maire, ou mémoire des réparations exécutées par économie, dûment réglé et visé par le maire (T); quittance de la partie prenante (T), à moins qu'elle n'ait pour objet une somme n'excédant pas 10 francs, ou qu'elle ne soit donnée au bas d'un mémoire déjà soumis au timbre.

Pour les réparations excédant 300 francs, devis approuvé par le sous-préfet, si la dépense n'excède pas 1,000 francs, et par le préfet s'il s'agit d'une dépense supérieure, et, en outre : — pour les travaux en régie, mandat d'avance quittancé par le régisseur; relevé des payements certifié par lui et appuyé des rôles de journées dûment quittancés (T), quand ils comprennent des sommes excédant 10 francs; mémoires des fournitures, dûment certifiés et visés (T); — pour les réparations sur soumission d'entrepreneur, soumission acceptée par le maire (T), procès-verbal de réception des travaux, visé par le maire et quittancé par l'entrepreneur (T); — enfin, pour les réparations faites par voie d'adjudication publique : copie (T) du procès-verbal d'adjudication, procès-verbal de réception des travaux, dressé et certifié par l'architecte, visé par le maire et quittancé par l'entrepreneur (T).

Nota. Les quittances données par le maire au receveur municipal du montant des sommes allouées annuellement pour l'entretien de la maison commune sont exemptes de la formalité du timbre, quand il n'y a pas de mémoires d'ouvriers et fournisseurs, et que les réparations ont été faites à une propriété communale (I. G., art. 1009).

92. *Dépenses ordinaires pour achat et réparations d'objets mobiliers* (*I. G., tableau de l'art.* 1542, § 54). — Factures ou mémoires réglés des fournitures ou réparations (T), relatant, lorsqu'il y a lieu, les numéros sous lesquels les objets sont inscrits au catalogue ou à l'inventaire; copie (T), dûment certifiée, des procès-verbaux d'adjudication, soumissions, conventions et marchés, dans les cas où ces voies ont dû être employées; certificats de réception, décompte des livraisons (T).

93. *Frais de loyer et d'entretien du local de la justice de paix* (*L.* 18 *juillet* 1837, *art.* 30). — Mêmes justifications que pour les frais de loyer et d'entretien de la maison commune. (Voir ci-dessus n°s 90 et 91.)

94. *Dépenses des conseils de prud'hommes et des chambres consultatives des arts et manufactures* (*D.* 10 *thermidor an* XI *et* 11 *juin* 1809). — Mêmes justifications que pour les frais de loyer et d'entretien de la maison commune et les frais de bureau de la mairie. (Voir les n°s 67, 90 et 91.)

95. *Entretien des halles et marchés* (*I. G., art.* 1021 *à* 1024; *tabl. de l'art.* 1542, §§ 59 à 61). — Mêmes justifications que pour l'entretien de la maison commune. (Voir n° 91.)

96. *Entretien du pavé* (*I. G., art.* 1021 *à* 1024; *tabl. de l'art.* 1542, §§ 59 *à* 61). — Mêmes justifications que pour l'entretien de la maison commune. (Voir n° 91.)

97. *Entretien des aqueducs, fontaines, puits, mares et lavoirs publics* (*I. G., art.* 1020 *à* 1024; *tabl. de l'art.* 1542, §§ 59 *à* 61). — Mêmes justifications que pour l'entretien de la maison commune n° 91, sauf dans le cas suivant :

Lorsque l'entretien annuel est concédé par bail à un entrepreneur, copie ou extrait non timbré du procès-verbal d'adjudication ou traité de gré à gré; quittances (T) de l'entrepreneur; et, avec le compte de la dernière année, l'expédition (T) du bail.

98. *Entretien des promenades et jardins publics* (*I. G., art.* 993, 1011, 1020 *à* 1022; *tab. de l'art.* 1542, §§ 50, 59 *à* 61). — Mêmes justifications qu'au n° 66 pour les traitements des gardiens et jardiniers, et qu'au n° 91 pour les dépenses d'entretien.

99. *Entretien des horloges.*—Lorsque le soin de monter et d'entretenir les horloges est confié à l'instituteur ou à un employé de la mairie, moyennant un traitement annuel, quittance de la partie prenante (T si le traitement excède 300 francs).

Lorsqu'il a été traité avec un horloger, état ou mémoire de l'entrepreneur (T), arrêté par le maire et quittancé par la partie prenante; s'il existe un bail, copie ou extrait, non timbré, de cet acte; expédition (T) du bail avec le compte final.

100. *Entretien des pompes à incendie, et gratifications aux sapeurs-pompiers (I. G., art.* 1009; *tabl. de l'art.* 1542, § 60). — Pour les réparations, soumission de l'entrepreneur acceptée par le maire, ou mémoire des réparations exécutées par économie, dûment réglé et visé par le maire (T).

Pour les gratifications, quittances individuelles des sapeurs-pompiers, ou état nominatif d'émargement, non timbré.

101. *Frais de visite des fours et cheminées.* — Mémoire des journées et autres frais, réglé par le maire, et (T) si la dépense excède 10 francs.

102. *Primes d'assurances contre l'incendie.* — Quittance de l'agent qui a reçu la prime d'assurances, (T) s'il s'agit d'une dépense excédant 10 francs; avec le premier compte, copie ou extrait non timbré de la police d'assurances, et, avec le compte final, copie (T), dûment certifiée, dudit acte.

103. *Dépenses de l'éclairage (I. G., art.* 1021 *à* 1029, 1543; *tabl. de l'art.* 1542, §§ 50, 54, 60 *et* 61). — Lorsque le service est en régie, état émargé des préposés (T), lorsqu'il comprend des traitements excédant 300 francs; et, pour les achats et réparations, factures ou mémoires réglés des fournisseurs et ouvriers (T); copie ou extrait des procès-verbaux d'adjudications, soumissions, conventions et marchés, dans tous les cas où ces voies ont dû être employées; copie dûment certifiée et (T) de ces actes, lorsqu'elle est produite avec le compte final.

Lorsque l'éclairage a été l'objet d'une adjudication publique ou d'un traité de gré à gré: 1°, avec le premier compte, copie, non timbrée, du procès-verbal d'adjudication ou du traité de gré à gré; copie, non timbrée, du bordereau d'inscription hypothécaire prise pour la garantie de l'entreprise, ou de la quittance constatant le versement du cautionnement en numéraire, ou bien de l'arrêté motivé du maire, approuvé par le préfet, dispensant l'entrepreneur de fournir un cautionnement; 2° avec les comptes suivants, extrait, non timbrés, du procès-verbal d'adjudication ou marché de gré à gré; 3° avec le compte final, expédition, dûment certifiée et (T) du procès-verbal d'adjudication ou du traité de gré à gré; copie (T) de l'acte de cautionnement ou de dispense de cautionnement.

104. *Balayage des rues et enlèvement des boues et immondices (I. G., art.* 1021 *à* 1024; *tabl. de l'art.* 1542, §§ 59 *à* 61). — Mêmes justifications que pour l'éclairage, suivant que le service est en régie, ou en entreprise par adjudication publique, ou traité de gré à gré. (Voir n° 103.)

105. *Dépenses des chemins vicinaux (I. G., art.* 888, §§ 4 *et* 10, 890, 892, 1018 *à* 1023; *tabl. de l'art.* 1542, § 64). — 1° pour les travaux exécutés en vertu du rôle des prestations en nature, l'extrait de ce rôle, signé du comptable, revêtu des émargements du surveillant des travaux constatant la libération des prestataires, et dûment certifié par le maire de la commune, quittance à souche du comptable;

2° Pour les travaux payés en argent, les mêmes justifications que pour les autres travaux de construction, réparation et entretien. (Voir les nos 91, 136 et 137.)

3° Pour les indemnités relatives aux extractions de matériaux, dépôts ou enlèvements de terre, occupations temporaires de terrains (L. 21 mai 1836, art. 17), l'arrêté préfectoral qui autorise les extractions de matériaux ou les occupations temporaires de terrains; le traité passé entre le maire et le propriétaire, accepté par le conseil municipal et approuvé par le préfet, si l'indemnité a été réglée à l'amiable (T); dans le cas contraire, l'arrêté du conseil de préfecture qui a fixé l'indemnité (Régl. sur les ch. vic., 21 juillet 1854, art. 215).

4° Pour les acquisitions, voir plus loin n° 133.

106. *Contingent de la commune dans la dépense des chemins vicinaux de grande communication (I. G., art.* 449 *et* 450). — Extrait de l'état de répartition qui a fixé le contingent de la commune; récépissé du receveur des finances.

107. *Contingent de la commune dans la dépense des chemins vicinaux d'intérêt commun (I. G., art.* 890; *tabl. de l'art.* 1542, § 71). — Extrait de l'arrêté préfectoral qui a fixé le contingent; récépissé ou extrait du récépissé du receveur des finances.

108. *Dépenses de la garde nationale (D.* 11 *janvier* 1852, *art.* 14, 15 *et* 17; *I. G., art.* 622). — 1° Pour les traitements des officiers et employés rétribués, état de présence, visé par le conseil d'administration, ou le commandant de la compagnie ou subdivision de compagnie, et émargé par les parties prenantes, (T) s'il comprend des traitements excédant 300 francs;

2° Pour les dépenses du matériel, factures ou mémoires réglés des fournitures (T) et relatant, lorsqu'il y a lieu, les numéros sous lesquels les objets sont inscrits à l'inventaire; copie dûment certifiée et (T) lorsqu'elle est produite avec le compte final, des procès-verbaux d'adjudication, soumissions, conventions et marchés dans tous les cas où ces voies ont dû être employées; certificats de réception, décomptes des livraisons (T). Toutes ces pièces doivent être revêtues du visa du conseil d'administration, ou, à défaut, du commandant de la compagnie ou subdivision de compagnie.

3° Pour le versement des contingents communaux dans la dépense des bataillons cantonaux et pour subvenir à l'achat de pièces d'armes, extrait des arrêtés préfectoraux qui ont fixé les contingents; récépissés ou extraits des récépissés du receveur des finances.

109. *Portion à la charge de la commune dans la dépense des aliénés indigents* (*I. G., art.* 617; *tabl. de l'art.* 1542, § 71). — Extrait certifié par le maire de l'arrêté préfectoral qui a fixé le contingent; récépissé ou extrait du récépissé du receveur des finances.

110. *Contingent de la commune dans la dépense des enfants assistés* (*I. G., art.* 1074; *Circ. int.*, 8 *juin* 1863). — Mêmes justifications qu'au numéro précédent.

111. *Dépenses des malades, vieillards et incurables indigents placés dans les hospices et hôpitaux* (*I. G., art.* 977; *tabl. de l'art.* 1542, § 71). — Mêmes justifications que pour la dépense des aliénés. (Voir n° 109.)

112. *Subventions aux hospices et autres établissements de bienfaisance* (*I. G., art.* 994; *tabl. de l'art.* 1542, § 77). — Les quittances à souche des receveurs ou trésoriers.

113. *Allocations aux médecins et sages-femmes pour vaccinations et soins aux malades indigents.* — Mémoires (T) réglés par le maire et quittancés. En cas de traitement fixe, quittance de la partie prenante (T si le traitement annuel excède 300 francs).

114. *Contingent de la commune pour le service médical gratuit dans les départements où ce service est organisé* (*I. G., art.* 613; *tabl. de l'art.* 1542, § 71). — Extrait de la décision du préfet qui a fixé le contingent; récépissé ou extrait du récépissé du receveur des finances.

115. *Pensions et secours à d'anciens employés de la commune et aux sapeurs-pompiers municipaux ou gardes nationaux victimes de leur dévouement* (*I. G., art.* 989; *tabl. de l'art.* 1542, § 53; *L.* 5 *avril* 1852). — Mandat quittancé; certificat de vie, lorsque la quittance n'est pas donnée par le titulaire ou que le secours est payé dans une autre commune.

116. *Dépenses des collèges communaux* (*I. G., art.* 880 *et* 996; *tabl. de l'art.* 1542, § 52). — Copie, dûment certifiée, du compte rendu par le principal et faisant ressortir la perte de la gestion annuelle du collège; états de traitements certifiés par le principal, dûment émargés par les régents, et portant mention des retenues pour le service des pensions civiles.

117. *Bourses communales dans les lycées et écoles normales primaires.* — Récépissés du receveur des finances.

118. *Traitement des instituteurs et des institutrices primaires et des directrices des salles d'asile* (*I. G., art.* 979; 1010, 1032 *à* 1040 *et* 1042 *à* 1045). — Quittances des parties prenantes (T. si le traitement fixe fourni par la commune excède 300 francs).

Le mandat doit faire ressortir les retenues pour pensions à supporter par les instituteurs et institutrices autres que les membres des congrégations religieuses.

119. *Location et entretien de la maison d'école, entretien du mobilier de classe.* — Mêmes justifications que pour le loyer et l'entretien de la maison commune. (Voir nos 90 et 91.)

120. *Achats de livres pour les prix et de fournitures de classe pour les indigents* (*I. G., tabl. de l'art.* 1542, § 54). — Factures ou mémoires réglés des fournitures (T); état nominatif de distribution dressé par l'instituteur et visé par le maire.

121. *Loyer du presbytère.* — Mêmes justifications que pour le loyer de la maison commune. (Voir n° 90.)

122. *Indemnité de logement aux curés ou desservants, et autres ministres du culte salariés par l'État.* — Quittance (T) de la partie prenante.

123. *Supplément de traitement au curé ou desservant.* — Quittance de la partie prenante (T. si le supplément de traitement excède 300 francs).

124. *Traitement des vicaires.* — Mêmes justifications qu'au numéro précédent.

125. *Secours à la fabrique en cas d'insuffisance de ses revenus.* — Quittance (T) du trésorier.

126. — *Fêtes publiques.* — Mémoires ou états (T) des fournitures et ouvrages, arrêtés par le maire et quittancés; copie (T) des procès-verbaux, soumissions, conventions et marchés dans les cas où ces voies ont dû être employées.

Pour les distributions de secours, états nominatifs émargés par les parties prenantes.

127. *Dépenses imprévues* (*I. G., art.* 819; *tabl. de l'art.* 1542, § 70). — Les autorisations du préfet ou du sous-préfet, conformément à l'article 37 de la loi du 18 juillet 1837, indépendamment des justifications d'emploi ou de payement. (Voir, en outre, l'article 1533 de l'Instruction générale.)

DÉPENSES EXTRAORDINAIRES.

128. *Remboursements et intérêts d'emprunts* (*I. G., art.* 970; *tabl. de l'art.* 1542, § 68). Pour les remboursements, quittances des ayants droit (T), ou, s'il y a lieu, les obligations timbrées et dûment quittancées; récépissés de la caisse des dépôts et consignations; état présentant la situation à la fin de l'année.

Pour le payement des intérêts, quittances des parties prenantes (T), lorsqu'elles n'ont pas été détachées d'obligations timbrées.

Nota. Tout titre original au porteur doit être frappé d'un timbre d'annulation.

129. *Taxations du receveur général sur le produit des coupes extraordinaires de bois* (*I. G., art.* 357 *et* 965 ; *tabl. de l'art.* 1542, § 51). — Extrait du décompte (*modèle nº* 89), certifié par le préfet ; quittance, non timbrée, du receveur général.

Nota. Les mandats délivrés au profit du receveur général doivent contenir la mention relative aux retenues prescrites par l'article 344 de l'Instruction générale.

130 *Dépenses extraordinaires pour achat d'objets mobiliers, denrées, matières et marchandises* (*I. G., art.* 1021 à 1024 ; *tabl. de l'art.* 1542, § 54).—Factures ou mémoires réglés des fournitures (T) et relatant, lorsqu'il y a lieu, les numéros sous lesquels les objets sont inscrits au catalogue ou à l'inventaire ; copie, dûment certifiée et (T) lorsqu'elle est produite avec le compte final, du procès-verbal d'adjudication, soumissions, conventions et marchés, dans tous les cas où ces voies ont dû être employées, aux termes de l'ordonnance royale du 14 novembre 1837, du décret du 25 mars 1852 (§ 48 du tableau A), et des instructions du ministère de l'intérieur, des 9 juin 1838 et 5 mai 1852 ; certificats de réception, décompte des livraisons (T).

131. *Echanges et acquisitions de propriétés immobilières, par voie d'amiable composition et de consentement volontaire, d'après les règles du droit commun* (*I. G., art.* 1818 ; *tabl. de l'art.* 1542, § 55). — 1º Ampliation de l'arrêté du préfet, autorisant l'acquisition ou l'échange, en vertu de l'article 46 de la loi du 18 juillet 1837, et du décret du 25 mars 1852 (§ 41 du tableau A) ;

2º Copie certifiée du contrat (T) lorsqu'il est produit avec le compte final, non timbrée lorsqu'il s'agit d'une justification provisoire ; ladite copie portant mention de la transcription ;

3º Certificat (T) du conservateur, délivré après la transcription et constatant la non-existence d'inscriptions ou la radiation de celles qui existaient ;

4º Décompte, en principal et intérêts, du prix d'acquisition (*modèle nº* 310).

Et pour établir la purge des hypothèques légales :

1º Certificat du greffier du tribunal civil constatant le dépôt et l'affiche du contrat au greffe pendant deux mois (T) ;

2º Copie de la signification de ce dépôt au procureur impérial et aux parties désignées en l'article 2194 du Code Napoléon (T) ;

3º Journal, ou feuilles d'annonces, dans lequel a été publiée la signification faite au procureur impérial ;

4º Certificat du conservateur constatant que, dans le délai de deux mois, il n'a été pris aucune inscription sur les immeubles vendus (T).

Le maire de la commune, autorisé à cet effet par délibération du conseil municipal, approuvée par le préfet, peut se dispenser de remplir les formalités de la transcription et de la purge, lorsqu'il s'agit d'acquisitions d'immeubles faites de gré à gré et dont le prix n'excède pas 100 francs. (Circ. int., 28 octobre 1830 et 10 avril 1842 ; O. 18 avril 1842.)

Nota. Les receveurs doivent se reporter en outre au nº 133 ci-après et à l'article 1018 de l'Instruction générale, surtout quand il s'agit de biens dotaux.

132. *Acquisitions d'immeubles par application de la loi du 3 mai 1841 sur l'expropriation pour cause d'utilité publique* (*I. G., art.* 1018 *et* 1019 ; *tabl. de l'art.* 1542, § 56).

En cas de *convention amiable*, 1º extrait du décret qui a déterminé les propriétés particulières auxquelles l'expropriation était applicable ; 2º certificat du maire constatant que les publications et affiches prescrites par l'article 6 de la loi du 3 mai 1841 ont eu lieu, et le numéro du journal où l'insertion a été faite ; 3º copie de l'acte de vente mentionnant les déclarations et annotations du conservateur des hypothèques qui a opéré la transcription ; 4º certificat du maire, délivré huit jours au moins après les publications ci-dessus mentionnées, et constatant qu'aucun tiers ne s'est fait connaître comme intéressé au règlement de l'indemnité ; 5º certificat du conservateur, délivré quinze jours après la transcription, et indiquant s'il existe, ou non, des inscriptions sur les propriétaires ou usufruitiers désignés au contrat d'acquisition.

En cas d'*expropriation*, 1º copie ou extrait du jugement d'expropriation mentionnant textuellement la transcription et énonçant la date de la notification ; 2º extrait de la feuille d'annonces, et certificat du maire constatant que les publications et affiches prescrites par l'article 6 de la loi du 3 mai 1841 ont eu lieu ; 3º certificat du conservateur des hypothèques constatant qu'après la transcription du jugement il n'existait aucune inscription sur les immeubles expropriés, et, dans le cas contraire, l'état des inscriptions ou le certificat qui en tient lieu ; 4º certificat du maire, délivré huit jours au moins après les publications ci-dessus mentionnées, et constatant qu'aucun tiers ne s'est fait connaître comme intéressé au règlement de l'indemnité ; 5º si les offres faites par l'administration municipale, conformément à l'article 23 de la loi du 3 mai 1841, ont été acceptées, copie du contrat contenant règlement de l'indemnité ; dans le cas contraire, copie ou extrait de la décision du jury portant fixation de l'indemnité d'expropriation ; 6º si, conformément à l'article 53 de la même loi, il a été fait des offres réelles, une expédition de l'arrêté du maire ordonnant et motivant lesdites offres ainsi que la consignation qui doit les suivre à défaut d'acceptation régulière ; le procès-verbal d'offres constatant le refus de l'ayant droit, ou, dans le cas d'acceptation, le payement de la somme due, indépendamment de l'acquit mis, pour ordre, au bas du mandat du maire, et, lorsque la consignation a eu lieu, le procès-verbal de consignation et le récépissé du receveur des finances. (Voir l'article 1019 de l'Instruction générale.)

A l'égard de la dispense des formalités nécessaires pour l'accomplissement de la purge, voir l'avant-dernier alinéa du § 131 précédent, sauf que la limite de dispense est portée à 500 francs, quand il s'agit d'acquisitions faites en vertu de la loi du 3 mai 1841 sur l'expropriation pour cause d'utilité publique. (Voir, en outre, le *nota* du § 133 ci-après.)

Nota. Toutes les pièces sont exemptes du droit du timbre ; mais celles qui, dans les cas ordinaires, y seraient sujettes, doivent être visées pour timbre gratis.

133. *Acquisitions d'immeubles par application des articles* 15 *et* 16 *de la loi du* 21 *mai* 1836, *sur les chemins vicinaux* (*I. G., art.* 892, 1018 *et* 1019 ; *tabl. de l'art.* 1542, § 57). — Ampliation de l'arrêté préfectoral qui prescrit l'élargissement, l'ouverture ou le redressement des chemins, et, en outre, selon le cas, les pièces suivantes : 1° l'acte de cession amiable ou la décision du juge de paix ou du tribunal civil, en matière d'*élargissement* (art. 15 de la loi); et, en matière d'*ouverture* et de *redressement*, extrait du jugement d'expropriation et de la décision du jury fixant le chiffre de l'indemnité (art. 16 de la loi); 2° quant à la purge des hypothèques, les pièces prescrites par le § 55, si l'on a procédé suivant le droit commun, et par le § 56 pour les autres cas d'expropriation, ou délibération du conseil municipal, dûment approuvée, qui dispense de la purge, si le prix n'excède pas 100 francs en matière d'élargissement, et 500 francs en matière d'ouverture et de redressement. (O. 18 avril 1842; Circ. int., 30 du même mois; Règl. sur les chem. vic., 21 juillet 1854, art. 215.)

Nota concernant les nos 131, 132 et 133. — Si la propriété vendue appartient en totalité ou en partie à des mineurs, interdits, absents ou incapables, le contrat doit rappeler l'autorisation donnée par le tribunal d'accepter les offres de la commune. Il en est de même pour les immeubles dotaux. Dans tous les cas, fournir la justification du remploi, lorsqu'il est ordonné.

Toutes les formalités hypothécaires doivent être accomplies dans l'ordre indiqué par l'article 1018 de l'Instruction.

S'il existe des inscriptions hypothécaires ou oppositions qui empêchent que le payement puisse être fait au vendeur, le prix de vente est versé à la caisse des dépôts et consignations en vertu d'un arrêté du maire qui est produit avec le récépissé (T) du préposé de ladite caisse, et toutes les pièces énoncées ci-dessus, à l'exception du certificat ou de l'état des inscriptions délivré par le conservateur. Cette pièce est remplacée par le reçu du préposé de la caisse des dépôts à qui elle est remise.

134. *Achat de rentes sur l'État* (*I. G., art.* 1157, 1158 *et* 1499). — Expédition de la délibération du conseil municipal, approuvée par le préfet ; mandat du maire, énonçant la provenance des fonds dont il est fait emploi ; reçu du receveur des finances (non timbré) ; bordereau de l'agent de change (T).

135. *Placements sur particuliers.* — Expédition de l'acte de l'autorité administrative qui a approuvé le placement ; expédition (T) du contrat portant obligation de l'emprunteur ; copie du bordereau de l'inscription hypothécaire.

136. *Constructions et grosses réparations.* (*I. G., art.* 1020 *à* 1022 ; *tabl. de l'art.* 1542, § 59.) — A l'appui du premier à-compte, décision approbative des travaux, extrait ou copie du procès-verbal d'adjudication ; justification, s'il y a lieu, de la réalisation du cautionnement ; certificat de l'architecte ou du surveillant des travaux, visé par le maire, constatant l'avancement des travaux et le montant de la somme à payer (T) ;

Pour les à-compte subséquents, certificat de l'architecte, visé par le maire, rappelant les à-compte payés antérieurement et indiquant la nouvelle somme à payer (T) ;

Quant au solde des travaux, expédition en due forme du procès-verbal d'adjudication (T) ; décompte général et procès-verbal de réception définitive (T) ; cahier des charges et devis estimatif ou série de prix (T) ; dans le cas d'adjudication à prix ferme, le procès-verbal de réception seulement (T) ;

Lorsque, après procès-verbal de réception définitive, les payements doivent être faits en plusieurs années, décompte de la dépense (*modèle n°* 317).

S'il n'y a pas eu d'adjudication, dans les cas prévus par l'ordonnance du 14 novembre 1837 et l'instruction du ministère de l'intérieur du 9 juin 1838 (art. 1022 de l'Instruction générale), autorisation du préfet, marché de gré à gré (T), mémoires réglés et visés, états de journées (T), ou certificat de réception des travaux (T), délivré par l'architecte et visé par le maire. Mêmes justifications que ci-dessus pour le cas d'adjudication publique, lorsque la dépense est payée par à-compte, au fur et à mesure de l'avancement des travaux et s'étend sur plusieurs années.

137. *Travaux en régie* (*I. G., art.* 993 *et* 1014 ; *tabl. de l'art.* 1542, § 61.) — Décision approbative des travaux, mandat d'avances quittancé par le régisseur ; relevé des payements certifié par lui et appuyé des rôles de journées dûment quittancés (T), quand ils comprennent des sommes excédant 10 francs ; pour les fournitures, mémoires dûment certifiés et visés (T).

Mêmes justifications pour les dépenses faites pour ateliers de charité, pour réparations des chemins, sauf que les rôles de journées sont exempts du timbre, lorsqu'on n'emploie que des indigents. (I. G., art. 1009.) — Voir *Mém.* 1863, p. 283.

138. *Honoraires d'architecte.* — Décompte (T) dressé et certifié par l'architecte et arrêté par le maire, ledit décompte indiquant les travaux exécutés et déterminant la somme proportionnelle à laquelle a droit l'architecte, déduction faite des à-compte précédemment payés.

139. *Honoraires de notaire.* — Etat détaillé (T) taxé par le président du tribunal.

140. *Frais de procès.* — État détaillé des frais à payer (T), dressé par l'avoué de la commune et taxé par le juge ; exécutoire (T) de l'avoué de la partie adverse ; pour le montant des condamnations, expédition du jugement ou arrêt qui a prononcé la condamnation (T).

141. *Frais de purge des hypothèques légales.* — Etat détaillé (T) des frais, certifié par l'avoué et visé par le maire.

142. *Droits de mutation et frais d'enregistrement.* — Mandat acquitté pour duplicata par le receveur de l'enregistrement qui a perçu les droits, non timbré si les actes soumis aux droits en portent eux-mêmes le reçu. — *Mém.* 1863, p. 167.

SERVICES HORS BUDGET.

(Dépense.)

143. *Fonds de retraites* (*I. G., art.* 1099 *et* 1485 ; *tabl. de l'art.* 1542, § 72). — Pour les payements de retraites ou pensions, quittances des parties prenantes (T) quand la pension excède 300 francs.

144. *Dépenses d'ordre de l'octroi* (*I. G., tabl. de l'art.* 1542, § 73). — 1° Consignations pour saisies et amendes (I. G., art. 1102 et 1462) : pour les remboursements, décisions qui les autorisent et quittances des parties prenantes (T) ; pour les frais divers, pièces justificatives de ces frais ; pour les droits fraudés, déclaration de recette du receveur du bureau central, au bas de l'état de répartition ; pour la part revenant aux saisissants, ledit état (T), émargé par les parties prenantes, ou, s'il s'agit de saisies mixtes, par le receveur principal des contributions indirectes ; pour la part revenant à la commune et pour la part affectée au fonds de retraites, le même état et quittances du receveur municipal ; — états mensuels des consignations restituées u réparties ;

2° Consignations sur passe-debout (I. G., art. 1102 et 1463) : relevés mensuels (déjà cités au n° 57), indiquant, d'une part, les remboursements, justifiés par les quittances des parties prenantes (T) ; et, d'autre part, les sommes converties en perception définitive ; certificat de sortie des objets qui ont donné lieu aux consignations ;

3° Remises allouées aux employés par l'administration des contributions indirectes (I. G., art. 1102 et 1464) : état de répartition (T) dressé par le maire et dûment émargé par les parties prenantes ;

4° Produit des ventes faites dans les entrepôts (I. G., art 1102 et 1465), quittances des ayants droit (T).

145. *Coupe affouagère distribuée en nature* (*I. G., art.* 874 *et* 1103 ; *tabl. de l'art.* 1542, § 74). — Etat nominatif, certifié par le maire et présentant, par contenance de chaque lot ou par nature de produit, la part afférente à chacun des habitants et émargement de ceux-ci.

146. *Remboursement et emploi en cautionnement des dépôts de garantie pour adjudications et marchés* (*I. G., art.* 1026 *à* 1029, 1104 *et* 1480 ; *tabl. de l'art.* 1542, § 75). — Pour les dépôts restitués, certificat (T) du président de l'adjudication constatant que les parties prenantes n'ont pas été déclarées adjudicataires ; décharges au verso des quittances à souche (T) du receveur municipal ou des récépissés (T) du receveur des finances. Pour les dépôts en numéraire convertis en cautionnements, déclarations du receveur des finances constatant le versement à sa caisse. Pour les inscriptions de rentes affectées aux cautionnements définitifs, reçu ou accusé de réception du directeur de l'enregistrement ou de l'agent judiciaire du Trésor.

147. *Excédants de versements sur les produits communaux* (*I. G., art.* 1105 ; *tabl. de l'art.* 1542, § 76). — Quittances des parties intéressées ou quittances à souche des receveurs municipaux constatant l'application aux comptes des communes des sommes non réclamées.

148. *Versements des retenues pour le service des pensions civiles et en vertu d'oppositions* (*I. G., art.* 346, 360, 363, 364, 369, 371, 1007, 1106 *et* 1478 ; *tabl. de l'art.* 1542, § 77). — Récépissés ou extraits des récépissés du receveur des finances.

149. *Emploi de la rétribution scolaire recouvrée pour le compte de l'institutrice* (*I. G., art.* 979 *et* 1107 ; *tabl. de l'art.* 1542, § 78). — Quittances de l'institutrice ; quittances du receveur municipal pour ses remises sur les sommes recouvrées.

150. *Cotisations particulières* (*I. G., art.* 1108 *et* 1476 ; *tabl. de l'art.* 1542, § 79). — Mémoires et états de fournitures et travaux (T) ; quittances des parties prenantes (T).

151. *Part allouée aux pauvres ou aux hospices dans le produit des concessions de terrains dans les cimetières* (*I. G., art.* 927 ; *tabl. de l'art.* 1542, § 80). — Quittances à souche du receveur des hospices.

152. *Application au compte de la commune des recettes faites avant l'ouverture de l'exercice* (*I. G., art.* 1109 *et* 1492 ; *tabl. de l'art.* 1542, § 81). — Etat, certifié par le maire, des sommes précédemment recouvrées, avec indication des articles du compte auquel ces sommes ont été appliquées.

2° SERVICE DES ÉTABLISSEMENTS DE BIENFAISANCE.

RECETTES ORDINAIRES.

(En deniers.)

153. *Loyers des maisons et terrains* (*I. G., art.* 1056). — Mêmes justifications que pour les recettes de pareille nature concernant les communes. (Voir n° 12.)

154. *Fermage en argent des biens ruraux* (*I. G., art.* 1056). —Idem. (Voir n° 12.)

155. *Rentes sur l'État* (*I. G., art.* 1058). — Idem. (Voir n° 23.)

156. *Rentes sur particuliers et sur les communes* (*I. G., art.* 1058). — Idem. (Voir n° 22.)

157. *Coupes ordinaires de bois* (*I. G., art.* 1057). — Idem. (Voir n° 19.)

158. *Intérêts des fonds placés au Trésor.* — Idem. (Voir n° 24.)

159. *Fonds alloués sur l'octroi et sur les autres fonds communaux* (*I. G., art.* 1065 *et* 1074). — Extrait du budget de la commune, et, s'il y a lieu, des autorisations supplémentaires.

160. *Produits des droits sur les spectacles, bals, concerts* (*I. G., art.* 1066). — États certifiés des droits perçus en régie simple ; actes d'abonnement ou de mise en ferme quand il y a lieu (T).

161. *Journées de militaires* (*I. G., art.* 1067 ; *tabl. de l'art.* 1542, § 90). — Décomptes arrêtés contradictoirement entre la commission administrative et l'intendance militaire, ou certificat du président de la commission administrative relatant, avec leurs numéros et leurs dates, les mandats de remboursements émis sur la caisse du payeur.

162. *Pensions à prix de journées* (*I. G., art.* 1068 ; *tabl. de l'art.* 1542, § 91). — Lorsque ce produit paraît pour la première fois au compte, copie de l'arrêté qui a fixé le prix des pensions.
État nominatif trimestriel portant décompte.

163. *Pensions annuelles* (*I. G., art.* 1069 ; *tabl. de l'art.* 1542, § 92). — Pour la première année, copie ou extrait du titre constitutif approuvé par le préfet.
Pour chaque année, états nominatifs trimestriels, rappelant les conditions d'admission et portant décompte des sommes dues.

164. *Produit de la pharmacie* (*I. G. ; tabl. de l'art.* 1542, § 93). — États détaillés des livraisons faites, avec leur évaluation en deniers, certifiés par l'économe et visés par le président de la commission administrative.

165. *Produit du travail de la maison* (*I. G., art.* 1070 ; *tabl. de l'art.* 1542, § 94). — État détaillé des objets confectionnés, avec leur évaluation en deniers, certifié par l'économe et visé par le président.

166. *Produit de la vente des effets des décédés* (*I. G., art.* 1070 ; *tabl. de l'art.* 1542, § 95). — Procès-verbaux d'adjudication (T).

167. *Dons, aumônes et collectes* (*I. G., art.* 1071 *à* 1073 ; *tabl. de l'art.* 1542, § 96). — État certifié des produits.

168. *Subvention pour les dépenses intérieures des enfants assistés.* — Extraits, dûment certifiés, des mandats délivrés au profit de l'établissement, avec les numéros et les dates de ces mandats.

169. *Amendes et confiscations* (*I. G., art.* 1077 ; *tabl. de l'art.* 1542, § 98). — Ampliations des états de distribution des amendes, arrêtés par le préfet, ou certificat du président de la commission administrative relatant les allocations faites à l'établissement.

170. *Produit de la vente des denrées ou grains excédant les besoins de l'établissement* (*I. G., art.* 1080 *et* 1460 ; *tab. de l'art.* 1542, § 99). — Procès-verbaux d'adjudication (T) ou états détaillés des produits, et, s'il y a lieu, les mercuriales ; en outre, certificat du président de la commission administrative établissant l'origine des produits vendus (certificat nécessaire pour la liquidation des remises du receveur).

171. *Attributions aux hospices sur les concessions de terrains dans les cimetières* (*I. G., art.* 927 ; *tabl. de l'art.* 1542, § 100). — État détaillé, certifié par le maire.

RECETTES EXTRAORDINAIRES.

(En deniers.)

172. *Coupes extraordinaires de bois.* — Justifications indiquées au n° 53.

173. *Legs et donations.* — Justifications indiquées au n° 50.

174. *Rachats de rentes.* — Justifications indiquées au n° 51.

175. *Remboursements de capitaux* (*I. G. ; tabl. de l'art.* 1542, § 101). — Ampliation des actes constitutifs des créances de l'établissement (T).

176. *Ventes de meubles et d'immeubles.* — Justifications indiquées au n° 48.

RECETTE DES PRODUITS EN NATURE.

177. *Fermages et rentes en grains, denrées et autres produits* (*I. G., art.* 1078, 1079, 1460

et 1576 ; *tabl. de l'art.* 1542, § 106). — Mêmes justifications qu'au nº 12 ; de plus, relevé détaillé établissant l'évaluation en argent, et appuyé, s'il y a lieu, des mercuriales.

178. *Produits des domaines et jardins exploités par l'administration* (*I. G., art.* 1078, 1079, 1460 *et* 1576 ; *tabl. de l'art.* 1542, § 107). — Un état, dûment certifié, des produits et de leur évaluation en deniers.

SERVICES HORS BUDGET.

(Recette.)

179. *Fonds de retraites.* — Justifications indiquées au nº 56, sauf ce qui est relatif aux amendes d'octroi.

180. *Dépôts de garantie et cautionnements pour adjudications et marchés.* — Justifications indiquées au nº 59.

181. *Retenues en vertu d'oppositions.* — Justifications indiquées au nº 61.

182. *Fonds appartenant aux enfants assistés ou deniers pupillaires* (*I. G., art.* 1070 *et* 1110 ; *tabl. de l'art.* 1542, § 111). — État des sommes reçues pour le compte de chaque enfant, certifié par le président de la commission administrative.

183. *Dépôts d'argent et d'objets précieux* (*I. G., art.* 1111 ; *tabl. de l'art.* 1542, § 112). — État certifié par un membre de la commission administrative, présentant le détail des objets existant à la fin de l'année précédente et de ceux qui ont été déposés depuis cette époque.

184. *Recettes faites avant l'ouverture de l'exercice* (*I. G., art.* 1109 *et* 1492 ; *tabl. de l'art.* 1542, § 113). — État détaillé des recettes, certifié par le président de la commission administrative.

DÉPENSES ORDINAIRES.

185. *Remises du receveur.* — Mêmes justifications que pour les remises des receveurs municipaux. (Voir nº 76.)

186. *Appointements, gages et salaires des agents et préposés.* — Mêmes justifications que pour les dépenses semblables à la charge des communes. (Voir nº 66.)

187. *Dépenses ordinaires pour achats d'objets mobiliers, denrées, matières et marchandises* (*I. G., art.* 1091 *et* 1091 ; *tabl. de l'art.* 1542, § 117). — Justifications indiquées au nº 130. Toutefois, s'il s'agit de fournitures d'aliments et d'objets de consommation, produire l'arrêté du préfet qui aurait autorisé les traités de gré à gré.

188. *Avances pour menues dépenses* (*I. G., art.* 1499). — Bordereaux récapitulatifs des dépenses ; mémoires et factures des fournisseurs, visés par l'ordonnateur (T lorsque la dépense excède 10 francs).

189. *Réparations de simple entretien aux bâtiments et autres propriétés immobilières.* — Justifications indiquées au nº 92, sauf que le visa du maire est remplacé par celui de l'ordonnateur.

190. *Entretien du mobilier et des ustensiles.* — Justifications indiquées au nº 91, sauf en ce qui concerne le visa de l'ordonnateur.

191. *Contributions assises sur les biens. Taxe des biens de mainmorte* — Avertissements et quittances à souche du percepteur.

192. *Pensions ou rentes à la charge de l'établissement.* — Pour les pensions, mandat quittancé ; certificat de vie lorsque la quittance n'est pas donnée par le titulaire, ou que le secours est payé dans une autre commune.

Pour les rentes, extrait, dûment certifié, de l'acte constitutif ; quittance de la partie prenante (T si la rente annuelle excède 10 francs).

193. *Contingents de l'établissement dans la dépense des enfants assistés et dans celle des aliénés indigents* (*I. G., art.* 617, 1071 ; *tabl. de l'art.* 1542, § 71). — Extraits, dûment certifiés, des arrêtés préfectoraux qui ont fixé les contingents ; récépissés du receveur des finances.

194. *Secours aux indigents.* — Pour les secours en argent, bon individuel quittancé par la partie prenante, ou état nominatif de distribution, certifié par l'ordonnateur et émargé par les parties prenantes.

Pour les secours en nature, mémoire (T) du fournisseur ; bons individuels ou états nominatifs de distribution.

DÉPENSES EXTRAORDINAIRES.

195. *Échanges et acquisitions de propriétés immobilières* (*I. G., tabl. de l'art.* 1542, § 118). — Mêmes justifications que pour les acquisitions et échanges effectués pour les communes, d'après les règles du droit commun. (Voir nº 131.)

196. *Dépenses extraordinaires pour achat d'objets mobiliers.* — Justifications indiquées au nº 130.

197. *Achat de rentes sur l'État.* — Mêmes justifications que pour les achats de même nature effectués par les communes. (Voir nº 134.)

198. *Constructions et grosses réparations* (*I. G., tabl. de l'art.* 1542, § 119). — Justifications indiquées aux nos 136 et 137, sauf que le visa du maire est remplacé par celui de l'ordonnateur.

DÉPENSES EN NATURE.

199. *Livraisons à l'économe des produits de fermages ou rentes en denrées* (*I. G., articles* 1078 *à* 1080, 1460 *et* 1576; *tabl. de l'art.* 1542, § 121). — Les procès-verbaux d'entrée en magasin, dressés conformément à l'instruction du 20 novembre 1836.

200. *Livraisons à l'économe des produits des domaines et jardins exploités par l'administration* (*I. G., art.* 1078 *à* 1080, 1460 *et* 1576; *tabl. de l'art.* 1542, § 122). — Un état, dûment certifié, des produits et de leur évaluation en argent.

SERVICES HORS BUDGET.

(*Dépense.*)

201. *Payement de retraites et pensions.* — Justifications indiquées au no 142

202. *Remboursements et emploi en cautionnements des dépôts de garantie pour adjudications et marchés.* — Justifications indiquées au no 145.

203. *Versements des retenues en vertu d'oppositions* (*I. G., art.* 1106). — Justifications indiquées au no 147.

204. *Versements ou emploi des deniers pupillaires* (*I. G., art.* 1070 *et* 1110; *tabl. de l'art.* 1542, § 126). — Pour les placements de fonds, la preuve des versements, et, dans le cas où, à la majorité de l'enfant, une somme qui aurait été remise, quittance de l'enfant et compte de tutelle.

205. *Dépôts d'argent et d'objets précieux* (*I. G., art.* 1111; *tabl. de l'art.* 1542, § 127). — Quittances des ayants droit pour les objets restitués et qui doivent être estimés en argent; état des objets qui auraient été vendus au profit de l'établissement (article 1070); état des objet restant en dépôt; ces deux états certifiés par un membre de la commission administrative.

206. *Application des recettes faites avant l'ouverture de l'exercice.* — Justifications indiquées au no 151.

Indépendamment des justifications qui viennent d'être indiquées, les receveurs joignent à leur compte les documents suivants :

1o Une expédition du budget primitif et du budget supplémentaire de chacun des deux exercices, ainsi que des décrets ou arrêtés approbatifs de ces budgets;

2o Une expédition de la délibération du conseil municipal ou de la commission administrative sur le compte présenté;

3o Une copie certifiée du compte d'administration, qui doit être délivrée par le maire;

4o L'état de l'actif de la commune ou de l'établissement, prescrit par l'article 849 de l'instruction générale (*modèles nos* 223 et 223 *bis*);

5o Le procès-verbal de situation de caisse au 31 décembre, et un bordereau de situation ou balance offrant la division, entre chaque service, des valeurs qui représentent l'excédant total des recettes; ce bordereau est remplacé, quand la gestion a cessé dans le courant de l'année, par une copie de la première partie du procès-verbal de remise de service, auquel est joint l'état, *modèle no* 310, présentant le développement des comptes relatifs aux services hors budget;

6o Enfin, un inventaire des pièces justificatives, classées par chapitres et articles, cotées et numérotées, comme il est dit aux articles 1531 à 1542 de l'Instruction générale.

S'il s'agit d'un compte d'hospice ou d'établissement de bienfaisance, la délibération de la commission administrative sur ce compte doit être accompagnée de la délibération prise par le conseil municipal sur le budget et le compte. (I. G., art. 1551.)

La seconde partie du compte se composant uniquement des opérations partielles d'un exercice qui ne sera clos que l'année suivante ne peut pas donner lieu à un règlement définitif.

Il suit de là :

En ce qui touche les justifications de la recette, que les receveurs doivent conserver entre leurs mains les titres de perception, et qu'ils n'ont à joindre au compte de cette première année qu'un état général conforme au *modèle n°* 318 ;

Et, quant à la dépense, que les pièces qu'il aurait été impossible d'établir pour le compte de la première année de l'exercice (telles que les procès-verbaux de réception des travaux non terminés) ne doivent être également produites qu'avec le compte final, sauf à en fournir des extraits avec le compte de la première année ;

Enfin que, quand une recette ou une dépense est échelonnée sur plusieurs années, la production du titre original ne doit avoir lieu qu'avec le compte de l'année pendant laquelle l'opération a été définitivement consommée ; jusque-là, les receveurs fournissent, avec le compte final du premier exercice, des copies ou extraits des titres, lesquels sont exempts du timbre, à la condition qu'ils portent la mention expresse que « l'expédition en due forme est retenue par le receveur afin de suivre l'opération, et qu'elle sera jointe au compte de l'année pendant laquelle l'opération sera terminée » ; et ils désignent, dans les comptes suivants, le compte auquel sont joints ces extraits ou copies ; en ce qui concerne la recette, ils produisent, avec le compte final de chaque exercice, un certificat du maire ou de la commission administrative indiquant la somme qui était à recouvrer pour l'exercice. Ce certificat peut être collectif lorsqu'il y a plusieurs titres de même nature.

Les titres originaux sont, pour les comptables, non les minutes des baux, procès-verbaux d'adjudication et autres contrats, lesquelles doivent rester déposées aux archives des mairies ou des établissements de bienfaisance, mais les expéditions en forme de ces actes qui, aux termes de l'article 822 de l'Instruction générale, sont délivrées aux receveurs. (I. G, art. 1543.) — Voy. Compte de gestion, Recouvrement, Ordonnancement, Payement des dépenses communales, Timbre.

Placements au Trésor par les communes et établissements publics. — Les communes, les hospices, les monts-de-piété, les fabriques d'églises, les Sociétés de charité maternelle et les établissements publics, ainsi que les associations syndicales, dont le service et la comptabilité sont placés sous la surveillance des receveurs des finances, sont seuls admis à placer leurs fonds au Trésor, avec intérêts.

Ils versent, à cet effet, aux receveurs des finances, qui leur en délivrent des récépissés à talon, toutes les sommes excédant les besoins de leur service, et s'élevant à 100 francs au moins. Des sommes inférieures peuvent toutefois être placées, soit d'office, soit par suite de liquidations administratives.

Les receveurs des finances ne peuvent admettre à titre de placements au Trésor public, avec intérêts, des fonds qui ne seraient pas de nature à être portés immédiatement au compte courant d'une commune ou de l'un des établissements désignés ci-dessus.

Les comptables qui auraient reçu des placements avec intérêts d'établissements autres que ceux dont il s'agit seraient appelés à couvrir le Trésor du préjudice qu'il aurait supporté. (I. G., art. 756.)

Indépendamment des sommes que les communes et les établissements précités versent directement chez les receveurs des finances à titre de placements au Trésor public, ces comptables sont chargés de recevoir, à ce titre, les produits de coupes extraordinaires de bois, qu'ils recouvrent eux-mêmes pour le compte des communes et des établissements.

Les receveurs des finances font aussi le placement au Trésor public du montant des déficits constatés aux caisses des percepteurs en qualité de receveurs des communes et des établissements publics, et que les receveurs des finances sont tenus de solder de leurs deniers personnels. (Id., art. 757.) — Voy. COUPES DE BOIS, DÉFICIT.

Enfin il peut être effectué au Trésor public même, au profit des communes et établissements, des versements qui proviennent soit de recouvrements faits à Paris pour leur compte, soit de la liquidation des cautionnements de receveurs municipaux en débet. Le caissier du Trésor en délivre des récépissés au nom des receveurs généraux des départements dont les communes et établissements font partie. Ces récépissés sont remis à la direction générale de la comptabilité publique au ministère des finances, qui les adresse immédiatement aux receveurs généraux.

Les préfets reçoivent, en même temps que ces receveurs, l'avis des placements ainsi faits par l'entremise du caissier central du Trésor. (Id., art. 758.)

Les receveurs généraux, pour lesquels les récépissés précités constituent une remise de fonds faite au caissier du Trésor pour leur compte, font dépense du montant de chaque récépissé, le jour même de la réception de cette pièce, à titre d'envois au caissier, en même temps qu'ils s'en chargent en recette à titre de placements des communes et des établissements publics, si les placements concernent des communes ou établissements de l'arrondissement du chef-lieu. Ils délivrent alors leurs récépissés au nom des communes ou établissements. (Id., art. 759.)

Si les placements faits à Paris ou au chef-lieu du département concernent des communes ou établissements situés dans des arrondissements de sous-préfecture, les receveurs généraux en donnent immédiatement crédit et avis aux receveurs particuliers de ces arrondissements, en leur prescrivant de se charger en recette du montant des versements, à titre de placements au Trésor public, et d'en délivrer les récépissés au nom des communes ou établissements. (Id., art. 760.)

Les placements de fonds au Trésor exigent, de la part des receveurs des finances, la délivrance de récépissés distincts pour chaque commune ou établissement. (Circ. compt. gén., 30 septembre 1862. — *Mém.*, p. 361.)

Remboursements sur les fonds placés. — Lorsque les besoins du service exigent qu'une partie ou la totalité des fonds placés soit remboursée par le Trésor, le receveur de chaque commune ou établissement en présente la demande à l'ordonnateur, qui peut autoriser, pour chaque mois, le remboursement de toute somme égale à un douzième des revenus ordinaires, suivant le budget de l'année, et jusqu'à concurrence de 300 francs lorsque le douzième ne s'élève pas à cette dernière somme.

Les sous-préfets peuvent autoriser le remboursement, par mois, d'une somme égale au montant de deux douzièmes des revenus ordinaires, et jusqu'à concurrence de 1,000 francs lorsque les deux douzièmes ne s'élèvent pas à cette dernière somme.

Les préfets autorisent les remboursements des sommes supérieures, quelle qu'en soit la quotité, en observant seulement de n'autoriser le retrait que des sommes qui doivent être immédiatement appliquées à des dépenses régulières.

Les maires des villes où existent des Sociétés de charité maternelle sont seuls chargés de délivrer les mandats de remboursement, quelle qu'en soit la quotité. Ces fonctionnaires doivent accréditer auprès des receveurs des finances les trésoriers de ces associations.

Les évêques peuvent délivrer les mandats de remboursement des fonds placés par les fabriques d'églises. Ils doivent préalablement accréditer leur signature et celle des vicaires généraux qui seraient appelés à les suppléer pour cet objet. (I. G., art. 761.)

Les remboursements sont faits par les receveurs généraux et par les receveurs particuliers, sur la représentation d'un mandat conforme au *modèle n°* 208. Ce mandat doit être quittancé par le receveur de la commune ou de l'établissement.

En opérant les remboursements, les receveurs des finances doivent les faire inscrire eux-mêmes sur le livre récapitulatif dans la colonne relative aux valeurs de portefeuille. (Id., art. 762.) — Voy. LIVRE RÉCAPITULATIF.

Lorsque le payement d'une dépense communale ne peut être effectué qu'au moyen de fonds placés au Trésor, le percepteur n'est pas tenu de se rendre à ses frais à la recette des finances, avant le jour de son versement, pour obtenir le ermboursement nécessaire. — *Mém.* 1862, p. 392.

Un mandat de remboursement ne peut être encaissé pour partie seulement, même lorsque des recettes effectuées depuis sa délivrance rendraient inutile de retirer la totalité de la somme portée au mandat. — *Mém.* 1862, p. 210.

Tenue des comptes courants par les receveurs des finances. — Les receveurs généraux, pour les fonds des communes et établissements de l'arrondissement du chef-lieu du département, et les receveurs particuliers, pour les fonds des communes e établiss ments de leur arrondissement, tiennent un compte courant au nom de chaque établissement et de chaque commune.

Les communes et les établissements sont crédités, dans ces comptes, de leurs placements, et ils y sont débités des remboursements, savoir : valeur au 5 de chaque mois, pour toutes les opérations de la 1re dizaine ; valeur au 15 de chaque mois, pour celles de la 2e dizaine ; valeur au 25 de chaque mois, pour celles de la 3e dizaine.

Les placements effectués sans l'intervention des receveurs municipaux sont portés au crédit des communes ou des établissements, valeur au cinquième jour de la dizaine pendant laquelle les receveurs des finances en ont fait recette. (I. G., art. 763.)

Il doit être procédé de la manière suivante pour le calcul des nombres : 1° négliger les centimes de la somme sur laquelle s'établissent les nombres, en augmentant toutefois cette somme de 1 franc lorsque les centimes s'élèvent au-dessus de 50 ; 2° opérer de même sur le produit de la multiplication qui donne les nombres, c'est-à-dire qu'on doit retrancher les deux derniers chiffres et les remplacer, lorsqu'ils s'élèvent au-dessus de 30, par l'augmentation d'un nombre. (*Note de l'article* 763 *de l'Instruction générale.*)

Les receveurs généraux contrôlent successivement les opérations qui ont dû être portées par les receveurs particuliers au compte courant de chaque commune ou établissement. Ils vérifient, en outre, après l'expiration de l'année, l'exactitude des capitaux et des intérêts portés par les receveurs particuliers dans les décomptes dont il va être parlé. (I. G., art. 764.)

Les receveurs généraux doivent, au moyen des comptes ouverts dans leurs livres des comptes courants pour l'arrondissement du chef-lieu, et au moyen des renseignements qu'ils se font donner au besoin par les receveurs d'arrondissement, justifier aux préfets, lorsque ces administrateurs en font la demande, de la situation de chaque commune et établissement, à raison de ses fonds placés au Trésor public. Les receveurs particuliers, pour leur arrondissement respectif, doivent de même, lorsqu'ils en sont requis, donner communication de leurs livres des comptes courants aux sous-préfets. (Id., art. 765.)

Décomptes d'intérêts annuels. — A la fin de chaque année, les receveurs généraux et les receveurs particuliers arrêtent les comptes ouverts à chaque commune et établissement public autorisé à placer avec intérêts, et dressent, suivant le *modèle* n° 209, le décompte des intérêts à leur allouer. Le taux qui doit servir de base au calcul de ces intérêts est fixé tous les ans par le ministre des finances, avec les autres conditions du service du Trésor.

Les intérêts doivent être calculés sur toutes les sommes portées au débit et au crédit des comptes courants, quelle qu'en soit la quotité. (I. G., art. 766.)

Il est opéré, sur les intérêts alloués par le Trésor aux communes et établissements, une retenue, dont le taux est aussi fixé annuellement par les décisions du ministre ; cette retenue est attribuée aux receveurs des finances, pour les indemniser des soins et des frais qu'exige d'eux le service des placements et remboursements. Sur la portion de remise qui revient aux receveurs particuliers des arrondissements de sous-préfecture, il est prélevé un sixième en faveur du receveur général. (I. G., art. 767.)

Le taux des intérêts est, depuis longtemps, de 3 1/3 p. 0/0. Le 1/3 est attribué, à titre de remise, aux receveurs des finances.

Les décomptes individuels de placements dressés, dans chaque arrondissement de sous-préfecture, au nom des communes et établissements publics, d'après les bases indiquées ci-dessus, sont immédiatement envoyés par les receveurs particuliers au receveur général, qui les vérifie, et assure la conformité de leurs résultats avec ceux du relevé sommaire dont il est parlé ci-après. (I. G., art. 768.)

Le receveur général adresse à la direction du mouvement des fonds des bordereaux récapitulatifs des placements et des remboursements effectués pendant chaque dizaine. Avant de faire l'envoi de ces bordereaux, il en inscrit les résultats sur un relevé sommaire qui présente, pour l'arrondissement du chef-lieu et pour l'ensemble des arrondissements de sous-préfecture, le montant des placements et des remboursements de chaque dizaine, les époques auxquelles les communes et établissements sont crédités ou débités, le nombre de jours jusqu'au 31 décembre et les produits en nombres. A la fin de l'année, les receveurs arrêtent leurs minutes; ils font faire l'addition des sommes et des nombres, et ils font compléter les calculs de manière à déterminer le montant des intérêts dus aux communes et établissements, ainsi que les remises attribuées aux receveurs des finances sur ces intérêts. Les intérêts résultant du relevé sommaire doivent être identiques avec ceux qui sont produits par les décomptes individuels. (Id., art. 769.)

Une expédition du relevé dont il s'agit est adressée au ministère des finances, dans le courant du mois de janvier de chaque année, pour l'année précédente, afin que les résultats en soient reconnus par la direction du mouvement général des fonds et ordonnancés par le ministre. (Id., art. 770.)

Les ordonnances ministérielles sont délivrées au nom des communes et des établissements pour le montant des intérêts alloués à leur profit.

Des lettres d'avis de ces ordonnances sont expédiées aux receveurs généraux, qui en remettent un extrait à chaque receveur particulier.

Le montant des ordonnances délivrées au nom des communes et des établissements est porté immédiatement par le Trésor au compte général des placements, et les receveurs généraux, ainsi que les receveurs particuliers, ont seulement à en faire l'application, d'après les décomptes établis, au crédit des comptes individuels ouverts aux communes et établissements.

Ce crédit est donné valeur au 5 janvier de l'année courante. (Id., art. 771.)

Le receveur général doit, au moment même de la réception des lettres d'avis, remettre au préfet les décomptes d'intérêts dressés pour chaque arrondissement; le préfet les lui rend après les avoir fait examiner, et il donne avis de cette remise aux sous-préfets et aux maires; le receveur général et les receveurs particuliers les font alors parvenir aux receveurs des communes et des établissements. (I. G., art. 772.)

Le crédit qui est ainsi donné aux communes constitue une recette dont les receveurs municipaux doivent se charger dans leur comptabilité, à titre d'intérêts sur les fonds placés en compte courant au Trésor public. Ils inscrivent cette recette au journal à souche, en détachent la quittance et la remettent au receveur des finances. Il est délivré une seule quittance pour toutes les communes de la perception, avec le détail, par commune, des intérêts alloués. Il est fait dépense de ces intérêts au compte des placements de fonds au Trésor dont il est parlé ci-après.

Les intérêts de fonds placés doivent figurer en recette dans le budget et dans le compte de l'exercice correspondant à l'année pendant laquelle ils ont été produits. (Id., art. 940.) — *Mém.* 1853, p. 175 et 291.

Les remises ordonnancées au nom des receveurs des finances sont portées par le Trésor au crédit du compte courant de chaque receveur général. (I. G., art. 773.)

Compte à ouvrir au Trésor public. — Les sommes versées en compte courant au Trésor sur les fonds des communes et des établissements de bienfaisance sont portées par les receveurs des communes et établissements au débit d'un compte ayant pour titre : Trésor public. Ce compte, divisé en autant de colonnes qu'il existe de communes ou d'établissements dans la perception, est crédité des remboursements successifs.

Au commencement de chaque année, il est débité et les comptes des communes et des établissements sont crédités du montant des intérêts acquis pour l'année précédente.

Les remboursements sont, en outre, inscrits par le receveur des finances lui-même sur le livre récapitulatif. (I. G., art. 1494.)

Le compte Trésor public est ouvert à la quatrième section du livre des comptes divers des percepteurs, ou à la deuxième partie du grand-livre des receveurs spéciaux, destinée aux comptes de fonds placés ou avancés. — Voy. GRAND-LIVRE, LIVRE DES COMPTES DIVERS.

Places aux halles, foires et marchés (Droits de). — Voy. LOCATION DE PLACES.

Plus imposés. — Voy. LISTE DES PLUS-IMPOSÉS.

Plus-value. — Voy. INDEMNITÉ DE PLUS-VALUE.

Poids et mesures (Rétribution pour la vérification des). — Les poids et mesures employés dans le commerce sont soumis à une vérification et à un poinçonnage qui sont faits par les agents chargés, dans chaque département, de veiller, sous la direction des préfets et des sous-préfets, au maintien du système métrique. Indépendamment de la vérification première des instruments neufs et de la vérification nouvelle des instruments rajustés, qui ont lieu gratuitement, il est fait une vérification annuelle ou biennale, pour laquelle les commerçants, marchands et fabricants sont soumis au payement de droits au profit du Trésor. (I. G., art. 259.)

Les préfets dressent, pour chaque département, le tableau des professions qui doivent être soumises à la vérification. Ce tableau indique l'assortiment des poids et mesures dont chaque profession est tenue de se pourvoir. Les individus assujettis aux droits ne le sont que pour les poids et mesures formant l'assortiment obligatoire ; les poids et mesures qui excèdent cet assortiment sont vérifiés et poinçonnés gratis. (Id., art. 260.)

Les droits dus sont établis suivant le tarif annexé à l'ordonnance royale du 18 décembre 1825, et modifié par les ordonnances des 21 décembre 1832 et 18 mai 1838.

L'application du tarif se fait au moyen d'états-matrices que forment les vérificateurs des poids et mesures et qui sont adressés au préfet et transmis par lui au directeur des contributions directes, pour être vérifiés et arrêtés par ce chef de service. Les états-matrices sont formés d'après les vérifications qui ont lieu tous les ans dans les chefs-lieux d'arrondissement et dans les communes dé-ignées par le préfet comme devant subir cette vérification annuelle, et tous les deux ans dans les autres communes. Ces vérifications commencent au 1er janvier de chaque année et doivent être terminées avant le 1er août. (Id., art. 261.)

L'ouvrier travaillant à la journée chez un patron ne doit pas figurer sur les rôles des rétributions pour la vérification des poids et mesures. Pour être inscrit sur ces rôles, il ne suffit pas d'être assujetti, il faut encore avoir été vérifié et avoir eu ses instruments poinçonnés. (Arrêt du cons. d'État, 9 juin 1858. — *Mém.* 1859, p. 90.)

Au moyen des états matrices, le directeur dresse les rôles.

Ces rôles sont établis par arrondissement de perception ; ils doivent être émis et rendus exécutoires à mesure que les vérifications sont terminées dans les communes d'une même perception, de telle sorte que leur mise en recouvrement commence au mois de février, se continue successivement et soit terminée au 1er septembre.

Il est établi, avant la fin de chaque année, des rôles supplémentaires pour les vérifications qui n'auraient pu être faites dans les délais ci-dessus indiqués. Ces rôles doivent être émis avant le 31 janvier de l'année qui suit celle pour laquelle ils sont établis. (I. G., art. 262 ; Circ. adm. des cont. dir., 25 novembre 1859. — *Mém.* 1860, p. 63.)

Les rôles sont remis aux percepteurs, après avoir été rendus exécutoires par le préfet, et sont publiés par les maires comme ceux des contributions directes.

Les règles relatives à la remise des rôles et des états du montant des rôles des contributions directes sont applicables aux rôles des rétributions pour la vérification des poids et mesures. (I. G., art. 263)

Les rétributions pour la vérification des poids et mesures sont exigibles dans la quinzaine de la publication des rôles et en un seul versement.

Il n'est pas adressé d'avertissement particulier aux redevables pour ces rétributions; les percepteurs doivent leur faire remettre un avis dans la forme du *modèle n°* 67, lequel avis tient lieu de sommation sans frais.

Sauf les exceptions qui viennent d'être indiquées, le recouvrement des rétributions et les poursuites qu'il peut nécessiter sont soumis aux mêmes règles que celles qui sont prescrites pour le recouvrement des contributions directes. — Voy. Poursuites, Recouvrement.

Les marchands ambulants sont astreints à payer les droits avant d'être portés au rôle. La perception de ces droits s'opère d'après des bulletins que les vérificateurs des poids et mesures remettent aux redevables et que ceux-ci présentent aux percepteurs. Les percepteurs s'en chargent en recette et ils conservent avec soin les bulletins, afin de s'en servir pour l'émargement des rôles à intervenir. Si, à raison de l'époque probable de l'émission de ce rôle, les droits devaient appartenir à un exercice non encore ouvert, il en serait provisoirement fait recette à un compte spécial. (I G., art. 264.)

Les percepteurs reçoivent, sur les rétributions pour la vérification des poids et mesures, des remises dont le taux est uniformément fixé à 3 centimes par franc du montant brut des rôles et qui leur sont payées, au fur et à mesure de leurs versements, sur les décomptes établis par les receveurs généraux et en vertu de mandats délivrés par les préfets.

Les receveurs des finances ont également droit à des taxations sur le même produit. (Id., art. 265 et 266.)

Les individus assujettis à la taxe pour vérification des poids et mesures obtiennent, suivant le même mode que pour les contributions directes, la décharge entière de leur cote, s'il est reconnu qu'ils ne devaient pas être compris dans le rôle des rétributions, ou une réduction, lorsqu'ils y ont été compris pour une taxe plus forte que celle qui résulte de l'assortiment de poids et mesures assigné à leur profession, ou, enfin, des remise ou modération, s'ils sont reconnus hors d'état de payer.

Les demandes en décharge ou réduction à former par les contribuables doivent être présentées, pour chaque commune, dans les trois mois qui suivent la publication des rôles, et les demandes en remise ou modération avant l'expiration de l'année d'émission de ces mêmes rôles.

Les demandes des percepteurs pour l'admission en non-valeurs des cotes indûment imposées et des cotes irrecouvrables font l'objet d'un seul et même état qui doit être présenté dans les trois premiers mois de l'année qui suit celle pendant laquelle les rôles ont été publiés. Les percepteurs peuvent porter sur cet état les cotes formant double emploi. (I. G., art. 268. — *Mém.* 1861, p. 266.)

Le modèle de l'état des cotes indûment imposées et des cotes irrecouvrables annexé sous le n° 69 à l'Instruction générale a été modifié par un nouveau modèle transmis aux receveurs des finances avec la circulaire de la direction générale de la comptabilité publique du 31 mai 1862. — *Mém.* 1862, p. 218 et 221.

Les dégrèvements et non-valeurs sur les rétributions sont payés en vertu d'ordonnances de délégation du ministre des finances, expédiées, d'après la demande des directeurs des contributions directes, sur le crédit spécial affecté à ce service. (I. G., art. 268.)

Les préfets délivrent, pour ces dépenses, des ordonnances de dégrèvement semblables aux ordonnances de non-valeurs sur les contributions directes. Ces ordonnances ne peuvent être émises qu'après l'allocation des crédits de délégation. Elles sont remises aux receveurs généraux qui, après les avoir enregistrées sur le carnet mentionné à l'article 179 de l'Instruction générale, les transmettent aux percepteurs par l'entremise des receveurs particuliers. Il en est tenu compte aux contribuables suivant les règles établies par les articles 217 à 219 de l'Instruction générale concernant les ordonnances sur contributions directes.

Les receveurs et les percepteurs se conforment également aux prescriptions contenues dans ces articles pour les excédants de versements qui seraient dus à des contribuables sur les rétributions des poids et mesures. (I. G., art. 269.) — Voy. EXCÉDANTS DE VERSEMENTS, ORDONNANCES DE DÉCHARGE.

Les receveurs généraux n'admettent en dépense les ordonnances de non-valeurs qu'autant qu'ils ont reçu des extraits d'ordonnances de délégation en somme suffisante pour y pourvoir, attendu qu'il n'existe dans les rôles aucune imposition affectée à cette dépense, non plus qu'aux autres dépenses dont il est parlé ci-dessus. (Id., art. 370.)

Les rétributions pour la vérification des poids et mesures étant recouvrées à titre de produits divers, les recettes et les dépenses y relatives sont enregistrées à un compte particulier ouvert à la deuxième section du livre des comptes divers.

Les recettes y relatives sont enregistrées, par journée, dans la colonne de l'exercice auquel elles appartiennent, et il est successivement fait dépense des versements que les percepteurs effectuent aux caisses des receveurs particuliers. (I. G., art. 1473.) — Voy. LIVRE DES COMPTES DIVERS.

Poids public. — Voy. PESAGE, MESURAGE ET JAUGEAGE.

Police (Dépenses de). — Aux termes des articles 7 et 8 du décret du 28 mars 1852 sur l'organisation du commissariat de police, les communes doivent, avec l'État, concourir à la dépense des émoluments des commissaires de police, d'après les bases déterminées soit par les lois existantes, soit par le préfet en conseil de préfecture.

D'un autre côté, l'article 50 de la loi du 5 mai 1855, sur l'organisation municipale, porte que les préfets remplissent, sauf quelques restrictions, les fonctions de préfet de police dans les villes chefs-lieux de département dont la population excède 40,000 âmes, et, d'après le même article, les conseils municipaux de ces villes sont appelés, chaque année, à voter, sur la proposition du préfet, les allocations qui doivent être affectées à chacun des services dont les maires ne sont plus chargés.

Les diverses ressources dont il vient d'être parlé sont centralisées au compte des cotisations sous le titre de fonds destinés aux traitements et frais concernant le service de la police. (I. G., art. 628.)

Le versement des contingents communaux est fait au receveur des finances de l'arrondissement, qui en délivre des récépissés à talon.

Ce système de centralisation est appliqué à tous les commissariats de police, sans distinction de ceux qui sont désignés sous le titre de commissariats cantonaux, et de ceux qui sont rétribués uniquement par la commune de la résidence. (Circ. int., 21 septembre 1855.)

Par suite, les traitements et frais de bureau des commissaires de police sont acquittés au moyen de mandats que le préfet délivre sur la caisse du receveur général, qui peut, en visant ces mandats, faire faire le payement par les percepteurs et autres comptables de la résidence des parties prenantes.

Afin d'abréger, pour les grandes villes, le mandatement et le payement des traitements et autres répartitions de fonds auxquelles auraient droit plusieurs agents, il peut être formé des états d'émargement pour les diverses catégories du service de la police ; un seul mandat est alors délivré au nom de l'un d'entre eux, lequel est chargé de faire émarger les états et de répartir les fonds. (I. G., art. 623.)

D'après les dispositions de l'article 16 de la loi du 13 brumaire an VII, aux termes duquel l'obligation du timbre résulte, non de la qualité du fonctionnaire qui touche le traitement, mais de l'origine des deniers, les quittances des commissaires de police pour leurs traitements sont sujettes au droit, attendu que ces agents, quoiqu'ils puissent être considérés comme fonctionnaires publics, sont néanmoins payés sur les fonds communaux. Il en est de même à l'égard des quittances pour dépenses de police, de toute nature, payées sur les fonds d'origine communale, même les quittances des sommes allouées aux préfets à titre d'abonnement pour frais de bureau, dans les budgets des villes chefs-lieux de département ayant plus de 40,000 habitants. (Id., art. 631.) — Voy. COMMISSAIRES DE POLICE, COTISATIONS.

Pompes à incendie. — Les crédits alloués dans les budgets pour les pompes à incendie ont pour objet l'entretien des pompes, seaux ou agrès d'une part, et de l'autre le traitement des pompiers ou leurs gratifications et indemnités.

Les payements ordonnancés sur ce crédit ne peuvent être valablement opérés par les comptables pour les frais d'entretien que sur la quittance de l'entrepreneur, appuyée, selon le cas, des mémoires de réparations, ou du traité souscrit entre lui et l'administration communale.

Quant aux traitements et indemnités, le payement n'en doit être fait que sur la quittance de chaque partie prenante, ou, en cas de mandat collectif au nom d'un mandataire spécial, sur la quittance de ce mandataire, appuyée de l'état nominatif des pompiers, émargé par chacun d'eux et visé par le maire. (Inst. du min. de l'int., septembre 1824. — *Mém.* 1825, p. 37.)

Les quittances des gratifications payées aux sapeurs-pompiers et les certificats à l'appui sont exempts de timbre. (I. G., art. 1009.) — Voy. SAPEURS-POMPIERS.

Pompes funèbres. — Le décret du 23 prairial an XII, sur les sépultures, attribue aux fabriques des églises et aux consistoires, exclusivement, le droit de fournir les voitures, ornements et autres objets relatifs aux pompes funèbres.

On doit distinguer, en cette matière, le service des cérémonies intérieures de l'église et celui de la pompe extérieure des convois. Les tarifs relatifs au premier sont dressés par les fabriques et communiqués aux conseils municipaux; ceux ci, à leur tour, préparent les tarifs du service extérieur, sauf à prendre l'avis des fabriques. Dans l'un et l'autre cas, les tarifs sont soumis à l'approbation du préfet. (D. 25 mars 1852, tableau A, § 46; Circ. int., 5 mai 1852. — *Mém.* p. 163.)

Les fabriques et les consistoires peuvent exercer ou affermer le privilége établi à leur profit par le décret du 23 prairial an XII.

Dans les communes qui n'ont ni entreprises ni marchés pour les sépultures, et où les fabriques n'exercent pas de droit, un mode de transport uniforme peut être réglé par le conseil municipal et le préfet; les familles non indigentes peuvent être assujetties à une taxe fixe perçue par l'administration municipale. Mais cette taxe doit être établie de manière à couvrir, aussi exactement que possible, la dépense qu'entraînent le mode commun et l'inhumation des indigents; elle ne peut devenir la source d'aucun profit pour la commune. — *Mém.* 1848, p. 231.

Dans les villes où il existe un droit municipal sur les convois, il est accordé aux sociétés de secours mutuels remise des deux tiers sur les convois dont elles doivent supporter les frais, aux termes de leurs statuts. (D. 26 mars 1852, art. 10. — Voy. FABRIQUES, SOCIÉTÉ DE SECOURS MUTUELS.)

Ponts et chaussées (Administration des). — Cette administration est spécialement chargée de diriger les travaux exécutés aux frais de l'État, et qui ont pour but l'établissement et l'entretien des voies de communication, tant terrestres que fluviales. — Voy. INGÉNIEURS.

Portes et fenêtres (Contribution des). — La contribution des portes et fenêtres est due par les propriétaires et usufruitiers, fermiers et locataires principaux des maisons, bâtiments et usines, sauf leur recours contre les locataires particuliers pour le remboursement de la somme due à raison des locaux par eux occupés.

Les redevables peuvent être contraints au payement de la contribution par saisie et vente de leur mobilier. L'exécution peut porter sur les meubles et effets des locataires, jusqu'à concurrence des sommes dues. Lorsque le même bâtiment est occupé par le propriétaire et un ou plusieurs locataires, ou par plusieurs locataires seulement, la contribution des portes et fenêtres d'un usage commun est acquittée par les propriétaires ou usufruitiers. (L. 4 frimaire an VII.)

Le rôle ne comprend que le propriétaire de la maison ou l'usufruitier. Toutefois, les fonctionnaires, les ecclésiastiques et les employés civils et militaires, logés gratuitement dans des bâtiments appartenant à l'État, aux départements, aux communes et aux hospices, sont imposés nominativement pour les portes et fenêtres des parties de ces bâtiments servant à leur habitation personnelle. (L. 21 avril 1832, art. 27.)

En cas de changement de résidence avant la publication des rôles dans lesquels ils sont ainsi imposés, ils doivent former une demande en mutation de cote. A défaut, ils peuvent être tenus d'acquitter l'impôt, sauf leur recours contre leurs successeurs dans les locaux pour lesquels ils ont été imposés. — *Mém.* 1859, p. 183.

Les fonctionnaires publics ne doivent pas la contribution des portes et fenêtres pour les locaux dans lesquels leurs bureaux sont établis.—*Mém.* 1831, p. 120 ; 1857, p. 81.) — Voy. CONTRIBUTIONS DIRECTES.

Porteurs de contraintes. — Les poursuites en matière de contributions directes sont exercées par des porteurs de contraintes et par des garnisaires : les porteurs de contraintes agissent dans tous les degrés de poursuites; les garnisaires ne sont employés que pour la garnison collective ou individuelle. (Règl. sur les poursuites, 21 décembre 1839, art. 28.)

Le nombre des porteurs de contraintes est réglé, pour chaque arrondissement, par le préfet, sur la proposition du receveur général. (Id., art. 29.)

Nomination et fonctions. — Les porteurs de contraintes et garnisaires à employer dans un arrondissement sont désignés par le sous-préfet, sur la proposition du receveur particulier.

Les porteurs de contraintes sont commissionnés par le préfet. Ils prêtent serment devant le sous-préfet. (Règl. 21 décembre 1839, art. 30.)

Aucun des individus attachés au service des autorités administratives et à celui des receveurs et des percepteurs ne peut remplir les fonctions de porteur de contraintes ni de garnisaire. (Id., art. 31.)

Les porteurs de contraintes et les garnisaires sont à la disposition du receveur particulier des finances dans chaque arrondissement, et ne peuvent être employés par les percepteurs que d'après son ordre. Ils doivent résider dans la commune chef-lieu de l'arrondissement, sauf les exceptions autorisées par le préfet. (Règl. 21 décembre 1839, art. 32.)

Les porteurs de contraintes, dans l'exercice de leurs fonctions, doivent être munis de leur commission. Ils la mentionnent dans leurs actes et la représentent quand ils en sont requis. (Id., art. 33.)

Les porteurs de contraintes remplissent les fonctions d'huissier pour les contributions directes, et, en cette qualité, ils font les commandements, saisies et ventes, à moins qu'il n'existe des commissaires priseurs dans le lieu où ils exercent leurs poursuites : dans ce cas, les commissaires-priseurs sont chargés de préférence des ventes, conformément aux dispositions de l'article 31 de la loi de finances du 23 juillet 1820, et ils sont tenus de se soumettre, pour le payement de leurs frais, aux fixations déterminées par les préfets. — Voy. COMMISSAIRES-PRISEURS.

Les porteurs de contraintes ne sont pas assujettis au droit de patente. (Id., art. 34.)

Dans les arrondissements où il ne se trouve pas de porteur de contraintes ayant les qualités et les connaissances nécessaires, les sous-préfets autorisent les receveurs des finances à se servir des huissiers près les tribunaux pour l'exécution des actes réservés aux porteurs de contraintes, en se conformant, pour les frais, aux fixations arrêtées par le préfet. (Id., art. 35.)

Les huissiers doivent, dans ce cas, être commissionnés porteurs de contraintes. (Id., art. 35 *bis*.)

Les huissiers ne sauraient être forcés d'accepter une commission de porteur de contraintes, mais ils peuvent être requis d'exercer contre les redevables les actes de leur ministère ; et, dans ce cas, ils ont droit de demander que leurs émoluments soient fixés d'après le tarif judiciaire. (Id., art. 35 *ter*.)

Les porteurs de contraintes et les garnisaires, en arrivant dans une commune, font constater par le maire ou l'adjoint, et, à défaut, par l'un des membres du conseil municipal, sur la contrainte ou l'ordre dont ils sont munis, le jour et l'heure de leur arrivée, et, de même, en se retirant, le jour et l'heure de leur départ. (Id., art. 37.)

Les porteurs de contraintes et les garnisaires ne peuvent, dans aucun cas, ni sous aucun prétexte, recevoir aucune somme des percepteurs ni des contribuables pour leur salaire ou pour les contributions, à peine de destitution.

Les percepteurs qui leur remettraient des fonds en resteraient responsables, et les contribuables qui payeraient entre leurs mains s'exposeraient à payer deux fois. (Id., art. 38.)

Les porteurs de contraintes sont assujettis à tenir un répertoire, coté et parafé par le juge de paix du chef-lieu d'arrondissement, et visé gratuitement pour timbre par le receveur de l'enregistrement; ils y portent tous les actes de leur ministère sujets au timbre et à l'enregistrement, soit gratis, soit payés, sous peine d'une amende de 5 francs par chaque omission. (Id., art. 39.) — Voy. RÉPERTOIRE.

En cas d'injure ou de rébellion contre les agents de poursuites, ils se retirent auprès du maire pour en dresser procès-verbal. Ce procès-verbal, visé par le maire, est enregistré et envoyé au sous-préfet, lequel dénonce le fait aux tribunaux, s'il y a lieu. (Règl. 21 décembre 1839, art. 40.) — Voy. OUTRAGES.

Salaire et indemnités des porteurs de contraintes. — Le salaire des porteurs de contraintes et des garnisaires est fixé, suivant la nature des actes de poursuites qu'ils ont exécutés, par un tarif arrêté par le préfet dans chaque département.

Il ne leur est rien dû pour frais d'aller et de retour. (Règl. 21 décembre 1839, art. 36.)

Indépendamment du salaire résultant des actes de poursuites, il est alloué, sur les fonds du budget, aux porteurs de contraintes des départements autres que celui de la Seine, une indemnité fixe de 300 francs, payable à raison de 75 francs par trimestre.

Le receveur des finances peut porter le chiffre de l'indemnité à 100 francs par trimestre en faveur des agents qui ont mérité cette marque de satisfaction par leurs bons services, et continuer l'allocation sur ce pied tant que l'agent s'en montre digne. (Arrêté du min. des fin., 14 septembre 1861, art. 1er.)

Les indemnités mentionnées ci-dessus sont imputées sur le crédit des frais de perception des contributions directes; elles sont payées d'après des états dressés et certifiés par le receveur des finances de l'arrondissement, et en vertu de mandats délivrés par le préfet du département. (Id., art. 2.)

Dans la quinzaine qui suit l'expiration de chaque trimestre, les receveurs généraux adressent au ministère (direction générale de la comptabilité publique) un état récapitulatif présentant, par arrondissement, le montant des allocations faites, pour le trimestre précédent, dans leur département respectif, et contenant, en outre, les explications nécessaires pour faire apprécier, s'il y a lieu, les motifs des différences existant dans le chiffre des diverses allocations. (Id., art. 3.) — *Mém.* 1861, p. 309.

Retenue à effectuer pour la caisse de la vieillesse sur les indemnités des porteurs de contraintes. — Les porteurs de contraintes sont astreints à opérer des placements périodiques à la caisse des retraites pour la vieillesse, et, en conséquence, les indemnités qui leur sont allouées par le Trésor sont soumises à une retenue annuelle de 20 francs, quel que soit le chiffre de l'indemnité. Ces versements sont facultatifs pour les agents qui ont dépassé l'âge de quarante-cinq ans.

Les versements peuvent avoir lieu à raison de 5 francs par trimestre; toutefois ceux concernant les agents qui sont mariés, ne pouvant être inférieurs à 10 francs, aux termes du § 2 de l'article 1er du décret du 27 juillet 1861, ne sont effectués que semestriellement.

Il est loisible aux agents d'augmenter le taux de la retenue ci-dessus déterminée. La retenue que supportent les agents mariés se divisant sur deux têtes, ils doivent, s'ils veulent s'assurer personnellement le même chiffre de rentes que les célibataires, s'imposer volontairement une double retenue, soit 40 francs par an.

Les receveurs des finances opèrent eux-mêmes les retenues au moment du payement des allocations, et ils en effectuent le placement, à titre d'intermédiaire, au nom des agents, suivant le mode indiqué aux articles 556 et suivants de l'Instruction générale.

Si un porteur de contraintes vient à sortir de fonctions avant l'entrée en jouissance de la pension à laquelle il aurait des droits ultérieurs, il ne perd pas le bénéfice des versements qu'il a effectués. Il demeure libre, à partir de ce moment, ou de s'en tenir aux versements antérieurement opérés, ou de les continuer volontairement. Il en est de même à l'égard de la veuve dans le cas de décès d'un agent.

Si un changement survient dans les qualités civiles des agents soumis à la retenue, par exemple s'ils se marient ou deviennent veufs, ils doivent immédiatement produire les actes qui constatent ces changements.

Les versements faits par les porteurs de contraintes à la caisse des retraites de la vieillesse sont soumis aux conditions suivantes : 1° aliénation du capital, quel que soit l'état civil de l'agent ; 2° entrée en jouissance à soixante ans. Toutefois, bien que cette dernière condition doive constituer la règle générale, il peut y être dérogé dans les cas suivants : d'une part, en vertu de l'article 6 de la loi du 18 juin 1850, qui dispose que la pension pourra être liquidée, même avant cinquante ans et dans la proportion des versements effectués, en faveur des déposants qui auraient été atteints de blessures graves ou d'infirmités prématurées entraînant une incapacité absolue de travail; d'autre part, et en sens inverse, d'après l'article 8 de la loi du 12 juin 1861, qui permettrait à des porteurs de contraintes valides et maintenus en fonctions après soixante ans de faire reculer l'époque de l'entrée en jouissance de leur rente d'une ou plusieurs années, jusqu'à soixante-cinq ans. (Circ. compt. gén., 29 septembre 1861 et 19 avril 1862. — *Mém.* 1861, p. 308, et 1862, p. 185.) — Voy. CAISSE DE RETRAITES POUR LA VIEILLESSE.

Ports de lettres. — Lorsque des contribuables écrivent par la poste au percepteur pour lui adresser des observations ou des demandes de délai, ils doivent affranchir leurs lettres, et, s'ils ne le font pas, le comptable est en droit de se faire rembourser les frais de port qu'il aurait avancés. — *Mém.* 1847, p. 183.

Ce droit est d'ailleurs réciproque. Le percepteur n'est pas, non plus, autorisé à imposer aux contribuables des frais de poste en leur adressant des lettres manuscrites ou des avis imprimés non affranchis.

Mais les contribuables, aussi bien que le percepteur, ont besoin de réclamer leur remboursement devant le juge de paix ; ils ne pourraient pas refuser de payer l'impôt, sous prétexte qu'ils entendent retenir les frais de poste que le percepteur leur a occasionnés. — *Mém.* 1862, p. 323. — Voy. POSTES.

Postes. — L'administration des postes dépend du ministère des finances. Elle a à sa tête un directeur général, assisté de trois administrateurs, qui forment avec lui le conseil d'administration. Le service est dirigé, dans chaque département, par un inspecteur, qui a sous ses ordres des directeurs, distributeurs, commis et facteurs.

Le travail de chaque direction ou bureau de poste est fixé dans un règlement approuvé par l'administration ; la partie de ce règlement qui intéresse le public est affichée extérieurement.

Les règles relatives à la franchise de correspondance des fonctionnaires publics, et particulièrement à la correspondance de service des percepteurs et des receveurs de communes et d'établissements de bienfaisance, ont été l'objet d'un article spécial dans cet ouvrage. — Voy. Franchise.

Nous croyons devoir, en outre, indiquer les autres dispositions du service des postes qui peuvent intéresser les comptables.

Taxe des lettres ordinaires. — Depuis le 1er janvier 1863, le prix du port des lettres ordinaires circulant dans l'intérieur de l'Empire et des lettres de même nature de la France pour la Corse et l'Algérie et réciproquement est réglé par les tarifs ci-après :

TAXE DES LETTRES de direction de poste à direction de poste, y compris les directions situées en Corse et en Algérie.

INDICATION du poids.	Lettres affranchies.	Lettres non affranchies.
	f. c.	f. c.
Jusqu'à 10 gr. inclusivement	» 20	» 30
Au-dessus de 10 gr. jusqu'à 20 gr. inclusivement	» 40	» 60
Au-dessus de 20 gr. jusqu'à 100 gr. inclusivement	» 80	1 20
Au-dessus de 100 gr. jusqu'à 200 gr. inclusivement	1 60	2 40
Au-dessus de 200 gr. jusqu'à 300 gr. inclusivement	2 40	3 60
Et ainsi de suite, en ajoutant, par chaque 100 gr. ou fraction de 100 gr. excédant, 80 c. en cas d'affranchissement, et 1 fr 20 c. en cas de non affranchissement.		

TAXE DES LETTRES d'une direction de poste pour une distribution relevant de cette direction, et réciproquement, et des lettres d'une commune pour une autre commune du même arrondissement postal.

INDICATION du poids.	Lettres affranchies.	Lettres non affranchies.
	f. c.	f. c.
Jusqu'à 10 gr. inclusivement	» 10	» 15
De 10 à 20 gr. inclusivement	» 20	» 30
De 20 à 100 gr. inclusivement	» 40	» 60
De 100 à 200 gr. inclusivement	» 80	1 20
Et ainsi de suite, en ajoutant, par chaque 100 gr. ou fraction de 100 gr. excédant, 40 c. en cas d'affranchissement, et 60 c. en cas de non affranchissement.		

TAXE DES LETTRES d'une commune pour la même commune (Paris excepté).

INDICATION du poids.	Lettres affr. et non affr.
	f. c.
Jusqu'à 15 gr. exclusivement	» 10
De 15 gr. à 30 exclusivement	» 20
De 30 gr. à 60 exclusivement	» 30
De 60 gr. à 90 exclusivement	» 40
De 90 gr. à 120 exclusivement	» 50
Et ainsi de suite, en ajoutant 10 c. par chaque 30 gr. ou fraction de 30 gr. excédant.	

Timbres-poste ; de leur valeur et de leur emploi. — Les timbres-poste sont de huit valeurs différentes : 1 centime, 2 centimes, 4 centimes, 5 centimes, 10 centimes, 20 centimes, 40 centimes et 80 centimes. Ils sont vendus dans tous les bureaux de poste, dans les débits de tabac et par les facteurs et les boîtiers des postes.

Toute lettre pour l'intérieur revêtue d'un timbre-poste insuffisant est considérée comme non affranchie et taxée comme telle, sauf déduction du prix du timbre. Ainsi, par exemple, lorsqu'une lettre pesant plus de 10 grammes est affranchie avec un timbre-poste de 20 centimes, elle est considérée comme non affranchie ; elle doit 60 centimes ; en déduisant 20 centimes qui représentent le timbre, il reste à payer 40 centimes.

Le timbre d'affranchissement doit être placé sur l'angle droit supérieur de la lettre.

Lettres chargées. — Les lettres chargées acquittent, indépendamment de la taxe fixée ci-dessus, selon leur destination, un droit fixe de 20 centimes.

Une lettre chargée contenant des valeurs déclarées est passible, en outre du port de la lettre et du droit fixe de chargement, d'un droit de 10 centimes par 100 francs ou fraction de 100 francs déclarés.

Il est permis d'insérer dans les lettres chargées des billets de banque et autres valeurs au porteur.

Les lettres à faire charger doivent toujours être présentées au bureau de poste et affranchies. L'administration en donne reçu aux déposants et ne les livre que sur reçu aux destinataires. Elles sont placées sous enveloppe et scellées de cachets en cire fine de même couleur et portant une empreinte spéciale à l'expéditeur, en nombre suffisant pour retenir tous les plis de l'enveloppe et préserver le contenu de toute spoliation.

En cas de perte d'une lettre chargée, il est alloué par l'administration une indemnité de 50 francs.

Les titres de rentes nominatives ou au porteur expédiés par les receveurs généraux et particuliers des finances et les percepteurs peuvent indistinctement être admis au bénéfice du chargement en franchise sous bandes. Les titres dont il s'agit peuvent être recouverts intérieurement de feuilles de papier non fermées. (Décis. du min. des fin., 9 février 1863. — *Mém.*, p. 227.) — Voy. Franchise.

Lettres contenant des valeurs déclarées.—L'expéditeur qui veut s'assurer, en cas de perte, sauf le cas de force majeure, le remboursement des valeurs payables au porteur insérées dans une lettre, doit la faire charger et, en outre, faire la déclaration du montant des valeurs que cette lettre contient.

La déclaration ne doit pas excéder 2,000 francs ; elle est portée en toutes lettres à l'angle gauche supérieur de la suscription de l'enveloppe et énonce en francs et centimes le montant des valeurs insérées. Elle doit être écrite d'avance par l'expéditeur lui-même, sans rature ni surcharge. — *Mém.* 1859, p. 222.

L'expéditeur d'une lettre ou d'un paquet chargés contenant ou non des valeurs déclarées peut demander, au moment où il dépose sa lettre ou paquet, qu'il lui soit donné avis de sa remise au destinataire. A cet effet, il paye, pour affranchissement de l'avis, un droit de poste de 10 centimes.

Articles d'argent. — La poste se charge, moyennant un droit de 1 p. 0/0, du transport des sommes d'argent déposées à découvert dans ses bureaux. En échange, il est remis aux déposants des mandats qui peuvent être payés aux ayants droit dans tous les bureaux de l'Empire et de l'Algérie. Les envois d'argent sont encore reçus pour les armées françaises en pays étrangers, pour les militaires et marins employés dans les colonies françaises ou sur les bâtiments de l'État. Il n'est pas reçu de dépôt d'argent au-dessous de 50 centimes. Au-dessus de 10 francs, les mandats supportent, en outre, un droit de timbre de 50 centimes.

Imprimés, échantillons, papiers de commerce ou d'affaires. — Leur taxe est réglée à prix réduits, moyennant affranchissement préalable. Le poids des imprimés et papiers d'affaires ne doit pas dépasser 3 kilogrammes, et celui des échantillons 300 grammes. La dimension des imprimés et papiers d'affaires ne doit pas excéder 45 centimètres.

Les imprimés sont expédiés sous bandes mobiles couvrant au plus le tiers de la surface du paquet. Les circulaires, prospectus, catalogues, avis divers et prix courants, livres, gravures, lithographies en feuilles, brochés ou reliés, sont taxés comme il suit : 1 centime par exemplaire isolé de 5 grammes et au-dessous pour tout l'Empire ; 1 centime en plus par chaque 5 grammes ou fraction de 5 grammes, jusqu'à 50 grammes ; de 50 à 100 grammes, 10 centimes uniformément ; au-dessus de 100 grammes, 1 centime en sus par chaque 10 grammes ou fraction de 10 grammes excédant.

Les avis de naissance, mariage et décès, les prospectus, catalogues, circulaires, prix courants et avis divers sont reçus sous forme de lettres ou sous enveloppes ouvertes d'un côté ; la taxe est de 5 centimes par exemplaire de 10 grammes et au-dessous, pour l'arrondissement du bureau, et 10 centimes pour le reste de l'Empire ; elle est augmentée de 5 centimes ou 10 centimes par chaque 10 grammes ou fraction de 10 grammes excédant.

Le port des papiers de commerce ou d'affaires est de 50 centimes par paquet de 500 grammes et au-dessous. Au-dessus de 500 grammes, il est augmenté de 1 centime par chaque 10 grammes ou fraction de 10 grammes. L'envoi doit être fait sous bandes mobiles ou sous ficelles faciles à dénouer.

Lorsqu'ils n'ont pas été affranchis, les imprimés, échantillons, papiers de commerce ou d'affaires sont taxés comme lettres ; s'ils ont été affranchis et que l'affranchissement soit insuffisant, ils sont frappés en sus d'une taxe égale au triple de l'insuffisance. Le port en est acquitté, à défaut du destinataire, par l'expéditeur, contre lequel des poursuites sont exercées en cas de refus de payement. (L. 20 mai 1854.)

Les premiers avertissements, les sommations sans frais et les avis officieux adressés sous bandes par les percepteurs aux contribuables de leur circonscription, et par les receveurs des communes et des établissements de bienfaisance aux débiteurs de ces communes et de ces établissements, peuvent être affranchis au taux des imprimés, malgré les indications manuscrites que leur texte comporte. (Décis. min. des fin., 31 mars 1856.) — Voy. AFFRANCHISSEMENT.

Contraventions. — Il est interdit d'insérer dans les lettres chargées ou non chargées des matières d'or ou d'argent, des bijoux ou autres objets précieux. Il est interdit, en outre, d'insérer dans les lettres non chargées des billets de banque ou autres valeurs au porteur. En cas d'infraction, l'expéditeur est puni d'une amende de 50 à 500 francs, aux termes de la loi du 4 juin 1859. — *Mém.* 1859, p. 199.

Poursuites en matière de contributions directes. — On nomme ainsi les divers moyens employés conformément à la loi pour arriver à l'exécution forcée des rôles de la part des contribuables qui y sont portés.

Les règles relatives à l'exécution des poursuites en matière de contributions directes se trouvent, en principe, dans les lois des 1er décembre 1790, article 9 ; 2 octobre 1791, article 12 ; 3 brumaire an V, article 3 ; 17 brumaire an V, article 3 ; 3 frimaire an VII, article 153.

L'arrêté consulaire du 16 thermidor an VIII a coordonné les prescriptions de ces différentes lois, en précisant le mode d'action contre les redevables du Trésor.

Toutefois, ce n'est que dans le règlement général du 21 décembre 1839, qui n'est lui-même, à quelques dispositions près, que la reproduction textuelle de celui du 26 août 1824, que les diverses prescriptions légales concernant les poursuites pour le recouvrement des contributions directes ont été codifiées de manière à former un ensemble complet des règles à observer à ce sujet tant par les percepteurs que par les porteurs de contraintes.

Ce règlement général adopté par le ministre a servi de base et de modèle aux arrêtés pris par les préfets pour organiser le service des poursuites dans leurs départements respectifs ; il n'est toutefois qu'un acte administratif et n'a pas, par lui-même, force de loi. Les dispositions qu'il contient, les règles qu'il trace ne puisent cette force que dans les principes du droit commun, ou dans les prescriptions spéciales contenues dans les lois précitées.

Les règlements préfectoraux ont été calqués sur le règlement général du 21 décembre 1839 ; il y a donc, aujourd'hui, au grand avantage du service, un mode d'opérer rigoureusement uniforme sur tous les points de l'Empire. Ce n'est qu'en ce qui concerne le tarif des frais, c'est-à-dire le coût des actes, que les préfets ont été autorisés par la loi du 15 mai 1818, article 51, à les établir suivant les conditions particulières de leurs départements, sous l'approbation du Gouvernement, en d'autres termes du ministre des finances. Sous ce rapport même, une uniformité à peu près complète existe en ce moment, surtout dans le prix de la garnison collective qui est à peu près partout de 20 centimes (sauf pour les cotes de 1 franc et au-dessous pour lesquelles le prix est invariablement fixé à 10 centimes), et dans le prix du commandement qui est généralement de 1 fr. 20 c.

Les poursuites sont exercées par des agents particuliers désignés sous le nom de porteurs de contraintes, et qui font seuls les fonctions d'huissiers pour les contributions directes (Arrêté du 16 thermidor an VIII, article 19). Nous renvoyons au mot PORTEURS DE CONTRAINTES pour tout ce qui concerne plus spécialement l'organisation, les attributions, les obligations et le salaire de ces agents.

Le percepteur ne peut commencer les poursuites avec frais qu'après avoir prévenu le contribuable retardataire par une sommation gratis (L., 15 mai 1818, art. 51 ; Règlement du 21 décembre 1839, sur les poursuites, article 21). Cette sommation est donnée au domicile du redevable, s'il réside dans la commune; s'il n'y réside pas, elle est remise à son principal fermier, locataire ou régisseur, ou bien à la personne qui le représente, et à défaut au maire de la commune. Elle doit être remise huit jours avant le premier acte qui donne lieu à des frais ; mais le percepteur n'est pas tenu de la renouveler pour la contribution d'un même contribuable dans le courant de l'exercice.

La date de la remise au contribuable de la sommation gratis doit toujours être constatée à l'article du rôle, en tête de la colonne d'émargement. (Règl. 21 décembre 1839, art. 21 *bis*; I. G., art. 98.)

L'article 20 du règlement, consacrant le principe posé dans les lois des 1er décembre 1790, 18 février 1791 et 3 frimaire an VII, déclare que le contribuable qui n'a pas acquitté au 1er du mois le douzième échu pour le mois précédent est dans le cas d'être poursuivi. Il ne faudrait pas cependant en conclure que le percepteur peut commencer les poursuites avec frais dès le 9 du mois, quand il a dû être fait emploi de la sommation gratis, et dès le 2 quand cet acte a été antérieurement décerné. En effet, la disposition de l'article 3 de la loi du 17 brumaire an V, d'après laquelle les contribuables qui n'auront pas acquitté le montant de leur taxe en contribution directe dans les dix jours qui suivront l'échéance des délais fixés par les lois (premier jour du mois suivant) y seront contraints *dans les dix jours suivants* par la voie de garnisaires, cette disposition, disons-nous, n'a été abrogée par aucun texte de loi ; elle doit donc être considérée comme étant toujours en vigueur. Le douzième est bien échu le premier du mois suivant ; mais le contribuable jouit d'une sorte de délai de grâce de dix jours, et ce n'est dès lors que le onzième que la série des poursuites avec frais peut être commencée contre lui.

Les poursuites sont spécialement placées sous la direction et la surveillance des receveurs des finances; elles sont faites à la requête des percepteurs. (Règl. 21 décembre 1839, art. 8.)

Nul fonctionnaire n'a le droit de surseoir au recouvrement des contributions directes, ni aux poursuites qui ont ce recouvrement pour objet; seulement, lorsqu'il est constaté que des communes ont éprouvé des pertes résultant d'événements désastreux qui ont mis les contribuables dans l'impossibilité de payer, le préfet en informe le receveur général, afin de prévenir des poursuites pour des contributions qui devraient définitivement être couvertes par le fonds de non-valeurs. (Id., art. 7.)

Aucune poursuite donnant lieu à des frais ne peut être exercée dans une commune qu'en vertu d'une contrainte décernée par le receveur particulier de l'arrondissement, visée par le sous-préfet et qui désigne nominativement les contribuables à poursuivre. Cette contrainte est dressée en double expédition; l'une reste entre les mains du percepteur, et ce comptable remet l'autre à l'agent de poursuites chargé de son exécution, après avoir vérifié la situation des contribuables qui y sont portés, et avoir biffé le nom de ceux qui se seraient libérés dans l'intervalle. Il est expressément recommandé aux agents de poursuites de présenter, aussi souvent que possible, leurs contraintes aux percepteurs, afin que les contribuables qui se seraient libérés puissent en être rayés; dans les villes, et, en général, dans les localités qui le permettent, les garnisaires et porteurs de contraintes doivent remplir cette formalité *chaque jour* avant d'aller en tournée. (Arrêté du 16 thermidor an VIII, art. 30; Règl., art. 23; I. G., art. 100.)

Les percepteurs demandent aux receveurs d'arrondissement qu'il soit décerné des contraintes contre les contribuables en retard toutes les fois qu'ils le jugent nécessaire pour l'exactitude du recouvrement. Néanmoins, les receveurs d'arrondissement peuvent d'office décerner ces contraintes, en se conformant à l'ordre et aux règles établis pour les degrés de poursuites. (Règl., art. 24.)

La contrainte délivrée par le receveur particulier n'est point sujette au timbre; elle est décernée collectivement pour celles des communes de l'arrondissement de perception où le recouvrement est arriéré; elle ne peut être spéciale que dans le cas où une commune seule est en retard de payement. (Id., art. 25.)

Les articles 25 et 25 *bis* du règlement limitent en outre à dix jours la durée des contraintes; mais cette disposition n'a plus d'objet, puisqu'il ne peut être exercé de poursuites qu'en vertu d'un état nominatif des contribuables en retard. L'article 37, qui prescrit au porteur de contraintes, en arrivant dans une commune, de faire constater par le maire sur la contrainte le jour et l'heure de son arrivée et de son départ, est devenu également sans application, puisque ces indications, qui formaient un élément indispensable pour la fixation des taxes à imposer à chaque redevable, alors que les agents de poursuites étaient payés à la journée, n'ont plus de raison d'être depuis l'adoption du système de rémunération fixe à tant par acte prescrit par la circulaire ministérielle du 21 décembre 1839, §§ 3, 4 et 5.

Les poursuites doivent coïncider autant que possible avec les époques de tournées du percepteur (Règl., art. 26) ; elles pourraient être arguées de nullité si le percepteur avait négligé de faire sa tournée mensuelle. — *Mém.* 1846, p. 254.

A l'arrivée d'un agent de poursuite dans une commune, le maire ou l'adjoint, et, à défaut, l'un des membres du conseil municipal, doit faire publier la contrainte décernée par le receveur particulier ; le jour de la publication est constaté par la date du visa du maire apposé sur ladite contrainte. (Règl., art. 27.)

Les poursuites comprennent quatre degrés, savoir : 1er degré, Garnison collective ou individuelle ; 2e degré, Commandement ; 3e degré, Saisie ; 4e degré, Vente.

Premier degré de poursuite. — Garnison collective ou individuelle. — La garnison est, en principe, un moyen de déterminer le contribuable à se libérer par l'importunité de la présence d'un garnisaire. La première condition de cette poursuite est donc la présence du garnisaire et son séjour dans la commune sous les yeux du contribuable.

La garnison est collective quand elle s'exerce simultanément contre plusieurs redevables par un seul garnisaire ; elle peut être exercée contre tous les contribuables retardataires sans distinction du montant des cotes.

La poursuite par garnison collective peut être employée huit jours après la délivrance de la sommation gratis. (Règl., art. 45.)

Cette poursuite est notifiée à chacun des redevables par un acte ou bulletin imprimé (modèle n° 3 annexé au règlement) et rédigé d'après un état nominatif dressé par le percepteur, remis à l'agent de poursuites, et au pied duquel la contrainte est décernée. (Id., art. 46.)

Les agents de poursuites remettent entre les mains des maires, qui en donnent récépissé sur la contrainte, les bulletins qui n'auraient pas pu être signifiés, par suite de l'absence du contribuable, et de toute autre personne apte à les recevoir. (Id., art. 47.)

Le salaire de l'agent de poursuites employé à la garnison collective consiste en une somme fixe par bulletin de garnison. Cette somme est fixée dans chaque département par le préfet ; elle est invariablement de 10 centimes pour les cotes de 1 franc et au-dessous. (Id., art. 49.)

La garnison est individuelle lorsqu'elle a lieu contre un seul redevable par un garnisaire à domicile ; elle ne doit être exercée que trois jours après la garnison collective. Cependant si le percepteur commence ses poursuites par la garnison individuelle, cette dernière ne peut avoir lieu, comme la garnison collective, que huit jours après la sommation gratis. (Id., art. 49.)

La garnison individuelle ne peut être établie à domicile chez un contribuable si ses contributions ne s'élèvent en totalité à 40 francs au moins (Arrêté du 16 thermidor an VIII, art. 44). Quant au minimum de la somme due, les préfets peuvent se dispenser de le fixer, cette seconde condition de l'emploi de la garnison individuelle n'étant pas essentielle. (Règl., art. 50.)

Le garnisaire ne peut rester plus de deux jours chez un redevable. Il délivre à celui chez lequel il s'établit, en vertu de l'état qui lui a été remis par le percepteur, un bulletin imprimé conforme au modèle nº 4 annexé au règlement. Pendant la durée de la garnison individuelle, l'agent ne doit exercer aucun autre acte de poursuites. (Id., art. 51.)

Si le contribuable se libère le jour même où il reçoit le garnisaire, le percepteur ordonne à celui-ci de se retirer, et le contribuable ne doit que les frais d'une journée avec vivres et logement ou la représentation. (Id., art. 52.)

Le prix de la journée de garnison à domicile est fixé conformément au tarif déterminé par le préfet. (Id., art. 53.)

Les frais de garnison individuelle sont présentés par journée dans un état particulier, arrêté par le percepteur, et transmis au receveur particulier, pour être arrêté par le sous-préfet. (Id., art. 54.)

La garnison collective et la garnison individuelle peuvent être employées facultativement par le percepteur s'il n'a pas d'ordre contraire du receveur particulier; c'est-à-dire que le percepteur peut d'abord employer contre un contribuable en retard la garnison collective, et ensuite la garnison individuelle, ou bien commencer par cette dernière, sans qu'il puisse revenir à la garnison collective contre un même contribuable et pour la même dette. Toutefois, la garnison individuelle ne peut être employée, comme premier degré de poursuites, que lorsque le retard qui y donne lieu excède la somme fixée comme minimum par l'arrêté préfectoral. (Id. art. 43.)

Les poursuites comprennent, sans division d'exercices, toutes les sommes dues par le même contribuable: d'un autre côté, il est de principe que les poursuites se font pour les termes échus et *à échoir* jusqu'au jour du payement (*Mém.* 1854, p. 193). Lors donc qu'un contribuable, qui a été soumis à la garnison, devient débiteur de nouveaux douzièmes sans avoir, depuis la date du bulletin de garnison, payé intégralement la somme qui était alors exigible, le même acte de poursuite ne doit pas être répété pour ces nouveaux douzièmes; il doit être procédé, pour la totalité de la dette, par les degrés de poursuites subséquents, à moins qu'il ne s'agisse de douzièmes appartenant à l'exercice suivant, auquel cas il y a lieu de recommencer tous les degrés de poursuites pour la nouvelle dette, en comprenant toutefois l'ancienne dans les actes à signifier. Il en est de même pour les poursuites des autres degrés qu'il y aurait à exercer ultérieurement. (Règl., art. 22 et 43 *bis*.)

S'il y avait lieu de craindre la disparition du gage du Trésor, il serait préférable de laisser de côté la dette du nouvel exercice et de pousser exceptionnellement jusqu'à la saisie les poursuites déjà entamées pour les contributions de l'exercice expiré.

Deuxième degré de poursuites. — *Commandement.* — Acte par lequel on fait sommation au redevable d'acquitter le montant de sa dette, et on lui déclare qu'à défaut par lui de se libérer dans un délai déterminé, il y sera contraint par la saisie et la vente de ses biens

Le commandement n'a lieu que trois jours après l'exercice de la contrainte par garnison individuelle, ou trois jours après la garnison collective si la garnison individuelle n'a pas eu lieu (Règl., art. 51). Les trois jours doivent être francs, c'est-à-dire que le jour où a été exercée la garnison et celui qui complète le troisième ne doivent pas être comptés.

Aucun contribuable retardataire ne peut être poursuivi par voie de commandement qu'en vertu d'une contrainte qui le désigne nominativement. Cette contrainte est décernée à la suite d'un état envoyé préalablement par le percepteur, ou dressé par le receveur particulier, d'après l'inspection des rôles et la situation des poursuites. La contrainte comprend l'ordre de procéder à la saisie, si le contribuable ne se libère pas dans le délai de trois jours à compter de la signification du commandement. (Id., art. 56.)

Les commandements sont faits et délivrés par les porteurs de contraintes sur des imprimés conformes au modèle n° 6 annexé au règlement sur les poursuites. (Id., art. 57.)

Le commandement doit contenir, à peine de nullité, toutes les énonciations indiquées à l'article 61 du Code de procédure. Lorsqu'un contribuable veut faire des offres réelles au percepteur, il peut les signifier au domicile élu dans le commandement, mais il ne peut les réaliser par le payement qu'au domicile réel du comptable ou entre ses mains dans le lieu où il se trouve en tournée, c'est-à-dire au lieu où doit se faire le payemen de l'impôt.

Le prix du commandement est fixé uniformément pour l'original et la copie signifiés, tous frais de timbre et de transport compris, et indépendamment du droit d'enregistrement, lorsqu'il y a lieu à ce droit. L'original du commandement est collectif pour tous les contribuables poursuivis le même jour dans la même commune (Id., art. 58). Rien ne s'oppose cependant à ce que des contribuables de plusieurs communes soient compris dans le même original de commandement.

Le commandement n'est pas sujet à péremption : ainsi le percepteur peut suivre la saisie-exécution des meubles d'un redevable, quelle que soit l'époque de la signification antérieure du commandement.

Mais si le contribuable s'est libéré des termes échus au moment de la saisie-exécution, l'effet du commandement qui a précédé cette saisie est épuisé, et il ne saurait servir de base à une nouvelle saisie pour les douzièmes ultérieurement échus. — *Mém.* 1862, p. 109.

Troisième degré de poursuites. — *Saisie.* — La saisie des meubles et effets, ou celle des fruits pendants par racines, est toujours précédée d'un commandement; elle ne peut avoir lieu que trois jours après la signification dudit commandement (Règl., art. 63). La saisie et tous les actes postérieurs au commandement sont faits en vertu de la contrainte décernée pour ce dernier acte. Quand le moment est venu d'y procéder, le percepteur se borne à remettre au porteur de contraintes un état présentant la situation des contribuables en retard et portant injonction à cet agent de faire les diligences nécessaires.

Il ne peut être procédé à la saisie des fruits pendants par racines ou à la saisie-brandon que dans les six semaines qui précèdent l'époque ordinaire de la maturité des fruits (Règl., art. 64). Cette saisie est valable nonobstant la vente de grains en vert qu'aurait pu faire le contribuable avant les six semaines qui précèdent la maturité.

Conformément au principe rappelé ci-dessus, la saisie est faite pour tous les termes échus des contributions, et pour ceux qui seront devenus exigibles au jour de la vente, quoique le commandement ait exprimé une somme moindre. (Règl., art. 65.)

Les saisies s'exécutent d'après les formes prescrites pour les saisies judiciaires, titre VIII, livre V du Code de procédure civile (Règl., art. 66). La plupart des formalités prescrites pour la saisie-exécution sont observées pour la saisie-brandon. Cependant l'assistance de témoins n'est pas nécessaire pour cette dernière, non plus que l'itératif commandement prescrit pour la saisie-exécution quand elle est faite en la demeure et en présence du saisi.

La saisie est exécutée nonobstant toute opposition, sauf à l'opposant à se pourvoir par-devant le sous-préfet contre le requérant (Règl., art. 67). La décision du sous-préfet ne ferait pas obstacle à ce que la partie se pourvût devant le président du Tribunal si l'opposition était de nature à être jugée en référé par ce magistrat; si, par exemple elle était fondée sur une irrégularité de forme.

Si, au moment où le porteur de contraintes vient effectuer une saisie dans l'étendue de la commune du chef-lieu de perception, le contribuable retardataire demande à se libérer chez le percepteur, l'agent de poursuites doit, sur la déclaration écrite du contribuable, suspendre la saisie, et, sur le vu de la quittance du percepteur, il inscrit dans son procès-verbal le motif qui lui a fait suspendre son opération. Dans ce cas, le contribuable doit seulement le prix du timbre du procès-verbal, et, pour les vacations du porteur de contraintes, le prix d'une journée de garnison individuelle, ainsi que le salaire des assistants, d'après le tarif arrêté par le préfet. Si la saisie a lieu dans une commune autre que celle du chef-lieu de perception et que le contribuable demande également à se libérer chez le percepteur, le porteur de contraintes s'établit en qualité de garnisaire au domicile du retardataire pendant tout le temps que celui-ci emploie à effectuer sa libération, et, sur le vu de la quittance du percepteur, il inscrit, dans son procès-verbal, comme il a été précédemment indiqué, le motif qui lui a fait discontinuer la saisie. Dans ce second cas, le contribuable ne doit au porteur de contraintes, savoir : s'il justifie de la quittance du percepteur dans la première journée de l'opération, que le prix d'une journée de garnison individuelle et le salaire des assistants; et, si cette justification ne peut être donnée que dans la journée du lendemain, que deux journées de garnison individuelle. Dans les cas précités, le porteur de contraintes est tenu de faire mention, à la suite du procès-verbal de suspension de saisie, de la date de la quittance du percepteur et de la somme pour laquelle elle a été délivrée. A la fin de la seconde journée, si le contribuable retardataire n'a pas opéré sa libération ou n'en justifie pas, le porteur de contraintes exécute la saisie ; alors le contribuable doit, indépendamment des frais de la saisie, deux journées de garnison individuelle. (Règl., art. 68.)

Si le contribuable qui a demandé à se libérer n'apporte au percepteur qu'un à-compte sur les termes échus, et que ce comptable juge à propos de lui accorder un délai pour le surplus, il doit néanmoins donner ordre au porteur de contraintes d'achever la saisie, sauf à constituer le saisi comme gardien et à assigner pour la vente un jour éloigné.

Si le débiteur saisi réclamait, au moment de sa libération, une mainlevée de la saisie indépendamment de la quittance extraite du journal à souche, le percepteur n'aurait aucune raison plausible de refuser d'accéder à cette demande. — *Mém.* 1849, p. 240.

En cas de revendication des meubles et effets saisis, l'opposition n'est portée devant les tribunaux qu'après avoir été, conformément aux lois des 5 novembre 1790 et 12 novembre 1808, déférée à l'autorité administrative. En conséquence le percepteur se pourvoit auprès du sous-préfet par l'intermédiaire du receveur particulier pour qu'il y soit statué par le préfet sous le plus bref délai (Règl., art. 69). Ce référé administratif est spécial à l'action en revendication de meubles saisis et à la demande en distraction de meubles également saisis, mais déclarés insaisissables. Il peut être formé soit par le percepteur, soit par l'opposant; mais le référé formé par le percepteur ne dispense pas la partie opposante de la remise du mémoire prescrit par la loi du 5 novembre 1790. Le préfet n'a pas à porter un jugement définitif entre les prétentions du percepteur et du tiers revendiquant, les actions en revendication étant de la compétence des tribunaux. Cet administrateur est simplement mis en demeure de déclarer s'il reconnaît comme fondée la demande en revendication, auquel cas il ordonne l'abandon de la saisie, ou s'il veut laisser l'action se suivre devant les juges civils. Dans ce dernier cas, il refuse de faire droit amiablement à la demande en revendication ; s'il n'a pas fait connaître sa décision dans le délai d'un mois, son silence est interprété dans ce dernier sens. En un mot, ce référé doit être considéré comme une tentative de conciliation.

Le porteur de contraintes qui, se présentant pour saisir, trouve une saisie déjà faite, se borne à procéder au récolement des meubles et effets saisis ; et, s'il y a lieu, provoque la vente, ainsi qu'il est prescrit par les articles 611 et 612 du Code de procédure civile. (Règl., art. 70.)

Lorsque le porteur de contraintes ne peut exécuter sa commission parce que les portes sont fermées ou que l'ouverture en est refusée, il a le droit d'établir un gardien aux portes pour empêcher le divertissement. Il se retire sur-le-champ devant le juge de paix, le commissaire de police, le maire ou l'adjoint, lequel autorise l'ouverture des portes, y assiste, et reste présent à la saisie des meubles et effets. L'ouverture des portes et la saisie sont constatées par un seul procès-verbal dressé par le porteur de contraintes, et signé en outre par le fonctionnaire qui a été requis. (Id., art. 71.)

Le procès-verbal de saisie fait mention de la réquisition faite au saisi de présenter un gardien volontaire. Le porteur de contraintes est tenu d'admettre ce gardien, sur l'attestation de solvabilité donnée par le maire de la commune. (Id., art. 72.)

Si le saisi ne présente pas de gardien, le porteur de contraintes en établit un d'office, en observant les prohibitions portées par l'article 598 du Code de procédure civile (Id., art. 73). Les porteurs de contraintes doivent, lorsqu'ils prévoient qu'il leur sera difficile de trouver un gardien, amener avec eux un homme de confiance qui, après avoir servi de témoin pour la saisie, sera constitué gardien. A défaut de gardien volontaire présenté par le saisi, le garde champêtre doit être constitué gardien à la saisie-brandon, à moins qu'il ne soit dans les cas d'exclusion prévus par le Code de procédure. — Voy. Gardiens aux saisies.

Ne peuvent être saisis pour contributions arriérées et frais faits à ce sujet les objets détaillés à l'article 592 du Code de procédure, 524 du Code Napoléon et 77 du Règlement sur les poursuites.

A défaut d'objets saisissables, et lorsqu'il est constant qu'il n'existe aucun moyen d'obtenir le payement de la cote d'un contribuable, il est dressé sur papier libre un procès-verbal de carence, en présence de deux témoins. Ce procès-verbal doit être certifié par le maire. Le préfet décide, suivant les différents cas d'insolvabilité, s'il y a lieu de mettre les frais de ce procès-verbal à la charge du percepteur, ou s'ils sont susceptibles d'être imputés, comme la cote elle-même, sur le fonds de non-valeurs. (Règl., art. 78.)

L'insolvabilité des contribuables est constatée de la manière suivante : 1° pour les retardataires qui auraient primitivement été réputés solvables, et contre lesquels une saisie, précédée de commandement, aurait été intentée, il est fait usage des procès-verbaux de carence ; ces procès-verbaux sont individuels ou collectifs, suivant le nombre des contribuables insolvables contre lesquels la saisie aurait été dirigée dans le même jour ; 2° pour les contribuables dont l'insolvabilité serait notoire, les percepteurs doivent se borner, au moment où ils reconnaissent cette insolvabilité, à obtenir (en exécution de l'arrêté du Gouvernement du 6 messidor an x) des certificats des maires attestant l'indigence ncsdus contribuables. Ces comptables conservent les certificats pour justifier du non-recouvrement des cotes, et pour former, en fin d'exercice, leurs états de cotes irrecouvrables. Quant aux procès-verbaux de carence, ils sont rédigés en double original et sur papier libre. L'un des doubles reste entre les mains des percepteurs pour être joint, comme pièce justificative, à l'appui des états de cotes irrecouvrables; l'autre double est mis à l'appui des états de payement du salaire des porteurs de contraintes, pour rester ensuite à la recette particulière. Le salaire des porteurs de contraintes et des témoins, pour les procès-verbaux de carence, est fixé par le tarif préfectoral. Dans le cas où les témoins auraient été pris hors de la commune, leur salaire serait alloué comme si la saisie avait été effectuée, et conformément à la taxe réglée pour ce dernier acte. (Règl., art. 78 *bis.*) — Voy. Carence, Indigence.

Quatrième degré de poursuites. — Vente. — Aucune vente ne peut s'effectuer qu'en vertu d'une autorisation spéciale du sous-préfet, accordée sur la demande expresse du percepteur, par l'intermédiaire du receveur particulier. L'avis du receveur particulier et l'autorisation du sous-préfet sont placés à la suite de la demande du percepteur. (Règl., art. 79.)

L'apposition des placards destinés à annoncer la vente des meubles et fruits saisis sur les contribuables ne peut être faite avant que l'autorisation de vendre ait été donnée par le sous-préfet. — *Mém.* 1839, p. 30.

Il n'est procédé à la vente des meubles et effets saisis et des fruits pendants par racines que huit jours après la clôture du procès-verbal de saisie. Pour la saisie-brandon, le délai de huitaine ne court qu'à partir de la date du procès-verbal constatant l'apposition des affiches. Néanmoins, ce délai peut être abrégé, avec l'autorisation du sous-préfet, lorsqu'il y a lieu de craindre le dépérissement des objets saisis. L'autorisation du tribunal est en outre nécessaire. (Règl., art. 80.)

La loi ne fixe aucun délai dans lequel il doive être procédé à la vente des objets saisis. La vente peut donc être effectuée tant que la prescription de trois ans n'est pas acquise au redevable.

Le principe en matière de saisie-brandon est que les fruits saisis brandonnés soient vendus sur pied; cependant, quand les fruits se trouvent dans le cas d'être coupés avant qu'on puisse remplir les formalités prescrites pour la vente, le percepteur peut se faire autoriser par la justice à faire la récolte lui-même et à la faire vendre après qu'elle aura été détachée ou coupée. — *Mém.* 1839, p. 63.

Les ventes de meubles sont faites par les commissaires-priseurs dans les villes où ils sont établis. Toutes autres ventes sont faites par les porteurs de contraintes dans les formes usitées pour celles qui ont lieu par autorité de justice (C. de proc., titres VIII et IX, livre V). Les porteurs de contraintes et commissaires-priseurs sont tenus, sous leur responsabilité, de discontinuer la vente aussitôt que son produit est suffisant pour solder le montant des contributions dues et les frais de poursuites, ainsi que le montant des créances pour lesquelles des oppositions auraient été régulièrement formées sur le produit de la vente. (Règl., art. 81.)

La vente doit avoir lieu dans la commune où s'opère la saisie. Il ne peut être dérogé à cette règle que d'après l'autorisation du maire et celle du tribunal. Dans ce dernier cas, la vente s'opère au marché le plus voisin ou à celui qui est jugé le plus avantageux. Les frais de transport des meubles et objets saisis sont réglés par le sous-préfet. (Id., art. 82.)

Lorsque le porteur de contraintes se présente pour procéder au récolement et à l'enlèvement des meubles pour la vente, et qu'il trouve les portes fermées, il doit, comme dans le cas de saisie (art. 71 du Règlement), requérir l'intervention d'un des fonctionnaires désignés à l'article 587 du Code de procédure, et, au besoin, en référer au receveur des finances pour que celui-ci se concerte avec l'autorité judiciaire sur les mesures à prendre conformément aux articles 607 et 806 du Code de procédure.

Il est défendu aux porteurs de contraintes et percepteurs de s'adjuger ou faire adjuger aucun des objets vendus en conséquence des poursuites faites ou dirigées par eux, sous peine de destitution. (Id., art. 83.)

Le percepteur doit être présent à la vente ou s'y faire représenter pour en recevoir les deniers. Il est responsable desdits deniers. (Id., art, 84.)

Les ventes doivent être faites au comptant, et, faute de payement, l'objet est revendu sur-le-champ à la folle enchère de l'adjudicataire.

Immédiatement après avoir reçu le produit de la vente, le percepteur émarge les rôles jusqu'à concurrence des sommes dues par le saisi et lui en délivre quittance à souche. Il conserve en ses mains le surplus du produit de la vente jusqu'après la taxe des frais et en délivre quittance à souche à titre d'excédant de versement. Dès la réception des états de frais régulièrement taxés, le percepteur établit le compte définitif du redevable : ce compte est inscrit à la suite du procès-verbal de vente et signé contradictoirement par le contribuable et le percepteur. La somme excédant ce qui est dû au Trésor et les frais taxés est remise, sur le consentement écrit du saisi, aux créanciers opposants ; en cas de contestation, cet excédant devrait être versé à la caisse des dépôts et consignations. (Id., art. 85.)

Outre les oppositions qui n'ont d'autre objet que de mettre les opposants en mesure de profiter des deniers de la vente après prélèvement des contributions dues et des frais faits, il peut en être formé d'autres, d'un caractère entièrement contentieux, ayant pour but d'empêcher le percepteur soit de faire procéder à la vente, soit de s'en approprier le produit. Le percepteur procède alors par la voie du référé administratif au préfet, ainsi qu'il est réglé pour le cas de revendication de meubles et effets saisis (art. 69 du Règlement) ; seulement, à la différence de ce dernier cas, le référé n'est obligatoire que pour le percepteur, c'est-à-dire que la partie opposante n'est pas tenue de présenter le mémoire prescrit par la loi du 5 novembre 1790. (Id., art. 86.)

Toute vente faite contrairement aux formalités prescrites par les lois donne lieu à des poursuites contre ceux qui y ont procédé, et les frais faits restent à leur charge. (Règl., art. 87.)

Moyens conservatoires. — Saisie-Arrêt. — A défaut de payement de contributions par un receveur, agent, économe, notaire, commissaire-priseur ou autre dépositaire et débiteur de deniers provenant d'un redevable, le percepteur fait, entre les mains desdits dépositaires et débiteurs de deniers, une saisie-arrêt ou opposition (Id., art. 88.)

La saisie-arrêt ne doit être employée que dans les cas où les deniers ne sont pas affectés au privilége du Trésor; dans le cas contraire, il y aurait lieu de procéder par voie de sommation directe au détenteur, et de poursuites personnelles contre lui s'il n'obtempérait pas à la sommation.

La saisie-arrêt ou opposition s'opère, à la requête du percepteur, par le ministère d'un huissier ou d'un porteur de contraintes, sans autre diligence, et sans qu'il soit besoin d'autorisation préalable, suivant les formes réglées par le titre VII, livre V du Code de procédure civile (art. 557 à 582); il en suit l'effet conformément aux dispositions de ce Code. La saisie-arrêt n'est pas nécessaire lorsque le percepteur a fait constater sa demande ou sa saisie-arrêt dans un procès-verbal de vente de récolte ou d'effets mobiliers, dressé par un officier ministériel. (Id., art. 89.)

La saisie-arrêt étant un acte purement conservatoire, il n'est pas nécessaire qu'elle soit précédée d'une contrainte ni d'un commandement de payer fait au redevable.

Lorsque la saisie-arrêt ou opposition doit être faite entre les mains d'un receveur ou de tout autre dépositaire de deniers publics, le porteur de contraintes se conforme aux formalités prescrites par le décret du 18 août 1807. (Id., art. 90.)

La saisie-arrêt ne s'exerce pas uniquement sur les deniers; elle peut être également formée sur des effets mobiliers. (C. de proc., art. 557 et 578.)

Pour le cas où il y a lieu de craindre la disparition du gage de la contribution, voir ci-après *Poursuites à exercer d'urgence.*

Dispositions communes aux poursuites des divers degrés. — Timbre et enregistrement des actes de poursuites. — Les bulletins de garnison collective ou individuelle ne sont sujets ni au timbre ni à l'enregistrement. (Règl., art. 94.)

Les actes de commandement, saisie-arrêt, saisie-exécution, vente et tous les autres actes y relatifs doivent être sur papier timbré et enregistrés dans les quatre jours, non compris celui de la date. (Id., art. 95.)

Les originaux de commandements collectifs peuvent être rédigés sur la même feuille de papier timbré. (Id., art. 95 *bis*.)

Le droit d'enregistrement n'est dû que lorsque les contributions d'un même exercice dans une même commune s'élèvent à plus de 100 francs. Quel que soit le nombre des exercices il n'est dû qu'un seul droit. Le droit n'est pas dû, ou, en d'autres termes, l'enregistrement a lieu gratis lorsque la somme de 100 francs n'est dépassée que par la réunion des contributions de plusieurs exercices ou de plusieurs communes. (Règl., art. 97.)

Dans un commandement collectif, il est dû autant de droits d'enregistrement qu'il y a de cotes individuelles excédant 100 francs.—*Commentaire de Durieu*, tome II, p. 51.

Les affiches annonçant la vente des objets saisis sont sujettes au timbre ; les exemplaires d'affiches qui restent annexés au procès-verbal d'affiches, et ceux qui doivent être apposés aux lieux indiqués par l'article 617 du Code de procédure, sont passibles du droit d'après leur dimension, comme tous autres actes judiciaires. Quant aux exemplaires apposés ailleurs qu'aux endroits désignés par la loi, ils ne sont sujets, comme affiches volontaires, qu'au timbre spécial des affiches, qui est de 5 centimes pour le papier d'une dimension de 12 centimètres et demi carrés et au-dessous, et de 10 centimes pour les papiers au-dessus de cette dimension. Le papier destiné aux affiches doit être présenté au timbre avant l'impression. (I. G., art. 108.)

Lorsque, dans le délai de quatre jours, les contribuables se sont libérés intégralement, tous les actes de poursuites, les procès-verbaux de vente exceptés, non encore présentés à l'enregistrement, peuvent, quoique ayant pour objet le recouvrement de cotes excédant 100 francs, être admis à la formalité gratis. Dans ce cas, indépendamment de l'annotation sur le répertoire, déjà prescrite par la décision du 28 juin 1822, les porteurs de contraintes doivent faire mention, sur l'acte de poursuite, de la libération intégrale du redevable, et faire certifier cette déclaration par le percepteur. (Règl., art. 98.)

Tous les imprimés de formules d'actes de poursuites assujettis à la formalité du timbre doivent être timbrés à l'extraordinaire, par les soins des receveurs généraux, qui font l'avance, sur leurs fonds personnels, des frais de timbre, pour ce qui concerne l'arrondissement du chef-lieu, et qui se font tenir compte par les receveurs particuliers de ce qu'ils ont avancé momentanément pour les autres arrondissements. (Id., art. 101 *bis*.)

Les porteurs de contraintes sont responsables des contraventions aux règlements sur le timbre et l'enregistrement.

Les actes de poursuites pouvant contenir des contraventions aux lois sur le timbre et l'enregistrement, les préposés de l'administration de l'enregistrement sont autorisés à les vérifier dans les bureaux des receveurs des finances, conformément à l'article 54 de la loi du 22 frimaire an VII et au décret du 14 messidor an XIII. (I. G., art. 588.)

Imprimés relatifs au service des poursuites. — Les receveurs particuliers des finances font imprimer et fournissent aux porteurs de contraintes et garnisaires, dans leurs arrondissements respectifs, les formules de bulletin de garnison collective, ceux de garnison individuelle et de commandement, indiqués aux articles 46, 51 et 57 du règlement, les états de frais et généralement tous les modèles d'actes et de procès-verbaux relatifs aux poursuites. (Règl., art. 101.)

Les actes de tous les degrés sans exception à distribuer aux contribuables doivent être imprimés sur du papier de couleur différente pour chaque degré de poursuites. Les couleurs sont les mêmes dans tous les départements, savoir :

Sommations sans frais............	sur papier	vert.
Bulletins de garnison collective....	id.	jaune.
Bulletins de garnison individuelle..	id.	lilas.
Commandements	id.	bleu.
Saisies........................	id.	rouge.
Ventes........................	id.	gris.
Actes conservatoires............	id.	blanc.

Chaque formule d'acte doit être revêtue du cachet du receveur particulier apposé à la main, et remise en compte par ce dernier aux agents de poursuites.

Les frais d'impression déterminés d'avance par le préfet, sur la proposition du receveur général, sont payés par les receveurs particuliers, et supportés, soit par les agents de poursuites, soit par les percepteurs, soit enfin par les receveurs eux-mêmes, de la manière ci-après, conformément à la décision ministérielle du 23 juillet 1822.

Les frais de bulletins de garnison collective, de garnison individuelle, des originaux et copies de commandements, saisies, ventes, affiches, etc., sont à la charge du porteur de contraintes, dont le salaire est réglé en conséquence.

Les frais de sommations gratis, des états de redevables devenus passibles des différents degrés de poursuites, des états de payement des différents actes, sont à la charge des percepteurs, attendu que ces actes et états sont la conséquence des devoirs de ces comptables.

Les receveurs des finances supportent les frais de l'état général et trimestriel des frais faits dans leur arrondissement, ces frais résultant de leur gestion et de leur comptabilité.

Il ne peut y avoir lieu à aucune répétition contre les contribuables pour le prix de ces imprimés. (Id., art. 101 et 101 *bis*.)

Les receveurs des finances remettent en compte aux porteurs de contraintes les diverses formules imprimées nécessaires aux poursuites, et ils constatent cette remise sur un carnet particulier, ainsi que l'emploi des formules. Ce carnet sert, en même temps, à suivre le remboursement des sommes dont les receveurs des finances se sont mis en avance, tant pour le prix des imprimés que pour celui du timbre. Ce prix est payé comptant par les porteurs de contraintes, ou, à défaut, prélevé sur la somme leur revenant pour les poursuites auxquelles les formules ont été employées.

Les porteurs de contraintes doivent avoir, de leur côté, un carnet d'entrée et de sortie des divers imprimés qui leur sont remis en compte ;

les receveurs des finances leur indiquent la forme de ce carnet, qui doit être analogue à celui qu'ils tiennent eux-mêmes.

Il est formellement interdit aux percepteurs et aux porteurs de contraintes de rédiger aucun acte de poursuite sur des imprimés autres que ceux qui sont fournis par les receveurs des finances. Tous ces imprimés doivent être revêtus, comme il est dit plus haut, du cachet de la recette particulière. (I. G., art. 107.)

Les formules d'actes de poursuites sont admises au bénéfice de la franchise attribuée à la correspondance de service sous les conditions que le poids du paquet n'excède pas 500 grammes, et qu'il ne soit pas expédié dans la même journée plus d'un paquet de l'espèce par le même expéditeur au même destinataire. (Id., art. 1423.) — Voy. FRANCHISE.

Dispositions relatives à la validité des poursuites. — Chacun des actes de poursuites délivrés par les porteurs de contraintes et garnisaires relate le prix auquel il a été taxé, sous peine de nullité. (Règl., art. 99.)

Les fixations déterminées par les arrêtés préfectoraux pour le prix des divers actes de poursuites doivent être affichées dans chaque bureau de perception et à la mairie de chaque commune. (Id., art. 100.)

Les formalités prescrites par le Code de procédure doivent être exactement observées dans la rédaction ainsi que dans l'exécution de tous les actes judiciaires en matière de poursuites, c'est-à-dire des actes de commandement, de saisies-arrêts, de saisies et de ventes. Ce n'est que dans la partie de l'acte qui a pour objet d'établir la situation du débiteur que l'administration est libre d'adopter le modèle qui lui convient.

Ainsi, conformément à l'article 68 du Code de procédure, toutes les significations doivent être faites à la personne et à domicile; mais si le porteur de contraintes ne trouve au domicile ni la partie, ni aucun de ses parents ou serviteurs, il remet de suite la copie à un voisin qui signe l'original; si ce voisin ne sait, ne peut ou ne veut signer, le porteur de contraintes remet la copie au maire ou adjoint de la commune, lequel vise l'original sans frais. Le porteur de contraintes fait mention du tout tant sur l'original que sur la copie.

Les actes susmentionnés étant régis par le droit commun, les contestations qui s'élèvent sur leur régularité ressortissent naturellement à l'autorité judiciaire.

Un acte de poursuite n'est pas nul par le seul fait qu'il énonce une somme supérieure à celle des douzièmes échus. — *Mém.* 1851, p. 20.

Les frais des actes annulés à défaut d'observation des formes légales sont mis à la charge des porteurs de contraintes.

Poursuites hors du ressort de la perception. — A ne considérer que la capacité personnelle du percepteur, rien ne s'opposerait à ce qu'il exerçât par lui-même des poursuites hors du ressort de sa perception et sur tous les points de l'Empire. Mais les porteurs de contraintes n'ayant qualité pour instrumenter que dans l'étendue de l'arrondissement pour lequel ils ont été nommés, et ne pouvant d'ailleurs être employés que par les ordres du receveur des finances de cet arrondissement, il en résulte que le percepteur de la commune où le contribuable est imposé se trouve dans l'impossibilité, quand ce contribuable est domicilié hors de l'arrondissement, de suivre par lui-même les poursuites contre lui, puisqu'il n'a pas à sa disposition les agents indispensables. Au contraire, quand la poursuite doit se faire dans le territoire de l'arrondissement, il importe peu que le redevable soit domicilié hors du ressort de la perception où il est imposé ; les porteurs de contraintes ont qualité pour instrumenter, et le receveur des finances peut leur donner des ordres pour qu'ils se mettent à la disposition du percepteur de la commune de l'imposition ; ce ne serait que dans le cas d'une distance considérable entre le lieu où la cote est ouverte et le lieu de la résidence du contribuable, qu'il conviendrait de remettre le soin de la poursuite au percepteur de cette dernière résidence. — *Mém.* 1838, p. 349.

Lorsqu'un contribuable retardataire est domicilié hors du département dans lequel il est imposé, sans y être représenté par un fermier, locataire ou régisseur, il peut être procédé immédiatement contre lui par voie de commandement. Pour l'exécution de cette poursuite, le receveur particulier de l'arrondissement où le rôle a été mis en recouvrement décerne, à la requête du percepteur, une contrainte qui, après avoir été visée par le sous-préfet, est transmise par le receveur général à son collègue du département où le contribuable a son domicile, afin qu'après l'avoir fait viser par le préfet de ce département, il en fasse suivre l'exécution par un porteur de contraintes et en fasse opérer le recouvrement par le percepteur de la résidence du débiteur. Cette contrainte est accompagnée de deux extraits du rôle comprenant les articles dus par le contribuable. (Règl., art. 59.)

Lorsque le contribuable est domicilié dans le département, mais hors de l'arrondissement de sous-préfecture où il est imposé, la contrainte, visée par le sous-préfet, est envoyée par le receveur général avec l'extrait du rôle au receveur particulier de l'arrondissement où réside le contribuable. (Id., art. 60.)

Les contraintes et extraits de rôles mentionnés aux articles précédents sont remis au percepteur de la résidence du contribuable pour diriger les poursuites requises et effectuer le recouvrement des contributions exigibles. Les frais relatifs à ces poursuites sont taxés par le sous-préfet, avancés au porteur de contraintes par le receveur particulier et remboursés par le percepteur de la résidence du contribuable. Ces frais entrent dans sa comptabilité comme ceux des poursuites qu'il exerce pour le recouvrement des sommes imposées sur ses rôles. (Id., art. 61.)

Le contribuable domicilié soit hors du département, soit hors de l'arrondissement où il est imposé, et qui, s'étant mis dans le cas d'être poursuivi de la manière ci-dessus indiquée, vient à se libérer dans l'intervalle de l'expédition de la contrainte à la signification du commandement ou des autres poursuites dirigées contre lui, n'est pas, pour cela, exempt du payement des frais encourus. (Règl., art. 62.)

Le règlement n'autorise les poursuites, dans le cas de contrainte extérieure, que pour le recouvrement des termes exigibles. Il est à remarquer en effet que ce mode de procéder ne permet pas de contrevenir aux prescriptions de l'article 146 de la loi du 3 frimaire an VII, aux termes duquel nul ne peut être contraint que pour les termes échus tant qu'il n'en est pas ordonné autrement par des dispositions législatives. S'il a été apporté des dérogations à cette loi en ce qui concerne les contributions personnelle et mobilière (L. 21 avril 1832, art. 21 et 22), et celle des patentes (L. 25 avril 1844, art. 25), qui deviennent exigibles pour l'année entière en cas de déménagement, de décès ou de vente forcée, c'est que ces circonstances peuvent faire disparaître le gage de l'impôt. Or, les mêmes considérations ne sauraient être invoquées pour le payement anticipé de l'intégralité de l'impôt foncier, ni même de la contribution mobilière, lorsqu'aucun fait ne vient diminuer les sûretés du Trésor.

Lorsque le percepteur du lieu de l'imposition se trouve dans la nécessité de faire saisir les récoltes d'un contribuable domicilié hors du ressort de la perception et qui n'a aucun représentant dans ce ressort, il doit, pour tous les actes qui précèdent la saisie, recourir au percepteur du domicile, conformément aux articles 59 et suivants du règlement. Mais une fois que ces actes ont été faits ou signifiés, les originaux en sont renvoyés au percepteur qui a provoqué les poursuites, afin qu'il fasse lui-même procéder à la saisie des récoltes du contribuable. Le procès-verbal de saisie est ensuite transmis au domicile du contribuable à qui il doit être notifié. Enfin, après le retour de cet acte et huit jours après la signification qui en aura été faite, il peut être procédé sur les lieux à la vente des objets saisis. — *Mém.* 1856, p. 56.

Tous les biens d'un contribuable étant soumis au payement de ses contributions, le percepteur peut diriger des poursuites sur ceux situés même hors du ressort de sa perception, lorsque d'ailleurs il agit en vertu d'un mandat du receveur particulier. — *Mém.* 1832, p. 297. — Voy CONTRAINTES EXTÉRIEURES.

Poursuites à exercer d'urgence. — Lorsqu'un percepteur est informé d'un commencement d'enlèvement furtif de meubles ou de fruits, et qu'il y a lieu de craindre la disparition du gage de la contribution, s'il y a déjà eu un commandement, il a droit de faire procéder immédiatement, et sans autre ordre ni autorisation, à la saisie-exécution par un porteur de contraintes, et à son défaut par un huissier des tribunaux (Règl., art. 91). Le mot « immédiatement » dont se sert cet article doit s'entendre de cette manière, que le percepteur n'est pas obligé, dans ce cas, d'attendre, pour procéder à la saisie, les trois jours fixés par l'article 63 du règlement; mais il doit, dans tous les cas, observer le délai d'un jour pour se conformer aux prescriptions de l'article 583 du Code de procédure civile. — *Commentaire* de Durieu, tome II, p. 244.

Si le commandement n'a pas été fait, le percepteur établit d'office, soit au domicile du contribuable, soit dans le lieu où existe le gage de l'impôt, un gardien chargé de veiller à sa conservation, en attendant qu'il puisse être procédé aux poursuites ultérieures qui commenceront sous trois jours au plus tard. (Règl., art. 92.)

Un gardien ne peut légalement tenir son pouvoir de s'opposer à l'enlèvement des meubles que d'une contrainte régulièrement décernée par le receveur des finances, ou, à défaut, dans des circonstances exceptionnelles, d'une autorisation spéciale du président du tribunal. Ces conditions n'existant pas dans le cas prévu par les articles 91 et 92 du règlement, le gardien constitué d'office ne peut que surveiller le divertissement des meubles, et sa mission se borne à s'assurer, autant que possible, du lieu où ils seraient transportés.

Si une certitude est acquise à cet égard, et si, comme c'est probable, le percepteur a pu, dans l'intervalle, obtenir une contrainte, le porteur de contraintes procédera à la saisie-exécution des meubles chez le tiers dépositaire. Dans le cas d'opposition de la part de ce dernier, il faudrait se pourvoir d'une autorisation du président du tribunal.

Si, par une circonstance quelconque, le percepteur n'avait pu utiliser le délai écoulé entre la constitution d'office d'un gardien et l'enlèvement des meubles pour obtenir d'urgence une contrainte du receveur des finances, il y aurait nécessité de procéder alors par voie de saisie-arrêt.

Lorsqu'il y a lieu d'appliquer les dispositions autorisées par les articles 91 et 92 du règlement, le percepteur en informe le maire de la commune du contribuable, et en rend compte au receveur particulier en lui demandant ses instructions. Dans tous les cas, la vente ne peut être faite que dans la forme ordinaire. (Id., art. 93.)

Justification, règlement et recouvrement des frais de poursuites. — Les listes nominatives constatant les poursuites exercées par voie de garnison, l'état des commandements signifiés et le bordereau des frais résultant de tous autres actes sont dressés en double expédition, certifiés par les agents de poursuites, signés par le percepteur, et adressés au receveur particulier, qui, après les avoir vérifiés, en arrête provisoirement le montant, et les remet au sous-préfet avec les pièces dont ils doivent être accompagnés. Ces listes, états et bordereaux ne doivent comprendre que les frais résultant de la contrainte qui aura prescrit les poursuites. Ils indiquent les retardataires, la somme pour laquelle chacun d'eux aura été poursuivi, la date des actes, le prix de chaque acte de poursuite, d'après les fixations arrêtées par le préfet. Les porteurs de contraintes joignent à l'appui les originaux des actes de commandement, saisie et vente, et la contrainte ou autorisation en vertu de laquelle ils auront agi. (Id., art. 102.)

Cette dernière disposition est inapplicable quand il s'agit de ventes effectuées par les commissaires-priseurs en vertu de l'article 81 du règlement, ces officiers ministériels devant, aux termes de la loi, rester en possession de l'acte original de vente. Mais on supplée, dans ce cas, à cette pièce par une déclaration signée du receveur des finances, constatant que le procès-verbal rendu, d'après la loi, au commissaire-priseur, a été vu par lui, et que ledit procès-verbal portait la mention de l'enregistrement.

Les états relatifs aux actes qui suivent le commandement doivent présenter, en regard du total des frais à la charge de chaque contribuable, la décomposition de ces frais par nature, d'après le tarif général annexé au règlement sur les poursuites. (I. G., art. 109.)

Le sous-préfet, après vérification, arrête et rend exécutoires les états de frais. Il en tient registre et renvoie, sans retard, les deux expéditions au receveur particulier. (Règl., art. 103.)

Lorsque le receveur particulier, en vérifiant l'état de poursuites, reconnaît des abus dans l'application des tarifs, il propose au sous-préfet de réduire les frais à ce qui sera légitimement dû à l'agent de poursuites. Le sous-préfet peut opérer d'office cette réduction quand il le juge nécessaire. (Id., art. 104.)

Sont rejetés et mis à la charge de l'agent qui les aura exécutés, ou du comptable qui les aura provoqués : 1° les frais de poursuites sujets à l'enregistrement non constatés par la production des actes originaux; 2° les frais à l'appui desquels ne sera pas rapportée la contrainte ou l'au torisation spéciale du receveur particulier; 3° tous frais faits contre des contribuables notoirement insolvables à l'époque où ils ont été poursuivis, ou pour des taxes résultant d'erreurs évidentes sur les rôles dont le percepteur aurait négligé de demander la rectification; 4° les poursuites de toute nature exercées arbitrairement, ou dans un ordre contraire à celui tracé par le règlement. (Id., art. 105.)

Les originaux des actes de poursuites et autres pièces produites à l'appui restent déposés à la recette particulière pour y avoir recours au besoin. (Id., art. 106.)

Le salaire et le prix des actes dus aux porteurs de contraintes et aux garnisaires sont payés par le receveur particulier, sur la quittance de ces agents mise au pied d'une des expéditions des états définitivement arrêtés par le sous-préfet. Il est expressément défendu aux percepteurs de payer directement les salaires et actes de poursuites aux porteurs de contraintes ou garnisaires. (Id., art. 107.)

Les receveurs particuliers sont tenus de constater dans leurs écritures, à deux comptes spéciaux, la totalité des sommes payées par eux pour frais de poursuites, et des remboursements qui leur en sont faits par les percepteurs. Ils envoient successivement à la recette générale une des expéditions des états de frais acquittés par les agents de poursuites. Ces pièces sont produites à la Cour des comptes par le receveur général à l'appui de son compte annuel. (Id., art. 108.)

La seconde expédition des états de frais rendus exécutoires par le sous-préfet est remise par le receveur particulier au percepteur, qui en devient comptable envers le receveur particulier, et est chargé d'en suivre le recouvrement sur les contribuables y dénommés. (Règl., art. 109.)

Les receveurs des finances doivent, avant de remettre au percepteur les états de frais à recouvrer par eux, indiquer sur chacun de ces états l'exercice auquel il appartient. (I.G., art. 583.)

Les frais sont recouvrés sur les contribuables en vertu des états dûment taxés ; les percepteurs ne peuvent en exiger le payement qu'autant que ces états sont entre leurs mains ; mais ils sont autorisés à admettre, comme il est dit ci-après, les sommes dont le versement serait offert par les contribuables avant la taxe. (Id., art. 109.)

Les percepteurs émargent sur les états, en présence des parties versantes, les payements qui leur sont faits pour remboursement de frais, en y rapportant le numéro des quittances qu'ils sont tenus de délivrer pour ces recettes. Ils doivent, en outre, annoter sur les rôles, à l'article de chaque contribuable, et dans les colonnes réservées pour cet objet, le montant des frais taxés, ainsi que les recouvrements à mesure qu'ils sont effectués. (Id., art. 583.)

Si le contribuable poursuivi veut se libérer des frais sans attendre la taxe, il est admis à en consigner le montant entre les mains du percepteur, qui lui en donne une quittance détachée de son livre à souche, et émarge le payement sur le double de la contrainte restée entre ses mains. A la réception de l'état des frais taxés, le percepteur y émarge, jusqu'à concurrence des frais à la charge du contribuable, la somme provisoirement consignée par ce dernier. Si elle excède, il tient compte de cet excédant au contribuable de la manière prescrite pour les excédants provenant des contributions directes. Si, au contraire, la somme consignée ne couvre pas le montant des frais taxés, il suit le remboursement du surplus. Dans tous les cas, en transportant au rôle les états de frais taxés, il émarge les sommes versées sur ces frais par les contribuables. (Règl., art. 110 *bis.*)

Tout contribuable taxé est en droit d'exiger du percepteur la communication de l'état de frais sur lequel il est porté. (Id., art. 111.)

Le percepteur prévenu d'avoir frauduleusement, soit avant, soit après la taxe, exigé des frais pour une somme plus forte que celle qui est fixée par le tarif, ou arrêtée dans l'état de frais, serait traduit devant les tribunaux pour y être jugé comme concussionnaire. (Id., art. 112.)

Les recouvrements effectués sur les contribuables doivent recevoir les imputations d'exercice qui ont été données aux titres de perception auxquels ils se rappportent. Les percepteurs ne peuvent donc se dispenser, lors de leurs versements, d'en établir la distinction par exercice. Les récépissés qui leur sont fournis par les receveurs des finances, ainsi que les articles de recette qui y correspondent, doivent contenir les mêmes désignations. (I. G., art. 584.)

Les percepteurs doivent ouvrir, sur leur livre des comptes divers, un compte intitulé : « Frais de poursuites pour le recouvrement des contributions publiques », et où sont, d'une part, portés par journée les recouvrements constatés au journal à souche, et, d'autre part, les versements faits au receveur des finances.

Le montant des états de frais qui constituent les titres de perception est inscrit dans des colonnes distinctes pour les divers exercices Chaque exercice est déterminé par la date de la contrainte ou de l'état n° 8, laquelle date doit être indiquée sur les états transmis aux percepteurs.

Comme point de départ du compte des frais de poursuites, au commencement de chaque année, les percepteurs doivent rapporter le montant total des titres de perception, des recouvrements et des versements relatifs aux frais des deux derniers exercices, lorsqu'il existe des restes à recouvrer. (I. G., art. 1474.) — Voy. Livre des comptes divers.

Les délais fixés pour le recouvrement et l'apurement des rôles de chaque exercice, et indiqués à l'article 93 de l'Instruction générale, sont les mêmes pour le recouvrement des sommes portées dans les états de frais de poursuites. En conséquence, les receveurs, pour l'arrondissement du chef-lieu, ainsi que les receveurs particuliers pour leur arrondissement respectif, doivent à la date du 30 novembre de la seconde année de chaque exercice, et sans préjudice des écritures d'ordre à passer à la fin du mois d'août, solder les états de frais dont le montant a été appliqué à l'exercice expiré; ils portent les restes à recouvrer au compte collectif qu'ils ouvrent aux percepteurs, comme correspondants de la recette générale, pour les restes à recouvrer sur les diverses contributions; les percepteurs, de leur côté, à l'expiration de la troisième année, doivent rembourser de leurs deniers personnels, aux receveurs des finances, les sommes qui resteraient à recouvrer sur les mêmes états; ils s'en chargent en recette, se délivrent à eux-mêmes des quittances détachées du livre à souche, et en versent immédiatement le montant au receveur particulier

Dans les arrondissements autres que le chef-lieu, cette opération doit être terminée au 20 décembre, afin que la somme versée au receveur particulier puisse être portée par lui en recette à cette date et être constatée par le receveur général avant la fin de l'année.

Les percepteurs doivent aussi remettre les états de frais de poursuites de l'exercice soldé par eux, avec les rôles des exercices expirés, pour que le dépôt en soit fait aux archives de la sous-préfecture.

Les comptables qui ont fait l'avance de frais restant à recouvrer sur les contribuables en poursuivent la rentrée selon les règles prescrites pour les contributions directes. (Id., art. 585.) — Voy. Dépôt des rôles, Exercice, Restes a recouvrer, Rôles.

Lorsque des frais de poursuites ont été reconnus irrecouvrables et ont été ordonnancés sur les fonds de non-valeurs, les percepteurs au profit desquels les mandats ont été délivrés s'en chargent en recette et en font l'émargement sur les états de frais, ainsi que sur les rôles, dans les colonnes destinées aux frais de poursuites; après avoir quittancé les mandats et y avoir, en outre, annexé les quittances détachées de leur livre à souche, ils les comprennent dans leurs versements à la recette particulière. Les quittances à souche sont conservées par les receveurs des finances à titre de renseignement. (I. G., art. 586.)

A la fin de chaque trimestre, les receveurs particuliers remettent au sous-préfet un état présentant, par nature de poursuites, les frais faits contre les contribuables en retard. Cet état est transmis au préfet par le sous-préfet; les receveurs particuliers en adressent un double, visé par ce dernier, au receveur général du département, qui le transmet au ministère des finances, après en avoir reconnu la conformité avec ses écritures. (Règl., art. 113.)

Surveillance et direction des poursuites par les receveurs des finances. — Indépendamment de la surveillance qui doit être exercée par l'autorité administrative sur les poursuites et les frais auxquels elles donnent lieu, le receveur général et les receveurs particuliers des finances sont tenus de prendre des informations sur la conduite des percepteurs, des porteurs de contraintes et des garnisaires, dans l'exercice des poursuites effectuées contre les contribuables; de s'assurer que lesdites poursuites ne sont faites que dans les cas prévus, dans les formes voulues et suivant les tarifs arrêtés, et de provoquer des mesures de répression contre les abus qui parviendraient à leur connaissance. (Id., art. 114.)

Ils n'ont pas seulement à faire faire l'application des moyens de contrainte autorisés par le règlement sur les poursuites; ils doivent aussi prévenir les abus qui consisteraient à faire de ces moyens un emploi rigoureux et intempestif contre certains contribuables, tandis que d'autres seraient l'objet de ménagements illicites. A cet effet, ils se font remettre, quand ils le jugent nécessaire, et indépendamment de l'état des contribuables en retard, dont la formation est prescrite par le règlement précité, une liste des plus imposés (*modèle n°* 264), au moyen de laquelle ils peuvent reconnaître si ces contribuables ne seraient pas indûment ménagés, et donner, s'il y a lieu, l'ordre de les poursuivre.

Dans ce cas, les receveurs décernent, d'office, des contraintes et les remettent aux agents de poursuites, lesquels doivent, toutefois, ne faire aucun acte avant de s'être présentés chez les percepteurs, attendu que ces comptables ont, préalablement, à s'assurer sur les rôles si les contribuables n'auraient pas fait des versements qui réduiraient d'autant l'arriéré ou devraient même faire suspendre les poursuites, et que, d'ailleurs, ils sont tenus de surveiller et de diriger les porteurs de contraintes.

Les receveurs des finances doivent enfin se constituer les directeurs des poursuites dans leur arrondissement respectif. Afin de fournir à l'administration le moyen de juger s'ils s'acquittent de cette obligation et de suivre la marche du recouvrement, les receveurs généraux adressent à la direction de la comptabilité générale des finances: 1° le 8 de chaque mois, au plus tard, un relevé sommaire de la situation de ces deux branches du service dans chaque arrondissement au dernier jour du mois précédent; 2° au commencement de chaque semestre, un rapport et des états présentant avec détail la même situation dans chaque perception. Sur le relevé sommaire du mois de janvier doivent figurer, dans les premières colonnes, les restes à recouvrer de l'exercice qui finit, et, dans les colonnes suivantes, les recouvrements effectués, par anticipation, sur l'exercice qui commence. (I. G., art. 1300.)

Poursuites relatives aux produits assimilés, pour le recouvrement, aux contributions directes. — Les taxes et produits de différentes natures dont le recouvrement doit, aux termes de la loi, avoir lieu d'après le mode réglé pour les contributions directes, se trouvent implicitement soumis au mode de poursuites tel qu'il résulte des dispositions ci-dessus.

Ces produits sont notamment : les redevances sur les mines ; la rétribution sur les eaux minérales ; les droits pour la vérification des poids et mesures ; ceux pour visites chez les pharmaciens, épiciers-droguistes et herboristes ; la taxe sur les biens de mainmorte ; les taxes de pavage, d'affouage et autres dues par les habitants ou propriétaires, en vertu des lois ou usages locaux ; les prestations pour chemins vicinaux ; la taxe sur les chiens ; la rétribution scolaire ; les frais et honoraires auxquels donnent lieu les travaux d'intérêt public exécutés d'office ou de gré à gré à la charge des particuliers ; les taxes relatives au curage des canaux et rivières non navigables ; à l'entretien des digues et aux dessèchements de marais ; les taxes d'arrosage autorisées par le Gouvernement.

Quand un contribuable est à la fois débiteur envers le percepteur d'une ou plusieurs de ces taxes et de contributions directes, rien ne s'oppose à ce que les différentes dettes soient comprises dans le même acte de poursuite. Il suffit, dans ce cas, que l'acte énonce les divers titres en vertu desquels agit le percepteur, et le montant de la dette afférent à chacun d'eux. Une contrainte unique peut aussi être établie, mais elle doit faire ressortir la distinction des dettes sur chaque produit. Ce mode de procéder ne dispense pas, d'ailleurs, de demander l'autorisation du maire quand il s'agit de produits communaux, ainsi qu'il est réglé par le § 6 de l'article 888 de l'instruction générale.

Dans le cas de poursuites collectives, le coût des frais est supporté par le service qui présentait la plus forte dette et qui est dès lors présumé être celui qui a motivé la poursuite. (Circ. compt. gén., 26 janvier 1863. — *Mém.* p. 77.) — Voy. CURAGE, DIGUES, MARAIS, PHARMACIENS, POIDS ET MESURES, POURSUITES POUR LE RECOUVREMENT DES REVENUS COMMUNAUX, PRIVILÉGE DU TRÉSOR, SYNDICATS, etc.

Poursuites pour le recouvrement des revenus des communes et des établissements de bienfaisance. — Comme on l'a vu à l'article précédent, différents produits communaux sont assimilés, pour le recouvrement, aux contributions directes ; les poursuites s'exercent, en conséquence, suivant le mode réglé pour ces contributions, c'est-à-dire par voie de contrainte et de garnison; et comme les receveurs municipaux sont placés sous la surveillance des receveurs des finances, ce sont ces derniers comptables qui décernent les contraintes et autorisent l'emploi des garnisaires et des porteurs de contraintes. Ces produits sont, d'une part, les taxes particulières dues par les habitants ou propriétaires en vertu des lois et usages locaux et réparties par délibération du conseil municipal, telles que les taxes de pavage, les taxes d'affouage, de pâturage, et, d'autre part, les prestations pour chemins vicinaux, la taxe sur les chiens et la rétribution scolaire. Les frais de poursuites sont déterminés par le tarif en usage dans le département, et les états en sont soumis à l'autorité administrative qui taxe les frais faits pour le recouvrement des contributions directes. (L. 18 juillet 1837, art. 44 ; 21 mai 1836, 15 mars 1840, 25 juin 1841, 7 juin 1845 et 2 mai 1855.)

Les frais exposés pour le recouvrement des taxes communales sont, de même que ceux relatifs aux contributions directes, payés aux porteurs de contraintes par les receveurs des finances, de leurs fonds personnels; mais ces receveurs sont autorisés à s'en faire couvrir immédiatement par les receveurs municipaux sur les fonds libres des communes, sauf remboursement par les redevables. (I. G., art. 851.)

Les états de frais concernant les produits communaux sont faits en simple expédition. — Voy. POURSUITES EN MATIÈRE DE CONTRIBUTIONS DIRECTES.

Quant aux poursuites relatives aux recettes municipales et des établissements de bienfaisance pour lesquelles les lois et règlements n'ont pas prescrit un mode spécial de recouvrement, elles sont faites d'après les règles du droit commun, et non plus par voie de contrainte et de garnison. Ces poursuites ont deux premiers degrés que les receveurs municipaux, porteurs de titres exécutoires (c'est-à-dire d'un jugement, d'un acte notarié ou d'un état dressé par le maire et rendu exécutoire par le sous-préfet), peuvent employer : le commandement par ministère d'huissier, à la requête du maire; la saisie-exécution des meubles en observant les formalités prescrites par le Code de procédure. Après ce dernier acte de poursuite, le receveur informe le maire qu'il a fait procéder à la saisie-exécution; que par le procès-verbal de cette saisie en date du....., la vente a été, conformément au Code de procédure, indiquée pour le..... du mois de....., et qu'à moins d'ordres contraires de sa part, il passera outre à la vente. Si le receveur ne reçoit pas d'ordre de sursis, il passe outre à la vente. Si le maire juge, au contraire, qu'il y a lieu de surseoir, il doit en donner l'ordre écrit au receveur, qui suspend alors les poursuites. Lorsque le sursis doit se prolonger pendant un temps assez long, le maire demande au préfet l'autorisation de réunir le conseil municipal pour lui en référer; la délibération du conseil municipal est ensuite soumise à l'approbation de cet administrateur. Les receveurs municipaux sont tenus de donner avis dans les vingt-quatre heures au préfet du département et au receveur des finances des ordres de sursis qu'ils ont reçus des maires.

Lorsqu'il y a lieu de procéder à des poursuites judiciaires autres que celles dont il vient d'être parlé, ces poursuites sont exercées par les maires, avec l'autorisation du conseil de préfecture. Le maire peut, néanmoins, sans autorisation préalable, intenter toute action possessoire ou y défendre, et faire tous actes conservatoires ou interruptifs de déchéance. La commune peut aussi, sans autorisation, défendre aux oppositions dans le cas prévu par l'article 852 de l'Instruction générale, c'est-à-dire lorsque la poursuite se fait en vertu d'un état exécutoire dressé par le maire et visé par le sous-préfet.

La saisie-arrêt étant un acte purement conservatoire, le receveur est compétent pour y faire procéder sans aucune autorisation ; mais il doit en donner immédiatement connaissance au maire, afin que ce fonctionnaire puisse examiner s'il convient de dénoncer la saisie avec assignation en validité, et demander l'autorisation de se présenter devant le tribunal. (I. G., art. 850.) — Voy. Frais de poursuites, Huissiers, Procès Recouvrement, Saisie-arrêt.

Poursuites judiciaires contre les percepteurs. — L'état accorde à ses agents une double garantie ; il les protége non-seulement contre les outrages ou les violences dont ils seraient l'objet, mais encore contre les poursuites judiciaires qui ne seraient provoquées que par des récriminations haineuses ou irréfléchies.

Aux termes de l'article 75 de la Constitution du 25 frimaire an VIII, les agents du Gouvernement ne peuvent être poursuivis, pour des faits relatifs à leurs fonctions, qu'en vertu d'une décision du conseil d'État.

Les fonctionnaires préposés aux divers services publics des administrations financières sont des agents du Gouvernement dans le sens de l'article 75 de la Constitution de l'an VIII. Toutefois, l'arrêté consulaire du 10 floréal an X donne aux préfets le droit de traduire devant les tribunaux, sans recourir au conseil d'État, les percepteurs des contributions directes pour faits relatifs à leurs fonctions, après avoir pris l'avis des sous-préfets.

Le receveur général, responsable de la gestion de ses subordonnés, doit être également appelé à formuler ses observations à ce sujet. En cas de dissentiment entre le préfet et le receveur général sur la question d'opportunité de la mise en jugement d'un percepteur, il doit en être référé au ministre des finances.

Cette marche ne saurait nuire en rien à la libre action de la justice, dans la sphère de ses pouvoirs d'information et d'instruction criminelle ; et dans le cas où la décision du préfet, prise sur l'avis conforme du ministère des finances, rejetterait la demande en autorisation de poursuite, l'autorité judiciaire aurait toujours le droit de se pourvoir devant le conseil d'État dans le but de la faire réformer. (Circ. min. des fin., 20 juillet 1863. — *Mém.* p. 253.)

Il arrive quelquefois, quand il s'agit d'une demande en autorisation de poursuites motivée par des détournements, que l'autorité judiciaire, procédant à un commencement d'information, demande la communication des rôles et registres de perception. Le receveur général doit refuser provisoirement la remise de ces documents, et prévenir immédiatement l'administration dont il aurait à attendre les ordres. Lorsque les magistrats ont besoin, pour éclairer la justice, de prendre communication de pièces déposées dans une administration publique, ils doivent s'adresser, par lettre officielle, au garde des sceaux, qui se concerte à cet effet avec le ministre des finances. (Circ. compt. gén., 20 juillet 1863.—*Mém.*, p. 257.)

Les règles ci-dessus ne s'appliquent qu'à l'égard des comptables qui sont encore investis de leurs fonctions. Quant aux comptables frappés de destitution, aucune autorisation n'est nécessaire pour les traduire en justice.

A l'égard des crimes ou délits qui seraient commis par eux en dehors de l'exercice de leurs fonctions, les percepteurs peuvent être poursuivis, soit d'office par le ministère public, soit à la requête des particuliers, sans autorisation préalable.

S'il s'agissait du crime de concussion prévu par la disposition finale de la loi annuelle de finances, le comptable inculpé pourrait être poursuivi également sans autorisation préalable, la loi de finances étant expresse à cet égard.

Les ex-comptables rétentionnaires de deniers publics peuvent être traduits devant les tribunaux criminels sur la simple dénonciation du ministre des finances au garde des sceaux ministre de la justice, qui se fait rendre compte de l'instruction et des suites de la procédure. (Avis du cons. d'État, 19 février 1807). — *Mém.* 1844., p. 237.

Pourvoi. — Le pourvoi, ou recours, a lieu lorsqu'on appelle de la décision d'une autorité à celle d'une autorité supérieure. On se sert plus particulièrement du terme pourvoi lorsqu'il s'agit d'un appel formé devant la Cour des comptes, la Cour de cassation ou le conseil d'État. Nous nous bornerons à parler ici des recours en matière de réclamations sur contributions directes, et des pourvois contre les arrêts ou arrêtés rendus sur les comptes de gestion des receveurs des communes et des établissements de bienfaisance.

Recours en matière de réclamations sur contributions directes. — Il est statué par le conseil de préfecture sur les demandes en décharge ou réduction de contributions directes formées par les contribuables, et sur les états de cotes indûment imposées présentés par les percepteurs. Le préfet statue relativement aux demandes des contribuables en remise ou modération, et aux états de cotes irrecouvrables dressés par les percepteurs.

Les contribuables peuvent se pourvoir en conseil d'État contre les décisions du conseil de préfecture ; ils doivent exercer ce recours dans les trois mois de la notification de la décision. (D. 22 juillet 1806, art. 11; Arrêts du cons. d'État, 30 mars 1844; 5 août et 6 décembre 1848.)

La requête doit être formée sur papier timbré lorsque la cote qui en est l'objet s'élève à 30 francs et au-dessus. (L. 21 avril 1832, art. 30; Circ. adm. des contr. dir., 9 mars 1863. — *Mém.* p. 194.)

Le recours peut être exercé par l'intermédiaire du préfet, sans le ministère d'un avocat au conseil d'État et à la Cour de cassation.

Après avoir été enregistrée dans les bureaux de la préfecture et revêtue d'un timbre constatant la date de l'arrivée, la requête est communiquée au directeur des contributions directes, qui la renvoie au préfet dans les cinq jours suivants, avec ses observations et les dossiers des premières demandes. Les observations et avis du directeur, les requêtes et pièces à l'appui sont transmis directement et sans frais par le préfet, avec ses observations personnelles, au président de la section du contentieux au conseil d'État. — *Mém.* 1854, p. 141.

Le contribuable qui se pourvoit au conseil d'État contre un arrêté du conseil de préfecture ne peut être tenu de produire autre chose que la notification, c'est-à-dire la lettre d'avis qui lui a été adressée par le directeur des contributions directes. Mais si le réclamant désire accompagner sa requête d'une copie entière de la décision du conseil de préfecture et du rapport sur lequel elle est intervenue, cette copie lui est délivrée à raison de 75 centimes le rôle, pour frais d'expédition, non compris le papier timbré, conformément à la loi du 2 messidor an VII. (Arrêt du cons. d'État, 26 avril 1851.)

Nul ne peut se pourvoir dans l'intérêt d'autrui, s'il ne justifie qu'il a qualité pour le faire. (Arrêt du cons. d'État, 6 juin 1844.)

Les maires ne peuvent se pourvoir dans l'intérêt de leurs communes que lorsqu'ils y ont été autorisés par le conseil municipal. (Arrêt du cons. d'État, 9 mai 1838.)

Les pourvois au conseil d'Etat n'ayant pas d'effet suspensif, les décisions attaquées sont dans tous les cas exécutoires. (D. 22 juillet 1806.)

Lorsqu'un arrêt du conseil d'État a annulé une décision portant décharge ou réduction de taxe, le préfet, en exécution de cet arrêt, prend un arrêté par lequel il est enjoint au contribuable dégrevé mal à propos d'acquitter le montant de sa cote. Cet arrêté est adressé au receveur général, qui le transmet au percepteur pour lui servir de titre de perception. (Inst. sur les réclamations, 10 mai 1849, art. 104.. — *Mém.* p. 196.)

Les percepteurs n'ont pas qualité pour se pourvoir au conseil d'État contre les décisions du conseil de préfecture refusant de prononcer la décharge de contributions portées sur les états de cotes indûment imposées. Mais les conclusions présentées au conseil d'État par un percepteur deviendraient recevables si le ministre des finances se les appropriait. (Arrêt du cons. d'État, 22 avril 1857. — *Mém.* 1857, p. 301; 1858, p. 143.)

L'introduction des pourvois en matière de taxes municipales assimilées pour le recouvrement aux contributions directes a lieu dans les mêmes formes que lorsqu'il s'agit de ces contributions. Les contribuables peuvent exercer ce recours par l'intermédiaire du préfet, sans le ministère d'un avocat au conseil d'État. (Circ. int., 26 janvier 1863. — *Mém.* p. 115.)

Dans le cas où les maires défendent aux recours formés par les contribuables en matière de taxes communales, ils doivent y être autorisés par le conseil municipal, aussi bien que dans le cas où le pourvoi serait formé par eux. (Id., 15 avril 1860. — *Mém.* p. 151.)

Quant aux pourvois contre les décisions rendues par les préfets sur les demandes en remise ou modération et sur les états de cotes irrecouvrables, ils sont adressés au ministre des finances, qui statue en dernier ressort. Ces décisions ne sont pas susceptibles d'être déférées au conseil d'État. (Arrêté du 24 floréal an VIII; Arrêt du cons. d'État, 28 décembre 1858.)

Lorsque les directeurs des contributions directes croient les décisions de cette nature susceptibles d'être réformées, ils doivent suspendre l'expédition des ordonnances jusqu'à ce que le ministre ait statué. (Circ. adm. des cont. dir., 5 juin 1841.) — Voy. CONTRIBUTIONS DIRECTES, COTES INDUMENT IMPOSÉES, COTES IRRECOUVRABLES, DÉGRÈVEMENTS, ORDONNANCES DE DÉGRÈVEMENT, RÉCLAMATIONS.

Pourvois contre les arrêts et arrêtés rendus sur les comptes de gestion des receveurs de communes et d'établissements de bienfaisance. — Aux termes de l'article 66 de la loi du 18 juillet 1837, les comptes des receveurs des communes et des établissements de bienfaisance dont le revenu n'excède pas 30,000 francs sont définitivement apurés par le conseil de préfecture ; les comptes des receveurs des communes et établissements de bienfaisance dont le revenu excède 30,000 francs sont réglés et apurés par la Cour des comptes.

Les arrêtés des conseils de préfecture et les arrêts de la Cour des comptes peuvent être attaqués : 1° par la voie du pourvoi devant la juridiction supérieure ; 2° par la voie de la révision devant les premiers juges. (I. G., art. 1565.) — Voy. RÉVISION.

Les comptables, les administrations locales (maires et commissions administratives) et les ministères de l'intérieur et des finances peuvent se pourvoir contre les arrêtés ou arrêts définitifs devant une juridiction supérieure dans les cas et suivant les formes déterminés par les articles 1567, 1568 et 1569, de l'Instruction générale reproduits ci-après. (Id., art. 1566.)

Les pourvois contre les arrêtés des conseils de préfecture sont portés devant la Cour des comptes ; ceux qui peuvent être formés contre les arrêts de la Cour des comptes sont portés devant le conseil d'État. (L. 28 pluviôse an VIII, 16 septembre 1807 et 28 juillet 1837, art. 66.)

On peut appeler d'un arrêté ou d'un arrêt avant même la notification qui doit en être faite. Il suffit que cet arrêté ou arrêt existe, pour que la voie de l'appel soit ouverte. (Arrêt du cons. d'État, 25 mars 1852. — *Mém.* p. 276.)

Mais il ne peut être formé de pourvoi qu'autant qu'il s'agit d'un arrêté ou arrêt définitif rendu à la suite d'un premier arrêté ou arrêt de situation provisoire. (Arrêt de la Cour des comptes, 2 janvier 1849. — *Mém.* p. 325.)

Pour se pourvoir, il n'est pas nécessaire d'avoir formé d'abord un recours par voie de révision devant les premiers juges. Il n'existe aucune corrélation entre la demande en révision, qui est formée seulement en certains cas déterminés, et le pourvoi d'appel, qui a lieu devant la juridiction supérieure. (Circ. min. des fin., 28 janvier 1843. — *Mém.* p. 9.)

Les pourvois en appel devant la Cour des comptes contre les arrêtés définitifs de règlement de compte pris par les conseils de préfecture doivent être formés dans les trois mois de la notification de ces arrêtés. (O. 28 décembre 1830, art. 5; I. G., art. 1566.)

A cet effet, l'appelant rédige, sur papier timbré, une requête motivée, en double original. L'un des doubles est remis, dans le délai ci-dessus indiqué, sous peine de nullité, à la partie adverse, qui doit en donner récépissé daté ; si elle refuse, ou si elle est absente, la signification lui est faite par huissier, à ses frais. Lorsque la notification de la requête se fait par voie administrative à la partie intéressée, qui la reçoit en personne et en donne récépissé, le récépissé doit être ainsi conçu : « Je, soussi-« gné....., reconnais avoir reçu copie de la requête présentée par....., « à l'effet de se pourvoir contre l'arrêté du compte rendu par..... sous la « date du..... » Dans le cas ci-dessus, s'il s'agit d'un pourvoi formé par le receveur d'une commune ou d'un établissement charitable, le maire ou l'adjoint a qualité pour recevoir la copie de la requête et en donner récépissé. Mais si la notification avait lieu par ministère d'huissier, il deviendrait nécessaire de se conformer aux dispositions de l'article 69 du Code de procédure civile. L'adjoint n'aurait pas alors qualité pour recevoir la signification en remplacement du maire. Si ce dernier fonctionnaire était absent, il faudrait, aux termes du paragraphe 5 de l'article précité, que la copie fût laissée, soit au juge de paix, soit au procureur impérial, qui viserait l'original.

L'appelant doit adresser l'autre double de l'original de la requête à la Cour des comptes, en y joignant : 1° l'expédition de l'arrêté de compte qui lui a été précédemment notifiée et portant mention de cette notification, afin de constater si l'appelant est encore dans les délais du pourvoi; 2° le récépissé de la partie adverse, à qui la requête a été signifiée, ou l'original de la signification qui lui a été faite par huissier, afin qu'il soit constaté que cette partie a connaissance du pourvoi, et qu'elle a été, par conséquent, suffisamment avertie de produire, s'il y a lieu, des observations sur la recevabilité de la requête.

Les pièces doivent parvenir à la Cour au plus tard dans le mois qui suit l'expiration du délai du pourvoi.

Toutefois, la transmission de ces pièces dans le délai ci-dessus prescrit ne suffit pas pour faire admettre un pourvoi qui n'aurait pas été signifié à a partie adverse dans les trois mois accordés à partir de la notification des arrêtés de compte. Cette signification à la partie adverse peut seule interrompre la prescription de trois mois à laquelle est soumise la faculté de se pourvoir. (O. 12 décembre 1830, art. 5 et 6 ; I. G., art. 1567.)

Cette signification est de rigueur. La Cour des comptes a déclaré non recevable un pourvoi qui, au lieu d'être signifié au maire de la commune, avait été adressé par le receveur au préfet.

La Cour, après un examen sommaire de la requête, juge s'il ne s'élève aucune fin de non-recevoir contre le pourvoi, en ce qui concerne l'accomplissement des formalités exigées et des délais prescrits par l'ordonnance du 28 décembre 1830 ; elle examine si elle est compétente, à raison de la matière et de la personne, et si le conseil de préfecture a épuisé sa juridiction ; enfin elle déclare s'il y a, ou non, lieu de prononcer la recevabilité du pourvoi. Dans le premier cas, elle rend un arrêt d'admission qui donne à l'appelant, ainsi qu'à sa partie adverse, un délai de deux mois pour produire les pièces nécessaires au jugement du fond du pourvoi.

Les préfets, auxquels sont transmises les expéditions dudit arrêt, pour être notifiées à qui de droit, doivent, de leur côté, adresser à la Cour des comptes toutes les pièces qui peuvent servir à l'examen du pourvoi.

Faute de productions suffisantes de la part de la partie poursuivante dans le délai réglé ci-dessus, la requête est rayée du rôle, à moins que, sur la demande des parties intéressées, la Cour ne consente à accorder un second délai, dont elle détermine la durée. La requête rayée du rôle ne peut plus être reproduite, sauf, toutefois, le cas où le délai de trois mois accordé pour le pourvoi ne serait pas encore expiré ; mais il faudrait alors recommencer tous les actes nécessaires à la régularité du pourvoi, et la première procédure serait comme non avenue. (O. 28 décembre 1830 art. 7 et 8 ; I. G., art. 1568.)

Il ne peut être formé de pourvoi devant le conseil d'État contre les arrêts de la Cour des comptes que pour violation des formes ou de la loi. Ce pourvoi doit être introduit dans les trois mois de la notification de l'arrêt et conformément au règlement sur le contentieux du conseil d'État. (L. 16 septembre 1807, art. 17 ; I. G., art. 1569.)

Le recours des parties au conseil d'État est formé par requête signée d'un avocat au Conseil. Cette requête doit contenir l'exposé sommaire des faits et moyens, les conclusions, les noms et demeures des parties, l'énonciation des pièces dont on entend se servir et qui doivent être jointes. Il est bien entendu que la principale pièce est la décision attaquée. (D. 22 juillet 1806, art. 1er.)

Les pourvois contre les actes administratifs n'étant pas suspensifs, aux termes de l'avis du conseil d'État du 9 février 1808, les injonctions doivent être provisoirement exécutées nonobstant appel. Toutefois, l'autorité saisie du pourvoi peut, si elle le juge convenable, accorder un sursis. (I. G., art. 1305 et 1574.)

Lorsque la Cour des comptes a, par un arrêt définitif, déclaré un comptable quitte et libéré de sa gestion, sans faire de réserve pour aucun article de dépense, le ministre des finances ne peut pas, même si de nouvelles pièces étaient découvertes ou des irrégularités reconnues, prononcer lui même contre le comptable la responsabilité qui résulterait de ces nouveaux documents : il doit se pourvoir, soit par appel au conseil d'État, soit par une demande en révision devant la Cour elle-même, contre l'arrêt de libération. (Arrêt du cons. d'État, 7 juillet 1853.) — Voy. COMPTE DE GESTION, CONSEIL D'ÉTAT, CONSEIL DE PRÉFECTURE, RÉVISION.

Préfet. — Magistrat chargé en chef de l'administration civile dans chaque département.

Les préfets sont nommés par l'Empereur. En cas d'absence par congé ou d'empêchement, le préfet ne peut déléguer ses fonctions qu'au secrétaire général ou à l'un des membres du conseil de préfecture. Si la préfecture devient vacante, les fonctions sont remplies par le premier conseiller de préfecture dans l'ordre du tableau.

Le préfet est, sous l'autorité des ministres, le représentant de la loi et du pouvoir exécutif pour la gestion des intérêts généraux dans son département; son action s'étend, à ce titre, sur tous les services publics sans distinction; il est aussi le représentant des intérêts spéciaux du département, le tuteur des communes et des établissements publics; enfin il exerce une juridiction contentieuse.

Les principales attributions de l'autorité préfectorale, en ce qui concerne les services dont il est spécialement question dans cet ouvrage, sont indiquées ci-après.

Le préfet nomme directement, sans l'intervention du Gouvernement, et sur une liste de trois candidats que lui présente le receveur général, les percepteurs surnuméraires, et le tiers des percepteurs de la cinquième classe (D. 25 mars 1852, art. 5, § 12; 13 avril 1861, art. 5, § 6). Il propose à la nomination du ministre des finances les candidats aux autres perceptions de cette dernière classe, et peut être spécialement autorisé à présenter des candidats aux perceptions des quatre premières classes. (O. 31 octobre 1839, art. 7; I. G., art. 1207.)

Il nomme, sur la présentation de trois candidats par le conseil municipal, les receveurs spéciaux des villes dont les revenus ne dépassent pas 300,000 francs, et, sur la proposition des commissions administratives, les receveurs spéciaux des établissements de bienfaisance, à quelque chiffre que s'élèvent les revenus de ces établissements. (D. 25 mars 1852, art. 5, §§ 9 et 13; Circ. int., 5 mai 1852; I. G., art. 1217 et 1220.)

Il commissionne les porteurs de contraintes. (Règl. sur les poursuites, art. 30.)

Le préfet arrête les rôles des contributions directes et ceux des taxes assimilées pour le recouvrement à ces contributions, et les rend exécutoires. (L. 3 frimaire an VII, art. 28.)

Il statue sur les demandes en remises et modérations, et sur les états de cotes irrecouvrables présentés par les percepteurs, sur les demandes en transfert de patentes, dans le cas de cession d'établissement, et sur les réclamations relatives aux vacances de maisons, lorsque les dégrèvements doivent être imputés sur le fonds de non-valeurs. (Arrêté du 24 floréal an VIII, art. 28 ; L. 25 avril 1844, art. 23.)

Il délivre, en vertu des ordonnances de délégation du ministre des finances, les ordonnances de dégrèvement de toute nature, ainsi que les mandats de payement des autres dépenses relatives aux contributions directes. (Règl. du 28 décembre 1822, art. 7.)

L'action du préfet s'étend à tous les actes de l'administration des communes et des établissements de bienfaisance.

Il peut annuler, soit d'office, pour violation de la loi ou d'un règlement d'administration publique, soit sur la réclamation de toute partie intéressée, dans les trente jours qui suivent la notification qui en est faite au sous-préfet, les délibérations des conseils municipaux et des commissions administratives des hospices et hôpitaux sur les objets que ces conseils et commissions sont appelés à régler aux termes des articles 17 de la loi du 18 juillet 1837 et 8 de la loi du 7 août 1851.

Le préfet donne son avis sur les affaires communales qui affectent directement l'intérêt général de l'État, et sur lesquelles il doit être statué par décret impérial ou par une loi, telles que les délimitations territoriales, l'approbation des taxes d'octroi, l'abonnement pour frais de casernement à la charge des villes de garnison, les impositions extraordinaires destinées à pourvoir à l'insuffisance des revenus ordinaires pour le payement des dépenses obligatoires dans les villes ayant un revenu supérieur à 100,000 francs, ou à des dépenses facultatives, quel que soit le chiffre du revenu des communes; les emprunts, les acquisitions par voie d'expropriation pour cause d'utilité publique autres que celles qui sont relatives aux chemins vicinaux; les legs et donations, lorsqu'il y a réclamation des familles; l'établissement des ponts communaux à péage; la création d'établissements de bienfaisance, etc.

Il statue directement sur les affaires suivantes : 1° budgets des communes, à l'exception de ceux des villes dont le revenu dépasse 100,000 francs, lorsqu'ils présentent des impositions extraordinaires proprement dites et seulement pour l'exercice dans lequel est faite la demande de ces impositions; budgets des hospices et hôpitaux, quel que soit le chiffre du revenu de ces établissements; ouverture des crédits supplémentaires; comptes administratifs présentés par les maires et les commissions administratives; 2° impositions communales pour dépenses de l'instruction primaire, pour dépenses des chemins vicinaux et pour salaire des gardes champêtres; impositions extraordinaires destinées à subvenir aux dépenses obligatoires dans les communes ayant moins de 100,000 francs de revenu 3° pensions de retraite aux employés et agents des communes et des établissements charitables; pensions de retraite aux sapeurs-pompiers communaux; 4° conditions des souscriptions à ouvrir et des traités de gré à gré à passer pour la réalisation des emprunts des villes qui n'ont pas 100,000 francs de recettes ordinaires ; 5° répartition du fonds commun des amendes de police correctionnelle ; 6° mode de jouissance en nature des biens communaux, quelle que soit la nature de l'acte primitif qui ait approuvé le mode actuel ; 7° aliénations, acquisitions, échanges, partages de biens de toute nature, quelle qu'en soit la valeur; 8° dons et legs de toute sorte de biens, lorsqu'il n'y a pas réclamation des familles ; 9° transactions sur toute sorte de biens, quelle qu'en soit la valeur ; 10° baux à donner ou à prendre, quelle qu'en soit la durée ; 11° distraction des parties superflues de presbytères communaux, lorsqu'il n'y a pas opposition de l'autorité diocésaine ; 12° tarif des pompes funèbres ; 13° approbation des marchés passés de gré à gré; 14° approbation des plans et devis des travaux, quel qu'en soit le montant; 15° plan d'alignement des villes ; 16° tarif des droits de voirie dans les villes ; 17° établissements de trottoirs dans les villes. (D. 25 mars 1852, tableau A; et 13 avril 1861, art. 1er.)

Le préfet en conseil de préfecture peut autoriser, sur l'avis ou la proposition des agents forestiers : 1° la vente sur les lieux des produits façonnés provenant des bois des communes et des établissements de biensance, quelle que soit la valeur de ces produits ; 2° les travaux à exécuter dans les forêts communales ou d'établissements publics pour la recherche ou la conduite des eaux, la construction des récipients et autres ouvrages analogues, lorsque ces travaux ont un but d'utilité communale. (D. 25 mars 1852, tableau C, §§ 9 et 10.)

Il statue, sauf l'avis ou la proposition des ingénieurs en chef, sur les objets suivants : 1° dispositions pour assurer le curage et le bon entretien des cours d'eau non navigables ni flottables de la manière prescrite par les anciens règlements ou d'après les usages locaux ; réunion, s'il y a lieu, des propriétaires intéressés en associations syndicales ; 2° constitutions en associations syndicales des propriétaires intéressés à l'exécution et à l'entretien des travaux d'endiguement contre la mer, les fleuves, rivières et torrents navigables ou non navigables, de canaux d'arrosage ou de canaux de dessèchement, lorsque ces propriétaires sont d'accord pour l'exécution desdits travaux et la répartition des dépenses ; 3° établissement de prises d'eau pour fontaines publiques, dans les cours d'eau non navigables ni flottables, sous la réserve des droits des tiers. (D. 25 mars 1852, tableau D, §§ 5, 6 et 7 ; 13 avril 1861, art. 2, § 4.)

Enfin nous rappellerons que le préfet est chargé de pourvoir à l'établissement, à l'élargissement, à la construction et à l'entretien des chemins vicinaux, et d'assurer, dans toutes les communes de son département, le service de l'instruction primaire.

Ces notions, bien qu'incomplètes, suffiront pour donner une idée de l'importance des attributions des préfets. On doit se reporter, pour les détails, aux articles qui traitent des différentes matières que nous avons seulement indiquées. — Voy. aussi: CONSEIL GÉNÉRAL, CONSEIL DE PRÉFECTURE. DÉPARTEMENT, SOUS-PRÉFET.

Prélèvements sur les revenus des communes. — Voy. FRAIS DE CASERNEMENT, OCTROI.

Préposés de l'Enregistrement. — Voy. ENREGISTREMENT.

Préposés forestiers. — Voy. GARDES FORESTIERS.

Préposés en chef des octrois. — Voy. OCTROI.

Presbytère. — Maison destinée à servir de logement au curé ou desservant d'une paroisse.

Lors de la réorganisation du culte, en l'an x, la jouissance des presbytères et jardins y attenant, qui n'avaient pas été aliénés, a été rendue aux curés et desservants. Ces presbytères sont, quant à leur propriété, soumis aux mêmes règles que les églises.

Les règles relatives aux réparations des églises sont également applicables aux presbytères : la dépense est à la charge de la fabrique, et, en cas d'insuffisance de ses ressources, à celle de la commune. (D. 30 décembre 1809, art. 37, 41 et 46.)

Dans ce dernier cas, le dernier compte de la fabrique et son budget de l'exercice courant doivent être soumis préalablement au conseil municipal. L'évêque diocésain est appelé ensuite à donner son avis. Il est également indispensable que le devis des travaux à exécuter soit dressé de la manière prescrite par l'article 95 du décret du 30 décembre 1809. — *Mém.* 1859, p. 259.

L'obligation de la commune, en cas d'insuffisance des ressources de la fabrique, existe même lorsque le presbytère est la propriété particulière de la fabrique. (Arrêt du cons. d'État, 24 août 1849. — *Mém.* 1850, p. 86.)

Si la commune est dans l'impossibilité de pourvoir à la dépense, un secours peut lui être accordé par le ministre des cultes sur les fonds de l'État. Les demandes de secours doivent parvenir au ministère des cultes dès le 15 octobre pour l'année suivante. (Circ. min. des cultes, 12 août 1859. — *Mém.* p. 289.)

Lorsqu'il n'existe pas de presbytère, la commune est tenue de fournir au curé ou desservant un logement, ou, à défaut de logement, une indemnité pécuniaire. (D. 30 décembre 1809, art. 92.)

Toutefois, cette indemnité n'est à la charge de la commune que dans le cas où l'insuffisance des revenus de la fabrique ne lui permet pas d'y pourvoir. (Avis du cons. d'État, 21 août 1839.) — Voy. INDEMNITÉ DE LOGEMENT.

D'après les dispositions combinées du décret du 30 décembre 1809 et de la loi du 18 juillet 1837, la construction de presbytères ne figure pas au nombre des dépenses obligatoires des communes. Elles ne sont tenues qu'à fournir une indemnité de logement aux curés et desservants, lorsqu'il n'existe pas de bâtiment affecté à leur logement. (Décis. min. de l'int., 1860 et 1862. — *Mém.* 1860, p. 295 ; 1862, p. 304.)

Néanmoins, si le curé ou desservant se trouvait dans l'impossibilité absolue de se procurer, par voie de location, une habitation convenable dans la circonscription paroissiale, la dépense d'acquisition, construction ou reconstruction du presbytère devrait être considérée comme obligatoire pour la commune. (Décis. min. de l'int., 1857.—*Mém.* 1858, p. 25.)

Les communes annexées pour le culte à une autre commune ne peuvent être contraintes à participer pour le capital aux frais d'acquisition, de construction, de reconstruction ou d'appropriation d'une maison pour le logement du curé ou desservant au chef-lieu de la paroisse ; mais on peut exiger d'elles, s'il y a insuffisance des ressources de la fabrique, le payement d'une part proportionnelle de la valeur locative de cette maison. Ce serait seulement dans le cas où le presbytère appartiendrait à la commune chef-lieu paroissial, en vertu de la concession générale faite par la loi du 18 germinal an x, ou par suite d'une disposition entre-vifs ou testamentaire, qu'il ne serait pas équitable d'imposer une dépense de cette nature aux communes annexes. (Décis. min. de l'int. — *Mém.* 1859, p. 152 et 319.)

La quote-part de la valeur locative du presbytère ou de l'indemnité de logement à mettre, lorsqu'il y a lieu, à la charge des communes annexes, doit être fixée au prorata de leurs contributions personnelle et mobilière. (L. 14 février 1810, art. 4.)

Le curé ou desservant ne peut louer à son profit une partie des dépendances du presbytère. (Décis. min. de l'int., 1857. — *Mém.* 1858, p. 203.)

Toutefois, dans les succursales vacantes où le binage a lieu, les curés, desservants ou vicaires autorisés à biner ont droit à la jouissance du presbytère, tant qu'ils exercent ce double service. Ils peuvent en louer tout ou partie avec l'autorisation de l'évêque. (O. 3 mars 1825, art. 2.)

Dans les succursales vacantes où le binage n'a pas lieu, les presbytères et dépendances peuvent être loués sous la condition expresse de les rendre immédiatement, s'il est nommé un desservant, ou si l'évêque y autorise le binage. (Id., art. 3.)

Le produit de la location, dans ces dernières circonstances, appartient à la fabrique, si le presbytère lui a été remis en exécution de la loi du 8 avril 1802, de l'arrêté du Gouvernement du 8 juillet 1803, des décrets des 30 mai et 31 juillet 1806, si elle en a fait l'acquisition sur ses propres ressources, ou s'il lui est échu par legs ou donation. Le produit en appartient à la commune, quand le presbytère et les dépendances ont été construits ou acquis de ses deniers, ou quand il lui en a été fait legs ou donation (Id., art. 4.)

Lorsque le presbytère ou ses dépendances sont trop étendus pour les besoins du curé, la commune peut obtenir l'autorisation d'en distraire pour un autre service les parties superflues. La délibération par laquelle le conseil municipal demande cette distraction doit être adressée au préfet, accompagnée d'un plan qui figure le logement à laisser au curé ou desservant, et la distribution à faire pour isoler le logement. Le préfet est compétent pour autoriser la distraction, lorsqu'il n'y a pas opposition de la part de l'autorité diocésaine. En cas d'opposition, le préfet transmet les pièces de l'affaire au ministre de l'intérieur, et il est statué par un décret impérial rendu en conseil d'État. (O. 3 mars 1825, art. 1er; D. 25 mars 1852; Circ. int., 5 mai 1852.)

A défaut d'autre ressource, une commune pourrait être autorisée à aliéner une portion superflue du presbytère, pour en employer le produit à la restauration des autres parties de l'édifice. (Décis. min. de l'intérieur, 13 février 1856. — *Mém.* 1857, p. 38.)

Une commune peut également être autorisée, en cas de besoin urgent, à vendre des arbres excrus dans les dépendances du presbytère qui est sa propriété, pour en affecter le produit aux réparations de l'édifice. (Décis. min. de l'int., 1857. — *Mém.*, p. 244.)

Lors de la prise de possession de chaque curé ou desservant, il est dressé, aux frais de la commune et à la diligence du maire, un état de situation du presbytère et de ses dépendances. Le curé ou desservant n'est tenu que des simples réparations locatives et des dégradations survenues par sa faute. Le curé ou desservant sortant, ou ses héritiers ou ayants cause sont tenus desdites réparations locatives et dégradations. (D. 30 décembre 1809, art. 44 ; 6 novembre 1813, art. 21.)

Les presbytères, soit qu'ils appartiennent à la commune ou à la fabrique, sont exempts de la contribution foncière par application de l'article 105 de la loi du 3 frimaire an VII. (Arrêt du cons. d'État, 10 mars 1862.)

Mais il n'en est pas de même dans le cas où les presbytères sont seulement pris à bail par la commune. — *Mém.* 1849, p. 150.

Les portes et fenêtres sont imposables au nom des curés ou desservants, conformément à l'article 27 de la loi du 21 avril 1832. — Voy. Curés et desservants, Églises, Fabrique, Indemnité de logement.

Prescription. — La prescription est un moyen d'acquérir ou de se libérer par un certain laps de temps, et sous les conditions déterminées par la loi. (C. N., art. 2219.)

Les communes et les établissements publics sont soumis aux mêmes prescriptions que les particuliers, et peuvent également les opposer. (Id., art. 2227.)

Toutes les actions, tant réelles que personnelles, sont prescrites par trente ans, sans que celui qui allègue cette prescription soit obligé d'en rapporter un titre, ou même qu'on puisse lui opposer l'exception déduite de la mauvaise foi. (Id., art. 2262.)

Les arrérages de rentes perpétuelles et viagères, les loyers des maisons, le prix de ferme des biens ruraux, les intérêts des sommes prêtées, et généralement tout ce qui est payable par année ou à des termes périodiques plus courts, se prescrivent par cinq ans. (Id., art. 2277.)

On doit conclure de cette dernière disposition que les appointements des fonctionnaires et des employés, notamment les remises des receveurs des communes et des établissements de bienfaisance, se prescrivent par cinq ans. — *Mém.* 1847, p. 53 et 287 ; 1855, p. 190.

Les percepteurs qui, pendant les trois années accordées pour le recouvrement des rôles, n'ont exercé aucune poursuite contre un contribuable, ou qui, après avoir commencé les poursuites, les ont abandonnées pendant trois ans, sont déchus de leurs droits contre les redevables, et toutes nouvelles poursuites leur sont interdites. (L. 3 frimaire an VII, art. 149; I. G., art. 95.)

Cette prescription s'applique aux taxes assimilées pour le recouvrement aux contributions directes, et même aux contributions dues par l'État pour les dépenses des chemins vicinaux. (Arrêt du cons. d'État, 22 décembre 1852. — *Mém.* 1854, p. 18.)

Lorsqu'un percepteur a été remplacé dans ses fonctions après avoir soldé de ses deniers les restes à recouvrer existant sur les rôles à l'expiration de la troisième année de l'exercice, il peut exercer son recours contre son successeur dans le cas où celui-ci, n'ayant pas interrompu par des poursuites le cours de la prescription triennale, a laissé éteindre le privilége du Trésor et prescrire la créance. — *Mém.* 1853, p. 297.

Les receveurs des communes et des établissements de bienfaisance sont tenus, sous leur responsabilité, d'empêcher les prescriptions; de veiller à la conservation des domaines, droits, priviléges et hypothèques; de requérir, à cet effet, l'inscription, au bureau des hypothèques, de tous les titres qui en sont susceptibles; de tenir registre de ces inscriptions et autres poursuites et diligences. (Arrêté du 19 vendémiaire an XII; I. G., art. 849 et 1054.)

Ils doivent justifier de l'accomplissement de ces obligations par la production, avec leur compte de gestion, d'un état (*modèle n°* 223) des propriétés foncières productives et non productives de revenus, ainsi que des rentes et des créances qui composent l'actif des communes ou établissements. (I. G., art. 849.) — Voy. ACTES ET MESURES CONSERVATOIRES, BIENS, COMPTE DE GESTION, HYPOTHÈQUES, RENTES, USURPATIONS.

Préséance. — Le décret du 24 messidor an XII sur les préséances n'assigne pas de rang spécial, dans les cérémonies publiques, aux agents des administrations financières. Mais, comme ces agents y sont ordinairement invités et y assistent, une place doit leur être réservée après les fonctionnaires et les corps administratifs et judiciaires auxquels un rang spécial est assigné.

Les percepteurs font partie de l'organisation des agents du Trésor chargés du recouvrement de l'impôt, et sont hiérarchiquement placés sous les ordres des receveurs des finances : c'est donc à la suite de ces receveurs qu'ils doivent prendre place dans les cérémonies publiques, lorsqu'ils se trouvent au chef-lieu d'arrondissement.

Les receveurs spéciaux des communes et des établissements de bienfaisance, bien que placés sous la surveillance des receveurs des finances, n'en sont pas moins essentiellement fonctionnaires de l'administration municipale. Ils marchent donc, dans les cérémonies publiques, avec le conseil municipal et la commission administrative. — *Mém.* 1863, p. 213.

Hors du chef-lieu d'arrondissement, les percepteurs doivent prendre place, avec les autres agents des administrations financières, à la suite du corps municipal et des autorités judiciaires.

Prestation de serment. — Voy. Serment.

Prestations en nature pour les chemins vicinaux. — Indépendamment des impositions spéciales qui sont autorisées, en cas d'insuffisance des revenus des communes, pour subvenir à l'établissement, l'entretien ou la réparation des chemins vicinaux, les conseils municipaux peuvent voter, et les préfets peuvent établir d'office, conformément aux articles 2 et 5 de la loi du 21 mai 1836, des prestations en nature, au moyen desquelles les habitants concourent aux travaux des chemins.

Ces prestations consistent en journées de travail, dont le maximum est fixé à trois par année ; elles peuvent, au gré des contribuables, être converties en taxes payables en argent, d'après un tarif réglé, pour la commune, par le conseil général du département. Les journées de travail peuvent aussi être converties en tâches. (L. 28 juillet 1824 et 21 mai 1836 ; I. G., art. 883.)

Les délibérations des conseils municipaux portant vote de prestations en nature doivent être prises pendant la session du mois de mai.

Dans la même session, les conseils municipaux sont également appelés à fixer les bases et évaluations d'un tarif de conversion en tâches des prestations en nature. Ce tarif est rédigé de manière que chaque journée de bras, d'animaux ou de voiture soit représentée par une quantité déterminée de travail à exécuter ou de matériaux à extraire, à transporter, etc.

La délibération du conseil municipal et le tarif arrêté par lui sont approuvés, s'il y a lieu, par le préfet.

Si le conseil municipal, après mise en demeure, n'a pas voté, dans les limites de la loi, les ressources nécessaires au service vicinal, ou s'il les a votées en partie seulement, il y est pourvu d'office par le préfet, en exécution de l'article 5 de la loi du 21 mai 1836.

Assiette de la prestation. — Il est rédigé, dans chaque commune, par le contrôleur des contributions directes, assisté du maire et des répartiteurs, un état matrice des contribuables soumis à la prestation.

En cas de refus du maire et des répartiteurs de prêter leur concours pour la rédaction de cet état, le contrôleur, assisté du percepteur-receveur municipal, procède à la formation de l'état-matrice, qui est, dans ce cas, soumis à l'approbation du préfet.

Est passible de la prestation en nature, en exécution de l'article 3 de la loi du 21 mai 1836 : 1° pour sa personne, tout habitant de la commune, qu'il soit célibataire ou marié, et quelle que soit sa profession, si d'ailleurs il est porté au rôle des contributions directes, mâle, valide et âgé de dix-huit ans au moins et de soixante ans au plus; 2° tout habitant de la commune, qu'il soit célibataire ou marié, s'il est porté aux rôles des contributions directes, mâle, valide et âgé de dix-huit ans au moins et de soixante au plus, chef de famille ou d'établissement, à titre de propriétaire, de régisseur ou de colon partiaire : dans ce cas, il doit la prestation pour sa personne d'abord, et, en outre, pour chaque individu mâle, valide, âgé de dix-huit ans au moins et de soixante au plus, membre ou serviteur de la famille et résidant dans la commune; il la doit encore pour chaque bête de somme, de trait ou de selle, et pour chaque charrette ou voiture attelée, au service de la famille ou de l'établissement dans la commune; 3° tout individu, même non porté nominativement aux rôles des contributions directes, même non domicilié, quels que soient son âge et son sexe, si cet individu est chef d'une famille qui habite la commune, ou si, à titre de propriétaire, de régisseur, de fermier ou de colon partiaire, il est chef d'une exploitation agricole ou d'un établissement situé dans la commune : dans ce cas, toutefois, il ne doit pas la prestation pour sa personne, mais il la doit pour tout ce qui, personne ou chose, dans les limites de la loi, dépend de l'exploitation ou de l'établissement dont il est propriétaire ou qu'il gère à quelque titre que ce soit. (Règl. 21 juillet 1854, art. 63.)

Le propriétaire qui a plusieurs résidences qu'il habite alternativement est passible de la prestation en nature dans la commune où il a son principal établissement ou qu'il habite le plus longtemps. S'il a dans chacune de ces résidences un établissement permanent en domestiques, voitures, bêtes de somme, de trait ou de selle, il doit être imposé, dans chaque commune, pour ce qui lui appartient dans cette commune. Si ses domestiques, ses animaux et ses voitures passent avec lui temporairement d'une résidence à une autre, il ne doit être imposé, pour ces moyens d'exploitation, que dans le lieu de son principal établissement. (Id., art. 64.)

Sont considérés comme serviteurs tous ceux qui ont dans la maison des fonctions subordonnées à la volonté du maître, et qui reçoivent des gages ou un salaire annuel permanent. Sont considérés comme membres de la famille les enfants qui habitent chez leur père, alors même qu'ils sont portés au rôle des contributions directes. (Id., art. 65.)

Ne sont pas considérés comme serviteurs : 1° les ouvriers qui travaillent à la journée ou à la tâche, ou qui ne sont employés que passagèrement pendant le temps de la moisson ou d'un travail temporaire; 2° les employés, contre-maîtres, chefs-d'ateliers et maîtres-ouvriers attachés à l'exploitation d'établissements industriels; 3° les postillons titulaires des relais de poste. Les individus compris dans ces différentes catégories doivent, s'il y a lieu, être imposés à la prestation en nature pour leur propre compte dans la commune de leur domicile ou du domicile de leur famille. (Règl. 21 juillet 1854, art. 66.)

Ne donnent pas lieu à l'imposition de la prestation en nature : 1° les bêtes de somme, de trait ou de selle que leur âge ou toute autre cause ne permet pas d'assujettir au travail; 2° celles qui sont destinées à la consommation, à la reproduction, et celles qui ne sont possédées que comme objet de commerce, à moins que, nonobstant leur destination, leur possesseur n'en retire un travail; 3° les chevaux des relais de poste, mais seulement dans la limite du nombre fixé pour chaque relais par les règlements de l'administration des postes; 4° les chevaux des agents du Gouvernement tenus par les règlements émanés de leur administration de posséder un cheval pour l'accomplissement de leur service. (Id., art. 67.)

Ne doivent être considérés comme attelés, et, par conséquent, donner lieu à l'imposition de la prestation en nature, que les voitures dont le propriétaire possède d'une manière permanente le nombre de chevaux ou d'animaux de trait nécessaire pour qu'elles puissent être attelées simultanément. (Id., art. 68.)

Un receveur à cheval des contributions indirectes, qui est exempt de la taxe des prestations pour son cheval, jouit de la même exemption pour la voiture à laquelle il l'attelle. (Arrêt du cons. d'État, 6 janvier 1858. — *Mém.* 1859, p. 31.)

Les percepteurs qui ont un cheval et une voiture pour se transporter dans les diverses communes de leur réunion ne jouissent pas de l'exemption de la taxe, attendu que la possession et l'entretien d'un cheval ne sont pas obligatoires pour eux.

Etablissement et publication des rôles de prestations. — Les prestations sont imposées sur les contribuables d'après des états-matrices et des rôles spéciaux qui sont dressés par les agents de l'administration des contributions directes. Les rôles (*modèle n° 224*) doivent être soumis, avant la fin du mois d'octobre de l'année qui précède celle pour laquelle ils sont formés, à l'approbation du préfet, qui les rend exécutoires et les renvoie immédiatement, avec les avertissements, au directeur, pour qu'ils soient publiés et recouvrés. La publication a lieu dans les formes usitées pour les contributions directes; seulement elle doit s'effectuer dès les premiers jours de novembre, afin que les dispositions préparatoires, qui ont pour objet d'établir la distinction des taxes à recouvrer en argent d'avec celles qui doivent être acquittées en nature, soient terminées dans les premiers jours de janvier. Quant au recouvrement et à l'apurement des rôles, les receveurs municipaux en sont spécialement chargés, attendu que les prestations, bien qu'assimilées aux contributions directes, n'en conservent pas moins leur caractère de produit municipal. Les receveurs des communes reçoivent les rôles par l'entremise du receveur des finances sous la surveillance duquel ils sont placés, et ce dernier receveur, avant de les leur remettre, en prend note sur le carnet des revenus municipaux, dont la tenue est prescrite par l'article 1290 de l'Instruction générale. (I. G., art. 884.)

Il ne peut être fait d'addition à la cote de chaque redevable, soit pour les frais de confection de rôles et d'avertissements, soit pour les non-valeurs, soit enfin pour les remises des receveurs mnnicipaux ; ces diverses dépenses doivent être imputées sur le produit des différentes ressources affectées aux dépenses des chemins vicinaux, ou sur les fonds des budgets des communes. (Id., art. 885.)

Le contingent de chaque commune dans la dépense des frais de confection des états matrices et des rôles de prestations et d'impressions des avertissements est fixé par le préfet, et les receveurs municipaux en versent les fonds à la caisse du receveur des finances de leur arrondissement, à titre de cotisations municipales, et ils en font dépense sur le produit des ressources affectées aux chemins vicinaux. (Id., art. 891.) — Voy. COTISATIONS, FRAIS DE CONFECTION DES ÉTATS-MATRICES, etc.

Mode de recouvrement des prestations. — Le recouvrement des prestations s'opère d'après les règles suivantes :

1° A la réception des rôles de prestations et des avertissements destinés aux redevables, le receveur municipal adresse les avertissements (*modèle n° 225*) à chaque contribuable y dénommé; ces avertissements font connaître aux prestataires le nombre des journées de travail qu'ils sont tenus de fournir, ainsi que l'évaluation de ces journées en argent, et les préviennent que, dans le délai d'un mois, à dater de la publication du rôle, ils doivent déclarer au maire s'ils entendent payer leurs prestations en nature ou en argent; faute de quoi, ils sont censés avoir opté pour le payement en argent. Les prestataires qui ont des motifs d'excuse à faire valoir peuvent être relevés de la déchéance par le préfet.

2° Le maire ou l'adjoint reçoit les déclarations d'option, et les enregistre sur un état à ce destiné.

3° A l'expiration du délai d'un mois ci-dessus déterminé, le maire arrête l'état de ces enregistrements, comprenant, outre les taxes payables en argent ou en nature, suivant l'option des contribuables, celles qui, faute d'option, sont, de droit, exigibles en argent ; il le transmet immédiatement au receveur municipal, qui fait mention de ses résultats sur le rôle, en regard du nom de chaque contribuable et dans une colonne à ce destinée.

4° Le receveur municipal, ayant ainsi complété son rôle, en forme deux extraits (*modèles n°s 226 et 227*), qu'il adresse au maire dans la quinzaine qui suit le délai d'option : le premier extrait désigne, pour chaque contribuable, les journées d'hommes, de charrois et d'animaux que ce contribuable a déclaré vouloir acquitter en nature ; il est remis par le maire à l'agent chargé de la surveillance des travaux, auquel il sert pour constater la libération des prestataires ; le second extrait est seulement le relevé des cotes payables en argent, et il est destiné à compléter les renseignements dont le maire a besoin pour connaître les ressources dont il peut disposer. Le receveur municipal fait connaître au receveur des finances le montant des cotes à recouvrer en argent, afin qu'il en soit pris note au carnet dont il a déjà été parlé ci-dessus. Dans le même délai de quinzaine, le receveur municipal adresse au préfet un état sommaire faisant connaître pour chacune des communes de sa perception le nombre de journées de prestations de diverses espèces que les contribuables ont déclaré vouloir acquitter en nature, et le montant des cotes exigibles en argent. (Régl. du 21 juillet 1854, art. 77. — *Mém.* p. 217.)

5° Le receveur municipal reste chargé de suivre le recouvrement des cotes payables en argent ; il se conforme, pour ce recouvrement, aux règles suivies en matière de contributions directes ; il est tenu de distribuer les avertissements aux contribuables, sans avoir à réclamer une rétribution spéciale pour cet objet ; il émarge au rôle les versements faits à sa caisse ; il en fournit des quittances détachées du livre à souche, et il en fait recette au crédit de la commune.

6° Les poursuites que peut exiger la rentrée des cotes payables en argent doivent être exercées conformément au mode en vigueur pour les contributions directes, et sous la surveillance des receveurs des finances, selon ce qui est réglé à l'article 851 de l'Instruction générale. Lorsque les receveurs municipaux ont à faire des poursuites de cette nature, ils remettent aux maires de chaque commune une liste des contribuables en retard, indicative de la somme due par chacun d'eux, soit en argent, soit en journées de travail, et ils leur demandent l'autorisation de poursuivre par voie de garnison collective. Le maire, après avoir engagé les contribuables à se libérer sans frais, donne, s'il y a lieu, son autorisation au bas de l'état ; cet état, ainsi approuvé, est présenté au receveur des finances pour la délivrance de la contrainte, laquelle est ensuite soumise au sous-préfet pour être déclarée exécutoire. Le receveur municipal ne doit, au reste, donner cours aux poursuites qu'après les avoir fait précéder d'un avertissement gratis ou d'une nouvelle publication dans la commune. — *Mém.* **1860, p. 138.**

7° Le recouvrement des prestations en nature, qui consiste dans l'exécution des travaux, est dans les attributions de l'autorité municipale. Le maire fait remettre à chaque prestataire un avis (*modèle n°* 228 ou 229) indiquant les travaux à exécuter, le jour et l'heure où ils doivent commencer, et le lieu où le prestataire doit se rendre. Le premier modèle est employé quand les prestations sont acquittées par journées, et le second, quand elles sont converties en tâches. Des cases sont réservées à la suite des formules d'avis, pour les déclarations du surveillant des travaux constatant la libération des prestataires ; mais, indépendamment de ces déclarations, les agents chargés de la surveillance des travaux doivent émarger, sur l'extrait de rôle déjà mentionné, en regard du nom de chaque prestataire, le nombre de journées qu'il a acquittées ou fait acquitter pour son compte. Lorsque les travaux sont achevés, l'extrait de rôle ainsi annoté est remis au receveur municipal, afin qu'il puisse émarger sur le rôle même les cotes ou portions de cotes acquittées en nature; il en inscrit le total en un seul article sur son journal à souche; il détache la quittance, et l'annexe à l'extrait de rôle pour justifier qu'il s'est régulièrement chargé en recette; il porte la somme au compte de la commune, à titre de recouvrement sur le rôle des prestations, et il en fait en même temps dépense au même compte, à titre de payement de travaux exécutés. La justification de cette dépense s'opère, dans ses comptes, par l'extrait de rôle précité, émargé par le surveillant des travaux et dûment certifié par le maire de la commune.

8° Les réclamations pour cotes indûment imposées sont présentées avant l'expiration du mois de mars de l'année que concernent les rôles de prestations, soit par les individus portés dans ces rôles, soit par les receveurs municipaux, qui dressent, à cet effet, pour chaque commune, un état collectif (*modèle n°* 230). — Voy. Cotes indument imposées, Réclamations.

Les états de cotes irrecouvrables (*modèle n°* 232) ne sont formés qu'après la clôture de l'exercice (c'est-à-dire au 31 mars de la seconde année), et sont soumis au conseil municipal avec l'état de restes à recouvrer dont il est parlé à l'article 825 de l'Instruction générale Les états de cotes irrecouvrables sont ensuite adressés au préfet par l'intermédiaire du sous-préfet. — *Mém.* 1862, p. 147.

Les réclamations en matière de prestations sont, à l'exception des demandes des percepteurs pour cotes irrecouvrables, instruites et jugées comme celles qui sont relatives aux contributions directes. Il est statué par le conseil de préfecture sur les demandes en décharge et réduction (cotes indûment imposées), et par le préfet sur les demandes en remise et modération présentées par les redevables, ainsi que sur les états de cotes considérées comme irrecouvrables.

Les dégrèvements donnent lieu, dans tous les cas, à la délivrance d'ordonnances par le préfet (*modèles n°s* 231, 233, 234 *et* 235). Ces ordonnances ne sont portées ni en recette ni en dépense; leur montant est simplement déduit de celui des rôles, après qu'elles ont été inscrites aux articles des contribuables dégrevés, et sur un carnet spécial, ainsi qu'il est indiqué aux articles 1449 et 1468 de l'Instruction générale. Si quelques-uns des individus dégrevés ont payé une partie ou la totalité des sommes allouées en dégrèvement, il en résulte des excédants que le receveur doit régulariser immédiatement; il opère, à cet effet, une réduction de recette au compte de la commune d'une somme égale à ces excédants, et il la transporte au compte des excédants de versements, avec désignation des parties intéressées. Si, à la fin de la deuxième année de l'exercice, quelques sommes n'ont pas été remboursées, elles sont portées au compte de la commune, à titre de recette accidentelle, d'après la marche indiquée aux articles 1105 et 1488 de l'Instruction générale. Cette recette est justifiée par un état nominatif des ayants droit, certifié par le maire, qui reste chargé d'en informer l'autorité préfectorale. Si des remboursements sont ensuite réclamés, ils sont effectués selon les règles suivies pour les dépenses communales.

Toutefois, le mode de réduction indiqué ci-dessus ne peut être employé, après la clôture de la première année de l'exercice, que s'il existe des recouvrements réalisés depuis le 1er janvier de l'année suivante, ou des restes à recouvrer prochainement réalisables, qui puissent supporter la déduction des remboursements d'excédants auxquels auraient droit les contribuables dégrevés. Dans le cas contraire, les remboursements devraient être imputés soit sur le crédit des dépenses des chemins vicinaux, soit sur celui des dépenses imprévues, ou faire l'objet d'un crédit spécial.

Il n'est pas constaté d'excédant de versement lorsqu'il s'agit de dégrèvements alloués pour des cotes d'abord jugées irrecouvrables, et sur lesquelles des versements auraient ensuite été obtenus ; dans ce cas, l'ordonnance n'est employée que pour la somme restant à recouvrer, ainsi qu'il est dit à l'article 215 de l'Instruction générale au sujet des ordonnances concernant les contributions directes, et que l'indique le modèle d'ordonnance (colonne 18). — Voy. NON-VALEURS ET DÉGRÈVEMENTS, ORDONNANCES DE DÉGRÈVEMENTS.

9° Si un contribuable ne s'acquitte pas exactement des journées de travail ou des tâches qui lui sont imposées, sa cote ou la portion de cote restant due devient exigible en argent. Le maire fait connaître au receveur municipal les prestataires qui se trouvent dans ce cas, afin qu'ils puissent être poursuivis ; les rôles et extraits de rôles mentionnés au quatrième paragraphe ci-dessus doivent alors être rectifiés.

10° Le recouvement des prestations de chaque exercice, soit en nature, soit en argent, doit être terminé dans le délai accordé par l'ordonnance royale du 1er mars 1835, pour opérer les recettes municipales ; en conséquence, les ajournements que les maires auraient jugé convenable d'accorder pour l'acquittement des cotes en nature ne pourraient jamais s'étendre au delà du délai de clôture de l'exercice, et toute cote qui n'a pas été acquittée en nature à cette époque, devenant exigible en argent si le prestataire a été mis en demeure de faire les travaux, doit être poursuivie comme telle par le receveur municipal ; les changements nécessaires sont alors faits sur les rôles et extraits de rôles.

Les prestations en nature doivent, d'ailleurs, être acquittées aux époques que les préfets ont déterminées dans leur règlement sur le service des chemins vicinaux. Si quelques communes sont en retard, le préfet, usant du pouvoir que lui donne l'article 5 de la loi du 21 mai 1836, peut les mettre en demeure d'exécuter les prestations dans un délai détérminé, et, en cas de non-exécution, faire faire les travaux d'office. Un modèle du règlement dont il vient d'être parlé a été envoyé aux préfets le 21 juillet 1854, pour remplacer les règlements qui avaient été faits en exécution de l'article 21 de ladite loi. — *Mém.* 1854, p. 197.

11° Le produit des prestations est, sur les points non spécifiés, soumis aux règles d'apurement prescrites pour tous les produits communaux. (I. G., art. 888.) — Voy. EXERCICE.

L'emploi des prestations en nature doit être fait dans l'année même pour laquelle elles sont imposées, c'est-à-dire avant le 31 décembre. La prescription est acquise au contribuable qui, ayant opté pour se libérer en nature, n'a pas été requis d'effectuer ses journées de prestation dans l'année à laquelle elles appartiennent. (Arrêt du cons. d'État, 2 mars 1858. — *Mém.* 1860, p. 239.)

En cas de vente, dans le courant de l'année, des voitures et des bêtes de trait ou de somme à raison desquelles il a été porté sur les rôles, le prestataire n'est pas dispensé d'acquitter sa cote, les prestations étant établies, au commencement de chaque année pour l'année entière. (Arrêt du cons. d'État, 20 juillet 1853. — *Mém.* 1854, p. 323.)

Le contribuable qui, avant de quitter la commune, avait déclaré, dans les délais, qu'il entendait fournir en nature les prestations auxquelles il était imposé, ne peut être contraint de payer la taxe en argent, s'il n'a pas été mis en demeure, soit au lieu de son nouveau domicile, soit à celui de l'ancien, de venir acquitter ses prestations en nature. (Arrêt du cons. d'État, 1er décembre 1858. — *Mém.* 1859, p. 200.)

Les receveurs municipaux tiennent un livre de détail des recettes et des dépenses pour les chemins vicinaux, sur lequel ils inscrivent, dans des colonnes distinctes, le produit et la dépense des prestations en nature. — Voy. Livres de détail.

Les rôles de prestation en nature étant portés en recette et en dépense aux budgets des communes, les remises dues aux receveurs municipaux, sur le montant total de ces rôles, ainsi que sur la dépense, sont établies conformément aux ordonnances royales des 17 avril et 23 mai 1839. — Voy. Remises.

Voy. aussi : Centimes additionnels, Chemins vicinaux, Poursuites, Privilége, Souscriptions volontaires, Subventions.

Preuve testimoniale. — Preuve qui résulte du témoignage des hommes rendu en justice.

L'article 1341 du Code Napoléon autorise implicitement la preuve par témoins, lorsqu'il n'existe pas de titre, toutes les fois que la somme qui fait l'objet d'une réclamation ou d'une contestation ne dépasse pas 150 francs.

Un redevable qui prétend avoir payé deux fois la somme pour laquelle il était imposé pourrait donc, pour justifier sa demande en restitution, invoquer la preuve testimoniale, nonobstant l'existence du rôle exécutoire. — *Mém.* 1861, p. 187.

Primes d'assurance. — Les receveurs municipaux et d'établissements charitables doivent exiger des agents des compagnies d'assurance contre l'incendie, des quittances timbrées pour le payement des primes excédant 10 francs, si ces quittances sont délivrées en dehors d'un mandat de payement, même revêtu du timbre. Mais ces agents peuvent se borner à quittancer les mandats timbrés; les receveurs n'ont, dans ce cas, d'autre justification à produire, à l'appui de leur compte de gestion, que le mandat quittancé et une copie ou extrait de la police d'assurance, sauf à produire à l'appui du dernier payement une expédition timbrée de cet acte. — *Mém.* 1863, p. 63. — Voy. ASSURANCES CONTRE L'INCENDIE.

Principaux locataires. — Voy. PROPRIÉTAIRES ET PRINCIPAUX LOCATAIRES.

Prisons. — Toutes les recettes provenant du travail des détenus ou des versements faits par eux, ou en leur nom, sont effectuées dans les prisons du chef-lieu du département par le directeur de ces établissements, et par les gardiens-chefs dans les prisons des arrondissements; elles sont soumises au mode de comptabilité tracé par la circulaire ministérielle du 16 avril 1860. Le préfet détermine pour chaque prison, d'après le chiffre qu'atteignent en moyenne les remboursements de fonds aux détenus dans l'espace d'un mois, les sommes nécessaires à ces payements; l'excédant, toutes les fois qu'il est supérieur à cent francs, est versé dans la caisse du receveur des finances, pour le compte de la caisse des dépôts et consignations. Ces sommes, qui ne portent pas intérêt, peuvent être retirées sans délai si les fonds conservés en caisse ne suffisent pas pour les payements à faire d'urgence aux prévenus et accusés dont l'élargissement n'est jamais connu d'avance. Ces retraits de fonds ont lieu sur mandats délivrés par le préfet au chef-lieu, et, dans les arrondissements, par les sous-préfets délégués à cet effet.

Dans ceux des arrondissements où le tribunal de première instance près duquel est établie la maison d'arrêt ne se trouve pas au même lieu que la sous-préfecture, les versements peuvent être faits au percepteur, qui en délivre quittance à souche, les inscrit sur un livret que leur présentent les agents des prisons, et les porte en recette à un compte à ouvrir à la troisième section du livre des comptes divers, sous le titre de « Dépôts de fonds des prisons ». Il y fait dépense des versements de ces fonds à la recette des finances.

Le percepteur a alors à tenir : 1° un registre où le gardien-chef de la prison souscrit, pour chaque versement, une déclaration dont il est immédiatement envoyé une copie au receveur des finances ; 2° un compte, qu'il peut ouvrir sur ce même registre, où il inscrit, d'une part, les dépôts qu'il reçoit, d'autre part, les remboursements des fonds effectués. Il partage avec le receveur des finances les remises allouées pour ces opérations.

Les agents des prisons doivent informer immédiatement le receveur des finances de l'arrondissement de tous les versements qu'ils font à la caisse du percepteur du siége du tribunal. La franchise de correspondance nécessaire leur est accordée.

Les dépôts et les retraits ne doivent être effectués qu'en sommes rondes. (Circ. compt. gén., 17 mars 1860 ; Circ. int., 16 avril 1860. — *Mém.* p. 99.)

Priviléges. — Le privilége est un droit que la qualité de la créance donne à un créancier d'être préféré aux autres créanciers, même hypothécaires.

Entre les créanciers privilégiés, la préférence se règle par les différentes qualités des priviléges.

Les créanciers privilégiés qui sont dans le même rang sont payés par concurrence. (C. N., art. 2095 et 2097.)

Il sera parlé ci-après, dans des articles distincts, du privilége en matière de contributions directes et de taxes assimilées pour le recouvrement à ces contributions, et du privilége du Trésor, des communes et des établissements de bienfaisance sur les biens de leurs receveurs. Nous nous bornerons à retracer ici les dispositions du Code Napoléon en ce qui concerne les priviléges en général.

Les priviléges peuvent être sur les meubles ou sur les immeubles. (C. N., art. 2099.)

Priviléges sur les meubles. — Les priviléges sont ou généraux ou particls sur certains meubles. (C. N., art. 2100.)

Les créances privilégiées sur la généralité des meubles sont celles ci-après exprimées, et s'exercent dans l'ordre suivant : 1° les frais de justice; 2° les frais funéraires ; 3° les frais quelconques de la dernière maladie, concurremment entre ceux à qui ils sont dus ; 4° les salaires des gens de service pour l'année échue et ce qui est dû sur l'année courante ; 5° les fournitures de subsistances faites au débiteur et à sa famille, savoir : pendant les six derniers mois, par les marchands en détail, tels que boulangers, bouchers et autres, et, pendant la dernière année, par les maîtres de pension et marchands en gros. (C. N., art. 2101.)

Par frais de justice on ne peut entendre ceux qui ont été exposés par le propriétaire pour faire connaître et conserver son droit, mais seulement ceux qui ont été avancés pour mettre sous la main de la justice le gage commun, en réaliser et en attribuer le prix, par conséquent le coût d'un commandement, d'une saisie, etc. (Arrêt de la cour impériale de Paris, 26 septembre 1856. — *Mém.* 1857, p. 210.)

Les frais funéraires sont ceux qui ont été faits depuis la mort jusqu'à la sépulture. La dépense d'un monument funèbre ne serait pas comprise dans les frais funéraires, et ne jouirait pas, par conséquent, du privilége dont il s'agit.

Les créances privilégiées sur certains meubles sont : 1° les loyers et fermages des immeubles, sur les fruits de la récolte de l'année, et sur le prix de tout ce qui garnit la maison louée ou la ferme, et de tout ce qui sert à l'exploitation de la ferme : savoir, pour tout ce qui est échu, et pour tout ce qui est à échoir, si les baux sont authentiques, ou si, étant sous signature privée, ils ont une date certaine; et, à défaut de baux authentiques, ou lorsque, étant sous signature privée, ils n'ont pas une date certaine, pour une année, à partir de l'expiration de l'année courante; 2° la créance sur le gage dont le créancier est saisi; 3° les frais pour la conservation de la chose: 4° le prix d'effets mobiliers non payés, s'ils sont encore en la possession du débiteur, soit qu'il ait acheté à terme ou sans terme;... 7° les créances résultant d'abus et prévarications commis par les fonctionnaires publics dans l'exercice de leurs fonctions, sur les fonds de leur cautionnement, et sur les intérêts qui en peuvent être dus. (C. N., art., 2102.)

Priviléges sur les immeubles. — Les créanciers privilégiés sur les immeubles sont: 1° le vendeur, sur l'immeuble vendu, pour le payement du prix; 2° ceux qui ont fourni les deniers pour l'acquisition d'un immeuble, pourvu qu'il soit authentiquement constaté, par l'acte d'emprunt, que la somme était destinée à cet emploi, et, par la quittance du vendeur, que ce payement a été fait des deniers empruntés; 3° les cohéritiers sur les immeubles de la succession, pour la garantie des partages faits entre eux et des soultes ou retours de lots; 4° les architectes, entrepreneurs, maçons et autres ouvriers employés pour édifier, reconstruire ou réparer des bâtiments, canaux ou autres ouvrages quelconques, pourvu néanmoins que, par un expert nommé d'office par le tribunal de première instance dans le ressort duquel les bâtiments sont situés, il ait été dressé préalablement un procès-verbal, à l'effet de constater l'état des lieux relativement aux ouvrages que le propriétaire déclare avoir dessein de faire, et que les ouvrages aient été, dans les six mois au plus de leur perfection, reçus par un expert également nommé d'office; 5° ceux qui ont prêté les deniers pour payer ou rembourser les ouvriers jouissant du même privilége, pourvu que cet emploi soit authentiquement constaté par l'acte d'emprunt et par la quittance des ouvriers, ainsi qu'il a été dit ci-dessus pour ceux qui ont prêté les deniers pour l'acquisition d'un immeuble. (C. N., art. 2103.)

Priviléges qui s'étendent sur les meubles et les immeubles. — Les priviléges sur les meubles et les immeubles sont ceux énoncés plus haut comme s'étendant sur la généralité des meubles. (C. N., art. 2101, 2104 et 2107.)

Lorsqu'à défaut de mobilier, les privilégiés dont il s'agit se présentent pour être payés sur le prix d'un immeuble en concurrence avec les créanciers privilégiés sur l'immeuble, ils sont payés de préférence à ceux-ci. (Id., art. 2105.)

Conservation des priviléges. — Entre les créanciers, les priviléges ne produisent d'effet à l'égard des immeubles qu'autant qu'ils sont rendus publics par l'inscription sur les registres du conservateur des hypothèques, de la manière déterminée par la loi, et à compter de la date de cette inscription, sous les seules exceptions qui suivent. (C. N., art. 2106.)

Les créances privilégiées sur la généralité des meubles, et qui s'étendent sur les immeubles, sont exceptées de la formalité de l'inscription. (C. N., art. 2101, 2104 et 2107.)

Le vendeur privilégié conserve son privilége par la transcription du titre qui a tranféré la propriété à l'acquéreur, et qui constate que la totalité ou partie du prix lui est due. Le prêteur qui a fourni les deniers payés au vendeur peut aussi faire faire, si elle ne l'a été, la transcription du contrat de vente, à l'effet d'acquérir l'inscription de ce qui lui est dû sur le prix. (Id., art. 2108.)

Le cohéritier ou copartageant conserve son privilége sur les biens de chaque lot ou sur le bien licité, pour les soulte et retour des lots, ou pour le prix de la licitation, par l'inscription faite à sa diligence, dans soixante jours, à dater de l'acte de partage ou de l'adjudication par licitation. (Id., art. 2109.)

Les architectes, les entrepreneurs, maçons et autres ouvriers employés pour édifier, reconstruire ou réparer les bâtiments, canaux et autres ouvrages, et ceux qui ont, pour les payer et rembourser, prêté les deniers dont l'emploi a été constaté, conservent, par la double inscription faite, 1° du procès-verbal qui constate l'état des lieux, 2° du procès-verbal de réception, leur privilége à la date de l'inscription du premier procès-verbal. (Id., art. 2110.)

Les créanciers et légataires qui demandent la séparation du patrimoine du défunt conservent, à l'égard des créanciers des héritiers ou représentants du défunt, leur privilége sur les immeubles de la succession par les inscriptions faites sur chacun de ses biens dans les six mois à compter de l'ouverture de la succession. Avant l'expiration de ce délai, aucune hypothèque ne peut être établie avec effet sur ces biens par les héritiers ou représentants au préjudice de ces créanciers ou légataires. (Id., art. 2111.)

Les cessionnaires de ces diverses créances privilégiées exercent tous les mêmes droits que les cédants en leur lieu et place. (Id., art. 2112.)

Toutes créances privilégiées soumises à la formalité de l'inscription à l'égard desquelles les conditions ci-dessus prescrites pour conserver le privilége n'ont pas été accomplies, ne cessent pas néanmoins d'être hypothécaires; mais l'hypothèque ne date, à l'égard des tiers, que de l'époque des inscriptions. (Id., art. 2113.) — Voy. Hypothèque.

Privilége de second ordre. — Voy. Cautionnements.

Privilége du Trésor, des communes et des établissements publics sur les biens des comptables. — Le Trésor public a privilége sur tous les biens meubles des percepteurs, même à l'égard des femmes séparées de biens, pour les meubles trouvés dans les maisons d'habitation, à moins qu'elles ne justifient légalement que lesdits meubles leur sont échus de leur chef, ou que les deniers employés à l'acquisition leur appartenaient. (L. 24 novembre 1790 et 5 septembre 1807, art. 1er ; Arrêtés du Gouv., 16 thermidor an VIII et 19 vendémiaire an XII.)

Ce privilége ne s'exerce néanmoins qu'après les priviléges généraux et particuliers énoncés aux articles 2101 et 2102 du Code Napoléon ; mais il porte à la fois sur le prix du mobilier corporel et sur tous les objets qui sont meubles par leur nature ou par la détermination de la loi, conformément à la définition qu'en donne le Code précité, articles 527 et suivants. — Voy. MEUBLES.

Le receveur des finances exerce, par voie de subrogation aux droits du Trésor, son recours sur les biens du comptable en débet. (C. N., art. 1251 ; D. 31 mai 1862, art. 327.)

En cas d'opposition par des tiers sur des deniers provenant des objets ci-dessus mentionnés, ces deniers doivent être déposés à la caisse des dépôts et consignations, et soumis à une contribution dans la forme ordinaire.

Dans ce cas, le receveur des finances fait requérir, par le ministère d'un avoué, la collocation en sa faveur comme subrogé au privilége du Trésor public.

Quand il n'y a pas d'opposition, ces deniers doivent être versés entre les mains du receveur des finances, à valoir sur les débets des comptables. (I. G., art. 1313.)

Les receveurs des finances peuvent, en outre, se concerter avec les maires pour faire prendre inscription sur les biens immobiliers des comptables, en vertu de l'article 2121 du Code Napoléon, qui accorde aux communes et aux établissements publics un droit d'hypothèque légale sur les biens de leurs receveurs. En cas de débet, cette inscription profiterait, par voie de subrogation, au receveur des finances qui aurait couvert le débet. Il a d'ailleurs été jugé que la loi du 5 septembre 1807, relative aux droits du Trésor sur les biens des comptables, ne désignant nominativement que les receveurs des finances et les payeurs, n'était pas applicable aux percepteurs, en leur seule qualité d'agents de recouvrement des contributions publiques de l'État.

En cas d'aliénation de leurs immeubles, les comptables peuvent, s'ils justifient de la régularité de leur gestion, obtenir mainlevée des inscriptions dont il s'agit. (L. 5 septembre 1807; O. 17 septembre 1837; I. G., art. 1233.) — Voy. DÉBET, DÉFICIT, HYPOTHÈQUES.

Toutes personnes qui se sont illégalement ingérées dans le maniement des deniers d'une commune ou d'un établissement de bienfaisance, non-seulement se trouvent soumises à toutes les obligations des comptables, mais deviennent, comme eux, passibles de l'hypothèque légale prévue par l'article 2121 du Code Napoléon, hypothèque qui doit être inscrite a la diligence du receveur municipal, dans la forme prescrite par l'article 2153 du même Code. (L. 18 juillet 1837, art. 64; Inst. min. de l'int., 30 septembre 1824 ; Arrêt de la Cour des comptes, 25 juillet 1835. — *Mém* 1825, p. 66 et 68 ; 1835, p. 265.) — Voy. GESTION OCCULTE.

Privilége du Trésor pour le recouvrement des contributions directes. — Le privilége à raison des droits du Trésor public et l'ordre dans lequel il s'exerce sont réglés par les lois qui les concernent. Le Trésor ne peut cependant obtenir de privilége au préjudice des droits antérieurement acquis à des tiers. (C. N., art. 2098.)

Différentes lois ont déterminé la nature et l'étendue du privilége du Trésor pour le recouvrement des contributions directes. La loi du 11 vendémiaire an VII avait accordé à l'État un privilége sur les immeubles pour l'année échue et l'année courante de la contribution foncière. La loi du 12 novembre 1808 a, depuis, réglé ce privilége. Nous reproduisons ci-après les dispositions de cette loi, telles qu'elles ont été interprétées par les articles 77 à 85 de l'Instruction générale.

Le privilége attribué au Trésor public et aux percepteurs agissant en son nom, pour le recouvrement des contributions directes, s'exerce avant tout autre. Il est réglé ainsi qu'il suit:

1° Pour l'année échue et l'année courante de la contribution foncière tant en principal qu'en centimes additionnels et supplémentaires, sur les récoltes, fruits, loyers et revenus des biens immeubles sujets à la contribution;

2° Pour l'année échue et l'année courante des autres contributions directes, générales et spéciales, sur tous les meubles et effets mobiliers appartenant aux redevables, en quelque lieu qu'ils se trouvent. (L. 12 novembre 1808, art. 1er; I. G., art. 77.)

L'acquéreur d'une propriété doit, en conséquence du privilége ci-dessus, s'assurer que les contributions imposées sur cette propriété ont été payées jusqu'au jour de la vente, nonobstant toutes clauses contraires des cahiers des charges. Cette obligation existe également pour tous les adjudicataires d'immeubles vendus par autorité de justice. (I. G., art. 78.)

Le privilége attribué au Trésor pour le recouvrement des contributions directes ne préjudicie point aux actions qu'il peut exercer sur les biens des redevables, en vertu du droit commun et comme tout autre créancier. (L. 12 novembre 1808, art. 3; I. G., art. 79.)

D'après les articles 11 et 17 du règlement sur les poursuites, le privilége du Trésor, tel qu'il est réglé par la loi du 12 novembre 1808, ne s'applique pas seulement au principal des contributions directes et aux centimes additionnels et supplémentaires, mais aussi aux frais de poursuites dûment taxés.

Les dispositions de la loi précitée sont également applicables au recouvrement des redevances sur les mines, des rétributions pour la vérification des poids et mesures, des prestations pour les chemins vicinaux, de la rétribution scolaire, de la taxe sur les chiens, et généralement de toutes les taxes assimilées aux contributions directes, les lois qui les concernent ayant décidé qu'elles seraient recouvrées de la même manière que ces dernières contributions. — *Mém.* 1858, p. 239; 1861, p. 22; 1862, p. 263.

Le privilége ne s'exerçant que pour l'année échue et l'année courante s'il était dû par un contribuable trois années d'impôt, y compris l'année courante, le recouvrement des contributions de la première année ne pourrait être poursuivi que par les voies ordinaires. On entend par l'année courante celle de la dernière année pour laquelle l'impôt ou le rôle a été établi. Ainsi, un percepteur à qui il serait dû, pour contributions, les six derniers mois de 1861, toute l'année 1862 et les six premiers mois de 1863, ne pourrait exercer le privilége du Trésor que pour 1862 et 1863, et non pour les six derniers mois de 1861, à l'égard desquels il n'aurait que les droits d'un créancier ordinaire.

Après avoir indiqué ces règles générales, nous avons à parler des règles spéciales à chaque contribution.

Contribution foncière. — On aura remarqué que le privilége du Trésor, en ce qui concerne la contribution foncière, est limité aux récoltes, fruits, loyers et revenus des immeubles, et qu'il ne comprend pas les immeubles eux-mêmes. Si ceux-ci étaient vendus, le percepteur n'aurait donc de droits à exercer sur le prix de vente qu'après les créanciers privilégiés et hypothécaires, et en concurrence avec les créanciers ordinaires. La même restriction s'applique aux autres contributions. Toutefois, il a été décidé que l'État avait un privilége pour les contributions de l'année échue et de l'année courante sur le prix de l'immeuble vendu par expropriation forcée. (Arrêt du cons. d'État, 30 juin 1824.)

Au reste, le Trésor n'a privilége sur les fruits d'un immeuble que pour la cote foncière afférente à cet immeuble, et non pour toutes les cotes foncières portées au nom du même propriétaire : C'est ce qui résulte de ces mots de la loi de 1808 : « Sur les fruits et revenus des immeubles « sujets à la contribution. »

Le privilége affecte les récoltes, fruits et revenus, abstraction faite de toute mutation ou de tout changement de propriétaire. (Arrêt de cass., 6 juillet 1852. — Note de l'art. 78 de l'Inst. Gén.)

L'acquéreur d'une propriété, pouvant être poursuivi pour le payemen des contributions de l'année échue et de l'année courante, peut, à plus forte raison, être contraint de payer les contributions qui viennent à échoir après son acquisition, alors même que, la mutation n'ayant pas eu lieu, le nom de l'ancien propriétaire figurerait encore au rôle. Le percepteur agirait, dans ce cas, comme exerçant, en vertu de l'article 1166 du Code Napoléon, les droits de l'ancien propriétaire, qui, s'il est responsable de l'impôt, et peut par conséquent être poursuivi comme l'acquéreur tant que la mutation n'a pas été opérée, a du moins un recours ouvert contre l'acquéreur, conformément à l'article 36 de la loi du 3 frimaire an VII.

On a dit plus haut que le privilége du Trésor ne pouvant être exercé sur le prix d'un immeuble vendu, les droits du Trésor, relativement à ce prix, étaient ceux d'un créancier ordinaire. Cependant, si l'immeuble avait été vendu avec ses récoltes sur pied, le percepteur devrait faire valoir le privilége du Trésor, pour la contribution foncière, sur la portion du prix afférente aux fruits que la propriété portait, si le prix de la vente n'avait pas d'ailleurs encore été intégralement payé.

Dans le cas où l'adjudication d'un immeuble serait poursuivie, mais non encore consommée, le percepteur, alors même qu'il serait procédé à la vente par voie d'expropriation forcée, aurait le droit de faire saisir les récoltes, sans que son action pût être contrariée par les formalités des procédures suivies à la requête des autres créanciers, et encore bien que, d'après l'article 682 du Code de procédure civile, les fruits recueillis depuis la dénonciation de la saisie eussent été immobilisés et distribués avec le prix de l'immeuble par ordre d'hypothèque ; la loi de 1808 donne, en effet, au Trésor, sur les fruits et récoltes, un privilége entièrement indépendant du caractère de meubles ou d'immeubles qu'ils peuvent accidentellement avoir, et la disposition de l'article 682 précité ne peut porter atteinte aux droits des créanciers privilégiés. (Lettre du min. de la justice, du 1er décembre 1824.)

Le percepteur qui ne réclamerait le payement de l'impôt foncier qu'après l'adjudication consommée pourrait encore se faire colloquer sur la portion du prix représentée par les fruits. Nous croyons même que le notaire devant lequel l'adjudication aurait été faite et qui en aurait reçu le prix devrait payer la contribution due, jusqu'à concurrence de la valeur des fruits, sur une simple sommation du percepteur, conformément à l'article 2 de la loi du 12 novembre 1808.

Lorsqu'une propriété foncière a été vendue par parties et que, la mutation n'ayant pas été faite, la contribution est restée imposée au nom de l'ancien propriétaire, le percepteur peut, en vertu du privilége du Trésor, poursuivre un des acquéreurs en payement de la totalité de la cote, et faire saisir, à cet effet, les fruits existant sur la portion de terrain par lui acquise, jusqu'à concurrence de la totalité de la contribution due pour l'année échue et pour l'année courante. — *Mém.* 1861, p. 122 ; 1862, p. 290.

Si un contribuable a vendu, non son immeuble, mais seulement les fruits, ou s'il a aliéné ses effets mobiliers, le Trésor perd-il son privilége sur ces objets ? Divers cas peuvent se présenter. Il est d'abord évident que la vente, si le percepteur prouvait qu'elle avait été faite, de la part des deux parties, en vue de frauder les droits du Trésor, pourrait être annulée au profit de celui-ci. Dans le cas où la vente aurait eu lieu de bonne foi, au moins de la part de l'acheteur, ce dernier pourrait être sommé de payer les contributions dues, jusqu'à concurrence des sommes dont il ne prouverait pas, par quittance régulière, s'être libéré envers le vendeur (L. 12 novembre 1808, art. 2). La vente faite par le redevable ne ferait pas non plus obstacle à l'exercice des droits du Trésor, si elle n'avait pas acquis, conformément à l'article 1328 du Code Napoléon, date certaine antérieure aux poursuites du percepteur. Enfin, et alors même qu'elle aurait été faite sans fraude et aurait date certaine antérieure aux poursuites, la vente n'aurait pour effet d'éteindre le privilége du Trésor qu'autant que l'acheteur aurait déjà pris livraison des objets vendus. Dans le cas contraire, le percepteur devrait recourir aux mesures conservatoires propres à empêcher la disparition du gage de la contribution. — *Mém.* 1860, p. 299. — Voy. POURSUITES.

La circonstance que les immeubles vendus seraient grevés d'hypothèque n'empêcherait pas le percepteur d'exercer le privilége du Trésor sur les fruits et, récoltes sur pied, s'il en existait; et, si le prix de la vente n'avait pu encore été payé, l'acquéreur serait tenu d'acquitter sur ce prix les diverses contributions dues, sur la demande du percepteur, conformément à l'article 2 de la loi du 12 novembre 1808. — *Mém.* 1850, p. 238.

Contributions personnelle-mobilière, des portes et fenêtres et des patentes, et taxes assimilées aux contributions directes. — Comme on l'a vu plus haut, le privilége du Trésor pour ces contributions et ces taxes de l'année échue et de l'année courante porte « sur tous les meubles et « autres effets mobiliers appartenant aux redevables, en quelque lieu « qu'ils se trouvent. » Ainsi, à la différence du privilége de la contribution foncière, qui est un privilége spécial sur certains meubles, celui des autres contributions directes est un privilége général sur les meubles; et comme le privilége du Trésor suit tous les meubles du redevable, en quelque lieu qu'ils se trouvent, il en résulte qu'il s'exercerait même entre les mains d'un tiers chez qui le contribuable aurait mis ses meubles en dépôt ou en gage, ou même à qui il les aurait prêtés ou vendus, si, dans ce dernier cas, le prix n'en avait pas encore eté payé. — *Mém.* 1860, p. 299; 1861, p. 296.

Les meubles et effets appartenant aux contribuables sont, d'ailleurs, seuls soumis au privilége du Trésor. Le percepteur ne pourrait donc faire saisir des meubles qui se trouveraient chez le redevable, mais qu'on lui prouverait appartenir à des tiers. Dans ce cas particulier, le propriétaire locateur a, pour le payement de ses loyers, sur les objets qui, sans appartenir au locataire ou fermier, auraient été apportés par celui-ci dans la maison louée ou la ferme, un privilége qui n'appartient pas au Trésor, bien que celui-ci, quand les effets garnissant la maison appartiennent au locataire, ait sur eux, pour le payement des contributions directes, un privilége préférable à celui du propriétaire pour les loyers.

Le privilége du Trésor s'exerçant avant tout autre dans les conditions déterminées par la loi du 12 novembre 1808, il en résulte que, comme tous les autres priviléges spéciaux, celui du vendeur d'effets mobiliers non payés est primé par le privilége des contributions directes. Mais lorsque le vendeur exerce la revendication, dans les cas où il en a le droit, il soustrait par là les objets vendus au privilége du Trésor.

Remarquons encore qu'il résulte de la combinaison des articles 2101 du Code Napoléon, 657 et 662 du Code de Procédure civile, et de l'opinion de la plupart des jurisconsultes que, par exception au principe « avant tout autre », on doit prélever, avant les contributions directes, les frais de justice que le Trésor ou d'autres créanciers auraient été obligés de faire pour parvenir à la vente des meubles ou à la réalisation du gage commun. Ces frais sont, en général, ceux de commandement, de saisie, de garde et de vente, ainsi que les frais accessoires à ces divers actes. Mais les contributions directes devraient être payées avant les frais qui auraient été faits par un seul créancier dans la poursuite d'une action à lui particulière. — *Mém.* 1850, p. 122; 1851, p, 210; 1863, p. 65.

Dans le cas où divers priviléges du Trésor se trouveraient en concours avec les contributions directes, par exemple, celui des contributions indirectes (L. 1er germinal an XIII, art. 47), celui des douanes (L. 22 août 1791, titre 13, art. 22), celui des frais de justice criminelle, correctionnelle ou de police, et celui établi sur les biens des comptables chargés de la rentrée et du payement des deniers de l'État (L. 5 septembre 1807), le privilége des contributions directes aurait la priorité ; c'est une conséquence des termes de l'article 1er de la loi du 12 novembre 1808 et de l'article 2101 du Code Napoléon, qui énumère les priviléges généraux primant ceux qu'on vient d'énoncer et qui sont eux-mêmes primés par le privilége de l'impôt direct. Il y a exception pour le privilége des droits de timbre et des amendes y relatives, lequel est au même rang que celui des contributions directes (L. 28 avril 1816, art. 70). Dans le cas de concours de ces deux priviléges, ils s'exercent ensemble au prorata du montant de chaque créance.

Tous les priviléges qui sont primés par celui de la contribution personnelle et mobilière le sont également, sur les fruits et revenus des immeubles, par le privilége de l'impôt foncier, quand ils sont de nature à se trouver en concours avec lui. (L. 12 novembre 1808, art. 1er.)

On a vu que le privilége de la contribution foncière et celui de la contribution personnelle et mobilière ne frappent jamais sur les immeubles du redevable. Néanmoins, si le percepteur, par suite d'une contestation avec le contribuable, avait obtenu une condamnation contre lui, il pourrait, conformément à l'article 2123 du Code Napoléon (avec l'autorisation préalable du receveur des finances), prendre hypothèque judiciaire sur les immeubles présents et à venir du redevable.

Le privilége du Trésor pour le recouvrement de la contribution des patentes atteint les meubles des redevables dès le moment où l'année commence à courir, et non pas à partir de l'émission du rôle ; mais il ne suit pas de là qu'il atteigne les meubles qui auraient été régulièrement aliénés de bonne foi et sans fraude, par les redevables, avant l'exercice de toute poursuite. (Arrêt de cass., 17 août 1847. — *Mém.* 1848 p. 122.)

Droits du Trésor vis-à-vis des dépositaires et des débiteurs de deniers appartenant à des redevables — L'article 2 de la loi du 12 novembre 1808, dont on a reproduit ci-dessus les termes, veut que ces débiteurs et dépositaires payent au percepteur, sur sa demande, en l'acquit des redevables, sur le montant et jusqu'à concurrence des sommes qu'ils doivent ou qui sont entre leurs mains, les contributions dues par ces derniers. L'article 14 du Règlement sur les poursuites reproduit cette disposition et ajoute, conformément au principe établi par la loi du 18 août 1791 : « Les commissaires-priseurs, séquestres et autres dépositaires sont même « autorisés à payer d'office les contributions dues avant de procéder à « la délivrance des deniers. Les quittances du percepteur (pour les sommes « légitimement payées) leur seront allouées en compte. » Il est même à remarquer que l'article 84 de l'Instruction générale substitue aux mots : « *sont autorisés, etc.*, » ceux de : « *sont tenus de payer d'office, etc.*, » de telle sorte qu'ils deviendraient personnellement responsables s'ils manquaient à cette obligation. C'est en effet dans ce sens que l'administration supérieure entend interpréter et appliquer les lois des 18 août 1791 et 12 novembre 1808.

La consignation par le dépositaire de la somme dont il était détenteur ne le libère pas, et le percepteur peut, regardant cette consignation comme non avenue, continuer les poursuites commencées. — *Mém.* 1842, p. 144.

Par les mots « receveur et économe », l'article 2 précité désigne tous les agents employés par les propriétaires pour l'administration de leurs biens, et, par le mot « dépositaire », toutes les personnes, qui, avec ou sans titre, ont reçu en dépôt des deniers appartenant aux redevables de contributions. Cette expression comprend même les dépositaires publics; de sorte que le percepteur peut se faire délivrer, sur sa simple demande, jusqu'à due concurrence, les sommes déposées par le redevable à la caisse des dépôts et consignations, ou au Trésor, ou dans un mont-de-piété, à titre de consignation volontaire ou judiciaire, de dépôt ou de cautionnement. Toutefois, s'il devenait nécessaire d'exercer des poursuites sur le cautionnement d'un fonctionnaire, le percepteur ne devrait le faire qu'après en avoir référé au receveur des finances; on doit, du reste, faire remarquer que les intérêts du cautionnement d'un officier ministériel ne peuvent être saisis par le percepteur, comme affectés au privilége du Trésor, lorsque le cautionnement a été fourni par un bailleur de fonds.—*Mém.* 1859, p. 15.

Les dépositaires et débiteurs sont tenus de payer, dit la loi, « sur la demande qui leur en est faite, etc. » Ainsi, pour accélérer le recouvrement de l'impôt, la loi autorise les percepteurs, par dérogation à la procédure ordinaire, à se faire délivrer sur simple demande, et sans saisie-arrêt, par les tiers détenteurs, les deniers appartenant aux redevables de contributions. Le percepteur, au lieu d'être obligé d'introduire une instance pour faire ordonner le versement par le tiers détenteur des sommes appartenant au redevable, peut donc, après une sommation et sans autres formalités, contraindre le détenteur par les voies ordinaires de droit. Il a été décidé, en effet, que le tiers saisi est tenu d'obtempérer à la contrainte décernée contre lui par le percepteur, même avant d'avoir fait statuer sur le mérite des oppositions formées entre ses mains, et sur la préférence due au Trésor, sans encourir le risque de payer deux fois. (Arrêt de cass., 21 avril 1819.)

D'après les mêmes principes, les percepteurs ne sauraient être soumis à la procédure ordinaire en matière de faillite ; ils peuvent poursuivre le payement contre les syndics, par application de l'article 2 de la loi du 12 novembre 1808. — *Mém.* 1842, p. 85 ; 1858, p. 273.

Il y a lieu, toutefois, de remarquer que la faculté de se faire payer sur simple demande et sans saisie-arrêt n'existe qu'à l'égard des deniers affectés au privilége du Trésor ; qu'elle ne s'exerce que sur les sommes dues et non sur les objets mobiliers, lesquels sont soumis à un autre mode de poursuites; qu'en cas de refus du tiers débiteur sommé officieusement de payer, le percepteur peut, après avoir obtenu du receveur une contrainte nominative contre le tiers, agir contre lui par voie de garnison, sans que ce dernier soit fondé à opposer qu'à son égard c'est là une action réelle en revendication ; enfin, que le percepteur peut aussi agir par voie de saisie-arrêt contre le tiers, mais que, sur l'opposition de ce tiers, fondée sur ce qu'il ne serait pas débiteur, on doit surseoir jusqu'à ce que le tribunal civil ait statué. Au reste, les instructions de l'administration recommandent de n'user de ces derniers moyens qu'avec réserve, et d'en faire toujours précéder l'emploi d'une simple sommation ou mise en demeure de se libérer. — Voy. COMMISSAIRES-PRISEURS, DÉMÉNAGEMENT, DÉPOSITAIRES, FERMIERS ET LOCATAIRES, HUISSIERS, NOTAIRES, POURSUITES, PROPRIÉTAIRES ET PRINCIPAUX LOCATAIRES RECOUVREMENT, SAISIE-ARRÊT.

Procès. — Contestation devant un tribunal entre deux ou plusieurs parties.

Les communes et les établissements de bienfaisance jouissent de la vie civile ; ils peuvent donc ester en justice comme demandeurs ou défendeurs.

C'est au maire, soit en cette qualité, soit comme président-né de la commission administrative de l'établissement intéressé, qu'il appartient de suivre les actions judiciaires. (L. 18 juillet 1837, art. 10.)

Par suite de leur état de minorité, les communes et les établissements de bienfaisance ne peuvent intenter ou soutenir aucune action devant les tribunaux sans en avoir obtenu l'autorisation du conseil de préfecture.

Après tout jugement intervenu, la commune ou l'établissement ne peut se pourvoir devant un autre degré de juridiction qu'en vertu d'une nouvelle autorisation du conseil de préfecture. Mais le maire n'a pas besoin de nouvelle autorisation pour défendre aux appels formés contre la commune ou l'établissement. (L. 18 juillet 1837, art. 49 ; I. G., art. 850.)

L'autorisation d'agir en justice n'est donnée aux établissements charitables qu'après avis du conseil municipal. (L. 18 juillet 1837, art. 21.)

Les règles ci-dessus s'appliquent également aux sections de communes qui sont dans le cas d'intenter ou de soutenir une action judiciaire, sauf à former pour chaque section intéressée une commission syndicale, lorsqu'il s'agit d'intenter ou de soutenir une action contre la commune ou une autre section de la commune. (Id., art. 56 et 57.) — Voy. SECTIONS DE COMMUNES.

Tout contribuable inscrit au rôle de la commune a le droit d'exercer, à ses frais et risques, avec l'autorisation du conseil de préfecture, les actions qu'il croirait appartenir à la commune ou section, et que la commune ou section, préalablement appelée à en délibérer, aurait refusé ou négligé d'exercer. La commune ou section est mise en cause, et la décision qui intervient a effet à son égard. (L. 18 juillet 1837, art. 49.)

Le conseil de préfecture, en accordant à un contribuable l'autorisation de plaider, peut lui imposer la condition du dépôt préalable des frais d'instance. (Décis. min. de l'int. — *Mém.* 1857, p. 242.)

Toute décision du conseil de préfecture portant refus d'autorisation doit être motivée.

La commune, section de commune ou le contribuable auquel l'autorisation aurait été refusée peut se pourvoir devant l'Empereur, en conseil d'État. Le pourvoi est introduit et jugé en la forme administrative. Il doit, à peine de déchéance, avoir lieu dans le délai de trois mois, à dater de la notification de l'arrêté du conseil de préfecture. (L. 18 juillet 1837, art. 50 et 53.)

L'établissement de bienfaisance qui sollicite l'autorisation de plaider peut également se pourvoir au conseil d'État contre une décision du conseil de préfecture portant refus d'autorisation.

Le maire peut toutefois, sans autorisation préalable, intenter toute action possessoire ou y défendre, et faire tous autres actes conservatoires ou interruptifs des déchéances. (L. 18 juillet 1837, art. 55.)

L'autorisation n'est pas non plus nécessaire pour suivre la rentrée des revenus annuels des communes et des établissements de bienfaisance, à moins qu'il n'y ait contestation sur le fond, ni pour poursuivre les saisies résultant d'actes authenthiques, ou l'expropriation forcée des biens hypothéqués à la commune ou à l'établissement.

D'après l'article 63 de la loi du 18 juillet 1837 et l'article 13 de la loi du 7 août 1851, les oppositions aux poursuites exercées en vertu d'états dressés par les maires et rendus exécutoires par le sous-préfet, sont jugées comme affaires sommaires lorsque la matière est de la compétence des tribunaux ordinaires, et le maire peut y défendre sans autorisation du conseil de préfecture. — Voy. États exécutoires, Opposition, Poursuites.

Lorsqu'une commune ou section de commune, ou un établissement de bienfaisance, a été autorisé à plaider, le procès se suit en la forme ordinaire.

La section de commune qui a obtenu une condamnation contre la commune, ou contre une autre section, n'est point passible des charges ou contributions imposées pour l'acquittement des frais et dommages-intérêts qui résulteraient du fait du procès. Il en est de même à l'égard de toute partie qui aurait plaidé contre une commune ou une section de commune. (L. 18 juillet 1837, art. 58.)

Il ne pourrait être dérogé à cette règle, même dans le cas où les habitants qui ont plaidé contre une section de commune sont à peu près les seuls qui payent des contributions foncières et où l'imposition des autres habitants devrait durer un grand nombre d'années pour libérer la section. — *Mém.* 1860, p. 297.

Toutefois, la voie de l'imposition n'est ouverte, en matière de frais de procès comme pour toute autre dépense obligatoire, qu'à défaut d'autres ressources. Un particulier qui a eu gain de cause contre une commune ne saurait donc prétendre que la commune fût tenue, pour se libérer, de recourir à une imposition recouvrée au moyen d'un rôle sur lequel il ne devrait pas figurer. (Décis. min. de l'int., 1858, p. 206.) — Voy. IMPOSITIONS COMMUNALES.

La loi réservant exclusivement aux communes l'initiative des actions qui les intéressent, elles ont le droit de se désister purement et simplement de ces mêmes actions lorsqu'elles viennent à reconnaître que les chances de succès ne sont pas de leur côté. Il suffit, en pareil cas, que le désistement soit voté par le conseil municipal, dont la délibération est naturellement soumise à l'approbation du préfet, par application de l'article 20 de la loi du 18 juillet 1837. (Décis. min. de l'int., 1860. — *Mém.*, p. 266.)

L'avis du conseil municipal serait nécessaire, dans le même cas, s'il s'agissait d'un désistement voté par la commission administrative d'un établissement de bienfaisance. — Voy. TRANSACTIONS.

Procès-verbal. — Acte par lequel les officiers publics ou agents de l'autorité constatent ce qu'ils ont fait dans l'exercice de leurs fonctions, ce qui s'est passé ou ce qui a été fait ou dit en leur présence.

Les procès-verbaux peuvent avoir pour objet des matières purement administratives ; il en est ainsi, par exemple, des procès-verbaux d'adjudication, de ceux des séances des conseils municipaux ou des commissions administratives, des procès-verbaux de carence, de remise de service, de vérification, de clôture des registres, etc. — Voy. ADJUDICATION, CARENCE, CLÔTURE DES REGISTRES, INDIGENCE, MUTATIONS DE COMPTABLES, VÉRIFICATION.

Produits accessoires des bois des communes et des établissements de bienfaisance. — Les produits des bois soumis au régime forestier, autres que ceux qui résultent des coupes ordinaires et extraordinaires, reçoivent la désignation de produits accessoires.

Sont considérés comme produits accessoires des bois des communes et établissements publics : 1° les bois provenant des recépages, essartements et élagages, et les chablis ; 2° les portions d'affouages restant à vendre après distribution faite entre les habitants des communes ; 3° les bois de délits ; 4° les délivrances de plants, harts et fascines ; 5° les indemnités dues pour prolongation de délais d'exploitation ou de vidange ; 6° les indemnités dues pour réserves abattues ou endommagées par accident, lors de l'exploitation des coupes ; 7° les excédants de mesures sur les coupes ;

8° la glandée ; 9° la récolte des faines, fruits et semences ; 10° le pâturage ; 11° les mousses, bruyères et autres plantes ; 12° l'extraction des minerais, terres, pierres, sables, etc. ; 13° les indemnités pour droit de passage, prise d'eau et autres servitudes foncières ; 14° le produit des indemnités pour retard dans la remise des traites ; 15° et toutes recettes imprévues provenant d'objets appartenant au sol forestier, ou attribuées aux communes à l'occasion de la gestion de leurs bois.

Le montant de ces différents produits est versé dans les caisses des receveurs des communes propriétaires. (Arrêté du min. des fin., 1er septembre 1838 ; I. G., art. 875.)

Les procès-verbaux de délivrance des objets vendus sur estimation ou expertise, et servant de titre pour opérer le recouvrement, doivent être signés par l'agent forestier qui opère la délivrance, par le garde du triage, et par la partie prenante ou son délégué. Ces actes doivent être visés pour timbre en débet. Les droits de timbre et les droits proportionnels d'enregistrement sur la valeur des objets vendus sont à la charge de la partie prenante.

Pour tous les objets vendus par adjudication, ou concédés temporairement par un bail ou par tout autre acte en forme authentique, le recouvrement des sommes dues aux communes propriétaires s'opère sur une expédition des actes d'adjudication, baux et autres titres.

Les indemnités pour prolongation de délai d'exploitation ou de vidange sont recouvrées, au vu de l'engagement pris par écrit et sur papier timbré, par l'adjudicataire, de payer lesdites indemnités, et de la copie, certifiée par le concervateur, de la lettre de l'administration des forêts donnant avis de la décision.

Les indemnités pour les réserves abattues ou endommagées sont perçues au vu du procès-verbal d'estimation, dressé contradictoirement avec l'adjudicataire et approuvé par le conservateur.

Le recouvrement de la valeur des excédants de mesure constaté par le réarpentage s'effectue sur la production : 1° d'une expédition des procès-verbaux d'arpentage et de réarpentage, ou d'un extrait du plan d'aménagement, lorsqu'il s'agit d'un bois aménagé sur le terrain et dont les coupes ne sont pas soumises à l'arpentage ; 2° d'un extrait du procès-verbal d'adjudication : ces pièces sont visées pour timbre, avec mention que les droits de timbre de celles qui sont désignées sous le n° 1er ci-dessus sont compris dans les 5 p. 0/0 payés, lors de l'adjudication, en vertu de l'article 5 de la loi du 25 juin 1841, et que les droits de timbre de celle qui est désignée sous le n° 2 seront acquittés par les adjudicataires ; 3° du décompte dressé par le conservateur des forêts.

Il n'est procédé à l'enlèvement des objets vendus ou délivrés au comptant que sur la production, à l'agent forestier local, de la quittance du receveur municipal. (I. G., art. 876.)

Les agents forestiers sont chargés d'adresser aux préfets, pour être transmis aux receveurs des finances, et par ceux-ci aux receveurs municipaux, les titres de perception relatifs aux produits accessoires des forêts communales et d'établissements publics. (I. G., art. 877.)

L'agent forestier qui a assisté à une vente de produits accessoires de bois communaux doit se faire remettre, par le maire, deux expéditions du procès-verbal d'adjudication. L'une est destinée à son bureau, l'autre est adressée par lui, au moyen d'un bulletin d'envoi, au préfet, qui est chargé de la faire parvenir au receveur général pour servir de titre de perception au receveur municipal. (Circ. min. de l'int., 23 août 1851. — *Mém.*, p. 198.)

A l'expiration de chaque semestre, l'inspecteur des forêts adresse au conservateur une copie, en double expédition, du sommier des produits accessoires des forêts communales, avec indication des titres de recette qui ont dû être adressés au préfet.

Le conservateur vise un de ces états, et l'adresse au préfet, au plus tard dans le mois qui suit l'expiration du semestre. Le préfet en remet des extraits aux maires, par l'intermédiaire des sous-préfets. (I. G., art. 877.) — Voy. BOIS, COUPES DE BOIS.

Produits divers. — Voy. JOURNAL A SOUCHE, LIVRE RÉCAPITULATIF.

Produits en nature. — Voy. REVENUS EN NATURE.

Produits éventuels départementaux. — Les receveurs des finances sont chargés de recouvrer, outre les centimes additionnels pour dépenses départementales, les divers produits éventuels qui sont destinés aux mêmes dépenses et qui appartiennent aux budgets des départements. Ces produits sont indiqués à l'article 443 de l'Instruction générale.

Au nombre des produits éventuels départementaux se trouvent : les produits destinés aux dépenses des chemins vicinaux de grande communication; les rétributions dues par les pharmaciens, épiciers-droguites et herboristes pour frais de visites, et par les établissements, fabriques et dépôts d'eaux minérales pour les traitements des inspecteurs ; les frais et honoraires dus par des particuliers pour travaux d'intérêt public ; les ressources affectées aux dépenses extérieures des enfants assistés. — Voy. CHEMINS VICINAUX, EAUX MINÉRALES, ENFANTS ASSISTÉS, INGÉNIEURS, PHARMACIENS.

Les receveurs particuliers des finances et les receveurs généraux, comme receveurs des arrondissements chefs-lieux, jouissent d'une remise d'un tiers de centime par franc sur les recettes qu'ils effectuent sur produits éventuels départementaux. Les receveurs doivent partager avec les percepteurs la remise du tiers de centime, lorsque ces derniers comptables ont concouru au recouvrement des produits. (I. G., art. 489.) — Voy. REMISES.

Produits spontanés des cimetières. — Voy. CIMETIÈRES.

Professeurs et maîtres d'étude. — La responsabilité imposée aux propriétaires et principaux locataires des maisons par les articles 22 et 23 de la loi du 21 août 1832 est encourue lorsqu'il s'agit de professeurs ou de maîtres d'étude logés en garni dans un établissement public, tel qu'un collége, un séminaire. La responsabilité porte, dans ce cas, non personnellement sur le supérieur, proviseur ou principal de l'établissement, mais sur l'établissement, sauf recours. — *Mém.* 1859, p. 51. — Voy. PROPRIÉTAIRES ET PRINCIPAUX LOCATAIRES.

Promenades publiques. — Les promenades publiques donnent lieu ordinairement à des recettes, en même temps qu'à des dépenses.

Les recettes se composent du produit de la vente des arbres et arbustes, des fascines provenant des élagages, des locations de chaises et autres qui peuvent y être faites par les communes. — Voy. ARBRES, CHAISES, LOCATIONS VERBALES.

Les dépenses consistent dans les frais de réparation des murs et des allées, d'entretien des plantations, dans les salaires des gardiens et jardiniers.

Le traitement des gardiens et jardiniers est payé par mois, sur mandat du maire, appuyé, s'il y a lieu, d'un tat émargé des parties prenantes et timbré, à moins qu'il ne comprenne aucun traitement excédant trois cents francs. — Voy. JARDINS PUBLICS, TRAITEMENTS, TRAVAUX.

Propriétaires. — Voy. DÉLÉGATION DE CONTRIBUTIONS.

Propriétaires et principaux locataires (Responsabilité des). — Nous avons indiqué aux mots FERMIERS et LOCATAIRES les obligations de ces contribuables, et au mot DÉMÉNAGEMENT la plupart de celles qui incombent aux propriétaires relativement à leurs locataires et fermiers. Les explications suivantes complètent ce qu'il y avait à dire sur cet objet.

Comme on l'a vu, les propriétaires, et à leur place les principaux locataires, doivent, un mois avant l'époque du déménagement de leurs locataires, se faire représenter, par ces derniers, les quittances de leurs contributions personnelle et mobilière et des patentes, afin de s'assurer qu'elles comprennent toutes les sommes qui sont dues pour l'année courante. Lorsque les locataires ne représentent pas ces quittances, les propriétaires ou principaux locataires sont tenus, sous leur responsabilité, de donner, dans trois jours, avis du déménagement au percepteur, et de retirer une reconnaissance par écrit de cet avertissement. Si le percepteur refuse de recevoir leur déclaration faite à l'époque prescrite, et d'en délivrer une reconnaissance, elle peut lui être notifiée par le ministère d'un huissier, et les frais de l'acte sont alors à sa charge.

Dans le cas de déménagement furtif de la part des locataires ou sous-locataires, le propriétaire, ou à sa place le principal locataire, devient responsable des termes échus de leurs contributions jusqu'au jour du payement, si, dans les trois jours, il n'a pas fait constater ce déménagement furtif par le commissaire de police, le juge de paix ou le maire.

Pour la contribution des patentes, la responsabilité ne porte que sur le dernier douzième échu et le douzième courant.

La remise au percepteur d'une expédition du procès-verbal de déménagement furtif, dressé dans le délai voulu, dispense le propriétaire ou principal locataire de toute garantie, si la remise est prouvée par une reconnaissance du percepteur. Le percepteur exerce alors son privilége sur les meubles enlevés partout où ils se trouvent.

Dans tous les cas, et nonobstant toute déclaration de leur part, les propriétaires ou principaux locataires demeurent responsables de la contribution mobilière des personnes logées par eux en garni. (L. 21 avril 1832, art. 22, et 23 ; 25 avril 1844, art. 25; I. G., art. 86 et 87; Règl. sur les poursuites, art. 15 et 16.) — *Mém.* 1833, p. 169 ; 1837, p. 84 ; 1838, p. 25.

On remarquera que les dispositions qu'on vient de rappeler ne s'appliquent qu'aux propriétaires de maisons ; aucune obligation n'est imposée aux propriétaires de biens ruraux pour la contribution personnelle et mobilière de leurs fermiers ou colons partiaires, en cas de sortie de la propriété, soit par expiration de bail, soit par déménagement furtif. La responsabilité atteint, au contraire, le propriétaire, en ce qui concerne la contribution personnelle et mobilière de son maître valet logé par lui, et rétribué soit en denrées, soit en argent. — *Mém.* 1853, p. 47 ; 1860, p. 324. — Voy. MAÎTRES VALETS.

Le principal locataire que les règlements déclarent responsable, à la place du propriétaire, est généralement l'individu qui a pris à bail une maison entière, ou, du moins, un corps de logis qu'il sous-loue ensuite par parties à différents locataires. — *Mém.* 1837, p. 279.

Si, dans la même année, un contribuable avait déménagé deux fois, chacun des deux propriétaires dont il aurait successivement occupé la maison, serait responsable de la non-déclaration du déménagement. Le percepteur pourrait s'adresser indifféremment à l'un ou à l'autre.

Lors du déménagement d'un fonctionnaire logé gratuitement par une commune dans un bâtiment communal, la commune n'est tenue, à peine de responsabilité, de faire la déclaration prescrite par la loi de 1832 que dans le cas où le mobilier garnissant l'appartement occupé par le fonctionnaire appartiendrait à ce dernier. La responsabilité de la commune cesserait si ce mobilier était sa propriété, parce qu'alors la commune ne se trouverait pas gardienne d'objets formant le gage du Trésor. Mais le percepteur s'exposerait, dans le même cas, à voir mettre la cote à sa charge, s'il était prouvé, d'une part, qu'il avait été instruit d'avance du déménagement du fonctionnaire, et, d'autre part, qu'il n'avait pas fait, en temps utile, les démarches nécessaires pour garantir les droits du Trésor.

Un chef d'établissement public, par exemple un principal de collége, un directeur de prison, etc., serait-il responsable, à défaut de déclaration, de la contribution personnelle et mobilière d'un fonctionnaire ou employé de l'établissement, dans le cas de départ de ce dernier? Oui, si le chef de l'établissement fournit lui-même le mobilier qui garnit le logement de ses employés; non, dans le cas contraire. La responsabilité, dans cette dernière hypothèse, incomberait au propriétaire (département ou ville) du collége ou de la prison, et le percepteur devrait, pour obtenir le payement de la contribution due, adresser une demande à l'administration chargée de régler le budget de l'établissement propriétaire. — *Mém.* 1857, p. 192; 1859, p. 41.

La responsabilité des propriétaires et des principaux locataires ne s'applique qu'à la contribution personnelle et mobilière et non à la contribution foncière ni à celle des portes et fenêtres. On a déjà dit que, pour la contribution des patentes, la responsabilité ne porte que sur le douzième échu et le douzième courant. (L. 25 avril 1844, art. 25.)

Le propriétaire ou le principal locataire n'est d'ailleurs responsable que de la cote personnelle et mobilière de l'année courante, et non de ce qui resterait dû sur les cotisations des années antérieures. Il ne serait même responsable que pour les termes échus de l'année courante et non pour l'année entière, si le déménagement avait lieu dans le ressort de la perception. Mais cette responsabilité remonte, dans tous les cas, au 1er janvier de l'année courante, même lorsque la location a eu lieu postérieurement à cette époque.

Les propriétaires et principaux locataires peuvent être contraints à payer immédiatement les contributions de leurs locataires, dont ils sont devenus responsables; ils ne sont pas fondés à exiger que des poursuites soient d'abord dirigées contre ces derniers. Il y a lieu d'agir à leur égard comme on le ferait envers les redevables eux-mêmes, c'est-à-dire par voie de garnison, commandement, etc. — *Mém.* 1859, p. 75.

Il est, d'ailleurs, évident que la responsabilité du propriétaire, en cas de déménagement de son locataire, ne laisse pas moins au percepteur le droit d'exercer son privilége, pour l'année courante et l'année échue, sur les meubles enlevés partout où ils se trouvent (L. 12 novembre 1808, art. 1er; Règl. sur les poursuites, art. 16), et même à l'encontre d'un nouveau propriétaire.

En cas de déménagement furtif, les trois jours accordés au propriétaire pour le faire constater courent à partir du jour du déménagement, et non pas seulement du jour où ce fait a pu être connu du propriétaire.

La responsabilité que la disposition finale de l'article 23 de la loi du 21 avril 1832 impose aux propriétaires et principaux locataires, relativement à la contribution personnelle et mobilière des personnes logées par eux en garni, est absolue; ils ne peuvent s'y soustraire sous aucun prétexte, et, par exemple, sur le motif qu'ils ne font qu'une location accidentelle.

Le conseil de préfecture, compétent pour statuer sur la question de savoir si un propriétaire est responsable des contributions de son locataire, ne peut, sans commettre un excès de pouvoir, se saisir de la question de savoir si les meubles des locataires étaient affectés au privilége du Trésor, et si, par la vente de ces meubles, le propriétaire s'est emparé du gage du Trésor. Il ne peut, par conséquent, sous prétexte que le propriétaire aurait fait vendre les meubles du locataire et se serait ainsi approprié le gage du Trésor, le déclarer responsable du montant intégral de la patente du locataire, et non pas seulement du dernier douzième échu et du douzième courant, auxquels l'article 25 de la loi du 25 avril 1844 a borné sa responsabilité. (Arrêt du cons. d'État, 31 juillet 1856.) — *Mém.* 1859, p. 19 et 66; 1861, p. 91, 94 et 239. — Voy. DÉMÉNAGEMENT, FERMIERS, LOCATAIRES, POURSUITES, PRIVILÉGE DU TRÉSOR.

Prud'hommes (Dépenses des conseils de). — Les dépenses des conseils de prud'hommes, tant pour le local nécessaire à la tenue de leurs séances que pour les frais de premier établissement, de chauffage et d'éclairage, sont à la charge des villes dans lesquelles ces conseils sont établis. (D. 11 juin 1809.)

Les allocations qui ont ces dépenses pour objet sont ordonnancées au profit et au nom des créanciers eux-mêmes (I. G., art. 997), d'après les mêmes règles que lorsqu'il s'agit des dépenses de même nature de la mairie. — Voy. MAIRIE, MAISON COMMUNE.

Publicateur de la mairie. — Agent de la mairie chargé de la publication et de l'affichage des actes officiels. On le désigne aussi sous les noms de proclamateur ou de tambour-afficheur.

Cet agent est nommé par le maire; son salaire est fixé par le budget et payé par mois ou par trimestre, selon les règles déterminées pour le payement des traitements de tous les employés communaux.—Voy. TRAITEMENTS.

Le publicateur fait, en outre, les publications autorisées dans l'intérêt des particuliers, moyennant rétribution à la charge de ces derniers.

Quelques percepteurs, pour indiquer aux contribuables l'heure de leur arrivée dans la commune, sont dans l'usage de se faire annoncer par le publicateur de la mairie. La publication dont il s'agit étant faite dans l'intérêt des habitants comme dans celui du percepteur, l'autorité municipale, qui est particulièrement chargée par les lois de protéger le recouvrement, peut ordonner à l'agent de la commune de faire gratuitement la publication demandée par le percepteur. Mais, si c'est le comptable qui requiert lui-même le publicateur, il doit s'entendre avec celui-ci pour son salaire. — *Mém.* 1834, p. 298.

Publication des rôles des contributions directes. — Dès que les percepteurs ont reçu un rôle rendu exécutoire par le préfet, ils doivent s'empresser de le présenter au maire de la commune que le rôle concerne, et qui est chargé d'en faire la publication, conformément à la loi du 4 messidor an VII.

Il importe que cette publication soit exactement constatée par le certificat du maire apposé sur le rôle même, afin d'assurer la régularité du recouvrement, et aussi de bien établir le point de départ du délai de trois mois que la loi accorde aux contribuables pour former leurs réclamations.

La date de la publication du rôle doit, en outre, être inscrite par les percepteurs sur les avertissements. — Voy. AVERTISSEMENTS, RÔLES, RÉCLAMATIONS.

Publications administratives. — On désigne surtout ainsi les recueils périodiques consacrés aux matières d'administration publique.

Le prix de l'abonnement au *Journal des Instituteurs*, recueil périodique fondé par le ministre de l'instruction publique, est recouvré par les soins des receveurs des finances; le prélèvement en est fait sur le traitement des instituteurs et de leur consentement.

Les sommes dues, soit par les commissaires de police, soit par les communes, pour abonnement au *Journal des commissaires de police* sont également centralisées aux caisses des receveurs des finances.

Il en est de même du montant des abonnements des communes au *Bulletin officiel du ministère de l'intérieur* et au *Bulletin annoté des lois*, signalés par ce ministère comme des recueils utiles aux administrations municipales.

Ces quatre natures de recettes se classent, parmi les cotisations, sous le titre de fonds destinés aux frais d'abonnement à diverses publications Les recouvrements sont opérés sur des états arrêtés par les préfets, et les mandats délivrés au profit des éditeurs, sur la caisse des receveurs généraux, doivent être appuyés d'états ou de mémoires timbrés.

La centralisation à titre de cotisation ne peut, sans une autorisation spéciale, être étendue à d'autres publications. (I G.., art. 626.)

Comme on le voit, la dépense effective des abonnements aux publications qui viennent d'être spécifiées est payée par le receveur général. Il en résulte que, pour les abonnements à la charge des communes, les receveurs municipaux n'ont d'autre justification à faire que celle de leur versement, lequel est suffisamment constaté par le récépissé du receveur des finances, ou l'extrait qui en tient lieu.

Pour toutes les autres publications administratives périodiques, le payement du prix d'abonnement à la charge des communes et établissements de bienfaisance ne peut être effectué que sur la production d'un mémoire et sur l'acquit du créancier réel, c'est-à-dire de l'éditeur, et ce mémoire doit être timbré, si le prix de l'abonnement annuel excède 10 francs. Mais s'il s'agissait de l'acquisition d'un ouvrage de librairie une fois livré, le libraire à qui l'administration municipale s'est adressé peut être considéré comme le créancier réel, bien qu'il ne fût pas l'éditeur du livre — *Mém.* 1858, p. 74 — Voy. BULLETIN DES LOIS, BULLETIN OFFICIEL DU MINISTÈRE DE L'INTÉRIEUR, COTISATIONS, JOURNAL DES COMMISSAIRES DE POLICE, JOURNAL DES INSTITUTEURS, PIÈCES JUSTIFICATIVES

Punitions. — Voy. ABSENCE DES COMPTABLES, COMPTE DE GESTION, EXPRÈS, RÉSIDENCE, RETENUE, SUSPENSION.

Purge des hypothèques. — La purge est un moyen de garantir les acquéreurs d'immeubles de l'effet des poursuites des créanciers privilégiés ou hypothécaires.

La purge des priviléges et hypothèques est facultative pour les particuliers; mais elle est obligatoire en ce qui concerne les acquisitions et échanges de propriétés immobilières faits par les communes et les établissements publics. (O. 14 septembre 1822, art. 15.)

Toutefois, les communes et établissements de bienfaisance peuvent être dispensés, par délibération des conseils municipaux ou des commissions administratives, approuvées par le préfet, de procéder aux formalités de la purge des hypothèques dans les cas suivants : 1° lorsque le prix d'acquisition n'excède pas 100 francs, si l'acquisition a lieu d'après les règles du droit commun ; 2° lorsque ce prix n'excède pas 500 francs, si l'acquisition est faite en vertu de la loi du 3 mai 1841 sur l'expropriation pour cause d'utilité publique. (O. 18 avril 1842, art. 1 et 2.)

Ces dispositions s'appliquent aux hypothèques conventionnelles aussi bien qu'aux hypothèques légales. — *Mém.* 1843, p. 213 ; 1860, p. 169.

Mais elles sont limitatives et l'administration supérieure ne saurait les étendre en présence des règles de la comptabilité communale qui imposent aux receveurs municipaux et d'établissements charitables l'obligation de refuser le payement des acquisitions jusqu'à la production des pièces constatant l'accomplissement des formalités de la purge. — *Mém.* 1859, p. 178; 1860, p. 107; 1862, p. 371.

Un receveur municipal ne peut même payer régulièrement le prix d'un immeuble qui aurait été vendu à la commune par un établissement de bienfaisance, moyennant une somme excédant 100 francs, sans que les formalités de la purge eussent été remplies. — *Mém.* 1861, p. 186.

En cas d'échange d'immeubles avec soulte entre une commune ou un établissement de bienfaisance et un particulier, le comptable qui est chargé, soit de recevoir la soulte, soit de la payer, doit, dans le premier cas comme dans le second, justifier de la purge des hypothèques sur l'immeuble cédé en échange à la commune ou à l'établissement. Si l'échange est sans soulte et ne donne lieu par conséquent à aucune opération de comptabilité, le receveur n'en a pas moins un droit d'intervention dans l'opération, par l'effet de l'arrêté du 19 vendémiaire an XII, comme chargé de veiller à la conservation des biens de la commune. Il doit, dans ce cas, mentionner l'accomplissement des formalités de la purge dans l'état des propriétés qu'il doit produire à l'appui de son compte de gestion. — *Mém*. 1860, p. 236.

Lorsqu'il y a déclaration d'utilité publique, le jugement d'expropriation ou l'acte de convention amiable est transcrit immédiatement au bureau de la conservation des hypothèques de l'arrondissement. Dans la quinzaine de la transcription, les priviléges et les hypothèques conventionnelles, judiciaires ou légales, doivent être inscrits. A défaut d'inscription dans ce délai, l'immeuble exproprié est affranchi de tous priviléges et hypothèques, de quelque nature qu'ils soient, sans préjudice des droits des femmes, mineurs et interdits, sur le montant de l'indemnité, tant qu'elle n'a pas été payée ou que l'ordre n'a pas été réglé définitivement entre les créanciers. (L. 3 mai 1841, art. 16 et 17.)

Le receveur municipal doit notamment s'assurer que, préalablement à la transcription des actes translatifs de propriété, le jugement a été publié et affiché, par extrait, dans la commune de la situation des biens, et inséré, en outre, dans l'un des journaux publiés dans l'arrondissement, ou, s'il n'en existe aucun, dans l'un de ceux du département. Si la transcription n'avait pas eu lieu en temps utile, il devrait ne pas hésiter à exiger une transcription nouvelle et un nouveau certificat du conservateur, de manière que la date de la transcription fût toujours le point de départ du délai de quinzaine fixé par l'article 17 de la loi pour l'inscription des priviléges et hypothèques. (I. G., art. 1018.)

Les formalités de la purge des hypothèques sont différentes selon que l'acquisition résulte d'une cession amiable d'après les règles du droit commun, ou d'une expropriation pour cause d'utilité publique.

Dans le premier cas, le contrat d'acquisition est transcrit au bureau des hypothèques dans l'arrondissement duquel les biens sont situés, et le conservateur des hypothèques est tenu de donner reconnaissance de cette transcription au requérant. A partir de la transcription les créanciers privilégiés ou ayant hypothèque aux termes des articles 2123, 2127 et 2128 du Code Napoléon ne peuvent prendre utilement inscription sur le précédent propriétaire. (L. 23 mars 1855, art. 6.)

La simple transcription des titres translatifs de propriété ne purge pas les hypothèques et priviléges établis sur l'immeuble. Il doit être procédé à cette purge dans les formes tracées par les articles 2183 à 2186 du Code Napoléon. Il est nécessaire, en outre, de recourir aux formalités prescrites par les articles 2194 et 2195 du même Code pour la purge des hypothèques légales qui, étant dispensées de l'inscription, grèvent la propriété tant que ces formalités n'ont pas été remplies.

Ce sont les pièces originales qui doivent être remises au comptable, et non des expéditions délivrées par les notaires, qui augmenteraient sans utilité les frais. — *Mém*. 1863, p. 120. — Voy. ACQUISITIONS, ÉCHANGES, EXPROPRIATION.

Q

Quart en réserve des bois des communes et des établissements publics. — Aux termes de l'article 93 du Code forestier, un quart des bois appartenant aux communes et aux établissements publics doit toujours être mis en réserve pour croître en futaie, lorsque ces communes ou établissements possèdent au moins dix hectares de bois réunis ou divisés. Cette disposition n'est pas applicable aux bois totalement peuplés en arbres résineux.

Hors le cas de dépérissement des quarts en réserve, l'autorisation de les couper n'est accordée que pour cause de nécessité bien constatée, et à défaut d'autre moyen d'y pourvoir. (O. 1er août 1827, art. 140.) — Voy. Bois, Coupes de bois.

Quérabilité. — Les contributions directes sont quérables dans les communes; mais elles doivent être payées au bureau que le percepteur y a établi pour ses recettes. (I. G., art. 61.)

Les contributions étant, en outre, payables par douzième, les percepteurs ne peuvent s'abstenir de se rendre, au moins une fois par mois, c'est-à-dire lorsque les contribuables sont devenus débiteurs d'un nouveau douzième, dans les communes de leur réunion, ainsi que les règlements leur en imposent, au surplus, l'obligation expresse; les poursuites faites par un percepteur dans une commune où ce comptable aurait négligé de faire sa tournée mensuelle peuvent être arguées de nullité. (Lettre du min. des fin., 1er septembre 1846. — *Mém.* p. 254.)

Toutefois, lorsque la tournée mensuelle du percepteur dans une commune se trouve fixée à l'un des derniers jours du mois, et que des contribuables ne veulent point payer à l'avance le douzième qui ne doit échoir que le 1er du mois suivant, le percepteur peut, par l'emploi des moyens coercitifs, les obliger à venir acquitter ce douzième au chef-lieu de la perception. L'obligation de quérabilité, imposée par la loi dans l'intérêt des contribuables, se trouve remplie du moment que le percepteur s'est rendu au moins une fois par mois dans les communes de sa perception. — *Mém.* 1860, p. 80.

Les rentes dues aux communes et aux établissements de bienfaisance par des particuliers étant en général quérables, les comptables ont à se transporter, dans ce cas, au domicile des débiteurs. (I. G., art. 1061.) — Voy. Rentes et créances a recouvrer.

Questions à résoudre. — Voy. Difficultés.

Quêtes. — Collecte faite pour les pauvres ou pour des œuvres pies. Le droit de faire des quêtes au profit des pauvres dans les églises a été accordé aux bureaux de bienfaisance d'adord par un arrêté ministériel du 5 prairial an XII, puis par un décret du 12 septembre 1806 ; enfin ce droit a été formellement reconnu et consacré par l'article 75 du décret du 30 décembre 1809 sur les fabriques, qui, après avoir parlé des quêtes faites par celles-ci dans l'intérêt du culte, ajoute « sans préjudice des quêtes « pour les pauvres, lesquelles devront toujours avoir lieu dans les « églises toutes les fois que les bureaux de bienfaisance le jugeront con- « venable. »

L'application de ce décret a souvent donné lieu à des difficultés. Les curés peuvent-ils faire des quêtes pour les pauvres et doivent-ils rester étrangers aux quêtes prescrites par les administrateurs des bureaux de bienfaisance?

D'après la jurisprudence adoptée, conformément à un avis du comité de l'intérieur du conseil d'Etat du 6 juillet 1831, le droit de quêter au profit des pauvres dans les églises et de distribuer le produit de ces quêtes appartient exclusivement aux bureaux de bienfaisance. Il est à observer que, dans le système qu'a fait prévaloir cette jurisprudence, les pauvres honteux ne se trouvent pas exclus de toute participation aux secours publics. En donnant aux curés le droit de faire publiquement des quêtes dans les églises et de se substituer ainsi aux bureaux de bienfaisance, seuls représentants légaux des pauvres, et, à ce titre, chargés seuls de leurs actions et intérêts, cette jurisprudence a admis que les curés pouvaient recevoir officieusement, de la main à la main, les aumônes remises en secret par les personnes charitables et en disposer en faveur des indigents non inscrits sur le contrôle des bureaux de bienfaisance. Dans les communes qui n'ont pas de bureau de bienfaisance, les curés ou desservants peuvent de même faire la quête pour les pauvres et distribuer les aumônes.

Mais les quêtes prescrites par les bureaux de bienfaisance doivent-elles être toujours faites par les administrateurs eux-mêmes, ou bien peuvent-ils en charger des personnes de leur choix? Il a été reconnu, par une décision ministérielle du 19 mai 1847, que le droit de règlement pour tout ce qui concerne les quêtes a été maintenu à l'autorité ecclésiastique par l'article 75 du décret du 30 décembre 1809; mais qu'il résulte de la combinaison de ce décret avec l'arrêté du 5 prairial an XI que, si les membres des bureaux de bienfaisance ne font pas les quêtes par eux-mêmes, ils ne peuvent confier ce soin qu'à des personnes agréées par les curés et desservants auxquels appartient la police des églises.

Le droit de faire des quêtes hors des églises n'appartient qu'aux bureaux de bienfaisance. — Voy. Collectes.

Le produit des quêtes ne pouvant résulter d'un titre préexistant, les receveurs des bureaux de bienfaisance sont autorisés à l'encaisser, sous la condition d'en informer immédiatement leur supérieur, et de se faire délivrer, comme titre de recette, un état certifié par le maire. Un double de cet état est transmis directement par le maire au sous-préfet, qui le fait parvenir, sans aucun retard, au receveur des finances. (Circ. compt. gén., 15 novembre 1861. — *Mém.* p. 333.) — Voy. DONS, AUMÔNES ET COLLECTES.

Quinze-Vingts (Hospice des). — Établissement de bienfaisance fondé à Paris en 1260 par saint Louis, et destiné à recevoir 300 aveugles internes. L'établissement secourt, en outre, 1,000 aveugles externes, dont 150 reçoivent une pension de 200 francs; 350 une de 150 francs; et 500, une de 100 francs.

Les receveurs généraux, d'après les avis qu'ils reçoivent de l'administration de l'hospice des Quinze-Vingts, font payer par les percepteurs les pensions que cet établissement accorde aux aveugles dans les départements. Ces payements s'effectuent contre la simple remise du certificat de vie de l'aveugle, délivré sur papier libre, et donnant au porteur pouvoir de toucher. Les certificats sont ensuite adressés par le receveur général, sous le couvert du ministre de l'intérieur, au trésorier de l'hospice et sur lequel ce receveur tire en même temps, à l'ordre du caissier du Trésor, un mandat à vue du montant de ses déboursés. (Note de l'article 720 de l'Instruction générale.) — Voy. ÉTABLISSEMENTS DE BIENFAISANCE.

Quittances. — Acte par lequel le créancier déclare qu'il a reçu tout ou partie de la somme qui lui était due et qu'il en tient quitte le débiteur.

Les percepteurs, les receveurs de communes et d'établissements de bienfaisance délivrent des quittances pour toutes les sommes qui sont versées à leur caisse. Ces quittances doivent être extraites d'un journal à souche. (I. G., art. 74, 75, 842 et 1055.)

Toutefois, l'obligation de délivrer des quittances détachées d'un livre à souche ne lie que les comptables. Toute quittance délivrée par eux, quelle que soit la forme de cette quittance et la somme versée, libère la partie qui l'a reçue de bonne foi en échange de son versement. Il est même reconnu par l'administration que des quittances émanées, soit de la femme, soit du commis du comptable, et même de simples notes ou mentions inscrites sur les rôles ou autres titres de perception font preuve des versements opérés par les contribuables et suffisent pour en assurer la validité. — *Mém.* 1838, p. 327; 1853, p. 202; 1857, p. 26.

En cas d'aliénation d'immeuble par une commune ou un établissement de bienfaisance, le receveur peut, si l'acquéreur l'exige, s'appuyant de l'article 23 de la loi du 13 brumaire an VII, donner quittance au pied de l'acte de vente, lorsqu'il est timbré et enregistré. Le receveur doit alors biffer la quittance sur le livre à souche et indiquer qu'elle a été donnée sur le contrat même. — *Mém.* 1857, p. 250.

Les quittances délivrées par les receveurs des communes et des établissements de bienfaisance, sauf les exceptions mentionnées à l'article 844 de l'Instruction générale, doivent être timbrées, lorsque la recette excède 10 francs, ou lorsque, n'excédant pas 10 francs, elle a pour objet un à-compte ou un payement final sur une plus forte somme. Le prix du timbre de la quittance est à la charge de la partie versante ; si elle se refuse à le payer, il ne lui est délivré ni reçu ni quittance. (L. 13 brumaire an VII ; I. G., art. 843.) — Voy. RECOUVREMENT DES REVENUS COMMUNAUX.

Les comptables doivent, d'un autre côté, se faire délivrer des quittances régulières pour tous les payements qu'ils effectuent, soit pour le compte du payeur ou de la recette générale, soit pour les dépenses des communes et des établissements de bienfaisance. Les règles générales sur ces quittances et les précautions à prendre dans les payements sont indiquées aux articles 709, 1005, 1008 à 1014 de l'Instruction générale. — Voy. PARTIES PRENANTES. PAYEMENT DES DÉPENSES DES COMMUNES, PAYEMENTS POUR LE COMPTE DU PAYEUR, PAYEMENTS POUR LE SERVICE DES COTISATIONS.

Les percepteurs et les receveurs de communes et d'établissements de bienfaisance sont autorisés à faire usage des timbres mobiles créés par l'article 24 de la loi du 2 juillet 1862 pour les quittances qu'ils délivrent, et pour les quittances et les acquits qui leur sont donnés par les parties prenantes. (Arrêté du min. des fin., 20 juillet 1863. — *Mém.* p. 361.) — Voy. TIMBRE.

Quitus (Certificat de). — Certificat que doivent produire les comptables publics, lorsqu'ils veulent obtenir, après cessation de leurs fonctions, le remboursement de leur cautionnement.

Les règles relatives au remboursement des cautionnements des percepteurs et des receveurs des communes et établissements de bienfaisance, ainsi qu'à la forme des certificats de quitus destinés à justifier de la libération des comptables, sont déterminées par les articles 1274 à 1279 de l'Instruction générale. — Voy. CAUTIONNEMENT DES PERCEPTEURS.

R

Rapports sur les vérifications des comptables. — Les rapports des receveurs particuliers contenant des propositions de mesures disciplinaires à prendre à l'égard de leurs subordonnés doivent être accompagnés de l'avis du receveur général, lorsqu'ils sont transmis à la direction générale de la comptabilité publique.

L'agent inculpé doit être mis préalablement en demeure de fournir ses moyens de défense ; lorsqu'il ne croit pas devoir user de cette faculté, mention est faite de son refus. (Circ. compt. gén., 28 février 1852. — *Mém.* p. 31.) — Voy. VÉRIFICATIONS.

Ratures et surcharges. — On appelle rature un trait de plume passé sur un ou plusieurs mots pour les effacer. La surcharge est la substitution d'un mot à un autre par un changement des lettres de celui qui était déjà écrit.

Toute rature, dans un acte public, est nulle si elle n'est pas approuvée par les signatures de toutes les parties qui ont concouru à l'acte. Il ne doit y avoir ni surcharges ni interlignes; les mots surchargés, interlignés ou ajoutés sont nuls.

Les ratures et surcharges sont interdites dans les écritures des percepteurs receveurs de communes et d'établissements de bienfaisance; lorsque des erreurs ont été commises, elles doivent être rectifiées par de nouvelles écritures.

En cas de rature ou de surcharge dans la partie manuscrite des mandats de payement ou autres pièces de dépense présentées à leur caisse, les comptables doivent exiger la régularisation par le signataire. — Voy. Écritures, Erreurs.

Réarpentage — Voy. Coupes de bois.

Reboisement des montagnes. — Aux termes de l'article 1er de la loi du 28 juillet 1860, les communes et les établissements publics propriétaires de terrains situés sur le sommet ou sur la pente des montagnes peuvent recevoir des subventions pour le reboisement de ces terrains.

Ces subventions consistent, soit en délivrance de graines ou de plants, soit en primes en argent. Elles sont accordées en raison de l'utilité des travaux au point de vue de l'intérêt général et en ayant égard aux ressources des communes et des établissements publics, ainsi qu'aux sommes allouées par les conseils généraux pour le reboisement. (L. 28 juillet 1860, art. 2.)

Dans le cas où l'intérêt public exige que les travaux de reboisement soient rendus obligatoires, un décret impérial, rendu en conseil d'État, déclare l'utilité publique des travaux, fixe le périmètre des terrains dans lesquels il est nécessaire d'exécuter le reboisement et règle les délais d'exécution. (Id., art. 4 et 5.)

Dans le délai d'un mois, à compter du décret déclaratif de l'utilité publique, les communes et établissements publics propriétaires de terrains compris dans les périmètres font connaître aux préfets, par une délibération motivée, si leur intention est d'exécuter avec leurs propres ressources tout ou partie des travaux aux conditions prescrites, ou de laisser à l'État le soin de se charger des travaux à ses frais, sauf remboursement, ou enfin de céder à l'amiable à l'État tout ou partie de leurs terrains compris dans le périmètre. Faute par les communes ou les établissements publics d'avoir fait connaître leur intention dans le délai susénoncé, l'État prend les travaux à sa charge, conformément aux dispositions de l'article 8 de la loi du 28 juillet 1860. (D. 27 avril 1861, art. 20.)

Lorsque la commune ou l'établissement public a fait connaître son intention d'exécuter les travaux, le conseil municipal ou la commission administrative alloue, chaque année, les fonds jugés nécessaires tant pour l'exécution des travaux neufs que pour l'entretien des travaux effectués. (D. 27 auril 1861, art. 22.)

Lorsque les communes ou établissements publics déclarent laisser les travaux à la charge de l'État, l'administration des forêts les fait exécuter, et dresse les états des dépenses. (Id., art. 24.)

Si les travaux intéressent plusieurs communes, la répartition de la dépense est faite dans la forme réglée par l'article 72 de la loi du 18 juillet 1837. Chaque année, il est délivré à chacune des parties intéressées un état des dépenses faites pour son compte par l'administration. Après l'achèvement des travaux, le compte général est arrêté par le ministre des finances; il en est délivré copie aux parties intéressées. Les sommes principales formant le montant de ce compte portent de plein droit intérêt simple à 5 p. 0/0, à partir de l'achèvement des travaux. Les avances de l'État pour les dépenses d'entretien portent également de plein droit intérêt simple à 5 p. 0/0. (Id., art. 25 et 26.)

Lorsque l'État est entièrement remboursé de ses avances au moyen, soit des produits qu'il a perçus, soit des payements faits par les parties intéressées, celles-ci sont immédiatement remises en possession des terrains administrés pour elles par l'État, sous les réserves résultant de la soumission au régime forestier. (Id., art. 29.)

Si la commune ou l'établissement public veut s'exonérer de toute répétition de l'État en abandonnant la propriété de la moitié des terrains reboisés, le conseil municipal ou la commission administrative prend une délibération motivée, qui est notifiée au préfet. Cet abandon doit être fait, à peine de déchéance, dans un délai de dix ans à partir de la notification de l'achèvement des travaux. (L. 28 juillet 1860, art. 9; D. 27 avril 1861, art. 20.)

Il est procédé par un expert nommé par le préfet et un agent forestier désigné par l'administration des forêts à la division en deux lots d'égale valeur. L'attribution des lots a lieu par voie de tirage au sort, si es parties intéressées n'ont pu s'entendre à l'amiable à ce sujet. Il est procédé à cette opération devant le sous-préfet de l'arrondissement. Si une partie des travaux a été exécutée par la commune ou l'établissement public, il lui en est tenu compte, dans le partage, par une réduction proportionnelle sur le lot échu à l'État. (D. 27 avril 1861, art. 21.)

La comptabilité des subventions allouées aux communes ou établissements publics et le payement des dépenses qu'entraînent les opérations du reboisement rentrent dans les conditions ordinaires de la comptabilité communale. Ces opérations en recette et en dépense donnent lieu à des remises au profit des receveurs. — *Mém.* 1861, p. 190 et 191.

Les semis et plantations de bois sur le sommet et le penchant des montagnes sont exempts de tout impôt pendant 30 ans. (C. F., art 226, modifié par la loi du 18 juin 1859.) — Voy. Exemptions d'impôt.

Recensement de la population. — Le chiffre de la population sert de bases à diverses opérations administratives et financières, notamment pour l'assiette d'une partie des contributions directes. Il importe donc que le recensement de la population soit fait avec exactitude dans chaque commune.

Ce recensement a lieu tous les cinq ans. Le tableau officiel arrêté au 1er janvier 1862 doit seul être considéré comme authentique jusqu'au 31 décembre 1866.

L'article 30 de la loi du 18 juillet 1837 classe parmi les dépenses obligatoires des communes les frais de recensement de la population. Par dépenses obligatoires du dénombrement, il ne faut pas entendre seulement les fournitures d'imprimés, mais encore toutes les dépenses quelconques que nécessite cette opération, notamment les frais d'auxiliaires ou de délégués municipaux dont le concours est indispensable dans les grandes villes, quand les maires n'ont pas pu obtenir gratuitement ce concours. — Voy. CONTRIBUTIONS DIRECTES, DÉPENSES DES COMMUNES.

Récépissés. — On appelle récépissé un acte par lequel on reconnaît avoir reçu des pièces, des titres, une somme d'argent.

Tout versement en numéraire ou autres valeurs fait aux caisses des receveurs des finances pour un service public doit donner lieu à la délivrance immédiate de récépissés à talon, *modèle n°* 281 (cadres nos 1 et 2).

Ces récépissés sont libératoires et forment titre envers le Trésor public, à la charge toutefois par les parties versantes de les faire viser et séparer de leur talon par le sous-préfet de l'arrondissement, ou par son délégué, dans les vingt-quatre heures de leur date. Ce visa doit être donné au moment même de la présentation des récépissés et pendant toute la durée des séances des bureaux. Les receveurs des finances doivent inviter les parties prenantes à le réclamer sans délai. (L. 24 avril et O. 12 mai 1833.)

L'expédition des récépissés par les comptables ne doit jamais être différée, pour quelque motif que ce soit.

Tout receveur qui aurait délivré des bons ou quittances provisoires, soit aux percepteurs, soit aux particuliers et débiteurs divers de l'État, et tout percepteur qui n'aurait pas retiré un récépissé à talon de chacun de ses versements, encourrait, par ce seul fait, la peine de la révocation. Seraient considérés comme bons provisoires les mandats que les receveurs des finances délivreraient aux percepteurs en échange de leurs versements, au lieu de récépissés à talon.

En ce qui concerne les versements que les percepteurs et les receveurs des administrations financières sont tenus de faire personnellement ou par un délégué aux caisses des receveurs des finances, les récépissés doivent être présentés au visa dans les vingt-quatre heures de leur date, par les comptables qui ont effectué les versements, ou par leurs délégués. Il est expressément interdit aux receveurs, sous peine d'une répression sévère, de jamais se prêter à recevoir des fonds des comptables ci-dessus désignés sans en remettre immédiatement les récépissés, et il leur est également interdit de se charger de soumettre les récépissés au visa.

Lorsqu'un récépissé est présenté tardivement au visa, ce visa est néanmoins constaté par l'autorité administrative chargée du contrôle ; mais la partie versante reste soumise, le cas échéant, aux conséquences du retard qu'elle a mis à se conformer aux dispositions de la loi du 24 avril et de l'ordonnance royale du 12 mai 1833.

Les formalités prescrites ci-dessus ne sont pas applicables aux versements faits chez les receveurs des finances pour cause d'achats et de ventes de rentes, attendu que ces opérations sont considérées comme facultatives et ne donnent lieu à aucun recours en garantie contre le Trésor. (I. G., art. 1370.)

Les formules de récépissés à délivrer aux comptables publics doivent contenir le texte de l'article 1er de l'ordonnance royale du 12 mai 1833, qui statue sur les obligations imposées aux comptables pour leurs versements entre eux.

Les receveurs ne doivent jamais délivrer de récépissés par duplicata. Si, par un motif quelconque, il leur est demandé une pièce destinée à remplacer un récépissé, ils fournissent une déclaration de versement dans la forme du *modèle nº* 282.

S'il arrive que des récépissés n'aient point été soumis au visa, et que le receveur ne puisse alors se procurer le talon de ce récépissé, qui doit servir à justifier la recette constatée dans sa comptabilité, il souscrit, en remplacement, une déclaration semblable à celle qui est indiquée ci-dessus ; il la présente au sous-préfet de l'arrondissement, pour être revêtue d'un certificat constatant que le récépissé n'a pas été présenté ni conséquemment été enregistré à la sous-préfecture.

La délivrance aux percepteurs de récépissés spéciaux par nature de produits occasionnait aux receveurs des finances un travail considérable, qui a paru pouvoir être notablement diminué au moyen de récépissés collectifs par catégories de services. En conséquence, il est fait usage, à partir de 1863, de trois formules de récépissés comprenant, savoir : le 1er modèle, les contributions et revenus publics; le 2e, divers services de correspondants du Trésor; le 3e, les services des correspondants de la recette générale.

En ce qui touche le service des cotisations, les receveurs des finances délivrent, pour les communes dont les receveurs sont justiciables de la Cour des comptes, au lieu de récépissés distincts pour chaque produit, des déclarations de versement, par extrait, dans la forme du *modèle nº* 282. Pour les autres communes, les receveurs peuvent délivrer des récépissés collectifs, sauf à présenter le détail par commune et par nature de produit, soit dans le corps, soit au verso des récépissés, dont la date et le numéro doivent alors être mentionnés dans la pièce produite à l'appui de la dépense. Les placements au Trésor exigent **la délivrance de récépissés spéciaux.** (I. G., art. 613 ; Circ. compt. gén., 30 septembre 1862. — *Mém.* p. 361.) — Voy. COTISATIONS, VERSEMENTS.

Recettes accidentelles. — Les receveurs des communes et des établissements de bienfaisance sont tenus de verser, de leurs deniers personnels, à leur caisse, le montant des débets qui seraient mis à leur charge par les arrêtés rendus sur leurs comptes de gestion annuelle pour forcements de recette, rejets de dépenses irrégulières, ou erreurs commises au préjudice des communes ou établissements. Ces versements sont classés dans leur comptabilité à titre de recettes accidentelles, sauf ceux qui se rapporteraient à des articles de recette non soldés et qui en compléteraient ainsi le recouvrement.

Les receveurs peuvent aussi avoir à opérer diverses recettes imprévues, en vertu d'autorisations supplémentaires et de titres de perception qui leur sont remis à cet effet. Ces recettes figurent dans les comptes sous la désignation du produit qu'elles ont pour objet. (I. G., art. 971.) — Voy. COMPTE DE GESTION, RECOUVREMENT DES REVENUS DES COMMUNES.

Recettes des revenus des communes et des établissements de bienfaisance. — Voy. BUDGET COMMUNAL, RECOUVREMENT, REVENUS COMMUNAUX, REVENUS DES ÉTABLISSEMENTS DE BIENFAISANCE.

Recettes d'ordre des octrois. — Voy. OCTROIS.

Recettes faites avant l'ouverture de l'exercice. — Il peut arriver que quelques débiteurs des communes ou des établissements de bienfaisance demandent à se libérer par anticipation avant l'ouverture de l'exercice auquel les produits appartiennent.

Ces payements sont considérés comme des opérations hors budget et sont constatés à un compte spécial ; à l'époque de l'ouverture de l'exercice, le montant en est transporté au compte de la commune ou de l'établissement qu'ils concernent. (I. G., art. 1109.)

Les sommes ainsi versées par anticipation sont provisoirement portées au crédit d'un compte spécial qui est classé à la 3e section du livre des comptes divers. A l'ouverture de l'exercice auquel les produits appartiennent, le montant des versements effectués est porté au débit du compte provisoire et au crédit des communes et établissements. (Id., art. 1492.) — Voy. SERVICES HORS BUDGET.

Receveurs des communes et des établissements de bienfaisance. — Les recettes et dépenses communales s'effectuent par un comptable chargé seul, et sous sa responsabilité, de poursuivre la rentrée de tous les revenus de la commune et de toutes sommes qui lui seraient dues, ainsi que d'acquitter les dépenses ordonnancées par le maire, jusqu'à concurrence des crédits régulièrement ouverts. (L. 18 juillet 1837, art. 62.)

Toute personne, autre que le receveur municipal, qui, sans autorisation légale, se serait ingérée dans le maniement des deniers de la commune, est, par ce seul fait, constituée comptable; elle peut, en outre, être poursuivie en vertu de l'article 258 du Code pénal, comme s'étant immiscée sans titre dans des fonctions publiques. (Id., art. 64.)

Les receveurs des hospices et des bureaux de bienfaisance ont, en ce qui concerne ces établissements, les mêmes attributions que les receveurs municipaux, et sont soumis aux mêmes obligations. Toutes recettes et tous payements faits pour le compte des établissements, sans l'intervention de leurs receveurs, donnent lieu également aux poursuites autorisées par les lois contre les personnes qui ont indûment disposé des deniers publics. (I. G., art. 1047.) — Voy. Gestion occulte.

Les percepteurs remplissent les fonctions de receveur municipal des communes de leur circonscription, et, dans tous les cas de vacance d'une recette municipale spéciale, le service doit leur en être immédiatement remis, sans qu'il y ait lieu de réclamer l'intervention de l'autorité administrative. — Voy. Percepteurs.

Néanmoins, dans les communes dont le revenu excède 30,000 fr., ces fonctions sont confiées, si le conseil municipal le demande, à un receveur spécial, lequel, si le revenu ne dépasse pas 300,000 francs, est nommé par le préfet, sur une liste de trois candidats présentés par le conseil municipal, et par décret impérial si le chiffre du revenu est supérieur à 300,000 francs. Dans ce dernier cas, la liste de présentation est transmise au ministre des finances par le préfet, avec son avis et celui du sous-préfet. (L. 18 juillet 1837, art. 65. ; D. 25 mars 1852, art. 5, § 13.)

A l'égard des recettes municipales spéciales déjà existantes, le pouvoir des préfets s'exerce sans contrôle; mais, quand il s'agit d'en créer de nouvelles, il doit en être préalablement référé au ministre, afin que l'exactitude des chiffres produits à l'appui de la demande en disjonction des deux services puisse être vérifiée

Le receveur spécial, une fois nommé, continue ses fonctions, lors même que plus tard les revenus de la commune cesseraient de s'élever à 30,000 francs.

Le revenu d'une commune est réputé atteindre 30,000 francs ou 300,000 francs lorsque les recettes ordinaires, constatées dans les comptes, se sont, suivant le cas, élevées à l'une de ces sommes pour trois exercices. Il n'est réputé être descendu au-dessous que lorsque, pendant les trois dernières années, les recettes ordinaires sont restées inférieures à ces mêmes sommes. (I. G., art. 1217.)

Dans les villes divisées en plusieurs arrondissements de perception, le receveur des finances responsable désigne, pour prendre le service en cas de vacance de la recette municipale, celui des percepteurs de la ville qui lui paraît offrir le plus de garanties matérielles et d'aptitude, sauf, s'il ne voit pas de motif de préférence, à se concerter avec l'autorité locale. (I. G., art. 1218.)

Immédiatement après chaque nomination d'un receveur spécial de commune, le préfet doit en donner avis au ministre des finances (direction du personnel) par l'envoi de deux ampliations de l'arrêté de nomination. La lettre d'envoi de ces documents doit, en outre, indiquer la date et le lieu de la naissance du nouveau titulaire, les fonctions publiques qu'il aurait précédemment remplies, ou la profession qu'il aurait exercée, enfin sa position de fortune. (Id., art. 1219.)

Les receveurs municipaux sont, de droit, receveurs des hospices et autres établissements de bienfaisance de leur commune, lorsque les revenus ordinaires de ces établissements ne dépassent pas le chiffre de 30,000 francs; dans le cas contraire, la recette des établissements peut être confiée à un receveur spécial. Les recettes en matière provenant du service de l'économat, lorsque le receveur est chargé de ce service, sont comptées pour leur valeur dans le chiffre des revenus ordinaires de l'établissement, (Circ. int., 15 décembre 1837.)

S'il existe dans la même commune un hospice et un bureau de bienfaisance, le receveur de l hospice est, de droit, receveur de ce dernier établissement; le montant des revenus de l'hospice et celui des revenus du bureau de bienfaisance sont réunis pour déterminer si la gestion des deux établissements rentre, ou non, dans les attributions du receveur municipal, d'après la limite de 30,000 francs ci-dessus rappelée.

Les receveurs spéciaux des établissements de bienfaisance sont nommés par le préfet, sur la proposition des commissions administratives, et sont révocables par le ministre de l'intérieur, sur la proposition du préfet. Les receveurs des communes peuvent être compris au nombre des candidats présentés. (L. 7 août 1851, art, 14; O. 6 juin 1830, art. 3, et 17 septembre 1837, art. 12; D. 25 mars 1852, art. 5, § 9; 31 mai 1862, art. 558 et 559; I. G., art. 1220.)

Lorsque les recettes ordinaires d'un bureau de bienfaisance se sont élevées pendant trois exercices à plus de 30,000 francs, cet établissement a le droit, comme l'hospice, d'avoir un receveur spécial.

Toutefois, il est de jurisprudence constante que ce droit ne prend ouverture, pour les hospices et les bureaux de bienfaisance, que par le décès du receveur titulaire. — *Mém.* 1861, p. 175.

Les receveurs généraux informent immédiatement le ministre des finances des vacances qui surviennent dans le personnel des receveurs spéciaux, comme dans celui des percepteurs de leur département. De leur côté, les receveurs particuliers sont tenus de donner sans retard avis des mêmes faits aux receveurs généraux. (I. G., art. 1214.)

L'article 2121 du Code Napoléon accorde aux communes et aux établissements publics un droit d'hypothèque légale sur les biens de leurs receveurs, indépendamment des cautionnements que doivent fournir ces comptables avant d'être installés dans leurs fonctions. — Voy. CAUTIONNEMENTS, PRIVILÉGE.

Pour les autres conditions attachées aux fonctions de receveur de communes et d'établissements de bienfaisance, voy. CAISSE, CONGÉS, FONDÉS DE POUVOIRS, INCOMPATIBILITÉ, INSTALLATION, MUTATION DE COMPTABLES, PENSIONS CIVILES, RECEVEURS DES FINANCES, REMISES, RÉSIDENCE, RETENUES, SERMENT, VÉRIFICATIONS.

Quant aux obligations des comptables en ce qui concerne la conservation des biens et revenus des communes et établissements de bienfaisance, aux règles qu'ils doivent suivre pour effectuer, d'après les budgets, les recettes et les dépenses, pour constater les opérations dans leurs écritures et en justifier dans leurs comptes annuels, voy. ACTES ET MESURES CONSERVATOIRES, BUDGET DES COMMUNES, COMPTE DE GESTION, ÉCRITURES, PAYEMENT DES DÉPENSES COMMUNALES, PIÈCES JUSTIFICATIVES, POURSUITES, RECOUVREMENT, ETC.

Receveurs des finances. — Les receveurs généraux des finances et les receveurs particuliers qui leur sont subordonnés dirigent et centralisent la perception et le recouvrement des contributions directes; ils reçoivent directement plusieurs produits du budget, et ils exécutent dans chaque département les opérations du service de trésorerie. (D. 31 mai 1862, art. 330.)

Les receveurs généraux et les receveurs particuliers sont nommés par l'Empereur, sur la présentation du ministre des finances. (I. G., art. 1353 et 1390.)

Les heures auxquelles leurs bureaux doivent être ouverts au public sont réglées, dans chaque arrondissement, d'après les heures d'ouverture et de fermeture des bureaux du préfet ou du sous-préfet. (Id., art, 1364 et 1396.)

Surveillance et responsabilité des receveurs généraux relativement aux diverses parties du service des receveurs particuliers. — Les receveurs généraux sont responsables de la gestion des receveurs particuliers de leur département, et les dirigent dans l'exécution des lois et règlements qui ont pour objet le recouvrement de l'impôt direct, la recette des autres revenus publics, et l'application de ces différents produits au service du Trésor.

Ils leur donnent aussi les directions nécessaires pour assurer l'ordre de leur comptabilité, et ils sont chargés de contrôler leurs recettes et leurs dépenses.

Toutes les questions que peuvent faire naître le service et la comptabilité des receveurs particuliers et des comptables placés sous leur surveillance doivent être déférées au receveur général, qui, s'il ne se croit pas suffisamment autorisé à les résoudre, les soumet au ministère des finances. Le ministère ne répondrait pas à celles de ces questions qui lui seraient adressées directement par les receveurs particuliers ou par les autres comptables subordonnés.

C'est également par l'entremise du receveur général que doivent parvenir au ministère des finances les extraits de procès-verbaux ou résumés de vérifications, les rapports sur les comptables contre lesquels des mesures disciplinaires sont proposées, les feuilles de signalement à transmettre périodiquement à la direction du personnel, et tous autres documents ayant pour objet de rendre compte de points de service intéressant les arrondissements de sous-préfecture; de son côté, le receveur général est tenu de mettre la plus grande célérité dans la transmission de ces documents. En cas de retard dans la réception des états de situation ou autres pièces à fournir périodiquement par les receveurs particuliers, le receveur général doit envoyer chercher ces documents par un exprès, aux frais du comptable retardataire. Il veille aussi, lorsqu'il y a lieu, à ce que les pièces émanées des arrondissements, et qui passent entre ses mains, soient régulièrement établies et conformes aux modèles prescrits par les instructions.

Nonobstant les dispositions qui précèdent, les comptables subordonnés conservent la faculté de déférer au ministère des finances les observations qu'ils croiraient devoir faire sur les solutions qui leur auraient été données par le receveur général. (I. G., art. 1367.)

Les receveurs généraux sont tenus de notifier textuellement aux percepteurs, par la voie de l'impression, en les accompagnant des explications et directions qu'ils jugeraient nécessaires, les parties des instructions de l'administration à l'exécution desquelles ces derniers comptables sont appelés à concourir. Lorsqu'ils croient utile d'adresser eux-mêmes des circulaires aux percepteurs, ils doivent en envoyer un exemplaire à la direction de la comptabilité générale. (Id., art. 1368.)

Surveillance et responsabilité des receveurs particuliers pour la gestion des percepteurs-receveurs de communes et d'établissements de bienfaisance. — Les receveurs des finances sont tenus, pour toutes les gestions confiées aux percepteurs, de surveiller le recouvrement exact des produits aux échéances fixées par les titres et par l'administration, l'acquittement régulier et la justification des dépenses, la conservation des deniers, la tenue des écritures, la reddition et l'apurement des comptes. (I. G., art. 1284.)

La gestion des percepteurs des contributions directes, pour tous les services dont ils peuvent se trouver cumulativement chargés, est placée sous la surveillance et la responsabilité des receveurs des finances.

En conséquence, en cas de déficit ou de débet de la part des comptables réunissant les fonctions de percepteur de l'impôt direct et de receveur des deniers des communes et des établissements de bienfaisance, et constaté soit par des vérifications de caisse, soit par des arrêtés d'apurement de compte, le receveur des finances de l'arrondissement est tenu d'en solder immédiatement le montant avec ses fonds personnels. Il demeure subrogé à tous les droits du Trésor, des communes et des établissements sur les cautionnements, les biens et la personne du comptable reliquataire. (L. 17 brumaire an v et 3 frimaire an vii ; Arrêté du Gouv., 16 thermidor an viii ; D. 19 vendémiaire an xii, 30 frimaire an xiii, 4 janvier et 20 juillet 1808 et 24 août 1812 ; O. 31 octobre 1821, 19 novembre 1826 ; L. 18 juillet 1837, art. 67 ; O. 17 septembre 1837 ; D. 31 mai 1862, art. 338 ; I. G., art. 1285.) — Voy. Débet, Déficit.

Les garanties des receveurs des finances contre les effets de la responsabilité qui leur est imposée consistent:

D'une part, dans les actions et priviléges qui leur sont attribués sur les cautionnements, les biens et la personne de leurs subordonnés;

De l'autre, dans les moyens de contrôle et de surveillance que les règlements ont mis à leur disposition, et qui vont être indiqués :

1° Ils reçoivent les états des rôles et documents divers spécifiés à l'article 1288 de l'Instruction générale ;

2° Les percepteurs tiennent un journal à souche des recettes, dont ils détachent les quittances à délivrer pour tous les versements faits à leur caisse, et des registres qui constatent toutes les opérations de ces comptables sur chacun des services qui leur sont confiés ; les receveurs doivent prendre note de la remise qu'ils font successivement des volumes du journal à souche aux percepteurs, et les vérifier, à mesure qu'ils sont remplis ;

3° Les percepteurs remettent périodiquement aux receveurs des finances, en exécution des articles 1514 à 1517, les bordereaux présentant leur situation sommaire, et des bordereaux détaillés des recettes et des dépenses faites pour le service des communes et des établissements de bienfaisance ;

4° Les receveurs des finances font verser, à titre de placement au Trésor public, tous les fonds que les percepteurs-receveurs municipaux auraient dans leur caisse en excédant des sommes nécessaires au service des dépenses des communes et des établissements ;

5° Ils font l'examen préparatoire des comptes de gestion, et ils reçoivent une ampliation ou un extrait des arrêts de la Cour des comptes et des arrêtés des conseils de préfecture rendus sur les comptes de chaque année ;

6° Ils opèrent des vérifications au domicile des percepteurs, et peuvent les appeler au chef-lieu d'arrondissement, en leur prescrivant d'apporter leurs rôles, leurs registres et tous autres documents et pièces de comptabilité ;

7° Le droit de placer un agent spécial dans les perceptions où le service est en souffrance, et de nommer au besoin un gérant provisoire, leur est accordé;

8° Enfin les receveurs des finances doivent, pour avoir constamment sous les yeux les principaux résultats du service des percepteurs, ouvrir un carnet sur lequel ils inscrivent successivement les totaux de recette et de dépense que présentent les diverses colonnes du livre récapitulatif qui leur est produit par les percepteurs, lors de leurs versements à la recette particulière. Il suffit, pour établir ce carnet, de rassembler en un seul volume autant de feuilles du livre récapitulatif qu'il y a de percepteurs dans l'arrondissement.

Indépendamment de ces divers moyens, les receveurs des finances ont à réclamer le concours des autorités locales, qui restent chargées d'exercer tous les droits de surveillance qui leur sont attribués sur les comptables. (I. G., art. 1286.) — Voy. AGENT SPÉCIAL, BORDEREAUX, CAUTIONNEMENTS, COMPTE DE GESTION, GÉRANT INTÉRIMAIRE, JOURNAL A SOUCHE, LIVRE RÉCAPITULATIF, PRIVILÉGE, TITRES DE RECETTE, VÉRIFICATIONS.

Les receveurs des finances ne peuvent, à moins d'autorisation spéciale du ministre, exiger des percepteurs la tenue de registres et la remise d'états ou éléments de comptes qui ne seraient pas prévus par les règlements. (I. G., art. 1287.)

Le service des économats dans les établissements de bienfaisance, même lorsque la gestion en matière est confiée à un percepteur, n'est point placé sous la surveillance des receveurs des finances. (Id., art. 1327.) — Voy. ÉCONOME.

Règles de surveillance concernant les receveurs spéciaux des communes et établissements de bienfaisance. — Les receveurs des finances sont chargés de surveiller les caisses et la tenue des écritures des receveurs spéciaux des communes et des établissements de bienfaisance situés dans leur arrondissement, et généralement toutes les parties du service confiées à ces comptables.

Ils doivent vérifier à domicile, une fois par trimestre, la caisse et la comptabilité de ces receveurs, sans préjudice des autres vérifications que le receveur surveillant peut faire toutes les fois qu'il le juge à propos. Les receveurs peuvent néanmoins se dispenser de se transporter aussi fréquemment chez un comptable dont le service aurait été reconnu complétement régulier dans une vérification précédente. (I. G., art. 1317.) — Voy. VÉRIFICATIONS.

Les receveurs des finances se font remettre, par chacun des receveurs spéciaux : 1° tous les dix jours, dans la forme de la récapitulation du bordereau détaillé dont le modèle est donné à l'appui de l'article 1517 de l'Instruction générale, une situation sommaire des recettes et des dépenses effectuées pendant la dizaine, ainsi que le détail des valeurs de caisse, document qui lui permet de prescrire le placement au Trésor des sommes qui ne seraient pas nécessaires au payement des dépenses courantes ; 2° tous les mois, la balance des comptes ouverts au grand-livre, et au moins tous les trois mois le bordereau détaillé des recettes et des dépenses dont il vient d'être parlé. (Id., art. 1318.) — Voy. BORDEREAUX, ÉCRITURES.

Les receveurs spéciaux doivent s'adresser au receveur des finances de leur arrondissement pour faire lever les difficultés qu'ils peuvent rencontrer dans l'exécution ou l'interprétation des règlements et instructions. De leur côté, les receveurs d'arrondissement doivent, dans tous les cas douteux, en référer, suivant la nature de la question à résoudre, soit au préfet, soit au receveur général, sauf à ceux-ci à soumettre, s'il y a lieu, la question au ministère des finances. (I. G., art. 1319.) — Voy. DIFFICULTÉS.

Les receveurs des finances sont tenus, en exerçant leur surveillance, de se renfermer dans les termes des règlements qui déterminent les attributions respectives des administrateurs et des comptables; ils ne peuvent, en ce qui concerne la partie administrative du service, que proposer les mesures dont ils reconnaîtraient la nécessité; leur intervention et leur devoir, à cet égard, se bornent à appeler l'attention de l'autorité locale sur les faits qui réclameraient son examen, suivant ce que prescrivent les articles 1296 et 1309 de l'Instruction générale: mais l'exactitude des recouvrements et des payements, la tenue des écritures, l'intégrité des caisses, la reddition et l'apurement des comptes, doivent être l'objet de la surveillance directe du comptable supérieur.

La loi, en appelant les receveurs des finances à surveiller la gestion des receveurs spéciaux de communes et établissements publics, ayant eu surtout en vue d'offrir aux autorités municipales un concours éclairé et toujours empressé à faciliter la marche du service par d'utiles directions, les receveurs surveillants doivent exercer cette attribution de manière à éviter des conflits ou autres difficultés préjudiciables au bien de l'administration. (I. G., art. 1320.)

Lorsque les receveurs des finances ont constaté des irrégularités graves dans la gestion d'un receveur spécial, ils peuvent placer près de lui un agent spécial; ils peuvent même provoquer auprès du maire sa suspension et son remplacement par un gérant provisoire, ou, en cas d'urgence, y pourvoir d'office, sous leur responsabilité, sauf à rendre compte immédiatement de ces mesures au préfet du département, et à transmettre, en outre, au ministère des finances, des rapports spéciaux et détaillés sur les faits constatés. (Id., art. 1321.)

Les dispositions des articles 1288 à 1291 de l'Instruction générale, rélatives à la remise à faire aux comptables, par l'intermédiaire des receveurs des finances, des budgets et autorisations supplémentaires de recettes ou de dépenses, des baux, actes et titres de perception de toute nature, concernant les communes ou établissements dont les receveurs sont en même temps percepteurs, s'appliquent au cas où le service est confié à un receveur spécial.

Les dispositions des articles 1302 à 1305 de la même instruction, concernant la vérification des comptes de gestion annuelle et la suite à donner aux arrêts rendus sur ces comptes, s'appliquent également aux comptes de gestion des receveurs spéciaux. (Id., art. 1323.) — Voy. COMPTE DE GESTION, TITRES DES RECETTES ET DES DÉPENSES.

Nonobstant les dispositions qui précèdent, les maires des communes et les commissions administratives des établissements de bienfaisance conservent le droit et le devoir de diriger les receveurs spéciaux, conformément aux règlements, et de surveiller les diverses parties de leur gestion. (I. G., art. 1324.) — Voy. BUREAUX DE BIENFAISANCE, HOSPICES, MAIRE.

Surveillance et responsabilité des receveurs généraux à l'égard des percepteurs et des receveurs de communes et d'établissements de bienfaisance. — Les règles de surveillance qui sont tracées pour les receveurs particuliers, à l'égard des percepteurs-receveurs de communes et d'établissements de bienfaisance, ainsi que des receveurs spéciaux de communes et établissements, sont entièrement applicables aux receveurs généraux en ce qui concerne la gestion des percepteurs et des receveurs spéciaux de l'arrondissement chef-lieu du département, et ils doivent rendre compte au ministère des résultats de cette surveillance au moyen des états de situation et des résumés de vérification ci-dessus mentionnés. (I. G., art. 1349.)

Les receveurs généraux sont, à l'égard des percepteurs de l'arrondissement du chef-lieu, soumis en outre aux mêmes dispositions que les receveurs particuliers quant à la responsabilité des déficits et des débets (Id., art. 1416.)

La surveillance du receveur général sur les percepteurs et sur les receveurs de communes et d'établissements de bienfaisance des arrondissements de sous-préfecture s'exerce par l'intermédiaire des receveurs particuliers.

Les états trimestriels et les résumés de vérification que ces comptables lui remettent, présentant la situation individuelle des percepteurs et receveurs sur chacune des parties de leur service, donnent au receveur général les moyens de reconnaître facilement si les règlements reçoivent partout leur exécution, et, dans le cas contraire, d'adresser aux receveurs particuliers les directions propres à ramener et à maintenir le bon ordre.

Le receveur général conserve d'ailleurs la faculté de procéder par lui-même ou par son délégué, lorsqu'il le juge nécessaire, à la vérification des percepteurs et receveurs de communes ou d'établissements des arrondissements de sous-préfecture, sa responsabilité pouvant être engagée par le défaut de surveillance des receveurs d'arrondissement. (Id., art. 1350.) — Voy. VÉRIFICATIONS.

Envoi au ministère des finances d'états résumés de la situation des percepteurs. — Pour justifier de l'exactitude et des soins qu'ils doivent apporter dans l'exercice de leur surveillance sur la gestion de leurs subordonnés, et pour faire connaître la situation réelle du recouvrement et des poursuites dans chaque perception, les receveurs particuliers dressent, d'après les bordereaux de situation des percepteurs et les balances des receveurs spéciaux au dernier jour de chaque trimestre, un résumé de ces bordereaux et balances, et les transmettent au receveur général dans les quinze premiers jours du mois suivant.

Cet état contient, outre la situation des comptables, dans une colonne spéciale, des renseignements sommaires sur la gestion de chaque percepteur.

Les états de situation du deuxième et du quatrième trimestre sont formés en deux expéditions, dont l'une est destinée au ministère, l'autre au receveur général, et il y est joint un rapport détaillé sur la marche du service pendant le semestre écoulé. (I. G., art. 1348.)

A l'expiration de chaque semestre, le receveur général doit envoyer au ministère les états qui présentent le résumé de la situation de tous les percepteurs du département, d'après leurs bordereaux.

A cet effet, il réunit aux états que les receveurs particuliers lui ont fournis à la date du 30 juin ou 31 décembre celui qu'il a fait dresser aux mêmes époques pour l'arrondissement du chef-lieu, et il les adresse immédiatement au ministère.

Chaque envoi est accompagné d'un rapport, auquel sont joints les rapports des receveurs particuliers. Ce rapport embrasse la situation du service dans l'ensemble du département. (Id., art. 1351.)

Indépendamment des états dont il vient d'être parlé, il est transmis annuellement au ministère des finances des feuilles de signalement de percepteurs, qui doivent présenter l'expression entière et complète de l'opinion des chefs de service sur leurs subordonnés. — Voy. FEUILLES DE SIGNALEMENT.

Mutations des receveurs des finances. Responsabilité respective de l'ancien et du nouveau receveur à l'égard de la gestion des percepteurs receveurs municipaux. — Le receveur des finances entrant en fonction doit, dans l'intérêt de sa responsabilité, vérifier d'une manière approfondie la comptabilité de tous les percepteurs de son arrondissement, et constater leur situation par des procès-verbaux authentiques, afin que la distinction nécessaire puisse être établie entre les opérations dont il devient responsable et celles qui appartiennent à la gestion de son prédécesseur.

Ces vérifications doivent être effectuées dans le délai de trois mois à partir de la remise de service.

La responsabilité et les obligations respectives des deux receveurs sont réglées de la manière suivante :

Lorsque les vérifications prescrites au nouveau receveur sont effectuées dans les délais ci-dessus fixés, les déficits constatés par lui sont à la charge de son prédécesseur, qui doit les solder immédiatement de ses deniers personnels.

Si, cependant, les débets avaient pris naissance exclusivement depuis la cessation des fonctions de l'ancien receveur, ils seraient à la charge du nouveau comptable, qui serait tenu aussi de les solder immédiatement.

En cas de doute sur l'époque à laquelle les faits constituant le débet se sont produits, l'obligation de faire l'avance immédiate incombe au nouveau receveur; il ne peut, sans avoir préalablement effectué cette avance, être admis à réclamer contre la responsabilité qui lui est provisoirement imposée.

Le receveur qui aurait laissé expirer le délai de trois mois sans opérer les vérifications prescrites ci-dessus deviendrait responsable des débets reconnus. Cette responsabilité n'existerait pas néanmoins pour les débets que le nouveau receveur démontrerait être antérieurs aux dernières vérifications annuelles, soit du service, soit des comptes de gestion des comptables en débet, opérées par l'ancien receveur; elle ne remonterait pas d'ailleurs au delà de son installation, si celui-ci avait omis de faire ces dernières vérifications ou de les constater régulièrement, mais il resterait toujours soumis à l'obligation de désintéresser le Trésor, les communes ou les établissements créanciers, sauf son recours contre son prédécesseur.

Le nouveau receveur supporterait, en outre, la responsabilité des débets résultant du défaut de renouvellement d'inscriptions hypothécaires ou de titres de recette, lorsqu'il n'aurait pas constaté ce défaut de renouvellement dans les trois premiers mois de sa gestion.

Les débets qui, postérieurement aux premières vérifications faites par le nouveau receveur, seraient constatés, soit par des vérifications subséquentes, soit par des arrêtés de comptes, seraient à la charge des receveurs à la gestion desquels ils se rattacheraient, et devraient être soldés par eux, sauf leur recours en décharge de responsabilité.

Dans tous les cas, le receveur en fonction demeure chargé de poursuivre le recouvrement des débets par les moyens indiqués aux articles 1313, 1314 et 1315 de l'Instruction générale, tant en son nom que comme mandataire légal de son prédécesseur et comme représentant du Trésor. Les cautionnements des comptables reliquataires sont d'abord, et par préférence, appliqués aux débets que le nouveau titulaire a dû couvrir de ses deniers, à moins que, suivant les circonstances, le ministre n'en décide autrement, dans le cas où la responsabilité doit être supportée par les deux receveurs.

Il est, d'ailleurs, statué par le ministre sur les contestations qui s'élèvent entre les receveurs des finances au sujet de leur responsabilité respective des débets de percepteurs.

Le receveur général doit, aussitot après la constatation des déficits et débets des percepteurs, notifier aux receveurs hors d'exercice ou à leurs ayants droit ceux de ces déficits et débets qui les concernent. S'il n'en obtenait pas le payement immédiat, il devrait les solder lui-même, sauf recours sur le cautionnement, les biens et la personne de l'ex-receveur. (I. G., art. 1385.)

Les receveurs généraux sont, à l'égard des percepteurs de l'arrondissement du chef-lieu, soumis aux dispositions ci-dessus, concernant les vérifications à domicile et la responsabilité des déficits et des débets. Seulement, le nouveau receveur devrait, s'il n'obtenait pas le payement immédiat des sommes à la charge de son prédécesseur, en faire l'avance de ses deniers, attendu la nécessité de désintéresser immédiatement les services créanciers. (I. G., art. 1416.) — Voy. DÉBET, DÉFICIT.

L'article 93 de l'Instruction générale impose aux receveurs des finances l'obligation de solder de leurs deniers, pour leur arrondissement respectif, les restes à recouvrer sur les rôles des contributions existant au 30 novembre de la deuxième année de l'exercice.

Cette obligation doit être remplie par le receveur qui se trouve en fonction à la date précitée du 30 novembre, quelle que soit l'époque à laquelle il ait pris le service, et sans qu'il ait aucun compte à établir pour cet objet avec son prédécesseur. Néanmoins, le nouveau receveur conserve le droit, que lui confère l'article 1385 de l'Instruction générale, d'exercer son recours contre son prédécesseur, à raison des faits qu'il viendrait à constater concernant la gestion des percepteurs de l'arrondissement, dans les délais et les cas qui y sont prévus.

Si, à l'époque du 30 novembre ci-dessus désignée, les fonctions de receveur particulier sont remplies par un gérant intérimaire, l'obligation de solder les contributions de l'exercice expiré est à la charge du receveur auquel ce gérant intérimaire a succédé. (Id., art. 1389.) — Voy. RECOUVREMENT, RESTES A RECOUVRER SUR CONTRIBUTIONS DIRECTES.

Réclamations en matière de contributions directes.—Quatre différentes sortes de demandes de dégrèvements peuvent être formées par les contribuables en matière de contributions directes, savoir : 1° demandes en décharge ; 2° demandes en réduction; 3° demandes en remise; 4° demandes en modération.

Il y a lieu à décharge ou à réduction :

Sur la contribution foncière, lorsqu'un contribuable a été imposé pour un bien qui ne lui appartient pas ou que la loi a déclaré non imposable; lorsqu'il est imposé plusieurs fois pour la même propriété ; pour imposition prématurée ou surimposition de maisons ou d'usines nouvellement construites; pour les terrains détruits par corrosion ou par toute autre cause ; pour destruction de bâtiments ou usines ; enfin pour démolition de maisons dans le cours de l'année ;

Sur la contribution des portes et fenêtres, lorsqu'un contribuable se trouve imposé pour des ouvertures qui ne le concernent pas ou que la loi exempte d'impôt; lorsqu'il est imposé plusieurs fois pour les mêmes bâtiments; lorsqu'il existe à son préjudice quelque erreur, soit dans le nombre, soit dans la nature des portes et fenêtres qui lui ont été attribuées ; lorsque la destruction ou la démolition d'une maison a lieu dans le cours de l'année;

Sur la contribution personnelle et mobilière, lorsqu'un contribuable est taxé dans une commune où il n'a ni son domicile ni une habitation, ou lorsqu'il se trouve dans les cas d'exemption déterminés par la loi ; lorsque, quoique n'ayant qu'une seule habitation, il est imposé dans deux communes différentes, auquel cas il ne doit la contribution que dans la commune de sa nouvelle résidence ; lorsque le loyer d'habitation servant de base à sa cote mobilière est trop élevé comparativement à celui de la généralité des contribuables de la même commune ;

Sur la contribution des patentes, lorsqu'un contribuable a été porté mal à propos sur le rôle ou avait cessé, avant le 1er janvier, d'exercer la profession pour laquelle il a été imposé ; lorsque, pour le même établissement, il est inscrit deux fois sur le même rôle ou sur des rôles différents, soit pour le droit fixe, soit pour le droit proportionnel ; lorsqu'il y a erreur dans l'application des tarifs ; lorsque la valeur locative servant de base au droit proportionnel est exagérée ; enfin, lorsqu'il y a eu cessation de commerce ou d'industrie par suite de décès ou de faillite déclarée.

Il y a également lieu à décharge ou réduction, par voie de mutation de cote et sur la demande du cédant, lorsqu'un patentable a cédé son établissement. (L. 25 avril 1844, art. 23.)

Peuvent donner lieu à remise ou à modération : 1° les pertes de revenu résultant de grêle, gelée, inondation, incendie ou autre cas fortuit ; 2° les pertes de bestiaux par suite d'épizooties ; 3° les vacances, soit annuelles, soit trimestrielles, de tout ou partie des maisons dont les propriétaires ne sont pas dans l'usage de se réserver la jouissance, s'ils ont fait d'inutiles démarches pour les louer ; 4° le chômage d'usines. Enfin, il est également accordé des remises ou modérations sur les différentes contributions aux contribuables qui, par l'effet d'événements malheureux, se trouvent dans l'impossibilité d'acquitter leurs cotes, soit en totalité, soit en partie. (L. 24 floréal an VIII, art. 24 ; 15 septembre 1807, art. 37 et 38 ; 25 avril 1844, art. 22 ; Circ. adm. des cont. dir., 16 février 1846.)

Forme des réclamations. — Tout contribuable qui se croit fondé à réclamer contre sa taxe et à demander soit la décharge ou une réduction, soit la remise ou une modération, doit adresser sa pétition au préfet ou au sous-préfet, et la déposer au secrétariat de la sous-préfecture de l'arrondissement dans lequel il est imposé. La pétition doit être datée et signée, et énoncer les nom, prénoms, profession et demeure du pétitionnaire, la nature de la contribution contre laquelle il réclame, et les motifs sur lesquels il fonde sa demande.

Le contribuable y joint la quittance des termes échus de sa cotisation, sans pouvoir, sous prétexte de réclamation, différer le payement des termes qui viendraient à échoir pendant les trois mois qui suivent la réclamation, et dans lesquels elle doit être jugée définitivement. (L. 21 avril 1832, art. 28.)

Il y joint, en outre, un extrait du rôle concernant la cotisation contestée. (Circ. adm. des cont. dir., 22 décembre 1826.)

Qualité pour réclamer. — Le contribuable inscrit au rôle a toujours qualité pour réclamer. Les réclamations formées par des tiers ne sont pas recevables si elles ne sont accompagnées d'un mandat régulier. (Arrêt du cons. d'Etat, 22 juin 1858.)

A moins d'être porteurs d'un mandat spécial, les maires et les répartiteurs n'ont pas qualité pour demander la réduction des impositions des contribuables qu'ils croient être surtaxés, même lorsqu'ils sont absents (Arrêts des 11 octobre 1832 et 13 février 1856). Toutefois, lorsqu'une commune a éprouvé des pertes de revenus par suite d'événements extraordinaires, le maire est autorisé à former, au nom de ses administrés et sans qu'il soit besoin d'un mandat spécial, une demande collective qu'il adresse au préfet ou au sous-préfet, et sur laquelle il est procédé à la vérification des pertes, conformément aux articles 26 et 27 de l'arrêté du Gouvernement du 24 floréal an VIII, et à l'instruction de l'administration des contributions directes du 10 mai 1849.

Le cessionnaire d'un établissement n'a pas qualité pour demander le transfert de la patente imposée au nom du cédant. C'est ce dernier qui doit réclamer. (Arrêt du cons. d'État, 18 février 1854.)

Un locataire a qualité, à défaut du propriétaire, pour demander la décharge ou la réduction de la contribution des portes et fenêtres de la maison qu'il a louée, mais il ne peut demander ni la décharge d'une cote foncière inscrite au nom du propriétaire, ni une réduction de la contribution mobilière de ce dernier. (Arrêts du cons. d'État, 14 décembre 1853 7 janvier 1857 et 5 janvier 1858.)

Celui qui réclame comme héritier d'un contribuable décédé n'est pas tenu de justifier d'un mandat spécial. (Id., 17 septembre 1854 et 12 août 1859.)

L'acquéreur d'une propriété restée imposée sous le nom du vendeur a qualité pour demander la mutation de cote (Id., 31 janvier 1856); il est aussi recevable à demander la réduction de la contribution afférente à cette propriété. (Id., 8 avril 1852.)

La déclaration faite par le réclamant dans sa demande qu'il donne pouvoir à un tiers pour le représenter dans l'instruction de l'affaire constitue un mandat suffisant. (Id., 28 février 1856.)

Le mandat dont l'absence a été opposée à un réclamant peut être utilement produit, soit devant le conseil de préfecture, soit devant le conseil d'État. (Id., 21 février 1855 et 10 septembre 1856.)

Les percepteurs ne sont pas autorisés à porter sur leurs états de cotes indûment imposées les cotisations des contribuables qui sont en état de réclamer eux-mêmes. (Id., 27 avril 1854; Circ. adm. des contr. dir., 27 septembre 1854. — *Mém.*, p. 295.)

Ils ne peuvent demander, comme percepteurs, le dégrèvement de cotes indûment imposées au nom des bureaux de bienfaisance dont ils sont receveurs. (Arrêt du cons. d'État, 22 avril 1857.)

Timbre des réclamations. — Les demandes ayant pour objet une décharge ou une réduction doivent être rédigées sur papier timbré, lorsqu'elles sont relatives à des cotes de 30 francs ou au-dessus. (L. 28 avril 1832, art. 28.)

La demande en réduction, relative à une cote de 30 francs ou au-dessus, doit être présentée sur papier timbré, alors même que le dégrèvement demandé ne s'élèverait pas à 30 francs. (Arrêt du cons. d'État, 9 juillet 1856.)

L'état de gêne d'un contribuable n'est pas un motif qui puisse le dispenser de présenter, sur papier timbré, une demande sujette au timbre. (Id., 7 juin 1855.)

Délai pour réclamer. — Les demandes en décharge ou réduction doivent être présentées dans les trois mois à partir de la publication des rôles, et non de la remise de l'avertissement. Le même délai est accordé à tout contribuable non inscrit sur le rôle pour réclamer contre son omission. (L. 28 avril 1832, art. 28, et 4 août 1844, art. 8; Arrêt du cons d'État, 5 janvier 1853.)

Le jour de la publication du rôle et celui de l'échéance ne sont pas compris dans les trois mois accordés pour la présentation des demandes en décharge ou réduction. (Arrêt du cons. d'État, 9 juillet 1846. — *Mém*. p. 241.)

Le même délai ne court que du 1er janvier pour les rôles de prestation publiés avant cette époque. (Id., 18 avril 1855.)

Les demandes en décharge ou réduction de la taxe des biens de mainmorte, des redevances sur les mines, des rétributions pour la vérification des poids et mesures, et en général de toutes les taxes assimilées, doivent être présentées dans les trois mois qui suivent la publication des rôles desdites taxes.

Les pétitions pour pertes occasionnées par des événements extraordinaires doivent être présentées dans les quinze jours de l'événement qui a occasionné les pertes. (Circ. min. des fin., 22 décembre 1826.)

Les demandes en remise ou modération pour vacance de maisons destinées à la location, ou pour chômage de manufactures ou d'usines, doivent être présentées dans les quinze jours qui suivent l'année ou le dernier trimestre d'inhabitation ou de chômage. (Circ. adm. des contr. dir., 31 août 1844 et 16 février 1846; Instr., 10 mai 1849, art. 15.)

Les demandes en remise ou modération présentées après les délais ci-dessus indiqués ne peuvent être admises à l'instruction qu'en vertu d'une autorisation spéciale du ministre des finances, à qui il doit en être référé lorsque, en raison de circonstances tout à fait exceptionnelles, il paraîtrait trop rigoureux d'opposer la déchéance. (Circ. min. des fin., 5 juin 1841. — *Mém*. p. 262.) — Voy. DÉLAI DE RÉCLAMATION.

Instruction et jugement des réclamations.—Les demandes en décharge ou réduction, remise ou modération formées par les contribuables, ainsi que les états de cotes indûment imposées et les états de cotes irrecouvrables présentés par les percepteurs, sont, après avoir été enregistrés à la sous-préfecture, transmis au directeur des contributions directes, qui les renvoie au contrôleur. Cet agent vérifie les faits et donne son avis, après avoir pris celui des répartiteurs, s'il s'agit de demandes en décharge ou réduction des contributions foncière, personnelle-mobilière et des portes et fenêtres, ou d'états de cotes indûment imposées, ou de cotes irrecouvrables concernant les mêmes contributions, et l'avis du maire seul, lorsque la demande ne se rapporte qu'à la contribution des patentes. Le contrôleur constate également avec le maire les faits qui ont donné lieu à des demandes individuelles en remise ou modération pour toutes natures de contributions. (Instr. adm. des cont. dir., 10 mai 1849, art. 36.)

Le maire et les répartiteurs doivent donner leur avis dans le délai de dix jours. Cet avis doit être motivé. (L. 2 messidor an VII, art. 20 et 21.)

Hors le cas où le fait allégué est établi d'une manière certaine, le contrôleur ne peut se dispenser de vérifier les réclamations par lui-même dans la commune.

Les demandes collectives pour pertes sont vérifiées avec le concours de commissaires nommés par les sous-préfets, conformément à l'article 25 de l'arrêté du 24 floréal an VIII.

Le directeur des contributions directes fait ensuite son rapport, sur lequel il est statué par le conseil de préfecture en ce qui concerne les demandes en décharge ou réduction et les états de cotes indûment imposées, et par le préfet, relativement aux demandes en remise ou modération, et aux états de cotes irrecouvrables. (L. 28 pluviôse an VIII, art. 4; Arrêté du 24 floréal an VIII, art. 28.)

Toutefois, lorsqu'il s'agit de réclamations de la première catégorie (décharges ou réductions), si l'avis du directeur est contraire à la demande, le rapport de ce fonctionnaire est déposé, avec le dossier de la réclamation, à la sous-préfecture, et il en est donné avis au réclamant, qui, pendant les dix jours du dépôt, peut fournir de nouvelles observations et requérir une vérification par voie d'experts.

Dans ce dernier cas, deux experts sont nommés, l'un par le sous-préfet, l'autre par le réclamant. Au jour fixé par le contrôleur, ils se rendent sur les lieux avec cet agent, et là, en présence de deux répartiteurs, s'il s'agit d'un impôt de répartition ou du maire ou de l'adjoint, en matière de patentes, et du réclamant ou de son fondé de pouvoir, les experts vérifient l'objet de la réclamation ainsi que les termes de comparaison, s'il en a été indiqué. Le contrôleur rédige le procès-verbal des dires des experts, y joint son avis, et transmet tout le dossier au directeur, qui fait son rapport et soumet l'affaire au conseil de préfecture.

Les frais d'expertise sont réglés par le préfet sur l'avis du directeur des contributions. (Arrêté du 24 floréal an VIII, art. 17.) — Voy. EXPERTISE.

Aussitôt que le conseil de préfecture ou le préfet a statué, les dossiers, accompagnés des décisions rendues, sont envoyés au directeur des contributions directes, qui prépare les ordonnances de dégrèvement à soumettre à la signature du préfet.

Le directeur rédige les lettres d'avis pour faire connaître aux réclamants les décisions rendues sur leurs demandes, et, lorsqu'il y a lieu, l'envoi des ordonnances de dégrèvement aux percepteurs. Il y annexe les avertissements, les quittances des termes échus et les autres pièces qui doivent faire retour aux réclamants. Il y joint, en outre, pour chaque commune, une liste des réclamants dont les demandes ont été rejetées, et une lettre par laquelle il invite le maire à faire exactement la remise des pièces. Il adresse le tout au contrôleur, qui, après avoir porté les décisions sur son registre, transmet les pièces dans les communes.

Lorsque les taxes contre lesquelles des réclamations ont été faites sont maintenues, les percepteurs doivent en recevoir avis, afin qu'ils puissent exercer les poursuites nécessaires: ils doivent être aussi informés des décisions prises pour les divisions ou mutations de cotes, afin que les poursuites puissent être dirigées en conséquence. A cet effet, les receveurs généraux reçoivent des directeurs des contributions directes et font passer aux percepteurs des états conformes aux *modèles nos* 24 et 25. (I. G., art. 76 et 143.)

Le contribuable qui veut se pourvoir en conseil d'État contre l'arrêté du conseil de préfecture doit exercer son recours dans les trois mois de la notification de la décision. (D. 22 juillet 1806, art. 11.) — Voy Cotes indument imposées, Cotes irrecouvrables, Dégrèvements, Ordonnances de dégrèvement, Pourvoi.

Récoltes pendantes par racines. — Voy. Poursuites, Saisie-brandon.

Recours. — Voy. Débet, Déficit, Pourvoi, Révision.

Recouvrement des contributions directes. — Les contributions directes sont payables par douzièmes, dont chacun est exigible le 1er du mois, pour le mois précédent. Toutefois, pour la contribution des patentes et pour la contribution personnelle et mobilière, lorsqu'elle est comprise dans le même rôle que celle des patentes, les douzièmes échus, si le rôle est émis postérieurement au 1er mars, ne sont pas immédiatement exigibles; le recouvrement en est fait par parties égales, en même temps que celui des douzièmes non échus, c'est-à-dire que la cote se divise, pour le payement, en autant de termes qu'il reste de mois à courir. (L. 3 frimaire an VII, art. 146; 25 avril 1844, art. 24; et 4 juin 1858, art. 13.)

Il est accordé quelque délai de payement aux contribuables compris dans les rôles supplémentaires de patentes du 4e trimestre; ces contribuables peuvent être admis à diviser leur dette en deux ou trois termes, comme les patentables compris dans les rôles du 3e trimestre. (I. G., art. 61.)

Il est loisible aux contribuables de payer plusieurs douzièmes à la fois, ou même leur cote entière ; mais, d'après le principe posé dans l'article 1244 du Code Napoléon, ils ne pourraient obliger le percepteur à recevoir des payements de moins d'un douzième.

Les contributions sont à la fois quérables et portables, c'est-à-dire que le percepteur est tenu de se rendre dans la commune où réside le contribuable, et que celui-ci doit aller payer dans la maison où le percepteur a établi son bureau de recette. — *Mém.* 1830, p. 275 ; 1835, p. 73. — Voy. Tournées de recette.

Le payement des contributions à la charge de l'État, des départements ou des communes, ayant lieu en vertu de mandats délivrés sur des comptables publics, les percepteurs ont à en faire toucher le montant aux caisses de ces comptables. (I. G., , art. 66.) — *Mém.* 1852, p. 290. — Voy. Contributions a la charge de l'État, etc.

Les contributions directes sont payables en argent (L. 6 fructidor an IV, art. 32 ; 18 prairial an V, art. 2, et 3 frimaire an VII, art. 1er). La monnaie de bronze ne peut être employée dans les payements, si ce n'est de gré à gré, que pour l'appoint de la pièce de cinq francs (D. 18 août 1810). Le débiteur est tenu de faire l'appoint, et, par conséquent, de se procurer le numéraire nécessaire pour solder exactement la somme dont il est redevable. (I. G., art. 97.) — Voy. Appoint, Monnaie.

Les marchands forains, les colporteurs, les directeurs de troupes ambulantes, les entrepreneurs d'amusements et jeux publics non sédentaires, et tous autres patentables dont la profession n'est pas exercée à demeure fixe, sont tenus d'acquitter le montant de leur cote au moment où la patente leur est délivrée (L. 25 avril 1844, art. 24 ; I. G., art. 62.)

En cas de déménagement hors du ressort de la perception, comme en cas de vente volontaire ou forcée, la contribution personnelle et mobilière et la contribution des patentes sont exigibles pour la totalité de l'année courante. En cas de décès, la même disposition s'applique à la contribution personnelle et mobilière ; mais la contribution des patentes n'est due que pour le mois entier pendant lequel le décès a eu lieu et pour les douzièmes antérieurs non soldés ; il en est de même pour le cas de fermeture des magasins, boutiques et ateliers par suite de faillite déclarée, l'article 1158 du Code Napoléon déclarant déchu du bénéfice du terme le débiteur qui a fait faillite ; sur la réclamation des parties intéressées, il est accordé décharge du surplus de la taxe. A défaut de réclamation dans le délai légal, ou dans le cas de rejet de la demande, la contribution est due pour l'année entière. (L. 21 avril 1832 et 25 avril 1844 ; I. G., art. 63.) — Voy. Décès, Déménagement, Faillite, Réclamations.

Les héritiers ou légataires peuvent être poursuivis solidairement, et chacun pour tous, à raison des contributions de ceux dont ils ont hérité, ou auxquels ils ont succédé, tant que la mutation n'a pas été opérée sur le rôle, à moins qu'ils n'aient fait un acte de renonciation en forme et qu'ils n'en justifient. (L. 3 frimaire an VII, art. 36 ; I. G., art. 64.)

L'action personnelle dont chaque héritier est tenu à raison de sa part héréditaire s'exerce contre lui comme elle serait exercée contre le défunt, c'est-à-dire par garnison collective ou individuelle, commandement, saisie et vente. L'action réelle dérivant du privilége établi en faveur du Trésor par la loi du 12 novembre 1808 s'exerce contre l'héritier, soit bénéficiaire, soit pur et simple, qui détient les biens affectés au privilége, non par voie de garnison, mais par voie de commandement, saisie et vente, en vertu d'une contrainte délivrée par le receveur particulier des finances. Ces dispositions s'appliquent aux légataires universels ou à titre universel; le légataire particulier ne peut être soumis qu'à l'action réelle. — Voy. Héritiers.

Les contribuables qui se croient fondés à réclamer ne sont pas moins obligés au payement des termes échus et de ceux qui viendraient à échoir pendant les trois mois qui suivent la réclamation et dans lesquels elle doit être jugée définitivement. (I. G., art. 67.) — Voy. Réclamations.

Nul fonctionnaire n'a le droit de surseoir au recouvrement des contributions directes, ni aux poursuites régulières qui ont ce recouvrement pour objet. Seulement, lorsqu'il est constaté que des contribuables ont éprouvé des pertes résultant d'événements désastreux qui les ont mis dans l'impossibilité de payer, le préfet en informe le receveur général, afin de prévenir des poursuites pour des contributions qui devraient définitivement être couvertes par le fonds de non-valeurs. Le receveur général reçoit aussi, dans le même but, l'avis des ordonnances de décharges à intervenir en faveur des contribuables indûment imposés et qui ont été dégrevés. (Id., art. 68.) — Voy. Dégrèvements, Fonds de non-valeurs, Ordonnances de dégrèvement.

Les percepteurs ont seuls titre pour effectuer et poursuivre le recouvrement des contributions directes appartenant soit à l'État, soit aux départements, soit aux communes. (I. G., art. 69.)

Un percepteur ne peut exiger aucune somme des contribuables s'il n'est porteur d'un rôle rendu exécutoire par le préfet et publié par le maire de la commune. (Id., art. 70.)

Immédiatement après la publication des rôles, le percepteur est tenu de faire parvenir aux contribuables les avertissements dressés par le directeur des contributions directes, après y avoir indiqué : 1° la date de la publication des rôles; 2° le lieu, le jour et l'heure où son bureau est ouvert aux contribuables. (Id., art. 71.) — Voy. Avertissements, Tournées de recouvrement.

Les percepteurs doivent délivrer immédiatement quittance de toutes les sommes qui leur sont versées ; ils sont tenus, en outre, d'émarger au rôle chaque payement au moment même où il a lieu et en présence de la partie versante.

Toute contravention à cette dernière disposition peut, sur la poursuite des contribuables intéressés, être punie correctionnellement par une amende de 10 à 25 francs.

Dans le cas où un percepteur aurait besoin de tenir un cahier de notes particulières pour la réunion de toutes les sommes dues par un même contribuable, ce cahier, qui n'est qu'un objet de convenance personnelle et qui n'a aucun caractère officiel, ne dispenserait pas le comptable d'émarger à chaque article du rôle le versement ou la portion du versement qui s'y rapporte. (I. G., art. 74.)

Les quittances doivent être extraites d'un journal à souche. (Id., art. 75.) — Voy. JOURNAL A SOUCHE, QUITTANCE.

Le privilége attribué au Trésor public et aux percepteurs agissant en son nom pour le recouvrement des contributions directes s'exerce avant tout autre; il est réglé par la loi du 12 novembre 1808 ainsi qu'il suit : 1° pour l'année échue et l'année courante de la contribution foncière, tant en principal qu'en centimes additionnels et supplémentaires, sur les récoltes, fruits, loyers et revenus des biens immeubles sujets à la contribution; 2° pour l'année échue et l'année courante des autres contributions directes, générales et spéciales, sur tous les meubles et effets mobiliers appartenant aux redevables, en quelque lieu qu'ils se trouvent. (I. G., art. 77.)

L'exercice de ce privilége et des autres droits attribués au Trésor public en ce qui concerne le recouvrement des contributions directes est réglé par les articles 78 à 88 de l'Instruction générale.— Voy. DÉLÉGATION DE CONTRIBUTIONS, DÉMÉNAGEMENT, DÉPOSITAIRES DE DENIERS PROVENANT DU CHEF DES CONTRIBUABLES, FERMIERS ET LOCATAIRES, PRIVILÉGE DU TRÉSOR, PROPRIÉTAIRES ET PRINCIPAUX LOCATAIRES.

Les receveurs des finances déterminent les époques auxquelles le montant des recouvrements faits par les percepteurs sur les contribuables doit être versé à leur caisse; ils ont le droit d'exiger que ces versements soient effectués tous les dix jours. (I. G., art. 89.) — Voy. VERSEMENTS.

Lorsque les délais apportés par les percepteurs dans leurs versements à la recette particulière proviennent de retards que mettent les contribuables à se libérer des douzièmes échus d'après les rôles des contributions, les receveurs des finances doivent veiller à ce que les percepteurs emploient tous les moyens propres à mettre les rentrées au courant, et avoir soin, en même temps, que ces comptables ne recourent aux mesures coercitives qu'après avoir employé les voies de douceur et de persuasion. Toutefois, les poursuites une fois commencées contre les contribuables d'une mauvaise volonté évidente doivent être poussées avec célérité jusqu'au dernier degré. (Id., art. 1299.)— Voy. POURSUITES.

Pour compléter le recouvrement des contributions de chaque exercice, il est accordé un délai fixé au 30 novembre de l'année qui suit celle dont l'exercice prend son nom. A l'expiration de ce délai, les receveurs des finances sont obligés de tenir compte au Trésor, de leurs deniers personnels, de la partie des rôles qui n'aurait pas été soldée par des recouvrements réels sur les contribuables, ou par des ordonnances de dégrèvement. (I. G., art. 93.)

Nonobstant ces dispositions, les rôles de l'exercice soldé d'office restent entre les mains des percepteurs, qui sont autorisés à poursuivre, au nom du Trésor, la rentrée des restes à recouvrer, jusqu'à la fin de la troisième année de l'ouverture de l'exercice. Les percepteurs qui auraient laissé écouler ces trois années sans terminer le recouvrement sont tenus de solder de leurs propres deniers le montant des cotes ou portions de cotes restant alors à recouvrer, et ils doivent en faire recette à titre de contributions directes, en s'en délivrant à eux-mêmes une quittance à souche. Ils demeurent créanciers particuliers des contribuables et sont subrogés aux droits du Trésor, qu'ils exercent par les moyens ordinaires de poursuites, à l'aide d'un état de restes à recouvrer dressé dans la forme du *modèle n°* 306, annexé à l'Instruction générale. (I. G. art. 94 et 95.) — Voy. EXERCICE, RESTES A RECOUVRER.

Recouvrement des revenus des communes et des établissements de bienfaisance. — Quelles que soient l'origine et la nature des revenus, le droit des communes et des établissements de bienfaisance à en percevoir le montant doit résulter du budget et des titres réguliers admis par les délibérations des conseils municipaux ou des commissions administratives des établissements charitables, et dûment approuvés. — Voy. REVENUS.

Les receveurs des communes et des établissements de bienfaisance recouvrent les divers produits aux échéances déterminées par les titres de perception ou par l'administration. (I. G., art. 841 et 1054.)

Ils délivrent, pour toutes les sommes versées à leur caisse, des quittances qui sont détachées d'un journal à souche.

Indépendamment des quittances fournies aux parties versantes, les receveurs doivent émarger les payements sur les titres de recettes.

Les règles relatives aux monnaies qui doivent entrer dans la composition des payements sont relatées aux articles 97 et 647 de l'Instruction générale. (I. G., art. 842 et 1055.) — Voy. ÉMARGEMENT, JOURNAL A SOUCHE, MONNAIES.

Lorsque la recette excède 10 francs, ou lorsque, n'excédant pas 10 fr., elle a pour objet soit un à-compte, soit un payement final sur une plus forte somme, la quittance doit être timbrée; il est fait usage, dans ce cas, du timbre mobile créé par la loi du 2 juillet 1862. (I., G., art. 843; Arrêté du min. des fin. du 20 juillet 1863. — *Mém.* p. 363.)

Sont toutefois exemptes de timbre, même pour des sommes supérieures à 10 francs : 1° les quittances délivrées aux receveurs des finances, aux payeurs et autres comptables, pour le payement des centimes communaux, attributions sur la contribution des patentes et sur celle des chevaux et voitures, arrérages de rentes sur l'État, amendes de police correctionnelle et intérêts de fonds placés au Trésor; 2° les quittances apposées sur les mandats de remboursement des fonds placés au Trésor, les quittances délivrées aux instituteurs primaires et autres agents pour les retenues sur leurs traitements, et les quittances délivrées pour les rétributions des élèves des écoles primaires; 3° les quittances pour droits de permis de chasse ; 4° les quittances délivrées pour le payement du montant des prestations en nature et en argent destinées à la réparation des chemins communaux, attendu que ces prestations constituent un impôt direct aux termes de la loi du 28 juillet 1824, et que les quittances délivrées pour les contributions directes sont exemptées du timbre par l'article 16 de la loi du 13 brumaire an VII; 5° et, par le même motif, les quittances délivrées pour le payement de la taxe municipale sur les chiens. (I. G., art. 844.)

Ne peuvent être assimilées à ces dernières quittances, et sont dès lors soumises au droit de timbre, quand elles excèdent 10 francs :

1° Celles qui sont délivrées pour le payement des coupes d'affouage, soit qu'on n'exige de la part des habitants d'autre rétribution que celle des frais occasionnés par les coupes elles-mêmes, soit qu'on perçoive, en sus des frais, une somme imposée pour subvenir aux dépenses de la commune; 2° celles qui sont données pour le payement des taxes établies sur les bestiaux conduits aux pâturages communaux, ces taxes représentant le loyer des pâturages; 3° les quittances souscrites au nom des payeurs ou autres agents comptables du Trésor pour subventions ou secours accordés par l'État, et applicables à des dépenses ou de l'instruction primaire ou des chemins vicinaux, à moins que la somme accordée ne doive être employée à établir des ateliers de charité. Le droit de timbre, lorsqu'il est dû, est à la charge de la commune. (Id., art. 845.)

Les quittances de frais de poursuites en matière communale sont sujettes au timbre lorsqu'il ne s'agit pas de taxes donnant lieu à l'exemption du droit. — *Mém.* 1847, p. 161.

S'il s'élève, au reste, quelques difficultés au sujet du timbre des quittances et pièces de comptabilité, les receveurs municipaux doivent en référer au receveur des finances de leur arrondissement, qui se concerte, par l'entremise du receveur général, avec le directeur de l'enregistrement et des domaines du département, et leur fait connaître la décision intervenue. (I. G., art. 846.)

Le prix du timbre des quittances est à la charge de la partie versante; si elle se refuse à le payer, la recette est seulement inscrite sur le livre à souche, dont la quittance est biffée sans être détachée, et il n'est fourni aucun reçu ni quittance à la partie versante; mais elle conserve le droit de prendre, d'après l'indication du receveur, le numéro de l'article du registre où le payement est inscrit. (Id., art. 847.)

Les communes et les établissements de bienfaisance sont, pour le recouvrement de leurs revenus, sous l'empire du droit commun, et soumis aux règles ordinaires de la procédure, sauf les exceptions réglées par la loi. Lorsque les créances à recouvrer ne sont pas constatées par un titre exécutoire, tel qu'un jugement ou un acte notarié, les recettes des communes et des hospices s'effectuent sur des états dressés par le maire et rendus exécutoires par le visa du sous-préfet. (Id., art. 848 et 852.)

Les exceptions dont il vient d'être parlé concernent : d'une part, les taxes particulières dues par les habitants ou propriétaires en vertu des lois et des usages locaux et réparties par délibération du conseil munipal, telles que les taxes de pavage, d'affouage, etc.; d'autre part, les prestations pour chemins vicinaux, la taxe sur les chiens et la rétribution scolaire. Ces produits sont perçus suivant les formes établies pour le recouvrement des contributions directes. (L. 18 juillet 1837, art. 44; 21 mai 1836 ; 25 juin 1841, art. 27 et 28 ; 7 juin 1845 et 2 mai 1855 ; I. G., art. 848 et 851.)

Les receveurs sont tenus de faire, sous leur responsabilité personnelle, toutes les diligences nécessaires pour la perception des revenus, legs et donations et autres ressources ; de faire faire contre les débiteurs en retard de payer, et à la requête des maires ou des commissions administratives, les exploits, significations, poursuites et commandements nécessaires ; d'avertir les administrateurs de l'expiration des baux, d'empêcher les prescriptions, de veiller à la conservation des domaines, droits, privilèges et hypothèques ; de requérir à cet effet inscription au bureau des hypothèques de tous les titres qui en sont susceptibles ; enfin, de tenir registre de ces inscriptions et autres poursuites et diligences. (I. G., art. 849, et 1054.) — Voy. ACTES ET MESURES CONSERVATOIRES, ÉTATS EXÉCUTOIRES, POURSUITES POUR LE RECOUVREMENT DES REVENUS COMMUNAUX, QUITTANCES, TIMBRE.

Recouvrement d'effets. — Voy. EFFETS A RECOUVRER.

Rectification d'écritures. — Voy. ÉCRITURES, ERREURS.

Redevances des mines. — Voy. MINES.

Réforme (Mise à la). — Voy. PERCEPTEURS, SECOURS.

Refus de payement. — Voy. PAYEMENT DES DÉPENSES COMMUNALES.

Régie simple ou régie intéressée. — Voy. LOCATION DE PLACES, OCTROI, PESAGE (DROITS DE).

Régie (Travaux en). — Voy. TRAVAUX.

Registre des quittances timbrées. — La tenue d'un registre à souche spécial pour les quittances à délivrer aux débiteurs des communes et des établissements de bienfaisance, lorsque ces quittances exigent la formalité du timbre, avait été prescrite par la circulaire du ministre de l'intérieur du 20 juillet 1828, et faisait l'objet des dispositions des articles 843, 1443, 1446, 1453 à 1456 et 1576 de l'Instruction générale. L'emploi des timbres mobiles de dimension créés par l'article 24 de la loi du 2 juillet 1862, pour les quittances délivrées par les comptables et les acquits qui leur sont donnés, a permis de supprimer ce livre, puisque le timbre peut être apposé, au moment du versement, sur la quittance attenant au journal à souche ordinaire. — Voy. QUITTANCES, TIMBRE.

Registres. — Voy. ÉCRITURES.

Registres de l'état civil. — Voy. COTISATIONS MUNICIPALES, ÉTAT CIVIL.

Réimpositions. — Les décharges et réductions accordées par les conseils de préfecture sur les contributions foncière et personnelle-mobilière d'un exercice, doivent être réimposées dans le rôle de l'exercice qui suit immédiatement.

La réimposition des décharges accordées sur la contribution des portes et fenêtres n'a pas lieu généralement parce que le fonds de non-valeurs de cette contribution suffit d'ordinaire pour couvrir les dégrèvements; mais, en cas d'insuffisance de ce fonds, la réimposition serait de droit. (I. G., art. 138.)

Le Trésor fait aux contribuables l'avance des décharges et réductions qu'ils obtiennent. Les sommes à réimposer dans les rôles de l'exercice suivant sont, en conséquence, destinées à couvrir les payements faits par la recette générale, et dès lors le montant des réimpositions comprises au rôle d'un exercice doit toujours être égal aux ordonnances délivrées pour cet objet. — Voy. DÉGRÈVEMENTS.

Rejet de dépense. — Voy. COMPTE DE GESTION, INJONCTION.

Relevé des baux. — Voy. MUTATIONS.

Remboursement de capitaux. — Voy. RENTES SUR PARTICULIERS.

Remboursement de cautionnements. — Voy. CAUTIONNEMENTS.

Remboursement de fonds placés au Trésor. — Voy. PLACEMENTS AU TRÉSOR.

Remise de service. — Dans tous les cas de mutation de percepteurs receveurs de communes et d'établissements de bienfaisance, les receveurs des finances doivent se faire faire personnellement la remise du service dont était chargé le percepteur sortant de fonction, en sorte que l'intérimaire ou le titulaire qui le remplace commence une gestion nouvelle, dont il ne doit compte qu'au receveur des finances, sans avoir aucun intérêt à débattre avec son prédécesseur.

La remise du service faite par l'ancien titulaire ou ses ayants cause et l'installation du nouveau percepteur ou d'un gérant intérimaire sont constatées par un procès-verbal en deux parties, dont le *modèle* est donné *sous le n°* 270. (I. G., art. 1329.)

En ce qui concerne les mutations de receveurs spéciaux de communes et d'établissements de bienfaisance, l'installation est faite par le maire; mais le receveur des finances doit concourir à la prise du service, pour prescrire ou provoquer toutes les mesures que l'ordre de la comptabilité rendrait nécessaires (Id., art. 1347). En cas de vacance d'une recette municipale spéciale par quelque motif que ce soit, le service doit être remis au percepteur de la commune, non en qualité de receveur intérimaire, mais de titulaire, conformément aux dispositions de l'article 65 de la loi du 18 juillet 1837. — Voy. GÉRANT INTÉRIMAIRE, INSTALLATION, MUTATIONS DE PERCEPTEURS.

Remises. — On désigne sous ce nom les sommes allouées aux comptables sur les opérations qu'ils effectuent, et qui leur tiennent lieu d'émoluments.

REMISES DES PERCEPTEURS. — *Bases et fixation des remises.* — Les remises allouées par le Trésor aux percepteurs sur le service des contributions directes ont pour base, d'une part, un tarif décroissant gradué d'après l'importance des rôles à recouvrer; d'autre part, une allocation fixe pour chaque article des rôles généraux et supplémentaires. Les tarifs et le taux de la rétribution par article sont déterminés par le ministre des finances.

Ne donnent pas lieu à remises les articles des rôles spéciaux établis pour des impositions qui n'auraient pu être comprises dans les rôles primitifs (I. G., art. 51). Ces articles sont considérés, dans ce cas, comme étant en quelque sorte le complément de ceux qui sont ouverts aux rôles généraux et ne formant avec eux qu'une seule et même cote.

Il n'est point non plus alloué de remises aux percepteurs sur la portion de la contribution personnelle-mobilière qui, dans quelques villes, est prélevée sur les produits de l'octroi, attendu que cette portion de contribution doit être versée directement par le receveur municipal au receveur des finances; mais le produit des 8 centimes par franc à prélever sur le principal des patentes au profit des communes reste compris dans les sommes sur lesquelles sont calculées les remises dues par le Trésor aux percepteurs. (I. G., art. 113.)

Une remise de 3 centimes par franc est allouée aux percepteurs sur le montant des impositions communales et des impositions pour frais de bourses et de chambres de commerce; cette allocation est à la charge des communes et établissements.

Les percepteurs jouissent d'une remise uniforme de 3 p. 0/0 sur le montant des rôles des redevances des mines, de la taxe des biens de mainmorte et des rétributions pour la vérification des poids et mesures.

Une rétribution de 12 centimes par article de l'état-matrice de la taxe sur les chiens leur est accordée pour leur concours à la formation de cet état.

Enfin, lorsque les percepteurs sont choisis pour trésoriers d'associations syndicales, ils ont droit à des remises, qui sont réglées par le ministre des finances, sur la proposition des syndicats et l'avis du préfet. (I. G., art. 1238.) — Voy. SYNDICATS.

Crédits. — Le crédit des remises des percepteurs sur contributions directes est établi d'après des décomptes qui présentent, pour chaque perception, le montant des contributions sur lesquelles les remises doivent être allouées, le nombre des articles de rôles, le taux et le montant des remises. Les décomptes sont formés par les receveurs généraux qui doivent en fournir des extraits aux receveurs particuliers pour ce qui concerne leur arrondissement respectif.

Il est fait pour chaque exercice, aussitôt après la réception de l'état du montant des rôles généraux, un décompte provisoire des remises calculées sur ces rôles, ainsi que sur les rôles spéciaux qui auraient été émis antérieurement. A l'expiration du mois de janvier de la seconde année de l'exercice, époque à laquelle tous les rôles ont été émis, il est établi un décompte définitif des remises dues aux percepteurs pour l'ensemble de l'exercice. (I. G., art. 114.)

L'Instruction générale, articles 115 et 480, prescrivait la formation des décomptes définitifs en trois expéditions. La circulaire du 16 décembre 1863 a, depuis, supprimé l'expédition que le receveur général conservait pour la joindre à son compte de gestion. L'administration joindra désormais elle-même aux comptes l'expédition qui lui était destinée et dont elle n'a plus à faire usage au moment de la production de ces comptes.

Les receveurs généraux doivent apporter le plus grand soin à l'établissement des décomptes annuels de remises et en vérifier tous les résultats; il importe notamment qu'ils s'assurent, en ce qui concerne le montant des rôles et celui des impositions communales, qu'il existe un parfait accord entre les décomptes et les états dressés par la direction des contributions directes. (I. G., art. 116.)

Les trois centimes destinés à subvenir aux frais de perception des impositions communales et des frais de bourses et de chambres de commerce sont ajoutés à ces impositions, et sont versés dans la caisse des communes et établissements, qui en tiennent compte aux percepteurs. (I. G., art. 18, 118, 152 et 206.)

Les crédits destinés à pourvoir à la remise de 3 p. 0/0 allouée sur le montant des rôles des redevances des mines, de la taxe des biens de mainmorte et des rétributions pour la vérification des poids et mesures se forment d'après des décomptes que les receveurs généraux font établir lorsque les rôles de l'exercice leur sont entièrement connus, et qu'ils adressent à la direction générale de la comptabilité publique en même temps que le décompte définitif des remises sur les contributions directes. Il n'est formé qu'un seul décompte pour les trois produits susmentionnés. (I. G., art. 238.)

Le crédit pour l'indemnité de 12 centimes allouée aux percepteurs pour leur concours à la confection de l'état-matrice sur les chiens résulte, comme pour toutes les dépenses municipales, de l'inscription au budget de la commune de la somme nécessaire à l'acquittement de la dépense.

Mandatement. — Les préfets étant les seuls ordonnateurs secondaires du ministère des finances pour toutes les dépenses relatives aux contributions directes qui sont acquittées par les receveurs des finances, c'est à eux qu'il appartient de mandater les remises des percepteurs.

Pour l'emploi des crédits ministériels délégués aux préfets, ces administrateurs sont autorisés à émettre des ordonnances ou mandats de payement, qui doivent être délivrés par chapitre et par partie prenante individuelle ou collective. Les modèles de ces ordonnances ou mandats indiquent les formalités à suivre pour leur admission dans la comptabilité des receveurs. (I. G., art. 173.)

Nonobstant les dispositions des articles 163 et 165 de l'Instruction générale, les préfets peuvent délivrer leurs mandats à valoir sur les ordonnances de délégation à intervenir pour les remises des percepteurs, les frais de distribution des premiers avertissements et pour les restitutions aux communes, attendu que, comme il est dit aux articles 119 et 203, les percepteurs- receveurs municipaux sont autorisés à retenir eux-mêmes sur le produit des recouvrements les sommes qui leur reviennent ainsi qu'aux communes. (I. G., art. 174.)

Pour les crédits dont la quotité est déterminée d'après les rôles de chaque département, ou d'après les décomptes spéciaux (tels que les décomptes de remises des percepteurs), les receveurs généraux doivent veiller à ce que les mandats délivrés, soit en vertu de crédits ouverts, soit à valoir sur des crédits à intervenir, n'excèdent pas les affectations des rôles ou des décomptes. (I. G., art. 175.)

Par exception aux dispositions de l'article 187 de l'Instruction générale, d'après lesquelles tout crédit de délégation ouvert pour servir à l'ordonnancement des dépenses d'un exercice n'est valable que jusques et y compris le 31 juillet de la seconde année de cet exercice, les préfets sont autorisés à mandater jusqu'au 31 août, date de la clôture des payements, les dépenses pour remises des percepteurs, pour restitution de centimes communaux, et pour attribution aux communes sur patentes, attendu que ces dépenses ne sont liquidées qu'au fur et à mesure des recouvrements. Les receveurs des finances peuvent donc continuer, pendant le mois d'août, de liquider et d'allouer les dépenses dont il s'agit, et de préparer les mandats à faire signer par le préfet pour la justification régulière des payements. Toutefois, comme il est nécessaire que ces mandats portent une date antérieure au 1er septembre, les receveurs doivent faire les dispositions nécessaires pour que, nonobstant les restes à recouvrer qui existeraient, les centimes communaux et les frais de perception aient été complètement alloués à l'époque du 20 août, de telle sorte que les mandats préparés dans tous les arrondissements puissent être réunis par le receveur général, et présentés à la signature du préfet avant l'expiration du même mois d'août. (I. G., art. 189.)

Payement. — Les sommes revenant aux percepteurs pour leurs remises sur contributions directes sont allouées à chaque comptable dans la proportion des sommes recouvrées sur les contributions. Cependant, lorsque les recettes sur un exercice ont, à l'époque du 31 mars de la seconde année, dépassé onze douzièmes du montant des rôles, le solde des remises peut être alloué aux percepteurs, sauf, en cas de mutation, les répétitions que le nouveau comptable pourrait avoir à exercer pour les recouvrements qu'il aurait effectués. Le payement des frais de distribution des premiers avertissements doit être fait aux percepteurs dès le commencement de l'année. Ces dépenses sont liquidées au moyen de décomptes placés au dos des mandats, et qui sont préparés dans les bureaux des receveurs des finances. Le calcul des sommes revenant à chaque comptable est fait cumulativement pour toutes les communes d'une même perception. Le nom de la perception est seul désigné dans les décomptes. (I. G., art. 196.)

Tout mandat pour payement de remises des percepteurs et pour frais de distribution des avertissements doit être revêtu de la signature de ces comptables. Cette signature est apposée sur le décompte qui accompagne le mandat, et enregard de la somme allouée à chaque percepteur. (I. G., art. 197.)

Les décomptes de liquidation et les allocations des sommes revenant aux percepteurs doivent avoir lieu aux époques indiquées ci-après, savoir : pour les remises, tous les mois ou, au moins, tous les trois mois, et pour les frais de distribution des premiers avertissements, après la remise de ces avertissements aux contribuables. Les allocations de remises aux percepteurs ne doivent, toutefois, être faites tous les trois mois seulement que si ces comptables y ont consenti. Il est expressément interdit aux receveurs des finances d'allouer aux percepteurs au delà des sommes qui leur sont dues d'après la proportion des recouvrements fixée comme base des liquidations par l'article 196 de l'Instruction générale, sauf toutefois l'exception prévue audit article. Les receveurs qui contreviendraient à cette règle seraient passibles d'une reprise d'intérêts équivalente au préjudice causé au Trésor. ((I. G., art. 203.)

Le premier jour de chaque mois, les receveurs généraux réunissent et présentent à la signature des préfets les mandats dont il a été fait dépense dans le courant du mois précédent, tant par eux que par les receveurs particuliers des arrondissements de sous-préfecture, et qui, dans la comptabilité des préfectures, doivent être rattachés, sous la date de leur émission, au compte mensuel des opérations qu'ils concernent. (I G., art. 204.)

Les receveurs généraux ne doivent remettre aux préfets, pour chaque mois, que les pièces qui leur sont parvenues du premier au dernier jour de ce mois ; les mandats portés en dépense pendant la troisième dizaine, dans les arrondissements autres que le chef-lieu, et qui ne peuvent parvenir à la recette générale qu'après l'expiration du mois, ne sont dès lors remis qu'avec les pièces relatives aux liquidations du mois suivant. (Id., art. 205.)

Les 3 centimes pour frais de perception des impositions communales, étant compris dans ces impositions et recouvrés avec elles, sont alloués aux communes, dans la proportion des recouvrements effectués sur les contributions, à charge par elles d'en tenir compte aux percepteurs, suivant les règles adoptées pour les dépenses communales. (I. G., art. 118, 152 et 199.)

Quant aux remises dues aux percepteurs pour le recouvrement des impositions pour frais de bourses et de chambres de commerce, remises qui, aux termes de l'article 18 de l'Instruction générale, sont payables comme dépenses à la charge des établissements, les receveurs des finances doivent concourir aux payements à faire aux percepteurs, et ils se conforment à la marche indiquée à l'article 206 de l'Instruction générale. — Voy. Frais de bourses et chambres de commerce.

Les remises concernant les redevances des mines, la taxe des biens de mainmorte et les rétributions pour la vérification des poids et mesures sont allouées aux percepteurs au fur et à mesure de leurs versements, en vertu de mandats des préfets contenant décompte de liquidation, et sans qu'il soit nécessaire d'attendre l'avis des ordonnances de délégation. (I. G., art. 238.)

L'indemnité de 12 centimes relative à la confection de l'état-matrice de la taxe municipale sur les chiens est payée aux percepteurs sur mandat du maire, et en vertu du crédit ouvert pour cette dépense au budget de la commune.

Remises sur divers services spéciaux confiés aux percepteurs. — Des remises sont encore allouées aux percepteurs pour leur concours à divers services spéciaux. Ainsi, ils jouissent d'une remise de 3 p. 0/0 pour le recouvrement qu'ils opèrent de la rétribution scolaire concernant les écoles annexes aux écoles normales primaires (I. G., art. 459 et 1238), et sur le produit des souscriptions pour travaux d'intérêt commun dont ils peuvent exceptionnellement être chargés d'effectuer le recouvrement, dans les cas prévus par l'article 624 de l'Instruction générale.

Quant aux remises pour le recouvrement des rentes en argent dues aux hospices et autres établissements de bienfaisance par des débiteurs domiciliés dans un arrondissement autre que celui où les établissements sont situés, le taux en est fixé sur la proposition de la commission administrative de l'établissement propriétaire par le préfet du département où le recouvrement doit avoir lieu, sans pouvoir néanmoins excéder 5 centimes par franc. (I. G., art. 1063.)

L'Instruction générale (art. 489) n'alloue qu'une remise d'un sixième de centime aux percepteurs chargés de concourir à la réalisation de divers produits énumérés à l'article 488, c'est-à-dire la moitié de la remise dont jouissent les receveurs des finances chargés, en principe, d'opérer le recouvrement de ces produits. Cependant, en ce qui concerne notamment les fonds de concours pour travaux publics (I. G., art. 313) et les frais et honoraires dus aux agents de l'administration des ponts et chaussées pour travaux d'intérêt public à la charge de particuliers (art. 454), comme le recouvrement de ces deux produits est incontestablement de nature à imposer aux comptables les mêmes soins et le même travail que celui des souscriptions volontaires ou taxes contributives versées à titre de fonds de concours pour travaux d'intérêt commun à plusieurs communes, lesquelles sont centralisées comme cotisations municipales et procurent aux percepteurs, ainsi qu'il vient d'être dit, une remise de 3 p. 0/0, il semble que les percepteurs soient autorisés à réclamer la même rémunération, l'équité comme la raison voulant que des travaux identiques soient rétribués d'une manière uniforme. Les remises, quand il s'agit de frais et honoraires, sont supportées par les particuliers pour le compte desquels les travaux ont été exécutés, et constituent pour eux une aggravation de charge : elles sont comprises dans le mandeatment exécutoire du préfet et sont prélevées par le percepteur au moyen d'une déclaration de retenue. Quand il s'agit de fonds de concours pour travaux publics, les remises sont imputées sur l'ensemble du crédit ouvert au budget de l'État pour les dépenses de l'entreprise, et doivent être considérées comme réduisant d'autant le fonds de concours. De plus, comme, aux termes de l'article 13 de la loi du 6 juin 1843 portant règlement définitif du budget de 1840, les fonds de concours versés par les départements, les communes ou des particuliers, pour concourir avec ceux de l'État à l'exécution de travaux publics, sont portés en recette aux produits divers du budget et servent à ouvrir un crédit de pareille somme au ministre des travaux publics, additionnellement à ceux qui lui ont été accordés par le budget pour les mêmes travaux, c'est au ministre de ce département qu'il appartient d'ordonnancer les remises revenant aux percepteurs, et c'est avec lui que doit être préalablement concertée la décision confiant aux percepteurs le recouvrement des fonds dont il s'agit et déterminant le taux des remises à leur allouer pour cet objet. — *Mém.* 1860, p. 82; 1863, p. 246.

Il est alloué aux percepteurs 1 fr. 50 c. p. 0/0 sur les sommes qu'ils recouvrent en vertu de contraintes extérieures relatives aux contributions directes ou aux taxes qui leur sont assimilées. Ils sont autorisés à retenir cette allocation sur le produit des recettes effectuées par eux pour le compte de leurs collègues, selon la marche tracée par l'article 1063 de l'Instruction générale, et ils en remettent la quittance au receveur des finances avec le surplus de leurs recettes. (I. G., art. 1137.)

Les percepteurs ne jouissent d'aucune remise sur les droits de permis de chasse qu'ils recouvrent (pas plus sur la portion qui revient au Trésor que sur celle qui profite aux communes), par la raison, dit l'Instruction générale, article 601, que ce service n'exige ni déplacements ni poursuites.

Partage de remises en cas de mutation. — La dépense des remises afférente à une perception est déterminée, pour toute l'année, d'après les tarifs en vigueur, et cette dépense ne peut, en aucun cas, être dépassée. Il en résulte que, lorsqu'une mutation de percepteurs a lieu, les remises du comptable sortant sont liquidées en prenant pour base le produit total de la perception, à raison du nombre de douzièmes et fractions de douzièmes qu'il a recouvrés, de telle sorte que son successeur n'a droit, pour le recouvrement du surplus des rôles, qu'à la somme de remises qui serait restée à liquider au profit de son prédécesseur si la mutation n'avait pas eu lieu.

Retenues pour le service des pensions civiles. — Les remises des percepteurs sont, depuis le 1er janvier 1854, soumises aux retenues prescrites par la loi du 9 juin 1853 et le décret du 9 novembre suivant. Ces retenues ne portent, comme pour les autres agents du ministère des finances rétribués par des salaires ou des remises variables, que sur les trois quarts de leurs émoluments, le dernier quart étant considéré comme indemnité de loyer et de frais de bureau. (I. G., art. 343.) — Voy. Retenues.

Remises des receveurs municipaux et d'établissements de bienfaisance. — Les remises à allouer aux receveurs des communes et des établissements de bienfaisance, autres que ceux de la ville de Paris, sont inscrites aux budgets pour la somme à laquelle elles sont présumées devoir s'élever d'après les prévisions de recettes et de dépenses. (I. G., art. 1239.)

Aux termes des ordonnances royales des 17 avril et 23 mars 1839, ces remises portent sur les recettes et les dépenses tant ordinaires qu'extraordinaires, et sont calculées comme suit, savoir :

Sur les premiers 5,000 francs, à raison de	2 p. 0/0 sur les recettes. 2 p. 0/0 sur les dépenses.
Sur les 25,000 fracns suivants, à raison de	1.50c. p. 0/0 sur les recettes. 1.50c. p. 0/0 sur les dépenses.
Sur les 70,000 francs suivants, à raison de	0.75c. p. 0/0 sur les recettes. 0.75c. p. 0/0 sur les dépenses.

Sur les 10,000 suivants, jusqu'à un million, à raison de........................	0.33 c. p. 0/0 sur les recettes. 0.33 c. p. 0/0 sur les dépenses.
Sur toutes sommes excédant un million	0.12 c. p. 0/0 sur les recettes. 0.12 c. p. 0/0 sur les dépenses.

Les conseils municipaux et les commissions administratives sont toujours appelés à délibérer, conformément au décret du 13 frimaire an XIII, sur la fixation des remises de leurs receveurs, sans toutefois que les proportions du tarif ci-dessus puissent être élevées ou réduites de plus d'nn dixième, et sauf décision de l'autorité compétente (I. G., art. 1240.)

Tout traité passé entre les receveurs des communes et des établissements de bienfaisance et les administrations municipales et hospitalières, à l'effet de réduire les remises des comptables, est nul comme étant contraire à une disposition d'ordre public. (Id., art. 1241, 7e alinéa.)

L'application du tarif doit être faite séparément pour chaque commune ou établissement dont le même comptable se trouve chargé, et pour lequel il rend un compte spécial. Pour les établissements dont les recettes sont cumulées, mais dont les dépenses forment une comptabilité séparée, l'application du tarif a lieu par budget et non par établissement. Ainsi, comme il n'est dressé qu'un seul budget pour les hospices situés dans la même ville, bien que leurs dépenses forment des chapitres différents, le calcul des remises doit être fait cumulativement sur les recettes et les dépenses de ces établissements. Il n'en est pas de même lorsqu'il s'agit d'établissements de différente nature et pour lesquels il est dressé des budgets séparés, même lorsque ces établissements se trouvent compris dans la gestion d'un seul receveur et administrés par la même commission, comme il arrive dans quelques localités pour les hospices et les bureaux de bienfaisance.

Dans le cas d'une imposition extraordinaire ou d'un emprunt répartis sur plusieurs années, tant pour le recouvrement que pour l'emploi au payement des travaux auxquels ces recettes sont affectées, les remises ne doivent pas être calculées sur les produits en bloc de ces ressources extraordinaires, mais sur les opérations de recette et de dépense effectuées annuellement avec lesdites ressources.

Pour appliquer sainement le système des ordonnances des 17 avril et 23 mai 1839, il ne faut pas envisager chaque opération isolément, ni considérer pour chacune le plus ou moins de travail qu'elle exige dans la circonstance donnée, afin d'apprécier par là la rémunération qu'elle mérite. L'administration a bien senti qu'il pourrait y avoir dans quelques cas exceptionnels certaines anomalies ; qu'il arriverait quelquefois, par le hasard de telle ou telle circonstance particulière, qu'une opération qui aurait occasionné peu de travail obtiendrait des remises, tandis qu'une autre plus laborieuse en serait privée. Mais elle a dû considérer l'ensemble de la gestion comptable, et penser que les légères anomalies résultant du hasard se trouveraient compensées dans l'ensemble des opérations.

Le tarif ci-dessus ne concerne pas les recettes de la rétribution scolaire.

Les remises des receveurs municipaux sur le produit des rôles de cette rétribution sont calculées à raison de 3 p. 0/0 du montant des sommes recouvrées, c'est-à-dire du montant du rôle réduit des sommes admises en non-valeurs. Cette allocation est spéciale, et doit figurer d'une manière distincte sur le décompte des remises. Quant aux remises sur la dépense du traitement des instituteurs et des institutrices appelés à diriger les écoles publiques mixtes, elles sont réglées conformément au tarif ci-dessus. Il n'est dû aucune remise au receveur municipal pour les rétributions perçues par les instituteurs et les institutrices. (I. G., art. 1041.)

Quant à la rétribution scolaire dans les écoles communales de filles, il n'est alloué au receveur municipal qu'une remise fixe de 3 p. 0/0 sur les sommes recouvrées par lui; cette remise lui est payée tous les trois mois par voie de déduction des sommes mandatées au profit de l'institutrice, qui en supporte la charge par la raison que la rétribution constitue pour elle un émolument personnel recouvré pour son compte particulier. Mais le receveur n'a droit à remise ni sur les payements faits à l'institutrice, ni sur les recouvrements que cette dernière aurait été autorisée à effectuer elle-même. Lorsque le conseil municipal assure un traitement fixe à l'institutrice pour lui tenir lieu de tout émolument, et porte en recette au budget le produit présumé de la rétribution scolaire, cette rétribution est recouvrée pour le compte de la commune, et donne lieu, au profit du receveur municipal, aux mêmes remises que la rétribution scolaire concernant les écoles de garçons. (I. G., art. 979.)

Conversions de valeurs. Opérations d'ordre. Exemptions de remises. — Les circulaires du ministère de l'intérieur des 12 février 1840, 25 janvier 1841 et 20 avril 1843 ont déterminé l'application des ordonnances de 1839, et ont posé les règles suivantes en ce qui concerne les opérations qui sont, ou non, passibles de remises au profit des receveurs.

Les seuls cas où il ne doit pas y avoir de remises concernent des faits qui constituent, soit des conversions de valeurs, soit des opérations d'ordre, ou qui sont faites pour un service étranger à la commune ou aux établissements.

On nomme *conversions de valeurs* les opérations qui ne constituent ni une recette ni une dépense effectives, c'est-à dire un accroissement ou une diminution réels de l'actif de la commune ou de l'établissement, mais simplement une transformation, une substitution dans l'un des éléments de cet actif. Ainsi, il y a conversion de valeur lorsque des fonds provenant de la vente d'immeubles productifs de revenus, c'est-à-dire d'immeubles dont la possession représentait pour la commune un véritable placement à intérêts, sont affectés à l'acquisition d'autres immeubles de même nature. Dans ce cas, le receveur ne doit toucher de remises ni sur la recette ni sur la dépense : ses remises ne porteront que sur les revenus des immeubles acquis, comme elles portaient seulement sur les revenus des immeubles vendus. Il en serait autrement, et il n'y aurait pas conversion de valeurs, si les fonds provenant de la vente d'un immeuble affecté à un service communal ou hospitalier étaient employés à l'acquisition d'un immeuble productif de revenu. Dans ce cas, le receveur devrait toucher des remises sur la recette du prix, car ce prix représente une augmentation de l'actif de la commune, puisqu'il remplace un immeuble qui avait cessé de faire partie des valeurs actives et productives; mais il n'en toucherait pas sur la dépense ou l'emploi du prix, puisque l'immeuble acquis produit des revenus sur lesquels le receveur percevra des remises. Réciproquement, si l'immeuble vendu était productif de revenu, le receveur n'aurait pas droit à des remises sur le prix de vente, puisque ces remises feraient double emploi avec celles qu'il touchait sur les revenus de cet immeuble, mais il en recevrait sur la dépense si les fonds étaient employés à l'acquisition d'un immeuble destiné à l'établissement d'un service communal, puisque le capital employé à cette acquisition, se trouvant ainsi définitivement absorbé, devient pour l'avenir complétement improductif pour la commune. Enfin, s'il s'agissait de la vente d'un immeuble affecté au service, tel, par exemple, qu'une maison d'école ou un presbytère avec remploi en rachat, soit d'un autre presbytère, soit d'une autre maison d'école, soit d'une mairie, le comptable aurait droit à des remises tant sur la recette que sur la dépense. Il en serait ainsi lors même que le produit, ne devant pas être payé comptant aux termes du contrat de vente, demeurerait plus ou moins de temps entre les mains de l'acquéreur; seulement le receveur ne toucherait ses remises que successivement et en proportion des recouvrements partiels qu'il opérerait. En sens inverse, pour toute autre aliénation immobilière constituant une conversion de valeurs, si le prix de l'immeuble vendu devait, aux termes du contrat, demeurer pour un temps plus ou moins long entre les mains de l'acquéreur qui en servirait l'intérêt, le receveur, qui n'aurait pas de remises à toucher pour le payement des divers termes du capital, en percevrait toutefois sur les intérêts servis par l'acquéreur.

Pour l'exacte application de ces règles, il suffit de déterminer avec précision le caractère des immeubles qui font l'objet des opérations, et qui peuvent être ramenés à deux grandes classes : 1° les immeubles affectés au service communal ou hospitalier, dont la vente ainsi que l'acquisition sont passibles de remises ; 2° les immeubles patrimoniaux, qui sont en général productifs de revenus, et dont l'aliénation non plus que l'achat ne donnent lieu à remises. Peu importe que les terrains classés dans cette dernière catégorie d'immeubles soient incultes ou que par toute autre circonstance ils ne donnent aucun produit actuel, il suffit qu'ils ne soient pas, par leur affectation réelle au service courant, sortis des valeurs actives de la commune, pour qu'il n'y ait, dans la réalisation de la vente, qu'une conversion de valeur non susceptible de remises (Circ. int., 12 février 1840 et 25 juillet 1841). D'un autre côté, il ne suffit pas que des immeubles soient affectés au service communal pour que leur acquisition ou leur aliénation donne droit à des remises, il faut encore qu'on fait ils ne soient pas, pour la commune, une source de revenus. Ainsi, s'il s'agissait d'abattoirs, de halles, de champs de foire dont la jouissance fût soumise à des droits de place au profit de la commune, l'acquisition de ces immeubles ou leur aliénation constituerait une véritable conversion de valeurs, puisque le comptable touchera, dans le premier cas, et a touché, dans le deuxième, chaque année des remises sur le montant de ces droits, et qu'il y aurait conséquemment double emploi à lui en allouer également sur le prix soit d'acquisition, soit de vente. (Solution concertée entre le ministère des finances et celui de l'intérieur ; *Mém.* 1860, p. 55. Voir cependant, pour l'opinion contraire, *Mém.* 1863, p. 232.)

Les transactions sur des droits litigieux et les soultes d'échange donnent ou ne donnent pas droit à remises, selon que les immeubles auxquels elles s'appliquent appartiennent à l'une ou à l'autre des deux classes déterminées ci-dessus. — *Mém.* 1843, p. 130.

Sont aussi considérées comme conversions de valeurs non susceptibles de remises les opérations qui interviennent respectivement d'un service à l'autre quand le même comptable réunit plusieurs gestions. On n'a pas voulu que le receveur qui gérait à la fois les finances des deux établissements touchât deux fois des remises sur la même somme, laquelle ne sortait pas matériellement de sa caisse et n'occasionnait qu'un article d'écritures : par exemple, la recette du produit des centimes additionnels communaux et des attributions sur patentes, si le receveur municipal est en même temps percepteur, et, lorsque le service de la commune et celui d'un établissement de bienfaisance sont réunis entre les mains du même comptable, à l'égard de la commune, le payement des sommes allouées à l'établissement sur les fonds municipaux ; à l'égard de l'établissement, la recette desdites sommes et *vice versâ*. La même règle doit s'appliquer à la dépense des contributions des biens communaux quand le receveur est en même temps percepteur. La somme, dans ce cas, ne sort pas non plus de sa caisse : il n'y a qu'un article d'écriture à passer, et le percepteur est d'ailleurs payé par le Trésor pour faire ce recouvrement.

Même lorsque les opérations nécessitent le concours ou l'intervention de plusieurs agents, le droit aux remises n'est attaché qu'à la dépense et à la recette effectives. Ainsi, dans le cas prévu par le sixième alinéa de l'article 1241 de l'Instruction générale, lorsqu'une dépense intéresse plusieurs communes et que les contingents de chacune sont versés par leurs receveurs respectifs dans la caisse de l'un d'eux, celui-ci n'a pas droit à des remises sur la recette qu'il fait des contingents des autres communes, parce que ce n'est pas une recette réelle qu'il effectue pour le compte et dans l'intérêt particulier de sa commune : c'est simplement une somme mise à la disposition de cette commune pour un usage déterminé et collectif; il lui en est dû seulement, et à l'exclusion des autres receveurs, sur l'emploi des fonds. Par contre, les receveurs n'en touchent pas pour le versement des contingents, car ce versement ne constitue pas la dépense *vraie effective*, c'est-à-dire l'emploi définitif des fonds versés :

cette dépense sera effectuée par le receveur centralisateur seulement; quant à ses collègues, ils n'ont que la remise qu'ils ont touchée sur la recette des sommes qui ont servi à former le contingent. La remise revenant au receveur chargé des payements est déterminée d'après le tarif réglé pour sa propre gestion, et chaque commune tient compte de la portion qu'elle doit supporter, au prorata de son contingent, sur un état arrêté par le préfet. La somme afférente à chaque commune est versée par elle au fonds de cotisations municipales et mise par mandat du préfet à la disposition du comptable à qui elle est due. (I. G., art. 1241 ; Circ. int., 25 juillet 1841, § 8.)

On considère comme conversions de valeur, et par conséquent comme exemptes de remises, les opérations suivantes : — les placements faits au Trésor des fonds sans emploi et le retrait de ces fonds ;—les acquisitions de rentes sur l'État ; — la réalisation du capital des rentes dues par l'État ou par des particuliers (par application des principes posés ci-dessus en ce qui concerne les ventes d'immeubles et les placements de fonds en immeubles) ; — la dépense résultant de l'emploi des produits en nature, parce que cet emploi est fait par les économes et non pas par les receveurs ; — le prix de vente de la partie de ces produits non récoltés dans l'établissement et excédant les besoins, attendu que, dans ce cas, il n'y a pas une recette nouvelle, mais seulement conversion en une valeur en argent d'une valeur en nature sur laquelle des remises ont déjà été perçues.

Ne donnent pas lieu non plus à remises : — la recette et le remboursement des emprunts contractés par les communes et établissements ; — les donations d'immeubles, par la raison qu'il n'entre aucune somme dans la caisse (si, ultérieurement et à une époque plus ou moins rapprochée de la donation, l'immeuble était vendu, le comptable n'aurait pas davantage droit à des remises sur le prix de cette vente qui ne serait alors qu'une conversion de valeur) ; — les legs et donations d'inscriptions de rentes, d'actions ou obligations industrielles, car ces libéralités ne peuvent être considérées comme le recouvrement d'un capital (la réception des titres ne donne lieu à aucune opération de caisse : ils sont simplement inscrits au sommier des biens de la commune ou de l'établissement ; s'ils viennent à être vendus, le produit de l'aliénation donne lieu ou non à remises, suivant l'emploi qui en est fait et d'après les distinctions précédemment établies) ; — la recette des indemnités accordées pour le logement des troupes chez l'habitant, par le motif que ce recouvrement n'est pas fait pour le service de la commune, mais pour le compte personnel des habitants qui ont logé les militaires (mais, dans le cas où les indemnités sont abandonnées à la ville par les habitants, elles deviennent alors réellement un produit municipal, dont le recouvrement est passible de remises) ; — le forcement en recette provenant d'un rejet de dépense ; — en cas de mutation de receveurs, le forcement de recette, quelle qu'en soit l'origine, prononcé contre le prédécesseur du receveur en fonction ;—la dépense des 3 centimes p. 0/0 payés au percepteur pour le recouvrement des centimes communaux, quand le receveur est en même temps percepteur; — la recette du capital que des habitants auraient à payer pour la jouissance de terrains communaux partagés, puisque ce capital, constituant incontestablement le prix de vente de terrains productifs de revenus ou patrimoniaux, le recouvrement qui en est fait n'est qu'une conversion de valeur; — quand un nouveau bâtiment communal est construit en remplacement d'un ancien qui a été démoli et dont les matériaux sont employés à la reconstruction, la partie du prix de l'adjudication qui représente la valeur de ces matériaux, valeur dont l'entrepreneur doit tenir compte à la commune (en fournissant ces matériaux pour la reconstruction de l'édifice, la commune ne s'en dessaisit pas en réalité, elle en change seulement l'affectation, et il n'y a dès lors qu'une transformation de valeur);—la recette des sommes payées par l'adjudicataire en sus du prix principal d'adjudication pour couvrir tous les frais préalables de vente, les frais dont il s'agit étant à la charge de l'adjudicataire et le versement dans la caisse du receveur n'ayant d'autre but que d'en assurer le payement par une garantie plus solide et ne concernant point en réalité ni la commune ni l'établissement; — de même en ce qui concerne les frais d'honoraires du notaire relatifs à la location de biens communaux ou hospitaliers.

L'intervention des receveurs dans les opérations de recette et de dépense peut seule engager leur responsabilité, et dès lors donner lieu à l'allocation de remises; il ne leur en est donc dû que sur les opérations qui leur ont occasionné des soins et une responsabilité effectives, et non sur celles qui n'ont nécessité de leur part qu'une simple mention d'ordre dans leurs écritures. C'est ce qui résulte de deux avis du conseil d'Etat en date des 6 juillet 1853 et 29 juillet 1857 (*Mém.* 1858, p. 44). Ces décisions ont trait à des opérations définitivement consommées, qui constituent un fait accompli et sur lesquelles on ne saurait revenir. S'il s'agissait de fonds provenant d'une caisse occulte, mais rentrant plus tard dans la caisse de la commune ou de l'établissement, le receveur aurait le droit de prélever des remises sur cette recette. Du moment en effet que les sommes primitivement détournées de leur destination légale sont recouvrées par le comptable, elles constituent une recette soumise à toutes les règles qui régissent les perceptions ordinaires de revenus. Peu importe que les fonds versés dans la caisse aient été perçus par le comptable occulte à une époque plus ou moins reculée, il n'y a lieu de considérer que l'époque du versement effectif, car c'est seulement alors qu'il y a véritablement recette pour la commune ou l'établissement (*Mém.* 1845, p 62). Un avis dans ce sens a été donné par le conseil d'Etat le 30 mai 1854, en faveur du receveur de l'hospice de Chaudesaigues, à l'occasion d'un legs fait à cet établissement (*Mém.* 1860, p. 110).

L'administration avait décidé (circ. compt. gén., 31 janvier 1856) que les dons et souscriptions destinés au soulagement des classes nécessiteuses ne donneraient pas lieu à remises. Mais c'était là une mesure essentiellement transitoire qui a dû disparaître avec les circonstances fâcheuses qui l'avaient motivée.

Opérations passibles de remises. — Toutes les opérations qui, explicitement ou implicitement, ne sont pas comprises dans les exceptions énumérées ci-dessus restent passibles de remises, telles, par exemple, que : — la recette des produits provenant de fermages ou de rentes constituées, puisque ces revenus représentent des recettes réelles au profit des communes ou des hospices, au même titre que les intérêts provenant des placements de toute autre nature, et que d'ailleurs les receveurs sont chargés, sous leur responsabilité personnelle, de poursuivre le recouvrement de ces revenus comme celui des recettes en deniers; — la vente des effets mobiliers affectés au service même des communes ou d'un établissement, puisque le produit de la vente constitue réellement une recette municipale et non une conversion de valeurs ; — la vente des denrées récoltées dans les jardins ou propriétés exploitées par l'administration, car, dans ce cas, le receveur n'ayant pas touché de remises sur l'évaluation en argent des produits quand ils ont été récoltés en nature, il est juste qu'il lui en soit alloué lorsque leur valeur, réalisée en argent, entre dans sa caisse sous sa responsabilité; — les dépenses acquittées au moyen des sommes empruntées, ainsi que le payement des intérêts des emprunts ; — la recette, par les receveurs des hospices, des rentes et créances dont le recouvrement est fait par les percepteurs, en exécution de l'article 1er de l'ordonnance royale du 28 juin 1833; — la recette des intérêts produits par les placements de fonds au Trésor, et le payement des intérêts dus sur les emprunts; — la recette des capitaux échus par donation entre-vifs ou testamentaire; — la recette des subventions accordées pour l'instruction primaire, le culte ou les chemins vicinaux, sauf, en ce qui concerne cette dernière destination, les subventions départementales pour chemins vicinaux de grande communication, puisqu'elles sont centralisées directement au fonds de cotisations sans le concours des receveurs municipaux ; — les forcements en recette par suite de mise à la charge des comptables des sommes non recouvrées par eux ; — la dépense des remises payées aux receveurs, puisque c'est une dépense comme une autre et que les receveurs, en se payant à eux-mêmes, procèdent et passent écriture comme ils le font pour le traitement des autres employés ; — la recette des redevances annuelles payées par les habitants pour la jouissance des terrains communaux partagés, ces taxes n'étant au fond que des espèces de rentes perpétuelles: dans ce cas, en effet, les redevances représentent en réalité moins le prix de la vente des biens que l'intérêt de ce prix; — la recette du prix des concessions de terrain dans les cimetières : ces concessions en effet ne peuvent être considérées comme des ventes de parties de terrains productifs de revenus, le prix auquel elles sont faites représente des taxes municipales, ainsi qu'il résulte des lois annuelles de finances ; — la dépense résultant du remboursement de rentes dues par les communes ou établissements ces remboursements diminuant l'actif, et ayant pour effet de priver le receveur des remises qu'il touchait annuellement sur le payement de la rente ; — quand les emprunts sont remboursés au moyen d'annuités comprenant, outre une portion du capital, des intérêts et des primes, la dépense de la somme représentative de ces intérêts et primes. (*Mém.* 1861, p. 322.)

Il serait superflu de multiplier davantage les exemples; mais, pour l'intelligence de cette matière, on peut résumer tout le système de remises établi par les ordonnances de 1839 dans ces formules précises :—1° donnent lieu à remises: la recette de tout capital provenant de la vente d'un immeuble non productif de revenus, et ne pouvant en produire à raison de sa destination; l'emploi de tout capital, quelle qu'en soit la provenance, soit à l'acquisition d'un immeuble non productif de revenus, soit à la construction ou réparation de bâtiments à l'usage de la commune, tels que mairie, école, presbytère; tous emplois enfin qui n'ont pas le caractère d'un placement productif de revenus ; —2° ne donnent pas lieu à remises : la recette d'un capital provenant de la vente d'un immeuble ou d'un titre productifs de revenus ; l'emploi d'un capital, quelle qu'en soit l'origine, en acquisition d'un immeuble ou d'un titre productifs de revenus. — *Mém.* 1861, p. 233.

Fixation du droit aux remises. — Le droit aux remises se détermine par le fait de constater dans la comptabilité la recette ou la dépense qui y donne lieu. Ainsi, les remises sur la recette du produit des coupes de bois sont acquises dès l'instant où le receveur se charge en recette dans ses écritures du montant des traites souscrites, et non pas seulement à l'époque où les traites sont acquittées par les adjudicataires. D'après le même principe, les remises afférentes aux prestations acquittées en nature appartiennent au receveur qui constate la recette et la dépense, à quelque époque qu'ait eu lieu la libération du prestataire. (I. G., art. 1245.)

Remises en cas de mutation de receveurs. — En cas de mutation de comptables, le receveur sortant prélève ses remises sur toutes les opérations de recette et de dépense effectuées au moment de sa sortie de fonctions, et le nouveau receveur ne doit jouir, sur la portion des recettes et des dépenses de chaque exercice qu'il est appelé à opérer, que de la somme de remises qui fût restée à liquider pour cette portion d'opérations, si la gestion n'eût pas été interrompue. Il est dressé, au jour de la cessation des fonctions du receveur remplacé, un décompte par exercice, dans la forme des décomptes trimestriels, afin de déterminer le montant des remises qui lui appartiennent (I. G., art. 1244). Le nouveau receveur jouit des remises sur les opérations par lui effectuées, que ces opérations se rapportent soit à l'ancien soit au nouvel exercice.

Décomptes des remises. Liquidation et payement. — Les receveurs doivent dresser, pour la liquidation de leurs remises, des décomptes trimestriels par exercice, ou, s'ils le préfèrent, un seul décompte annuel pour chaque exercice (I. G., art. 1242). Ces décomptes, certifiés conformes aux écritures par les comptables, sont visés par le receveur des finances et ordonnancés par l'ordonnateur des dépenses. Les receveurs sont alors autorisés à en prélever le montant à leur profit sur les fonds de leur caisse, et ils en passent écriture en dépense au compte de la commune ou de l'établissement, par imputation sur le crédit ouvert à cet effet au budget de l'exercice. Le receveur des finances, comme chef de service, et en vertu du droit de surveillance et de direction que cette qualité lui attribue sur les actes de la gestion de ses subordonnés, a incontestablement le droit de modifier les décomptes soumis à son visa. Mais les changements ainsi apportés à ces documents ne peuvent être considérés comme définitivement obligatoires ni pour les comptables ni pour les communes ou établissements auxquels ils porteraient préjudice. Il n'appartient en effet qu'à l'autorité chargée de régler le budget de statuer souverainement à cet égard. Le comptable ou l'établissement qui croirait avoir à se plaindre des modifications dont il s'agit devrait donc se pourvoir, selon les cas, auprès du préfet ou du ministre de l'intérieur, ou successivement auprès de l'un et de l'autre. — *Mém.* 1845, p. 125.

L'article 1242 de l'Instruction générale dispose que les seuls décomptes qu'il soit nécessaire de produire à l'appui des comptes sont ceux de fin d'année ou de fin d'exercice, attendu qu'ils présentent l'ensemble des opérations accomplies pendant cette période et la récapitulation des remises y afférentes. Si le receveur veut user de la faculté qui lui appartient de ne faire qu'un décompte pour l'année ou même pour l'exercice, il n'aura qu'un droit de timbre à payer, mais c'est à la condition qu'il différera jusque-là le prélèvement de ses remises. Si, au contraire, il veut, comme c'est son droit, se faire allouer trimestriellement ses remises, il faut que chaque décompte trimestriel soit revêtu ou accompagné d'un acquit timbré, pourvu, bien entendu, que le traitement annuel excède 300 francs.

Les décomptes, en tant qu'ils sont considérés comme des documents administratifs servant à la liquidation des remises des receveurs, ne sont que des pièces d'ordre intérieur, et sont, à ce titre, exempts de la formalité du timbre. Mais, s'ils sont revêtus de l'acquit de la partie prenante, ils deviennent le titre de libération de la commune ou de l'établissement, et sont dès lors soumis au droit ; il va sans dire que, dans ce cas, le mandat qui doit accompagner le décompte peut être acquitté pour ordre et par duplicata.

La dépense des remises doit, comme toutes les autres, être l'objet d'un crédit au budget, et, lorsque le crédit primitif se trouve insuffisant, on doit, pour ne pas ajourner le payement des remises, imputer, s'il est possible, la différence sur le crédit des dépenses imprévues. Si ce dernier crédit lui-même ne présentait pas une latitude suffisante, il y aurait nécessité de recourir à la demande d'un crédit supplémentaire dans les chapitres additionnels. Dans le cas où le receveur viendrait à reconnaître que le crédit voté sera insuffisant, ce qu'on peut ordinairement prévoir avant la fin de l'année, il serait de son intérêt de provoquer, dès cette époque, et par prévision, un crédit supplémentaire de la somme présumée nécessaire. De cette manière on éviterait tout retard dans le règlement des remises, et rien ne s'opposerait à ce que, le décompte final étant dressé quelques jours avant le 31 mars, les remises fussent intégralement soldées à la clôture de l'exercice, conformément au vœu de la circulaire du 27 février 1858. — *Mém.* 1861, p. 289.

Retenues sur les remises pour le service des pensions civiles. — Aux termes de la loi du 9 juin 1853, articles 3 et 4, et du décret réglementaire du 9 novembre suivant, articles 13 et 20, les percepteurs, quand ils sont en même temps receveurs municipaux ou hospitaliers, subissent la retenue des trois quarts de leurs émoluments, tant sur la portion de ces émoluments qui leur est payée par l'État que sur celles qu'ils reçoivent des communes et établissements publics. Les receveurs spéciaux, n'étant pas compris dans la classe des fonctionnaires auxquels s'applique la loi du 9 juin 1853, n'ont naturellement pas à subir les retenues déterminées par cette loi. (I. G., art. 343.) — Voy. PENSIONS CIVILES, RETENUES.

Remises et modérations sur contributions directes. — L'administration accorde la remise entière ou une modération de la taxe aux contribuables qui ont éprouvé des pertes de revenu par suite de grêle, d'incendie ou d'autres événements extraordinaires. La vacance de maisons destinées à la location et le chômage d'usines peuvent également motiver des remises ou modérations d'impôt, dans la limite du fonds de non-valeurs.

Des remises et modérations sont également accordées sur les taxes assimilées, pour le recouvrement, aux contributions directes, telles que les redevances des mines, les retributions pour la vérification des poids et mesures, etc.

Les demandes en remise, modération et non-valeurs sont jugées par les préfets. — Voy. DÉGRÈVEMENTS, FONDS DE NON-VALEURS, ORDONNANCES DE DÉGRÈVEMENT, RÉCLAMATIONS.

Remplacement de la contribution personnelle-mobilière par des droits d'octroi. — Voy. OCTROI.

Remplacement de comptables. — Voy. MUTATIONS DE PERCEPTEURS.

Remploi de capitaux. — La loi de finances du 2 juillet 1862, article 46, autorise le remploi en rentes sur l'État des sommes qui, aux termes des lois, d'un jugement ou d'un contrat, et même d'une donation entre-vifs ou testamentaire devraient être employées en acquisition d'immeubles.

D'après cette disposition, toute personne tenue de faire un remploi peut l'opérer en rentes 3 p. 0/0 françaises, à moins de clauses contraires. Les inscriptions sont, dans ce cas, immatriculées au nom de la personne titulaire et ne peuvent être aliénées qu'autant qu'on justifie au Trésor qu'on a fait un autre remploi. — *Mém.* 1863, p. 12. — Voy. Rentes sur l'État.

Rentes et créances appartenant aux établissements de bienfaisance (Recouvrement de). — Lorsque des particuliers, débiteurs de rentes en argent envers les hospices et autres établissements de bienfaisance, résident dans un arrondissement autre que celui où les établissements sont situés, les percepteurs des communes où habitent les débiteurs sont chargés d'effectuer les recouvrements pour le compte des établissements créanciers; ces comptables peuvent également, dans les mêmes circonstances, être chargés du recouvrement de toute autre créance appartenant à des hospices ou établissements charitables. (O. 28 juin 1833. — *Mém.* p. 192.)

A cet effet, les receveurs d'hospices font parvenir au receveur général de leur département, par l'entremise des commissions administratives, les titres des recettes à opérer pour leur compte. Ces titres sont, suivant le cas, envoyés par le receveur général, sans qu'il ait à en passer écriture, soit aux percepteurs du chef-lieu, soit aux receveurs particuliers, soit aux receveurs généraux d'autres départements. Les receveurs des finances, chargés de faire opérer des recouvrements de l'espèce, en prennent note sur le carnet dont la tenue est indiquée à l'article 1290 de l'Instruction générale.

Les percepteurs versent les fonds qu'ils ont recouvrés pour les hospices au receveur des finances de leur arrondissement, qui leur en délivre un récépissé comptable.

Les quittances que les receveurs d'hospices donnent lorsque les sommes recouvrées pour leur compte leur sont payées sont exemptes du droit de timbre, ce droit devant être exigé pour les quittances à délivrer aux débiteurs lorsqu'ils se libèrent entre les mains des percepteurs. (I. G., art. 1059.)

Les commissions hospitalières peuvent aussi charger les percepteurs du recouvrement des capitaux de rentes, lorsque les débiteurs proposent d'en faire le remboursement; elles peuvent aussi charger les mêmes comptables du recouvrement des rentes et créances en nature; mais, dans ces deux cas, l'intervention des percepteurs est facultative; les établissements peuvent leur substituer un autre mandataire, tel que leur propre receveur. — *Mém.* 1843, p. 203; 1858, p. 90; 1860, p. 283.

Les percepteurs n'ont besoin d'aucune procuration des receveurs d'hospices pour recouvrer les rentes et créances dues à ces établissements.

Ils ont qualité pour poursuivre et libérer les débiteurs. Quand ceux-ci le demandent, ils ne peuvent leur refuser une quittance notariée, dont les termes devront être préalablement approuvés par la commission administrative de l'établissement intéressé.

Les poursuites ont lieu à la requête de l'administration intéressée et à la diligence du percepteur, qui doit se conformer aux règles de procédure déterminées pour la nature du titre à exécuter, en s'arrêtant à la saisie-brandon ou à la saisie-exécution inclusivement. S'il y a lieu à l'expropriation du débiteur, ou s'il s'élève des difficultés qui donnent ouverture à des actions judiciaires, le percepteur, après avoir fait des actes conservatoires, prévient l'administration intéressée, et celle-ci avise à la suite qui doit être donnée à l'affaire.

Il convient, au reste, d'assurer, autant que possible, les recouvrements sans aucune poursuite. Les rentes dues aux hospices étant, en général, quérables, les comptables ont à se transporter chez les débiteurs; si, à la première réquisition, le payement de la rente échue est refusé, ou si le débiteur est absent, le percepteur l'informe ou le fait informer du jour le plus prochain où il doit se rendre dans la commune, et ce n'est qu'en cas de non-succès de la seconde démarche, faite au jour indiqué, qu'il convient de commencer les poursuites. Si néanmoins la sûreté du recouvrement exige de plus promptes mesures, le percepteur ne doit pas négliger de les prendre immédiatement. (I. G., art. 1061.)

Les percepteurs seraient responsables des non-valeurs qui résulteraient de leur négligence; ils répondraient également des prescriptions et des péremptions qui seraient encourues par suite du défaut de renouvellement des titres et des inscriptions hypothécaires. Toutefois, ils n'encourent de responsabilité pour la péremption des titres qu'autant que les receveurs des hospices intéressés les ont requis, par l'intermédiaire du receveur général des finances, de faire les actes conservatoires, pour empêcher la péremption des titres dont ils sont détenteurs, six mois au moins avant l'expiration des délais.

Les receveurs des finances sont tenus, sous leur responsabilité, de surveiller l'accomplissement des obligations imposées aux percepteurs pour le recouvrement des rentes et créances des hospices. (Id., art. 1062.)

Les règles qui viennent d'être rappelées concernant la responsabilité des percepteurs pour la péremption des titres s'appliquent également au renouvellement des inscriptions hypothécaires. — *Mém.* 1837, p. 30.

Les percepteurs ont droit, sur leurs recouvrements pour le compte des hospices, à des remises dont le taux est fixé, sur la proposition de la commission administrative de l'établissement propriétaire, par le préfet du département où le recouvrement doit avoir lieu, sans pouvoir néanmoins excéder 5 centimes par franc. A cet effet, les commissions administratives, en envoyant aux receveurs généraux des finances les titres des rentes de créances à recouvrer, y joignent leurs propositions pour la fixation des remises, et le receveur général, en faisant parvenir les titres à ces derniers, transmet les propositions des commissions, avec son avis, au préfet de son département, qui statue immédiatement et envoie une ampliation de son arrêté au receveur général, afin que celui-ci en donne connaissance aux percepteurs.

Les percepteurs sont autorisés à retenir leurs remises sur le produit des recettes effectuées par eux. Ils en souscrivent une déclaration qui est transmise aux receveurs des hospices, avec les sommes versées en numéraire, par l'intermédiaire des receveurs des finances, mais sans donner lieu à aucune écriture de la part de ces derniers. Les receveurs des hospices ont seuls à en faire dépense dans leur comptabilité, après qu'elles ont été visées par l'ordonnateur.

Lorsqu'un percepteur intervient pour le recouvrement de créances appartenant à un établissement de bienfaisance situé dans l'arrondissement du domicile du débiteur, les remises auxquelles il peut avoir droit se règlent de gré à gré entre ce comptable et le receveur de l'établissement; il ne saurait y avoir lieu au payement de doubles remises. (I. G., art. 1063. — *Mém.* 1840, p. 212.)

Les receveurs des finances peuvent, quand ils le jugent convenable, opérer eux-mêmes les recouvrements dont il est question ci-dessus. (I. G., art. 1064.)

Les receveurs des finances ont un compte ouvert aux receveurs d'établissements de bienfaisance, comme correspondants de la recette générale, pour y porter en recette les recouvrements des rentes et créances que les percepteurs sont chargés d'opérer pour le compte de ces établissements, et en dépense la transmission des fonds ainsi recouvrés aux établissements auxquels ils appartiennent. (Id., art. 1176.)

Pour constater les recouvrements de rentes et créances appartenant à des établissements de bienfaisance étrangers à leur résidence, les percepteurs ouvrent, sur leur livre des comptes divers, un compte intitulé : « Rentes et créances à recouvrer pour des établissements étrangers à mon arrondissement de perception. » Ils y inscrivent, en recette, les recouvrements qu'ils effectuent à ce titre, et en dépense : 1° les remises qui leur reviennent sur ces recouvrements et pour lesquelles ils ont à souscrire une déclaration de retenue; 2° les sommes versées au receveur des finances de l'arrondissement, déduction faite de ces remises. Ils doivent, en outre, enregistrer sur un carnet conforme au *modèle n°* 302 les titres de créances qui leur sont remis, en désignant les établissements propriétaires, le montant et les dates d'échéances des rentes et créances à recouvrer, enfin les sommes perçues. (Id., art. 1481.) — Voy. Rentes sur particuliers.

Rentes sur l'État. — On appelle ainsi les rentes constituées par l'État comme représentation des intérêts annuels de capitaux empruntés.

Aucune inscription, pour création de rentes, ne peut avoir lieu qu'en vertu d'une loi.

Le grand-livre de la dette publique consolidée est le titre fondamental de toutes les rentes inscrites au profit des créanciers de l'État.

Ces rentes sont nominatives ou au porteur. Toutes les rentes nominatives inscrites au grand-livre y sont divisées et enregistrées par noms de créanciers, Il est délivré à chaque créancier un extrait d'inscription au grand-livre. Il ne peut être fait aucune inscription au grand-livre pour une somme au-dessous de cinq francs. (D. 31 mai 1862, art. 196 à 199.)

L'identité des personnes, la vérité des pièces, les qualités et les droits à la propriété sont certifiés, sous leur responsabilité, par les officiers publics que les lois ont désignés à cet effet. (Id., art. 205.)

Il est ouvert au grand-livre de la dette publique, au nom de la recette générale de chaque département, celui de la Seine excepté, un compte collectif qui comprend, sur la demande des rentiers, les inscriptions individuelles dont ils sont propriétaires. Chaque receveur général tient, en conséquence, comme livre auxiliaire du grand-livre du Trésor, un registre spécial où sont nominativement inscrits les rentiers compris dans le compte collectif tenu au ministère des finances. Il est délivré à chaque rentier inscrit sur ce livre auxiliaire un extrait d'inscription départementale détaché d'un registre à souche et à talon. Cet extrait est signé du receveur général, visé et contrôlé par le préfet. Ces titres équivalent aux extraits d'inscription délivrés par le directeur de la dette inscrite. Ils sont transférables dans les départements comme les extraits d'inscription le sont à Paris, et peuvent, à la volonté des parties, être échangés contre des extraits d'inscription directe. (Id., art. 206 à 209.)

Les receveurs généraux sont, sans préjudice de la garantie du Trésor, personnellement responsables envers les particuliers des inscriptions, transferts, mutations, payements et compensations qui doivent être opérés par ces comptables. (Id., art. 210.)

Rentes possédées par les communes et les établissements de bienfaisance. — Les communes et les établissements de bienfaisance peuvent être propriétaires de rentes sur l'État, soit par suite de l'exécution de la loi du 20 mars 1813, qui a prescrit le payement en inscriptions de rentes du prix des biens communaux cédés et vendus en vertu de cette loi, soit par l'emploi, à l'achat de rentes, de capitaux provenant de remboursements faits par des particuliers, d'aliénations, de soultes d'échange, et de legs et donations.

Le placement en rentes sur l'État s'opère en vertu d'une délibération du conseil municipal, approuvée par le préfet. Les capitaux disponibles sont versés au receveur général du département, qui doit faire faire immédiatement l'achat des rentes au profit des communes ou établissements, et en remettre les inscriptions à leurs receveurs, selon le mode tracé plus loin. (I. G., art. 861.)

Les reçus délivrés par les receveurs des finances, en échange des versements qui leur sont faits pour des achats de rentes sur l'État, sont considérés comme valeurs jusqu'au moment de la remise des pièces fixant définitivement les sommes employées aux achats de rentes. Le montant des versements est porté, en conséquence, au débit du compte « Achat de rentes sur l'État » ouvert à la quatrième section du livre des comptes divers. Lorsque les achats sont effectués, leur montant est porté au débit des comptes des communes et établissements, et au crédit du compte des valeurs. (I. G., art. 1499.)

Par suite de la conversion des rentes 4 1/2 et 4 p. 100, résultant de la loi du 12 février 1862, les rentes possédées aujourd'hui par les communes et les établissements de bienfaisance consistent généralement en rentes 3 p. 100.

Les arrérages de ces rentes sont payés, chaque trimestre, par les receveurs des finances aux receveurs des communes et des établissements propriétaires.

Les quittances détachées des livres à souche, que les receveurs municipaux et d'établissements de bienfaisance ont à délivrer pour les arrérages, sont indépendantes de celles que les mêmes receveurs ont à souscrire, comme porteurs de titres, dans la forme réglée pour le service de la dette inscrite. Seulement, les comptables peuvent constater, sur l'une des deux quittances, qu'elle est souscrite par duplicata. (I. G., art. 1450.)

Les inscriptions de rentes sur l'État possédées par les communes et les établissements de bienfaisance sont considérées comme immeubles; leur aliénation, comme celle des biens-fonds, est proposée par les conseils municipaux, et les délibérations prises à ce sujet doivent être approuvées par les préfets. (D. 25 mars 1852, tableau A, § 41 ; I. G., art. 944 et 972.)

Sur la représentation des décisions qui accordent les autorisations de vente, les receveurs généraux font, d'après le mode indiqué ci-après, les dispositions nécessaires pour la vente des inscriptions de rentes, et en versent le produit aux receveurs des communes ou établissements.

Le montant de la vente devant faire partie des ressources prévues au budget, il en est fait recette comme des autres produits municipaux ou hospitaliers. (I. G., art. 973.)

Intervention des receveurs des finances pour les achats et ventes de rentes sur l'Etat. — Aux termes de l'ordonnance royale du 14 avril 1819, les receveurs généraux sont chargés d'office, à la volonté des particuliers, des communes et des établissements publics, de faire effectuer, pour leur compte et sans frais, sauf ceux de courtage justifiés par bordereaux d'agents de change, tous les achats et ventes de rentes sur l'État qu'ils jugent à propos de leur confier.

Les receveurs d'arrondissement sont tenus d'intervenir dans ces opérations lorsque le receveur général les en charge, mais seulement comme ses correspondants particuliers, et ils doivent porter directement à son compte les recettes et les payements auxquels elles donnent lieu.

Il n'est pas fourni de récépissés à talon pour les versements faits aux caisses des receveurs des finances par suite d'achats ou de ventes de rentes, attendu que ces opérations ne peuvent donner lieu à aucun recours en garantie contre le Trésor ; mais il est convenable, pour le bon ordre, de délivrer, en échange, des quittances détachées d'un livre à souche. (I. G., art. 1156.)

Les receveurs généraux, ainsi que les receveurs particuliers, doivent se charger immédiatement en recette des fonds qui leur sont versés pour être employés à des achats de rentes. Les receveurs généraux les enregistrent sur un carnet spécial.

Le receveur général de chaque département doit être informé sans retard des recettes faites par les receveurs particuliers ; lui seul a qualité pour adresser à la direction du mouvement général des fonds la demande nécessaire pour qu'elle fasse opérer les achats de rentes. Cette direction, après que l'opération a été consommée, envoie au receveur général le bordereau de l'agent de change qui a fait l'achat, et le débite de la somme payée pour son compte. Le receveur délivre pour cette remise un récépissé au nom du caissier du Trésor. (Id., art. 1157.)

Lorsque, d'après la demande de l'acquéreur, la rente est inscrite directement au grand-livre, l'extrait de l'inscription est envoyé au receveur général par le directeur du mouvement général des fonds, avec le bordereau de l'agent de change. Si la rente doit être en inscription départementale, le receveur général reçoit de la direction de la dette inscrite une lettre de crédit portant autorisation de l'inscrire sur son livre auxiliaire des rentes, et d'en délivrer l'extrait. Les extraits d'inscriptions ainsi délivrés et les bordereaux d'achat sont remis par le receveur général, soit directement, soit par l'entremise des receveurs particuliers, aux parties intéressées.

Si, comme il arrive presque toujours, la somme employée à l'achat n'est pas exactement la même que celle qui a été versée, les receveurs restituent aux parties intéressées, sur leur quittance, ou se font rembourser le montant de la différence. (Id., art. 1158.)

Quant aux extraits d'inscriptions de rentes qui sont remis à un receveur général pour être vendus, le receveur doit, au moment de cette remise, les enregistrer sur un carnet particulier, en y indiquant la date de la remise de l'extrait d'inscription, son numéro, le nom du propriétaire, la somme de rente et le semestre de la jouissance. Il fait l'envoi de ces titres à la direction du mouvement général des fonds, et le mentionne sur le carnet.

Cette direction fait faire la vente des inscriptions, et adresse au receveur général le bordereau qui lui est fourni par l'agent de change; lorsque le produit de la vente est versé au Trésor, il est délivré un récépissé au nom du receveur général, et ce comptable en est crédité dans son compte courant. Aussitôt que le receveur a reçu avis de ce crédit, il fait savoir aux parties intéressées que le produit de leur inscription, constaté par le bordereau de vente, leur sera payé dès qu'elles se présenteront, soit à la recette générale, soit à la recette particulière. (I. G., art. 1159.)

Payement des arrérages de rentes sur l'Etat, dans les départements. Concours des percepteurs. — Le payement, dans les départements, des arrérages de rentes sur l'État, en vertu d'inscriptions directes ou départementales, est fait en totalité par les receveurs des finances d'après les dispositions ci-après ; mais ces dépenses doivent être rattachées à la comptabilité des payeurs. (O. 18 août 1819 ; I. G., art. 663.)

Des bulletins individuels (*modèle n° 170*), indiquant la série et le numéro de l'inscription, le nom du titulaire, la nature et le montant de la rente, ainsi que la somme à payer par trimestre et par semestre, sont établis par la direction de la dette inscrite pour les inscriptions directes, et par les receveurs généraux pour les inscriptions départementales. Ils sont envoyés aux payeurs, les premiers directement, les autres par l'intermédiaire des préfets. Ils sont disposés de manière à faire un service de dix années et sont classés, par ordre de séries et de numéros, dans des casiers appropriés à cet usage. (D. 9 novembre 1849 ; I. G., art. 664.)

Les relevés de ces bulletins, destinés à servir d'état de payement d'arrérages et présentant le numéro des inscriptions, le montant de chaque rente et la somme à payer par semestre, sont, en outre, établis et certifiés par la direction de la dette inscrite pour les inscriptions directes, et par les receveurs généraux pour les inscriptions départementales, et sont envoyés aux payeurs, qui, après les avoir confrontés avec les bulletins, y apposent leur visa et les remettent immédiatement aux receveurs généraux. Après la réception des états d'arrérages des rentes directes et la rédaction de l'état des rentes départementales, le receveur général en envoie des extraits à chaque receveur particulier pour les rentes qui sont payables dans son arrondissement. (I. G., art. 665.)

Afin de faciliter les recherches, une série de numéros d'ordre doit être affectée, dans les recettes générales, à chaque série de rente. Ces numéros sont d'abord portés par les comptables dans une colonne spéciale des états d'arrérages, et ensuite reproduits sur les titres de rente, quand ils sont présentés au payement pour la première fois après la réception de ces états. Ils sont, en outre, mentionnés dans les quittances d'arrérages dont il sera parlé plus loin. Sur les titres, le numéro d'ordre, suivi du nom du département, est placé au verso, à gauche, en commençant dans le haut de la marge.

Outre les numéros d'ordre de la recette générale, les receveurs particuliers doivent avoir une série de numéros d'ordre propre à leur arrondissement, à cause des rentes que la recette générale, faute de renseignements, ou par suite de changements de résidence des titulaires, n'aurait pu comprendre d'abord dans les extraits des états, et qui, par suite, ne se trouveraient pas dans l'ordre numérique des inscriptions. Ces numéros et le nom de l'arrondissement sont également inscrits au verso des titres, mais à droite, et, sur les états d'arrérages, dans la colonne 4, que les receveurs particuliers intitulent : Numéros d'ordre de l'arrondissement. Les comptables peuvent, pour le nom du département et celui de l'arrondissement à inscrire sur les titres de rentes, faire usage d'un timbre ; le numéro d'ordre est alors placé au centre du timbre ou cachet. (I. G., art. 668.)

Les titulaires d'inscriptions de rentes sur l'Etat qui passent d'un département dans un autre ont la faculté de toucher leurs arrérages dans le département de leur nouvelle résidence ; mais, pour jouir de cet avantage sans éprouver de retard au moment de l'ouverture des trimestres ou semestres, ils doivent en faire soit la demande au ministre des finances (direction de la dette inscrite), soit la déclaration au receveur général du nouveau département, au moins un mois avant l'échéance. Cette demande ou déclaration indique le nom du rentier, le numéro, la série, la somme de l'inscription, le département où la rente doit être payée et celui où elle l'était précédemment.

Pour toucher dans un arrondissement de sous-préfecture, les rentiers doivent en faire la demande, soit à la recette particulière de cet arrondissement, soit à la recette générale du département, dix jours au moins avant l'ouverture du trimestre ou semestre.

Il n'est pas nécessaire que les porteurs des titres se présentent dans les bureaux des comptables pour les demandes dont il s'agit; ils peuvent les faire par lettre, en ayant soin d'indiquer exactement : le numéro de l'inscription de rente et celui de la série ; le montant de la rente et sa nature (4 1/2 ou 3 p. 0/0) ; le nom du rentier ; le lieu où la rente était payable ; le lieu où l'on désire être payé. (I. G., art. 669.)

Ces diverses dispositions, que les rentiers ont intérêt à connaître, et dont l'observation importe aussi à la bonne exécution du service, font, ainsi que la faculté de toucher chez les percepteurs, l'objet d'un avis (*modèle n° 175*) qui doit être affiché dans chaque recette des finances et même dans les bureaux des percepteurs appelés à payer des rentes. Les receveurs doivent, en outre, dans les villes où il se publie des journaux, s'entendre avec les éditeurs pour que cet avis y soit inséré. Les préfets doivent aussi faire faire, de temps en temps, la même insertion dans le Recueil des actes de la préfecture.

Enfin les receveurs doivent, pour diminuer le travail de la rente, provoquer la réunion des inscriptions qui sont aux mêmes noms ; l'avis dont il vient d'être question contient à ce sujet une invitation aux rentiers, auxquels il est facile de faire comprendre les avantages que présente cette mesure, sans aucun inconvénient pour eux, puisque, dans le cas où ils voudraient vendre une portion de leur rente ou en disposer autrement, la division du nouveau titre pourrait toujours être obtenue sans frais. (Id., art. 670.)

Lorsque plusieurs inscriptions sont présentées par le même porteur, il ne doit être donné qu'un acquit appelé bordereau-quittance pour tous les trimestres des inscriptions d'une même série, et concernant le même exercice. Une quittance pour chaque inscription est toujours nécessaire lorsqu'il s'agit de rentes qui ne sont pas comprises dans les états du département où le porteur demande à être payé.

Pour les exercices expirés, les inscriptions d'une même série présentées par le même porteur peuvent être réunies dans la même quittance, quels que soient les trimestres ou semestres arriérés; seulement, il doit être souscrit des quittances distinctes pour les arrérages afférents respectivement aux exercices clos et aux exercices périmés. Dans ces divers cas, les quittances doivent présenter l'indication des exercices auxquels se rapportent les arrérages acquittés, et, quand il n'est payé qu'un trimestre ou un semestre sur un exercice, ce trimestre ou semestre est désigné.

Les indications fournies par les inscriptions de rentes doivent être exactement reproduites dans les quittances d'arrérages, et il y est aussi fait mention du nom et du domicile du porteur des titres. Les comptables doivent interdire à leurs employés et, à plus forte raison, s'abstenir eux-mêmes de signer les quittances au lieu et place des porteurs d'inscriptions. Ils doivent veiller aussi à ce qu'il ne soit réclamé aucune rétribution pour la préparation des quittances.

Les rentiers qui résident hors du chef-lieu d'arrondissement peuvent, pour toucher les arrérages échus, déposer leurs titres entre les mains du percepteur de leur commune; ce dernier les transmet au receveur des finances, qui, après les avoir estampillés, les renvoie au percepteur avec des quittances préparées et revêtues du *vu bon à payer*.

Les frais des formules de quittances de rentes sont à la charge des receveurs généraux, qui trouvent une rémunération suffisante, pour leur concours au service de la rente, dans le crédit qui leur est donné par anticipation à l'ouverture de chaque semestre et dans la commission dont ils jouissent pour le versement au payeur de ces mêmes quittances. (I. G., art. 673.)

Les porteurs d'inscriptions de rentes ont la faculté de demander en payement, aux receveurs des finances, des mandats sur les divers comptables du département. (Id., art. 685.)

Les trimestres ou semestres arriérés des rentes ne sont pas, comme les autres créances sur l'État, atteints par la prescription au jour de la clôture des crédits, mais seulement et successivement aux échéances des 22 mars, 22 juin, 22 septembre et 22 décembre; les arrérages qui, à la fin d'un exercice, n'ont pas été payés sur le crédit qui lui est propre, doivent être imputés sur le crédit des exercices clos ou sur celui des exercices périmés suivant que le payement en est effectué avant ou après l'expiration de la cinquième année de l'ouverture du crédit primitif, et ils ne se trouvent prescrits que s'ils n'ont pas été réclamés pendant cinq ans, à partir de l'ouverture du trimestre ou du semestre auquel ils appartiennent. (Id., art. 686.)

Les receveurs des finances sont aussi chargés d'acquitter les arrérages des rentes au porteur, émises en vertu de l'ordonnance royale du 29 avril 1831. Ces payements ont lieu sur la présentation des inscriptions, savoir: au chef-lieu du département, par les soins du receveur général; dans les autres arrondissements, par les soins des receveurs particuliers.

Pour prévenir toute espèce de fraude et de perte, les receveurs ne font les payements de cette nature qu'après avoir eux-mêmes détaché les coupons qui sont annexés, pour chaque semestre, aux inscriptions de rentes, ou, si ces coupons se trouvent déjà détachés, après les avoir rapprochés du titre dont ils dépendent.

Si des coupons sont présentés isolément, ils ne doivent être acquittés qu'autant que les porteurs sont personnellement connus des comptables, et que ceux-ci n'ont, d'ailleurs, aucun motif pour suspecter la sincérité du titre; en cas de doute, le receveur général transmet le coupon, avant payement, au caissier du Trésor, et il en donne avis à la direction du mouvement des fonds; le caissier le fait encaisser après vérification, et il en fait alors porter le montant au crédit du receveur général auquel il délivre son récépissé; sur l'avis de l'encaissement, le receveur général fait compter les arrérages à la partie intéressée. (I. G., art. 689.)

Une décision du ministre des finances, en date du 9 février 1863, a statué que les titres de rentes nominatives ou au porteur expédiés par les receveurs généraux et particuliers des finances et les percepteurs peuvent indistinctement être admis au bénéfice du chargement en franchise sous bandes. Les titres dont il s'agit peuvent être recouverts intérieurement de feuilles de papier non fermées. — Voy. Franchise, Payements pour le compte du payeur, Poste.

Rentes sur particuliers. — Le revenu qui résulte, pour les communes et les établissements de bienfaisance, des rentes foncières dues par des particuliers, est établi par les titres constitutifs qui engagent les particuliers envers les communes et établissements. Le recouvrement doit en être poursuivi contre les débiteurs d'après les règles ordinaires. (I. G., art. 860.)

Les communes et établissements de bienfaisance étant soumis aux mêmes prescriptions que les particuliers, il s'ensuit qu'il ne peut leur être légalement dû, par un même débiteur, que cinq années d'arrérages. — Voy. Prescription.

Le remboursement des capitaux placés sur des particuliers peut être fait aux communes et aux établissements de bienfaisance quand les débiteurs le proposent; mais ceux-ci doivent, un mois d'avance, remettre aux maires une demande en deux expéditions, qui sont adressées au préfet; l'une est renvoyée aux maires après approbation, l'autre est transmise au receveur général, qui l'envoie aux receveurs municipaux ou hospitaliers par l'intermédiaire du receveur particulier des finances. (Avis du cons. d'État, 21 décembre 1808.)

Les receveurs municipaux doivent refuser les remboursements si ces formalités n'ont pas été remplies.

Pour les petites rentes, pour celles qui offrent peu de garantie, et pour celles dont la perception est difficile, les remboursements peuvent être acceptés sous la déduction d'un cinquième du capital; mais ces remboursements doivent être autorisés par un arrêté du préfet.

Les receveurs de l'enregistrement doivent donner connaissance au receveur général, par l'intermédiaire de leur directeur, des actes ayant pour objet le remboursement des capitaux de rente. (I. G., art. 953.)

Le débiteur d'une rente constituée en perpétuel peut être contraint au rachat s'il cesse de remplir ses obligations pendant deux années. Lorsque la rente est quérable, il doit préalablement avoir été mis en demeure. (C. N., art. 1912 ; I. G., art. 860. — *Mém.* 1836, p. 142 ; 1838, p. 350.)

Le capital de la rente constituée en perpétuel devient aussi exigible en cas de faillite ou de déconfiture du débiteur. (C. N., art. 1913.)

Lorsque après le remboursement du capital de la rente il y a lieu de donner aux débiteurs mainlevée des inscriptions hypothécaires prises sur les biens qui servaient de gage à la créance, cette mainlevée ne peut être définitivement prononcée que par un arrêté du conseil de préfecture rendu sur une proposition formelle de l'administration et de l'avis du comité consultatif. — *Mém.* 1829, p. 117 et 119.

Les receveurs des communes et des établissements de bienfaisance doivent, sous leur responsabilité, empêcher les prescriptions en faisant renouveler en temps utile les titres constitutifs des rentes et les inscriptions hypothécaires prises en vertu de ces titres sur les biens des débiteurs.

Aux termes de l'article 2154 du Code Napoléon, les inscriptions conservent les hypothèques pendant dix ans, à compter du jour de leur date, et leur effet cesse si les inscriptions n'ont pas été renouvelées avant l'expiration de ce délai. Les comptables doivent donc avoir soin de requérir, dans le cours de la dixième année, une nouvelle inscription au bureau du conservateur des hypothèques. Les frais d'inscription sont à la charge du débiteur, s'il n'y a stipulation contraire.

Quant au titre des créances, les comptables ne sont pas obligés d'attendre qu'il soit sur le point de prescrire pour en exiger le renouvellement. Après vingt-huit ans de la date du dernier titre, le débiteur d'une rente peut, conformément à l'article 2263 du Code Napoléon, être contraint à fournir à ses frais un titre nouvel à son créancier ou à ses ayants cause.

Les comptables doivent, à l'appui de leur compte annuel, justifier qu'ils ont satisfait complétement aux obligations rappelées ci-dessus; ils ne peuvent même obtenir leur quitus qu'autant que l'autorité qui juge leur comptabilité a reconnu que leur justification sous ce rapport est pleine et entière. La circonstance que le comptable a perçu tous les arrérages des rentes pendant sa gestion ne suffit pas pour dégager sa responsabilité, qui dure tant que les titres ne sont pas expirés, à moins qu'il ne soit prouvé qu'au jour de la cessation des fonctions, les biens soumis à l'hypothèque n'avaient été grevés, du fait d'autres créanciers, d'aucune inscription préjudiciable à la commune ou à l'établissement. (Arrêt de la Cour des Comptes, 16 février 1837. — *Mém.* p. 177.)

Lorsqu'un titre de rente n'a pas été renouvelé en temps utile, le service des intérêts, s'il peut être prouvé, suffit pour interrompre le cours de la prescription. Mais il faut que la preuve de ce service résulte d'actes ou d'aveux du débiteur. A défaut, la mention des registres et des comptes du receveur pourrait constituer une présomption assez forte de la réalité du payement des intérêts pour autoriser les juges à admettre la preuve par témoins. — *Mém.* 1846, p. 256 ; 1859, p. 323. — Voy. ACTES ET MESURES CONSERVATOIRES, HYPOTHÈQUE, MAINLEVÉE, PRESCRIPTION.

Les hospices et autres établissements de bienfaisance peuvent avoir à recouvrer des rentes sur des particuliers résidant dans un arrondissement autre que celui où les établissements sont situés. Les percepteurs des communes où habitent les débiteurs sont chargés d'effectuer ces recouvrements pour le compte des établissements créanciers Les règles à suivre dans ce cas sont déterminées par les articles 1059 à 1064 de l'Instruction générale. — Voy. RENTES ET CRÉANCES.

Rentes viagères dues par l'État. — Voy. PENSIONS ET RENTES VIAGÈRES.

Rentiers de l'Etat — Les rentiers qui auraient perdu leurs extraits d'inscription de rente nominative doivent, pour obtenir un nouveau titre, en faire la déclaration devant le maire de la commune de leur domicile, en présence de deux témoins qui constatent l'individualité du déclarant.

Cette déclaration est rapportée au Trésor public. Le ministre, après en avoir fait constater la régularité, autorise, s'il y a lieu, le directeur du grand-livre à débiter le compte de l'inscription perdue et à le porter à compte nouveau par un transfert en forme. Il est remis au réclamant un extrait original de l'inscription de ce nouveau compte. (D. 3 messidor an XII, art. 2, 3 et 4.)

En cas de perte d'inscription de rente au porteur, le ministre des finances n'est pas tenu de remplacer le titre, même sous l'offre d'un dépôt d'autres inscriptions de rentes équivalent à celles perdues. (Arrêt du cons. d'État, 27 août 1840.) — Voy. RENTES SUR L'ÉTAT.

Renvoi. — On nomme ainsi une addition ou une correction mise en marge où à la fin d'un acte avec lequel elle doit faire corps. Tout renvoi doit être signé ou parafé par toutes les personnes qui ont signé l'acte.

Réparations des bâtiments. — On distingue trois sortes de réparations : les réparations locatives, les réparations d'entretien, les grosses réparations. Les réparations locatives ou de menu entretien dont le locataire est tenu, s'il n'y a clause contraire, sont celles désignées comme telles par l'usage des lieux, et, entre autres, les réparations à faire aux âtres, contre-cœurs, chambranles et tablettes des cheminées ; au recrépiment du bas des murailles des appartements et autres lieux d'habitation, à la hauteur d'un mètre; aux pavés et carreaux des chambres, lorsqu'il y en a seulement quelques-uns de cassés ; aux vitres, à moins qu'elles ne soient cassées par la grêle, ou autres accidents extraordinaires ou de force majeure ; aux portes, croisées, planches de cloisons, gonds, targettes et serrures.

Les réparations d'entretien regardent le rétablissement des parties de couvertures, des digues, des murs de soutènement ou de clôture, attendu que leur restauration n'est réputée grosse réparation qu'autant qu'elles sont à faire en entier.

Les grosses réparations comprennent : la restauration partielle des gros murs et des voûtes, le rétablissement des poutres et des couvertures entières ; celui des digues et des murs de soutènement et de clôture aussi tout entier; celui des cloisons et des pans de bois. Les réparations réputées locatives sont aussi rangées dans la catégorie des grosses réparations lorsqu'elles sont occasionnées par la vétusté, ou proviennent d'une force majeure. (C. N., art. 606 et 1754.)

Les administrations locales peuvent faire exécuter, sur les crédits ouverts à leurs budgets et sans autorisation spéciale, les travaux ordinaires et de simple entretien dont la dépense n'excède pas 300 francs. (D. 10 brumaire an XIV.)

Lorsque la dépense excède 300 francs, mais ne dépasse pas 1,000 francs, les réparations ordinaires et de simple entretien aux bâtiments communaux peuvent être exécutées, dans les limites des crédits ouverts au budget, sur l'approbation du sous-préfet. (D. 13 avril 1861, art. 6, § 13.)

Au-dessus de cette dernière somme, l'autorisation du préfet est nécessaire, et le devis estimatif des réparations doit, en conséquence, être soumis à son approbation. (D. 25 mars 1852.) — Voy. ADJUDICATION, DEVIS, MARCHÉ, TRAVAUX.

Répartiteurs (Commissaires). — La répartition des contributions foncière, personnelle-mobilière et des portes et fenêtres entre les contribuables de chaque commune est préparée, de concert avec le contrôleur des contributions directes, par une commission de répartiteurs composée du maire, d'un adjoint et de cinq contribuables fonciers, don deux non domiciliés dans la commune, s'il s'en trouve de tels.

Les commissaires-répartiteurs sont nommés par les sous-préfets. Ils sont nommés pour un an ; cependant, ils ne cessent leurs fonctions qu'après le renouvellement suivant.

Les maires doivent envoyer à la sous-préfecture, dans le courant de janvier de chaque année, une liste de dix propriétaires aptes à remplir les fonctions de répartiteurs, non compris le maire et l'adjoint. A l'aide de cette liste, le sous-préfet nomme, indépendamment des cinq répartiteurs titulaires, cinq suppléants, et adresse l'arrêté de nomination au maire de chaque commune, qui le notifie aussitôt aux répartiteurs. De cette manière, les répartiteurs titulaires qui seraient empêchés d'assister aux réunions pour lesquelles ils ont été convoqués peuvent être immédiatement remplacés par les suppléants. (Décis. du min. des fin., 28 mars 1814.)

Les fonctions de répartiteur ne peuvent être légitimement refusées que pour l'une des causes ci-après : 1° les infirmités graves et reconnues ; 2° l'âge de 60 ans commencés, ou plus ; 3° l'entreprise d'un voyage ou d'affaires qui obligeraient à une longue absence du domicile ordinaire ; 4° l'exercice de fonctions administratives ou judiciaires ; 5° le service militaire de terre et de mer, ou tout autre service public.

Tout contribuable domicilié à plus de deux myriamètres d'une commune pour laquelle il a été nommé répartiteur peut également ne point accepter.

Celui qui n'accepte point les fonctions de répartiteur doit présenter, par écrit, son refus motivé dans les dix jours de l'avertissement qui lui a été donné de sa nomination. Le sous-préfet prononce dans les dix jours suivants, et, si le refus se trouve fondé, il remplace sur-le-champ le refusant. Dans le cas contraire, il déclare que le refus n'est point admis, et que celui qui l'a proposé reste répartiteur. (L. 3 frimaire an VII ; Arrêté du 19 floréal an VIII.)

Le maire convoque les répartiteurs tant internes qu'externes, dans les cas où leur concours est nécessaire.

Les sept répartiteurs délibèrent en commun, à la majorité des suffrages. Ils ne peuvent prendre aucune délibération s'ils ne sont au nombre de cinq au moins présents. Ils sont convoqués et présidés par le maire ou par son adjoint, et, à leur défaut, par le plus âgé des répartiteurs.

Indépendamment de leurs attributions concernant la répartition des contributions foncière, personnelle-mobilière et des portes et fenêtres, les répartiteurs concourent à la rédaction de l'état matrice de la contribution sur les voitures et les chevaux, à la formation de l'état-matrice des prestations en nature pour les chemins vicinaux ; à la rédaction des relevés destinés à l'établissement de la taxe annuelle sur les biens de mainmorte, à la formation ou à la révision des états d'exploitation, en ce qui concerne les redevances sur les mines. Ils rédigent, de concert avec le maire et le percepteur, les états-matrices des personnes imposables pour la taxe municipale sur les chiens.

Les répartiteurs donnent leur avis motivé sur les demandes en décharge et réduction concernant les contributions foncière, personnelle-mobilière et des portes et fenêtres, ainsi que sur les réclamations qui ont pour objet les autres taxes à l'établissement desquelles ils ont été appelés à concourir. Ils donnent également leur avis, pour ces contributions et taxes, sur les états de cotes indûment imposées présentés par les percepteurs.

Ils n'ont pas d'avis à donner en ce qui concerne les patentes, le maire seul étant appelé à concourir à l'établissement de cette nature de contribution.

Le maire et les répartiteurs ne doivent donner leur avis sur les états de cotes irrecouvrables que lorsqu'ils leur sont soumis par les contrôleurs. — Voy. CONTRIBUTIONS DIRECTES, COTES INDUMENT IMPOSÉES, MINES, MUTATIONS, PRESTATIONS, RÉCLAMATIONS, TAXE DES BIENS DE MAINMORTE, TAXE SUR LES CHIENS.

Répartition des contributions directes entre les départements, les arrondissements et les contribuables. — La loi annuelle de finances fixe le contingent de chaque département, en principal, pour les contributions foncière, personnelle-mobilière et des portes et fenêtres. Ce contingent est réparti entre les arrondissements et les communes de chaque département.

Les contingents que la loi a fixés peuvent, toutefois, éprouver des augmentations ou des réductions par suite des changements qui surviennent, soit dans la matière imposable non bâtie (biens de l'État restitués ou vendus, alluvions, corrosions), soit dans la propriété bâtie. Les maisons et usines nouvellement construites ou reconstruites, et devenues imposables accroissent le contingent dans la contribution foncière et dans la contribution des portes et fenêtres. Les propriétés bâties qui ont été détruites ou démolies font l'objet d'un dégrèvement dans les mêmes contributions, jusqu'à concurrence de la part que lesdites propriétés prenaient dans la matière imposable de la commune, de l'arrondissement et du département où elles étaient situées. Le contingent de chaque département, dans la contribution personnelle-mobilière, est également augmenté en proportion de la valeur locative des maisons nouvellement construites ou reconstruites, à mesure que ces maisons sont imposées à la contribution foncière ; l'augmentation est du vingtième de la valeur locative des locaux consacrés à l'habitation personnelle. Le même contingent de la contribution personnelle-mobilière est diminué du montant en principal des cotisations personnelles-mobilières afférentes aux maisons qui ont été détruites ou démolies. Enfin, les contingents de la contribution des portes et fenêtres sont modifiés lorsque, à la suite des dénombrements quinquennaux de la population, les communes passent dans une catégorie inférieure ou supérieure à celle dont elles faisaient partie.

L'estimation des propriétés bâties devenues imposables est faite par les commissaires répartiteurs, assistés du contrôleur des contributions; elle est arrêtée par le préfet, qui peut, s'il le juge convenable, faire préalablement procéder à la révision par deux experts, dont l'un est nommé par lui, et l'autre par le maire de la commune. Les frais d'expertise sont imposés sur la commune, par addition aux centimes communaux ordinaires, si l'évaluation est reconnue inexacte; dans le cas contraire, ils sont imputés sur le fonds de dégrèvements pour pertes de matière imposable et pour cause de surévaluation de propriétés nouvellement imposées.

Pour connaître les propriétés qui deviennent imposables ou qui cessent de l'être, les contrôleurs des contributions et les répartiteurs font annuellement le parcours des communes; ils s'aident des notes fournies par les percepteurs, et des registres tenus dans les mairies pour les demandes d'alignement. (L. 23 septembre 1814, 17 juillet 1819, 17 août 1835 et 4 août 1844; I. G., art. 20.)

La contribution des patentes étant un impôt de quotité, la loi de finances n'en présente le montant que par approximation et sauf l'application du tarif dans chaque département. (I. G., art. 21.)

Le répartement des contributions foncière, personnelle-mobilière et des portes et fenêtres, entre les arrondissements de sous-préfecture, est fait par les conseils généraux de département. Le sous-répartement entre les communes est effectué par les conseils d'arrondissement. Les tableaux de répartement et de sous-répartement sont remis, par les soins des préfets, aux directeurs des contributions directes. (L. 3 frimaire, 3 nivôse et 2 messidor an VII, 13 floréal an X, 23 juillet 1820 et 21 avril 1832; O. 16 juillet 1826; I. G., art. 22.)

Les directeurs des contributions procèdent alors à la répartition sur les contribuables au moyen de matrices qui présentent les noms et prénoms, la demeure et la profession des contribuables, et les éléments de chaque impôt.

Cette répartition exige des travaux préparatoires qui ont pour objet la constatation des changements ou mutations survenus dans la matière imposable ou dans la situation des contribuables. (I. G., art. 23.) — Voy. MATRICES DE RÔLES, MUTATIONS, RÉPARTITEURS.

Répertoire des actes soumis à l'enregistrement. — Pour assurer la perception des droits d'enregistrement, les maires doivent tenir des répertoires à colonnes sur lesquels ils inscrivent jour par jour, sans blanc ni interligne, et par ordre de numéros, tous les actes de l'administration communale soumis à l'enregistrement sur minute, c'est-à-dire les actes portant translation de propriété, d'usufruit, de jouissance, les adjudications et marchés de toute nature et les cautionnements relatifs à ces actes. (L. 22 frimaire an VII, art. 49, 15 mai 1818, art. 78.)

Ce répertoire doit être en papier timbré; il est coté et parafé par le sous-préfet.

Chaque article du répertoire contient: 1° son numéro; 2° la date de l'acte; 3° sa nature; 4° les noms et prénoms des parties et leur domicile; 5° l'indication des biens, leur situation et le prix, lorsqu'il s'agit d'actes qui ont pour objet la propriété, l'usufruit ou la jouissance de biens-fonds; 6° la relation de l'enregistrement, c'est-à-dire la date de l'accomplissement de cette formalité et le montant du droit perçu. (L. 22 frimaire an VII, art. 50.)

Le maire y indique, en outre, la date de l'approbation de chaque acte et celle du jour où elle est parvenue à la mairie.

Les porteurs de contraintes sont assujettis à tenir également un répertoire, coté et parafé par le juge de paix du chef-lieu d'arrondissement, et visé gratuitement pour timbre par le receveur de l'enregistrement ; ils y portent tous les actes de leur ministère sujets au timbre et à l'enregistrement, soit gratis, soit payés, sous peine d'une amende de cinq francs par chaque omission.

Indépendamment des détails prescrits par l'article 50 de la loi du 22 frimaire an VII, ce répertoire doit contenir, dans une colonne distincte, le coût de chaque acte, d'après les fixations arrêtées par le préfet.

Dans les dix premiers jours de chaque trimestre, ce répertoire est présenté au receveur de l'enregistrement pour être revêtu de son visa. Le porteur de contraintes qui diffère cette présentation est puni d'une amende de dix francs pour chaque dizaine de retard.

Le porteur de contraintes est tenu, en outre, de communiquer son répertoire, à toute réquisition, aux préposés de l'enregistrement qui se présentent chez lui pour le vérifier, à peine d'une amende de 50 francs en cas de refus.

Il le communique au percepteur, au maire, au sous-préfet, au receveur de l'arrondissement et aux inspecteurs des finances en tournée, toutes les fois qu'il en est requis. (Régl. sur les poursuites, art. 39; I. G., art. 107.) — Voy. PORTEURS DE CONTRAINTES, POURSUITES, TIMBRE.

Résidence des percepteurs. — Les percepteurs receveurs des communes et établissements de bienfaisance sont tenus de résider au chef-lieu de leur perception, à moins qu'une ville ou commune étrangère à cette perception n'ait été désignée comme résidence par mesure organique ; ils ne peuvent fixer leur domicile dans une autre commune qu'en vertu d'une autorisation expresse du ministre. (Inst., 7 thermidor an XI, 8 décembre 1815 et 6 novembre 1820 ; I. G., art. 1247.)

Il est, en outre, dans l'esprit des instructions que le bureau des comptables soit établi au centre de la commune chef-lieu, c'est-à-dire là où se trouvent groupés la mairie, l'église, l'école, le marché, etc. Si un percepteur se trouvait dans l'impossibilité de se procurer un logement dans ces conditions, il devrait se pourvoir auprès du ministre des finances pour être autorisé à résider dans une autre partie déterminée de la commune, et en suivant, par analogie, la marche tracée ci-après pour les demandes en autorisation de résidence dans une commune autre que le chef-lieu de perception — *Mém.* 1860, p. 77.

Pour obtenir l'autorisation de fixer leur domicile dans une commune autre que le chef-lieu de leur perception, les percepteurs doivent présenter au receveur des finances une demande accompagnée d'un plan faisant connaître, d'après les indications données par le *modèle n°* 255, la position des communes, leur population, les chemins qui les relient et les distances qui les séparent, lesquelles doivent être exprimées en kilomètres. (I. G., art. 1247.)

Les conseils municipaux de toutes les communes de la perception doivent, en outre, être appelés à se prononcer sur le changement de résidence demandé par le percepteur. A cet effet, le comptable doit remettre aux maires une copie, sur papier libre, de sa demande contenant l'exposé des raisons sur lesquelles elle se fonde; mais il lui est interdit de rédiger à l'avance le dispositif des délibérations des conseils municipaux. L'avis motivé de ces conseils doit être envoyé directement à la sous-préfecture, sans passer par les mains du percepteur. (Circ. min. des fin., 27 décembre 1861. — *Mém.* 1862, p. 38.)

Le receveur particulier, après avoir soumis la demande au sous-préfet, l'adresse au receveur général, et celui-ci la remet au préfet, qui l'envoie au ministre avec ses observations.

Les percepteurs qui habiteraient, sans autorisation, une commune autre que le chef-lieu de leur perception, seraient considérés comme absents de leur résidence sans congé, et seraient passibles de la retenue prescrite par l'article 1264 de l'Instruction générale, sans préjudice des peines plus graves qui seraient prononcées contre eux. Sont réputés ne pas résider au chef-lieu de leur réunion les percepteurs qui n'y habitent pas d'une manière permanente, bien qu'ils y aient un domicile. (I. G., art. 1248.)

Il est recommandé aux receveurs des finances et aux préfets d'apporter le plus grand soin dans l'examen des demandes de résidence des percepteurs ainsi que dans leurs appréciations sur chacune d'elles, et de ne prendre en considération que les seuls intérêts du service, surtout lorsqu'il s'agit d'autoriser un percepteur à fixer son domicile dans une commune étrangère à sa circonscription. Dans le cas où la demande concerne une commune de la perception autre que le chef-lieu, et que les convenances du service permettent d'y avoir égard, il est nécessaire d'examiner avant tout s'il n'est pas préférable de changer le chef-lieu et de le transporter dans la commune désignée. (Id., art. 1249.)

Les autorisations de résidence sont personnelles aux percepteurs qui les ont obtenues. En cas de vacance, le nouveau percepteur doit établir son domicile effectif et son bureau de recette au chef-lieu de la perception, ou produire, dans les trois mois de son entrée en fonction, toutes les pièces et justifications exigées. Néanmoins, si dans les trois ans qui suivent l'autorisation précédemment accordée, la perception devient vacante, et si le nouveau titulaire demande que cette autorisation lui soit continuée, il peut se dispenser de produire les avis des conseils municipaux; dans ce cas, le préfet et les receveurs des finances ont seuls à exprimer leur opinion. (Id., art. 1250.)

Les receveurs des finances doivent mentionner dans les résumés de vérification des percepteurs à former pour le ministère des finances la commune où chaque percepteur réside de fait, et leur opinion sur la convenance de cette résidence. (I. G., art. 1251.) — Voy. CONGÉ.

Résiliation. — Action d'annuler un acte, et spécialement un bail, sans anéantir ses effets pour le passé.

Les préfets ayant actuellement le droit de statuer sur les baux de toute durée et de toute nature concernant les communes et les établissements de bienfaisance (D. 25 mars 1852), sont également compétents pour statuer sur les modifications à apporter à ces contrats du consentement des parties intéressées.

Toutefois, c'est à l'autorité judiciaire qu'il appartient de connaître des contestations relatives à la résiliation des baux administratfs (Arrêts du cons. d'État, 6 juin 1813 et 9 avril 1817.)

La clause qu'à défaut de payement d'un terme de fermage le bail sera résilié, sans mise en demeure préalable, dispense le bailleur de recourir aux tribunaux pour faire prononcer la résolution du contrat. Mais il est indispensable qu'une sommation ou tout autre acte de poursuites ait donné la preuve que le payement n'a pas eu lieu nonobstant la demande faite par le créancier. — *Mém.* 1850, p. 205. — Voy. BAUX.

Responsabilité. — Les règlements ont déterminé la part de responsabilité qui incombe aux administrateurs et aux comptables en ce qui concerne le service et la comptabilité des deniers publics.

Les administrateurs et les ordonnateurs chargés de l'établissement et de la mise en recouvrement des droits et produits, ainsi que de la liquidation et de l'ordonnancement des dépenses, sont responsables de l'exactitude des certifications qu'ils délivrent.

Les comptables sont responsables de la réalisation des recouvrements et des payements, ainsi que des deniers publics qui sont déposés dans leur caisse.

Les percepteurs des contributions directes, par exemple, sont responsables du montant des rôles dont la perception leur est confiée, sauf la faculté qui leur est accordée de faire rectifier les erreurs matérielles qui auraient été commises dans la confection ou l'expédition des rôles, et de présenter à l'administration des états de cotes indûment imposées et de cotes irrecouvrables. Leur libération s'opère par la représentation des récépissés du receveur des finances, qui justifient le versement intégral des sommes qu'ils étaient tenus de recouvrer. — Voy. COTES INDUMENT IMPOSÉES, COTES IRRECOUVRABLES, ERREURS, MUTATIONS DE PERCEPTEURS, RECOUVREMENT, RESTES A RECOUVRER, RÔLES, VERSEMENTS.

Les receveurs des communes et des établissements de bienfaisance sont responsables du recouvrement de tous les revenus des communes et établissements, et de toutes les sommes qui leur seraient dues, ainsi que de l'acquittement régulier des dépenses ordonnancées. Toutefois, ils peuvent obtenir l'allocation en non-valeurs des restes à recouvrer dont la rentrée ne peut pas être opérée, en justifiant, dans les formes voulues par les règlements, notamment par l'arrêté du 6 messidor an x, de l'insolvabilité des débiteurs ou de la caducité des créances.—Voy. MUTATIONS DE COMPTABLES, NON-VALEURS.

Ces receveurs sont tenus, en outre, également sous leur responsabilité personnelle, d'avertir les administrateurs de l'expiration des baux, d'empêcher les prescriptions, de veiller à la conservation des domaines, droits, privilèges et hypothèques, de requérir à cet effet l'inscription au bureau des hypothèques, de tous les titres qui en sont susceptibles, enfin de tenir registre de ces inscriptions et autres poursuites et diligences. — Voy. ACTES ET MESURES CONSERVATOIRES, CAUTIONNEMENTS, COMPTE DE GESTION, HYPOTHÈQUE, MUTATIONS DE PERCEPTEUR, NON-VALEURS, RENTES SUR PARTICULIERS, TITRES.

D'après les règlements sur le service et la comptabilité des deniers publics, chaque comptable principal est responsable des recettes et des dépenses de ses subordonnés. Ainsi, les receveurs généraux des finances sont responsables de la gestion des receveurs particuliers de leur département; les receveurs généraux et particuliers des finances sont responsables de la gestion des percepteurs des contributions directes pour tous les services dont ils sont cumulativement chargés. (D. 31 mai 1862, articles 332, 336 et 338.)—Voy. DÉBET, DÉFICIT, RECEVEURS DES FINANCES, PERCEPTEURS.

Restes à payer. — Voy. ÉTAT DES RESTES A PAYER.

Restes à recouvrer sur les contributions de l'exercice clos. — Pour compléter le recouvrement des contributions de chaque exercice, il est accordé un délai fixé au 30 novembre de l'année qui suit celle dont l'exercice prend son nom. A l'expiration de ce délai, les receveurs généraux pour l'arrondissement du chef-lieu, et les receveurs particuliers pour leur arrondissement respectif, sont obligés de tenir compte au Trésor, de leurs deniers personnels, de la partie des rôles qui n'aurait pas été soldée par des recouvrements réels sur les contribuables, ou par des ordonnances de dégrèvements. Les receveurs ont, d'ailleurs, à l'expiration du mois d'août, à effectuer pour solder l'exercice une opération d'ordre qui est indiquée à l'article 589 de l'Instruction générale. (O. 8 décembre 1832, art. 3; D. 11 août 1850; I. G., art. 93 et 1121.)

Néanmoins, les rôles de l'exercice soldé d'office restent entre les mains des percepteurs, qui sont autorisés à poursuivre, au nom du Trésor, la rentrée des restes à recouvrer, jusqu'à la fin de la troisième année de l'ouverture de l'exercice. (I. G., art. 94.)

En conséquence, les receveurs des finances doivent, à l'époque du 30 novembre de la seconde année de l'exercice, solder le compte d'ordre mentionné à l'article 589 de l'Instruction générale par le débit d'un compte collectif qu'ils ouvrent aux percepteurs pour les restes à recouvrer sur les contributions, et auquel ils appliquent les versements que les comptables opèrent ultérieurement en atténuation de ces restes à recouvrer. Pour suivre ces rentrées, les receveurs doivent laisser ouvert le compte individuel qu'ils ont avec chaque percepteur. Lors des versements qui leur sont faits, ils délivrent aux percepteurs, à titre de recettes sur les restes à recouvrer, des récépissés à talon, dont ils portent le montant au compte individuel et au compte collectif. (I. G., art. 1122.)

Les percepteurs qui auraient laissé écouler les trois années accordées pour l'apurement des rôles sans terminer le recouvrement, sont tenus de solder, de leurs propres deniers, le montant des cotes ou portions de cotes restant alors à recouvrer, et ils doivent en faire recette à titre de contributions directes, en s'en délivrant à eux-mêmes une quittance à souche. Ils demeurent créanciers particuliers des contribuables et sont subrogés aux droits du Trésor, qu'ils exercent par les moyens ordinaires de poursuites, à l'aide d'un état de restes à recouvrer dressé dans la forme du *modèle n° 306*, lequel état, après avoir été vérifié par le receveur des finances, est certifié exact par le sous-préfet, sans qu'il soit nécessaire de le revêtir de la formule exécutoire, les rôles, qui sont déposés à la sous-préfecture, aux termes de l'article 96 de l'Instruction générale, pouvant être consultés en cas de contestation.

Les percepteurs qui, pendant les trois années accordées pour le recouvrement des rôles, n'ont exercé aucune poursuite contre un contribuable, ou qui, après avoir commencé les poursuites, les ont abandonnées pendant trois ans, sont déchus de leurs droits contre les redevables, et toutes nouvelles poursuites leur sont interdites. (I. G., art. 95.)

La part de responsabilité que l'obligation de solder les rôles, de leurs propres deniers, à l'expiration de la troisième année de l'exercice, impose aux anciens et aux nouveaux titulaires, en cas de mutation de percepteurs, et les droits ainsi que les devoirs respectifs de ces comptables et des gérants intérimaires, sont réglés par les articles 1340 à 1345 de l'Instruction générale. — Voy. MUTATIONS DE PERCEPTEURS.

Le versement de l'arriéré doit être fait par les percepteurs dès le 20 décembre de la troisième année de l'exercice, afin que leur compte pour les restes à recouvrer puisse être soldé par les receveurs généraux dans les écritures du mois de décembre. Si les percepteurs n'ont point effectué ce versement à l'époque du 20 décembre, les receveurs particuliers doivent, à cette même époque, solder le compte des restes à recouvrer par celui de leurs fonds particuliers, et les receveurs généraux font la même opération par le débit du compte ouvert aux receveurs particuliers. L'arriéré non soldé des deniers des percepteurs rentre alors dans la classe des débets dont les receveurs des finances ont à suivre le recouvrement pour leur propre compte. (I. G., art. 1124.) — Voy. DÉBET.

Les délais fixés pour le recouvrement et l'apurement des rôles de chaque exercice sont les mêmes pour le recouvrement des sommes portées dans les états de frais de poursuites. En conséquence, les receveurs des finances doivent, à la date du 30 novembre de la seconde année de chaque exercice, solder les états de frais dont le montant a été appliqué à l'exercice expiré ; ils portent les restes à recouvrer au compte collectif qu'ils ouvrent aux percepteurs pour les restes à recouvrer sur les diverses contributions ; les percepteurs, de leur côté, à l'expiration de la troisième année, doivent rembourser de leurs deniers personnels, aux receveurs des finances les sommes qui resteraient à recouvrer sur les mêmes états; ils s'en chargent en recette, se délivrent à eux-mêmes des quittances détachées du livre à souche, et en versent immédiatement le montant au receveur des finances. Dans les arrondissements autres que le chef-lieu, cette opération doit être terminée au 20 décembre. Les comptables qui ont fait l'avance des frais restant à recouvrer sur les contribuables en poursuivent la rentrée selon les règles prescrites pour les contributions. (I. G., art. 585.)

Ces dispositions sont, en outre, applicables aux restes à recouvrer sur les redevances des mines, sur la taxe des biens de mainmorte et sur les rétributions pour la vérification des poids et mesures. Les receveurs des finances portent l'avance qu'ils font sur ces restes à recouvrer, et les rentrées obtenues, au même compte collectif qu'ils ont ouvert aux percepteurs pour les restes à recouvrer sur les contributions directes. (Id., art. 1125.)

Les percepteurs qui soldent de leurs deniers la portion des contributions et des frais de poursuites non recouvrée à l'expiration de la troisième année de l'exercice, doivent en porter le montant au débit d'un compte d'avances qu'ils ouvrent à la 4e section de leur livre des comptes divers, sous le titre de « Divers, L/C de restes à payer sur les contributions et sur les frais de poursuites de l'exercice 18 », en se référant, pour les noms des contribuables débiteurs et pour la somme due par chacun d'eux, aux détails contenus dans l'état des restes à recouvrer qu'ils ont à dresser en exécution de l'article 95 de l'Instruction générale. Ils enregistrent au journal à souche les recouvrements qu'ils effectuent en atténuation de leur avance ; mais, comme elle leur est personnelle, ils se bornent à inscrire la somme reçue au-dessous ou en regard du nom du contribuable et la mention *pour mémoire* dans la colonne des produits divers ; par la même raison, ils doivent s'abstenir de faire figurer dans leurs bordereaux de situation le solde du compte dont il s'agit. (I. G., art. 1500.)

Le même compte peut comprendre les avances qui seraient faites par les percepteurs pour restes à recouvrer sur les redevances des mines, sur la taxe des biens de mainmorte et sur les rétributions pour la vérification des poids et mesures.— Voy. Exercice, Mines, Poids et mesures, Recouvrement, Rôles, Taxe des biens de mainmorte.

Restes à recouvrer sur les produits communaux. — Voy. ÉTAT DES RESTES A RECOUVRER.

Restitutions au Trésor. — Les sommes versées aux receveurs des finances à titre de restitutions à l'État sont reçues pour le compte du caissier central du Trésor. Les receveurs généraux en transmettent le montant au caissier du Trésor en leur récépissé comptable.

Lorsque des versements à titre de restitution au Trésor sont faits aux percepteurs, il en est souscrit des quittances à souche par ces comptables. Si la partie désire ne pas être nommée, le versement est reçu comme étant fait par un anonyme. Les quittances non retirées sont remises au receveur des finances. Ces versements font, dans la comptabilité des percepteurs, l'objet d'un compte intitulé « Divers, L/C de restitutions au Trésor », lequel est ouvert à la troisième section du livre des comptes divers. Les comptables comprennent dans leur plus prochain versement à la recette des finances les sommes qu'ils reçoivent à ce titre, et il leur en est délivré des récépissés à talon. (I. G., art. 1490.)

Restitutions et dommages-intérêts prononcés en faveur des communes et des établissements de bienfaisance. — Des restitutions ou dommages-intérêts peuvent être prononcés par les tribunaux en faveur des communes et des établissements de bienfaisance, pour délits commis sur leurs propriétés et notamment pour délits forestiers. Le recouvrement des dommages-intérêts ainsi prononcés est suivi par les receveurs de l'enregistrement en vertu des jugements de condamnation. A l'expiration de chaque année, ces receveurs dressent, pour chaque commune et établissement, un état des sommes recouvrées à ce titre pendant l'année écoulée, lequel, après avoir été soumis au visa du vérificateur de l'enregistrement, est transmis au directeur de cet établissement dans le département, chargé de l'arrêter; une copie de cet état est envoyée, par l'entremise des receveurs des finances, au receveur de la commune ou de l'établissement intéressé, qui perçoit les sommes ainsi liquidées au bureau du receveur de l'enregistrement. (Décis. des min. des fin. et de l'int., 22 octobre 1860 et 6 février 1862.)

Ce produit, comme celui des amendes de police, est appliqué à l'exercice correspondant à l'année pendant laquelle l'encaissement a été effectué. — Voy. AMENDES.

Retenues en vertu d'oppositions. — Voy. SAISIE-ARRÊT OU OPPOSITION.

Retenue par mesure disciplinaire. — Aux termes de l'article 17 du décret du 9 novembre 1853, concernant les pensions civiles, une retenue, dont le maximum est fixé à deux mois de traitement, sous la déduction d'un quart pour frais de bureau, peut être infligée, d'office, aux percepteurs, par voie disciplinaire, pour inconduite, négligence ou manquement au service. Les receveurs des finances devraient rendre immédiatement compte au ministère (direction du personnel et direction générale de la comptabilité publique) des faits qui auraient motivé des punitions de cette nature. (I. G., art. 1311.) — Voy. RETENUES POUR LE SERVICE DES PENSIONS CIVILES.

Cette mesure est indépendante des autres pénalités prononcées par les règlements en vigueur pour les infractions constatées par les receveurs des finances dans la comptabilité des percepteurs. — Voy. AGENT SPÉCIAL, EXPRÈS, GÉRANT INTÉRIMAIRE, SUSPENSION.

Retenues sur traitements pour le service des pensions civiles. — Les receveurs des finances sont appelés à percevoir pour le service des pensions civiles : 1° les retenues auxquelles sont soumis leurs émoluments et les émoluments de leurs subordonnés ; 2° celles qui doivent être exercées sur les traitements des fonctionnaires et employés dépendant d'administrations qui ont une comptabilité spéciale ou qui sont rétribués sur des fonds autres que ceux de l'État; 3° toutes les retenues qui, quoique n'appartenant pas à ces catégories, ne sont pas exercées au moment où les traitements sont payés et par le comptable sur la caisse duquel les mandats sont émis; le tout ainsi qu'il est expliqué ci-après. (I. G., art. 341.)

Aux termes des articles 3 et 18 de la loi du 9 juin 1853 et 25 du décret du 9 novembre suivant, les fonctionnaires et employés nommés à partir du 1er janvier 1854 ou en exercice à cette époque ont droit à pension et supportent indistinctement, sans pouvoir les répéter dans aucun cas, les retenues ci-après :

1° Une retenue de 5 p. 0/0 sur les sommes payées à titre de traitement fixe ou éventuel, de préciput, de supplément de traitement, de remises proportionnelles, de salaires, ou constituant, à tout autre titre, un émolument personnel ;

2° Une retenue du douzième des mêmes rétributions lors de la première nomination, ou dans le cas de réintégration après démission ou révocation, et du douzième de toute augmentation;

3° Les retenues pour cause de congés et d'absences ou par mesure disciplinaire.

Les fonctionnaires et employés qui, par mesure disciplinaire ou par mutation volontaire d'emploi, sont descendus à un traitement inférieur subissent la retenue du premier douzième des augmentations ultérieures. (Id., art. 342.)

Retenues exercées sur les émoluments des percepteurs receveurs municipaux. — Pour les percepteurs, les retenues ne portent, comme pour les autres agents du ministère des finances rétribués par des salaires ou des remises variables, que sur les trois quarts de leurs émoluments, le dernier quart étant considéré comme indemnité de loyer et de frais de bureau; mais, d'après les dispositions générales et spéciales des articles 3 et 4 de la loi, et 13 et 20 du décret, déjà cités plus haut, elles s'exercent tant sur la portion de ces émoluments qui leur est payée par l'État, que sur celles qu'ils reçoivent des communes et établissements publics, et des associations syndicales. (I. G., art. 343.)

Il n'est pas exercé de retenues sur les frais de premiers avertissements et les allocations pour les mutations foncières.— *Mém.* 1859, p. 181.

Les articles 5 et 6 du décret déterminent, pour la constatation et le versement des retenues afférentes aux traitements et allocations qui sont payés soit sur les fonds généraux, soit sur ceux des divers établissements, que les ordonnances ou mandats de payements sont délivrés pour le brut, qu'il y est fait mention des retenues à exercer, et que le montant de ces retenues est porté en recette à titre de retenues sur traitements pour le service des pensions civiles.

La marche à suivre, en général, pour l'exécution de ces dispositions, consiste à établir le décompte des retenues sur les ordonnances mêmes ou mandats de payement; mais la diversité des émoluments qui composent la rémunération des percepteurs, et les modes variés d'après lesquels ces émoluments sont alloués aux comptables, exigent l'emploi de mesures particulières.

Il est fait, sur les mandats délivrés par les préfets, pour les remises sujettes à la retenue, la simple mention que la somme ordonnancée sera portée en dépense pour le brut, mais qu'elle sera frappée, au profit du Trésor, des retenues prescrites par la loi du 9 juin 1853. Quant à ces retenues, elles sont l'objet de liquidations distinctes, ainsi qu'il est réglé ci-après. (I. G., art. 344.)

La retenue de 5 p. 0/0 ou du vingtième s'exerce (art. 3 de la loi) sur toute somme touchée à titre d'émolument personnel par les fonctionnaires et employés soumis au régime des pensions. Seulement, et comme il est dit plus haut, les percepteurs ne supportent la retenue que sur les trois quarts de leurs émoluments de toute nature.

Les receveurs des finances doivent, outre la retenue à exercer sur les trois quarts des sommes qu'ils allouent aux percepteurs pour remises sur les contributions directes et sur les divers produits accessoires (redevances de mines, taxes des biens de mainmorte, rétributions pour la vérification des poids et mesures), se faire verser, au vu des décomptes établis conformément à l'article 1242 de l'Instruction générale, le vingtième des remises afférentes aux opérations qui sont effectuées par les mêmes agents, en qualité de receveurs des communes, d'établissements de bienfaisance et d'associations syndicales.

La retenue de 5 p. 0/0 doit porter sur le brut des émoluments, sauf la déduction du quart, c'est-à-dire être prélevée, comme il sera expliqué plus loin, même sur les sommes à verser pour premier douzième de traitement ou d'augmentation et pour cause de congé ou de mesure disciplinaire. (I. G., art. 345.)

Les receveurs des finances se chargent en recette du montant de ces retenues, et en délivrent récépissé.

De leur côté, les percepteurs receveurs municipaux doivent faire dépense du montant brut des remises qui leur sont acquises en cette dernière qualité et comme trésoriers d'associations syndicales, ainsi que des frais de perception des impositions communales dont ils ont à se tenir compte à eux-mêmes comme percepteurs, et se charger en recette, d'après la marche indiquée plus loin, du montant des retenues à exercer sur ces divers émoluments.

Les receveurs municipaux spéciaux font également recette et dépense de la retenue de 5 p. 0/0 sur le montant des frais de perception des impositions communales qu'ils ont à payer aux percepteurs. (Id., article 346.)

Le montant des émoluments des percepteurs n'étant définitivement fixé que dans le courant du mois de juin de la seconde année de l'exercice, les retenues à opérer pour premier douzième de traitement ou d'augmentation et pour cause de congé ou de mesure disciplinaire ne peuvent être calculées que d'après le montant des allocations de l'exercice précédent, constaté dans l'état des remises des percepteurs et des receveurs municipaux (*modèle* n° 252) qui est rédigé, par chaque arrondissement de sous-préfecture, aussitôt après la clôture de l'exercice, conformément à l'article 1224 de l'Instruction générale.

En conséquence, cet état sert depuis le 1er juillet de la seconde année de l'exercice jusqu'au 30 juin de l'année suivante, inclusivement.

Ainsi, les retenues pour cause de congé ou de mesure disciplinaire sont calculées d'après l'état de l'exercice pénultième pour les congés qui expirent ou les mesures disciplinaires qui se terminent avant le 1er juillet de l'année courante, et d'après l'état du dernier exercice pour les congés ou les mesures disciplinaires qui viennent à expirer depuis cette époque jusqu'au 30 juin de l'année suivante. (Id., art. 347.)

Les retenues sur les émoluments des percepteurs ne sont calculées qu'après déduction de la retenue de 5 p 0/0, laquelle doit porter sur le brut des émoluments, sauf le quart pour frais de loyer et de bureau. Il en est de même pour la liquidation et l'emploi des remises afférentes aux missions d'agents spéciaux : la retenue de 5 p. 0/0, qui, en tout cas, est due au Trésor, est en effet à défalquer du montant des émoluments dont doit être privé le titulaire de la perception près duquel un agent spécial a été placé. (Id., art. 348.)

Pour l'application de cette règle, il est donné ci-après quelques exemples :

La retenue devrait être calculée de la manière suivante sur les émoluments du titulaire d'une perception d'un produit de 3,200 francs, qui aurait joui d'un congé d'un mois avec perte de la moitié du traitement, savoir :

Produit brut de la perception......................	3,200 fr.	» c.
1/4 pour frais de loyer et de bureau, à déduire.......	800	»
Reste.....	2,400	»
Émoluments d'un mois..............................	200	»
Retenue de 5 p. 0/0................................	10	»
Reste net pour un mois............................	190	»
Dont la moitié pour le congé est de................	95	»

En cas de placement d'un agent spécial, la retenue est calculée ainsi qu'il suit :

En supposant que les remises liquidées s'élèvent à...	266 fr.	66 c.
on doit d'abord déduire un quart, soit...............	66	66
Puis, du reste......................................	200	
La retenue de 5 p. 0/0, soit........................	10	»
Reste à répartir.....	190	»

Un percepteur dont les émoluments annuels s'élèveraient à 3,200 francs brut, soit à 2,400 francs net, et qui aurait été frappé d'ue retenue d'un mois de traitement par mesure disciplinaire, n'aurait à verser, à ce titre, que 190 francs. (Note de l'article 348 de l'Instruction générale.)

Dans le calcul des retenues afférentes aux congés, chaque mois doit compter pour trente jours ; quand l'absence comprend le dernier jour d'un mois ayant plus ou moins de trente jours, la durée doit en être augmentée ou réduite comme si le mois avait trente jours.

Ni le jour du départ ni celui du retour ne sont comptés pour la liquidation des sommes à retenir. (I. G., art. 349.)

Les dispositions du 4e alinéa de l'article 16 du décret du 9 novembre 1853, qui autorisent le prélèvement des frais d'intérim sur les retenues à faire aux agents momentanément absents de leur poste, ne sont pas applicables aux percepteurs, attendu que ces comptables sont tenus de pourvoir personnellement ou par des employés payés par eux, et dont ils sont entièrement responsables, à toutes les exigences de leur emploi. (Id., art. 350.)

Il est pris note à la comptabilité générale, pour les perceptions, du chiffre sur lequel a été exercée la retenue du premier mois de traitement ou d'augmentation, afin que, lors des mutations ultérieures, il puisse être satisfait aux prescriptions de l'article 23 du décret du 9 novembre, portant que la différence entre le traitement frappé de la dernière retenue et les émoluments du nouvel emploi constitue l'augmentation passible de la retenue du premier douzième. (Id., art. 351.)

Un secrétaire de préfecture qui a subi, lors de son entrée en fonction, la retenue du premier mois de traitement au profit de la caisse spéciale des employés, n'est pas dispensé par là, s'il est nommé percepteur, de verser, conformément à la loi du 9 juillet 1853, le premier douzième de ses émoluments. — *Mém.* 1861, p. 180.

Mais un employé appartenant à une administration publique et rétribué sur les fonds de l'État, qui, à ce titre, avait versé à titre de retenue pour pension de retraite le montant du premier mois de son traitement, n'est tenu, lorsqu'il est nommé percepteur, que de verser le premier douzième d'augmentation de traitement qui résulte pour lui de ses nouvelles fonctions. — *Mém.* 1856, p. 27.

Lorsque l'absence des percepteurs, en vertu de congés sujets à retenue, doit se prolonger pendant un certain temps, le receveur des finances se borne à leur allouer une partie de leurs remises, se réservant ainsi la somme necessaire pour balancer la retenue à effectuer plu stard. (I. G., art. 352.)

Lorsqu'un intérim a lieu par mesure disciplinaire, c'est-à-dire lorsqu'il est suivi de la réintégration du comptable, la somme restée libre, après le payement de l'indemnité et des frais dus à l'agent provisoire, doit être versée au compte des retenues pour le service des pensions civiles; au cas contraire, elle doit être considérée comme émoluments afférents aux intérims, et la retenue de 5 p. 0/0 est prélevée sur la somme revenant au Trésor après règlement de l'indemnité due au gérant intérimaire ou provisoire. (I. G., art. 353; Circ. compt. gén., 31 mai 1862. — *Mém.*, p. 217.)

Pour faciliter la liquidation des retenues et en conserver les éléments, les receveurs des finances doivent tenir un carnet, dont le modèle est donné *sous le n°* 342. Un compte y est ouvert à chaque perception, et les receveurs y inscrivent, d'une part, les diverses natures d'émoluments de leurs subordonnés sur lesquels est exercée la retenue de 5 p. 0/0, et, d'autre part, les retenues que ceux-ci ont à supporter pour 1er douzième de traitement ou d'augmentation, pour congé ou pour mesure disciplinaire. Le même carnet sert à former le titre de perception. (I. G., art. 356 et 1618.)

Retenues exercées sur les émoluments de divers agents rétribués sur les fonds communaux. Intervention des receveurs municipaux. — Plusieurs employés et fonctionnaires rétribués sur les fonds communaux, autres que les percepteurs receveurs municipaux dont il vient d'être question, doivent supporter la retenue pour le service des pensions civiles. Tels sont : les préposés en chef des octrois, les gardes forestiers mixtes et les fonctionnaires et agents dépendant du ministère de l'instruction publique, autres que ceux qui font partie de l'administration académique, de l'enseignement supérieur et du personnel enseignant des lycées.

Pour les préposés en chef des octrois, dont les traitements sont payés sur les fonds des communes, les retenues sont exercées par les receveurs municipaux, qui en versent le montant à la recette des finances.

Outre les retenues spécifiées à l'article 3 de la loi du 9 juin 1853, ces préposés ont à supporter la retenue du quart de leur part dans le produit net des saisies et amendes d'octroi. (I. G., art. 359.)

Les receveurs municipaux remettent aux receveurs des finances, à l'appui de chaque versement comme titre de perception provisoire, une déclaration du maire indiquant le montant et la nature des retenues à verser, et à la fin du mois de décembre, comme titre de perception définitif, un état certifié par le receveur municipal, visé par le maire, et exprimant le montant des émoluments tant fixes qu'éventuels du préposé, et les retenues de diverses natures que ce dernier a dû subir pendant l'année. (Id., art. 360.) — Voy. Octroi.

Pour les gardes forestiers mixtes, les retenues afférentes à la portion de leur salaire payée sur les fonds de cotisations, sont faites par les receveurs des finances; les titres de perception sont établis par l'administration des forêts et transmis aux receveurs généraux par la direction générale de la comptabilité publique. (Circ. min. des fin., 28 février 1863; I. G., art. 360.) — Voy. Gardes forestiers.

Quant aux retenues à exercer sur les émoluments des fonctionnaires et agents dépendant du ministère de l'instruction publique, elles exigent des explications spéciales, eu égard à la part directe que les receveurs municipaux ont à prendre à cette partie du service.

Les retenues à exercer sur les traitements des fonctionnaires des écoles secondaires de médecine et de pharmacie et des colléges communaux en régie au compte des villes sont précomptées, chaque mois ou chaque trimestre, par le receveur municipal, au moment où il paye ces traitements. (I. G., art. 363.)

A l'égard des colléges communaux où le pensionnat est au compte des principaux, le montant des retenues est précompté par le receveur municipal sur les différents termes de la subvention allouée par la ville à l'établissement.

Dans les colléges auxquels la ville n'alloue pas de subvention, les retenues sont précomptées par le principal; et celui-ci les verse directement à la caisse du receveur des finances. (Id., art. 365.)

A l'appui de chaque versement, il est produit au receveur des finances, comme titre de perception provisoire, une déclaration sommaire (*modèle n° 91*), certifiée, suivant le cas, par le directeur de l'école ou le principal du collége, et indiquant le montant et la nature des retenues à verser. A la fin du mois de décembre, il doit être remis à ce comptable, pour lui servir de titre de perception définitif, dans la forme des états de traitements, un état nominatif des fonctionnaires et employés (*modèle n° 92*), présentant, pour l'année entière et pour chaque nature de traitement, fixe ou éventuel, le montant des traitements et celui des retenues revenant au Trésor. Ces états doivent être certifiés, comme les titres provisoires, par le proviseur, le directeur ou le principal, et être visés par le recteur. (I. G., art. 365.)

Le directeur et les maîtres adjoints des écoles primaires annexées à quelques colléges communaux font partie du personnel des colléges et doivent figurer sur les mêmes états de traitements que les autres fonctionnaires. En conséquence, les retenues dont leur traitement est passible doivent être comprises dans ces états, et non dans les bordereaux récapitulatifs de retenues dont il est parlé plus loin, au sujet des instituteurs primaires. (Id., art. 366.)

Les instituteurs, titulaires, adjoints ou provisoires, lorsqu'ils sont pourvus d'un brevet de capacité, et à l'exception de ceux qui appartiennent à des corporations religieuses, sont soumis, quel que soit leur âge, pour les différentes allocations qu'ils touchent, aux mêmes retenues que les autres fonctionnaires de l'instruction publique. Ces retenues sont celles de 5 p. 0/0 et du premier douzième de traitement et d'augmentation; elles s'exercent sur le montant du traitement, quelle que soit l'origine des rétributions dont il se compose. Elles sont prélevées par le receveur municipal lors du payement, lequel a lieu sur la production de mandats délivrés par le maire (*modèle n°* 93), et indiquant le montant brut des rétributions, les retenues à exercer et le net à payer.

La retenue du premier mois de traitement est liquidée d'après les émoluments de l'emploi pour l'année qui a précédé l'installation du nouvel instituteur; elle est égale au douzième de ces émoluments, et elle est opérée lors des premiers payements faits par le receveur municipal.

L'instituteur doit supporter la retenue du premier douzième de l'augmentation qu'il obtient sur l'ensemble de ses émoluments par suite, soit de son passage d'une école à une autre, soit d'une augmentation sur le traitement fixe alloué par la commune. Dans le cas de changement d'école, la retenue est calculée, comme celle du premier mois, d'après le traitement du nouvel emploi pour l'année précédente, comparé au traitement sur lequel l'instituteur aura subi la dernière retenue à titre de premier mois de traitement ou d'augmentation; faute de renseignements à cet égard, elle le serait sur la différence entre les émoluments des deux emplois pour l'année précédente; mais, tant qu'un instituteur dirige la même école, il n'y a pas à se préoccuper de l'élévation accidentelle que peut offrir la rétribution scolaire.

Le montant de la rétribution scolaire perçue par l'instituteur doit être compris dans les mandats de payement et supporter la retenue de 5 p. 0/0. En conséquence, les receveurs municipaux ont, au moment où ils font dépense du montant brut des mandats, à se charger en recette tant de la retenue que de la somme pour laquelle la rétribution est portée dans ces mandats. (I. G., art. 367.)

Le principe de la retenue s'applique aux institutrices autres que celles qui appartiennent à des congrégations religieuses

Les institutrices qui, aux termes du décret du 31 décembre 1853, sont chargées des écoles communales publiques fréquentées par les enfants des deux sexes, et que l'article 9 de ce décret assimile aux instituteurs communaux, sont, pour les retenues, soumises aux règles prescrites à l'égard de ces derniers.

Quant aux institutrices dirigeant des écoles spéciales de filles, les retenues portent aussi bien sur le traitement fixe que sur la rétribution scolaire, soit que l'institutrice ait été autorisée à recouvrer elle-même cette rétribution, soit que le recouvrement en ait été confié au receveur municipal.

Les dispositions de la loi du 9 juin 1853 sur les pensions civiles sont également applicables aux directrices et sous-directrices des salles d'asile. (I. G., art. 368.)

Les receveurs municipaux font dépense du montant intégral des mandats de traitement, et portent en recette le produit des retenues. (Id., art. 369.)

Il est expressément recommandé à ces comptables de s'assurer de l'exactitude des décomptes de retenues établis dans les mandats de traitement des instituteurs, et, en cas d'erreur, de s'entendre avec les maires pour en obtenir la rectification. (Id., art. 370.)

Dans les dix premiers jours de chaque trimestre, les receveurs municipaux remettent au receveur des finances, pour être adressé au sous-préfet, un bordereau récapitulatif (*modèle n° 94*) des sommes payées aux instituteurs ou recouvrées directement par ceux-ci pendant le trimestre précédent, et des retenues acquises au Trésor sur ces mêmes sommes.

Ces bordereaux, étant la base du contrôle des retenues, doivent être rédigés avec le plus grand soin par les receveurs municipaux et être vérifiés attentivement. Les receveurs des finances, avant de les transmettre au sous-préfet, ce qui doit avoir lieu dans les cinq premiers jours du second mois de chaque trimestre, les font transcrire sur un état général (*modèle n° 95*). Les institutrices sont inscrites séparément sur cet état, et celles qui sont assimilées aux instituteurs sont placées les premières. Les directrices des salles d'asiles sont placées à la fin de l'état.

L'état de l'arrondissement du chef-lieu est terminé par une récapitulation présentant l'ensemble des retenues pour le département. Ces états, après avoir été soumis à la vérification et au visa du préfet, servent de titre de perception au receveur général. (Id., art. 371.)

Les recettes provenant des retenues pour le service des pensions civiles doivent être appliquées à l'exercice sur lequel s'impute la dépense des émoluments qui ont supporté les retenues. Lorsque des versements de l'espèce sont faits à leur caisse, les receveurs des finances doivent déterminer avec soin l'imputation d'exercice à y donner, en demandant aux parties les renseignements qui leur manqueraient, si, au moment du versement, ils n'avaient pas en main un titre de perception qui les fixât à cet égard. Toutefois, ils imputeraient à l'exercice courant les retenues dont le versement ne leur serait fait qu'après l'expiration de celui auquel elles appartiennent. (Id., art. 374.)

Ecritures. — Comme on l'a vu plus haut, les traitements payés sur les fonds communaux et passibles de retenues pour le service des pensions civiles (émoluments des percepteurs comme receveurs municipaux et d'établissements de bienfaisance, et pour frais de perception, traitements des préposés en chef des octrois et des fonctionnaires de l'enseignement) sont portés en dépense pour le brut au compte de la commune ou de l'établissement intéressé, et il est fait recette des mêmes sommes à titre de retenues sur traitements pour le service des pensions civiles. (I. G., art. 1007.)

Cette recette est portée à un compte particulier ouvert à la 2e section du livre des comptes divers, ou parmi les comptes généraux au grand-livre des receveurs spéciaux.

Les recettes y sont enregistrées, par journée, dans la colonne de l'exercice auquel elles appartiennent, et il est successivement fait dépense des versements que les comptables effectuent aux caisses des receveurs des finances. (Id., art. 1106 et 1473.) — Voy PENSIONS CIVILES.

Retenues sur traitements destinées à des fonds de retraites. — Voy. PENSIONS DE RETRAITE.

Retraites. — Voy. PENSIONS CIVILES, PENSIONS DE RETRAITE, RETENUES.

Rétributions dues par les pharmaciens, épiciers droguistes et herboristes. — Voy. PHARMACIENS.

Rétributions pour la vérification des poids et mesures. — Voy. POIDS ET MESURES.

Rétribution scolaire. — On désigne ainsi la rétribution mise à la charge des parents dont les enfants fréquentent les écoles primaires publiques.

Rétribution scolaire des instituteurs communaux. — Le produit de la rétribution scolaire des instituteurs communaux ne constitue pas une ressource communale proprement dite, puisque, sauf les communes qui allouent pour le traitement de l'instituteur une somme supérieure au minimum fixé par la loi du 15 mars 1850, et font, pour leur propre compte, le recouvrement de la rétribution scolaire, ce recouvrement est opéré exclusivement dans l'intérêt particulier de l'instituteur. Néanmoins, ce produit doit figurer annuellement, au chapitre des recettes ordinaires, dans les budgets et dans les comptes des communes, de même que le produit des centimes spéciaux, des subventions, fondations et autres ressources qui servent à former le traitement que la loi assure à chaque instituteur communal.

Les conseils municipaux délibèrent chaque année, dans leur session de février, pour l'année suivante, sur le taux de la rétribution scolaire, en même temps que sur le traitement de l'instituteur et sur les centimes spéciaux qu'il y aura lieu de voter lors du règlement du budget pour pourvoir, à défaut de revenus ordinaires, au traitement de l'instituteur.

Trois jours au plus tard avant cette session, le receveur municipal remet au maire, comme documents utiles à consulter, les rôles trimestriels de la rétribution scolaire de l'année précédente, appuyés d'un résumé de ces rôles faisant connaître : 1° le montant des rôles ; 2° les non-valeurs résultant des cotes indûment imposées ; 3° les sommes recouvrées ; 4° celles dont la rentrée est réalisable ; 5° celles qui sont à porter sur l'état des cotes irrecouvrables et dont la commune est responsable envers l'instituteur.

Le résumé des rôles reste à l'appui de la délibération prise pendant la session de février par le conseil municipal.

La délibération du conseil municipal est envoyée, avant le 1er mai, pour l'arrondissement chef-lieu, au préfet, et, pour les autres arrondissements, au sous-préfet, qui la transmet, dans les dix jours, au préfet, avec son propre avis, celui des délégués cantonaux et celui de l'inspecteur. (D. 7 octobre 1850, art. 18, 19 et 29 ; Inst. régl., 31 janvier 1854, art. 2 et 3.)

Le préfet soumet au conseil départemental de l'instruction publique les délibérations des conseils municipaux relatives au taux de la rétribution scolaire. Au vu de cette délibération et de la liste des enfants qui devront être admis gratuitement dans l'école, le conseil départemental fixe le taux de la rétribution scolaire. L'inspecteur d'académie donne avis de cette décision au préfet, qui présente le résultat de ces diverses délibérations au conseil général dans sa session ordinaire, à l'appui de la proposition des crédits à allouer pour les dépenses de l'instruction primaire dans le budget départemental. (D. 7 octobre 1850, art. 20.)

A la fin de chaque année scolaire, le préfet, ou, par délégation, le sous-préfet, fixe, sur la proposition des délégués cantonaux et l'avis de l'inspecteur de l'instruction primaire, le nombre maximum des enfants qui, en vertu des prescriptions de l'article 24 de la loi du 15 mars 1850, pourront être admis gratuitement dans chaque école publique pendant le cours de l'année suivante. (D. 31 décembre 1853, art. 13.)

A l'époque fixée par le préfet, le maire et les ministres des différents cultes désignent, de concert, les enfants qui doivent être admis gratuitement dans les écoles publiques, sans que le nombre de ces enfants puisse jamais dépasser les fixations du préfet. Cette liste est approuvée par le conseil municipal et définitivement arrêtée par le préfet. (L. 15 mars 1850, art. 24 et 45 ; D. 7 octobre 1850, art. 10, et 31 décembre 1853, art. 13.)

Il en est fait trois expéditions : une pour la mairie, une pour l'instituteur, une pour le préfet. Les modifications qui y sont apportées dans le cours de l'année sont soumises aux mêmes formalités. (D. 7 octobre 1850, art. 10.)

Il est délivré par le maire un extrait de la liste arrêtée par le préfet, sous forme de billet d'admission, à chaque enfant qui y est porté. Ce billet reproduit le numéro d'ordre de la liste. Aucun élève ne peut être reçu gratuitement dans une école communale, s'il ne justifie d'un billet d'admission délivré par le maire. (D. 31 décembre 1853, art. 13.)

L'instituteur tient un registre matricule, commençant au 1er janvier de chaque année, de tous les enfants admis à son école. Ce registre, coté et parafé par le maire, sert à l'établissement des rôles trimestriels de la rétribution scolaire. Il doit être conforme au modèle annexé à la circulaire du ministre de l'instruction publique du 5 décembre 1860.

Rédigé avec soin, il donne : 1° le nombre réel des enfants qui ont fréquenté l'école dans l'année ; 2° la durée précise de la fréquentation pour chaque enfant ; 3° le produit total de la rétribution scolaire. La dernière page du registre présente en outre, sous forme de récapitulation générale, des renseignements statistiques et un décompte.

Une copie du registre matricule est adressée, le 24 décembre de chaque année, à l'inspecteur d'académie, par l'intermédiaire de l'inspecteur primaire de l'arrondissement. (Circ. min. de l'inst. publique, 2 novembre 1859 et 5 décembre 1860.)

Les instituteurs tiennent, en outre, un registre d'abonnement, si ce mode de rétribution est en usage dans la commune. Il ne peut être admis que des abonnements finissant au 31 décembre. Tout parent qui ne s'est pas abonné au commencement de l'année, et qui ne présente son enfant à l'école que posterieurement, doit choisir entre le payement de l'abonnement entier pour l'année ou le payement de la rétribution par mois. (Circ. min. de l'inst. publ., 5 décembre 1860.)

La rétribution scolaire est due par tous les élèves externes et pensionnaires qui suivent les classes de l'école et qui ne sont pas portés sur la liste des élèves gratuits. Elle est perçue dans les mêmes formes que les contributions publiques directes. Elle est exempte des droits de timbre. (L. 15 mars 1850, art. 41 ; D. 7 octobre 1850, art. 21.)

Le rôle de la rétribution scolaire est dressé par trimestre. Il comprend tous les enfants présents à l'école pendant le trimestre, avec l'indication du nombre de douzièmes dus pour chacun d'eux. Il n'est tenu compte dans ce rôle d'aucune fraction de douzième, tout mois commencé étant dû en entier. (D. 31 décembre 1853, art. 14 ; Inst. régl., 31 janvier 1854, art. 7.)

Pour rendre aux comptables communaux la perception plus facile, le rôle du premier trimestre est conçu de telle sorte que les sommes dues pour les deuxième, troisième et quatrième trimestres peuvent y être reportées dans des colonnes préparées *ad hoc*.. Ces agents n'ont donc qu'un seul cahier à transporter lorsqu'ils vont en recouvrement dans les communes de leur perception. Les instituteurs doivent néanmoins remplir quatre rôles. (Circ. min. de l'inst. publ., 5 décembre 1860.)

Il est procédé à l'établissement des rôles de la manière suivante :

Dans les cinq premiers jours du troisième mois de chaque trimestre, l'instituteur établit, au moyen des inscriptions portées sur son registre matricule, et remet au maire : 1° le rôle des enfants soumis à la rétribution, avec l'indication des noms des redevables et du montant des sommes dues par chacun d'eux ; 2° les extraits individuels dudit rôle, pour être ultérieurement et à la diligence du receveur municipal remis aux redevables à titre d'avertissement.

Il n'est ouvert dans le rôle qu'un article au père, à la mère ou au tuteur des enfants présents à l'école. Les parents ou tuteurs figurent dans tous les rôles d'une même année sous le même numéro.

Le maire vise le rôle, après s'être assuré qu'il ne comprend pas d'enfants dispensés de la rétribution, qu'il comprend tous ceux qui y sont soumis, et que la cotisation est établie d'après le taux fixé par le conseil départemental. Il l'adresse ensuite au sous-préfet, qui le communique à l'inspecteur, pour qu'il fournisse ses observations.

Le préfet, ou le sous-préfet par délégation, rend le rôle exécutoire et le transmet, le 15 du mois, au receveur municipal par l'entremise du receveur des finances de l'arrondissement. (D. 7 octobre 1850, art. 22; 31 décembre 1853, art. 14 ; 18 juin 1859, art. 5.)

Quand un traitement fixe est alloué à un instituteur au moyen des ressources communales et que la perception de la rétribution scolaire est faite pour le compte de la commune, les rôles trimestriels et les extraits individuels des rôles sont dressés par les soins du maire et signés par lui. A cet effet, l'instituteur remet à ce magistrat copie certifiée de son registre matricule pour chaque trimestre écoulé. Dans ce cas, les rôles et les extraits individuels ou avertissements sont signés par le maire.

Lorsque plusieurs communes sont réunies pour l'entretien d'une même école, l'instituteur dresse un rôle trimestriel spécial unique pour chaque commune.

Il dresse également un rôle trimestriel spécial unique pour les enfants des communes voisines non réunies qui sont admis à suivre son école. (D. 7 octobre 1850, art. 25; Inst. régl. 31 janvier 1854, art. 8.)

Les rôles qui doivent être mis en recouvrement par le receveur municipal lui parviennent par l'intermédiaire du receveur des finances vers le 15 du troisième mois de ce trimestre.

Immédiatement après la réception des rôles, le receveur municipal doit faire remettre à ses frais les avertissements aux redevables.

En cas de retard dans le payement, les poursuites s'exercent suivant le mode réglé pour les contributions directes, c'est-à-dire par voie de contrainte et de garnison. — Voy. Poursuites.

La rétribution peut être payée par douzièmes. A cet effet, l'instituteur remet chaque mois au maire un extrait du registre matricule indiquant les enfants présents à l'école pendant le mois écoulé et qui seront compris dans le rôle trimestriel.

Cet extrait sert au receveur municipal pour la perception des sommes qui lui seraient offertes par les parents avant l'émission du rôle.

A la réception du rôle trimestriel, ce comptable émarge les payements qui lui ont été faits. (Inst. régl., 31 janvier 1854, art. 9.)

Les réclamations auxquelles la confection des rôles donne lieu sont rédigées sur papier libre et déposées au secrétariat de la sous-préfecture. Ces réclamations, ainsi que les états des cotes indûment imposées, dressés par les receveurs municipaux, sont présentées dans les trois mois qui suivent l'émission des rôles.

Les états des cotes irrecouvrables sont présentés à la même époque que ceux qui concernent les contributions directes, c'est-à-dire à la fin du mois de février pour l'année précédente.

Lorsqu'il s'agit de décharge ou de réduction, il est statué par le conseil de préfecture, sur l'avis du maire, du délégué cantonal et du sous-préfet.

Il est prononcé sur les demandes en remise ou modération par le préfet, après avis du conseil municipal et du sous-préfet.

Il y a lieu à décharge ou réduction quand les cotes ont été indûment ou mal établies, et à remise ou modération quand les redevables se trouvent dans l'impossibilité d'acquitter la totalité ou une partie de leur cotisation. (D. 7 octobre 1850, art. 30; Inst. régl., 31 janvier 1854, art. 11; I. G., art. 1037.)

Les rôles de la rétribution scolaire devant figurer pour leur produit net dans le compte de la commune ouvert à la première section du livre des comptes divers, il est fait, sur leur montant, déduction des non-valeurs résultant des dégrèvements de toute nature. Il n'est pas fait recette de ces non-valeurs.

Le receveur municipal se borne, quand les ordonnances de dégrèvement lui parviennent, à les émarger aux cotes des redevables et à en constater la réduction au compte des rôles de la rétribution, qui doit être ouvert, comme celui des rôles des contributions directes, sur la première feuille du livre récapitulatif. Les règles tracées à l'article 888, § 8, de l'Instruction générale, relativement aux ordonnances de dégrèvement de taxes pour dépenses des chemins vicinaux et aux excédants de versement qui en résultent, sont d'ailleurs applicables aux ordonnances concernant la rétribution scolaire. — Voy. PRESTATIONS EN NATURE.

Les ordonnances de dégrèvement sont produites à l'appui du compte de gestion comme justification des réductions opérées sur le montant des rôles.

Les sommes qui sont devenues irrecouvrables et celles dont il est fait remise sont, ainsi que les allocations du receveur municipal, déclarées charges communales, et, comme telles, placées au nombre des dépenses obligatoires des communes. (D. 7 octobre 1850, art. 29; Inst. régl.,

31 janvier 1854, art. 12; I. G., art. 1038.) — Voy. NON-VALEURS, ORDONNANCES DE DÉGRÈVEMENT.

Le montant de la rétribution scolaire doit être compris dans les mandats de payement délivrés à l'instituteur et supporter, comme le traitement fixe et le supplément de traitement, la retenue de 5 p. 0/0 pour le service des pensions civiles.

En fin d'année, il est procédé à un décompte à l'effet de constater si l'instituteur a reçu le minimum de traitement qui lui est garanti. Ce décompte, qui doit être préparé par le receveur pour être soumis au conseil municipal, est établi d'après le montant des rôles trimestriels. Comme il a été dit plus haut, il est fait déduction, sur le montant des rôles, des non-valeurs résultant des dégrèvements prononcés. A la suite de ce décompte se trouve la liquidation du traitement de l'instituteur faite par le maire. (D. 7 octobre 1850, art. 27; Inst. régl., 31 janvier 1854, art. 14; Circ., 5 décembre 1860.)

En cas de mutation d'instituteurs dans le cours d'une année, chaque instituteur reçoit, pendant l'exercice courant, un traitement provisoire calculé sur le produit de l'école pendant l'année précédente, et la part définitive qui revient à chacun d'eux se détermine en fin d'année en divisant proportionnellement au temps d'exercice de chaque instituteur le produit total de la rétribution scolaire de l'année. — *Mém.* 1859, p. 277.

Lorsque le conseil départemental, sur l'avis du conseil général, autorise un instituteur à percevoir lui-même le montant de la rétribution scolaire, l'inspecteur d'académie en informe immédiatement le receveur municipal. Dans ce cas, les rôles trimestriels de la rétribution scolaire sont dressés et arrêtés conformément aux dispositions rappelées ci-dessus; l'instituteur délivre, aux redevables qui acquittent la rétribution scolaire, une quittance détachée d'un livre à souche; il dresse le décompte de fin d'année. Mais les rôles ne donnent droit à aucune répétition contre les communes pour les cotes irrecouvrables, ni à aucune remise au profit du receveur municipal, qui se borne à faire, d'après un certificat du maire, recette et dépense, pour ordre, du montant de la rétribution recouvrée par l'instituteur.

L'instituteur recouvre, de plein droit et sans autorisation, la rétribution des élèves des communes voisines qui fréquentent son école, et le montant en est constaté dans les écritures du receveur municipal, comme il vient d'être dit; l'instituteur n'a, à ce sujet, aucune répétition à exercer contre la commune pour les cotes irrecouvrables.

Dans ces deux cas, le montant de la rétribution scolaire perçue par l'instituteur doit être compris dans les mandats de payement et supporter la retenue de 5 p. 0/0. En conséquence, les receveurs municipaux ont, au moment où ils font dépense du montant brut des mandats, à se charger en recette tant de la retenue que de la somme pour laquelle la rétribution scolaire est portée dans ces mandats. (L. 15 mars 1850, art. 41; D. 7 octobre 1850; Inst. régl. 31 janvier 1854, art. 16; I. G., art. 367 et 1035.)

Les remises des receveurs municipaux sur le produit des rôles de la rétribution scolaire sont calculées à raison de 3 p. 0/0 du montant des sommes recouvrées; cette allocation spéciale est indépendante des remises dues pour l'emploi en dépense du produit de la rétribution. Il n'est dû aucune remise au receveur municipal pour les rétributions perçues par les instituteurs. (Circ. compt. gén., 31 décembre 1857; I. G., art. 1041.) —Voy. Instituteurs publics, Remises, Retenues pour le service des pensions civiles.

Rétribution scolaire des institutrices. — Les règles qui viennent d'être rappelées sont applicables, dans toutes leurs parties, au recouvrement de la rétribution scolaire des institutrices appelées à diriger des écoles mixtes.

Elles sont également applicables aux autres institutrices communales en ce qui concerne la fixation du taux de la rétribution scolaire, la formation de la liste des enfants qui doivent être admis gratuitement à l'école, la tenue du registre matricule, l'établissement des rôles, le mode de recouvrement et le jugement des réclamations. (Inst. régl., 18 juin 1859.— *Mém.* 1860, p. 5.)

Aux termes de la loi du 14 juin 1859, la rétribution scolaire, dans les écoles communales de filles, doit être perçue par le receveur municipal de la même manière que les contributions directes et avec exemption des droits de timbre; toutefois, sur l'avis conforme du conseil municipal, l'institutrice peut être autorisée à percevoir elle-même la rétribution scolaire. Dans les deux cas, la rétribution scolaire constitue pour l'institutrice un émolument personnel recouvré pour son compte particulier et soumis aux retenues pour le service des pensions civiles; le traitement fixe de l'institutrice est seul porté au budget communal, et les opérations de recette et de dépense relatives à la rétribution scolaire sont classées au nombre des services hors budget. Les non-valeurs et les allocations au receveur municipal sont supportées par l'institutrice.

Quand la perception de la rétribution scolaire est effectuée par le receveur municipal pour le compte de l'institutrice, ce comptable a droit à une remise de 3 p. 0/0 sur le total des sommes recouvrées; il ne lui en est dû aucune sur les payements du produit de cette rétribution.

A l'expiration de chaque trimestre, le maire délivre à l'institutrice, indépendamment du mandat applicable au traitement fixe, un mandat spécial pour le montant brut de la rétribution scolaire perçue pendant le cours du trimestre et faisant ressortir, après la déduction de la remise revenant au receveur municipal et de la retenue à opérer en vertu de la loi sur les pensions civiles, le reste net à payer à l'institutrice.

Lorsque l'institutrice a été autorisée à percevoir elle-même le montant de la rétribution scolaire, le receveur municipal n'a droit à aucune remise; il ne fait dépense de cette rétribution que pour ordre dans ses écritures, d'après un certificat du maire constatant la somme recouvrée par l'institutrice. Le mandat délivré par le maire pour le payement du traitement fixe mentionne, à la suite des autres retenues, celle qui doit être prélevée sur la rétribution. (Inst. régl., 13 juin 1859; I. G., art. 979.)

Comme il est dit ci-dessus, les opérations de recette et de dépense concernant la rétribution scolaire recouvrée dans l'intérêt particulier des institutrices font partie des services exécutés hors budget. Elles sont, en conséquence, constatées dans les écritures des percepteurs receveurs municipaux à un compte spécial.

Les receveurs inscrivent à ce compte, comme titre de perception, les rôles de rétributions qui leur sont remis; ils y portent en recette les recouvrements opérés, et en dépense les payements qu'ils font aux institutrices, ainsi que les prélèvements des remises qui leur reviennent à eux-mêmes.

Les opérations sont justifiées, savoir : pour la recette, par un état certifié des rôles émis, accompagné des ordonnances de dégrèvement qui réduisent le montant de ces rôles ; pour la dépense, par les mandats des maires revêtus des acquits des parties prenantes. (I. G., art. 1107 et 1482.)

Lorsque le conseil municipal assure un traitement fixe à l'institutrice, pour lui tenir lieu de tout émolument, ce traitement figure, en un seul chiffre, en dépense au budget de la commune, et le produit présumé des rôles de la rétributton scolaire est inscrit en recette au budget. Cette rétribution donne lieu, au profit du receveur municipal, aux mêmes remises que la rétribution scolaire concernant les écoles de garçons. (I. G., art. 979; Circ. min. de l'inst. publ., 18 juin 1859.) — Voy. Institutrices, Remises, Retenues pour le service des pensions civiles.

Revenus des communes. — Les recettes des communes sont ordinaires ou extraordinaires.

Les recettes ordinaires se composent :

1° Des revenus de tous les biens dont les habitants n'ont pas la jouissance en nature (prix de ferme des maisons, usines, biens ruraux, etc. ; rentes sur particuliers; rentes sur l'État; coupes ordinaires de bois et produits accessoires de ces coupes);

2° Des cotisations imposées annuellement sur les ayants droit aux fruits qui se perçoivent en nature;

3° Du produit des centimes ordinaires et autres ressources affectées aux communes par les lois de finances (centimes communaux ordinaires ; centimes pour l'instruction primaire; impositions, prestations, subventions, souscriptions volontaires et indemnités pour l'établissement, l'entretien et la réparation des chemins vicinaux; imposition pour le garde champêtre);

4° Du produit de la portion accordée aux communes dans l'impôt des patentes et dans la contribution snr les voitures et les chevaux ;

5° Du produit de la portion revenant aux communes dans les droits de permis de chasse;

6° Du produit des octrois municipaux

7° Du produit des droits de places perçus dans les halles, foires, marchés, abattoirs, d'après les tarifs dûment autorisés;

8° Du produit des permis de stationnement, et des locations sur la voie publique, sur les ports et rivières et autres lieux publics;

9° Du produit des péages communaux; des droits de mesurage et jaugeage; des droits de voirie et autres droits légalement établis;

10° Du prix des concessions dans les cimetières;

11° Du produit des concessions d'eau; de l'enlèvement des boues et immondices de la voie publique, et autres concessions autorisées pour les services communaux;

12° Du produit des expéditions des actes administratifs et des actes de l'état civil;

13° De la portion que les lois eccordent aux communes dans le produit des amendes prononcées par les tribunaux de simple police et par ceux de police correctionnelle;

14° Des intérêts des fonds placés au Trésor public;

15° D'une portion des droits à percevoir dans les écoles préparatoires à l'enseignement des lettres et des sciences et dans les écoles préparatoires de médecine et de pharmacie;

16° Du bénéfice résultant de l'administration des colléges;

17° Des ressources affectées au traitement de l'instituteur et de l'institutrice primaires;

18° Des indemnités pour enrôlements volontaires;

19° Du produit de la taxe municipale sur les chiens;

Et généralement du produit de toutes les taxes de ville et de police dont la perception est autorisée par la loi. (L. 18 juillet 1837, art. 31; 3 mai 1844, art. 5; 2 mai 1855; 2 juillet 1862, art. 8; O. 20 janvier 1839, art. 12, et 13 octobre 1848.)

Les recettes extraordinaires se composent:

1° Des contributions extraordinaires dûment autorisées;

2° Du prix des biens aliénés;

3° Des dons et legs;

4° Du remboursement des capitaux exigibles et des rentes rachetées;

5° Du produit des coupes extraordinaires de bois;

6° Du produit des emprunts;

7° Du prix de vente des inscriptions de rentes sur l'État;

8° Des secours accordés par l'État ou par les administrations locales pour réparations aux édifices communaux ou autres dépenses;

Et de toutes autres recettes accidentelles. (L. 18 juillet 1837, art. 32.)

Enfin, il existe dans les communes des revenus extraordinaires, propres à chaque localité, et qu'on ne peut spécifier ici. Il suffit de faire remarquer que, quelle qu'en soit l'origine, le droit des communes à en percevoir le montant doit, comme pour les autres revenus, résulter du budget et de titres réguliers admis par les délibérations des conseils municipaux, et dûment approuvés. (I. G., art. 840.)

Chacun des revenus communaux mentionnés ci-dessus est l'objet dans ce Dictionnaire d'un article spécial où se trouvent indiquées les règles particulières d'après lesquelles s'établissent les droits des communes et s'opèrent les recouvrements. Nous rappellerons seulement que les communes sont, pour le recouvrement de leurs revenus, sous l'empire du droit commun, et soumises aux règles ordinaires de la procédure, sauf les exceptions réglées par la loi, et que les receveurs municipaux ou seuls qualité pour opérer la rentrée des divers produits et en donner quittance aux parties versantes. — Voy. ACTES ET MESURES CONSERVATOIRES, RECOUVREMENT DES REVENUS COMMUNAUX, POURSUITES.

Revenus des Établissements de bienfaisance. — Les revenus des hospices et autres établissements de charité sont divisés, comme les revenus des communes, en revenus ordinaires et revenus extraordinaires, ainsi que l'indique le *modèle* de budget donné *sous le n°* **241**.

Les produits dont se composent les revenus ordinaires sont généralement ceux dont l'indication suit, savoir : prix de ferme des maisons et des biens ruraux ; produit des coupes ordinaires de bois ; rentes sur l'État ; rentes sur particuliers ; intérêts des fonds placés au Trésor ; fonds alloués sur les octrois municipaux ; part attribuée aux pauvres dans le prix de concession dans les cimetières ; produits des droits sur les spectacles, bals, concerts, etc. ; journées de militaires ; journées des malades et incurables indigents des communes privées d'établissements hospitaliers ; prix de vente des objets fabriqués par les individus admis dans chaque établissement ; dons, aumônes et collectes ; fonds alloués pour le service des enfants assistés ; amendes et confiscations ; recettes en nature ; prix de vente des denrées ou grains récoltés par l'établissement et excédant ses besoins.

Les revenus extraordinaires se composent de produits analogues aux revenus extraordinaires des communes. Ce sont ordinairement les suivants : prix des coupes extraordinaires de bois ; legs et donations ; remboursements de capitaux ; prix de vente d'inscriptions de rentes sur l'État ; emprunts ; recettes accidentelles.

Les établissements de bienfaisance possèdent, en outre, des revenus propres à chaque localité, et trop variés pour qu'on en donne ici la nomenclature ; mais, comme pour les communes, la perception ne doit en être opérée qu'en vertu de titres homologués par l'autorité compétente ; les recettes se rattachent, suivant ces titres, aux deux classes de produits qui viennent d'être établies. (I. G., art. 1053.)

Les receveurs des établissements de bienfaisance recouvrent les divers produits aux échéances déterminées par les titres de perception et par les règlements administratifs ; et, attendu que les hospices, bureaux de bienfaisance ou autres établissements charitables, sont, sauf quelques exceptions créées par la loi, sous l'empire du droit commun pour la perception de leurs revenus, leurs receveurs doivent, comme ceux des communes, veiller à la conservation des domaines, droits, privilèges et hypothèques, requérir à cet effet les inscriptions nécessaires et en tenir registre. (Arrêté du Gouv., 19 vendémiaire an XII; I. G., art. 1054.) — Voy. ACTES ET MESURES CONSERVATOIRES, BUREAUX DE BIENFAISANCE, HOSPICES, HYPOTHÈQUES, POURSUITES, RECOUVREMENT.

Revenus en nature. — Sous le titre de revenus en nature, on désigne dans chaque hospice les produits des biens ruraux, des jardins et des basses-cours, qui sont perçus en nature, pour être consommés dans l'établissement.

Ces produits sont constatés par les baux passés avec les fermiers, pour les grains ou denrées qui proviennent de domaines affermés, et par des états de recette, pour les grains ou denrées qui proviennent de domaines exploités par l'administration.

Les revenus en nature, pour être compris dans les budgets des hospices, dont ils forment un chapitre distinct, sont évalués en argent d'après le prix moyen des mercuriales au marché le plus voisin. (I. G., art. 1078.)

Les receveurs des établissements de bienfaisance sont responsables de la rentrée des revenus en nature, comme du recouvrement des revenus en argent, et ils ne peuvent dégager leur responsabilité qu'en justifiant de la remise qu'ils ont fait faire entre les mains des économes des grains et denrées versés par les fermiers ou achetés pour le service des établissements. Ils doivent, en conséquence, suivre la rentrée de ces produits aux échéances, et employer, au besoin, contre les fermiers ou autres débiteurs, les mêmes moyens de poursuites que pour le recouvrement des revenus en argent. L'économe est chargé de recevoir directement des fermiers et autres débiteurs les denrées et revenus en nature contre un reçu provisoire, non sujet au timbre, et qui doit être immédiatement échangé contre une quittance à souche. (Id., art. 1079.)

Les receveurs n'encourent aucune responsabilité pour les revenus en nature qui proviennent de domaines exploités directement par l'administration de l'établissement; ces revenus n'entrent que pour ordre dans leurs comptes, et ils y sont justifiés par un état, dûment certifié, des produits et de leur valeur. (Id., art. 1080.)

Lorsque les grains ou denrées provenant des domaines exploités ou affermés, ou d'achats, excèdent les besoins de l'établissement, il peut y avoir lieu de vendre cet excédant, qui sort ainsi de la comptabilité en matière pour entrer dans la comptabilité en deniers. (Id., art. 1081.)

Pour les produits en nature appartenant aux établissements de bienfaisance, le receveur doit ouvrir sur le livre de détail un compte de recette correspondant à l'article du budget, et intitulé, comme cet article : « Rentes et fermages en nature évalués en argent » ; il y inscrit, à mesure des versements, les quantités versées à l'économe, et dont il délivre, sur le vu du récépissé de ce dernier, une quittance où il exprime l'évaluation en argent ; le montant de cette évaluation est porté dans la colonne des recettes. En même temps, le receveur, pour constater la livraison à l'économe, ouvre un compte de dépense correspondant à l'article du budget : « Grains, denrées et autres produits en nature livrés à l'économe » ; il y porte le montant, par quantités et par évaluation en argent, des produits dont il s'était chargé en recette. Les recettes et les dépenses ainsi constatées sont portées au compte de l'établissement, sur le livre des comptes divers, si le comptable est en même temps percepteur, ou au grand-livre, s'il est receveur spécial. (I. G., art. 1460.) — Voy. Économe, Hospices.

Révision des arrêts et arrêtés définitifs rendus sur les comptes de gestion. — Comme on l'a vu au mot Compte de gestion, les arrêtés des conseils de préfecture et les arrêts de la Cour des comptes, rendus sur les comptes des receveurs des communes et des établissements de bienfaisance, peuvent être attaqués : 1° par la voie de la révision devant les premiers juges ; 2° par la voie du pourvoi devant la juridiction supérieure.

Les comptables, les administrations locales et les ministres de l'intérieur et des finances peuvent demander, devant les premiers juges, la révision des arrêts ou arrêtés définitifs, mais seulement pour les cas énoncés à l'article 14 de la loi du 16 septembre 1807, c'est-à-dire pour erreurs, omissions, faux ou double emploi reconnus par la vérification d'autres comptes, et à raison de pièces justificatives recouvrées depuis l'arrêt ou l'arrêté.

La Cour des comptes, soit d'office, soit sur la réquisition du procureur général, et le conseil de préfecture sur la réquisition des préfets, peuvent aussi procéder, dans les mêmes cas, à la révision des arrêts ou arrêtés définitifs qu'ils ont rendus. (I. G., art. 1570.)

Les lois et règlements n'ont point fixé de délai au delà duquel toute demande en révision dût cesser d'être admise. Il n'existe à cet égard d'autres prescriptions que la prescription légale de trente ans ; mais l'exercice de ce droit est réglé ainsi qu'il suit :

Les dispositions des arrêtés ou arrêts attaqués ne peuvent être suspendues ou modifiées dans leur effet que par un arrêté ou arrêt nouveau qui remette en question l'état de la comptabilité du receveur, et il doit être pris immédiatement un arrêté ou arrêt préparatoire ayant pour objet :

1° D'admettre la révision, s'il y a lieu, et sauf la discussion ultérieure du fond ;

2° De fixer, pour la production des pièces nécessaires au travail de révision, un délai semblable à celui qui est accordé au comptable pour satisfaire aux premiers arrêtés ou arrêts rendus sur ses comptes ;

3° D'ordonner les mesures de garantie à prendre sur les biens du receveur pour assurer les droits de la commune ou de l'établissement pendant le temps qui doit s'écouler entre le premier arrêté ou arrêt et l'arrêté ou l'arrêt de révision :

4° D'accorder la suspension des poursuites qui auraient été commencées contre le comptable, lorsque cette mesure est sans inconvénient, à raison des actes conservatoires mentionnés ci-dessus et des circonstances particulières jugées suffisantes par l'autorité. (I. G., art. 1571.)

Les demandes en révision sont soumises aux mêmes règles que les pourvois, en ce qui concerne la notification de la demande à la partie adverse et la reddition de deux arrêts ou arrêtés, statuant, l'un sur l'admission de cette demande, l'autre sur le fond.

Lorsqu'il s'agit d'un arrêt de la Cour des comptes, la demande du comptable ou des administrateurs doit être adressée au premier président avec un récépissé de la partie adverse constatant que la demande en révision lui a été signifiée.

S'il s'agit de la révision d'un arrêté de conseil de préfecture, la demande est adressée au préfet, qui en accuse réception après l'avoir fait enregistrer au secrétariat général de la préfecture; cet administrateur demeure chargé de saisir le conseil de préfecture de la réclamation. (Id., art. 1572.)

Dans le cas où les demandes en révision par les premiers juges sont rejetées, ou s'il y a contestation sur l'arrêt de révision comme sur les résultats de l'arrêt primitif, les parties intéressées ont le droit de recours en appel, c'est-à-dire :

Que les receveurs justiciables du conseil de préfecture peuvent se pourvoir devant la Cour des comptes;

Et que le pourvoi des receveurs justiciables de cette Cour contre ses arrêts doit être porté devant le conseil d'État, lorsqu'ils se croient fondés à attaquer l'arrêt de la Cour pour violation des formes ou de la loi. (Id., art. 1573.)

Les demandes en révision ainsi que les pourvois ne sont pas suspensifs, aux termes de l'avis du conseil d'État du 9 février 1808. Toutefois, l'autorité saisie du pourvoi ou de la demande en révision peut, si elle le juge convenable, accorder un sursis. — Voy. COMPTE DE GESTION, POURVOI.

Révocation. — La destitution est pour un fonctionnaire public la privation de sa place, motivée sur quelque faute grave.

Aucune destitution ne doit être prononcée qu'au préalable les charges n'aient été communiquées au fonctionnaire inculpé, et qu'on ne lui ait laissé le temps nécessaire pour se justifier. Ce principe ne souffre d'exception que dans le cas où l'intérêt public commande la destitution la plus prompte.

Le Gouvernement a seul le droit de révoquer les fonctionnaires qu'il a nommés.

Les percepteurs des contributions directes et les receveurs spéciaux des communes dont le revenu ne dépasse pas 300,000 francs ne peuvent être révoqués que par le ministre des finances. Un décret impérial est nécessaire pour la révocation des receveurs spéciaux des communes dont le revenu dépasse 300,000 francs. Les receveurs spéciaux des établissements de bienfaisance sont, quel que soit le chiffre du revenu de ces établissements, révocables par le ministre de l'intérieur, sur la proposition du préfet. — Voy. PERCEPTEURS, RECEVEURS DES COMMUNES ET DES ÉTABLISSEMENTS DE BIENFAISANCE.

Rôles. — On appelle rôle, en matière de contributions directes, le titre exécutoire en vertu duquel les percepteurs opèrent le recouvrement de l'impôt.

Les rôles des contributions directes contiennent : 1° l'inscription des noms, prénoms, professions et demeures des contribuables, ainsi que les bases de leurs cotisations ; 2° l'inscription des différentes taxes et celle du total de chaque article, d'abord en chiffres, ensuite en toutes lettres. Des colonnes sont, en outre, destinées aux émargements des percepteurs constatant les versements qui leur sont faits sur contributions et sur frais de poursuites. La feuille de tête des rôles est disposée de manière à recevoir la date de la loi de finance en vertu de laquelle ils sont rendus exécutoires, l'état général des sommes imposées et les bases des différents tarifs. Les rôles sont terminés par une récapitulation générale du total des articles par page.

Etablissement des rôles. — Le directeur des contributions directes procède à la confection des rôles d'après les matrices et les états de changements qui ont été arrêtés pour les contributions foncière, personnelle et mobilière et des portes et fenêtres, par les commissaires répartiteurs et le contrôleur, et, pour la contribution des patentes, par le contrôleur assisté du maire ou de son délégué.

Il est formé, pour chaque commune, deux rôles : l'un, pour les contributions foncière, personnelle et mobilière et des portes et fenêtres ; l'autre, pour la contribution des patentes. Exceptionnellement, dans quelques villes où il est procédé à un recensement annuel, ce dernier rôle comprend aussi la contribution personnelle et mobilière.

Toutes les impositions départementales et communales doivent être comprises dans les rôles primitifs. Lorsqu'une imposition n'a pu être autorisée avant la confection des rôles primitifs de l'année pour laquelle elle a été votée, cette imposition est ajournée à l'année suivante, à moins d'une nécessité absolue, auquel cas elle peut faire l'objet d'un rôle spécial dont les frais sont supportés par la commune intéressée. (I. G., art. 51.)

Pour la contribution des patentes, il est établi, dans le cours de l'année, des rôles supplémentaires, comprenant tant les individus qui auraient été omis dans le rôle primitif que ceux qui ont entrepris, depuis le premier janvier, un commerce ou une profession assujettis aux droits de patente, ou qui ont apporté dans leur industrie des changements donnant lieu à des augmentations de droits. Quand il s'agit d'un patentable omis, les droits ne sont dus qu'à partir du 1er janvier de l'année pour laquelle le rôle primitif a été émis, et, à l'égard des changements survenus dans le cours de l'année, la contribution n'est perçue qu'à partir du 1er du mois dans lequel la profession a été embrassée ou le changement introduit. Dans tous les cas, les douzièmes échus ne sont pas immédiatement exigibles; le recouvrement en est fait par portions égales, en même temps que celui des douzièmes non échus. (L. 25 avril 1844, art. 23, et 4 juin 1858, art. 13; I. G., art. 52.)

Le dernier délai pour l'émission des rôles est fixé au 31 janvier de la seconde année de l'exercice. Les rôles qui seraient émis ultérieurement devraient être rattachés à l'exercice suivant. (I. G., art. 1871. — *Mém.* 1860, p. 63.)

Les rôles de toute nature sont rendus exécutoires par le préfet.

Remise des rôles aux receveurs des finances et aux percepteurs. Publication des rôles. — Aussitôt après que les rôles ont été homologués, le directeur des contributions directes les envoie au receveur des finances, qui en fait la remise aux percepteurs. Ces derniers les présentent immédiatement aux maires, qui doivent en faire la publication dans la forme prescrite par la loi du 4 messidor an VII, et certifier, au bas du rôle, que la publication en a été faite tel jour.

La publication des rôles consiste dans une affiche sur papier non timbré, que le maire fait apposer à la porte principale de la mairie et aux endroits accoutumés le dimanche qui suit la réception des rôles. Cette affiche porte avertissement aux contribuables que le rôle, revêtu des formalités prescrites, est entre les mains du percepteur, et que chaque contribuable doit acquitter la somme pour laquelle il est porté audit rôle dans les délais fixés par la loi, sous peine d'y être contraint. (Circ. adm. des cont. dir., 31 août 1844. — *Mém.*, p. 321.)

Le percepteur, dès que tous les rôles de sa perception lui ont été rendus par les maires, adresse au receveur de son arrondissement, pour être transmis par le receveur général au directeur des contributions directes, un état indiquant, par chaque commune, la date de la publication; cette date, que le percepteur a également indiquée sur les avertissements, détermine, aux termes de l'article 8 de la loi du 4 août 1844, l'époque à partir de laquelle commence à courir le délai de trois mois accordé aux contribuables pour la présentation de leurs réclamations. (I. G., art. 53.)

Les rôles envoyés aux receveurs des finances par les directeurs doivent être accompagnés d'un état présentant, par perception et par commune, le nombre des rôles envoyés, ainsi que la date de l'envoi. Une colonne de cet état est destinée à l'émargement des percepteurs, constatant que les rôles ont été reçus par eux. (Id., art. 54.)

Vérification des rôles et rectification des erreurs matérielles. — Les erreurs matérielles qui auraient été commises dans la confection ou l'expédition des rôles, telles qu'omissions, substitutions, transpositions dans l'indication des noms, profession ou domicile, et même dans les cotisations des contribuables, ne doivent point être rectifiées d'office par les percepteurs. Elles font l'objet d'une demande en rectification, présentée sous forme d'état, que le directeur soumet, avec son avis, à l'approbation du préfet. L'état, auquel sont joints de nouveaux avertissements, est ensuite renvoyé au percepteur pour être annexé au rôle. Ces erreurs, qui doivent être signalées aussitôt après la réception et l'examen des rôles, ne sont pas, d'ailleurs, de nature à figurer sur les états de cotes indûment imposées.

Les percepteurs doivent, en outre, vérifier les additions de chaque article et de chaque page des rôles, ainsi que la récapitulation générale. Cette vérification doit être faite dans les quatre mois qui suivent la réception des rôles. (I. G., art. 55.)

Mise en recouvrement. Dépôt des rôles. — Les directeurs envoient aux receveurs des finances, pour être transmis aux percepteurs, en même temps que les rôles, les avertissements préparés au nom des contribuables, ainsi que les formules de patentes.

Aussitôt après la publication des rôles, le percepteur est tenu de faire parvenir aux contribuables les avertissements qui leur sont destinés, après, toutefois, y avoir indiqué : 1° la date de cette publication ; 2° le lieu, le jour et l'heure où son bureau est ouvert aux contribuables.

Les percepteurs opèrent ensuite le recouvrement des rôles, conformément aux règles tracées par les articles 61 à 110 de l'Instruction générale. — Voy. AVERTISSEMENTS, POURSUITES, RECOUVREMENT.

Les rôles restent entre les mains des percepteurs jusqu'à la fin de la troisième année de l'ouverture de l'exercice ; à cette époque, ils sont retirés par les receveurs des finances et déposés aux archives de la sous-préfecture. — Voy. DÉPÔT DES RÔLES.

Pendant que les rôles sont entre leurs mains, les percepteurs sont tenus de délivrer, sur papier libre et sans retard, à toute personne qui s'y trouve portée et qui en fait la demande, l'extrait relatif à ses contributions et tout autre extrait de rôle et certificat négatif. — Voy. EXTRAITS DE RÔLES.

Quant aux rôles de taxes assimilées pour le recouvrement aux contributions directes, voy. AFFOUAGE, COTISATIONS PARTICULIÈRES, DIGUES, MARAIS, MINES, PATURAGE, PHARMACIENS, POIDS ET MESURES, PRESTATIONS, RÉTRIBUTION SCOLAIRE, SYNDICATS, TAXE DES BIENS DE MAIN-MORTE, TAXE SUR LES CHIENS.

Rôles auxiliaires. — Lorsque les propriétaires veulent user de la faculté que leur accorde la loi du 4 août 1844 (art. 6) de faire payer leurs contributions foncières par leurs fermiers, et que les déclarations qu'ils font à cet effet aux percepteurs contiennent au delà de trois divisions, la division de la contribution est faite par le directeur des contributions directes, qui porte, dans un rôle auxiliaire, la somme à payer par chaque fermier.

On ne doit pas comprendre, dans le nombre des trois divisions, la part de contribution qui resterait à la charge du propriétaire. La déclaration doit indiquer le revenu afférent aux propriétés que chacun exploite, et être signée par le propriétaire et par les fermiers. — *Mém.* 1863, p. 251.

Les frais d'impression et de confection de ce rôle sont payés par les propriétaires à raison de 5 centimes par article.

En cas de retard dans le payement de la contribution foncière, le percepteur peut, selon qu'il le juge convenable, poursuivre, soit les fermiers portés sur le rôle auxiliaire, soit le propriétaire lui-même.—*Mém.* 1845, p. 319.

Pour le recouvrement des frais de rôles auxiliaires, les directeurs des contributions directes préparent des états par perception, indiquant les noms des redevables et la somme à recouvrer sur chacun d'eux; les états, ainsi formés, sont rendus exécutoires par le préfet et transmis aux percepteurs par l'entremise des receveurs des finances. Le directeur fournit à chaque receveur d'arrondissement un état récapitulatif par perception, et au receveur général une récapitulation par arrondissement. Les recouvrements sont centralisés à la recette générale, et les frais auxquels ils doivent pourvoir sont payés au directeur des contributions, en vertu des mandats du préfet. (I. G., art. 615.) — Voy. DÉLÉGATION DE CONTRIBUTIONS, FERMIERS.

Roulage (Amendes de). — Voy. AMENDES.

Route (Frais de). — Voy. FRAIS DE ROUTE.

S

Sages-femmes. — Voy. MÉDECINS.

Saisie-arrêt ou opposition. — Acte par lequel une personne saisit les sommes ou effets de son débiteur, entre les mains du débiteur de celui-ci.

Tout créancier peut, en vertu de titres authentiques ou privés, saisir-arrêter entre les mains d'un tiers les sommes et effets appartenant à son débiteur, ou s'opposer à leur remise. (C. de proc., art. 557.)

S'il n'y a pas de titre, le juge du domicile du débiteur, et même celui du domicile du tiers saisi, peuvent, sur requête, permettre la saisie-arrêt ou opposition. (Id., art. 558.)

Le payement fait par le débiteur à son créancier, au préjudice d'une saisie-arrêt ou opposition, n'est pas valable à l'égard des créanciers opposants : ceux-ci peuvent, selon leur droit, le contraindre à payer de nouveau, sauf son recours contre le créancier. (C. N., art. 1242.)

Objets qui peuvent être saisis-arrêtés. — Toutes sommes d'argent ou choses mobilières qui sont dans le commerce peuvent être saisies-arrêtées, sauf les cas d'exceptions légales.

Les choses insaisissables se divisent en quatre classes, savoir : 1° les choses déclarées insaisissables par la loi ; 2° les provisions alimentaires adjugées par justice ; 3° les sommes et objets disponibles déclarés insaisissables par le testateur ou le donateur ; 4° les sommes et pensions alimentaires.

Les deniers appartenant au fisc, ou sommes dues à un titre quelconque à l'État, ne peuvent être frappés de saisie-arrêt. (Arrêté du Gouv., 2 germinal an V ; Arrêts de cass., 16 thermidor an X, et 31 mars 1819.)

Les communes et les établissements de bienfaisance jouissent aussi du privilége de ne pouvoir être poursuivis par voie de saisie. Les sommes qui leur sont dues à un titre quelconque, celles qui sont entre les mains de leurs receveurs, celles qui sont déposées pour leur compte au Trésor ou à la caisse des dépôts, ne peuvent être l'objet d'une saisie-arrêt : les créanciers doivent s'adresser au préfet pour obtenir leur payement, même lorsque leurs créances ont été reconnues en justice. (Avis du cons. d'État, 18 juillet et 12 août 1807 ; 11 et 26 mai 1813 ; I. G., art. 1007.)

En principe général, toutes les sommes dues aux créanciers de l'État, des communes et des établissements de bienfaisance, peuvent être saisies-arrêtées entre les mains des comptables chargés d'effectuer les payements. Toutefois, ce principe a reçu des modifications importantes, notamment en ce qui concerne les travaux publics, les secours accordés par les ministères, les rentes sur l'État, les traitements et les pensions.

Ainsi, les créanciers particuliers des entrepreneurs et adjudicataires des ouvrages pour le compte de l'État, autres que les ouvriers employés à l'entreprise, ou ceux qui ont fourni des matériaux et autres objets servant à la construction des ouvrages, ne peuvent, jusqu'à la réception définitive des travaux, former des saisies-arrêts pour les sommes dues à ces entrepreneurs (L. 26 pluviôse an II, art. 1er). Néanmoins, les sommes qui restent dues aux entrepreneurs ou adjudicataires après la réception des ouvrages peuvent être saisies-arrêtées par leurs créanciers particuliers après l'acquittement des créanciers privilégiés (Id., art. 2 ; Avis du cons. d'État, 12 février 1819). Ces dispositions ne sont applicables qu'aux travaux faits pour le compte de l'État, c'est-à-dire à ses frais ; on ne doit pas les étendre aux travaux qui sont faits pour le compte des départements, des communes et établissements publics, ou des compagnies de chemins de fer, bien qu'ils présentent un caractère d'utilité publique.

Les secours accordés par les ministères pour grêle, inondations, incendies, naufrages ou autres désastres, ne peuvent être saisis que par les créanciers porteurs de titres d'une date postérieure à la décision ministérielle qui a alloué les secours, et, dans ce cas, c'est aux tribunaux qu'il appartient de fixer la portion saisissable. (Règl. min. de l'agric. et du com., 3 décembre 1844, art. 131.)

Les rentes inscrites au grand-livre de la dette publique et leurs arrérages sont insaisissables. (L. 8 nivôse an VI et 22 floréal an VII.)

Aux termes de la loi du 21 ventôse an IX, les traitements des fonctionnaires publics et employés civils sont saisissables jusqu'à concurrence d'un cinquième sur les premiers 1,000 francs et toutes les sommes au-dessous, du quart sur les 5,000 francs suivants, et du tiers sur la portion excédant 6,000 francs, à quelque somme qu'elle s'élève, et jusqu'à l'entier acquittement des créances.

Les remises des percepteurs avaient d'abord été jugées insaisissables, parce qu'elles pouvaient être prélevées par les comptables eux-mêmes sur leurs recettes (Décis. min., 8 septembre 1830). Mais il a été reconnu ensuite qu'elles pouvaient être frappées de saisies-arrêts ou oppositions entre les mains des receveurs des finances, chargés d'en établir le décompte, et que ces receveurs devaient, en conséquence, exercer sur lesdites remises la retenue proportionnelle déterminée par la loi du 21 ventôse an IX. (Décis. min. des fin., 25 mars 1847. — *Mém.* p. 124.)

Les remises des receveurs des communes et des établissements de bienfaisance sont également saisissables dans les proportions ci-dessus indiquées. Seulement, lorsqu'un même comptable est chargé du service de plusieurs communes et établissements, la saisie-arrêt doit être faite sur chaque traitement en particulier, de sorte que la portion saisissable se calculerait, non pas sur la masse des remises ou traitements, mais sur chacun d'eux considéré isolément. — *Mém.* 1847, p. 127.

Dans ce cas, c'est au maire que la saisie-arrêt doit être signifiée, et c'est ce fonctionnaire qui doit viser l'original. — *Mém.* 1861, p. 320.

La saisie-arrêt ne doit s'exercer que sur ce qui constitue réellement le traitement des percepteurs receveurs de communes et d'établissements de bienfaisance ; elle ne peut atteindre la portion représentative des frais de bureau, soit le quart de la somme totale du traitement. — *Mém.* 1862, p. 142.

Le principe posé dans la loi du 21 ventôse an IX doit aussi être appliqué aux instituteurs communaux (Décis. du cons. de l'inst. publ., 20 juin 1835 et 9 janvier 1836) ; aux employés des octrois (O. 9 décembre 1814, art. 61); aux cantonniers employés sur les routes et les chemins vicinaux et rétribués par un traitement mensuel (Inst. 27 août 1845) ; aux officiers de la garde nationale qui jouissent d'un traitement fixe; aux médecins et chirurgiens attachés aux hospices civils ; aux commissaires de police ; aux secrétaires et employés des mairies et des établissements de bienfaisance, etc. — *Mém.* 1842, p. 150.

Le calcul de la portion saisissable doit se faire sur le traitement tout entier, sans déduction de la retenue qui peut être faite pour le service des pensions civiles ou pour fonds de retraites. — *Mém.* 1861, p. 322.

Sont insaisissables pour la totalité les traitements des ministres des cultes salariés par l'État (Arrêtés 8 nivôse an XI et 15 germinal an XII); le traitement des membres de la Légion d'honneur et celui attaché à la médaille militaire (Avis du cons. d'État, 2 février 1803; D. 29 février 1852); les sommes allouées aux commissaires de police à titre de frais de tournées ou de bureau (Lettre min. des fin., 2 mars 1855); le salaire des nourrices des enfants trouvés. (Décis. du min. des fin., 20 juin 1846. — *Mém.* p. 252.)

En ce qui concerne les pensions civiles, aucune saisie ou retenue ne peut être opérée, du vivant du pensionnaire, que jusqu'à concurrence d'un cinquième pour débet envers l'État, ou pour des créances privilégiées, aux termes de l'article 2101 du Code Napoléon, et d'un tiers dans les circonstances prévues dans les articles 203, 205, 206, 207 et 214 du même Code (L. 9 juin 1853, art. 26). Ces dispositions sont applicables aux pensions accordées sur fonds spéciaux de retraite créés par les communes et les éablissements de bienfaisance. — Voy. PENSIONS.

Les créanciers ordinaires d'un titulaire d'office ou d'un comptable public sont admis à faire des oppositions sur le cautionnement de celui-ci, même avant la cessation de ses fonctions. Toutefois, cette faculté n'existe pas pour les cautionnements réalisés en rentes sur l'État. — Voy. CAUTIONNEMENTS DES PERCEPTEURS.

Procédure. — Tout exploit de saisie-arrêt ou opposition, fait en vertu d'un titre, doit contenir l'énonciation du titre et de la somme pour laquelle la saisie est faite. Si l'exploit est fait en vertu de la permission du juge, l'ordonnance énonce la somme pour laquelle la saisie-arrêt ou opposition est faite, et il est donné copie de l'ordonnance en tête de l'exploit. Si la créance pour laquelle on demande la permission de saisir-arrêter n'est pas liquide, l'évaluation provisoire en est faite par le juge. L'exploit contient aussi élection de domicile dans le lieu où demeure le tiers saisi, si le saisissant n'y demeure pas, le tout à peine de nullité. (C. de proc., art. 559.)

L'État et les administrations publiques sont, comme tout autre saisissant, astreints à élire domicile.

Dans la huitaine de la saisie-arrêt ou opposition, outre un jour pour trois myriamètres de distance entre le domicile du tiers saisi et celui du saisissant, et un jour pour trois myriamètres de distance entre le domicile de ce dernier et celui du débiteur saisi, le saisissant est tenu de dénoncer la saisie-arrêt ou opposition au débiteur saisi et de l'assigner en validité. (C. de proc., art. 563.)

Dans un pareil délai, outre celui en raison des distances, à compter du jour de la demande en validité, cette demande est dénoncée, à la requête du saisissant, au tiers saisi, qui n'est tenu de faire aucune déclaration avant que cette dénonciation lui ait été faite. (C. de proc., art. 564.)

Faute de demande en validité, la saisie ou opposition est nulle : faute de dénonciation de cette demande au tiers saisi, les payements par lui faits jusqu'à la dénonciation sont valables. (Id., art. 565.)

La demande en validité est portée devant le tribunal du domicile de la partie saisie. (Id., art. 567.)

La dénonciation de la saisie au débiteur interrompt la prescription qui pouvait courir contre le saisissant (C. N., art. 2244), lors même qu'elle est faite hors des délais ou non suivie d'une assignation en validité.

Lorsque la saisie-arrêt a été dénoncée au saisi et suivie d'une assignation en validité, tout doit rester en l'état entre les parties jusqu'à ce que la justice ait statué sur le mérite de l'opposition. C'est au juge à décider si l'instance en validité doit être jugée avec célérité ou subir les lenteurs du rôle.

Dès que le jugement de validité lui a été signifié, le tiers saisi doit se libérer entre les mains du créancier. Toutefois, il doit attendre, pour délivrer les sommes dont il est détenteur, que les délais de l'appel ou de l'opposition soient expirés.

Les formalités de la saisie-arrêt reçoivent quelques modifications lorsqu'il s'agit d'oppositions formées entre les mains des comptables publics. Ces modifications sont indiquées ci-après.

Formalités particulières aux saisies-arrêts ou oppositions pratiquées entre les mains des comptables publics. — La saisie-arrêt ou opposition formée entre les mains des receveurs, dépositaires ou administrateurs de caisses ou deniers publics, n'est point valable si l'exploit n'est fait à la personne préposée pour le recevoir, et s'il n'est visé par elle sur l'original, ou, en cas de refus, par le procureur impérial. (C. de proc., article 561.)

Aux termes des articles 13 et 14 de la loi du 9-16 juillet 1836, toutes saisies-arrêts ou oppositions sur des sommes dues par l'État doivent être faites entre les mains des payeurs, agents ou préposés sur la caisse desquels les ordonnances ou mandats sont délivrés; elles n'ont d'effet que pendant cinq années, à compter de leur date, si elles n'ont pas été renouvelées dans ce délai, quels que soient d'ailleurs les actes, traités ou jugements intervenus. Cette dernière disposition ne s'applique pas toutefois aux oppositions faites sur capitaux et intérêts de cautionnement.

L'opposition doit contenir les noms, qualités et demeures du saisissant et du saisi, la somme pour laquelle la saisie est faite, et la désignation de la créance saisie. Elle doit, en outre, contenir copie ou extrait du titre du saisissant, ou de l'ordonnance du juge qui a autorisé la saisie, faute de quoi elles ne sont ni visées ni reçues et restent sans effet. (D. 18 août 1807, art. 1, 2 et 3.)

L'opposition n'ayant d'effet que pour la somme pour laquelle elle est formée, les comptables doivent payer au créancier tout le surplus de la somme ordonnancée et non saisie. (D. 18 août 1807, art. 4.)

Les receveurs ou dépositaires de deniers publics entre les mains desquels des oppositions ont été formées ne peuvent, en aucun cas, être appelés en déclaration affirmative; mais ils doivent délivrer, lorsqu'ils en sont requis par le saisissant, un certificat énonçant les sommes ordonnancées sur leur caisse et restées dues à la partie saisie. (Id., art. 6, 7 et 8; C. de proc., art. 569; I. G., art. 519.)

La saisie-arrêt faite entre les mains des comptables publics n'est pas dispensée d'ailleurs de la dénonciation au saisi, ni de la demande en validité.

Consignations par suite de saisies-arrêts ou oppositions versées par les payeurs et autres comptables. — La partie saisissable des appointements ou traitements civils et militaires, et des sommes en tenant lieu, qui a été saisie entre les mains des payeurs, agents et autres comptables chargés d'en effectuer le payement à la décharge de l'État, est versée chaque mois, par lesdits payeurs, agents et autres comptables, aux receveurs des finances, qui la reçoivent en qualité de préposés de la caisse des dépôts et consignations.

Aucun autre dépôt des sommes ordonnancées ou mandatées sur la caisse des mêmes comptables ou agents, et grevées d'oppositions, ne peut être effectué que s'il est autorisé par la loi, par justice ou par acte passé entre l'administration et ses créanciers. (L. 9 juillet 1836 et 8 juillet 1837; O. 16 septembre 1837.)

Le dépôt, dans tous les cas, doit être accompagné d'un extrait ou d'un état contenant un extrait certifié de chacune des oppositions et significations existantes et frappant les sommes déposées; cet extrait contient les noms, prénoms, qualités et demeures du saisissant et du saisi, l'indication du domicile élu par le saisissant, le nom et la demeure de l'hussier, la date de l'exploit, le titre en vertu duquel la saisie a été faite, la désignation de l'objet saisi, et la somme pour laquelle la saisie a été formée. Si, par quelque circonstance, ces extraits ne peuvent pas accompagner la consignation, il en est fait mention dans la déclaration de versement, et le receveur général veille à ce que la remise n'en soit pas différée au delà de dix jours. Mention de cette remise est ensuite faite en marge tant de la déclaration inscrite au registre que de la copie qui doit être envoyée à la caisse des dépôts. (I. G., art. 513.)

Les récépissés que les receveurs des finances délivrent, en qualité de préposés de la caisse des dépôts, pour les consignations ci-dessus mentionnées, doivent être accompagnés de reçus particuliers constatant la remise des extraits d'oppositions et significations joints au dépôt. (Id., art. 514.)

Oppositions portant sur les émoluments à payer par les receveurs des finances. — Les receveurs des finances peuvent avoir eux-mêmes à recevoir des oppositions sur les émoluments qu'ils sont chargés de payer en vertu d'ordonnances ou de mandats délivrés sur leur caisse.

Ils doivent porter les oppositions sur le registre prescrit par les articles 5 et 35 de l'Instruction sur les consignations. A mesure que les oppositions acquièrent cinq années de date sans avoir été renouvelées, elles sont rayées du registre. Le délai de cinq ans ne court que du jour de la consignation à l'égard des oppositions existant au moment où elle a lieu. (L. 9 juillet 1836; O. 16 septembre 1837, art. 4 ; I. G., art. 516.)

Les préposés de la caisse des dépôts et consignations doivent, lorsqu'ils en sont requis par la partie saisie, par l'un des créanciers opposants, leurs représentants ou ayants cause, délivrer extrait ou état des oppositions grevant les sommes consignées, à la charge par la partie de fournir le papier timbré nécessaire. Sont toutefois dispensés du timbre les extraits ou états délivrés par l'administration. (D. 18 août 1807, art. 7 et 8 ; I. G., art. 517.)

Les receveurs des finances versent d'office, à la caisse des dépôts et consignations, après l'expiration de chaque mois, les sommes arrêtées entre leurs mains par l'effet des oppositions frappant les émoluments qu'ils sont chargés de payer en vertu d'ordonnances ou de mandats délivrés sur leur caisse : à cet effet, ils font dépense du montant brut des émoluments ordonnancés et mandatés suivant l'usage ; ils s'en font remettre, par la partie prenante, la quittance accoutumée, et ils font recette, au nom de la caisse des dépôts, de la partie des émoluments frappés d'opposition.

Si les comptables éprouvent des doutes sur l'interprétation et l'application de quelques-unes des dispositions relatives aux saisies-arrêts et oppositions, ils en réfèrent au chef de la division du contentieux des finances. (I. G., art. 520.)

Des saisies-arrêts ou oppositions pratiquées entre les mains des percepteurs et des receveurs de communes et d'établissements de bienfaisance.— Conformément aux dispositions de l'article 661 de l'Instruction générale, le payement des dépenses publiques peut être assigné sur les caisses des percepteurs, et alors il s'effectue sur le visa et pour le compte du payeur. Lorsque des oppositions sont formées entre les mains du payeur après le visa des mandats et avant la transmission des acquits, le payeur et le receveur général se concertent pour que l'avis en soit immédiatement transmis aux comptables appelés à faire le payement, ainsi qu'au receveur particulier. Les percepteurs doivent, sur cet avis, refuser d'acquitter les mandats, sauf à motiver leur refus, s'ils en sont requis, dans une déclaration écrite.

Comme on l'a vu plus haut, c'est entre les mains des payeurs sur lesquels les mandats sont émis que les oppositions peuvent être régulièrement signifiées. Cependant, si une opposition postérieure au visa était signifiée au percepteur appelé à faire le payement, celui-ci devrait y déférer, par application de ce principe, que les comptables ne sont pas juges du mérite des oppositions formées entre leurs mains. (Extrait annoté de l'Inst. gén., par M. J. Petetin, note de l'article 661.)

Les saisies-arrêts ou oppositions sur les sommes dues par les communes et les établissements de bienfaisance doivent être formées entre les mains des receveurs municipaux ou hospitaliers, qui ont seuls qualité pour acquitter les dépenses ; c'est à ces comptables qu'il appartient, en conséquence, de viser les exploits. Mais, si l'opposition frappait les émoluments du receveur lui-même, elle devrait alors être signifiée au maire, qui viserait l'original. — *Mém.* 1861, p. 320.

Les comptables ne peuvent, sans engager gravement leur responsabilité, payer le créancier saisissant tant que l'opposition n'a pas été validée par les tribunaux, ou que le débiteur n'a pas donné son consentement formel à ce payement. Lorsque la validité de la saisie a été prononcée, les comptables peuvent régulièrement payer sans le concours du débiteur; il suffit, pour leur garantie, que le créancier saisissant, en lui donnant quittance, déclare consentir à la mainlevée de l'opposition. — *Mém.* 1843, p. 313.

Lorsque l'opposition porte sur un traitement ou une pension, le comptable retient la portion saisissable, et il paye le surplus au titulaire de la créance.

S'il y a plusieurs oppositions, les comptables n'ont pas à se préoccuper de l'ordre dans lequel les créances doivent être admises. — *Mém.* 1859, p. 297.

La prescription quinquennale édictée par la loi du 9 juillet 1836, et dont il est parlé plus haut, ne s'applique pas aux oppositions qui sont formées sur les sommes dues par les communes et les établissements de bienfaisance ; quelle que soit la date de ces oppositions, les comptables ne peuvent vider leurs mains sans le consentement des parties, ou sans y être autorisés par justice. — *Mém.* 1863, p. 412.

Les oppositions n'ont pas d'ailleurs pour effet d'empêcher les comptables de disposer, pour les autres services, de l'encaisse libre jusqu'à ce qu'ils aient obtenu la mainlevée des oppositions. — *Mém.* 1843, p. 277.

Les traitements payables sur les fonds des communes et des administrations charitables, et passibles de retenues en vertu d'oppositions sont portés en dépense pour le brut, et il est fait recette du montant des retenues à un compte spécial ouvert à la deuxième section du livre des comptes divers ; il est fait ensuite dépense, à ce compte, des versements que les comptables effectuent au receveur des finances pour le compte de la caisse des dépôts et consignations. Il convient, en outre, d'enregistrer les oppositions sur un carnet spécial. (I. G., art. 1106 et 1473.)

Des saisies-arrêts formées par les percepteurs, les receveurs des communes et établissements de bienfaisance. — Les saisies-arrêts pratiquées par ces comptables pour obtenir le payement des contributions directes ou des sommes dues aux communes et aux établissements de bienfaisance sont soumises aux formes tracées par le Code de procédure civile.

En ce qui concerne particulièrement les contributions directes, si le percepteur saisissant ne demeure point dans le lieu où réside le tiers saisi, il doit élire domicile dans ce lieu. Ce domicile peut être la maison où le percepteur fait ordinairement sa recette lorsqu'il vient dans la commune. Si la saisie-arrêt ne devait pas avoir lieu dans une des communes de l'arrondissement de perception, elle pourrait être faite par l'intermédiaire du percepteur de la résidence du tiers détenteur, à qui le receveur des finances ferait parvenir un extrait de rôles, indiquant les sommes dues, et formant titre en vertu duquel l'opposition pourrait être signifiée. — *Mém.* 1834, p. 176.

Les saisies-arrêts pratiquées par les percepteurs pour avoir le payement des contributions directes peuvent être faites par les porteurs de contraintes. (Arrêté du 16 thermidor an VIII; Règl. sur les pours., art. 89.)

La saisie-arrêt, étant un acte purement conservatoire, n'exige ni contrainte, ni autorisation préalable. Pour cet acte, le percepteur remet au porteur de contraintes un état présentant la situation des contribuables en retard, et portant injonction à cet agent de faire les diligences nécessaires. Le modèle de cet état est donné sous le nº 8, à la suite du règlement sur les poursuites. (I. G., art. 99.)

Lorsque le percepteur, pour suivre l'effet de la saisie-arrêt, doit dénoncer l'opposition au débiteur saisi et l'assigner en validité, il est prudent qu'il en prévienne le receveur des finances et lui demande ses instructions. — *Mém.* 1834, p. 174.

Des dispositions exceptionnelles dispensent, dans certains cas, le Trésor public et les percepteurs agissant en son nom de pratiquer une saisie-arrêt entre les mains du débiteur d'un redevable, pour avoir payement des contributions directes non acquittées par ce dernier. Ainsi, lorsqu'un tiers a dans ses mains des sommes provenant du chef d'un contribuable, le percepteur peut en requérir directement la délivrance sans recourir à une saisie-arrêt. Mais il faut que les sommes soient affectées au privilége du Trésor; autrement, une saisie-arrêt devient nécessaire. S'il s'agit, par exemple, d'une cote foncière, et que les sommes appartenant au redevable et détenues par un tiers ne proviennent pas de fruits, revenus ou loyers des immeubles soumis à la contribution, le percepteur ne peut se faire délivrer ces sommes sur sa simple demande, car le Trésor n'a pas dans ce cas privilége sur elles; il serait obligé d'agir par saisie-arrêt. — *Mém.* 1834, p. 164. — Voy. Dépositaires, Poursuites, Privilége du Trésor.

Le receveur d'une commune ou d'un établissement de bienfaisance est compétent pour faire procéder sans autorisation à une saisie-arrêt, dans l'intérêt de cette commune ou de cet établissement; mais il doit en donner immédiatement connaissance au maire ou aux administrateurs de l'établissement, afin que ceux-ci puissent examiner s'il convient de dénoncer la saisie en validité, et demander l'autorisation de se présenter devant le tribunal. (I. G., art. 850.)

Dès que le receveur a formé la saisie-arrêt, l'administration doit, dans la huitaine, conformément à l'article 565 du Code de procédure civile, dénoncer l'opposition et assigner en validité. Il n'est pas pour cela nécessaire d'une autorisation préalable, puisque l'administration ne comparaît pas encore devant le tribunal, et qu'il suffit qu'elle représente l'autorisation à l'audience : à l'appel de la cause, l'avoué de la commune ou de l'établissement doit demander au tribunal un délai nécessaire pour que l'autorisation de suivre l'instance puisse être obtenue ; et, pendant ce délai, qui ne saurait être refusé, l'administration fait ses diligences, et remplit les formalités prescrites à l'effet de se faire autoriser par le conseil de préfecture. (Lettre du min. de l'int., 31 mai 1827. — *Mém.*, p. 393.) — Voy. Procès.

Les saisies-arrêts ou oppositions ayant pour objet la rentrée des revenus communaux assimilés pour le recouvrement aux contributions directes peuvent être faites par les porteurs de contraintes, comme lorsqu'il s'agit de ces contributions. — Voy. Poursuites.

Saisie-brandon. — On désigne ainsi la saisie des fruits pendants par racines et non encore détachés du sol, tels que les céréales, les foins, légumes, bois, etc.

La saisie-brandon ne peut être faite que dans les six semaines qui précèdent l'époque ordinaire de la maturité des fruits ; elle est précédée d'un commandement, avec un jour d'intervalle. (C. de proc., art. 626.)

En ce qui concerne les bois susceptibles d'être exploités en coupes réglées, la saisie-brandon ne peut être pratiquée que dans les six semaines qui précèdent l'époque où, d'après l'aménagement, c'est-à-dire d'après l'usage constant suivi par le propriétaire, les arbres doivent être coupés. Quand le propriétaire ne suit aucun ordre pour la coupe des arbres et exploite ses bois annuellement en fagots ou autrement, la saisie-brandon peut être opérée dans les six semaines qui précèdent l'époque de l'année où le propriétaire est dans l'usage de vendre ses produits sur pied ou de les faire abattre. — *Mém.* 1837, p. 286.

Le procès-verbal de saisie contient l'indication de chaque pièce, sa contenance et sa situation, et deux au moins de ses tenants et aboutissants, et la nature des fruits. (C. de proc., art. 627.)

Le garde champêtre est établi gardien, à moins qu'il ne soit parent ou allié du saisissant jusqu'au degré de cousin issu de germain inclusivement ; s'il n'est pas présent, la saisie lui est signifiée ; il est aussi laissé copie au maire de la commune de la situation, et l'original est visé par lui. Si les communes sur lesquelles les biens sont situés sont contiguës ou voisines, il est établi un seul gardien, autre néanmoins qu'un garde champêtre, le visa est donné par le maire du chef-lieu de l'exploitation, et, s'il n'y en pas, par le maire de la commune où est située la majeure partie des biens. (Id., art. 628.)

En général, les fruits saisis-brandonnés doivent être vendus sur pied, en se conformant aux articles 629 à 635 du Code de procédure civile. Dans le cas où il y aurait lieu de couper les récoltes avant la vente, le saisissant devrait traduire le saisi en référé devant le président du tribunal, pour être autorisé à les faire récolter lui-même et à faire ensuite procéder à la vente. — *Mém.* 1839, p. 61.

Lorsque, par une circonstance quelconque, la vente des récoltes saisies-brandonnées à la requête d'un percepteur ne peut avoir lieu, ou que la vente n'a pas produit une somme suffisante pour le payement des cotes dues, le comptable peut faire procéder, sans autre autorisation, à la saisie-exécution des meubles du même contribuable. Seulement, dans le cas où il se trouverait en même temps d'autres créanciers, le Trésor n'étant, pour la contribution foncière, privilégié que sur les fruits de l'immeuble imposé, le percepteur agissant en son nom serait obligé, à l'égard des sommes provenant du mobilier, d'entrer en concurrence avec les autres créanciers et de souffrir même le privilége que ceux-ci pourraient avoir. — *Mém.* 1851, p. 138. — Voy. Gardiens aux saisies, Poursuites, Privilége du trésor, Saisie-exécution, Vente.

Saisie-exécution. — La saisie-exécution, ou saisie mobilière proprement dite, est celle par laquelle un créancier met sous la main de la justice les meubles de son débiteur autres que les fruits pendants par racines, afin de les faire vendre pour obtenir son payement sur le prix.

Il n'est procédé à aucune saisie mobilière qu'en vertu d'un titre exécutoire et pour choses liquides et certaines; si la dette exigible n'est pas d'une somme en argent, il est sursis, après la saisie, à toutes poursuites ultérieures, jusqu'à ce que l'appréciation en ait été faite. (C. de proc., art. 551.)

Ne peuvent être saisis : 1° les objets que la loi déclare immeubles par destination ; 2° le coucher nécessaire des saisis, ceux de leurs enfants vivant avec eux, les habits dont les saisis sont vêtus et couverts ; 3° les livres relatifs à la profession du saisi, jusqu'à la somme de 300 francs, à son choix ; 4° les machines et instruments servant à l'enseignement pratique ou exercice des sciences et arts, jusqu'à concurrence de la même somme, et au choix du saisi ; 5° les équipements des militaires, suivant l'ordonnance et le grade ; 6° les outils des artisans, nécessaires à leurs occupations personnelles ; 7° les farines et menues denrées nécessaires à la consommation du saisi et de sa famille pendant un mois ; 8° enfin, une vache, ou trois brebis ou deux chèvres, au choix du saisi, avec les pailles, fourrages et grains nécessaires pour la litière et la nourriture desdits animaux pendant un mois. (Id., art. 592.)

Lesdits objets ne peuvent être saisis pour aucune créance, même celles de l'État, si ce n'est pour aliments fournis à la partie saisie, ou sommes dues aux fabricants ou vendeurs desdits objets, ou à celui qui a prêté pour les acheter, fabriquer ou réparer; pour ermages et moissons des terres à la culture desquelles ils ont été employés; loyers des manufactures, moulins, pressoirs, usines dont ils dépendent, et loyers des lieux servant à l'habitation personnelle du débiteur. Le coucher nécessaire des saisis, ceux de leurs enfants vivant avec eux, les habits dont les saisis sont vêtus et couverts, ne peuvent être saisis pour aucune créance. (C. de proc., art. 593.)

Toute saisie-exécution doit être précédée d'un commandement à la personne ou au domicile du débiteur, fait au moins un jour avant la saisie, et contenant notification du titre, s'il n'a été déjà notifié. (Id., art. 583.)

Il contient élection de domicile jusqu'à la fin de la poursuite dans la commune où doit se faire l'exécution, si le créancier n'y demeure, et le débiteur peut faire à ce domicile élu toutes significations, même d'offres réelles et d'appel. (Id., art. 584.)

Les autres formalités à observer dans les saisies-exécutions et les ventes qui en sont la suite, ainsi que pour la revendication, par le véritable propriétaire, d'objets saisis sur un tiers non propriétaire, sont déterminées par les articles 585 à 591, 594 à 625 du Code de procédure civile. Ces articles ayant été rapportés textuellement, à la suite du Règlement sur les poursuites, au *Mémorial* de 1861 (p. 441 et suiv.), il n'a pas paru nécessaire de les reproduire ici. Les comptables voudront bien s'y reporter, ainsi qu'aux mots de ce Dictionnaire sous lesquels ont été exposées les règles particulières aux saisies-exécutions ayant pour objet le recouvrement des contributions directes et des revenus des communes et des établissements de bienfaisance. — Voy. POURSUITES EN MATIÈRE DE CONTRIBUTIONS DIRECTES, POURSUITES POUR LE RECOUVREMENT DES REVENUS COMMUNAUX, PRIVILÉGE DU TRÉSOR, VENTE.

Saisie-gagerie. — Acte conservatoire et d'exécution par lequel le propriétaire ou principal locataire d'un immeuble met sous la main de la justice les objets garnissant les lieux loués par lui, dans le but d'assurer l'exercice du privilége qui lui est conféré par l'article 2102 du Code Napoléon.

La saisie-gagerie est faite en la même forme que la saisie-exécution; le saisi peut être constitué gardien; et, s'il y a des fruits, elle est faite dans la forme établie par la saisie-brandon. (C. de proc., art. 821.) — Voy. PRIVILÈGES, SAISIE-BRANDON, SAISIE-EXÉCUTION.

Saisie-revendication. — Acte par lequel le propriétaire ou principal locataire, pour assurer le payement des loyers, fait saisir les objets qu'il prétend détournés des lieux loués par lui, ou par lequel le propriétaire d'une chose perdue ou volée cherche à se la faire restituer, aux termes de l'article 2279 du Code Napoléon.

Il ne peut être procédé à aucune saisie-revendication qu'en vertu d'une ordonnance du président du tribunal de première instance rendue sur requête. (C. de proc., art. 826.)

La saisie-revendication est faite en la même forme que la saisie-exécution; seulement, celui chez qui elle est faite ne peut être constitué gardien. (C. de proc., art. 830.)

C'est à l'autorité judiciaire qu'il appartient, aux termes de l'article 4 de la loi du 12 novembre 1808, de prononcer sur les demandes en revendication de meubles et effets mobiliers saisis pour le payement des contributions directes; mais, avant de porter leur demande devant les tribunaux, les parties intéressées doivent la soumettre au préfet, conformément à la loi du 28 octobre-5 novembre 1790. (Arrêt du cons. d'État, 17 février 1853. — *Mém.* p. 180.) — Voy. POURSUITES, SAISIE-EXÉCUTION.

Saisies et amendes en matière d'octroi. — Voy. OCTROI.

Salle de la mairie. — Voy. MAISON COMMUNE.

Salles d'asile. — Les dépenses des salles d'asile sont à la charge des communes où elles sont établies, mais une rétribution mensuelle peut être exigée de toutes les familles dont les enfants sont admis dans ces établissements et qui sont en état de payer le service qu'elles réclament.

Le taux de cette rétribution est fixé par le préfet, en conseil départemental, sur l'avis des conseils municipaux et des délégués cantonaux. (D. 21 mars 1855, art. 32 à 34; I. G., art. 1042.)

Les rôles de rétributions et les quittances de ces rétributions sont exempts du droit et de la formalité du timbre. (Décis. min. des fin., 24 décembre 1860. — *Mém.* 1861, p. 78.)

La rétribution mensuelle est perçue, pour le compte de la commune, par le receveur municipal; elle est spécialement affectée aux dépenses de la salle d'asile.

En cas d'insuffisance du produit de la rétribution mensuelle, et à défaut de fondations, dons ou legs, il est pourvu aux dépenses des salles d'asile publiques: 1° sur les revenus ordinaires des communes; 2° sur l'excédant des trois centimes spéciaux affectés à l'instruction primaire, ou, à défaut, au moyen d'une imposition spécialement autorisée à cet effet. (I. G., art. 1043.)

La rétribution mensuelle due par les familles qui sont en état de la payer n'est pas perçue dans la forme des contributions directes; les receveurs municipaux n'ont droit, pour la recette de ce produit, qu'à la remise allouée par l'article 2 de l'ordonnance du 23 mai 1839 pour toutes les recettes communales. — *Mém.* 1859, p. 163.

Une subvention peut être accordée par le département aux communes qui ne peuvent pourvoir aux dépenses ordinaires des salles d'asile qu'au moyen d'une imposition spéciale. Cette subvention est prélevée, soit sur le restant disponible des deux centimes affectés à l'instruction primaire, soit sur des fonds spécialement votés pour cet objet. (I. G., art. 1044.)

Les directrices des salles d'asile publiques reçoivent sur les fonds communaux un traitement fixe qui ne peut être moindre de 250 francs, et les sous-directrices un traitement dont le minimum est fixé à 150 francs.

Les unes et les autres jouissent, en outre, du logement gratuit.

Les dispositions de la loi du 9 juin 1853, sur les pensions civiles, leur sont applicables. (I. G., art. 1045.)

Les directrices et sous-directrices doivent supporter, en conséquence, sur leur traitement, la retenue déterminée par l'article 3 de ladite loi. Cette retenue doit porter même sur la portion de traitement qui proviendrait d'une subvention allouée à la commune par le département, bien que cette subvention ait un caractère éventuel. — *Mém.* 1860, p. 251. — Voy. Pensions civiles, Retenues.

Sapeurs-pompiers. — Il existe dans quelques villes des compagnies de sapeurs-pompiers soldés dont le service est essentiellement municipal. Les règlements constitutifs de ces compagnies sont soumis à l'approbation du Gouvernement.

Les conseils municipaux déterminent la somme qui doit être affectée aux gratifications ou traitements annuels, ainsi que les conditions à remplir et les formes à observer pour l'emploi des fonds.

Dans les autres villes et principales communes où il n'existe pas de corps soldés de sapeurs-pompiers, il doit être formé, autant que possible, des compagnies ou subdivisions de compagnie de sapeurs-pompiers faisant partie de la garde nationale. (L. 13 juin 1851, art. 34.)

Les sapeurs-pompiers municipaux ou gardes nationaux qui, dans leur service, ont reçu des blessures ou contracté une maladie entraînant une incapacité de travail personnel, temporaire ou permanente, ont droit à des secours ou à des pensions, suivant les circonstances. Les veuves et enfants de ceux qui ont péri dans le service, ou qui sont morts des suites des blessures reçues ou des maladies contractées dans le service, ont également droit à des secours ou à des pensions.

Ces pensions peuvent être temporaires ou à vie ; toutefois, les pensions accordées pour un temps déterminé s'éteignent par le décès du titulaire, avant le terme assigné à leur durée, lorsque la réversibilité n'en a pas été ordonnée.

Les secours ou pensions sont dus : 1° si l'accident a eu lieu dans un incendie, par la commune où le sapeur-pompier a été tué, blessé ou atteint en luttant contre l'incendie ; 2° si l'accident, n'étant pas arrivé dans un incendie, a lieu néanmoins dans le service, par la commune à laquelle appartient le bataillon, la compagnie ou la subdivision de compagnie dont le sapeur-pompier fait partie. (L. 25 avril 1851, art. 1, 2 et 3.)

Dans le mois de la constatation de la mort, des blessures ou de la maladie, le conseil municipal de la commune débitrice est réuni pour procéder à la liquidation des secours ou des pensions. Les secours ou pensions sont accordés dans la proportion des besoins de celui ou de ceux qui les réclament, et des ressources de la commune. La délibération du conseil municipal peut être attaquée par toute personne intéressée, ainsi que par le maire, au nom de la commune, ou d'office par le préfet. Le recours est porté devant le conseil général du département, qui statue en dernier ressort, et comme jury d'équité, après avoir entendu le rapport du préfet. Jusqu'à la décision définitive du conseil général, la délibération du conseil municipal est provisoirement exécutée, sauf règlement ultérieur.

Les secours et pensions, ainsi liquidés, sont portés au budget de la commune comme dépenses obligatoires. Les conseils généraux peuvent accorder, sur les fonds du département, une subvention aux communes pour lesquelles le service de ces secours et pensions paraîtrait une charge trop onéreuse. (L. 25 avril 1851, art. 4 à 7.)

Sur la demande du conseil municipal, et par décret de l'Empereur, il peut, en outre, être établi, pour le même objet, une caisse communale de secours et pensions en faveur des sapeurs-pompiers victimes de leur dévouement dans les incendies, de leurs veuves et de leurs enfants. Cette caisse reçoit : 1° les dons et subventions volontaires et le produit des souscriptions provenant des compagnies d'assurances ou des particuliers; 2° le produit des donations ou legs que la caisse peut recevoir, avec l'autorisation du Gouvernement, comme établissement d'utilité publique. Cette caisse est la propriété exclusive de la commune et non d'aucuns corps ni individus. Elle est gérée comme les autres fonds de la commune et soumise à toutes les règles de la comptabilité municipale. Les secours et pensions accordés sont incessibles et insaisissables; les lois sur le cumul ne leur sont pas applicables. (Id., art. 8 à 11; Circ. de l'int., 28 juin 1851. — *Mém.* p. 125.)

Un modèle de règlement pour la création de caisses communales de secours et pensions en faveur des sapeurs-pompiers est annexé à la circulaire ministérielle du 11 décembre 1852.

Les pensions et secours sont payés par quart à la fin de chaque trimestre. Les quittances des parties prenantes sont exemptes du timbre, à quelque somme que s'élève le secours ou la pension. On joint au mandat quittancé un certificat de vie, lorsque la quittance n'est pas donnée par le titulaire ou que le secours est payé dans une autre commune. — Voy. Pensions de retraites, Pompes a incendie.

Scellés. — Voy. Décès des comptables.

Secours à d'anciens percepteurs, à leurs veuves et leurs orphelins. — Un fonds de secours existe au budget de l'État pour les agents de la perception, leurs veuves et leurs orphelins.

Le ministre des finances, sur les observations du directeur général de la comptabilité publique et les propositions du directeur du personnel, décide quels sont les percepteurs réformés auxquels des secours paraissent devoir être accordés.

Ces secours ne peuvent excéder le cinquième des remises de la dernière année d'activité. Les secours qui sont accordés aux veuves et aux orphelins ne peuvent dépasser le maximum de 300 francs. (I. G., art. 1281.)

Les secours sont alloués pour un an et ne sont renouvelés qu'autant que la demande et la proposition en sont faites chaque année.

Les préfets et les receveurs des finances, par l'intermédiaire de ces administrateurs, doivent, aussitôt qu'ils sont informés du décès des personnes qui ont, dans le courant de l'année, formé des demandes de secours, en donner avis au ministre, direction du personnel. (Id., art. 1282.)

Les demandes de secours doivent être appuyées d'une feuille de renseignements conforme au *modèle n°* 261. (Id., art. 1283.)

Elles doivent être formées et remises au receveur des finances de l'arrondissement dans le courant de décembre, au plus tard, pour l'année suivante.

Les demandes de secours et les pièces à l'appui sont exemptes du droit de timbre. (Circ. min. des fin., 28 juillet 1860. — *Mém.*, p. 233.) — Voy. PERCEPTEURS.

Secours mutuels. — Voy. SOCIÉTÉS DE SECOURS MUTUELS.

Secours publics. — Chaque année des fonds sont mis, par le Gouvernement, à la disposition des préfets pour aider et secourir les personnes, et notamment les petits cultivateurs et ouvriers nécessiteux qui ont éprouvé, soit des pertes de maisons ou de récoltes, soit des pertes de bestiaux, par suite d'incendie, de grêle ou inondation, d'épizootie ou autres accidents. Ces secours sont indépendants des dégrèvements qui peuvent être accordés, pour les mêmes causes, sur les contributions directes.

La répartition des secours pour pertes occasionnées par la grêle est faite par le contrôleur des contributions directes, assisté du maire et de deux commissaires nommés par le sous-préfet. Pour que cette répartition puisse avoir lieu, il est nécessaire que le maire adresse au sous-préfet, le jour même ou le lendemain du sinistre, une réclamation collective avec une liste de quatre candidats pour la nomination des deux commissaires chargés de procéder à l'évaluation des dégâts.

A l'égard des secours pour cause d'incendie ou d'inondation, on doit, pour les obtenir, en faire la demande au préfet, par l'intermédiaire du sous-préfet, dans les quinze jours qui suivent les sinistres ou les accidents. Ces demandes sont formées sur papier libre par les perdants eux-mêmes, et accompagnées: 1° d'un certificat du maire constatant la position, les charges de famille et autres du perdant, la nature et le montant de la perte; 2° de l'avertissement ou, à défaut, d'un extrait de rôle, en ce qui touche tant les contributions supportées directement par le perdant que celles qu'il peut être tenu d'acquitter comme fermier ou locataire.

S'il s'agit de pertes de bestiaux, la demande doit être accompagné d'un certificat sur papier timbré, délivré par un vétérinaire, et constatant la date, la nature, la cause et le montant de la perte.

Les percepteurs n'ont pas à délivrer de quittances à souche, lorsqu'ils touchent à la caisse du payeur le montant des mandats ayant pour objet des secours collectifs, à la charge d'en distribuer les fonds aux parties intéressées. Comme ils interviennent, dans ce cas, en qualité de simples agents de distribution, ils n'ont pas à faire recette des fonds dans leur comptabilité; ils sont seulement tenus de rapporter au payeur les quittancesdes créanciers réels, et de quittancer, pour ordre, les mandats qui auraient été délivrés à leur nom. (I. G., art. 1451.) — Voy. PAYEMENTS POUR LE COMPTE DU PAYEUR.

Lorsque, à l'occasion d'une solennité publique ou dans toute autre circonstance, les communes font distribuer des secours aux indigents ou aux pauvres honteux, la distribution s'opère sur un état de distribution arrêté et certifié par le distributeur, indiquant : 1° la date de la distribution; 2° les noms des participants; 3° la somme remise à chacun d'eux. Cet état, dressé sous la responsabilité et la garantie des administrateurs, est annexé comme pièce justificative à l'appui du mandat de secours. Ce n'est qu'à cette condition qu'on a permis aux receveurs de payer les secours sans quittance individuelle des parties prenantes. — *Mém.* 1862, p. 247. — Voy. BUREAUX DE BIENFAISANCE, SUBVENTIONS.

Secrétaires et employés des mairies. — Les secrétaires de mairie ne sont pas fonctionnaires publics; ce sont de simples collaborateurs du maire pour le travail des bureaux et la conservation des archives.

Les maires sont autorisés, toutefois, à confier au secrétaire de la mairie la tenue du répertoire des actes soumis au timbre et à l'enregistrement; ils peuvent aussi lui déléguer le soin de remettre aux parties intéressées les copies ou expéditions des actes de la mairie, et de faire signifier ceux de ces actes qui exigent cette formalité.

Un membre du conseil municipal ne peut remplir les fonctions de secrétaire de la mairie et en toucher le traitement. — *Mém.* 1863, p. 136.

Bien que le traitement des secrétaires et employés de la mairie forme ordinairement un article distinct au budget, ce traitement doit être considéré, néanmoins, comme faisant partie des frais de bureau que la loi du 18 juillet 1837 déclare obligatoires. Si un conseil municipal refusait de porter au budget un crédit pour le traitement dont il s'agit, le préfet pourrait l'inscrire d'office. Il pourrait de même augmenter le traitement, si la somme votée par le conseil municipal lui paraissait insuffisante.

Les traitements du secrétaire et des employés de la mairie sont fixés par le maire; le conseil municipal doit se borner à voter la somme totale des traitements et laisser au maire le soin de fixer la quotité à attribuer à chaque employé.

Les traitements sont payés par mois ou par trimestre. On joint au mandat la quittance ou un état émargé des parties prenantes énonçant leurs noms, leur grade ou leur emploi, le montant de leurs traitements par année et par mois ou par trimestre, les retenues pour pensions de retraite (s'il y a lieu) et le restant net à payer. Les quittances pour traitement annuel doivent être timbrées, si ce traitement excède 300 francs; s'il est fait un état d'émargement, cet état doit être timbré, à moins qu'il ne comprenne aucun traitement excédant 300 francs. (I. G., art. 1011.) — Voy. Mairie, Traitements.

Secrétaires et employés des établissements de bienfaisance. — Voy. Bureaux de bienfaisance, Hospices, Traitements.

Sections de communes. — On entend par sections de communes des hameaux, villages ou autres agrégations d'habitants, qui ont des droits de propriété ou d'usage distincts de ceux qui appartiennent à la commune entière.

Quand une section de commune offre ces caractères, elle forme une personne morale, capable de posséder privativement et d'agir en justice à raison de sa propriété. Mais c'est au conseil municipal qu'il appartient, sauf l'approbation de l'autorité supérieure, de voter la mise en ferme des biens sectionnaires, de régler le mode de jouissance de ces biens et de déterminer les conditions à imposer aux parties prenantes.

Les revenus des biens sectionnaires doivent être employés en premier lieu aux besoins des sections, et ensuite concourir aux dépenses qui intéressent toute la commune pour une part proportionnelle au chiffre du principal des quatre contributions directes payées par les habitants de la section. (Décis. min. de l'int. — *Mém.* 1857, p. 305; 1859, p. 179.)

Cette part proportionnelle étant fournie, les habitants de la section doivent être déchargés des impositions extraordinaires qui seraient établies pour pourvoir aux dépenses intéressant la commune entière. — *Mém.* 1860, p. 268.

Lorsqu'une section est dans le cas d'intenter ou de soutenir une action judiciaire contre la commune elle-même, il est formé, pour cette section, une commission syndicale de trois ou cinq membres, que le préfet choisit parmi les électeurs municipaux, et, à leur défaut, parmi les plus imposés.

Les membres du corps municipal qui seraient intéressés à la jouissance des biens ou droits revendiqués par la section ne doivent point participer aux délibérations du conseil municipal relatives au litige. Ils sont remplacés, dans toutes ces délibérations, par un nombre égal d'électeurs municipaux de la commune, que le préfet choisit parmi les habitants ou propriétaires étrangers à la section.

L'action est suivie par celui de ses membres que la commission syndicale désigne à cet effet. (L. 18 juillet 1837, art. 56.)

Lorsqu'une section est dans le cas d'intenter ou de soutenir une action judiciaire contre une autre section de la même commune, il est formé une commission syndicale pour chacune des sections intéressées. (Id., art. 57.)

La section qui a obtenu une condamnation contre la commune, ou contre une autre section, n'est point passible des charges ou contributions imposées pour l'acquittement des frais et dommages-intérêts qui résulteraient du fait du procès. (Id., art. 58.) — Voy. BIENS DES COMMUNES, COMMUNES, IMPOSITIONS COMMUNALES, PROCÈS.

Séquestre. — On appelle ainsi le dépôt d'une chose litigieuse entre les mains d'un tiers, afin qu'elle puisse être retrouvée dans l'état où on l'a laissée ; le dépositaire, auquel on donne aussi le nom de séquestre, doit la conserver jusqu'à ce que la contestation soit terminée. (C. N., art. 1955 à 1963 ; C. de proc., art. 688.)

Le séquestre s'applique aux meubles et aux immeubles. Il peut être établi du consentement des parties ou par ordre de justice.

Pour les obligations des séquestres, en ce qui concerne le payement des contributions directes, voy. DÉPOSITAIRES.

Serment. — Le serment prêté par les fonctionnaires de divers ordres désigne une promesse dont on garantit la sincérité par l'invocation du nom de Dieu.

Il y a deux espèces de serment : l'un, général et politique, par lequel celui qui le prête jure obéissance à la constitution du pays et se lie ainsi au Gouvernement qui lui confie une partie de son autorité. L'autre, particulier et professionnel, est exclusivement relatif au service confié à certaines classes de fonctionnaires. C'est ce serment que les lois de l'impôt ont tarifé à des droits différents, à raison de la nature des fonctions et de l'importance des traitements.

Pour être installés dans leurs fonctions, les nouveaux percepteurs receveurs de communes ou d'établissements de bienfaisance doivent prêter serment devant le préfet ou le sous-préfet.

L'acte de prestation de serment est soumis aux droits d'enregistrement, fixés à 15 francs pour les comptables dont le traitement excède 500 francs, et à 3 francs pour ceux qui ont un traitement inférieur.

Il est interdit aux greffiers de percevoir aucun émolument pour les formalités relatives à la prestation de serment des employés qui relèvent du département des finances. (I. G., art. 1234.)

Les percepteurs qui sont nommés à d'autres perceptions ne sont pas tenus de prêter un nouveau serment ; ils doivent seulement justifier qu'ils ont précédemment rempli cette formalité, et faire enregistrer leur acte de prestation de serment à la préfecture ou à la sous-préfecture ; la même marche est suivie à l'égard des receveurs des finances. Quant aux fonctionnaires qui prêtent serment devant l'autorité judiciaire, ils ont, dans le même cas, à faire enregistrer leur acte de prestation de serment, soit au greffe du tribunal civil, soit au greffe de la justice de paix de leur nouvelle résidence. Cet enregistrement a lieu sans frais. (I. G., art. 1235; Circ. de la compt. publ., 16 décembre 1863.)

Les percepteurs surnuméraires sont tenus de prêter serment avant d'entrer en fonction ; l'acte de prestation de serment est soumis au droit fixe d'enregistrement de 2 francs, en conformité de l'article 8 de la loi du 18 mai 1850. Lorsque les surnuméraires sont ensuite nommés percepteurs, ils restent soumis, quant à la prestation de serment, aux dispositions de l'article 1234 de l'Instruction générale rappelées ci-dessus. (I. G., art. 1202.) — Voy. ENREGISTREMENT, INSTALLATION.

Service médical gratuit. — Dans plusieurs départements, les préfets ont institué, avec l'approbation du Gouvernement, des médecins cantonaux pour soigner gratuitement les pauvres des communes rurales.

Outre les soins médicaux, ces médecins fournissent encore des médicaments mis à leur disposition jusqu'à concurrence d'un chiffre déterminé.

La dépense résultant de l'institution des médecins cantonaux est supportée par les départements avec le concours des communes, conformément aux arrêtés préfectoraux qui ont réglé ce service.

Ordinairement, les médecins cantonaux jouissent d'un traitement fixe, qui leur est payé sur mandats du préfet. Dans ce cas, les contingents que les communes ont à fournir pour assurer ce service sont versés, à titre de cotisations, aux caisses des receveurs des finances. (Circ. compt. gén., 26 juin 1855. — *Mém.*, p. 174.)

Les quittances des sommes payées pour le service médical gratuit sont exemptes des droits de timbre. (I. G., art. 1009.) — Voy COTISATIONS, TIMBRE.

Services accessoires confiés aux percepteurs. — Les percepteurs ne peuvent être chargés d'aucune gestion comptable que les lois et règlements n'auraient pas rendue obligatoire pour eux, à moins que le receveur des finances n'y ait donné son consentement, après en avoir référé à la direction générale de la comptabilité publique. Dans ce cas, le receveur des finances prescrit au percepteur le mode de comptabilité qu'il doit suivre, et prend toutes les mesures propres à mettre sa responsabilité à l'abri.

Les percepteurs ne peuvent non plus, sans qu'il en ait été référé au ministre, être appelés à prêter leur concours à des travaux qui ne leur seraient pas prescrits par les instructions. (I. G., art. 1273.)

Aux termes de l'article 9 du décret du 15 avril 1852, les fonds des caisses d'épargne doivent être renfermés dans une caisse à deux clefs; cette prescription paraît en opposition avec le principe de l'unité de caisse, lorsque le service est confié à un agent déjà chargé d'autres maniements de deniers. Mais pour tout concilier et eu égard à l'avantage qu'il y a souvent pour les caisses d'épargne à prendre pour trésorier un percepteur receveur municipal, l'administration a arrêté les dispositions suivantes: le comptable doit ouvrir, sur les livres de la perception ou de la recette municipale, un compte à la caisse d'épargne, et, à la fin de chaque séance, y porter par masses les recettes et les dépenses justifiées, tant par les bordereaux de contrôle (*modèles nos* 4 *et* 18 de l'Instruction du 4 juin 1857) que par les procès-verbaux (*modèles nos* 55 *et* 56) et par le récépissé du receveur des finances. Les recettes doivent, en outre, être inscrites en un seul article au journal à souche. A la vérité, l'encaisse n'est pas renfermé dans le même coffre que celui des autres services; mais, comme l'existence, en cas de vérification du comptable, peut toujours en être immédiatement constatée, le principe rappelé plus haut est suffisamment respecté. — Voy. Caisses d'épargne, Travaux.

Services hors budget. — Indépendamment des recettes et des dépenses à effectuer en exécution des budgets des communes et des établissements de bienfaisance, les receveurs municipaux et hospitaliers sont chargés de diverses opérations, qui ont généralement pour objet:

1° Les fonds de retraites ou de pensions des employés des mairies, des octrois, des administrations hospitalières, etc.; 2° les recettes et les dépenses d'ordre des octrois; 3° les coupes affouagères délivrées gratuitement; 4° les dépôts de garantie et les cautionnements pour adjudications et marchés; 5° les excédants de versements sur les produits communaux (prestations pour chemins vicinaux, taxe sur les chiens, rétribution scolaire); 6° les retenues à opérer pour le service des pensions civiles et en vertu d'oppositions; 7° la rétribution scolaire recouvrée pour le compte particulier des institutrices; 8° les cotisations particulières établies en vertu d'usages locaux, etc.; 9° les recettes faites avant l'ouverture de l'exercice; 10° les fonds appartenant aux enfants assistés ou deniers pupillaires; 11° la part attribuée aux pauvres ou aux hospices dans les produits des concessions dans les cimetières, quand le receveur municipal n'est pas en même temps receveur hospitalier; 12° les dépôts d'argent et d'objets précieux faits par les personnes admises dans les hôpitaux et hospices. (I. G., art. 1095.)

Les receveurs des communes et des établissements de bienfaisance sont tenus de rendre compte, dans une partie distincte de leur compte de gestion, des recettes et dépenses effectuées sur ces services, et de produire, comme pour les recettes et dépenses proprement dites des communes, les pièces justificatives de ces opérations. — Voy. Compte de gestion, Pièces justificatives.

Pour les règles à suivre dans les diverses opérations mentionnées ci-dessus, voy. Affouage, Cautionnement des adjudicataires, Concessions, Cotisations particulières, Deniers pupillaires, Dépôt d'argent, Non-valeurs et dégrèvemens, Octroi, Pensions civiles, Pensions de retraite, Recettes avant l'ouverture de l'exercice, Rétribution scolaire, Saisie-arrêt.

Sessions des conseils municipaux. — Les conseils municipaux s'assemblent, en session ordinaire, quatre fois l'année : au commencement de février, avril, mai et novembre. Chaque session peut durer dix jours. Le préfet ou sous-préfet prescrit la convocation extraordinaire du conseil municipal, ou l'autorise sur la demande du maire, toutes les fois que les intérêts de la commune l'exigent. La convocation peut également avoir lieu pour un objet spécial et déterminé, sur la demande du tiers des membres du conseil municipal, adressée directement au préfet. (L. 5 mai 1855, art. 15.)

Dans les sessions ordinaires, le conseil peut s'occuper de toutes les matières qui rentrent dans ses attributions. En cas de réunion extraordinaire, le conseil ne peut s'occuper que des objets pour lesquels il a été spécialement convoqué. (Id., art. 16.)

La session la plus importante de l'année est, sans contredit, la session ordinaire du mois de mai, dans laquelle les conseils municipaux ont à délibérer sur les budgets et les comptes communaux.

Le maire doit avoir soin de préparer à l'avance, de réunir et de classer par nature, toutes les pièces nécessaires aux opérations de cette session, savoir : 1° comptes du maire (compte en deniers et compte moral) pour l'exercice clos; 2° état de situation du receveur pour le même exercice ; 3° état des restes à payer de l'exercice clos ; 4° budget de l'exercice clos; 5° compte de gestion du receveur municipal pour l'année précédente ; 6° titres de perception des revenus communaux ; 7° budget de l'exercice courant ; 8° cahier d'observations et de propositions du maire pour la formation du budget du prochain exercice et celle des chapitres additionnels au budget de l'exercice courant; notes, états, décomptes, etc., préparés par le maire pour faciliter les vérifications et règlements de comptes et la formation des budgets ; 9° enfin, les imprimés nécessaires aux expéditions des délibérations, tels que tableaux de budget, formules de délibération, etc.

La première opération dont ce conseil doit s'occuper, celle qui doit nécessairement précéder la formation des chapitres additionnels au budget en exécution, dont elle est le premier élément, c'est le règlement définitif de l'exercice clos, qui doit servir à établir l'excédant disponible à ajouter aux ressources du nouvel exercice. Il est procédé à ce règlement conformément aux articles 829 à 838 de l'Instruction générale. — Voy. Exercice.

Le conseil municipal procède ensuite à l'examen du compte administratif de l'exercice clos ; il se fait représenter le compte en deniers qui a déjà servi à la délibération précédente, et les observations du maire en formant la partie morale, ainsi que le budget de l'exercice. Le maire peut assister à la délibération pour produire les pièces et donner les explications nécessaires, mais il doit se retirer au moment où le conseil va émettre son vote; il est remplacé à la présidence par un des membres du conseil, nommé au scrutin, qui adresse directement la délibération au sous-préfet. (L. 18 juillet 1837, art. 25.)

Le maire reprend la présidence et présente à l'examen du conseil le compte de gestion du receveur pour l'année précédente. Après examen, le conseil arrête les totaux des recettes et des dépenses effectuées, et constate, en dernier lieu, l'excédant des recettes résultant de l'ensemble des opérations de la gestion. Il ne doit apporter, dans son arrêté, aucune modification aux chiffres établis par le comptable : les irrégularités qui seraient reconnues font l'objet d'injonctions ou d'allocations consignées à la suite de l'arrêté de compte. Le receveur municipal est appelé à la séance dans laquelle son compte est débattu. En cas d'absence du receveur, le maire doit être détenteur des pièces justificatives à l'appui du compte, dont il a délivré au comptable un récépissé détaillé. Le receveur retire une expédition de la délibération du conseil, pour être jointe à son compte dans l'envoi qu'il doit en faire à l'autorité chargée de l'apurer.

Enfin, le conseil municipal procède à la formation des chapitres additionnels au budget de l'exercice courant, puis au vote du budget qui doit s'ouvrir le 1er janvier suivant.

Indépendamment de la délibération générale du budget, des délibérations spéciales doivent être prises sur certains articles de recette et de dépense, dont l'autorisation est soumise à des formalités particulières ou qui exigent des développements que ne comporte pas cette première délibération; telles sont celles qui ont pour objet : la mise à ferme des terres communes, les coupes de bois, les affouages, les impositions spéciales et extraordinaires, les aliénations, acquisitions et échanges, les emprunts, les travaux, etc. Les délibérations concernant une imposition extraordinaire ou un emprunt doivent être réservées pour une séance spéciale, à laquelle les plus imposés au rôle de la commune sont appelés en nombre égal à celui des membres en exercice. — Voy. BUDGET COMMUNAL, COMPTE ADMINISTRATIF, COMPTE DE GESTION, CONSEIL MUNICIPAL, EXERCICE, LISTE DES PLUS IMPOSÉS.

Signature. — C'est le nom que chacun appose de sa main à la fin d'un acte pour le certifier.

Il est recommandé à tous les fonctionnaires publics de signer leurs actes et leur correspondance d'une manière lisible.

L'usage des griffes pour les signatures est interdit. (Circ. int., 6 juillet et 1er août 1843.)

La légalisation de la signature est exigée ordinairement toutes les fois qu'on veut se servir de l'acte en dehors du ressort de l'officier ou fonctionnaire public, ou de la commune du simple particulier qui l'a signé. — Voy. Légalisation, Paraphe.

Société du Crédit foncier de France. — Cette société a pour objet de fournir aux propriétaires d'immeubles, qui veulent emprunter sur hypothèque, la possibilité de se libérer à longs termes au moyen d'annuités.

La loi du 6 juillet 1860 a autorisé le Crédit foncier de France à prêter aux départements, aux communes et aux associations syndicales, les sommes qu'ils auraient obtenu la faculté d'emprunter. — Voy. Emprunts.

Société du Prince impérial. — Cette société a pour but soit de faire des prêts destinés à faciliter l'achat des instruments, outils, ustensiles et autres objets mobiliers, ou matières premières nécessaires au travail, soit de venir en aide pour des besoins accidentels et temporaires à des familles laborieuses.

La société se compose de fondateurs et d'associés. Les fondateurs sont: S. M. l'Impératrice, présidente de la société, et un nombre indéterminé de personnes qui versent une somme de 100 francs une fois payée, et annuellement une somme de 10 francs. Les associés se composent de tous les enfants âgés de moins de dix-huit ans qui versent 10 centimes par semaine.

L'administration est confiée : 1° à un conseil supérieur ; 2° à des comités locaux; 3° à des dames patronnesses.

Les percepteurs peuvent être autorisés à intervenir pour recevoir le montant des souscriptions en faveur de la société, et en transmettre le montant au receveur des finances, à titre de correspondants des recettes.

Les listes de souscriptions étant ouvertes dans les mairies, c'est ordinairement entre les mains des maires ou de leurs délégués que sont effectués les versements des sommes offertes. Ces sommes sont ensuite remises aux percepteurs par les maires, accompagnées de listes nominatives dûment certifiées. Cependant, les percepteurs peuvent aussi recevoir directement les sommes offertes par les souscripteurs.

Les percepteurs délivrent, en échange des versements qui leur sont faits, des quittances détachées de leur journal à souche. Ils portent les sommes qu'ils recouvrent au crédit d'un compte qui est ouvert à la 3e section du livre des comptes divers, sous le titre de « Souscriptions pour la société du Prince impérial »; et ils portent au débit du même compte les sommes qu'ils versent ensuite à la recette des finances. (Circul. compt. gén., 20 et 27 mai 1862. — *Mém.*, p. 194 et 196.)

Sociétés de charité maternelle. — Ces sociétés ont pour objet de secourir les pauvres femmes en couche, de pourvoir à leurs besoins et d'aider à l'allaitement de leurs enfants. Bien que fondées par la charité privée, elles peuvent être reconnues comme établissements d'utilité publique.

Les fonds disponibles des sociétés de charité maternelle peuvent être placés en compte courant au Trésor et devenir productifs d'intérêt, comme ceux des communes et des établissements de bienfaisance. Les maires des villes où se trouvent les sociétés peuvent délivrer les mandats de remboursement, quelle qu'en soit la quotité. (Circ. int., 10 octobre 1855.) — Voy. PLACEMENTS AU TRÉSOR.

Sociétés de secours mutuels. — Le but des sociétés de secours mutuels est d'assurer des secours temporaires à leurs membres malades, blessés ou infirmes, et de pourvoir à leurs frais funéraires; elles peuvent aussi, en certains cas, constituer à leur profit des pensions de retraite.

Il existe trois catégories de sociétés de secours mutuels: 1° les sociétés libres, c'est-à-dire celles qui sont simplement autorisées par les préfets en vertu des lois relatives aux associations en général; 2° les sociétés reconnues par le Gouvernement comme établissements d'utilité publique, conformément à la loi du 15 juillet 1850 et au décret réglementaire du 14 juin 1851; 3° les sociétés approuvées en vertu du décret organique du 26 mars 1852.

Des avantages particuliers sont accordés aux sociétés approuvées. Nous citerons seulement les suivants: faculté de prendre des immeubles à bail, de posséder des objets mobiliers et de recevoir, avec l'autorisation du préfet, les dons et legs dont la valeur n'excède pas 5,000 francs; obligation par la commune de leur fournir gratuitement un local pour les réunions, ainsi que les livrets et registres de comptabilité; exemption des droits de timbre et d'enregistrement pour les actes qui les concernent; réduction des deux tiers du droit municipal sur les convois, dans les villes où ce droit existe, etc. (D. 26 mars 1852.)

Les imprimés à la charge des communes sont les suivants, savoir: 1° un registre matricule pour l'inscription des associés participants et des membres honoraires; 2° un journal pour le trésorier; 3° un registre pour les délibérations du bureau, les procès-verbaux des assemblées générales et les comptes rendus financiers; 4° livrets à l'usage des sociétaires; 5° feuilles de visite pour la surveillance du service des malades. (Arrêté min. 15 avril, et Circ. 20 avril 1853.)

Lorsque les ressources disponibles des communes ne peuvent suffire à la dépense, le ministre de l'intérieur leur vient en aide pour la partie des frais qu'elles ne peuvent couvrir. Les demandes formées dans ce but doivent être a compagnées d'un bordereau détaillé des dépenses, rédigé par le maire et certifié par le préfet. Ce bordereau est accompagné, pour les sociétés nouvelles, des pièces indiquées ci-après: 1° un état détaillé des dépenses faites par la société pour frais de premier établissement; 2° un état approximatif des ressources de la société; 3° la liste nominative des membres honoraires; 4° celle des membres participants, avec indication de l'âge et de la profession de chacun d'eux. (Circ. int., 2 juillet 1855.)

Les obligations imposées aux communes par l'article 9 du décret organique du 26 mars 1852 sont applicables à toutes les sociétés approuvées existant dans la même commune. (Décis. min. de l'int., 1860. — *Mém.*, p. 270.)

Les quittances des sommes allouées à titre de subvention, par les communes, aux sociétés de secours mutuels sont exemptes du timbre. (I. G., art. 1009.)

Solde des rôles en fin d'exercice. — Voy. EXERCICE, RÔLES, RESTES A RECOUVRER.

Sœurs hospitalières. — Lorsque les administrateurs des hospices et autres établissements de bienfaisance jugent convenable de confier le service intérieur de l'établissement à des sœurs de charité tirées des congrégations hospitalières autorisées par le Gouvernement, ils doivent se concerter avec les supérieures de ces congrégations. Aucun engagement ne peut être conclu qu'en vertu de traités revêtus de l'approbation du préfet. Les sœurs attachées ainsi aux hospices sont placées, quant aux rapports temporels, sous l'autorité des administrations des hospices et tenues de se conformer aux règlements de ces administrations.

Des avances peuvent être faites aux sœurs hospitalières, de même qu'aux économes, pour les menues dépenses des établissements. Ces avances sont faites par le receveur, en vertu d'une autorisation de l'ordonnateur et sur récépissé de la sœur préposée spécialement à ce service, dans la proportion d'un douzième des crédits auxquels doivent s'appliquer les dépenses qui les nécessitent. La sœur hospitalière doit, à la fin de chaque mois, rapporter la note exacte des payements faits sur les sommes avancées; cette note est, autant que possible, appuyée de pièces justificatives. L'ordonnateur délivre alors un mandat particulier pour chaque nature de dépense, en suivant les articles du budget. Faute par la sœur hospitalière de rapporter son compte à la fin du mois, il est interdit à l'ordonnateur d'autoriser et au receveur de faire aucune avance.

Les sommes avancées par le receveur sont portées par lui au débit d'un compte intitulé : « Avances pour menues dépenses. » Après la remise du compte mensuel et des mandats, les payements sont portés par le comptable au débit du compte de l'établissement et au crédit du compte d'avances. (I. G., art. 1499.)

Les sœurs attachées au service d'un hospice sont passibles de la contribution personnelle comme tous les habitants français et étrangers de tout sexe jouissant de leurs droits et non réputés indigents. (Arrêt du cons. d'État, 10 septembre 1855.) — Voy. Bureaux de bienfaisance, Économe, Hospices.

Sommation gratis. — Les percepteurs ne peuvent commencer les poursuites avec frais qu'après avoir prévenu les contribuables retardataires par une sommation gratis. Cette sommation doit être imprimée sur papier vert; elle est à la charge du percepteur, et n'a pas besoin d'être renouvelée pour la contribution d'un même contribuable dans le courant de l'exercice.

La remise au contribuable de la sommation gratis doit précéder de huit jours au moins la poursuite par voie de garnison collective. La date de cette remise est constatée à l'article du rôle, en tête de la colonne d'émargement. (I. G., art. 98; Règl. sur les pours., art. 45 et 101 en note.)

En ce qui concerne le recouvrement des rétributions pour la vérification des poids et mesures, les percepteurs remettent aux redevables, au lieu d'avertissements, un avis qui tient lieu de sommation sans frais. (I. G., art. 264.)

Les percepteurs chargés d'exercer des poursuites en vertu de contraintes extérieures ne peuvent se dispenser de les faire précéder de la sommation sans frais, à moins que cette formalité n'ait déjà été remplie par le percepteur à la demande duquel la contrainte a été décernée. (Id., art. 1130.)

Les receveurs municipaux doivent également faire précéder d'une sommation gratis les poursuites qu'ils ont à exercer, concernant les taxes communales assimilées pour le recouvrement aux contributions directes, telles que les taxes d'affouage, les prestations pour les chemins vicinaux, la taxe sur les chiens, la rétribution scolaire.

Les sommations sans frais adressées sous bandes par les percepteurs aux contribuables peuvent être affranchies au taux des imprimés, malgré les indications manuscrites que leur texte comporte. Mais on ne saurait réunir en un seul paquet plusieurs sommations, en les affranchissant d'après le poids du paquet, et les adresser à une seule personne chargée de les distribuer. (Décis. min. 31 mars 1856. — *Mém.* 1856, p, 113; 1859, p. 295.) — Voy. Affranchissement, Poursuites, Recouvrement.

Sonneur communal. — Le soin de faire sonner les cloches de l'église pour annoncer les cérémonies religieuses est une charge de la fabrique, et ce n'est qu'à défaut des ressources de celle-ci que la commune pourrait être tenue de pourvoir au salaire du sonneur.

Cependant, dans plusieurs localités, où il est d'usage d'annoncer, au son de la cloche, l'ouverture des classes dans les écoles, et de faire par ce moyen les convocations municipales, un salaire est alloué au sonneur de cloches sur les fonds du budget communal. La quittance du sonneur est alors exempte de timbre, quand son salaire n'excède pas 300 francs par année et forme un véritable traitement, c'est-à-dire quand cet agent a le caractère d'employé permanent de la commune, rétribué au moyen d'une allocation annuelle. Mais la quittance est soumise au timbre, si elle excède 10 francs, quand le sonneur n'est pas employé à l'année, parce qu'alors son concours a le caractère d'un travail d'ouvrier et non d'employé municipal. — *Mém.* 1856, p. 246; 1861, p. 430. — Voy. TIMBRE, TRAITEMENTS.

Souches. — Voy. JOURNAL A SOUCHE.

Soulte. — Se dit de la somme payée pour rétablir l'égalité dans un partage, dans un échange. — Voy. ÉCHANGE.

Soumission d'adjudicataire. — Offre par écrit de se charger, soit d'une entreprise, soit d'une fourniture, à telles ou telles conditions. — Voy. ADJUDICATION, FOURNITURES, MARCHÉS ADMINISTRATIFS, TRAVAUX.

Souscriptions pour entreprises d'utilité communale ou pour des œuvres de bienfaisance. — L'administration municipale peut provoquer et recevoir des souscriptions volontaires pour l'exécution d'une entreprise d'utilité communale.

Ces souscriptions sont acceptées par une délibération du conseil municipal, approuvée par le préfet.

Quelle que soit la forme des engagements écrits pris par les souscripteurs, ces engagements sont obligatoires après qu'ils ont été régulièrement acceptés et que cette acceptation a été notifiée aux souscripteurs.

D'après la jurisprudence du ministère de l'intérieur, les souscriptions volontaires au profit d'une commune pour l'aider dans l'exécution de travaux sont de simples contrats unilatéraux et commutatifs, qui, pour les formalités à remplir, ne peuvent être assimilée aux donations. Le recouvrement de ces souscriptions peut être effectué régulièrement sur des états dressés par le maire et rendus exécutoires après qu'ils ont été visés par le sous-préfet, conformément à l'article 63 de la loi du 18 juillet 1837. (Décis. min. de l'int. 1858. — *Mém.* 1859, p. 151.)

Les sommes provenant de souscriptions de cette nature doivent être versées dans la caisse municipale pour qu'il en soit compté en recette et en dépense suivant les règles de la comptabilité. Les administrateurs qui auraient pris part à l'encaissement des souscriptions et qui auraient fait emploi du produit, sans l'intervention du receveur, seraient considérés comme s'étant immiscés dans le maniement des deniers communaux; le receveur devrait en prévenir immédiatement le receveur des finances, afin que ce fonctionnaire avisât aux mesures à prendre pour faire juger la gestion occulte. — *Mém.* 1854, p. 191; 1858, p. 79 et 110; 1859, p. 292; 1861, p. 73; 1862, p. 395; 1863, p. 239. — Voy. GESTION OCCULTE.

Les mêmes règles s'appliquent aux souscriptions ouvertes par un bureau de bienfaisance pour venir, en cas d'insuffisance de ses ressources ordinaires, au secours des indigents de la commune. Le recouvrement et l'emploi du produit de ces souscriptions ne peuvent être faits régulièrement que par le receveur de l'établissement. Les quittances supérieures à 10 francs, délivrées par ce comptable aux souscripteurs, lorsque le recouvrement a lieu sur un état ou rôle de souscription approuvé par le préfet, sont exemptes du timbre. — *Mém.* 1854, p. 187. — Voy. Bureau de bienfaisance, Timbre.

Il arrive fréquemment que les receveurs des finances et les percepteurs sont appelés à prêter leur entremise pour recevoir le produit de souscriptions qui ont un caractère national, telles que celles qui ont eu lieu en faveur de l'armée d'Italie, des chrétiens d'Orient, des victimes des inondations, des ouvriers sans travail, etc. Les comptables doivent se conformer, dans ce cas, aux instructions qui leur sont transmises à l'avance par l'administration. Les souscriptions réalisées à la caisse des percepteurs donnent lieu à la délivrance de quittances à souche, et le montant en est porté au livre des comptes divers à un compte spécial, qui est balancé par les versements opérés ensuite à la caisse du receveur des finances. — *Mém.* 1856, p. 161 ; 1859, p. 170 ; 1860, p. 205; 1863, p. 93.

Souscriptions volontaires pour les chemins vicinaux. — Lorsque des particuliers ou des associations de particuliers offrent de concourir, soit par des travaux en nature, soit par des fournitures de matériaux, soit enfin par des subventions en argent, à la construction ou à l'amélioration d'un chemin vicinal, l'acte contenant ces offres est adressé au préfet ; il doit mentionner les conditions auxquelles les particuliers ou les associations de particuliers entendent concourir aux travaux, et la quotité de leurs offres, soit en journées de travail, soit en matériaux, soit en argent.

Si les offres de concours ont pour objet un chemin vicinal de grande communication, il y est statué directement par le préfet. Si les offres ont pour objet un chemin vicinal de petite communication, elles sont soumises au conseil municipal, et la délibération est transmise, avec l'avis du sous-préfet, au préfet qui statue. (Règl. du min. de l'int., 21 juillet 1854, art. 128 et 129. — *Mém.*, p. 227.)

Si, après l'acceptation régulière d'offre de concours, la réalisation en éprouvait des difficultés, l'accomplissement des engagements pris serait poursuivi comme en matière de contributions directes et en vertu des arrêtés du préfet qui ont accepté les souscriptions.

En cas de difficulté sur le payement, la contestation est du ressort du conseil de préfecture.

Les écrits sous seing privé destinés à constater ces souscriptions sont affranchis du timbre et de l'enregistrement. (I. G., art. 888, § 13.) — Voy. Chemins vicinaux.

Sous-directrice des salles d'asile. — Voy. SALLES D'ASILE.

Sous-locataires. — Le percepteur peut exercer contre les sous-locataires les mêmes droits, privilèges et poursuites que contre le locataire lui-même pour le contraindre à payer la contribution due par le propriétaire. — *Mém.* 1849, p. 318. — Voy. FERMIERS ET LOCATAIRES.

Sous-préfet. — Le sous-préfet est le premier fonctionnaire administratif de son arrondissement.

Bien qu'il soit investi d'une autorité et d'attributions qui lui sont propres, il n'est le plus généralement qu'un organe de transmission, d'information, de surveillance. C'est à ce titre qu'il prépare, d'une part, l'instruction de toutes les affaires administratives qui doivent être soumises à la décision du préfet ou du Gouvernement, et de l'autre, qu'il transmet aux maires et aux agents subordonnés les décisions et instructions de la préfecture et en assure l'exécution.

Le sous-préfet reçoit le serment des nouveaux percepteurs receveurs de communes et d'établissements de bienfaisance, et des percepteurs surnuméraires nommés dans son arrondissement. (I. G., art. 1202 et 1234.)

Lorsqu'il y a lieu de pourvoir au remplacement provisoire d'un percepteur, il désigne, sur la proposition du receveur particulier de l'arrondissement, un gérant intérimaire, à moins qu'un intérim n'ait déjà été constitué, auquel cas il doit recevoir immédiatement avis de cette nomination. Il accrédite le gérant intérimaire dans les communes. (Id., art. 1330.)

Le sous-préfet nomme les commissaires répartiteurs ; il nomme l'expert qui doit vérifier les réclamations dans les cas de contre-expertise et les commissaires pour la constatation des pertes. (Arrêtés des 19 et 24 floréal an VIII.)

Il désigne à la nomination du préfet, sur la proposition du receveur des finances, les porteurs de contraintes à employer dans son arrondissement. (Règl. sur les pours., art. 30.)

Il vise les contraintes délivrées par le receveur des finances pour le recouvrement des contributions directes et des taxes assimilées, et rend exécutoires les états de frais de poursuites dressés par les porteurs de contraintes et arrêtés par le receveur des finances. (I. G., art. 99 et 109.)

Il vise les récépissés du receveur des finances constatant les versements faits à la caisse de ce comptable. (Id., art. 1370.)

En ce qui concerne l'administration des communes et des établissements de bienfaisance, le sous-préfet prépare l'instruction de toutes les affaires soumises à la décision du préfet, du Gouvernement ou du législateur, et joint au dossier de chaque affaire son avis motivé.

Il autorise ou prescrit les convocations extraordinaires des conseils municipaux (L. 5 mai 1855, art. 15) ; il approuve l'emploi fait ou à faire par le maire du crédit ouvert au budget pour dépenses imprévues (L. 18 juillet 1837, art. 37); il vise et rend exécutoires les états de recouvrement dressés par le maire pour toutes les recettes municipales ou hospitalières autres que celles qui sont assujetties par les lois et règlements à un mode spécial de recouvrement. (L. 18 juillet 1837, art. 63; 13 août 1851, art. 13.)

Aux termes de l'article 6 du décret du 13 avril 1861, sur la décentralisation administrative, le sous-préfet statue, en outre, sur plusieurs affaires qui exigeaient auparavant la décision préfectorale, notamment sur les suivantes : homologation des tarifs des concessions dans les cimetières, des tarifs des droits de places dans les halles, foires et marchés, des tarifs des droits de pesage, jaugeage et mesurage, lorsque ces tarifs sont établis d'après les conditions fixées par arrêté préfectoral ; autorisation des loteries de bienfaisance jusqu'à concurrence de 2,000 francs; approbation des polices d'assurance contre l'incendie des édifices communaux ; approbation des travaux ordinaires et de simple entretien des bâtiments communaux dont la dépense n'excède pas 1,000 francs et dans la limite des crédits ouverts au budget; approbation des budgets et comptes des bureaux de bienfaisance; conditions des baux et fermes des biens des bureaux de bienfaisance, lorsque la durée n'excède pas dix-huit ans; placement des fonds des bureaux de bienfaisance ; acquisitions, ventes et échanges d'objets mobiliers des bureaux de bienfaisance; règlement du service intérieur dans ces établissements ; enfin, acceptation, par les bureaux de bienfaisance, des dons et legs d'objets mobiliers ou de sommes d'argent, lorsque leur valeur n'excède pas 3,000 francs, et qu'il n'y a pas réclamation des héritiers.

Conformément à l'article 7 du même décret, les sous-préfets doivent rendre compte de leurs actes aux préfets, qui peuvent les annuler ou les réformer soit pour violation des lois et règlements, soit sur la réclamation des parties intéressées, sauf recours devant l'autorité supérieure. — Voy. CONSEIL D'ARRONDISSEMENT, PRÉFET.

Spectacles. — Voy. DROIT DES PAUVRES.

Stationnement sur la voie publique (Droits de permis de). — La loi du 18 juillet 1837 (article 31, § 7) range parmi les recettes ordinaires des communes le produit des permis de stationnement et de location sur la voie publique, sur les ports et rivières et autres lieux publics.

Le principe, à l'égard des droits de stationnement, est le même que celui qui régit les droits de places dans les halles, foires et marchés, c'est-à-dire que la taxe doit être établie à raison de la superficie occupée ou censée l'être.

Cette taxe peut être perçue pour les stationnements ou locations autorisés sur les chemins publics, dans les rues, quais, places dépendant soit de la grande voirie, soit de la voirie urbaine, sur les promenades, sur les emplacements nécessaires à l'embarquement et au débarquement des marchandises au bord des fleuves et rivières, que le sol appartienne à l'État ou à la commune, ainsi que pour le stationnement des navires et bateaux sur les fleuves et rivières, sur les ports de l'intérieur et sur les ports maritimes, sauf à ne faire payer que le demi-droit sur les bateaux non chargés qui prennent attache au port. (L. 11 frimaire an VII.)

C'est au conseil municipal qu'il appartient de dresser le règlement de perception et le tarif des droits ; mais ces actes ne sont exécutoires qu'autant qu'ils ont reçu l'approbation du préfet, lorsque les lieux de stationnement dépendent de la petite voirie, et celle du ministre de l'intérieur, lorsque le tarif s'applique à des stationnements sur les quais, rivières et autres dépendances de la grande voirie. (D. 25 mars 1852 ; Décis. min. de l'int. 1860. — *Mém.* p. 269.)

Les demandes des conseils municipaux tendant à obtenir l'autorisation de percevoir des droits de cette nature doivent être accompagnées : 1° du budget et de la situation financière de la commune comme justification de ses besoins; 2° d'un aperçu du produit des droits proposés ; 3° pour les perceptions sur la voie publique et sur les rivières, d'un avis des ingénieurs en ce qui concerne le service de la grande voirie et celui de la navigation ; 4° enfin, dans ce dernier cas, d'un avis, s'il y a lieu, de la chambre de commerce.

Les droits de stationnement sont perçus par voie de régie simple, de régie intéressée ou de ferme. On suit, pour ces différents modes de perception, les règles indiquées pour le recouvrement des droits de places dans les halles, foires, marchés et abattoirs. — Voy. LOCATION DE PLACES.

Statistique (Dépenses des commissions de). — En exécution d'un décret du 1er juillet 1852, il a été formé une commission permanente de statistique dans chaque canton.

Les dépenses de matériel auxquelles peuvent donner lieu les travaux de ces commissions sont à la charge de la commune chef-lieu de canton.

Les dépenses dont il s'agit consistent dans les fournitures de bureau et les frais, nécessairement très-minimes, de chauffage et d'éclairage que peuvent nécessiter les réunions. — Voy. FRAIS DE BUREAU DE LA MAIRIE.

Subvention (Fonds de). — Voy. FONDS DE SUBVENTION.

Subventions de l'État, des départements et des communes. — On désigne spécialement sous le nom de subventions les secours pécuniaires que l'État et les départements accordent aux communes pour subvenir à l'insuffisance de leurs ressources dans des cas déterminés, et les secours de même nature alloués par celles-ci aux établissements de bienfaisance.

Nous allons indiquer les règles particulières qui doivent être observées pour l'encaissement et l'emploi de ces différentes allocations.

Subventions pour réparations aux édifices communaux. — Des secours ou subventions peuvent être accordés aux communes, sur leur demande, par l'État ou par les administrations locales, pour subvenir à des réparations d'édifices communaux ou à d'autres dépenses auxquelles les ressources des communes ne leur permettraient pas de pourvoir. (I. G., art. 974.)

L'autorité qui alloue les secours ou subventions en détermine l'emploi; néanmoins, cet emploi ne peut avoir lieu qu'en vertu d'un crédit préalablement ouvert par une délibération du conseil municipal, approuvée par le préfet. Une copie ou un extrait de la décision qui a alloué les secours ou subventions doit être remis au receveur municipal pour lui servir d'autorisation supplémentaire de recette.

Les mandats délivrés pour le payement des secours ou subventions doivent parvenir aux receveurs municipaux par l'entremise des receveurs des finances.

Lors du règlement définitif du budget de l'exercice, le recouvrement et l'emploi des secours ou subventions sont rattachés à ce budget. (Id., art. 975.)

Des formalités spéciales doivent, en outre, être observées lorsque les communes sont dans l'obligation de demander un secours, sur les fonds de l'État, pour pourvoir aux réparations des édifices du culte. — Voy. Églises, Fabriques.

Subventions pour le traitement des instituteurs primaires. — Lorsque les communes ne peuvent subvenir aux dépenses des écoles communales de garçons, il y est pourvu sur les ressources ordinaires du département. Si les ressources communales et départementales ne suffisent pas, le ministre de l'instruction publique accorde une subvention sur le crédit qui est porté annuellement pour l'enseignement primaire au budget de l'État (L. 15 mars 1850, art. 40.)

Les mandats relatifs aux subventions que l'État ou les départements allouent aux communes pour le traitement des instituteurs primaires ne sont payables qu'autant qu'ils sont accompagnés d'un certificat du maire, visé par le préfet, et constatant que l'instituteur est resté en fonction pendant le temps auquel s'applique le mandat. Les receveurs municipaux doivent provoquer la délivrance de ces certificats, qu'ils font passer au préfet du département, par l'entremise du sous-préfet de leur arrondissement respectif. (I. G., art. 976.)

Les quittances des sommes allouées aux communes pour cet objet sont passibles du droit de timbre; mais, une fois entrées dans la caisse communale, elles en sont exemptes lors du versement qui en est fait entre les mains de l'instituteur. (Décis. min. de l'int. 1858. — *Mém.* 1859, p. 149.) — Voy. Instituteurs.

Subventions pour les dépenses des chemins vicinaux. — Les communes peuvent recevoir, sur les fonds départementaux, en vertu du vote des conseils généraux de département, des subventions destinées soit à compléter les ressources qui leur sont necessaires pour les dépenses de leurs chemins de petite vicinalité, soit à créer des ateliers de charité pour les indigents qui sont employés à l'entretien des chemins. Les receveurs municipaux touchent ces subventions à la caisse du payeur du département, sur mandats du préfet, et ils demeurent comptables de leur emploi. Si cependant les ateliers de charité étaient dirigés par un agent spécial, les mandats seraient délivrés au nom de cet agent, et c'est lui qui fournirait les justifications au payeur du Trésor, selon les règles prescrites pour les services régis par économie. Dans ce cas, la recette des subventions ne serait pas rattachée à la comptabilité municipale. (I. G., art. 889.) — Voy. ATELIERS DE CHARITÉ, CHEMINS VICINAUX.

Subventions communales en faveur des établissements de bienfaisance et des fabriques. — Les allocations en faveur des établissements de bienfaisance ne sont pas comprises dans les dépenses obligatoires des communes. Néanmoins, la plupart des villes accordent des subventions annuelles aux hospices et aux bureaux de bienfaisance, soit sur leurs revenus ordinaires, soit au moyen d'un prélèvement sur le produit de leur octroi.

Ces subventions annuelles doivent figurer au budget communal parmi les dépenses ordinaires. Mais les subventions extraordinaires pour constructions, acquisitions, etc., doivent prendre place parmi les dépenses extraordinaires.

Les fonds alloués annuellement dans les budgets des communes au profit des hospices et des bureaux de bienfaisance sont ordonnancés par douzièmes, de mois en mois, au nom des trésoriers de ces établissements, qui en deviennent comptables.

C'est également au nom de ces trésoriers que sont ordonnancés les autres fonds de subvention que les communes fournissent aux établissements de bienfaisance pour acquisitions, reconstructions et réparations extraordinaires ; mais les mandats ne sont délivrés que par à-compte proportionnés aux besoins. (I. G., art. 994.)

Les quittances à souche des receveurs des établissements sont jointes comme pièces justificatives aux mandats des maires. Ces quittances sont exemptes du timbre. (Décis. 18 décembre 1843 ; I. G., art. 1009.) — Voy. BUREAUX DE BIENFAISANCE, HOSPICES, OCTROI, TIMBRE.

Lorsque les communes allouent une subvention annuelle à des sociétés privées de bienfaisance, le mandatement de la subvention n'est soumis à la production d'aucune autre pièce comptable, de la part de la société, que la quittance du trésorier, si le vote de la subvention a lieu sans condition, et dans le but seul d'encourager l'œuvre. Mais le receveur municipal devrait exiger des justifications à l'appui du mandat de payement, si le vote de la subvention avait été subordonné à l'accomplissement de telles ou telles formalités. — *Mém.* 1861, p. 128. — Voy. Associations de bienfaisance.

Aux termes de l'article 30, § 14, de la loi du 18 juillet 1837, les communes doivent allouer des secours aux fabriques des églises, en cas d'insuffisance des revenus de ces établissements, justifiée par leurs comptes et budgets.

Les fonds que les communes ont à verser pour subvenir aux dépenses ordinaires des fabriques sont ordonnancés par douzièmes, de mois en mois, au profit de leurs trésoriers, qui demeurent chargés d'en justifier l'emploi ; mais les allocations qui leur sont accordées pour acquisitions, constructions et réparations sont ordonnancées, comme les autres dépenses extraordinaires des communes, au profit et au nom des créanciers eux-mêmes, à moins, toutefois, que les fabriques ne supportent la plus forte partie de la dépense, auquel cas les fonds de subvention sont centralisés, avec les autres ressources destinées à la dépense, dans la caisse du trésorier. (I. G., art. 996.) — Voy. Églises, Fabriques, Presbytères.

Subventions particulières pour les travaux des chemins vicinaux. — Lorsque des exploitations de mines, de carrières, de forêts ou de toute autre entreprise industrielle appartenant à des particuliers, à la Couronne ou à l'État, dégradent habituellement ou temporairement un chemin vicinal entretenu à l'état de viabilité, il peut être imposé des subventions spéciales aux entrepreneurs ou aux propriétaires, suivant que l'exploitation ou les transports ont lieu pour le compte des uns ou des autres. (L. 21 mai 1836, art. 14 ; Règl. min. de l'int., 21 juillet 1854, art. 99.)

Ces subventions sont réclamées par les maires des communes intéressées pour les chemins vicinaux ordinaires. Ces fonctionnaires peuvent aussi, à défaut du préfet, réclamer celles qui concernent les chemins vicinaux de grande communication. (Règl., 21 juillet 1854, art. 100.)

Les exploitations mentionnées ci-dessus peuvent être tenues à des subventions même envers des communes autres que celles sur le territoire desquelles elles sont situées. (Id., art. 103.)

Aux termes de l'article 14 de la loi du 21 mai 1836, les chemins pour lesquels des subventions sont demandées doivent être entretenus à l'état de viabilité. Il est procédé à la constatation de cet état de la manière suivante : tous les ans il est publié et affiché dans la commune un tableau des chemins vicinaux de petite et de grande communication entretenus à l'état de viabilité. Le tableau des chemins de la première catégorie est arrêté par le maire sur une délibération du conseil municipal ; celui de la deuxième par le préfet, sur le rapport de l'agent voyer en chef. Les propriétaires industriels, ou entrepreneurs, qui se servent des chemins pour leur exploitation sont admis à présenter leurs réclamations sur l'état de viabilité desdits chemins dans la quinzaine qui suit la publication du tableau. Les chemins qui n'ont donné lieu à aucune observation sont considérés comme étant en bon état de viabilité et peuvent donner ouverture à des demandes de subventions spéciales ; à l'égard de ceux dont la viabilité serait contestée, il est procédé à une reconnaissance contradictoire de leur état entre les agents de l'administration et les parties intéressées ou leurs représentants. Le résultat de cette reconnaissance est constaté par un procès-verbal. (Règl., 21 juillet 1854, art. 104 à 107.)

Les subventions réclamées par les communes devant être proportionnées aux dégradations causées par les exploitations ou autres entreprises industrielles, ces dégradations sont constatées par des experts nommés dans la forme prescrite par l'article 17 de la loi du 21 mai 1836. Les procès-verbaux d'expertise sont soumis au conseil de préfecture, qui règle la subvention due à la commune, conformément au troisième paragraphe de l'article 14 de ladite loi.

La décision du conseil de préfecture qui a déterminé le montant de la subvention est notifiée par le maire ou à sa diligence au propriétaire ou à l'exploitant à la charge duquel elle a été mise. Il est fait reçu ou dressé procès-verbal de cette notification. Une expédition de la décision est, en outre, transmise au receveur municipal, par l'intermédiaire du receveur des finances, pour servir de titre de recouvrement. (Id., art. 107, 113 et 115.)

Les subventions doivent être réclamées, sous peine de déchéance, dans l'année qui suit celle où les dégradations ont eu lieu. (Arrêt du cons. d'État, 26 mai 1853. — *Mém.* 1854, p. 38.)

Les préfets règlent également, en conseil de préfecture, les subventions qui sont dues, dans le même cas, par les propriétés de l'État et de la Couronne.

Les subventions mentionnées ci-dessus peuvent être payées en argent ou en prestations en nature, au choix des subventionnaires ; dans ce dernier cas, elles doivent être comprises dans le rôle ordinaire des prestations, ou donner lieu à un rôle supplémentaire ; elles peuvent aussi être déterminées par abonnement, et elles sont réglées alors par le préfet en conseil de préfecture.

Les subventions sont réglées annuellement, sans que, dans aucun cas, la décision puisse s'étendre à plusieurs années. (Règl., 21 juillet 1854, art. 114 et 117 ; I. G., art. 886.)

Les subventions exigibles en argent sont recouvrées comme en matière de contributions directes (L. 21 mai 1836, art. 14), en vertu de l'arrêté du conseil de préfecture qui a déterminé le montant de la subvention, ou de l'arrêté pris par le préfet en conseil de préfecture pour régler l'abonnement.

Lorsque les subventionnaires ont déclaré, dans le délai de quinze jours à partir de la notification de la décision du conseil de préfecture, vouloir acquitter leurs subventions en prestations en nature, ils sont soumis à toutes les règles relatives aux travaux de prestation ; les subventions sont recouvrées, dans ce cas, en vertu du rôle général ou d'un rôle supplémentaire de prestations. (I. G., art. 888, § 12.)

Les subventions étant, comme les prestations, assimilées pour le recouvrement aux contributions directes, les communes doivent jouir, en ce qui les concerne, du privilége qui est attribué au Trésor pour ces contributions. — *Mém.* 1849, p. 271 ; 1851, p. 84 ; 1859, p. 34. — Voy. Chemins vicinaux, Prestations, Privilége du Trésor.

Succursale. — On appelle succursale la paroisse qui, au lieu d'être desservie par un curé, dont les fonctions sont inamovibles, est desservie par un titulaire révocable.

Aucune partie du territoire de l'Empire ne peut être érigée en succursale qu'avec l'autorisation du Gouvernement. La commune ou les communes réunies qui forment la circonscription de la succursale ont, à l'égard des frais de la célébration du culte, les mêmes obligations que celles qui sont érigées en cure. — Voy. Culte, Curés, Églises, Fabriques, Indemnité de logement, Presbytères.

Surcharge. — Substitution d'un mot à un autre dans un acte par le changement des lettres qui composent celui déjà écrit.

Les surcharges sont interdites dans les actes publics et dans les écritures des comptables. — Voy. Erreurs, Ratures.

Surenchère. — Offre d'un prix plus élevé que celui porté à l'adjudication.

Les adjudications faites par les communes étant volontaires et soumises à des formalités spéciales, personne, à moins d'une réserve expresse dans le cahier des charges, n'a le droit de surenchérir après ces adjudications. (Décis. min. de l'int., 1863. — *Mém.*, p. 118.) — Voy. Adjudications.

Surnuméraires. — Voy. Percepteurs surnuméraires.

Sursis. — On donne ordinairement ce nom, en matière administrative ou judiciaire, à une suspension de poursuites ordonnée par l'autorité compétente en faveur d'un débiteur.

Nul fonctionnaire n'a le droit de surseoir au recouvrement des contributions directes ni aux poursuites régulières qui ont ce recouvrement pour objet. Seulement, lorsqu'il est constaté que des contribuables ont éprouvé des pertes résultant d'événements désastreux qui les ont mis dans l'impossibilité de payer, le préfet en informe le receveur général, afin de prévenir des poursuites pour des contributions qui devraient définitivement être couvertes par le fonds de non-valeurs. Le receveur général reçoit aussi, dans le même but, l'avis des ordonnances de décharges à intervenir en faveur des contribuables indûment imposés et qui ont été dégrevés. (I. G., art. 68.)

Dans les poursuites exercées pour le recouvrement des revenus des communes et des établissements de bienfaisance en vertu de titres exécutoires, le receveur doit, après la saisie-exécution des meubles d'un redevable, informer les administrateurs que la vente a été indiquée pour tel jour, et qu'à moins d'ordre contraire de leur part, il passera outre à la vente. Si les administrateurs jugent qu'il y a lieu de surseoir, ils doivent en donner l'ordre écrit au receveur, qui suspend alors les poursuites. Le receveur est tenu de donner avis, dans les vingt-quatre heures, au préfet et au receveur des finances sous la surveillance duquel il est placé, des ordres de sursis qu'il a reçus. (I. G., art. 850.) — Voy. RECOUVREMENT, POURSUITES.

Surveillance de la gestion des percepteurs et des receveurs de communes et d'établissements de bienfaisance. — Les receveurs des finances sont tenus, pour toutes les gestions confiées aux percepteurs, de surveiller le recouvrement exact des produits aux échéances fixées par les titres et l'administration, l'acquittement régulier et la justification des dépenses, la conservation des deniers, la tenue des écritures, la reddition et l'apurement des comptes. (I. G., art. 1284.)

Ils sont chargés, en outre, de surveiller les caisses et la tenue des écritures des receveurs spéciaux des communes et des établissements de bienfaisance situés dans leur arrondissement, et généralement toutes les parties du service confié à ces comptables. (Id., art. 1317.)

Les règles de surveillance concernant les percepteurs font l'objet des articles 1284 à 1316 de l'Instruction générale ; celles qui concernent les receveurs spéciaux sont résumées dans les articles 1317 à 1326 de la même instruction. — Voy. RECEVEURS DES FINANCES.

Les maires sont chargés, concurremment avec les receveurs des finances, de la surveillance de la comptabilité communale et des établissements de bienfaisance. (L. 18 juillet 1837, art. 10, § 3.)

La partie administrative du service est spécialement dans leurs attributions. Ainsi, il leur appartient exclusivement de diriger la confection et l'exécution des budgets, l'exercice des poursuites propres à assurer le recouvrement des revenus et créances, et l'acquittement sur pièces valables des dépenses dont les crédits sont régulièrement ouverts. Les receveurs des finances ne peuvent, à cet égard, que provoquer les mesures dont ils reconnaîtraient la nécessité. (Circ. du min. des fin., 15 juin 1824 et 30 septembre 1837.)

Indépendamment de la surveillance qui appartient à tous les maires en ce qui concerne la comptabilité de leurs communes respectives, le maire de la commune où réside chaque percepteur exerce, comme délégué du Gouvernement, un droit de surveillance sur l'ensemble de la gestion du comptable. C'est en vertu de ce droit qu'il est appelé à apposer son visa sur les bordereaux de situation sommaire qui doivent être fournis, à des époques déterminées, au receveur des finances; à viser, coter et parafer, avant qu'il en soit fait usage, les livres du comptable ; à constater l'existence, au 31 décembre, des valeurs de caisse et de portefeuille, et à procéder à la clôture des registres.

La loi, en appelant les receveurs des finances à surveiller la gestion des receveurs spéciaux des communes et des établissements de bienfaisance, a eu surtout en vue d'offrir aux autorités municipales un concours éclairé et toujours empressé à faciliter la marche du service par d'utiles directions; les maires des communes et les commissions administratives des établissements conservent le droit et le devoir de diriger les comptables conformément aux règlements et de surveiller les diverses parties de leur gestion. (I. G., art. 1320 et 1324.) — Voy. Percepteurs, Receveurs de communes et d'établissements de bienfaisance, Receveurs des finances, Responsabilité.

Suspension des percepteurs et des receveurs spéciaux. — Lorsque les irrégularités reconnues dans la gestion d'un percepteur sont de nature à motiver la suspension de ce comptable, le receveur des finances sous la responsabilité duquel il est placé peut lui retirer immédiatement les valeurs dont il serait dépositaire, ainsi que les rôles, registres et pièces concernant les divers services réunis entre ses mains.

Ce receveur nomme alors un gérant intérimaire, et le fait connaître au préfet ou sous-préfet.

Une expédition du procès-verbal constatant la mesure qui a été prise reste entre les mains du comptable suspendu de ses fonctions; une autre est conservée par le receveur particulier, qui doit en envoyer copie au receveur général, afin que celui-ci la transmette sans délai à la direction générale de la comptabilité publique avec son rapport; enfin une troisième expédition doit être remise au préfet du département par le receveur général, qui rend, en outre, compte au ministre (direction du personnel) de la mesure prise à l'égard du comptable.

Indépendamment de ces dispositions, le receveur doit, sous sa responsabilité, le jour même où il a fermé les mains à un comptable pour cause de désordre grave, notifier cette mesure à chacun des maires de la circonscription, et les requérir d'informer sur-le-champ les habitants de la commune, par la voie la plus prompte, que, le percepteur se trouvant suspendu de ses fonctions, ils aient à s'abstenir d'effectuer entre ses mains le payement d'aucune somme, même contre une quittance à souche, sous peine de payer deux fois. Le receveur des finances doit se mettre en mesure de justifier, le cas échéant, par un reçu des maires, qu'il s'est conformé à cette disposition. (I. G., art. 1310.)

Lorsque les receveurs des finances ont constaté des irrégularités graves dans la gestion d'un receveur spécial, ils peuvent provoquer auprès du maire sa suspension et son remplacement par un gérant provisoire, ou, en cas d'urgence, y pourvoir d'office, sous leur responsabilité, sauf à rendre compte immédiatement de ces mesures au préfet du département, t à transmettre, en outre, au ministère des finances, des rapports spé-iaux et détaillés sur les faits constatés. (O. 17 septembre 1837, art. 3 ; irc. min. des fin., 30 septembre 1837 ; I. G., art. 1321.)

Les inspecteurs spéciaux préposés par le ministère de l'intérieur à la urveillance des établissements charitables peuvent aussi, en cas de dé-icit, suspendre le comptable et requérir la remise du service à un gérant ntérimaire; mais ils doivent informer des faits le receveur des finances e l'arrondissement. (Arrêté min. de l'int., 14 juin 1839 ; I. G., art. 1321.)
— Voy. DÉFICIT, GÉRANT INTÉRIMAIRE, MUTATIONS DE COMPTABLES, RE-ISE DE SERVICE, SURVEILLANCE, VÉRIFICATIONS.

Syndicats. — On désigne sous ce nom des associations composées de articuliers, ou de particuliers et de communes, et formées en vue de exécution de travaux d'intérêt commun.

Les opérations qui font l'objet de ces associations sont, en général, le urage des rivières non navigables ni flottables, lequel est à la charge es riverains; la construction et l'entretien des digues, canaux et ponts .. 14 floréal an XI, et 16 septembre 1807); le desséchement des marais .. 16 septembre 1807); l'exécution et l'entretien des travaux pour l'ir-gation des prairies. (L. de finances, 23 juin 1857, art. 25.)

Organisation. — La réunion en association syndicale des propriétaires itéressés a lieu en vertu d'un décret impérial; un arrêté du préfet, ndu sur le rapport de l'ingénieur en chef, suffit, aux termes du décret ir la décentralisation administrative, du 25 mars 1852, quand tous les opriétaires sont d'accord pour l'exécution des travaux et la répartition s dépenses. Un décret impérial est encore nécessaire quand l'exécution s travaux exige l'occupation de certains terrains et entraîne une expro-iation. Le décret constitutif porte alors déclaration d'utilité publique des avaux.

L'acte constitutif de la société détermine la nature des travaux à effec-er, leur mode d'exécution, règle l'organisation de la commission syndi-le, et contient toutes les dispositions relatives tant à l'administration de société qu'à sa gestion financière.

Administration. — L'association est administrée par un syndicat com-osé d'un directeur et d'un certain nombre de membres choisis parmi les opriétaires des terrains et les administrateurs des communes ou établis-ments soumis au règlement, de manière que tous les intérêts soient, ıtant que possible, représentés.

Le directeur peut être choisi parmi les notables habitants non inté-ssés.

Il est nommé en outre deux syndics suppléants, qui, le cas échéant, nt appelés par le directeur à siéger en l'absence de syndics titulaires.

Les fonctions de directeur et de syndic durent six ans. Cependant, à la n de chaque année, on renouvelle une partie des syndics faisant partie du syndicat primitif. Les syndics sortants sont désignés par le sort. Ils peuvent être renommés et continuent leurs fonctions jusqu'à leur remplacement.

Tout membre qui, sans motifs légitimes, aura manqué à trois réunions consécutives, peut être déclaré démissionnaire par le préfet. Il en est de même de tout membre qui aura cessé de satisfaire aux conditions d'aptitude qu'il remplissait avant sa nomination. Dans le cas où l'un des syndics, soit titulaire, soit suppléant, serait démissionnaire ou viendrait à décéder, le préfet pourvoit immédiatement à son remplacement. Les fonctions du syndic ainsi nommé ne durent que le temps pendant lequel le membre remplacé serait resté en fonction.

Le directeur est chargé de la surveillance générale des intérêts de la communauté et de la conservation des plans, registres et autres papiers relatifs à l'administration des travaux. Après autorisation du syndicat, il représente l'association en justice, tant en demandant qu'en défendant. En cas d'empêchement, le directeur est remplacé par le plus âgé des membres du syndicat. Le syndicat élit un secrétaire parmi ses membres.

Le directeur préside les réunions du syndicat; il vise les rôles avant que le préfet les rende exécutoires; il est ordonnateur des dépenses; il décerne les contraintes pour les poursuites, sauf visa par le sous-préfet; il dresse le compte administratif; il vérifie, quand il le juge convenable, la situation de la caisse du trésorier, qui est tenu de lui communiquer toutes les pièces de comptabilité.

Le syndicat fixe le lieu de ses réunions; il est convoqué par le directeur. Il se réunit toutes les fois que les besoins du service l'exigent, et une fois au moins tous les trois mois. Les réunions extraordinaires ont lieu, soit en vertu de l'initiative du directeur, soit sur la demande de deux syndics, soit sur l'invitation directe du préfet. Les ingénieurs du service hydraulique peuvent assister aux séances du syndicat, et s'y faire remplacer, en cas d'empêchement, par un conducteur délégué.

Les délibérations sont prises à la majorité des voix des membres présents. En cas de partage, la voix du président est prépondérante. Les délibérations du syndicat sont valables lorsque, tous les membres ayant été convoqués par lettre à domicile, les deux tiers au moins y ont pris part. Néanmoins, lorsque, après deux convocations faites à quinze jours d'intervalle et dûment constatées sur le registre des délibérations, les syndics ne se sont pas rendus en nombre suffisant, la délibération prise après la troisième convocation est valable, quel que soit le nombre des membres présents.

Les délibérations sont inscrites par ordre de date sur un registre coté et parafé par le président. Elles sont signées par tous les membres présents à la séance, ou mention est faite des motifs qui les ont empêchés de signer. Dans tous les cas, les délibérations du syndicat ne peuvent être exécutées qu'après l'approbation du préfet. Tous les intéressés ont droit de prendre communication, sans déplacement, de ces délibérations.

Le syndicat a pour mission d'adresser au préfet des propositions pour tout ce qui concerne la nomination et le traitement des agents chargés de la rédaction des projets, de l'exécution et de la surveillance des travaux; de concourir aux mesures nécessaires pour passer les marchés ou adjudications ; de surveiller l'exécution des travaux; de dresser le tableau de la répartition des dépenses entre les divers intéressés, d'après les bases arrêtées par la commission spéciale, quand il y a lieu (voir ci-après *Commission spéciale*); de préparer les budgets annuels; de délibérer sur les emprunts qui peuvent être nécessaires à l'association; de contrôler et de vérifier le compte administratif du directeur, ainsi que la comptabilité du trésorier; enfin de donner son avis sur tous les intérêts de la communauté, lorsqu'il est consulté par l'administration, et de proposer tout ce qu'il croit utile à l'association.

Commission spéciale. — Lorsqu'il s'agit soit d'un desséchement de marais, soit de la construction et de l'entretien de digues contre la mer ou contre les fleuves, il est formé une commission spéciale, aux termes des articles 33, 34, 42 et suivants de la loi du 16 septembre 1807. Cette commission est composée de sept membres choisis parmi les personnes n'ayant aucun intérêt direct dans les travaux et présumées avoir le plus de connaissances relatives soit aux localités, soit aux divers objets sur lesquels elles auront à prononcer. Avant d'entrer en fonction, les membres de la commission prêtent entre les mains du préfet le serment de remplir leurs fonctions avec zèle et intégrité.

Le président et le secrétaire sont nommés par la commission lors de sa première réunion. En cas d'absence du président et du secrétaire, le plus âgé des membres de la commission est président et le plus jeune secrétaire. La commission se réunit dans le lieu qui lui est désigné par le préfet et lorsqu'elle le juge convenable. Les convocations sont faites à la diligence du président et par écrit. Le préfet a la faculté de la réunir lorsqu'il le croit nécessaire. Les décisions de la commission spéciale ne sont valables qu'autant que cinq membres au moins ont pris part à la délibération. Elles sont prises à la pluralité des voix. Dans le cas où six membres étant présents les voix se trouveraient partagées, le président a voix prépondérante. Les délibérations de la commission sont inscrites sur un registre coté et parafé par le président, signées par tous les membres présents à la délibération et expédiées aux parties par le secrétaire. Ces décisions sont motivées; elles visent les moyens de défense présentés par les parties.

La commission spéciale est appelée à connaître de tout ce qui est relatif au classement des propriétés, à leur estimation, à la vérification de l'exactitude des plans cadastraux, à la vérification et réception des travaux, à la formation et à la vérification du rôle de plus-value dressé à l'effet de fixer définitivement la part contributive des intéressés dans les travaux. Elle donne son avis sur l'organisation du mode d'entretien du desséchement.

commission spéciale est encore appelée à connaître de toutes les contestations qui seraient élevées contre les procès-verbaux de fixation du périmètre et de classement des marais, contre les estimations des terres avant et après les travaux et contre les procès-verbaux de réception du desséchement. Elle statue, sauf recours au conseil d'Etat par la voie contentieuse, sans toutefois que ce recours soit suspensif.

Les fonctions de la commission spéciale cessent aussitôt après l'entier accomplissement des opérations précédemment indiquées. A cette époque, remise est faite aux archives de la préfecture de tous les registres et papiers, sur inventaire en double expédition, dont l'une pour le préfet, l'autre pour le secrétaire de la commission.

Les frais de toute nature occasionnés par les opérations de la commission spéciale, notamment les indemnités de déplacement qui pourraient être dues aux commissaires, sont payés comme les autres dépenses de l'association.

Mode d'exécution et payement des travaux. — Les projets des travaux sont rédigés ou vérifiés par l'ingénieur, examinés par le syndicat et par l'ingénieur en chef, et approuvés par le préfet. Les travaux doivent être adjugés autant que possible d'après le mode adopté pour ceux des ponts et chaussées, en présence du directeur du syndicat. Ils peuvent cependant être exécutés de toute autre manière, sur la demande des syndicats et d'après l'autorisation du préfet.

L'exécution des travaux a lieu sous la direction des ingénieurs et sous la surveillance du directeur, ainsi que d'un membre que le syndicat aura désigné à cet effet. Il est nommé, s'il y a lieu, par le préfet, un conducteur spécial, sur la présentation du syndicat et sur l'avis de l'ingénieur en chef. La réception des travaux est faite par un ingénieur, en présence du directeur et d'un membre du syndicat. Le procès-verbal qui est soumis au visa de l'ingénieur en chef doit constater que les travaux ont été exécutés conformément aux projets approuvés et aux règles de l'art.

Les travaux d'urgence peuvent être exécutés immédiatement par ordre du directeur, qui est tenu d'en rendre compte sans retard au syndicat et au préfet. Le préfet peut suspendre l'exécution de ces travaux, s'il le juge convenable, après avoir pris l'avis du syndicat et de l'ingénieur en chef. A défaut du directeur, le préfet peut faire constater l'urgence des travaux et ordonner, sur l'avis des ingénieurs, leur exécution immédiate.

Les payements d'à-compte pour les travaux exécutés sont effectués, en vertu de mandats du directeur, d'après les états de situation dressés par les ingénieurs et visés par le syndic chargé de la surveillance des travaux. Pour les payements définitifs, il est produit, en outre, un procès-verbal de réception. A défaut du directeur, le préfet peut délivrer des mandats d'après les états de situation des ingénieurs, pour le payement des dépenses faites d'office conformément à ses ordres.

Dans le courant des deux premiers mois de chaque année, le syndicat dépose pendant quinze jours, à la mairie de la commune où il siége, le compte des travaux exécutés pendant la campagne précédente, afin que les propriétaires puissent en prendre connaissance et présenter leurs observations.

Aux mois de septembre et d'octobre de chaque année, l'ingénieur, accompagné du directeur, vérifie la situation des travaux et dresse, de concert avec lui, le projet de budget et l'état d'indication des travaux pour l'année suivante. Ce projet est affiché pendant quinze jours à la mairie, afin que les propriétaires puissent présenter leurs observations. Il est ensuite soumis à l'examen du syndicat, à celui de l'ingénieur en chef et enfin à l'approbation du préfet. En cas de dissentiment entre eux, l'ingénieur et le directeur dressent séparément leur projet de budget, qui est soumis à la publicité qui vient d'être indiquée, et le préfet prononce après avoir consulté l'ingénieur en chef, et après avoir préalablement demandé l'avis du syndicat, qui doit le fournir sous un délai de quinzaine, faute de quoi il est passé outre. Il est procédé de même en cas de dépenses extraordinaires et non prévues. Le projet de budget est toujours accompagné d'un rapport qui fait connaître l'état des ouvrages.

Nomination du receveur-trésorier. Conditions auxquelles est subordonné le choix du percepteur. — Les associations syndicales sont ibres de confier la gestion financière de la société soit à un trésorier spécial, soit au percepteur de l'une des communes de la situation des ieux.

Quand ce dernier parti est adopté, le percepteur est nommé par le préfet receveur comptable de l'association, sur la proposition du syndicat. L'acceptation de ces fonctions est obligatoire pour les percepteurs du moment que le receveur des finances et l'administration supérieure ne voient aucun inconvénient pour le service à ce qu'ils en soient chargés.

Un percepteur des contributions directes ne peut être nommé receveur d'une association syndicale qu'à la charge de se conformer pour ce service spécial aux dispositions des règlements qui régissent la comptabilité des communes et des établissements de bienfaisance, et à celle de l'article 636 de l'Instruction générale du 20 juin 1859. Il est placé sous la surveillance et la responsabilité du receveur des finances.

Un receveur municipal spécial peut aussi être choisi comme trésorier d'association syndicale, et, dans ce cas, le service du syndicat se trouve également soumis, à part la responsabilité du receveur des finances, qui n'est pas engagée, à toutes les règles tracées par l'article 636 de l'Instruction générale, pour le cas où la gestion syndicale est confiée à un percepteur-receveur municipal. — *Mém.* 1861, p. 119.

Un projet avait été concerté entre les départements des finances, de l'intérieur et des travaux publics dans le but d'étendre d'une manière générale et absolue à la gestion des receveurs des associations syndicales, que ces receveurs fussent ou non percepteurs des contributions directes, les dispositions des règlements qui régissent la comptabilité des communes et qui garantissent le recouvrement, la conservation et l'emploi régulier des deniers municipaux. Mais le département des travaux publics crut devoir, en dernière analyse, refuser son adhésion à ce projet, craignant qu'une réglementation excessive ne portât atteinte aux principes de liberté et d'indépendance qui doivent présider à l'organisation et à l'existence des sociétés syndicales. Le ministère des finances dut donc se borner à déterminer les conditions auxquelles le concours facultatif des percepteurs des contributions serait désormais accordé aux associations. Tel fut l'objet de la circulaire adressée aux préfets le 6 mars 1840, et dont les dispositions ont été insérées aux articles 636 et suivants de l'Instruction générale. Il résulte de ces dispositions que le ministère des finances n'a d'instructions à donner relativement à la gestion des receveurs d'associations syndicales, d'intervention à exercer dans le service financier de ces établissements, qu'autant que le service est confié aux mains d'un percepteur, et que, toutes les fois que cette condition n'est pas remplie, l'administration des finances demeure complétement étrangère à la solution des questions concernant les syndicats, laquelle n'appartient alors qu'au ministère des travaux publics. Les règles posées dans le cours du présent article s'appliquent donc exclusivement au cas où le service du syndicat est confié au percepteur.

Réunion des fonctions de trésorier à la perception en cas de vacance. — De ce que les fonctions de trésorier ont été, dans le principe, attribuées au titulaire d'une perception, il ne s'ensuit pas qu'en cas de vacance elles doivent être considérées comme attachées irrévocablement à cette perception ; les commissions demeurent libres en ce cas de faire choix d'un autre percepteur, la faculté qui leur appartient, aux termes de l'article 636 de l'Instruction générale, devant s'exercer avec une entière indépendance.

Syndicat appartenant à plusieurs perceptions. — Quand un syndicat appartient à plusieurs perceptions, le service ne peut en être régulièrement suivi que par chacun des percepteurs pour la portion du syndicat qu'il a sur son territoire. Quand les perceptions sur lesquelles s'étend le syndicat appartiennent soit à des arrondissements, soit à des départements différents, cette répartition d'attributions devient surtout nécessaire pour faciliter le service des poursuites qui, autrement, devrait donner lieu à la délivrance d'un grand nombre de contraintes extérieures. A cet effet, il convient d'établir les rôles par arrondissement de perception : l'un des percepteurs a seul le titre de trésorier de l'association ; il centralise en cette qualité les recettes que ses collègues ont réalisées pour son compte comme intermédiaires, et les réunit à celles qu'il a effectuées lui-même dans sa propre perception (art. 636, § 9, de l'Instruction générale). Quant aux fonctions d'ordonnateur, il n'y a aucune raison de les diviser par perception, et il est au contraire préférable de les confier à un seul directeur appartenant à la section qui comprend déjà le percepteur-caissier.

Recouvrement. Poursuites. Privilége. — La loi du 14 floréal an XI dispose que le recouvrement des rôles spéciaux des associations syndicales doit s'opérer de la même manière que celui des contributions directes. Les réclamations relatives au recouvrement des rôles sont donc portées devant le conseil de préfecture, sauf recours au conseil d'État. Les redevables sont déchus, après l'expiration du délai de trois mois, à partir de la publication du rôle ou de la remise de l'avertissement, du droit de réclamer contre leur inscription au rôle ou contre la quotité de la taxe pour laquelle ils y figurent.

On a conclu aussi de cette disposition que les percepteurs subissant, à l'égard des cotisations, la même responsabilité, jouissaient naturellement des mêmes droits, priviléges et actions pour en assurer le recouvrement. Les percepteurs ont donc pour les taxes syndicales, comme pour toutes les contributions directes générales et spéciales autres que la contribution foncière, un privilége sur tous les meubles et effets mobiliers appartenant aux redevables en quelque lieu qu'ils se trouvent. Il est du moins de leur intérêt comme de leur devoir de l'invoquer, sauf, si cette cause de préférence leur était contestée par d'autres créanciers, à faire prononcer sur la difficulté par le tribunal compétent.

En statuant que le recouvrement des rôles des associations syndicales aurait lieu suivant le mode réglé pour les contributions directes, la loi n'a fait aucune distinction pour le cas où ce recouvrement est confié à un percepteur ou à un agent particulier. Il ne saurait donc, sous aucun prétexte, être dérogé à cette règle, et, dans les deux cas, quand il y a lieu de recourir aux poursuites, c'est par la voie administrative qu'il doit y être procédé, et les frais de poursuites doivent être déterminés d'après le tarif en vigueur dans chaque département.

Toutefois, aux termes de l'article 32 du règlement sur les poursuites, du 21 décembre 1839, et de l'article 18 de l'arrêté du 16 thermidor an VIII, les porteurs de contraintes étant exclusivement chargés d'exécuter les poursuites qui sont décernées par les receveurs des finances, et ces comptables supérieurs ne devant intervenir dans le service des associations syndicales qu'autant qu'il est confié à un percepteur des contributions directes, il est indispensable, lorsque la gestion est remise aux mains d'un trésorier spécial, qu'un porteur de contraintes dûment commissionné et assermenté soit mis à la disposition du syndicat pour l'exécution des contraintes décernées par le directeur de l'association. L'administration n'ignore pas que les receveurs spéciaux de syndicats peuvent éprouver, dans ce cas, de sérieuses difficultés ; mais ces difficultés mêmes prouvent combien il est préférable pour les syndicats de confier la gestion de leurs deniers aux percepteurs qui gèrent sous la surveillance et la responsabilité du receveur des finances.

Quand le redevable est domicilié hors de la perception à laquelle ressortit le syndicat, la signification des actes de poursuites doit avoir lieu conformément aux dispositions des articles 59 à 63 du règlement sur les poursuites, du 21 décembre 1839, c'est-à-dire que si le contribuable est représenté par un fermier, locataire ou régisseur, l'acte est remis à cette personne, et que, dans le cas contraire, il est décerné contre lui une contrainte dont le percepteur de sa résidence est chargé de suivre l'effet.

Poursuites pour le recouvrement de créances autres que les taxes contributives des redevables. — On comprend que la loi ait prescrit le mode de poursuites administratives pour le recouvrement des taxes syndicales destinées au payement de travaux auxquels s'attache un intérêt public. La faveur due à ces travaux commandait d'éviter la lenteur et les frais de poursuites en matière civile. Mais quand il s'agit non plus de redevances perçues d'office sur des particuliers dans un but d'intérêt général, mais de créances appartenant à la personne civile du syndicat et résultant de l'exercice de ses droits de propriété, par exemple de l'adjudication faite à un tiers de certains produits appartenant à l'association, il n'est plus possible de déroger aux règles du droit commun. Le seul moyen d'arriver à contraindre le débiteur récalcitrant est alors d'obtenir contre lui un jugement de condamnation. Les communes jouissent dans ce cas, en vertu de l'article 63 de la loi du 18 juillet 1837, et de l'article 852 de l'Instruction générale, d'un moyen d'exécution simple et sommaire qui les dispense de recourir à un jugement; mais, en l'absence d'une disposition légale, on ne saurait étendre cette exception aux créances des syndicats, car il est de principe qu'en matière de poursuites, tout est de droit rigoureux.

Écritures. Comptabilité. — Les recettes effectuées par les percepteurs pour le compte des associations syndicales sont portées dans la colonne du journal à souche destinée à l'enregistrement des produits et services divers (I. G., art. 1449), et dans la colonne du livre récapitulatif portant le même titre (I. G., art. 1504). Les opérations de recette et dépense sont décrites à un compte spécial que les percepteurs ont à ouvrir à la première section du livre des comptes divers. (I. G., article 1471.)

Placements de fonds au Trésor. — Les fonds réalisés au delà des besoins journaliers du service sont déposés à la caisse du receveur des finances de l'arrondissement, à titre de placements au Trésor, aux mêmes conditions que ceux des communes et établissements de bienfaisance ; ces fonds peuvent toujours en être retirés sur le simple mandat du directeur.

Emprunts. — Les emprunts que les syndicats peuvent être dans la nécessité d'effectuer sont autorisés par un décret qui en détermine le chiffre et les conditions. Ils sont contractés par le directeur au nom de l'association. Ils peuvent être réalisés, suivant le mode qui paraît le plus favorable au syndicat, soit de gré à gré, soit avec publicité et concurrence, soit auprès de la caisse des dépôts et consignations, soit enfin auprès du Crédit foncier de France. — *Mém.* 1860, p. 229.

Questions de timbre. — Les rôles, registres et quittances concernant les contributions établies pour le curage des canaux et rivières non navigables, pour l'entretien des digues, pour les travaux de dessèchement des marais, sont exempts de timbre. Il est à remarquer que cette décision, notifiée dans une circulaire de la direction de la comptabilité générale, du 20 février 1858, § 11, ne paraît pas s'appliquer aux taxes d'arrosage, bien qu'elles soient perçues, comme les autres, d'après le même mode que les contributions directes ; peut-être a-t-on considéré qu'elles ne présentaient pas au même degré un caractère d'utilité générale.

Les feuilles du livre des comptes divers relatives au service du syndicat sont exemptes du droit de timbre. (I. G., art. 1470.)

L'exemption de timbre dont il vient d'être parlé ne s'applique qu'à la perception des taxes ; quant aux pièces de dépense excédant 10 francs, les comptes des receveurs des associations syndicales étant soumis aux vérifications des conseils de préfecture chargés par les actes constitutifs de procéder à leur apurement, les lois et règlements sur le timbre des pièces justificatives sont entièrement applicables à la comptabilité des associations. Il va sans dire que le prix du timbre, quand il est exigible, est à la charge du débiteur, c'est-à-dire du syndicat.

La règle d'après laquelle les quittances de traitement n'excédant pas 300 francs sont exemptes de timbre est applicable aux employés attachés au service des syndicats, mais c'est à la condition qu'il s'agisse de services permanents dont la rémunération annuelle puisse être considérée comme un traitement, et non d'indemnités accordées pour l'exécution d'un service temporaire.

Franchises. — D'après un avis du conseil d'État du 13 avril 1861, la correspondance des associations syndicales de dessèchement, d'irrigation, d'endiguement et de curage doit demeurer en principe exclue du bénéfice de la franchise postale. Toutefois, une exception a été admise à ce principe par le ministre des finances (décision du 17 juin 1861) en faveur des correspondances de ces associations relatives aux questions de police et d'arbitrage touchant le régime des eaux, qui ne peuvent être résolues sans l'intervention des maires. Ces correspondances pourront être, à titre de tolérance, admises à circuler en franchise sous le contre-seing des maires et le couvert du préfet et des sous-préfets du département, et à la condition qu'elles seront accompagnées, soit d'une lettre d'envoi justifiant l'intervention du maire, soit de l'avis motivé de cet officier public. — *Mém.* 1861, p. 300.

Comptes de gestion. — Le percepteur rend compte annuellement au syndicat, avant le 1er février, des recettes et des dépenses qu'il a faites pendant l'année précédente.

L'exercice financier, pour les recettes et les dépenses des associations syndicales, se renferme dans la période annuelle, sauf report au budget suivant des reliquats de perceptions ou de crédits qui seraient constatés au 31 décembre.

Les comptes sont, quelle que soit l'importance des recettes annuelles, apurés par le conseil de préfecture, sauf recours, s'il y a lieu, à la Cour des comptes.

A part ces deux dispositions, qui sont spéciales à la comptabilité syndicale, toutes les autres règles qui régissent la justification des recettes, ainsi que le mandatement, le payement et la justification des dépenses des communes et des établissements de bienfaisance, s'appliquent aux recettes et aux dépenses des syndicats.

Par application du principe en vigueur pour les comptes des communes et établissements de bienfaisance, et aux termes de l'article 16 de la loi du 13 brumaire an VII, et d'une décision ministérielle spéciale du 9 septembre 1854, les comptes des syndicats sont exempts de timbre, à l'exception des doubles de ces comptes destinés à faire titre aux comptables pour leur décharge personnelle, c'est-à-dire des minutes.

Cautionnements. — L'article 636 de l'Instruction générale dispose que les percepeurs nommés trésoriers de syndicats sont tenus de verser à la caisse des dépôts et consignations un cautionnement dont la quotité est fixée par le préfet, sur la proposition du syndicat et l'avis du receveur des finances de l'arrondissement. Il résulte implicitement de cette disposition que les bases fixées par l'article 1221 pour les cautionnements des percepteurs-receveurs municipaux ne leur sont pas de droit applicables en tant que receveurs de syndicats. Mais il ne faudrait pas en conclure que le droit de l'autorité administrative de fixer le chiffre des cautionnements implique la faculté de dispenser les percepteurs-receveurs d'associations syndicales d'un versement quelconque. Il faudrait pour cela que la proposition en fût faite par le syndicat et que le receveur des finances y donnât son assentiment. Ce comptable supérieur, étant responsable, doit naturellement pouvoir émettre un avis efficace et prépondérant quand il s'agit de renoncer à la garantie que comporte cette responsabilité. Quand les opérations sont tellement minimes qu'il n'y a aucun danger sérieux à redouter pour la responsabilité du receveur des finances, il est d'usage de n'exiger aucun cautionnement.

Dans le cas, que nous avons indiqué ci-dessus, où le service du syndicat réclame, pour le recouvrement des taxes, l'intervention de plusieurs percepteurs (I. G., art. 636, § 9), ceux de ces comptables qui n'exercent qu'à titre d'intermédiaires et pour le compte de celui de leurs collègues auquel est confié le service du syndicat, ne sont pas soumis au versement d'un cautionnement, cette condition n'étant imposée par les règlements qu'au percepteur nommé trésorier. Les recettes qu'opèrent les percepteurs intermédiaires n'en sont pas moins placées sous la surveillance et la responsabilité du receveur des finances, par analogie avec ce qui se pratique pour le recouvrement des rentes sur particuliers appartenant aux établissements de bienfaisance, lorsque ce recouvrement est confié aux percepteurs de la résidence des débiteurs.

Les règles sur la solidarité des cautionnements, consacrée par l'article 11 de l'ordonnance royale du 17 septembre 1837 et le dernier paragraphe de l'article 1313 de l'Instruction générale, sont applicables à ceux qui concernent le service des associations syndicales, bien qu'ils soient versés dans une caisse différente.

Lorsque le remboursement d'un cautionnement de percepteur-trésorier d'un syndicat a lieu au profit d'un receveur des finances qui a fait l'avance d'un déficit relatif à ce service, les justifications exigées par la caisse des dépôts et consignations sont les suivantes : 1° expédition du procès-verbal constatant le déficit, visé par le préfet ou le sous-préfet; 2° copie de la déclaration de versement constatant l'avance, faite des deniers du receveur général ou particulier, de la somme à laquelle s'élève le débet du percepteur-receveur d'association ; 3° récépissé de la caisse des dépôts et consignations ; 4° quittance sousseing privé du receveur général ou particulier.

Remises. — Les remises allouées aux percepteurs chargés des fonctions de trésoriers d'associations syndicales sont, en principe, calculées d'après le tarif décroissant déterminé par les ordonnances des 17 avril et 23 mai 1839. C'est une conséquence de la règle qui assujettit, dans ce cas, la gestion financière des syndicats à toutes les dispositions qui régissent le service des communes et des établissements de bienfaisance. Quand ce tarif est adopté, le préfet règle les remises sans avoir besoin de recourir à la sanction du ministre (D., 13 avril 1861; Circ., 3 mai 1861). Dans le cas contraire, on rentre dans l'application des dispositions de l'article 636 de l'Instruction générale, d'après lesquelles les remises sont réglées par le ministre des finances, sur l'avis des syndicats et la proposition des préfets. Diverses circonstances peuvent en effet motiver l'adoption d'un tarif plus avantageux que celui des ordonnances de 1839. On comprend notamment que quand les rôles n'atteignent en total qu'un chiffre peu élevé, bien que comprenant un nombre assez considérable de cotes, ce dernier tarif ne serait pas suffisamment rémunérateur.

Les remises allouées au comptable ne doivent être considérées que comme la rémunération du service du recouvrement et de l'emploi des deniers de l'association, ce qui comprend la tenue des divers éléments de comptabilité et l'établissement des comptes. Quand le percepteur trésorier est chargé de la confection des rôles, ce qui est souvent plus avantageux pour les associations que de recourir à l'intervention des agents de l'administration des contributions directes, il est d'usage de lui allouer, en sus, une indemnité spéciale, qui est ordinairement d'un nombre déterminé de centimes par article de rôle.

La confection des rôles par les percepteurs est sans doute contraire au principe de la séparation du service du recouvrement de celui de l'assiette de l'impôt; mais il est à considérer qu'en matière de syndicat, le concours qui est réclamé des comptables pour cet objet n'a paru présenter aucun inconvénient eu égard aux restrictions dont il est entouré: ainsi, les commissions syndicales étant tenues de dresser le tableau de la répartition des dépenses entre les intéressés, la formation du rôle ne constitue plus qu'un travail matériel dont les percepteurs peuvent être chargés sans contrevenir pour cela au principe rappelé ci-dessus, et sans qu'aucun abus puisse en résulter.

Au surplus, si l'intervention de la direction des contributions directes n'est pas imposée aux syndicats pour la préparation des matrices des rôles, le travail des mutations et l'instruction des réclamations, les associations demeurent parfaitement libres d'y recourir lorsqu'elles le jugent convenable et conforme à leurs intérêts.

Les remises allouées aux percepteurs-trésoriers sont passibles de la retenue du vingtième pour le service des pensions civiles; elles doivent donc être comprises, au même titre que tous les autres produits accessoires des perceptions, dans la somme d'émoluments servant à déterminer la classe de chaque emploi de percepteur.

Un comptable qui réunit les fonctions de receveur municipal à celles de trésorier d'un syndicat n'a pas droit à des remises sur le montant des sommes que la commune paye au syndicat pour sa part contributive dans la dépense des travaux, ni sur la recette de ces sommes par le syndicat. Ses remises ne doivent porter que sur l'emploi qui aura lieu desdites sommes à titre de dépense syndicale. C'est là une application des règles sur les conversions de valeurs. (Arrêt de la Cour des Comptes, 6 mars 1860. — *Mém.* 1859, p. 267; 1860, p. 154.)

En raison de l'intérêt public qui s'attache aux travaux exécutés par les associations syndicales, il arrive assez fréquemment que l'État ou les départements concourent aux dépenses au moyen de subventions. Il a été décidé que les percepteurs-trésoriers n'ont pas droit à des remises sur ces fonds de concours. Cette décision est motivée sur ce qu'il est en général d'usage de ne faire figurer au budget des associations, ni en recette ni en dépense, le montant de ces subventions qui sont acquittées au fur et à mesure de l'avancement des travaux au moyen de mandats délivrés directement par l'ingénieur en chef aux entrepreneurs ou régisseurs des travaux. Il a été reconnu aussi que le principe de l'exemption des remises devait être également maintenu alors même que le contingent de l'État serait versé dans la caisse syndicale, par analogie avec ce qui a été réglé pour le service des ingénieurs des ponts et chaussées. Ces fonctionnaires ne perçoivent en effet d'honoraires que proportionnellement aux dépenses qui sont à la charge directe de l'association, et non sur les fonds de concours de l'État, qui cependant viennent former le complément des ressources de l'entreprise dont la surveillance leur est confiée.

Des associations syndicales ont quelquefois à concourir à la dépense de travaux exécutés par l'État, mais dans lesquels elles ont un intérêt. Les fonds fournis par les sociétés à titre de contingent proviennent ordinairement d'emprunts faits à la caisse des dépôts et consignations et au crédit privé. Ils sont placés au Trésor jusqu'à ce qu'ils soient réclamés par l'État ; l'intervention des comptables se borne au retrait pur et simple des fonds déposés et à leur reversement immédiat. Ces opérations n'ont pas le caractère d'une recette ni d'une dépense effectives, et conséquemment elles ne sont pas productives de remises.

Syndicats communaux. — Indépendamment des associations syndicales dont nous venons de parler, et qui comprennent, nous l'avons dit, une ou plusieurs communes et des particuliers, ou seulement un certain nombre de propriétaires réunis, il existe une classe particulière de syndicats qui ne sont composés que de communes ou de sections de communes et n'ont pour objet que des intérêts exclusivement communaux. L'existence de ces sociétés est réglée par les articles 70 et 71 de la loi du 18 juillet 1837, ainsi conçus : « Lorsque plusieurs communes possèdent des biens « ou des droits par indivis, une ordonnance du roi instituera, si l'une d'elles « le réclame, une commission syndicale composée de délégués des conseils « municipaux des communes intéressées. Chacun des conseils élira dans « son sein, au scrutin secret et à la majorité des voix, le nombre de délé- « gués qui aura été déterminé par l'ordonnance du roi. La commission « syndicale sera renouvelée tous les trois ans (aujourd'hui tous les cinq « ans) après le renouvellement partiel des conseils municipaux. Les « délibérations prises par la commission ne sont exécutoires que sur l'ap- « probation du préfet, et demeurent d'ailleurs soumises à toutes les règles « établies pour les délibérations des conseils municipaux. (Art. 70.)

« La commission syndicale sera présidée par un syndic, qui sera nommé « par le préfet et choisi parmi les membres qui la composent. Les attri- « butions de la commission syndicale et du syndic, en ce qui touche les « biens et les droits indivis, seront les mêmes que celles des conseils « municipaux et des maires pour l'administration des propriétés com- « munales. » (Art. 71.)

Ici, on le comprend, ce n'est pas seulement par voie d'analogie ou même d'assimilation que les règles de la comptabilité des communes trouvent leur application : cette application a lieu naturellement *de droit*, puisqu'il s'agit, à proprement parler, non d'un service syndical, mais en réalité d'un service communal.

Ainsi, bien que les syndicats de cette nature aient une organisation propre et indépendante, puisqu'ils ont l'administration pécuniaire de leurs biens, un budget spécial et une comptabilité distincte, il n'est pas moins vrai que les intérêts dont la direction leur est confiée ne sont qu'une portion de la fortune de chacune des communes copropriétaires et une sorte de démembrement de l'actif communal. Le receveur municipal des communes indivises, ou celui de ces comptables que la commission syndicale aura désigné, si les biens sont situés sur des communes appartenant à plusieurs perceptions, est donc nécessairement appelé par la loi à remplir les fonctions de trésorier du syndicat, par application des dispositions de l'article 65 de la loi du 18 juillet 1837, et c'est seulement dans le cas où l'ensemble des revenus de l'association syndicale dépasserait 30,000 francs que la commission aurait la faculté de demander un receveur spécial.

La disposition du 5e alinéa de l'article 636 de l'Instruction générale attribuant au conseil de préfecture le jugement des comptes des syndicats, quelle que soit l'importance des recettes annuelles, n'est pas applicable aux syndicats formés exclusivement de la réunion de plusieurs communes, lesquels sont justiciables de la Cour des comptes lorsque leurs recettes dépassent 30,000 francs. Conformément au même principe, l'exception prévue par le dernier alinéa de l'article précité n'est pas non plus applicable aux syndicats communaux dont les comptes doivent conséquemment présenter la division des opérations par exercice et non pas par année.

Les fonds disponibles de ces associations sont susceptibles d'être placés au Trésor avec production d'intérêts, même quand le trésorier est choisi hors du cadre des percepteurs, puisque, eu égard à l'origine exclusivement communale des deniers, ce comptable se trouve de droit soumis à la surveillance sinon à la responsabilité du receveur des finances.

Ce qui vient d'être dit de la complète assimilation des syndicats communaux avec le service municipal et hospitalier pourrait porter à penser que le cautionnement versé par le trésorier de ces sortes d'associations, quand il est en même temps percepteur-receveur municipal, doit être versé au Trésor, par application des dispositions du décret du 6 juin 1850. Cependant il n'en est pas ainsi, et, en l'absence d'une disposition spéciale prise à cet égard, les cautionnements réalisés dans l'espèce dont il s'agit doivent, comme ceux des syndicats ordinaires, être versés à la caisse des dépôts et consignations, conformément aux prescriptions de l'article 636 de l'Instruction générale. — Voy. Biens des communes.

T

Tables de l'état civil. — Voy. État civil.

Taillis. — On appelle ainsi les bois qui se reproduisent par le rejet des souches et des racines. — Voy. Affouage, Bois, Coupes de bois.

Tambour afficheur. — Agent communal chargé de publier les arrêtés et avis du maire et autres documents qui doivent être portés à la connaissance des habitants, d'apposer les affiches de l'autorité et de veiller à leur conservation.

Cet agent, qu'on désigne aussi dans quelques communes sous le nom de publicateur, est choisi et nommé par le maire. S'il est employé à l'année et rétribué par un traitement fixe, son traitement est payé par mois ou par trimestre, suivant les règles usitées pour les traitements des employés de la mairie; la quittance est exempte du timbre si le traitement n'excède pas 300 francs par année. Mais s'il est payé à raison des publications qu'il fait, ou par abonnement, s'il est employé par la commune au même titre que par le public, ses gages restent alors dans le droit commun, et ses quittances doivent être timbrées lorsqu'elles excèdent 10 francs. — *Mém.* 1851, p. 21. — Voy. SECRÉTAIRES ET EMPLOYÉS, TRAITEMENTS.

Lorsqu'un percepteur requiert le tambour communal pour annoncer son arrivée dans la commune, c'est une affaire particulière entre eux, et il convient dès lors qu'ils se mettent d'accord sur le salaire que doit payer le comptable. Mais si ce dernier peut obtenir du maire qu'il requière lui-même le publicateur, en considérant la publication comme un service fait dans l'intérêt de la commune, il n'y a lieu alors à aucune indemnité de la part du percepteur, à moins qu'elle ne soit fixée amiablement par le maire. — *Mém.* 1834, p. 298. — Voy. TOURNÉES DES PERCEPTEURS.

Taureaux. — Voy. ENTRETIEN DE BÊTES MALES.

Taupiers (Salaire des). — Voy. COTISATIONS PARTICULIÈRES.

Taxe des biens de mainmorte. — La loi du 20 février 1849 a établi une taxe annuelle représentative des droits de transmission entre vifs et par décès sur les biens immeubles passibles de la contribution foncière appartenant aux départements, communes, hospices, séminaires, fabriques, congrégations religieuses, consistoires, établissements de charité, bureaux de bienfaisance, sociétés anonymes et tous établissements publics légalement autorisés. Cette taxe est calculée à raison de 62 centimes 1/2 par franc du principal de la contribution foncière, et prend le nom de taxe des biens de mainmorte. (I. G., art. 249.)

Les formes prescrites pour l'assiette et le recouvrement de la contribution foncière sont suivies pour l'établissement et la perception de la nouvelle taxe. En conséquence, les rôles, rédigés par les directeurs des contributions directes d'après des relevés formés par les contrôleurs, sont homologués par le préfet, transmis, avec les avertissements, aux agents de la perception, publiés et recouvrés comme ceux des contributions directes; les percepteurs doivent présenter, dans les mêmes délais que pour ces contributions, les états de cotes indûment imposées et de cotes irrecouvrables. (I. G., art. 251.)

Les cotes de 15 centimes et au-dessous ne couvrant pas les frais d'assiette et de perception ne sont pas comprises dans les rôles. (Circ. adm. des cont. dir., 31 mai 1850; I. G., art. 250.)

Les rôles supplémentaires d'une année doivent être émis avant le

31 janvier de l'année suivante. (Circ. adm. des cont. dir., 25 novembre 1859. — *Mém.* 1860, p. 63.)

On y porte les articles qui auraient été involontairement omis dans les rôles primitifs. Quant aux biens qui dans le courant de l'année deviennent passibles de la taxe de mainmorte, ils ne sont imposés à cette taxe qu'à partir du 1er janvier de l'année suivante. (Circ., 10 mars 1849, § 7.)

La taxe légalement établie au 1er janvier est due pour l'année entière. En conséquence, la vente, dans le cours de l'année, des propriétés soumises à cette taxe ne peut donner lieu à réduction. (Arrêt du cons. d'État, 13 avril 1853. — *Mém.* 1854, p. 36.)

Les demandes en décharge ou réduction de la taxe des biens de mainmorte doivent être présentées dans les trois mois de la publication du rôle (Arrêt du cons. d'État, 13 décembre 1854). Ladite taxe ne peut donner lieu à remise ou modération, attendu qu'elle représente un droit de transmission, et ne constitue pas, comme la contribution foncière, un prélèvement sur le revenu.

L'article 3 de la loi du 20 février 1849 a déclaré que la taxe dont il s'agit était à la charge du propriétaire seul pendant la durée des baux alors existants, nonobstant toutes stipulations contraires ; d'où il suit que de nouveaux baux ont pu charger les fermiers de payer cette contribution. Dans tous les cas, les fermiers peuvent être tenus de payer à la décharge des propriétaires, en vertu du principe établi dans les lois des 3 frimaire an VII, article 147, et 4 août 1844, article 6.

Les biens appartenant aux communes sont imposables en leur nom ; mais en cas d'insuffisance des revenus communaux, la taxe peut être répartie entre les habitants qui ont droit à la jouissance des biens, conformément aux articles 2 et 4 de la loi du 26 germinal an XI, et 30 de la loi du 18 juillet 1837. Les biens indivis appartenant à quelques habitants seulement ne sont pas imposables comme biens de mainmorte. — *Mém.* 1853, p. 76.

Il y a lieu d'imposer à la taxe de mainmorte :

L'immeuble légué à une commune sous réserve d'usufruit ; mais il ne doit être imposé qu'à la moitié de la taxe qu'il payerait s'il n'était pas grevé de la réserve d'usufruit (Arrêt du cons. d'État, 15 août 1854) : la taxe est due non par l'usufruitier, mais par le propriétaire du fonds, c'est-à-dire par la commune (*Mém.* 1850, p. 44) ;

Une Compagnie de mines qui n'est pas anonyme, mais qui peut être considérée comme un établissement public légalement autorisé dans le sens de la loi (Arrêt du cons. d'État, 7 juin 1851) ;

Une maison dont il a été fait donation aux frères de la Doctrine chrétienne, à la condition qu'elle serait affectée à perpétuité à la tenue d'une école primaire dirigée par les frères, alors même que l'école serait considérée comme destinée à un usage public (Arrêt du cons. d'État, 22 avril 1857) ;

Les salles de spectacle et les édifices affectés aux halles et marchés appartenant aux communes et passibles de la contribution foncière (Arrêt du cons. d'État, 10 mai 1851);

Les biens appartenant à un hospice et affermés par bail emphytéotique de 99 ans (Arrêt du cons. d'État, 13 août 1851): la taxe est due par le propriétaire et non par l'emphytéote (Id., 3 février 1853);

Les propriétés foncières appartenant à une société anonyme en liquidation (Id., 28 décembre 1850);

Les bâtiments dont une commune est devenue propriétaire par suite d'expropriation, lorsque ces bâtiments, au lieu d'être affectés au service public, ont été conservés par ladite commune pour être loués à des particuliers (Id., 16 mars 1859);

Une maison appartenant à un archevêché, qui la concède gratuitement pour le logement du curé et des vicaires de la paroisse (Id., 30 mars 1859);

Un immeuble légué à une commune avec charge ou faculté de le revendre (Id., 13 août 1851).

Ne sont pas imposables comme biens de mainmorte:

Les chemins de fer et celles de leurs dépendances qui font partie du domaine public, c'est-à-dire pour la voie et les terrains compris dans les clôtures, et pour les bâtiments nécessaires à l'exploitation; quant aux terrains et bâtiments qui ne doivent pas faire retour à l'État et que les compagnies peuvent hypothéquer, aliéner sans autorisation de l'administration des travaux publics, ils doivent être imposés au nom des compagnies, comme biens immeubles leur appartenant et ne faisant pas partie du domaine public (Circ. adm. des cont. dir., 14 avril 1851. — *Mém.* 1851, p. 88);

Le buffet établi dans la gare d'un chemin de fer (Arrêt du cons. d'État, 22 août 1853);

Une société civile qui n'est pas anonyme et n'a pas le caractère d'un établissement public légalement autorisé (Id., 26 juillet 1854);

Les canaux de navigation, comme étant affectés à un service public et perpétuel, soit qu'ils appartiennent à des particuliers, soit qu'appartenant à l'État, ils aient été concédés temporairement à des compagnies. (Id., 22 mars et 14 avril 1851; I. G., art. 250.)

Les dépenses relatives à la taxe des biens de mainmorte se composent:

1° Des remises des percepteurs (fixées à 3 p. 0/0);

2° Des frais de premier avertissement aux contribuables;

3° Des frais d'impression et de confection de relevés, matrices, rôles et autres cadres, alloués aux directeurs à raison de 15 centimes par article;

4° Des décharges et réductions. (I. G., art. 253.)

Les remises des percepteurs et les frais de premier avertissement (2 centimes par article) sont alloués à ces comptables de la même manière que les dépenses analogues relatives aux contributions directes.

Les remises des percepteurs font l'objet d'un seul décompte avec celles qui leur reviennent sur les redevances des mines et sur les rétributions pour la vérification des poids et mesures; ce décompte est établi lorsque les rôles de l'exercice sont entièrement connus. (I. G., art. 254.)

Les décharges et réductions donnent lieu à la délivrance d'ordonnances de dégrèvement dans la même forme que celles des contributions directes. (Id., art. 256.)

La taxe des biens de mainmorte étant payable par douzièmes comme les contributions directes, les mandats relatifs aux sommes dues par les communes et les établissements de bienfaisance sont délivrés à la fin de chaque mois. (I. G., art. 993.)

La taxe est recouvrée par les percepteurs à titre de produits divers. Les recettes y relatives sont enregistrées, par journée, et dans la colonne de l'exercice auquel elles appartiennent, à un compte particulier ouvert dans la deuxième section du livre des comptes divers; et il est fait successivement dépense à ce compte des versements que les percepteurs effectuent aux caisses des receveurs des finances. (Id., art. 1473.) — Voy. CONTRIBUTIONS A LA CHARGE DES COMMUNES, POURSUITES, RECOUVREMENT.

Taxe municipale sur les chiens — La loi du 2 mai 1855 a établi dans toutes les communes, et à leur profit, une taxe sur les chiens, laquelle ne peut excéder 10 francs ni être inférieure à 1 franc.

Des décrets, rendus en conseil d'État, règlent, sur la proposition des conseils municipaux, et après avis des conseils généraux, les tarifs à appliquer dans chaque commune. A défaut de présentation de tarif par la commune ou d'avis émis par le conseil général, il est statué d'office, sur la proposition du préfet. Les tarifs peuvent être revisés à la fin de chaque période de trois ans. (L. 2 mai 1855, art. 3 et 4.)

Ces tarifs ne peuvent comprendre que deux taxes: la taxe la plus élevée porte sur les chiens d'agrément ou servant à la chasse; la taxe la moins élevée porte sur les chiens de garde, comprenant ceux qui servent à guider les aveugles, à garder les troupeaux, les habitations, magasins, ateliers, etc., et en général tous ceux qui ne sont pas compris dans la catégorie précédente. Les chiens qui, d'après leur emploi, pourraient être classés également dans la première ou dans la seconde catégorie, sont rangés dans celle dont la taxe est la plus élevée. (D. 4 août 1855, art. 1er.)

Tous les possesseurs de chiens, même l'indigent, doivent être imposés. (I. G., art. 894.)

D'après divers arrêts du conseil d'État et les solutions données par l'administration, le classement des chiens dans l'une des deux catégories doit avoir lieu d'après l'usage auquel ils sont affectés, sans qu'il y ait à tenir compte de leur race, et on doit les ranger dans la première catégorie lorsqu'ils ne sont pas exclusivement affectés à un usage autre que la chasse ou l'agrément de leur possesseur. Ainsi, on classe dans la première catégorie : — le chien qui sert à la fois à la garde de l'habitation et à l'agrément de son maître (Arrêt du cons. d'État, 30 juin 1858) ; — celui qui n'est pas exclusivement destiné à la garde, qui n'est point tenu à l'attache et qui accompagne son maître quand celui-ci va à la campagne (Id., 14 janvier 1858); — celui qui est employé à la garde de l'habitation et qui sert également pour la chasse (Id., 3 mars 1858); — le chien dressé pour chercher des truffes (Id., 2 mars 1858); — le chien courant, de la race des bassets, qui chasse fréquemment, bien qu'il serve aussi à la garde (Id., 5 mars 1858); — le chien qui est employé à la garde d'une métairie et qui sert en même temps à l'agrément de son maître (Id., 30 juin 1858); — les chiens qui, à raison de leur âge ou de leurs infirmités, ne peuvent plus rendre aucun service à leurs maîtres. (Id., 22 avril 1857.)

On range dans la deuxième catégorie : — le chien destiné à garder un magasin et les marchandises qu'un contribuable transporte dans les foires et marchés (Arrêt du cons. d'État, 11 février 1857); — celui qui n'est employé qu'à la garde du bureau d'un receveur d'octroi (Id.); — celui qui sert à garder un troupeau et une maison isolée de toute habitation, lors même qu'il ne serait pas tenu à l'attache (Id. 22 avril 1857); — celui qui accompagne son maître à l'extérieur pour les besoins de son commerce et la défense de sa personne (Id., 5 octobre 1857); — celui qui, sans avoir d'autre destination, est employé à la garde d'une brasserie ou d'un magasin. (Id., 24 juin 1857.)

Pour qu'un chien puisse être considéré comme employé à la garde, il n'est pas nécessaire qu'il soit constamment à l'attache : souvent la surveillance que les chiens de garde ont à exercer exige qu'ils ne soient pas à l'attache constamment, même pendant le jour. (Arrêt du cons. d'État, 8 décembre 1857.—*Mém.* 1855, p. 223; 1858, p. 13 et 110; 1862, p. 329.)

La taxe est due pour les chiens possédés au 1er janvier, à l'exception de ceux qui, à cette époque, sont encore nourris par la mère; elle est due pour l'année entière. (D., 4 août 1855, art. 2.)

Le chien qui, par suite d'un accident, cesse d'être nourri par sa mère, n'est pas imposable si, à l'époque du 1er janvier, il était encore dans le cas d'être nourri par elle (Arrêt du cons. d'État, 7 avril 1858). Le chien qui, au 1er janvier, est encore nourri par sa mère, bien qu'il ait dépassé l'âge jusqu'auquel l'allaitement doit continuer, n'est pas imposable. (Id., 21 avril 1858. — *Mém.* 1862, p. 132.)

La taxe étant due pour l'année entière, lorsque le contribuable décède dans le cours de l'année, ses héritiers sont redevables de la portion de taxe non encore acquittée. (D., 4 août 1855, art. 3.)

Un fait nouveau, postérieur au 1er janvier, n'a aucune influence sur la taxe régulièrement établie (Arrêt du cons. d'État, 18 mars 1857). Ainsi, il y a lieu de maintenir la taxe établie sur un chien que son propriétaire a perdu le 8 janvier, tandis qu'on ne doit pas imposer celui qui n'est devenu possesseur d'un chien qu'après le 1er janvier. — *Mém.* 1861, p. 131.

En cas de déménagement du contribuable hors du ressort de la perception, la taxe est immédiatement exigible pour la totalité de l'année courante. (D., 4 août 1855, art. 4.)

La responsabilité des propriétaires et des principaux locataires en ce qui concerne la contribution personnelle et mobilière et celle des patentes ne s'applique pas à la taxe sur les chiens (*Mém.* 1860, p. 115; 1863, p. 200). Spécialement un propriétaire n'est pas responsable d'une taxe sur les chiens imposée au nom de son fermier. (Arrêt du cons. d'État, 13 mars 1862. — *Mém.* 1863, p. 42.)

Déclarations à faire par les possesseurs de chiens. — Du 1er octobre de chaque année au 15 janvier de l'année suivante, les possesseurs de chiens doivent faire à la mairie une déclaration indiquant le nombre de leurs chiens et les usages auxquels ils sont destinés, en se conformant aux distinctions ci-dessus rappelées.

Ceux qui ont fait cette déclaration avant le 1er janvier doivent la rectifier s'il est survenu quelque changement dans le nombre ou la destination de leurs chiens. (D., 3 août 1855, art. 5.)

La déclaration peut être faite par un tiers, en vertu d'un pouvoir écrit émanant du propriétaire ou possesseur des chiens. — *Mém.* 1856, p. 275.

Les possesseurs de chiens ne sont pas tenus de renouveler tous les ans leur déclaration. La taxe à laquelle ils ont été soumis continue à être imposée et est payée par eux jusqu'à déclaration contraire. Toutefois, le changement de résidence du contribuable hors de la commune ou du ressort de la perception, ainsi que toute modification dans le nombre et la destination des chiens, entraînant une aggravation de taxe, rend une nouvelle déclaration obligatoire. (D., 3 août 1861, art. 1er.)

Cette disposition ne doit s'entendre que d'une déclaration à faire du 1er octobre au 15 janvier, suivant la règle de l'article 5 du décret du 4 août 1855, et non pas d'une déclaration spéciale à faire à l'époque du changement de résidence, ou de modification pendant le cours de l'année dans le nombre ou la destination des chiens. — *Mém.* 1861, p. 246.

La déclaration doit être faite dans la commune où le contribuable habite le 1er janvier.

Les contribuables qui ont des habitations dans plusieurs communes et qui s'y font accompagner par leurs chiens doivent faire leur déclaration dans la commune où est située l'habitation qu'ils occupent au 1er janvier (Arrêt du cons. d'État, 11 février 1857), à moins qu'ils ne s'y trouvent qu'accidentellement à cette époque, auquel cas la déclaration doit être faite dans la commune de la résidence habituelle. (Id., 16 mars 1859. — *Mém.* 1860, p. 263.)

C'est le propriétaire du chien, et non celui qui détient l'animal au 1er janvier, qui doit être imposé, et c'est dans la commune du domicile du propriétaire que la taxe est due. (Arrêt du cons. d'État, 5 octobre 1857.)

Les déclarations sont inscrites sur un registre spécial conforme au *modèle n°* 236 annexé à l'Instruction générale. Il en est donné reçu aux déclarants. Les récépissés font mention des nom et prénoms du déclarant, de la date de sa déclaration, du nombre et de l'usage des chiens déclarés. (D. 4 août 1855, art. 6; I. G., art. 900.)

Sont passibles d'un accroissement de taxe : 1° celui qui, possédant un ou plusieurs chiens, n'a pas fait de déclaration ; 2° celui qui a fait une déclaration incomplète ou inexacte.

Dans le premier cas, la taxe est triplée, et dans le second elle est doublée pour les chiens non déclarés ou portés avec une fausse désignation.

Lorsqu'un contribuable a été soumis à un accroissement de taxe et que pour l'année suivante il ne fait pas de déclaration dans le cas où elle est exigée, ou fait une déclaration incomplète ou inexacte, la taxe est quadruplée dans le premier cas et triplée dans le second. (D., 4 août 1855, art. 10 ; 3 août 1861, art. 1 et 2 ; I. G., art. 901.)

L'absence ni la bonne foi ne peuvent être invoquées comme moyens d'échapper à l'application des peines portées contre les déclarations inexactes. (Arrêt du cons. d'État, 3 mars 1858. — *Mém.* 1860, p. 179 et 261.)

Le contribuable qui n'a pas fait, à la mairie de son domicile, la déclaration des chiens qu'il possède et des usages auxquels il les emploie, ne peut, pour échapper à la triple taxe, se prévaloir de la circonstance qu'il a fait la déclaration de ses chiens à la mairie de la commune dans laquelle il se trouvait, à l'époque fixée pour les déclarations, pour exercer accidentellement sa profession. (Arrêt du cons. d'État, 14 janvier 1858.)

Celui qui, en déclarant son chien, a refusé de faire connaître l'usage auquel il l'employait, est passible de la triple taxe, comme n'ayant pas fait la déclaration prescrite par la loi. (Id., 24 mars 1859. — *Mém.* 1860, p. 265.)

Rédaction de l'état-matrice. — Du 15 au 31 janvier, les maires et les répartiteurs, assistés du percepteur des contributions directes, rédigent l'état-matrice des personnes imposables. Les formules de cet état-matrice sont envoyées au percepteur par le directeur des contributions directes. Ces comptables fixent, de concert avec les maires, les jours qui doivent être consacrés à la rédaction des états-matrices, de telle sorte que ce travail puisse être terminé dans toutes les communes le 31 janvier.

Le maires convoquent les répartiteurs pour les jours fixés ; le percepteur se rend dans les communes aux mêmes jours, et, de concert, ils procèdent sans interruption à la formation des états-matrices. (D., 4 août 1855, art. 7 ; I. G., art. 902.)

C'est comme percepteur et non comme receveur municipal que le comptable concourt à la rédaction de l'état-matrice, et ce concours n'est pas une simple formalité : il doit être réel et efficace. — *Mém.* 1859, p. 189 ; 1860, p. 128.

L'avis émis par les répartiteurs doit être signé, à peine de nullité, par cinq répartiteurs. (Arrêt du cons. d'État, 5 avril 1858.)

L'état-matrice présente les noms, prénoms et demeures des imposables, le nombre de chiens qu'ils possèdent et la catégorie à laquelle chaque animal appartient. Il relate, en outre, les déclarations faites par les possesseurs de chiens, avec les détails nécessaires pour permettre d'appréciser les différences entre les déclarations et les faits constatés. (D., 4 août 1855, art. 8; I. G., art. 903.)

Le maire, les répartiteurs et le percepteur doivent particulièrement vérifier la situation des possesseurs de chiens qui, usant de la faculté que leur donne le décret du 3 août 1861, n'auront pas renouvelé leur déclaration. Si cette situation n'a réellement pas changé depuis l'année précédente et que les éléments de cotisation aient été alors exactement indiqués, on peut se borner à écrire dans la colonne 8 de l'état-matrice les mots : « sans changement. » Mais s'il résultait des renseignements recueillis 1° que tel contribuable possesseur de chiens n'était pas encore imposé au rôle de la commune, soit qu'il ne possédât pas de chiens l'année précédente, soit qu'il résidât et qu'il fût taxé alors dans une autre localité; 2° que tel autre contribuable était antérieurement taxé pour un nombre de chiens moindre que le nombre nouvellement constaté, ou pour des chiens de la catégorie inférieure, les répartiteurs devraient avoir soin de fournir sur ces faits, dans la colonne 8, des explications suffisamment précises pour que les aggravations de taxes résultant du défaut de déclaration ou de la non-rectification de la déclaration antérieure pussent être exactement déterminées. De leur côté, les percepteurs doivent veiller à ce que ces dispositions soient ponctuellement exécutées. (Circ. compt. gén., 15 novembre 1861. — *Mém.*, p. 331.)

Les états-matrices doivent être dressés, pour les villes et pour les communes à l'égard desquelles il est possible d'opérer ainsi, dans l'ordre des quartiers, des rues et des numéros de maisons; pour les autres communes, dans l'ordre suivant lequel on fait habituellement le parcours pour les divers recensements et autres opérations administratives analogues. Cet ordre étant celui qui paraît le plus propre à prévenir les omissions, on ne peut se dispenser de le suivre que dans le cas où quelques circonstances locales l'exigeraient absolument, et il doit alors être fait mention de ces circonstances en tête de la matrice. (I. G., art. 904.)

A chaque article que les répartiteurs inscrivent sur l'état-matrice, ils ont soin de se reporter au registre des déclarations et d'annoter, dans les colonnes 3, 4 et 5 de l'état-matrice, les résultats des déclarations inscrites sur le registre; ils ajoutent dans la colonne 5 les explications nécessaires pour mettre le directeur des contributions directes à portée d'appliquer, sans aucune incertitude, les accroissements de taxe dans les cas prévus par la loi, c'est-à-dire pour défaut de déclaration, pour déclaration incomplète ou inexacte, et pour récidive dans l'une ou l'autre de ces fautes. (I. G., art. 905.)

Du 1er au 15 février, les percepteurs transmettent, par l'intermédiaire des receveurs des finances, les états-matrices au directeur des contributions directes, qui les complète immédiatement en remplissant les colonnes 9 à 18, et en appliquant les taxes conformément au décret qui les a fixées et aux dispositions de la loi relatives aux accroissements de taxe. (Id., art. 906.)

Rédaction et émission des rôles et avertissements. — Le directeur rédige ensuite les rôles et les avertissements, et il les transmet, après que les rôles ont été rendus exécutoires par le préfet, aux receveurs des finances, pour être remis aux receveurs municipaux. Ces derniers font publier les rôles et opèrent le recouvrement comme en matière de contributions directes. Ces rôles ne sont pas assujettis au timbre, la taxe qui en fait l'objet étant considérée comme une contribution directe. (I. G., art. 907.)

Lorsque, après la rédaction de l'état-matrice dressé dans les quinze derniers jours du mois de janvier, il est découvert des faits pouvant donner lieu à des accroissements de taxe, c'est-à-dire des omissions de déclarations ou des déclarations inexactes concernant des chiens qui existaient au 1er janvier (les faits postérieurs au 1er janvier ne peuvent donner lieu à des modifications de taxes), il en est pris note, soit par le maire, soit par le percepteur, et, à l'expiration du premier semestre, le maire, les répartiteurs et le percepteur rédigent un état-matrice, qui est immédiatement adressé au directeur des contributions directes, et ce fonctionnaire dresse un rôle supplémentaire, qui est rendu exécutoire, publié et recouvré comme le rôle primitif. Il serait établi un nouveau rôle en fin d'année pour les faits de même nature qui seraient reconnus dans le cours du deuxième semestre. (I. G., art. 908.)

Ce rôle devrait être émis avant le 31 janvier de l'année suivante. — — *Mém.* 1856, p. 164.

Aussitôt après l'émission des rôles, le directeur adresse au préfet un état présentant, par commune, le montant des taxes avec l'indication des principaux résultats des états-matrices. Il n'est pas remis d'état du montant des rôles de la taxe sur les chiens aux receveurs des finances ; ces comptables prennent note des sommes à recouvrer d'après les rôles mêmes. (I. G., art. 909.)

Recouvrement des rôles. Poursuites. — Les receveurs municipaux doivent faire publier les rôles sans aucun retard, inscrire sur les avertissements la date de cette publication, à partir de laquelle part le délai de trois mois pour les réclamations, et faire distribuer ces avertissements aux imposés. Ils forment, s'il y a lieu, des états de cotes indûment imposées et des états de cotes irrecouvrables. Les règles à suivre à cet égard, ainsi que pour l'emploi des ordonnances de dégrèvement, sont les mêmes que celles concernant les rôles de prestations pour les chemins vicinaux. (I. G., art. 910; Circ., 7 mai 1857. — *Mém.* 1857, p. 141.) — Voy. PRESTATIONS.

La taxe sur les chiens étant, d'ailleurs, comme on l'a déjà dit, assimilée pour le recouvrement aux contributions directes, le recouvrement s'en opère dans les mêmes formes que ces dernières. (I. G., art. 910.) — Voy. POURSUITES, RECOUVREMENT.

Il n'est pas alloué d'indemnité spéciale aux receveurs municipaux pour la distribution des avertissements. (I. G., art. 911.—*Mém.* 1857, p. 103 et 166 ; 1858, p. 227.)

Dans les villes où le service de la perception des contributions directes et le service financier de la commune sont divisés, le percepteur seul est appelé à concourir à la formation de l'état-matrice, mais le recouvrement des rôles appartient exclusivement au receveur municipal. (I. G., art. 912.)

Rétribution allouée aux percepteurs pour leur concours à la confection de l'état-matrice. Frais d'impression. — Il est accordé aux percepteurs une rétribution de douze centimes par article de l'état-matrice, pour l'intervention qui leur est ainsi demandée. (I. G., art. 912.)

Cette dépense qui, aux termes de l'article 12 du décret du 4 août 1855, constitue pour les communes une charge obligatoire, est mandatée directement par le maire au profit des ayants droit, et la justification en est faite d'après les règles établies pour la comptabilité municipale. (Circ. compt. gén., 29 juin 1856. — *Mém.* 1856, p. 164, 197 et 217 ; 1859, p. 127 et 189.)

Cette rétribution est soumise à la retenue du 20e pour les pensions civiles (Circ. 17 mai 1857. — *Mém.* 1857, p. 158). La quittance de ladite rétribution, quel qu'en soit le montant, n'est pas soumise au timbre. — *Mém.* 1862, p. 213.

Les frais d'impression relatifs à l'assiette de la taxe des chiens, ceux de la confection des rôles, de la confection et de la distribution des avertissements sont à la charge des communes. (D. 4 août 1855, art. 12.)

Réclamations. — Les réclamations contre la taxe municipale sur les chiens doivent être présentées dans les trois mois de la publication des rôles, lors même qu'il s'agirait d'un double emploi et que le contribuable ferait valoir la circonstance qu'il attendait, pour former sa réclamation, le résultat de celle qu'il avait présentée dans un autre département. (Arrêts du cons. d'État, 11 février et 7 avril 1858.)

Si le contribuable n'est pas domicilié dans la commune, le délai court pour lui du jour où il a eu connaissance de son imposition ou de celui où il a acquitté la taxe. (Id., 21 avril et 18 mai 1858.)

Lorsque le contribuable mis en demeure de recourir à l'expertise n'a pas usé de cette faculté accordée par la loi, les attestations consignées dans l'instruction de sa réclamation sont présumées exactes. (Id., 3 mars 1858.)

Le contribuable réclamant a le droit de se pourvoir devant le conseil d'État contre la décision du conseil de préfecture intervenue sur sa réclamation. Le pourvoi doit être formé, sous peine de déchéance, dans les trois mois de la notification de la décision (Arrêt, 28 décembre 1858). Ce même droit appartient au maire, lorsqu'il y a lieu de se pourvoir dans l'intérêt de la commune, mais il doit préalablement se faire autoriser par une délibération du conseil municipal. (Id., 14 janvier 1858.)

Les pourvois en cette matière doivent, comme ceux relatifs aux contributions directes, être transmis au conseil d'État par l'intermédiaire des préfets. — *Mém.* 1860, p. 157. — Voy. CONTRIBUTIONS DIRECTES, POURSUITES, POURVOIS, RECOUVREMENTS, RÔLES.

Taxe sur les voitures et les chevaux. — Cette taxe, qui constitue une cinquième contribution directe, a été établie par les articles 4 à 13 de la loi de finances du 2 juillet 1862. Elle est perçue depuis le 1er janvier 1863. — Voy. CONTRIBUTIONS DIRECTES.

La matière imposable qui sert de base à cette nouvelle contribution ne comprend pas toutes les voitures ou tous les chevaux dont on peut avoir la possession ou la libre disposition ; elle ne consiste que dans les voitures et les chevaux dont le possesseur fait usage pour son service personnel, c'est-à-dire pour sa commodité, son plaisir ou son agrément, ou pour le service personnel de sa famille.

A la différence de ce qui se pratique pour la taxe sur les chiens, les percepteurs n'ont à intervenir en rien de ce qui concerne l'assiette de la nouvelle contribution. Seulement, ils doivent mentionner avec soin, sur le cahier de notes prescrit par l'article 27 de l'Instruction générale, les changements de résidence des possesseurs de chevaux et voitures dont ils auraient connaissance, ces faits donnant ouverture, aux termes de l'article 9 de la loi du 2 juillet 1862, à des compléments de droits et à la confection de rôles supplémentaires trimestriels quand, à raison de sa nouvelle résidence, le contribuable devient passible d'une taxe supérieure à celle à laquelle il avait été assujetti au 1er janvier. Ils consulteront utilement, d'ailleurs, les instructions que la direction générale des contributions directes a adressées à ses agents sous la date du 31 octobre 1862, ces instructions et les modèles qui les accompagnent intéressant sous quelques rapports les agents du recouvrement. —*Mém.* 1863, p. 79.

Les rôles, dressés par les directeurs des contributions directes et rendus exécutoires par le préfet, sont transmis, avec les avertissements, aux percepteurs, par l'entremise des receveurs des finances. Ils sont publiés et recouvrés, et les réclamations sont présentées, instruites et jugées comme en matière de contributions directes.

Les percepteurs n'ont pas à ouvrir de compte spécial pour la contribution sur les voitures et les chevaux ; ils ont seulement à en constater la recette au même compte que celle des autres contributions directes. Les remises des percepteurs sur ce produit sont liquidées d'après les bases indiquées à l'article 113 de l'Instruction générale. Ils ont droit à l'indemnité de 22 centimes 1/2 par article, comme pour les articles des rôles généraux et supplémentaires des patentes. (Circ. compt. gén., 26 janvier 1863. — *Mém.* p. 75.)

La loi du 2 juillet 1862 (article 8) attribue aux communes un dixième du produit de l'impôt sur les voitures et les chevaux, déduction faite des cotes ou portions de cotes dont le dégrèvement a été accordé. Il est d'abord fait compte aux communes du dixième du montant brut de l'impôt, et elles doivent ensuite restituer au Trésor la portion de l'attribution afférente aux dégrèvements qui ont été accordés aux contribuables dégrevés, ces dégrèvements n'étant imputables que pour neuf dixièmes seulement sur le fonds de non-valeurs. (Circ. de la compt. publ., 23 janvier 1864.)

Les remboursements sont effectués au moyen d'un bulletin attenant à l'ordonnance et par voie de réduction de recette dans la comptabilité municipale, d'après une marche analogue à celle qui est prescrite par les articles 888, § 8, et 1537 de l'Instruction générale. Ces remboursements ont lieu aux époques où sont faites les allocations de centimes communaux. A cet effet, les receveurs des finances doivent, lorsque des ordonnances sont comprises dans les versements des percepteurs, détacher eux-mêmes les bulletins dont il vient d'être question et les conserver avec soin jusqu'au moment des allocations, si ce moment n'est pas arrivé. Ils les remettent alors aux receveurs municipaux, qui leur en payent le montant et le déduisent des recettes constatées sur leurs livres aux comptes des communes. En conséquence, les attributions sur la contribution des chevaux et voitures figurent pour le net seulement dans les comptes de gestion et, par suite, les receveurs municipaux doivent réunir les bulletins aux extraits de rôles à produire à l'appui de ces comptes, conformément au paragraphe 1er de la nomenclature qui fait suite à l'article 1542 de l'Instruction générale.

Si des ordonnances parvenaient aux comptables après la clôture de l'exercice communal, le montant des remboursements serait imputé sur le crédit des dépenses imprévues ou ferait l'objet d'un crédit spécial. (Circ. compt. gén., 15 mai 1863.)

Le bulletin détaché de l'ordonnance ne s'appliquerait pas, dans ce dernier cas, à une réduction de recette ; il servirait de justification à l'article de dépense. — *Mém.* 1863, p. 182. — Voy. Attributions aux communes, Avertissements, Contributions directes, Poursuites, Recouvrements, Rôles.

Taxes communales. — Les communes peuvent, en vertu de plusieurs dispositions de lois, percevoir des taxes, qui sont notamment :

1° Les prestations pour les chemins vicinaux et les subventions spéciales à raison de dégradations extraordinaires sur ces chemins (L. 28 juillet 1824 et 21 mai 1836) ;

2° La taxe sur les chiens (L. 22 mai 1855);

3° Les taxes particulières dues par les habitants ou propriétaires en vertu des lois, règlements ou usages locaux et réparties par délibération du conseil municipal, telles que les taxes de pâturage, d'affouage, de tourbage, de pavage des rues, d'entretien des trottoirs. (L. 18 juillet 1837, 25 juin 1841, 7 juin 1845.) — Voy. Affouage, Pavage, Paturage, Prestations, Subventions, Taxe sur les chiens.

D'après les mêmes lois et la jurisprudence du conseil d'État, le recouvrement de ces taxes a lieu comme en matière de contributions directes. Par suite, les réclamations qu'elles soulèvent (demandes en décharge ou réduction) sont du ressort des conseils de préfecture, sauf recours au conseil d'État, statuant au contentieux. — Voy. POURSUITES, POURVOIS PRIVILÉGE, RECOUVREMENT.

Taxes particulières. — Indépendamment des taxes communales dont il vient d'être parlé, les percepteurs-receveurs municipaux peuvent être chargés de recouvrer diverses taxes établies d'après des usages locaux ou en vertu de règlements particuliers, et d'acquitter les dépenses auxquelles elles sont destinées (travaux de curage, d'élagage, entretien de bêtes mâles, salaire du pâtre commun, des taupiers, etc.)

Ces taxes sont, comme les premières, réparties par délibération du conseil municipal, approuvée par le préfet, et perçues suivant les formes établies pour le recouvrement des contributions publiques.

Les recouvrements et les payements, étant faits pour le compte de particuliers ou dans l'intérêt d'habitants de plusieurs communes réunis pour un même objet, doivent faire partie des services exécutés hors budget.

Des remises spéciales peuvent être allouées aux receveurs municipaux pour les opérations dont il s'agit. (I. G., art. 1108.) — Voy. COTISATIONS PARTICULIÈRES, CURAGE, ENTRETIEN DE BÊTES MALES, PATRE COMMUN.

Les percepteurs peuvent être chargés, en outre, du recouvrement : 1° des taxes relatives à l'entretien des digues et au desséchement des marais (L. 14 floréal an XI et 16 septembre 1807), lorsque la dépense à laquelle elles sont destinées doit être supportée à la fois par une ou plusieurs communes et des particuliers ou seulement par un certain nombre de propriétaires réunis en association syndicale ; 2° des taxes d'arrosage autorisées par le Gouvernement, qu'elles soient perçues au profit de concessionnaires de canaux d'irrigation ou au profit d'associations de propriétaires intéressés. Le recouvrement est poursuivi par les percepteurs d'après le même mode que celui des contributions directes ; les rôles des taxes, les registres tenus pour leur perception, ainsi que les quittances qui en sont délivrées, sont exempts des droits de timbre. (I. G., art. 638.) — Voy. ARROSAGE (TAXES D'), DIGUES, MARAIS, POURSUITES, SYNDICATS.

Télégraphie. — Lorsqu'il n'existe pas de receveur des finances dans le lieu où est établi un bureau de télégraphe, le chef de ce bureau verse le produit de ses recettes à la caisse du percepteur, et il donne immédiatement avis de chaque versement au receveur des finances.

De son côté, le percepteur délivre, pour les versements qui lui sont faits, des quittances détachées de son journal à souche, et que le chef du bureau envoie à la direction des lignes télégraphiques, et il les inscrit en outre sur le livret qui doit lui être présenté par le chef de la station télégraphique. Lors du dernier versement du mois, celui-ci lui remet un état servant de titre de perception, lequel doit être immédiatement transmis au receveur des finances,

Le comptable constate ces opérations à un compte qu'il ouvre, à la deuxième section du livre des comptes divers, sous le titre de : « Receveur des finances, S/C de taxes de la télégraphie privée. » (I. G., art. 322 et 1477.)

Lorsque les destinataires des dépêches télégraphiques n'habitent pas le lieu d'arrivée, ces dépêches doivent, selon le cas, leur être transmises par des exprès, par des estafettes, ou par des lettres chargées à la poste. Les frais qui en résultent sont prélevés par les agents de l'administration des lignes télégraphiques sur le produit de leurs recettes, et les pièces justificatives de ces frais, dûment vérifiées et arrêtées par l'inspecteur départemental, sont admises pour comptant dans les versements des directeurs et chefs de station. Lorsque, dans les bureaux de peu d'importance, il n'y a pas en caisse les sommes nécessaires pour le payement des frais, l'avance est faite par le chef de station, qui peut en demander immédiatement le remboursement. A cet effet, il adresse les pièces justificatives des payements à l'inspecteur départemental, qui, après les avoir vérifiées et visées, les fait présenter à la recette générale ; il lui est remis en échange un mandat à l'ordre du chef de station sur la caisse du percepteur. Ce mandat est exempt du timbre. (Circ. compt. gén., 31 mai 1862; — *Mém.* p. 220.)

Le recouvrement des frais de réparation des dommages causés au matériel des lignes télégraphiques a lieu en vertu de conventions par lesquelles les auteurs des dommages s'engagent à payer les frais dont le chiffre a été fixé entre eux et les agents télégraphiques, soit à la caisse du receveur des finances, soit à celle du percepteur le plus voisin. L'acte est toujours adressé au premier comptable.

Le percepteur délivre, pour les sommes qui lui sont versées à ce titre, des quittances à souche qui doivent être revêtues du timbre mobile lorsque la recette excède 10 francs. Il porte ces sommes au compte spécial dont il est parlé plus haut, et les comprend, ainsi que le produit des taxes de la télégraphie privée, dans son plus prochain versement à la recette des finances. (I. G., art. 390 et 1477.)

Terres incultes appartenant aux communes. — Voy. MARAIS ET TERRES INCULTES.

Testament. — Acte par lequel le testateur dispose, pour le temps où il n'existera plus, de tout ou partie de ses biens, et qu'il peut révoquer.

Un testament peut être olographe, ou fait par acte public, ou dans la forme mystique.

Le testament olographe n'est point valable s'il n'est écrit en entier, daté et signé de la main du testateur : il n'est assujetti à aucune autre forme. (C. N., art. 970.)

Le testament par acte public est celui qui est reçu par deux notaires, en présence de deux témoins, ou par un notaire, en présence de quatre témoins. (Id., art. 971.)

Le testament mystique ou secret doit être signé du testateur, soit qu'il l'ait écrit lui-même, ou qu'il l'ait fait écrire par un autre. Le papier qui contient les dispositions du testateur, ou le papier qui sert d'enveloppe, s'il y en a une, est clos et scellé. Le testateur le présente ainsi clos et scellé au notaire, et à six témoins au moins, ou il le fait clore et sceller en leur présence; et il déclare que le contenu en ce papier est son testament écrit et signé de lui, ou écrit par un autre et signé de lui : le notaire en dresse l'acte de suscription qui est écrit sur ce papier ou sur le papier qui sert d'enveloppe; cet acte est signé tant par le testateur que par le notaire, ensemble par les témoins. (C. N., art. 976.)

Les dispositions testamentaires sont ou universelles, ou à titre universel, ou à titre particulier. (Id., art. 1002.)

Le legs universel est la disposition testamentaire par laquelle le testateur donne à une ou plusieurs personnes l'universalité des biens qu'il laisse à son décès (Id., art. 1003). Le fait de recueillir toute une succession ne suffit pas pour conférer à l'institué la qualité de légataire universel, il faut que cette qualité résulte explicitement de la volonté clairement exprimée par le testateur de donner l'universalité de ses biens. — *Mém.* 1862, p. 122.

Le legs à titre universel est celui par lequel le testateur lègue une quote-part des biens dont la loi lui permet de disposer, telle qu'une moitié, un tiers, ou tous ses immeubles, ou tout son mobilier, ou une quotité fixe de tous ses immeubles ou de tout son mobilier.

Tout autre legs ne forme qu'une disposition à titre particulier. (C. N., art. 1010.)

Le testateur peut nommer un ou plusieurs exécuteurs testamentaires. (Id., art. 1025.)

Il peut leur donner la saisine de tout, ou seulement d'une partie de son mobilier; mais elle ne peut durer au delà de l'an et jour à compter de son décès. S'il ne la leur a pas donnée, ils ne peuvent l'exiger. (Id., art. 1026.)

L'héritier peut faire cesser la saisine en offrant de remettre aux exécuteurs testamentaires une somme suffisante pour le payement des legs mobiliers, ou en justifiant de ce payement. (Id., art. 1027.)

Les exécuteurs testamentaires font apposer les scellés, s'il y a des héritiers mineurs, interdits ou absents. Ils font faire, en présence de l'héritier présomptif, ou lui dûment appelé, l'inventaire des biens de la succession. Ils provoquent la vente du mobilier, à défaut de deniers suffisants pour acquitter le legs. Ils veillent à ce que le testament soit exécuté; et ils peuvent, en cas de contestation sur son exécution, intervenir pour en soutenir la validité. Ils doivent, à l'expiration de l'année du décès du testateur, rendre compte de leur gestion. (Id., art. 1031.)

S'il y a plusieurs exécuteurs testamentaires qui aient accepté, un seul peut agir au défaut des autres, et ils sont solidairement responsables du compte du mobilier qui leur a été confié, à moins que le testateur n'ait divisé leurs fonctions, et que chacun d'eux ne se soit renfermé dans celles qui lui étaient attribuées. (C. C., art. 1033.)

Les frais faits par l'exécuteur testamentaire pour l'apposition des scellés, l'inventaire, le compte et les autres frais relatifs à ses fonctions, sont à la charge de la succession. (Id., art. 1034.) — Voy. ENREGISTREMENT, LEGS ET DONATIONS.

Tiers détenteurs. — Nous avons indiqué, au mot DÉPOSITAIRES, les obligations auxquelles les détenteurs de deniers appartenant aux contribuables sont tenus vis-à-vis du Trésor.

Lorsque, au lieu de sommes, un tiers est détenteur de meubles appartenant à un redevable de contributions, ces meubles peuvent être saisis dans ses mains pour assurer le payement de l'impôt. Si le tiers avoue que les meubles dont il s'agit sont la propriété du redevable et les représente, il est procédé sans difficulté à la saisie-exécution. Si, au contraire, le tiers s'oppose à la saisie, le porteur de contraintes se borne alors à faire connaître cette opposition au percepteur, qui examine s'il y a lieu d'assigner le tiers en référé pour faire ordonner qu'il soit passé outre à la saisie. La voie de la saisie-arrêt serait seule ouverte s'il n'avait pas encore été décerné de contraintes contre le redevable. — Voy. POURSUITES.

Le percepteur qui, à un titre quelconque (comme receveur municipal par exemple), se trouve détenteur de sommes appartenant à un redevable de contributions, peut retenir ces sommes jusqu'à concurrence du montant des contributions dues, soit comme compensation, en vertu de l'article 1289 du Code Napoléon, soit par application de l'article 2 de la loi du 12 novembre 1808. — Voy. PRIVILÉGE DU TRÉSOR, RECOUVREMENT.

Timbre. — La contribution du timbre est établie sur tous les papiers destinés aux actes civils, administratifs et judiciaires, et aux écritures qui peuvent être produites en justice et y faire foi, sauf les exceptions nommément exprimées dans la loi. (L. 13 brumaire an VII, art. 1er.)

Sont assujettis au droit de timbre les actes des autorités administratives et des établissements publics portant transmission de propriété, d'usufruit et de jouissance (excepté les actes relatifs aux acquisitions et expropriations pour cause d'utilité publique et ceux faits en vertu de l'article 9 du décret du 26 mars 1852, lesquels sont visés pour timbre gratis); les adjudications ou marchés de toute nature aux enchères, au rabais ou sur soumissions; les cautionnements relatifs à ces actes (L. 15 mai 1818, art. 78); les baux à ferme ou à loyer et, en général, toutes les conventions formant titre entre les communes ou établissements publics et les particuliers.

Sont également soumis au timbre les actes de prestation de serment devant les autorités administratives (L. 27 ventôse an IX, art. 14), à l'exception des actes de serment purement politique et de ceux des préfets, sous-préfets, secrétaires généraux de préfecture, membres du conseil de préfecture, des maires et adjoints, des juges de paix, juges et membres du parquet, des commissaires de police et des membres du corps de la gendarmerie; les registres de l'état civil et ceux tenus pour des objets particuliers et qui n'ont pas rapport à l'administration générale (L. 13 brumaire an VII, art. 12); les commissions d'emploi délivrées en original ou en expédition; les certificats de propriété; les certificats d'avancement ou de réception de travaux; les certificats de vie des pensionnaires ou rentiers viagers, à moins qu'il ne s'agisse de pensionnaires sur fonds de retenue dont l'indigence est constatée; les procès-verbaux d'expertise, les plans, les devis d'ouvrages et entreprises; les obligations, billets à ordre et mandats à échéance ou à vue; les actes de poursuites en matière de contributions directes; les factures et mémoires des marchands, fournisseurs et autres créanciers, enfin les diverses pièces indiquées comme sujettes au timbre dans les tableaux qui font suite à l'article 1542 de l'instruction générale.

Tous les actes administratifs, arrêtés ou décisions non dénommés dans l'article 78 de la loi du 15 mai 1818, et qui ne tombent pas sous l'application de l'article 12 de la loi du 13 brumaire an VII sont exempts du timbre, ainsi que ceux qui en ont été affranchis par les lois spéciales et les règlements particuliers.

Toutefois, aucune expédition ne peut être délivrée aux parties que sur papier timbré, excepté à des individus indigents et à la charge d'en faire mention dans l'expédition. (L. 15 mai 1818, art. 80.)

Sont également exempts du timbre les extraits, copies ou expéditions qui se délivrent par une administration ou un fonctionnaire public à une autre administration ou à un autre fonctionnaire public, lorsqu'il y est fait mention de cette destination. (L. 13 brumaire an VII, art. 16.)

Mais cette disposition n'est pas applicable aux expéditions délivrées dans l'intérêt des communes et des établissements publics, attendu qu'au point de vue de la comptabilité et de la gestion de leurs biens, les communes et les établissements publics ne sont pas des administrations publiques dans l'acception spéciale des termes employés dans l'article de loi précité. (Inst. adm. de l'enreg., n°s 386, § 12, 765 et 1236, § 11.)

Par application du même principe, les actes ou écrits sous signature privée concernant les affaires particulières des communes et des établissements publics sont soumis au timbre comme ceux relatifs aux affaires des particuliers, c'est-à-dire lorsqu'ils doivent ou peuvent faire titre, ou être produits pour obligation, décharge, justification, demande ou défense (Décis. min. des fin., 17 octobre 1809.)

Débite du papier timbré. — La débite du papier timbré est confiée aux receveurs de l'enregistrement et des domaines et, dans certaines localités, à des distributeurs dûment commissionnés.

Les percepteurs résidant dans des communes où il n'existe pas de bureau d'enregistrement peuvent être chargés de débiter des papiers au timbre proportionnel de toutes les espèces et des papiers au timbre de dimension de cinquante centimes et un franc. Il leur est alloué sur le prix des papiers timbrés qu'ils prennent au bureau de l'enregistrement une remise uniforme de deux et demi pour cent. — Voy. PAPIER TIMBRÉ.

Il y a trois sortes de timbres de débite : le timbre de dimension, le timbre proportionnel et le timbre mobile. Le premier est celui qui est tarifé à raison de la dimension du papier; le deuxième est gradué à raison des sommes à exprimer dans les actes auxquels il est destiné, sans égard à la dimension du papier; le troisième est apposé sur les actes ou écrits par les receveurs de l'enregistrement et les autres fonctionnaires spécialement désignés à cet effet et, dans certains cas, par les personnes qui doivent en faire usage.

Timbre de dimension. — Les prix des diverses espèces de papier timbré de dimension sont fixés, savoir : pour la demi-feuille de petit papier, à 50 centimes; pour la feuille de petit papier, à 1 franc; pour la feuille de moyen papier, à 1 franc 50 centimes; pour la feuille de grand papier, à 2 francs, et pour la feuille de grand registre, à 3 francs. (L. 2 juillet 1862, art. 17.)

Sont assujettis au timbre de dimension les actes des autorités administratives qui sont sujets à l'enregistrement, ou qui se délivrent aux particuliers et les expéditions ou extraits des actes, arrêtés ou délibérations desdites autorités, qui sont délivrés aux particuliers; les pétitions et mémoires, même en forme de lettres, présentés au Gouvernement, aux ministres, à toutes les autorités constituées, aux administrations ou établissements publics; les registres des préfectures, sous-préfectures, mairies et établissements publics, tenus pour des objets particuliers et qui n'ont pas de rapport à l'administration générale; les répertoires des secrétaires, les registres des receveurs des droits et des revenus des communes et des établissements publics, sauf les cas d'exemption prévus par la loi; les actes entre particuliers sous signature privée et le double des comptes de recette ou gestion particulière et généralement tous actes et écritures, extraits, copies et expéditions, soit publics, soit privés, devant ou pouvant faire titre ou être produits pour obligation, décharge, justification, demande ou défense. (L. 13 brumaire an VII, art. 12.)

La loi prononce une amende de 20 francs pour chaque acte public ou expédition sujet au timbre de dimension et fait sur papier non timbré ou sur papier frappé des timbres supprimés. A l'égard des actes ou écrits sous signature privée, l'amende est de 50 francs. (L. 13 brumaire an VII, art. 26; 16 juin 1824, art. 2, et 10 juillet 1862, art. 22.)

Pour les minutes et originaux d'actes, ainsi que pour les répertoires et registres sujets au timbre de dimension, on peut employer indifféremment l'une ou l'autre sorte de papier frappé du timbre de dimension, quel que soit l'usage auquel on le destine.

Mais les expéditions des actes retenus en minute ou de ceux déposés ou annexés ne peuvent, quand elles sont sujettes au timbre, être délivrées sur papier timbré d'un format inférieur à celui appelé moyen papier, dont le prix est de 1 franc 50 centimes. (L. 13 brumaire an VII, art. 19, et 28 avril 1816, art. 63), sous peine de 10 francs d'amende.

Les papiers employés aux expéditions ne peuvent contenir, compensation faite d'une feuille à l'autre, savoir : plus de vingt-cinq lignes par page de moyen papier (à 1 fr. 50 c. la feuille), plus de trente lignes par page de grand papier (à 2 fr.), plus de trente-cinq lignes par page de grand registre (à 3 fr.) (L. 13 brumaire an VII, art. 20), sous peine de 5 francs d'amende.

Quant aux minutes des actes administratifs, aucune disposition de loi ne limite le nombre des lignes qui peuvent être écrites sur les papiers timbrés employés à leur rédaction.

Les formules de patentes avaient été soumises au timbre de dimension par l'article 21 de la loi du 1er brumaire an VII. Elles sont aujourd'hui affranchies du droit de timbre, en vertu de l'article 12 de la loi du 4 juin 1858, qui, en remplacement de ce droit, a ajouté 4 centimes additionnels à la contribution des patentes.

Timbre proportionnel. — Les prix des papiers frappés du timbre proportionnel, lesquels sont destinés aux billets et obligations négociables ou non négociables, aux lettres de change, mandats à vue ou à terme et tous autres effets négociables ou de commerce, sont fixés, savoir : à 5 centimes pour les effets de 100 francs et au-dessous, 10 centimes pour ceux de 100 à 200 francs, 15 centimes pour ceux de 200 à 300 francs, 20 centimes pour ceux de 300 à 400 francs, 25 centimes pour ceux de 400 à 500 francs, 50 centimes pour ceux de 500 à 1,000 francs, et 50 centimes par 1,000 francs, sans fraction, pour les effets au-dessus de 1,000 francs indéfiniment. (L. 5 juin 1850, art. 1er.)

En cas de contravention, le souscripteur, l'accepteur, le bénéficiaire ou le premier endosseur d'un effet non timbré, sont passibles chacun d'une amende de 6 p. 0/0. (Id., art. 4.)

Timbre mobile. — L'emploi des timbres mobiles est autorisé pour les actes et écrits sujets au timbre de dimension, mais seulement dans le cas où ils sont de nature à être visés pour timbre (L. 24 juillet 1862, art. 24); pour les effets de commerce venant, soit de l'étranger, soit des îles ou des colonies dans lesquelles le timbre n'est pas encore établi et qui sont payables à terme (L. 11 juin 1859, art. 19); pour les titres de rente, emprunts et autres effets publics des gouvernements étrangers (L. 13 mai 1863, art. 6).

Le droit de timbre des titres ou effets publics étrangers est fixé à 50 centimes par 100 francs ou fraction de 100 francs du montant de leur valeur nominale. Pour les autres actes et effets, il est réglé conformément aux tarifs des papiers timbrés proportionnels ou de dimension, suivant leur nature.

La création des timbres mobiles n'a pas exclu l'usage du visa pour timbre pour les actes dont il s'agit. On peut donc employer l'un ou l'autre de ces modes de timbrage. Toutefois, l'instruction de l'administration de l'enregistrement du 10 septembre 1863 (nº 2260) dispose que la formalité du visa pour timbre, pour les papiers de dimension, sera remplacée, sans exception, par l'apposition des timbres mobiles.

Sont considérés comme non timbrés : 1º les actes ou écrits sur lesquels le timbre mobile a été apposé sans l'accomplissement des conditions prescrites ou sur lesquels a été apposé un timbre ayant déjà servi ; 2º les actes ou écrits sur lesquels un timbre mobile a été apposé en dehors des cas pour lesquels il est autorisé. (L. 2 juillet 1862, art. 27.)

Les timbres mobiles établis par l'article 24 de la loi du 2 juillet 1862 sont apposés et annulés immédiatement au moyen d'une griffe, soit par les receveurs de l'enregistrement, soit par les fonctionnaires désignés à cet effet par le ministre des finances pour suppléer ces préposés. (D. 29 octobre 1862.)

Par arrêté du 20 juillet 1863, le ministre des finances a autorisé à apposer des timbres mobiles sur les quittances et récépissés qu'ils délivrent et sur les acquits et quittances qui leur sont donnés en leur qualité : 1º le caissier payeur central, les sous-caissiers et sous-payeurs du Trésor ; 2º les payeurs du Trésor dans les départements ; 3º les caissiers et caissiers adjoints de la caisse des dépôts et consignations ; 4º les receveurs généraux et particuliers des finances ; 5º les percepteurs ; 6º les receveurs municipaux ; 7º les receveurs des établissements de bienfaisance ; 8º ceux des asiles d'aliénés et des dépôts de mendicité ; 9º les secrétaires agents comptables d'établissements d'enseignement supérieur.

L'arrêté ajoute que l'application des timbres mobiles sur tous actes ou écrits autres que ceux désignés ci-dessus est expressément interdite à ces fonctionnaires.

Ainsi, pour les actes et écrits qui étaient précédemment soumis au visa pour timbre, autres que les quittances et récépissés, l'apposition et l'oblitération des timbres mobiles doivent être faites exclusivement par les receveurs de l'enregistrement.

Les fonctionnaires ci-dessus désignés doivent prendre dans les bureaux de l'enregistrement les timbres mobiles qui leur sont nécessaires. Ils en payent le prix comptant et les comprennent comme numéraire dans leurs situations de caisse. (Arrêté du 20 juillet 1863, art. 4.)

Les infractions aux dispositions de l'article 1er du décret du 29 octobre 1862 et à celles de l'arrêté du 20 juillet 1863 peuvent donner lieu, indépendamment des amendes et de la responsabilité édictées en cas de contravention, à l'application des peines disciplinaires autorisées par les lois et règlements. (Id., art. 5.)

Les frais d'achat et d'entretien des griffes et des tampons, ceux de fourniture de l'encre grasse et toutes autres dépenses relatives à l'oblitération des timbres mobiles sont à la charge des receveurs de l'enregistrement, des domaines et du timbre et des fonctionnaires autorisés à les suppléer. (Id., art. 6.)

Les actes et écrits que les receveurs de l'enregistrement étaient autorisés à viser pour timbre, et sur lesquels ils doivent désormais apposer les timbres mobiles, sont : 1° les mandats de payement délivrés par les maires et autres ordonnateurs, avant qu'ils soient revêtus de l'acquit des parties prenantes (Inst. n° 1398, § 5) ; 2° les formules imprimées destinées à la rédaction des factures et mémoires des marchands, fournisseurs et autres créanciers, mais avant qu'il en soit fait usage (Inst. nos 1286, 1307, § 14, et 1391); 3° les formules relatives aux rôles d'affouage (Décis. min. des fin., 20 avril 1854) ; 4° les doubles des comptes des receveurs des communes et des établissements publics (Décis. min. des fin., 14 mai 1819 et 14 août 1825) ; 5° les plans et devis relatifs aux travaux des communes et des établissements publics (Inst. n° 1929, § 7) ; 6° les formules destinées à la rédaction des certificats d'avancement ou de réception de travaux de chemins vicinaux et les formules de certificats d'architectes relatifs à des travaux de toute nature exécutés pour le compte des communes et des établissements publics (Décis. min. des fin., 21 janvier et 19 août 1857) ; 7° les actes ou expéditions d'actes passés en pays étrangers dont il doit être fait usage en France (L. 13 brumaire an VII, art. 13); 8° les commissions des employés et fonctionnaires (I. G., art. 1236) ; 9° les formules destinées aux expéditions d'arrêtés portant permission de voirie. (Inst. n° 2181, §2.)

Quant aux fonctionnaires désignés dans l'arrêté ministériel du 20 juillet 1863, ils peuvent apposer les timbres mobiles seulement sur les quittances et récépissés par eux délivrés ou qui leur sont donnés en leur qualité. Cette disposition s'applique notamment aux mandats de payement dont ils ont à acquitter le montant. Mais elle ne s'étend pas aux factures, mémoires et autres pièces produites à l'appui des recettes et des dépenses qui figurent dans leurs comptes. Ces dernières pièces doivent être, comme par le passé, présentées au bureau de l'enregistrement pour être revêtues du timbre mobile.

Timbre à l'extraordinaire. — Le timbre à l'extraordinaire est de trois sortes : le timbre de dimension, le timbre proportionnel et le timbre d'abonnement. Les deux premiers participent de la nature des deux premières espèces de timbre de débite mentionnées plus haut. Quant au troisième, il s'applique, moyennant un droit d'abonnement préalablement fixé et acquitté, à tous les actes que cet abonnement concerne, sans égard au nombre ou à la dimension de ces actes, ni aux sommes qui y sont ou doivent y être portées.

L'application du timbre à l'extraordinaire a lieu au bureau du timbre établi au chef-lieu du département près de chaque direction, et, à Paris, à l'atelier général du timbre. Dans les bureaux autres que ceux du chef-lieu du département, la formalité du timbre extraordinaire est remplacée, mais seulement pour des cas spéciaux, par celle du visa pour timbre ou l'apposition de timbres mobiles.

Les particuliers et les administrations publiques qui veulent se servir de papiers autres que ceux débités par l'administration sont admis à ...

faire timbrer avant d'en faire usage. Si les papiers sont de dimensions différentes de celles des papiers timbrés de débite, le timbre, quant au droit établi en raison de la dimension, est payé au prix du format supérieur. (L. 13 brumaire an VII, art. 7.)

L'application du timbre extraordinaire a lieu, spécialement, pour les actes et écrits ci-après désignés, savoir : les actes des administrations et établissements publics et les expéditions qui en sont délivrées ; les formules imprimées pour les actes et pièces autres que ceux sur lesquels le timbre mobile peut être apposé, concernant la comptabilité de l'État, des départements, des communes et des établissements publics (Inst. n°s 1286, 1307, § 14, et 1391) ; les imprimés de formules d'actes de poursuites concernant les contributions directes (I. G., art. 106); les formules imprimées destinées à la rédaction des procès-verbaux, actes de poursuites et transactions en matière de droits d'octroi (Inst. n° 1249, § 11) ; les affiches sujettes au timbre (L. 15 mai 1818, art. 76); les formules imprimées pour lettres de voiture et connaissements (Inst. n° 1676); les récépissés que les compagnies de chemins de fer sont tenues de délivrer aux expéditeurs, lorsque ces derniers ne demandent pas de lettres de voiture (L. 13 mai 1863, art. 10) ; les traites remises aux receveurs généraux des finances en payement des prix des adjudications de coupes de bois de l'État, des communes et des établissements publics (Inst. n°s 2181, § 8, et 2187, § 5) ; les titres d'obligations souscrits par les départements, communes, établissements publics et compagnies, sous quelque dénomination que ce soit, dont la cession, pour être parfaite à l'égard des tiers, n'est pas soumise aux dispositions de l'article 1690 du Code Napoléon (L. 5 juin 1850, art. 27).

Obligations négociables des départements, communes, etc. — Les titres d'obligations souscrits à compter du 1er janvier 1851 par les départements, communes et établissements publics et compagnies, sont assujettis au timbre proportionnel de 1 p. 0/0 du montant du titre. Ce droit doit être payé avant l'émission des titres ; l'avance est faite par les départements, communes, établissements publics et compagnies (L. 5 juin 1850, art. 27). La perception suit les sommes de 20 francs en 20 francs inclusivement et sans fraction. Les droits sont acquittés au comptant entre les mains du receveur du timbre extraordinaire au chef-lieu du département, à qui sont remises en même temps les feuilles destinées aux titres d'obligations négociables pour être envoyées à l'atelier général du timbre à Paris, où elles sont timbrées sur la souche et sur le talon (Inst. n° 1873).

Conformément à l'article 28 de la loi du 5 juin 1850, les titres sont tirés d'un registre souche, lequel doit être communiqué aux préposés de l'enregistrement, sous peine de dix francs d'amende en cas de refus.

L'amende pour contravention à l'article 27 de ladite loi est de 10 pour cent du montant du titre (art. 29). Les titres souscrits avant le janvier 1851 ont dû être visés pour timbre dans les six mois de la promulgation de la loi, sous peine de l'amende de dix pour cent (article 30).

Les départements, communes et établissements publics peuvent s'affranchir des obligations imposées par les articles 27 et 30, en contractant avec l'État un abonnement pour toute la durée des titres (art. 31). Le droit d'abonnement annuel est de 5 centimes par 100 francs du montant de chaque titre (même article). La perception suit les sommes et valeurs de 20 francs en 20 francs inclusivement et sans fraction. (Inst. nº 1873.)

La faculté de l'abonnement s'étend aux titres souscrits pour intérêts des capitaux empruntés, et le droit se liquide comme à l'égard des obligations représentant les capitaux eux-mêmes. (Inst. nº 2003, § 7.)

Il résulte de l'article 31 de la loi du 5 juin 1850 que les droits doivent être liquidés pour le montant et la durée de chaque titre, et non sur le total de toutes les sommes sans distinction. Les titres une fois éteints ne devant plus, dès-lors, supporter de droit, la taxe d'abonnement décroît au fur et à mesure de l'extinction des titres. (Sol. adm. de l'enreg., 16 novembre 1854.)

La déclaration d'abonnement doit être passée par le représentant légal du département, de la commune ou de l'établissement public, au bureau de l'enregistrement où est le siége de l'administration ou de l'établissement. Elle est souscrite sur le registre de recette des droits de timbre. (Inst. nº 1854). La déclaration doit mentionner la loi ou le décret qui a autorisé l'emprunt et contenir le détail de tous les titres, tant pour le principal que pour les intérêts, avec l'indication de la durée de chacun d'eux.

Le payement du droit d'abonnement est fait à la fin de chaque trimestre au bureau de l'enregistrement du lieu où les départements, communes et établissements publics ont le siége de leur administration. (L. 5 juin 1850, art. 31.)

Le timbre spécial d'abonnement est appliqué sur la souche et le talon des titres au chef-lieu du département où l'abonnement a été souscrit. La formalité ne peut être donnée qu'après la souscription de l'abonnement. (Inst. nº 1873.)

Au moyen du payement du droit d'un pour cent ou du droit d'abonnement, la cession du titre de l'obligation est exempte de tout droit et de toute formalité d'enregistrement. (L. 5 juin 1850, art 15.)

Visa pour timbre. — La formalité du visa pour timbre est donnée dans tous les bureaux d'enregistrement autres que ceux du timbre extraordinaire. Elle est restreinte aux cas particuliers pour lesquels elle a été admise exceptionnellement. (Inst. nº 1072.)

Sont admis au visa pour timbre, moyennant le payement des droits *au comptant* : 1º les actes et écrits faits en contravention des dispositions de la loi (à la charge de payer les droits et les amendes exigibles); 2º les effets négociables au-dessus de vingt mille francs. (L. 13 brumaire an VII, art. 11) ; 3° les billets et effets à présenter à la formalité dans les quinze jours de leur date, et, dans tous les cas, avant d'être négociés. (L. 5 juin 1850, art. 2.)

La formalité du visa pour timbre au comptant avait également été autorisée pour plusieurs espèces d'actes et écrits sujets au timbre de dimension. Elle est aujourd'hui remplacée par l'apposition des timbres mobiles.

En règle générale, les actes qui sont de nature à être *visés pour timbre en débet* peuvent n'être soumis à cette formalité qu'après leur rédaction, en même temps qu'ils sont présentés à l'enregistrement.

Sont admis au visa pour timbre en débet, sous la condition que le droit de timbre sera payé en même temps que celui d'enregistrement au moment de cette formalité : 1° les actes d'acquisition et d'échange concernant les chemins vicinaux, qui ne tombent pas sous l'application de la loi du 3 mai 1841 (Inst. n° 1755, § 17); 2° les papiers destinés aux adjudications dans tous les cas où il est stipulé qu'elles ne seront définitives qu'après avoir été approuvées par l'autorité supérieure (I. G., art. 1016); 3° les formules des procès-verbaux d'adjudication des coupes de bois de l'État, des communes et des établissements publics, ainsi que celles destinées aux ventes des produits accessoires (Décis. min. fin., 28 janvier 1832; 9 février 1836 et 16 octobre 1838).

Doivent être *visés pour timbre gratis* : 1° les actes relatifs aux acquisitions faites pour le compte de l'État, lorsque les frais doivent être supportés par le Trésor (Inst. n°s 1303, § 16; 1502 et 1678) ; 2° les actes d'acquisition de terrains pour la construction, l'alignement ou le prolongement des routes départementales (Inst. n°s 1249, § 1er ; 1303, § 16, 1460 et 1502); 3° les plans, procès-verbaux, certificats, significations, jugements, contrats, quittances et autres actes faits en vertu de la loi sur l'expropriation pour cause d'utilité publique (L. 3 mai 1841, art. 58). — Voy. ENREGISTREMENT.

Exemption du timbre. — Les actes et expéditions qui sont affranchis du timbre peuvent être énoncés dans des actes publics, signifiés et produits en justice ou ailleurs, sans qu'il soit nécessaire de les soumettre au timbre extraordinaire ou au visa pour timbre avant d'en faire usage. (Décis. min. des fin., 18 germinal an IX.)

Sont exempts du droit et de la formalité du timbre :

1° Les actes du Corps législatif et ceux du Gouvernement ; les minutes de tous les actes, arrêtés, décisions et délibérations de l'administration publique en général, de tous les établissements publics, dans tous les cas où aucun de ces actes n'est sujet à l'enregistrement (L. 13 brumaire an VII, art. 12) ;

2° Les inscriptions sur le grand-livre de la dette publique et les effets publics (Id.) ;

3° Les comptes rendus par les comptables publics, les doubles, autres que celui du comptable, de chaque compte de recette ou gestion particulière et privée (L. 13 brumaire an VII, art. 12);

4° Les quittances de traitements et émoluments de fonctionnaires ou employés de l'État (Id.);

5° Les quittances de traitements payés par les départements (Décis. min. des fin., 15 octobre 1858);

6° Les états et quittances de traitements ou remises d'employés des communes et des établissements publics, lorsque les traitements ou remises ne s'élèvent pas à plus de 300 francs par an (I. G., art. 631 et 1009);

7° Les récépissés délivrés aux percepteurs et receveurs de deniers publics; les quittances que les percepteurs des contributions directes peuvent délivrer aux contribuables, celles des contributions indirectes qui s'expédient sur les actes et celles de toutes les autres contributions qui se délivrent sur feuilles particulières et qui n'excèdent pas dix francs (L. 13 brumaire an VII, art. 16);

8° Les quittances de secours payés aux indigents et des indemnités payées pour incendies, inondations, épizooties et autres cas fortuits (Id.);

9° Les quittances, même celles entre particuliers, pour créances, ou sommes non excédant dix francs, quand il ne s'agit pas d'un à-compte ou d'une quittance finale sur une plus forte somme (Id.);

10° Les états, rôles de recouvrement et quittances concernant les contributions directes, les prestations pour les chemins vicinaux, la rétribution scolaire, la taxe municipale sur les chiens, les taxes pour travaux de curage des canaux et rivières et entretien des digues, celles relatives au desséchement des marais; les rôles établis pour la distribution des secours à domicile;

11° Les états, expéditions et certificats produits par les receveurs des communes et des établissements publics pour l'ordre de la comptabilité et ceux concernant les personnes indigentes (Inst. n°s 1447, 1752 et 2003, § 5);

12° Les registres des administrations et des établissements publics, pour ordre et administration générale, et ceux des receveurs des contributions et autres préposés publics (L. 13 brumaire an VII, art. 16);

13° Les registres et livrets des caisses d'épargne (L. 5 juin 1835, art. 9);

14° Les certificats, actes de notoriété et autres pièces relatives à l'exécution de la loi du 18 juin 1850, constitutive d'une caisse de retraite pour la vieillesse (Inst. n° 1960, § 2);

15° Les réclamations en matière de contributions directes ayant pour objet une cote moindre de 30 francs (L. 21 avril 1832, art. 28);

16° Les formules de patentes (L. 4 juin 1858, art. 12);

17° Les affiches apposées par ordre de l'autorité publique pour l'intérêt général ou l'exécution des règlements de police; celles apposées pour an nonces des adjudications de travaux sur les routes départementales ou des ventes de coupes de bois de l'État, des communes et des établissements publics ; celles annonçant des foires et fêtes patronales et, enfin, l'affiche manuscrite apposée pour annoncer la location ou la vente de la maison même où l'affiche est placée. (Décis. min. des fin., 7 brumaire an VI, 28 mai 1819 et 15 janvier 1845.)

Il n'entre pas dans le plan de cet ouvrage de donner ici la nomenclature détaillée de tous les actes et pièces de comptabilité qui ont été affranchis du timbre par un grand nombre de décisions spéciales, non plus que celle des pièces et documents qui ont été reconnus passibles des droits de timbre. Nous avons dû nous borner à exposer les règles générales et à énoncer les décisions les plus importantes. Au reste, la matière a été traitée aux différents articles du présent Dictionnaire et nous ne pouvons qu'y renvoyer pour la solution des questions qui s'y rapportent. On pourra aussi consulter, pour plus amples détails, le *Dictionnaire du timbre et de l'enregistrement*, par M. Sollier.

Payement des droits et amendes de timbre. — Lorsque les communes et établissements publics n'ont pas pris les mesures convenables pour faire payer les frais de timbre par qui de droit, elles doivent faire porter ces frais dans les budgets comme les autres frais d'administration, l'article 1248 du Code Napoléon mettant les frais de payement à la charge du débiteur. (I. G., art. 1017.)

Les frais de timbre du journal général ou du livre des comptes divers sont à la charge des communes, et ces frais sont compris ordinairement dans la nomenclature des cotisations municipales. Les droits de timbre des registres des établissements de bienfaisance sont également supportés par ces établissements. (Décis. min. des fin., 1er avril 1843.) — Voy. FRAIS DE TIMBRE.

Le prix du timbre des quittances est à la charge de la partie versante ; si elle se refuse à le payer, la quittance est biffée sans être détachée du livre à souche, et il n'est fourni aucun reçu, ni quittance à la partie versante. (I. G., art. 847.) — Voy. QUITTANCES.

Sont solidaires, pour le payement des droits de timbre et des amendes, tous les signataires pour les actes synallagmatiques; les prêteurs et les emprunteurs, pour les obligations; les créanciers et les débiteurs, pour les quittances. (L. 28 avril 1816, art. 75.)

En cas de décès des contrevenants, les droits et amendes de timbre sont dus par leurs héritiers et jouissent, soit dans les successions, soit dans les faillites, du privilége des contributions directes. (L. 28 avril 1816, art. 76.)

Responsabilité des comptables. — Les receveurs des communes et des établissements publics sont responsables des droits et amendes de timbre dus à raison des pièces jointes aux comptes de leur gestion. (Décis. min. des fin., 24 mai 1819.)

A l'égard des droits de timbre, dont ils sont tenus de faire l'avance par suite de la solidarité établie par l'article 75 de la loi du 28 avril 1816, ils ont leur recours contre les communes, les établissements publics ou les particuliers qui les doivent, d'après l'article 1248 du Code Napoléon (Décis. min. des fin., 16 février 1835.)

La contravention résultant de ce que la copie d'un acte produite à l'appui des comptes de gestion d'un receveur municipal a été délivrée par un maire sur papier non timbré ne doit pas être relevée contre le receveur municipal, mais contre le maire. (Délibération de l'adm. de l'enreg., 11 juin 1852, et Sol. 20 janvier 1857.)

Les secrétaires généraux des préfectures, les sous-préfets, les maires et adjoints sont personnellement responsables des contraventions aux lois sur le timbre que renferment les actes par eux rédigés et les expéditions par eux délivrées. (Décis. min. des fin., 9 septembre 1806.)

Dispositions diverses. — Aucune personne ne peut vendre ou distribuer du papier timbré qu'en vertu d'une commission de l'administration de l'enregistrement, sous peine d'amende (20 francs). Le papier saisi chez ceux qui s'en permettent le commerce est confisqué au profit de l'État. (L. 13 brumaire an VII, art. 27.)

L'empreinte du timbre ne peut être couverte d'écriture ni altérée (Id., art. 21), sous peine d'une amende de 5 francs. Cette disposition s'applique aussi bien au timbre sec qu'au timbre noir (Arrêt de cass., 4 juillet 1815). Mais le revers des empreintes peut être couvert d'écriture sans qu'il y ait contravention (Décis. min. des fin., 16 juin 1807).

Le papier timbré qui a été employé à un acte quelconque ne peut plus servir à un autre acte, quand même le premier n'aurait pas été achevé (L. 13 brumaire an VII, art. 22), sous peine de 5 francs d'amende pour un acte sous signature privée et de 20 francs pour un acte public ou une expédition authentique.

Ceux qui, dans une intention frauduleuse, ont altéré, employé, vendu ou tenté de vendre des papiers timbrés ayant déjà servi, sont poursuivis devant le tribunal correctionnel et punis d'une amende de 50 francs à 1,000 francs. En cas de récidive, la peine est d'un emprisonnement de cinq jours à un mois et l'amende est doublée. Il peut être fait application de l'article 463 du Code pénal. (L. 2 juillet 1862, art. 21.)

Il ne peut être fait ni expédié deux actes à la suite l'un de l'autre sur la même feuille de papier timbré. Sont exceptées les ratifications des actes faits en l'absence des parties, les quittances de prix de ventes et celles de remboursement de contrats de constitution ou d'obligation (L. 13 brumaire an VII, art. 23). En cas de contravention, l'amende est de 5 francs, si le contrevenant est un simple particulier, et de 20 francs, s'il est officier ou fonctionnaire public.

Il peut être donné plusieurs quittances sur une même feuille de papier timbré pour à-compte d'une seule et même créance ou d'un seul terme de fermage. Hors ce cas, toutes quittances qui sont données à la suite d'une autre, sur une même feuille de papier timbré, n'ont pas plus d'effet que si elles étaient sur papier non timbré. Cette règle est applicable au cas où les quittances sont données sur un état d'émargement. Il n'y a d'exception qu'en ce qui concerne l'état des traitements des employés des administrations municipales qui est annexé comme pièce justificative à un mandat de payement collectif. (I. G., art. 1011.)

L'acquit d'un payement peut être mis à la suite du mandat qui l'autorise. (Décis. min. des fin., 11 février 1806.)

La faculté de rédiger un acte à la suite d'un autre subsiste, nonobstant les changements de timbre. (Décis. min. des fin., 4 brumaire an XI.)

Il est défendu aux administrations publiques de rendre aucun arrêté sur un acte, registre ou effet de commerce non écrit sur papier timbré, du timbre prescrit, ou non visé pour timbre (L. 13 brumaire an VII, art. 24), sous peine de 20 francs d'amende, outre le payement des droits de timbre.

Il est interdit à toutes personnes, à toutes sociétés, à tous établissements publics d'encaisser ou de faire encaisser, pour leur compte ou pour le compte d'autrui, même sans leur acquit, des effets de commerce ou billets non timbrés ou non visés pour timbre, sous peine d'une amende de six pour cent. (L. 5 juin 1850, art. 7.)

Prescription. — Les droits de timbre ne sont soumis qu'à la prescription de trente ans. (Inst. nº 1187, §§ 10 et 1721.)

La prescription de deux ans est applicable aux amendes en matière de contraventions aux lois sur le timbre (L. 16 juin 1824, art. 14). Elle court, non du jour où les préposés ont pu rechercher ces contraventions, mais du jour où ils ont été mis à même de les constater au vu des pièces qui les renfermaient. (Arrêt de cass., du 2 janvier 1856.)

Décime. — Les droits de timbre sont affranchis du décime (L. 24 mai 1834, art. 18). Mais les amendes de timbre y sont assujetties par la loi du 6 prairial an VII, art. 1er, et par les lois subséquentes. Elles ont même, comme les droits et les amendes d'enregistrement, été soumises à la perception d'un second décime par les lois de finances des 2 juillet et 13 mai 1863, et cette perception doit, aux termes de la dernière de ces lois, être faite jusqu'à la fin de l'année 1864. — Voy. ENREGISTREMENT, FEUILLES DE PASSE-PORTS, PASSE-PORTS A L'ÉTRANGER, PERMIS DE CHASSE.

Timbre mobile. — Voy. TIMBRE.

Titres de recettes et de dépenses. — Les percepteurs ne peuvent exiger aucune somme des contribuables, soit sur les contributions directes, soit sur les diverses taxes assimilées à ces contributions, s'ils ne sont porteurs d'un rôle rendu exécutoire par le préfet et publié par le maire dans chaque commune. (I. G., art. 70.)

Les receveurs des communes et des établissements de bienfaisance doivent recevoir, indépendamment des budgets, une expédition en forme de tous les baux, contrats, jugements, déclarations, titres nouvels et autres rôles d'impositions, taxes et cotisations locales concernant les revenus dont la perception leur est confiée, et ils sont autorisés à demander, au besoin, que les originaux de ces divers actes déposés aux archives des mairies ou des établissements de bienfaisance leur soient remis sur leur récépissé. (I. G., art. 822 et 1051.)

Une exception à cette règle existe cependant, dans la pratique, en ce qui concerne les inscriptions de rentes sur l'État. C'est aux receveurs, en général, qu'est confiée, sous leur responsabilité, la garde de ces titres. Mais si les administrateurs locaux préféraient les conserver, les receveurs ne pourraient refuser de les leur remettre. — *Mém.* 1859, p. 264.

Les rôles des contributions directes ne parviennent aux percepteurs que par l'entremise des receveurs des finances.

Les rôles d'impositions, taxes et cotisations locales, concernant le service des communes et établissements de bienfaisance, sont également adressés par les préfets, après qu'ils les ont rendus exécutoires, aux receveurs des finances, qui les transmettent aux receveurs chargés d'en effectuer le recouvrement.

La même marche est suivie pour la transmission, aux receveurs des communes et établissements, des budgets et autorisations de dépenses, des baux, actes et tous autres titres de recettes.

Les directeurs de l'enregistrement et les inspecteurs de postes adressent aux préfets, pour être transmis aux receveurs des finances, tous les mandats, états ou autres pièces en vertu desquels les comptables de ces administrations ont des payements à faire aux receveurs des communes et des établissements de bienfaisance.

Les conservateurs des forêts agissent de même pour les procès-verbaux de vente des produits accessoires des bois des communes et des établissements.

Les préfets donnent avis aux maires des communes de l'envoi de ces divers documents.

Toutefois, les baux, les procès-verbaux d'adjudication et les autres titres de recettes, qui doivent être soumis à la formalité de l'enregistrement par les soins des maires et dans des délais déterminés, ne sont remis aux receveurs des finances qu'en copies, sur papier libre, dûment certifiées; les originaux sont envoyés directement aux maires.

Au nombre des sommes à recouvrer par les receveurs municipaux peuvent se trouver des secours qui seraient accordés aux communes ou établissements de bienfaisance, sur les fonds de l'État ou des départements, et pour lesquels les préfets délivrent, au nom de ces receveurs, des mandats à toucher aux caisses des payeurs. Ces mandats, faisant partie des titres de recettes qui concernent le service des communes et établissements, sont soumis au mode de transmission réglé ci-dessus.

Il en est de même des mandats délivrés par les intendants militaires, au profit des receveurs d'hospices, pour les dépenses de journées d'hôpitaux payables sur les crédits du ministère de la guerre ; ainsi que des mandats délivrés au nom des percepteurs receveurs municipaux, sur le crédit affecté, dans le budget du ministère de l'agriculture et du commerce, aux indemnités de pertes résultant de grêle, incendie, etc.

Les receveurs des finances doivent réclamer la remise des budgets, rôles et titres de recettes de différentes natures, lorsqu'ils reconnaissent que cette remise n'est pas faite en temps utile. (I. G., art. 1288.)

Les receveurs municipaux et d'établissements, à qui des titres de perception parviendraient par une voie autre que celle qui vient d'être indiquée, et sans être revêtus du visa ou du cachet du receveur des finances, devraient, en en donnant avis à ce receveur, les renvoyer aux fonctionnaires qui les leur auraient adressés. Les receveurs des finances doivent, lors des vérifications de la comptabilité de leurs subordonnés, s'assurer que ceux-ci se conforment à cette prescription. (I. G., art. 1289.)

L'obligation des receveurs municipaux et hospitaliers, de renvoyer aux fonctionnaires qui les leur auraient adressés les titres transmis autrement que par la voie hiérarchique, a pour sanction l'emploi de mesures disciplinaires à l'égard des comptables qui y manqueraient, et l'administration a déjà eu l'occasion d'en faire l'application dans maintes circonstances. (Circ. compt. gén., 20 juillet 1863. — *Mém.* p. 255.)

On a vu plus haut que les actes soumis à l'enregistrement ne sont pas communiqués en originaux aux receveurs des finances, mais qu'il leur est adressé des copies de ces actes sur papier libre, lesquelles, après avoir été visées par le comptable supérieur, sont transmises au receveur municipal ou hospitalier. Si ce dernier receveur avait besoin, cependant, de l'expédition authentique, il la demanderait au maire ou à l'administration charitable. — *Mém.* 1862, p. 67.

Les dispositions ci-dessus rappelées concernant la transmission des titres de recettes et de dépenses par l'intermédiaire des receveurs des finances doivent être rigoureusement observées, aussi bien lorsque le service municipal ou hospitalier est confié à un receveur spécial que lorsqu'il est entre les mains d'un percepteur. (I. G., art. 1233.)

En général, les receveurs ne peuvent recevoir aucune somme pour le compte des communes et des établissements de bienfaisance sans être nantis d'un titre régulier, même lorsqu'ils savent que ce titre existe. Toutefois, lorsqu'il s'agit de recettes accidentelles et variables, c'est-à-dire de produits qui, par leur nature même, ne peuvent résulter d'un titre préexistant, tels que dons, aumônes, quêtes, journées de malades dans les hôpitaux, etc., les receveurs municipaux ou les receveurs spéciaux des établissements sont, par exception, autorisés à les encaisser, sous la condition d'en informer immédiatement leur supérieur, et de se faire délivrer, comme titres de recette, des états certifiés par les maires. Un double de cet état est transmis directement par le maire au sous-préfet, qui le fait parvenir, sans retard, au receveur des finances. (Circ. compt. gén., 15 novembre 1861. — *Mém.* p. 333.)

Les maires et les receveurs des finances sont autorisés à correspondre entre eux en franchise sous bande pour la transmission régulière et hiérarchique des titres de perception. (Circ. compt. gén., 25 juin 1863. — *Mém.* p. 262.)

Pour assurer la rentrée exacte des produits et le payement régulier des dépenses, les receveurs des communes et des établissements de bienfaisance doivent tenir un carnet (*modèle n°* 303), sur lequel ils enregistrent avec détail : 1° en ce qui concerne la recette, tous les titres de perception qui leur parviennent ; 2° en ce qui concerne la dépense, les divers renseignements dont ils ont besoin, quand les payements doivent se prolonger pendant plusieurs années, pour s'assurer que les ordonnancements n'excèdent pas la somme due.

Les comptables doivent de plus annexer à chaque titre de recette une note de renseignements (*modèle n°* 304) qui en résume la teneur. (I. G., art. 1503.) — Voy. COMPTE DE GESTION, POURSUITES, RECOUVREMENT.

Titres nouvels. — Les titres de rentes ou d'obligations, ainsi que toutes autres actions, tant réelles que personnelles, se prescrivent par trente ans. Après vingt-huit ans de la date du dernier titre, le débiteur d'une rente peut être contraint à fournir à ses frais un titre nouvel à son créancier ou à ses ayants cause. (C. N., art. 2262 et 2263.)

Les titres consentis par des particuliers au profit des communes et établissements de bienfaisance, en renouvellement d'actes anciens non prescrits, sont régis par le droit commun; il ne saurait y avoir lieu à les soumettre à l'approbation préfectorale, à moins que les titres nouveaux ne dussent déroger aux anciennes conditions. — *Mém.* 1861, p. 129. — Voy. PRESCRIPTION, RENTES SUR PARTICULIERS.

Tourbières. — Lieux d'où l'on extrait de la tourbe.

Les propriétaires de tourbières, qui veulent en entreprendre l'exploitation, doivent faire préalablement leur déclaration à la sous-préfecture, et obtenir l'autorisation d'exploiter, qui est délivrée par le préfet, sur l'avis de l'ingénieur des mines. (L. 21 avril 1810, art. 84.)

Des règlements d'administration publique déterminent la direction générale des travaux d'exploitation dans le terrain où sont situées les tourbes, celle des rigoles de desséchement, enfin toutes mesures propres à faciliter l'écoulement des eaux dans les vallées, et l'atterrissement des entailles tourbées. Les propriétaires exploitants, soit particuliers, soit communautés d'habitants, soit établissements publics, sont tenus de s'y conformer, à peine d'être contraints à cesser leurs travaux. Les ingénieurs des mines dirigent et surveillent les travaux concernant l'extraction des tourbes et l'assainissement des terrains. (Id., art. 39, 85 et 86.)

Pour les travaux d'exploitation exécutés pour le compte des communes, ou d'associations territoriales, les honoraires dus aux ingénieurs des mines sont réglés à raison de 50 centimes par piles de tourbes sèches de dix mètres cubes. Dans le cas où les terrains tourbeux sont vendus par adjudication ou autrement au profit des communes ou associations territoriales, sur devis estimatif dressé par les ingénieurs des mines, les ingénieurs qui ont procédé à la reconnaissance, à l'emparquement des terrains et au devis estimatif reçoivent 2 p. 0/0 du produit de la vente, lorsque le montant ne dépasse pas 10,000 francs. Si ce produit est plus élevé, il est alloué aux ingénieurs 2 p. 0/0 pour les dix premiers 1,000 francs et 1 p. 0/0 pour le surplus. (D. 10 mai 1854, art. 6.)

Ces honoraires peuvent être remplacés par des abonnements consentis par les communes ou associations propriétaires. Mais ces abonnements ne doivent pas excéder une somme équivalente à la rémunération de 30 centimes par pile de tourbes sèches de dix mètres cubes; ils doivent être approuvés par le ministre des travaux publics. (Id., art. 7.) — Voy. Ingénieurs.

Lorsque les tourbières communales sont en exploitation pour l'usage commun des habitants, il appartient au conseil municipal de régler le mode de jouissance, conformément aux articles 17 et 18 de la loi du 18 juillet 1837.

Les habitants qui participent aux tourbières peuvent être assujettis à acquitter une redevance au profit de la commune. Cette redevance est répartie par délibération du conseil municipal, approuvée par le préfet. Les rôles de taxes, dressés par le maire sur papier timbré, sont rendus exécutoires par le préfet et parviennent au receveur municipal par l'intermédiaire des receveurs des finances.

Les taxes sont perçues suivant les formes établies pour le recouvrement des contributions directes. Toutefois, les quittances délivrées aux parties versantes doivent être timbrées lorsque la somme reçue excède 10 francs.

Une commune qui extrait de la tourbe de terrains dont elle est propriétaire, et qui en opère la vente à son profit, est imposable à la patente comme exploitant de tourbières (Arrêt du cons. d'État, 21 mars 1860). Il n'en est pas de même lorsque les extractions de tourbe sont faites seulement pour l'usage des habitants. — Voy. Biens, Poursuites, Recouvrement, Taxes communales.

Tournée des mutations. — Voy. Mutations.

Tournées de recouvrement. — Les contributions directes sont quérables dans les communes; mais elles doivent être payées au bureau que le percepteur y a établi pour ses recettes. (I. G., art. 61.)

Les jours du mois ou de la semaine où les percepteurs se rendent dans chacune des communes de leur arrondissement de perception pour faire leur recette doivent être déterminés à l'avance par le sous-préfet, sur l'avis du receveur particulier de l'arrondissement; celui-ci règle les époques de versement à la recette particulière. L'itinéraire ainsi fixé doit être affiché constamment dans le bureau du percepteur et dans celui du receveur particulier.

A moins d'une dispense régulière, les percepteurs doivent se rendre dans chaque commune au moins une fois par mois. (I. G., art. 73.)

L'autorité supérieure est en droit d'ordonner que le transport des comptables dans les communes ait lieu plusieurs fois par mois, et ceux-ci devraient se conformer à une semblable injonction, sauf recours devant le ministre des finances. — *Mém.* 1846, p. 42 ; 1849, p. 47.

Si le jour où il doit se trouver dans une des communes de sa perception pour y faire sa recette mensuelle, le percepteur était invité à se rendre dans une autre commune pour assister à une adjudication, son devoir serait de faire sa tournée ordinaire, sauf à en prévenir le maire de cette dernière commune, en le priant de remettre à un autre jour l'adjudication. — *Mém.* 1849, p. 49. — Voy. BUREAUX DES PERCEPTEURS.

Traité de gré à gré. — On désigne ainsi, en matière d'administration publique, une convention à l'amiable par laquelle un entrepreneur s'engage à faire une fourniture, un ouvrage ou un service, moyennant un prix déterminé.

En général, les entreprises pour travaux et fournitures au nom des communes et des établissements de bienfaisance doivent être faites avec concurrence et publicité, c'est-à dire par voie d'adjudication publique. Cependant les communes et établissements sont autorisés à traiter de gré à gré, pour ces entreprises, dans certains cas prévus par les articles 1 et 2 de l'ordonnance du 14 novembre 1837, et, en ce qui concerne les hospices et hôpitaux, par les articles 8, 9 et 15 de la loi du 7 août 1851. — Voy. MARCHÉ ADMINISTRATIF.

Les traités de gré à gré sont passés, entre l'administration et les entrepreneurs ou fournisseurs, dans la forme des actes sous seings privés ordinaires; seulement on doit y mentionner l'acte en vertu duquel le marché a été dispensé de la formalité de l'adjudication publique. Quant aux stipulations à introduire dans le traité, ce sont les mêmes qui auraient figuré dans le cahier des charges, si l'on avait procédé par adjudication publique.

Les traités de gré à gré peuvent aussi être conclus en forme de soumission. L'entrepreneur écrit alors sa soumission au bas du devis ou état estimatif des travaux à faire ou des objets à fournir, suivi du cahier des charges de l'entreprise, et le maire accepte ensuite la soumission de l'entrepreneur.

Dans tous les cas, le traité n'est définitif qu'après avoir été approuvé par le préfet. Il est ensuite soumis à l'enregistrement dans les vingt jours à dater de l'approbation. — Voy. CAHIER DES CHARGES, DEVIS, ENREGISTREMENT.

Les actes passés par les maires au nom des communes, pour la réalisation des marchés ou traités de gré à gré, ayant le caractère d'authenticité, aux termes des articles 10 et 16 de la loi du 18 juillet 1837, il n'est pas nécessaire de les rédiger en plusieurs originaux ; la minute de l'acte, qui doit être déposée à la mairie, est seule soumise à l'approbation du préfet, et le maire a la faculté d'en délivrer des expéditions. — — *Mém.* 1861, p. 424.

Quant aux traités de gré à gré passés par les commissions administratives des établissements de bienfaisance, ils sont souscrits en double original. L'approbation du préfet doit être notifiée à l'entrepreneur par acte d'huissier, dès qu'elle est parvenue à l'établissement, à moins que l'entrepreneur ne reconnaisse, par une déclaration mise au bas de l'ampliation et signée de lui, en avoir reçu la communication. — Voy. Fournitures, Hospices, Travaux.

Traites d'adjudicataires de coupes de bois. — Le prix d'adjudication des coupes tant ordinaires qu'extraordinaires des bois des communes et des établissements de bienfaisance donne lieu à la souscription, par les adjudicataires, de traites dont les échéances sont ordinairement fixées au 31 mars, 30 juin, 30 septembre et 31 décembre de l'année qui suit celle de l'adjudication. (I. G., art. 328, 863 et 959.)

Nous avons indiqué au titre Coupes de bois la forme de ces traites, les règles à suivre pour leur remise aux comptables, et les poursuites dont sont passibles les adjudicataires qui ne les remettent pas aux receveurs dans le délai fixé ou qui ne les acquittent pas aux échéances. Il nous reste à faire connaître quelles sont les écritures à passer par les comptables lors de la réception et de l'encaissement des traites.

En recevant les traites souscrites par les adjudicataires de coupes ordinaires de bois des communes et établissements de bienfaisance, le receveur municipal ou hospitalier en porte le montant au compte « Produits de coupes ordinaires de bois, » ouvert sur le livre de détail de la commune ou de l'établissement auquel le produit appartient, puis au compte général de cette commune ou de cet établissement, sur le livre des comptes divers, suivant le mode tracé pour toutes les autres recettes, en ayant soin d'appliquer la recette au compte de l'exercice qui prend sa désignation de l'année pendant laquelle les ventes ont eu lieu.

Mais, attendu que cette recette se compose de valeurs à terme à réaliser par le comptable, celui-ci ouvre, dans son livre des comptes divers, un compte intitulé : « Traites d'adjudicataires de coupes ordinaires de bois, » au débit duquel il porte la somme à recouvrer sur les adjudicataires avec détail des échéances des traites. (I. G., art. 1493.)

Ainsi qu'il est réglé à l'article 869 de l'Instruction générale, les receveurs des finances doivent, dans l'intérêt de leur surveillance et de leur responsabilité, se faire remettre par les receveurs municipaux, pour les conserver jusqu'aux époques d'échéance, les obligations d'adjudicataires de coupes ordinaires de bois des communes et établissements publics.

Les receveurs particuliers constatent cette remise, ainsi que les restitutions qu'ils effectuent, à des comptes qu'ils ouvrent aux adjudicataires et aux receveurs des communes et établissements publics, comme correspondants de la recette générale ; ils délivrent, lors de la réception des obligations, des récépissés à talon, au dos desquels sont annotées ensuite les restitutions qu'ils font aux receveurs municipaux. Cette annotation est indépendante de la reconnaissance que doit fournir chaque receveur municipal pour les obligations qui lui sont rendues.

Le receveur général opère de la même manière, lorsqu'il lui est remis et lorsqu'il rend des obligations déposées par les receveurs municipaux de l'arrondissement du chef-lieu; il se fait remettre, en outre, les obligations déposées entre les mains des receveurs particuliers, et il en fournit à ces comptables des reconnaissances distinctes par échéance d'obligations, qui tiennent lieu des valeurs entre les mains de chaque receveur d'arrondissement. Il retire ces reconnaissances à mesure qu'il renvoie les effets, à l'échéance, pour que les receveurs particuliers les rendent aux receveurs municipaux. (I. G., art. 1166.)

Lorsque le receveur municipal ou hospitalier effectue le dépôt des traites à la recette particulière des finances, le récépissé du receveur particulier remplace les effets dans son portefeuille, sans donner lieu à aucune écriture.

A mesure du payement de chaque traite en numéraire, le receveur municipal en crédite le compte précité. (I. G., art 1493.)

Les traites souscrites par les adjudicataires de coupes extraordinaires de bois appartenant aux communes et établissements de bienfaisance sont reçues par les receveurs généraux des finances, qui en suivent l'encaissement aux échéances, pour en placer le montant au Trésor public, et qui délivrent alors des récépissés de ces placements au nom des receveurs municipaux ; mais ces derniers ne doivent pas moins, dès que les traites ont été reçues pour le compte des communes et établissements, constater cette recette dans leurs écritures.

En conséquence, le receveur des finances qui a reçu les traites dont il s'agit remet immédiatement au receveur de la commune ou de l'établissement propriétaire une déclaration constatant la réception de ces traites, leur échéance et le montant des sommes qui y sont stipulées payables au domicile du receveur général.

Le receveur municipal, en recevant cette déclaration, opère selon la marche tracée ci-dessus pour les traites d'adjudicataires des coupes ordinaires de bois, c'est-à-dire qu'il porte le montant des traites à l'article « Produit des coupes extraordinaires de bois, » ouvert, d'après le budget, sur le livre de détail de l'exercice auquel la recette appartient, puis au compte général de la commune ou de l'établissement, sur le livre des comptes divers; et il ouvre, en même temps, sur ce dernier livre, un compte intitulé : « Traites d'adjudicataires de coupes extraordinaires de bois en dépôt chez le receveur des finances, » au débit duquel il porte les sommes à recouvrer sur les adjudicataires, avec détail de l'échéance des traites.

Lorsque ensuite le receveur des finances délivre au receveur municipal les récépissés qui constatent le recouvrement du prix des traites et le placement de leur montant au Trésor, ce dernier comptable en crédite le compte ci-dessus, et il débite le compte « Trésor public. » (I. G., art. 1493.)

Les mêmes règles sont suivies par les receveurs spéciaux des communes et établissements de bienfaisance, sauf les différences résultant du mode de leurs écritures, qui sont tenues en partie double. — Voy. COUPES DE BOIS, GRAND-LIVRE, LIVRE DES COMPTES DIVERS, LIVRES DE DÉTAIL.

Traitements. — On donne le nom de traitement ou d'appointement à la rétribution annuelle des fonctionnaires et des employés.

Les traitements des agents et employés des communes et des établissements de bienfaisance étant payables par douzièmes, les mandats de payement relatifs à ces dépenses sont délivrés à la fin de chaque mois (I. G., art. 993). On ne peut payer les traitements par trimestre que du consentement des intéressés.

Les quittances pour traitements des employés ou agents attachés au service de la commune et des établissements de bienfaisance avec un traitement annuel doivent être timbrées, si ce traitement excède 300 francs; toutes autres quittances pour salaires doivent être timbrées, s'il s'agit de sommes excédant 10 francs.

Au lieu de délivrer des mandats individuels, les ordonnateurs ont la faculté de ne former qu'un seul mandat comprenant, par mois ou par trimestre, les traitements des employés de l'administration municipale ou hospitalière. Ce mandat est quittancé par l'employé principal, pour la somme totale, et on y joint, comme pièce justificative, un état émargé des parties prenantes, énonçant leurs noms, leur grade ou leur emploi, le montant de leurs traitements par année et par mois ou par trimestre, les retenues pour pensions de retraites ou pensions civiles et le restant net à payer.

Bien qu'il soit interdit en général de mettre sur la même feuille plusieurs quittances sujettes au timbre, l'état des traitements des employés, lequel doit être timbré quand un ou plusieurs des traitements sont supérieurs à 300 francs, peut, sans contravention, être revêtu de l'acquit des différents employés, ces acquits se rapportant alors à une seule dépense et à un seul mandat. (I. G., art. 1011.)

Ce n'est pas la dénomination donnée à l'allocation qui, par rapport au timbre, constitue le caractère de traitement, c'est la permanence. Quand l'allocation présente cette dernière condition, qu'on l'appelle salaire, honoraire, indemnité ou remise, c'est au fond un traitement dans le sens qui détermine l'exemption du timbre, si elle ne dépasse pas 300 francs par an. — *Mém.* 1851, p. 21 ; 1861, p. 431 ; 1863, p. 33.

Les traitements ne sont réputés acquis que jour par jour, et ne peuvent être payés par anticipation. En cas de décès de l'employé, il n'est tenu compte à sa succession que jusques et y compris la journée du décès ; le mois commencé n'est pas regardé comme dû, bien que les traitements soient payables par mois. — *Mém.* 1863, p. 243.

Les traitements des employés des administrations municipales et hospitalières peuvent être touchés par des tiers au moyen d'une délégation dûment notifiée aux receveurs. Ils sont saisissables dans les proportions déterminées par la loi du 21 ventôse an IX. — Voy. Délégation de créance, Saisie-Arrêt, Transport-Cession.

Des règles particulières sont, en outre, applicables à certains traitements communaux.—Voy. Commissaires de police, Gardes champêtres, Gardes forestiers, Instituteurs, Institutrices, Remises.

Transaction. — Acte terminant ou prévenant une contestation.

Les communes ne peuvent transiger qu'avec l'autorisation expresse du préfet, après une délibération du conseil municipal prise sur la consultation de trois jurisconsultes. (Arrêté du 21 frimaire an XII; C. N., article 2045 ; D. 25 mars 1852.)

Lorsque le maire reçoit ou juge à propos de faire des offres de transaction sur un procès soutenu par la commune, il prépare un acte de transaction qu'il soumet au préfet. Le préfet charge trois jurisconsultes qu'il désigne de donner une consultation pour éclairer la commune sur ses droits. Cette consultation est communiquée au conseil municipal ; si ce conseil consent à la transaction, le sous-préfet et le conseil de préfecture sont appelés à donner leur avis, et le préfet approuve, s'il y a lieu, la délibération du conseil municipal. Le maire procède ensuite, avec l'adversaire de la commune, à la signature de l'acte qui contient les conditions de la transaction. Cet acte doit être passé devant notaire ; il ne devient exécutoire qu'après avoir été homologué par le préfet.

Quand ce sont deux communes ou deux sections de commune, ou une commune et une section qui veulent transiger, une seule consultation suffit pour les deux parties.

Les établissements de bienfaisance ne peuvent également transiger qu'avec l'autorisation du préfet (D. 25 mars 1852, tableau A, § 43), après l'accomplissement des formalités ci-dessus indiquées pour les communes. La délibération de la commission administrative doit être accompagnée, en outre, de l'avis du conseil municipal.

En votant l'exécution d'une transaction, la commune ou l'établissement s'engage implicitement à supporter les frais qu'entraîne la transaction, notamment les honoraires des trois jurisconsultes appelés à formuler leur avis, à moins qu'une des clauses du contrat ne les mette à la charge de l'autre partie contractante. — *Mém.* 1857, p. 307. — Voy. Hospices, Procès.

Transcription en matière hypothécaire. — La transcription est la copie, sur les registres du bureau des hypothèques, des actes constâtant des mutations, des démembrements ou des charges, quelle qu'en soit la nature, qui affectent la propriété immobilière. Elle a pour but d'éclairer les tiers intéressés sur la situation des immeubles.

La loi du 23 mars 1855 forme en cette matière le dernier état de la législation.

Doivent être transcrits au bureau des hypothèques de la situation des biens, en exécution des articles 1 et 2 de cette loi : 1° tout acte entre-vifs, translatif de propriété immobilière ou de droits réels susceptibles d'hypothèque, ou portant renonciation à ces mêmes droits; 2° tout jugement qui déclare l'existence d'une convention verbale de la nature ci-dessus exprimée; 3° tout jugement d'adjudication autre que celui rendu sur licitation au profit d'un cohéritier ou d'un copartageant; 4° tout acte constitutif d'antichrèse, de servitude, d'usage et d'habitation, ou portant renonciation à ces mêmes droits ; 5° tout jugement qui en déclare l'existence en vertu d'une convention verbale; 6° les baux d'une durée de plus de dix-huit années; 7° tout acte ou jugement constatant, pour bail de moindre durée, quittance ou cession d'une somme équivalente à trois années de loyers ou fermages non échus.

Jusqu'à la transcription, les droits résultant des actes et jugements énoncés ci-dessus ne peuvent être opposés aux tiers qui ont des droits sur l'immeuble et qui les ont conservés en se conformant aux lois. Les baux qui n'ont point été transcrits ne peuvent jamais leur être opposés pour une durée de plus de dix-huit ans. (L. 23 mai 1855, art. 3.)

Tout jugement prononçant la résolution, nullité ou rescision d'un acte transcrit, doit, dans le mois à dater du jour où il a acquis l'autorité de la chose jugée, être mentionné en marge de la transcription faite sur le registre. (Id., art. 4.)

Le conservateur, lorsqu'il en est requis, délivre, sous sa responsabilité, l'état spécial ou général de ces transcriptions et mentions. (Id., art. 5.)

Toutefois, les certificats d'inscription à délivrer par les conservateurs des hypothèques en matière d'expropriation pour cause d'utilité publique doivent, pour être valables, n'être délivrés qu'à l'expiration du délai de quinzaine, ainsi qu'il est prescrit par l'article 17 de la loi du 3 mai 1841. (Circ. compt. gén., 30 janvier 1857. — *Mém.* p. 34.)

A partir de la transcription, les créanciers privilégiés ou ayant hypothèque aux termes des articles 2123, 2127 et 2128 du Code Napoléon, ne peuvent prendre utilement inscription sur le précédent propriétaire. Néanmoins, le vendeur ou le copartageant peuvent utilement inscrire les privilèges à eux conférés par les articles 2108 et 2109 du Code Napoléon, dans les quarante-cinq jours de l'acte de vente ou de partage, nonobstant toute transcription d'actes faits dans ce délai. (L. 23 mars 1855, art. 6.)

L'action résolutoire établie par l'article 1654 du Code Napoléon ne peut être exercée après l'extinction du privilége du vendeur, au préjudice des tiers qui ont acquis des droits sur l'immeuble du chef de l'acquéreur, et qui se sont conformés aux lois pour les conserver. (Id., art. 7.)

En cas d'aliénation d'immeubles par les communes et les établissements de bienfaisance, l'inscription du privilége du vendeur doit toujours être prise à leur profit, conformément aux dispositions qui viennent d'être rappelées, dans les quarante-cinq jours de l'acte d'aliénation, sauf le cas où l'acquéreur, sans profiter des délais stipulés, aurait payé comptant l'intégralité de son prix. — *Mém.* 1856, p. 57.

Ainsi qu'il est prescrit par les §§ 55, 56 et 57 de la nomenclature qui fait suite à l'article 1542 de l'Instruction générale, les receveurs des communes et des établissements de bienfaisance doivent produire, à l'appui des mandats de payement acquittés pour soulte d'échange ou prix d'acquisition de propriétés immobilières, des certificats du conservateur délivrés après la transcription et constatant la non-existence d'inscriptions ou la radiation de celles qui existaient. Il n'y a d'exception à cette règle que dans les cas suivants : 1° lorsque le prix d'acquisitions faites de gré à gré n'excède pas 100 francs; 2° lorsqu'il s'agit d'acquisitions faites en vertu de la loi du 3 mai 1841, sur l'expropriation pour cause d'utilité publique, et dont le prix n'excède pas 500 francs.

Les états ou certificats sur transcription délivrés par les conservateurs doivent faire connaître, en outre des inscriptions hypothécaires dont l'immeuble acquis aurait été l'objet, les transcriptions spéciales qui sont mentionnées aux articles 1 et 2 de la loi du 23 mars 1855 et qui pourraient aussi l'affecter. Au cas où le certificat serait négatif, il devrait relater qu'il s'applique aux deux natures de transcriptions. (Circ. de la dir. gén. de la compt. publ., 20 juin 1863. — *Mém.* p. 261.) — Voy. Acquisitions, Hypothèque, Privilége, Purge des hypothèques.

Transfert de patentes. — La patente est due pour l'année entière par les individus exerçant, au mois de janvier, une profession imposable; s'il y a cession d'établissement, la cote est, sur la demande du cédant, transférée à son successeur; la mutation de cote est réglée par arrêté du préfet. (L. 25 avril 1844, art. 23.)

Il n'y a pas lieu à transfert de patente sur un individu qui a repris un commerce, non par suite de cession faite par le patentable qui l'exerçait, mais par suite de la location de la maison dans laquelle ce commerce était établi. (Arrêt du cons. d'État, 15 août 1860.)

Les demandes en transfert de patente doivent être présentées dans les trois mois de la cession des établissements. (Arrêt du cons. d'État, 13 avril 1859.)

Les arrêtés du préfet portant mutation de cotes indiquent le nombre de douzièmes à recouvrer sur le cessionnaire, et sont notifiés par le directeur des contributions directes aux parties intéressées, ainsi qu'au percepteur. (Circ. adm. des cont. dir., 14 août 1844.)

La demande en transfert de patentes ne peut, quand elle est rejetée par le préfet, être l'objet d'un pourvoi au contentieux. La décision préfectorale, dans ce cas, est un acte purement administratif, contre lequel le contribuable ne peut réclamer que devant le ministre des finances. (Arrêt du cons. d'État, 25 février 1863.) — Voy. CONTRIBUTIONS DIRECTES, MUTATIONS DE COTES, RÉCLAMATIONS.

Transport-cession. — Se dit de la cession d'une créance ou autre droits incorporels.

Dans le transport d'une créance, d'un droit ou d'une action sur un tiers, la délivrance s'opère entre le cédant et le cessionnaire par la remise du titre. (C. N., art 1689.)

Le cessionnaire n'est saisi à l'égard des tiers que par la signification du transport faite au débiteur. Néanmoins, le cessionnaire peut être également saisi par l'acceptation du transport faite par le débiteur dans un acte authentique. (Id., art. 1690.)

Il résulte de cette dernière disposition que la signification du transport qui est la forme la plus ordinairement employée n'exige pas un acte authentique. Le transport peut, en effet, être fait sous seing privé, et la signification a lieu par simple exploit d'huissier. Celle-ci n'est soumise à aucun délai ; seulement le transport ne prend date qu'à partir du jour où la signification a lieu. — *Mém.* 1863, p. 22.

Si, avant que le cédant ou le cessionnaire eût signifié le transport au débiteur, celui-ci avait payé le cédant, il serait valablement libéré. (C. N., art. 1691.)

Dans le cas de cession d'une créance sur une commune ou un établissement de bienfaisance, la signification du transport-cession doit être faite entre les mains du receveur, — *Mém.* 1863, p. 24.

Cette notification constitue, pour le receveur, une interdiction de payer au créancier primitif ou à tous autres en dehors de celui au profit duquel le transport est fait ; elle devient, en outre, pour lui, une autorisation de verser la somme transportée entre les mains du cessionnaire, et d'en retirer de lui une quittance qui libère la commune ou l'établissement. Cependant, si le transport n'était pas du montant intégral de la créance, le comptable ne pourrait être tenu de payer partiellement : il peut exiger que le cédant et le cessionnaire se présentent ensemble à la caisse du receveur, afin de ne pas diviser le payement. Les deux quittances, celle du créancier direct et celle du cessionnaire, sont jointes alors au mandat. — *Mém.* 1859, p. 72.

Lorsqu'un mandat de payement est présenté par un cessionnaire, le receveur doit joindre aux pièces justificatives ordinaires qui accompagnent le mandat une expédition authentique de l'acte de transport, ou, s'il a été fait sous seing privé, l'exploit de signification et l'acte de transport en original. Dans le cas où le cédant serait complétement inconnu au receveur et où le cessionnaire ne justifierait pas d'une manière suffisante la validité de la signature du sous seing privé sur lequel il fonde son droit, le comptable pourrait exiger que l'acte fût déposé par les parties chez un notaire, qui en délivrerait une expédition, la signification faite par l'huissier ne donnant pas par elle-même le caractère d'authenticité à la cession. — *Mém* 1863, p. 24. — Voy. CESSIONNAIRE, DÉLÉGATION.

Travaux. — Cette dénomination s'applique à toutes les opérations de construction, de reconstruction, d'appropriation, de réparation ou d'entretien qui s'exécutent dans l'intérêt des communes et établissements de bienfaisance suivant des règles déterminées.

Autorisation et approbation des travaux. — Les constructions, les grosses réparations et les travaux de toute nature concernant les communes et les établissements de bienfaisance ne peuvent avoir lieu qu'après que les projets ou devis ont été soumis au préfet et approuvés par lui, à quelque somme que s'élèvent les travaux. (L. 18 juillet 1837, art. 45; D. 25 mars 1852, tableau A, § 48.)

Toutefois, l'approbation des plans ou devis des travaux ordinaires et de simple entretien des bâtiments communaux, dont la dépense n'excède pas 1,000 francs, appartient aux sous-préfets dans la limite des crédits ouverts au budget, conformément aux dispositions du § 13 de l'article 6 du décret du 13 avril 1861.

Les administrations locales peuvent faire exécuter, sur les crédits ouverts à leur budget, et sans autorisation préalable, les travaux de réparation ordinaire et de simple entretien dont la dépense n'excède pas 300 francs (D. 10 brumaire an XIV et 17 juillet 1808). Mais il est bien entendu que ces travaux, exécutés par économie, ne doivent pas dépasser 300 francs pour tout l'exercice. Ainsi, on ne pourrait fractionner les travaux et fournitures, soit par trimestre, soit en s'adressant à plusieurs entrepreneurs ou fournisseurs de manière à éluder la règle générale qui est l'adjudication ou le marché. Il ne faut pas non plus perdre de vue que, même pour les travaux dispensés de l'autorisation préfectorale, celle du conseil municipal demeure, dans tous les cas, indispensable et que les maires deviendraient personnellement responsables des travaux qu'ils auraient fait exécuter sans l'assentiment préalable de ce conseil. (Décis. min. de l'int. 1862. — *Mém.* p. 301.)

Il arrive fréquemment que, dans le cours de l'exécution des travaux, une augmentation d'œuvre est jugée nécessaire. Pour que la dépense y relative puisse être régulièrement mandatée et acquittée, il ne suffit pas que le certificat de réception ou le règlement définitif, même approuvé par le préfet, fasse mention de cette augmentation, il faut que les travaux supplémentaires aient été, de la part de l'autorité préfectorale, l'objet d'une autorisation spéciale et expresse. — *Mém.* 1862, p. 334; 1863, p. 98 et 170.

Mode de concession et d'exécution des travaux. — Toutes les entreprises pour travaux et fournitures au nom des communes sont faites avec concurrence et publicité (I. G., art. 1021), c'est-à-dire que l'adjudication doit être la règle et le marché l'exception. Cette exception est admise, c'est-à-dire qu'il peut être traité de gré à gré, sauf approbation par le préfet, pour les travaux et fournitures n'excédant pas 3,000 francs (O., 14 novembre 1837; I. G., art. 1022). L'attribution donnée aux sous-préfets, par le § 13 de l'article 6 précité du décret du 13 avril 1861, d'approuver les plans et devis des travaux communaux de 1,000 francs et au-dessous, ne s'étend pas jusqu'à l'approbation, dans les mêmes limites, des marchés de gré à gré pour l'exécution de ces mêmes travaux. — *Mém.* 1861, p. 146 et 197.

La limite de 3,000 francs existe, tant pour les communes et les bureaux de bienfaisance, soumis à cet égard aux mêmes règles (I. G. art. 1093), que pour les hospices et hôpitaux. Il y a cependant une distinction importante à faire pour les travaux qui concernent spécialement ces derniers établissements, c'est que, tandis que les communes et les bureaux de bienfaisance ont besoin, pour les travaux d'une valeur de 300 francs à 3,000 francs, de soumettre à l'approbation du préfet les projets de marchés de gré à gré, les délibérations prises par les commissions administratives des hospices et hôpitaux dans le but de régler les conditions de ces marchés sont, aux termes de la loi du 7 août 1851, exécutoires de plein droit, si, trente jours après la notification officielle, le préfet ne les a pas annulées, soit d'office pour violation de la loi ou d'un règlement d'administration publique, soit sur la réclamation de toute partie intéressée (I. G., art. 1091).

Il peut également, et sous la même condition de l'approbation préfectorale, être traité de gré à gré, à quelque somme que s'élèvent les travaux : pour les ouvrages d'art et de précision dont l'exécution ne peut être confiée qu'à des artistes éprouvés ; pour les travaux qui n'auraient été l'objet d'aucune offre aux adjudications, ou à l'égard desquels il n'aurait été proposé que des prix inacceptables, sans toutefois que l'administration puisse jamais dépasser le maximum arrêté conformément à l'article 1025 de l'Instruction générale; pour les travaux qui, dans les cas imprévus et d'une urgence absolue et dûment constatée, ne pourraient pas subir les délais de l'adjudication sans qu'il en résultât un préjudice réel pour la commune ou l'établissement. (O. 14 novembre 1837, art. 2 ; I. G., art. 1022.) — Voy. Marché administratif, Traité de gré a gré.

Les cahiers des charges des entreprises déterminent la nature et l'importance des garanties que les entrepreneurs ont à produire pour répondre de l'exécution de leurs engagements. Ils règlent aussi l'action que l'administration pourra exercer sur ces garanties, en cas d'inexécution des engagements. Il est toujours et nécessairement stipulé que tous les ouvrages exécutés par les entrepreneurs en dehors des autorisations régulières demeurent à la charge personnelle de ces derniers. (O., 14 novembre 1837, art. 4 ; I. G., art. 1023.) — Voy. Cahier des charges, Cautionnements des adjudicataires.

Les adjudications et marchés de travaux à faire pour le compte des communes doivent être passés par les maires, assistés de deux membres du conseil municipal, et le receveur de la commune doit y assister (L.

18 juillet 1837, art. 10 et 16); les adjudications peuvent avoir lieu au chef-lieu de préfecture ou de sous-préfecture, à la charge, par le maire de s'y transporter pour procéder à l'opération, accompagné des deux conseillers municipaux et du receveur. (I. G., art. 1024.)

Quant aux adjudications et marchés à faire pour le compte des établissements de bienfaisance, ils sont passés par les commissions administratives des établissements, sous la présidence du maire. Les receveurs des établissements de bienfaisance doivent, comme ceux des communes, être appelés aux adjudications.

Les adjudications et marchés sont toujours subordonnés à l'approbation du préfet, et ne sont valables et définitifs à l'égard des communes et établissements qu'après cette approbation. (O., 14 novembre 1837, art. 10; I. G., art. 1025.)

Ces actes sont assujettis à l'enregistrement, dans les vingt jours à compter de la réception de l'approbation. — Voy. ENREGISTREMENT.

Les marchés de travaux sont dissous par la mort de l'entrepreneur, aux termes de l'article 1795 du Code Napoléon. Dans ce cas, la commune redevient libre et maitresse de faire un nouveau traité de la même manière qu'elle a fait pour le marché précédent ; quant au payement des travaux effectués, il a lieu d'après les règles ordinaires, c'est-à-dire que la dépense est liquidée et le mandat délivré au nom de la succession de l'entrepreneur décédé, pour le payement être effectué aux ayants droit sur la justification de leurs qualités. — *Mém.* 1862, p. 141. — Voy. ADJUDICATIONS, MARCHÉ ADMINISTRATIF, TRAITÉ DE GRÉ A GRÉ.

Procès-verbal de réception et d'avancement. — Il est de principe que les travaux d'entretien, de réparation, de construction exécutés pour le compte des communes et établissements publics ne peuvent être payés qu'après que les services ont été faits, et que le montant en soit ordonnancé à mesure de l'exécution de ces services. Cette exécution est constatée par des actes dressés par l'architecte préposé à la surveillance des travaux, actes qui, suivant le cas, prennent le nom de certificats de situation, d'avancement, d'achèvement, de réception provisoire ou définitive des ouvrages ou travaux. Ces certificats sont soumis au timbre ; mais ils peuvent, comme formant le titre de la créance, être revêtus de la quittance des parties, et, dans ce cas, le mandat peut être fait sur une feuille non timbrée, conformément aux décisions des 30 septembre 1829 et 18 décembre 1854, qui ont déclaré exempte de timbre la quittance mise au bas d'un mandat, lorsque la partie a revêtu de son acquit la facture ou le mémoire timbré produit par elle. (Circ. compt. gén., 29 février 1856; I. G., art. 631. — *Mém.* 1856, p. 62; 1859, p. 246; 1862, p. 67.

Travaux en régie. — La règle qui vient d'être rappelée reçoit une exception pour les travaux exécutés en régie. Indépendamment des travaux des chemins vicinaux de petite vicinalité, dont il est parlé spécialement ci-après, certains services communaux et les travaux exécutés sur les chemins d'intérêt commun, dont la dépense s'impute sur les fonds de cotisations, peuvent motiver l'emploi du mode d'exécution en régie. Les dépenses sont alors mandatées au nom d'un agent principal chargé de répartir les fonds et de produire, à l'appui du mandat, les quittances des créanciers réels et toutes autres pièces exigées ; dans ce cas, les mandats peuvent être acquittés sans justification, moyennant l'engagement écrit pris par le mandataire de rapporter les justifications complémentaires dans un délai qui est déterminé par le préfet. Il appartient aussi à cet administrateur de fixer le maximum des avances à faire aux agents chargés de la régie. Dans aucun cas, le maximun ne saurait excéder 20,000 francs ni le délai dépasser un mois, limites assignées aux opérations de ce genre qui concernent la comptabilité de l'Etat. A l'égard des services communaux, il ne doit jamais être nécessaire d'aller jusqu'à ces limites. Le receveur général, ou le maire, s'il s'agit d'un service exclusivement communal, conserve l'engagement du régisseur pour réclamer, s'il y a lieu, la remise des pièces à l'expiration du délai fixé. (I. G., art. 608 et 993.)

Travaux sur les chemins vicinaux. — Les travaux à exécuter à prix d'argent sur les chemins vicinaux peuvent être exécutés, d'après leur importance, par voie d'adjudication, de marché à forfait ou de régie. (Règl. gén., 21 juillet 1854, art. 176.)

Lorsque la dépense portée au devis ne s'élève pas à 300 francs, le maire peut faire exécuter les travaux par voie de marché ou par voie de régie sans avoir besoin de recourir à une autorisation spéciale (Id., art. 177). C'est la règle générale écrite dans l'article 1022 de l'Instruction générale et que nous avons rappelée plus haut. Entre 300 francs et 1,000 francs, les travaux peuvent encore être exécutés par voie de marchés à forfait ou de régie, mais seulement avec l'autorisation du préfet. La limite est ici moins étendue que pour les autres travaux, pour lesquels la dispense d'adjudication peut être portée jusqu'à 3,000 francs.

Lorsque la dépense portée au devis excède 1,000 francs, les travaux doivent nécessairement être mis en adjudication, et ce n'est qu'après deux tentatives infructueuses que l'exécution des travaux par voie de marché ou de régie peut être autorisée. (Id. art. 177.)

Les marchés sont soumis à l'approbation du sous-préfet quand les travaux sont inférieurs à 1,000 francs, et à celle du préfet quand ils atteignent ce chiffre (Id., art. 195).

Les travaux concernant la petite vicinalité ayant un caractère purement communal, le maire en a seul la direction et la surveillance. Quant aux chemins vicinaux de grande communication et à ceux qui ont pour objet l'entretien de chemins vicinaux qui desservent plusieurs communes et qualifiés pour ce motif de chemins d'intérêt commun, la direction en appartient plus particulièrement aux préfets. Les dépenses y relatives sont rattachées, selon le cas, à la comptabilité départementale ou au service des cotisations. — Voy. Chemins vicinaux, Cotisations.

Travaux supplémentaires. — Parmi les entreprises, il en est qui, après avoir été adjugées au rabais sur des devis approuvés et présumés définitifs, donnent lieu à des travaux supplémentaires dont l'exécution est confiée à l'adjudicataire primitif. Ces travaux, comme il a été dit plus haut, doivent être, de la part du préfet, l'objet d'une autorisation spéciale et expresse. Les receveurs seraient responsables des payements qu'ils effectueraient pour des travaux non autorisés (I. G., art. 1023). Les travaux supplémentaires donnent lieu à la perception d'un nouveau droit d'enregistrement dans les conditions déterminées par une décision du ministre des finances du 11 mars 1859 ainsi conçue : « Si une clause du cahier des charges oblige d'avance l'adjudicataire des travaux intéressant les communes et les établissements publics à se prêter aux modifications dont le projet serait jugé susceptible pendant l'exécution, les travaux supplémentaires sont évidemment effectués en vertu du marché primitif et leur prix est passible du droit proportionnel. Lorsque l'entrepreneur souscrit une soumission pour les travaux supplémentaires, cette soumission forme un nouvel acte tombant sous l'application de l'article 78 de la loi du 15 mai 1818, qui assujettit au timbre et à l'enregistrement, dans le délai de 20 jours, les adjudications ou marchés de toute nature aux enchères, au rabais ou sur soumission. Mais dans le cas où des travaux supplémentaires auraient été effectués sans avoir été prévus dans le cahier des charges ou le marché, et sans que l'existence d'un nouvel acte pût être établie, ces travaux ne sauraient motiver la demande d'un droit d'enregistrement. » — Voy. Enregistrement.

Travaux faits en concours par les communes et par les fabriques. — Quand des travaux sont exécutés en concours par une commune et par une fabrique d'église, il s'élève quelquefois des difficultés quant à la direction des travaux et à la centralisation des fonds destinés à pourvoir à la dépense. Il a été décidé à ce sujet que les travaux de construction et de grosses réparations sont dirigés par la fabrique quand elle est en état de supporter la totalité ou la plus forte partie de la dépense, et que la direction appartient au contraire à l'administration municipale quand la commune prend à sa charge soit la totalité, soit la majeure partie, soit même seulement la moitié de la dépense; que c'est à l'autorité ou à l'établissement chargé de cette direction qu'il appartient d'ordonnancer et d'acquitter la dépense, et que dès lors les fonds doivent être centralisés dans la caisse de la commune si, supportant la plus forte partie des frais, elle a la direction des travaux, et que, dans le cas contraire, ils doivent être versés à la caisse de la fabrique.

Même lorsqu'il s'agit de travaux, autres que ceux d'entretien ou d'embellissement, à exécuter par les fabriques avec leurs ressources, aux églises et presbytères appartenant ou non à ces établissements, les conseils municipaux doivent être appelés à délibérer sur les projets de ces travaux, préalablement à l'approbation par l'autorité compétente. — *Mém.* 1862, p. 402. — Voy. Églises, Fabriques, Presbytères.

Travaux d'intérêt commun. — Plusieurs communes peuvent avoir à concourir soit à la dépense de certains travaux, notamment pour la construction et l'entretien des chemins vicinaux d'intérêt commun, soit au payement de salaires relatifs à ces travaux. Les contingents que les communes ont à fournir pour les dépenses de l'espèce sont versés dans les caisses des receveurs des finances et centralisés par le receveur général, à titre de cotisations, sous la dénomination de fonds destinés aux travaux d'intérêt commun.

Indépendamment des contingents communaux, les receveurs des finances ont quelquefois à recouvrer des souscriptions volontaires ou des taxes contributives, à titre de fonds de concours pour des travaux d'intérêt commun. Lorsque ce recouvrement présente des difficultés, à raison soit du grand nombre des souscripteurs, soit de leur éloignement de la recette des finances, les percepteurs peuvent être, par une décision du préfet, chargés de l'opérer. Il leur est alloué, dans ce cas, une remise fixe de 3 p. 0/0 imputable sur le fonds même des cotisations (I. G., art. 624 et 1238.) — Voy. Chemins vicinaux, Cotisations, Remises.

Travaux d'intérêt public à la charge de particuliers. — Des travaux d'intérêt public peuvent être exécutés d'office ou de gré à gré à la charge de particuliers. Les frais et honoraires auxquels ils donnent lieu sont recouvrés par les percepteurs, en vertu de mandements exécutoires délivrés par les préfets, et selon les règles suivies en matière de contributions directes.

Les comptables chargés du recouvrement doivent, pour empêcher que les individus qui seraient réellement solvables ne puissent se soustraire abusivement au payement de leur dette, faire de promptes et actives diligences quand ils reçoivent les arrêtés exécutoires, et ne se désister des poursuites que lorsque leur inutilité est évidente. Les préfets ont à exiger à cet égard toutes les justifications nécessaires avant de décharger les comptables de l'obligation de faire recette de sommes dues.

Les frais de poursuites qu'il deviendrait nécessaire de faire seraient provisoirement avancés par le receveur général avec ses fonds personnels, et, s'il était régulièrement justifié de leur irrecouvrabilité, le remboursement en serait alloué sur les fonds du ministère des travaux publics.

Les recouvrements dont il s'agit sont rattachés par ordre, au budget départemental. Si ce budget ne contient pas de crédit d'ordre pour le payement, à titre d'avance, des frais et honoraires, ce service est rattaché à celui des cotisations.

Les quittances délivrées par les percepteurs aux redevables sont sujettes au droit de timbre lorsque la somme due excède 10 francs. (I. G., art. 454 et 624.) — Voy. Remises.

Travaux accessoires confiés aux percepteurs. — Le concours des percepteurs est souvent réclamé pour l'exécution de travaux étrangers à leurs fonctions normales. Ces travaux ne peuvent être imposés aux percepteurs sans l'autorisation du ministre des finances (I. G., art. 1273). De plus, comme il est essentiel de ne porter aucune atteinte aux règles et aux conditions de service d'après lesquelles les receveurs des finances ont à répondre de la gestion de leurs subordonnés, le consentement du receveur des finances est nécessaire toutes les fois qu'il s'agit d'une gestion comptable, c'est-à-dire d'opérations susceptibles d'engager la responsabilité matérielle de ce chef de service.

Les préfets doivent à cet égard se renfermer strictement dans les limites de leur compétence telles qu'elles sont tracées par les décrets de décentralisation des 25 mars 1852 et 13 avril 1861, et ils ne peuvent, en dehors de ces limites, imposer aux percepteurs, de leur propre autorité, des travaux supplémentaires non prévus par les instructions.— *Mém.* 1862, p. 280. — Voy. SERVICES ACCESSOIRES.

Trésor public. — Voy. PLACEMENTS AU TRÉSOR, PRIVILÉGE DU TRÉSOR.

Troncs pour les pauvres. — Les bureaux de bienfaisance sont autorisés à faire placer dans les églises, temples et autres lieux publics, des troncs destinés à recevoir les aumônes et les dons que la bienfaisance individuelle voudrait y déposer. (Arrêté du 15 prairial an XI.)

Il appartient au receveur de provoquer la levée de ces troncs au cas où l'administration négligerait d'y procéder.

Le produit des troncs se trouve compris naturellement parmi les recettes accidentelles et variables, mentionnées dans la circulaire du ministre de l'intérieur, du 24 août 1861, comme ne pouvant résulter d'un titre préexistant; les receveurs sont autorisés à l'encaisser, sous la condition d'en informer immédiatement le receveur des finances de l'arrondissement, et de se faire délivrer, comme titre de recette, un état certifié par le maire. Un double de cet état est transmis directement par le maire au sous-préfet, qui le fait parvenir sans aucun retard au receveur des finances.

Cet état peut être remplacé par le procès-verbal de levée des troncs que les administrateurs sont dans l'usage de dresser pour constater le produit réel dont le comptable doit prendre charge; mais ce procès-verbal doit être certifié par le maire, s'il n'a déjà assisté à l'ouverture des troncs et signé au procès-verbal, comme président de la commission administrative de l'établissement. — Voy. AUMÔNES, COLLECTES, DONS.

Trottoirs (Frais de construction des). — Dans les rues et places dont les plans d'alignement ont été arrêtés par l'autorité compétente, et où, sur la demande du conseil municipal, l'établissement de trottoirs est reconnu d'utilité publique, la dépense de construction des trottoirs est répartie entre la commune et les propriétaires riverains, dans les proportions et après l'accomplissement des formalités déterminées ci-après. (L. 7 juin 1845, art. 1er.)

La délibération du conseil municipal qui provoque la déclaration d'utilité publique désigne en même temps les rues et places où les trottoirs seront établis, arrête le devis des travaux, selon les matériaux entre lesquels les propriétaires sont autorisés à faire un choix, et répartit la dépense entre la commune et les propriétaires. La portion à la charge de la commune ne peut être inférieure à la moitié de la dépense totale. (L. 7 juin 1845, art. 2.)

Il est ensuite procédé à une enquête, qui est ordonnée par le préfet dans la forme prescrite par l'ordonnance du 23 août 1835, et qui porte uniquement sur l'utilité publique. Si cette enquête donne lieu à des réclamations contre le projet, elles sont consignées au procès-verbal, et le conseil municipal est appelé à les examiner et à en délibérer.

Toutes les pièces sont adressées par le maire au sous-préfet, qui les transmet au préfet avec son avis. Le préfet, après avoir pris l'avis des ingénieurs des ponts et chaussées, déclare, s'il y a lieu, d'utilité publique l'établissement des trottoirs dans les rues désignées, et approuve le devis et la répartition de la dépense. (D. 25 mars 1852, tableau A, § 54; Circ. int., 5 mai 1852. — *Mém.*, p. 171 et 218.)

L'arrêté préfectoral est publié et affiché dans la commune, et les propriétaires intéressés sont invités par le maire à se rendre à la mairie, dans un délai déterminé, pour qu'ils aient à désigner les matériaux qu'ils préfèrent dans ceux qui sont portés au devis, et à faire connaître s'ils entendent se charger par eux-mêmes de l'exécution du travail sous la surveillance de l'architecte communal, ou laisser ce soin à la commune sous condition de remboursement de la moitié de la dépense.

Si les propriétaires ou quelques-uns d'entre eux ne répondent pas à l'invitation du maire, le conseil municipal choisit à leur place les matériaux, et le maire dresse, pour la mise en adjudication des travaux, un cahier des charges, qu'il soumet à l'adoption du conseil municipal. Les travaux sont mis en adjudication publique après approbation de ce cahier des charges par le sous-préfet.

La portion de la dépense à la charge des propriétaires est recouvrée dans les formes établies pour le recouvrement des contributions directes, et en vertu de rôles dressés par le maire et rendus exécutoires par le préfet.

Les taxes pour l'établissement des trottoirs sont, comme celles du pavage, perçues pour le compte de la commune, qui supporte les remises dues pour cet objet. — *Mém.* 1862, p. 343.

La recette est justifiée dans le compte du receveur par une expédition de l'arrêté du préfet qui a approuvé le devis des travaux et la répartition de la dépense, et par le rôle de taxes arrêté par le préfet.

Quant à la dépense, les mandats délivrés pour frais de construction de trottoirs doivent être appuyés des justifications prescrites pour tous les travaux communaux mis en adjudication publique. — Voy. Poursuites, Recouvrement des revenus communaux, Taxes communales, Travaux.

Troupeau commun. — Voy. ENTRETIEN DE BÊTES MALES, PATRE COMMUN.

Tutelle administrative. — Les communes et les établissements de bienfaisance sont assimilés aux mineurs; la tutelle administrative remplace à leur égard la tutelle civile et les délibérations du conseil de famille. — Voy. COMMUNE, ÉTABLISSEMENTS PUBLICS.

U

Unité de caisse. — Voy. CAISSE.

Usage (Droits d'). — Comme on l'a vu au mot BIENS, on place, dans la nomenclature des biens des communes, non-seulement les immeubles réels qu'elles possèdent, mais encore des servitudes ou droits d'usage, tels que le droit de prendre dans des forêts appartenant soit à l'État, soit à des établissements publics ou à des particuliers, les bois nécessaires à l'usage des habitants.

On appelle usagers les particuliers ou les communes ou sections de commune qui jouissent de ce droit, qu'il ne faut pas confondre avec celui qu'ont les habitants d'une commune à une portion des produits de la forêt dont cette commune est propriétaire. Ce dernier droit n'est pas une servitude réelle, mais un mode de jouissance, lequel est d'ailleurs susceptible d'être modifié.

Les droits d'usage dans les forêts se divisent principalement en droits d'usage en bois, et en droits de pâturage, panage et glandée.

En ce qui concerne le droit d'usage en bois, on distingue : le droit au bois de chauffage ou droit d'affouage ; le droit au bois de construction, dit de maronage.

Les usagers qui ont droit à des livraisons de bois, de quelque nature que ce soit, dans les forêts soumises au régime forestier, ne peuvent prendre ces bois qu'après que la délivrance en a été faite par les agents forestiers. (C. F., art. 79.)

Les bois de chauffage, qui se délivrent par stère, sont mis en charge sur les coupes adjugées et fournis aux usagers, par les adjudicataires, aux époques fixées par le cahier des charges. Pour les communes usagères, la délivrance des bois de chauffage est faite au maire, qui en fait effectuer le partage entre les habitants. Lorsque les bois de chauffage se délivrent par coupes, l'entrepreneur de l'exploitation doit être agréé par l'agent forestier local. (O., 1er août 1827, art. 122.)

L'exploitation des coupes et le partage entre les habitants ont lieu suivant les règles établies pour les affouages dans les bois communaux. — Voy. AFFOUAGE.

Aucune délivrance de bois pour constructions ou réparations n'est faite aux usagers que sur la présentation de devis dressés par les gens de l'art et constatant les besoins des usagers. La délivrance de ces bois est mise en charge sur les coupes en adjudication, et est faite à l'usager à l'époque fixée par le cahier des charges. (O., 1er août 1827, art. 123.) — Voy. MARONAGE.

Il est interdit aux usagers de vendre ou d'échanger les bois qui leur sont délivrés, et de les employer à aucune autre destination que celle pour laquelle le droit d'usage a été accordé. (C. F., art. 83.)

Les forêts de l'État, des communes et des établissements publics peuvent être affranchis des droits d'usage en bois, moyennant un cantonnement qui est réglé de gré à gré, et, en cas de contestation, par les tribunaux. (Id., art. 63.) — Voy. CANTONNEMENT.

Les droits de pâturage, panage et glandée dans les forêts soumises au régime forestier ne peuvent être convertis en cantonnement, mais ils peuvent être rachetés moyennant des indemnités qui sont réglées de gré à gré, ou, en cas de contestation, par les tribunaux. Néanmoins, le rachat ne peut être requis par l'administration, dans les lieux où l'exercice du pâturage est devenu d'une absolue nécessité pour les habitants d'une ou plusieurs communes. (C. F., art. 64.)

Il est statué sur l'opportunité de ce rachat par le ministre des finances, sur la proposition de l'administration des forêts. Si le droit d'usage appartient à une commune, le préfet est préalablement appelé à donner son avis motivé sur l'absolue nécessité de l'usage pour les habitants. Lorsque le ministre des finances a déclaré l'opportunité, le préfet notifie la décision au maire de la commune usagère, en lui prescrivant de faire délibérer le conseil municipal pour qu'il exerce, s'il le juge à propos, le droit de se pourvoir devant le conseil de préfecture. (D. 12 avril 1854, art. 5.) — Voy. GLANDÉE, PANAGE, PATRE COMMUN, PATURAGE.

Quant à l'aliénation de droits d'usage dans les bois de particuliers, le préfet est compétent pour statuer sur les demandes des communes en autorisation des ventes de cette nature. (Décis. min. de l'int., 1857.)

Bien que les droits d'usage exercés dans les forêts de l'État ou des particuliers par les habitants d'une commune soient des droits personnels à ces habitants, ils n'en sont pas moins une conséquence du régime municipal et ils tiennent à l'existence de la commune. L'indemnité allouée pour le rachat d'un droit de pacage doit donc être considérée comme le prix de l'aliénation d'un droit appartenant à la commune et être versée dans la caisse municipale. — *Mém.* 1863, p. 215.

En principe, l'usager profite personnellement de son droit; il ne peut le céder ni le louer. Dès lors un conseil municipal ne peut tirer parti par voie d'amodiation d'une servitude de pacage que les habitants ne jugent pas à propos d'exercer. La concession de cette servitude est fondée sur le besoin ; du moment qu'il n'existe pas, c'est le propriétaire qui doit profiter de l'abstention de l'usager. (Décis. min. de l'int., 1863. — *Mém.* p. 154.)

L'exercice des droits d'usage dans les bois soumis au régime forestier peut toujours être réduit par l'administration, suivant l'état et la possibilité des forêts. Dans le cas de contestation sur la possibilité et l'état des forêts, il y a lieu à recours au conseil de préfecture. (C. F., art. 65.) — Voy. Biens, Bois des communes.

Il existe encore un droit d'usage qui forme pour les communes une servitude à la fois active et passive; c'est le droit de parcours et de vaine pâture. On entend par vaine pâture la faculté qu'ont les habitants d'une commune d'envoyer les bestiaux sur les terres des particuliers après l'enlèvement des récoltes; quant au droit de parcours, qui entraîne avec lui le droit de vaine pâture, c'est la faculté qu'ont les habitants de deux communes d'envoyer leur troupeau sur le territoire de l'un et de l'autre. — Voy. Parcours et vaine pature.

Usines. — Indépendamment des redevances sur les mines qui sont imposées en exécution des articles 33 et 34 de la loi du 21 avril 1810, pour être recouvrés par les percepteurs (voy. Mines), cette loi a, par ses articles 73 et 75, créé des droits fixes pour permission d'usines métallurgiques, qui sont recouvrés directement par les receveurs des finances. Le recouvrement de ces droits doit être effectué dans le délai d'un mois, à dater de la notification des actes qui les déterminent. (I. G., art. 245 et 247.)

Lorsque les percepteurs ont concouru au recouvrement de ce produit, les receveurs des finances doivent partager avec eux la remise du tiers de centime qui leur est allouée pour cet objet. (Id., art. 489.) — Voy. Remises.

Les usines sont imposées à la contribution foncière à raison de leur valeur locative, calculée sur dix années, sous la déduction d'un tiers de cette valeur pour le dépérissement et les frais d'entretien et de réparation, et sous la déduction aussi de la valeur donnée à la superficie.

A la différence des manufactures, qui sont exonérées de la contribution des portes et fenêtres, les ouvertures des usines sont imposables à cette contribution. (L. 4 frim. an VII, art. 2.)

Les usines qui ont cessé d'être en activité sont assimilées aux maisons inhabitées non louées. — Voy. Vacances de maisons.

Usufruitier. — D'après l'article 608 du Code Napoléon, l'usufruitier est tenu, pendant sa jouissance, de toutes les charges annuelles de la propriété, telles que les contributions, etc. C'est donc l'usufruitier qui doit être inscrit aux rôles; seulement il est recommandé aux agents de l'administration des contributions directes de porter le nom du propriétaire à côté de celui de l'usufruitier, tant sur la matrice que sur le rôle.

Lorsqu'un immeuble a été légué en usufruit à titre de pension alimentaire, les revenus de l'immeuble ne peuvent être saisis pour la contribution foncière et pour celle des portes et fenêtres qu'avec la permission du juge et pour la somme qu'il a déterminée, aux termes de l'article 582 du Code de procédure civile. Il convient, dans ce cas, pour simplifier les formalités et diminuer les frais, de procéder par voie de sommation directe au fermier ou locataire de l'immeuble, conformément à l'article 2 de la loi du 12 novembre 1808 et à l'article 14 du règlement sur les poursuites. — *Mém*. 1854, p. 56. — Voy. POURSUITES.

Usurpations de biens communaux ou d'établissements de bienfaisance. — Voy. ACTES ET MESURES CONSERVATOIRES, BIENS, BOIS, BORNAGE.

V

Vacances de maisons et chômage d'usines. — Les vacances de maisons destinées à la location, ainsi que les chômages d'usines, d'une durée de trois mois au moins, peuvent donner lieu à des dégrèvements sur la contribution foncière et sur celle des portes et fenêtres. Ces dégrèvements sont imputés sur le fonds de non-valeurs, au prorata des sommes mises à la disposition du préfet. Dans les villes de 20,000 âmes et au-dessus, les vacances de maisons peuvent, en cas d'insuffisance des sommes allouées sur le fonds de non-valeurs, et lorsque les conseils municipaux en ont fait la demande, donner lieu au dégrèvement intégral de la portion d'impôt afférente au revenu perdu. Ces derniers dégrèvements sont prononcés par le conseil de préfecture à titre de décharges et réductions, et réimposés au rôle foncier de l'année qui suit la décision. (L. 15 septembre 1807 et 28 juin 1833 ; I. G., art. 124.)

Les réclamations pour vacances de maisons et chômage d'usines sont admises à toute époque de l'année, pourvu qu'elles soient présentées dans les quinze jours qui suivent l'année ou le trimestre d'inhabitation ou de chômage.

La loi du 15 septembre 1807 porte que les propriétaires de propriétés bâties sont admis à se pourvoir en remise ou modération, dans le cas de perte totale ou partielle de leur revenu d'une année ; mais d'après la jurisprudence de l'administration, la remise de la contribution ne peu avoir lieu que pour les maisons qu'on est dans l'usage de louer, et lorsque les propriétaires ont inutilement fait les démarches nécessaires. Il n'y a aucun dégrèvement à accorder pour celles ou partie de celles que leurs propriétaires ne destinent pas à la location. (Circ. adm. des cont. dir., 1er mars 1830 et 12 août 1833.)

Lorsque les mois d'inhabitation ou de vacance de maisons ou usines appartiennent à deux années, le dégrèvement est calculé sur les contributions afférentes à chaque année ; les demandes pour cet objet ne sont pas susceptibles de recours par la voie contentieuse. (Arrêt du cons. d'État, 21 février 1855.)

Indépendamment des dégrèvements dont il vient d'être parlé, la loi du 25 avril 1844 accorde la réduction à moitié du droit fixe de patente par élément de production pour certaines usines qui sont périodiquement forcées, par manque ou par crue d'eau, de suspendre leur travail, en tout ou en partie, pendant un temps équivalent à quatre mois. Lorsque le chômage se renouvelle habituellement tous les ans, les agents des contributions directes en tiennent compte au moment où ils établissent la matrice et le rôle des patentes. (Inst. gén. sur les patentes, 31 juillet 1858, art. 79 à 81.) — Voy. CONTRIBUTIONS DIRECTES, PATENTES.

Vacances d'emploi. — Voy. MUTATIONS DE PERCEPTEURS, PERCEPTEURS, RECEVEURS.

Vaccinateur (Médecin). — Le médecin vaccinateur à qui la commune alloue une rétribution doit être considéré comme un agent salarié de la commune, car il remplit un service public communal. La rétribution qu'il reçoit constitue dès lors un traitement, et on doit lui appliquer la règle qui exempte du timbre les quittances de traitements inférieurs à 300 francs, sans qu'il y ait lieu de distinguer entre le cas où la rétribution est fixe et celui où elle est proportionnée au nombre des vaccinés. — *Mém.* 1847, p. 52. — Voy. MÉDECINS.

Valeurs. — Voy. VERSEMENTS.

Ventes. — Voy. ALIÉNATIONS, MEUBLES, OBJETS FABRIQUÉS DANS LES HOSPICES, OCTROI, PAPIER TIMBRÉ, POURSUITES, RENTES SUR L'ÉTAT, REVENUS EN NATURE.

Vérifications de caisse et de comptabilité. — Les receveurs des finances peuvent, toutes les fois qu'ils le jugent utile, appeler les percepteurs au chef-lieu d'arrondissement, pour vérifier leur comptabilité, en leur prescrivant d'apporter leurs rôles, leurs registres et tous autres documents et pièces de comptabilité. (I. G., art. 1286.)

Outre ces vérifications, les receveurs des finances doivent faire, chaque année, une tournée d'inspection dans leur arrondissement respectif, afin de vérifier, au domicile de ces comptables, les diverses parties de leur service, et de recueillir, sur les lieux mêmes, des informations en ce qui touche soit le service de la perception des contributions, soit celui des communes et établissements de bienfaisance. Ces vérifications doivent être réparties, autant que possible, sur tous les mois de l'année.

En cas d'empêchement, les receveurs particuliers peuvent se faire remplacer par leur fondé de pouvoir pour les vérifications au domicile des comptables placés sous leur surveillance ; mais ils doivent, chaque fois qu'ils sont obligés d'user de cette faculté, en rendre compte au ministre, qui apprécie leurs motifs d'empêchement. Les employés autres que le fondé de pouvoir ordinaire du receveur, non plus que les percepteurs surnuméraires, ne peuvent jamais être chargés de ces missions. (I. G., art. 1306.)

Le résultat des vérifications est consigné dans un procès-verbal (*modèle n°* 266), où sont présentés, dans une série de questions, les principaux points du service que les comptables supérieurs ont à examiner.

Ce procès-verbal est disposé de manière à recevoir les réponses et explications de l'agent vérifié ; si celui-ci ne croit pas devoir user de la faculté qui lui est donnée, mention de son refus est faite au procès-verbal et est signée par lui.

Chaque procès-verbal est fait en deux expéditions :

La première est remise au percepteur vérifié, qui doit la conserver ; la seconde reste entre les mains du receveur particulier.

Immédiatement après chaque vérification, les receveurs particuliers en adressent, en double expédition, au receveur général, un résumé dans la forme du *modèle n°* 267. Il est conservé minute, dans chaque recette des finances, des résumés de vérification. (Id., art. 1307.)

Dans les premiers jours de chaque mois, le receveur général transmet à la direction générale de la comptabilité publique les résumés des vérifications faites pendant le mois écoulé, tant dans les arrondissements de sous-préfecture que dans l'arrondissement du chef-lieu. La lettre d'envoi de ces résumés signale, avec les détails convenables, les percepteurs sur lesquels l'attention de l'administration doit plus particulièrement se porter; ces documents doivent être classés par arrondissement et par ordre alphabétique de perception.

Les renseignements que les receveurs des finances ont à fournir sur leurs subordonnés doivent être dégagés de toute considération personnelle et être, conséquemment, l'expression fidèle et complète de la vérité; l'oubli de ce devoir violerait la justice et compromettrait à la fois leur propre responsabilité et les intérêts du service. (Id., art. 1308.)

Si la vérification constate des retards dans les recouvrements, ou des irrégularités qui exigent un examen approfondi, tel que l'appel des contribuables, le receveur des finances peut placer auprès du percepteur un agent spécial. Si les irrégularités reconnues sont de nature à motiver la suspension du percepteur, il peut lui retirer immédiatement les valeurs dont il serait dépositaire, ainsi que les rôles, registres et pièces concernant les divers services réunis entre ses mains. Le receveur nomme alors un gérant intérimaire, et le fait connaître au préfet ou sous-préfet. Outre ces mesures, une retenue, dont le maximum est fixé à deux mois de traitement, sous la déduction d'un quart pour frais de bureau, peut être infligée d'office aux percepteurs, par voie disciplinaire, pour inconduite, négligence ou manquement au service. (Id., art. 1309, 1310 et 1311.)

Les receveurs des finances doivent vérifier à domicile, une fois par trimestre, la caisse et la comptabilité des receveurs spéciaux des communes et des établissements de bienfaisance situés dans leur arrondissement, sans préjudice des autres vérifications que le receveur surveillant peut faire toutes les fois qu'il le juge à propos. Les receveurs peuvent néanmoins se dispenser de se transporter aussi fréquemment chez un comptable dont le service aurait été reconnu complétement régulier dans une vérification précédente.

En cas d'absence du comptable à vérifier, les receveurs des finances peuvent apposer leur cachet sur la caisse jusqu'au moment où ils opéreront la vérification du service. En cas d'absence constatée, ils peuvent, en présence du maire, faire ouvrir la caisse et procéder à la vérification.

Les résultats des vérifications faites chez les receveurs spéciaux doivent être constatés par des procès-verbaux (*modèle n° 269*), sur lesquels l'agent vérifié consigne ses réponses et explications ; si le receveur municipal ne peut pas profiter de cette faculté, la mention de son refus est faite au procès-verbal, et elle est signée par lui. (I. G., art. 1318.)

Lorsque les receveurs des finances ont constaté des irrégularités graves dans la gestion d'un receveur spécial, ils peuvent placer près de lui un agent spécial ; ils peuvent même provoquer auprès du maire sa suspension et son remplacement par un gérant provisoire, ou, en cas d'urgence, y pourvoir d'office sous leur responsabilité. (Id., art. 1321.)

Les receveurs généraux doivent faire, chez les comptables de l'arrondissement chef-lieu, les tournées de vérification mentionnées ci-dessus. En cas d'empêchement, ils peuvent se faire suppléer par leur fondé de pouvoir ou par l'employé de leurs bureaux spécialement chargé du service de la perception. Ils conservent d'ailleurs la faculté de procéder par eux-mêmes ou par leur délégué, lorsqu'ils le jugent nécessaire, à la vérification des percepteurs et receveurs de communes ou d'établissements des arrondissements de sous-préfecture, leur responsabilité pouvant être engagée par le défaut de surveillance des receveurs d'arrondissement. (Id., art. 1349 et 1350.)

Les inspecteurs des finances ont le droit de vérifier la gestion des percepteurs et des receveurs spéciaux de communes et d'établissements de bienfaisance, et ils peuvent les suspendre de leurs fonctions dans le cas de déficit, en donnant immédiatement connaissance de cette mesure à l'autorité compétente et au receveur des finances, afin qu'il soit pourvu au remplacement provisoire du comptable. (Id., art. 1322.)

Enfin, les inspecteurs spéciaux préposés à la surveillance des établissements charitables peuvent, dans leurs tournées, vérifier la gestion des receveurs de ces établissements, et, en cas de déficit, requérir la remise du service à un gérant intérimaire. (Id., art. 1309 et 1321.) — Voy. Agent spécial, Déficit, Inspection des finances, Inspection des établissements de bienfaisance, Gérant intérimaire, Receveurs des finances, Surveillance.

Vérification des poids et mesures (Rétribution pour la). — Voy. Poids et mesures.

Versements aux receveurs des finances. — Les receveurs des finances ont le droit d'exiger que le montant des recouvrements faits par les percepteurs sur les contribuables leur soit versé tous les dix jours (L. 17 brumaire an v et 3 frimaire an vii). Toutefois, en déterminant les jours de versement, ils doivent tenir compte de l'importance plus ou moins grande de la perception, de la gestion du titulaire, des frais que lui occasionnent ses versements, et des inconvénients qu'il pourrait y avoir pour le service à les rendre trop fréquents.

Dans les villes où les recouvrements sont importants, les percepteurs peuvent être tenus d'effectuer leurs versements à des époques plus rapprochées.

Les percepteurs doivent comprendre dans ces versements la totalité de leurs recettes, soit en numéraire, soit en pièces constatant les payements qu'ils ont faits pour le compte du receveur général ou du payeur.

Ils accompagnent chaque versement d'un bordereau énonçant la nature des espèces et la nature ainsi que le détail des pièces justificatives de dépenses. Toutes ces pièces doivent être revêtues de la mention de payement prescrite par l'article 661 de l'Instruction générale.

Les percepteurs ne peuvent faire aucune conversion de leurs recettes en papier de commerce, ni aucun autre échange de valeurs, que sur l'autorisation expresse du receveur général et sous sa responsabilité personnelle. (I. G., art. 89.)

Les receveurs des finances ne peuvent pas exiger que les percepteurs leur versent des sommes plus fortes que celles qui ont été recouvrées sur les contribuables, et les avances que les percepteurs feraient volontairement de leurs deniers personnels ne peuvent être admises que dans la limite et suivant les règles tracées aux articles 1374 à 1376 de l'Instruction générale. (Id., art, 90.)

Les receveurs des finances ont le moyen de reconnaître à quel service ou à quel exercice appartiennent les sommes que versent les percepteurs par l'examen du livre récapitulatif dont la tenue est prescrite à ces comptables, et qu'ils doivent apporter à la recette des finances lors de chaque versement. (Id., art. 1374.)

Les percepteurs doivent retirer, en échange de leurs versements, des récépissés comptables et distincts pour chaque exercice. Ces récépissés doivent être à talon, conformément au décret du 4 janvier 1808 et à l'ordonnance du 12 mai 1833. (Id., art. 191.)

Les versements au receveur des finances sont enregistrés au livre récapitulatif par ce receveur lui-même au moment où il délivre ses récépissés. (Id., art. 1504.) — Voy. Avances des percepteurs, Bordereau, Livre récapitulatif, Monnaie, Pièces de dépenses, Récépissés.

Vicaires. — Prêtres placés auprès des curés ou desservants pour les seconder dans le service paroissial.

Le nombre de vicaires attachés à chaque église est fixé par l'évêque, après que les marguilliers en ont délibéré et que le conseil municipal a donné son avis. Si l'évêque prononce contre l'avis du conseil municipal, ce conseil peut s'adresser au préfet, et il est statué par décret impérial. (D. 30 décembre 1809, art. 38 et 97.)

Le traitement des vicaires est de 500 francs au plus et de 300 francs au moins. (Id., art. 40.)

Lorsqu'un vicaire a été régulièrement institué dans une paroisse, son traitement fait partie des dépenses obligatoires que le décret du 30 décembre 1809 met en première ligne à la charge de la fabrique et subsidiairement à celle de la commune. En cas d'insuffisance des ressources de la fabrique, la commune ne peut pas se dispenser de subvenir à ce traitement, et, en cas de refus de sa part, l'administration supérieure a pour devoir de l'y forcer. — *Mém.* 1857, p. 278.

Le traitement est payé alors directement au vicaire par mois ou par trimestre. La quittance du vicaire est exempte du timbre, lorsque la somme allouée annuellement n'excède pas 300 francs. — Voy. CHAPELLE VICARIALE, FABRIQUE, TRAITEMENTS.

Vieillards et incurables indigents. — Voy. MALADES INDIGENTS.

Visa des registres et pièces de comptabilité. — On appelle visa la mention qu'un fonctionnaire met sur un acte ou un registre et qu'il signe, à l'effet de certifier que cet acte ou ce registre lui a été représenté.

Avant de faire usage du journal à souche, du livre récapitulatif et du livre des comptes divers, les percepteurs doivent présenter ces livres au maire de la commune de leur résidence, pour être les deux premiers cotés et parafés sur chaque page, et le dernier visé et parafé par premier et dernier feuillet, suivant la formule qui est imprimée en tête de chaque modèle. (I. G., art. 1445, 1471 et 1504.)

Les receveurs spéciaux de communes et d'établissements de bienfaisance présentent également au maire leur journal à souche et leur journal général avant d'en faire usage, afin que le premier soit coté et parafé sur chaque page, et que le second, qui remplace dans leur comptabilité le livre des comptes divers, soit, comme ce livre, visé et parafé par premier et dernier feuillet. — Voy. JOURNAL A SOUCHE, JOURNAL GÉNÉRAL, LIVRE DES COMPTES DIVERS, LIVRE RÉCAPITULATIF.

D'après l'article 1294 de l'Instruction générale, les bordereaux de situation sommaire, que les percepteurs remettent au receveur des finances à l'expiration de chaque mois, donnent le détail des valeurs de caisse et de portefeuille qui représentent l'excédant des recettes sur les dépenses, et l'existence de ces valeurs doit être attestée par le visa du maire de la résidence du percepteur. Cette disposition ne comporte pas toutefois, pour ce magistrat, le droit de se faire apporter chez lui, par le comptable, les valeurs de caisse et de portefeuille; s'il veut s'assurer par ses propres yeux de leur existence, il doit se transporter au bureau du comptable. — *Mém.* 1863, p. 269. — Voy. BORDEREAU.

Le visa des fonctionnaires compétents est encore exigé dans plusieurs autres cas, en ce qui concerne le service des percepteurs et des receveurs de communes et d'établissements de bienfaisance. — Voy. notamment : CAHIER DE NOTES, ENREGISTREMENT, PAYEMENTS POUR LE COMPTE DU PAYEUR, POURSUITES, RÉCÉPISSÉS.

Visa pour timbre. — Voy. TIMBRE.

Voirie. — Ce mot s'applique en général à l'ensemble des voies de communication par terre ou par eau.

Tout le système de viabilité de la France se divise en grande et petite voirie.

L'administration en matière de grande voirie appartient au préfet; elle s'applique aux grandes routes, même dans la traverse des villes, bourgs et villages où elles servent de rues, aux chemins de fer construits ou concédés par l'État, aux canaux et aux rivières navigables, aux quais des villes et aux bacs et bateaux de passage établis sur ces rivières, aux ports maritimes de commerce. (D. 7-14 octobre 1790.)

La petite voirie se subdivise en deux branches: la voirie vicinale ou rurale (voy. CHEMINS VICINAUX, CHEMINS RURAUX), et la voirie urbaine ou municipale, dont le régime s'applique aux rues et places des villes, bourgs ou villages, qui ne font pas partie d'une route impériale ou départementale.

L'administration de la voirie urbaine ou municipale est confiée au maire. (L. 18 juillet 1837, art. 10.)

Alignement. — L'alignement est la ligne séparative de la voie publique et des propriétés particulières. C'est aussi l'opération qui consiste à tracer au propriétaire qui veut construire sur la voie publique la direction de son mur de face ou de sa clôture.

L'obligation de demander l'alignement existe tant en matière de grande voirie qu'en matière de voirie urbaine.

Les préfets, sur l'avis des ingénieurs des ponts et chaussées, sont seuls compétents pour délivrer l'alignement et la permission de bâtir aux propriétaires riverains des routes impériales et départementales, et des rues qui sont la continuation de ces routes dans la traverse des villes, bourgs et villages.

En matière de voirie urbaine, le droit de délivrer l'alignement et d'accorder les permissions de bâtir appartient au maire, sous l'approbation du préfet. (L. 16 septembre 1807, art. 52.)

Lorsqu'il existe un plan général d'alignement, le maire doit s'y conformer dans toutes les autorisations qu'il délivre. Les préfets sont compétents aujourd'hui pour approuver, par leurs arrêtés, les plans d'alignement des villes ou communes, quelle que soit leur population. (D. 25 mars 1852, tableau A, § 50.)

En l'absence de plan général d'alignement, le maire reste en possession de délivrer des alignements partiels, sauf recours au préfet. (Arrêt du cons. d'État, 3 avril 1824.)

Les parties qui croiraient devoir réclamer contre les décisions prises par le préfet sur des alignements partiels ont le droit de se pourvoir devant le ministre de l'intérieur. (Id., 19 juillet 1855.)

Le propriétaire d'une maison dont la façade est sujette à reculement, d'après les alignements arrêtés, ne peut plus y faire aucune réparation propre à en prolonger l'existence. Lorsque cette maison vient à être démolie, soit par la libre volonté du propriétaire, soit pour cause de vétusté, en vertu d'un ordre donné par l'administration dans l'intérêt de la sûreté publique, le propriétaire n'a droit à indemnité que pour la valeur du terrain qu'il est obligé de délaisser par l'effet du reculement auquel l'alignement soumet sa propriété. (L. 16 septembre 1807, art. 50.)

Dans le cas où l'alignement, au lieu d'empiéter sur la propriété riveraine, s'en éloigne, de manière à donner au propriétaire la faculté de s'avancer sur la voie publique, le terrain compris entre sa propriété et la nouvelle limite de la voie publique lui est cédé, et, s'il accepte la cession de ce terrain, il est tenu d'en payer la valeur. (Id., art. 53.)

Lorsque les parcelles de terrain sont retranchées des routes impériales et départementales par voie d'alignement, la propriété de ces parcelles doit faire retour à la commune, s'il est établi que ces parcelles lui appartenaient antérieurement à leur affectation à la voie publique. (Avis du cons. d'État, 22 juillet 1858. — *Mém.* 1860, p. 62.)

Les indemnités dues, soit aux riverains par l'État ou la commune, dans les cas de dépossession, soit à l'État ou à la commune par le propriétaire riverain dans le cas d'incorporation de terrain à sa propriété, doivent être réglées, à défaut de conventions amiables, par le jury d'expropriation institué par la loi du 3 mai 1841. (Avis du cons. d'État, 1er avril 1841; Arrêt du 27 janvier 1853.)

Droits de voirie. — Ces droits s'appliquent à la délivrance des alignements et des permissions de bâtir ou réparer, aux saillies fixes ou mobiles que les propriétaires sont autorisés à établir en dehors de la ligne d'aplomb de leurs édifices.

Ils s'appliquent aussi aux matériaux de démolition ou de construction dont le dépôt sur la voie publique a un caractère de nécessité, mais non à ceux qui sont destinés au commerce, le dépôt de ceux-ci sur la voie publique devant donner lieu à un droit de stationnement. — *Mém.* 1859, p. 241.

Les droits de voirie sont perçus dans l'intérieur des villes et communes et à leur profit, sans égard à la classification des voies publiques, soit comme rues communales, soit comme portions de routes impériales ou départementales comprises dans la traverse des villes, bourgs et villages. (L. 22 juillet 1791 et 21 avril 1832.)

Les droits de voirie ont été compris au nombre des recettes ordinaires des communes par l'article 31 de la loi du 18 juillet 1837. Ils sont établis d'après un tarif délibéré par les conseils municipaux et réglé par arrêté du préfet. (D. 25 mars 1852, tableau A, § 53.)

Le recouvrement des droits de voirie s'opère d'après les arrêtés d'alignement et les permissions accordées. En cas de retard dans les versements, les poursuites ont lieu conformément à l'article 63 de la loi du 18 juillet 1837, sur des états dressés par le maire et qui sont exécutoires après qu'ils ont été visés par le sous-préfet.

Rien ne s'oppose, d'ailleurs, à ce que les maires, pour assurer le versement à la caisse municipale, obligent les propriétaires ou constructeurs à rapporter la quittance de la taxe fixée par le tarif, comme condition de la delivrance de la permission même. — Voy. POURSUITES.

Vol de fonds. — En cas de vol commis à sa caisse, aucun comptable public ne peut en obtenir la décharge, s'il ne justifie que ce vol est l'effet d'une force majeure ; qu'outre les précautions ordinaires il avait eu celle de coucher ou de faire coucher un homme sûr dans le lieu où il tenait ses fonds, et que, si c'était au rez-de-chaussée, il avait eu soin de le faire solidement griller.

Il est, en outre, tenu d'informer immédiatement l'autorité supérieure des tentatives qui auraient été faites pour enlever les fonds, quand bien même ces tentatives n'auraient pas été suivies d'effet.

Lorsqu'il y a eu vol de fonds, le comptable qui, à moins d'empêchement dûment constaté, n'a pas fait sa déposition à l'autorité locale dans les vingt-quatre heures, est, par ce seul fait, déclaré responsable.

Le ministre des finances statue sur les réclamations des percepteurs et des receveurs des communes et des établissements de bienfaisance tendant à la décharge de leur responsabilité, au vu des procès-verbaux d'enquête et autres pièces constatant les circonstances du vol, et sauf à prendre préalablement l'avis de la section des finances du conseil d'État. Ces réclamations sont adressées au ministre des finances par le préfet du département, qui soumet ses propositions à leur égard ; elles doivent être appuyées de l'avis du receveur des finances de l'arrondissement et de celui du receveur général. En cas de rejet, les comptables sont admis à se pourvoir au conseil d'État, contre la décision ministérielle, dans le délai de trois mois.

Lorsque le vol porte sur les fonds communaux ou sur les fonds des établissements de bienfaisance, les conseils municipaux et les commissions administratives doivent être entendus; le ministre de l'intérieur est, en outre, consulté. (I. G., art. 1271.)

Il est statué, dans les formes indiquées ci-dessus, sur les demandes en décharge pour pertes de fonds motivées sur des circonstances de force majeure. (Id., art. 1272.)

La demande en décharge de responsabilité serait rejetée si toutes les précautions et formalités prescrites n'avaient pas été strictement observées, notamment si le comptable, en négligeant d'avertir immédiatement l'autorité des circonstances du vol, n'avait pas fait ce qui dépendait de lui pour l'aider à découvrir les auteurs du crime, et la mettre à portée de ressaisir les fonds qui avaient été enlevés. — *Mém* 1832, p. 121 ; 1835, p. 352; 1838, p. 306 ; 1842, p. 135. — Voy. CAISSE.

Voyageurs indigents. — Voy. FRAIS DE ROUTE.

Paris. — Imprimerie Paul Dupont, rue de Grenelle Saint-Honoré, 45.

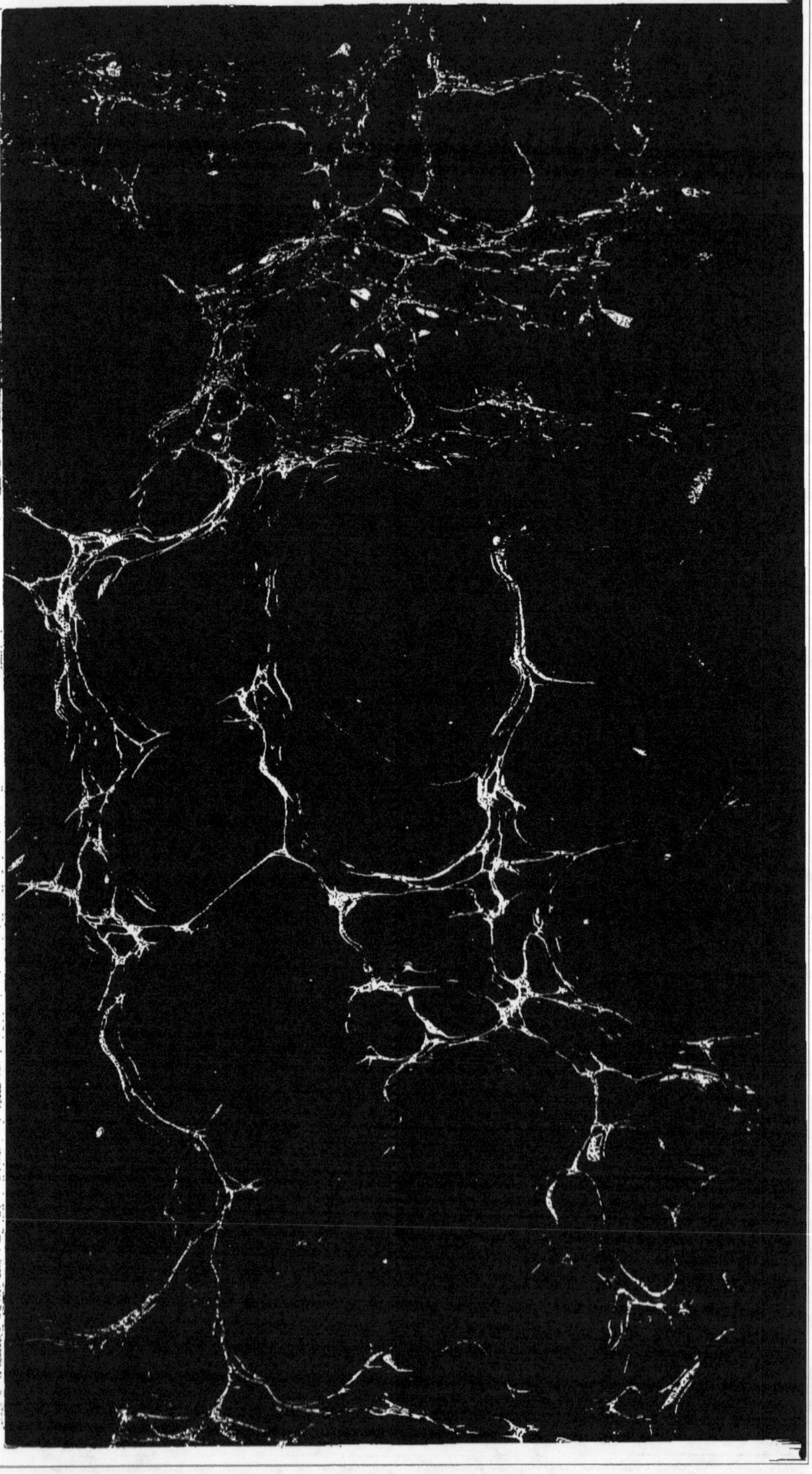

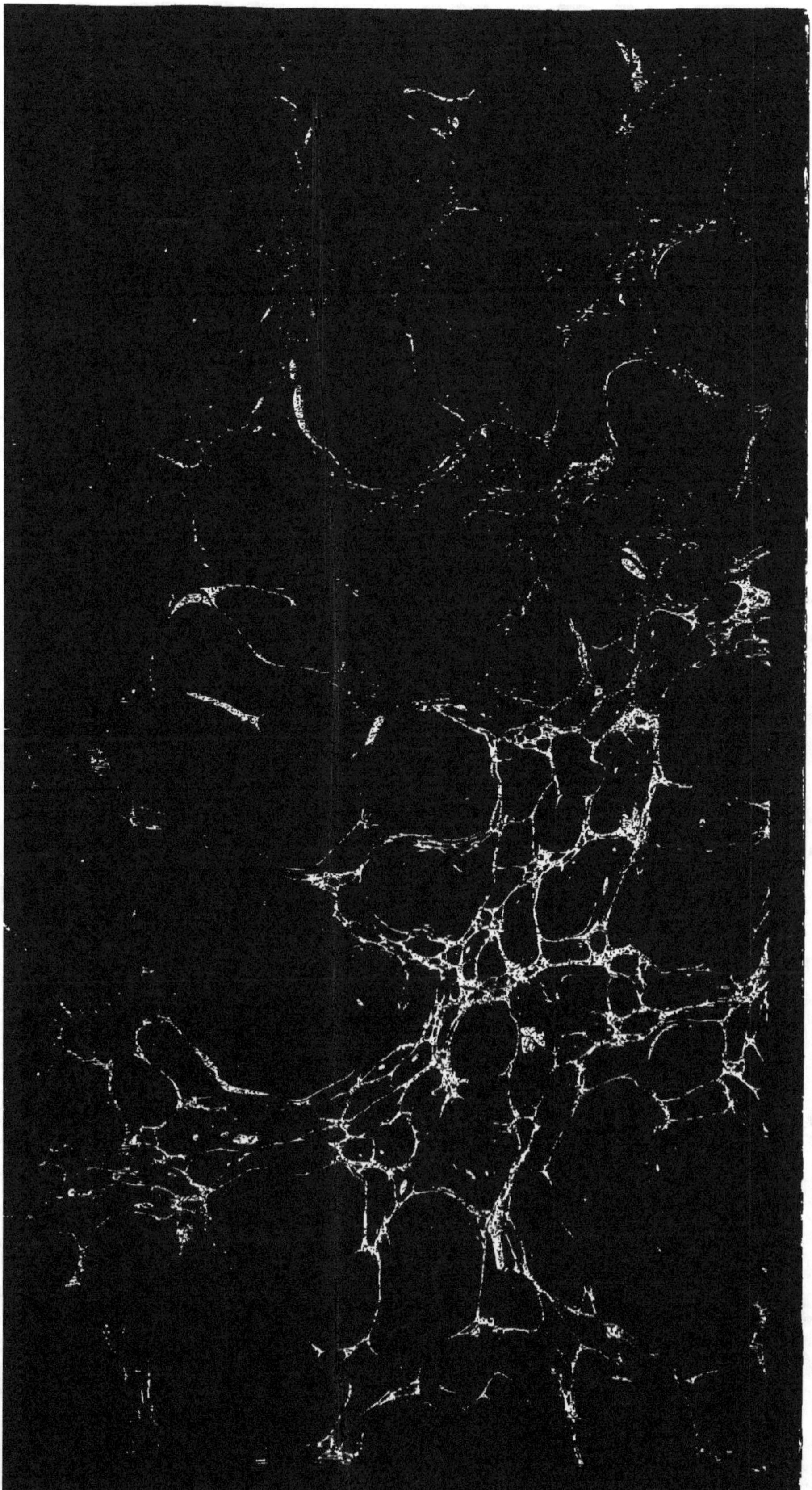

www.ingramcontent.com/pod-product-compliance
Lightning Source LLC
LaVergne TN
LVHW020951300926
849160LV00007B/115